BUCHREIHE DER ANGLIA
ZEITSCHRIFT FÜR ENGLISCHE PHILOLOGIE

Herausgegeben von
Helmut Gneuss, Hans Käsmann, Erwin Wolff
und Theodor Wolpers

30. Band

HANS SAUER

Nominalkomposita im Frühmittelenglischen

Mit Ausblicken auf die Geschichte
der englischen Nominalkomposition

MAX NIEMEYER VERLAG TÜBINGEN

1992

Als Habilitationsschrift auf Empfehlung der Philosophischen Fakultät für Sprach- und Literaturwissenschaft I der Ludwig-Maximilians-Universität München gedruckt mit Unterstützung der Deutschen Forschungsgemeinschaft.

Für Gabi, Robert und Georg
und dem Andenken an Karl Toth (1944–1986)

Die Deutsche Bibliothek – CIP-Einheitsaufnahme

Sauer, Hans:
Nominalkomposita im Frühmittelenglischen : mit Ausblicken auf die Geschichte der englischen Nominalkomposition / Hans Sauer. – Tübingen : Niemeyer, 1992
(Buchreihe der Anglia, Zeitschrift für englische Philologie ; Bd. 30)
NE: Anglia / Buchreihe

ISBN 3-484-42130-4   ISSN 0340-5435

Printed in Germany.
Satz und Druck: Allgäuer Zeitungsverlag, Kempten
Einband: Heinrich Koch, Tübingen

Vorwort

Das Ziel der vorliegenden Arbeit ist in erster Linie ein empirisch-material-orientiertes, nämlich die Sammlung, Analyse und Klassifizierung der im Frühmittelenglischen belegten Nominalkomposita sowie die Nutzbarmachung dieses Materials für eine – hier freilich nur zu skizzierende – Geschichte der englischen Nominalkomposition; insofern ist sie auch ein Beitrag zur Geschichte der englischen Wortbildung. Auf einen theoretischen Rahmen und auf die Diskussion problematischer Aspekte (wie etwa der Frage nach der Abgrenzung von Komposita und syntaktischen Gruppen) wird deswegen freilich nicht verzichtet. Die Vielzahl der bereits vorgeschlagenen Wortbildungstheorien und -modelle noch weiter zu vermehren, schien jedoch nicht erstrebenswert. Vielmehr wurde im wesentlichen ein bestimmter Ansatz, nämlich der von Hans Marchand und seiner Schule, aufgegriffen und auf das frühmittelenglische Material anzuwenden versucht; selbstverständlich wurde dieser Ansatz auch kritisch beleuchtet und wo es nötig schien modifiziert. Daß in der Wortbildungsforschung zur Zeit keine Theorie und keine Terminologie allgemein anerkannt ist, muß man in Kauf nehmen. So ist z. B. die hier in Kap. 5 zugrundegelegte syntaktische Analyse von Komposita nicht mehr so modern, wie sie es eine Zeit lang war, und ihre Schwächen und Grenzen sind wohlbekannt. Trotzdem scheint sie mir noch immer eine relativ eingängige Möglichkeit zur Beschreibung von Komposita sowie zur weiteren Untergliederung einer Reihe von Kompositionstypen zu sein. Für die tatsächliche Bildung und das tatsächliche Verständnis vieler Komposita ist die pragmatische Ebene, d. h. die Steuerung durch die Welt- bzw. Sachkenntnis, wohl wichtiger – soweit ich sehe, läßt sich der pragmatische Ansatz aber nur schwer systematisieren und kaum für eine Untergliederung der Komposita nützen. Auch die Übertragung eines im wesentlichen aus dem Neuenglischen gewonnenen Beschreibungsapparates auf ältere Sprachstufen des Englischen ist keineswegs unproblematisch, etwa der Ansatz eines Nullsuffixes oder die Trennung von Komposita mit und ohne Verbalverknüpfung. Wenn diese Untersuchung so auch keine Endgültigkeit beanspruchen kann, bietet sie hoffentlich doch zumindest Material und Anregungen für weitere Forschungen.

Die Arbeit wurde im Herbst 1985 abgeschlossen, im Sommer 1986 von der Philosophischen Fakultät für Sprach- und Literaturwissenschaft I der Ludwig-Maximilians-Universität München als Habilitationsschrift angenommen und für den Druck nochmals überarbeitet – neuere Literatur und Neuauflagen älterer Werke konnten jedoch nur noch sehr beschränkt berücksichtigt werden. Mein Dank gilt an erster Stelle Prof. Helmut Gneuss und Prof. Leonhard Lipka, die diese Arbeit vom Anfang bis zum Abschluß mit Interesse begleitet und durch Rat und Unterstützung gefördert haben, ferner den Herausgebern der *Anglia* für die Aufnahme in die Buchreihe der Anglia. Für kritische Lektüre des Manuskriptes bin ich ferner zu Dank verpflichtet: Prof. Ashley Crandell Amos †, Prof. Hans Käsmann, Prof. H.-J. Sasse, Prof. Elmar Seebold, Prof. Michael W. Twomey, Dr. Friedrich Ungerer und Prof. U. Wandruszka. Sie mögen verzeihen, daß ich nicht alle ihre Anregungen berücksichtigen konnte. Frau Beate Schartl und Frau Ute Hilcker haben beim Tippen der Endfassung geholfen, Frau Susan Bollinger hat Kap. 8 durchgesehen, Sabine Steinöl und Carolin Schellerer haben mich beim Korrekturlesen unterstützt. Die Deutsche Forschungsgemeinschaft hat mir 1985 ein Habilitandenstipendium gewährt und jetzt einen Druckkostenzuschuß.

Besonders gedenken möchte ich jedoch des im Dezember 1986 verstorbenen Kollegen und Freundes Dr. Karl Toth, der ebenfalls das ganze Manuskript durchgesehen hat.

Würzburg, im März 1992   Hans Sauer

Inhaltsüberblick

Vorwort V

Inhaltsüberblick VII

Inhaltsverzeichnis IX

Abkürzungen (einschließlich Quellenbibliographie) XIX

1. ZUR ERFORSCHUNG UND BESCHREIBUNG
   DER NOMINALKOMPOSITA 1
   1.1. Die vorliegende Arbeit: Ziele, Methoden und Korpus . . . 1
   1.2. Bisherige Aussagen und Untersuchungen zu den mittel-
        englischen Nominalkomposita 5
   1.3. Begriff und Stellung des Nominalkompositums 13
   1.4. Beschreibungsmöglichkeiten für Nominalkomposita 22

2. ZUR ABGRENZUNG VON NOMINALKOMPOSITA
   GEGEN SYNTAKTISCHE GRUPPEN:
   DIE MÖGLICHEN KRITERIEN UND IHR WERT . . 57
   2.1. Einführung in die Problematik 57
   2.2. Schreibung (Worttrennung) 62
   2.3. Betonung 68
   2.4. Morphologische Gestalt, morphologische Struktur und
        morphosyntaktisches Verhalten 73
   2.5. Bedeutung 116
   2.6. Sonstige Kriterien 123

3. DIE MORPHOLOGISCHEN TYPEN UND IHRE
   PRODUKTIVITÄT 125
   3.1. Prinzipien und Probleme der Einteilung 125
   3.2. Zusammengesetzte Substantive 148
   3.3. Zusammengesetzte Adjektive 264

4. MORPHOLOGISCHE VARIANTEN UND
BESONDERHEITEN 323
4.1. Komposita mit komplexen Konstituenten 323
4.2. Klammerformen 333
4.3. Determinantien (Dt) mit bewahrter Flexionsendung 336
4.4. Komposita mit blockierten Morphemen 340
4.5. Verdunkelte Komposita 345
4.6. Lehneinflüsse auf die Komposition im Frühmittelenglischen . 358

5. GRUNDZÜGE EINER SYNTAKTISCH–
SEMANTISCHEN BESCHREIBUNG 379
5.1. Methodische Vorbemerkungen 379
5.2. Substantivkomposita ohne Verbalverknüpfung 389
5.3. Substantivkomposita mit Verbalverknüpfung
(einschließlich der Zusammenbildungen) 425
5.4. Adjektivkomposita ohne Verbalverknüpfung 441
5.5. Adjektivkomposita mit Verbalverknüpfung 445
5.6. Misch- und Randtypen 451
5.7. Weitere Aspekte und Zusammenschau 455

6. MATERIALTEIL UND INDICES 459
6.1. Der Text von The Names of the Hare (NamesHare) 459
6.2. Zwei Beispiele zur Trennung von Komposita und syntaktischen
Gruppen (siehe Kap. 2): Das Material aus The Owl
and the Nightingale (O&N) und The Wohunge of ure
Lauerd (WohLo) 461
6.3. Die Komposita in den einzelnen frühmittelenglischen Texten
(jeweils gegliedert nach den morphologischen Typen) . . . 481
6.4. Alphabetisches Gesamtverzeichnis der Komposita aus den
frühmittelenglischen Texten 626
6.5. Sonstige Bildungen 680
6.6. Wortbildungselemente und Sachregister 690

7. BIBLIOGRAPHIE 696

8. SUMMARY AND RESULTS 712

Inhaltsverzeichnis

Vorwort V

Inhaltsüberblick VII

Inhaltsverzeichnis IX

Abkürzungen (einschließlich Quellenbibliographie) XIX
   a) Altenglische Texte XIX
   b) Frühmittelenglische (und mittelenglische) Texte XIX
     (i) Öfter zitierte Sammelbände XIX
     (ii) Die einzelnen frühmittelenglischen (und mittelenglischen) Texte XX
   c) Wörterbücher und Nachschlagewerke XXV
   d) Buchreihen und Zeitschriften XXVI
   e) Sonstige Abkürzungen XXVI
   f) Zeichen XXVIII

1.   ZUR ERFORSCHUNG UND BESCHREIBUNG
    DER NOMINALKOMPOSITA 1
1.1. Die vorliegende Arbeit: Ziele, Methoden und Korpus 1
    1.1.1.   Ziele, Aufbau und Methoden 1
    1.1.2.   Korpus 3

1.2. Bisherige Aussagen und Untersuchungen zu den mittel-
    englischen Nominalkomposita 5
    1.2.1.   Vernachlässigung der me. Nominalkomposita in der
              Forschung 5
    1.2.2.   Der Rückgang der Komposition im Mittelenglischen . 7
    1.2.3.   Komposita in der ae. und der me. Dichtung 7
    1.2.4.   Komposita in anderen Textsorten und Wortschatz-
              bereichen des Mittelenglischen 10
    1.2.5.   Angaben zu den morphologischen Typen der Nominal-
              komposition im Mittelenglischen 11

1.3. Begriff und Stellung des Nominalkompositums 13
    1.3.1.   Grammatik, Wortbildung und Kompositum 13
    1.3.2.   Komposition und Affigierung 14

1.3.3.	Zum Begriff des Nominalkompositums	18
1.3.4.	Definition des Nominalkompositums	20

1.4. Beschreibungsmöglichkeiten für Nominalkomposita 22

1.4.1.	Skizze der Forschungsgeschichte	22
1.4.2.	Analyse und Synthese in der Wortbildungsforschung	28
1.4.3.	Ebenen der Beschreibung von Nominalkomposita	29
1.4.3.1.	Phonologische Struktur	29
1.4.3.2.	Morphologische Gestalt	29
1.4.3.3.	Morphologische Struktur	30
1.4.3.4.	Syntaktische Tiefenstruktur (Beziehung zu ganzen Sätzen)	34
1.4.3.5.	Topikalisierung und Referenztyp	39
1.4.3.6.	Beziehung zu syntaktischen Gruppen	40
1.4.3.7.	Semantische Struktur I: Semantische Beziehungen der Konstituenten zueinander	42
1.4.3.8.	Semantische Struktur II: Lexikalisierung und Motivation	46
1.4.3.9.	Informationsstruktur	50
1.4.3.10.	Pragmatische und kommunikative Aspekte	51
1.4.3.11.	Produktivität und Restriktionen	53
1.4.3.12.	Funktion	55
1.4.4.	Synchronie und Diachronie	55

2. ZUR ABGRENZUNG VON NOMINALKOMPOSITA GEGEN SYNTAKTISCHE GRUPPEN: DIE MÖGLICHEN KRITERIEN UND IHR WERT . . . 57

2.1. Einführung in die Problematik 57

2.1.1.	Die Problematik im Neuenglischen	57
2.1.2.	Die Problematik im Alt- und Mittelenglischen	59

2.2. Schreibung (Worttrennung) 62

2.3. Betonung 68

2.4. Morphologische Gestalt, morphologische Struktur und morphosyntaktisches Verhalten 73

2.4.1.	Morphologische Isolierung und Nicht-Isolierung aufgrund des Kompositionstyps	73
2.4.2.	Morphologische Isolierung aufgrund anderer Erscheinungen	75
2.4.2.1.	Nicht flektiertes Erstelement	75
2.4.2.2.	Nicht steigerbares Erstelement	76
2.4.2.3.	Prämodifizierung durch Adjektive	76

X

2.4.2.4.	Bezug von Artikel, Pronomina und Adjektiven . . .	77
2.4.2.5.	Feste Reihenfolge und Nichtunterbrechbarkeit . . .	80
2.4.2.6.	Fugenelemente in der Kompositionsfuge	81
2.4.2.7.	Selbständig nicht belegte Elemente	84
2.4.2.8.	Verdunklung	85
2.4.3.	Besondere Probleme	86
2.4.3.1.	Erstelement mit auslautendem -e	86
2.4.3.2.	Erstelement im endungslosen Genitiv (Ø-Genitiv) . .	96
2.4.3.3.	Attributiver Gebrauch von Substantiven?	98
2.4.3.4.	Erstelement: Substantiv oder formgleiches Adjektiv? .	102

2.5.	Bedeutung	116
2.5.1.	Semantisch isolierte Komposita	116
2.5.2.	Komposita mit fraglicher oder mit geringer semantischer Isolierung	117
2.5.3.	Semantisch nicht isolierte Komposita	120
2.5.4.	Semantisch isolierte syntaktische Gruppen (Idiome) .	123

2.6.	Sonstige Kriterien	123

3.	DIE MORPHOLOGISCHEN TYPEN UND IHRE PRODUKTIVITÄT	125

3.1.	Prinzipien und Probleme der Einteilung	125
3.1.1.	Anordnung der Typen	125
3.1.2.	Fragen der morphologischen Einteilung und Zuordnung	126
3.1.2.1.	Kopulativkomposita	127
3.1.2.2.	Genitivkomposita	127
3.1.2.3.	Adj+Sb oder Sb/Sb?	128
3.1.2.4.	Num/Sb oder Adj/Sb; Num/Adj oder Adj/Adj? . . .	128
3.1.2.5.	Pronomina als Dt	128
3.1.2.6.	Partikelkompositum oder Präfixbildung?	129
3.1.2.7.	Einordnung und Untergliederung der Partikelkomposita	129
3.1.2.8.	Vb/Sb oder Sb/Sb?	130
3.1.2.9.	Probleme der ing-Form	130
3.1.2.10.	Sb/deverbales Sb oder Sb/Sb?	132
3.1.2.11.	Kompositum (Zusammenbildung) oder Ableitung vom zusammengesetzten Verb?	141
3.1.2.12.	Untergliederung des Musters Sb/deverbales Sb (Zusammenbildungen)	143
3.1.2.13.	Affixoide (Präfixoide und Suffixoide)	144
3.1.2.14.	Untergliederung der exozentrischen Komposita (Bahuvrihisubstantive, Bahuvrihiadjektive, Imperativkomposita)	144

3.1.2.15. Substantivierung von Adjektiven (und Partizipialkomposita) 144

3.1.2.16. Adj/Adj oder Adv/Adj? Adj/Partizip oder
Adv/Partizip? 145

3.1.2.17. Status der Bildungen mit Partizip als Dm 145

3.1.2.18. Sb/Vb+end(e): Adjektivkompositum (mit PartPräs
als Dm) oder zusammengesetztes Nomen agentis? . . 146

3.1.2.19. Ansatz eines Nullmorphems 146

3.2. Zusammengesetzte Substantive[1] 148

3.2.1. Sb/Sb (reine Nominalkomposita): abbot-rice, bonde-man 148

3.2.2. Sb+s/Sb (Genitivkomposita): Cristes-mæsse, domes-dai 152

3.2.3. Adj/Sb (Adjektiv/Substantiv): god-spel, gentil-mon . . 163

3.2.4. Num/Sb (Zahlwort/Substantiv): fourten-niȝt,
halue-broþer 171

3.2.5. Pron/Sb (Pronomen/Substantiv): æl-drihten 174

3.2.6. Partikel/Sb; Partikel/deverbales Sb (Partikelkomposita):
ouer-ded, doun-falleing 176

3.2.7. Vb/Sb (Verb/Substantiv): drawe-brigge, sniδ-sceapp . . 185

3.2.8. Vb+ing/Sb (Verbalsubstantiv auf -ing/Substantiv):
clensing-fur, falling-dore 194

3.2.9. Sb/Vb+Ø_Sb (Substantiv/nullabgeleitetes deverbales
Substantiv): appel-bite, yrfe-numa 198

3.2.10. Sb/Vb+t (Substantiv/deverbales Substantiv mit Suffix -t
usw.): elmesse-gift, eh-sihδe 207

3.2.11. Sb/Vb+ere usw. (Substantiv/deverbales Nomen agentis
mit Suffix -ere, -estre, -icge): bac-bitere, gras-hoppere;
bell-rinȝestre; wal-kirie 210

3.2.12. Sb/Vb+ing (Sb/deverbales Nomen actionis mit Suffix
-ing, -ung): bac-bitunge, ston-kasting 215

3.2.13. Präfixoid/Sb; Sb/Suffixoid_Sb (mit Affixoiden zusammengesetzte Substantive) 221

(1) Präfixoide 226
kine-: kine-dom, kine-ring 226
seld-: selt-speche 228
twi-: twy-byl, twi-speche 228

(2) Suffixoide 228
-dom: fals-dom, þral-dom 229
-ern: shæw-errne, slæp-ern 231

[1] Die Beschreibung der einzelnen Typen in 3.2. und 3.3. ist jeweils folgendermaßen unter-
gliedert: 1) Definition des Typs; Literaturangaben. 2) Zur morphologischen Isolierung
(Abgrenzung zu den entsprechenden syntaktischen Gruppen). 3) Weitere wichtige und
problematische Punkte. 4) Zur Geschichte und Produktivität des Typs. 5) Belege.

-ful_{Sb}: hond-ful, sak-uol 232
-had: child-had, spus-had 233
-lac: brud-lac, wed-lac 235
-rede(n): feolah-redden, kun-rede 237
-ware: eorðe-ware, helle-ware 238

(3) Sonstige und fragliche Fälle 239
-bert, -wine: deubert, scotewine 239
-man: alder-mon, almes-mon 239
-sið: ende-sið, wo-sices 240
- Erstelement (Dt) mit verstärkender Funktion: leod-scome,
wæl-kempen 241

3.2.14.   Sb+Sb/Ø_{Sb}; Adj+Sb/Ø_{Sb}; usw. (Bahuvrihisubstantive):
porne-bake, wit-porn 241
3.2.15.   Vb+Sb/Ø_{Sb}; usw. (Imperativkomposita): chaunte-cler,
wesche-disch 246
3.2.16.   Sb/Sb; Sb/Adj (Inversionskomposita): freres prechurs,
herbe Robert 251
3.2.17.   Reduplizierende Bildungen: gale-gale, giue-gauen . . 257
3.2.18.   Sonderfälle und Sonstiges 260
3.2.18.1. Adverb/Sb: wel-ded 260
3.2.18.2. Festgewordene Phrasen: broper-in-lawe, late-at-hom . . 261
3.2.18.3. Incipit-Fügungen: aue maria, pater noster 262
3.2.18.4. Wortmischungen (blends): dromeluss 262
3.2.18.5. Partizip Präsens + Sb; Partizip Präteritum + Sb: goinge
folk; beten gold 262
3.2.18.6. Unklare Bildungen 263

3.3. Zusammengesetzte Adjektive 264
3.3.1.   Sb/Adj (Substantiv/Adjektiv): brest-heize, col-blake . . 264
3.3.2.   Adj/Adj bzw. Adv/Adj (Adjektiv oder Adverb/
Adjektiv): deor-wurðe, pur-blinde 271
3.3.3.   Num/Adj; Num/deverbales Adj (d.h. PartPrät): hælf-
zaru; an-kenned 275
3.3.4.   Pron/Adj; Pron/deverbales Adj (d.h. PartPräs oder
PartPrät): al-mihti, all-fullfremedd 276
3.3.5.   Partikel/Adj; Partikel/deverbales Adj (d.h. PartPräs oder
PartPrät): ouer-hardi, dune-fallen 278
3.3.6.   Vb/Adj (Verb/Adjektiv): here-wurðe, lic-wurðe . . . 282
3.3.7.   Adj/Vb+Ø_{Adj} (Adjektiv/nullabgeleitetes deverbales
Adjektiv): arueð-winne, eð-fele 284
3.3.8.   Sb/Vb+ende; Sb/Vb+ing (Substantiv/Partizip Präsens):
blod-lettinde, milc-drinkende 288
3.3.9.   Adj/Vb+ende; Adj/Vb+ing bzw. Adv/Vb+ende; Adv/
Vb+ing (Adjektiv oder Adverb/Partizip Präsens): briht-
schininde, euer-lestinde 290

3.3.10.   Sb/Vb+ed (Substantiv/Partizip Präteritum): *blod-leten,*
           hunger-biten 292
3.3.11.   Adj/Vb+ed; Adv/Vb+ed (Adjektiv oder Adverb/
           Partizip Präteritum): *fre-boren, ful-fillid* 295
3.3.12.   Präfixoid/Adj; Sb/Suffixoid_{Adj}; Adj/Suffixoid_{Adj} (mit
           Affixoiden zusammengesetzte Adjektive) 298

           (1) Präfixoide 299
           feoðer-: feðer-fotetd 299
           kine-: kine-boren, kine-wurðe 299
           seld-: selcuð, selt-scene 300
           twi-: twi-red 300

           (2) Suffixoide 301
           -bere: childre-bere (?) 301
           -fast, -fest: rot-fest, soð-fæst 301
           *-ful(l)*_{Adj}: *angir-ful, dred-ful* 303
           -wende: hal-wende, wrong-wende 307
           -wil(e): drunc-wile, swete-wil 307
           -wis: riht-wis, wrang-wis 308

3.3.13.   Sb+Sb/Ø_{Adj}; Adj+Sb/Ø_{Adj}; Num+Sb/Ø_{Adj}; Vb+Sb/Ø_{Adj}
           (Bahuvrihiadjektive): *bar-fot, open-heaued* 309
3.3.14.   Adj+Sb/ed; Num+Sb/ed bzw. Adj/Sb+ed; Num/
           Sb+ed (erweiterte Bahuvrihiadjektive): *arm-heorted,*
           blake-fepered 313
3.3.15.   Sonderfälle und Sonstiges: *lutles-hwet, wel-to-louie* . . 321

4.   MORPHOLOGISCHE VARIANTEN UND
     BESONDERHEITEN 323

4.1. Komposita mit komplexen Konstituenten 323
     4.1.1.   Komposita als Konstituenten 324
     4.1.2.   Präfixbildungen als Konstituenten 329
     4.1.3.   Suffixbildungen als Konstituenten 331

4.2. Klammerformen 333

4.3. Determinantien (Dt) mit bewahrter Flexionsendung 336
     4.3.1.   Substantive mit bewahrter Flexionsendung 336
     4.3.1.1. Dt im Genitiv 336
     4.3.1.2. Dt im Plural 336
     4.3.2.   Adjektive (und Zahlwörter) mit bewahrter Flexions-
               endung 339
     4.3.2.1. Kasusformen 339
     4.3.2.2. Komparativ und Superlativ 339

4.4. Komposita mit blockierten Morphemen 340

    4.4.1.   Dt als blockiertes Morphem 341

    4.4.2.   Dm als blockiertes Morphem 343

    4.4.3.   Weitere Beispiele 344

4.5. Verdunkelte Komposita 345

    4.5.1.   Verkürztes Erstelement (Dt) 347

    4.5.2.   Assimilation in der Kompositionsfuge 349

    4.5.3.   Ausfall des mittleren von drei Konsonanten in der Kompositionsfuge 351

    4.5.4.   Ausfall von -n- in der Kompositionsfuge 353

    4.5.5.   Abgeschwächtes Zweitelement (Dm) 354

    4.5.6.   Völlig verdunkelte Komposita 355

    4.5.7.   Die Wochentagsnamen 356

    4.5.8.   Komposita, deren Verdunklung sich erst später nachweisen läßt 357

4.6. Lehneinflüsse auf die Komposition im Frühmittelenglischen . 358

    4.6.1.   Formen des Lehneinflusses 358

    4.6.2.   Entlehnte Kompositionstypen 359

    4.6.3.   Entlehnte Komposita 359

    4.6.4.   Hybride Komposita 364

    4.6.4.1.   Hybride Komposita mit lateinischen Elementen . . . 367

    4.6.4.2.   Hybride Komposita mit französischen bzw. anglonormannischen Elementen 367

    4.6.4.3.   Hybride Komposita mit altnordischen Elementen . . 372

    4.6.4.4.   Hybride Komposita mit aus dem Mittelniederländischen oder Mittelniederdeutschen entlehnten Elementen 374

    4.6.4.5.   Hybride Komposita mit aus dem Keltischen bzw. Irischen entlehnten Elementen 374

    4.6.4.6.   Hybride Komposita mit zwei aus verschiedenen Sprachen entlehnten Elementen 375

    4.6.5.   Lehnbildungen 375

5. GRUNDZÜGE EINER SYNTAKTISCH-SEMANTISCHEN BESCHREIBUNG 379

5.1. Methodische Vorbemerkungen 379

    5.1.1.   Ziel, Umfang und Anordnung der Beschreibung . . . 379

    5.1.2.   Zum Verhältnis von syntaktischer und semantischer Beschreibung 380

    5.1.3.   Einige Grundfragen der syntaktisch-semantischen Beschreibung 381

5.1.3.1.	Gleiche Elemente im Kompositum und im Paraphrasen-satz	382
5.1.3.2.	Satzparaphrase und Sprachgefühl	382
5.1.3.3.	Aussagesatz oder Relativsatz?	382
5.1.3.4.	Syntaktische Doppelanalyse I: Ortsangabe oder Zweck-bestimmung?	384
5.1.3.5.	Zusätzliche semantische Merkmale: [+ ZWECK] usw.	384
5.1.3.6.	Syntaktische Doppelanalyse II: Agens oder Instrument?	385
5.1.3.7.	Generalisierte Verben?	386
5.1.3.8.	Syntaktische Doppelanalyse III: Weitere Probleme	388
5.2.	Substantivkomposita ohne Verbalverknüpfung	389
5.2.1.	Sb/Sb (reine Nominalkomposita)	389
5.2.1.1.	Kopulativkomposita: *carl-man, ʒim-ston*	389
5.2.1.2.	Rektionalkomposita: *burh-folc, burh-ʒeten*	405
5.2.2.	Sb+*s*/Sb (Genitivkomposita)	420
5.2.2.1.	Kopulativkomposita: *fleges kin, peines-men*	420
5.2.2.2.	Rektionalkomposita: *hundes-berien, steores-men*	421
5.2.3.	Adj/Sb und Num/Sb: *freo-man, seoue-niht*	423
5.2.4.	Pron/Sb: *æl-drihten*	424
5.2.5.	Sb+Sb/Ø$_{Sb}$; Adj+Sb/Ø$_{Sb}$; Num+Sb/Ø$_{Sb}$ (Bahuvrihi-substantive): *long-here*	424
5.3.	Substantivkomposita mit Verbalverknüpfung (einschließlich der Zusammenbildungen)	425
5.3.1.	Vb/Sb und Vb+*ing*/Sb: *swi-dages, swiing-wike*	425
5.3.2.	Sb/Vb+Ø$_{Sb}$: *gomfanoun-bere, day-springe*	429
5.3.3.	Sb/Vb+*t*: *bred-wrigte, world-ayhte*	434
5.3.4.	Sb/Vb+*ere*: (*-estre, -icge*): *horn-blawere*	436
5.3.5.	Sb/Vb+*ing*: *eorð-styrung, fett- weascung*	438
5.3.6.	Vb+Sb/Ø$_{Sb}$; Vb+Präp+Sb/Ø$_{Sb}$ usw. (Imperativ-komposita): *wesche-disch, sitte-stille*	440
5.4.	Adjektivkomposita ohne Verbalverknüpfung	441
5.4.1.	Sb/Adj: *blod-rede, storre-wis*	441
5.4.2.	Adj/Adj bzw. Adv/Adj: *deor-wurðe, efenn-ald*	444
5.4.3.	Adj+Sb/Ø$_{Adj}$; Num+Sb/Ø$_{Adj}$; Adj+Sb/*ed*; Num+Sb/*ed* (Bahuvrihiadj. und erweiterte Bahuvrihiadj.): *heard-heort, heard-iheortet*	444
5.5.	Adjektivkomposita mit Verbalverknüpfung	445
5.5.1.	Vb/Adj: *lic-wurðe, here-wurðe*	445
5.5.2.	Adj/Vb+Ø$_{Adj}$: *arueð-telle, eð-fele*	446
5.5.3.	Sb/PartPräs: *milc-drinkende, land-sittende*	446

5.5.4.	Adj/PartPräs bzw. Adv/PartPräs: *euer-lestinge*	448
5.5.5.	Sb/PartPrät: *wind-feallet, golt-peinte*	448
5.5.6.	Adj/PartPrät bzw. Adv/PartPrät: *freo-boren, wel-cume* .	450

5.6. Misch- und Randtypen 451

5.6.1.	Mit Partikeln zusammengesetzte Sb und Adj (Partikel-komposita): *after-none, dune-fallen*	451
5.6.2.	Mit Affixoiden zusammengesetzte Sb und Adj: *kine-ring, slæp-ern, ioy-ful*	453
5.6.3.	Inversionskomposita: *freres prechurs, herbe Robert* . .	454
5.6.4.	Reduplizierende Bildungen: *gale-gale*	454
5.6.5.	Num/Adj und Num/Partizip: *hælf-ȝare, an-kenned* . .	454
5.6.6.	Pron/Adj und Pron/Partizip: *all-halig, all-forgelt* . .	455

5.7. Weitere Aspekte und Zusammenschau 455

| 5.7.1. | Semantische Gruppen (Wortfelder) und syntaktische Analyse am Beispiel der Pflanzennamen . . . . . . | 455 |
| 5.7.2. | Zusammenschau . . . . | 456 |

6. MATERIALTEIL UND INDICES 459

6.1. Der Text von *The Names of the Hare (NamesHare)* 459

6.2. Zwei Beispiele zur Trennung von Komposita und syntaktischen Gruppen (siehe Kap. 2): Das Material aus *The Owl and the Nightingale (O&N)* und *The Wohunge of ure Lauerd (WohLo)*   461

6.2.1.	Die Komposita aus *WohLo*: Worttrennung in der Handschrift und Behandlung in den Editionen	461
6.2.2.	Die Komposita aus *O&N*	464
6.2.2.1.	Die Worttrennung in den Handschriften	465
6.2.2.2.	Die Betonung im Vers	469
6.2.2.3.	Vergleichender Überblick über die Kriterien des Kompositumstatus	473
6.2.2.4.	Die Behandlung der Belege in Editionen und Wörterbüchern	477

6.3. Die Komposita in den einzelnen frühmittelenglischen Texten (jeweils gegliedert nach den morphologischen Typen) 481

6.3.1.	Umfang und Anlage dieses Verzeichnisses	481
6.3.1.1.	Die Textauswahl	481
6.3.1.2.	Zur Chronologie der Texte	482
6.3.1.3.	Erläuterungen zu einigen Textgruppen	484
6.3.1.4.	Aufbau des Verzeichnisses	484
6.3.2.	Das Verzeichnis	486

I)   Ausgewählte frühme. Bearbeitungen ae. Texte. .   486
II)   Texte des 12. Jhs., die zum Teil das Fortleben ae.
      Traditionen zeigen   489
III) Frühme. Texte um 1200   516
IV)   Texte aus der 1. Hälfte des 13. Jhs.   562
V)   Texte aus der Mitte des 13. Jhs.   567
VI)   Texte aus der 2. Hälfte des 13. Jhs.   577
VII) Lyrik des 13. Jhs.   598
VIII) Ausgewählte Texte um 1300   603
IX)   Zum Vergleich: Ausgewählte spätere Texte . . .   615

6.4. Alphabetisches Gesamtverzeichnis der Komposita aus den
      frühmittelenglischen Texten   626
      6.4.1.   Umfang und Anlage   626
      6.4.2.   Das Verzeichnis   627

6.5. Sonstige Bildungen   680
      6.5.1.   Englisch   681
      6.5.2.   Deutsch   687
      6.5.3.   Latein   689
      6.5.4.   Französisch (einschließlich Anglonormannisch) . . .   690
      6.5.5.   Sonstige   690

6.6. Wortbildungselemente und Sachregister   690

7.   BIBLIOGRAPHIE   696

8.   SUMMARY AND RESULTS   712

8.1. Aims and problems of the analysis   712

8.2. Survey of the historical development   719

8.3. The morphologic compounding types in Early Middle English,
      their productivity and their syntactic-semantic description and
      sub-classification   722

8.4. Morphologic variants and peculiarities   733

8.5. Tables   735

Abkürzungen (einschließlich Quellenbibliographie)

a) Altenglische Texte

AeCHom
The Homilies of the Anglo-Saxon Church. I. The Sermones Catholici, or Homilies of Aelfric, 2 vols., ed. Benjamin Thorpe (London, 1844 – 1846).

AeHomPope
Homilies of Aelfric. A Supplementary Collection, ed. J. C. Pope, 2 vols., EETS, 259 – 260 (1967 – 1968).

BenR
Die angelsächsischen Prosabearbeitungen der Benediktinerregel, ed. A. Schröer, BASP, 2 (Kassel, 1885 – 1888); 2. Aufl. mit Anhang von H. Gneuss (Darmstadt, 1964) [Cameron Nr. B. 10.3.4.].

Gesetze
Die Gesetze der Angelsachsen, ed. F. Liebermann, 3 Bde. (Halle, 1903 – 1916; Nachdr. Aalen, 1960).

Or
The Old English Orosius, edited by Janet Bately, EETS, S.S. 6 (1980).

ThCap
Theodulfi Capitula in England, hrsg. von Hans Sauer, TUEPh, 8 (München, 1978).

Wright/Wülker
Anglo-Saxon and Old English Vocabularies, ed. T. Wright, R. Wülker, 2 vols., 2nd ed. (London, 1884; repr. Darmstadt, 1968).

b) Frühmittelenglische (und mittelenglische) Texte

(i) Öfter zitierte Sammelbände

d'Ardenne, S. T. R. O. (1977), The Katherine Group edited from MS. Bodley 34 (Bibliothèque de la Faculté de Philosophie et Lettres de l'Université de Liège, CCXV), Paris.

Bennett, J. A. W., and G. V. Smithers (1968), Early Middle English Verse and Prose, 2nd ed., Oxford.

Blake, N. F. (1972), Middle English Religious Prose (York Medieval Texts), London.

Dickins, Bruce, and R. M. Wilson (1951), Early Middle English Texts, London.

Furnivall, F. J. (1901), The Minor Poems of the Vernon MS., Pt. II, (EETS 117).

Hall, Joseph (1920), Selections from Early Middle English 1130 – 1250, 2 vols., Oxford.

McKnight, G. H. (1913), Middle English Humorous Tales in Verse, Boston.

Morris, Richard (1867 – 1868), Old English Homilies of the 12th and 13th Centuries, first series (EETS 29, 34) [OEH I].

Morris, Richard (1872), An Old English Miscellany (EETS 49) [OEM].

Morris, Richard (1873), Old English Homilies of the 12th and 13th Centuries, second series (EETS 53) [OEH II].

Reichl, Karl (1973), Religiöse Dichtung im englischen Hochmittelalter. Untersuchung und Edition der Handschrift B.14.39 des Trinity College in Cambridge (TUEPh 1), München.

Thompson, W. Meredith (1958), þe Wohunge of Ure Lauerd and other pieces (EETS 241).

(ii) Die einzelnen frühmittelenglischen (und mittelenglischen) Texte

Amis&A a1300   *Amis and Amiloun*, (1) zitiert nach ed. MacEdward Leach, EETS 203 (1937); (2) vgl. ed. E. Kölbing (Heilbronn, 1884).

AncR (= *AncW*) c1200   *The Ancrene Riwle (= Ancrene Wisse)*, zitiert nach: (1) *The English Text of the Ancrene Riwle: Ancrene Wisse, Corpus Christi College Cambridge MS 402*, ed. J. R. R. Tolkien, EETS 249 (1962) [= Hs. A]; (2) *The English Text of the Ancrene Riwle: British Museum MS. Cotton Cleopatra C.VI*, ed. E. J. Dobson, EETS 267 (1972) [= Hs. C]. – Vgl. ferner (1) Hall 1920: Nr. IX; (2) Dickins/Wilson 1951: Nr. XVII; (3) *Ancrene Wisse, Parts Six and Seven*, ed. Geoffrey Shepherd (London, 1959); (4) Bennett/Smithers 1968: Nr. XVIII; sowie Zettersten 1965.

Annunc a1300   *The Annunciation of the Virgin Mary;* ed. Morris 1872 *(OEM)*: 100 (Nr. XI).

Art&Merl c1300   *Arthour and Merlin;* (1) zitiert nach *Arthour and Merlin*, ed. E. Kölbing (Leipzig, 1890), S. 3–272; (2) siehe jetzt auch *Of Arthour and of Merlin*, ed. O. D. Macrae-Gibson, 2 vols., EETS 268 (1973) und 279 (1979).

Ayenb 1340   *Dan Michel's Ayenbite of Inwyt*, vol. 1 ed. R. Morris, rev. by P. Gradon, EETS 23 (1866; repr. 1965), vol. 2 ed. P. Gradon, EETS 278 (1979). – Vgl. dazu bes. Wallenberg 1923.

Best a1250   *The Bestiary;* (1) zitiert nach Hall 1920: Nr. XXI; vgl. auch (2) Morris 1872; (3) Dickins/Wilson 1951: Nr. XI; (4) Bennett/Smithers 1968: Nr. XII.

Body&S/1 c1175   *Body&Soul/1 (= The Grave);* (1) zitiert nach *Die Fragmente der Reden der Seele an den Leichnam, in zwei Handschriften zu Worcester und Oxford*, ed. Richard Buchholz, Erlanger Beiträge zur Engl. Phil. 6 (Erlangen, 1890), S. 11; (2) vgl. *Altenglische Lyrik. Englisch/ Deutsch*, ed. R. Breuer, R. Schöwerling (Stuttgart, 1972), Nr. XI.

Body&S/2 a1200   *Body&Soul/2* (Worcester Fragments); (1) zitiert nach *Die Fragmente der Reden der Seele an den Leichnam*, ed. Buchholz, S. 1–10 (Fragmente A–G); vgl. (2) Hall 1920: Nr. I B–C; (3) *The Soul's Address to the Body. The Worcester Fragments*, ed. Douglas Moffat (East Lansing/Mi, 1987).

Body&S/3 a1260   *Body&Soul/3;* ed. Reichl 1973: 339–365 (Nr. 52 „Seele und Leichnam").

Body&S/4 a1300   *Body&Soul/4;* ed. Wilhelm Linow, *Über das mittelenglische Gedicht Desputisoun bitwen the Body and the Soule* (Diss. Erlangen, 1889).

ChartHenII 1155   *Charter of Henry the Second;* ed. Hall 1920: Nr. IV.

ChronE 1070–1154   *The Peterborough Chronicle* (Hs. Bodleian, Laud Misc. 636 = Hs. E); (1) zitiert nach *The Peterborough Chronicle 1070–1154*, ed. Cecily Clark, 2nd ed. (Oxford, 1970); vgl. (2) Charles Plummer, John Earle, *Two of the Saxon Chronicles Parallel* (Oxford, 1892; repr. 1952), I,205–268; (3) Hall 1920: Nr. III; (4) Dickins/Wilson 1951: Nr. II; (5) Bennett/Smithers 1968: Nr. XVI.

Cockaygne a1300   *The Land of Cockaygne;* (1) zitiert nach Bennett/Smithers 1968: Nr. IX; (2) vgl. *Die Kildare-Gedichte*, ed. W. Heuser (Bonn, 1904), S. 141–150.

Creed/1 a1250	*Prose Version of the Apostles' Creed,* ed. A. S. Napier, "Odds and Ends", *MLN* 4 (1899), 138 (Sp. 276).
Creed/2 a1250	*þe Lesse Crede,* ed. Morris 1867–1868 *(OEH* I): 217 (nach Nr. XXIII).
Death	= *Lyrics XIII,* Nr. *29 (The latemeste day)*
DSirith ?a1300	*Dame Sirith;* (1) zitiert nach Bennett/Smithers 1968: Nr. VI; (2) vgl. McKnight 1913:1–24.
Durham c1104–1109	*Durham;* ed. E. van Kirk Dobbie, *The Anglo-Saxon Minor Poems,* ASPR 6 (New York, 1942), S. 27.
DutyChr a1300	*The Duty of Christians;* ed. Morris 1872 *(OEM):* 141–144 (Nr. XVII).
11 Pains a1300	*The Eleven Pains of Hell* (The Vision of St. Paul); zitiert nach (1) Morris 1872 *(OEM):* 147–155 (Nr. XIX); (2) C. Horstmann, „Nachträge zu den Legenden", *Archiv* 62 (1879), 403–415.
15 Toknen a1300	*The Fifteen Signs of Doomsday;* Hs. C, ed. F. J. Furnivall, *Hymns to the Virgin and Christ,* EETS, 24 (1867), S. 118–125; Hs. D, ed. E. Stengel, *Codicem Manu Scriptorum Digby 86 ... descripsit* (Halle, 1871), S. 53–57.
Floris&B c1250	*Floris and Blancheflur;* (1) zitiert nach *Floris and Blauncheflur,* ed. F. C. De Vries (Diss. Utrecht, 1966); vgl. (2) *King Horn, Floriz and Blauncheflur, ...,* ed. J. R. Lumby, re-ed. G. H. McKnight, EETS 14 (2nd ed. 1902); ferner (3) Dickins/Wilson 1951: Nr. IX; (4) Bennett/Smithers 1968: Nr. III.
Fox&W ?a1300	*The Fox and the Wolf;* (1) zitiert nach Bennett/Smithers 1968: Nr. V; vgl. (2) Dickins/Wilson 1951: Nr. XII; (3) McKnight 1913:25–37.
Fragment a1300	*Fragment of a Song,* ed. Morris 1872 *(OEM):* 100 f. (Nr. XII).
Gen&Ex c1250	*Genesis and Exodus;* (1) zitiert nach *The Middle English Genesis and Exodus,* ed. Olof Arngart, LSE 36 (Lund, 1968); (2) vgl. Hall 1920: Nr. XXII.
GlossNeck ?a1300	Glossen in Alexander Neckams *De Nominibus Utensilium;* ed. Thomas Wright, *A Volume of Vocabularies* (o. O. [wohl London], 1857), S. 96–119.
HarrowHell a1250	*The Middle English Harrowing of Hell and Gospel of Nicodemus,* ed. W. H. Hulme, EETS ES 100 (1908), S. 2–22.
Hav c1280–1300	*Havelok;* (1) zitiert nach *Havelok,* ed. F. Holthausen, 3. Aufl. (Heidelberg, 1928); vgl. (2) Dickins/Wilson 1951: Nr. XIII; (3) Bennett/Smithers 1968: Nr. IV; (4) *The Lay of Havelok the Dane,* ed. W. W. Skeat (Oxford, 1902); (5) *Havelok,* ed. G. V. Smithers (Oxford, 1987).
Heil a1260	*Die Heilsgeschichte;* ed. Reichl 1973: 391–404 (Nr. 70).
HMeid c1200	*Hali Meiphad;* (1) zitiert nach d'Ardenne 1977: 127–165; vgl. (2) *Hali Meiphad,* ed. Bella Millett, EETS 284 (1982); (3) Blake 1972: Nr. II.
HolyChireche a1300	*Hwon holy chireche is under uote;* ed. Morris 1872 *(OEM):* 89 (Nr. VII).
HonEl(uc) c1125	Frühme. Übersetzung nach Honorius von Autun, *Elucidarius;* ed. R. D.-N. Warner, *Early English Homilies from the Twelfth-Century MS Vespasian D. XIV,* EETS 152 (1917), S. 140–145 (Nr. XLV–XLVI).
HrlVoc a1300	Dreisprachiges Pflanzenvokabular in Hs. Harley 978 (Lat.–Agn.–Me.); (1) ed. Thomas Wright, Richard Paul Wülcker, *Anglo-Saxon and Old English Vocabularies,* 2 vols., 2nd ed. (London, 1884; repr.

Darmstadt, 1968), I,554–559; (2) vgl. Gabriele Stein, *The English Dictionary before Cawdrey* (Tübingen, 1985), S. 49–52.

HundrE a1300   *The Shires and Hundreds of England;* ed. Morris 1872 *(OEM):* 145 f. (Nr. XVIII).

InterlCl&P ?a1300   *Interludium de Clerico et Puella;* (1) zitiert nach Bennett/Smithers 1968: Nr. XV; vgl. (2) McKnight 1913: 21–24; (3) Dickins/Wilson 1951: Nr. XXXVIII.

Jacob&J a1300   *Jacob and Joseph;* (1) zitiert nach A. S. Napier, *Iacob and Iosep* (Oxford, 1916); (2) vgl. Dickins/Wilson 1951: Nr. XXI.

KentSerm c1275   *Kentish Sermons* [Hs. Laud Misc. 412]; (1) zitiert nach Hall 1920: Nr. XXIII; vgl. (2) Morris 1872 *(OEM):* 26–36; (3) Dickins/Wilson 1951: Nr. XIX; (4) Bennett/Smithers 1968: Nr. XVII.

KingAlex c1300   *Kyng Alisaunder;* (1) zitiert nach *Kyng Alisaunder,* ed. G. V. Smithers, EETS 227 (1952) u. 237 (1957); (2) vgl. Bennett/Smithers 1968: Nr. II.

KingHorn ?c1225   *King Horn;* (1) zitiert nach *King Horn,* ed. Joseph Hall (Oxford, 1901); (2) vgl. Dickins/Wilson 1951: Nr. VII.

La3B c1200   *Laȝamon's Brut;* (1) zitiert nach *Laȝamon: Brut,* ed. G. L. Brook, R. F. Leslie, EETS 250 (1963), 277 (1978); vgl. (2) *Laȝamons Brut, or Chronicle of Britain,* ed. F. Madden, 3 vols. (London, 1847); (3) Hall 1920: Nr. XIV; (4) Dickins/Wilson 1951: Nr. VI; (5) Bennett/Smithers 1968: Nr. X. – Hs. C = Cotton Caligula A.IX; Hs. O = Cotton Otho C.XIII.

LambH a1225   *Lambeth Homilies* [MS Lambeth Palace 487]; (1) zitiert nach Morris 1867–1868 *(OEH* I): 1–159; (2) Nr. IV u. V auch bei Hall 1920 als Nr. X–XI; (3) Nr. IV auch bei Blake 1972 als Nr. I.

LambH IX a1225 (ae)   *Lambeth-Homilie* Nr. IX; Edition wie oben; Bearbeitung einer Aelfric-Homilie, vgl. Cameron Nr. B.1.1.24.

LambH X a1225 (ae)   *Lambeth-Homilie* Nr. X; Edition wie oben; Bearbeitung einer Aelfric-Homilie, vgl. Cameron Nr. B.1.6.2.

LofLe = OrMar c1200   *On Lofsong of Ure Lefdi = þe Oreisun of Seinte Marie;* (1) zitiert nach Thompson 1958: 16–18 u. 19; (2) vgl. Morris 1867–1868 *(OEH* I): Nr. XXII u. Appendix III.

LofLo c1200   *On Lofsong of Ure Louerde;* (1) zitiert nach Thompson 1958: 10–15; (2) vgl. Morris 1867–1868 *(OEH* I): Nr. XXIII.

LutSS c1250   *A lutel soth Sermun;* ed Morris 1872 *(OEM):* 186–191 (Nr. XXV).

LyricsXIII c1200–1300   *English Lyrics of the XIIIth Century,* ed. Carleton Brown (Oxford, 1932). Zitiert nach Gedichtnr. und Zeile.

Malory a1470   *Malory;* (1) zitiert nach *Malory: Works,* ed. Eugène Vinaver, 2nd ed. (Oxford, 1971); vgl. (2) *The Works of Sir Thomas Malory,* ed. Eugène Vinaver, 2nd ed., 3 vols. (Oxford, 1967); (3) *A Concordance to the Works of Sir Thomas Malory,* ed. by Tomomi Kato (Tokyo, 1974).

NamesHare ?a1300   "The Middle English Poem on the Names of a Hare"; (1) ed. A. S. C. Ross, *Proceedings of the Leeds Philosophical and Literary Society,* 3 (1935), 347–377 (bes. 350–351); (2) vgl. unten 6.1.

O&N ?c1200(a1250)   *The Owl and the Nightingale;* (1) zitiert nach *The Owl and the Nightingale,* ed. E. G. Stanley (London, 1960; rev. 1962); vgl. ferner (2) *The Owl and the Nightingale,* reproduced in facsimile, with an introduction by N. R. Ker, EETS 251 (1963); (3) *The Owl and the*

Nightingale/ Die Eule und die Nachtigall. Mittelenglisch/Deutsch, hrsg. H. Sauer (Stuttgart, 1983); (4) Hall 1920: Nr. XX; (5) Dickins/ Wilson 1951: Nr. X; (6) Bennett/Smithers 1968: Nr. I; (7) ed. J. W. H. Atkins (Cambridge, 1922).

OrisLo a1250   *An Orison of Our Lord;* ed. Morris 1872 *(OEM):* 139–141 (Nr. XVI).

OrMar   Siehe *LofLe.*

Orrm a1180   *The Orrmulum;* (1) zitiert nach *The Ormulum,* ed. R. M. White, revised R. Holt (Oxford, 1878); vgl. (2) Hall 1920: Nr. XV; (3) Dickins/Wilson 1951: Nr. XV; (4) Bennett/Smithers 1968: Nr. XIII. – Siehe R. W. Burchfield, "The Language and Orthography of the Ormulum MS", *TPS* (1956), 56–87. Zur Datierung siehe M. B. Parkes, "On the Presumed Date of the Manuscript of the *Orrmulum*", in: *Five Hundred Years of Words and Sounds. A Festschrift for Eric Dobson,* ed. E. G. Stanley, D. Gray (Cambridge, 1983), S. 115–127.

PassLo a1300   *The Passion of Our Lord;* ed. Morris 1872 *(OEM):* 37–57 (Nr. I).

PMor ?c1175   *Poema Morale;* (1) zitiert nach H. Marcus, *Das frühmittelenglische 'Poema Morale'* (Leipzig, 1934); vgl. (2) Morris 1872 *(OEM):* 58–71 (Nr. II); (3) Morris 1867–1868 *(OEH* I): 159–183; (4) Hall 1920: Nr. VIII; (5) Morris 1873 *(OEH* II): 220–232.

ProclHenIII 1258   *The Proclamation of Henry III;* ed. Dickins/Wilson 1951: Nr. III.

ProvA c1150–1165   *The Proverbs of Alfred;* (1) zitiert nach O. S. Arngart, *The Proverbs of Alfred,* 2 vols. (Lund, 1942–1955); vgl. (2) Morris 1872 *(OEM):* 102–138 (Nr. XV); (3) O. Arngart, *The Proverbs of Alfred: An Emended Text* (Lund, 1978); (4) Hall 1920: Nr. VI; (5) Dickins/Wilson 1951: Nr. XIV.

ProvH c1250   *The Proverbs of Hendyng;* zitiert nach G. Schleich, „Die Sprichwörter Hendyngs", *Anglia* 51 (1927), 220–227; 52 (1928), 350–361.

ProvTrin c1200   *Trinity Proverbs;* ed. Max Förster, „Frühmittelenglische Sprichwörter", *EStn* 31 (1902), 5–9.

PsVirg ?a1300   *The Making of Our Lady's Psalter;* ed. Furnivall 1901: 777–785.

Reimpredigt a1260   *Reimpredigt;* ed. Reichl 1973: 303–309 (Nr. 17).

SanctBeda a1200   *Sanctus Beda* (Worcester Fragments); (1) ed. Hall 1920: Nr. 1A; (2) vgl. Dickins/Wilson 1951: Nr. I.

SEL c1300   *The South English Legendary,* ed. Charlotte d'Evelyn, Anna J. Mill, 3 vols., EETS 235, 236, 244 (1956–1959).

SermAtWrasl ?a1250   *Sermo Atte Wrasling;* zitiert nach Max Förster, „Kleinere mittelenglische Texte", *Anglia* 42 (1918), 145–224 (bes. 152–154).

SermRdE c1125   *Sermo in festis sanctae Mariae virginis* von Raoul d'Escures; (1) zitiert nach Max Förster, „Die spätaltenglische Übersetzung der Pseudo-Anselmschen Marienpredigt", *Anglica. Untersuchungen zur englischen Philologie, Alois Brandl zum siebzigsten Geburtstage überreicht,* Bd. II, Palaestra 148 (Leipzig, 1925), S. 8–69 (bes. 15–40); (2) vgl. *Early English Homilies from the Twelfth Century MS. Vespasian D. XIV,* ed. R. D.-N. Warner, EETS 152 (1917), Nr. XLIII.

SermTrin/Cleo ?a1250   Predigt, ed. Förster (wie *SermAtWrasl*), S. 148–151.

ServeChr a1300   *On Serving Christ;* ed. Morris 1872 *(OEM):* 90–92 (Nr. IX).

SGH c1160–1170   *Saint Godric's Hymns;* (1) ed. Hall 1920: 5 (Nr. II); (2) vgl. auch E. J.

Dobson, F. Ll. Harrison, ed., *Medieval English Songs* (London, 1979), S. 103−109.

Signs a1300 | *Signs of Death;* ed. Morris 1872 *(OEM):* 101 (Nr. XIII).

SirTristr a1300 | *Sir Tristrem;* ed. E. Kölbing, *Die nordische und die englische Version der Tristansage* (Heilbronn, 1882).

SStBede ?a1300 | *The Sayings of St. Bede (Sinners Beware);* zitiert nach: (1) Morris 1872 *(OEM):* 72−83 (Nr. III); (2) Furnivall 1901: 765−776.

SStBern ?a1300 | *Sayings of St. Bernhard (Man's Three Foes);* zitiert nach Furnivall 1901: 757−761.

StatRom a1300 | *The Stacions of Rome;* ed. F. J. Furnivall, EETS 25 (1867), 1−24.

StJul c1200 | *Seinte Iuliene;* (1) zitiert nach d'Ardenne 1977: 94−127; vgl. (2) þe Liflade ant te Passiun of Seinte Iuliene, ed. S. T. R. O. d'Ardenne (Liège, 1936; repr. EETS 248 (1961)); (3) Hall 1920: Nr. XIX.

StKat c1200 | *Seinte Katerine;* (1) zitiert nach d'Ardenne 1977: 17−53; vgl. (2) Seinte Katerine, ed. S. T. R. O. d'Ardenne, E. J. Dobson, EETS SS 7 (1981); (3) Hall 1920: Nr. XVII.

StMarg/1 c1200 | *Seinte Margarete;* (1) zitiert nach d'Ardenne 1977: 53−94; vgl. (2) Seinte Marherete, ed. Frances M. Mack, EETS 193 (1934); (3) Dickins/Wilson 1951: Nr. XVIII.

StMarg/2 a1260 | *St. Margaret;* ed. Reichl 1973: 163−288 (Nr. 6).

SWard c1200 | *Sawles Warde;* (1) zitiert nach d'Ardenne 1977: 165−185; vgl. (2) Hall 1920: Nr. XVI; (3) Bennett/Smithers 1968: Nr. XIX.

TenAb c1250 | *Ten Abuses;* ed. Morris 1872 *(OEM):* 184f. (Nr. XXIX).

Trin 323 a1260 | Einige kleinere Texte aus Reichl 1973 (Nr. 24, 32, 33, 37, 42, 71, 88, 91).

TrinH a1225 | Trinity Homilies [Hs. Trinity College, Cambridge, B.14.52]; (1) ed. Morris 1873 *(OEH II):* 1−219; (2) vgl. Hall 1920: Nr. XII.

UrLe | = *Lyrics XIII,* Nr. 3.

UrLo = UrGod c1200 | *On Ureisun of Ure Louerde = On wel swuðe God Ureisun of God Almihti;* (1) zitiert nach Thompson 1958: 1−4 u. 5−9; (2) vgl. Morris 1867−1868 *(OEH I):* XIX u. XXI.

VespAH 2−3 a1225 | *Vespasian Homilies 2−3* [Hs. Cotton Vespasian A.XXII]; (1) ed. Morris 1867−1868 *(OEH I):* 231−243 (Nr. XXV−XXVI); (2) vgl. Hall 1920: Nr. V.

VespAH 1 a1225 (ae) | *Vespasian Homilie 1;* ed. Morris 1867−1868: 217−231 (Nr. XXIV). − Bearbeitung einer Aelfric-Homilie, vgl. Cameron Nr. B.1.1.2.

VespAH 4 a1225 (ae) | *Vespasian Homilie 4;* ed. Morris 1867−1868: 243−245 (Nr. XXVII). − Bearbeitung einer Aelfric-Homilie, vgl. Cameron Nr. B.1.1.26.

Vices&V c1200 | *Vices and Virtues;* (1) zitiert nach Vices and Virtues, ed. F. Holthausen EETS 89 (1888), 159 (1921); vgl. (2) Hall 1920: Nr. XIII; (3) Dickins/Wilson Nr. XVI.

WintBR a1225 (ae) | *Die Winteney-Version der Regula S. Benedicti,* ed. Arnold Schröer (Halle, 1888); Nachdruck mit einem Anhang von Mechthild Gretsch (Tübingen, 1978). − Ae. Vorlage: BenR.

WohLo c1200 | þe *Wohunge of Ure Lauerd;* (1) zitiert nach Thompson 1958: 20−38; vgl. (2) Morris 1867−1868 *(OEH I):* Nr. XXIX; (3) Blake 1972: Nr. III.

WomS a1300 | *The Woman of Samaria,* ed. Morris 1872 *(OEM):* 84−86 (Nr. IV).

WorcFr	*Worcester Fragments:* siehe *Body&S/ 2; SanctBeda.*

c) Wörterbücher und Nachschlagewerke

AEW	F[erdinand] Holthausen, *Altenglisches etymologisches Wörterbuch* (Heidelberg, 1934; 3. unveränd. Aufl. 1974).
B–R	Carleton Brown, Rossell Hope Robbins, *The Index of Middle English Verse* (New York, 1943); *Supplement* by Rossell Hope Robbins, John L. Cutler (Lexington, 1965).
BT	Joseph Bosworth, T. Northcote Toller, *An Anglo-Saxon Dictionary* (Oxford, 1882–1898).
BTS	*An Anglo-Saxon Dictionary: Supplement,* by T. Northcote Toller (Oxford, 1908–1921).
BTSC	*An Anglo-Saxon Dictionary: Enlarged Addenda and Corrigenda to the Supplement,* by Alistair Campbell (Oxford, 1972).
Cameron	Angus Cameron, "A List of Old English Texts", in: *A Plan for the Dictionary of Old English,* ed. R. Frank, A. Cameron (Toronto, 1973), S. 25–306.
ClarkHall	John R. Clark Hall, *A Concise Anglo-Saxon Dictionary,* 4th ed. with a supplement by Herbert D. Meritt (Cambridge, 1960).
CODEPN	Eilert Ekwall, *The Concise Oxford Dictionary of English Place-Names,* 4th ed. (Oxford, 1960).
DCE	*Dictionary of Contemporary English,* ed. Paul Proctor et al. (London, 1978) [New Edition: 1987].
DOE	*Dictionary of Old English,* ed. A. Cameron et al. (Toronto, 1986–).
EPD	*Everyman's English Pronouncing Dictionary,* by Daniel Jones, rev. by A. C. Gimson, 14th ed. (London, 1977).
Kluge-Mitzka	Friedrich Kluge, *Etymologisches Wörterbuch der deutschen Sprache.* 20. Aufl. bearb. von Walther Mitzka (Berlin, 1967) [21. unveränd. Aufl. 1975; 22. Aufl. bearb. von E. Seebold et al., 1989].
LexMA	*Lexikon des Mittelalters* (München, 1977–).
LGL	*Lexikon der Germanistischen Linguistik,* hrsg. H. P. Althaus et al., 2. Aufl. (Tübingen, 1980).
ManualME	*A Manual of the Writings in Middle English 1050–1500,* ed. A. E. Hartung et al. (Hamden/Conn., 1972–).
MED	*Middle English Dictionary,* ed. Hans Kurath et al. (Ann Arbor, 1952–).
MEG	Otto Jespersen, *A Modern English Grammar on Historical Principles,* 7 Bde. (London und Kopenhagen, 1909–1949). [Vgl. auch die Bibliographie, unten S. 701].
MifConc	*A Microfiche Concordance to Old English,* ed. Antonette di Paolo Healey, Richard L. Venezky (Toronto, 1980).
ODEE	*The Oxford Dictionary of English Etymology,* ed. C. T. Onions et al. (Oxford, 1966).
OED	*The Oxford English Dictionary,* ed. J. A. H. Murray et al., 13 vols. (Oxford, 1933) [corrected re-issue of *A New English Dictionary on Historical Principles,* ed. J. A. H. Murray et al. (Oxford, 1884–1928)]; [2nd ed. prepared by J. A. Simpson, E. S. C. Weiner, 20. vols. (Oxford, 1989)].

Tobler-Lommatzsch	*Altfranzösisches Wörterbuch,* von Adolf Tobler, Erhard Lommatzsch (Berlin [später Wiesbaden], 1915–).

d) Buchreihen und Zeitschriften

AF	Anglistische Forschungen.
ASNSL	*Archiv für das Studium der neueren Sprachen und Literaturen.*
BGDSL	(Paul und Braunes) *Beiträge zur Geschichte der deutschen Sprache und Literatur;* (H) Halle; (T) Tübingen.
EETS	Early English Text Society.
FIDS	Forschungsberichte des Instituts für deutsche Sprache.
GAA	Grundlagen der Anglistik und Amerikanistik.
IBAL	Internationale Bibliothek für allgemeine Linguistik.
IBS	Innsbrucker Beiträge zur Sprachwissenschaft.
IF	*Indogermanische Forschungen.*
JL	Janua Linguarum.
LA	Linguistische Arbeiten.
LSE	Lund Studies in English.
NM	*Neuphilologische Mitteilungen.*
StEPh	Studien zur Englischen Philologie.
TBL	Tübinger Beiträge zur Linguistik.
TPS	*Transactions of the Philological Society.*
TUEPh	Texte und Untersuchungen zur Englischen Philologie.
UTB	Uni-Taschenbücher.
WBEPh	Wiener Beiträge zur Englischen Philologie.
ZAA	*Zeitschrift für Anglistik und Amerikanistik.*
ZGL	*Zeitschrift für germanistische Linguistik.*

e) Sonstige Abkürzungen

a	ante (vor)
A, B	Elemente des Kompositums (A Erstelement, B Zweitelement), und zwar Oberflächenelemente.
Adj	Adjektiv
Adv	Adverb, Adverbiale, Adverbialergänzung
Adv_P	Ortsadverbiale (Place)
Adv_T	Zeitadverbiale (Time)
Adv_I	Instrumentadverbiale
Adv_M	Adverbiale der Art und Weise (Manner)
Adv-Typ	Adverbialergänzungstyp
ae.	altenglisch
ae/ME	im Ae. gebildet, aber im Me. verändert
afrz.	altfranzösisch
agn.	anglonormannisch
ags.	angelsächsisch
ahd.	althochdeutsch
an., anord.	altnordisch
bot.	botanisch (Pflanzenname)

c, ca.	circa
Cp., cpd.	*compound*, Kompositum
Dm, dm	Determinatum *(determinatum)*
dO	direktes Objekt (aff.: affiziert; eff.: effiziert)
Dt, dt	Determinans *(determinant)*
dt.	deutsch
(e)	Erstbeleg
frühme.	frühmittelenglisch
frz.	französisch
germ(an).	germanisch
(h), (Hap. leg.)	Hapax legomenon
Hs(s).	Handschrift(en)
iO	indirektes Objekt
Jh.	Jahrhundert
Komp	Komplement (Ergänzung)
Kop	Kopula
Kp.	Kompositum, Komposita
(l)	Letztbeleg
lat.	lateinisch
Lbi	Lehnbildung
Lüs	Lehnübersetzung
Lüt	Lehnübertragung
Lw	Lehnwort
me., ME	mittelenglisch
mhd.	mittelhochdeutsch
mlat.	mittellateinisch
mndl.	mittelniederländisch
mndt.	mittelniederdeutsch
ndl.	niederländisch
nddt.	niederdeutsch
ne.	neuenglisch
nhd.	neuhochdeutsch
Num	Numerale, Zahlwort
O	Objekt
O-Typ	Objektstyp
P	Prädikat
Part	Partizip
PartPräs	Partizip Präsens
PartPrät	Partizip Präteritum
Pn	Prädikation
Pn-Typ	Prädikationstyp
Pr	Prädikativ, Prädikatsnomen
Präp	Präposition
Pron	Pronomen
s.	siehe
s. a.	siehe auch
s. o.	siehe oben
s. u.	siehe unten

S	Subjekt
S-Typ	Subjekts-Typ
Sb	Substantiv
s. v.	sub voce (bei Verweis auf Wörterbucheinträge)
synt(akt).	syntaktisch
u. ö.	Bei Belegen: Die gleiche Bildung kommt noch mehrmals im gleichen Text vor.
usw.	Bei Belegen: Die gleiche Bildung kommt noch in anderen Texten vor.
Vb	Verb
Vr(r)., vr(r).	Variante(n)
vs.	versus (gegen)

f) Zeichen

+	a) Verbindet die Elemente von syntaktischen Gruppen; b) Verbindet die Elemente innerhalb komplexer Konstituenten von Komposita, z. B. Sb+*s*/Sb.
/	a) Setzt Determinans und Determinatum von Komposita voneinander ab, z. B. Sb/Sb; Sb/Adj; b) Gibt Alternativen bei Bedeutungserklärungen an.
-	Setzt bei Belegangaben die Oberflächenelemente von Komposita voneinander ab, z. B. *golt-hord*.
Ø	Nullmorphem bzw. Nullsuffix.
00	Beleg fehlt in der Handschrift
( )	a) Die Bildung kommt mit und ohne die eingeklammerten Buchstaben (Laute) vor, z. B. *heuen(e)-king*. b) Am Wortende auch: Es handelt sich sicher oder möglicherweise um eine Flexionsendung, z. B. *blod-stræm(en)*. c) Siehe S. 34 Anm. 123.
(Kp?), (?)	Der Kompositumstatus der betreffenden Bildung ist unsicher.
*	a) Nicht belegte, sondern erschlossene Form. b) Falsche Form.
> <	Wird zu Kommt aus } Bei diachroner Entwicklung.
→ ←	Wird zu Kommt aus } Bei synchroner (syntaktischer) Ableitung bzw. Paraphrase.
→	Im Wortindex auch: siehe
~	Parallel zu, existiert neben (z. B: Kp. ~ syntaktische Gruppe), entspricht.

1. Zur Erforschung und Beschreibung der Nominalkomposita

1.1. Die vorliegende Arbeit: Ziele, Methoden und Korpus

1.1.1. Ziele, Aufbau und Methoden

Die vorliegende Arbeit will in erster Linie einen Überblick über das System der Nominalkomposition im Frühmittelenglischen und die mit seiner Analyse verknüpften Probleme geben; daneben wird versucht, dieses System in seinen historischen Zusammenhang einzuordnen, also seine Entwicklung und die der einzelnen Kompositionstypen im Verlauf der englischen Sprachgeschichte zu skizzieren. Den mittelenglischen Nominalkomposita ist im allgemeinen nicht so viel Interesse entgegengebracht worden wie den altenglischen auf der einen und den neuenglischen auf der anderen Seite. Während es sowohl zu den ae. als auch zu den ne. Komposita eine Reihe von Arbeiten verschiedener Zielsetzung gibt, liegen zu den me. Kp. vergleichsweise wenige detaillierte Untersuchungen und Materialsammlungen vor.[1] Die entsprechenden Arbeiten behandeln außerdem überwiegend Sonderbereiche, vor allem die zusammengesetzten Zunamen, und stützen sich dann im wesentlichen auf Urkunden (siehe unten 1.2.4.). Hier sollen dagegen hauptsächlich die Kp. aus den im weitesten Sinne literarischen Denkmälern des Me. gesammelt und untersucht werden; die Ergebnisse der Spezialstudien werden, wo es sich anbietet, zum Vergleich herangezogen.[2] Der Schwerpunkt liegt hier demnach auf dem Allgemeinwortschatz; die zusammengesetzten Personen- und Ortsnamen aus unse-

---

[1] Siehe die Bibliographie sowie Kap. 1.2. – Zu den ae. Komposita sind besonders wichtig: Carr 1939 (Vergleich mit den anderen german. Sprachen) und Gardner 1968 (mit ausführlichem Glossar der ae. Substantivkp.); siehe ferner Storch 1886; Krackow 1903; Borowski 1921; Rubke 1953 sowie einige neuere amerikanische Dissertationen, die sich überwiegend auf die ae. Dichtung konzentrieren und nur zum Teil sprachwissenschaftlich ausgerichtet sind: Koban 1963; Reibel 1963; Byerly 1966; Overholser 1971; Talentino 1971; vgl. außerdem: Nowakowski 1978:54–87; Twomey in Bessinger/Smith 1978:xvii–xxxvii (Verzeichnis der ae. poetischen Kp.); Kastovsky 1968 (Verzeichnis nullabgeleiteter deverbaler Sb., auch soweit sie als Dm in Kp. vorkommen).

[2] Siehe z. B. unten 3.2.3.4.; 3.2.14.4.; 3.2.15.4.

1

rem frühme. Material werden nur in Auswahl berücksichtigt, insbesondere soweit sie für bestimmte Wortbildungsfragen von Interesse sind.

Die Aspekte, unter denen man Komposita betrachten kann, sind allerdings so vielfältig, daß sich selbst die frühme. Kp. des Allgemeinwortschatzes auf begrenztem Raum nicht unter allen der möglichen Gesichtspunkte analysieren lassen. Fragestellungen und Ergebnisse der bisherigen Wortbildungsforschung im Hinblick auf die Nominalkomposition werden in Kap. 1 besprochen und dabei gleichzeitig die Ausgangspositionen der vorliegenden Arbeit abgesteckt. Angesichts der − wenn man vom Mittelenglischen absieht − recht umfangreichen und ständig noch wachsenden Literatur zu den Nominalkp. im Englischen und den dazu verwandten Sprachen kann es sich dabei lediglich um einen gerafften Überblick über einige der wichtigsten Begriffe, Modelle und Streitfragen handeln.[3] Zunächst werden Arbeiten und Aussagen zu den me. Kp. vorgestellt, wobei auch auf die vermutlichen Gründe für die Vernachlässigung dieses Bereiches hinzuweisen ist (1.2.). Dann werden der Begriff des Nominalkompositums näher erläutert (1.3.) und die wichtigsten Aspekte der Beschreibung von Nominalkp. skizziert (1.4.) − auch solche, die dann nicht mehr systematisch verfolgt werden können.

Kap. 2 geht auf das Problem ein, welche Kriterien man für die Abgrenzung von Nominalkp. gegen parallele syntaktische Gruppen heranziehen kann und wie weit eine solche Abgrenzung überhaupt möglich ist. In Kap. 3 werden die einzelnen morphologischen Typen der frühme. Nominalkp. herausgearbeitet. Neben der morphologischen Beschreibung der einzelnen Typen und der Diskussion der damit verknüpften Probleme wird auch auf die Geschichte und Produktivität der Typen eingegangen. In Kap. 4 werden zusammenfassend einige morphologische Erscheinungen besprochen, die überwiegend zwar nicht für die Etablierung der morphologischen Typen wichtig sind, die aber bei einer Beschreibung der morphologischen Gestalt der Kp. zu berücksichtigen sind, wie z.B. Kp. mit komplexen Konstituenten und verdunkelte Kp.; auch auf Lehneinflüsse wird kurz eingegangen.

---

[3] Es ist schon fast üblich geworden, darauf hinzuweisen, daß eine umfassende Geschichte der bisher vorgeschlagenen Beschreibungsmethoden und Klassifizierungsschemata leicht ein eigenes Buch füllen könnte, siehe Stein 1973:5; Kürschner 1974:4; Brekle 1976:32; Brekle/Kastovsky 1977:7; Shaw 1979:28. Die Fülle an Literatur sowie die Tatsache, daß kaum ein Begriff oder Modell von allen Linguisten akzeptiert oder gleich definiert wird, hat auch zur Folge, daß in dieser Arbeit bei den Literaturangaben im allgemeinen keine Vollständigkeit angestrebt, sondern nur eine Auswahl des Wichtigsten geboten werden kann.

In Kap. 5 werden schließlich die Grundzüge einer syntaktisch-semantischen Beschreibung der frühme. Nominalkp. gezeichnet. Dabei geht es vor allem um die Frage, wie weit die in Kap. 3 angesetzten morphologischen Typen mit Hilfe der Satzparaphrase in sich noch weiter differenziert werden können, und wie weit eine syntaktische Analyse entweder nicht möglich ist oder jedenfalls keine weitere Untergliederung erlaubt. Bei der Behandlung dieses Komplexes kann es aber nicht darum gehen, der Vielzahl von neueren Theorien und Formalisierungssystemen zur syntaktischen und semantischen Beschreibung von Kp. noch weitere hinzuzufügen; vielmehr soll geprüft werden, wie weit sich insbesondere die syntaktische Analyse von Kp. mit Nutzen auf ein Korpus aus einer älteren Sprachstufe anwenden läßt.[4] Dabei geht die vorliegende Arbeit deskriptiv (analytisch) und nicht generativ-transformationell (synthetisch) vor. Dies bedarf wohl keiner ausführlichen Rechtfertigung. Zum einen wird gerade heute wieder die grundsätzliche Berechtigung von nicht-generativen Ansätzen betont;[5] zum anderen treten die sich schon bei der generativen Behandlung heutiger Kp. ergebenden Schwierigkeiten bei einer älteren Sprachstufe verstärkt auf: So dürfte es beispielsweise noch schwieriger sein, Restriktionen einzubauen, die nur die Ableitung der tatsächlich belegten Bildungen erlauben oder zumindest die ganz unterschiedliche Produktivität der einzelnen Typen und Muster widerspiegeln.

1.1.2. Korpus

Um ein Korpus der me. Nominalkomposita zu gewinnen, bietet sich entweder die Auswertung von Wörterbüchern oder die Auswertung von Texten an. An Wörterbüchern kämen für das Mittelenglische vor allem zwei in Frage, nämlich das *Oxford English Dictionary (OED)* und das *Middle English Dictionary (MED)*.[6] Das *OED* stellt für den Bereich des Me. zwar erstaunlich viel, aber doch nicht so viel Material bereit wie das *MED*.[7] Das

---

[4] Kastovsky 1982 a:283 f. weist darauf hin, daß heute an Theorien kein Mangel herrscht, daß aber zu wenige empirische Untersuchungen über die Reichweite der einzelnen Theorien vorliegen. Die Notwendigkeit einer ausreichenden Materialgrundlage betonen z.B. auch Lipka 1972:14 f.; Meys 1975:39−41, 125−129; Warren 1978:3. Außerdem erlaubt die Berücksichtigung vorliegender Beschreibungsmuster einen unmittelbaren Vergleich mit den Verhältnissen im Ne.

[5] Beispielsweise von Warren 1978:3; Fill 1980:5,17 und schon im Titel.

[6] Von Mätzner 1878−1900 sind nur die Buchstaben *A−mis* erschienen; Stratmann 1891 ist zwar nützlich und bis heute immer noch das einzige komplette me. Wörterbuch, aber für unseren Zweck zu knapp.

[7] Siehe die Stichprobe bei Mari 1983 (anhand des Buchstabens *A* in *MED* und *OED*) sowie unten 6.2.2.4.

MED seinerseits ist für das Me. zwar ausführlicher, liegt aber zur Zeit immer noch nicht ganz komplett vor, so daß man für den Rest doch wieder auf das *OED* zurückgreifen müßte.[8] Außerdem hat die Materialfülle des *MED* für eine Untersuchung der Nominalkomposita auch ihre Nachteile: Das *MED* umfaßt einen Zeitraum von ca. 400 Jahren (ca. 1100 bis ca. 1500) und bietet nicht nur Belege aus literarischen Texten (Dichtung, Prosa), sondern auch aus Urkunden und damit Personennamen, Ortsnamen, Fachwortschatz. Die Erfassung und Auswertung dieses Materials würde sich wesentlich komplizierter und langwieriger gestalten als etwa die Auswertung der in den ae. Wörterbüchern gesammelten Kp.[9] Als weiteres Problem kommt hinzu, daß sowohl *OED* als auch *MED* zum Teil offenlassen, welche Verbindungen überhaupt als Kp., welche dagegen als syntaktische Gruppen zu betrachten seien.[10]

Es erschien für unsere Zwecke deshalb sinnvoller, von me. Texten auszugehen. Die Auswertung von Texten hat verschiedene Vorteile: Die Zahl der Kp., ihre Verteilung auf die einzelnen Bildungstypen, das Verhältnis von aus dem Ae. ererbten und im Me. neugebildeten Kp., die Zahl der Hapax legomena, der Einfluß anderer Sprachen lassen sich für jeden einzelnen Text bestimmen,[11] auch manche Fragen der syntaktischen und semantischen Struktur lassen sich anhand des Textzusammenhanges leichter diskutieren als aus Wörterbüchern. Durch den Vergleich der Texte eines Zeitraumes können dann Aussagen über das System der Nominalkomposition in diesem Zeitraum gemacht werden. Zur Überprüfung einer Reihe von Fragen sind die Wörterbücher ohnehin heranzuziehen, z.B. für Bedeutungsansätze, Etymologien, Beleghäufigkeit, die Feststellung, ob eine Bildung schon ae. oder erst me. belegt ist sowie ob die Elemente eines Kp. auch selbständig vorkommen.

Die me. Texte sind allerdings viel zu zahlreich, als daß sie sich in begrenzter Zeit einigermaßen vollständig durchsehen und auswerten ließen.[12] Dies macht eine Beschränkung in anderer Hinsicht nötig: Die vorliegende Arbeit konzentriert sich deshalb auf die frühmittelenglische, unmittelbar dem Ae. folgende Periode, d.h. auf das 12. und 13. Jh. Sie umfaßt damit einen Zeitausschnitt von ca. 200 Jahren.[13] Aus 85 Texten bzw. Textgruppen

---

[8] 1986 war das *MED* bis *sē* 'sea' erschienen.

[9] Das *MED* ist um ein Vielfaches umfangreicher als *BT* (einschließlich *BTS* und *BTSC*), das bisher größte ae. Wörterbuch.

[10] Näheres dazu siehe unten 2.1.2. sowie 6.2.2.4.

[11] Siehe unten 6.3.2. sowie 4.6.3.

[12] Vgl. z.B. die Zusammenstellung in *MED, Plan and Bibliography.*

[13] Zur Textauswahl im einzelnen siehe das Abkürzungsverzeichnis oben S. XX−XXV sowie unten 6.3.1.

4

wurden insgesamt etwa 2400 verschiedene Kp. gesammelt, von denen manche schon im Ae. gebildet wurden, andere me. Neubildungen sind. Manche kommen häufig vor, andere dagegen selten oder überhaupt nur einmal. Von den letzteren sind manche wohl Augenblicksbildungen, die nie weitere Verbreitung erlangten (nie ins Lexikon der Sprecher aufgenommen wurden); sie zeigen aber noch deutlicher als die schon etablierten Bildungen die jeweilige Produktivität bestimmter Kompositionstypen (vgl. z. B. 3.2.11.; 3.2.14.; 3.2.15.). Eine prinzipielle und nicht immer endgültig zu lösende Schwierigkeit bei der Sammlung der Belege ist die in nicht wenigen Fällen unsichere Abgrenzung von Kp. gegen parallel gebaute syntaktische Gruppen; siehe dazu unten Kap. 2.

Um zumindest eine ansatzweise Vergleichsmöglichkeit mit dem Me. des 14. u. 15. Jh. zu haben, wurden noch zwei spätere Texte ausgewertet, nämlich *Ayenb* und *Malory*. Wenn die Arbeit auch nicht die gesamte Literatur der me. Periode umfassen kann, so kann sie vielleicht doch Anregung und Muster für die Untersuchung weiterer me. Texte bieten.

1.2. Bisherige Aussagen und Untersuchungen zu den mittelenglischen Nominalkomposita

1.2.1. Vernachlässigung der me. Nominalkomposita in der Forschung

Bereits in den historischen Grammatiken des Englischen aus dem 19. Jh. wird den me. Komposita wenig Aufmerksamkeit geschenkt. Typisch dafür ist Henry Sweet, der in seinen beiden parallel konzipierten Grammatiken zwar jeweils einen Abschnitt über die ae. und die ne. Komposita bringt, aber zu den me. nichts zu sagen hat.[14] E. Mätzner, C. F. Koch und R. Morris führen zwar Belege für me. Kp. an, äußern sich aber ebenfalls kaum zur Stellung und Bedeutung der Nominalkomposition im Me.[15] Koch 1891:III,346−349 stellt lediglich fest, daß aus dem Romanischen entlehnte Kp. im Englischen oft nicht mehr als solche erkennbar sind und ihre Elemente nicht mehr verstanden werden, soweit diese nicht auch selbständig im Englischen auftreten. L. Morsbach 1896:43 u. 48−55 sowie G. Tamson 1898 gehen nur auf die Betonung der me. Kp. ein. N. Bergsten 1911 berücksichtigt in seiner nützlichen und materialreichen Studie zu den englischen Kp. auch die der me. Zeit; er gibt aber ebenfalls keinen umfassenden Überblick, sondern konzentriert sich auf Einzelpunkte, unter anderem vor al-

---

[14] Sweet 1891:I,444−450; 1892:208−213.
[15] Mätzner 1880:I,524−543; Koch 1891:III,99−115 u. 346−353; Morris 1895:337−339.

lem: verdunkelte Kp.; die Kompositionsfuge und Assimilationserscheinungen zwischen den beiden Elementen; Kp. mit dem Erstelement im Plural und dem Erstelement im Genitiv; tautologische Kp. Keinen großen Fortschritt brachten einige Dissertationen zur me. Wortbildung aus den 1930er Jahren. Die von E. Raab 1936 ist, jedenfalls was die Nominalkp. angeht, weder methodisch durchdacht noch auch nur als Materialsammlung ergiebig. Raab handelt die Kp. nicht nur reichlich knapp ab, sondern bringt bei den aus heimischen Elementen gebildeten auch überwiegend Belege, die schon dem Ae. entstammen, für die Produktivität der entsprechenden Kompositionstypen im Me. also nichts beweisen; bei den aus dem Französischen entlehnten Kp. stellt er weder die Frage, ob diese im Me. überhaupt als Kp. erkannt wurden, noch die, ob ihre Bestandteile im Me. für die Wortbildung produktiv wurden — er berücksichtigt also nicht einmal Gesichtspunkte, auf die schon Koch 1891 hingewiesen hatte.[16] O. Wehrle 1935 erwähnt in seiner Untersuchung der hybriden, d.h. aus heimischen plus entlehnten Elementen geschaffenen Bildungen des Me. die Kp. nur kurz im Vorwort,[17] erfaßt im Hauptteil dann aber bloß Präfix- und Suffixbildungen. Von den neueren Handbüchern zur englischen Wortbildung gehen H. Marchand 1969:60−95, 356−358, 380−389 und H. Koziol 1972:48−82 in ihren materialreichen Darstellungen bei den einzelnen Kompositionstypen zwar kurz auf deren Vorhandensein und Verbreitung im Me. ein; da sie aber keine Geschichte der englischen Wortbildung schreiben wollen, und insbesondere Marchand als Hauptziel vielmehr die Darstellung der Wortbildungsmuster des heutigen Englisch hat (vgl. 1969:8), bieten sie weder sehr detaillierte Angaben zum Mittelenglischen noch einen zusammenfassenden Überblick über die Nominalkp. während dieser Epoche der englischen Sprachgeschichte. Die anderen Gesamt- oder Überblicksdarstellungen der englischen Wortbildung berücksichtigen die Kp. im Me. gar nicht.[18] Unter den zahlreichen Einführungen und Handbüchern zur englischen Sprachgeschichte im allgemeinen und zum Me. im besonderen erwähnen manche die Rolle der Nominalkomposition im Me. ebenfalls nicht, andere geben nur kaum kommentierte Beispiellisten oder

---

[16] Von Raabs Beispielen (1936:40f. [§ 143]) sind schon ae. belegt: *boc-treo, gar-leac, nordeast, spere-wurt, Tiwes-dai, wer-wolf;* lediglich *man-cwellere* ist eine me. Neubildung. An Beispielen für entlehnte Kp. bietet Raab 1936:56f. [§ 255−257] *persil* 'parsley', *migrene, gerfaucum, ostrice, porpeis, conestable* − die meisten, wenn nicht alle davon wurden aber wohl nicht mehr als Kp. erkannt.

[17] Dort nennt er (Wehrle 1935:2f.) *bandy-legged, partake, interloper.*

[18] Abgesehen von O. Jespersen 1942 (*MEG* VI) sind sie alle rein synchron auf das heutige Englisch hin orientiert: V. Adams 1973; G. O. A. Tietze 1974; E. Burgschmidt 1978; K. Hansen 1982; D. Kastovsky 1982a; L. Bauer 1983.

recht pauschale Hinweise.[19] Etwas eingehender mit den me. Kp. beschäftigen sich lediglich B. Strang 1970 und D. Wolff 1975; siehe dazu unten 1.2.5.

1.2.2. Der Rückgang der Komposition im Mittelenglischen

Häufig ist zu lesen, daß das Altenglische im Einklang mit den Wortbildungsmustern der germanischen Sprachen eine Fülle von Nominalkomposita hervorbrachte, während dann im Mittelenglischen durch den romanischen Einfluß die Kraft zur Komposition geschwächt wurde. Anstatt mit den überkommenen sprachlichen Mitteln ein Kp. zu bilden (oder ein ae. Kp. weiterzuverwenden), entlehnte man oft lieber ein französisches (oder lateinisches) Wort, so daß die Zahl der Kp. stark zurückging; erst in neuenglischer Zeit stieg sie wieder an.[20] Der Rückgang der Nominalkomposition im Me. dürfte auch ein Hauptgrund für die relative Vernachlässigung dieses Bereiches in der bisherigen Forschung sein. Wenn dieser Rückgang rein zahlenmäßig auch unbestreitbar ist, so muß er doch differenziert gesehen werden. Die Kp. und die Kraft zur Komposition starben im Me. keineswegs aus: Eine Reihe ae. Kp. lebte im Me. weiter; es wurden auch im Me. immer wieder neue Kp. gebildet; der Lehneinfluß erfaßte auch die Komposition, was sich unter anderem an der Entstehung hybrider Kp. (z. B. *loue-drurye*) zeigt.[21]

1.2.3. Komposita in der ae. und der me. Dichtung

Besonders deutlich wird der Rückgang der Komposita im Me. bei einem Vergleich der ae. mit der me. Dichtung. Während in der ae. Alliterationsdichtung Nominalkomposita ein außergewöhnlich häufig benütztes Kunstmittel sind und dort auch viel häufiger verwendet werden als in der ae. Prosa, spielen sie in der me. Dichtung als Kunstmittel kaum mehr eine Rolle.[22] Nach den Zählungen von O. Krackow 1903:15 weist beispielswei-

---

[19] Siehe z. B. J. Fisiak 1968:112 f.; H. Weinstock 1968: 16, 55, 86 f., 95, 179.

[20] Einige Beispiele aus vielen: N. Bergsten 1911:65−73; O. Jespersen 1942 (*MEG* VI):138 f.; H. Weinstock 1968:12,179; M. Görlach 1974:76; E. Leisi 1985:60, 71−73; M. Scheler 1977:108−110; A. Fill 1980:37−42; Baugh/Cable 1978: § 49, 140, 168, 217 f. − D. Götz 1971:20 f. weist außerdem darauf hin, daß gerade in me. Zeit viele ältere Kp. verdunkelt wurden, vgl. dazu unten 4.5.

[21] Zu den hybriden Kp. vgl. unten 4.6.4., zu den entlehnten Kompositionstypen unten 3.2.15.4. und 3.2.16.4.

[22] Literaturauswahl zu den Kp. in der ae. Dichtung (vgl. auch oben Anm. 1): Krackow 1903; Marquardt 1938; Carr 1939:xviii−xxi u. 412−448; Gardner 1968:bes.135 f.; Strang 1970:330−334; Overholser 1971:39; Amos 1980:159−161. − Zwischen den einzelnen ae. Dichtungen gibt es freilich Unterschiede in der Verwendungshäufigkeit der Kp., wobei

se der *Beowulf* „in 3184 Langzeilen 1069 verschiedene Cpp. mit 1539 Verwendungsfällen" auf, wobei nur 233 Cpp. mehrmals verwendet werden (1903:30). „Es kommt also auf zwei Langzeilen ein Cp. überhaupt, auf drei Langzeilen ein neues Cp." (1903:15). Im Vergleich dazu schneidet *Sir Gawain and the Green Knight* mit nur 50 Kp. in 2500 Versen natürlich etwas dürftig ab – es kommt nur noch auf 50 Zeilen ein Kp.[23] Wie Krackow 1903:79 feststellt, werden Kp. im Me. nicht mehr als poetisches Stilmittel geprägt und verwendet, vielmehr richtet sich die Häufigkeit „bis auf wenige Ausnahmen lediglich nach dem Bedürfnis".

Eine der wichtigsten dieser Ausnahmen ist Laȝamons um 1200 entstandener *Brut* (*LaȝB*), der ein gewisses Nachleben der ae. Dichtungstradition zeigt. Mit den Nominalkp. in diesem und in mehreren anderen Werken der me. alliterierenden Tradition hat sich J. P. Oakden 1935:II,113–168 (Kap. 6) beschäftigt.[24] In den 16 095 Langzeilen von *LaȝB* zählt er immerhin noch 411 verschiedene Nominalkp., von denen über die Hälfte (228) im Ae. nicht belegt sind und zumindest teilweise von Laȝamon neu gebildet wurden (1935:II,131 f.). Selbst bei Laȝamon kommt aber demnach durchschnittlich nur mehr auf 39 Zeilen ein neues Kp.,[25] obwohl bei Laȝamon, jedenfalls in der konservativen Hs. C, der frz. Einfluß noch nicht sehr stark ist und dieser somit sicher nicht als alleinige Erklärung für den Rückgang der Komposition im Me. dienen kann.[26] In anderen frühme.

---

die Zahlenangaben bei den einzelnen Gelehrten aber voneinander abweichen. Nötig wären noch eingehendere vergleichende Untersuchungen über die Häufigkeit und Verwendung von Kp. in der ae. Dichtung und der ae. Prosa. Im allerdings sehr umfangreichen Werk Aelfrics hat Rubke 1953: bes. 122 an die 1700 Kp. festgestellt, neben geläufigen auch eine Reihe von Neubildungen. – Huchon 1923:I,133 schätzt den ae. Wortschatz auf ca. 22 000 Wörter; davon sind nach ihm ca. 12 000 Kp.

[23] Von diesen müssen laut Krackow 1903:80 „noch dazu mehrere ... abgerechnet werden ..., da sie me. wohl nicht mehr als echte Cpp. gefühlt werden".

[24] Eine knappe Zusammenfassung von Oakdens Ergebnissen bietet Carr 1939:459–463; vgl. Strang 1970:258 u. 333. – *LaȝB* ist in zwei Hss. erhalten, von denen die eine (Hs. C) dem verlorenen Original offenbar noch näher steht, während in der anderen (Hs. O) viele veraltete Wörter (darunter auch Komposita) von einem Bearbeiter ersetzt bzw. getilgt wurden. Während man jedoch bisher meist annahm, daß die konservativere Hs. C ca. 50 Jahre älter sei als die modernere Hs. O und letztere somit den Sprachwandel innerhalb dieses Zeitraumes widerspiegle (siehe z. B. Wilson 1968:207; Strang 1970:258 u. 333), muß man nach den Erkenntnissen führender neuerer Paläographen davon ausgehen, daß beide Hss. ungefähr gleich alt sind (siehe die Nachweise bei Sauer 1985 b:Anm. 2) und somit auch davon, daß konservative und progressive Schreiber gleichzeitig am Werk waren.

[25] In der hier benützten Neuedition von Brook/Leslie hat *LaȝB* 16 095 Langzeilen. Die ältere Ausgabe von F. Madden, auf die sich Oakden stützen mußte, zählt 32 241 Kurzzeilen.

[26] Und zwar weist *LaȝB* relativ wenige frz. Lehnwörter auf, obwohl es nach einer frz. (genauer: agn.) Vorlage geschaffen ist. Als Erklärung für den Rückgang der Komposition muß also, wie schon von Krackow 1903:79–81 u. 86 festgestellt, hinzukommen, daß sich der Stil der Dichtung änderte.

alliterierenden Texten zählt Oakden (1935:II,115 f.) insgesamt 223 verschiedene Nominalkp.

Ihm ging es allerdings nicht um die Beschreibung von Kompositionstypen, sondern vielmehr um die Frage, wie stark die ae. Dichtungstradition in der me. alliterierenden Dichtung noch weiterwirkte. Deswegen war er vor allem an den poetischen Kp. aus diesen Denkmälern interessiert und schloß die prosaischen zum Teil aus (1935:II,114). Allein schon deshalb bedürfen seine Listen und Zahlenangaben der Nachprüfung,[27] zumal seine Kriterien für die Unterscheidung zwischen poetischen und prosaischen Kp. nicht recht klar sind, weil er poetisch als "not in ordinary prose usage" definiert (1935:II,115). Der Terminus ‚poetisches Kompositum' müßte aber schärfer eingegrenzt und auf diejenigen Komposita beschränkt werden, die nur in der Dichtung vorkommen, aber nie in der Prosa óder in Glossen.[28] Ferner stuft Oakden die Kp. der frühme. Katherine-Gruppe (*HMeid, StJul, StKat, StMarg/1, SWard*) teils als poetisch, teils als prosaisch ein. Da diese Texte aber entgegen älteren Auffassungen durchwegs als alliterierende Prosatexte zu klassifizieren sind, müßten auch ihre Kp. durchwegs als prosaisch eingestuft werden, jedenfalls für das Mittelenglische.[29] Weil die Unterscheidung zwischen poetischen und prosaischen Kp. einerseits gar nicht immer leicht zu treffen ist[30] und andererseits für das Me. ohnehin nur noch eine geringe Rolle spielt, tritt sie im folgenden in den Hintergrund; zunächst einmal wird Auftreten und Verwendung aller Nominalkp. in den frühme. Texten untersucht, sowohl in der Dichtung als auch in der Prosa. Dies empfiehlt sich auch deswegen, weil die Beleglage für Dichtung und Prosa zum Teil recht unterschiedlich ist. Während wir aus der Zeit um 1200 umfangreiche Denkmäler in Vers und Prosa besitzen (Vers: *LaʒB, Orrm* – Prosa: *AncR*, Katherine-Gruppe), entstand im 13. Jh. dann fast nur noch Dichtung und keine nennenswerte Prosa mehr.

Eine bislang kaum beachtete Ausnahme zum generellen Rückgang der Kp. in der me. Dichtung stellt *NamesHare* (?a1300) dar.[31] Dieses freilich relativ kurze Gedicht weist in 64 Versen 47 verschiedene Kp. auf und

---

[27] Deswegen wurden Laʒamons Komposita in der vorliegenden Arbeit neu ausgewertet (vgl. unten 6.3.2. (Nr. 31), wo für *LaʒB* 549 Kp. gezählt werden, was freilich auch nur einen Annäherungswert darstellt); siehe auch Sauer 1985 b.

[28] Zur Kritik an Oakdens Methode siehe Carr 1939:460 Anm. 1; Sauer 1985 b:§ 1.1. mit Anm. 6.

[29] Siehe z. B. Wilson 1968:122 f.

[30] Zumal es nicht nur um die bloße Verteilung gehen kann, sondern darüber hinaus auch um eine spezifisch poetische Qualität der dichterischen Kp. – diese ist aber noch schwerer zu fassen.

[31] Siehe unten 6.1. und 6.3.2. (Nr. 72).

übertrifft mit einem Verhältnis von einem Kp. pro 1,4 Zeilen sogar den *Beowulf*. Die meisten seiner Kp. sind Hapax legomena und überdies nach sonst im Frühme. relativ seltenen Kompositionstypen gebildet.[32] Anscheinend konnte auch im Me. ein Dichter mühelos eine ganze Reihe von Kp. bilden, wenn er dies beabsichtigte.

Abgesehen von Oakden 1935 liegen zur Komposition bei einzelnen me. Autoren (bzw. Texten) nicht viele Studien vor. Zu nennen ist noch die Untersuchung von C. C. Smith 1971, wo Chaucers Substantivkp. in Anlehnung an die Methode von R. B. Lees 1960 (siehe dazu unten 1.4.1.) nach zugrundeliegenden Sätzen analysiert und eingeteilt werden. E. Schlepper 1936 konzentriert sich dagegen auf König Alfred und ist für Chaucer unergiebig.

1.2.4. Komposita in anderen Textsorten und Wortschatzbereichen des Mittelenglischen

Dichtung und Prosa sind nicht die einzigen Quellen für die me. Komposita. Viele Kp. gehören Sonderbereichen des me. Wortschatzes an, welche zugleich hauptsächlich in Urkunden und Dokumenten überliefert sind. Gemäß dem oben 1.1.1. Gesagten werden die Kp. aus diesen Bereichen hier nur berücksichtigt, soweit sie in unserem überwiegend literarischen Material vertreten sind, und auch da nur selektiv. Um das einseitige Bild von der Entwicklung der Nominalkomposition im Me. zurechtzurücken, sollen diese Bereiche hier aber kurz vorgestellt werden. Zu ihnen gehören vor allem:

(1) Die Zunamen, deren Etablierung als erbliche Familiennamen in die me. Zeit fällt,[33] und die Berufsbezeichnungen, die ihrerseits wieder einen Teil der Zunamen (> Familiennamen) stellen. Die Kp. aus diesen Bereichen behandeln vor allem: G. Fransson 1935 (Berufsbezeichnungen); B. Thuresson 1950 (Berufsbezeichnungen); B. Seltén 1969 (Namen des Typs *Shakespeare*) und 1975 (Bahuvrihi-Namen); P. Erlebach 1979 (zusammengesetzte Zunamen französischer Herkunft); J. Jönsjö 1979 (zusammengesetzte Zunamen). Das umfangreiche Urkundenmaterial ist aber noch keineswegs ausgeschöpft.

(2) Die Ortsnamen; zu den Kp. darunter vgl. Kristensson 1970:47−96.

(3) Der Fachwortschatz, wie z. B.:[34] die Termini aus Seefahrt und Schiffs-

---

[32] Siehe unten 3.2.11.5.; 3.2.14.5.; 3.2.15.5.
[33] Siehe z. B. Fransson 1935:17−41; Strang 1970:258 f.; Reaney 1967:296−320 (Kap. 16).
[34] Auf die Notwendigkeit, derartige Wortschatzbereiche systematisch auszuwerten, verweist auch Götz 1971:21.

bau, die B. Sandahl 1951–1958 gesammelt hat, der sich allerdings nicht auf die Kp. beschränkt; die Pflanzennamen, wie sie das in unserem Material berücksichtigte Glossar *HrlVoc* zusammenstellt. Auf ca. 176 Halbzeilen finden sich in *HrlVoc* über 75 Kp., d. h. ein Kp. kommt auf 2,3 Halbzeilen.[35]

1.2.5. Angaben zu den morphologischen Typen der Nominalkomposition im Mittelenglischen

Eine der wenigen englischen Sprachgeschichten, die etwas detailliertere Hinweise zu den me. Komposita gibt, ist diejenige von B. Strang 1970. Die Verfasserin macht ebenfalls deutlich, daß die Nominalkomposition im Me. nicht so unproduktiv gewesen sein kann, wie es manchmal dargestellt wird: Einerseits treten einige neue Kompositionstypen hervor, andererseits wurden nach Typen, deren ae. Belege im Laufe der Zeit untergingen, neue Zusammensetzungen gebildet. Zu den neuen Typen gehören nach Strang 1970: 257 f. für die Zeit von 1170 bis 1370 unter anderem: (1) endozentrische Zusammensetzungen des Typs Verb/Substantiv (*goggle-eye, leap-year*), bei denen im entsprechenden Satz das Substantiv Subjekt, das Verb Prädikat wäre ('the year leaps' usw.); (2) endozentrische Zusammensetzungen des Typs Personalpronomen/Substantiv, z. B. *he-lamb, she-ass*; (3) exozentrische Kp. des Typs Verb+Sb/Ø (die sogenannten Imperativkomposita), z. B. *trailbastoun, spurnwater, spilltime*; (4) exozentrische Zusammensetzungen des Typs Adj+Sb/Ø (die sogenannten Bahuvrihi-Substantive), z. B. *courtmantle, whitethorn*.[36]

D. Wolff 1975 weist in seinem Überblick über die Entwicklung der englischen Morphologie ebenfalls darauf hin, daß im Me. „die Zahl der Kompositionstypen erweitert" wurde (1975:90); leider sind seine Zusammenstellungen recht ungenau.[37] Er zählt insgesamt nur fünf me. Kompositionstypen auf (1975:49–51), nämlich: (1) Subst. + Subst.; (2) Subst. + 's + Subst.; (3) Adj. + Adj.; (4) Adj. + Subst.; (5) Subst. + Adj. Diese Aufstellung ist jedoch keineswegs vollständig (vgl. dagegen unten 3.2. u. 3.3.), weil

---

[35] Ein großer Teil der Kp. aus *HrlVoc* entstammt allerdings bereits dem Ae.; siehe unten 6.3.2. (Nr. 67).

[36] Der Typ Vb/Sb an sich ist aber schon im Ae. belegt, wenn auch relativ selten. Näheres zu diesem Typ und den damit verknüpften Analyseproblemen siehe unten 3.1.2.8., 3.2.7. u. 5.3.1.; zu Pron/Sb: 3.2.5.; zu Vb+Sb/Ø$_{Sb}$ (Imperativkp.): 3.2.15.; zu Adj+Sb/Ø$_{Sb}$ (Bahuvrihisubst.): 3.2.14. Zu den neuen Mustern zwischen ca. 1370 und 1570 siehe Strang 1970:192 f.

[37] Vgl. die Rezension von Wolffs Buch durch Sauer 1982 b:459–463 (mit Hinweisen auf weitere Rezensionen).

Wolff manche Typen ganz ausläßt (z. B. Verb + Subst. und Subst. + Vb. + *ing*) und andere kommentarlos unter seine fünf Typen eingliedert; z. B. bringt er *burying-place* (eigentlich: Vb. + *ing* + Subst.) unter Adj. + Subst. und *great-hearted* (eigentlich: Adj. + Sb. + *-ed*) unter Adj. + Adj.[38] Aufgrund solcher Lücken und Ungenauigkeiten sowie seiner Neigung zu undifferenzierten und unbewiesenen Pauschalaussagen stellen Wolffs Angaben zu den me. Kp. im Vergleich zu denjenigen Marchands und Strangs eher einen Rückschritt dar.[39]

Die frühme. Sb/Sb-Kp. behandelt Kuznetsova 1984. Ähnlich wie die vorliegende Arbeit unterscheidet sie unter anderem zwischen vom Ae. her weiterlebenden Kp. und im Frühme. neugebildeten, mit dem Ziel, die Produktivität der Sb/Sb-Kp. im Frühme. festzustellen. Anders als die vorliegende Arbeit hat Kuznetsova ihr Material aber offenbar aus Wörterbüchern entnommen. Leider breitet sie ihr Material auch nicht aus, sondern gibt nur eine sehr kurze Zusammenfassung mit pauschalen Zahlenangaben und wenigen Beispielwörtern, so daß ihre Aussagen kaum nachprüfbar sind. Ihre Zahlen liegen jedenfalls deutlich unter den hier gegebenen (siehe unten 3.2.1.4.).

Nähere Aussagen zu einzelnen Typen der me. Nominalkomposition finden sich ferner im Rahmen übergreifender Untersuchungen, insbesondere solcher, die die Entwicklung bestimmter Typen vom Ae. über das Me. bis ins heutige Englisch verfolgen. Mit den zusammengesetzten Adjektiven des Typs Sb/Adj *(waterproof, grass-green)* beschäftigt sich die differenzierte Arbeit von L. Lipka 1966,[40] mit den Bahuvrihi-Komposita die von W. Last 1925.[41] Die Imperativbildungen wurden schon mehrmals behandelt, etwa von E. Weekley 1917:Kap. 12; W. Uhrström 1918; G. Langenfelt 1933:82−86.[42] Detaillierte Arbeiten liegen aber noch keineswegs zur Geschichte aller Typen vor.[43]

---

[38] Einige der Typen, die er beim Me. ausgelassen hat, erwähnt Wolff 1975:62 f. bei seiner Darstellung der frühneuenglischen Kp. − diese ist aber ebenfalls nicht frei von Ungenauigkeiten.

[39] Zu Wolffs Angaben über die Lehneinflüsse auf die Komposition im Me. siehe unten 4.6.1.

[40] Einige Hinweise zu den zusammengesetzten Farbadjektiven auch bei K. D. Barnickel 1975:119−122.

[41] Last 1925:2 u. 25 konstatiert ein Zurücktreten der Bahuvrihikomposita im Me., wobei er allerdings das Namenmaterial nicht berücksichtigt hat; siehe dagegen B. Seltén 1975 sowie unten 3.2.14. (u. 3.3.13.).

[42] Bei Uhrström ist das me. Material aber nicht vom späteren abgehoben; siehe ferner B. Seltén 1969.

[43] Vgl. Marchand 1969:8. Die wichtigste Literatur zu den einzelnen Typen wird unten 3.2. und 3.3. gegeben; siehe ferner die von Marchand 1969:60−82 u. 380−389, Koziol 1972:51−82 und Stein 1973 genannte Literatur.

1.3. Begriff und Stellung des Nominalkompositums

1.3.1. Grammatik, Wortbildung und Kompositum

Komposita werden im allgemeinen innerhalb der Wortbildungslehre behandelt. Der Begriff des Wortes hat sich, trotz der Einführung von Termini wie Morphem und Lexem, als nach wie vor unentbehrlich erwiesen;[44] wie schwierig es aber ist, eine einigermaßen knappe und trotzdem brauchbare Definition des Wortes zu formulieren, zeigen die zahlreichen in dieser Richtung unternommenen Versuche.[45] Ebenfalls häufig diskutiert, aber nicht eindeutig geklärt ist die Frage nach der Stellung der Wortbildung in der Gesamtgrammatik. Oft wird sie als eine eigenständige Disziplin angesehen, wobei die älteren Sprachwissenschaftler das Problem hauptsächlich darin sahen, in welcher Reihenfolge die einzelnen Teilbereiche der Grammatik (Lautlehre, Flexionslehre, Wortbildung, Syntax) zu behandeln seien.[46] Manche Autoren, unter den neueren insbesondere Marchand und Koziol, weisen zwar auf die Beziehung der Wortbildung zu den anderen grammatischen Bereichen hin, ohne sich aber hinsichtlich ihrer Stellung festzulegen.[47] Quirk/Greenbaum et al. (1972, 1973, 1985) behandeln in ihrer Serie von Grammatiken die Wortbildung jeweils als Appendix. Oft wurde und wird die Wortbildung auch als Teilgebiet der Morphologie (Formenlehre) betrachtet.[48] Mit der Flexionslehre, dem anderen Teilgebiet der Morphologie, ist sie aber nicht zu vermischen,[49] weil es sich bei der Flexion um die Erzeugung verschiedener Formen eines Wortes (Lexems) handelt, bei der Wortbildung dagegen um die Erzeugung neuer Wörter (Lexeme). Innerhalb der generativ-transformationellen Grammatiktheorie

---

[44] Vgl. z.B. Kjellmer 1971:13; Leisi 1971:9; Günther 1976:54; Fill 1980:18 f.; Bauer 1983:7–9.

[45] Beispielsweise definiert Marchand 1969:1 das Wort als "the smallest independent, indivisible, and meaningful unit of speech, susceptible of transposition in sentences". Eine knappe Literaturauswahl zum Thema: Sapir 1921:Kap. 2; Rohrer 1967/77:11–14 u. 198 f.; Lyons 1968:194–206; Krámský 1969; Fleischer 1971: 28–33; Juilland/Roceric 1972 (kommentierte Bibliographie); Matthews 1974; Welte 1974:II,731–733; Lyons 1977:II,423–466; LGL 1980:I,159–169; Kastovsky 1982a:73–76; Herbermann 1981: 123–348, der in seiner sehr kritischen Arbeit zwischen Wort, Basis und Lexem unterscheidet und anstelle der „Wortbildung" eine „Basisbildung" und eine „Lexembildung" postuliert, worauf hier jedoch nicht näher eingegangen wird. – Mel'cuk 1976 trägt trotz seines Titels (Das Wort) nichts zum Thema bei.

[46] Siehe z.B. H. Paul 1920b:V,3 f.; W. Henzen 1965:31 ff.; W. Fleischer 1971:24–27.

[47] Marchand 1969:2 (u. passim); Koziol 1972:19–21; vgl. Lipka 1968:127 f.

[48] Unter anderem z.B. von E. Mätzner 1880:I; L. Bloomfield 1933:Kap. 13–14; O. Jespersen 1942 (MEG VI); C. Rohrer 1967/77:15; D. Wolff 1975.

[49] Wie es Jespersen 1942 (MEG VI) bis zu einem gewissen Grad tut.

Chomskyscher Prägung stehen sich transformationalistische und lexikalistische Hypothese gegenüber: die Transformationalisten sehen in erster Linie die regelhaften Aspekte der Wortbildung und versuchen deshalb, komplexe Wörter innerhalb der syntaktischen Komponente aus zugrundeliegenden Sätzen transformationell abzuleiten; die Lexikalisten betonen dagegen die (zum Teil durch die Lexikalisierung verursachten) Irregularitäten und wollen komplexe Wörter deshalb innerhalb der lexikalischen Komponente (im Lexikon) beschreiben; zum Teil wird auch ein Kompromiß angestrebt.[50]

Fest steht jedenfalls, daß die Wortbildung und damit auch die Komposition eine komplexe Erscheinung ist, die sich nur unter Berücksichtigung mehrerer sprachlicher Ebenen und mit Hilfe mehrerer Kriterien ausreichend beschreiben läßt. Dies ist die Position von neueren Autoren wie D. Kastovsky und L. Lipka; ersterer betrachtet die Wortbildung „als direkte[n] Schnittpunkt von Syntax, Semantik, Morphologie und Lexikon" (Kastovsky 1982a:16), letzterer fordert dementsprechend eine mehrschichtige Wortbildungsanalyse.[51]

1.3.2. Komposition und Affigierung

Definieren kann man die Komposition zunächst grob als Bildung neuer Wörter durch Zusammensetzung von zwei selbständigen Wörtern, die ihrerseits einfach oder bereits komplex sein können: *Schiff + Fahrt* → *Schifffahrt; Donau + Schiffahrt* → *Donauschiffahrt*.[52] Komposita sind das Ergebnis dieses Prozesses; das deutsche Wort Zusammensetzung kann sowohl für den Vorgang als auch für das Ergebnis stehen.[53] Diese Definition berücksichtigt aber mindestens zwei Fragen nicht: erstens, nach welchen Kriterien man Kp. von parallel gebauten syntaktischen Gruppen abgren-

---

[50] Literaturauswahl zur transformationalistischen und lexikalistischen Hypothese: Chomsky 1970:184–221; Kürschner 1974:43f.; Meys 1975:43–60; Kastovsky 1977b:1–33; Fill 1980:128–130; Vögeding 1981:9–67; Kastovsky 1982a:219–229; Bauer 1983:74–82, sowie Botha 1984, der deutlich macht, daß die lexikalistische Hypothese kein in sich einheitliches Modell darstellt; vielmehr entwickelt fast jeder Forscher innerhalb dieser Richtung seine eigene Variante.

[51] Lipka 1983:926, "a multi-level approach to word-formation"; vgl. ferner z.B. Brekle/Kastovsky 1977:12f.

[52] Ferner können Komposita auch aus Wörtern und Wortstämmen zusammengesetzt sein, z.B. dt. *singen + Vogel* → *Singvogel; turnen + Schuh* → *Turnschuh;* vgl. ferner unten 2.4.2.6.

[53] Dieser Unterscheidung entsprechen ein synthetischer und ein analytischer Blickwinkel in der Wortbildungslehre; siehe dazu unten 1.4.2.

14

zen kann – dieses Problem steht im Mittelpunkt von Kap. 2; zweitens, in welchem Verhältnis Komposition und Affigierung stehen. Affigierung kann man definieren als die Bildung neuer Wörter durch Anfügen von Affixen (Präfixen oder Suffixen), d. h. selbständig nicht vorkommenden Elementen, an ein selbständiges Wort.[54]

Der Terminus Ableitung (Derivation) wird manchmal (so auch hier) synonym mit Affigierung verwendet;[55] manchmal versteht man darunter nur die Suffigierung und stellt Zusammensetzung, Suffigierung und Präfigierung nebeneinander.[56] Die älteren Grammatiker rechneten Präfixbildungen noch zu den Komposita. Marchand 1969:129 ff. lehnt eine solche Vermischung zwar zu Recht ab; zugleich macht jedoch auch er deutlich, daß die Präfigierung sich mit der Komposition insofern enger berührt als die Suffigierung, als bei den beiden ersteren das Determinatum (Dm) ein freies Morphem ist, während es bei der Suffigierung ein gebundenes Morphem ist – er rechnet Präfigierung und Komposition deshalb zur Expansion (1969: 11 – 13).[57]

Allerdings gibt es auch zwischen Komposition und Suffigierung bestimmte Berührungspunkte. Zusammensetzung und Suffigierung lassen sich nämlich nicht in allen Fällen exakt trennen, sondern greifen manchmal ineinander über.[58] Diachron gesehen sind eine Reihe von Suffixen aus Wörtern entstanden, die häufig als zweite Kompositionsglieder verwendet wurden, z. B. ne. -dom, -ful, -hood, -less, -most.[59] Synchron wirken bei einer Reihe von Wortbildungsmustern Zusammensetzung und Ableitung zusammen, wobei die Zuordnung in den Handbüchern schwankt. Dies betrifft vor allem die sogenannten Exozentrika (Bahuvrihikomposita wie *hunchback, redskin* und „Imperativbildungen" wie *pickpocket*) und die sogenannten Zusammenbildungen oder synthetischen Komposita wie *house-*

---

[54] Oder in der strukturalistischen Terminologie: Komposita entstehen durch Zusammensetzung aus zwei (oder mehr) freien Morphemen; Affixbildungen durch Anfügen eines gebundenen Derivationsmorphems an ein freies Morphem, vgl. z. B. W. Welte 1974: I,21,278; *LGL* 1980: I,170.

[55] Z. B. bei J. Erben 1975; siehe ferner die Nachweise bei Faiß 1978: 19. – Der Terminus Ableitung kann ebenfalls sowohl den Prozeß (Derivation) als auch das Ergebnis (Derivat) bezeichnen.

[56] Z. B. Marchand 1969; W. Fleischer 1971; Koziol 1972.

[57] Vgl. Kastovsky 1982 a: 169 – 172. Die ältere Einteilung spiegelt sich noch bei W. Meid 1967 und H. Koziol 1972 insofern wider, als sie einerseits von „Zusammensetzung mit Präfixen" bzw. „Präfixkomposition" sprechen, andererseits aber von „Ableitung mit Hilfe von Suffixen" (Koziol 1972; vgl. Meid 1967: 44 f.).

[58] Siehe auch z. B. H. Paul 1920 b: V,131 – 139; J. Vögeding 1981: 68 – 112 (mit weiteren Literaturnachweisen); W. Welte 1982: 164 – 166; Faiß 1987: 110 – 132.

[59] Zu derartigen Elementen im Me. siehe unten 3.2.13. u. 3.3.12.

keeping, watchmaker.[60] J. Erben 1975 beispielsweise rechnet die Exozentrika in Übereinstimmung mit der traditionellen Anschauung zu den Komposita, die Zusammenbildungen dagegen zu den Ableitungen. Genau umgekehrt verfährt H. Marchand 1969: Er bezeichnet die Exozentrika als Pseudokomposita und zählt sie zur Nullableitung, während er die Zusammenbildungen, die ein explizites Suffix enthalten, als Kp. akzeptiert.[61] Mit seinem Ausschluß der Exozentrika aus der Gruppe der Kp. hat er aber wenige Nachfolger gefunden; die meisten Forscher schließen sich entweder stillschweigend oder ausdrücklich der traditionellen Klassifizierung an.[62]

Die Zuordnung der Exozentrika richtet sich im wesentlichen danach, auf welcher Ebene man sie betrachtet:[63] Kp. sind sie auf der Ebene der morphologischen Gestalt, weil sie aus zwei Wörtern bestehen; auf der Ebene der morphologischen Struktur sind sie dagegen, wie Marchand mit Recht betont, Ableitungen, weil das Determinatum (Dm) durch ein Nullsuffix ($\emptyset$) vertreten ist: *paleface* ist nicht 'a pale face', sondern 'a person having a pale face' (1969:14). Vom Prozeß der Bildung her gesehen sind sie aber wiederum oft keine reinen Ableitungen, sondern stellen eine Verbindung aus Zusammensetzung und Ableitung dar, die beide gleichzeitig wirken: die Imperativkomposita (Typ *pickpocket*) und die meisten Bahuvrihitypen (*pale-face, five-finger, scatterbrain*) existieren im allgemeinen nicht zuerst als Kp. in einer (wörtlichen) Bedeutung und erhalten dann durch das Nullsuffix eine andere (übertragene) Bedeutung, sondern werden gewöhnlich sofort als Exozentrika gebildet.[64] Durch eine Verbindung aus Komposition und Derivation oder durch das Vorliegen von übertragener Bedeutung sind jedoch auch einige andere Wortbildungsmuster gekennzeichnet, die Marchand alle als Kp. akzeptiert:

(1) Bei den Zusammenbildungen ist das Determinatum (Dm) eine (deverbale) Ableitung mit explizitem Suffix oder mit Nullsuffix, die aber, jeden-

---

[60] Zu den synthetischen Kp. (Zusammenbildungen) gehören vor allem die Bildungen mit deverbalem Dm: Sb/Vb+$\emptyset_{Sb}$; Sb/Vb+*t*; Sb/Vb+*ere*; Sb/Vb+*ing*; Sb/PartPräs; Adj(Adv)/PartPräs; Sb/PartPrät; Adj(Adv)/PartPrät; auch die erweiterten Bahuvrihiadj. (Adj+Sb/*ed*) kann man hierher rechnen. Siehe unten 3.2.9.−12; 3.3.8.−11.; 3.3.14.

[61] Siehe Marchand 1969:bes. 15−19 (zu den synthetischen Komposita) und 13−15, 380−389 (zu den Pseudokomposita); Erben 1975:65 u. 31−33; vgl. Strang 1970:39−41; Hansen et al. 1982:49 f.; Ortner/Ortner 1984:40−47 (Zusammenbildungen als Ableitungen).

[62] Siehe z. B. Rohrer 1967/1977:34−44, 128−130, 192−197; Adams 1973:34 f.; Brekle 1976; Bauer 1978:12−14 u. 154−159; Warren 1978:26−30; Erlebach 1979:105−125. Marchand folgen dagegen Faiß 1978:71−78; Kastovsky 1982a:167 f.

[63] Zur Unterscheidung dieser beiden Ebenen siehe unten 1.4.3.2.f.

[64] Beispielsweise ist *red coat* in *The soldiers wore red coats* kein Kompositum, sondern syntaktische Gruppe; in *The redcoats attacked* dagegen ist es eine Bahuvrihibildung (anders der Typ *birdbrain*; vgl. Marchand 1969:13 f.). Vgl. Henzen 1965:237 f.; Fleischer 1971:60.

falls in dieser Bedeutung, gar nicht immer als selbständiges Wort auftritt.[65] Beispielsweise bedeutet *keeping* isoliert nicht das Gleiche wie in *housekeeping* (Marchand 1969:16); es gibt z. B. zwar *bloodshed* (zu 'They shed blood') und *bellhop,* aber kein Sb **shed, *hop* mit der hier vorliegenden Bedeutung, so daß man auch in diesen Fällen von einer Verbindung aus Zusammensetzung und (Null)ableitung ausgehen müßte.

(2) Während Marchand bei den Bahuvrihis nicht darauf hinweist, daß man sie als Bildungen ansehen könnte, die in übertragener Bedeutung verwendet werden,[66] operiert er bei anderen Komposita mit genau dieser Erklärungsmöglichkeit. So werden einige Untergruppen des Typs Sb+*s*/Sb (*craftsman; driver's seat; bull's eye*) laut ihm überwiegend oder ausschließlich metaphorisch verwendet, wie z. B. *bishop's cap* und *cat's eye* (1969:65– 69). Doch auch *bull's eye* selbst kann synchron nicht ausreichend paraphrasiert werden mit 'the bull (vbtr. = 'has') an eye' (so Marchand 1969:65), sondern müßte aufgefaßt werden als 'something [e. g. the centre of a target] (which) resembles a bull's eye'.[67] Aufgrund all dieser Parallelen werden auch die Exozentrika hier als Komposita betrachtet.

Marchands zum Teil recht subtil argumentierender Versuch, zwar alle anderen genannten Typen als Komposita anzusehen, aber die Exozentrika zu den Nullableitungen zu rechnen, überzeugt letztlich deswegen nicht, weil er dabei nur eine Analyseebene berücksichtigt und alle anderen ausklammert. Gerade das Beispiel der Exozentrika und der synthetischen Komposita zeigt aber, daß sich sprachliche Erscheinungen nicht immer völlig eindeutig abgrenzen lassen, sondern daß es neben Kernzonen auch Rand- und Übergangszonen gibt.[68]

---

[65] Zusammenbildungen sind Strukturen des Typs A+B+c (freies + freies + gebundenes Morphem). Dabei kommt A+B oft selbst nicht als Kompositum vor (*watchmaker,* aber nicht **watchmake*); auch B+c kommt nicht immer selbständig vor (*light-hearted* aber ne. nicht **hearted*) oder jedenfalls nicht in der gleichen Bedeutung (dt. *Schuhmacher – Macher*). Zusammenbildungen sind von Wortgruppen abgeleitet: 'Someone makes watches' → *watchmaker*; 'Someone has a light heart' → *light-hearted.* Literatur: *Duden-Grammatik* 1966:401–404; Görlach 1974:77; Peer 1978:69–72; Botha 1984; Leser 1990; Fill 1980:54 f.; ferner unten 1.4.3.3.; 3.1.2.11.–12.; 3.2.9.–12.; 3.3.8.–11.

[66] Genauer: metonymisch *(pars pro toto)*; vgl. Gardner 1968:22 f. u. unten 3.2.14.3.(2).

[67] Ähnlich steht es mit *bishop's cap*: 'This plant resembles a bishop's cap'. Auch bei anderen Typen finden sich Kp., die nur übertragen verwendet werden, z. B. *sweetheart* (Marchand 1969:63) 'He/she has a sweet heart' (nicht: 'The heart is sweet'), was genau der Formel für Bahuvrihis entspricht; vgl. ferner *chatterbox.*

[68] Was Marchand selbst an anderer Stelle durchaus sieht (1969:122) und was uns auch in dieser Arbeit noch öfter begegnen wird, vgl. den bereits oben erwähnten Übergang von Kompositionselementen zu Suffixen oder den Übergang von Sb zu Adj (siehe dazu unten 2.4.3.3. u. 2.4.3.4.); siehe ferner Fill 1980:20; Ortner/Ortner 1984:12.

Gegen Erbens Ausschluß der Zusammenbildungen aus dem Bereich der Kp. ließe sich einwenden, daß bei ihnen das Zweitelement (Dm) zwar nicht selbständig vorkommen muß, aber selbständig vorkommen kann, vgl. z. B. ne. *car-dealer* und *dealer, cigar-smoker* und *smoker,* wodurch bei derartigen Bildungen neben einer Analyse als Sb/Vb+er auch eine Analyse als Sb/Sb in Frage kommt.[69] Und selbst wenn das Zweitelement nicht selbständig vorkommt, kann man es, weil es nach produktiven Mustern gebildet ist, als mögliches Wort ("potential word") einstufen, siehe z. B. Kastovsky 1982a: 179 u. 210.

Die Abgrenzung von Zusammensetzung und Präfixbildung fällt ebenfalls nicht immer leicht.[70] Unter Präfixen versteht man, wie oben erwähnt, gebundene Morpheme, die vor ein Wort gesetzt werden (ne. *delouse, misbehaviour, rewrite*). Schwierigkeiten bei der Einstufung bereiten aber besonders Verbindungen mit Ortspartikeln als Erstelement, wie z. B. ne. *afternoon, downcast, income, onlooker, undersecretary.*[71] Weil die Ortspartikeln selbständig vorkommen, sind Zusammensetzungen damit zwar strenggenommen zu den Komposita zu rechnen, was auch hier geschieht (3.2.6. u. 3.3.5.); aus verschiedenen Gründen wird aber trotzdem weithin angenommen, daß die Partikelkp. den Präfixbildungen nahestehen; siehe dazu unten 3.1.2.6.

1.3.3. Zum Begriff des Nominalkompositums

Ähnlich wie die Bezeichnung Kompositum wird auch die Bezeichnung Nominalkompositum *(nominal compound)* in der Literatur zwar häufig verwendet, aber recht unterschiedlich definiert. Einige der wichtigsten Verwendungen dieses Terminus seien deshalb kurz vorgestellt:

(1) Am engsten faßt ihn Marchand 1969, der allerdings von reinen Nominalkomposita ("purely nominal compounds") spricht und darunter aus zwei Substantiven zusammengesetzte Kp. versteht, die kein verbales Element enthalten; sie gehören in seine Kategorie der Komposita ohne Verbalverknüpfung ("non-verbal nexus compounds").[72] Solche Komposita

---

[69] Siehe dazu unten 1.4.3.3.; 1.4.3.4. und vgl. 3.1.2.10.

[70] Vgl. auch oben S. 15 u. unten 3.1.2.13.; 3.2.13. – Diachron gesehen sind auch manche Präfixe aus ursprünglich selbständigen Wörtern entstanden; siehe Marchand 1969:129 f.; Koziol 1972:89 f.

[71] Wie die Beispiele zeigen, werden die Ortspartikeln in der Zusammensetzung dann auch in anderer (zeitlicher, übertragener) Bedeutung verwendet.

[72] Siehe besonders Marchand 1969:44 ff. Von „rein nominale[n] Komposita" spricht bereits Storch 1886:37 f.; seine Definition ist aber weiter gefaßt als diejenige Marchands, weil er zwar Komposita mit verbalem Element im zweiten Bestandteil ausschließt (z. B. ae. *burg-*

aus zwei Substantiven, von denen keines von einem Verb abgeleitet ist, untersucht Warren 1978; sie bezeichnet sie als "noun-noun compounds" (vgl. 1978:57). Hier werden sie gewöhnlich als Sb/Sb-Kp. bezeichnet.

(2) Eine weiter gefaßte Definition versteht unter Nominalkomposita Zusammensetzungen, „die der Wortklasse ‚Substantiv' angehören" (so Kürschner 1974:1), ohne Rücksicht auf die Wortart der Bestandteile. In diesem Sinn werden auch eine Reihe anderer Bezeichnungen verwendet, vor allem: „zusammengesetztes Substantiv" (Koziol 1972); "compound substantive" (Marchand 1969); "substantival compound" (Gardner 1968); "noun compound" (Adams 1973).[73]

(3) Die dritte und weiteste Definition basiert darauf, daß Substantiv und Adjektiv vor allem in der älteren Grammatiktheorie häufig unter dem Oberbegriff Nomen zusammengefaßt wurden.[74] Als Nominalkomposita gelten dementsprechend zusammengesetzte Substantive und zusammengesetzte Adjektive, d.h. Zusammensetzungen, die den Wortklassen Substantiv oder Adjektiv angehören.[75] Von dieser Auffassung, die auch hier zugrundegelegt wird, gehen z.B. aus: Carr 1939; Henzen 1965:46; Meid 1967; Ilkow 1968:11; Zepić 1970.

(4) Brekle 1976:25−27 hält es in seinem Buch über die englische Nominalkomposition für „irrelevant", eine kurzgefaßte Definition des Nominalkompositums zu geben, da sie lediglich auf dem „heuristisch-prätheoretische[n] Stadium des ... Wissenschaftsprozesses" ihre Berechtigung habe (1976:26); genau abgegrenzt werden könne der Bereich der Nominalkomposition jedoch erst „durch die im Rahmen eines grammatischen Teilmodells hypothetisch aufgestellten Regeln, die zu gewissen sprachlichen Strukturen führen" (1976:25). Zu dieser Eingrenzung kommt er durch über hundert Regeln (25 Grundregeln mit ihren Varianten), durch die ebenso viele Typen von Nominalkomposita „erzeugt" werden. Ob diese Methode tatsächlich wissenschaftlicher ist, kann man aber bezweifeln, da sie im Grunde ja nur formalisierte Beschreibungen derjenigen Strukturen gibt, die man von vornherein als Nominalkomposita ansieht. So schließt Brekle wie Marchand 1969 synthetische Komposita ein (z.B. *churchgoing*,

---

agend, gold-broden), aber nicht solche mit verbalem Element im ersten Bestandteil. Jespersen 1942 (*MEG* VI):142 ff. scheidet bei seinen "pure substantive-compounds" dagegen genau umgekehrt Zusammensetzungen mit Adjektiv oder Verb im ersten Bestandteil aus, schließt aber Bildungen mit verbalem Element im zweiten Bestandteil ein, z.B. 1942:143 *bell-foundry* neben *innkeeper* und *earthquake*.

[73] Fanselow 1981:14 faßt unter Nominalkp. „diejenigen komplexen Substantive, deren Hinterglied selbst ein Nomen ist".

[74] Siehe z.B. Michael 1970:bes. 89−92; 313−319; Brekle 1976:146f.

[75] Zur Definition von Adjektivkp. vgl. auch Welte 1982:162 u. 166.

Regel 9.1; *poolswimming*, Regel 10.1); anders als Marchand jedoch auch exozentrische Komposita (z.B. *pickpocket*, Regel 13.5.5; *bluebeard*, Regel 23.1; *blockhead*, Regel 24.1), ohne sich mit dessen Auffassung auseinanderzusetzen. Zusammengesetzte Adjektive behandelt er nicht, so daß seine Eingrenzung in etwa mit der oben unter (2) genannten Definition übereinstimmt, nach der Nominalkomposita als zusammengesetzte Substantive aufgefaßt werden.

(5) Erwähnt sei schließlich noch die Einteilung von Levi 1978:bes. 271. Sie verwendet als Oberbegriff den Terminus „komplexe Nominalfügung" ("complex nominal") und sieht als dessen Untergruppen an: erstens die Nominalkomposita, die Marchands reinen Nominalkp. – also denen ohne Verbalverknüpfung, siehe oben (1) – entsprechen *(apple cake)*; zweitens die Nominalisierungen, die den Kp. mit Verbalverknüpfung entsprechen *(film producer)*; drittens Verbindungen mit sogenannten transpositionellen (nicht-prädikativen) Adjektiven wie *criminal lawyer, musical clock, presidential adviser* usw., denen ihr Hauptinteresse gilt. Für unsere Untersuchung spielen letztere aber keine Rolle.[76]

1.3.4. Definition des Nominalkompositums

Es ist deutlich geworden, daß es weder für den Begriff des Kompositums noch für den des Nominalkompositums eine allgemein akzeptierte Definition gibt; es scheint sogar fraglich, ob angesichts der manchmal fließenden Übergänge zu anderen Formen der Wortbildung, insbesondere der Affigierung, eine knappe und trotzdem ausreichende Definition überhaupt möglich ist. In dieser Arbeit wird das Nominalkp. relativ weit gefaßt, und zwar in Zusammenfassung und Ergänzung des bisher Gesagten folgendermaßen:

(1) Nominalkomposita sind zusammengesetzte Substantive und zusammengesetzte Adjektive. Sie bestehen aus zwei unmittelbaren Konstituenten, die meist beide selbst Wörter sind; eine Konstituente kann aber auch ein Wortstamm (vor allem das Erstelement beim Typ Vb/Sb) oder ein potentielles Wort (vor allem das Zweitelement bei Zusammenbildungen) sein.

---

[76] Die transpositionellen ("transposed", "derived", "nonpredicating" usw.) Adjektive können im allgemeinen nicht prädikativ verwendet werden, also nicht *'The clock is musical' usw.; sie sind vielmehr abzuleiten von Wendungen wie 'The clock produces music'; 'The lawyer deals with crime', usw. Literaturauswahl dazu: Jespersen 1914 (*MEG* II):283 ff.; Marchand 1966:131–149; Marchand 1969:229 u. 360; Bauer 1978:96–101; Levi 1978; Leitzke 1986:85–96 (bes. zur Terminologie); Leitzke 1989.– Offenbar gab es transpositionelle Adj im Ae. und Frühme. noch nicht.

(2)   Im wesentlichen ausgeschlossen bleiben demnach zusammengesetzte Verben und Adverbien, doch gibt es auch hier doppeldeutige Formen, die berücksichtigt werden müssen (siehe unten 3.1.2.11.; 3.2.3.3.(3); 3.3.13.). Verbindungen aus Num/Sb, Num/Adj usw. werden berücksichtigt (unten 3.2.4.; 3.3.3.), reine zusammengesetzte Zahlwörter (*fif-tene*) dagegen nicht.[77] Beispiele für zusammengesetzte Adverbien sind:[78]

> *al-day*, z. B. *KingAlex* 1231; *duuel-rihtes StKat* 10v/6; *fot-hot*, z. B. *Art&Merl* 7934; *ful-iwis(s)*, z. B. *Orrm* 11074; *зursten-dai* (> ne. *yesterday*), z. B. *DSirith* 73; *lim-mele*, z. B. *LaзB* CO 12785; *stund-mele*, z. B. *TrinHom* IV (23/8); *sum-day*, *KingAlex* 1324; *unnderr-fot*, *Orrm* 11773; *wuke-malumm*, *Orrm* 536.

(3)   Innerhalb der zusammengesetzten Sb und Adj gibt es eine ziemlich allgemein anerkannte Kerngruppe, eine Gruppe von umstrittenen bzw. unterschiedlich klassifizierten Bildungen und eine Randgruppe; sie alle werden hier berücksichtigt. Zur ersten Gruppe gehören Typen wie Sb/Sb, Adj/Sb, Vb/Sb, Sb/Adj, Adj/Adj; zur zweiten vor allem die Exozentrika, die Zusammenbildungen und auch der Typ Sb+s/Sb; zur dritten insbesondere die Partikelkomposita (Partikel/Sb; Partikel/Adj), die Zusammensetzungen mit Affixoiden (zur Definition der Affixoide siehe unten 3.1.2.13.; 3.2.13.), die reduplizierenden Bildungen.

(4)   Ausgeklammert werden ferner Ableitungen von Kp.; sie sind nicht mit den Zusammenbildungen zu verwechseln.[79] Ziemlich selten in unserem frühme. Material kommen die Ableitungen auf *-ere* vor (zu den Zusammenbildungen mit *-ere* s. u. 3.2.11.):

> *godspellere*, z. B. *LambH* IX (99/26), *SermRdE* 245, *AncR* (C 37v/24), zu paraphrasieren als 'Someone (who) writes the gospel'; *lofsongere*, *LambH* XVI (153/36), *loftsongere*, *TrinH* XXX (191/25); *householder*, erst bei *Malory* 98/17; sowie von einem bereits verdunkelten Lehnkp.: *gunfanuner, gumfainuner* ,Bannerträger', *AncR* (A 81v/28 f.; C 136v/12).

Relativ zahlreich, vor allem in den früheren Texten, sind dagegen die aus zusammengesetzten Adjektiven abgeleiteten Substantive auf *-ness;* Beispiele sind:

> *anrednesse*, *AncR* (C 32v/20); *deorewurðnys(se)*, z. B. *SermRdE* 242; *dæpshildiзnes(se)*, *Orrm* 19388 (vgl. auch *undæpshildiзnes(se)*, *Orrm* 17571); *edmod-*

---

[77]   Sie kommen im Frühme. anscheinend ohnehin nicht sehr häufig vor.
[78]   Vgl. dazu auch Koziol 1972:85 (§ 179 ff.) u. 273 (§ 649).
[79]   Literatur dazu: Bloomfield 1933:227; Erben 1975:29–31; Ortner/Ortner 1984:48. Während Bloomfield die Ableitungen von Kp. als *de-compounds* bezeichnet, versteht man unter Dekomposita sonst meist mehrgliedrige Komposita, z. B. *Steinkohlen-bergwerk*.

nes(se), z.B. *TrinHom* IV (17/5); *fullfremednys(se)*, *SermRdE* 197; *heardhyrt-
nes(se)*, *WintBR* 69/7; *manþwærnes(se)*, z.B. *WintBR* 141/7; *mildhertnes(se)*, z.B.
ChronE 1070/57; *TrinH* I (5/24); *rihtwisnes(se)*, z.B. *ChronE* 108[7]/16; *shamfest-
nes(se)*, z.B. *TrinH* XII (71/36); *swinncfullnes(se)*, *Orrm* 2526; *soðfastnes(se)*, z.B.
TrinH XX (117/10); *stedefestnes(se)*, *WintBR* 27/5; *trewfestnes(se)*, *LambH* IX
(99/31); *polebyrdnys(se)*, *WintBR* 37/20; *polemodnys(se)*, z.B. *HonEluc* 142/3;
Vices&V 19/12. – Vgl. ferner *MED* s.v. *-nes(se)*, *OED* s.v. *-ness*.

(5) Im allgemeinen nicht weiter berücksichtigt werden schließlich (a) die
zusammengesetzten Pronomina; (b) die zusammengesetzten bzw. durch
Zusammenrückung entstandenen Sb und Adj, die dann auch als Pron, Adv
oder beides verwendet wurden,[80] (c) einige weitere Kp., die man ebenfalls
hierher stellen kann. Beispiele sind:

> (a) *littless-whatt*, *Orrm* 6952 (doch vgl. dazu unten 3.3.15.); *maniȝ-whatt*, z.B.
> *Orrm* 1028; (b) *anoþer*, z.B. *HarrowH* O 64; *nanþing*, z.B. *Vices&V* 61/5,
> *naþing*, *noþing*, *LaȝB* CO 15059; *nowiht* (> ne. *nought*) *11Pains* 114;
> *zomþing*, *Ayenb* 33/29 u.ö.; (c) *anymon*, *animon*, z.B. *Lyrics XIII* (90/1), *AncR*
> C 38v/12 usw., *monimon*, z.B. *PMor* 133, *Gen&Ex* 696; *nan mon*, *namon*, z.B.
> *AncR* (C 27v/13 u.ö. bzw. A 17r/4 u.ö.), *noman*, *nomon*, z.B. *KingAlex* 705, 707
> (Pron. laut Smithers' Glossar).

1.4. Beschreibungsmöglichkeiten für Nominalkomposita

1.4.1. Skizze der Forschungsgeschichte

Als Zweig der Sprachwissenschaft spiegelt die Wortbildungsforschung
häufig deren jeweilige Haupttendenzen wider. So teilte die Wortbildungslehre im Rahmen der historisch-vergleichenden Sprachwissenschaft, die
mit J. Grimm 1826:II ([2]1875–1878:II) ihren Anfang nahm, deren Einteilung und Nomenklatur aber zum Teil bis heute nachwirken, die Nominalkomposita zunächst nach einem diachronen Gesichtspunkt ein und unterschied zwei Schichten der Komposition:[81] die sogenannte ursprüngliche,
eigentliche oder echte (= Zusammensetzung, Stammkomposition), deren
Haupttypen schon aus dem Idg. ererbt sind, und die sogenannte jüngere,
uneigentliche oder unechte (= Zusammenrückung), die sich erst relativ
spät in den germanischen Einzelsprachen entwickelte. Bei der Zusammen-

---

[80] Vgl. die jeweiligen Stichwörter in *OED* u. *MED* sowie Mustanoja 1960:209–219.
[81] Siehe z.B. Grimm 1875–1878:II,386f.; Morsbach 1896:43f.; Paul 1920a:325–351; Meid
1967:16–35; Henzen 1965:36–38; Žepic 1970:21 ff., sowie zu Überblicken über die For-
schungsgeschichte z.B. Brekle/Kastovsky 1977:7–11; Bauer 1983:2–6. – Wenn ich richtig sehe, wurde sogar der Terminus Wortbildung erst von J. Grimm geprägt.

setzung wird als Vorderglied ursprünglich der reine Stamm verwendet (was im Dt. z. B. bei dem Typ Vb/Sb noch sichtbar ist: *Bindfaden, Lachkrampf, Turnschuh*),[82] während die Zusammenrückung aus einer syntaktischen Fügung entstand (z. B. Genitivverbindung; Verbindung aus Adj + Sb; Imperativsatz: *Gotteshaus, Hungersnot; Edelmann; Fürchtegott*), so daß das Vorderglied hier oft flektiert ist (außer den Adj).[83] Der Übergang zwischen Wortgruppe (syntakt. Gruppe) und Kompositum ist allmählich, die Grenze deshalb nicht immer leicht zu ziehen.[84] Diese diachron begründete Unterscheidung wird aber dann von synchronen Gesichtspunkten überlagert: Wie z. B. Paul 1920a:346 betont, können nach einmal vorhandenen Mustern jederzeit Analogiebildungen entstehen.[85] Viele Zusammensetzungen wurden erst in den Einzelsprachen gebildet, und nicht alle Zusammenrückungen existierten zunächst als syntaktische Fügungen.[86]

Neben dieser Grundeinteilung, die lediglich die morphologische Gestalt des Vordergliedes berücksichtigte, verwendete man von Anfang an auch differenziertere Schemata, die von der Wortart der Bestandteile ausgehen, und neben dieser Einteilung nach der morphologischen Gestalt auch gewisse morphologische und syntaktisch-semantische Grobstrukturen miteinbeziehen.[87] Als Beispiel sei hier die Einteilung von Carr 1939:xxix gegeben, die an ältere Muster anschließt und sich ihrerseits fast unverändert z. B. wieder bei Meid 1967:23−35 findet:[88]

A. KOPULATIVKOMPOSITA (Dvandva)

   (i)   Substantiv + Substantiv (Typ: altnddt. *gisunfader)*
   (ii) Adjektiv + Adjektiv (Typ: dt. *taubstumm)*

---

[82] Bei den Substantiven sind dagegen im Engl. wie im Dt. Stamm und Nom.Sg. gewöhnlich identisch (*Fußschemel, Schuhriemen, door-knob*), so daß man hier für die neueren Sprachstufen eigentlich von Nominativkomposition sprechen müßte. Siehe dazu sowie zu den bei der germ. Stammkomposition ursprünglich auftretenden Besonderheiten (Fugenelementen) unten 2.4.2.6. und 2.4.3.1.

[83] Wobei das *-s* im Nhd. nicht mehr immer ein Flexionszeichen, sondern häufig ein Fugenelement ist, z. B. in *Liebeskummer* (Gen. wäre ‚der Liebe‘), *Bischofskonferenz* (‚Konferenz der Bischöfe‘) für Literatur dazu s. u. Anm. 109. − Zum Status des *-s* im Englischen s. u. 3.2.2.3.(2), zur Frage, ob die Imperativkp. tatsächlich aus einer Imperativverbindung entstanden, s. u. 3.2.15.3.(3).

[84] Siehe z. B. Paul 1920a:328ff., sowie unten Kap. 2.

[85] Der Analogiebegriff wird auch in der neueren Literatur zur Wortbildung wieder aufgegriffen. Dabei geht es vor allem um die Frage, wie weit Wortbildungsprozesse regelhaft sind und wie weit Neubildungen z. B. analog zu existierenden Bildungen entstehen. Siehe Kastovsky 1982:174f., 182 und vor allem Bauer 1983:95f., 265f., 270f., 293−296.

[86] Z. B. ist *Bundeskanzler* sicher nicht aus ‚des Bundes Kanzler‘ entstanden (Pavlov 1972:19).

[87] Bereits Grimm 1875−1878:II,386ff. unterscheidet zwischen Präpositional-, Kasus- und appositionellen Verhältnissen.

[88] Vgl. z. B. auch *Duden-Grammatik* 1966:350−354.

B. DETERMINATIVKOMPOSITA
   (i)   Substantiv + Substantiv (Typ: dt. *Vaterland*)
   (ii) Adjektiv + Substantiv (Typ: dt. *Großvater*)
   (iii) Verbalstamm + Substantiv (Typ: dt. *Schreibzeug*)
   (iv) Substantiv + Adjektiv (Typ: dt. *blutrot*)
   (v)   Adjektiv + Adjektiv (Typ: dt. *altklug*)
   (vi) Verbalstamm + Adjektiv (Typ: dt. *treffsicher*)

C. EXOZENTRISCHE KOMPOSITA
   (i)   Imperativkomposita (Typ: dt. *Taugenichts*)
   (ii) Bahuvrihikomposita (Possessivkomposita)
         (a) substantivische Bahuvrihis (Typ: dt. *Dummkopf*)
         (b) adjektivische Bahuvrihis ("mutated compounds", Typ: dt. *barfuß*)

Gardner 1968 weist in seiner Auseinandersetzung mit diesem und ähnlichen Modellen darauf hin, daß hier zwei Analyseebenen vermischt sind. Während die Termini Kopulativ- und Determinativkp. die Beziehung der Elemente des Kompositums zueinander betreffen, verweist der Terminus exozentrisches Kp. auf die Beziehung der beiden Elemente zu einem dritten, an der Oberfläche nicht ausgedrückten. Häufig werden deshalb die Kopulativ- und Determinativkp. unter dem Oberbegriff der endozentrischen Kp. zusammengefaßt, um sie den exozentrischen unmittelbar gegenüberstellen zu können.[89] Feinere syntaktische und semantische Unterscheidungen, die Carr 1939 durchaus sieht und bis zu einem gewissen Grad behandelt, haben in diesem Modell selbst keinen Platz.[90]

Der Strukturalismus hat sich um Wortbildungsfragen im allgemeinen nicht sehr intensiv gekümmert und kaum wesentlich neue Beschreibungsansätze für Nominalkomposita hervorgebracht.[91] L. Bloomfields eigenständiger Beitrag beispielsweise beschränkt sich auf eine oberflächenorientierte Unterscheidung zwischen „syntaktischen", „asyntaktischen" und „semisyntaktischen" Komposita.[92] Danach stehen die Glieder eines syntakt. Kompositums in der gleichen Beziehung zueinander wie die einer

---

[89] Siehe Gardner 1968:17–30, bes. 23, wo auch die Problematik des Terminus „exozentrisch" diskutiert wird (vgl. Marchand 1969:13 f.). Trotzdem ist er zu nützlich, um aufgegeben zu werden. Ebenso wird der von Gardner kritisierte Terminus „substantivisches Bahuvrihi" hier beibehalten. – Auf der Ebene der morphologischen Struktur läßt sich Carrs Darstellung allerdings rechtfertigen, s.u. 1.4.3.3.

[90] Wenn Meid 1967:23 bereits die obige Dreiteilung als „semantische Typen der Nominalkomposition" bezeichnet, so ist das etwas übertrieben.

[91] Siehe Kürschner 1974:11–15. Zur Kritik an den Handbüchern von Koziol ¹1937 u. Jespersen 1942 (*MEG* VI) siehe Marchand 1969:V ("Preface to the first edition").

[92] Bloomfield 1933:233–235; er arbeitet dies aber nicht weiter aus. Seine Unterscheidung spiegelt sich in der Terminologie des *MED* wider (*Plan and Bibliography*, S. 4). – Daneben übernimmt Bloomfield auch ältere Unterscheidungen (1933:227–237).

syntakt. Gruppe (z. B. *blackbird* und *black bird, whitecap* und *white cap*),
während es zu den asyntaktischen Kp. keine entsprechende syntakt. Gruppe gibt (z. B. *door-knob, frost-bitten*, aber kein **door knob, *frost bitten*); die
semisyntakt. Kp. zeigen gewisse Abweichungen (Umstellungen, Auslas-
sungen) gegenüber den entsprechenden syntaktischen Gruppen (z. B. *to
housekeep* und *to keep house; turnkey* und *turn the key*).

Erst Marchand [1]1960 hat in seinem Handbuch die engl. Wortbildung
systematisch nach strukturalistischen Prinzipien dargestellt. Im gleichen
Jahr erschien aber schon die Arbeit von Lees 1960, die sich im Rahmen der
generativen Transformationsgrammatik Chomskyscher Prägung (genauer:
des Modells von Chomskys *Syntactic Structures*) bewegt und zum erstenmal systematisch die syntaktische Tiefenstruktur von Komposita untersucht, d. h. ihre Beziehung zu und Ableitbarkeit von vollen Sätzen; Lees ist
somit der erste Vertreter des transformationalistischen Ansatzes in der
Wortbildung. Er gliedert die Kp. nach der Art des zugrundeliegenden Satzes, wobei er auf acht Haupttypen kommt:[93]

1. Subject-Predicate (*girlfriend, madman, redskin:* 'the friend is a girl')
2. Subject-Middle Object (*doctor's office, arrowhead, rattlesnake:* 'the doctor has an office')
3. Subject-Verb (*talking machine, payload, population growth:* 'the machine talks')
4. Subject-Object (*steamboat, car thief:* 'steam powers the boat')
5. Verb-Object (*setscrew, pickpocket, eating apple, sightseeing:* 'we set the screw')
6. Subject-Prepositional Object (*gunpowder, garden party:* 'the powder is for the gun')
7. Verb-Prepositional Object (*grindstone, washing machine, boat ride:* 'John grinds knives on the stone')
8. Object-Prepositional Object (*bull-ring, station wagon:* 'we fight the bull in the ring')

Diese Art der Einteilung wurde in den folgenden Jahren des öfteren übernommen und, häufig in vereinfachter Form, sowohl auf ältere Sprachstufen des Englischen als auch auf andere Sprachen angewendet.[94] Wie die
Beispiele zeigen, kann sich ein bestimmter zugrundeliegender Satztyp an

---

[93] Zusammenfassung und Kritik von Lees' Ansatz z. B. bei Rohrer 1966/81:200−211; Smith 1971:16−28 u. 29−79; Marchand 1974:295 ff.; Kastovsky 1982a:229−231; siehe ferner unten 1.4.3.4. und 1.4.3.5. sowie Kap. 5. − Sätze mit "middle object" können im allgemei-nen nicht passiviert werden.

[94] Auf das Ae. von Reibel 1963 und Kastovsky 1968; auf Chaucer von Smith 1971; auf das Ne. von Quirk et al. 1972, 1973, 1985, jeweils Appendix I; auf das Frz. von Rohrer 1967/ 1977; auf das Dt. von Thiel 1973: 377−404; siehe ferner die Literaturangaben bei Kürsch-ner 1974:21 u. 77.

der Oberfläche in morphologisch ganz unterschiedlich strukturierten Kp. niederschlagen, während andererseits an der Oberfläche gleich strukturierte Kp. auf unterschiedliche Satztypen zurückgehen können.

Das umfassendste moderne Modell zur Beschreibung von Nominalkp. hat dann Marchand in der zweiten Auflage seines Handbuches (1969) entworfen, wo er neben dem strukturalistischen Ansatz auch den syntaktischen miteinbezieht. Er trennt klar zwischen diachroner Beschreibung, die das Alter und die Entwicklung der einzelnen Bildungstypen untersucht, und synchroner Beschreibung. Für letztere berücksichtigt er morphologische, syntaktische und semantische Aspekte, die sich nach ihm auf fünf Ebenen darstellen lassen:[95]

1. Die morphologische Gestalt ("morphologic shape")
2. Die morphologische Struktur ("morphologic structure")
3. Die syntaktische Tiefenstruktur ("content at the level of grammatical deep structure")
4. Der Referenztyp ("type of reference")
5. Die semantische Struktur ("content at the morphological level")

Marchands insgesamt 23 Haupttypen zusammengesetzter Sb und Adj ergeben sich aufgrund ihrer morphologischen Gestalt und Struktur.[96] Die Gliederung nach der syntaktischen Tiefenstruktur und dem Referenztyp stellt Marchand zwar einleitend systematisch dar, arbeitet sie dann aber jeweils in die Beschreibung der einzelnen morphologischen Typen ein, ordnet sie ihr also unter. Seine semantischen Typen sind recht vielfältig, aber nirgends zusammenfassend dargestellt.[97]

Seit Marchands Handbuch (1969) sind zahlreiche weitere, von verschiedenen Ansätzen ausgehende Arbeiten und Handbücher zur Wortbildung und zur Nominalkomposition im Englischen, Deutschen usw. erschienen, so daß die Orientierung eher noch schwieriger geworden ist. Einige dieser Arbeiten legen im wesentlichen Marchands Modell zugrunde. Hier sind neben Kastovsky 1982a insbesondere Faiß 1978 und Erlebach 1979 zu nennen, die es in modifizierter Form auf ältere Stufen des Englischen anwen-

---

[95] Zu Marchands Modell siehe vor allem Marchand 1969:11–59; vgl. Marchand 1974; Faiß 1978:14–80; Kastovsky 1982a:168f. u. 214f.; ferner unten 1.4.3.2.–8. (dort auch jeweils Beispiele).

[96] Wie dies im Grunde auch schon in vielen der älteren Arbeiten der Fall ist, vgl. das oben referierte Schema von Carr 1939. Die „Pseudokomposita" behandelt Marchand an anderer Stelle.

[97] Marchand gibt eine Beschreibung semant. Typen sowohl innerhalb seines Überblicks über die syntakt. Typen (1969:30–53) als auch bei seiner Darstellung der einzelnen morphologischen Typen. Die semantischen Beschreibungen zu letzteren wirken zum Teil allerdings etwas umständlich; vgl. auch unten 1.4.3.8.

26

den. Andere Autoren ignorieren Marchands Grundthesen ganz oder teilweise und versuchen neue Beschreibungsschemata – was nicht ausschließt, daß sie gleichzeitig bis zu einem gewissen Grad auf ältere Einteilungen und Terminologien zurückgreifen.[98] Adams 1973 beispielsweise mischt bei ihrer Klassifikation der Kp., wie sie selbst einräumt, verschiedene Kriterien:[99] vereinzelt geht sie von der morphologischen Gestalt aus (z. B. "Adjective-Noun"), zum Teil von der syntaktischen Tiefenstruktur (z. B. "Subject-Verb", "Verb-Object"), teils schließlich vom semantischen Gehalt (z. B. "Resemblance", "Composition/Form/Contents"); den Referenztyp erwähnt sie nie.[100] Bauer 1978, der immerhin beansprucht, *The Grammar of Nominal Compounding* darzustellen, arbeitet im Rahmen der Kasusgrammatik, legt aber zunächst eine Variante der oben vorgestellten traditionellen Einteilung zugrunde und unterscheidet zwischen endozentrischen, exozentrischen und appositionellen bzw. Dvandva-Komposita (1978:12–14); auch in seinem Einführungsbuch von 1983 geht Bauer sehr selektiv vor und ignoriert Marchands Thesen weitgehend.[101]

Während in Marchands Modell die semantische Ebene noch an letzter Stelle rangiert und nicht systematisiert ist, konzentrierte sich in den siebziger Jahren das Interesse auf genau diesen Aspekt der Nominalkomposition. In einer Reihe von Arbeiten versuchte man, Komposita unmittelbar von ihrer semantischen Struktur her zu klassifizieren, teils nach generativen Modellen, teils nicht generativ.[102] Bei aller Verschiedenheit im Detail ist vielen der semantisch orientierten Beschreibungen gemeinsam, daß sie mehr oder weniger stark von der Kaususgrammatik beeinflußt sind und dementsprechend den Konstituenten des Kompositums semantische Rollen (Tiefenkasus) zuweisen wie z. B. *Agent, Experiencer, Instrument, Object, Source, Goal, Location, Time* usw.[103] Im Zusammenhang mit der semantischen Struktur richtete man das Augenmerk auch auf Probleme der Motivation, der Lexikalisierung und Idiomatisierung von Kp.[104] In den

---

[98] Auch dies ist ein Grund, die wichtigsten Punkte von Marchands Modell wieder ins Gedächtnis zu rufen.

[99] Adams 1973:61, vgl. 57–104.

[100] Dies alles hat zur Folge, daß morphologisch identische Bildungen zum Teil an verschiedenen Stellen behandelt werden. Vgl. die Rezension durch Lipka 1975:382–389.

[101] Vgl. die Rezension durch Sauer 1985 c:137–141.

[102] Mit generativem Anspruch z. B. Brekle 1976; Kürschner 1974; Shaw 1979; nicht generativ z. B. Rufener 1971; Warren 1978; fürs Ae. Gardner 1968.

[103] Z. B. Kürschner 1974; Hüllen 1976; Lipka 1976; Bauer 1978; Warren 1978; Shaw 1979; Hüllen 1981:87–102; Hansen et al. 1982; Kastovsky 1982 a:231–245; eine Synopse verschiedener semant. Klassifizierungen geben Ortner/Ortner 1984:199–275.

[104] Z. B. Rufener 1971; Lipka 1977:155–164; Shaw 1979; Fill 1980; Lipka 1981:119–132; Bauer 1983:42–61. Zu den Begriffen Idiom u. Idiomatisierung vgl. auch Gläser 1986.

letzten Jahren hat man sich schließlich verstärkt pragmatischen und kommunikativen Gesichtspunkten und der Frage nach Produktivität und Restriktionen bei der Bildung von Kp. zugewendet.[105] Die Montague-Grammatik legt Fanselow 1981 für seine Beschreibung der Nominalkp. zugrunde, wozu er zahlreiche und z.T. recht komplexe Formeln entwirft. Finin 1980 und Leonard 1984 beschäftigen sich mit der Frage, wie man Kp. mit Hilfe eines Computers semantisch interpretieren kann. Einen kritischen Überblick über neuere lexikalistische Ansätze gibt Botha 1984.[106] Die Rolle der Bildung von Kp. beim Spracherwerb untersuchen E. Clark et al. 1986. Das Spektrum der Fragen, die man bei der Analyse von Kp. berücksichtigen könnte, wird also immer breiter.

1.4.2. Analyse und Synthese in der Wortbildungsforschung

Neuerdings wird häufig darauf hingewiesen, daß sich in der Wortbildungsforschung grundsätzlich ein statisch-analytischer und ein prozessual-synthetischer Ansatz unterscheiden lassen, die einander ergänzen.[107] Der analytische Ansatz geht vom vorliegenden komplexen Wort aus und untersucht seine Struktur (seine Wortgebildetheit); er umfaßt neben den produktiven auch die unproduktiven Bildungsmuster, soweit sie noch analysierbar sind. Die komplexen Wörter werden segmentiert (z.B. *wheelchair: wheel + chair*), klassifiziert (*wheelchair:* Sb/Sb) und dann auch oft durch Sätze oder syntaktische Gruppen paraphrasiert, wobei das Kp. durch syntaktische Elemente erweitert wird ('a chair with wheels; a chair which has wheels'). Das analytische Vorgehen ist typisch für den Strukturalismus; auch eine computergestützte Arbeit wie Leonard 1984 geht analytisch vor (1984:4 u.ö.). Der synthetische Ansatz fragt nach dem Bildungsprozeß (der Wortbildung) und geht von umfangreicheren Strukturen aus, in neuerer Zeit häufig von Sätzen (oder Satzbegriffen), die dann zum komplexen Wort bzw. zum Kompositum reduziert werden. Bei dieser Reduktion werden syntaktische Elemente getilgt, während andererseits semantische Elemente hinzukommen, z.B. 'The *chair* has wheels' → wheelchair [+ FOR INVALIDS]. Das synthetische Verfahren ist typisch für generative Ansätze. Bei einer synchronen Beschreibung kann es strengge-

---

[105] Z.B. Meys 1975; Downing 1977; Bauer 1979:45–50; Günther 1981:258–280; Bauer 1983:62–100.
[106] Vgl. auch oben Anm. 50.
[107] Siehe z.B. Fleischer 1971:17f.; Lipka 1971:211–238 (bes. 222ff.); Kürschner 1974:18f.; Brekle/Kastovsky 1977:7ff.; Fill 1980:16ff.; Herbermann 1981:335–348; Hansen et al. 1982:32–40; Kastovsky 1982a:16f.; Lipka 1983:926.

nommen nur produktive Muster erfassen. In dieser Arbeit wird im wesentlichen analytisch vorgegangen.

1.4.3. Ebenen der Beschreibung von Nominalkomposita

Der folgende systematische Überblick über die einzelnen Beschreibungsebenen von Nominalkomposita berücksichtigt alle Punkte aus dem Modell von Marchand 1969 und dazu einige wichtige Modifikationen, Erweiterungen und Neuansätze.[108]

1.4.3.1. Phonologische Struktur

Mit der phonologischen Struktur eines Kompositums ist vor allem sein Akzentmuster gemeint. Weil das Akzentmuster gleichzeitig aber eine wichtige Rolle bei der Frage nach der Abgrenzung von Kp. gegen syntaktische Gruppen spielt, wird erst bei der Besprechung dieses Problems darauf eingegangen (unten 2.3.).

1.4.3.2. Morphologische Gestalt

Sie wird durch die Wortart der Konstituenten des Kompositums bestimmt, z. B. *steamboat* Sb/Sb; *blackbird* Adj/Sb; *earthquake* Sb/nullabgeleitetes deverbales Sb; dt. *Turnschuh* Vb/Sb oder genauer Verbstamm/Sb. Auch eventuelle Fugenelemente (und verwandte Erscheinungen), im Ne. hauptsächlich das dem Genitiv-*s* entsprechende -*s*, werden auf dieser Ebene beschrieben,[109] z. B. *craftsman, townsman*, dt. *Hilfsdienst* Sb+*s*/Sb — zur Frage, wie weit das -*s* im Englischen tatsächlich als Fugenelement und wie weit es als Genitivmorphem einzustufen ist, s. u. 3.2.2.3.(2).

Problematisch wird die Beschreibung der morphologischen Gestalt, wenn die Wortart einer Konstituente doppeldeutig oder unklar ist. Manche Autoren sind der Ansicht, daß im Ne. bei vielen Wörtern die Wortart neutral oder latent sei und sie erst im Satzzusammenhang als Sb, Vb, Adj usw. realisiert würden;[110] andere gehen dagegen davon aus, daß im allge-

---

[108] Vgl. auch die von Marchand etwas abweichenden Systematiken bei Warren 1978:5−77; Fill 1980:43−47; Hansen et al. 1982:27−43. − Obwohl Marchand meist sehr differenziert vorgeht, ist er in manchen Punkten doch zu dogmatisch; heute neigt man oft noch zu größerer Skepsis.

[109] Siehe Marchand 1969:54; Warren 1978:7−10; ferner unten 2.4.2.6.; 2.4.3.1.; 3.1.2.2.; 3.2.2. Wichtiger als im Englischen sind Fugenelemente im Deutschen, siehe z. B. Henzen 1957:47−51, 56−59; Morciniec 1964:49−55; *Duden-Grammatik* 1966:355−359; Žepić 1970:21−74; Fleischer 1971:112−122; Augst 1975:Kap. 2.

[110] Siehe z. B. Leisi 1985:106 ff. (§ 17), 159 ff., 229 ff.

29

meinen eine Wortart die grundlegende ist und die anderen durch Wortbildungsprozesse davon abgeleitet sind.[111] Gerade im Rahmen von Wortbildungstheorien ist prinzipiell zwar der letzteren Auffassung der Vorzug zu geben; wie sich im Verlauf unserer Untersuchung aber noch mehrmals zeigen wird, läßt sich, jedenfalls bei analytischem Vorgehen, schon für das Frühme. trotzdem nicht immer eindeutig klären, welche Wortart die Konstituenten bestimmter Kp. haben.[112]

1.4.3.3. Morphologische Struktur

(1) Die Analyse der morphologischen Struktur geht von der Annahme aus, daß ein Kompositum gewöhnlich aus zwei unmittelbaren Konstituenten besteht. Sie bilden zusammen ein Syntagma, wobei die eine Konstituente das Determinans (Dt), die andere das Determinatum (Dm) ist.[113] Das Determinans (Dt) sagt etwas Näheres über das Determinatum (Dm) aus; das Determinatum (Dm) dominiert dagegen grammatisch, d.h. es bestimmt die Wortart und die lexikalisch-semantische Kategorie (z.B. belebt vs. unbelebt; zählbar vs. nicht zählbar). Im Englischen, wie überhaupt in den germanischen Sprachen, steht das Determinatum gewöhnlich nach dem Determinans (Reihenfolge Dt/Dm).[114] Für die meisten Typen von Nominalkp. läßt sich diese Struktur in die Formel fassen: AB = B, wobei AB der gleichen Wortklasse und der gleichen lexikalischen Klasse angehört wie B; B kann also für das ganze Syntagma stehen.[115] Beispielsweise ist *birdcage* ein *cage; cage bird* dagegen ein *bird:* AB ist jeweils eine Teilklasse von B; mit anderen Worten: das ganze Kp. ist ein Hyponym seines Dm.

---

[111] Außer Marchand 1969 auch z.B. Lipka 1971:211−238 und Kastovsky 1982a:76−80; beide mit weiteren Literaturhinweisen.

[112] Siehe z.B. unten 2.4.3.3. und 2.4.3.4. (Sb/Sb oder Adj/Sb?); 3.1.2.10. (Sb/Vb+$\emptyset_{Sb}$ oder Sb/Sb?); 3.2.7. (Vb/Sb oder Sb/Sb?) usw. Zum Teil gilt dies bereits für das Ae.

[113] Diese Art der Analyse läßt sich auch auf Präfix- und Suffixbildungen anwenden, siehe bes. Marchand 1969:134ff. u. 209ff. − Zur Überlegenheit des Begriffspaares Determinans-Determinatum gegenüber der auch heute noch verwendeten Unterscheidung zwischen *Modifier* und *Head* (z.B. bei Warren 1978) bzw. Bestimmungswort und Grundwort siehe Brekle 1976:32−36; Kürschner 1974:15 − bei einem Ø-Dm kann man schlecht von Grundwort sprechen. Vgl. jetzt auch Pennanen 1982:241−261 (kritisch); Ortner/Ortner 1984:115−120.

[114] Ähnlich wie bei Marchand 1969 und Kastovsky 1982a werden Dt und Dm hier immer durch einen Schrägstrich voneinander abgesetzt. Zu Problemen bei der Bestimmung von Dt und Dm siehe z.B. Rohrer 1967/77:16−19; ferner unten 3.2.15.3.(4). − Wo das Dm dem Dt vorausgeht, handelt es sich entweder um festgewordene syntaktische Gruppen *(father-in-law)* oder um entlehnte Kp. bzw. Lehnbildungen nach romanischem oder keltischem Muster *(Fitzgerald, knight errant, Kirkpatrick)*, siehe unten 3.2.16. u. 3.2.18.2.

[115] A und B bezeichnen hier immer Oberflächenelemente (Wörter).

Einige Typen bzw. Untergruppen lassen sich allerdings nicht nach dieser Formel beschreiben, insbesondere nicht: (i) die additiven Kopulativkomposita (Dvandva, z. B. *Schleswig-Holstein*), die erklärt werden müssen als AB = A + B, siehe dazu unten 3.2.1.3.(2); (ii) die Exozentrika, die von Marchand auf dieser Ebene erklärt werden als Bildungen mit einem zusammengesetzten Dt und einem Nullsuffix als Dm; z. B. ist *birdbrain* 'stupid person' nicht analysierbar als AB = B ('brain of a bird'), sondern nur als AB/Ø ('Someone who/has a birdbrain'), ebenso *pickpocket* ('Someone who/picks pockets'). Wie oben 1.3.2. deutlich gemacht, sprechen jedoch andere Gründe dafür, die Exozentrika trotzdem als Kp. zu akzeptieren. Von der morphologischen Struktur her erklärt sich demnach auch die oben 1.4.1. vorgeführte traditionelle Dreiteilung der Kp. in Kopulativkp. (genauer: additive Kopulativkp. = Dvandva; Formel AB = A + B),[116] Determinativkp. (AB = B) und Exozentrika (AB ≠ B; AB = AB/Ø).

(2) Die Konstituentenstruktur läßt sich auch graphisch darstellen, was besonders bei Kp. mit komplexen Konstituenten nützlich sein kann:[117]

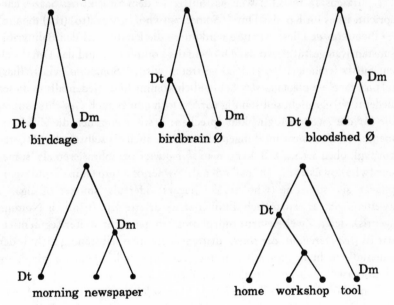

---

[116] In vorliegender Arbeit ist – in Anlehnung an Marchand – der Begriff des Kopulativkp. weiter gefaßt als traditionell üblich und umfaßt mehrere Untergruppen, von denen die Dvandva (= additiven Kopulativkp.) nur eine sind; siehe dazu unten 1.4.3.4.; 3.2.1.3.(2) u. 5.2.1.1.

[117] Für diese Darstellungsmöglichkeit sowie einen Teil der Beispiele siehe Warren 1978:10–40; ferner z. B. Tietze 1974; Erben 1975:30–32; Faiß 1978:20ff.; sowie unten 4.1.1. – *Bloodshed* wird hier als Beispiel des Typs Sb/Vb+Ø_{Sb} eingestuft; vgl. dazu unten 3.2.9.

(3) Einen Sonderfall stellen ferner die Zusammenbildungen (synthetischen Kp.) dar, weil bei ihnen eine Doppelanalyse der morphologischen Struktur möglich ist.[118] So läßt sich z. B. *theatregoer* als theatre-go/*er* oder als theatre/*goer* erklären; graphisch dargestellt:

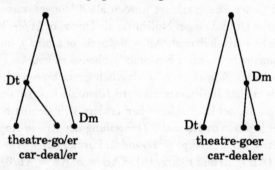

Dt
Dm
theatre-go/er
car-deal/er

Dm
Dt
theatre-goer
car-dealer

Die erste Möglichkeit ergibt sich, wenn man vom zugrundeliegenden bzw. Paraphrasensatz ausgeht: Weil das Suffix *-er* dem Subjekt des Satzes entspricht, ist es im Kp. das Dm: '[*Someone* (who)] go (es) (to) (the) theatre' → theatrego/*er*. Diese Analyse wird durch die Parallele zu den Bahuvrihisubstantiven gestützt, wo das Dt ebenfalls komplex ist und das Dm durch ein Suffix (genauer: Nullsuffix) vertreten wird: '[*Someone* (who)]/(has) (a) pale face' → paleface/Ø.[119] Schließlich kommt **goer* (jedenfalls in dieser Bedeutung) gar nicht selbständig vor.[120] Doch gibt es auch Gesichtspunkte, die für die zweite Möglichkeit sprechen: Erstens kommen die Zweitelemente von Zusammenbildungen nicht selten auch als selbständige Wörter vor (vgl. oben 1.3.2.), z. B. kann man *ship-owner* paraphrasieren als 'someone (who)/owns a ship (ships)' oder als 'owner of a ship (ships)' und *cigarsmoker* als 'someone (who)/smokes cigars' oder als 'smoker of cigars'; zweitens gibt es semantisch ähnlich strukturierte Kp. (nämlich Nomina agentis), deren Zweitelement morphologisch gar nicht weiter segmentierbar ist *(tea-merchant, car thief);* drittens kann man selbständig nicht (oder jedenfalls nicht in dieser Bedeutung) vorkommende Elemente wie **goer* als potentielle Wörter einstufen (vgl. oben 1.3.2.).

Ein schönes Beispiel für die Möglichkeit solcher Doppelanalysen findet sich in unserem frühme. Belegmaterial: In *SirTristr* 535 kommt die Fügung

---

[118] Siehe z. B. Marchand 1969:15–19; Adams 1973:106; Kastovsky 1982a:170, 190f., 209–214; Botha 1984 und vgl. oben Anm. 60; jetzt auch Leser 1990.
[119] Für Parallelen zwischen Exozentrika und Zusammenbildungen siehe bereits oben 1.3.2.
[120] Überdies bildet die syntaktisch begründete Analyse die Voraussetzung für die Rückbildung, z. B.: globe/*trotter* → globetrot(t)/*er* → *to globetrot* (siehe z. B. Adams 1973:106 f.).

þe best blower of horn vor; in *ChronE* 1127/68−71 wurde das entsprechende Kp. *horn-blower* aber aus einem Satz abgeleitet:

> þa muneces herdon ða *horn blawen* þet *hi blewen* on nihtes. ... þær mihte wel
> ben abuton twenti oðer þritti *hornblaweres.*

Im folgenden wird bei der Analyse der Zusammenbildungen gewöhnlich
die morphologisch begründete Dt/Dm-Struktur an erster Stelle genannt
(theatre/*goer,* horn/*blower*); die syntaktisch begründete (theatrego/*er,*
hornblow/*er*) wird aber ebenfalls angemessen berücksichtigt; siehe bes. unten 3.2.9.−12.; 5.3.2.−5.; vgl. dagegen 3.3.14.; 5.4.3.
(4)   Manche Kp. lassen sich als verkürzte Bildungen (Klammerformen, elliptische Bildungen) auffassen, bei denen das Mittelstück, im allgemeinen
ein Teil des Dt, fakultativ oder obligatorisch weggelassen wird, z. B. *licence
plate, pig eyes* ('eyes like [the eyes of] a pig'), *Kirschgarten, call house:*[121]

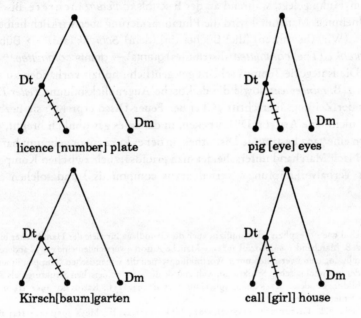

Zu den im Frühme. belegten Klammerformen siehe unten 4.2.
(5)   Unter Berücksichtigung von morphologischer Gestalt und morpho-

---

[121] Notation (und ein Teil der Beispiele) nach Warren 1978:23−30; siehe ferner Bergsten
1911:72 f.; Marchand 1969:39; Fleischer 1971:93; Koziol 1972:57 f.; Leech 1974:223; Fill
1980:56, 100; Ortner/Ortner 1984:96−100. − Sundén 1904 hat trotz seines Titels zu diesem Thema nichts.

logischer Struktur ergeben sich die morphologischen Kompositionstypen, wie sie unten in Kap. 3 beschrieben werden.[122]

1.4.3.4. Syntaktische Tiefenstruktur (Beziehung zu ganzen Sätzen)

Weil Komposita Syntagmen sind, lassen sie sich zu Sätzen in Beziehung bringen: Sätze sind vollständige Syntagmen, Kp. dagegen reduzierte Syntagmen, die als reduzierte Sätze aufgefaßt werden können. Gegenüber dem Satz sind im Kp. syntaktische und kontextuelle Bezugselemente wie Artikel, Numerus, Präpositionen, Pronomina, Flexionsendungen, Tempus, Modus usw. im allgemeinen getilgt oder neutralisiert und die Konstituenten häufig umgestellt, z. B.:[123] '[He] goe(s) (to) (the) theatre' → theatre goer; '(The) meat (has) (been) mince(d)' → mincemeat; '(We) (use) (the) brush (for) (the) t[ee]th' → toothbrush. Umgekehrt ist ein Hühnerei nur von einem Huhn gelegt, während an der Bischofskonferenz mehrere Bischöfe teilnehmen. Manchmal wird die Pluralmarkierung aber wirklich beibehalten: ,(Wir) (bewahren) (die) Bücher (in) (dem) Schrank (auf)' → Bücherschrank; '(The) committee (distributes) grants' → grants committee.[124]

Die Kategorie Tempus scheint gelegentlich implizit vorhanden zu sein, vgl. z. B. mincemeat sowie die deiktische Augenblicksbildung Feuer-Disco aus der Zeitungsüberschrift „Chef der Feuer-Disco erpreßt": sie bezeichnet nicht eine Art von Diskotheken, in denen es gewöhnlich brennt, sondern eine ganz bestimmte Diskothek, in der es kurz zuvor gebrannt hatte.[125]

Nach Marchand unterscheidet man grundsätzlich zwischen Komposita mit Verbalverknüpfung ("verbal nexus compounds") und solchen ohne

---

[122] Und wie sie, explizit oder implizit, auch die Grundlage für viele der Handbücher bilden, z. B. Marchand 1969, Koziol 1972. – Manche Autoren verwenden eine etwas andere Terminologie und verstehen unter Wortbildungstypen die semantischen Gruppen innerhalb der morphologischen Strukturen, während sie die morphologischen Strukturen als Wortbildungsmodelle bezeichnen; vgl. Hansen et al. 1982:28 f.; Kastovsky 1982:154 u. 168; Ortner/Ortner 1984:130 f.

[123] Siehe z. B. Grimm 1875–1878:II,670 f.; Lipka 1971:218 ff.; Meys 1975:107–114; Bauer 1978:109–115; Bauer 1983:150–159; Ortner/Ortner 1984:21–23. – In den folgenden und auch in späteren entsprechenden Beispielen kommen gelöschte Elemente in runde Klammern; Elemente, die durch andere ersetzt werden, kommen in eckige Klammern.

[124] Zu den relativ zahlreichen ne. Verbindungen, bei denen das Erstelement sein Plural-s beibehält, siehe Bergsten 1911:78–99; Johansson 1980; zu den me. Kp. mit dem Erstelement im Plural siehe unten 4.3.1.2. Zur Frage der Genitivkp. s. u. 3.2.2.2. – In Bischofskonferenz ist das -s- ein Fugenelement.

[125] Die Satzparaphrase wäre demnach ,In dieser Disco hat ein Feuer gebrannt'. Herbermann 1981:70 zitiert die Bildungen Unfallwagen, Gebrauchtwagen, um zu zeigen, daß die Kategorie Tempus in Nominalkp. zumindest gelegentlich vorkommt.

34

Verbalverknüpfung ("non-verbal nexus compounds").[126] Die ersteren enthalten eine vom verbalen Element des zugrundeliegenden Satzes abgeleitete Konstituente an der Oberfläche, z.B. draw*bridge* ← '(We) draw (the) *bridge*', vgl. den me. Beleg unten 5.3.1. Eine Untergruppe der Kp. mit Verbalverknüpfung sind die synthetischen Kp. (Zusammenbildungen), bei denen die zweite Konstituente ein suffigiertes deverbales Nomen ist, wie in boat *ride*∅ ← '(We) *ride* (in) (the) boat'; house*keeping*; watch*maker*;[127] speziell die Nomina agentis geben die Subjekt-Prädikat-Objekt-Beziehung des zugrundeliegenden Satzes unmittelbar wieder, z.B. '[*He*] make(s) watch(es) → watch*maker*.[128] Bei den Kp. ohne Verbalverknüpfung erscheint dagegen das Verb des zugrundeliegenden Satzes nicht im Kp. und muß ergänzt werden. Diese Gruppe der Kp. läßt sich einteilen in (i) Kopulativkp. ("copula compounds"), bei denen die Kopula ,sein' zu ergänzen ist, z.B. girl*friend* '(The) *friend* (is) (a) girl'; oak *tree* '(This) *tree* (is) (an) oak', und (ii) rektionale Komposita, bei denen ein anderes Verb zu ergänzen ist, z.B. steam*boat* 'Steam (operates) (the) *boat*'.[129]

Seine Theorie des zugrundeliegenden Satzes hat Marchand teils unter dem Einfluß von Ch. Bally 1932 ([4]1965:§ 154−162), teils angeregt durch Lees 1960 und die Auseinandersetzung mit letzterem entwickelt.[130] Lees geht rein synthetisch vor: Nominalkomposita stellen bei ihm einen Teilbereich der Nominalisierung dar[131] und werden durch Transformationen aus zugrundeliegenden Sätzen abgeleitet. Marchand lehnt sich zwar an die transformationelle Terminologie an und spricht z.B. von Tiefenstruktur

---

[126] Zur Wichtigkeit dieser Trennung vgl. auch Warren 1978:57−63 sowie Botha 1984:39ff. u.ö. Wenn das Verb das Erstelement bildet, nannte man das früher verbale Komposition, siehe Grimm 1875−1878:II,670ff.

[127] Siehe dazu oben 1.4.3.3. sowie Anm. 60 u. 65. Marchand faßt die synthetischen Kp. (Zusammenbildungen) durch die Beschränkung auf Bildungen mit deverbalem Dm enger als sonst üblich: meist rechnet man nämlich auch Bildungen mit suffigierten desubstantivischen Adjektiven als Dm dazu *(bigheaded)*, siehe dazu 3.3.14.

[128] Schwieriger ist die Analyse der Nomina actionis; siehe dazu unten 5.1.3.3.

[129] Die Determinativkp. der älteren Einteilungsschemata (vgl. oben 1.4.1.) haben in Marchands Modell keinen Platz mehr, weil sie sowohl Kp. mit als auch solche ohne Verbalverknüpfung umfassen; sie sind von der morphologischen Struktur her begründet und lassen sich da analysieren als AB = B. Vgl. auch unten 3.2.1.

[130] Siehe Lees 1960 und 1966:1−13; dagegen Marchand 1965a:57−71 und 1965b:117−145 (beide Aufsätze wieder in Marchand 1974:276−322); vgl. zu der Kontroverse z.B. Lipka 1976:119.

[131] Nominalisierung wird von Kürschner 1974:94f. so definiert: „ein ... Formativ, das nicht der Wortklasse N (Substantiv) angehört, (wird) überführt ... in eine Konstruktion, die in der Oberflächenstruktur zur Klasse N gehört". Vgl. Welte 1974:II,678f. − Wenn man die Nominalisierung auf die Bildung von Substantiven eingrenzt, müßte daneben noch der Begriff der Adjektivierung treten.

und zugrundeliegendem Satz; er benützt aber keine Transformationsregeln, die diesen Satz Schritt für Schritt in das Kp. überführen, und lehnt ein derartiges Verfahren sogar ausdrücklich ab.[132] Eine echte Ableitungsbeziehung zwischen Satz und Kp. sieht er allenfalls bei den Zusammenbildungen, die die Nominalisierung eines ganzen Satzes darstellen (vgl. die Beispiele oben); in den übrigen Fällen betrachtet er den zugrundeliegenden Satz offenbar eher als eine Erklärungs- und Paraphrasenmöglichkeit für das entsprechende Kp., geht im Grunde also analytisch vor. Ähnlich soll auch hier verfahren werden.

Form und Erschließung des zugrundeliegenden bzw. Paraphrasensatzes werfen allerdings eine Reihe von Problemen auf, die von Lees und Marchand nur zum Teil berücksichtigt wurden:[133]

(1) Die Abgrenzung von Kp. mit und ohne Verbalverknüpfung ist nicht immer selbstverständlich. Viele deverbale Substantive haben nämlich auch unabhängigen lexikalischen Status; deswegen können nicht alle Kp., die ein verbales Element enthalten, als Kp. mit Verbalverknüpfung analysiert werden. So erscheint es beispielsweise näherliegend, tooth*brush* wie oben vorgeschlagen abzuleiten von '(We) (use) (the) *brush* (for) (the) t[ee]th' anstatt von '(We) *brush* (the) t[ee]th (with) *[it]*'. Marchand nennt solche Kp. "pseudo verbal nexus compounds" und rechnet sie zu den Kp. ohne Verbalverknüpfung; zu seinen Beispielen gehören *inkstand, beer float, teaching profession.* Diese Problematik wird unten 3.1.2.10. noch etwas näher besprochen.

(2) Bei den Kp. ohne Verbalverknüpfung ist es nicht immer klar, welches Verb zu ergänzen sei. Soll man beispielsweise für *bulldog* ansetzen 'The dog is like a bull' oder 'The dog resembles a bull'; für *milkman* 'The man sells/delivers/handles milk'; für *Bierglas* ‚Bier ist in dem Glas‘, ‚Das Glas enthält Bier‘, ‚Jemand hat das Glas für Bier produziert‘, ‚Jemand gießt Bier in das Glas‘, ‚Jemand trinkt Bier aus dem Glas‘, usw.?[134]

(3) Doch selbst bei den Kp. mit Verbalverknüpfung lassen sich zum Teil verschiedene zugrundeliegende Sätze aufstellen. Nutcrack*er* beispielsweise wäre nach Marchand 1969:34f. zu analysieren als '*[It]* crack(s) nut(s); weil es sich aber nicht um einen belebten Agens handelt, sondern um ein Instrument, schlägt neben anderen Faiß 1978:31–39 u. 55 ff. unter dem Ein-

---

[132] Marchand 1965 a:58 f. (= 1974:278 f.; vgl. 295 f.); ähnlich Smith 1971:2 f. u.ö.
[133] Einige davon werden unten 5.1.2. noch etwas näher behandelt. Zur Darstellung und Kritik des transformationell-syntakt. Ansatzes und zur Berechtigung der Satzparaphrase siehe oben Anm. 93; ferner z.B. auch Gauger 1971:157–162; Kürschner 1974:19–22, 50–102; Burgschmidt 1978:30–34; Fill 1980:44–46.
[134] Siehe Faiß 1978:45–50; Bauer 1978:79–81; Bergenholtz/Mugdan 1979:172 f.

fluß der Kasusgrammatik folgende Analyse vor: '(We) crack nut(s) (with) *[it]*'.[135]

(4) Sowohl Faiß 1978:53–66 als auch Tancré 1975 haben ferner demonstriert, daß man, wenn man die syntaktische Analyse konsequent weiterspinnt, in manchen Fällen statt einem auch zwei zugrundeliegende Sätze aufstellen kann.[136] Faiß möchte durch die Auflösung in zwei Sätze generell das Problem der "pseudo verbal nexus compounds" umgehen: Indem er z.B. für *teaching profession* unter dem zugrundeliegenden Satz 'The profession is teaching' (so Marchand) die noch tiefere Struktur ansetzt 'We teach and profess', erhält er in derartigen Fällen immer Strukturen mit Verbalverknüpfung. Allerdings ergibt sich dann ein anderes Problem, nämlich die Klärung der synchronen Beziehung zwischen *profess* und *profession,* ganz abgesehen davon, daß der unmittelbar zugrundeliegende Satz ja trotzdem nicht übersprungen werden kann.[137] Einleuchtender erscheint Tancrés Auflösung in zwei Kernsätze, die im Verhältnis von Haupt- und Nebensatz zueinander stehen; sie beschränkt sich allerdings auf die dt. Abstraktkomposita, z.B. *Schmerzensschrei* ,x schreit, weil y schmerzt' (kausale Beziehung; 1975:84).

(5) Marchand 1969:57f. hat selbst schon festgestellt, daß durch die Satzparaphrase die Bedeutung eines Nominalkp. oft noch nicht ausreichend erklärt wird, und Lipka 1966:76 hat darauf hingewiesen, daß Nominalkp. so viele Unregelmäßigkeiten aufweisen, daß eine Formalisierung ihrer Beschreibung äußerst schwierig sein dürfte.

Aufgrund all dieser Probleme besteht in manchen neueren Arbeiten die Tendenz, die Berechtigung des Konzeptes von der syntaktischen Tiefenstruktur ganz zu leugnen.[138] Doch wenn sich die Analyse eines Kompositums in der Angabe eines „zugrundeliegenden" Satzes bzw. einer Satzparaphrase auch nicht erschöpft, so hat letztere trotzdem ihre Berechtigung und wird deswegen hier berücksichtigt (unten Kap. 5). Dafür lassen sich mehrere Gründe anführen:[139]

---

[135] Ähnlich z.B. Kastovsky 1982:190f. – Dadurch ändert sich gleichzeitig der Referenztyp (siehe dazu unten 1.4.3.5.).

[136] Vgl. bereits Marchand 1974:291 zu *pukeweed:* 'you eat the weed – you puke', sowie Lipka 1966:75. Zu Kastovskys Unterscheidung zwischen Kernsatz und unterliegendem Satz siehe unten 5.1.3.3. Anm. 16.

[137] Auf der Ebene der morphologischen Struktur entspricht dem der Unterschied zwischen unmittelbaren und letzten (immediate – ultimate) Konstituenten: *teach/ing//profess/ion.*

[138] Siehe z.B. Downing 1977:815, 822f.; Warren 1978:256f.; Fill 1980:44f.; Herbermann 1981:18–76 (sehr kritisch); Bartsch/Vennemann 1982:97.

[139] Vgl. z.B. Günther 1979:343; Vögeding 1981:81. – Auch Downing selbst verwendet syntaktische Strukturen zur Paraphrase ihrer Komposita, vgl. z.B. 1977:826f. zu *frog slime.*

(1) Die syntaktische Analyse ist eine Möglichkeit, morphologische Kompositionstypen weiter zu untergliedern und strukturelle Unterschiede zwischen morphologisch gleich gebauten Kp. aufzuzeigen, etwa den zwischen dem Subjektstyp call*boy* '(The) *boy* call(s) (the) (actors) (when it is time for them to go onto the stage)' (Satzstruktur: *Subjekt* – Prädikat – (Objekt)) und dem Objektstyp call*girl* '(Someone) call(s) (the) *girl* (on the telephone) (in order to meet her for paid sex)' (Satzstruktur: (Subjekt) – Prädikat – *Objekt*). Umgekehrt können durch die Satzparaphrase auch Gemeinsamkeiten zwischen morphologisch verschieden gebauten Kp. deutlich gemacht werden, z.B. zwischen gravedigg*er* (Sb+Vb/*er*), '*[Someone* (who)*]* dig(s) grave(s)' und cutthroat*Ø* (Vb+Sb/*Ø*$_{Sb}$) '*[Someone* (who)*]*/ cut(s) (other people's) throat(s)', die beide die Satzstruktur *Subjekt* – Prädikat – Objekt widerspiegeln; vgl. auch call*boy* (Vb/Sb) '(The) *boy* call(s) (someone)', das die Struktur *Subjekt* – Prädikat – (Objekt) aufweist.[140]

(2) Wie die Beispiele *callboy* und *callgirl* zeigen, kann die Kompliziertheit einer angemessenen Satzparaphrase gleichzeitig als Gradmesser für die Lexikalisierung von Kp. dienen (vgl. dazu unten 1.4.3.8.).

(3) Die syntaktische Analyse wird nicht nur von einem Teil der neueren, durch die Transformationsgrammatik mehr oder weniger stark geprägten Autoren propagiert; vielmehr ist sie zumindest für einige Typen von Nominalkp. offenbar so naheliegend, daß diese auch von älteren und von nicht-transformationell ausgerichteten Grammatikern wenigstens ansatzweise in syntaktischen Termini beschrieben werden.[141] Schon J. Grimm ²1875 – 1878:II,386 ff. paraphrasiert *Weinstock* als ‚Stock, der Wein trägt'. Jespersen 1942 (*MEG* VI) bietet unter anderem folgende Analysen:

Für den Typ Vb/Sb (1942:159)[142]

> The sb is the subject of the vb in *cry-baby* …
> The sb is the object: *drawbridge* … The sb is the instrument by means of which the action is carried out: *grindstone* …

Für den Typ Sb/PartPräs (1942:162)

> The first element is the object of the action implied in a first participle: *heart-rending sobs.*

Für den Typ Sb/PartPrät (1942:162)[143]

---

[140] Siehe dazu und zu weiteren Aspekten Lipka 1975:387; Lipka 1978:489.
[141] Vgl. die Literaturhinweise bei Kastovsky 1982a:186f. und 1982b:182.
[142] Zu diesem Typ vgl. auch Carr 1939:176 "The first part stands in the relation of a predicate to the second (e.g. *Brennessel*)".
[143] Zu diesem Typ vgl. auch Visser 1966:II,1238 'a gentleman who is smitten by or with love' → 'a love-smitten gentleman'; ferner 1966:II,1251.

The first element is the subject of the action expressed in the second participle:
... *God-given rights* ...

Meid 1967:26 verweist darauf, daß die Nomina agentis des Typs Sb/ Vb+Ø$_{Sb}$ (ae. *yrfenuma;* ne. *chimney sweep*) traditionellerweise als „verbale Rektionskomposita" bezeichnet werden, weil hier das Vorderglied zu dem Hinterglied (dem Verbalnomen = Nomen agentis) „in dem Verhältnis des logischen Objekts steht".[144] Bauer 1983:148—162 u. 171—174 erklärt zwar ausführlich, warum er eine syntaktische Analyse von Kp. für nicht akzeptabel hält, was ihn dann aber nicht daran hindert, einen späteren Abschnitt seines Buches der Subjektsnominalisierung zu widmen (1983:285—290). Botha 1984 bekennt sich prinzipiell zur lexikalistischen Hypothese; er fordert aber, daß die Zusammenbildungen auf der Basis von syntaktischen Gruppen abgeleitet werden müssen.

(4) In den me. Texten werden Kp. gelegentlich durch Sätze paraphrasiert oder sind aus dem Satzzusammenhang als Nominalisierungen erkennbar, z.B.[145] *bacbiteres þe biteð bihinde bac opre,* AncR (A 22v/13 f.); *ʒe schulen beon ... as ofte ileten blod ... Swa wisliche witeð ow in ower blodletunge ...,* AncR (A 115r/1—9). Dies zeigt zugleich, daß die syntaktische Analyse nicht ausschließlich ein theoretisches Verfahren zur Beschreibung der Struktur von Kp. ist, sondern daß zumindest in einzelnen Fällen für den Sprachbenützer eindeutig eine Beziehung zwischen Satz und Kp. besteht, sei es als Paraphrasenbeziehung, sei es als Ableitungsbeziehung.

(5) Dies alles soll nicht darüber hinwegtäuschen, daß sich nicht alle Bildungen gleich gut durch die syntaktische Beschreibung erfassen lassen und manche gar nicht. Das ist aber kein Grund, auf sie ganz zu verzichten, zumal auch die anderen Beschreibungsebenen (Morphologie, Semantik) nicht immer eindeutige und lückenlose Lösungen erlauben, vgl. unten 3.1.2. und 5.1.2.

1.4.3.5. Topikalisierung und Referenztyp

Laut Marchand war es eine der Schwächen von Lees' ursprünglichem Ansatz, daß er nicht klar machte, warum verschiedene Komposita auf den gleichen Satz zurückgehen können. Marchand erklärt dies durch die Einführung des Referenztyps.[146] Dieser gibt an, welcher Satzteil des zugrundeliegenden Satzes topikalisiert und damit zum Determinatum wird. In

---

[144] Zu den Nomina agentis vgl. auch Carr 1939:322; Gardner 1968:42; Koziol 1972:58.

[145] Vgl. auch das oben 1.4.3.3. gegebene Beispiel. Die wichtigsten derartigen Belege aus unserem Korpus werden unten 5.2.ff. verzeichnet.

[146] Siehe z.B. Marchand 1969:32ff.

Übereinstimmung mit dem oben 1.4.3.3. Gesagten wird normalerweise der Teil zum Dm, der als bekannt vorausgesetzt und näher bestimmt wird, während der Teil, der etwas Neues über das Dm aussagt und es näher bestimmt, zum Dt wird. Da nun verschiedene Satzteile als bekannt vorausgesetzt werden können, läßt sich ein Satz nicht selten zu verschiedenen Kp. verdichten (nominalisieren). Insgesamt kommt Marchand auf vier Referenztypen, und zwar den Subjektstyp (S-Typ), den Prädikationstyp (Pn-Typ), den Objektstyp (O-Typ) und den Adverbialkomplementtyp (Adv-Typ). 'Someone eat(s) (an) apple' (Subjekt – Prädikat – Objekt) kann beispielsweise ergeben den S-Typ apple-*eater,* den Pn-Typ apple-*eating* und den O-Typ eating *apple.* Ein Beispiel für den Adv-Typ ist swimming *pool* ← '(We) swim (in) (the) *pool'.* Mit Ausnahme des Pn-Typs lassen sich diese Referenztypen auch für die Komposita ohne Verbalverknüpfung aufstellen, z. B. '(The) man (lives) (in) (a) cave' → cave *man* (S-Typ); 'Steam (operates) (the) *boat'* → steam*boat* (O-Typ); '(We) (keep) (the) bird (in) (a) cage' → cage *bird* (O-Typ) oder bird *cage* (Adv-Typ). Die einzelnen Referenztypen lassen sich dann nach der Struktur des zugrundeliegenden Satzes noch weiter untergliedern, z. B. liegt im Pn-Typ sun*rise*∅ ein Satz mit Subjekt und Prädikat zugrunde, '(The) sun *rise*(s)', im Pn-Typ blood*shed*∅ dagegen ein Satz mit (Subjekt) – Prädikat – Objekt, '(We) *shed* blood'.[147] Auch in Modellen, die nicht von Sätzen ausgehen, sondern eher semantisch orientiert sind, wie z. B. denjenigen von Brekle 1976 und Warren 1978, wird der Referenztyp akzeptiert. Die Bezeichnung Topikalisierung für den Vorgang, daß ein bestimmtes Element der zugrundeliegenden Struktur zum Determinatum des Kp. wird, stammt von Brekle (z. B. 1976:77 f.); nach Warren 1978:40–45 ist das Dm der *topic,* das Dt der *comment* dazu.[148] Die syntaktische Analyse unten in Kap. 5.2.–5.6. geht jeweils vom Referenztyp aus.

1.4.3.6. Beziehung zu syntaktischen Gruppen

Die Paraphrase von Komposita durch syntaktische Gruppen wird hier erst nach der Paraphrase durch Sätze besprochen, weil man auf diese Weise weniger eine syntaktische Klassifizierung vornehmen, als vielmehr semantische Beziehungen verdeutlichen will. In Frage kommen vor allem Präpositionalverbindungen, Kasusverbindungen, Fügungen aus Adj + Sb, Relativsätze. Auf die meisten dieser Möglichkeiten hat bereits J. Grimm

---

[147] Davon ging Lees 1960 ursprünglich aus, vgl. oben 1.4.1. sowie Smith 1971:46–79. Lees' Ansatz wird auch von Quirk et al. 1972, 1973, 1985, jeweils App. I, beibehalten.
[148] Siehe dazu unten 1.4.3.9.; zur Topikalisierung vgl. ferner Lipka 1976:118–141.

²1875−1878:II,403 ff. hingewiesen; Marchand 1969 nützt sie gelegentlich, ohne ihnen jedoch einen Platz in seinem System einzuräumen.[149] In einigen Arbeiten werden syntaktische Gruppen dagegen systematisch zur Erklärung der innerhalb von Nominalkp. bestehenden semantischen (oder syntaktischen) Strukturen herangezogen.[150]

(1) Die Paraphrase mit Hilfe von Präpositionen wurde beispielsweise von Lipka 1966:54−66 für den Typ Sb/Adj und von Warren 1978:bes. 47 f. für den Typ Sb/Sb erprobt.[151] Sie ist in vielen Fällen recht nützlich; so erklärt sie z.B. *waterproof* als 'proof AGAINST water'; *carefree* als 'free FROM care'; *armchair* als 'chair WITH arms'; *seafood* als 'food FROM the sea'; vgl. ferner unten 1.4.3.7. zu Levi 1978 sowie 5.4.1. zum Typ Sb/Adj. Überdies ist die Auflösung von Kp. in Präpositionalfügungen insofern eine naheliegende und natürliche Paraphrase, als, jedenfalls in unserem frühme. Material, Kp. nicht selten parallel zu den entsprechenden Präpositionalfügungen vorkommen, s.u. 2.5.3. Allerdings reicht die Präpositionalparaphrase nicht zur Erklärung aller Fälle aus: Manche Kompositionsmuster können überhaupt nicht durch Präpositionalfügungen paraphrasiert werden, etwa die Kopulativkp. (*girl friend, poet-painter*). Manche Präpositionen, insbesondere *of,* sind mehrdeutig oder sogar semantisch leer (Relatoren) und können für verschiedene semantische Beziehungen stehen, z.B. lassen sich sowohl *metal coupon* als auch *spoon handle* mit *of* paraphrasieren: 'coupon of metal', 'handle of the spoon'. Dies ist aber nicht sehr aussagekräftig, denn im ersten Fall müßte man präzisieren 'The coupon consists of metal', im zweiten dagegen 'The handle is part of the spoon'; vgl. auch frühme. belegte Paare wie *gold-ring − ring of golde; helledogge − dogge of helle; horn-blawer(es) − blower of horn.* Für Strukturen wie *moon rocket* und *cowboy* lehnt Warren selbst eine präpositionale Paraphrase ab. Trotz Warren wäre sie zwar durchaus möglich ('rocket for the moon', 'boy for the cows') − aber sie würde eben doch nur eine teilweise Erklärung bieten, nämlich die Zweckbestimmung angeben; siehe dazu unten 5.1.3.4. f.

(2) Ähnliche Probleme ergeben sich bei der Auflösung in Kasusverbindungen.[152] Eine Analyse nach Kasusfügungen (besonders Sb im Genitiv + Sb; seltener Sb im Dativ + Sb) bietet sich schon deswegen an, weil manche

---

[149] Er erklärt z.B. *watchmaker* als 'one who makes watches'; *rope dancing* als 'dancing on a rope' (1969:16 f.); *car dealer* als 'one who deals in cars' (1969:59).

[150] Vgl. z.B. auch Heidolph 1962:51−96 (Kp. und Genitivverbindung) u. 104−120 (Kp. u. präpositionale Verbindung); Ortner/Ortner 1984:121−123.

[151] Vgl. ferner Smith 1971:53 ff.

[152] Vgl. Lipka 1966:54−66; Gardner 1968:6−14 u. 69−83.

Kp. tatsächlich aus solchen Verbindungen entstanden sind (Zusammenrückungen) oder zumindest parallel zu ihnen existieren, wie Gardner 1968:6−14 (u.ö.) für das Ae. gezeigt hat: dort gibt es *eorl-gestreon* neben *eorla gestreon*, *wuldor-cyning* neben *wuldres cyning*, *yþ-gewinn* neben *yþa gewinn* usw. Für me. Belege siehe unten 3.2.2.3.(4). Dabei stellt sich jedoch heraus, daß die Angabe der zugrundeliegenden Kasusverbindung allein noch nicht ausreicht. Vor allem der Genitiv ist semantisch sehr vieldeutig und Gardner muß die Genitivbeziehung deshalb dann in sieben verschiedene, rein semantisch motivierte Typen unterteilen, z.B. possessiven, relationellen, intensivierenden, partitiven Genitiv usw. (1968:69−83). Weitere Schwierigkeiten, besonders im Deutschen, hat Lipka 1966:bes. 56−66 aufgezeigt: in *Ankunftszeit* beispielsweise ist das *s* ein Fugenelement und gar kein Genitivzeichen (‚Zeit der Ankunft‘).

(3)   Die Relativsatzparaphrase wird z.B. von Kastovsky 1982a:188−204 ziemlich durchgängig verwendet (*rattlesnake* 'snake which rattles'); zu ihrem Nutzen und ihrer Problematik siehe unten 5.1.3.3.

1.4.3.7. Semantische Struktur I: Semantische Beziehungen der Konstituenten zueinander

Man kann die semantische Struktur von Komposita im wesentlichen unter zwei Gesichtspunkten betrachten und einerseits nach den Beziehungen zwischen den Konstituenten des Kp. fragen, was unter dem Einfluß der Kasusgrammatik dann zur Zuweisung von semantischen Rollen an A und B führt, andererseits nach der Beziehung des ganzen Kp. zu seinem Referenten, was vor allem die Motivation des Kp. und Lexikalisierungsprozesse in den Blickpunkt rückt.[153] Hier soll es zunächst um den ersten Punkt gehen. Man hat in der Vergangenheit zwar des öfteren bezweifelt, ob es überhaupt möglich sei, ein systematisches Inventar semantischer Beziehungen zwischen den Konstituenten (AB) von Kp. aufzustellen[154] − gerade dies ist in den letzten Jahren aber mehrmals versucht worden.[155] Einige dieser Ansätze seien kurz vorgestellt.

Gardner 1968 verspricht im Titel eine Analyse der semantischen Strukturen ae. Substantivkomposita. Obwohl er viele wichtige Beobachtungen

---

[153] Zu dieser Zweiteilung siehe Gardner 1968; zur Grundlegung der Kasusgrammatik z.B. Fillmore 1968 und 1977.
[154] Z.B. Jespersen 1942 (*MEG* VI):138; Koziol 1972:52−57; vgl. die Forschungsberichte bei Morciniec 1964:92−95 u. 99f.; Warren 1978:236−239.
[155] Vgl. oben Anm. 102 u. 103. Es gibt auch schon recht detaillierte ältere Ansätze zu einer semantischen Klassifizierung: siehe Künzel 1910 (z.T. psychologisierend); Bergsten 1911:130−163.

bietet, löst er sein Versprechen jedoch nur teilweise ein, weil seine Gliederung großenteils nach syntaktischen Kriterien aufgebaut ist (attributive Modifikation; Kasusmodifikation; präpositionale Modifikation usw.), die erst ihrerseits dann wieder semantisch unterteilt werden (vgl. oben 1.4.3.6.).[156]

Brekle 1976 ([1]1970) geht in seinem generativ-semantischen Modell nicht von zugrundeliegenden Sätzen aus, sondern von semantisch motivierten Satzbegriffstypen, die mit Hilfe einer prädikatenlogischen Notation wiedergegeben werden und durch Topikalisierungsregeln in Kp. überführt werden können. Weil es aber nicht ganz einfach ist, sich in Brekles Formelsystem einzuarbeiten, ist es in der Folgezeit nicht oft aufgegriffen worden;[157] außerdem hat man schon verschiedentlich darauf hingewiesen, daß manche seiner zentralen Termini etwas weit gefaßt sind und präzisiert werden müßten.[158] So dominiert das Symbol CAUS ‚verursachen‘ die Satzbegriffsstrukturen für sonst ganz verschiedene Kp., z. B. nicht nur für *troublemaker, shoemaker*, sondern auch für *crybaby, workman*, und sogar für *doorknob*. Dadurch wird zwar ein wichtiger semantischer Aspekt verdeutlicht, aber dafür der von Lees und Marchand herausgearbeitete syntaktische Aspekt wieder verwischt, nämlich daß z. B. bei *trouble-maker* ein transitives Verb (Struktur: S−P−O), bei *crybaby* dagegen ein intransitives (Struktur: S−P) zugrundeliegt.

Kürschner 1974: Kap. 4 versucht in seinem transformationellen Modell die syntaktische und die semantische Klassifizierung der Nominalkp. miteinander zu verbinden. In den Strukturformeln für ihre Tiefenstruktur gibt er die semantischen Beziehungen mit Hilfe der von der Kasusgrammatik entwickelten Tiefenkasus an; dazu vermerkt er, ob das verbale Element an der Oberfläche auftaucht (dann wird es als REL bezeichnet) oder nicht (dann wird es mit einem generalisierten Verb wiedergegeben). Außerdem kennzeichnet er die sonstigen Elemente der Tiefenstruktur, die an der Oberfläche nicht erscheinen (dort getilgte Elemente setzt er in geschweifte Klammern); ferner markiert er, welches Element im Kp. zum Dt (= A), welches zum Dm (= B) wird. *Waschmaschine* und *Bücherschrank* haben nach ihm beispielsweise folgende Strukturformeln (1974:156−162 u. 174):

---

[156] Zu der unscharfen Abgrenzung von Syntax und Semantik kommt, daß Gardner auch auf die morpholog. Gestalt und Struktur der Kp. kaum eingeht. Außerdem verwendet er weder Satzparaphrasen noch semantische Rollen. − Vgl. die Auseinandersetzung mit Gardner bei Faiß 1978:85−195 (passim).

[157] Vgl. Ortner/Ortner 1984:199; siehe jedoch Hansen 1977:298−301.

[158] Siehe z. B. Tancré 1975:27−33; Shaw 1979:52−54; Herbermann 1981:31−40 (sehr kritisch).

43

Waschmaschine: [REL^A – INSTR^B – {AG} – {OBJ}]$_{FIN}$

Bücherschrank: [OBJ^A – LOC[-dyn]^B – {AG} – {aufbewahr}]$_{FIN}$

In Form eines ganzen Satzes könnte man dies nach der oben 1.4.3.4. skizzierten Methode etwa so paraphrasieren: ‚(jemand [AG]) wäsch(t) [REL] (etwas [OBJ]) (mit) (der) *Maschine* [INSTR]‘; ‚(jemand [AG]) (bewahrt) Bücher [OBJ] (in) (dem) *Schrank* [LOC] (auf)‘; damit ist allerdings der in der Formel enthaltene Kasus FIN (Final) noch nicht erfaßt, der auf die Zweckbestimmung von *Waschmaschine* und *Bücherschrank* hinweist.[159]

Ein komplettes Klassifikationsschema für die möglichen semantischen Beziehungen zwischen den beiden Konstituenten von reinen Nominalkp. (Sb/Sb-Kp.) will Warren 1978 aufstellen. Ihr Ansatzpunkt ist nicht generativ und geht von der Oberfläche aus, steht aber ebenfalls unter dem Einfluß der Kasusgrammatik. Warren weist den Konstituenten semantische Rollen zu und stellt die Verbindung zwischen ihnen durch ein generalisiertes Verb her. Ihre Haupttypen sind in der folgenden Tabelle zusammengefaßt:[160]

1. CONSTITUTE	(Beispiel)	(generalisiertes Verb)
source-result	*metal coupon*	constitute (be made of)
result-source	*sheet metal*	consist of
copula	*girl friend*	be
dvandva	*poet painter*	–
2. RESEMBLANCE		
comparant-	*cherry bomb,*	be like (resemble)
compared	*club foot*	
3. POSSESSION, BELONGING TO		
whole-part	*spoon-handle*	belong to
part-whole	*armchair*	have (in, on)
size-whole	*3-day-affair*	be long, wide, …
4. LOCATION		
goal-OBJ	*moon rocket*	lead to
place-OBJ	*seaport*	be (positioned) in, at, on
time-OBJ	*Sunday paper*	occur (appear) in, at, on
origin-OBJ	*Harlem boy,*	be from
	hay fever	(be caused by)

---

[159] Dazu wäre ein komplexer Paraphrasensatz nötig: ‚Jemand benützt die Maschine, um damit etwas zu waschen‘. Vgl. auch unten 5.1.3.4.

[160] Außerdem gibt Warren für ihre Haupttypen noch charakteristische Präpositionen an, vgl. die Rezension durch Sauer 1982a:148–152. Ihre Hauptgruppen teilt Warren dann in zahlreiche Untergruppen ein. Zum Begriff des generalisierten Verbs s. u. 5.1.3.7.

5. PURPOSE

goal-instrument	*water bucket*	be for

6. ACTIVITY

activity-actor	*crime-syndicate*	be (habitually) concerned
OBJ-actor	*cowboy*	with

Weitgehende Übereinstimmung mit den von Warren gefundenen semantischen Typen weist die Einteilung bei Downing 1977:bes. 828 ff. auf. Auch mit Kürschner 1974 ergeben sich manche Parallelen; Warrens Typ OBJ-actor *(cowboy)* entspricht in etwa Kürschners Typ OBJ^A-AG^B {transferier} *(Fischfrau)*; Warrens Typ place-OBJ *(seaport)* entspricht Kürschners Typ LOC^A-OBJ^B *(Straßenlaterne)*; Warrens Typ time-OBJ *(Sunday paper)* entspricht Kürschners Typ $TEMP^A-OBJ^B$ *(Sommerferien)*, usw. Freilich decken sich die beiden Klassifizierungen nicht völlig.[161]

Zu vergleichen wäre ferner das Einteilungsschema von Levi 1978:bes. 76−118 u. 280−284, die allerdings teils Verben, teils Präpositionen zur Kennzeichnung ihrer neun Haupttypen verwendet und außerdem den Konstituenten keine semant. Rollen zuweist, sondern nur die Art ihrer Verbindung angibt:[162]

1. CAUSE: *tear gas, drug deaths (malarial mosquitoes)*
2. HAVE: *picture book, student power (industrial area)*
3. MAKE: *honeybee, snowball (musical clock)*
4. USE: *steam iron (manual labour)*
5. BE: *soldier ant, pine tree (professorial friends)*
6. IN: *field mouse (marital sex)*
7. FOR: *house doctor (avian sanctuary)*
8. FROM: *olive oil (rural visitors)*
9. ABOUT: *tax law (criminal policy)*

Auf zwei der Hauptprobleme bei derartigen semantischen Klassifizierungsschemata weist Warren 1978 selbst hin:[163] Zum einen lassen sich etliche Kp. gleichzeitig verschiedenen Gruppen zuordnen, wobei man die Zweckrelation (FOR, PURPOSE) sogar grundsätzlich als sekundär ansehen kann (*table cloth*: place-OBJ und goal-instrument), siehe dazu unten

---

[161] Zum Teil ist dies schon dadurch begründet, daß Warren nur reine Nominalkp. (Sb/Sb) behandelt, Kürschner dagegen auch Verbalnexuskp.

[162] Zu Levi vgl. Kastovsky 1982:207−209; Finin 1980:28−34. Die Beispiele in Klammern enthalten transpositionelle Adjektive; siehe dazu oben 1.3.3.(5). Das Muster RESEMBLE wird von Levi ausdrücklich ausgeschlossen (1978:76 f.). Einige Parallelen zu Levi weist auch die Einteilung von Lipka 1971:bes. 223 ff. auf, der z.B. ebenfalls die semantischen Beziehungen BE, HAVE, purpose (d.h. FOR) und result (d.h. FROM) nennt.

[163] Ähnlich Ortner/Ortner 1984:148; vgl. auch Sauer 1982a:148−152.

5.1.3.4. f.; zum anderen wirken vor allem bei den Untergruppen nicht alle gleich einleuchtend und manche sogar eher wie Notlösungen.[164] Hier spielt auch die Frage herein, wie fein semantische Unterscheidungen innerhalb eines bestimmten Schemas überhaupt sein können und sollen, wenn man damit noch produktive Muster erfassen will. Wie unser kurzer Überblick gezeigt hat, schwankt aber bereits die Anzahl der Hauptgruppen bei den einzelnen Autoren: Warren hat 6, Levi hat 9, Ortner/Ortner 1984:140–148 u. 199–275 haben 20. Die Überlappungen wie die Divergenzen zwischen diesen (und anderen) Autoren dürften eine gewisse Bestätigung für die ältere Ansicht sein, daß es zwar eine Anzahl von deutlich erkennbaren semantischen Typen innerhalb der Nominalkp. gibt, daß sich die semantischen Beziehungen aber nicht restlos in ein System bringen lassen. Darauf deuten auch die Ergebnisse von P. Downings Untersuchung hin:[165] Danach läßt sich zwar keine absolut vollständige Liste möglicher semantischer Beziehungen zwischen den Elementen von Nominalkp. aufstellen; bestimmte Muster treten aber wesentlich häufiger auf als andere. In dieser Arbeit wird keine Analyse der Nominalkp. nach semant. Rollen versucht; bis zu einem gewissen Grad fließt die semantische Analyse aber in die syntaktische mit ein, vgl. unten Kap. 5 (bes. 5.1.2.).

1.4.3.8. Semantische Struktur II: Lexikalisierung und Motivation

Die Bedeutung vieler Komposita ist weder durch die Angabe eines Paraphrasensatzes noch durch die Angabe einer semantischen Grundstruktur ausreichend erklärt. Zwar gibt es insbesondere bei den synthetischen Kp. einige Typen, die im wesentlichen die zugrundeliegende syntaktische Beziehung nominalisieren, z. B. '*[He]* deal(s) (in) car(s)' → car *dealer*, siehe Marchand 1969:58 f.; in vielen Fällen weist das Kp. aber noch zusätzliche semantische Merkmale auf, die sowohl in einem einfachen Paraphrasensatz als auch in der semantischen Grundstruktur der Konstituenten fehlen.[166] Dies wurde oben 1.4.3.4. schon an den Beispielen *callboy* und *callgirl* angedeutet: Weder die Sätze '(The) *boy* call(s) (someone)' bzw. '(Someone) call(s) (the) *girl*' noch die semant. Rollen activity-actor für *callboy* bzw. activity-object für *callgirl* beschreiben deren Bedeutung angemessen, weil die regulären syntaktischen und semantischen Strukturen hier wie auch sonst oft durch Lexikalisierungsprozesse überlagert sind.

---

[164] Z. B. Warren 1978:91 ff. "Tennis-Match Compounds"; 132 f. "Residual Cases".

[165] Downing 1977:bes. 828 ff.; vgl. Levi 1978:240.

[166] Auch bei den synthet. Kp. gibt es aber kompliziertere Fälle, vgl. unten 1.4.3.10. zu *Hosenträger* und *Straßenhändler*. – Zur Frage der zusätzlichen semant. Merkmale s. u. 5.1.3.5.

Marchand gibt in seinen semantischen Analysen eine Art Kombination aus semantischen Grundstrukturen und zusätzlichen semantischen Elementen; so reiht er z. B. *callboy* in eine Gruppe mit *chatterbox, crybaby, hangman, playboy* und *sobsister,* als deren gemeinsame semantische Beschreibung er gibt 'B denoting a person expected to perform the activity denoted by A (often derogatory)' (1969:73 f.). Es scheint aber doch besser, die Grundbeziehung zwischen den Konstituenten des Kp. (in diesem Fall: activity-actor) und zusätzliche semantische Elemente (in diesem Fall: [+ HABITUALLY OR PROFESSIONALLY]; [+ DEROGATORY]) zunächst prinzipiell zu trennen.[167]

Angesichts der relativ starken Beschäftigung mit dem Phänomen der Lexikalisierung in den letzten Jahren ist der Versuch einer knappen terminologischen Klärung nötig.[168] Quirk et al. 1985:1525 ff. verwenden den Terminus Lexikalisierung *(lexicalization)* in einem doppelten Sinn: Zum einen verstehen sie darunter, daß für einen bestimmten Begriff ein Wort geprägt wird, das ins Lexikon aufgenommen werden kann (anstatt daß man eine syntaktische Umschreibung verwendet); zum anderen, daß die Form des Wortes oft nicht vorhersagbar ist und daß sich umgekehrt die genaue Bedeutung eines komplexen Wortes oft nicht allein aus der Bedeutung seiner Konstituenten erschließen läßt. Meist wird Lexikalisierung aber nur im zuletzt genannten Sinne verwendet. Im folgenden wird darunter vor allem das Hinzutreten oder auch der Verlust von semantischen Merkmalen innerhalb des Kp. verstanden, also Änderungen in seiner semantischen Merkmalsstruktur, die nicht aus den Merkmalsstrukturen seiner Konstituenten erklärt werden können. Es lassen sich aber auch feinere und zum Teil etwas anders gelagerte Unterteilungen treffen: So trennt Lipka 1977:155 (vgl. 1981:120 ff.) zwischen Lexikalisierung und Idiomatisierung. Erstere sieht er als diachronen Prozeß an und definiert sie als die Tendenz komplexer Lexeme, „bei häufigem Gebrauch ... eine einzige lexikalische Einheit mit spezifischem Inhalt zu werden" und dabei den Syntagmacharakter zu verlieren, wobei sich phonologische Veränderungen, der Verlust der Motivation und semantische Veränderungen abspielen.[169] Die Lexikali-

---

[167] Marchands Analysen bieten einerseits zwar mehr als die semantische Grundstruktur, andererseits erklären sie die einzelnen Bildungen aber doch nicht erschöpfend.

[168] Hier können aber weder alle in der Literatur verwendeten Termini diskutiert noch alle Varianten in der Definition bestimmter Termini berücksichtigt werden. Für Literatur siehe oben Anm. 104 sowie Bauer 1983:48 Anm. 4; ferner z. B. Morciniec 1964:69—79; Meys 1975:1—13 u. 61 ff.; Warren 1978:44 f.; Peer 1978:343 ff.; Fill 1980:69—74; Kastovsky 1982 a:164—168 u. 195—198.

[169] Auch Bauer 1983:42—61 sieht die Lexikalisierung im wesentlichen als diachronen Prozeß an, der phonologische, morphologische, syntaktische und semantische Veränderungen

sierung kann zur Verdunklung führen. Die verwandte Erscheinung der Idiomatisierung bewirkt nach Lipka nur semantische Veränderungen und kann auch synchron, d. h. schon bei der Bildung eines komplexen Wortes in einer bestimmten Situation (Augenblicksbildung, Einzelprägung) auftreten.[170] Die Trennung von Lexikalisierung und Idiomatisierung ist allerdings (gerade bei älteren Sprachstufen) nicht immer leicht vorzunehmen.[171] Unter Institutionalisierung wird hier die Festlegung eines Kp. auf eine der von seinen Elementen her möglichen Bedeutungen verstanden, ohne daß dabei zusätzliche semantische Merkmale auftreten.[172] Mit Verdunklung werden dagegen phonologisch-morphologische Veränderungen am Kp. bezeichnet, die freilich oft mit semantischen Veränderungen Hand in Hand gehen; siehe dazu unten 2.4.2.8. und 4.5.[173]

Lipka 1977:158–160 (vgl. 1981:126 ff.) hat darauf hingewiesen, daß es auch Grade der Lexikalisierung mit fließenden Übergängen gibt; für das Englische führt er unter anderem folgende Beispiele an: *sleepwalker* weist im Vergleich zur syntaktisch-semantischen Grundstruktur ('Someone (who) walks in his sleep'; time-activity-actor) nur ein recht allgemeines zusätzliches semantisches Merkmal auf, nämlich [+ GEWOHNHEITS-MÄSSIG], ist also nur gering lexikalisiert.[174] *Wheelchair* weist ein sehr spezifisches zusätzliches semantisches Merkmal auf [+ FÜR INVALIDEN], ist also stärker lexikalisiert; in diesen Bereich gehören auch *callboy* und *callgirl. Holiday* schließlich weist komplexe semantische Veränderungen auf, nämlich u. a. Merkmalsverlust [− HEILIG] und obligatorisches Auftreten eines ursprünglich fakultativen Merkmals [+ ARBEITSFREI],

---

umfaßt. – Eine der Ursachen für die Lexikalisierung ist nach Lipka 1977:161 (vgl. 1981:124), der sich seinerseits auf E. Leisi beruft, die Hypostasierung, d. h. „die Erscheinung, daß die Existenz eines sprachlichen Zeichens auch die Existenz eines einzigen von diesem bezeichneten Dings suggeriert"; die Hypostasierung erfaßt auch Kp. Andere Ursachen sind die Benennungsfunktion und die Gebrauchshäufigkeit.

[170] Vgl. auch Warren 1978:44 f. Ein relativ klares Beispiel für Idiomatisierung wäre *Geisterfahrer* ‚Jemand, der wie ein Geist fährt', d. h. ‚Jemand, der auf der Autobahn in die verkehrte Richtung/auf der falschen Fahrbahn fährt'.

[171] Kastovsky 1982a:164–168 lehnt eine Trennung von Lexikalisierung und Idiomatisierung ab.

[172] Vgl. Bauer 1983:48. Hierunter fällt auch, daß bei den Sb/Sb-Kp. oft ein bestimmtes Verb einzusetzen ist und andere ausgeschlossen bleiben: beispielsweise bedeutet me. *almesmon* gewöhnlich ‚Mann, der Almosen empfängt' und nur selten ‚Mann, der Almosen gibt bzw. austeilt'; siehe ferner unten 1.4.3.10. sowie 2.5.2.

[173] Man könnte das Verhältnis zwischen Lexikalisierung und Idiomatisierung also auch so erklären: Die Idiomatisierung ist ein synchroner Vorgang und umfaßt nur semantische Veränderungen, die Lexikalisierung ist ein diachroner Vorgang; sie kann semantische Veränderungen (d. h. in diesem Fall Bedeutungswandel) und phonologisch-morphologische Veränderungen (d. h. Verdunklung) umfassen.

[174] Zu den allgemeinen zusätzlichen semantischen Merkmalen siehe auch unten 5.1.3.5.

dazu phonologische Veränderungen, (synt. Gruppe /ˈhəʊlɪ ˈdeɪ/ vs. Kp. /ˈhɒlədɪ/), so daß es bereits leicht verdunkelt ist.[175]

Rein analytisch läßt sich die Lexikalisierung auch unter dem Gesichtspunkt der Motivation und der Durchsichtigkeit betrachten.[176] Dabei ist die Grundfrage, wie weit sich die Bedeutung des ganzen Kompositums aus der Bedeutung seiner Bestandteile erschließen läßt. Um dies festzustellen, hat man verschiedene Tests vorgeschlagen, insbesondere:

(1) Kommen A und B in der Bedeutung vor, in der sie auch selbständig auftreten, d. h. kann das Kp. mit Hilfe seiner Konstituenten paraphrasiert werden? Kommen A und B überhaupt selbständig vor?

(2) Kann B für AB stehen?

(3) Dient A zur Klassifizierung von B?

(4) Gibt es einfache Paraphrasen zu dem Kp.?

Mit Hilfe solcher Kriterien kann man grob unterscheiden zwischen voll motivierten, teilmotivierten und nicht motivierten Bildungen, wobei es natürlich auch hier fließende Übergänge gibt. Beispielsweise sind *Schreibmaschine, Mehlsuppe* reguläre, voll motivierte Bildungen, die alle oben genannten Bedingungen erfüllen. Dagegen sind *Steinpilz, Montag* und *Samstag* nur teilmotiviert: bei ersterem tritt zwar B in seiner üblichen Bedeutung auf, aber nicht A; im Fall von *Montag* und *Samstag* existiert A isoliert gar nicht mehr, ist also blockiertes Morphem. Ebenfalls teilmotiviert ist z. B. *Handschuh:* Hier tritt zwar A in seiner üblichen Bedeutung auf, aber nicht B. *Junggeselle* und *Schornstein* sind zwar noch komplexe Wörter, aber heute völlig unmotiviert, d. h. weder A noch B treten in ihrer sonst üblichen Bedeutung auf; *Schorn-* existiert ebenfalls selbständig nicht mehr. Teilmotivierte und unmotivierte Bildungen sind immer lexikalisiert. Es können aber auch voll motivierte Bildungen lexikalisiert sein, weil die Lexikalisierung (bzw. Idiomatisierung) nicht an einem bestimmten Element des Kp. hängen muß, sondern sich auf das ganze Kp. beziehen kann, vgl. die schon erwähnten Bildungen *callgirl, wheelchair;* ferner z. B. *Ferngespräch* [+ MIT HILFE EINES TELEFONS] oder me. *love-day* ‚Tag zur außergerichtlichen Beilegung von Streitigkeiten' (wörtl. ‚Liebestag'). Außer den genannten Gruppen sind ferner noch die metonymischen und metaphorischen Kp. zu berücksichtigen. Bei den metaphorischen werden eine der beiden Konstituenten *(Gipfeltreffen, Augapfel)* oder das ganze Kp. *(bottleneck* ‚verengte Fahrbahn') in übertragener Bedeutung verwendet, sie

---

[175] Ausführlich zur Entwicklung von *holiday* siehe Götz 1971:106f. (u. 76f.); Lipka 1985 a:342−346; Lipka 1985 b.

[176] Siehe z.B. Rufener 1971; Holst 1974:70−76; Kürschner 1974:28−38; Shaw 1979:bes. 61−77; Fill 1980:bes. 71−74 (dazu die Rezension durch Sauer 1982 c:467−471).

beinhalten einen Vergleich. Metonymische Kp. bezeichnen dagegen einen Teilaspekt des Gemeinten, z. B. ae. *gold-giefa* ‚Fürst, Herr' (wörtl. ‚Goldgeber') oder ae. *hellehinca* ‚Teufel' (wörtl. ‚Höllenhinker').[177]

Für die generativen Ansätze, seien sie syntaktisch oder semantisch orientiert, stellen Lexikalisierung und Idiomatisierung ein großes Problem dar und werden in ihnen meist auch kaum berücksichtigt. Kürschner 1974:28−32 zieht beispielsweise die Konsequenz, daß nur reguläre (voll motivierte) Bildungen syntaktisch beschrieben (abgeleitet) werden können, während idiomatisierte und lexikalisierte Bildungen im Lexikon zu behandeln seien. Auch Levi 1978:8−12 schließt solche Bildungen aus. Demgegenüber betont jedoch z. B. Lipka 1977:162 f., daß die Wortbildungsforschung die Lexikalisierung und Idiomatisierung nicht einfach ignorieren kann.[178] Aus Gründen des Umfangs kann im folgenden jedoch leider nicht systematisch darauf eingegangen werden; siehe aber noch unten 2.5. sowie 5.1.3.5.

1.4.3.9. Informationsstruktur

Im Zusammenhang mit der Dt/Dm-Gliederung von Komposita und dem Begriff der Topikalisierung ist auch kurz die Informationsstruktur von Kp. zu erwähnen. Mit der Informationsstruktur von Sätzen beschäftigt man sich vor allem unter dem Stichwort „funktionale Satzperspektive".[179] Dabei wird oft unterschieden zwischen dem Thema, das bekannte Information bietet und einen niedrigen Grad kommunikativer Dynamik hat, und dem Rhema, das neue Information bietet und einen hohen Grad an kommunikativer Dynamik hat. Das Rhema sagt etwas über das Thema aus; deswegen wird letzteres oft auch als *topic* bezeichnet, ersteres als *comment*. Kp. lassen sich ebenfalls unter dem Gesichtspunkt der Thema-Rhema-Struktur betrachten.[180] Während im Satz im allgemeinen erst das The-

---

[177] Siehe dazu vor allem Gardner 1968:101−134 u. Shaw 1979:61−77; ferner Ortner/Ortner 1984:158−164. Gardner unterscheidet zwischen wörtlichen, metonymischen und metaphorischen Kp.; Shaw zwischen voll motivierten, idiomatischen und metaphorischen. Vgl. ferner Fill 1980:62−64.

[178] Dementsprechend versucht z. B. Shaw 1979:77 ff., innerhalb seines Modells nicht nur voll motivierte, sondern auch idiomatische und metaphorische Kp. zu behandeln (zur Kritik an bestimmten Aspekten von Shaws Arbeit vgl. die Rezension durch Deimer 1982:153−156).

[179] Einen ausführlichen Forschungsbericht dazu bietet Brömser 1982; vgl. ferner z. B. auch Lyons 1968:334 f.

[180] Siehe vor allem Warren 1978:37−40, 49 f.; vgl. Quirk et al. 1985:1568. Abgelehnt wird die Gleichsetzung von Dt ~ Rhema ~ Comment bzw. Dm ~ Thema ~ Topic dagegen von Herbermann 1981:22−31 (u. ö.).

50

ma und dann das Rhema kommt, ist die Informationsverteilung in den Kp. der germanischen Sprachen meist umgekehrt, d.h. das Rhema, das gewöhnlich durch das Dt repräsentiert wird, steht vor dem Thema, das gewöhnlich durch das Dm repräsentiert wird. Eine Folge dieser Informationsverteilung ist es, daß im Kp. häufig das Erstelement (Dt, Rhema) den Hauptakzent trägt, das Zweitelement (Dm, Thema) den Nebenakzent. Während die Folge Dt/Dm im Kp. jedoch fest ist, kann die Rhema-Thema-Verteilung und damit das Akzentmuster geändert werden, z.B. in der Emphase und bei Kontrast: "I am your girlfríend, not your girlsláve" (Warren 1978:38).

1.4.3.10. Pragmatische und kommunikative Aspekte

Neben innersprachlichen Strukturen ist bei der Interpretation von Komposita auch die Sachsteuerung durch das außersprachliche Wissen, die Weltkenntnis des Sprechers/Hörers und die Beziehung zwischen Sprecher, Hörer und der Umwelt zu berücksichtigen. Viele Kp. sind nämlich an und für sich mehrdeutig;[181] bereits Bergsten 1911:133 weist z.B. darauf hin, daß es bei *horsethistle* von den Elementen her nicht klar ist

> whether the horse likes it or shuns it, whether some drug or drink for horses is prepared from it, whether anything in its appearance is suggestive of a horse etc.;

Ebenso gibt Marchand 1969:56f. zu, daß ein Kp. wie *water rat* allein von der semantischen Struktur seiner Elemente her noch nicht eindeutig festgelegt ist: Daß es weder 'rat that produces water' noch 'rat that consists of water' usw. bedeutet, sondern 'rat whose habitat is the water', ergibt sich erst aus unserem außersprachlichen Wissen. Das Problem der prinzipiellen Mehrdeutigkeit stellt sich nicht nur für die reinen Nominalkp., bei denen in der Satzparaphrase ja immer erst ein Verb eingesetzt werden muß, sondern auch für manche Kp. mit Verbalverknüpfung; man denke an Bildungen wie *Obsthändler* ‚jemand, der mit Obst handelt', aber *Straßenhändler* ‚jemand, der auf der Straße mit etwas handelt', oder *Brillenträger* ‚jemand, der eine Brille trägt', aber *Hosenträger* ‚Instrument, mit dessen Hilfe man die Hosen trägt (d.h. festhält)'.[182]

---

[181] Siehe z.B. Morciniec 1964:15f. u. 116f.; Hansen 1968:119 u. 125; Fill 1980:58f.; Günther 1981:261ff.

[182] Vgl. auch Motsch 1968 = 1981:99f. Bei einem Besuch in den USA hat mich das Schild mit der Aufschrift *garage sale* gewundert, bis mir klar wurde, daß es sich nicht um den ‚Verkauf einer Garage' handelt, sondern um eine Art ‚Flohmarkt, der in einer Garage stattfindet'.

Die Steuerung der tatsächlichen Bedeutung durch die Sach- und Situationskenntnis läßt sich noch an vielen anderen Beispielen zeigen: So wäre bei *fertility pill, sleeping pill* als Verb ‚herbeiführen‘ einzusetzen, bei *headache pill, seasickness pill* dagegen ‚verhindern‘; man vgl. *snake poison* u. *rat poison, pork butcher* u. *family butcher, Kalbsschnitzel* u. *Jägerschnitzel, Berufswahl* u. *Damenwahl,* usw. Ne. *fireman* existiert sogar tatsächlich in zwei konträren Bedeutungen, nämlich 'man who puts out fires' und 'man who maintains a fire', ähnlich dt. *Holzschuppen* ‚Schuppen aus Holz‘ oder ‚Schuppen für Holz (d. h. zur Aufbewahrung von Holz)‘.[183]

Die potentielle Doppel- oder Mehrdeutigkeit von Kp. stellt eine weitere Schwierigkeit für transformationelle Modelle mit einem Verb in der Tiefenstruktur dar. L. Bauer fordert deshalb, in der Tiefenstruktur von reinen Nominalkomposita nur noch ein abstraktes "pro-verb of compounding" einzusetzen mit der sehr allgemeinen Bedeutung (1979:46)[184]

> there is a connection between lexeme A and lexeme B in a compound of the form AB such as can be predicted by the speaker/hearer partially on the basis of her knowledge of the semantic make-up of the lexemes involved and partially on the basis of other pragmatic factors.

Bauer schlüsselt die pragmatischen Faktoren zwar kurz weiter auf; im Grunde stellt dieser Ansatz aber nur fest, daß im Kp. eine Dt/Dm-Beziehung besteht und erlaubt keine weitere Untergliederung der reinen Nominalkp; das Beschreibungsproblem wird lediglich auf eine andere, vermutlich nur schwer systematisierbare Ebene verlagert.[185] Im allgemeinen wird ein Kp. allerdings meist schon bei seiner Bildung auf eine seiner möglichen Bedeutungen festgelegt (unter Ausschluß der anderen); dies wird hier als Institutionalisierung bezeichnet.[186]

---

[183] Siehe z.B. Smith 1971:5; Levi 1978:99; Bauer 1979:45 f.

[184] Ähnlich Bartsch/Vennemann 1982:97. Zur Frage des Verbs vgl. z.B. auch Morciniec 1964:13 f. u. 95−100; Levi 1978:84 f. u. 158−160; Fill 1980:45 u. 56 f. sowie unten 5.1.3.7. Das spezifische Verb (u. damit wohl die Satzparaphrase überhaupt) wäre nach Bauer nur eine nachträgliche Erläuterung. Für den transformationellen Ansatz stellt sich im Zusammenhang mit dem Verb das Problem der „Wiederentdeckbarkeit getilgter Elemente" bzw. der "irrecoverable deletion"; siehe dazu z.B. Rohrer 1966/1981:200−211; Downing 1977:811; Levi 1978:6, 14, u.ö.; Peer 1978:263 f.; Bauer 1979:45−50. Levi versucht, eine eng umgrenzte Gruppe von "Recoverably Deletable Predicates" aufzustellen − siehe die Tabelle oben 1.4.3.7.

[185] Vgl. auch Bauer 1983 und dazu die Rezension durch Sauer 1985 c:137−141. Wie bereits Fill 1980:56−58 gezeigt hat, ist Bauers Formel trotz (oder wegen) ihrer Einfachheit gar nicht ohne weiteres auf alle Sb/Sb-Komposita anwendbar: sie paßt zwar auf wörtliche Bildungen wie *table-cloth* 'cloth that has something to do with a table', aber nur gezwungen auf metaphorische Bildungen wie *clock-face* ? 'face that has something to do with a clock' (außerdem auch nicht auf Bahuvrihisb.).

[186] Siehe oben 1.4.3.8. Bei der Institutionalisierung wird also festgelegt, daß im zugrundelie-

In den Bereich der Pragmatik gehört auch, daß einzelne Kp. sogar nur verständlich sind, wenn man die ganze dahinterstehende Geschichte kennt. Zwei auffällige Beispiele aus unserem frühme. Material sind die (fiktiven) Ortsnamen *sparewen-chestre* ‚Spatzenstadt‘ und *pwong-chestre* ‚Riemenstadt‘, beide aus *LaʒB* (C 14645 und vorher bzw. CO 7104 und vorher). *Sparewen-chestre* bezieht sich darauf, daß die Stadt Cirencester angeblich einmal dadurch zerstört wurde, daß man Spatzen hineinfliegen ließ, denen man brennendes Material mitgab; *pwong-chestre* bezieht sich darauf, daß man Hengisṭ zur Gründung einer Stadt soviel Land versprach, wie von einer Stierhaut bedeckt werden konnte; weil er aber die Haut listigerweise in ganz dünne Riemen *(pwong)* schnitt, bekam er ein recht großes Stück Land.[187]

1.4.3.11. Produktivität und Restriktionen

Für Aussagen zur Produktivität der einzelnen Kompositionstypen ist man meist von vorliegenden und allgemein akzeptierten (d. h. auch bereits in Wörterbüchern verzeichneten und z. T. schon lexikalisierten) Bildungen ausgegangen; in einer historischen Arbeit wie der vorliegenden ist das Sammeln der (in Texten) belegten Komposita ohnehin die einzige Möglichkeit – vgl. die Hinweise zur Produktivität unten 3.2. und 3.3. In einigen neueren Arbeiten zum heutigen Englisch und Deutsch hat man jedoch darüber hinaus versucht, Produktivität und Restriktionen bestimmter Kompositionstypen, insbesondere des Typs Sb/Sb, experimentell zu untersuchen, indem man Informanten einerseits zur Erzeugung neuer Kp. anregte (z. B. durch Bilder mit ungewöhnlichen Gegenständen), und ihnen andererseits neugebildete Kp. zur Interpretation bzw. zur Feststellung der Akzeptabilität einer gegebenen Interpretation vorlegte.[188] In diesem Zusammenhang kann man auch die Rolle von Kontext und Kommunikationssituation bei der Bildung und dem Verständnis von Kp. überprüfen.

---

genden Satz nur ein bestimmtes Verb auftreten kann (bzw. bei Bildungen des Typs *Straßenhändler*, *garage sale* nur eine bestimmte Präposition), während bei der Lexikalisierung (bzw. Idiomatisierung) zusätzliche semantische Merkmale auftreten, die sich weder von den Konstituenten des Kp. noch vom Vb des Paraphrasensatzes ableiten lassen.

[187] Die Satzparaphrase von *Sparewen-chestre* wäre demnach ‚Die Stadt wurde (!) durch Spatzen zerstört‘; die von *pwong-chestre* ‚Die Stadt wurde (!) auf einem Stück Land erbaut, das durch einen Riemen abgemessen wurde‘.

[188] Siehe Downing 1977:810–842; Günther 1981:258–280; vgl. ferner Gleitman/Gleitman 1970. In Regensburg lief von 1979 bis 1985 ein Forschungsprojekt unter der Leitung von H. E. Brekle mit dem Titel „Kommunikative und pragmatisch-semantische Bedingungen der Aktualgenese, der Verwendung und des Verstehens von Nominalkomposita“; siehe dazu z. B. Wildgen 1982:297–344. – Zur Frage von Produktivität und Restriktionen siehe ferner Kastovsky 1982a:156–164; Bauer 1983:62–100 (Kap. 4).

Nach den Ergebnissen von Downing und Günther ist der Typ Sb/Sb sowohl im Englischen als auch im Deutschen so gut wie unbeschränkt produktiv, was sich daran zeigt, daß fast jedes Sb mit fast jedem anderen kombiniert werden kann, und daß fast alle vorgelegten Neubildungen interpretiert werden können. Freilich wird nur ein Bruchteil solcher Bildungen eines Tages im Wörterbuch erscheinen; hier kommt wieder die Unterscheidung zwischen möglichen und tatsächlich verwendeten Wörtern und die verwandte Unterscheidung zwischen nichtusuellen (neuen) und usuellen (etablierten) Bildungen ins Spiel.[189] Laut Downing treten allerdings bestimmte semantische Muster häufiger auf als andere (vgl. oben 1.4.3.7.); man müßte demnach von Tendenzen und von relativen Beschränkungen sprechen.[190] Letztere hängen z. B. mit der Funktion des Dt zusammen, das im allgemeinen dazu dient, die Referenz des Dm näher einzugrenzen.[191] Dementsprechend sind nach Downing im Ne. Kp. ungewöhnlich, bei denen A gegenüber B keine neue Information bringt und die Beziehung zwischen A und B völlig vorhersagbar ist, z. B. in tautologischen Kp. wie ?*lad-boy*, ?*book-novel* oder Bildungen wie ?*water fish* – zu den tautologischen und pleonastischen Kp. im Me. siehe unten 5.2.1.1. Kaum möglich sind ferner an der Oberfläche nicht ausgedrückte negative Beziehungen wie z. B. ?*salt lake* 'lake which has no salt in it'.[192] Ob ein Kp. Augenblicksbildung (Ad-hoc-Bildung, *nonce-formation*) bleibt oder von der Sprachgemeinschaft übernommen wird, hängt unter anderem von der Dauerhaftigkeit der Beziehung ab. Kp., durch die der Referent eines Dm fest unterklassifiziert wird, werden eher akzeptiert und ins Lexikon aufgenommen als rein deiktische Kp., die nur eine kurzzeitige oder zufällige Beziehung ausdrük-

---

[189] Vgl. dazu z. B. Kastovsky 1969/1981:312 f.; Meys 1975:28–41, 56–60 u. ö.; Brekle 1976:22; Warren 1978:45 f. u. 50; Bauer 1983:bes. Kap. 8; Ortner/Ortner 1984:166 ff. u. ö. Für nicht existente (bzw. nicht übliche) Gegenstände braucht man auch keine Bezeichnung; vgl. z. B. *Bierwärmer*, aber nicht **Sektwärmer*. Die zwar nicht üblichen, aber möglichen Bildungen fallen in den Bereich des Sprachsystems, die üblichen Bildungen in den Bereich der Sprachnorm.

[190] Mit restringierenden Faktoren haben sich außer Downing, Kastovsky u. Bauer z. B. auch Zimmer 1971/1981:241 u. 244–252; Levi 1978:42–44 u. 241 ff.; Warren 1978:71–77 u. ö. beschäftigt; ihre Ergebnisse stimmen zum Teil überein.

[191] Siehe z. B. Warren 1978:41–45, die zwischen klassifizierender und identifizierender Funktion des Dt unterscheidet; vgl. auch oben 1.4.3.3.

[192] Ebenso z. B. auch Motsch 1970/1981:231; Kastovsky 1982a:204; Ortner/Ortner 1984:22 f. Die einzige mir bekannte Ausnahme ist das freilich idiomatisierte *Suppenkaspar* (← ‚Kaspar ißt seine Suppe nicht'); dessen Bedeutung sich nicht aus den Elementen, sondern aus einer ganzen Geschichte ergibt; in Bildungen wie *Gurtmuffel* ist die Negation dagegen in *Muffel* impliziert. Negative Beziehungen in Downings Sinn müßten wohl präzisiert werden als ‚B hat, tut A nicht' – Beziehungen wie ‚B verhindert/zerstört/vernichtet A' sind dagegen durchaus möglich; vgl. oben 1.4.3.10.

ken und nur in einem ganz bestimmten Kontext verständlich sind, wie z. B. *apple juice seat* als 'seat in front of which (at the moment of speaking) a glass of apple juice stands' und nicht etwa als eine Klasse von Sitzen.[193]

1.4.3.12. Funktion

Die Wortbildung und damit die Komposition erfüllt drei Hauptfunktionen, die sich an neuen wie an etablierten Bildungen zeigen und durch die sich Komposita grundsätzlich von Sätzen unterscheiden.[194] Meist treten mindestens zwei dieser Funktionen zusammen auf.

(1) Benennung und Klassifizierung (Kategorisierung) von Einheiten der außersprachlichen Wirklichkeit:[195] Anders als der Satz, der aussagt bzw. beschreibt, nennt bzw. benennt das Kp.; es funktioniert nicht als Satz, sondern als Wort und damit als Satzteil. Die Benennungsfunktion rechtfertigt auch die semantische Analyse von Kp.

(2) Syntaktische Rekategorisierung, im Fall der Nominalkomposition Nominalisierung (Substantivierung bzw. Adjektivierung), d. h. die Ersetzung einer komplexen syntakt. Struktur durch ein entsprechendes Lexem[196] – sie rechtfertigt letztlich die syntaktische Analyse.[197]

(3) Informationsverdichtung: Kp. sind meist kürzer als die entsprechenden Sätze oder syntaktischen Fügungen, aber dadurch gleichzeitig vager und weniger eindeutig. Die Informationsverdichtung ist die Ursache für Lexikalisierungs- (bzw. Idiomatisierungs-)prozesse und umgekehrt dafür, daß sich die Bedeutung von Kp. nicht immer mit einfachen Sätzen oder semantischen Strukturen, sondern zum Teil nur mit relativ komplexen Paraphrasen erfassen läßt, und daß für manche Kp. syntaktische und semantische Doppelklassifizierungen möglich (und nötig) sind.

1.4.4. Synchronie und Diachronie

Ähnlich wie z. B. bei Marchand 1969 werden auch hier der synchrone und der diachrone Aspekt der Wortbildung berücksichtigt. Diese beiden Be-

---

[193] Vgl. auch Quirk et al. 1985:1568.
[194] Dies heißt aber nicht, daß sich Kp. nicht durch Sätze paraphrasieren lassen. – Literaturauswahl zur Funktion von Kp.: Bergsten 1911:133–135; Carr 1939:324; Lipka 1966:76; Ilkow 1968:18; Marchand 1969:32; Gauger 1971:147–162; Pavlov 1972:23 f. u. 64 ff.; Marchand 1974:278; Meys 1975:84; Levi 1978:49 u. 56–66; Kastovsky 1982b:181 ff.; Lipka 1983:928.
[195] Wobei Kp. auch hypostasierende Wirkung haben können, vgl. oben Anm. 169.
[196] Lipka 1983:928 spricht von Pronominalisierungsfunktion.
[197] Es kann aber auch die Benennung zur Syntax in Beziehung gebracht werden, vgl. die me. Beispiele unten 5.2.1.2. (2d), S. 414–416.

trachtungsweisen ergänzen einander; so wird in Kap. 3 primär eine synchrone Beschreibung der frühme. Kompositionstypen (von ca. 1066 bis ca. 1300) gegeben; daneben wird aber auch die Geschichte der Typen skizziert. Prinzipiell sollte es immer klar sein, ob sich eine Aussage auf die synchrone oder die diachrone Ebene bezieht; allerdings lassen sich beide nicht immer ohne weiteres auseinanderhalten. Beispielsweise sind die deverbalen suffixlosen Sb und Adj, die als Zweitelement (Dm) von Kp. auftreten (in den Typen Sb/Vb+$\emptyset_{Sb}$, wie z.B. *appel-bite, yrfe-numa*, und Adj/Vb+ $\emptyset_{Adj}$, wie z.B. *arueð-winne, eð-fele*) für das Frühme. zum Teil wohl schon als Nullableitungen zu klassifizieren; historisch gesehen handelt es sich zum Teil aber auch um Bildungen mit ursprünglich expliziten Suffixen, die später abfielen. Es fand hier eine Umstrukturierung der Bildungsmuster von expliziter Suffigierung zur Nullsuffigierung statt, die sich über einen längeren Zeitraum erstreckte. Da im Frühme. aber einerseits noch Reste der alten Bildungsweisen und andererseits auch schon Belege für die neuen Bildungsweisen da sind, lassen sich diese Muster weder rein historisch noch rein synchron befriedigend beschreiben, sondern man muß beide Aspekte berücksichtigen; näheres dazu s.u. 3.2.9. und 3.3.7. Ähnlich problematisch ist die Frage, wie weit Sb als Erstelemente von Kp., insbesondere solche, die auf *-e* enden, (noch) als Genitivformen oder (schon) als Nominativformen einzustufen sind und die Verbindungen damit dementsprechend als Nominativkp., als Genitivkp. oder als syntaktische Genitivgruppen; dazu siehe unten 2.4.3.1. und 3.1.2.2. Anders und allgemeiner gesagt: Synchronie und Diachronie lassen sich unter anderem auch deswegen schwer exakt trennen, weil sich bei einem synchronen Querschnitt neben produktiven Mustern einerseits auch aussterbende Muster und andererseits auch Neuansätze finden, die aber erst allmählich produktiv werden. Für generelle Erwägungen siehe ferner z.B. Hansen et al. 1982:31 f.; Pilch 1985:407−433.

2. Zur Abgrenzung von Nominalkomposita gegen syntaktische Gruppen: Die möglichen Kriterien und ihr Wert

2.1. Einführung in die Problematik

2.1.1. Die Problematik im Neuenglischen

Die Grenze zwischen Komposita und parallel gebauten syntaktischen Gruppen (attributiven Fügungen) läßt sich im Ne. nicht immer eindeutig ziehen. In der sprachlichen Wirklichkeit zeigt sich die Unsicherheit an den zum Teil schwankenden Betonungsverhältnissen und der uneinheitlichen, wenig geregelten Schreibung; in der Theorie an den trotz intensiver Diskussion nach wie vor recht unterschiedlichen Standpunkten der einzelnen Forscher.[1] Weitgehend einig ist man sich lediglich darüber, daß das Kompositum gegenüber der entsprechenden syntaktischen Gruppe irgendwie isoliert sein muß.[2] Als mögliche Kriterien zur Feststellung dieser Isolation hat man Schreibung, Betonung, morphologische Gestalt und morphosyntaktische Struktur sowie semantische Struktur genannt. Es hat sich jedoch herausgestellt, daß keines dieser Kriterien für sich allein zur eindeutigen Erfassung aller Nominalkompositatypen ausreicht, und daß sie selbst zusammengenommen nicht alle problematischen Fälle lösen können.[3]

Die unterschiedlichen Abgrenzungen der einzelnen Autoren rühren großenteils daher, daß sie jeweils ein Kriterium gegenüber den übrigen in den Vordergrund stellen. So stuft Marchand 1969 die im Ne. recht zahlreichen Sb+Sb-Verbindungen mit Doppelakzent als rein syntaktische Phänomene ein und rechnet sie zu den syntaktischen Gruppen. Nach ihm wäre beispielsweise *ópera dirèctor* ein Kompositum, *cóllege président* dage-

---

[1] Die meisten äußern sich mehr oder weniger eingehend zur Frage der Abgrenzung, siehe z.B. Bergsten 1911:1–3; Paul 1920a:328ff.; Bloomfield 1933:227–233; Eyestone 1954; Morciniec 1964:28–44; Rohrer 1967/77:21–33 u.ö.; Marchand 1969:20–29; Koziol 1972:48f.; Pavlov 1972:bes. 7–39; Quirk et al. 1972:1019f. (App.I.44–48); Adams 1973:57–60 u. 90–92; Kürschner 1974:45–49; Matthews 1974:188–194; Bauer 1978:35–46; Faiß 1978:19–28; Warren 1978:19–23 u. 51–57; Faiß 1981:132–150; Kastovsky 1982a:176–179; Ortner/Ortner 1984:11–40.
[2] Siehe z.B. Paul 1920b:V,5 f.; Marchand 1969:20f.
[3] Siehe z.B. Bergsten 1911:3; Quirk/Greenbaum 1973:444; Levi 1978:39–48.

gen eine syntaktische Gruppe (1969:26). Marchand sieht hier das Kriterium der Betonung als entscheidend an[4] – dies wird aber nicht allgemein akzeptiert, siehe unten 2.3. und 2.5.2.(5). Umgekehrt rechnet Marchand jedoch Sb+s/Sb-Verbindungen wie *dóctor's degrée, fúller's éarth* zu den Kp., während andere Autoren diese unter den syntaktischen Fügungen aufführen (siehe dazu unten 3.2.2.2.). Recht weit fassen den Bereich der Kp. z. B. Adams 1973:85, die auch Verbindungen aus Part.Prät.+Sb dazu rechnet (*frózen fóod, condénsed mílk* – siehe dagegen unten 3.3.15.), und Faiß 1981:132–150, der unter anderem Verbindungen aus Adj+Sb wie *fóreign wórker, prívate schóol, Arábian Désert* als Kp. akzeptiert. Hier gibt anscheinend eher das Kriterium der semantischen Isolierung den Ausschlag – siehe dazu aber unten 2.5.4.

Andere Autoren differenzieren den Begriff des Nominalkompositums selbst und unterscheiden z. B. zwischen (1) „starken" und „schwachen" Kp. ("strong" – "weak" compounds), (2) „festen" und „freien" Kp. ("fixed" – "free" compounds), (3) „festen" und „losen" Kp. ("fast" – "loose" compounds), (4) „Wort-" und „Phrasenkp." ("word-compounds" – "phrasal compounds"), (5) "compound lexemes" und "syntactic compounds", usw. Die meisten dieser Begriffspaare decken sich aber nicht, sondern beziehen sich auf verschiedene Analyseebenen bzw. Kriterien des Kp.[5] Man hat auch darauf hingewiesen, daß die Komposition einen Sonderfall der Prämodifikation bzw. Attribution darstellt;[6] diese Feststellung bietet aber kein Kriterium für die Unterscheidung zwischen Kp. und prämodifizierenden syntaktischen Gruppen (attributiven Gruppen).

Freilich ist die Problematik nicht bei allen Nominalkompositatypen gleich groß. Zusammengesetzte Adjektive lassen sich im Ne. im allgemeinen leichter fassen als zusammengesetzte Substantive: Adjektive und Partizipien können mit vorangestellten (prämodifizierenden) Substantiven und Adjektiven im Ne. keine syntaktischen Gruppen bilden; solche Verbindungen sind deswegen meist ohne Schwierigkeiten als Kp. einzustufen, z. B. die Typen *grass-green, icy-cold, easy-going, man-made, high-born*.[7]

---

[4] Marchand 1969:21 ff. rechnet den Kompositionsakzent zur morphologischen Isolierung – hier sollen jedoch phonologische und morphologische Isolierung getrennt werden. Vgl. Pilch 1985:424.

[5] Zu (1) siehe Bergsten 1911; zu (2) Jespersen 1938:161–163; zu (3) Lutstorf 1960:153; Brunner 1962:II,79; zu (4) und (5) Lyons 1977:II,535 f.; vgl. ferner z. B. Thompson, ed. *WohLo*, s.xlii, der Fügungen wie *worldes froure* als "semi-compounds" bezeichnet.

[6] Vgl. Quirk et al. 1972:902–934; Quirk/Greenbaum 1973:139(§ 5.45) u. 399f. (§ 13.34f.); Kürschner 1974:28, 36–38, 45–49.

[7] Siehe Marchand 1969:22. Im Me. liegen die Verhältnisse aber zum Teil anders, s.u. 2.4.1.(3). u. 3.3.2.2.

Wesentlich größere Schwierigkeiten bereiten manche Typen der zusammengesetzten Substantive, insbesondere die Sb/Sb-Kp., die aber eben gleichzeitig auch die umfangreichste Gruppe unter den Nominalkp. bilden. Bei den Verbindungen aus Sb + Sb klassifizieren manche Autoren (wie auch *MED* und *OED*) das erste Sb oft kurzerhand als Adj. Wie aber z.B. O. Jespersen und N. Bergsten gezeigt haben, ist dies nicht immer gerechtfertigt.[8] Schwerer zu fassen als etwa die deutschen Sb/Sb-Kp. sind die englischen Sb + Sb-Verbindungen vor allem deswegen, weil es neben solchen, die schon durch den Akzent eindeutig als Kp. gekennzeichnet sind (Hauptakzent auf dem ersten Element), auch viele gibt, die vom Akzent her syntaktische Gruppen sein könnten (d. h. Doppelakzent haben); bei manchen kann das erste Substantiv noch weitere adjektivähnliche Merkmale aufweisen, ohne daß es deswegen immer gleich zu einem echten Adjektiv wird (siehe dazu unten 2.4.3.3. und 2.4.3.4.). Eine Lockerung des Bandes zwischen den beiden Elementen läßt sich bei diesen Bildungen aber nicht leugnen; ein anderes Indiz für diese Lockerung ist die zunehmende Häufigkeit von Sb + Sb-Verbindungen mit dem Erstelement im Plural.[9] Jespersen bezeichnet das Erstelement solcher relativ lockerer Verbindungen als *substantival adjunct;* andere Autoren sprechen von *noun adjunct* oder „Substantiv in attributiver Verwendung" bzw. von „attributivem Substantiv".[10] Meist werden diese und ähnliche Termini zwar nicht näher erläutert; gewöhnlich versteht man darunter aber offenbar, daß es sich um eine Verbindung zweier Substantive handelt, die kein Kp. darstellt, und zum Teil auch, daß das erste Sb adjektivähnlichen Status hat (vgl. unten 2.1.2. zur Praxis des *OED*).

2.1.2. Die Problematik im Alt- und Mittelenglischen

Ungeachtet der Feststellung, daß die Grenze zwischen Kompositum und syntaktischer Gruppe im Ne. vor allem bei den Sb + Sb-Verbindungen stärker verwischt ist als in den älteren Sprachstufen des Englischen und auch als in den anderen germanischen Sprachen, etwa dem Deutschen,[11]

---

[8] Siehe Bergsten 1911: 3–7; Jespersen 1914 (*MEG* II): 310–330; vgl. ferner unten 2.1.2. (zum *OED*) sowie 2.4.3.3.

[9] Wie z. B. *grants committee, fisheries act;* siehe dazu Bergsten 1911: 74–99; Johansson 1980 sowie unten 4.3.1.2.

[10] Siehe z. B. Jespersen 1914 (*MEG* II): 310–330 (bes. 327), 346–349; ferner Bergsten 1911: 3–8; Aronstein 1925: 35–37, 89–93; Gardner 1968: 64 f.; Sears 1971: 31–60; sowie unten 2.4.3.3. Auch hier zeigt sich wieder das Phänomen der gleitenden Übergänge, vgl. oben 1.3.2.

[11] Vgl. z. B. Morsbach 1896: 53; Jespersen 1914 (*MEG* II): 187, 313, 326; Lutstorf 1960: 28; Görlach 1974: 73–76; Lyons 1977: II, 535.

gibt es bereits im Ae. und Me. eine Reihe schwierig zu klärender Fälle, die zum Teil daher rühren, daß wir bestimmte Faktoren, vor allem die Betonung, nicht immer nachprüfen können. Den Extremfall bildet die Leugnung eines ganzen Kompositionstyps, nämlich der Genitivkp. (ae. *domesdæg, helle-pin* usw.), durch einige Autoren, siehe dazu unten 3.2.2.2. Andere Kompositionstypen werden zwar grundsätzlich anerkannt (Sb/Sb, Adj/Sb usw.), doch stellt sich im Einzelfall des öfteren die Frage, ob eine bestimmte Verbindung als Kp. oder als syntaktische Gruppe aufzufassen sei, z. B. *heah cyning* (syntakt. Adj+Sb-Gruppe oder Adj/Sb-Kp.?). Mit der Möglichkeit einer attributiven Verwendung des Erstelementes von Sb+Sb-Verbindungen (also als *noun adjunct*) rechnet Gardner 1968:64–67 schon für das Ae.; überzeugender ist jedoch die Aussage von Koziol 1972:48 und von O. Mutt, daß es diese Verwendung erst seit dem (späteren) Mittelenglischen gibt.[12]

Nickel et al. 1976:II,xiv ff. weisen in ihrer *Beowulf*-Ausgabe des öfteren darauf hin, daß der Status vieler Verbindungen keineswegs so eindeutig ist, wie dies ältere Editionen manchmal suggerieren.[13] Bei der Einstufung der me. Nominalkomposita zeigt sich in Editionen und Wörterbüchern ebenfalls ein nicht geringes Ausmaß an Unsicherheit und Schwanken. Manche Herausgeber sind bei der Worttrennung zum Teil in sich inkonsequent;[14] bei mehrfach edierten Texten weichen die einzelnen Herausgeber in ihren Entscheidungen nicht selten voneinander ab, siehe die Beispiele aus *WohLo* und aus *O&N* unten 6.2.1. u. 6.2.2.4.

Das *OED* und das *MED* teilen die Kp. in zwei Klassen ein: nur ein kleiner Teil erscheint dort als eigenes Stichwort (Haupteintrag), der überwiegende Teil wird dagegen lediglich als Untereintrag bei der Behandlung des Erst- oder Zweitelements aufgeführt. Wie aus den Hinweisen in den Einleitungen von *MED* und *OED* hervorgeht,[15] spielen für die Zuweisung eines Haupteintrages neben linguistischen Kriterien im engeren Sinn (morphologische Besonderheiten, semantische Isolierung und damit verknüpfte

---

[12] Siehe dazu unten 2.4.3.3. Gardner räumt selbst ein, daß die Verbindungen mit *noun adjuncts* im Ae. nicht zahlreich waren. Abgesehen von Sb, die in Apposition zueinander stehen (*Ælfred cyning* usw.) und deshalb weder Kp. noch attributive Fügungen sind, nennt er Bildungen wie *heafodburh*, die aber wohl noch als normale Sb/Sb-Kp. interpretiert werden können, vgl. unten 5.2.1.1.

[13] Allerdings gehen Nickel et al. in der Leugnung von Kp. manchmal etwas zu weit, vgl. Bammesberger 1980:5–10; Sauer 1985 a:§ 3.5.6.

[14] Beispielsweise druckt Morris 1873 (der sich seinerseits anscheinend an der Worttrennung der Hs. orientiert) in *TrinH: here word* (157/21) und *hereword* (137/11); *salm wirhte* (217/17) und *salmwrihte* (157/10); *bord cloðes* und *alter cloð*, aber *handcloðes* (163/30 ff.), usw. Vgl. auch Kottler/Markman 1966:xx–xxii.

[15] *OED*, Bd. I, xxvii ff. u. xxxiii; *MED*, *Plan and Bibliography*, S. 4.

Schwierigkeiten bei der Bedeutungserklärung) auch andere Gesichtspunkte eine Rolle, vor allem die Wichtigkeit eines Kp. für die Sprache, womit offenbar in erster Linie seine Beleghäufigkeit gemeint ist. Im Einzelfall gibt anscheinend einmal dies, einmal jenes Kriterium den Ausschlag, wobei man insgesamt aber offensichtlich nicht zu vielen Kombinationen mit dem gleichen Erstelement einen eigenen Haupteintrag zugestehen wollte. Beispielsweise erhält das mehrmals belegte *bel(le)-ringer* im *MED* einen eigenen Eintrag, während das nur einmal belegte *belle-ringester*[16] unter *belle* n. (1) 8 f aufgeführt wird. Die tatsächliche Einordnung wirkt deswegen nicht immer konsequent, zumal *OED* und *MED* manchmal verschiedene Zuordnungen bieten.[17] Das *MED* führt z. B. unter *appel* an die 25 Verbindungen auf (*appel-bi, -bite, -blome, -crok, -eting, -friture, -garnade, -garth, …, -mos,* usw.); einen eigenen Haupteintrag hat nur *appel-tre.* Das *OED* hat s.v. *Apple* für das Me. weniger Zusammensetzungen, setzt aber außer für *apple-tree* auch noch für *apple-mose* einen eigenen Haupteintrag an.

Noch wichtiger für die hier zur Debatte stehende Problematik ist jedoch, daß das *MED* bei den Kombinationen, die keinen Haupteintrag erhalten, sondern unter dem Erst- oder Zweitelement aufgeführt werden, aufgrund der Abgrenzungsschwierigkeit eine eindeutige Festlegung hinsichtlich ihres Status oft dadurch umgeht,[18] daß es nur manche davon als "compounds" bezeichnet, viele dagegen in Rubriken einreiht wie "compounds and combinations", "compounds and phrases", "cpd. nouns and noun phrases", "combs.". Ähnlich verfährt das *OED*; es verwendet den Begriff "compound" aber wohl noch seltener als das *MED* und neigt generell der Ansicht zu, daß Substantive als Erstelemente einer Verbindung attributiven oder adjektivartigen Status hätten, was aus Rubriken wie "attrib.", "attrib. and (in) comb.", "attrib. and adj.", "attrib. passing into adj." (z.B. s.v. *Summer* 4), "quasi-adj. and combs." deutlich wird.[19] Diese Klassifizie-

---

[16] *WintBR* 97/7 f.; die Hs. hat *bellrinʒestre.*

[17] Vgl. die Beispiele unten 6.2.2.4., nach denen zu schließen das *OED* mehr Verbindungen als Haupteinträge aufführt wie das *MED* (*Bedtime, Dayrim, Fowlkin, Heaven-king, Coal-black);* dies geht auch aus dem Vergleich der Dokumentation in *OED* und *MED* (anhand der mit *A-* beginnenden Buchstaben) bei Mari 1983 hervor.

[18] Vgl. *MED, Plan and Bibliography,* S. 4: "It is exceedingly difficult, and frequently impossible, to distinguish syntactic compounds from phrases".

[19] Das *OED* verwendet für Kombinationen eine größere Vielzahl an Etikettierungen als das *MED;* außer den oben genannten z.B. auch noch "combs." und "special combs.". Gelegentlich wird die Schwierigkeit von Grenzziehungen angedeutet, z.B. *OED* s.v. *Church* VI.15: Verwendung des ersten Elementes "attributively or with the function of an adjective"; VI.16. "the following have somewhat more of the character of permanent combinations". Zur Etikettierung des Erstelementes von Sb/Sb-Verbindungen in *Webster's Third New International Dictionary* siehe Gove 1964: 163 – 175.

rung von Sb als Adj ist aber sicher nicht immer gerechtfertigt,[20] zumal das Kriterium der Betonung dabei kaum in Betracht gezogen wird[21] und sich diese Einstufung nicht auf Verbindungen von Sb+Sb beschränkt, sondern auch andere Kompositionstypen erfaßt.

Im folgenden soll nun anhand der einzelnen vorgeschlagenen Kriterien geprüft werden, wie weit die genannten Schwankungen und Unsicherheiten in der Abgrenzung von Kp. gegen syntaktische Gruppen die komplexe sprachliche Realität widerspiegeln, die sich nicht immer eindeutig fassen läßt, und in welchen Fällen sich doch eine eindeutige Zuordnung erreichen läßt. Da es in diesem Rahmen aber weder möglich noch sinnvoll ist, das gesamte Material im Detail auszubreiten und durchzuarbeiten, werden beispielhaft die Belege aus je einem Prosatext *(WohLo)* und einem poetischen Text *(O&N)* analysiert (vgl. dazu die Zusammenstellung unten 6.2.) und wo nötig durch weiteres aufschlußreiches Material ergänzt.

2.2. Schreibung (Worttrennung)

Im Ne. können Komposita zusammen, mit Bindestrich oder wie syntakt. Gruppen getrennt geschrieben werden. Da es dabei sehr viele Schwankungen gibt, gilt die Schreibung allgemein als das schwächste Indiz für den Kompositumstatus einer Verbindung. Manchmal wird sie als Kriterium sogar völlig abgelehnt;[22] neuerdings weist man aber wieder darauf hin, daß man zumindest bei Zusammen- oder Bindestrichschreibung im allgemeinen vom Vorliegen eines Kp. ausgehen könne.[23]

Die Schreibung in den mittelalterlichen Handschriften wird ebenfalls nicht als ein verläßliches Kriterium für den Nachweis eines Kp. angesehen.[24] Die ae. und me. Hss. führen zwar die Worttrennung durch, doch

---

[20] Vgl. oben 2.1.1. u. unten 2.4.3.3.−2.4.3.4., ferner Bergsten 1911:3−7; Brunner 1960− 1962:II,33.

[21] Wobei es für nicht mehr lebendige Kp. ohnehin oft unmöglich ist, deren Betonung festzustellen, siehe unten 2.3.

[22] Vgl. Brunner 1960−1962:II,32 f.; Marchand 1969:21.

[23] Vgl. Fill 1980:83; Faiß 1981:135 f.; Quirk et al. 1985:1537 f., 1569 und bereits Bergsten 1911:128 f.; Eyestone 1954:68−78; fürs Deutsche Ortner/Ortner 1984:14−16, 110−114. − Wenn Faiß darüber hinaus auch mit großen Anfangsbuchstaben geschriebene Eigennamengruppen grundsätzlich als Komposita ansieht *(Conservative Party, House of Commons, die Heilige Familie)*, geht er über den hier zugrundegelegten Kompositumbegriff hinaus − bei diesen Bildungen handelt es sich um lexikalisierte syntaktische Gruppen (vgl. unten 2.5.4.).

[24] So bereits J. Grimm 1875−1878:II,387; vgl. ferner z.B. Krackow 1903:5 f.; Carr 1939:xxiii; Zettersten 1965:26; Gardner 1968:12 f., 64 f.; Ilkow 1968:11; Görlach 1974:73, 76; Nickel et al. 1976:II,xiv−xvii.

sind die Wort- und Buchstabenabstände oft nicht so regelmäßig wie im modernen Druckbild, so daß manchmal schon schwierig zu entscheiden ist, ob die Schreiber Zusammen- oder Getrenntschreibung beabsichtigten.[25] Den Bindestrich kennen zwar schon die spätae. Schreiber, doch ist er weder im Ae. noch im Me. sehr häufig verwendet worden.[26] In den Handschriften von O&N kommt er nicht vor; in der Hs. von WohLo wird er verwendet, aber nur am Zeilenende (god-spel 338 f.; lef-mon 350 f.; wele-fulle 394 f.; luue-wurði 622 f.).

Die ae. Schreiber orientierten sich außerdem an anderen Trennungsprinzipien als man dies heute tut. Nach den Erkenntnissen von M. Rademacher und W. Keller trennten sie nicht nach Einzelwörtern, sondern nach Akzentgruppen. Einerseits wurden unbetonte proklitische Funktionswörter (Artikel, Pronomina, Präpositionen usw.) nicht selten mit dem folgenden betonten Wort (Sb, Vb) zusammengeschrieben, während andererseits Kp. mit Haupt- plus starkem Nebenakzent oft getrennt geschrieben wurden.[27]

Zur Worttrennung in me. Hss. gibt es offenbar noch keine näheren Untersuchungen.[28] Bergsten 1911:127 f. meint, daß die Zusammenschreibung im Me. irregulär sei; Keller 1929:90 vermutet dagegen, daß sich die moderne Trennung bereits nach der ags. Zeit durchsetzte. Beides dürfte so nicht stimmen. Wie ein Blick in Faksimiles und diplomatische Ausgaben frühme. Hss. zeigt, brach die ae. Tradition nicht abrupt ab, sondern wirkte noch geraume Zeit weiter.[29] So finden sich in WohLo noch Schreibungen

---

[25] Siehe z.B. Skeat, ed. Hav, S. vii; d'Ardenne/Dobson, ed. StKat, S. lvf.; Thompson, ed. WohLo, S. lxii.

[26] Siehe Bergsten 1911:127 f. (der zu Unrecht angibt, daß der Bindestrich im Ae. noch nicht verwendet worden sei); Ker 1957:xxxv f.; Thompson, ed. WohLo, S. xii. – In der vorliegenden Arbeit wird der Bindestrich häufig gesetzt, um die Elemente der Kp. zu verdeutlichen – dies entspricht aber nicht dem Gebrauch der Hss. u. Editionen.

[27] Rademacher 1921; Keller 1929:89–105; vgl. ferner Campbell 1959:14; Gneuss 1973:18; Wetzel 1981:7. – Blake 1977:74 f. sieht den Grund für die nach unseren Maßstäben oft unregelmäßige Worttrennung der ae. und me. Schreiber darin, daß sie nicht so stark wie wir von der Vorstellung des Wortes als einer Einheit geprägt waren, weil sie z.B. noch kaum Wörterbücher kannten. Dem ließe sich entgegenhalten, daß viele von ihnen vermutlich Latein gelernt hatten und zumindest von da her mit dem Wort als Einheit konfrontiert worden waren; ferner gab es schon in ae. Zeit Glossare und Interlinearglossen. Außerdem ist gerade im Bereich der Sb+Sb-Verbindungen bzw. Sb/Sb-Kp. auch im Ne. das Gefühl für die Einheit des Wortes noch immer sehr schwankend, wie die häufige Auseinanderschreibung und Doppelbetonung dieser Verbindungen zeigt.

[28] Die graphemischen Untersuchungen zu me. Hss. gehen auf die Worttrennung kaum ein: McIntosh 1956:25–55; Francis 1962:32–47; McLaughlin 1963.

[29] Außer den hier besprochenen Texten (O&N; WohLo) wären z.B. auch das Faksimile der

wie *almi likinge* 57 (= *al mi likinge); iwile* 58 u. ö. (= *i wile); henged orode*
317 (= *o[n] rode);* in *AncR* z. B. *beon ileteblod* (C 45v/21; aber *beon ilete
blod* A 30v/26 f.); *hwit seoluerinoh* (A 41r/26; aber *hwit seoluer inoch* C 63v/
6); *Monicunnes fondunge* (C 135r/19 f.; aber *Moni cunnes fondunges* A 81r/
11); in *StKat isumtime* 3r/24 (= *i[n] sum time);* usw.

Für die Kp. und die parallelen syntakt. Gruppen aus *WohLo* und *O&N*
ergibt sich folgendes Bild:

(1) Sb/Sb: Von 26 sicheren oder möglichen Sb/Sb-Kp. sind in *WohLo* nur
6 zusammengeschrieben *(haliwei, huniter, mildeu, monkin, wepmon, wummon),* von denen die meisten bereits verdunkelt sind *(haliwei, mildeu, wepmon, wummon).* Bei manchen der übrigen 20 ist der Kompositumstatus
zwar fraglich; sicher ist er jedoch trotz der Getrenntschreibung bei folgenden Bildungen: *burð tid, cwalm hus, cwalm stowe, finger neiles, hoker lah-
ter, hus lewe, luue lettres, red ȝerde, sawle fan, warh treo.* In *O&N* werden
von 33 Sb+Sb-Verbindungen, die sicher oder vielleicht Kp. sind, nur 10 in
beiden Hss. immer zusammengeschrieben *(bedtime, chapmon, chirchebende, gol(d)finc, licome, lifdaȝe, londfolc, wicchecrafte, wudewale, wummon),*
16 dagegen immer auseinander (z. B. *bonde man, chirche song, dai liȝt, fuel
kunne, red purs, þorne wode, wicke tunes* usw.); die übrigen 7 werden in
den beiden Hss. unterschiedlich behandelt – immer zusammengeschrieben werden jedoch die Ortsnamen (vgl. unten 6.2.2.1.). Die Getrenntschreibung von Sb/Sb-Kp. ist also insgesamt recht häufig, in *WohLo* überwiegt sie sogar deutlich.

(2) Sb+*s*/Sb: Bildungen dieses Typs werden in den Hss. beider Texte in
den allermeisten Fällen getrennt geschrieben; allerdings ist bei vielen von
ihnen der Kompositumstatus fraglich (siehe dazu unten 3.2.2.). Zusammenschreibung findet sich in *WohLo* nur bei *kinsemon* (für *kinesmon*) und
in *O&N* nur bei *sumerestyde* (beide Hss.); dagegen werden in *WohLo* z. B.
domes dai und in *O&N* z. B. *cristes masse* auseinandergeschrieben, die im
Ne. beide Kp. sind *(Doomsday, Christmas)* und es wohl auch schon im Me.
waren. Selbst der Ortsname *Portes hom* (ne. *Portisham*) wird in *O&N* getrennt geschrieben.

(3) Adj/Sb: Im Gegensatz zu den zwei bisher genannten Typen findet
sich bei den Verbindungen aus Adj+Sb die Zusammenschreibung relativ
häufig. Allerdings werden hier oft auch Verbindungen (insbesondere solche aus Adj+*man*) zusammengeschrieben, die sicher keine Kp., sondern

Katherine-Gruppe (Hs. Bodley 34) durch Ker 1960 und die diplomatische Ausgabe dieser
Hs. durch d'Ardenne 1977 zu vergleichen; ferner die Ausgaben von *AncR* in der EETS. –
Faksimile von *O&N:* Ker 1963; diplomat. Ausgabe von *WohLo:* Thompson 1958 (siehe
dazu jeweils oben das Abkürzungsverz. bzw. unten die Bibliogr.).

syntaktische Gruppen sind. Dies ist offenbar für die ganze me. Periode und bis in die Shakespearezeit charakteristisch.[30]

(a) Getrennt geschrieben sind in *WohLo noble men* und *sibbe frend;* in *O&N holi chirche;* davon ist *noble men* sicher (noch) kein Kp. (was aus der Konstruktion *noble men 7 gentile 7 of heh burðe, WohLo* 160, hervorgeht), bei *sibbe frend* und *holi chirche* ist der Kompositumstatus fraglich.

(b) Dreimal herrscht in *O&N* Schwanken: Neben *leofmon* (Hs. C) steht *leof mon* (Hs. J); neben *freoman* (Hss. CJ 1507) steht *fr(e)o monne* (Hss. CJ 131); neben *middelniȝte* (CJ 325) steht *midel niȝte* (CJ 731). In *WohLo* ist *lefmon* meist zusammengeschrieben (58, 97, usw.) und einmal am Zeilenende mit Bindestrich versehen (*lef-mon* 350f.), einmal aber nicht (*lef mon* 508f.). Während *middel-niht* vermutlich und *le(o)f-mon* aufgrund seiner semantischen Isolierung (Lexikalisierung) sicher ein Kp. ist, ist der Status von *freo-mon* fraglich — zu den beiden letzteren siehe unten 2.5.1. u. 2.5.2.

(c) Nur zusammengeschrieben sind in *O&N god(d)spel(le)* und *sopsage;* in *WohLo* ist *god-spel* zusammengeschrieben (382) bzw. am Zeilenende mit Bindestrich versehen (38). Beide Verbindungen waren im Ae. Kp. und sind es auch im Ne. noch (*gospel*, archaisches *soothsaw*); ihr Kompositumstatus ist deshalb auch für das Me. ziemlich sicher, zumal die Schreibung *goddspel* in *O&N* (Hs. C) auf die bereits eingetretene Verdunklung hinweist (vgl. unten 4.5.1.).

(d) Zusammengeschrieben sind aber auch: in *WohLo largemen* und *rihthond;* in *O&N godemonne* (475; aber *gode manne* 1489) und *wisemonne* sowie *euchmon* und *moniman* (aber *Moni man* 1411) (dazu vgl. oben 1.3.4.). Vor allem bei den soeben genannten Verbindungen mit *-man* liegen vermutlich syntaktische Gruppen vor. Eindeutig ist dies bei dem Beleg *Ah Job wes ... swa godmon, LambH* XVI (151/28), weil sich das Adv *swa* nur auf das Adj *god*, aber nicht auf das Sb *mon* beziehen kann (siehe dazu unten 2.4.2.3.). Syntaktische Gruppen sind ferner z.B. wahrscheinlich folgende Verbindungen aus anderen Texten: *þe halimon, AncR* C 143v/11 (aber: *þe hali mon* A 85v/25); *heþenemen* (z.B. *PMor* 293); *mine leouesustren, AncR* A 41v/8 (aber *leoue sustren* C 63v/10); *richemen, LaȝB* C 8286; *soðmon, StMarg/1* 32r/15; *swikelemen, PMor* 253 (Lambeth-Hs.; aber *swikele men* Trinity-Hs.); *þe wildebar, AncR* A 76v/20 (aber *þe wilde bar* C 127r/8).[31]

---

[30] Siehe Kölbing, ed. *Amis&A*, Anm. zu 1938; Stoffel 1886:177.

[31] Bei *gode men, heðene men, leoue sustren* und *swikele men* dürfte das *-e* anzeigen, daß das Adj im Plural steht, vgl. unten 2.4.2.1. sowie z.B. Shepherd, ed. *AncR*, S. xvii; Stanley, ed. *O&N*, S. 15; bei *þe wilde bar* könnte das *-e* Zeichen für die schwache Deklination des Adj sein.

(e)   Natürlich gibt es auch Kp. des Typs Adj/Sb (einschließlich Adj/*man*). Manche davon waren zunächst syntaktische Gruppen, wurden aber dann durch (zeitlich nicht immer genau festlegbare) Zusammenrückung zu Kp., wie z. B. me. *noble men* > ne. *noblemen*.[32] In anderen Fällen existierten bzw. existieren Kp. und syntakt. Gruppe nebeneinander, z. B. me. ne. *good man* und der Familienname (Nachname) me. ne. *Goodman*.[33] *Cristenemen* (häufig, z. B. *PMor* 295; *StKat* 1r/15; *StMarg/1* 18v/11; *TrinH* XVI (99/8)) dürfte meist syntakt. Gruppe sein, manche Belege stellen aber möglicherweise ein durch Zusammenrückung entstandenes Kp. dar; sicher ist der Kompositumstatus bei dem leicht verdunkelten *cristeman, TrinH* XVI (99/19).[34]

(4)   Partikelkomposita: *O&N* schwankt hier und schreibt *foreward* sowie *ouerdede* immer zusammen, Bildungen mit *ut-* dagegen meist getrennt: *houd sipe* (CJ), *ut lete* (CJ), *vt schute* (J), aber *utschute* (C).

(5)   Für Vb/Sb gibt es nur wenige und zum Teil fragliche Belege, die getrennt geschrieben werden: *WohLo Girre blod; O&N rū hus(e)*, d. h. *rum hus(e);* siehe dazu jeweils unten 3.2.7.5.

(6)   Vb+*ing*/Sb: *O&N* schwankt hier: *erdingstowe* (CJ), aber *spusing bendes* (CJ).

(7)   Bei den Typen Sb/deverbales Sb herrscht in *WohLo* immer, in *O&N* meist Zusammenschreibung: *WohLo lauerd* und *lauedi, lafdi* (beide verdunkelt); *O&N grypbruche* Hs. J (aber *grip bruche* Hs. C), *heisugge, her(e)gonge, lauerd, lauedi, nihtegale, niʒtingale, spusbruche* sowie den Namen *dorsete* − auch von diesen Bildungen ist ein Teil bereits verdunkelt. *WohLo* hat ferner: *salmewrihte, monquellere, blodleting*.

(8)   Affixoide:[35] *WohLo* hat meist Zusammenschreibung: *fredom, wis(e)dom, childhad* (aber *mon had*), *schendlac;* auseinandergeschrieben ist jedoch *kine bearn*. In *O&N* herrscht fast immer Zusammenschreibung: *swikedom, svikeldom* usw., *wisdom, fihtlac, kunrede* sowie verdunkeltes *bern(e)*.

---

[32]   Laut *OED* erscheint *nobleman* als Kp. erst ab dem 16. Jh.; im *MED* erscheint es nicht als eigenes Stichwort. Nach Vinavers Edition zu schließen ist es jedoch bereits in *Malory* (also schon im 15. Jh.) ein Kp.

[33]   Als Personenname erscheint *Godman* laut *MED* seit 1220. Kp. ist *godman* ferner möglicherweise in der lexikalisierten Bedeutung 'head of a household', die laut *MED* zuerst in *KentSerm* (c.1275) auftritt.

[34]   Vgl. unten 4.5.4. In *cristene men* dürfte das *-e* ebenfalls Zeichen dafür sein, daß das Adj im Pl. steht. Während das *MED cristen man* nur unter *Cristen* adj&n 1 b aufführt, nimmt das *OED* s. v. *Christenman* auch ein durch Zusammenrückung entstandenes Kp. an.

[35]   Zur Definition der Affixoide siehe unten 3.1.2.13. u. 3.2.13.

(9)   Das Bahuvrihisb. *attercoppe* und das reduplizierende Sb *galegale* sind in *O&N* zusammengeschrieben; die Incipit-Fügung *Pater Noster* ist in *Woh-Lo* dagegen getrennt.

(10)   Sb/Adj: Diese Bildungen sind in *WohLo* meist zusammengeschrieben *(luuewurði, stalewurðe)* und in *O&N* überwiegend *(colblake, houen(e)tinge, merewode)*; es findet sich aber auch Getrenntschreibung: *WohLo luue leuest* (neben *luueleuest*); *O&N deouel imene* (dessen Kompositumstatus fraglich ist) sowie *storre wis*.

(11)   Andere Typen zusammengesetzter Adjektive: *WohLo* schreibt *derewurðe*, aber *dune fallen; O&N* schreibt *almiȝti* (Hs. C) neben *al myhti* (Hs. J); *welcume* (CJ) und *stareblind* (CJ).

(12)   Bildungen mit Adjektivaffixoiden (-suffixoiden) werden meist zusammengeschrieben, in *WohLo* z.B. *ahefulle, blisfule* usw., *selcuðes, rihtwise;*in *O&N* z.B. *hoȝfule*.

(13)   Bei den Bahuvrihiadj. schwankt *O&N: fastrede* (CJ), *sorimod* (C), aber *sori mod* (J).

Hinsichtlich der Schreibung lassen sich also zwei Folgerungen ziehen. Erstens: Es scheint, daß im Frühme. bei den einzelnen morphologischen Kompositionstypen unterschiedliche Tendenzen herrschten, z.B. überwiegend Zusammenschreibung bei Bildungen mit Affixoiden; häufig Zusammenschreibung bei Bildungen mit Adj+Sb; starkes Schwanken bei Sb/Sb, aber insgesamt eher Getrenntschreibung; überwiegend Getrenntschreibung bei Sb+*s*/Sb (was möglicherweise den fraglichen Kompositumstatus vieler derartiger Verbindungen widerspiegelt); immer Zusammenschreibung bei verdunkelten Kp. Dies alles müßte jedoch einmal anhand einer umfangreicheren Handschriftenbasis als dies hier geschehen konnte näher untersucht werden, um daraus statistisch fundierte Verallgemeinerungen ableiten zu können. Zweitens: Es handelt sich dabei meist nur um Tendenzen und nicht um feste Regeln; im wesentlichen bestätigt sich deshalb die eingangs zitierte Annahme, daß die Worttrennung in den frühme. Hss. nicht regelmäßig genug ist, um in Zweifelsfällen als Entscheidungskriterium dienen zu können, was sich unter anderem schon daran zeigt, daß nicht selten die verschiedenen Hss. des gleichen Textes divergieren. Weder beweist Getrenntschreibung, daß kein Kp. vorliegen kann (insbesondere beim Typ Sb/Sb), noch stellen alle Fälle von Zusammenschreibung Kp. dar (insbesondere nicht beim Typ Adj/Sb). Vor allem im Hinblick auf die letztere Erscheinung kann dem Kriterium der Schreibung für das Me. eher noch weniger Wert zugemessen werden als für das Ne.

2.3. Betonung

Als der typisch germanische Kompositionsakzent, der im Deutschen weitgehend und im Englischen zum Teil bewahrt ist, gilt Anfangsbetonung, d. h. Hauptakzent auf dem Erstelement und Nebenakzent auf dem Zweitelement (ˊ ˋ *cówbòy;* mit Varianten wie ˊ ˋ x *Stéinmàuer, hóusehòlder;* ˊ x ˋ *súmmertìme;* ˊ xxx ˋ x *ópera dirèctor,* usw.). Als Akzent für syntaktische Gruppen gilt Doppelakzent, d. h. ein Hauptakzent auf jedem Element (ˊ ˊ).[36] Im Ne. zeigt sich der Unterschied am deutlichsten bei denjenigen Kompositionstypen, die ziemlich systematisch durch das Akzentmuster von parallelen syntaktischen Gruppen unterschieden werden, z. B. Adj/Sb *(bláckbòard)* vs. Adj+Sb *(bláck bóard);* Vb+*ing*/Sb *(dáncing tèacher)* vs. Vb+*ing*+Sb *(dáncing téacher).*[37] Daneben gibt es im Ne. aber auch Typen, die zwar weitgehend Doppelakzent haben, jedoch durch andere Kriterien eindeutig als Kp. gekennzeichnet sind, z. B. Sb/Adj (Muster *gráss-gréen*), Adj(Adv)/Adj *(ícy-cóld).*[38] Sehr komplex ist im Ne. der Typ Sb/Sb (vgl. oben 2.1.1.), bei dem es neben Bildungen mit Kompositionsakzent *(ópera dirèctor, fíghter bòmber)* auch zahlreiche mit Doppelakzent gibt *(cóllege président, kíng émperor).*

Der Forderung Marchands (1969:21–29), allein aufgrund des Betonungskriteriums nur die ersteren Bildungen als Kp. zu klassifizieren, die letzteren aber als syntaktische Gruppen, folgen viele neuere Autoren jedoch nicht, sondern rechnen das Muster *cóllege président* ebenfalls zu den Nominalkomposita.[39] Dies läßt sich einerseits damit begründen, daß an-

---

[36] Siehe z. B. Warren 1978: 30–37, bes. 31; zur Wortbetonung im Ae. vgl. Campbell 1959: 30–35 (§ 71–92). Anfangsbetonung wird auch als *forestress, front stress, unity stress* usw. bezeichnet; Doppelakzent auch als *double stress, level stress, phrasal stress, even stress* usw. Endbetonung, d. h. Nebenakzent auf dem ersten und Hauptakzent auf dem zweiten Element kann als eine Variante des Doppelakzentes angesehen werden *(dàncing téacher).* – Die meisten Phonetikbücher gehen auf die Wortbetonung ein; vgl. ferner z. B. Morciniec 1964: 55–61; Dobson 1968: II, 830; Ortner/Ortner 1984: 12–14 (fürs Deutsche); Poldauf 1984 sowie die in den folgenden Anmerkungen genannte Literatur.

[37] Das unterschiedliche Akzentmuster signalisiert in diesen Fällen gleichzeitig semantische Unterschiede. Im Dt. ist bei den Adj/Sb-Kp. zugleich das Erstelement unflektiert: *Bei schönem Wetter – bei Schönwetter* (hier liegt allerdings offenbar kein semant. Unterschied vor); vgl. auch *ein tanzender Lehrer – ein Tanzlehrer.* Für weitere (engl.) Beispiele siehe Faiß 1981: 136 f. u. vgl. 145 f.

[38] Vgl. oben 2.1.1. Zum Akzentmuster von Sb/Adj-Kp. siehe Lipka 1966: 46–50. Vgl. ferner Kastovsky 1982a: 177 f.

[39] Siehe z. B. Koziol 1972: 48 f.; Adams 1973: 59 f.; Bauer 1978: 35–37, 89–95; Faiß 1981: 132–150; Pilch 1985: 424 f. und bereits Paul 1920a: 328 f. (§ 227). – Dagegen schließt sich Kastovsky 1982 a: 177–179 an Marchand an, vgl. auch Poldauf 1984: 106 ff. Im Dt. sind Substantivkp. mit Doppelakzent seltener, aber nicht ausgeschlossen, vgl. z. B. *Àllerheíligen, Bürgermeíster* sowie Ortsnamen wie *Gèretsríed, Gèrsthófen, Gröbenzéll, Hùndszéll, Fèldmóching, Eichenaú* usw.

dernfalls viele sonst gleichartige Bildungen auseinandergerissen würden, vgl. die obigen Beispiele; andererseits mit der Beobachtung, daß gar nicht alle Sb+Sb-Verbindungen ein festgelegtes Akzentmuster haben; vielmehr zeigen sich bei manchen:

(1) regionale Unterschiede, z.B. Britisches Englisch *hòt dóg, còuntry dánce* vs. Amerikanisches Englisch *hót dòg, cóuntry dànce* (Poldauf 1984:108 ff.);

(2) rhythmisch bedingte Schwankungen, z.B. *búsiness clàss, búsiness sùit,* aber *búsiness administrátion; cóncertgòer, cóncertmàster,* aber *cóncert perfórmance*;

(3) Schwankungen von Sprecher zu Sprecher;

(4) relativ kurzfristige diachrone Veränderungen.[40]

(5) Außerdem haben die zwei Akzentmuster im Ne. zwar eine gewisse Tendenz, sich auf bestimmte semantische Typen zu verteilen, z.B. *gláss càse, wóman dòctor* 'B is for A' vs. *gláss cáse, wóman dóctor* 'B consists of/is made of/is A', doch gibt es auch dabei Ausnahmen und Grenzfälle.[41]

(6) Manche Wörter schließlich sind bei ihrer Verwendung als Dt anscheinend auf ein bestimmtes Akzentmuster festgelegt, z.B. *middle áge (fínger, náme* usw.), aber *báck clòth (lòg, gròund* usw.), siehe Poldauf 1984:115 f.

Ein gewisser Sonderstatus der Sb/Sb-Verbindungen mit Doppelakzent läßt sich trotzdem nicht leugnen, und manche davon werden sicher nicht als Kp. empfunden, vgl. unten 2.4.3.3.

Für das Ae. und das Me. liegen die Verhältnisse rein theoretisch einfacher, weil man davon ausgehen kann, daß die meisten Typen von Nominalkomposita, darunter vor allem auch der Typ Sb/Sb, damals noch generell Kompositionsakzent (Anfangsbetonung) hatten. Die Gründe für diese Annahme sind:[42]

---

[40] Zur Instabilität des Akzentmusters mancher Sb+Sb-Verbindungen siehe vor allem Lutstorf 1960; Pennanen 1980:252 ff.; Poldauf 1984:108 ff.; vgl. Jespersen 1909 (*MEG* I):155–159; Paul 1920a:328 f. Dies scheint auch für andere Typen zu gelten: So verzeichnet Marchand 1969:22,92 nur *éasy-góing,* während *EPD* (1977) als die üblichere Betonung *éasygòing* angibt. Dies würde der von Adams 1973:59 generell festgestellten Tendenz zum Kompositionsakzent bei etablierten Bildungen entsprechen. Sampson 1980:164–170 weist allerdings umgekehrt auf eine Tendenz zum Doppelakzent bei bestimmten RP-Sprechern des gegenwärtigen Englisch hin.

[41] Z.B. *àpple sáuce, rìce púdding,* aber *béefstèak, cúrry pòwder, rýe brèad.* Siehe besonders Warren 1978:30–37 u. Poldauf 1984:112 f.; vgl. Marchand 1969: 23 ff., 47; Quirk et al. 1972:1039–41; Quirk/Greenbaum 1973: App.II.4; Faiß 1978:20–23. – Man kann die Bestehensrelation sicher nicht einfach aus dem Bereich der Sb/Sb-Kp. ausklammern; fürs Me. siehe dagegen unten 5.2.1.2.(1b) u. (2b).

[42] Siehe zum Folgenden z.B. Morsbach 1896:44 f., 52,61; Jespersen 1909 (*MEG* I):152–156; Jespersen 1914 (*MEG* II): 313; Borowski 1921; Lutstorf 1960: 30 ff., 144; Dobson 1968: II,449; Marchand 1969:23; Pilch 1970:73; Götz 1971:11 f.; Faiß 1978:78; Warren 1978:31.

(1) Der Doppelakzent *(level stress)* ist bei Sb/Sb-Verbindungen erst seit dem Frühne. sicher nachgewiesen.

(2) Bereits im Ae. und im Me. entstanden eine Reihe verdunkelter Kp. dadurch, daß bei Verbindungen, die semantisch als Einheit gefühlt wurden, das zweite Element seinen Nebenakzent verlor (⸗ ⸗ > ⸗ -) und infolge der Abschwächung dann das ganze Wort phonetisch reduziert wurde, z. B. ne. *auger, barn, chaffer, gaffer, gammer, lady, lord* usw.; vgl. dazu unten 4.5. (bes. 4.5.5.—6.).[43]

(3) Die Wortbetonung von vier alliterierenden me. Dichtungen hat Tamson 1898 nachgeprüft und festgestellt, daß in den Nominalkp. der Hauptakzent mit wenigen Ausnahmen auf dem ersten Element liegt (1898:7—21).

In der Praxis nützt diese Erkenntnis aber trotzdem nur begrenzt. An Prosatexten ist die Akzentverteilung ohnehin nur in Ausnahmefällen nachprüfbar — etwa wenn durch den Verlust des Nebenakzentes das Zweitelement bereits so abgeschwächt wurde, daß es morphologisch verändert ist; vgl. oben unter (2), siehe ferner unten die Bemerkungen zu *Woh-Lo*.[44] In der Dichtung überlagert der Versakzent nicht selten den Wortakzent. So erscheint der Nebenakzent auf dem Zweitelement von Kp. im Rahmen des ae. Alliterationsverses tatsächlich häufig als Hauptakzent, man vgl. den Anfang des *Beowulf*:[45]

> Hwæt, we *Gár-Déna,* in *geár-dágum*
> *péod-cýninga* þrým gefrúgnon.

Dies bedeutet, daß in der Dichtung Doppelakzent das Vorliegen eines Kp. nicht ausschließt; zur Klärung des Status müssen dann freilich andere Kriterien den Ausschlag geben.[46]

Vom Vorliegen eines Kp. kann man dagegen ausgehen, wenn Kompositionsakzent herrscht, man vgl. z. B. *Beowulf* 1681

> *wúndorsmiþa* gewéorc; ond þa þas wórold ofgéaf.

Die wenigen Kp. mit einem Hauptakzent auf dem Zweitelement, die G. Tamson in der me. alliterierenden Dichtung feststellte, sind demnach sicher nicht mit Tamson 1898:9, 18 als generelle Akzentverschiebung in den betreffenden Wörtern zu erklären, sondern eben als Auswirkung der Tat-

---

[43] Siehe ferner Campbell 1959:34 sowie die unten 2.4.2.8. genannte Literatur. Dies gilt auch für Eigennamen, z. B. *Audrey* (< *Aethelthryth*), *Edith* (< *Eadgyth*).

[44] Vgl. ferner Borowski 1921.

[45] Siehe z. B. Sievers 1893:25, 125; Campbell 1959:34 f. (§ 87 f.); Bliss 1967:24—26.

[46] Vgl. Nickel et al. 1976:II,xv ff.; Smith 1971:9 f. — In den obigen drei Belegen aus *Beowulf* ist der Kompositumstatus deswegen klar, weil das Erstelement nicht flektiert ist.

sache, daß das Zweitelement von Kp. im Alliterationsvers stark betont werden kann.

In der alternierenden Endreimdichtung des Me. ist die Überlagerung des normalen Wortakzentes durch den Versakzent anscheinend noch häufiger.[47] In *O&N,* das in vierhebigen Iamben abgefaßt ist, sind jedenfalls Verbindungen mit Doppelakzent sogar ganz deutlich in der Überzahl (vgl. unten 6.2.2.2.). Von 33 Sb + Sb-Verbindungen, die Kp. sind oder sein könnten, haben nur 5 immer Anfangsbetonung; sie befinden sich alle im Versinneren (und das Erstelement endet nicht auf *-e*): *chápmon* 1575, *gól(d)finc* 1130, *lóndfolc* 1158, *rédpurs* 694, *wépmon* 1379 – davon sind *chápmon* und *wépmon* bereits verdunkelt, *gólfinc* ist es in Hs. C. Die übrigen Sb + Sb-Verbindungen haben fast durchwegs Doppelbetonung. Selbst bereits verdunkelte Kp. können auf dem zweiten Element betont werden: *lícóme* 1054, *wímmáne* 1379 (aber *wúmmon* 1350). Die meisten übrigen Typen weisen nur Beispiele mit Doppelbetonung auf, insbesondere Sb + s/Sb, Adj/Sb, Sb + Sb/Ø$_{Sb}$ (*áttercóppe* 600), Sb/Adj, so daß z.B. die Kp. der Struktur Adj/*man* (*léofmán,* möglicherweise auch *fréomán*) durch den Akzent nicht von den entsprechenden syntakt. Gruppen unterschieden sind (*góde mónne, wíse mónne* usw.). Laut Morsbach 1896:56 und Pilch 1970:76 war übrigens im Ae. und Me. bei Adj + Sb-Verbindungen das Adj in der Regel stärker betont als das Sb.[48] Dies wäre dann zwar eine mögliche Erklärung für die häufige Zusammenschreibung dieser Verbindungen; gleichzeitig hieße dies aber, daß im Ae. und Me. syntaktische Gruppen aus Adj + Sb und Adj/Sb-Komposita immer gleich betont wurden und das Akzentmuster deswegen als mögliches Unterscheidungskriterium hier grundsätzlich nicht in Frage käme. Für den me. Vers trifft, wie die Beispiele aus *O&N* zeigen, die These von Morsbach und Pilch jedoch ohnehin nicht zu. Anfangsbetonung haben in *O&N* lediglich noch *rúmhus* 652 (aber *rúmhúse* 592 – zur Frage der morphologischen Gestalt siehe unten 3.2.7.); einige Bildungen des Typs Sb/Vb + Ø$_{Sb}$, nämlich *grípbruche* 1734, *láuerd* 959, *spúsbruche* 1368; einige Bildungen mit Affixoiden. Doch können andererseits selbst verdunkelte Kp. des Typs Sb/Vb + Ø$_{Sb}$ Doppelakzent haben: *láuedí* 959 (aber *láuedies* 1338).

Selbstverständlich müßte die Akzentuierung der Kp. in der me. Dichtung ebenfalls anhand einer breiteren Materialbasis untersucht werden, als dies hier geschehen konnte, zumal Unterschiede zwischen einzelnen Dich-

---

[47] Vgl. z.B. ten Brink 1884:155 ff. (zur Akzentuierung in Chaucers Vers); Morsbach 1896:43,48–55; Lutstorf 1960:43 f.

[48] Allerdings gibt Morsbach selbst zu, daß hier starkes Schwanken herrscht. Die Skandierung einiger Beispiele des Typs Adj/Sb in *O&N* ist nicht ganz klar, siehe unten 6.2.2.2.

tern, Versformen und Kompositatypen nicht auszuschließen sind.[49] Von *O&N* her läßt sich aber jedenfalls bestätigen, daß man bei Anfangsbetonung im allgemeinen vom Vorliegen eines Kp. ausgehen kann, während bei Doppelakzent andere Kriterien entscheiden müssen.

Unser Beispiel für einen Prosatext ist *WohLo*. Gemäß dem oben Gesagten läßt sich für viele Verbindungen hier das Akzentmuster nicht feststellen, z. B. nicht bei *moder sune feirest* 55, *tin ahne heorte blod* 95, *þu band ta helle dogges* 138. Allerdings verwendet *WohLo* häufig alliterierende Wendungen; in diesen ergeben sich gewisse Anhaltspunkte für das Akzentmuster. Kompositionsakzent haben demnach insbesondere: beim Typ Sb/Sb die Verbindungen *mi húniter, mi háliwei* 3: *[T]wa Bále drinch iblódleting* 520;[50] *míldeu o múþe* 5; möglicherweise auch *mine stárke sáwle fan* 154; beim Typ Adj/Sb wohl *to ríxlen o þi ríhthond* 101; *mi déore léfmon lásteles* 185 f.; beim Typ Sb/Suffixoid_{Sb} *wít* 7 *wísdom* 22, 255; beim Typ Adj/Adj *mi dérewurðe drúð* 188; beim Typ Sb/Suffixoid_{Adj} *þi blísfule bléo* 51 (vgl. 351); *o þat wélefule wlíte* 47, 394 f.; *was réowðe to ríhtwise* 528 f. Doppelakzent haben dagegen wohl: beim Typ Sb/Sb *mi héorte háliwej* 35; *mi sáwle swétnesse* 35 f.; *robbedes hélle hús* 144; beim Typ Sb+s/Sb *o dómes dái* 565; *mi líues lúue* 269 f., 421 f. u. ö. *wéorldes wéles wúrð* 80; *fra déðes dóm* 381; beim Typ Adj/Sb *þa héaðene húndes* 410; beim Typ Präfixoid/Sb *kíne béarn of búrðe* 175 f. Bei den Fällen mit Doppelakzent ist die Entscheidung über den Kompositumstatus allerdings meist schwierig. Wie das Beispiel *kíne béarn* zeigt, kann selbst ein eindeutiges Kp. (dessen Dt gar nicht selbständig vorkommt) auf dem Zweitelement einen starken Akzent tragen. *Dómesdái* wird hier ebenfalls trotz des vermutlichen Doppelakzentes als Kp. angesehen; als syntaktische Gruppen werden dagegen *héorte háliwei* und *sáwle swétnesse* betrachtet.

Unsicher ist schließlich auch der Rückschluß von der Betonung der fortlebenden ae. und me. Komposita im heutigen Englisch: Einerseits dürften Zusammenrückungen zunächst Doppelakzent gehabt und erst allmählich Anfangsbetonung angenommen haben (wie z. B. *nóble mén* > *nóblemèn*);[51] andererseits müssen im Ae. und Me. manche Fügungen Kompo-

---

[49] Wie oben angedeutet, war in der alliterierenden Dichtung Akzentverlagerung möglicherweise seltener als in der silbenzählenden Dichtung, was freilich nachgeprüft werden müßte.

[50] Dies, die Großschreibung von *Bale* und die Verwendung von *twa* statt *twi-* sprechen eher für eine Auffassung als *twa baledrinc* ‚zwei todbringende Getränke (nämlich Essig und Galle, gemischt)‘ und gegen Blakes Ansatz von *twabale drinc,* ‚ein doppelt todbringendes Getränk (nämlich eine Mischung aus Essig und Galle)‘.

[51] Vgl. Adams 1973: 59 f. – Für den Typ Adj/Sb siehe jedoch die oben erwähnte These von Morsbach und Pilch.

sitionsakzent gehabt haben, die aufgrund der in bestimmten Fällen eingetretenen Lockerung der Verbindung zwischen beiden Elementen heute
Doppelakzent aufweisen, etwa ae. *stánwèall,* aber ne. *stóne wáll* (vgl. auch
Poldauf 1984:108). Aufgrund all dieser Probleme wird bei der Besprechung
der einzelnen Kompositionstypen (unten 3.2. und 3.3.) auf deren vermutli-
ches Akzentmuster im allgemeinen nicht mehr eingegangen.

2.4. Morphologische Gestalt, morphologische Struktur und morphosyntaktisches Verhalten

Wie schon die Überschrift zu diesem Abschnitt andeutet, ist das Kriterium der morphologischen Isolierung komplexer als die bisher genannten
Kriterien zur Abgrenzung von Komposita gegen syntaktische Gruppen.
Unter diesem Stichwort lassen sich nämlich verschiedene Erscheinungen
zusammenfassen. Sie werden hier um der Systematik willen aufgeschlüsselt; manche Kp. fallen freilich gleichzeitig unter mehrere dieser Kategorien:[52] beispielsweise kommt bei *nightingale* das Dm *(-gale)* nicht selbständig vor, außerdem stellt das *-in-* ein Fugenelement dar; *wimman, wummon*
(ne. *woman*) ist ein Kopulativkp., das zudem bereits verdunkelt ist (aus ae.
wifman).[53]

2.4.1. Morphologische Isolierung und Nicht-Isolierung aufgrund des Kompositionstyps

Morphologische Isolierung aufgrund des Kompositionstyps bedeutet, daß
die Reihenfolge der Elemente des Kp. keiner möglichen syntaktischen
Gruppe entspricht.[54] Weil auf diese Frage bei der Besprechung der einzelnen Typen (unten 3.2.−3.3.) noch eingegangen wird, reicht hier zunächst
eine kurze Zusammenfassung.
(1) Die produktivsten und wichtigsten Kompositionstypen sind vom
Typ her leider gerade nicht isoliert. Dies gilt vor allem für Sb/Sb (mit Ausnahme der Kopulativkp., siehe unten (2)); sodann auch für Sb+s/Sb, Adj/

---

[52] Vgl. Bauer 1983:61; natürlich können auch phonologische, morphologische und semantische Isolierung zusammen auftreten.
[53] Zur hier zugrundegelegten Definition von „Kopulativkp." siehe oben 1.4.3.4. (S. 35); unten 3.2.1.3.(2) u. 5.2.1.1.
[54] Den morphologisch isolierten Kp. entsprechen somit in etwa die oben 1.4.1. erwähnten
asyntaktischen und semisyntaktischen Kp., den morphologisch nicht isolierten die syntaktischen Kp.

Sb und Num/Sb. Bei Sb/Sb können im Ae. und Me. in manchen Fällen auch Genitivgruppen vorliegen, z. B. möglicherweise in *heorte haliwei, WohLo* 35; *chirche steuene, O&N,* usw. – Näheres dazu siehe unten 2.4.3.1.–2.[55] Die Typen Sb+*s*/Sb, Adj/Sb, Num/Sb sind als Zusammenrückungen entstanden und unterscheiden sich in ihrer morphologischen Gestalt und Struktur prinzipiell nicht von den entsprechenden syntaktischen Gruppen.[56] Morphologisch nicht isoliert sind ferner die Inversionskp. und die determinativen Bildungen des Typs Adj/Adj: bei letzteren könnten zum Teil auch syntakt. Verbindungen aus Adv+Adj vorliegen.

(2) Morphologisch isoliert sind dagegen: die Kopulativkp. (aus *WohLo* wohl *hoker-lahter,* aus *O&N* wohl *bondeman, wicketunes* und das verdunkelte *wummon*); weitgehend der im Frühme. äußerst seltene Typ Pronomen/Sb; der Typ Partikel/Sb (aus *O&N* vor allem *foreward, ouerdede, utlete, utschute*); der Typ Vb/Sb im Prinzip, allerdings gibt es hier trotzdem viele fragliche Fälle, zu denen auch *girre-blod* aus *WohLo* und *rum-hus* aus *O&N* gehören; im Prinzip ferner die meisten Zusammenbildungen mit deverbalem Dm (Sb/Vb+$\emptyset_{Sb}$; Sb/Vb+*t*; Sb/Vb+*ere*), weil bei diesen das Dm nicht selbständig vorkommen muß (z. B. *nihtingale,* aber nicht **gale; roulekere,* aber nicht **lekere*) – doch gibt es auch hier viele Ausnahmen, bei denen das Dm selbständig vorkommt und sich deshalb die gleichen Probleme ergeben können wie beim Typ Sb/Sb. Als morphologisch isoliert können außerdem gelten: die Mehrzahl der Bildungen mit Affixoiden; die Exozentrika, nämlich die Bahuvrihisb. (Sb+Sb/$\emptyset_{Sb}$ usw.; aus *O&N attercoppe*), die Imperativkp. (Vb+Sb/$\emptyset_{Sb}$) und die Bahuvrihiadj. (Adj+Sb/ $\emptyset_{Adj}$; aus *O&N fastrede* und *sorimod*), weil bei ihnen das Dm nicht an der Oberfläche erscheint und deshalb als Dm ein Nullsuffix anzusetzen ist; ferner die reduplizierenden Bildungen, die innerhalb der Nominalkomposition aber einen Randstatus einnehmen (aus *O&N galegale*).

(3) Bei einigen Typen haben sich hinsichtlich der morphologischen Isolierung diachrone Verschiebungen ergeben. Der Typ Vb+*ing*/Sb (d. h. Verbalsubstantiv/Substantiv) kann im Ae. und Frühme. noch als isoliert gelten (die Belege aus *O&N* sind: *earding-stow; spusing-bendes*); seit aber auch das Part.Präs., dessen Endung ursprünglich *-ende* war, die Endung *-ing* annahm, ist er es nicht mehr: ne. *dáncing téacher* und *dáncing-tèacher*

---

[55] Im Ne. stellt sich beim Typ Sb/Sb zwar nicht mehr dieses Problem, aber dafür das des Akzentmusters, siehe oben 2.3.

[56] Die Unterschiede liegen bei ihnen also auf den Ebenen Schreibung, Betonung und Bedeutung.

sind morphologisch identisch (aber durch Akzentmuster plus Bedeutung unterschieden). Umgekehrt ist der Typ Sb/Vb+*ing* im Ne. morphologisch isoliert, war es im Me. jedoch nicht (siehe dazu unten 3.2.12.2.); der Beleg *blod-leting* aus *WohLo* ist jedoch sicher ein Kp. Ebenso ist der Typ Sb/Adj im Ae. und Frühme. noch nicht generell morphologisch isoliert (siehe unten 3.3.1.2.); im Ne. ist er es. Von den Belegen aus *WohLo* und *O&N* sind die meisten aber wohl Kp., *WohLo: luue-leuest, luue-wurði, stale-wurðe; O&N: col-blake, houen-tinge, mere-wode, storre-wis − deouel imene, O&N* 1412, könnte jedoch z. B. noch syntakt. Gruppe sein.

2.4.2. Morphologische Isolierung aufgrund anderer Erscheinungen

Hierher gehören Besonderheiten der morphologischen Gestalt und des morphosyntaktischen Verhaltens, die nicht an bestimmte Kompositionstypen geknüpft sind. Manche dieser Besonderheiten werden in der Literatur des öfteren genannt;[57] sie sind aber ebenfalls alle nur von begrenztem Wert: teils erfassen sie nur relativ wenige Komposita; teils treffen sie für das Me. (und Ne.) nicht zu; teils gelten sie nicht nur für Kp., sondern auch für bestimmte syntaktische Gruppen.

2.4.2.1. Nicht flektiertes Erstelement

Daß das Erstelement eines Kompositums im allgemeinen nicht flektiert wird, ist im Deutschen und auch noch im Ae. vor allem für die Abgrenzung des Typs Adj/Sb wichtig;[58] dadurch unterscheiden sich Kp. wie *Schönwetter, Wildwasser, mid wilddeorum, þone heahcyning* von den entsprechenden syntaktischen Gruppen *schönes Wetter, wildes Wasser, mid wildum deorum, þone hean cyning*. Im Me. fällt für die Adj+Sb-Verbindungen dieses Kriterium aber dann bald weg, weil aufgrund des Endungsverfalls die Adjektive indeklinabel wurden. Zwar weisen im Frühme. die Adj noch oft ein *-e* auf, z. B. als Pluralkennzeichen; vgl. die (trotz Zusammenschreibung) syntaktischen Gen.-Pl.-Gruppen *godemonne, O&N* 475, *wisemonne, O&N* 289, siehe ferner z. B. oben 2.2. unter (3); das *-e* ist im Frühme. aber mehrdeutig und Bildungen wie *godespelle, wisedomes* sind

---

[57] Siehe die oben Anm. 1 gegebene Literatur; ferner Ilkow 1968:12; Görlach 1974:76; Shaw 1979:60; Faiß 1981:139−143.

[58] Fürs Ae. vgl. Sauer 1985a: § 3.5.5. Schon im Ae. fällt diese Unterscheidungsmöglichkeit aber weg, wenn die Verbindung im unflektierten Nom.Sg. steht (z. B. *heah cyning* oder *heahcyning* ?).

trotz des -*e* sicher Kp., siehe unten 2.4.3.1.[59] Im Ne. wird bei den Adj/Sb-Kp. das Fehlen dieses Kriteriums durch den Anfangsakzent ausgeglichen (der im Deutschen die meisten Kp. ohnehin zusätzlich kennzeichnet), im Ae. und Me. läßt sich der Akzent aber eben oft nicht sicher feststellen, siehe oben 2.3. Für das Ae. kann das Kriterium der Nicht-Flexion des Erstelementes auch zur Trennung von Sb/Sb-Kp. wie *se wiccecræft* und *ypgewinn* von den syntakt. Genitiv-Gruppen *þære wiccan cræft* und *ypa gewinn* dienen, aber auch hier entfällt es wegen des Endungsverfalls im Me.; so gab es schon im Frühme. bald nur noch *þe wicce craft*. Außerdem werden die Genitivkp. durch dieses Kriterium nicht erfaßt (siehe dazu unten 3.2.2.).

2.4.2.2. Nicht steigerbares Erstelement

Das erste Element in Komposita kann gewöhnlich nicht gesteigert werden, z.B. ne. *a hothouse* ,Treibhaus', aber nicht **a hotter house*. Dies trifft allerdings auch auf bedeutungsisolierte syntaktische Gruppen zu, z.B. *a black market* ,ein Schwarzmarkt', *the old boy* ,der ehemalige Schüler', aber nicht **a blacker market* *,ein schwärzerer Markt', **the older boy* *,der ehemaligere Schüler'. Außerdem läßt sich mit diesem Kriterium lediglich feststellen, daß Verbindungen, deren Erstelement ein Adj im Komparativ oder Superlativ ist, im allgemeinen keine Kp. sind, vgl. dazu ferner unten 2.4.3.3. (bes. S. 99) u. 4.3.2.2.; über den Status von Verbindungen mit einem Adj im Positiv als Erstelement ist damit aber noch nichts gesagt.

2.4.2.3. Prämodifizierung durch Adjektive

Zusammengesetzte Sb werden durch vorangestellte Adj prämodifiziert, nicht durch Adverbien, z.B. *a véry dárk róom,* aber nicht **a véry dárk-ròom.* Allerdings trifft dieses Kriterium ebenfalls auch auf manche semantisch isolierte syntaktische Gruppen zu, z.B. *the illegal black market,* aber nicht **the very black market* (siehe Marchand 1969:21). Immerhin lassen sich damit einige me. Adj+Sb-Verbindungen (zum Teil trotz Zusammenschreibung in der Hs.) als syntaktische Gruppen einstufen; z.B. *wið swiðe heh mede,* StKat 4r/18; *swiðe hehe meistres,* StKat 4v/14; *ʒif þar was swa hah mon,* LaʒB (C 1284); *a swiþe wonderþing,* Jacob&J (d. h. *wonder* ist hier

---

[59] Zu den Resten der Adjektivdeklination im Me. siehe z.B. Mossé 1952:64 f.; Mustanoja 1960:275–277. — Manche Spuren der ae. Deklination, die sich in den frühme. Texten noch gelegentlich finden, sind mit Vorsicht zu betrachten, siehe unten 2.4.2.4. und 4.3.2.1.

Adj; vgl. unten 2.4.3.4., S. 114 f.).[60] Diese Fügungen können keine Kp. sein, weil sich Adverbien wie *swa* ‚so' und *swiðe* ‚sehr' nur jeweils auf das Adj beziehen können, aber nicht auf die ganze Verbindung; vgl. ferner das Beispiel oben 2.2. unter (3 d) sowie unten 2.4.3.3. (bes. S. 99). Aber auch dieses Kriterium ist lediglich negativ, weil dadurch zwar bestimmte Fügungen aus dem Bereich der Kp. ausgeschlossen werden, aber deswegen Verbindungen, die nicht durch ein Adverb prämodifiziert werden, noch nicht automatisch als Kp. nachgewiesen sind.

2.4.2.4. Bezug von Artikel, Pronomina und Adjektiven

Bei Komposita beziehen sich vorangestellte Adjektive, Pronomina und der Artikel nicht auf das erste Element, sondern auf die ganze Verbindung und kongruieren, soweit möglich, mit dem Dm; Beispiele sind: *die Fleischeslust* (die entsprechende syntakt. Gruppe wäre: *des Fleisches Lust*); *a sharp bread knife* (the knife is sharp, not the bread); ae. *se heortgryre* (die entsprechende syntakt. Gruppe wäre *þære heortan gryre*). In manchen Fällen ist das Kriterium der Kongruenz auch für das Me. nützlich; allerdings ist es im Me. aus verschiedenen Gründen eingeschränkt, unter anderem deswegen, weil Artikel und Adjektiv bald indeklinabel wurden und das grammatische Geschlecht durch das natürliche ersetzt wurde; ferner, weil ein Genitivattribut zwischen Artikel (Adj, Pron) und dem regierenden Substantiv eingeschoben werden konnte (vgl. unten 3.2.2.2., S. 154). Kp. sind auf Grund dieses Kriteriums sicher oder möglicherweise z. B.:

(a) *On þære forman længtenwucan, ChronE* 1106/9, weil sich *þære* und *forman* auf das Fem. *wucan* beziehen;

(b) wohl auch *ancre hus*, vgl. *teo þe hudeð ham ariht in hare ancre hus*, *AncR* A 47r/4, und noch deutlicher *Marie wombe 7 þis þruh weren his ancre huses, AncR* A 102v/5 (in beiden Beispielen nicht *‚Haus ihrer/seiner Einsiedlerin', sondern ‚ihr/sein Einsiedlerinnenhaus') – syntakt. Gruppe ist dagegen wohl *in eani ancre earen, AncR* A 21r/7;

(c) *mine starke sawle fan, WohLo* 154 f.; es handelt sich vermutlich um ‚die starken Feinde meiner Seele' (wörtlich ‚meine starken Seelenfeinde') und nicht um *‚die Feinde meiner starken Seele'; vgl. auch *aȝeines mine sawle fan, OrMar* 6, *WohLo* 570;

(d) *ure woreld-winne, TrinH* XXXI (199/1) ‚unser Besitz in dieser Welt' (wörtlich ‚unser Weltbesitz') und nicht *‚der Besitz (in) unserer Welt';

---

[60] Von Oakden 1935:II,143 wird *heȝe men* (*LaȝB*) zu Unrecht als Kp. eingestuft. *MißConc* führt für das Ae. zwei Belege für ein Kp. *wis-mon* an; zumindest in einem Fall handelt es sich aber um eine syntakt. Gruppe, weil die Wendung *swiðe wisman* lautet.

(e) *þine nesche childes limes,* WohLo 324 f. ‚deine zarten Kinderglieder'
(d. h. 'your limbs which are tender like a child's limbs') und nicht *‚die
Glieder deiner zarten Kinder'; ebenso

(f) *inwið hire meidnes wombe,* AncR A 19v/18 'in her maiden's womb'
(nicht: *'the womb of her maiden', sondern 'her womb which is (like) the
womb of a maiden'`);

(g) *ðis deofles sed,* AncR A 54r/8, wohl nicht *‚die Saat dieses Teufels',
sondern ‚diese Teufelssaat'. Allerdings werden Genitivverbindungen wie
die unter (e)–(g) aufgeführten nicht von allen Autoren als Kp. anerkannt
(siehe dazu unten 3.2.2.2.); auch bei den Beispielen unter (b)–(c) ist eine
Interpretation als Genitivgruppen nicht völlig auszuschließen (siehe
2.4.3.1.).

Reflexe der ae. Artikeldeklination finden sich noch in manchen frühme. Texten, unter anderem in *Laȝ*B.[61] Einige Indizien deuten aber darauf
hin, daß diese Reflexe den ae. Gebrauch nicht mehr immer korrekt widerspiegeln, sondern zum Teil erstarrte Formen sind.[62] So gibt es in *Laȝ*B zum
Teil Abweichungen zwischen den Hss.:

(a) *bi þere sæ brimme,* C 3183, *bi þan seebrimme* O 3183 u. ö. ‚am Meeresstrand'. In C müßte die Fügung eine syntakt. Gruppe sein, weil sich *þære*
auf das Fem. *sæ* und nicht auf das Neutr. *brimme* beziehen müßte; in O
liegt dagegen eindeutig ein Kp. vor, weil sich *þan* auf das Neutr. *brim(me)*
bezieht; ähnlich steht es mit

(b) *þære sæ strond* C 3610 u. ö., aber *bi see-strond* O 3610 u. ö.;

(c) *bi þere burne hode* C 8242 u. ö., aber *bi þan brunie-hode* O 8242;

(d) *He nom þare* (f.) *halle* (f.) *wah* C 12920, aber *He nam þe hilewoh* O
12920. Ferner gibt es Schwankungen innerhalb der gleichen Hs.:

(e) *þa burh-weren* C 14159, aber *þere burȝe were,* C 14171;

(f) *bi þare see grunde* O 10231, aber *in þan see-grund,* O 2012;

(g) *of al þe worulde-riche* C 3598 (wohl Kompositum); *of þissere wurlde
riche* C 3594 (eigentlich syntakt. Gruppe, weil sich das Fem. *þissere* auf das
Fem. *wurld(e)* beziehen müßte und nicht auf das Neutr. *riche*), vgl. *ȝeond
þas woruld riche* 3493. Aufgrund solcher paralleler und z. T. möglicherweise erstarrter Formen ist es aber genausogut möglich, daß in den bisher genannten Beispielen durchwegs Komposita vorliegen und keine syntakt.
Gruppen. So drucken auch Brook-Leslie in ihrer Edition von *Laȝ*B die

---

[61] Vgl. zum Folgenden auch Sauer 1985 b:§ 1.2. – Eine Darstellung der Morphologie von
*Laȝ*B wäre ein Desiderat (vgl. jetzt Iwasaki 1981:77–81).

[62] Zu solchen historisch gesehen falschen Formen siehe auch unten 4.3.2.1. Vgl. ferner z.B.
trahtes, þe … ryhtbelyuedum larþeawes ȝeworht habbod, WintBR 45/6; *Fram þyssare woroldum dædum,* WintBR 23/21.

meisten der genannten Verbindungen als Kp., nämlich *burʒe-were* C 14 171, *sæ-brimme* C 3183, *see-grund(e)* O 10 231, *sæ-strond* C 3610, *woruld-riche* C 3493 u. *wurlde-riche* C 3594 sowie *at þere dic-grunde* C 7929 (nicht allerdings *burne hod(e)* C 8242, das aber ebenfalls ein Kp. sein kann). Ebenso sind die folgenden Verbindungen möglicherweise Kp. und nicht, wie sie es historisch gesehen sein müßten, syntakt. Gruppen:

(h) *heo dude[n] up þere burh ʒæten* C 4713;

(i) *þere lond sorʒe* C 11 696;

(j) *i þare halle dure* C 10 478 (das ohnehin doppeldeutig wäre, weil *halle* und *dure* im Ae. Fem. waren). Bei Brook–Leslie sind sie ebenfalls alle als Kp. gedruckt: *halle-dure, lond-sorʒe, burh-ʒæten.* Widersprüchlich scheint *anes bule hude, LaʒB* C 7080: *anes* bezieht sich augenscheinlich auf *bule* und nicht auf *hude;* beim Vorliegen einer syntaktischen Genitivgruppe würde man aber auch den Gen. *bules* erwarten, so daß *bule hude* möglicherweise doch ein Kp. darstellt und *anes* eine falsche Form (anstatt *ane*) ist – *a bole hude* ‚eine Stierhaut‘, O 7080, ist sicher ein Kp. Für eine andere mögliche Erklärung (*bule* als *s*-loser Genitiv) s. u. 2.4.3.2.

Verbindungen aus anderen Texten, die sich nicht eindeutig klären lassen, sind z. B.: *þu band ta helle dogges, WohLo* 138 f. (‚die Hunde der Hölle‘ oder ‚die Höllenhunde‘?); *wiþ swete luue wordes, UrGod* 87 (‚mit Worten süßer Liebe‘ oder ‚mit süßen Liebesworten‘?); *trewe luue lettres, WohLo* 549 (‚Briefe wahrer Liebe‘ oder ‚wahre Liebesbriefe‘?) – sie werden hier aber alle als Kp. angesehen. Eindeutig syntakt. Gruppen sind dagegen z. B. *þis weorldes selðe, TrinH* XXII (131/11) ‚das Glück dieser Welt‘; *fram þære haliʒe rode dæiʒe, WintBR* 99/14 (der Artikel bezieht sich auf das Fem. *rode*, nicht auf das Mask. *dæiʒ*); *on þere rode tacne, LambH* XI (121/10) sowie *mid þere halie rode tacne* ‚mit dem Zeichen des heiligen Kreuzes‘, *LambH* XII (127/25) (vgl. dagegen *þet tacne of þere halie rode, LambH* XII (127/31); *þurh þat fule brune cwench* 'for the quenching of that foul flame', *AncR* A 55v/18; C 87v/11f. Syntakt. Gruppe ist wohl auch *ætforan þære cyrcan dure, WintBR* 93/21 (wegen der bewahrten Genitivendung – der Artikel könnte sich auf *cyrcan* oder auf *dure* beziehen).

Die Erscheinung, daß Artikel und Pronomina sich nicht auf einen Teil eines Wortes beziehen dürfen, d. h. bei Kp. insbesondere nicht auf das Dt, wurde in neuerer Zeit mehrmals unter dem Stichwort „anaphorische Inseln" *(anaphoric islands)* diskutiert, zumal es dazu gelegentlich Ausnahmen gibt,[63] z. B. „Die Kinder sind auf *Eier*suche. Wenn sie *welche* gefunden

---

[63] Literatur: Paul 1920 a: 344 f.; *Duden-Grammatik* 1966: 243 f.; Gardner 1968: 10; Leech 1974: 338 – 340; Kastovsky 1978: 355 – 357 (mit weiteren Literaturnachweisen); Fill 1980: 45; Kastovsky 1982 a: 218; Kastovsky 1982 b: 183 f.; Ortner/Ortner 1984: 38 f.

haben, kommen sie zurück". Bei den frühme. Kp. sind solche Ausnahmen meines Erachtens aber nicht nachweisbar. Belege, die auf den ersten Blick Ausnahmen zu sein scheinen, sind wahrscheinlich anders zu erklären:

(a)   "Be þam ჳodcundan *tyde:* Hu careful sceall beon þeo *bell*ringestre, þat *hiჳ* beon ariht ჳeringde", *WintBR* 97/7 f.: *hiჳ* bezieht sich wohl nicht auf die Glocken *(bell(es))*; vielmehr fehlt vermutlich in *tyde* das -n des abgeschwächten Dat.Pl. *(tyden)* und der Satz bedeutet ‚Über die gottgeweihte[n] Zeit[en]: Wie sorgfältig die Glockenläuterin sein soll, damit sie richtig geläutet werden'.

(b)   "þurh þæs cynges *heallegeweorc* þe man on Westmynstre *worhte*", *ChronE* 1097/36: dies ist wohl ebenfalls regulär aufzufassen als ‚durch den Hallenbau des Königs, den man zu Westminster baute'.

(c)   *Blood-shedding* ‚Blutvergießen' wird gewöhnlich als Kp. aufgefaßt, z. B. von Vinaver in "Thys vengeaunce ys for *bloode-shedynge* of maydyns", *Malory* 593/19 (ne. könnte man wohl nur sagen 'For the shedding of maidens' blood'). In "þeo þe beoð for godes luue wið *hare blod schedunge* irudet", *AncR* A 13r/3, könnte ebenfalls ein Kp. vorliegen; es könnte sich eventuell aber auch um eine syntaktische Gruppe mit vorangestelltem Objekt handeln, siehe dazu unten 3.2.12.2.

(d)   Zur Erklärung der Konstruktion *mid rede golde stauen, LaჳB* C 10 555, siehe unten 2.4.3.2.

2.4.2.5. Feste Reihenfolge und Nichtunterbrechbarkeit

Im Kompositum ist die Reihenfolge der Elemente fest und unterscheidet sich bei manchen Kompositionstypen von derjenigen in den entsprechenden syntakt. Gruppen (vgl. oben 2.4.1.).[64] Beispiele sind: *Ausstellung von Büchern,* aber *Buchausstellung; faul zum Denken* oder *zum Denken faul,* aber nur *denkfaul; seeing the sights,* aber *sightseeing.* Wenn die Konstituenten vertauscht werden, ergibt sich manchmal ein anderes Wort: *Hochhaus — haushoch; birdcage — cage bird* (vgl. oben 1.4.3.3.). Ferner ist das Kp. nicht unterbrechbar, z. B. *Ausstellung interessanter Bücher,* aber *(interessante) Buchausstellung; an old greenhouse,* aber nicht **a green old house.* Beides gilt allerdings auch für feste und bedeutungsisolierte syntaktische Gruppen *(idioms): a new black market,* aber nicht **a black new market; ein schöner Weißer Sonntag,* aber nicht **ein Weißer schöner Sonntag.*

---

[64]   Siehe dazu auch Eyestone 1954:79–89; Ortner/Ortner 1984:16–19.

80

2.4.2.6. Fugenelemente in der Kompositionsfuge

Fugenelemente sind zwischen Erst- und Zweitelement (Dt und Dm) eines Kompositums eingeschobene Laute sowie solche, die im Zusammenhang mit der Stammbildung des Dt stehen.[65] Im Deutschen sind Fugenkonsonanten bei der Komposition weit verbreitet, z.B. *Schwan* + *Hals* → *Schwanenhals, Armut* + *Zeugnis* → *Armutszeugnis.*[66] Kennzeichen der morphologischen Isolierung von Kp. sind Fugenelemente allerdings nur dann, wenn sie nicht eine Flexionsendung des Erstelementes sein können. Im Deutschen ist dies, obwohl die Fugenelemente ursprünglich der Flexion entstammen, großenteils der Fall. Das *-s* in den engl. Sb+*s*/Sb-Verbindungen wird dagegen offenbar noch weitgehend als Genitivzeichen verstanden und hier deshalb eigens behandelt (unten 3.2.2.). Zu anderen in me. Kp. bewahrten Flexionsendungen siehe unten 4.3.

Im Germanischen ergaben sich Fugenvokale oft aufgrund der germanischen Stammbildung, die in der Komposition zum Teil von der Stammbildung der entsprechenden selbständigen Wörter abwich. Weil aber schon im Ae. „bei der Mehrzahl der Flexionsklassen der Stamm des Wortes mit dem Nom.Sing. zusammengefallen war", deckte sich bereits im Ae. die Stammkomposition weitgehend mit der Nominativkomposition.[67] Es gab dazu zwar noch einige Ausnahmen:

(1) So fällt z.B. bei den kurzsilbigen ō-Stämmen die auf das ursprüngliche stammbildende Element zurückgehende Nom.Sg.-Endung in der Komposition gewöhnlich weg, z.B. *caru (cearu)*, aber *carful, carleas, carsið, carsorg*, usw.

(2) Einige Kp. bewahrten einen auf einen alten stammbildenden Vokal zurückgehenden Fugenvokal, oft als *-e-*: z.B. erscheint *hild* ‚Kampf, Krieg' als Erstelement von Kp. meist in der Form *hilde- (hilderinc, hildewisa)*,[68]

---

[65] Assimilationserscheinungen in der Kompositionsfuge werden hier dagegen bei der Verdunklung behandelt (unten 2.4.2.8.); andere Autoren, wie z.B. Bergsten 1911:26–31, besprechen die Assimilation ebenfalls im Rahmen der Kompositionsfuge.

[66] Vgl. dazu oben 1.4.1. mit Anm. 83 und 1.4.3.2. mit Anm. 109.

[67] Zitat aus Förster 1941:399. Förster nimmt an, daß im Ae (1) Stammkomposita, (2) Nominativkp. u. (3) Genitivkp. nebeneinander u. teilweise austauschbar existierten, z.B. (1) *sun-deaw, sunn-beam;* (2) *sunne-beam, sunne-leoma;* (3) *sunnan-dæg, sunnan-leoma*. In vielen Fällen ist im Ae. auch bereits der Stamm mit der Wurzel zusammengefallen, vgl. germ. **dag-a-z* > ae. *dæg*. Zur Form der Kompositionsfuge im German. und ihren Reflexen im Ae. siehe z.B. Bergsten 1911:31–41; Weyhe 1905:bes. 76–83; Carr 1939:268–308 (mit weiteren Literaturangaben); Förster 1941:338–342; Campbell 1959: § 341, 348–350, 359, 367; Sievers/Brunner 1965:§ 167–168; Meid 1967:19–22; Sprockel 1965–1973:I,84–87, II,6–13; Pilch 1970:109 (der von „casus compositionis" spricht); Ross 1968:361–374.

[68] Speziell dazu siehe Bergsten 1911:34 und Bammesberger 1980:5–10.

doch ist eine synchrone Deutung des -e als Flexionselement (d. h. als Genitivzeichen) in manchen anderen Fällen nicht auszuschließen.[69]

(3) Bei konsonantischen Stämmen wie *heorte, cyrice* und *eage* fiel in der ae. Komposition manchmal der auslautende Vokal des Nom.Sg. weg; als Erstelement von Kp. erscheinen sie meist in der Form *heort-, cyric-, eag-* *(heort-gryre, cyric-boc, eag-ōyrel).*

Mit dem Wegfall der Unterschiede zwischen den einzelnen Deklinationsklassen im Me. verschwanden aber auch die damit zusammenhängenden Unterschiede in der Kompositionsfuge. Ein -e am Ende des Erstelementes erscheint im Me. zwar recht häufig, doch kann dieses -e verschiedene Ursachen und Funktionen haben: neben seiner möglichen Herkunft als Fugenelement und seiner möglichen Verwendung als Genitivzeichen kann es unter anderem auch Zeichen der Neubildung vom Nom.Sg. aus sein; ae. *ciric-weard* ‚Mesner‘ (wörtl. ‚Kirchenwärter‘) beispielsweise erscheint bereits in *ChronE* 1070 als *cyrce-weard*. Wegen dieser Mehrdeutigkeit ist das -e im Frühme. besonders problematisch und wird hier deshalb ebenfalls eigens besprochen (unten 2.4.3.1.). Bildungen mit anderen, eindeutigen Fugenelementen gab es im Me. nur sporadisch und aus ganz unterschiedlichen Gründen:

– Ein -n- ist in *nihtingale* ‚Nachtigall‘ eingeschoben, das im Me. aus ae. *nihtegale* entstand; beide Formen sind in *O&N*, Hs. C, mehrmals belegt.[70] Nach Bergsten 1911:29 ist der Einschub aus einer besonderen Instabilität des auslautenden -n im Frühme. zu erklären: -n fiel nicht nur generell als Flexionszeichen, sondern am Ende des Erstelementes von Kp. auch gelegentlich, wenn es zum Wortstamm gehörte, z.B. in *heueriche (< heuen-riche);* für weitere derartige Fälle siehe unten 4.5.4. Wichtig ist der Hinweis von Jespersen 1902:239–242, daß oft ein Nasal vor [g] oder [dʒ] in der schwach betonten Mittelsilbe eines dreisilbigen Wortes eingeschoben wurde, das auf der ersten Silbe betont wurde. Beispiele dafür sind:[71] *harbinger (< herberger), messenger (< messager), ostringer (< ostruchier), passenger (< passager), porringer (< potager), scavenger (< scavager), wharfinger (< *wharfager),* ferner *celandine (< celidoine), popinjay (< papeiaye).* Allerdings sind fast alle diese Beispiele Lehnwörter aus dem Frz., bei denen das -n erst im Spätme. oder Frühne. (15./16. Jh.) auftrat, so daß *nightingale* das mit Abstand früheste Beispiel für diesen Vorgang ist (frühes 13. Jh.) und eines der ganz wenigen, bei denen er in einem heimischen (und viersilbi-

---

[69] Bei der Bewahrung bzw. dem Schwinden des Fugenvokals spielten verschiedene Faktoren eine Rolle, siehe die oben in Anm. 67 u. 68 genannte Literatur.

[70] *Nightingale* wurde schon des öfteren diskutiert; außer Bergsten 1911:29, 40 und Jespersen 1902 siehe z.B. Klein 1911:49; Borowski 1921:64f.; Berndt 1960:207; Dobson 1968:II,1004; *ODEE; OED; MED* – Nichts mit *nightingale* zu tun hat das Lw *galingale* (z.B. *Floris&B* 119) [ein Gewürz].

[71] Vgl. diese Stichwörter im *ODEE*.

gen) Wort stattfand. – Anders zu erklären ist das *-n* in *God-almihtin*, siehe unten 3.2.16.5.

– Bei dem *-p-* in *suphamptonshire* (*HundrE* 42 f.) handelt es sich um einen Gleitlaut zur Erleichterung der Aussprache; vgl. z. B. Berndt 1960: 206 f.

– Ein *-er-* weisen auf: *enderdai*, *horderwice*, *loderman*, *midderniht*, *nihtertale*, *sanderbodes*, *sanderman*, *scutersigne*. Diese Bildungen sind jedoch unterschiedlich zu erklären. Ein Nomen agentis mit dem Suffix *-er* ist *horder-* aus *horderwice* ‚Amt des Schatzmeisters‘ (*WintBR*), ebenso *loder-* aus *loderman* ‚Führer‘ (*Gen&Ex*); letzteres entstand aus ae. *lad-man* unter dem Einfluß von *lodere* (vgl. *MED* s. v. *loder-man*). Das Dt von *midderniht* ‚Mitternacht‘ weist eine bewahrte Flexionsendung auf, siehe dazu unten 4.3.2.1. (*þis*) *Enderdai* ‚vor kurzem‘ (*DSirith*) ist eine hybride Bildung, deren Dt das an. Adv *endr* ‚früher‘ repräsentiert (vgl. *MED* s. v. *ender* adj. or n.).[72] In dem *-er-* von *nihter-* und *sander-* liegt wohl die an. Genitivendung *-ar* vor. *Nihter-tale* ‚Nachtzeit‘ (*Hav*) ist wohl ein assimiliertes Lehnwort (< an. *náttarþel*), bei dem die engl. Wörter *niht* und *tale* substituiert wurden (vgl. *MED* s. v. *nighter-tale*). In dem relativ häufigen *sanderman* ‚Bote‘ (*ChronE* 1123; usw.), das offenbar eine Variante zu dem ebenfalls nicht seltenen Sb+*s*/Sb-Kp. *sandes-man* (*AncR*, *StKat*, *LaȝB*) darstellt, muß dagegen die Endung *-er* analog an das Wort *sand* ‚Bote, Botschaft‘ angefügt worden sein,[73] weil ein entsprechendes an. Sb *sand* offenbar nicht existierte. Das Gleiche gilt für das Hap. leg. *sanderbode* (*TrinH* XV (89/21 f.)). Die an. Entsprechungen waren *sendiboð(i)* und *sendimaðr*. *Scuter-signe* (*AncR*) ‚Zeichen der Verachtung‘: Das in dieser Form nur einmal belegte *scuter* kommt aus dem An. (*skúta* Vb ‚verspotten‘; *skúti* Sb ‚Hohn, Spott‘); das *-er* erklärt Zettersten 1965: 227 als Analogiebildung zum Ausgang des in *AncR* kurz vorher verwendeten *hokere* (wo das *-er(e)* zum Wort gehört).[74]

– Ein *-t-* weist das relativ häufige *loftsong* auf (*LambH*, *AncR*, *StMarg*, *Laȝb*), das sich aus ae. *lōf-song* ‚Loblied, Preislied‘ entwickelte (me. ebenfalls noch belegt, z. B. *UrLe* 8,14). Das *-t-* ist schwer zu erklären; man könnte ebenso wie bei *suphamton* > *suphampton* (s. o.) an einen Gleitlaut zur Ausspracheerleichterung denken – laut *MED* s. v. *lōf* n. (1); *lōf-sŏng*; *loft* n. 2(c) handelt es sich aber möglicherweise um den Versuch einer Remotivierung des Wortes als ‚Himmelslied‘ (wörtl. ‚Luftlied‘). Auf mögliche Remotivierung deuten auch die Formen *leof-song* ‚liebes Lied‘ (*LambH* I (7/10)) und *loue-song* ‚Liebeslied‘ (*Laȝb* O 36) hin. *burgt-folc* (*Gen&Ex* 1063) ist dagegen wohl ein Versehen für *burg-folc* ‚Stadtvolk‘.

---

[72] (*þis*) *enderdei* ‚vor kurzem‘ hat nichts mit ae. me. *endedæg* ‚Todestag‘ (wörtlich ‚Endtag‘) zu tun.

[73] Siehe dazu *OED* s. v. *Sandesman;* Käsmann 1961: 302. *Sand* (*sande, sonde*) kommt im Frühme. ebenfalls häufig in der Bedeutung ‚Bote, Botschaft‘ vor; vgl. auch unten 5.2.2.

[74] Vgl. auch *MED* s. v. *scūter* und *scoute* n. (1). Zettersten und das *MED* sehen *scuter-signe* als syntakt. Gruppe aus Adj+Sb an; mir scheint es aber eher ein Sb/Sb-Kp. zu sein; auch Kristensson 1970a: 211 f. erklärt *scuter* als Sb.

– Das mehrmals auftretende *-i-*, das sich nur in *handiwork* ‚Handarbeit' bis ins Ne. erhalten hat, kommt aus dem ae. Präfix *ge-* und gehört im Wortinneren historisch gesehen zum Zweitelement (Dm); in Bildungen wie *handiwork* wurde es aber wohl bald als Fugenelement empfunden. Die Belege dafür werden unten 4.1.2. gegeben.[75]

– Zu dem *-el* in *grindel-stan* ‚Mühlstein' usw. siehe unten 4.1.3.

Bei der german. Stammbildung konnte nicht nur das Erstelement von Kp. manchmal eine andere Form haben als das entsprechende selbständige Wort, sondern auch das Zweitelement;[76] bei Bahuvrihiadjektiven war dies nicht selten, z. B. ae. *hand*, aber *idel-hende* ‚mit leeren Händen'. Aber auch davon finden sich im Frühme. nur noch ganz vereinzelte Spuren: ein Beleg aus unserem Material ist *ru[m]-hende* ‚freigebig' (wörtl. ‚mit geräumigen Händen'), *LaȝB* C 3259 (anscheinend eine me. Bildung!), vgl. ferner *eadmede* und *wa-med* (unten 3.3.13.3.(6).). In *clane-hierte* (< ae. *clæn-heort*) ‚mit reinem Herzen', *Vices&V,* liegt dagegen kein Reflex von ae. *ēo* + i−U > *īe* vor, sondern eine frühme. Schreibung für ae. *eo*, vgl. *lierning(c)nihtes, Vices&V* 99/14 f. (ae. *leornung-cnihtes*).

2.4.2.7. Selbständig nicht belegte Elemente

Deutliches Zeichen für den Kompositumcharakter einer Verbindung ist es oft, wenn eine der Konstituenten gar nicht als selbständiges Wort vorkommt. Bei einigen dieser Elemente stellt sich dann allerdings die Frage nach ihrer Abgrenzung zu Präfixen bzw. Suffixen (vgl. unten (2)); andere rücken das Kp. in die Nähe der verdunkelten Kp. (vgl. unten (3)). Ihrem morphologischen Status nach lassen sich die nicht-selbständigen Kompositionselemente in drei Gruppen einteilen.

(1)   Zur ersten Gruppe gehören die deverbalen Zweitelemente (Dm) der Zusammenbildungen (synthetischen Komposita), für die es charakteristisch ist, daß sie nicht als selbständige Wörter vorkommen müssen, wenn sie auch selbständig vorkommen können (siehe oben 1.3.2.). Diese Elemente werden unten 3.2.9.−3.2.12. besprochen. Die Beispiele für nicht selbständig belegte deverbale Dm aus *O&N* sind *nihtegale (nihtingale, galegale)* sowie das auch in *WohLo* belegte *lauedi,* das bereits verdunkelt ist (< ae. *hlæf-dige*).

(2)   Eine zweite Gruppe bilden die Allomorphe von selbständigen Wörtern; sie werden unten 3.2.13. und 3.3.12. im Zusammenhang mit den Affixoiden besprochen. Aus *WohLo* gehört hierher das Dt von *kinebearn*

---

[75]   Nicht hierher gehört *waritreo, AncR,* < ae. *wearg-trēow.*
[76]   Siehe dazu Kluge 1926:§ 76; Carr 1939:237−250; Meid 1967:21 f.

‚Königssohn', das als Allomorph zu ae. *cyning* > me. ne. *king* einzustufen
ist. Außer *kine-* gehören in diese Gruppe noch *twi-* und *-ware* sowie ae.
fyper-, feopor- zu *feower* (ne. *four*).

(3) Eine dritte Gruppe bilden die blockierten Morpheme, das sind Elemente, die gewöhnlich nur in einem einzigen Kp. belegt sind (vgl. dt.
Dienstag, Samstag, Himbeere, Schornstein usw.). Oft handelt es sich dabei
um selbständige Wörter auf einer früheren Sprachstufe, die dann aber in
selbständiger Verwendung ausstarben und deren Herkunft und Bedeutung
synchron nicht mehr klar ist. Die Zusammensetzungen damit sind daher
nur mehr teilweise durchsichtig (vgl. oben 1.4.3.8.). Sie könnten deshalb als
eine Sonderform der gleich anschließend zu besprechenden verdunkelten
Komposita angesehen werden und sind nicht immer leicht davon abzugrenzen, sollten jedoch prinzipiell besser davon getrennt werden;[77] sie sind
unten 4.4. zusammengestellt. Aus *WohLo* und *O&N* fallen hierunter: das
Dt von *mildeu* (*WohLo*), das Dm von *haliwei* (*WohLo*), *attercoppe* (*O&N*)
und *wudewale* (*O&N*).

2.4.2.8. Verdunklung

Die Verdunklung ist eine diachrone Erscheinung. Bei den verdunkelten
Komposita entwickeln sich ein oder beide Bestandteile lautlich anders als
die entsprechenden Simplizia, so daß ihre ursprüngliche Gestalt verwischt
wird und der Zusammenhang mit den Simplizia abreißt.[78] Man kann die
Verdunklung als phonologisch-morphologische Lexikalisierung ansehen,
die freilich mit der semantischen Lexikalisierung oft Hand in Hand geht
bzw. deren Folge ist.[79] Zu den wichtigsten Ursachen der Verdunklung gehören Assimilationserscheinungen in der Kompositionsfuge und der Ak-
zentverlust des Zweitelementes. Es gibt Grade der Verdunklung mit gleitenden Übergängen. Leichte Verdunklung liegt z. B. in *golfinc* (< *gold-*

---

[77] Manche Autoren rechnen Kp. mit selbständig nicht vorkommenden Elementen grundsätzlich zu den verdunkelten Kp., vgl. Bergsten 1911:9, 13−15; *Duden-Grammatik*
1966:355; Ilkow 1968:12. Wenn diese beiden Kategorien auch nicht selten zusammentref-
fen, so empfiehlt sich eine grundsätzliche Trennung doch auch deswegen, weil z. B. Zusammenbildungen nach synchron produktiven Mustern, deren Dm nicht selbständig vorkommt (ne. *theatre-goer*), sicher nicht als verdunkelt empfunden werden.

[78] Literatur zu den verdunkelten Kp.: Bergsten 1911:9−24, 26−30; Klein 1911; Bloomfield
1933:228 f.; Campbell 1959:§ 356 f.; Morciniec 1964:89−92; Götz 1971; Koziol 1972:71 f.;
Faiß 1978.

[79] Zum Begriff der Lexikalisierung siehe oben 1.4.3.8. Wie dort ausgeführt, verwenden manche Autoren Lexikalisierung als Oberbegriff für semantische und morphologische Isolierung von Kp., während hier mit Lexikalisierung gewöhnlich die semantische Isolierung
gemeint ist. Verdunklung bedeutet auch immer Motivationsverlust. Sie folgt aber nicht
notwendigerweise auf die semantische Isolierung.

finc) vor; völlige Verdunklung zeigen dagegen z. B. *lauerd* und *lauedi* (<
ae. *hlāf-weard, hlǣf-dige;* ne. *lord, lady*). Völlig verdunkelte Kp. sind synchron nicht mehr als komplexe, sondern als einmorphemige Wörter einzustufen. Die Verdunklung ist jedoch ein allmählicher Vorgang und oft treten die ursprüngliche und die verdunkelte Form eines Kp. längere Zeit nebeneinander auf. In *WohLo* und *O&N* finden sich folgende Beispiele:
lauerd, lauedi, wepmon (< ae. *wǣpned-man* oder *wǣpen-man*), *wummon*
(< *wif-man*). *O&N* hat außerdem noch: *bern(e)* (< *bere-ǣrn*); *golfinc* (Hs.
C; Hs. J hat dagegen nicht verdunkeltes *gold-fynch*); *licome* Hs. C; Hs. J
hat dagegen noch nicht so stark verdunkeltes *lichome* ‚Körper, Leichnam‘
(< ae. *līc-hama*); *chapmon* (< ae. *cēap-mon*); ferner wahrscheinlich *stare-
blind*, bei dem wohl kein Zusammenhang mehr mit dem Verb ae. *starian*
> ne. *to stare* gefühlt wurde. Näheres zu den verdunkelten Kp. und weite-
re Beispiele siehe unten 4.5.

2.4.3. Besondere Probleme

2.4.3.1. Erstelement mit auslautendem *-e*

Wie schon oben 2.4.2.6. angedeutet, tritt im Frühme. häufig ein *-e* am Ende
des Dt von Sb + Sb-Verbindungen und zum Teil auch bei anderen Verbindungen auf. Dieses *-e* ist im Frühme. mehrdeutig: es kann (bei Sb) insbesondere Zeichen des Nom.Sg., des Gen.Sg., des Gen.Pl. oder auch ein unhistorischer Gleitvokal sein. Seine Funktion im Einzelfall ist wegen dieser
Mehrdeutigkeit oft schwer zu bestimmen. Letztere erklärt sich aus der historischen Entwicklung des *-e*, die sich in ungefährer chronologischer Reihenfolge folgendermaßen skizzieren läßt, wobei allerdings jeweils mit
breiter zeitlicher Überlappung zu rechnen ist, unter anderem deswegen,
weil die Entwicklung in den einzelnen me. Dialekten unterschiedlich
schnell verlief:[80]

---

[80] Literatur zur Funktion des *-e* und der Entwicklung des Genitivs: Knapp 1902:20–77;
Bergsten 1911:43–47, 105–108; Düringer 1923:11 ff.; Mossé 1952:§ 54–61; Lehnert 1953
(passim); Berndt 1960:114–135; Mustanoja 1960:67–73, 92 f. (Bibliographie); Brunner
1960–1962:II,10–40; Bennett/Smithers 1974:xxiv–xxxi; ferner z. B. d'Ardenne, ed.
StJul, S. 203 f., 208 f. (§ 57, 63); Thompson, ed. *WohLo*, S. xlii f.; Arngart, ed. *Gen&Ex*,
S. 26. – Die hier gewählte Gliederung orientiert sich vor allem an Lehnert 1953:17, 25 f.
– Um die Funktion des *-e* korrekt analysieren zu können, müßte man strenggenommen
zunächst für jeden einzelnen Text (bzw. für jede Hs.) eine eigene Grammatik (Deklina-
tionsschema) schreiben – die vorhandenen Hilfsmittel sind leider recht verstreut und für
unseren Zweck nicht immer ausreichend. Eine solche Grammatik zu schreiben ist aber
nicht leicht, unter anderem deswegen, weil in den Texten manche Wörter nur im Nom.
oder nur in obliquen Formen vorkommen, so daß sich nicht immer ein vollständiges Pa-
radigma erstellen läßt.

(1) Fortsetzung ae. Flexionszeichen: Me. auslautendes -e /ə/ kann der Reflex ae. Nominativformen auf -a, -e, -o, -u sein, z.B. in *bale, chirche, strengðe, heorte, luue, scheome* (ae. *bealu, cyrice, strengðu, heorte, lufu, sceomu*). Gleichzeitig kann es auch Fortsetzung ae. Genitivformen sein. Im Ae. gab es, jeweils abhängig von der Zugehörigkeit zu einer bestimmten Deklinationsklasse, Gen.Sg.-Formen auf -s, -e, -a, -an und -Ø sowie Gen.Pl.-Formen auf -a und -ena. Während sich im Me. der s-Genitiv (und daneben der of-Genitiv) immer stärker ausbreitete, fielen die vokalischen Genitivendungen zunächst unter -e /ə/ zusammen. In *AncR* (ca. 1200) beispielsweise ist der Gen.Sg. auf -e noch recht häufig; in *Orrm* (a1180) dagegen ist im Gen.Sg. der e-Genitiv schon fast völlig vom s- und of-Genitiv verdrängt, während im Gen.Pl. der e-Genitiv noch relativ häufig ist.[81] Dies bedeutet aber, daß in vielen frühme. Texten (wie z.B. *AncR,* auch *O&N*) bei Wörtern wie den oben genannten Nom.Sg. und Gen.Sg. formal nicht unterscheidbar sind; einige Beispiele werden unten unter c) diskutiert.[82] Der Gen.Pl. auf -ene hielt sich ebenfalls noch eine Weile und wurde sogar auf einige Sb ausgedehnt, die ihn ursprünglich nicht hatten.[83]

(2) Genuszeichen (der ehemaligen Feminina): Im Me. konnte unetymologisches -e dann auch an den Nom. von Sb angehängt werden, die im Ae. im Nom. nicht auf Vokal ausgingen. Dieses unhistorische -e nahm seinen Ausgang von den Fem. der ō-Klasse, die im Gen., Dat. und Akk.Sg. auf -e ausgingen und dieses dann analog auf den Nom.Sg. ausdehnten, z.B. *blisse, bote, dede, mede, mihte, sawle, tide.* Später griff es auf Sb über, die ursprünglich anderen Deklinationsklassen angehört hatten. Bei Wörtern wie

---

[81] Zur Deklination in *Orrm* siehe Lehnert 1953:bes. 86ff., 154ff.; zu der in *AncR* vgl. Shepherd, ed. *AncR*, S. xvii, 56; zu der in *O&N* vgl. Stanley, ed. *O&N*, S. 15. In *AncR* herrscht allerdings zum Teil Schwanken, z.B. *þe meidene bearn,* A 73r/23, aber *þe maidenes bearn* C 120r/5; umgekehrt *ower heorte nase,* C 93r/21, aber *ower heortes nase,* A 58v/21.

[82] Problematische Fälle gab es gelegentlich schon im Ae. Weil manche Wörter sowohl stark als auch schwach dekliniert werden konnten, ist manchmal nicht entscheidbar, ob „starke weibliche Genitive oder schwache Nominativformen vorliegen": Förster 1941:338–343 (Zitat auf S. 342). Vgl. auch unten Anm. 90 zu *heofon.*

[83] Beispiele sind: *ancrene wisse,* *AncR* A 1r/3f.; *bemene stefne,* *TrinH* XIX (113/30); *cnihtene prince,* *StKat* 10r/21; *cwenene crune,* *AncR* C 16v/17; *englene fere,* *SStBede* 366; *englene quene,* *UrLo* 106; *kempene crune,* *StMarg/1* 32v/17; *AncR* A 51v/21; *leodena quene,* *LaȝB* C 77; *þeouene dich,* *PassLord* 80; *widewene schrud,* *AncR* A 82r/9f., C 137r/5. Nach Thompson, ed. *WohLo,* S. xlv, fiel in der AB-Sprache (d.h. der Sprache von *AncR* und der Katherine-Gruppe) die ursprüngliche Gen.-Endung -ene mit dem ae. Suffix -en für Materialadjektive zusammen (*þornene crune, irnene neiles,* vgl. dazu unten 2.4.3.4. unter (2), so daß sich für -ene "genitival-adjectival function" ergab. – Weniger wichtig für unseren Zusammenhang ist, daß das -e auch Reflex anderer ae. Kasus, z.B. des Dat.Sg. auf -e sein kann und im Me. dann oft als "prepositional case" verwendet wird; vgl. z.B. auch "of þis hunte specð þe prophete ... erepta de laqueo uenantium ... abroiden of þe hunte grune". *TrinH* XXXIII (209/29 f.), wo *hunte* zunächst "prepositional case", dann Gen. ist.

87

den genannten sind in vielen me. Texten ebenfalls Nom.Sg. und Gen.Sg. formal nicht unterscheidbar; einige Beispiele werden unten unter d) diskutiert.

(3) Gleitvokal und Rhythmusträger: Bereits im Spätae. findet sich in der Kompositionsfuge nicht selten ein unhistorisches *-e* als Sproßvokal.[84] Im Me. wurde das *-e* dann des öfteren als Rhythmusträger je nach den Bedürfnissen des Metrums bzw. des Sprechrhythmus gesetzt oder weggelassen; durch das eingeschobene *-e-* suchte man zwei Hauptakzente unmittelbar hintereinander zu vermeiden.[85] Für Beispiele siehe unten unter e).

(4) Dehnungszeichen: Im Verlauf des Me. verstummte das auslautende *-e* in der gesprochenen Sprache schließlich völlig, wurde in der geschriebenen Sprache dann aber zum Dehnungszeichen, um einen vorangehenden Langvokal anzuzeigen; vgl. ae. *nama* – ne. *name*, aber auch ae. *hūs* – ne. *house*, ae. *wīf* – ne. *wife*.

Angesichts dieser komplexen Sachlage ist es nicht verwunderlich, daß die Meinungen über den Status von Fügungen wie *chirche dore, dore bem, helle houndes, helle pine, saule hele, sterre lyht, werlde ryche* usw. auseinandergehen. Während manche Autoren derartige Verbindungen als (zum Teil durch Zusammenrückung entstandene) Komposita ansehen,[86] stellt Mustanoja 1960:72 dagegen etwas resigniert fest, daß trotz einer Vielzahl von einschlägigen Untersuchungen die Frage nicht geklärt sei, ob das erste Element in solchen Fügungen als (*s*-lose) Genitiv- oder als Nominativform aufzufassen sei – im ersteren Fall handelte es sich wohl um eine syntakt. Gruppe, im letzteren um ein Kompositum.[87] Bennett/Smithers 1974: xxviif. sehen das ganze Problem etwas anders. Sie nehmen für vorangestellte Genitive (sowohl auf *-s* als auch auf *-e* und *-ene*) adjektivische Funktion an ("adjectival genitive") und stützen dies mit dem Hinweis, daß *-e* und *-es* in *Orrm* zum Teil unterschiedslos nebeneinander verwendet werden, z. B. *off ure (ȝure) sawle nede* und *off ure (ȝure) sawless nede; (ȝe) ned-*

---

[84] Also ein *-e*, das sich nicht nach (1) oder (2) als Reflex einer ae. Kasusendung (Nom., Gen., Dat., Akk.) erklären läßt. Siehe dazu Borowski 1921:§ 71–77; Campbell 1959:§ 367; Ross 1968: bes.370–374.

[85] In dieser Funktion findet es sich bis hin zu Chaucer. Zu seinem Vorkommen in *Orrm* siehe Lehnert 1953:z. B. 32 ff., 67; in *O&N* siehe Atkins, ed. *O&N*, 190.

[86] Z.B. Knapp 1902:31–35, 73–75; Thompson, ed. *WohLo*, xlii; vgl. auch Bergsten 1911:105–107. Recht vorsichtig formuliert z.B. Arngart, ed. *Gen&Ex*, 27 "Some originally fem. nouns ... preserve an old gen. in *-e*, from O.E. *-e, -an, fostre, helle, ..., heuene*, ... These examples verge on combinations with compositional *-e*."

[87] Mustanoja selbst spricht allerdings nicht von Kp., sondern vom attributiven Gebrauch des Nominativs – dazu siehe aber unten 2.4.3.3. Außerdem könnte, selbst wenn das *-e* der Reflex eines ae. Gen. sein sollte, in manchen Fällen ein durch Zusammenrückung entstandenes Kp. vorliegen.

88

dre streon und *neddress streon* („Natterngeschlecht").[88] Die Frage, wie weit zumindest in den Verbindungen, deren Erstelement auf *-e* endet, Kp. vorliegen könnten, berücksichtigen Bennett/Smithers in ihren Ausführungen nicht; in dem von N. Davis zusammengestellten Glossar zu ihrer Sammlung sind in solchen Fällen aber nicht selten Kp. angesetzt, zwar nicht bei *saule* und *neddur*, aber z. B. bei *helle (helle-dogge, helle-wurmes)* und *heuen (heuen-blys* neben *heuene-blisse, heuene-king, heuene-lyht* usw.), was nicht ganz zur theoretischen Position von Bennett/Smithers paßt.

Die Problematik des *-e* soll nun noch anhand einiger konkreter Beispiele etwas näher besprochen werden.

a)   Syntaktische Genitivgruppen und Komposita können nicht nur nebeneinander stehen, sondern so beliebig austauschbar sein, daß ein säuberliches Aufteilen der Belege theoretisch zwar möglich, aber praktisch kaum sinnvoll erscheint. Ein Musterbeispiel dafür sind die frühme. Verbindungen mit *heuen, houen* (< ae. *heofon*). Die Angabe des *OED*, s. v. *Heaven* 10, daß zahlreiche frühme. Belege von *hevene* wahrscheinlich Beispiele für den Genitiv seien, dürfte der viel komplexeren Realität nicht ganz gerecht werden. Zwar scheint E. G. Stanley zunächst recht zu haben,[89] wenn er in seiner Edition *houene liȝte* ‚Himmelslicht', *O&N* 732, und *houene riche* ‚Himmelreich', *O&N* 717, als attributive Fügungen klassifiziert, *houenking* ‚Himmelskönig', *O&N* 862, dagegen als Kp. Letzteres wäre die Fortsetzung des ae. Kp. *heofoncyning,* die beiden ersteren dagegen nicht die Fortsetzung der ae. Kp. *heofonleoht* und *heofonrice,* sondern der parallelen Genitivfügungen *heofona rice* (Gen.Pl.) oder *heofonan rice* (schwacher Gen.Sg.).[90] Allerdings berücksichtigt Stanley hier nur die Lesarten der Hs. C; das Bild ändert sich aber sofort, wenn man die Hs. J mit heranzieht:

Hs. C	Hs. J
houene liȝte	heuene lyhte
houene riche	heueryche
houen kinge	heuene kynge
houentinge	houenetinge

Die beiden Hss. stimmen nur in *houene liȝte* – *heuene lyhte* überein, ansonsten divergieren sie, wobei die Lesart *heueryche* aus Hs. J aufgrund des

---

[88]   Bei *sawle nede* und *sawless nede* handelt es sich nach Lehnert 1953: 151, 153, 158 f. in beiden Fällen um Verbindungen mit dem Gen.Pl. – Als Verbindungen mit einem *adjectival genitive* sieht Smithers, ed. *KingAlex,* 172, z. B. auch Fügungen wie *depes wounde* an.

[89]   Wenn Stanley in diesem Kapitel relativ häufig widersprochen wird, so nur, weil sich seine Ausgabe für unseren Zweck gut als Diskussionsgrundlage eignet – der Wert seiner ausgezeichneten Edition von *O&N* wird dadurch nicht geschmälert.

[90]   *heofon* wird im Ae. teils schwach, teils stark dekliniert (Gen.Sg. *heofonan* und *heofones),* siehe die Belege in *BT, MED* (s. v. *hēuen*) sowie das Glossar zu *AeHomPope.*

Wegfalles des zum Dt gehörenden *n* sogar als morphologisch isoliertes, weil leicht verdunkeltes Kp. einzustufen ist (vgl. dazu unten 4.5.4.). Ins Versschema passen alle Varianten gleich gut, so daß auch kaum festzustellen ist, was der Autor von *O&N* ursprünglich schrieb. Dieses Nebeneinander von zwei oder drei Formen *(heuene-, heuen-, heue-)* ist auch für andere frühme. Texte charakteristisch.[91] Bei dem in mehreren Hss. überlieferten *PMor* beispielsweise bieten die verschiedenen Hss. an jeder Stelle Varianten mit und ohne *-e*, teils auch ohne *-n: houenfur* neben *heuene fur,* 76; *heuenking(e)* neben *heouene, heuene king(e),* 63, 352; *heueriche, heoueriche* neben *heueneriche, houeneriche,* 42, 65, 178, 357; einmal hat *PMor houene* als Nom.Sg.: *Houene and orðe and al þet is biloken is in his honde* – zu *heofene* als Nom.Sg. vgl. auch *LambH* VI.78 (S. 59). Es scheint deshalb am sinnvollsten, ähnlich wie dies im Glossar zu Bennett/Smithers geschieht, alle genannten *heue(n)(e)*-Verbindungen als Kp. einzustufen, zumal viele davon häufig verwendete Ausdrücke für feste Begriffe waren.

Die frühme. Verbindungen mit *wor(u)ld* ‚Welt‘ (vgl. auch oben 2.4.2.4.) zeigen ebenfalls ein enges Nebeneinander von Kp. und syntaktischer Gruppe. *Wor(u)ld,* im Ae. meist Fem. (Gen.Sg. *worulde*), nahm im Me. bald das Gen. *-s* an. Eine Reihe von Beispielen bieten wieder die Hss. von *PMor: al world wele* (< ae. *woruldwela*) ‚irdischer Reichtum‘ neben *al þes worldes weole,* 155 (vgl. 317, 365); in 224 gibt es sogar die Varianten *elches worldes wele, alle werlde wele, æches woruld wele.*[92] Sicher eine syntakt. Gruppe ist *wið ðises wrecches woreldes luue,* 336, in der ein Gen. objectivus ‚Liebe zu dieser elenden Welt‘ vorliegt (im Ae. dagegen das Kp. *woruldlufu*), und wahrscheinlich auch *of þisse worldes echte,* 269 (aber als Variante das Kp. *world ehte* ‚irdischer Besitz‘).

b)   Ähnlich wie *worldes weole* (< ae. *woruldwela*) und *woreldes luue* (< ae. *woruldlufu*) stellen anscheinend eine Reihe frühme. Verbindungen die Auflösung ae. Sb/Sb-Kp. in Genitivfügungen dar, wobei es sich allerdings z. T. auch um Genitivkp. handeln könnte. Hierher gehören möglicherweise z. B. auch (vgl. ferner 3.2.2.3. unter (4)): *on gystehuse* ‚im Gästehaus‘, *WintBR* 115/28 (ae. *gysthus* ‚Gasthaus‘); *ʒebedehuse, WintBR* 47/23 (ae. *gebedhus*); *þet madmehus, ChronE* 108[7] (ae. *maðmhus* ‚Schatzhaus‘), das von Clark als Kp. gedruckt wird; *munece regol* ‚Mönchsregel‘, *ChronE* 1123 (ae. *munucregol*). Vermutlich liegen hier jeweils Verbindungen mit dem

---

[91]   Vgl. im Wortindex (6.4.) die s. v. *heaven* gegebenen Formen. – In *O&N* findet sich ferner die syntaktische Gruppe *þe murʒþe of heuene.*

[92]   Möglicherweise zeigt sich auch hier z. T. die frühme. Verwirrung der ae. Flexionsendungen: *elches worldes wele* bedeutet wohl kaum ‚der Reichtum jeder Welt‘, sondern, wie die anderen Lesarten nahelegen, ‚der ganze Reichtum (dieser) Welt‘.

Erstelement im Gen.Pl. vor (vgl. auch Bildungen wie *wurme fode, AncR* A 75v/14) – eine Interpretation des *-e-* als unhistorischer Gleitvokal in der Kompositionsfuge (vgl. dazu unten e)) ist aber nicht auszuschließen. Sicher Genitivgruppen sind dagegen *monna cun, LambH* IX (97/35), *manne cunne, PMor* 305 (Var.) (Gen.Pl.), neben dem ursprünglichen *mankunne, mancun, moncun* ‚Menschheit' (ae. *mancynn*), z.B. *O&N* 849 usw.; ferner *hauekes cunne, O&N* 271 (< ae. *hafoc-cynn*); *þises sealmessanges, WintBR* 59/9 (< *þises sealmsanges, BenR* 44/9), daneben aber auch *sealmsanges, WintBR* 59/1 und *þes sealmesanges, WintBR* 45/16 (< ae. *sealmsanges, BenR* 34/9); *candeles leoctes, WintBR* 87/28 (< ae. *candelleohtes, BenR* 66/7). Schwieriger zu beurteilen sind wieder Fälle wie z.B. die folgenden: *Egipte lond(e)*, z.B. *LambH* IX (87/4), setzt ein ae. *Egypta land* (Gen.Pl. + Nom.) fort; allerdings gibt es schon im Ae. den Nom.Pl. *Egypte*,[93] so daß eine Interpretation als Sb/Sb-Kp. nicht auszuschließen ist (‚Land der Ägypter' oder ‚Ägypterland', Ägyptenland'). *Frofre gast*, z.B. *LambH* IX (97/13), geht auf das Kp. *froforgast* ‚Tröstungsgeist' seiner ae. Vorlage zurück; allerdings gibt es schon im Ae. parallel dazu die Genitivfügung *frofre gæst.* Im Me. endet aber auch die Nom.Sg.-Form überwiegend auf *-re,* siehe *MED* s.v. *frōvre* (und unter *frōvre* 2 a: *frovre gost*), so daß hier durchaus ein Sb/Sb-Kp. vorliegen kann.

Neben Beispielen für die Auflösung von ae. Kp. in die parallelen frühme. syntakt. Gruppen gibt es umgekehrt gelegentlich auch Beispiele für die Zusammenziehung von ae. syntakt. Gruppen in die entsprechenden frühme. Kp.: *mid heora handgeswince, WintBR* 97/24, geht auf ein *mid heora handa geswince* ‚mit ihrer Hände Arbeit' seiner ae. Vorlage zurück (*BenR* 73/5); ebenso geht *mynsterregol, WintBR* 39/23, auf ein ae. *mynstres regol, BenR* 29/18, zurück; vgl. auch *hester dei* ‚Ostertag', *LambH* IX (87/1) (← *easterlican dæge* bei Aelfric). Man muß also sowohl im Ae. als auch im Me. mit einem grundsätzlichen Nebeneinander von Kp. und parallelen syntakt. Gruppen rechnen, vgl. auch unten 2.5.3. und 3.2.2.3. unter (4).

c) Bei manchen frühme. Verbindungen läßt sich das *-e* am Ende des ersten Elementes als Reflex der ae. Genitiv- oder der ae. Nominativform erklären; die Entscheidung zwischen Kp. und syntakt. Gruppe ist deshalb von der morphologischen Form her kaum möglich. Ein Beispiel sind die Verbindungen mit *chirche-* ‚Kirche'. Bereits im Ae. endet der Nom.Sg. auf *-e (cirice,* Gen.Sg. *cirican*). Zwar werden im Ae. Kp. häufig mit der Form *ciric-* gebildet (vgl. oben 2.4.2.6. und siehe *ClHall, BT, BTS*); im Me. scheint es dann aber hauptsächlich Neubildungen und Umbildungen vom

---

[93] Vgl. z.B. die Glossare zu *AeHomPope* und *Or.*

Nom.Sg. aus gegeben zu haben, was möglicherweise zusätzlich dadurch gefördert wurde, daß die obliquen Kasus mit der Nominativform zusammenfielen. Bereits *ChronE* hat nach 1066 nur Bildungen mit *-e*, die vermutlich alle Kp. darstellen: *cyrceweard*, 1070 (< ae. *ciricweard*); *cyrceiærd*, 1137 (me. Neubildung); *to þe circewican*, 1137 (me. Neubildung). Schwieriger sind die Belege aus *O&N* zu deuten, wo *chirce* auch isoliert nur in obliquen Kasus belegt ist (*in/at chirche*, 608, 721, 902, 1211). Ob die Verbindungen *chirchebende* ‚Kirchenbande‘, 1428 (me., Erstbeleg), *chirche song* 984, 1036 (< ae. *ciric-sang*) und *chirche steuene* ‚Stimme der Kirche‘ 727 (me.) Genitivgruppen darstellen oder vom Nom.Sg. aus neugebildete Kp., läßt sich kaum sagen; auch das Kriterium der Bedeutung hilft hier nicht weiter, vgl. unten 2.5.3. Sicher syntakt. Gruppe ist dagegen z.B. *hali chirche larewes*, *AncR* A 18r/4. *H(e)orteblod* ‚Herzblut‘, *O&N* 945 und *WohLo* 95 ist von der Form her ebenfalls doppeldeutig. Der Nom.Sg. lautet schon ae. *heorte* (Gen.Sg. *heortan*), allerdings tritt als Erstelement von Kp. im Ae. meist *heort-* auf (vgl. oben 2.4.2.6.). Ein Kp. **heortblod* ist im Ae. jedoch nicht belegt; es dürfte sich bei *h(e)orteblod* also entweder ebenfalls um eine me. Neubildung vom Nom.Sg. *heorte* aus handeln, die das ae. Bildungsprinzip nicht mehr beachtet, oder um eine Zusammenrückung mit dem Erstelement im Gen. auf *-e* (*heorte* < ae. *heortan*). Stanley sieht es als Genitivfügung an, das *MED* stuft es dagegen, wohl zu Recht, als Kp. ein (zur Bedeutung siehe unten 2.5.2.). Syntakt. Gruppe ist dagegen z.B. *þe heorte wardeins*, *AncR* A 12v/5; fraglich ist der Status von *þine heorte ehnen* ‚deines Herzens Augen‘, *AncR* A 23v/18. *Wicchecrafte*, *O&N* 1301, 1308, wird von Stanley als attributive Fügung aufgefaßt. Weil jedoch der Nom.Sg. bereits im Ae. *wicce* lautet und das ae. Nominativkp. *wiccecræft* existiert, liegt kein Grund vor, am Kompositumcharakter von me. *wiccecrafte* zu zweifeln, zumal sich das Wort auch im Ne. als Kp. erhalten hat *(witchcraft)* und die Bedeutung ebenfalls eher für den Kompositumstatus spricht: es handelt sich nicht um die Kunst einer bestimmten Hexe, sondern um ‚Hexerei, Zauberei‘ ganz allgemein; schon im Ae. ist folgende Wendung belegt: *Be wifes wiccecræfte* (siehe *BT*).

Schwierigkeiten bereiten dagegen wieder die Kombinationen mit *luue* ‚Liebe‘ (ae. *lufu*, Gen.Sg. *lufe* und *lufan*, Kp. zum Teil mit *luf-*, z.B. *luftacen*) und *ancre* ‚Einsiedlerin, Anachoretin‘.[94] Als Kp. werden hier aufgefaßt (vgl. dazu oben 2.4.2.4.): *luue-lettres*, *WohLo* 549 und *luue-lif*, *WohLo* 105; ferner z.B. *ancre-riwle*, *AncR* (u.a. wegen der parallelen syntakt. Ge-

---

[94] Ae. ist anscheinend nur das Mask. *āncor, āncer, ānc(o)ra*, Gen.Sg. *āncres* und *āncran* belegt; vgl. Zettersten 1965:36; *MED* s.v. *ancre*.

nitivgruppe *ancrene wisse* A 1r/3); *ancre-hus, AncR* – als syntaktische Gruppe dagegen z.B. *ancre earen, AncR*.

d) Bei anderen Wörtern (vor allem den langsilbigen ō- (und jō-) stämmigen Fem., vgl. weiter oben) weist zwar der ae. Nom.Sg. (meist) kein *-e* auf, im Frühme. wurde das *-e* aber dann aus den obliquen Kasus in den Nom.Sg. übernommen. Dies ist z.B. der Fall bei *helle* ,Hölle'.[95] Im Ae. ist der Nom.Sg. meist *hell* (st. Fem.; Gen.Sg. *helle*); ae. Kp. werden mit und ohne *-e* gebildet (*hell-bend, hell-dor* neben *helle-dor* usw.). In vielen frühme. Texten erscheint nur die Form *helle,* z.B. in *PMor* (isoliert in 183, 231, 340), *WohLo, LambH.* Komposita könnten beispielsweise in folgenden Verbindungen vorliegen (vgl. ferner den Wortindex, 6.4.): *PMor helle dure,* 182 (Vr. *helle gate*); *helle fur,* 162, 154 (ae.); *in to helle grunde,* 180 (vgl. das ae. Kp. *hellegrund;* möglicherweise liegt sogar in der Konstruktion *on þere helle grunde,* 297, ein Kp. vor),[96] usw.; *WohLo helle bearnes, helle dogges, helle hus; LambH* z.B. *helle-wara.*[97] Ae. *sāw(o)l* (Gen.Sg. *sāwle*) ,Seele' erscheint im Frühme. in vielen Texten nur in der Form *sawle, saule* (als Nom.Sg. und Gen.Sg. usw. – aber siehe weiter oben zu *Orrm*). Die Verbindungen damit scheinen in vielen Texten überwiegend syntaktische Genitivgruppen zu sein, z.B. *his heorte 7 his sawle heale, AncR* A 12v/8f., *te sawle burh, AncR* A 66v/4; *þe sawle spus, AncR* A 99v/9; *lichame and soule liache, PMor* 304, usw.[98] Kp. sind aber vielleicht *sawle fan, WohLo* (vgl. oben 2.4.2.4.); *þæt soule-hus, Body&S/2* A 22 ,Seelenhaus' als Umschreibung für ,Leib, Körper'; ferner möglicherweise die Verbindungen mit *sawle-* aus *Orrm* (vgl. Lehnert 1953:85), z.B. *þin sawle baþe,* 14 479; *þe sawle bræd* 3653; usw.

Im me. Hapaxlegomenon *mulne dure* ,Mühl(en)tor', *O&N* 778, wird *mulne* von Atkins als Gen.Pl., von Stanley als attributiv gebrauchter Gen. aufgefaßt. Diese Interpretation ist zwar nicht auszuschließen (ae. mask.fem. *mylen,* Gen.Sg. dementsprechend *mylenes* oder *mylene,* Gen.Pl. *mylena*); es könnte sich aber genausogut um ein vom Nom.Sg. aus gebildetes Kp. handeln, weil der Nom.Sg. *mulne, milne* im Frühme. des öfteren vorkommt, z.B. *WintBR* 139/11 (< ae. *mylen, BenR* 127/7), und die Vorstu-

---

[95] Vgl. dazu Sachse 1881:65; Ilkow 1968:187−191; Reibel 1963:199. Das *MED* hat als Stichwort *helle.*

[96] Historisch gesehen müßte sich *þere* auf das Fem. *helle* beziehen, nicht auf das Msk. *grunde,* und damit läge eine syntaktische Gruppe vor – *þere* wurde im Frühme. aber anscheinend des öfteren als erstarrte Form benützt, siehe oben 2.4.2.4. zu *LaȝB.*

[97] Der Kompositumcharakter von *hella-wara* ergibt sich schon daraus, daß *-ware* ein Affixoid ist, das so gut wie nicht selbständig vorkommt, siehe dazu unten 3.2.13.5.(2), S. 238 f.

[98] Zu den Formen von *sawle* in *AncR* vgl. auch Zettersten 1965:172.

fe von ne. *mill* ist; *MED* setzt als Stichwort *milne* an.[99] Eine solche Auffassung wird auch gestützt durch *milnehous* ‚Mühlenhaus‘, *Hav* 1967, das wahrscheinlich ein Kopulativkp. ist (‘This house is a milne’).

Nach dem bisher Gesagten ist gerade bei einer Reihe von Wörtern, die relativ häufig als Erstelemente von Sb+Sb-Verbindungen erscheinen, prinzipiell schwierig zu klären, ob man sie als Nominativ- oder als Genitivformen auffassen soll und die Verbindungen damit dementsprechend als Kp. oder als syntakt. Gruppen; hierher gehören: *ancre-, chirche-, eorðe-, helle-, herte-, heuene-, luue-, rode-, saule-, wor(u)lde-.*[100]

e) Bei einigen Verbindungen ist das *-e-* dagegen aufgrund morphologischer oder semantischer Kriterien ziemlich sicher als unhistorischer Gleitlaut nachzuweisen. *Wicketunes* ‚Wohnorte‘, *O&N* 730, und *hennefugeles* ‚Hennenvögel‘, *ChronE* 1131, sind beide schon ae. belegt und zwar als *wictun* bzw. *hennfugol.*[101] Die von der morphologischen Form her mögliche Erklärung des *-e-* als Reflex eines ae. Gen. (ae. Nom.Sg. *wic*, Gen.Sg. *wican*, Gen.Pl. *wica*) scheidet deswegen aus, weil es sich bei *wicketunes* möglicherweise und *hennefugeles* sicher um Kopulativkp. handelt, die nicht als Genitivfügungen interpretiert werden können; trotz des *-e* sind beide morphologisch isoliert (vgl. oben 2.4.1.). *Godespelle*, z.B. *WintBR* 47/31 f., *KentSerm; wisedom(es)*, z.B. *SermRdE* 179 ff., *WohLo* 111, 116; *salmewrihte*, *WohLo* 581, und *wurðemunt*, *StKat* 2v/12, setzen jeweils ae. Kp. fort (*godspell, wisdom, sealmwyrhta, weorðmynt*) und sind zum Teil noch im Ne. erhalten (verdunkeltes *gospel, wisdom*); das *-e-* ändert nichts am Kompositumcharakter dieser Verbindungen, zumal *god-spel* schon im Ae. semantisch isoliert (lexikalisiert) war (vgl. dazu unten 2.5.1. sowie 4.5.1.) und *-dom* spätestens im Me. Suffixcharakter annahm (vgl. unten 3.2.13.). *Sumere dale* ‚Sommertal‘, *O&N* 1, und *sum[er]e tide* ‚Sommer(s)zeit‘, *O&N* 709, werden von Stanley als attributive Fügungen aufgefaßt.[102] Um Genitivverbindungen kann es sich aber kaum handeln, weil der Gen.Sg. von *sumor* im Ae. wie auch in *O&N* selbst *sumeres* lautet (*Vor sumeres tide is al to wlonc*, *O&N* 489). Man müßte also auch hier von einem Nom.Sg. mit unhi-

---

[99] Vgl. ferner *OED* und *ODEE* s.v. *Mill.*

[100] Wobei man aber anscheinend bei *helle-* häufiger von Kp. ausgehen kann, bei *sawle-* dagegen häufiger von syntakt. Gruppen. – Vgl. jeweils den Wortindex, 6.4.

[101] Zur Bedeutung von *wicke-tunes* (< ae. *wīc-tun*) und zu einer alternativen Erklärung siehe den Kommentar von Stanley, ed. *O&N*, S. 120 f. – Wohl eher syntakt. Genitivgruppe ist dagegen *henne cunde, AncR* A 161/18.

[102] Die beiden Stellen sind allerdings auch textkritisch schwierig; *sumere tide* ist aus *sume tide* emendiert. Daß in *sumere* eine Form von ae. *sum* (ne. *some*) vorliegt, ist aber wenig wahrscheinlich: *sumere* wäre fem., *dale* (ae. *dæl*, pl. *dalu*) dagegen neutr.; überdies kommen *ān+sum* normalerweise nicht zusammen vor.

storischem (analogem) -e ausgehen. Eine Einstufung von *sumere dale* und *sumere tide* als Kp. ist jedenfalls durchaus möglich. *pornewode* ‚Dornbusch‘, *O&N* 444, wird von Stanley als Kp. akzeptiert, obwohl die Deutung des -e von *porne* als Reflex des ae. Gen.Pl. nicht ausgeschlossen ist; es kann sich aber genausogut um ein unhistorisches -e handeln (ae. Nom.Sg. *porn*, Gen.Sg. *pornes*, Gen.Pl. *porna*). Sicher ein unhistorisches -e liegt vor in *stelewurðe*, *LambH* II (25/12) (< ae. *stælwierðe*) und *derewurðe*, *LambH* II (19/9) (< ae. *dēorwierðe*); vielleicht gehören auch einige der oben unter b) genannten Beispiele hierher.[103]

f) Als Beispiele für ursprüngliche Genitivverbindungen, die aber trotzdem als Kp. einzustufen sind, können die Wochentagsnamen angeführt werden. So sind etwa *sunnedaȝe*, *sunnedæg*, *WintBR* 55/31 u. 57/7, und *sunnendæg*, 57/3, die verschieden stark abgeschwächten lautlichen Fortsetzungen des ae. Genitivkp. *sunnandæg* (> ne. *sunday*) und ebenso wie dieses sicher Kp. und keine syntakt. Gruppen.

g) In manchen Fällen gibt es noch andere Erklärungen für das -e. So kann das Alter der Kp. von Bedeutung sein wie etwa in *nihtegale* ‚Nachtigall‘, *O&N* 1512 u. ö. *Nihte* ist im Ae. zwar Gen.Sg. zu *niht;* das Kp. selbst ist jedoch bereits eine westgerm. Bildung (**nahtagalōn*), so daß das -e eher als Fortsetzung eines alten Fugenelementes zu interpretieren ist und nicht als Genitivzeichen.[104] Das -e- in *Romescot*, *ChronE* 1123, 1127, und in *scirereuan*, *ChartHenII* (> ne. *sheriff*) ist die Fortsetzung des ae. Präfixes *ge-* (< ae. *Romgesceot*, so noch *ChronE* 1095, bzw. ae. *scīrgerefa*); weiteres dazu siehe unten 4.1.2. Bei *heregonge* ‚Verwüstung‘ (wörtl. ‚Heergang‘), *O&N* 1191 (Hs. J), lautet das dem Dt zugrundeliegende Sb schon im Ae. *here* und das Kp. *heregang;* Hs. C hat *hergonge*. – Zur Frage, wie weit Verbindungen aus drei Wörtern (*witte sunnedei*, z.B. *LambH* IX; *heouenriche murhðe*, *LambH* X) Kp. sind, siehe unten 4.1.1.

Die Beispiele dürften ausreichend gezeigt haben, daß es für die Interpretation des -e im Frühme. keine Faustregel gibt; vielmehr ist jede Verbindung (und jeder Text) für sich abzuwägen. Jedenfalls spricht -e nicht grundsätzlich gegen das Vorliegen eines Kp. Zwar gibt es Verbindungen, deren erstes Element auf -e endet und die sicher syntaktische Gruppen darstellen; es gibt aber auch welche, die trotz des -e eindeutig Kp. sind und

---

[103] Für Beispiele mit unhistorischem -e aus *Orrm* siehe Sachse 1881:63–67; aus *Gen&Ex* siehe ed. Arngart 1968:26 (*gresse-oppes, kinderedes, kinge-riches, ... liue-dai, soðe-sagen);* aus *SWard* siehe ed. Hall 1920:II,496 (*deorewurðe, husebonde, huselauerd, husewif, wrecchedom*).

[104] Für Literatur zu *nihtegale* (bzw. *nightingale*) siehe oben 2.4.2.6. mit Anm. 70. Die Interpretation des -e als Genitivzeichen ist auch deshalb nicht möglich, weil *-gale* ae. gar nicht selbständig vorkommt, siehe oben 2.4.2.7. unter (1).

zum Teil sogar morphologische oder semantische Isolierung aufweisen; bei manchen davon liegt ein unhistorischer Gleitlaut vor. Zwischen den klaren Fällen liegen freilich etliche Verbindungen, deren Status fraglich bleibt.

2.4.3.2. Erstelement im endungslosen Genitiv (Ø-Genitiv)

Auch die Frage, ob in einer Sb+Sb-Verbindung das erste Element im Nom. oder im Ø-Gen. steht, ist nicht in jedem Fall leicht zu beantworten.[105] Me. endungslose Genitive können außer auf ae. Ø-Genitive auch auf ae. *-e, -a, -an*-Genitive zurückgehen. Mit dem Vordringen des *s*-Gen. blieb bzw. wurde der Ø-Gen. allerdings weitgehend auf bestimmte Wortgruppen und bestimmte Positionen beschränkt. Die wichtigsten davon dürften sein:

(1) Die aus dem Ae. ererbten Verwandtschaftsnamen, die den Ø-Gen. ziemlich lange behielten (ae. *fæder, brōþor, mōdor, dohtor, sweostor*). Einige von vielen Beispielen für damit gebildete synt. Gruppen sind:

tines feader hus, HMeid 52v/6,18; *þi feader hus,* HMeid 55r/25 (aber *þi feadres hus,* 55v/13; *ower feder ȝerde,* AncR C 78r/13 (aber *ower feadres ȝerde,* A 49v/22f.); *to mynes vader riche,* PassLo 585; *þine feader werkes, þe feondes of helle,* StMarg/1 22r/18; *of fadir syde and modir syde,* Malory 235/4 (aber *for his faders love,* 377/4; *modyrs sonne,* 384/24); *his moder wombe,* TrinH XXII (127/1), AncR A 19v/21, C 31v/6; *mani a moder sone,* Jacob&J 155; *is moder halle,* KingHorn, Hs. L 1395; *for hore broþer deð,* LambH XVII (157/11) (aber *for here broðres deð,* TrinH XXV (147/30)); *on his broðer timan,* ChronE 1100; *ælcere swuster fote,* WintBR 119/12; *Modred þire suster sune,* LaȝB C 14 027 (O: *Modred þin soster sone*).

Folgende Verbindungen aus *ChronE* werden z.B. von Earle/Plummer als Kp. aufgefaßt, aber nicht von C. Clark: *eall his fæder land,* ChronE 1101 (,das ganze Land seines Vaters' oder ,sein ganzes Vaterland'); *on his moder healfe* ,mütterlicherseits', ChronE 1075; *for his dohter gyfte,* ChronE 1110 ,Mitgift seiner Tochter'. *Moder sune,* WohLo 55, ist nach Thompson, ed. *WohLo,* S. xlii möglicherweise ein Kp. — doch vgl. dagegen den obigen Beleg aus *Jacob&J.* Für die Verbindungen mit Verwandtschaftsnamen, die hier als (fragliche!) Kp. angesehen werden, wie *dohter gyft, fæder land, moder healf, moder sune,* siehe den Wortindex (6.4.).[106]

---

[105] Näheres dazu z.B. bei Knapp 1902:63–71; Bergsten 1911:106ff.; Stahl 1927:7–13; Mossé 1952:§ 56; Lehnert 1953:77, 84, 90f.; Thompson, ed. *WohLo,* S. 46; Mustanoja 1960:71f.; Brunner 1960–1962:II,15f.; Graband 1965:128–132. — Man kann natürlich auch diejenigen Wörter, die im Nom.Sg. und Gen.Sg. gleichermaßen auf *-e* enden (*ancre, sawle* usw.) als Belege für den Ø-Gen. einstufen. Weil diese aber schon im vorangehenden Abschnitt (2.4.3.1.) behandelt wurden, werden sie hier in der Regel nicht mehr berücksichtigt.

[106] Unter *brother, daughter, father, mother, sister.* — Die Wörterbücher bieten auch hier un-

(2)   Wörter, die auf Zischlaut (-s /s/, -ch /tʃ/ usw.) enden; sie erhalten im Me. und bis ins Frühne. oft nicht noch zusätzlich das Genitiv -s, z.B. *in þe horse muð*, AncR C 30r/22 (aber *i þe horses muð*, A 18v/27); *over his horse croupe*, Malory 482/2; *sir Gawaynes horse feete reysed*, Malory 706/7. Kp. sind aber wohl meist *on horsebak*, Malory 496 u. ö. (syntakt. Gruppe aber *he lay upryght on his horse backe*, 406/8) sowie *hors-hus(e)* und *hors-horde* ‚Pferdehalter, Gastwirt‘, beide *LambH*. Verbindungen mit Personennamen wie *the erle Fergus man*, Malory 107/10, *sir Mellyagaunce yate*, 654/18 und *on kynge Pelles doughter*, 519/24, fallen gleichzeitig unter Punkt (5) unten.

(3)   Verbindungen, bei denen das folgende Wort mit Zischlaut beginnt; auch hier erhielt das vorangehende Wort manchmal kein Genitiv-s, z.B. *mannkinne sawle-sallfe*, Orrm 13 489; *mid rede golde stauen* (statt *goldes*) ‚mit Buchstaben aus rotem Gold‘ (nicht *‚mit roten Goldbuchstaben‘), *LaȝB* C 10 555;[107] *þeos admirale sone*, *LaȝB* C 13 820; *þere quene scip*, *LaȝB* CO 2272. Die hierher gehörigen Verbindungen mit Personennamen fallen ebenfalls gleichzeitig unter Punkt (5) unten: *eue sunfule dohter*, AncR A 113v/26; *on ysaac stede*, Gen&Ex 1336 (aber *ysaaces leman*, 1374); *kynge Arthur syster*, Malory 717/15; *for sir Launcelot sake*, 481/40 f. (aber *sir Launcelottis bretherne*, 476/43; *sir Launcelottys sonne* 498/43 usw.) *sir Urre syster*, 669/10. Hierher gehören möglicherweise auch *wiþþ erþliȝ bodiȝsihhþe*, Orrm 13 589 und *bodiȝ sinn(e)*, Orrm 15 125, die von Lehnert 1953:81 als Zusammensetzungen angesehen werden, was jedoch fraglich erscheint. Auslautender und anlautender Zischlaut stoßen zusammen in *sir Bors son*, Malory 504/41; *sir Bors spere*, 568/29 f.; *unto the abbas chambir* 515/32.

(4)   Manchmal vermied man ferner zwei unmittelbar hintereinanderstehende *s*-Genitive, vgl. die Beispiele bei Lehnert 1953:90 f. sowie *riddes me fram deaðes hus sorhe*, WohLo 307, das aber in *hus* gleichzeitig ein Beispiel für Ø-Gen. nach und vor *s* bietet. Vielleicht gehört hierher auch *mid anes bule hude*, *LaȝB* (vgl. aber oben 2.4.2.4.). Gegenbeispiele sind: *On eche lifess bokess writt*, Orrm 3556; *to sir Launcelottes beddys syde*, Malory 486/39.

(5)   Personennamen: außer den schon genannten Beispielen wären zu erwähnen: *of iesse more* ‚aus der Wurzel Iesse‘, *TrinH* XXXIV (217/23); *i Iudithe deden*, AncR A 81v/2 (*in Iudit dede* C 135v/18, dort aber korrigiert zu *Iudittis*); *for ioseph luue*, Gen&Ex 2002; *Tristrem liif*, *SirTristr* 2786; *La Beall Isode pavelons*, Malory 465/1 f.

---

terschiedliche Einstufungen. Laut *MED* s.v. *fader* 12 ist *fader land* eine Phrase, laut *MED* s.v. *moder* 8 gehört *moder half* zu den "cpds. & cmbs.". Das *OED* setzt *Mother's son* als Haupteintrag an, während ein **Motherhalf* nicht aufgeführt wird; *Fatherland* ist eine erst seit dem 17. Jh. belegte Neubildung.

[107]   Dementsprechend wäre die Diskussion dieser Passage bei Sauer 1985 b:§ 1.2. zu modifizieren.

(6) Andere Fälle: Syntakt. Gruppen (mit dem ersten Element im Me. im Ø-Gen.) sind ferner z. B.: *to ure leafdi onlicnesse, AncR* A 5v/1; *on ure leafdi wurðscipe,* A 6r/16 (ähnlich C 11r/19); *ure leafdi tide,* A 11v/30 (ähnlich C 18r/16), möglicherweise auch noch *untyll oure Lady day of the Assumpcion, Malory* 621/25 (vgl. 624/15 f.) − ne. *Ladyday* (ebenso wie *ladychapel*) ist aber ein (durch Zusammenrückung entstandenes) Kp., und zwar nahm es spätestens dann Kompositumstatus an, als *lady* normalerweise das Gen.-*s* anfügte. Syntaktische Gruppen sind wohl − trotz Lehnert 1953:78, der sie als Kp. ansieht − auch: *wiþþ all þin bodiȝ mahhte, Orrm* 5005; *þurrh þin bodiȝ dede,* 5011; *off hiss bodiȝ temmple,* 15 602.

2.4.3.3. Attributiver Gebrauch von Substantiven?

Dieser und der folgende Abschnitt überschneiden sich bis zu einem gewissen Grad, weil es in beiden um die Verwendung von Substantiven in adjektivischer Funktion geht. Eine strikte Abgrenzung läßt sich schon deswegen nicht immer durchführen, weil die attributive Verwendung eine Stufe auf dem Übergang eines Sb in ein Adj oder der Entwicklung eines gleichlautenden Adj neben dem Sb sein kann und weil es eine Reihe umstrittener Fälle gibt. Während jedoch unten in 2.4.3.4. Wörter besprochen werden sollen, die als Sb oder als Adj verwendet werden können (oder dies auf einer früheren Sprachstufe konnten), stehen hier zunächst die Sb im Blickpunkt, die bestimmte adjektivische Merkmale aufweisen können, ohne jedoch deswegen völlig zu Adj zu werden.[108] Dies zeigt sich z. B. daran, daß manche Sb, die in neueren Wörterbüchern in der Stellung vor anderen Sb als Adj klassifiziert sind, (noch) nicht in allen Verwendungsweisen des Adj möglich sind, z. B. *a jóint commíssion,* aber nicht **the commission is joint; his Lóndon hóme,* aber nicht **his home is London* (jedenfalls nicht in der gleichen Bedeutung).[109] Allerdings scheint der prädikative Gebrauch von Sb und damit ihre zusätzliche Verwendung als Adj inzwischen relativ weit verbreitet zu sein; so verzeichnen Quirk et al. 1985:1562 im Abschnitt über die Konversion von Sb zu Adj z. B. *a brick garage* ~ *The garage is brick; Worcester porcelain* ~ *This porcelain is Worcester.* In der Literatur wird das erste Sb von Fügungen wie *jóint commíssion, Lóndon hóme* nicht selten als attributives Substantiv ("substantive in attributive use"), *substantival adjunct* oder *noun adjunct* bezeichnet und die Verbindung als attributive Fü-

---

[108] Andererseits tritt auch nicht jedes echte Adj jeweils in allen typischen Funktionen eines Adj auf. Zu den Kriterien für die Wortklasse „Adjektiv" siehe z. B. Lipka 1966:6−15; Palmer 1971:58−70, bes. 66 ff.; Quirk/Greenbaum 1973:Kap. 5.

[109] Warren 1978:57 stuft *London home* als Kp. ein.

gung; anscheinend will man damit im allgemeinen ausdrücken, daß man die entsprechende Verbindung nicht als Kp. ansieht.[110]

Die morphologisch-syntaktischen Kriterien für die Annäherung von Sb an adjektivisches Verhalten wurden am ausführlichsten von Jespersen 1914 (*MEG* II): 310–330 herausgearbeitet;[111] eine solche Annäherung zeigt sich vor allem in:

1) der Steigerung, z. B. *a more madcap expedition; the more routine jobs; Orange, a Most California County* (*National Geographic* 160/6, Dez. 1981, 750 ff.);

2) der Modifikation durch ein Adverb, z. B. *in purely Government work; a strictly business proposition;*

3) der Koordination mit Adjektiven, z. B. *his personal and party interests; a Boston young lady; the seaside dirty postcard; top command and planning jobs* (hier Koordination zweier Sb). Ähnliches ist allerdings auch im Dt. möglich, ohne daß der Kompositumcharakter solcher Verbindungen deswegen verloren geht, z. B. *Kartoffel- und grüner Salat; öffentliche und Universitätsbibliotheken* (vgl. Paul 1920a: 343);

4) dem Gebrauch des Stützwortes *one*, z. B. *two gold watches and a silver one;*

5) dem prädikativen Gebrauch, z. B. *the bishop was high-church;* vgl. auch *high points in my life, personal and career* (*Sunday Times Magazine*, May 8, 1983, p. 54); siehe ferner oben.

Im Frühme. finden sich die meisten dieser Erscheinungen aber noch nicht. Der Gebrauch des Stützwortes *one* nach Sb ist laut Jespersen 1914 (*MEG* II): 318 erst ab 1700 belegt; die Modifizierung des ersten Elementes durch Adverbien findet sich im Frühme. nur regulär bei syntakt. Gruppen aus Adj+Sb, siehe oben 2.4.2.3. Lediglich die Koordination von Sb mit Adj (oder die Koordination zweier Sb) findet sich gelegentlich. Allerdings sind einige der möglicherweise hierher gehörigen Fälle doppeldeutig, weil *salt* und *weste* Sb oder Adj sein können; diese und eine Reihe anderer Wörter müssen deshalb unten 2.4.3.4. noch näher besprochen werden:

- *eorðe: eorðware 7 heouenes, AncR* A 87v/16 f. (C 147v/4 f.).
- *gold: golprenes and ringes, Gen&Ex* 1872 (es ist allerdings nicht sicher, ob hier *gold-ringes* impliziert ist).
- *heaued: þe seoue heaued 7 deadliche sunnen, AncR* A 7r/26 (ebenso C 13r/4 f.); *he dude þreo utnume heaued 7 deadliche sunnen, AncR* A 14v/18 f. (aber: *he dude þreo deadliche heaued sunnen,* C 23v/8 f.)
- *helle: helle ware 7 heouenes, StMarg/1* 24v/25.
- *hunige: milche and hunige lond, Gen&Ex* 2788.
- *mix: mix ant lease maumez, StKat* 11v/23 f.

---

[110] Vgl. oben 2.1.1. sowie Koziol 1972:48 f. (§ 70).

[111] Vgl. ferner z. B. Bergsten 1911:5 f.; Morciniec 1964:40–42; Marchand 1969:26 f.; Warren 1978:103; Leisi 1985:106–123 (§ 17–18), bes. 109 f.

- *salt: Ne mei quenchen salt weter ne uersc of þe burne*, PMor 250; *þurrh beȝȝske 7 sallte tæress*, Orrm 13 849.
- *spitil: þe vallinde ant spitiluuel*, Heil 238.
- *weste: ut inntill wilde 7 wessteland*, Orrm 11 415 u. ö.
- Syntakt. Genitivgruppe ist dagegen wohl *ich kan beo ... lichame and soule liache*, PMor 304.

Die Tatsache, daß der Doppelakzent bei Sb+Sb-Verbindungen erst seit dem Frühne. sicher nachgewiesen ist und sich auch die meisten anderen Kriterien für adjektivähnliche Verwendung des ersten Elementes von Sb+Sb-Verbindungen in unserem frühme. Material nicht finden, macht es fraglich, ob man im Frühme. schon von attributiv verwendeten Sb sprechen kann. Zu einem ähnlichen Ergebnis kommt O. Mutt, der sich am eingehendsten mit der Geschichte der attributiven Sb+Sb-Fügungen beschäftigt hat.[112] Ähnlich wie Marchand unterscheidet Mutt zwischen Kp. des Typs *ráinbòw* und "attributive syntactic groups" des Typs ne. *stóne wáll, Lóndon fóg*.[113] Nach ihm gibt es letztere im Ae. noch nicht, vielmehr treten sie erst im späteren Me. (besonders ab der 2. Hälfte des 14. Jh.) auf. Die Faktoren, durch die die Entwicklung der attributiven Sb+Sb-Verbindungen begünstigt wurde, reichen aber ins Frühme. und zum Teil sogar bis ins Ae. zurück; dazu gehören vor allem:[114]

(1) Schon im Ae. gab es viele formal gleiche (homonyme) Adj und Sb; im Verlauf des Me. erhöhte sich ihre Zahl weiter, unter anderem durch Entlehnungen aus dem Frz. (*chief* Adj, Sb; *fol* Adj, Sb; vgl. *MED* s.v. *chef, fol*); durch den teilweisen Wegfall der Materialadjektive; durch die Verwendung der Bezeichnungen für die Himmelsrichtungen als Sb, Adj und Adv; siehe dazu jeweils unten 2.4.3.4.

(2) Im Ae. und im Frühme. gab es nicht nur zahlreiche Sb/Sb-Kp., sondern auch ein Nebeneinander von Sb/Sb-Kp. und parallelen Genitivgruppen; darüber hinaus läßt sich in manchen Fällen gar nicht entscheiden, ob Fügungen aus Sb plus Sb oder aus Sb im Gen. plus Sb vorliegen; im Frühme. wurden anscheinend ferner gelegentlich Kp. in Genitivgruppen aufgelöst.[115]

---

[112] Mutt 1968:578–596; vgl. auch Mutt 1964:337–349; 1967:401–408. Mutt legt allerdings viel Wert auf die Schreibung – wie oben 2.2. gezeigt, ist die Schreibung aber doch recht unzuverlässig. Vgl. Koziol 1972:48 f. (§ 70).

[113] Mutt spricht hier von "use of substantives as premodifiers"; "use of substantives as prepositive attributes".

[114] Für weitere Einzelheiten siehe die oben Anm. 112 genannten Aufsätze von Mutt.

[115] Vgl. dazu jeweils oben 2.4.3.1., 2.4.3.2. und unten 3.2.2.3.(4). Die Auflösung von Kp. in Genitivgruppen geschah aber wohl nicht so generell, wie Mutt 1968 dies anzunehmen scheint.

(3)   Bereits im Ae. wurden Substantive gelegentlich appositionell verwendet, z. B. *se cyning Oswold; Ælfred cyning*; dieser Gebrauch weitete sich im Me. ebenfalls aus; so sind Ortsnamen wie *to munte caluarie, WohLo* 493, *Munt Senis* und *Port Lud*, sowie Fügungen wie *knyghtes aventures, knyghtes straungers, Malory,* wohl ebenfalls appositionell,[116] vielleicht auch Zeitangaben wie *Trynité-Sunday, Malory;* solche Zeitangaben werden hier aber noch generell unter den Komposita aufgeführt.

(4)   Eine Rolle spielt wohl auch, daß es zu den Ortsnamen oft keine entsprechenden (davon abgeleiteten) Adjektive gibt: *a London merchant, Winchester churchmen;* vgl. dagegen deutsche Entsprechungen wie: *ein Londoner Kaufmann, (Geistliche aus Winchester), das Münchner Klima.*

Trotz des bisher Gesagten werden von manchen Autoren schon bestimmte frühme. Sb + Sb-Verbindungen als attributive Fügungen bezeichnet. Beispielsweise ist laut E. G. Stanley in folgenden Verbindungen aus *O&N* das erste Element attributivisch verwendet: *chirche bende, chirche song, chirche steuene, houene liʒte, houene riche, mulne dure* ("gen. used attrib."), *sumere dale, sum[er]e tide, wicche crefte, flesches luste* ("gen.sg. used attrib."), *sottes lore* ("gen.sg. used attrib."), *deouel imene.*[117] Es handelt sich dabei fast ausschließlich um Verbindungen, deren erstes Element auf *-e* endet und die im Vers Doppelbetonung haben. Es dreht sich bei ihnen aber wohl noch nicht um die Frage, ob Kp. oder attributive Gruppen vorliegen, sondern, ob Kp. oder (syntakt.) Genitivgruppen vorliegen (bzw. bei *deouel imene* eine Dativgruppe), vgl. oben 2.4.3.1. Wie dort ausgeführt, handelt es sich bei *mulne dure, sumere dale, sum[er]e tide, wicche crafte* wohl um Kp., während der Status der Verbindungen mit *chirche-* und *heuene-* nicht pauschal festlegbar ist; zur Frage nach dem möglichen Kompositumstatus von Genitivgruppen wie *flesches luste* usw. siehe unten 3.2.2. Das Problem der attributiven Fügungen (syntakt. Gruppen) kann sich erst ab der Zeit stellen, als 1) das Genitiv-s verallgemeinert ist und das Erstelement von Sb + Sb-Verbindungen deshalb grundsätzlich im Nominativ steht,[118] und 2) Sb + Sb-Verbindungen Doppelakzent haben können.

---

[116]   Falls man sie nicht als Inversionskp. auffaßt, siehe dazu unten 3.2.16. Für andere Formen der Apposition im Me. siehe Mustanoja 1960:84f., 297−304. − Ausführlich zum Phänomen der Apposition siehe Raabe 1979; Löbel 1986 und vgl. Brunner 1960−1962:II,33f.

[117]   Siehe die Angaben von Stanley, ed. *O&N*, im Glossar. Auch Bennett/Smithers 1974:264f. sehen *sumere* als attributiv verwendetes Sb an. Ebenso spricht z.B. Shepherd, ed. *AncR*, manchmal von "attrib. use", z.B. bei *ancre steire, AncR* A 95v/7, und *ancre huse,* A 23r/19 u. ö.

[118]   Wie oben 2.4.3.1. gezeigt, ist dies aber ein allmählicher Vorgang, der sich von Dialekt zu Dialekt (und Text zu Text) unterschiedlich schnell abspielt.

2.4.3.4. Erstelement: Substantiv oder formgleiches Adjektiv?

Wie im vorangegangenen Abschnitt festgestellt, gibt es im Englischen eine ganze Reihe von Substantiven, die mit den entsprechenden Adjektiven formgleich (homonym) sind. Solche Fälle waren schon im Ae. nicht selten, und auch im späteren Verlauf der englischen Sprachgeschichte haben Sb immer wieder gleichlautende Adj entwickelt,[119] oder es wurden Wörter entlehnt, die gleichzeitig Sb und Adj sein konnten.[120] Wenn derartige Wörter andere Sb prämodifizieren und nicht eindeutig als Adjektive gekennzeichnet sind,[121] dann ist es jedoch oft schwierig zu entscheiden, ob ein Sb/Sb-Kp. oder eine syntaktische Adj+Sb-Verbindung vorliegt.[122] Hier kommen folgende Gruppen von Wörtern in Betracht:

(1) Wörter, die, wenn sie ein Sb prämodifizieren, nicht immer in ihrer Grundbedeutung auftreten, sondern relativ häufig verstärkende Funktion haben, wie etwa ne. *chief, favourite, head, key, master.* Jespersen 1914 (*MEG* II): 323 sieht für das Ne. beispielsweise *chief* in *chief justice* usw. als Adj an; dagegen führt Jespersen 1942 (*MEG* VI): 144 *chief-* und *head-* als Sb (unter den Sb/Sb-Kp.) auf. Warren 1978:101–103 bezeichnet die oben genannten und einige andere Wörter als "Adjective-like Comment-Nouns" und ist der Ansicht, daß es hier gleitende Übergänge zwischen Sb und Adj gibt. Sie weist darauf hin, daß die Abgrenzung nicht auf morphologischen, sondern auf semantischen Kriterien beruht: Als Sb bezeichnen *chief, head, master* usw. konkrete oder abstrakte Einheiten, z.B. *héadàche, héaddrèss, kéyhòle,* als Adj dagegen Eigenschaften, so daß als Synonyme dann dafür oft Adj zu setzen wären (‚höchst, wichtigst, most important'), vgl. *chief inspéctor, headmáster.* Die Unsicherheit in der Abgrenzung beider Wortarten spiegelt sich nicht nur in der Literatur, sondern auch in den Wörterbüchern. So verzeichnet das *OED head* nur als Sb, das *MED* (s.v. *hēd*) dagegen als Sb und als Adj (letzteres ab ca. 1200); *maister* erscheint aber auch im *MED* nur als Sb.[123] Das *DCE* stuft z.B. *chief town* und *head cook* als

---

[119] Umgekehrt wurden auch des öfteren Adjektive substantiviert.

[120] Im Ae. formal gleiche Sb und Adj sind z.B. *idel, leoht/liht, rice, riht, sealt, soð, getieme, weorð, wis;* ne. Beispiele sind *dainty, damp, purple, square.* Siehe ferner die Beispiele in den folgenden Abschnitten. Manche ursprünglichen Sb sind allmählich ganz zu Adj geworden, z.B. ne. *cheap, shoddy, weird.* Literatur zur Verwendung von Sb als Adj und umgekehrt: Jespersen 1914 (*MEG* II):231–282; Brunner 1960–1962:II,73–78, 79–81; Mustanoja 1960:642–647; Koziol 1972:48, 281 ff.; Warren 1978:65.

[121] Z.B. nicht durch ein Adverb modifiziert werden.

[122] Auch die Semantik hilft nicht weiter; wie der Vergleich mit dem Deutschen zeigt, stehen Sb/Sb-Kp. und syntakt. Adj+Sb-Gruppen zumindest in manchen Fällen ohne Unterschied nebeneinander, z.B. *Goldring – goldener Ring; Eisenhut – eiserner Hut; Salzwasser,* aber *salzige Tränen,* usw.

[123] Fügungen wie *maister bishop, maister domesman* werden im *MED* s.v. *maister* sogar aus-

Adj+Sb-Verbindungen ein, *key position, key man* und *key towns* dagegen als Sb+Sb-Verbindungen; *master mariner* und *master builder* wiederum als Sb+Sb, *master bedroom* aber als Adj+Sb. Von den betreffenden im Frühme. vorkommenden Wörtern werden *heued-* und *maister-* hier immer als Sb eingestuft und die Verbindungen damit entsprechend als Kp.[124] – die (ohnehin nicht zahlreichen) frühme. Verbindungen von *chief*+Sb werden hier dagegen in Übereinstimmung mit den meisten Wörterbüchern und Editionen als syntakt. Adj+Sb-Fügungen eingestuft, z.B. *chef botelere, Amis&A* 188; *chef steward, Amis&A* 191, 206.

(2)   Die Materialbezeichnungen (Stoffbezeichnungen): Im Ae. gab es zu den Materialsubstantiven oft davon abgeleitete Materialadjektive auf *-en*, z.B. ae. *gold* – *gylden, seolc* – *seolocen* ‚Seide – seiden‘, vgl. dt. *Gold – golden (gülden), Silber* – *silbern* usw. Später gingen diese Materialadj. im Englischen zum Teil unter und ihre Funktion wurde dann von den entsprechenden Substantiven mit übernommen;[125] dies dürfte (neben dem Doppelakzent) der Grund sein, warum im Ne. Fügungen wie *stóne wáll, góld ríng* oft (aber in den genannten Beispielen wohl zu Unrecht) als Adj+Sb-Gruppen bezeichnet werden. Im Frühme. gab es die Materialadj. auf *-en* aber teils noch, teils wurden sogar neue gebildet. Dies ist ein weiterer Grund, die entsprechenden Sb/Sb-Verbindungen für diesen Zeitraum noch als Kp. und nicht als attributive Fügungen (oder gar als Gruppen aus Adj+Sb) einzustufen.[126] Beispiele für das Nebeneinander von Adj+Sb-Gruppen und Sb/Sb-Kp. sind:

– *chaysel: cheysil clop, PassLo* 509; *cheisil scurte, LaȝB* C 11 858; *chaysel smok, KingAlex.* Das frz. Lehnwort *cheisil, chaysel* kann im Me. als Sb und als Adj verwendet werden (‚Leinen‘ – ‚leinen‘) – sein Status in Verbindungen aus *chaysel* + Sb läßt sich deswegen nicht immer eindeutig entscheiden. Das *MED* stuft solche Verbindungen als Adj+Sb-Gruppen ein, dagegen stuft Smithers, ed. *KingAlex, chaysel* als attributives Sb ein. Hier werden die Verbindungen da-

---

drücklich als Kp. bezeichnet; dagegen sieht das *OED* s.v. *Master* sb[1] (24–25) Fügungen wie *meister deoflen, maȝȝstre dwale* als appositionelle bzw. als Adj+Sb-Gruppen an; ebenso nimmt das *OED* s.v. *Head* (63–65) attributive und adjektivische Verwendung von *head-* an. In Editionen werden Verbindungen mit *heaued* und *maister* ebenfalls oft als Adj+Sb-Gruppen eingestuft, siehe z.B. Shepherd, ed. *AncR*, zu *heaued sunne* und *heaued luuen;* Macrae-Gibson, ed. *Art&Merl*, zu *maister gomfainoun* und *maister king;* Smithers, ed. *KingAlex*, zu *maister cite*. Zum Deutschen vgl. Fleischer 1982:219–221 (u. 291–293), der *Haupt-, Grund-* usw. als Präfixe ansieht.

[124] Siehe dazu unten 5.2.1.1.(6) sowie den Wortindex (6.4. bzw. 6.5.) unter *chief, head, master;* vgl. ferner Sykes 1899:55f. In den Editionen von Smithers (*KingAlex*) u. Macrae-Gibson (*Art&Merl*) ist *maister* z.T. ad hoc als Adj eingestuft (*maister cite, maister gomfainoun*).

[125] Vgl. Jespersen 1942 (*MEG* VI):346–350; Brunner 1962:II,79–81; *ODEE* s.v. *-en*[3].

[126] Vgl. die oben Anm. 8 genannte Literatur.

mit jedoch als Sb/Sb-Kp. verzeichnet: dafür spricht auch die Variante *cheiselne seorte, La3B* O 11 858, die sicher eine Gruppe aus Adj + Sb darstellt. Vgl. *MED* s.v. *cheisil; OED* s.v. *Chaisel.*

– *erþe* ‚Erde': Adj + Sb: *eorðene castel, AncR* A 109r/20; *erþene þroh, Lyrics XIII* (73/3); aber Kp. z.B. *eorð-hus, Body&S/1.*

– *flur* ‚(feines) Mehl': Adj + Sb: *fluren cakes, Cockaygne* 57 (Hap. leg.).

– *fur* ‚Feuer': Adj + Sb: *furene hweoles, AncR* A 96v/3, C 164r/14 f. (vgl. Zettersten 1965:230); aber Kp. *fur-gleden* ‚Feuerkohlen', *SEL.*

– *gold:* Adj + Sb: *guldene bolle, La3B* CO 7135 u.ö., aber *bollen of golde,* CO 9870); *gildenene besantes, AncR* A 17/5; *guldene chelle, UrLe* 45; *guldene nap, Jacob&J* 401, 412; vgl. ferner *MED* s.v. *golden* Adj. – Kp. ist aber z.B. *gold-ring, AncR* usw., und zwar ist es auch deswegen als Sb/Sb-Kp. einzustufen, weil daneben die syntakt. Gruppe *ring of golde* verwendet wird, z.B. *TrinH* XXVI (163/36), *La3B* O 1818, usw. Das *MED,* s.v. *gold* adj., stuft *gold ring* und andere Verbindungen deshalb wohl zu Unrecht als Adj + Sb-Fügungen ein; ebenso bezeichnet z.B. Arngart *gold-gad, gold-pot* u. *golprenes, Gen&Ex,* wohl zu Unrecht als Adj + Sb-Verbindungen.

– *linde* ‚Linde(nholz)': *li3t linden spon, SirTristr* 2050 (Hap.leg.), ist syntakt. Adj + Sb-Gruppe und wird von Kölbing zu Unrecht als Kp. eingestuft (vgl. dagegen Sb *linde, O&N* 1750).

– *seoluer* ‚Silber': Adj + Sb: *þa bollen seoluerne, La3B* C 11 369; *mid selvrene stikke, ProvH* (I.12,7).

– *stan* ‚Stein': Adj + Sb: *sexe stanene fetless, Orrm* 14 029; *twa stanene tables, LambH* II (11/16 u.ö.); *þet stanene þruh, StKat* 18r/2; *stanene wax-bredene, VespAH* XXV; *stænene wal, La3B* C 4609 u.ö.; aber Kp. z.B. *ston-wall, La3B* C 96 u.ö. (daneben *walles of stone, La3B* C 1182 u.ö.).

– *stel* ‚Stahl': Adj + Sb: *scarp stelene brond, La3B* CO 9414; *þa stelene gate, LambH* XI (131/9); aber Kp. *stel-bo3a, La3B* C 11 926.

– *þorn* ‚Dorn': Adj + Sb: *mid þornene crune, LambH* XI (121/12), *TrinH* IV (21/31), *þe kene þornene crune, AncR* A 70v/10 (aber *þe crune of stinkinde þornes, AncR* C 115r/3 f.; *crune of þornes, OrisLo* 34); *þornene helm, TrinH* XXXII (205/31); aber Kp. *þorne-wode, O&N.*

Schwieriger ist die Interpretation von *iren, isen* (‚Eisen' – ‚eisern') und *salt* (ae. *sealt*) (‚Salz' – ‚salzig'), weil hier bereits im Ae. Sb und Adj (jedenfalls im Nom.Sg.) homonym waren und kein entsprechendes Stoffadjektiv existierte.[127] Verbindungen mit *irene, isene* und *salte* werden hier als syntakt. Adj + Sb-Gruppen eingestuft, weil das *-e* im Frühme. bei Adjektiven oft als Pluralmorphem sowie als Kennzeichen der schwachen De-

---

[127] Im Ae. waren Sb und Adj zwar nicht immer im Nom.Sg., aber noch in den flektierten Kasus unterscheidbar; im Me. war die Unterscheidungsmöglichkeit noch eingeschränkter (mit oder ohne *-e*) und fiel dann ganz weg. Vgl. oben 2.4.2.1. mit Anm. 58 u. 59.

klination fungierte.[128] Verbindungen mit *iren, isen* und *salt* werden dagegen als Sb/Sb-Kp. klassifiziert. Freilich treten aufgrund dieser Unterscheidung manche Verbindungen dann teils als syntakt. Gruppen, teils als Kp. auf; außerdem gilt sie für die späteren Texte wohl nicht mehr uneingeschränkt. In diesem Zusammenhang sind ferner *mix* und *purpel* zu besprechen.

– *iren, isen:* syntakt. Gruppen sind wohl *irrene band,* Orrm 19821; *yrene beond, 11 Pains* 253; *irene nailes, TrinH* XXXII (205/32), *isene nailes, Vices&V* 119/12. Kp. sind dagegen *iren bond, 11 Pains* 264; *ysen cheld, Art&Merl* 8829 (von ed. Macrae-Gibson aber als Adj+Sb eingestuft); *ysen hat, Art&Merl* 7114, 7170 usw.; *iren wal, 11 Pains* 262. Das *MED* ordnet *iren-hat* ebenfalls als Sb/Sb-Verbindung ein (s.v. *iren* n. 7), *irene nailes* und *yrene bendes* dagegen als Adj+Sb-Gruppen (s.v. *iren* adj.). In einigen Texten gibt es überdies ein neugebildetes Materialadj. *irnen* (vgl. *MED* s.v. *irnen;* Zettersten 1965:207) mit dem syntakt. Gruppen gebildet wurden: *wið irnenne gadien, StKat* 13r/14f.; *te irnene preones, StKat* 13v/14f.; *irnene neiles, AncR* A 33r/26, C 49v/21, *WohLo* 512; vgl. *mid irenen neilen, LambH* XI (121/11 u.ö.).

– *mix* ,Mist' (ae. *meox;* vgl. *mixen* ,Misthaufen') ist ae. nur als Sb belegt. Es erscheint me. in *mix maumez* ,Scheißgötzen, Scheißidole', *StJul* 40r/8, 45v/1; *StKat* 2v/7; 11v/23f.; 14r/23, das in den Editionen und Wörterbüchern meist als Adj+Sb-Verbindung (syntakt. Gruppe) aufgefaßt wird. Eine solche Verwendung von *mix-* als Adj oder „quasi-adj" (so d'Ardenne, ed. *StJul*) ist jedoch offenbar ad hoc postuliert und sonst nirgends belegt. Aus *StKat* 2v/7 u. 14r/23 läßt sie sich jedenfalls nicht ablesen; in *mix ant lease maumes, StKat* 11v/23 f. ist *mix* zwar mit einem Adj koordiniert; dies spricht aber nicht unbedingt gegen den Kompositumstatus von *mixmaumes,* siehe oben 2.4.3.3. Überdies kommt *mix* noch lange als selbständiges Sb vor, auch in bezug auf Personen, z.B. *madmes to mixe sculen melten, ProvA* (29); *Ne myhte þe mixes þo wurse þe don, Oris-Lo* 35; vgl. *that mixed cherl, Hav* 2533 und *mix-schipes, StJul* 45v/1, das von d'Ardenne, ed. *StJul,* S. 114 und *MED* als Ableitung aus dem Sb erklärt wird. *Mix-maumez* wird hier deshalb als Sb/Sb-Kp. verbucht. Vgl. *MED* s.v. *mix; OED* s.v. *Mix* sb. (1). Das *MED* verzeichnet *mix* zwar nur als Sb, unter *mix* n. (b) gibt es aber an "a vile person, …; also as adj.: vile …".

– *purpel: purpel-pal, StMarg/2* usw. ,Purpurgewand, purpurnes Gewand'. Nach der Darstellung der Wörterbücher ist die Entwicklung von *purple* kompliziert: ae. *purp(u)re* ist Sb (das Adj dazu ist *purpuren*); me. *purpel,* ne. *purple* kann dann Sb und Adj sein, vgl. *OED* s.v. *Purple* a. and sb. sowie *Purpur;* MED s.v. *purpel* n. und adj. sowie *purpure* n. und adj. Das *MED* stuft *purpel and pal* (etwa ,teuere Gewänder') als Substantivgruppe ein, *purpel pal* (,Purpurgewand') dagegen als Adj+Sb-Gruppe. Hier wird *purpel-pal* aber als Sb/Sb-Kp. angesehen, zumal *purpel* me. lange nur attributiv vorzukommen scheint.

---

[128] Vgl. oben 2.4.2.1. sowie z.B. Lehnert 1953:28 ff., 67 ff.; Mossé 1952:§ 74.

– *salt:* syntakt. Gruppen aus Adj + Sb sind wohl *þe salte se, Hav* 1305; *salte swot, Gen&Ex* 3280 (wohl Schreiberversehen für *salte s[p]ot* ‚salziger Platz‘), *sallte tæress* ‚salzige Tränen‘, *Orrm* 13 849 (vgl. *OED* s. v. *Salt* a. ¹), *selte teres, Lyrics XIII* (35/9); Sb/Sb-Kp. ist dagegen *salt weter* ‚Salzwasser‘, *PMor, TrinH, LambH, KingAlex*. Daneben gibt es noch Sb + *s* + Sb-Gruppen (Genitivgruppen): *saltes dale* ‚Salztal‘, *Gen&Ex* 1131; *salltess smacc* ‚Salzgeschmack‘, *Orrm* 1653. Auch das *OED* s. v. *Salt* a.¹ weist auf die Schwierigkeit einer eindeutigen Festlegung hin: "In certain collocations it is doubtful whether salt is to be regarded as an adj. or as the sb. used attrib."

(3) Himmelsrichtungen: Bei den Bezeichnungen für die Himmelsrichtungen ist das Bild sehr komplex. Im Ae. treten sie selbständig nur als Adv und Adj auf (letzteres seltener und meist im Komp. u. Superl.): *east, norþ, suþ, west;* daneben gab es abgeleitete Adj (*easterne, norðerne* usw. > ne. *eastern, northern* usw.) und Adv (*eastan* ‚vom Osten‘, *norðan* ‚aus dem Norden‘ usw.). Für die entsprechenden Sb (‚Osten‘, ‚Norden‘ usw.) bildete man Kp.: *east-dæl, east-healf, east-rice* usw.; vgl. dazu jeweils *BT, BTS*. Im Me. werden *east, norþ, suþ, west* dann auch als Sb verwendet, z. B. *In to þe est, in to þe north, KingAlex* 5796. Weil dies aber eine sekundäre Entwicklung ist (vgl. *MED* s. v. *ēst, north*), die im Frühme. erst beginnt, werden die substantivischen Verbindungen mit *est-, norð-, suð-, west-* als Erstelement (z. B. *est-lond, æst-ende, norrþ-dale*) hier grundsätzlich als Adj/Sb-Verbindungen eingestuft (vgl. *MED* s. v. *north* Adj) und als Kp. angesehen (zum Teil könnten allerdings auch syntakt. Gruppen vorliegen); die zusammengesetzten Himmelsrichtungen wie *norð-east* usw. werden hier als Adj/Adj-Kp. eingestuft, die freilich oft auch als Adv und (seltener) als Sb verwendet werden.

– In Wirklichkeit sind die Verhältnisse noch um einiges komplizierter als soeben skizziert. Laut *OED* s. v. *East, North, South, West* (vgl. auch *ODEE* und das Glossar zu *Or*) ist im Ae. die Verwendung als Adv die ursprüngliche, so daß die Kp. strenggenommen zunächst als Adv/Sb-Kp. einzustufen wären; noch deutlicher wird dies in den ae. Verbindungen wie *eastan-wind* usw., die nur als Adv/Sb-Kp. eingestuft werden können. Weil es, abgesehen von diesen Fällen, einen Kompositionstyp Adv/Sb im Engl. aber so gut wie nicht gibt (siehe unten 3.2.18.1.), wird hier für das Me. die Einstufung als Adj/Sb-Verbindungen vorgezogen (vgl. die Einstufung im *OED*). Das *MED* ist inkonsequent: es verzeichnet *est* (zu Unrecht) nur als Sb (und die Verbindungen damit dementsprechend als Sb/Sb-Verbindungen), *north* dagegen als Sb, Adj und Adv, wobei die Verbindungen großenteils unter Adj + Sb eingeordnet werden. Für das Ne. verzeichnet das *DCE east, north* usw. nur als Adv und Sb; als Adj führt es *eastern, northern* usw. an, so daß Verbindungen wie *East India* usw. für das Ne. demnach als Sb/

Sb-Verbindungen einzustufen wären. Interessant ist der Vergleich mit dem Nhd., wo die Bezeichnungen für Himmelsrichtungen rein synchron gesehen im wesentlichen in drei verschiedenen morphologischen Ausprägungen vorkommen: Sb *Osten, Norden, Süden, Westen;* Adj *östlich, nördlich, südlich, westlich;* Kompositionselement *ost-, nord-, süd-, west-* (*Osttor, Nordpol, Südamerika, Westindien,* und als Inversionskp. *München-Ost, München-Nord* usw.). Für das Nhd. wären *ost-, nord-* usw. demnach als morphologisch bedingte Allomorphe zu den entsprechenden Sb und Adj und damit als Präfixoide einzustufen (vgl. unten 3.2.13.).

(4) Wie die bisherigen Beispiele gezeigt haben, läßt sich bei manchen Verbindungen nicht eindeutig feststellen, ob ein Sb/Sb-Kp. oder eine syntaktische Gruppe aus Adj+Sb (bzw. manchmal auch ein Adj/Sb-Kp.) vorliegt, z.B. bei *iren (isen)* + Sb; *salt* + Sb; *east, norþ* usw. + Sb. Allerdings neigen Herausgeber und Wörterbücher nicht selten dazu, Wörter, die selbständig nur als Sb verwendet werden, *ad hoc* als Adj einzustufen, wenn sie andere Sb prämodifizieren, vgl. oben *master* + Sb; *gold* + Sb, *mix* + Sb. Es sollen nun noch die wichtigsten übrigen Fälle besprochen werden, in denen man – teils zu Recht, teils zu Unrecht – angenommen hat, daß keine Sb/Sb-Kp., sondern Adj+Sb-Verbindungen vorliegen.

– adel: *adel eye, O&N* 133, ‚faules Ei‘ (> ne. *addle egg,* daneben auch ne. *addled egg*). *Adel* (ne. *addle*) geht auf das ae. Sb *adela* ‚Schmutz‘ zurück, wird heute aber allgemein als Adj aufgefaßt, das durch die attributive Verwendung von *adel* entstand. Ob man *adel* aber mit Stanley (ed. *O&N*) schon in *O&N* als Adj auffassen soll, ist fraglich, da die ersten eindeutigen Belege für seine adjektivische Verwendung aus späterer Zeit stammen. Es scheint deshalb angemessener, *adel-eye* in *O&N* mit Atkins (ed. *O&N*) noch als Sb/Sb-Kp. zu verbuchen; vgl. auch *an full atell adel, Orrm* 4803. – Siehe *MED* s.v. *adel(e); OED, ODEE, OALD* s.v. *addle;* Jespersen 1914 (*MEG* II):326.
– ald, alder; eld, elder ‚alt, älter‘, ‚Führer, Herr‘: *alder-mon* ‚Führer, Fürst‘, *LaȝB, Orrm* (u. *alderemen, LaȝB* C 4089); *eldrene-man, TrinH,* ‚elldernemann, *Orrm; eldfader* ‚Vorfahr usw.‘, *Art&Merl, ealde-fader, ChartHenII, alde-feder, LambH, TrinH, AncR* usw.; *eldre-feder, LambH; elde-man, Jacob&J, KingAlex; alde-moder* ‚Vorfahrin usw.‘ (wörtl. ‚Altmutter‘), *AncR. alder-mon* ist Sb/Sb-Kp. (< ae. *ealdor-man*); *alde-feder, eld-fader, elde-man, alde-moder* sind Adj/Sb-Verbindungen, die hier als Kp. angesehen werden (ae. *eald-fæder, ealde-fæder, ealde-modor*). Im Me. wurden die Reflexe des ae. Sb *ealdor, aldor* (das seinerseits aus dem Adj *eald, ald* abgeleitet ist) aber anscheinend gelegentlich mit dem Komparativ des Adj *eald, ald* (also ae. *yldra, eldra*) vermischt: so dürfte *eldre-feder, LambH,* eine Umformung von *alde-feder, eld-fader* in Anlehnung an das Sb *alder, elder* und den Komp. *elder* sein; es wird hier aber trotzdem unter Adj/Sb eingestuft. Umgekehrt sind *aldere-men, LaȝB,* sowie *eldrene-man* und *ellderne-*

manness möglicherweise Umformungen von *alder-mon* (Sb/Sb) in Anlehnung an *elder*, den Komparativ von *ald* (wobei allerdings das *-ne* schwierig zu erklären ist); sie werden hier aber trotzdem mit unter Sb/Sb eingestuft. Dieser frühme. Zusammenfall des Sb ae. *ealdor* und des Komp. von *eald* zeigt sich zum Teil wohl auch in deren Verwendung als selbständige Wörter, vgl. *elldre, Orrm* 13 215; *alder, Vices&V; eldere, Best* 171. Siehe dazu *MED* s.v. *alder-fader, alder-man, elde-fader, elde-moder, eldre, eldre-fader, eldre-man, eldre-moder, old-fader, old-moder; OED* s.v. *Alder* sb[2] und a. compar., *Alder-man, Eld, Elder* a. und sb[3], *Eldern, Eldfather, Eldmother.*

- *bale: bale bondes, StKat; bale drinch, WohLo; bali-duntes, WohLo; balu-fehte, balu-ræs, Laȝb; bale-siò, baleu-sipes, StKat* usw.; *bale-prehes, Lyrics XIII;* ferner *balu-fulle, Laȝb.* Ae. *bealu* kann Sb und Adj sein ("Schaden' – "schädlich'); im Ne. ist *bale* archaisch und nur noch Sb. Die Wörterbücher und Editionen sehen die Verbindungen mit *bale-* überwiegend als syntakt. Gruppen aus Adj+Sb an, *balesiò* aber als Sb/Sb-Kp. Hier werden sie aber durchwegs als Sb/Sb-Kp. eingestuft: teils, weil es sich um die Fortsetzung ae. Kp. handelt (*balesiò*); teils, weil die prädikative Verwendung von *bale* anscheinend schon im Me. sehr selten war, was wohl darauf hindeutet, daß es bereits im Me. überwiegend als Sb fungierte. In *baleful* "schrecklich, grausam' (< *bealufull*) ist *bale* ohnehin als Sb anzusehen, vgl. unten 3.3.12. 5(2), S. 303 f. Siehe *MED* s.v. *bāle* n. (1) u. adj.; *OED* s.v. *Bale* sb und adj; *OALD bale*[3].

- *caue: þe caue deouel, AncR* A 16r/22, vgl. *þe kaue, AncR* A 16r/20. *Caue* repräsentiert das ae. Adj *cāf* "tapfer, kühn', das in *AncR* A 16r/20 aber als Sb verwendet wird; dementsprechend wird hier auch die Verbindung *caue-deouel* als Sb/Sb-Kp. eingestuft – eine Klassifizierung als Adj+Sb-Gruppe ist aber nicht ausgeschlossen. Siehe *MED* s.v. *cōf; OED* s.v. *Cof;* Zettersten 1965:163 (s.v. *kaue*) mit weiteren Literaturnachweisen.

- *caytyff: caytyff knyght, Malory.* Das frz. Lehnwort *caitif* kann im Me. (wie schon im Frz.) Sb oder Adj sein ("Gefangener, Unglücklicher' – "gefangen, unglücklich'). Hier wird *caytyff knyght* als Adj+Sb-Verbindung angesehen, vgl. Vinaver (ed. *Malory); MED* s.v. *caitif; OED* s.v. *Caitiff;* Tobler-Lommatzsch s.v. *chaitif.* – Sb ist *caitif* aber in der Verbindung *wrecche chaitif* (siehe unten bei *wrecche*).

- *coward: coward king, Art&Merl;* vgl. *cowarde knyght, cowherde knyghtes, Malory.* Das frz. Lehnwort *coward* kann im Me. Sb und Adj sein ("Feigling' – "feige'); im Ne. ist es nur noch Sb (Adj *cowardly*). Die Verbindungen damit werden hier wie bei Macrae-Gibson (ed. *Art&Merl*) und Vinaver (ed. *Malory*) als Adj+Sb-Verbindungen eingestuft, wenn auch eine Klassifizierung als Sb/Sb-Kp. nicht auszuschließen ist. Vgl. *MED* s.v. *couard; OED* s.v. *Coward.*

- *cristen: cristin folc, Lyrics XIII* (67/5); *cristen man, cristene men, TrinH* usw.; *emcristene* "Mitchristen', *HonEl* usw. *Cristen* kann Adj und Sb (genauer: substantiviertes Adj) sein. Als Erstelement wird es hier als Adj eingestuft (*cristin folc, cristen man, cristene men*), als Zweitelement dagegen als Sb (*emcristene*). Während der Kompositumstatus von *emcristene* klar ist (vgl. unten 4.5.1.), ist der von *cristin folc* unsicher und *cristene men* stellt wohl eine syntakt. Gruppe dar; daneben steht jedoch auch ein (durch Zusammenrückung entstandenes) Kp. *criste(n)man;* siehe oben 2.2. unter (3) sowie unten 4.5.4.; ferner *MED* s.v. *Cristen; OED* s.v. *Christen* und *Christenman*.

- *ded(e): ded-bot. Ded-bot* ,Buße' (wörtl. ,Buße für die Tat') ist normalerweise ein Sb/Sb-Kp. (< ae. *dǣd-bōt*). In *AncR* und den Texten der Katherine-Gruppe wird es aber immer *dead-bote* geschrieben, was laut Zettersten darauf schließen läßt, daß es dort mit dem Adj ae. (ne.) *dead* ,tot' assoziiert wurde, also als Adj/Sb-Verbindung aufgefaßt wurde, zumal das Sb ,Tat' auch in diesen Texten immer *dede* geschrieben wird; der Kompositumcharakter von *dead-bote* steht aber außer Frage. Siehe Shepherd, ed. *AncR*, S. 31; Zettersten 1965 :184.

- *dweole: dweole-song*, *O&N* 926 (Hs. J: *dwele song*). Ae. *(ge)dwola, (ge)dweola* ist nur als Sb belegt, *dweole song* wird von Stanley (ed. *O&N*) aber als syntaktische Fügung aus Adj + Sb aufgefaßt (,trügerisches, häretisches Lied'), von anderen Herausgebern (Atkins, Bennett/Smithers) dagegen als Sb/Sb-Kp. Für die letztere Auffassung (,Häretikerlied, Täuschungslied') spricht auch, daß *dwe(o)le* in *O&N* nie als eindeutiges Adj vorkommt, aber dreimal als eindeutiges Sb: *of al þis dwole*, 825; *to þare diche his dweole fulied*, 1239; *hi demþ a dwole*, 1777. Vgl. *MED* s.v. *dwele* 2 b (Sb/Sb-Kp.); und s.v. *dwale; OED* s.v. *Dwale, Dwele*.

- *earfeð, erveð: earfeþ-siþ, Body&S/2; erued-helde, PMor;* für weitere Belege dieses Musters siehe unten 3.3.7. Ae. *earfoðe* kann Sb oder Adj sein, dazu auch Adv (,Schwierigkeit' – ,schwierig'). Im Me. wird es aber nur noch als Adj (und Adv) verwendet; die Zusammensetzungen damit werden hier deshalb generell als Adj/Sb-Kp. *(earfeþ-siþ)* bzw. Adj/Vb + Ø_{Adj}-Kp. *(erued-helde* usw.) eingestuft; *earfeþ-siþ* könnte ursprünglich aber ein Sb/Sb-Kp. gewesen sein (< ae. *earfoð-sið*). Vgl. *MED* s.v. *arveð; OED* s.v. *Arveth*.

- *ebru: ebru child, Gen&Ex* 2572. Das frz. Lehnwort *ebr(e)u* kann im Me. Sb oder Adj sein (,Hebräer' – ,hebräisch'). *Ebru child* wird von *MED* und Arngart (ed. *Gen&Ex*), S. 224, als Adj + Sb-Gruppe eingestuft; hier wird es aber als Sb/Sb-Kp. verzeichnet, zumal *ebru* in *Gen&Ex* mehrmals als Sb vorkommt und daneben ein eigenes Adj *ebrisse* existiert; nur zweimal ist *ebru* wohl Adj: *folc ebru*, 3220, 4035 (hier liegt wohl ein Inversionskp. vor). Vgl. *MED* s.v. *Ebreu* n. und adj.; *OED* s.v. *Hebrew*.

- *eðele: eðele þeowe, HMeid* (Hap. leg.). Die Herkunft von *eðele* ist umstritten. Laut *MED* s.v. *ethel-theowe* handelt es sich bei der Verbindung um ein Sb/Sb-Kp., dessen Dt ae. *eþel* ,Heimatland' (vgl. *MED* s.v. *ethel*) repräsentiert und dessen Bedeutung ,Haussklavin, Hausdienerin' ist; dagegen plädiert Millet, ed. *HMeid*, S. 44 für eine Auffassung als Adj + Sb-Gruppe ,auf dem Gut geborene Sklavin', deren Erstelement auf das ae. Adj *(ge)æþele* ,natürlich' zurückgehe. Die Auffassung des *MED* ist jedoch mindestens genauso wahrscheinlich, zumal sich das genannte ae. Adj anscheinend nicht ins Me. fortgesetzt hat (das *MED* verzeichnet nur *athel* ,edel'). Hier wird *eðele-þeowe* deshalb als Sb/Sb-Kp. verzeichnet. Vgl. *MED* s.v. *ēthel, ēthel-theowe*.

- *fo: fo-men*. Me. *fō* (< ae. Sb = Adj *(ge)fā(h))* kann Sb und Adj sein (,Feind' –

‚feindlich', letzteres allerdings offenbar recht selten). Ae. *fah-mon* war ursprünglich möglicherweise ein Adj/Sb-Kp., me. *foman* ist aber wohl als Sb/Sb-Kp. einzustufen, weil daneben oft auch das Simplex *fo, fon* („Feind, Feinde') verwendet wird (siehe dazu unten 5.2.1.1.(2b)). Vgl. *MED* s.v. *fō* und *fō-man;* *OED* und *ODEE* s.v. *foe* und *foeman.*

- *fol: fol-hardi, AncR; fole-sage, Amis&A.* Das frz. Lehnwort *fol* konnte im Me. (wie schon im Frz.) Sb und Adj sein, ne. *fool* ist dagegen nur noch Sb (Adj *foolish). fol-hardi* ist ein aus dem Frz. entlehntes Kp. und für das Me. als (kopulatives) Adj/Adj-Kp. anzusehen („töricht – tapfer'), während für seine ne. Fortsetzung *foolhardy* eine Uminterpretation als Sb/Adj-Kp. anzunehmen ist („tapfer wie ein Tor'). *Fole-sage* wird dagegen allgemein als Sb+Adj-Verbindung (möglicherweise Inversionskp.) ,weiser Narr' angesehen. Vgl. *MED* s.v. *fol* n. und adj.; *fōl-hārdi; OED* s.v. *Fool* sb¹ und a., *Foolhardy; ODEE* s.v. *fool¹*; Tobler/Lommatzsch, s.v. *fol* adj u. subst.; Lipka 1966:126, 150, 157.
- *harlot: harlot grom, KingAlex.* Das frz. Lehnwort *harlot* (zunächst ,Schurke') kommt me. selbständig nur als Sb vor; in der Verwendung vor einem weiteren Sb wird es vom *MED* aber grundsätzlich als Adj eingestuft (obwohl es prädikativ anscheinend nicht vorkommt); Smithers (ed. *KingAlex*) stuft *harlot grom* ebenfalls als Adj+Sb-Fügung ein. *OED* hat dagegen *harlot* nur als Sb und stuft es in den Fügungen des Musters *harlot* + Sb als "attrib. passing into adj." ein. Hier wird *harlot grom* ,Schurkenkerl' als Sb/Sb-Kp. eingestuft. Vgl. *MED* s.v. *harlot* n. und adj. [from noun]; *OED* s.v. *Harlot* sb; Tobler/Lommatzsch s.v. *herlot.* – Syntax und Semantik tragen hier wie in ähnlichen Fällen (z.B. *coward king, cristen man, ebru child* usw.) nichts zur Klärung bei, weil die Analyse als Sb/Sb-Kp. ein attributives Kopulativkp. ergibt ('the groom is an harlot' usw.), und Fügungen aus Adj+Sb ohnehin grundsätzlich kopulativ sind (vgl. unten 5.2.3.).
- *heuel: hevel-bedd, HMeid,* wird von Millett (ed. *HMeid*), S. 67 (vgl. 38) als Adj+Sb-Verbindung bezeichnet; weil *hevel-* aber (wie Millett selbst ausführt), dem Sb ae. *hefeld,* me. *heveld* ,Einschlag (beim Weben)' entspricht, kann *hevel-bedd* nur als (leicht verdunkeltes) Sb/Sb-Kp. ,gewebtes Bett' eingestuft werden. Vgl. *MED* s.v. *heveld; OED* s.v. *Heald* (und *Heddle*).
- *hole: hole brede, O&N* 965, wird von den Herausgebern (Atkins, Stanley) und dem *MED* als Adj+Sb-Fügung angesehen. Dies ist zwar möglich; *hol* kann im Ae. jedoch Adj (,hohl') und Sb („Höhle, Loch') sein (im Ne. nur noch Sb!) und es ist deshalb nicht ausgeschlossen, daß in *hole brede* ein Sb/Sb-Kp. vorliegt, zumal sich die Form *hole* mit *-e* zum Ne. hin durchgesetzt hat und Stanley in der Anm. zur Stelle selbst darauf hinweist, daß es sich der Bedeutung nach nicht um ein ,hohles Brett' ('hollow log') handelt, sondern um ein ,Brett mit einem Loch in der Mitte' ('a plank with a hole in it', also ein ,Lochbrett'). Außerdem wird in *O&N* als eindeutiges Adj das aus dem ae. Sb *holh* entstandene Adj *holȝ* (Hs. C) bzw. *holeuh, holeh* (Hs. J) verwendet (die Vorstufe des ne. *hollow*), das allerdings nur im Nom.Sg. vorkommt: *Mi nest is holȝ,* 643; *An holȝ stok,* 1113. *Hole* Sb ist in *O&N* noch in der obliquen Form *he cropp to hole,* 826,

belegt. Zur ineinandergreifenden Entwicklung von ae. *hol* und *holh* siehe *MED*
s.v. *hol(e)* n. (2); *hol(e)* adj. (1); *OED* und *ODEE* s.v. *Hole* und *Hollow;* vgl. *MED*
s.v. *holgh* und *holwe* adj. Die Auffassung von Atkins, daß *hole* in *O&N* 965 den
Dat.Sg. des Adj *holʒ, hole(u)h* darstelle, ist jedenfalls keineswegs gesichert.

- *iuel: iuel-dede, Gen&Ex.* Ae. *yfel* (> ne. *evil*) kann Sb und Adj sein („Übel' –
  ‚übel'). *iuel-dede* ‚Missetat' (< ae. *yfeldæd*) wird hier als Adj/Sb-Kp. angesehen.
  Vgl. *MED* s.v. *ivel* n., *ivel* adj.; *OED* s.v. *Evil; ODEE* s.v. *evil;* Arngart, ed.
  Gen&Ex, S. 237.

- *kinde: kinde blod, kinde dai* ‚Geburtstag' (?), *kinde lond* ‚Land der Verwandten',
  kinde luue, kinde ðhogt ‚verwandtschaftliche Zuneigung', *kinde wune,* ferner
  kinde cold, alle *Gen&Ex.* In me. *kinde* sind ae. *(ge)cynd* Sb ‚Herkunft, Natur'
  und ae. *gecynde* Adj ‚natürlich, passend' zusammengefallen. Arngart, ed.
  Gen&Ex, stuft die Verbindungen damit unterschiedlich ein: *kinde-wune* als Sb/
  Sb („Brauch der Verwandtschaft' bzw. ‚Brauch ihrer Natur') und *kinde-cold* als
  Sb/Adj (‚kalt in seiner Art/Natur'), die übrigen dagegen als Adj+Sb-Gruppen,
  z.B. *kinde blod* ‚verwandtes Blut', obwohl er für einige selbst die Möglichkeit
  einer Doppelanalyse andeutet: *kinde luue* 'family affection' oder 'natural affection'. Trotzdem wird seine Einstufung aber hier übernommen. Vgl. *MED* s.v.
  kinde n., *kind(e)* adj; *OED* s.v. *kind* sb und adj. (sowie *i-cunde*).

- *luue, loue:* Das Adj ae. *lēof* > me *lef* ‚lieb' fällt zumindest in der Schreibung
  gelegentlich mit dem Sb ae. *lufu* > me. *luue* (ne. *love* ‚Liebe') zusammen. So ist
  z.B. *luue-lettres* ‚Liebesbriefe', *WohLo* als Sb/Sb-Kp. zu analysieren, *loue tipinge*
  ‚willkommene Botschaft', *O&N* 1035, aber mit Stanley (ed. *O&N*) wohl als syntaktische Adj+Sb-Gruppe. Vgl. *MED* s.v. *lēf* adj & adv sowie s.v. *love* n. (1);
  OED s.v. *Lief.*

- *maiden: Maiden castel* (hier: ‚[Schloß von] Edinburgh'), *Art&Merl.* In dieser
  Verbindung wird *maiden* von Macrae-Gibson, ed. *Art&Merl,* als „quasi-adj"
  eingestuft. Da *maiden* aber im Ae. und auch im Me. üblicherweise Sb ist, besteht kein Grund, *maiden-castel* nicht als Sb/Sb-Kp. einzustufen. Das *OED* verzeichnet *maiden* zwar als Sb und Adj (das *MED* nur als Sb), zumindest die wenigen Belege des *OED* für die angeblich adjektivische Verwendung im Me. sind
  aber nicht überzeugend. Vgl. *MED* s.v. *maiden; OED* s.v. *Maiden* sb. und a.

- *man: manaðas, LambH.* Ae. *mān* kann Sb und Adj sein („Unrecht, Verbrechen'
  – ‚unrecht'), im Me. kommt es aber fast nur noch als Sb vor; deshalb wird *man*
  auch *man-að* ‚Meineid' (< ae. *mān-að*) besser als Sb/Sb-Kp. ansehen. Vgl. *MED*
  s.v. *mōn* n. (2); *OED Man* sb² und adj, *Manath.*

- *mid, midde: mid-dæg, mid-lengten, mid-marhen, mid-niht, midde-sumer, midde-
  ward, mid-winter.* Ae. *midde,* me. *mid* kann Adj und (seltener) Sb sein („Mitte'
  – ‚mittel, mittler'). Die Verbindungen damit werden aber grundsätzlich als
  Adj/Sb-Kp. eingestuft. Vgl. *MED mid* n., *mid* adj&pref.; *OED Mid* a, sb¹ und
  adv; Jespersen 1942 (*MEG* VI): 146; laut *DCE* ist ne. *mid* comb. form (weil es ne.
  nicht mehr selbständig vorkommt).

- *middel: middel broper, middel-e(a)rd* (häufig), *middel-niht,* z.B. *O&N* 325, 731;
  midel sel, Gen&Ex; midel soster, Art&Merl; middel wei, AncR; middel werelld,

111

Orrm. Ae. und me. *middel* kann ebenfalls Sb und Adj sein (‚Mitte' – ‚mittel, mittler'). Wie *mid(de)* wird es in Verbindung mit einem Sb hier ebenfalls grundsätzlich als Adj angesehen, wenn in manchen Fällen eine Doppelinterpretation auch nicht ausgeschlossen ist, z. B. *middel-niht* ‚die mittlere Nacht' oder ‚die Mitte der Nacht'; für eine Interpretation als Sb/Sb-Kp. spricht hier auch die parallele syntakt. Gruppe *þe middel of þe niht, Hav* 2092. Es bleibt dann aber noch die Frage, wo syntakt. Gruppen aus Adj+Sb und wo Adj/Sb-Kp. vorliegen. Als Kp. werden hier *middel-eard* ‚Erde, Welt' (wörtl. ‚Mittelerde'), *middel-niht* und *middel-werelld* angesehen, die übrigen Verbindungen dagegen als syntakt. Gruppen. Für *middel broþer, LaȝB* (Hs. O) ergibt sich diese Einstufung deswegen, weil daneben die syntakt. Gruppe *þe midleste broþer, LaȝB* (Hs. C 6442) existiert. Vgl. *MED* s. v. *middel* n. und *middel* adj; *middel-erd, middel-erthe; middel-night; OED* s. v. *Middle; Middle earth, Middle-erd;* usw.; Sauer 1985 a: § 4.2.1.

– *niðing: niðing giscing, Gen&Ex* 3432; *mete-niðing, PMor. niðing* ‚Geizhals' ist normalerweise Sb; deshalb ist auch *mete-niðing* ‚Geizhals' (wörtl. ‚Essensgeizhals') als Sb/Sb-Kp. und *niðing-giscing* ‚Geiz' (wörtl. wohl ‚Sehnsucht des Geizhalses') als Sb/Vb+*ing*-Kp. einzuordnen. Arngart, ed. *Gen&Ex,* S. 247, sieht letzteres zwar als Adj+Sb-Gruppe an; dies dürfte aber eine unbegründete *ad-hoc*-Entscheidung sein. Vgl. *MED nithing* n. (dort unter 2 b aber ebenfalls *nithing* als Adj); *OED* s. v. *Nithing* (dort allerdings auch einige Beispiele für prädikative Verwendung).

– *paien: paien haþen, Art&Merl.* Das frz. Lehnwort *paien* ‚Heide' kann im Me. Sb und Adj sein (letzteres allerdings seltener und vor allem kaum in prädikativer Verwendung); *hethen* ‚Heide' kann ebenfalls Sb und Adj sein (vgl. *cristen*), so daß sich theoretisch vier verschiedene Einstufungsmöglichkeiten für *paien haþen* ergeben – es wird hier jedoch als (tautologisches) Sb/Sb-Kp. eingestuft, wörtl. ‚Heiden-Heiden'. Vgl. *MED* s. v. *paien* n. und adj.; s. v. *hethen; OED* s. v. *Payen* sb and a.; *Heathen.*

– *plain: forest plain, Amis&A.* Das frz. Lehnwort *plain* kann im Me. Sb und Adj sein; in *forest-plain* liegt aber wohl eher ein Sb/Sb-Kp. vor (wörtl. ‚Waldebene'), vgl. *MED* s. v. *plain(e)* n. 2(a), und nicht etwa ein Sb mit nachgestelltem Adj. Vgl. *MED* s. v. *plain(e)* n. und adj.; *OED* s. v. *Plain* sb.¹ und a.¹ (und adv.).

– *present: poyson present, KingAlex* 7865, kann wohl als Sb/Sb-Kp. ‚Giftgeschenk' aufgefaßt werden; Smithers (ed. *KingAlex*) sieht es allerdings als Fügung aus Sb + nachgestelltem PartPrät (‚geschenktes Gift') an. Vgl. *OED* s. v. *Present* a. und sb.²

– *prive: priue-purles, AncR* A 75v/13 (*priuees purles,* C 125/1 f.). Das frz. Lehnwort *prive* kann im Me. Sb oder Adj sein; in *priue-purles* ‚Abortlöcher' liegt aber sicher ein Sb/Sb-Kp. vor. Vgl. *OED* s. v. *Privy* a., sb (adv.).

– *riht: rihtwis.* Siehe dazu unten 3.3.12.5.(2), S. 308 f. *Riht* ist hier Adj.

– *scuter* erscheint nur in der Fügung *scuter signe* ‚Zeichen der Verachtung', *AncR* A 53r/19. Zetersten 1965:227 u. das *MED* s. v. *scŭter* stufen es als Adj und die Fügung als syntakt. Gruppe aus Adj + Sb ein; nach Zeterstens Erklärung der

Etymologie (siehe oben 2.4.2.6.) kommt aber wohl eher eine Erklärung als Sb/ Sb-Kp. in Frage.

– *sibb: sibbe blod*, Gen&Ex; *sibbe-freond, sibbe-laʒe, sibbe-men*, alle drei in *LaʒB;* ferner *god-sibb*, ChronE. Ae. *(ge)sibb* kann Sb und Adj sein (,Verwandtschaft', ,verwandt' → ,Verwandter'). Die Verbindungen damit sind unterschiedlich einzustufen: *sibbe-laʒe* kann wohl nur Sb/Sb-Kp. sein (,Gesetz der Verwandtschaft', nicht *,verwandtes Gesetz'), während *sibbe-freond* und *sibbe-men* eine Doppelanalyse zulassen (,verwandte Freunde' oder kopulativ ,Verwandte, die Freunde sind'; ,verwandte Männer' oder ,Männer, die Verwandte sind'). Als Adj+Sb-Verbindung ist dagegen *sibbe blod* einzustufen (wörtl. ,verwandtes Blut', d.h. ,Blutsverwandte' – oder eventuell auch syntakt. Gruppe aus Sb im Gen. + Sb ,vom Blut ihrer Sippe'). Sb/Sb-Kp. ist wieder *god-sibb* ,Pate' usw. (laut Faiß substantiviertes Sb/Adj-Kp.). Vgl. *OED* s.v. *Sib* sb.[1]; *Sib* a. und sb.[2] sowie *Sib-lag* (wo die Wortart des Dt offengelassen wird); zu *god-sib* Faiß 1978:124–127 (§ 17).

– *sor: herte sor*, TrinH usw. Ae. *sār*, me. *sōr* kann Sb und Adj sein (,Schmerz' – ,schmerzlich'). Die Verbindung *herte sor* tritt anscheinend teils als Sb/Sb-Kp., teils als syntakt. Gruppe aus Sb+Adj (also Sb mit nachgestelltem prädikativem Adj) auf. Letzteres ist sicher der Fall in *And ai was labanes herte sor*, Gen&Ex 1733; für das mögliche Vorliegen eines Sb/Sb-Kp. in manchen anderen Belegen spricht aber die Genitivgruppe *Teres gliden for hertes sor*, Gen&Ex 733. *Herte-sor* ,Herzensreue' *(cordis contriti)* wird hier deshalb als Sb/Sb-Kp. eingestuft, soweit nicht eindeutig syntakt. Gruppen aus Sb+Adj vorliegen. Vgl. *OED* s.v. *Sore* sb.[1] und a.[1]

– *sot: sot-wordes* ,Unsinn', Vices&V; *sottes lore* ,Lehre eines Narren', O&N. Das frz. Lehnwort *sot* kann im Me. Sb und Adj sein (,Dummkopf' – ,dumm'). *Sot-wordes* wird hier als Adj/Sb-Kp. eingestuft, *sotte songes*, StKat 1v/19 dagegen als syntakt. Adj+Sb-Gruppe. Eindeutig Sb ist *sot* dagegen in *sottes lore*. Vgl. *OED* s.v. *Sot* sb.[1] und a.

– *soð: sop-quides*, LaʒB; *soð-sage*, O&N; *soð-word*, LaʒB; ferner *soð-cnawes*, StJul; *soð-fæst* (häufig). Ae. *soð* kann Sb und Adj sein (,Wahrheit' – ,wahr'). *Sop-quide* und *sop-sage* sind als Adj/Sb-Kp. aufzufassen (,wahre Geschichte'), vgl. *LaʒB* O 4749, wo *wordes sope* für *soð-quides* (C 4749) gesetzt wird; *soð-cnawes* dagegen als Sb/Adj-Kp. (zu seiner komplizierten Etymologie siehe d'Ardenne, ed. StJul, S. 164f.) und *soð-fæst* als Sb/Suffixoid-Kp. (,in der Wahrheit fest'). Vgl. *OED* s.v. *Sooth* sb. und adj.; *Soothsaw*.

– *pearf: neod-pearf*, WintBR (l). Ae. *pearf* kann Sb oder Adj sein (,Not, Notwendigkeit' – ,notwendig'); ae. *nēod, nīed* ist Sb. Bei ae. *nied-pearf (neod-pearf)* handelt es sich um ein ursprüngliches Sb/Sb-Kp. (vgl. dt. *Notdurft*), das dann auch adjektivisch (und prädikativ) verwendet wurde, vgl. *7 wurcan syðan þæt neod-pearf beo*, WintBR 99/24f. Vgl. Carr 1939:43 (ein urgerm. Kp.); Kluge-Mitzka s.v. *Notdurft*.

– *unriht: unriht-geold*, ChronE 108[8]. Ae. *unriht* kann Sb oder Adj sein (,Unrecht' – ,un(ge)recht'). Ob *unriht-geold* als Sb/Sb-Kp. ,Unrechtssteuer' (so

113

ed. Earle/Plummer) oder als Adj+Sb-Verbindung ,ungerechte Steuer' (so ed. Clark) zu deuten ist, läßt sich kaum entscheiden; hier wird es unter den Sb/Sb-Kp. eingereiht. Vgl. *OED* s. v. *Unright* sb. und adj; Sauer 1985 a:§ 4.2.1.

- *virgyne: virgyne waxe, KingAlex.* Das frz. Lehnwort *virgin* ist ursprünglich Sb. Wenn es ein anderes Sb prämodifiziert, wird es zum Teil aber als Adj angesehen; laut *ODEE* ist es allerdings erst seit dem 16. Jh. auch Adj. Deswegen wird *virgyne wax* ,unbenütztes, frisches Bienenwachs' hier gegen Smithers (ed. *KingAlex*) nicht als Adj+Sb-Gruppe angesehen, sondern als Sb/Sb-Kp. Vgl. *OED* s. v. *Virgin* sb. and a.; s. v. *Virgin wax; ODEE* s. v. *virgin.*

- *wa, wo, wea: wea-siðes, Body&S/2.* Ae. *wā* ist Sb und Interjektion (,Weh' – ,wehe'); seine Verwendung als Adj beginnt laut *OED* mit dem Frühme. *Wea-siðes* ,Elend' usw. (wörtl. ,Wehreise') wird hier aber noch als Sb/Sb-Kp. eingestuft (vgl. auch *bale-sið* usw.). Vgl. *OED* und *ODEE* s. v. *Woe.*

- *w(e)ari: w(e)ari-treo, AncR* usw. (< ae. *wearg-treow*). Ae. *wearg* kann Sb oder Adj (,Verbrecher' – ,verbrecherisch') sein; das Kp. *w(e)ari-treo* ,Galgen' wird hier aber als Sb/Sb-Kp. ,Baum für (einen) Verbrecher' angesehen; weniger wahrscheinlich dürfte die Definition von *BT* s. v. *wearg-treow* als ,accursed tree' sein. Vgl. *OED* s. v. *Wary* sb. Obs.

- *weste: weste londe, TrinH; wesste-land, Orrm; weste-wunienge, TrinH;* ferner *weste wilderne, TrinH; weste paðes, LaȝB.* Me. *weste* (in dem anscheinend zum Teil ae. *wēste* Adj und *westen* Sb=Adj zusammengefallen sind) ist anscheinend überwiegend Adj, tritt aber auch als Sb auf (,wüst' – ,Wüste, Wildnis'). Als syntakt. Adj+Sb-Gruppen werden hier *weste paðes* ,Pfade in der Wildnis', *weste wilderne* ,Wüste, Wildnis' angesehen; als Sb/Sb-Kp. dagegen *weste-lond* (kopulativ: ,Wüstenland'), weil *wesste* ,Wüste' in *Orrm* mehrmals selbständig vorkommt (11 320, 11 322 u.ö.), vgl. auch *O&N* 1000 sowie *Weste is cleped þat londe ...*, *TrinH* XXVII (161/29); *Ðis woreldes biwest is efned to wastene, TrinH* XXVII (161/31); ferner *weste-wunienge* (,Wüstenwohnung, Wohnung in der Wüste', nicht *,wüste Wohnung'). Vgl. *OED* s. v. *Weste* sb und adj (wo *Weste land* aber als Adj+Sb eingestuft wird); ferner *Western* sb² (und vgl. *Waste* sb und adj.).

- *woh: wohe domas, LambH* III (35/5); *woh-demeres, LambH; woȝhe dedess, Orrm.* Ae. *woh* kann Sb und Adj sein (,Unrecht' – ,un(ge)recht'). Die genannten Verbindungen lassen alle eine doppelte Analyse zu: ,Unrechtsurteile' – ,ungerechte Urteile'; ,Unrechtsrichter' – ,ungerechte Richter' (bzw. ,Leute, die ungerecht urteilen'); ,Unrechtstaten' – ,ungerechte Taten'. Das *-e* in *wohe domas* und *woȝhe dedess* scheint aber eher für Adj+Sb-Gruppen im Plural zu sprechen (vgl. z. B. oben 2.4.2.1.), was im Falle von *wohe domas* eine Auflösung des ae. Kp. *wohdomas* in eine syntakt. Gruppe bedeuten würde. *Woh-demeres* wird hier ebenfalls als Adj/Sb-Verbindung (genauer eigentlich: Adv/Vb+*ere*) angesehen; es ist jedoch sicher ein Kp. (und wird beim Typ Sb/Vb+*ere* mitbehandelt). Vgl. *OED* s. v. *Wough* sb.² und a.; Sauer 1985 a:§ 4.2.1.

- *wunder, wonder: wonder best* ,seltsames Tier', *KingAlex; wunder craftes* ,Zauberei', *LaȝB; wonder folk, KingAlex; wonder þing* ,seltsame Sache', *LaȝB* (O), *King*

114

Alex; wunder weorc, LaʒB; a wunder worder (wohl Versehen für *wunder word*),
VespAH XXV; ferner *wunder bliþe, LaʒB; wunder creftie, LaʒB,* und weitere
derartige Verbindungen. Ae. *wundor* ‚Wunder‘ ist nur Sb; im Me. wird *wonder*
dann aber auch als Adverb verwendet und, wenn es ein Sb prämodifiziert, oft
als Adj angesehen (im Ne. ist *wonder* Adj selten, weil dafür meist das Adj *won-
derful* verwendet wird). Die Verbindungen von *wunder* + Adj (*wunder bliþe*
usw.), die vor allem in *LaʒB* häufig sind, werden hier mit Mustanoja (und gegen
Oakden 1935: 164 f.) als syntakt. Gruppen aus Adv + Adj angesehen. Schwieriger ist die Klassifizierung der Verbindungen von *wonder* + Sb. Soweit sie in
LaʒB und früheren Texten vorkommen, werden sie hier als Sb/Sb-Kp. eingestuft; soweit sie nur in späteren Texten vorkommen (insbesondere *KingAlex*),
werden sie mit Smithers (ed. *KingAlex*) als syntaktische Adj+Sb-Gruppen angesehen. Vgl. *OED* s.v. *Wonder* sb. (dort unter III.9 "Simple attrib. sometimes
passing into adj."), *Wonder* a. ("repr. OE. *wundor* WONDER sb. in compounds"), *Wonder* adv.; Mustanoja 1960: 328, vgl. 295 f. (*wonder* als Adv); ferner
OED s.v. *Wonder thing* "f. WONDER sb. or a."; *Wonder-work* (< ae. *wundor-
weorc,* Sb/Sb).

- *weorð, worð, wurð: wurðmunt, AncR, StJul* usw. Ae. *weorð* kann Sb und Adj
sein (‚Wert‘ – ‚wert‘); in *wurðmynt* (< ae. *weorð-mynt*) liegt aber wohl ein ursprüngliches Sb/Sb-Kp. vor (‚Ehre, Ruhm‘; wörtlich wohl ‚Gedenken an den
Wert‘). Vgl. *OED* s.v. *Worthmint.*

- *wrecche: wreche chaitif, Amis&A; wræche fiscære, LaʒB; wrec gost, Body&S/3;
wracesið, ProvA; wrecche crei, O&N* 335; *wrecche wranne, O&N* 564; *wrecche
hule, O&N* 1316; usw. Me. *wrecche* kann Sb oder Adj sein ‚Elend(er)‘ – ‚elend‘
(< ae. *wræcca,* vgl. ae. *wræc,* beide nur Sb); zu seiner Verwendung als Sb vgl.
z. B. *Haue þis gold, wræcche, LaʒB,* C 15 378; *wrecch, O&N* 1377. Die Verbindungen aus *wrecche* + Sb stellen aber wohl größtenteils syntakt. Adj+Sb-Gruppen
dar, vgl. auch *A wrecche bodi and a wac, WohLo* 587; *mid wræcche þan falke,
LaʒB,* C 11 758; *on wræcches monnes liche, LaʒB,* C 15 373. Als Sb/Sb-Kp. wird
hier lediglich *wrakesiþ, ProvA, wrecche sides, Body&S/2* usw. angesehen, weil es
die Fortsetzung des ae. Sb/Sb-Kp. *wræcsið* ist; möglicherweise wurde es aber
zum Teil als Adj+Sb-Verbindung uminterpretiert, vgl. *alle his wrecche sides þe
he þolede on þis wrecche woreld, TrinH* XXVIII (169/9). Ursprüngliches Sb/Sb-
Kp. ist auch *wrecchade, Vices&V.* Vgl. *OED* s.v. *Wretch* sb. and a. (Adj laut *OED*
ab dem 12. Jh.); *ODEE* s.v. *wretch.* – Im Ne. ist *wretch* wieder nur Sb (das entsprechende Adj ist das seit ca. 1200 belegte *wretched*).

2.5. Bedeutung

2.5.1. Semantisch isolierte Komposita

Als Kriterium für das Vorliegen eines Kompositums wird häufig genannt, daß es semantisch isoliert ist.[129] Unter semantischer Isolierung versteht man oft, daß die Elemente zusammen eine Bedeutungseinheit bzw. eine begriffliche Einheit bilden, oder daß sie eine einheitliche Gesamtvorstellung ausdrücken. Solche Definitionen sind aber zu vage.[130] Eine genauere Eingrenzung der semantischen Isolierung wäre, daß sich die Bedeutung des Ganzen nicht mit der kombinierten Bedeutung seiner Bestandteile deckt, mit anderen Worten, daß sich die Bedeutung des Kompositums nicht unmittelbar aus seinen Konstituenten ablesen läßt; oder in moderner Terminologie ausgedrückt: Bei semantisch isolierten Kp. ergeben sich die semantischen Merkmale der ganzen Verbindung nicht einfach aus der Addition der semantischen Merkmale ihrer Konstituenten, vielmehr treten im Kp. häufig zusätzliche semantische Merkmale auf, so daß das Kp. eine speziellere Bedeutung als die entsprechende syntaktische Gruppe hat. Semantische Isolierung ist demnach gleichbedeutend mit Lexikalisierung (oder Idiomatisierung), siehe dazu oben 1.4.3.8.

In *O&N* und *WohLo* finden sich mehrere Beispiele für lexikalisierte Kp.:
(1) *Cristes-masse*, *O&N*: Jede Messe hat etwas mit Christus zu tun; *Cristes-masse* bezeichnet aber nur die Messe, die zur Erinnerung an Christi Geburt gefeiert wird und in erweiterter Bedeutung dann das ganze Weihnachtsfest bzw. die Weihnachtszeit (so auch in *O&N*).[131] *God(d)-spell*, *O&N*, *WohLo*, ist nicht jede ‚gute Botschaft‘, sondern nur die ‚gute Botschaft des Evangeliums‘. *Leof-mon*, *O&N*, *WohLo*, bedeutet als syntaktische Gruppe ‚lieber Mann‘, als Kp. dagegen ‚Geliebter, Geliebte‘.[132] Alle drei Kp. erhielten ihre spezialisierte Bedeutung wohl schon bei der Bildung (bzw. dem Übergang von der syntaktischen Gruppe zum Kp.), so daß man hier zunächst von Idiomatisierung sprechen kann: allerdings wurden sie

---

[129] Siehe z.B. Morsbach 1896:43 f.; Jespersen 1914 (*MEG* II):32 f.; Paul 1920a:329 ff.; Paul 1920b:V,5; Eyestone 1954:90−98; Marchand 1969:20 ff.; Koziol 1972:§ 70−75; Meys 1975:79 ff.

[130] So bereits Paul 1903/1981:179−186; vgl. Gardner 1968:6−14.

[131] Ähnlich wie *holiday* (vgl. oben 1.4.3.8.) weist *Christmas* komplexe Veränderungen in seiner Merkmalsstruktur auf: das Merkmal [MESSE] tritt in den Hintergrund, während die Merkmale [ZEIT VON CHRISTI GEBURT] und [FESTLICHE ZEIT, FEIERTAG(E)] hinzukommen. Möglicherweise war *cristes-mæsse* aber ursprünglich eine syntakt. Gruppe und wurde erst durch Zusammenrückung zum Kp.

[132] Die syntakt. Gruppe *leofe men* ‚liebe Leute‘ kommt häufig in Predigten vor, vor allem im Ae.

alle drei im Lauf der Zeit verdunkelt (*Christmas, gospel, lemman;* vgl. unten 4.5.).

(2) Als lexikalisiert kann man ferner Kp. ansehen, die ganz bestimmte Referenten bezeichnen, obwohl sie von der Bedeutung ihrer Elemente her eventuell auch andere Referenten bezeichnen könnten. Dies gilt z. B. für viele Tier- und Pflanzennamen; aus *O&N* gehören hierher die Tiernamen *attercoppe, gol(d)-finc, heisugge, nihtegale (nihtingale), wudewale,* die allerdings großenteils auch noch aus anderen Gründen lexikalisiert sind (siehe unten 3). Ein schönes Beispiel ist *grasshopper* ‚Grashüpfer‘: damit könnte theoretisch jedes Tier bezeichnet werden, das im Gras hüpft, und in *NamesHare* wird tatsächlich einmal der Hase so angeredet; gewöhnlich ist *grasshopper* (ae. *gærshoppa*) aber als Bezeichnung für ein ganz bestimmtes Insekt festgelegt. Ferner gilt die Festlegung auf einen bestimmten Referenten z. B. für *dai-sterre* (‚Morgenstern‘ = ‚Abendstern‘ = ‚Venus‘).[133]

(3) Grundsätzlich lexikalisiert, weil nur teilmotiviert oder unmotiviert, sind die verdunkelten Kp. und die Kp. mit einem blockierten Morphem.[134] Hierzu gehören die oben unter (2) genannten Bildungen *attercoppe, wudewale, heisugge,* ferner: *chapmon, O&N; haliwei, WohLo; lauerd, O&N, WohLo; lauedi, O&N, WohLo; licome, O&N; mildeu, WohLo; wepmon, O&N, WohLo; wimmon (wummon), O&N, WohLo.*

Aus mehreren Gründen kann aber auch das Kriterium der semantischen Isolierung (Lexikalisierung, Idiomatisierung) nicht generell dazu dienen, Komposita von den entsprechenden syntaktischen Gruppen zu trennen. Erstens gibt es Grade der semantischen Isolierung und es ist weder theoretisch klar noch praktisch immer eindeutig festzustellen, wann genau die semantische Isolierung eines Kp. gegenüber seinen Konstituenten beginnt und wie stark bestimmte Kp. isoliert sind. Zweitens sind viele Kp. sicher nicht semantisch isoliert, und drittens gibt es umgekehrt auch semantisch isolierte syntaktische Gruppen *(idioms).*[135]

2.5.2. Komposita mit fraglicher oder mit geringer semantischer Isolierung

(1) Nicht selten können Komposita von der Beziehung zwischen ihren Elementen her theoretisch mehrdeutig sein; in Wirklichkeit sind sie aller-

---

[133] Dem Kriterium der Beziehung auf einen ganz bestimmten Referenten widerspricht nicht, daß sich bei manchen der ae. und me. Tier- und Pflanzennamen heute nicht mehr eindeutig feststellen läßt, welche Tierart (bzw. Pflanzenart) damit gemeint war, etwa bei *wudewale.*

[134] Vgl. oben 1.4.3.8.; 2.4.2.7.; 2.4.2.8.; unten 4.4. und 4.5.

[135] Vgl. die oben Anm. 130 genannte Literatur. Zu den *idioms* siehe auch Lipka 1974:274–285; Gläser 1986 sowie unten 2.5.4.

dings meist auf eine der an und für sich möglichen Beziehungen zwischen den Elementen festgelegt und die übrigen sind blockiert (vgl. oben 1.4.3.10.).[136] Beispielsweise bedeutet *almes-mon* (z.B. *LaʒB*) in der Regel 'man who receives alms' und nur selten 'man who gives alms'; *gleo-man* ‚Musikant, Unterhalter' *(LaʒB)* dagegen immer 'man who creates/produces glee [mirth, music]' und nicht *'man who enjoys/is entertained by glee [mirth, music]'. Wie oben 1.4.3.8. gesagt, wird dieser Vorgang hier als Institutionalisierung bezeichnet, aber noch nicht als Lexikalisierung (bzw. Idiomatisierung) angesehen.[137]

(2) In manchen Kp. treten nur recht allgemeine zusätzliche Merkmale auf; sie sind dementsprechend nur gering semantisch isoliert (vgl. oben 1.4.3.8. und unten 5.1.3.5.). Beispiele sind *chapmon* ‚Kaufmann', *O&N* (‚Mann, der [BERUFSMÄSSIG] Handel *[cēap]* treibt'), ferner *wicchecraft* ('craft which is TYPICAL of a witch').[138]

(3) Unterschiedlich zu beantworten ist die Frage, ob und wie weit Kp. deswegen semantisch isoliert sind, weil sie als Ganzes oder in bezug auf eine ihrer Konstituenten in einem übertragenen, bildhaften Sinn (metaphorisch, metonymisch) verwendet werden. Für Kp. des Musters 'B RESEMBLES, IS LIKE A' dürfte dies zu verneinen sein, also z.B. für *goldfinc* und für *schit-wordes*, beide *O&N*. Auch *redpurs* ‚Ideensack' ist eine völlig durchsichtige Bildung ('Purse which CONTAINS red [i.e. good advice]'), obwohl es sich natürlich nicht um einen konkreten Sack handelt. Lexikalisiert sind dagegen Bildungen wie *sea-horse, Seepferd* (vgl. Warren 1978:45). Abgesehen davon, daß sie sich auf ganz spezifische Referenten beziehen, können sie nicht mit Hilfe ihrer Konstituenten paraphrasiert werden, sind also nur teilmotiviert (*'horse that lives in the sea'). Nicht semantisch isoliert sind dagegen wiederum Kp., bei denen eine Konstituente eigentlich überflüssig ist, z.B. *lif-daʒ (lif-daʒes), O&N*, das oft einfach ‚Leben' bedeutet (vgl. dt. *mein Lebtag lang*).

(4) Lexikalisiert (bzw. idiomatisiert) sind Kp., bei denen durch die wörtliche Bedeutung der Konstituenten automatisch ein Merkmal impliziert ist, das dann für die eigentliche Bedeutung ausschlaggebend ist. Warren

---

[136] Die potentielle Mehrdeutigkeit liegt auf der Ebene des Sprachsystems, die tatsächliche Festlegung auf eine Bedeutung auf der Ebene der Sprachnorm. Letztere zeigt sich bei den Kp. ohne Verbalverknüpfung in der Paraphrase durch die Einsetzung eines bestimmten Verbs.

[137] D.h. bei institutionalisierten Kp. kann die Bedeutung noch aus den Konstituenten erschlossen werden, bei lexikalisierten *(idiomatisierten)* nicht mehr.

[138] *Chapmon* ist in *O&N* aber wohl schon leicht verdunkelt und deswegen trotzdem eindeutig lexikalisiert, vgl. unten 4.5.1. – Generell zur Problematik der semant. Merkmale siehe Sprengel 1980.

1978:42f., 44f., bezeichnet dies als "stated feature" und "associated feature". So ist in me. *hont-hwile*, *StKat*, wörtlich ,Handzeit', d. h. ,Zeit *[hwile]*, in der man die Hand umdreht', das Merkmal [SCHNELL] impliziert, woraus sich die Bedeutung ,sehr kurze Zeit' ergibt (vgl. dt. *einen Augenblick* und *im Handumdrehen*).[139]

(5) Nicht selten ist es schwierig festzustellen, ob überhaupt zusätzliche semantische Merkmale vorliegen oder nicht. Dieses Problem ist vor allem mit folgenden Fragen verknüpft: Wie weit lassen sich Denotation und Konnotation eines Wortes trennen? Wie weit läßt sich die Beschreibung der (lexikalischen) Bedeutung eines sprachlichen Zeichens von der (enzyklopädischen) Beschreibung des außersprachlichen Referenten trennen, auf den es sich bezieht (also seines Denotatums)?[140] So bringt Lutstorf 1960:153 *country house* als Musterbeispiel für die "loose compounds", deren Bedeutung von der ihrer Elemente nicht abweicht; Lyons 1977:II,535f. weist dagegen darauf hin,[141] daß *country house*, jedenfalls im Britischen Englisch, nicht einfach 'house in the country' bedeutet, sondern wesentlich spezieller zu paraphrasieren wäre, etwa mit 'large house in the country owned by a member of the aristocracy, as opposed to his town house'. Dementsprechend gibt er es als Musterbeispiel für die "compound lexemes", die eine spezialisierte Bedeutung haben.[142] Wenn solche Bedeutungsnuancen schon in der Gegenwartssprache, zumindest für einen nicht muttersprachlichen Sprecher, oft schwer zu fassen sind, gilt dies für ältere Sprachstufen natürlich erst recht. *Heorte-blod*, *O&N*, ist zwar das ,Blut im Herzen', hat aber gleichzeitig, wie die Definition im *MED* (s. v. *herte-blōd*) deutlich macht, eine spezielle Konnotation: 'the blood in the heart thought to be more essential to life than blood elsewhere' (vgl. das dt. *Herzblut*).

---

[139] Es handelt sich hier wohl um eine etwas andere Art von Lexikalisierung als z. B. in *morgen-gifu (Morgengabe)*, wo die zusätzlichen semantischen Merkmale nicht in der Beziehung der Elemente impliziert sind (,Gabe, die [DER MANN SEINER FRAU] am Morgen [NACH DER HOCHZEITSNACHT] gibt').

[140] Vgl. dazu z. B. Bloomfield 1933:139f.; Leech 1974:2−4, 10−27, u. ö.; Lipka 1979:187−202; Kastovsky 1982:100f.; Sprengel 1980:162(§ 6.5.). Dazu kommt in manchen Fällen die Frage, welche von mehreren Bedeutungen eines Wortes in einer bestimmten Zusammensetzung vorliegt.

[141] Offenbar aber ohne Kenntnis von Lutstorf.

[142] Laut *EPD* und Gimson 1980:230 hat *còuntryhóuse* aber Doppelbetonung (genauer: Nebenakzent auf dem ersten, Hauptakzent auf dem zweiten Element) − dies wäre ein weiteres Argument gegen Marchands These, daß Sb+Sb-Verbindungen mit Doppelakzent ein rein syntaktisches Phänomen seien (vgl. oben 2.1.1.). Auch das von Marchand 1969:25 zur Stützung dieser These unter anderem zitierte Wort *autumn leaves* bedeutet wohl nicht einfach 'leaves in autumn', sondern spezieller 'leaves as they occur typically in autumn, i. e. with their colours changed from green to yellow/red/brown'.

Weitere Beispiele aus *O&N* sind: *freo-man, her(e)-gong, sumere-dale, soð-sage, world-men, flesches lust*. *Freo-man* kann jeder ‚freie Mann‘ sein oder spezieller ein ‚freier Mann mit einer ganz bestimmten Position in der sozialen Rangordnung‘ — ob das Wort in der allgemeineren oder der spezielleren Bedeutung gemeint ist, läßt sich aber oft nicht entscheiden, vgl. *MED* s.v. *fre-man*. Stanley (ed. *O&N*) druckt einmal *freoman*, 1507 (‘man of standing’), einmal dagegen *wit fro monne*, 131 (‘noble, well-born man’; vgl. auch *a fró nést*, 134); in *ProvA* 26 (21) (456) druckt Arngart sowohl in seiner Edition von 1955 als auch in der von 1978 *fremann(es)*, aber während er 1955 übersetzt ‘freeman, franklin’, übersetzt er 1978 ‘free man’.[143] *Sumere dale, O&N* 1 ‚Sommertal‘, ‚Tal im Sommer‘ impliziert wohl typische Züge des Sommers (grünende Bäume usw.), vgl. Stanley (in der Anm. zur Stelle) ‘valley with a sunny or southerly aspect’; *her(e)gong, O&N* 1191 bedeutet wörtlich ‚Heereszug‘, impliziert manchmal aber auch die damit oft verbundenen Verwüstungen (vgl. dt. *Verheerung* und siehe *MED* s.v. *hēre* n. (1) 3 a). *Soþ-sage, O&N* 1038, ist an dieser Stelle vielleicht nicht einfach ‚wahre Rede‘, sondern spezieller ein ‚knappes, prägnantes Sprichwort‘ — laut *OED* s v. *Soothsaw* überwiegt jedoch im allgemeinen die Grundbedeutung. ‚Welt‘ und ‚Fleisch‘ haben für den mittelalterlichen Christen weitgehend negative Konnotation; *world-men* ‚Weltmänner, Weltmenschen‘, *StKat* usw. sind wohl ‚Männer (Menschen), die der Welt (zu sehr) zugewandt sind (und dabei ihr Seelenheil vernachlässigen)‘; *flesches lust* ‚Fleischeslust‘, *O&N* 895 u.ö., ist ebenfalls eindeutig negativ — ob man diese Bildungen deshalb als lexikalisiert ansehen soll, ist aber fraglich.

(6) Zur prinzipiellen Problematik bei den Sb+*s*/Sb-Verbindungen, die einen klassifizierenden Genitiv beinhalten, siehe unten 3.2.2.2.

2.5.3. Semantisch nicht isolierte Komposita

Wenn man die hier zugrundegelegte Eingrenzung der Lexikalisierung akzeptiert, sind sicher bei weitem nicht alle Komposita semantisch isoliert. Nach den Belegen aus *O&N* und *WohLo* zu schließen sind die nicht oder jedenfalls nur gering lexikalisierten bei den meisten Kompositionstypen sogar zahlreicher als die klar lexikalisierten; vgl. die Liste unten 6.2.2.3. In *O&N* sind bei den Sb/Sb-Kp. (ohne die Ortsnamen) z.B. 8 deutlich lexikalisiert, 26 dagegen nicht; zu den letzteren gehören *adel-eye, bed-time, bonde-man, chirche-bende, chirche-song, chirche-steuene, dai-liʒt, dai-rim, dweole-song, fuel-kun* usw.; aus *WohLo* sind nicht lexikalisiert *bale-drinch, bali-*

---

[143] Zur Schreibung und Betonung von *fre(o)-man(n)* siehe oben 2.2. und 2.3.

duntes, burð-tid, cwalm-hus, cwalm-stow, finger-neiles, helle-bearnes, helle-dogges, helle-hus, hoker-lahter, huni-ter usw. Wie oben 2.4.3. besprochen, werden einige dieser Verbindungen gar nicht allgemein als Kp. angesehen, sondern von manchen Wörterbüchern und Herausgebern als attributive Gruppen, Genitivgruppen oder Adj+Sb-Gruppen eingestuft.

Daß ein Kp. semantisch nicht isoliert ist, zeigt sich besonders klar dann, wenn es ohne erkennbaren Bedeutungsunterschied neben der entsprechenden syntaktischen Gruppe verwendet wird. Wie Gardner 1968:6–15 (und passim) gezeigt hat, ist dies bereits im Ae. nicht selten; er nennt unter anderem z.B. *domdæg* – *domes dæg*;[144] *yþgewinn* – *yþa gewinn; ealde madmas* – *ealdgestreon.* Im Me. ist ein solches Nebeneinander ebenfalls üblich.[145] Beispiele aus *O&N* sind: *dailiȝt* 332 neben *bi daies lihte* 1431 und *þe liȝt of daie* 734; *mancunn* 849 u.ö., *fuelkunne* 65, aber *hauekes cunne* 271 (< ae. *hafoc-cynn*), vgl. ferner z.B. *monna cun, LambH* IX (97/35) u.ö.; *sumere-tide* 709 neben *sumeres tide* 489; *spusbruche* 1368, vgl. *breke spuse* 1334, *tobreke ... spusing* 1554f., *spusing tobroke* 1558; *gripbruche* 1734, vgl. *þis þes tobreke* 1730; *sorimod ich sitte* 1218, vgl. dazu *hire sore mode* 1595 sowie *sori was* 1084, *bo sori* 994; *colblake* 75, vgl. dazu *also blak so eni cole, KingHorn* 594. Für weitere Beispiele, in denen Sb/Sb-Kp. sicher oder möglicherweise parallel zu den entsprechenden Genitivfügungen (Genitivkp.?) auftreten, siehe oben 2.4.3.1. (z.B. die Verbindungen mit *heuen-, heuene-*) sowie unten 3.2.2.3.(4). Weitere Beispiele, in denen Sb/Sb-Kp. (bzw. Sb/Adj-Kp.) usw. parallel zu Präpositionalfügungen, seltener parallel zu Adj+Sb-Gruppen auftreten, werden – ohne Anspruch auf Vollständigkeit – im folgenden gegeben; vgl. auch oben 2.4.3.4. unter (2) (Materialadjektive).[146]

bliðe-iheortet, AncR A 103r/3 – *bliðe in heorte, AncR* C 176v/9.

blod(e)-stræm(en), LaȝB C 13 328 – *blodie stremes, LaȝB* O 13 328.

holie boc-lore, TrinH XXVI (155/21) – *þe lare of halie boke, LambH* XIII (133/33).

clei-clot, Body&S/2, usw. – vgl. *a clot of eorðe, AncR* A 46v/12.

day-graukynge, KingAlex 4056 – *gravkyng of þe daye, KingAlex* 5404.

domes-dai (häufig) – *dai of dom(e), SWard* 78v/23 f., *SermTrin/Cleo* S. 150/30.

ehe-lid, SWard – *ðe lides of hise egen, Best* 16.

gate-heorde(n), AncR – *heorde of geat, AncR* A 26v/5 f.; C 40v/17 f.

---

[144] *Domes-dæg* wird hier allerdings als (durch Zusammenrückung entstandenes) Kompositum angesehen, vgl. unten 3.2.2. *Dom-dæg* ist schon ae. seltener als *domes-dæg* und hat sich nicht ins Ne. fortgesetzt.

[145] Vgl. *MED, Plan and Bibliography,* S. 4. Vgl. auch dt. Beispiele wie *Steinmauer - steinerne Mauer* usw.

[146] Vgl. auch Jespersen 1942 (*MEG* VI):145. – Bei manchen Sb/Sb-Verbindungen ist der Kompositumstatus allerdings fraglich, z.B. denen mit *helle-.*

gold-coupe(s), Amis&A 245 u.ö. – *coupes of gold*, Amis&A 314 u.ö.

golt-hord, AncR – *hord off gold*, Orrm 6732.

gold-ring, AncR, La3B, usw. – *ring of golde*, TrinH XXVII (163/36), La3B O 1818 u.ö.

helle-dogge, AncR A 79r/23 – *dogge of helle*, AncR A 79r/4 u.ö.

helle-fyr, HonEluc, PMor, Orrm, usw. – *þe fur of helle*, AncR A 41r/7 f., usw.

helle-gate, PMor, HarrowHell usw. – *3aten of helle*, AncR, Vices&V.

helle-pin, HonEluc usw. – *pine of helle*, 11Pains, LambH V(53/9), usw.

helle-pitt, Orrm – *putte of helle*, StJul 39r/20.

helle-wowe, *helle-wa*, TrinH, AncR – *wowe on helle*, TrinH XII (75/26), *wa of helle*, AncR A 51r/17 f.

þe heorte ehnen (Kp.?), AncR, UrLo – *þe ehnen of þe heorte*, AncR A 104r/25, C 179r/16 f.

heuen(e)-blisse, TrinH, AncR usw. (häufig) – *blisse(n) of heouene*, AncR A 24r/22 u.ö., StMarg/1 36v/7, usw. – *þe blisse off heoffne*, Orrm 4679 – *he(o)ffness blisse*, Orrm 248D u.ö.

heuen(e)-king, PMor, O&N, usw. (häufig) – *king of heouene*, AncR A 40r/3, usw.

heuene-liht, TrinH usw. – *li3t of heuene*, StatRom 154.

he(o)ue(n)(e)-riche, LambH, TrinH, AncR usw. (häufig) – *riche of heouene*, AncR A 10r/5 u.ö., StKat 12r/10 u.ö.

horn-blaweres, ChronE – *blower of horn*, SirTristr 535.

hors-fete, Art&Merl (Kp.?) – *feet of hors*, KingAlex 2708.

lifdawes, *lif-da3es*, Body&S/2, KingAlex, usw. – *dayes of lyue*, KingAlex 5866.

luft-fuheles, StKat 15v/23 – *þe fuheles of þe lufte*, StKat 14v/8 u.ö.

luþer-craftes, La3B O 12 435 – *mid luðeren heore craften*, La3B C 14 467.

middel-ni3ht(e), O&N, Hav – *þe middel of þe niht*, Hav 2092.

oliues bog, Gen&Ex 608 – *boh of oliue*, TrinH XV (89/27 f.).

þe rode taken (Kp.?), VespAH XXV, StMarg/1 usw. – *þe deorewurðe tacen of þe deore rode*, StMarg/1 25v/5, usw.

stan-roches, Vices&V – *a roche of stone*, KingHorn 79/73.

ston-wall(e), La3B – *walles of stone*, La3B CO 1182 – *stænene wall*, La3B C 4609, *stonene wal*, La3B O 4609.

sun-bote, LambH, TrinH – *bote of eower sunne*, LambH III (35/22 f.).

win-drunken, La3B C 4052 *dronge of wine*, La3B O 4052.

wisdom-boc, TrinH XXX (187/16 f.) – *þe boc of wisdom*, LambH XVI (151/23).

world-ispeche, AncR C 30v/23 – *worldlich speche*, AncR A 19r/19.

Namen:

Rom-cnihtes, La3B C 4624 – *Romanisse cnihtes*, La3B O 4624.

þa Rom-wisen, La3B C 5576 – *þe wise of Rome*, La3B O 5576.

2.5.4. Semantisch isolierte syntaktische Gruppen (Idiome)

Das Kriterium der semantischen Isolierung ist schließlich auch deswegen von begrenztem Wert, weil nicht nur Komposita, sondern auch syntaktische Gruppen semantisch isoliert (idiomatisiert) sein können, z. B. dt. *goldene Hochzeit, weißer Sonntag,* ne. *black market, black death, old boy.*[147] Durch Zusammenrückung können daraus dann Kp. entstehen, müssen es aber nicht. Beispiele für idiomatisierte syntaktische Gruppen, die in Kp. übergingen, sind: *der gehéime Rát* > *der Gehéimràt; die lánge Wéile* > *die Lángewèile;* spätae. *on hwitan sunnandæg* ‚am Pfingstsonntag‘ (wörtl. ‚am weißen Sonntag‘) > frühme. *witte-sunnedai* > ne. *Whitsunday,* das bereits im Frühme. verdunkelt wurde.[148] Lexikalisierte syntaktische Gruppen blieben im Ae. und Me. dagegen wohl z. B. *holi gost* (> ne. *Hóly Ghóst*)[149] und *idel gilp* ‚eitle Prahlerei‘ (lat. *vana gloria, iactantia,* Terminus technicus für eine der sieben bzw. acht Todsünden). Im Dt. und im Ne. dient in solchen Fällen das Akzentmuster als Unterscheidungskriterium; bei den Adj + Sb-Verbindungen im Dt. (und in den flektierten Kasus auch im Ae.) ferner die fehlende Flexion des ersten Elementes. Weil diese Kriterien für das Me. aber wegfallen (Flexion der Adj) bzw. nicht nachprüfbar sind (Akzentmuster), lassen sich speziell für das Me. bedeutungsisolierte syntakt. Gruppen nicht immer leicht nachweisen.

2.6. Sonstige Kriterien

(1) In diesem Kapitel wurden gelegentlich Paraphrasen mit Hilfe von syntaktischen Gruppen oder Sätzen herangezogen, z. B. um Sb/Sb-Kp. von Adj + Sb-Verbindungen zu trennen. Generell läßt sich die Satzparaphrase aber nicht zur Trennung von Kp. und syntakt. Gruppen verwenden, z. B. weil sie für nicht lexikalisierte Kp. und die entsprechenden syntaktischen Gruppen oft gleich ausfallen müßte, etwa *dai-liht, daies liht, liʒt of daie* 'light which shines during the day'.[150]

---

[147] Siehe z. B. Paul 1903/1981: 179–186; Paul 1920a: 333–335; Bloomfield 1933: 227 f.; *Duden-Grammatik* 1966: 348 f. („feste Attribuierungen“); Gläser 1986. Mit den genannten Autoren werden diese Verbindungen hier als syntaktische Gruppen angesehen und nicht, wie es manche neueren Autoren tun, als Kp.

[148] Das engl. *Whitsunday* und das dt. *weißer Sonntag* beziehen sich auf verschiedene Sonntage. Zu *Whitsunday* siehe Faiß 1978: 184 f. (§ 47) sowie unten 4.5.1.

[149] Zu Kp. zusammengerückt wurden aber ae. *hálig dæg* > ne. *Halliday* und me. *hōli dai* > ne. *holiday.*

[150] Zum Nutzen der Satzparaphrase als Gradmesser für die Lexikalisierung bestimmter Kp. siehe dagegen oben 1.4.3.4.

123

(2) Bei Verbindungen wie *domes-dæg* könnte man versucht sein, ihre häufige Verwendung als Kriterium für ihren Kompositumstatus anzuführen; dem steht aber entgegen, daß auch bestimmte syntaktische Gruppen häufig verwendet werden (etwa *holi gost*).

(3) Das Sprachgefühl ("linguistic instinct"), das Bergsten 1911:101 u.ö. ins Feld führt, spielt zweifellos eine Rolle, ist aber nicht exakt faßbar und beschreibbar; überdies neigen Autoren und Editoren oft dazu, ihr neuenglisches Sprachgefühl unreflektiert auf das Mittelenglische zu übertragen, was dazu führt, daß wohl mehr Sb/Sb-Kp. als attributive Fügungen oder als Adj+Sb-Gruppen eingestuft werden, als dies für das Frühme. gerechtfertigt ist. Vgl. ferner unten 3.2.2.2. zum Status der Genitivverbindungen des Musters Sb+*s*/Sb.

3. Die morphologischen Typen und ihre Produktivität

3.1. Prinzipien und Probleme der Einteilung

3.1.1. Anordnung der Typen

In diesem Kapitel werden die morphologischen Typen der me. Nominal-komposita dargestellt, wie sie sich unter Berücksichtigung der morphologischen Gestalt und der morphologischen Struktur ergeben, zunächst die zusammengesetzten Substantive (3.2.), anschließend die zusammengesetzten Adjektive (3.3.). In beiden Gruppen richtet sich die Anordnung in erster Linie nach dem Determinatum, in der Reihenfolge: primäres Nomen (Sb bzw. Adj), deverbales Nomen (Sb bzw. Adj), Bildungen mit Affixoiden, exozentrische Bildungen (d. h. solche mit Nulldeterminatum), Sonderfälle. Innerhalb dieser Einteilung erfolgt die Anordnung dann jeweils nach der Wortart des Determinans, in der Reihenfolge Sb, Adj, Num, Pron, Partikel, Vb. Damit ergibt sich gleichzeitig im wesentlichen eine Besprechung zunächst der Sb bzw. Adj ohne Verbalverknüpfung, anschließend derjenigen mit Verbalverknüpfung. Die Besprechung der einzelnen Typen gliedert sich im allgemeinen in fünf Punkte:
(1) Definition des Typs und Literaturangaben.[1]
(2) Zur morphologischen Isolierung des Typs (Abgrenzung zu den entsprechenden syntaktischen Gruppen).
(3) Weitere wichtige und problematische Punkte, z. B. doppeldeutige Wortart einer Konstituente.
(4) Zur Geschichte und Produktivität des Typs.
(5) Beleglisten bzw. Verweis darauf.
Morphologische Varianten und Besonderheiten wie z. B. Kp. mit komplexen Konstituenten und verdunkelte Kp. werden nicht hier, sondern in Kap. 4 zusammenfassend behandelt.

---

[1] Bei den Literaturangaben wird zunächst – wo relevant – auf Jespersen 1942, Marchand 1969, Koziol 1972 und Hansen 1982 sowie auf die Bibliographie von Stein 1973 verwiesen, anschließend auf weitere Literatur, wobei es sich aber nur um eine Auswahl des Wichtigsten handeln kann (vgl. oben 1.1.1. Anm. 3).

3.1.2. Fragen der morphologischen Einteilung und Zuordnung

Wenn man sich die morphologische Analyse von Nominalkomposita auf den ersten Blick vielleicht auch einfacher vorstellen mag als ihre syntaktische oder semantische Analyse, so ist dieser Bereich trotzdem nicht ohne seine Schwierigkeiten.[2] Diese betreffen zum einen die Zahl der anzusetzenden Kompositionstypen, zum anderen die Zuordnung einzelner Bildungen zu bestimmten Typen.

(1) Viele morphologische Typen sind nämlich nicht einfach vorgegeben, sondern hängen von den zugrundegelegten Kriterien ab. Wie ein Vergleich von Handbüchern zur germanischen und englischen Wortbildung zeigt, verwenden manche Autoren ein relativ grobes Einteilungsschema mit nur wenigen Kompositionstypen, während andere wesentlich detaillierter vorgehen. So führt Carr 1939 recht wenige Haupttypen auf (6 für Sb, 5 für Adj; vgl. oben 1.4.1.); dies kommt unter anderem daher, daß er z.B. nicht zwischen primären und deverbalen Dm unterscheidet – letzteres tut er bis zu einem gewissen Grad erst im Bereich der morphologischen Varianten. Dagegen setzt Marchand 1969 für das Ne. 13 Typen zusammengesetzter Sb an, wobei er die reduplizierenden Kp. aber anschließend noch eigens aufführt und die Exozentrika an anderer Stelle (unter der Nullableitung) behandelt. Koziol 1972 hat 20 Arten zusammengesetzter Substantive und Jönsjö 1979:30–35 nennt für das Me. sogar 28 verschiedene morphologische Kombinationen. Bei den zusammengesetzten Adjektiven nennt Marchand 9 Typen, Koziol dagegen mehr als das Doppelte, nämlich 21. Man muß wohl einen Mittelweg finden. Wenn die Klassifizierung zu grob ist, werden wichtige Muster unterdrückt; andererseits können aber sicher nicht alle vorkommenden morphologischen Kombinationen als eigene Kompositionstypen eingestuft werden, vor allem nicht, wenn sie als Varianten oder Untergruppen eines Typs gelten können oder wenn sie sehr selten und unproduktiv sind.[3]

(2) Die Zuordnung einzelner Bildungen zu bestimmten Typen kann fraglich sein, wenn die Wortart einer Konstituente doppeldeutig ist; ferner

---

[2] Bauer 1983:7 stellt seinem Morphologiekapitel ein Zitat aus Hooper 1979 voran: "Morphology is inherently messy". Wenn Marchand 1969:9 die Wichtigkeit formaler Strukturen für alle Bereiche des Lebens betont, hat er sicher recht; er berücksichtigt dabei aber die Probleme der Formanalyse zu wenig.

[3] Siehe die folgende Diskussion sowie die Besprechung der einzelnen Typen unten 3.2. und 3.3. Nach Marchand (vor allem 1969:4f.) müssen Wortbildungstypen produktiv sein; vgl. auch Welte 1982:180. – Lyons 1968:152ff. weist auf das "principle of diminishing returns" hin, nach dem eine immer feinere Untergliederung einen Verlust an Ökonomie und Generalisierung mit sich bringt. Zur Frage, wie fein Klassifizierungen sein sollen, vgl. ferner Bliss 1967:80f.

können synchrone und diachrone Analyse zu verschiedenen Ergebnissen führen, vor allem wenn ursprünglich abgeleitete Nomina eigenständigen lexikalischen Status erhalten oder synchron schließlich gar nicht mehr mit dem zugrundeliegenden Wort in Verbindung zu bringen sind.

Die wichtigsten Probleme, die sich bei der Etablierung der morphologischen Kompositionstypen und der Zuordnung konkreter Bildungen zu ihnen ergeben, sollen nun diskutiert werden. Wenn manche Autoren aufgrund der auftretenden Schwierigkeiten die Analyse von Kp. nach den Wortarten ihrer Elemente völlig ablehnen,[4] so schütten sie das Kind mit dem Bade aus: Immerhin gibt es neben problematischen auch viele klare Fälle.

3.1.2.1. Kopulativkomposita

Die substantivischen Kopulativkp. (z. B. me. *knaue-child, ʒim-ston*) werden hier (unten 3.2.1.; vgl. 5.2.1.) als Untergruppe der Sb/Sb-Verbindungen eingeordnet[5] und nicht als eigenständiger Typ behandelt.[6] Letzteres ließe sich nur für die additiven Kopulativkp. (Dvandva) rechtfertigen, die keine Dt/Dm-Struktur haben, während die übrigen Kopulativkp. dagegen mit den sonstigen Sb/Sb-Kp. unter die Determinativkp. fallen, vgl. oben 1.4.3.3. sowie unten 3.2.1.3.(2). Die verschiedenen Arten der Kopulativkp. auseinanderzureißen empfiehlt sich aber schon deswegen nicht, weil ihre Abgrenzung voneinander in manchen Fällen schwierig ist (siehe unten 5.2.1.1.); außerdem spielen die Dvandvas im Frühme. ohnehin so gut wie keine Rolle.

3.1.2.2. Genitivkomposita

Marchand 1969:65−69 führt für das Ne. den Typ Sb+s/Sb auf, während Koziol 1972:60−62 statt dessen den Typ „Aus substantivischen Genitivfügungen" hat.[7] Dieser böte zwar den Vorteil, daß er außer den Verbindungen mit einem s-Genitiv auch die aus anderen Genitivverbindungen (auf ae. -e, -a, -an, -ena und -Ø) entstandenen Kp. mit einschlösse, die gerade im Frühme. (in der Form des e- und des Ø-Genitivs) noch relativ häufig sind; weil diese Formen des Gen. im Me. aber gegenüber dem s-Gen. auf dem Rückzug sind und auslautendes -e im Dt zudem oft verschieden interpretiert werden kann (siehe oben 2.4.3.1.), wird hier ebenfalls nur der formal

---

[4] Insbesondere Eyestone 1954:68; vgl. Smith 1971:51.
[5] So wie z. B. bei Marchand 1969:60−63, Koziol 1972:52−58 und Bauer 1983:202 f.
[6] Wie dies z. B. Carr 1939 und Hansen 1982:52 tun.
[7] Ähnlich Carr 1939:312−316.

eindeutige Typ Sb+*s*/Sb eigens aufgeführt (3.2.2.).[8] Die übrigen Verbindungen werden unter Sb/Sb eingeordnet. Für eine Beschreibung des Ae. müßte man wohl eine andere Entscheidung treffen und unter dem Typ der Genitivkp. alle Formen des Genitivs zusammenfassen.

3.1.2.3. Adj + Sb oder Sb/Sb?

Im Englischen sind nicht wenige Sb mit den entsprechenden Adj formgleich. Wenn solche Wörter als Erstelement einer Verbindung auftreten, läßt es sich nicht immer sicher entscheiden, ob die Verbindung als Sb/Sb-Kp. oder als Adj+Sb-Gruppe (bzw. Adj/Sb-Kp.) zu analysieren ist. Ausführlich wurde darauf bereits oben 2.4.3.4. eingegangen.

3.1.2.4. Num/Sb oder Adj/Sb; Num/Adj oder Adj/Adj?

Die Zahlwörter (Numeralien) haben syntaktisch weitgehend die gleiche Funktion wie die Adjektive und könnten deswegen unter die Typen Adj/Sb und Adj/Adj subsumiert werden; so verfahren z. B. Carr 1939 und Marchand 1969:63. Weil den Zahlwörtern in den Grammatiken aber oft ein eigenes Kapitel gewidmet wird,[9] werden die Verbindungen damit hier als eigene Kompositionstypen aufgeführt (unten 3.2.4. und 3.3.3.), so wie dies auch Koziol 1972:63, 75 tut.[10]

3.1.2.5. Pronomina als Dt

Wie bei Marchand und Koziol werden als Pronomina hier *all-*, *self-* und *he-/she-* angesehen;[11] die Personalpronomina kommen im Frühme. allerdings noch nicht in der Komposition vor. Wegen der geringen Zahl der im Frühme. mit Pronomina gebildeten Kp. werden diese hier in zwei Typen zusammengefaßt, nämlich Pron/Sb (3.2.5.) und Pron/Adj bzw. Pron/deverbales Adj (3.3.4.). Marchand 1969:74–94 setzt für das Ne. dagegen sieben

---

[8] Für diese Einteilung ließe sich auch anführen, daß sich umgekehrt viele Kp. als Genitivverbindungen paraphrasieren lassen, obwohl das Dt eindeutig nicht flektiert ist, z. B. ae. *folc-(ge)mot* = 'folces gemot'; siehe dazu Koziol 1972:60 und ausführlich Gardner 1968:69–82.

[9] Siehe z. B. Campbell 1959:282–286; Mustanoja 1960:290–312; Mitchell 1985:I,208–228.

[10] *half-* wird von Koziol 1972:104 aber als Präfix eingestuft – hier dagegen als Num. Das *DCE* hat *half* als n, pron, predeterminer, adv und comb.form!

[11] Zum Teil schwankt die Einstufung in den Handbüchern und Wörterbüchern aber; z. B. klassifiziert das *MED al* als "lim. adj. & n." sowie als "adv. & conj.", aber nicht als Pron.; Adams 1973:94 f. stuft *all-* und *self-* als Sb ein. Zu den Pron könnte man noch *an, ani/eni, nan* und *sum* rechnen; die Verbindungen damit (*na(n)-þing* usw.) werden hier aber nicht weiter berücksichtigt, vgl. oben 1.3.4. unter (5).

Typen von mit Pronomina gebildeten Kp. an (vier für Sb und drei für Adj), während Koziol 1972:64—80 etwas inkonsequent erscheint: bei den Sb setzt er nur den Typ „Pronomen und Substantiv" an, bei den Adj unterteilt er in vier Typen.

3.1.2.6. Partikelkompositum oder Präfixbildung?

Die Ortspartikeln sind zwar Wörter (Adverbien bzw. Präpositionen) und die Zusammensetzungen damit folglich Komposita; trotzdem nimmt man ziemlich allgemein an, daß die Partikelkp. eine deutliche Nähe zu den Präfixbildungen aufweisen.[12] Dies hat morphologische, syntaktische und semantische Gründe:

(1) Die Partikeln sind grammatische Morpheme (Funktionswörter), im Gegensatz zu den Sb, Adj und Verben, die lexikalische Morpheme sind.

(2) Die syntaktische Basis der Partikelkp. und der meisten anderen Kompositionstypen ist unterschiedlich. Beispielsweise spiegeln die Kp. des Musters Sb/deverbales Sb eine Subjekt-Prädikat-Objekt-Beziehung wider, z.B. 'someone blows a horn' → *hornblower;* die Kp. des Musters Partikel/deverbales Sb spiegeln aber (nur) die Beziehung Subjekt-Prädikat-Partikel wider, z.B. 'someone/something falls down' → me. *doun-falleing,* ne. *down-fall;* oder *he steg neoðer ... of neoðerstienge specð Dauid.*

(3) Nach Fill 1980:55 enthalten die Ortspartikeln „nicht mehr semantische Elemente ... als reine Affixe", was er allerdings nicht näher ausführt. Jedenfalls haben die Partikeln als Kompositionselemente zum Teil eine andere Bedeutung als in selbständiger Verwendung. Man könnte daran denken, hier Homonyme anzusetzen, wie z.B. *over*[1] (Wort) ‚über' (*overcoat, overgarment, overview*) und *over-*[2] (Präfix(oid)) ‚übergroß, zu sehr, zu viel' (*overanxious, overcaution, overdose, overestimate*), was aber neue Probleme mit sich brächte.

3.1.2.7. Einordnung und Untergliederung der Partikelkomposita

Aufgrund der gerade geschilderten Zwischenstellung der Partikelkp. zwischen Kp. und Präfixbildungen werden die Partikelkp. in den Handbüchern unterschiedlich eingestuft. So schließt Carr 1939:xxi f. die Partikelkp. aus seiner Behandlung der Komposita ganz aus; Koziol 1972 ordnet die Partikelkp. jeweils unter den Präfixbildungen ein.[13] Marchand und

---

[12] Siehe z.B. Gardner 1968:58 f.; Kastovsky 1968:605; Marchand 1969:19, 110, 112; Koziol 1972:89—91; Adams 1973:32 f.; Fill 1980:55; Hansen 1982:57 f.; Quirk et al. 1985:1520, 1538. Das *MED* stuft die Partikeln als Erstelemente von Zusammensetzungen oft als Präfixe ein, siehe z.B. *abouten,* pref.; *aboven,* pref., usw.

Adams fassen alle Zusammensetzungen mit Partikeln (Partikel/Sb, Partikel/Adj (und Partikel/Vb)) in einer Gruppe zusammen und stellen diese Gruppe neben die Gruppen der zusammengesetzten Sb, Adj und Verben.[14] Hier werden dagegen, ähnlich wie bei Jespersen 1942 (*MEG* VI): 160 f., 166 und bei Bauer 1983: 206, 211 zwei Typen angesetzt: Partikel/Sb (einschließlich Partikel/deverbales Sb) und Partikel/Adj (einschließlich Partikel/deverbales Adj, d. h. Partizip).[15] Beide Typen lassen sich noch weiter unterteilen, siehe unten 3.2.6. und 3.3.5.[16]

3.1.2.8. Vb/Sb oder Sb/Sb?

Bei dem Typ Vb/Sb ist es nicht immer sicher, ob im Dt tatsächlich der Stamm des Verbs oder das dem Verb entsprechende (deverbale) Sb vorliegt: derartige Zweifelsfälle werden bei der Besprechung des Typs Vb/Sb unten 3.2.7. behandelt.

3.1.2.9. Probleme der *ing*-Form

(1) Denominales *-ing*: Neben dem häufigeren deverbalen *-ing (-ung)* gab es im Ae. auch ein denominales *-ing*;[17] die damit gebildeten Zusammensetzungen gehören dementsprechend zum Typ der Sb/Sb-Kp., z. B. *a verþingworþ* ‚einen Farthing wert‘, d. h. ‚geringer Wert‘, *SEL; mete-niþing* ‚Geizhals‘, *PMor.* Weitere Belege unten 4.1.3.

(2) Deverbales *-ing*: Verbalsubstantiv oder Partizip Präsens? Im Ne. ist die Form Vb+*ing* mehrdeutig:[18] Sie kann Partizip Präsens, Gerund oder Verbalsubstantiv sein, wobei diese Funktionen nicht in allen Fällen klar zu scheiden sind. Trotzdem unterscheiden z. B. Koziol 1972: 60, 63 und Hansen 1982: 55 zwischen den Typen Verbalsb/Sb (ne. *writing table*) und Part-

---

[13] Siehe bei ihm unter *after-, back-, by-, down-, forth-, in-, off-, on-, out-, over-, through-, under-, up-*. Die meisten ne. Partikeln existierten schon im Ae.; einige kamen im Me. dazu. Einige ae. und me. Partikeln starben später aus, z. B. *innan-, niþer-, sundor-, wiþer-, ymb-*.

[14] Marchand 1969: "Combinations with locative particles as first elements"; Adams 1973: "Compounds containing particles".

[15] Jespersen behandelt diese Typen nur ganz knapp; Marchand 1969: 108 hat aber nicht recht, wenn er sagt, daß Jespersen sie gar nicht erwähnt.

[16] Marchand kommt auf insgesamt 12 verschiedene Muster, die es größtenteils schon im Ae. gab. Vgl. auch Hansen 1982: 57 f., 63.

[17] Und auch später. Siehe dazu z. B. Kluge 1926: § 22−27; Quirk/Wrenn 1957: 112, 117; Meid 1967: § 150; Marchand 1969: 302−305; Koziol 1972: 195 f.; *ODEE* s. v. *-ing³* und vgl. *-ing¹*.

[18] Aus der umfangreichen Literatur zur Geschichte und Funktion der ing-Form siehe z. B. Martin 1906: 31−41; Kluge 1926: 11−16, 82 f.; Jespersen 1940 (*MEG* V): 86−150; Brunner 1960−1962: II, 185 f., 191−194, 351−364; Mustanoja 1960: 546−581; Visser 1966: II, 1065−1098 (§ 1001−1038); Meid 1967: 209−211 (§ 152); Marchand 1969: 302−304; Kisbye 1971−1972: I, 31 f., 56 f.; Koziol 1972: 195 f. (*-ing²*); Stein 1973: 208−215; *ODEE* s. v. *-ing¹*.

Präs/Sb (ne. *mocking bird*). Dagegen kennt Marchand 1969:69 nur den Typ „Verbal *ing*/Sb"; diesen faßt er grundsätzlich als Verbalsb/Sb auf – ein Typ PartPräs/Sb erscheint bei ihm nicht. Vermutlich geht Marchand so vor, weil sich syntakt. Gruppen aus PartPräs+Sb (Vb+*ing*+Sb) und Kp. aus Verbalsb/Sb (Vb+*ing*/Sb) zwar nicht morphologisch trennen lassen, aber sowohl vom Akzent her unterschieden sind (Doppelakzent bei den syntakt. Gruppen, Anfangsakzent bei den Kp.) als auch von der Bedeutung her: Wenn beim Subjektstyp die Verbindung bedeutet ‚B führt die Verbalhandlung von A gerade aus', liegt das PartPräs vor *(a dáncing gírl)* und damit eine syntakt. Gruppe; wenn die Verbindung dagegen bedeutet ‚B führt die Verbalhandlung von A berufsmäßig/gewohnheitsmäßig/charakteristischerweise aus (aber nicht unbedingt im Augenblick)' *(a dáncing gìrl)*, dann liegt ein Kp. aus Verbalsb/Sb vor. Ebenso ist ein Kp. aus Verbalsb/Sb anzusetzen, wenn ein anderer Referenztyp vorliegt, z.B. *writing table* (nicht *'The table is writing', sondern 'We write at the table', also Adv-Typ bzw. 'The table is for writing'), *spending money* ('We spend the money', also O-Typ, bzw. 'The money is for spending').[19] Wie bei Marchand wird auch hier verfahren, allerdings noch aus einem weiteren Grund. Im Ae. waren PartPräs und Verbalsb nämlich formal noch klar getrennt: das PartPräs endete auf *-ende*, das Verbalsb auf *-ung, -ing*. Im Me. übernahm das PartPräs allmählich die ursprünglich nur dem Verbalsb zugehörige Endung *-ing (-ung);* dadurch fielen die beiden Formen zusammen, wobei das Verbalsb gleichzeitig auch noch die Funktion des Gerund entwickelte – so ergab sich der schillernde Charakter der ne. *-ing*-Form. In unseren frühme. Texten sind die beiden Formen aber oft noch getrennt (PartPräs auf *-ande, -ende, -inde*; Verbalsb auf *-ung, -ing*), z.B. *arisinde grace*, AncR A 84r/16; *a stinkinde hore*, AncR A 86r/26; *a liggeand man*, Amis&A 1337; *Arthour com rideinde*, Art&Merl 9757 (vgl. 9591). Doch zeigt sich gelegentlich auch schon die Übernahme der Endung *-ing* durch das Partizip, z.B. *Ne ganninde ne ridinde*, LaჳB C 793, aber *Ne goinde ne riddingge*, LaჳB O 793; *al singinde*, O&N 855 (Hs. J), aber *al singinge*, O&N 855 (Hs. C) – Hs. J hat die ursprüngliche, vom Dichter verwendete Form bewahrt, weil das Reimwort *wel avynde (wel auinde)* ist; gelegentlich werden *-ing* und *-ende/-inde* auch verwechselt. Als Kompositionstypen werden dementsprechend hier angesetzt: Vb+*ing*/Sb (d.h. Verbalsb/Sb, unten 3.2.8.), Sb/Vb+*ing* (d.h. Sb/Verbalsb, unten 3.2.12.), Sb/Vb+*ende* (d.h. Sb/PartPräs, unten 3.3.8.) sowie Adj/Vb+*ende* (d.h. Adj/PartPräs, unten

---

[19] Ähnlich argumentiert auch Poldauf 1984:118f. – Zur Bedeutung der Paraphrase mit *for* siehe unten 5.1.2.(4).

3.3.9.), während Verbindungen aus PartPräs+Sb grundsätzlich als syntaktische Gruppen eingestuft werden; siehe dazu unten 3.2.18.5.

3.1.2.10. Sb/deverbales Sb oder Sb/Sb?

Die Unterscheidung zwischen Substantivkomposita, deren Dm deverbal ist, und reinen Sb/Sb-Kp. bereitet manchmal Schwierigkeiten, weil sich hier sowohl diachrone und synchrone Analyse als auch morphologische und syntaktisch-semantische Analyse nicht immer decken;[20] dies gilt vor allem für die Kp. mit nullabgeleitetem deverbalem Dm.[21] Für eine rein etymologische Fragestellung würde die Feststellung reichen, daß ein Sb ursprünglich einmal eine deverbale Bildung war. Für eine rein synchrone und nur an der morphologischen Gestalt und Struktur interessierte Beschreibung könnte dagegen die Angabe des synchronen Status als Sb reichen. Für eine synchrone Beschreibung aber, die nicht bei der Morphologie stehen bleibt, sondern auch eine syntaktische oder semantische Beschreibung vorsieht und im Zusammenhang damit zwischen Kp. mit und Kp. ohne Verbalverknüpfung unterscheidet, ist jedoch die Frage wichtig, ob ein Sb rein synchron noch als Ableitung vom entsprechenden Verb angesehen werden kann. Genau dabei beginnen jedoch die Probleme, weil es auch hier wieder eine Rolle spielt, welches Kriterium man als entscheidend ansieht (vgl. oben 2.1.1.).

Manche Autoren fragen nicht, ob ein Ableitungsmuster noch morphologisch produktiv ist, solange sich semantisch eine Ableitungsbeziehung zwischen dem Verb und dem Sb erkennen läßt und sich mit Hilfe des Verbs eine überzeugendere Satzparaphrase bilden läßt als mit Hilfe des Sb.[22] So sieht etwa Warren 1978:62 *nickel content* und *birth-day* als Kp. mit Verbalverknüpfung an, vermutlich weil sie Paraphrasen wie 'something contains nickel' und 'day on which someone is/was born' als natürlicher empfindet wie ?'the content of something consists of nickel' und 'day on which someone's birth takes/took place', obwohl klar sein müßte, daß synchron weder ne. *birth* von *to bear/to be born* noch ne. *content* von *to contain* abgeleitet werden kann.[23]

---

[20] Ähnliche Schwierigkeiten gibt es auch bei zusammengesetzten Sb, deren Dt (möglicherweise) deverbal ist; vgl. dazu oben 3.1.2.8. und unten 3.2.7. – Zum Folgenden vgl. Sauer 1985 a: § 4.2.3.; 1985 b: § 2.8.; ferner Gardner 1968:42–54.

[21] Die Kompositionstypen mit explizitem Suffix (Sb/Vb+*er(e)*, Sb/Vb+*ing*) werden dagegen wohl generell als deverbal empfunden.

[22] Auch dies läßt sich freilich nicht immer eindeutig entscheiden, siehe die Beispiele weiter unten.

[23] Ae. und me. *gebyrd-tid* wird hier deshalb als Sb/Sb-Kp. eingestuft.

Doch selbst bei Zusammensetzungen mit Sb, die sich synchron als deverbal auffassen lassen, weil sie nach produktiven Wortbildungsmustern abgeleitet wurden, fällt eine eindeutige Zuordnung manchmal schwer. So wurde bereits oben 1.4.3.4. darauf hingewiesen, daß Marchand aus den Verbalnexuskomposita mit nullabgeleitetem deverbalem Dm (Typ Sb/Vb+Ø$_{Sb}$) wie z.B. *sunrise, bloodshed, bus stop, fleabite, chimney sweep* eine Gruppe von Pseudo-Verbalnexuskp. ausgrenzt, die sich nur als Sb/Sb-Kp. beschreiben lassen, wie z.B. *newsstand, finger print, sidewalk*.[24] Faiß 1978:53−64, 79 f. bezweifelt die Berechtigung einer solchen Trennung, unter anderem deswegen, weil z.B. nicht nur *stand, print, walk*, sondern auch *rise, stop, bite* usw. einen unabhängigen lexikalischen Status als Sb haben. Er fordert deshalb (1978:64)

allen deverbalen Substantiven den Status einer Verbalnexuskombination zuzuerkennen, sofern sie auf Grund phonologischer Regeln des P[resent-Day] E[nglish] als zu ihrer Derivationsbasis zugehörig erscheinen.

Bei der Analyse der ae. und me. Bildungen geht Faiß aber dann offenbar hauptsächlich vom etymologischen Befund aus; so sind für ihn z.B. ae. *hus-bonda, hlæf-dige, hlaf-weard, neah-gebur, nos-þyrel, steop-fæder, stig-weard* (ne. *husband, lady, lord, neighbour, nostril, stepfather, steward*) Kp. mit Verbalverknüpfung. Synchron trifft dies aber bereits im späteren Ae. für die meisten dieser Bildungen nicht mehr zu, was sich schon daran zeigt, daß sie zum Teil bereits im Ae. verdunkelt wurden.[25]

---

[24] Vgl. Marchand 1969:16f., 38f., 76−78. Koziol kennt den Typ „Sb/nullabgeleitetes deverbales Sb" nicht; die hierher gehörigen Nomina agentis erscheinen bei ihm zusammen mit den Nomina agentis auf *-er(e)* unter dem Typ „Aus Substantiv und Nomen agentis" (1972:58f. (§ 58)). Gardner 1968:42−58 trennt die Nullableitungen ebenfalls nicht von den Bildungen mit explizitem Suffix *(-ende)*. − Im einzelnen können die Beziehungen recht kompliziert sein. Das Sb *walk* und das Sb *stop* sind (in der hier zur Debatte stehenden Bedeutung) gleichermaßen zu analysieren als '(We) walk there' → *[Place where]*/(we) walk' → walk/Ø und '(We) stop there' → *[Place where]*/ (we) stop' → stop/Ø. Das Kp. *bus-stop* ist aber tatsächlich leichter deverbal zu analysieren als das Kp. *side-walk*, weil im Paraphrasensatz für *bus-stop* ein Element vorkommt, das dem Nullmorphem des Kp. entspricht, während dies im Paraphrasensatz für *sidewalk* nicht der Fall ist: '(The) bus stop(s) [there]' → '*[Place where]*/ (the) bus stop(s)' → bus-stop/Ø; aber 'We walk at the side' → *[Place where]*/we walk at the side'. Vgl. auch Kastovsky 1982:211.

[25] Vgl. dazu unten 4.5. Gegen Faiß 1978 werden *-bonde, -(ge)bur* und *-þyrel* hier als primäre Sb angesehen und *steop-* als Präfix; zu ihrer Etymologie siehe außer Faiß auch ODEE s.v. *bond²; neighbour; nostril*. Schon im Ae. wurden sicher nicht mehr als deverbal empfunden: *fēond* (ne. *fiend*) und *frēond* (ne. *friend*), siehe ODEE sowie Gardner 1968:28, 43. *Hlæf-dige, hlāf-weard* und *stīg-weard* werden hier dagegen mit Faiß als Verbalnexuskp. eingestuft − dies ist aber rein etymologisch zu verstehen.

133

Zumindest um den Versuch einer Trennung von Verbalnexuskp. und Pseudoverbalnexuskp. kommt man trotz Faiß nicht herum. Dies zeigt sich auch deutlich an der Arbeit von Kastovsky 1968, der sich am ausführlichsten mit den ae. nullabgeleiteten deverbalen Sb einschließlich der damit gebildeten Kp. beschäftigt hat. Kastovsky stellt wie Warren und Marchand den synchronen syntaktisch-semantischen Aspekt gegenüber dem etymologisch-morphologischen in den Vordergrund. So behandelt er als nullabgeleitete deverbale Sb nicht nur solche, die von starken Verben abgeleitet sind (wie ae. *bryce, sang* usw.),[26] sondern auch solche, die mit schwachen Verben im Zusammenhang stehen, obwohl hier historisch gesehen manchmal nicht das Sb vom Vb abgeleitet ist, sondern beide auf die gleiche german. Wurzel zurückgehen (z. B. ae. *weorc – wyrcan*) oder sogar ursprünglich das Vb vom Sb abgeleitet ist (z. B. *mōt – mētan*);[27] selbst eine historisch gesehen eindeutig denominale Bildung wie ae. *cempa* ‚Kämpe, Kämpfer‘ stuft Kastovsky 1968:241 f. als deverbal ein.[28] Um die Beziehung der einzelnen Sb zu den entsprechenden Verben darzustellen, operiert Kastovsky für das Ae. generell mit Alternationen (“alternations”) bzw. umgekehrten Alternationen (“reverse alternations”), z. B. für *campian – cempa* a~e (A 2, 1968:61), für *mētan – mōt* ē~ō (A 8 R, 1968:68 f.), für *wyrcan – weorc* y~eo (A 4 b R, 1968:65). Diese sind aber rein synchrone Korrespondenzen und stellen die ursprüngliche Ableitungsrichtung zum Teil auf den Kopf. Aber selbst nachdem er so viele Sb, die syntaktisch-semantisch als Nominalisierungen einer Verbalhandlung angesehen werden können, als deverbal eingestuft hat, kann er die damit gebildeten Kp. nicht generell als Kp. mit Verbalverknüpfung erklären, sondern muß sie teils als Sb/Vb+Ø$_{Sb}$-Kp., teils jedoch als Sb/Sb-Kp. beschreiben, z. B. *folc-sceapa* ‚Volksschädling‘ (‚jemand, der dem Volk schadet‘, also Sb/Vb+Ø$_{Sb}$), aber *gilp-sceapa* ‚prahlerischer Schädling‘ (wörtlich wohl ‚Schädling, der Prahlerei *[gilp]* betreibt‘, also Sb/Sb); für weitere Beispiele siehe unten.

Der Grund für diese Schwierigkeiten liegt wohl letztlich darin, daß Handlungen nicht nur durch Verben, sondern auch durch Sb ausgedrückt werden können (*alms-deed, sun-rise*), wobei das Sb aber nicht unbedingt immer aus dem entsprechenden Verb abgeleitet (nominalisiert) sein muß.

---

[26] Bei ihnen trifft diese Einstufung auch historisch gesehen gewöhnlich zu; vgl. jeweils Seebold 1970.

[27] Von Kastovsky 1968 nicht behandelt (also offenbar als primäre Sb angesehen) werden dagegen z. B. *bōt, dǣd* und *dǣl*, die man von der Semantik her zwar ebenfalls für deverbal halten könnte (zu *bētan, dōn, dǣlan*), die aber morphologisch gesehen primär sind (d. h. den Verben zugrundeliegen) oder auf die gleiche german. Wurzel zurückgehen; siehe dazu jeweils weiter unten.

[28] *Cempa* < *camp-jan.

134

Überdies lassen sich nicht nur (deverbale) Sb mit Hilfe des entsprechenden Verbs paraphrasieren, sondern manchmal auch Verben mit Hilfe des entsprechenden Sb. Beispielsweise ist ae. *stenc* ‚Geruch, Gestank' zwar morphologisch gesehen deverbal (vgl. Kastovsky 1968:133; Seebold 1970: 471 f.), das zugrundeliegende Verb ae. *stincan* (ne. *stink*) wird von Clark Hall und *ODEE* aber seinerseits paraphrasiert als '(to) emit a smell'. Umgekehrt läßt sich z. B. ae. *sīð* ‚Reise' (usw.) semantisch als ‚Akt des Reisens' auffassen, das entsprechende Verb *sīþian* ist morphologisch aber vom Sb *sīð* abgeleitet (vgl. unten). Ferner können sich diachrone Verschiebungen ergeben: Im Englischen wurden viele formal ursprünglich getrennte Verben und Substantive später homonym (z. B. *play, work*; siehe unten bei *-plage* und *-werk*), so daß im Ne. die Sb leichter als Ableitungen aus dem Vb erklärt werden können als im Ae. und Frühme. Das in manchen Fällen enge Ineinandergreifen von Vb und entsprechendem Sb zeigt sich auch an der im Frühme. nicht seltenen Verwendung der etymologischen Figur, bei der ein Verb als Objekt das ihm etymologisch entsprechende Sb hat, z. B.:[29]

þa *bed* he his *bod, LaȝB* C 11 681 (vgl. *Orrm* 5420); *bindenn* ... wiþþ *bandess, Orrm* 3680 f. (vgl. *Vices&V* 176/29); hit is iudase *cos* þat ha wið *cusseð, AncR* C 81v/14; false *domes* to *demen, Body&S/3,* 6 (mehrmals, vgl. *LambH* IX (95/17); *StJul* 40v/14; *Orrm* 10 556; *11 Pains,* 62); *drinnkenn* dæþess *drinnch, Orrm* 14 380 (vgl. *Orrm* 14 482); he *gilltepp* aniȝ *gillt, Orrm* 6018 (vgl. *Orrm* 5 f.); ne na *keoruunge* ne *keorue, AncR* A 113v/7; buten he *libben* wolden his *lif, LaȝB* C 14 665; hafde *iqueðen* alle on heore *quides* soðe, *LaȝB* C 12 308; ælc his *saȝe sæide, LaȝB* C 13 149 (vgl. C 13 215, 15 209); þin *shippend* ... forr I þe *shop, Orrm* 12 008 f.; þeȝȝ *sungenn* þa þiss *sang, Orrm* 3922 f.; heo ... *sloȝen* þæt *slæht LaȝB* C 5612 f.; ne helle-*stenches stinken, Lyrics* XIII (3/44); he *sweatte* ase blodes *swat, AncR* A 80r/4 (vgl. A 30v/3; 97v/20); his *swinc* ... þat he *swonc, AncR* A 30r/28 (C 45r/7; vgl. *Orrm* 6103, 6108); me wolde *swingen* mid ani *swinge, Vices&V* 13/20 f.; te longe *wakinges* þat he *wok, AncR* C 57v; *werkes wurche, 11 Pains* 277 (288 ed. Horstmann); usw.

Hier wird bei der Einstufung neben dem syntaktisch-semantischen auch der etymologische Aspekt berücksichtigt, ohne daß sich diese Trennung aber immer ganz strikt durchführen ließe.[30] Als relativ klare Beispiele des Typs Sb/Vb+$\emptyset_{Sb}$ werden unter anderem Verbindungen mit folgenden Dm angesehen: *-bruche (spus-bruche), -lure (land-lure), -numa (yrfe-numa),*

---

[29] Wobei in manchen Fällen das Sb deverbal ist, in anderen aber das Vb denominal. Zur *figura etymologica* bei Orrm siehe Lehnert 1953:189 f.

[30] Zum Teil auch aus dem Grund, weil die Ableitungsbeziehungen manchmal komplex oder nicht ganz klar sind, vgl. z. B. unten zu *-plage.*

-toga (here-toge); näheres dazu siehe unten 3.2.9. Einige der wichtigsten fraglichen Fälle werden im folgenden diskutiert (Kastovsky bezieht sich auf Kastovsky 1968, Seebold auf Seebold 1970):

- *bere* (ae. *bǣr*, ne. *bier*, vgl. dt. *Bahre*) ist zwar ursprünglich deverbales Sb zum Vb *beran* ('Instrument, mit dem man etwas trägt'; vgl. Seebold 104–106); *horse-bere* 'Pferdesänfte' wird aber von Kastovsky 168 f. selbst als Sb/Sb-Kp. eingestuft.
- *bend* und *-binde* 'Band, Fessel' sind beide vom Vb *bindan* abgeleitet (vgl. Seebold 102–104). *Blod-binde* 'Verband', wörtl. 'Blutbinde' kann als Sb/Vb+Ø$_{Sb}$-Kp. analysiert werden ('Instrument, mit dem man das Blut bindet'); *sun-bendes* 'Sündenbande' wird aber von Kastovsky 186 f. selbst als Sb/Sb-Kp. eingestuft, ebenso *wude-binde* (Kastovsky 178, der es aber nicht als Pflanzennamen ('Geiß-blatt', ne. *woodbine*) hat [wie in *HrlVoc*], sondern nur als 'a bundle of wood').
- *berg(e)*: Das selbständig nicht belegte ae. *-beorg* ist vom Vb *beorgan* abgeleitet (Seebold 106 f.) und *hereberge* 'Herberge' (ne. *harbour*) ist als ursprüngliches Sb/Vb+Ø$_{Sb}$-Kp. einzustufen ('Ort, an dem man das Heer birgt'; Kastovsky 161). Im Me. war es aber wohl nicht mehr durchsichtig, zumal das Kp. möglicherweise als Lehnwort aus dem Anord. ins Spätae. gelangte (*ODEE* s.v. *harbour*).
- *bot* 'Buße' könnte zwar semantisch als 'Akt des Büßens' aufgefaßt werden, morphologisch ist es aber primäres Sb und das Vb *betan* 'büßen, Buße tun' ist davon abgeleitet. *Dæd-bot* und *sun-bote,* wörtl. 'Tatbuße' bzw. 'Sündenbuße' werden hier deshalb als Sb/Sb-Kp. eingestuft. Kastovsky führt *bot* nicht auf.
- *cine* 'Spalt, Riß' ist deverbale Ableitung zum Vb *cinan* 'aufbrechen, gähnen' (Kastovsky 183; Seebold 290 f.); *eorp-cine* 'Erdspalte' wird deshalb als Sb/Vb+Ø$_{Sb}$ eingestuft.
- *cwide, -cwepes: cwide* 'Rede' ist deverbal zum Vb *cwepan* (Seebold 318–320); *sop-cwide* 'wahre Rede' wird hier aber als Adj/Sb-Kp. eingestuft (vgl. oben 2.4.3.4. unter *soð-*; Kastovsky 113–115 gibt eine Doppelanalyse als Sb/Vb+Ø$_{Sb}$ und als Sb/Sb). Ebenso wird *soð-cwepes,* *ProvA* 30 (541) eingestuft, bei dessen Dm eine Neuableitung vom Infinitiv ae. *cwepan* (me. *quepen*) vorliegt. – Wie *cwide, cwepe(s)* wird hier *-sagu* behandelt. Vgl. Kastovsky 265.
- *dæd, ded(e)* 'Tat' (ne. *deed*) kann zwar semantisch als deverbal aufgefaßt werden ('etwas, das getan wird/wurde'), was auch daraus hervorgeht, daß parallel zu *almesded(e)* die verbale Gruppe *ælmesse don* verwendet wird (vgl. *MED* s.v. *al-mes(se)* 2 a; ferner z.B. *ealmesse don, AncR* A 60v/10; *allmess-dede don, Orrm* 7365, 7372 u.ö.); morphologisch ist es synchron aber als primäres Sb einzustufen, weil es nicht unmittelbar aus dem Vb ae. *don* (ne. *do*) abgeleitet werden kann (historisch gesehen ist es aus der Wurzel von *don* abgeleitet, siehe Seebold 157 f.). Als Sb/Sb-Kp. sind deshalb zu klassifizieren *almes-ded* wörtl. 'Almosen-tat', *morp-deden* 'Mordtaten', *scaðe-dede* 'Tat eines Bösewichts', sowie *dæd-bot* 'Buße für die Tat', als Adj/Sb *god-dede* 'gute Tat (Guttat)'. – An der morphologischen Einstufung würde auch der Versuch scheitern, in Anlehnung an Faiß

1978 (siehe dazu weiter oben sowie oben 1.4.3.4.) auf tieferliegende Strukturen auszuweichen: 'We (have) do(ne) something' → *deed* + 'We do *bot* for it'. Kastovsky führt *dæd* nicht auf.

– *dele* als Dm der Kp. *elmas-dele, elmes-idal* und *almes-deled* ‚Almosenausteilen‘ (letzteres für *almes-dele*?) kann als deverbal angesehen werden (aus ae. *dælan*, ne. *to deal*) und die Kp. dementsprechend als Sb/Vb+$\emptyset_{Sb}$-Kp., zumal daneben auch die entsprechende syntakt. Wendung *almes delen* ‚Almosen austeilen‘ vorkommt, z. B. *TrinH* XXVI (159/18 f.), XXII (129/32); vgl. Kastovsky 278 f. – Primäres Sb ist dagegen ae. *dæl* (ne. *deal*) ‚Teil‘, das auch von Kastovsky nicht aufgeführt wird.

– *dent* (ne. *dent*) und *dunt* (ae. *dynt*, ne. *dint*) ‚Schlag‘ können semantisch als deverbal aufgefaßt werden (‚Akt des Schlagens‘), müssen für das Ae. und Frühme. morphologisch aber als primäre Sb angesehen werden, weil das Vb *dinten* erst im Frühme. vom Sb abgeleitet wurde (vgl. *MED*, das *dinten* u. a. als 'to beat with blows' paraphrasiert, sowie *OED* s. v. *Dint* vb.). Sb/Sb-Kp. sind demnach *bac-duntes* ‚Rückenschläge‘, *AncR; bali-duntes* ‚tödliche Schläge‘ (könnte auch Adj/Sb sein, siehe oben 2.4.3.4.); *dep-dentes* ‚Todesschläge‘; *ponder-dent* ‚Donnerschlag‘, *KingAlex*.

– *dyne* ‚Lärm‘ (ne. *din*) ist als primäres Sb aufzufassen, weil es nicht vom entsprechenden Vb *dynian* abgeleitet ist, sondern letzteres auf die gleiche Wurzel zurückgeht bzw. synchron morphologisch und semantisch ('to make a din') vom Sb abgeleitet ist (vgl. *OED* s. v. *Din* sb. und v.; ferner *Earthdin*). *Eorð-dyne* ‚Erdbeben‘ (wörtl. ‚Erdlärm‘) ist ein Sb/Sb-Kp. (im Gegensatz zu ne. *earthquake*, das Sb/Vb+$\emptyset_{Sb}$-Kp. ist).

– *drinc* (ne. *drink*) ist deverbales Sb (Seebold 165 f.); *water-drync* ‚Wassertrunk‘ und *win-drync* ‚Weintrunk‘ werden aber von Kastovsky 118 selbst als Sb/Sb-Kp. eingestuft. Die gleiche Einstufung gilt für *loue-drinc* ‚Liebestrank‘; Sb+*s*/Sb-Verbindung ist *millkess drinnch, Orrm*.

– *fold* ‚Gehege‘ (< ae. *falod* usw.) hat nichts mit dem Vb ae. *fealdan* (ne. *fold*) zu tun (vgl. *OED* s. v. *Fold* sb²); *der-fald* ‚Tiergehege‘, *ChronE*, ist Sb/Sb-Kp.

– *fare* ‚Fahrt‘ (ae. *faru*, ne. *fare*) ist deverbales Sb aus *faran* (Seebold 186–188; Kastovsky 163 f.). Als ursprüngliche Sb/Vb+$\emptyset_{Sb}$-Bildungen werden hier eingestuft: *chaffare*, urspr. ‚Kauffahrt‘ (obwohl die frühesten Belege verdunkelt sind (< *ceap-faru*) und es sich wohl um ein Lehnwort aus dem An. handelt, siehe *ODEE* s. v. *chaffer*) sowie *schip-fare* ‚Schiffahrt‘ → ‚Schiffsausstattung‘; als Sb/Sb-Kp. dagegen *lecher-fare* ‚Wollust‘.

– *feng* ‚Beute‘ ist deverbales Sb zu *fon* (‚das, was man fängt/gefangen hat‘; Kastovsky 115 f.; Seebold 185 f.). *Herre-feng* ‚Beute‘, *LaʒB* C 5845 ist deshalb zumindest als ursprüngliches Sb/Vb+$\emptyset_{Sb}$-Kp. einzustufen (‚das, was das Heer gefangen hat‘).

– *fere* ‚Gefährte‘ (ae. *gefera*) ist ursprünglich deverbales Sb aus *feran* (Kastovsky 243, vgl. 282); das Kp. *driht-fere* ‚königliche Gefolgschaft‘, *StKat*, ist aber als Sb/Sb-Kp. einzustufen und das Kp. *play-feren* ‚Spielgefährten‘ als Vb/Sb-Kp., siehe dazu unten bei *-plage* sowie unten 3.2.7.5.

137

– *fiht* (ne. *fight*) ist deverbales Sb (Kastovsky 189 f.; Seebold 190 f.); das me. Kp. *stæl-fiht* ‚hartnäckiger Kampf‘ (wörtl. ‚Platzkampf‘) ist aber wohl besser als (lexikalisiertes) Sb/Sb-Kp. aufzufassen, ebenso *balu-fiht(e)* ‚tödlicher Kampf‘.

– *gang* ist deverbales Sb (Kastovsky 105–108; Seebold 213–216). In der Bedeutung ‚Gehen, Gang‘ ist es auch synchron als deverbal einzustufen: *chirche-gang* ‚Kirchgang‘, *hand-gang* (vgl. *þu me gest an honde*, O&N 1651); *here-gang; in-gang; forþgang*, beide *AncR;* ferner *gang-dagas* (Vb/Sb). In der Bedeutung ‚Abort‘ ist es dagegen als primäres Sb einzustufen: *gong-hus* ‚Abort‘, *gong-men*, *gong-þyrel* ‚Abortloch‘, alle drei *AncR;* vgl. Zettersten 1965:43 sowie unten 3.2.7.5.

– *gife* ‚Gabe‘ (ae. *giefu, gifu*) ist deverbales Sb (Kastovsky 164–166; Seebold 217–219); *marhe-ȝeuen* (ae. *morgen-gifu*) ‚Morgengabe‘ und *wil-gife* wörtl. ‚Willensgabe‘ können als Kp. des Typs Sb/Vb+$\emptyset_{Sb}$ aufgefaßt werden.

– *kempe* ‚Kämpe, Kämpfer‘ kann semantisch als Nomen agentis aufgefaßt werden (‚jemand, der kämpft‘; siehe Kastovsky 241 f. mit Anm. 31); morphologisch ist es aber als denominales Sb entstanden: ae. *cempa* < *camp* (< lat. *campus*); das relativ seltene ae. Verb *campian* ist seinerseits ebenfalls aus *camp* abgeleitet. *Wæl-kempe* wörtl. ‚Schlachtkämpfer‘ wird hier deshalb als Sb/Sb-Kp. eingestuft. – In etwa vergleichbare ne. Fälle wären *merchant (tea-merchant)* und *thief (car-thief)*, die semantisch ebenfalls Nomina agentis sind, aber morphologisch primäre Sb darstellen (siehe oben 1.4.3.3.); vgl. auch unten zu *scop*.

– *lad, -lod* ‚Weg, Führung‘ läßt sich in der Bedeutung ‚Führung‘ zwar semantisch als deverbales Nomen actionis auffassen, morphologisch ist aber umgekehrt das Vb ae. *lædan* (ne. *to lead*) vom Sb abgeleitet (vgl. ODEE s.v. *lead²* und *load;* OED s.v. *Load*). Deshalb werden hier *lif-lad* ‚Lebensführung‘ (ne. *liveli-hood*) sowie *cart-lod* ‚Wagenladung‘ gegen Kastovsky 261 f. als Sb/Sb-Kp. eingestuft, obwohl parallel zu *lif-lad* die verbale Gruppe (etymolog. Figur) *lif lædan* existiert: *þe mon ... ne neuer god lif lede*, PMor 123; vgl. TrinH XXIII (137/29).

– *met* (ae. *(ge)met*) ‚Maß‘ ist deverbales Sb (Kastovsky 205 f.; vgl. Seebold 352–354); *moneð-met*, Gen&Ex, wörtl. ‚Monatsmaß‘ kann deshalb dem Typ Sb/Vb+$\emptyset_{Sb}$ zugeordnet werden.

– *mot* (ae. *(ge)mot*) ‚Treffen‘ kann zwar semantisch als ‚Akt des (sich) Treffens‘ aufgefaßt werden: morphologisch ist aber das Sb primär und das Vb ae. *metan* ‚treffen‘ (ne. *to meet*) davon abgeleitet. Deshalb wird hier *gewitene-mot* ‚Rat der Weisen‘, wörtl. ‚Treffen der Weisen‘ als Sb/Sb-Kp. aufgefaßt (gegen Kastovsky 281 f.), was sich auch von daher begründen läßt, daß ae. *witena-gemot* eine Verbindung mit dem Dt im Gen.Pl. ist (‚Treffen der Weisen‘).

– *plage, -plohe* (ae. *plega* usw.) ‚Spiel‘: Es handelt sich um ein deverbales Sb ‚Akt des Spielens‘ aus dem dem ae. schwachen Vb *pleg(i)an* zugrundeliegenden starken Vb *pleon* (< **plegan*) (siehe Seebold 363 f.; vgl. Kastovsky 247 f.; OED s.v. *play* – in ne. *play* sind das Vb und das Sb formal zusammengefallen). Hier werden *bal-plohe* ‚Ballspiel‘, AncR, und *hore-plage* ‚Hurerei‘, Gen&Ex, als Bildungen des Typs Sb/Vb+$\emptyset_{Sb}$ aufgefaßt; entsprechend wird *plei-ueres* ‚Spielgefährten‘ als Bildung des Typs Vb/Sb eingestuft (siehe dazu unten 3.2.7.5.).

- *scop* ‚Sänger, Dichter' gilt allgemein als primäres Sb (das nicht etwa aus ae. *scieppan* ‚schaffen' abgeleitet ist, vgl. *OED* s. v. *Scop*). *Leod-scopes* ‚Volksdichter' und *salm-scop* ‚Psalmist, Psalmendichter' werden hier deshalb als Sb/Sb-Kp. eingestuft.
- *schote* ‚Schuß' (ae. *(ge)sc(e)ot*, ne. *shot*, vgl. *scot*) ist deverbales Nomen actionis (Kastovsky 215 f.; Seebold 417 f.). *Bowe-shote* ‚Bogenschuß' ist dementsprechend dem Typ Sb/Vb+$\emptyset_{Sb}$ zuzuordnen. Schwieriger ist *Rom-(ge)sceot, Romescot* ‚Peterspfennig', wörtl. ‚Zahlung, die man nach Rom sendet'. Hier wird es gegen Kastovsky als Sb/Sb-Kp. eingestuft (vgl. die später vorgenommene Differenzierung von *shot* und *scot*); weil ae. *sceotan* aber neben ‚schießen' auch die Bedeutung ‚zahlen' hatte (siehe *BT* s. v. *sceotan* VII), ist eine Einstufung als Sb/Vb+$\emptyset_{Sb}$ nicht auszuschließen.
- *sip* ‚Reise' ließe sich semantisch wohl als ‚Akt des Reisens' auffassen (vgl. oben); im Ae. ist es aber als primäres Sb einzustufen, von dem das Vb *sipian* ‚reisen' abgeleitet ist (zur Etymologie siehe *OED* s. v. *Sithe* sb[1] und v[1], vgl. *Send*). Als Sb/Sb-Kp. werden hier deshalb und auch wegen der Semantik aufgefaßt: *bale-sipes* (zu dessen möglicher Deutung als Adj+Sb-Verbindung siehe oben 2.4.3.4.), *lif-sip* (Kastovsky 233 f. hat nur *gesip* ‚Gefährte'), usw.; vgl. unten 5.2.1.2.(1 b).
- *slep* (ae. *slǣp*, ne. *sleep*) ist deverbales Nomen actionis zum Vb ae. *slǣpan* (ne. *to sleep*) (Kastovsky 109; Seebold 434). *Morgen-slep* ‚Morgenschlaf' wird hier deshalb als Sb/Vb+$\emptyset_{Sb}$-Kp. eingestuft.
- *sang, -song* ist deverbales Sb zu ae. *singan* (Kastovsky 131−133; Seebold 392 f.); die damit gebildeten Kp. werden aber von Kastovsky selbst nur zum Teil als Sb/Vb+$\emptyset_{Sb}$-Kp. eingestuft, zum Teil aber als Sb/Sb-Kp., wobei er nicht immer konsequent ist: so stuft er z. B. *middæg-sang* 'the midday service' und *niht-sang* 'compline' als Verbalnexuskp. ein, aber *non-song* 'the service held at the ninth hour' und *prim-sang* 'the service at the first hour' als Sb/Sb-Kp.; bei *lof-sang* ‚Loblied' gibt er eine doppelte Analyse. Hier werden dem Typ Sb/Vb+$\emptyset_{Sb}$ zugeordnet: *chirche-song, daȝȝ-sang* (laut Kastovsky Sb/Sb), *euen-sang, messe-sang* (vgl. die häufige verbale Gruppe *mæssan singan*, z. B. *StatRom* 44, 151 *(he song masse)*, usw.), *sealm-sang* (Kastovsky gibt dafür eine Doppelanalyse), *uht-sang, uhtenn-sang,* und *hous-song* ‚Morgenlied, Matutin' (wörtl. ‚Hausgesang'); als Sb/Sb-Kp. werden dagegen eingestuft *lof(t)-song* und *dweole-song* ‚betrügerisches Lied'.
- *speche* (ae. *sprǣc*, ne. *speech*) ist ursprünglich deverbales Sb zu *sp(r)ecan* (Kastovsky 170−172; Seebold 455−457). Seit aber bereits im Verlauf des Ae. im Sb das /k/ zu /tʃ/ assibiliert wurde, kann das Sb synchron nicht mehr vom Vb abgeleitet werden. Schon deshalb wird *luue-speche* ‚Liebesworte' hier als Sb/Sb-Kp. eingestuft.
- *spring* ‚Quelle' ist deverbales Sb zu *springan* (Kastovsky 101 f.; Seebold 457 f.). Die Zusammensetzungen mit *spring* sind aber unterschiedlich zu beurteilen. *day-spring* ‚Tagesanbruch' und *ea-spring* ‚Quelle' werden dem Typ Sb/Vb+$\emptyset_{Sb}$ zugeordnet (für letzteres so auch Kastovsky); *well-spring* ‚Quelle' dagegen dem

139

Typ Sb/Sb (so auch Kastovsky, vermutlich weil es sich um ein Kopulativkp. handelt: 'a well is a spring'); *wateres springe* ‚Quelle‘, *Gen&Ex* 581 gehört zum Typ Sb+*s*/Sb.

– *step* (ae. *stæpe*) ist deverbales Sb zu ae. *stæppan* (ne. *step*; siehe Kastovsky 117; Seebold 462 f.); *fet-steppes* ‚Schritte, Fußstapfen‘ wird dementsprechend als Sb/ Vb+Ø$_{Sb}$-Kp. eingestuft.

– *geswinc* ‚Mühe, Plage‘ ist deverbales Sb zu ae. *swincan* (Kastovsky 194 f.; Seebold 493 f.); *hand-ʒeswinc* ‚Handarbeit‘ wird demnach als Sb/Vb+Ø$_{Sb}$-Kp. eingestuft.

– *prowe* ‚Zuckung, Schmerz‘ ist eine me. Bildung, die möglicherweise vom Vb *prowian* ‚leiden‘ beeinflußt wurde (zur nicht ganz klaren Etymologie siehe *ODEE* s. v. *throe*; *OED* s. v. *Throe*; Millett, ed. *HMeid*, S. 47) – das Ae. hat nur die eindeutig deverbale Bildung *prowung*. *Dep-prowes* ‚Todesqualen, Todeskampf‘ läßt sich aber wohl besser als Sb/Sb-Kp. erklären; *pinunge-prahen* ‚Geburtswehen‘ ist als Vb+*ing*/Sb-Kp. einzustufen.

– *ward* (ae. *weard*) ‚Wächter‘ und ‚Wache‘ wird von Kastovsky 235–238, 259 (und vgl. 423–426) sowie Faiß 1978:146 f. (§ 28), 180 (§ 43) als deverbales Sb zu ae. *weardian* eingestuft (historisch gesehen ist allerdings das Vb vom Sb abgeleitet, siehe *ODEE* s. v. *ward*[1] und *ward*[2]). Die relativ zahlreichen mit *-ward* ‚Wärter‘ gebildeten Zusammensetzungen (Nomina agentis) werden hier aber trotzdem in Anlehnung an Kastovsky und Faiß als Sb/Vb+Ø$_{Sb}$ beschrieben, siehe unten 3.2.9.5.(1). Dagegen werden hier die mit *ward(e)* ‚Wache‘ gebildeten Zusammensetzungen als Sb/Sb- bzw. als Partikel/Sb-Kp. beschrieben, zumal in me. *ward(e)* das ae. *weard* und das afrz. (anglonormann.) Lehnwort *warde* ‚Wache‘ zusammenfielen (siehe *ODEE* s. v. *ward*[1] und vgl. *guard, warden*): *bac-warde* ‚Nachhut‘, *fore-ward* ‚Vertrag, Vereinbarung‘; *middel-ward* ‚mittlere Gruppe‘; *rere-ward* ‚Nachhut‘, usw. Sb+*s*/Sb-Kp. ist *wardes-men* ‚Wächter‘, *LaʒB* C 9633.

– *wæcce* ‚Wache‘ ist deverbales Sb zu ae. *wæccan* oder *wæcnan* (vgl. auch *wacian*) (siehe Kastovsky 269; *ODEE* s. v. *wake*[1] und *wake*[3] sowie *watch*; Seebold 535 f.); *niht-wecches* ‚Nachtwachen‘ gehört demnach zum Typ Sb/Vb+Ø$_{Sb}$; zu *wakemen* ‚Wächter‘ siehe unten 3.2.7.5.

– *well(e)* ‚Quelle, Brunnen‘ (ae. *wiella, wælla* usw., ne. *well*) ist ursprünglich ein deverbales Sb (Kastovsky 146, Seebold 538; vgl. *ODEE* s. v. *well*[1] und *well*[2]); *heued-welle*, *Gen&Ex*, ‚Hauptquelle‘, ist aber sicher Sb/Sb-Kp. Auch die meisten Zusammensetzungen mit *welle*- als Dt sind Sb/Sb-Kp., siehe dazu oben zu *spring* und unten 3.2.7.5.

– *werk* (ae. *weorc*, ne. *work*) ist laut Kastovsky 283–289 deverbales Sb; hier wird es aber als primäres Sb eingestuft, weil ae. *weorc* synchron nicht vom Vb ae. *wyrcan* (me. *wurchen, werchen* usw.) ableitbar ist (letztlich gehen beide auf Varianten der gleichen Wurzel zurück, nämlich germ. **werk-, *wurk-*) – erst später wurden beide aneinander angeglichen, und zwar das Vb an das Sb! Im Spätme./Ne. ist aber dann rein synchron gesehen das Sb als Nullableitung vom Vb auffaßbar. Für das Frühme. sind demnach aber noch Sb/Sb-Kp.: *hand-(ge)weorc* (im Gegensatz zu *hand-ʒeswinc*, vgl. oben zu *-geswinc*), *healle-geweorc*, *scaðe-*

werk, wörtl. ‚Schädlingswerk‘ (*La3B* C 774), *prall-werkes* ‚Sklavenarbeit‘, vgl. auch *werk-men*, *werk-dei*. – Smith 1971:7 f. überlegt, ob *workman* als 'the man works' oder 'the man performs work' zu paraphrasieren sei; für die Möglichkeit der zweiten Analyse sprechen auch die me. Parallelen wie *þet he do þe do swiche werkes, KentSerm* 126 f.; *þat ha yef us swiche werkes to done…, KentSerm* 191; vgl. auch oben 2.4.2.4. zu *healle-geweorc*.

3.1.2.11. Kompositum (Zusammenbildung) oder Ableitung vom zusammengesetzten Verb?

Man nimmt oft an, daß Verbalkomposita (d. h. zusammengesetzte Verben)[31] im Germanischen und den germanischen Einzelsprachen fast nur mit Ortspartikeln gebildet wurden, z. B. ae. *ofergan* ‚überqueren‘, *underberan* ‚unterstützen‘, während Verben mit einem Sb oder Adj als Erstelement selten durch Zusammenrückung, gewöhnlich aber als Ableitungen oder Rückbildungen aus Nominalkomposita entstanden; sie werden deshalb oft als Pseudo-Verbalkomposita bezeichnet.[32] Die Bildungen nach den Mustern Sb/deverbales Sb und Sb/deverbales Adj (d. h. Sb/PartPräs und Sb/PartPrät) werden hier deswegen im allgemeinen als Komposita angesehen und nicht etwa als Ableitungen bzw. als Partizipialformen von zusammengesetzten Verben. Oft ist dies schon deshalb klar, weil gar kein entsprechendes zusammengesetztes Verb existiert, z. B. *milc-drinkende childre* (Sb/PartPräs), *LambH*, aber kein *milc-drincan (Vb); *gold-beten* (Sb/PartPrät), *KingAlex*, aber kein *gold-betan (Vb). Ebenso sind *blod-letunge* ‚Aderlaß‘ (wörtl. ‚Blutlassen‘) (Sb/Vb+*ing*) und *blod-leten* (Sb/PartPrät) nach üblichen Typen der Nominalkomposition gebildete Zusammensetzungen, während ein Vb *blod-leten im Me. nicht belegt ist – die verbale Fügung ist *leten blod*.[33] In anderen Fällen tritt das entsprechende Verb erst später auf. So sind me. *bac-bitere* und *bac-bitunge* bereits in *AncR* (ca. 1200) belegt, das darauf zurückgehende Verb *bac-biten* kommt erst ca.

---

[31] Manche Autoren bezeichnen die Zusammenbildungen (synthetischen Kp.) als "verbal compounds" *(oven-cleaner, strange-sounding, expert-tested)*, siehe z. B. Botha 1984.

[32] Siehe z. B. Jespersen 1942:166–169; Schrack 1966; Marchand 1969:96–107; Bammesberger 1984:86 u. 88; Sauer 1985a: § 4.4. (mit weiteren Literaturnachweisen). Gegenteiliger Ansicht sind Carr 1939:232–234; Gardner 1968:78 f. Aufgrund des durch die Pseudo-Verbalkp. einmal etablierten Musters Sb/Vb scheint es im Englischen dann aber allmählich möglich geworden zu sein, zusammengesetzte Verben auch unmittelbar zu bilden; siehe dazu Brömser 1985:99–113.

[33] Als deren Nominalisierung die genannten Zusammenbildungen angesehen werden können; siehe die Belege unten 5.3.5. usw. Zu Unrecht setzt Zettersten 1965:186 u. 215 ein ae. *blōdlǣtan (Vb) an.

100 Jahre später vor.[34] Aus diesen Gründen sollte man sich auch hüten, Zusammensetzungen mit einem Partizip als Dm als Partizipialformen eines in anderen Formen (Infinitiv, finiten Verbformen) nicht belegten Verbs einzustufen, also z. B. nicht von *dæl-nymende* auf ein **dæl-niman* schließen.[35]

Freilich gibt es auch einige nicht ganz eindeutige Formen, die zeigen, daß die Existenz unmittelbarer Zusammensetzungen des Typs Sb/Vb fürs Ae. und Me. nicht völlig auszuschließen ist (vgl. auch ae. *rōdfæstnian*) und daß man strenggenommen jede einzelne Bildung für sich prüfen müßte. So könnte bei *gehandfæst*, *SermRdE* usw., und *ihondsald*, *StJul*, das Präfix *ge-* (> me. *i-*) darauf hindeuten, daß es sich hier möglicherweise doch um Partizipien von Verben handelt, die aber eben zunächst nur als PartPrät auftreten und erst wesentlich später im Infinitiv und in finiten Formen.[36] Bei dem schon ae. belegten *grist-bitian* und *grist-bitung* ‚mit den Zähnen knirschen‘ und ‚Zähneknirschen‘ (wörtlich ‚Mahlen-beißen‘) läßt sich nicht feststellen, ob das Vb oder das Sb zuerst belegt ist; *gristbitian* könnte von *gristbitung* abgeleitet (rückgebildet) sein, es könnte aber auch unmittelbar zusammengesetzt sein.

Beide Annahmen haben jeweils weiterreichende Konsequenzen. Nach Marchand 1969:394f. (6.4.1.ff.) gibt es Rückbildungen (rückgebildete Verben) erst seit dem 16. Jh., nach Koziol 1972:277 sporadisch seit 1300 *(bacbiten)*. Zumindest vereinzelt müßte man sie dann aber schon für das Ae. ansetzen (vgl. auch Gneuss 1985:116); für im Me. rückgebildete Verben vgl. außer dem gerade genannten *bac-biten* auch z. B. *man-handlen* (siehe unten 3.3.10.5.(2)). Wenn man dagegen von unmittelbarer Zusammensetzung von *gristbitian* ausgeht, ist auffällig, daß als Zweitelement nicht das übliche starke Verb *bītan* erscheint, sondern ein davon abgeleitetes, selbständig aber offenbar nicht belegtes schwaches Verb *-bītian*. Möglicherweise war ursprünglich für ein starkes Verb die Zusammensetzung (genauer wohl: Zusammenbildung) mit einem Sb nur möglich, wenn es gleichzeitig in die schwache Konjugation (ae. schwach 2; ahd. *ōn*-Verben) überführt wurde.[37]

---

[34] Siehe *MED* s. v. *bak-bīten*, *bak-bītere*, *bak-bīting*; vgl. Jespersen 1942:167. Das *MED* leitet *bak-bītere* zu Unrecht vom Vb *bak-bīten* ab. Vgl. dagegen unten 5.3.4.(4).

[35] Wie dies die Wörterbücher zum Teil tun; vgl. Sauer 1985a:§ 4.4. – Dt. *teilnehmen* dürfte entweder Zusammenrückung aus *Teil* + *nehmen* sein (*Sie nahm an der Veranstaltung teil*) oder Rückbildung aus *Teilnahme*, *Teilnehmer*.

[36] Vgl. *MED* s. v. *hond-festen* und *hansellen*. Überdies handelt es sich bei *hond-festen* wohl um ein Lehnwort, und *hand-selen* zeigt zumindest teilweisen Lehneinfluß; vgl. unten 3.3.10.5.

[37] Diesen Hinweis verdanke ich Prof. Seebold. Vgl. auch Wilmanns 1896:II,119–122 sowie ae. *blind-fellian* und nicht **blind-fellan* (-*fyllan*, -*fiellan*). – Sowohl *grist-bitian* als auch

Im Gegensatz zu den (Pseudo-)Verbalkp. des Typs Sb/Vb sind die Verbalkp. des Typs Partikel/Vb ein übliches Wortbildungsmuster und es ist deshalb hier eher damit zu rechnen, daß eine Bildung des Typs Partikel/deverbales Sb (bzw. Partikel/deverbales Adj) aus dem entsprechenden Verb abgeleitet ist. Voraussetzung ist natürlich jeweils, daß ein entsprechendes Verb existiert. Dabei kommt für das Ae. (und Frühme.) aber als komplizierender Faktor hinzu, daß es neben Verben mit untrennbaren Präfixen (d.h. Partikeln) auch noch solche mit trennbaren Präfixen (d.h. Partikeln) gab;[38] in Verbindungen der letzteren Art ist es aber nicht immer sicher, ob tatsächlich ein Kp. vorliegt (z.B. *utawyrpan* oder *ut awyrpan*?). Ableitungen vom Vb sind aber wohl z.B. ae. *forþ-for* und *forð-faru* (me. *forþfare*) zu ae. *forþfaran* (me. *forðfaren*), vgl. Kastovsky 1968:612; vielleicht auch *ingang* zu *ingan* (allerdings scheint *gan in* häufiger zu sein). Diese Bildungen werden hier ebenfalls mit aufgeführt (3.2.6.; 3.3.5.; vgl. auch 3.3.11. *(ful-fillid)*). Die Mehrzahl der Bildungen des Musters Partikel/deverbales Sb dürften aber Kp. darstellen und nicht Ableitungen vom Vb.

3.1.2.12. Untergliederung des Musters Sb/deverbales Sb (Zusammenbildungen)

Die Kp. aus Sb plus deverbalem Sb sind strukturell ähnlich – sie sind prinzipiell Zusammenbildungen (synthet. Kp.), deren Dm nicht selbständig vorkommen muß – und zeigen zum Teil auch die gleichen besonderen Probleme: zur Frage, ob Sb/deverbales Sb oder Sb/Sb vorliegt, siehe oben 3.1.2.10.; zur Frage, ob Zusammenbildung, d.h. Nominalkompositum, oder Ableitung aus dem entsprechenden zusammengesetzten Verb vorliegt, siehe oben 3.1.2.11.[39] Es ist deswegen nicht von vornherein von der Hand zu weisen, sie unter einem Typ zusammenzufassen, ähnlich wie Koziol 1972:58 unter dem Stichwort „Aus Substantiv und Nomen agentis" Dm auf *-a (-gifa, -dema)* und auf *-ere (-lætere, -rædere)* vereint. In Anlehnung an Marchand 1969 werden Kp. mit formal unterschiedlichen Dm hier aber trotzdem als jeweils verschiedene Typen angesehen, nämlich Sb/

---

grist-bitung treten in mehreren Varianten auf (*grist-batian, grist-batung,* me. *grist-bat* usw.), vgl. Sauer 1985b: § 2.11. mit Anm. 72. Ihre Analyse ist auch deshalb besonders kompliziert, weil auch *grist* ‚Mahlen' ursprünglich ein deverbales Sb ist, siehe ODEE s.v. *grist* und vgl. Kastovsky 1968:118. – Zu vergleichen wäre auch das Deutsche, wo es zwar die Kp. *Zähneknirschen* und *zähneknirschend* gibt, aber kein Vb *zähneknirschen,* sondern nur *mit den Zähnen knirschen.*

[38] Ähnlich wie heute noch im Deutschen; z.B. *unterschréiben – er unterschríeb,* aber *úntergehen – er ging únter* usw. Vgl. z.B. Marchand 1969:108 f.; Bammesberger 1984:88.

[39] Zu den Besonderheiten der Zusammenbildungen siehe auch Botha 1984; zur Möglichkeit einer morphologischen Doppelanalyse vgl. oben 1.4.3.3. (S. 32 f.).

Vb+Ø$_{Sb}$; Sb/Vb+t; Sb/Vb+ere; Sb/Vb+ing, siehe dazu unten 3.2.9.–
3.2.12.

3.1.2.13. Affixoide (Präfixoide und Suffixoide)

Die Abschnitte über Affixoide (unten 3.2.13., dort auch zur Definition und
zu den Kriterien, sowie 3.3.12.) sind im Grunde etwas heterogen, weil sie
jeweils unterschiedliche Gruppen von Elementen umfassen: zum einen ursprünglich selbständige Wörter, die im Verlauf der Sprachentwicklung
dann zu Suffixen wurden (z.B. -dom, -hood, -ful); zum anderen Elemente,
die zwar nie selbständig auftraten, aber als Allomorphe selbständiger Wörter gelten können (z.B. kine- ~ king; twi- ~ twa, two). Es schien aber am
besten, diese Gruppen zusammenzufassen.[40] Die nicht selbständig auftretenden deverbalen Dm von Zusammenbildungen (z.B. -numa, -toga, -gale)
gehören dagegen nicht hierher, sondern in den Rahmen der jeweiligen Zu-
sammenbildungstypen; vgl. auch oben 2.4.2.7.

3.1.2.14. Untergliederung der exozentrischen Komposita (Bahuvrihisubstantive, Bahuvrihiadjektive, Imperativkp.)

Im Gegensatz zu den verschiedenen morphologischen Typen der Zusammenbildungen (vgl. oben 3.1.2.12.) werden die Bahuvrihisb. (3.2.14.), die Bahuvrihiadj. (3.3.13.) und die Imperativkp. (3.2.15.) hier als jeweils ein Kompositionstyp angesehen (vgl. Marchand 1969:386–389). Sie treten zwar
ebenfalls in verschiedenen morphologischen Varianten (morphologischen
Gestalten) auf, z.B. Sb+Sb/Ø$_{Sb}$ und Adj+Sb/Ø$_{Sb}$ bei den Bahuvrihisb.,
Vb+Sb/Ø$_{Sb}$ und Vb+Präp+Sb/Ø$_{Sb}$ bei den Imperativkp.; entscheidend ist
aber die Tatsache, daß jeweils nur das komplexe Dt variiert, während als
Dm immer ein Nullsuffix anzusetzen ist.[41] Vom Gesichtspunkt der morphologischen Struktur her nicht angemessen erscheint z.B. Koziols
(1972:62 f. = § 104 f.) Einordnung der Bahuvrihisb. des Musters Adj+Sb/
Ø$_{Sb}$ als eine Untergruppe der Adj/Sb-Komposita.

3.1.2.15. Substantivierung von Adjektiven (und Partizipialkp.)

Adjektive können im Ae. und Frühme., im Gegensatz zum Ne., noch ohne
große Einschränkungen substantiviert werden.[42] Die substantivierten zusammengesetzten Adjektive (und Partizipialkp.) werden hier aber gewöhn-

---

[40] Vgl. Marchand 1969:356–358, der ebenfalls eine Kategorie "Semi-Suffixes" hat.
[41] Im Gegensatz zu Marchand werden die Exozentrika hier aber als Kp. angesehen, siehe
oben 1.3.2.
[42] Für Literatur zur Substantivierung von Adjektiven (und umgekehrt zur Adjektivierung

144

lich unter ihrer ursprünglichen Wortart, d.h. bei den Adj, aufgeführt und behandelt, z.B. *forlong, Goswhit, weibrode.* Siehe ferner unten 3.3.1.3.(3).

3.1.2.16. Adj/Adj oder Adv/Adj? Adj/Partizip oder Adv/Partizip?

Koziol 1972:73−80 unterscheidet bei den zusammengesetzten Adj unter anderem die Typen „Aus zwei Adjektiven" *(bitter-sweet, deaf-mute)* und „Aus Adverb und Adjektiv" *(white-hot, blue-black)*, während er bei den Zusammensetzungen mit Partizip Präsens Adj und Adv zusammenfaßt („Aus Adverb oder Adjektiv und Partizipium Praesentis", z.B. *wild-looking, fine-sounding)* und bei den Zusammensetzungen mit PartPrät schließlich nur den Typ „Aus Adverb und Partizipium Praeteriti" kennt *(late-born, clean-bred, well-groomed).* Adams 1973:90−94 sieht dagegen bei allen diesen Bildungen das Dt als Adv an, während Marchand 1969:88−95 umgekehrt grundsätzlich von einem Adj als Dt ausgeht. Daß es auch Bildungen mit einem Adv als Dt gibt, läßt sich aber nicht leugnen, vgl. das Beispiel *well-groomed.*[43] Offenbar sind im Kp. jedoch Adj und Adv formal nicht immer getrennt, d.h. das Adv erscheint im Kp. oft als Adj (vgl. das Beispiel *white-hot).*[44] Außerdem gibt es zum Teil Parallelbildungen (ne. *new-laid,* aber *newly-wed).* Aus diesen Gründen werden hier beide Möglichkeiten offengelassen, Adj und Adv als Dt von zusammengesetzten Adjektiven aber jeweils zusammengefaßt und als Typen angesetzt: Adj/Adj bzw. Adv/Adj (3.3.2.); Adj/PartPräs bzw. Adv/PartPräs (3.3.9.); Adj/Part-Prät bzw. Adv/PartPrät (3.3.11.), wobei im Einzelfall noch zu fragen ist, ob sich das Dt als Adj oder als Adv festlegen läßt.[45]

3.1.2.17. Status der Bildungen mit Partizip als Dm

Die Zusammensetzungen mit einem Partizip als Dm haben die gleiche Funktion wie die Adjektive und können deshalb als Adjektivkp. (Adj mit Verbalverknüpfung) eingestuft werden.[46]

[ ] von Substantiven) siehe oben 2.4.3.4. mit Anm. 120; ferner Bergener 1928; Mossé 1952: § 113 f.; Visser 1966:II,1109−1111 (§ 1046), 1280−1290 (§ 1158−1164) (zur Substantivierung des PartPräs und PartPrät); Kerkhof 1982:482−492; Quirk et al. 1985:410 ff. u. 421 ff.

[43] *Well* kann allerdings auch Adj sein: fürs Ne. vgl. *DCE,* fürs Me. Mustanoja 1960:700.

[44] Auch auf Satzebene sind Adj und Adv formal nicht immer geschieden, im Me. noch weniger als im Ne. Ein problematischer Bereich ist z.B. die Einstufung von Adj, die als Prädikatsergänzung funktionieren, z.B. *he was deadborn* 'he was born dead'. Literatur z.B.: Mustanoja 1960:314−316, 648−650; Brunner 1960−1962:II,60 f.; Marchand 1969:94; Welte 1982:163 f.; Quirk et al. 1985:405 ff.; siehe ferner unten 3.3.2.3.(1).

[45] Zu dieser Frage auch Brunner 1960−1962:II,59.

[46] Vgl. Brunner 1960−1962:II,361; Hellinger 1969:bes. 22−24 (Partizipialkp. als adjektivähnliche Wörter); Quirk et al. 1985:413 ff. ("participial adjectives").

3.1.2.18. Sb/Vb+*end(e):* Adjektivkompositum (mit PartPräs als Dm) oder
zusammengesetztes Nomen agentis?

Im Ae. gab es neben dem PartPräs auf *-ende* auch deverbale Nomina agentis auf *-end (agend, hælend; hearmcweðend, reordberend).* Schon im Ae.
war die Unterscheidung zwischen substantivierten PartPräs und Nomina
agentis aber nicht immer eindeutig; im Frühme. starben die Nomina agentis auf *-end* aus (bzw. fielen mit den PartPräs der Form Sb/Vb+*ende* zusammen).[47] Die wenigen noch überlebenden Zusammensetzungen mit einem Nomen agentis werden hier deshalb bei den Zusammensetzungen mit
einem PartPräs mitaufgeführt (*heh-healent, StKat,* neben der synt. Gruppe
hehe healent, StMarg/1; ferner *alwealdent, HMeid* usw.); vgl. unten 3.3.4.5.
und 3.3.9.5.

3.1.2.19. Ansatz eines Nullmorphems

Wenn manche Autoren das Konzept des Nullmorphems (Nullsuffixes)
auch ablehnen,[48] so wird es hier im Anschluß an Marchand, Kastovsky
und andere trotzdem verwendet.[49] Auf dem Ansatz eines Nullsuffixes als
Dm basieren die morphologischen Typen der Exozentrika, insbesondere:
(1) die Bahuvrihisb wie ne. *greenhorn,* me. *porne-bake,* me. *wit-porn,* vgl.
unten 3.2.14.; (2) die Bahuvrihiadj wie me. *sorimod,* ae. ne. *barefoot,* vgl.
unten 3.3.13.; (3) die Imperativkp. wie me. *cachepol, weschedisch,* vgl. unten
3.2.15.; ferner (4) eine Untergruppe der Partikelkp. wie *outlaw, afternoon,*
vgl. unten 3.2.6.5.(2.vi) sowie Marchand 1969:112 (u. 109). Der Ansatz eines
Nullmorphems als Dm ergibt sich bei all diesen Typen bzw. Gruppen aus
dem Konzept von Determinans/Determinatum (Dt/Dm), weil bei ihnen
nämlich das Dm an der Oberfläche nicht ausgedrückt ist (vgl. oben
1.4.3.3.): ein *porne-bake* ist nicht eine Art von Rücken *(back),* sondern eine
Art von Fisch (der Dornen auf dem Rücken hat); ein *outlaw* ist nicht eine
Art von Gesetz *(law),* sondern eine bestimmte Art von Mensch (der außer-
halb des Gesetzes steht); *barefoot* ist nicht eine Art von Fuß, sondern ein

---

[47] Was möglicherweise damit zusammenhängt, daß das PartPräs im Me. die Endung *-ing* annahm; allerdings hielt sich das PartPräs auf *-end(e)* länger als das Verbalsb. auf *-end.* Siehe
Kärre 1915:bes. 229f.; Campbell 1959:257 (§ 632–634); Sievers-Brunner 1965:231f.
(§ 286f.); Visser 1966:II,1069–1077 (§ 1009–1017); Koziol 1972:77 (§ 149), 188 (§ 446);
Kastovsky 1985:238f.

[48] Und statt dessen lieber von Konversion sprechen, siehe z.B. Bauer 1983:32f. mit weiteren
Literaturnachweisen; Leisi 1985:106ff. (§ 17).

[49] Siehe z.B. Kastovsky 1968:31–53 (mit Forschungsbericht); Kastovsky 1969/1981:306–
323; Kastovsky 1982:78ff., 172ff., 211ff.; weitere Literaturnachweise bei Stein 1973:247–
255.

146

Adjektiv mit der Bedeutung 'having/bare feet', usw. Ebenso wird die Notwendigkeit eines Nullsuffixes durch die Satzparaphrase und die Berücksichtigung der Referenztypen deutlich (vgl. oben 1.4.3.4.–5.), z. B.: '[A fish which has] / thorn(s) (on) (its) back' → me. þorne-bake/Ø; '[Having] / bare f[ee]t' → barefoot/Ø; [Someone who] / wash(es) dish(es)' → me. weschedisch/Ø; '[Someone who is] / out(side) (the) law' → outlaw/Ø; '[The time] / after noon' → afternoon/Ø.

Von einer anderen Betrachtungsweise her lassen sich viele dieser Bildungen (abgesehen wohl von den Bahuvrihiadj) gleichzeitig als übertragene Bezeichnungen auffassen, d.h. als Metonymien oder Metaphern, die das Ganze (Person, Tier, Sache) durch einen charakteristischen Teil oder einen Vergleich (bzw. im Fall der Imperativkp. durch eine charakteristische Tätigkeit) bezeichnen. Auch Pflanzen werden nicht selten durch metonymische oder metaphorische Kp. bezeichnet, z. B. me. briddes tunge ‚Pimpernelle', wörtl. ‚Vogelzunge', me. wulues-fist ‚Bofist', wörtl. ‚Wolfsfaust'. Bei ihnen muß man strenggenommen ebenfalls ein Nullsuffix als Dm ansetzen:[50] '[A plant which resembles] / (a) wolf's fist' → me. wuluesfist/Ø. Weil es sich im Englischen dabei offenbar häufig um Genitivverbindungen handelt, werden diese Bildungen hier jedoch als Untergruppe der Sb+s/Sb-Kp. eingeordnet (unten 3.2.2.5.(2)).[51]

Es stellt sich in diesem Zusammenhang die Frage, ob bei Kp., die in einem übertragenen Sinn gebraucht werden,[52] grundsätzlich ein Nullsuffix anzusetzen ist, mit anderen Worten, ob metonymischer oder metaphorischer Gebrauch von Wörtern generell zur Wortbildung gehört. In dieser Allgemeinheit muß die Frage aber wohl verneint werden, weil sich manche Fälle einfacher rein semantisch erklären lassen, nämlich als Bedeutungswandel bzw. -erweiterung. Die Grenzziehung im einzelnen ist aber unklar und umstritten und es ist schwer, ganz konsequent zu bleiben. So weist Marchand 1969:67–69 zwar darauf hin, daß Pflanzennamen des Typs Sb+s/Sb (bishop's hat) gewöhnlich figurativ gebraucht werden, setzt aber deswegen kein Nullsuffix an.[53] Faiß 1978:143 weist ferner z. B. darauf hin, daß ae. mæsse (ne. mass) als Zweitelement von Kp. häufig nicht mehr ‚Meßfeier' bedeutet, sondern ‚Tag der Meßfeier, Feiertag', z. B. in Cristes-mæsse

---

[50] Siehe Faiß 1978:190–195 u.ö., der hier anscheinend die Ausführungen von Marchand 1969:13 f. erweitert.

[51] Laut Faiß handelt es sich um die von Marchand 1969:68 f. = § 2.5.8.1.–2.5.9.2. aufgeführten Bildungen; dazu müßte wohl auch schon § 2.5.5.3. gerechnet werden.

[52] Die also nicht als AB = B erklärt werden können, sondern als 'X is characterized by AB' oder spezifischer als 'X has, does, is, resembles AB'.

[53] Vgl. bereits Carr 1939:166.

(> ne. *Christmas*), *hlāf-mæsse* (> ne. *Lammas*). Diese Bedeutung kommt zwar ebenfalls durch eine metonymische Bedeutungsverschiebung zustande (der ganze Tag wird durch einen wichtigen Bestandteil bezeichnet) – hier wird aber (etwas anders als bei Faiß) für *-mæsse* deswegen kein Nullsuffix angesetzt, sondern von einem Bedeutungswandel von *-mæsse* ausgegangen,[54] und Zusammensetzungen *mit -mæsse* werden als Sb/Sb-Kp. eingestuft.

3.2. Zusammengesetzte Substantive

3.2.1. Sb/Sb (reine Nominalkomposita): *abbot-rice, bonde-man*

3.2.1.1. Definition des Typs

Bei den reinen Nominalkp. (Substantivkp.) sind sowohl das Dt als auch das Dm primäre Substantive, d.h. Sb, die keine deverbalen Ableitungen sind oder jedenfalls synchron nicht mehr als solche empfunden werden. Es handelt sich demnach um Kp. ohne Verbalverknüpfung. Der morphologische Status der Konstituenten ist freies Morphem/freies Morphem. Man könnte auch von Nominativkomposita sprechen; die german. Stammkomposition spielte schon im Ae. nur noch eine geringe und im Me. gar keine Rolle mehr (vgl. oben 2.4.2.6.). Zur morphologischen Untergliederung der Sb/Sb-Kp. siehe unten 3.2.1.3.(2).

Literaturauswahl: Jespersen 1942 (*MEG* VI): 142–157; Marchand 1969:45–53 (2.2.12.–15.), 60–63 (2.3.1.); Koziol 1972:52–68 (§ 73–97); Hansen 1982:52–54; Stein 1973:112–128; ferner z.B. Carr 1939; Gardner 1968; Brekle 1976; Warren 1978; zum Deutschen vgl. z.B. Ortner/Ortner 1984.

3.2.1.2. Zur morphologischen Isolierung

Der Typ Sb/Sb ist im Ae. und Me. morphologisch nicht isoliert, weil manche Verbindungen aus Sb+Sb auch Genitivfügungen darstellen können, vor allem wenn das Erstelement auf *-e* endet; ausführlich dazu siehe oben 2.4.3.1. und 2.4.3.2. Einige Beispiele für ursprüngliche Genitivverbindungen, die für spätere Sprachstufen aber als Sb/Sb-Kp. eingestuft werden müssen, sind: die Wochentagsnamen *Mone-dæi, Fri-day, Sone-day;* einige Ortsnamen (*Dene-marke, Oxene-ford* > ne. *Oxford*); ferner wohl z.B. *halle-dure, lady-day* (siehe dazu oben 2.4.3.2.(6).), *leode-ælder, leoden-king,*

---

[54] Genauer gesagt: *-mæsse* hat, jedenfalls als Zweitelement von Kp., eine zusätzliche Bedeutung entwickelt: 1. ‚Meßfeier'; 2. ‚Tag der Meßfeier, Feiertag'.

witene-imot usw. Zur Konkurrenz von Sb/Sb-Kp. und Sb+*s*/Sb-Fügungen siehe unten 3.2.2.3.(4). Im Ne. ist der Typ Sb/Sb deswegen problematisch, weil zwar Sb+Sb-Verbindungen mit Anfangsakzent generell als Kp. akzeptiert werden, aber solche mit Doppelakzent von manchen Autoren als syntakt. Gruppen eingestuft werden, siehe oben 2.1.1. und 2.3. Morphologisch isoliert sein dürften aber die Kopulativkp. (siehe dazu unten 3.2.1.3.(2) sowie 5.2.1.1.), weil sie nicht aus prämodifizierenden syntakt. Gruppen entstanden sein können; sie können zwar durch einen Satz der Form 'A is B' paraphrasiert werden, aber gewöhnlich nicht durch Genitivphrasen oder durch Präpositionalverbindungen, z. B. *cnaue-child* ‚Knabe, männliches Kind‘: 'child that is a cnaue', aber nicht *'cnaues child', *'child of a cnaue': Sie können keine Zusammenrückungen sein.

3.2.1.3. Weitere wichtige und problematische Punkte

(1) Wortart der Konstituenten: (a) In manchen Fällen ist es unklar, ob ein Sb/Sb-Kp. oder eine syntaktische Gruppe aus Adj+Sb (bzw. ein Adj/Sb-Kp.) vorliegt; siehe dazu oben 2.4.3.4. (b) Manchmal ist es schwer zu entscheiden, ob ein Kp. des Typs Vb/Sb (genauer: Verbstamm/Sb) oder des Typs Sb/Sb vorliegt; siehe dazu unten 3.2.7. (c) In einigen Fällen handelt es sich um Kp. mit historisch gesehen deverbalem Dm. Aufgrund der syntakt. Paraphrase sind sie aber trotzdem nicht als Zusammenbildungen des Typs Sb/Vb+$\emptyset_{Sb}$ einzustufen, sondern als Sb/Sb-Kp., siehe dazu oben 3.1.2.10.

(2) Untergliederung der Sb/Sb-Kp.:[55] Von der morphologischen Struktur her lassen sich die Sb/Sb-Kp. in die Determinativkp. und die Dvandvas (Kopulativkp.) untergliedern, vgl. oben 1.4.3.3. Auf die Determinativkp. trifft die Strukturformel AB = B zu, d. h. das ganze Kp. ist ein Hyponym seines Dm (a *palm-twig* is a kind of *twig*);[56] die Dvandvas zeigen dagegen keine Dt/Dm-Struktur, auf sie trifft die Strukturformel AB = A + B zu (*Baden-Württemberg, Schleswig-Holstein*).[57] Wenn man mit Marchand 1969:40−43 vom zugrundeliegenden (bzw. Paraphrasen-)Satz ausgeht, zerfallen die Sb/Sb-Kp. ebenfalls in zwei Gruppen, nämlich die Kopulativkp., bei denen die Kopula ‚sein‘ ('to be') zu ergänzen ist, und die Rektionalkp., bei denen ein anderes Verb zu ergänzen ist. Die syntaktisch definierte Gruppe der Kopulativkp. ist aber umfangreicher als die morphologisch

---

[55] Vgl. dazu oben 1.4.1.; 1.4.3.3.; 1.4.3.4.; 3.1.2.1.
[56] Auch die meisten anderen Kompositionstypen bilden Determinativkomposita.
[57] Marchand 1969:41 f. hat wohl Unrecht, wenn er den Dvandvas eine Dt/Dm-Struktur zuschreibt; vgl. dagegen Warren 1978:107 f.

149

definierte: außer den Dvandvas (= additiven Kopulativkp.) umfaßt sie vor allem die attributiven, subsumptiven und tautologischen Kopulativkp.[58] Umgekehrt sind den Determinativkp. nicht nur die Rektionalkp., sondern auch alle Kopulativkp. außer den Dvandvas zuzuordnen. Die Untergliederung der (syntaktisch definierten) Kopulativkp. in attributive, subsumptive und tautologische beruht im wesentlichen auf semantischen Kriterien; es ergibt sich demnach folgende Gegenüberstellung:

Morphologische Struktur	Syntaktische Struktur	Semantische Struktur	Beispiel
Determinativkp. (AB = B)	Rektionale Kp.[59] (A Verb B)	(Rektionale Kp.)	*palm-twig*
	Kopulativkp. (A is B)	Kopulativkp. – attributiv – subsumptiv – tautologisch	*frend-men* *henne-fugeles* *cite-toun*
Dvandvas (Kopulativkp.) (AB = A + B)		– additiv	*ne.poet-painter*

3.2.1.4. Zur Geschichte und Produktivität des Typs

Die Sb/Sb-Kp. bilden offenbar die ganze englische Sprachgeschichte hindurch den wichtigsten und produktivsten Kompositionstyp. Nach den Zählungen von Carr 1939:162 waren sie schon im Germanischen und Westgermanischen die mit Abstand umfangreichste Gruppe unter den Nominalkp.;[60] im Ae. waren sie ebenfalls sehr stark vertreten, wenn auch keine exakten Angaben über ihr Verhältnis zu den anderen Kompositionstypen vorliegen.[61] Im Ne. sind sie fast uneingeschränkt produktiv.[62] In den

---

[58] Siehe ferner unten 5.2.1.1.

[59] Die rektionalen Sb/Sb-Kp. lassen sich sowohl syntaktisch als auch semantisch noch weiter unterteilen, siehe dazu unten 5.2.1.2.

[60] Dies trifft wohl auch dann noch zu, wenn man berücksichtigt, daß Carr u.a. Bildungen mit deverbalem Dm unter Sb/Sb einordnet. – Je gröber man differenziert, desto umfangreicher wird die Gruppe der Sb/Sb-Kp.

[61] Die Ausführungen von Koziol 1972:51 sind nicht ganz eindeutig, doch nennt auch er den Typ Sb/Sb als einen der wichtigsten. Nach den Tabellen von Gardner 1968:300–363 zu schließen ist der Typ Sb/Sb im Ae. sicher einer der stärksten; allerdings geht Gardner bei seiner Einteilung nicht primär von der morphologischen Struktur aus, sondern mischt zum Teil die morphologischen Typen (vgl. oben 1.4.3.7.). Wegen der Abgrenzungsproblematik zu den syntakt. Gruppen werden sich freilich auch für die ae. Sb/Sb-Kp. keine exakten Zahlenangaben machen lassen.

hier untersuchten frühme. Texten stellen die Sb/Sb-Kp. die weitaus größte Gruppe innerhalb der Nominalkp., sowohl insgesamt als auch innerhalb der meisten Einzeltexte, vgl. unten 6.3. Insgesamt enthält unser frühme. Material (d. h. ohne *Ayenb, Malory*) über 1100 verschiedene Sb/Sb-Kp., deren Verwendungshäufigkeit recht unterschiedlich ist – neben Hapaxlegomena stehen Bildungen mit zahlreichen Belegen. In den meisten Texten finden sich neben weiterlebenden ae. Kp. immer wieder me. Neubildungen, sowohl in der Dichtung als auch in der Prosa. Allerdings ist das Verhältnis von aus dem Ae. ererbten und im Me. neugebildeten Sb/Sb-Kp. in den einzelnen Texten unterschiedlich.[62a] Mehr oder weniger deutlich überwiegen die ae. Kp. z. B. in folgenden Texten: *WintBR* (frühme. Bearbeitung eines ae. Textes!) 18ae: 4 ME; *ChronE* (Fortsetzung eines ae. Textes!) 67 ae: 29 ME; *ProvA* 8 ae: 1 ME; *TrinH* 62 ae: 41 ME; *StMarg/1* 22 ae: 17 ME; *Vices&V* 25 ae: 9 ME; *HrlVoc* 25 ae: 20 ME; *PassLord* 16 ae: 4 ME. In etwa gleich ist das Verhältnis in *HMeid* 13 ae: 12 ME; *O&N* 17 ae: 16 ME; *Floris&B* 5 ae: 7 ME; die me. Neubildungen sind dagegen zahlreicher in: *Orrm* 68 ae: 75 ME; *AncR* 56 ae: 111 ME; *LaȝB* 121 ae: 137 ME; *WohLo* 10 ae: 14 ME; *KingHorn* 9 ae: 21 ME; *Gen&Ex* 24 ae: 66 ME; *Hav* 11 ae: 24 ME; *LyricsXIII* 32 ae: 56 ME; *Art&Merl* 27 ae: 47 ME; usw. Insgesamt überwiegen die me. Neubildungen: Von den über 1100 verschiedenen frühme. Sb/Sb-Kp. sind über 400 ins Frühme. fortlebende ae. Bildungen, über 700 dagegen me. Bildungen.[63] Die rektionalen Sb/Sb-Kp. sind wesentlich stärker vertreten als die kopulativen. Unter den kopulativen sind die attributiven aber nicht gerade selten, auch einige subsumptive und tautologische gibt es. Im Frühme. so gut wie nicht existent sind dagegen die additiven Kopulativkp. (Dvandvas); der einzige Beleg ist *luue-eie* ‚Liebe-Furcht'. Siehe zu den einzelnen Mustern jeweils unten 5.2.1.

3.2.1.5. Belege

Die frühme. Sb/Sb-Kp. sind zu zahlreich, als daß eine Aufzählung hier sinnvoll wäre; für Belege siehe unten 5.2.1., 6.3. und 6.4.

---

[62] Jedes Sb kann mit jedem Sb verbunden werden, sobald ein Kontext vorliegt, der die Beziehung erklärt. Siehe oben 1.4.3.11.; ferner Marchand 1969:60; Bauer 1983:202. – Bei Shakespeare stellen die Sb/Sb-Kp. etwa die Hälfte aller Kp., siehe Scheler 1982:116.

[62a] Kp. mit der Einstufung ae/ME (d. h. Kp., die zwar im Ae. entstanden, aber im Me. verändert wurden, z. B. in ihrer Wortart oder in ihrer morphologischen Gestalt) werden in der folgenden Aufstellung jeweils zu ME gerechnet. Die Namen sind nicht mitgezählt.

[63] Aufgrund der Abgrenzungsschwierigkeiten zwischen Kp. und syntakt. Gruppen sowie der Zuordnungsschwierigkeiten einzelner Bildungen zu bestimmten Typen sind alle genannten Zahlen natürlich nicht absolut zu nehmen, sondern nur als grobe Anhaltspunkte und ungefähre Widerspiegelungen der Verhältnisse.

3.2.2. Sb+s/Sb (Genitivkomposita): *Cristes-mæsse, domes-dai*

3.2.2.1. Definition des Typs

Bei den Genitivkp. sind sowohl das Dt als auch das Dm primäre Substantive; das Dt hat die Endung *-(e)s*, die mit dem Genitivmorphem identisch ist (gewöhnlich dem Gen.Sg., seltener dem Gen.Pl.). Es handelt sich prinzipiell um Kp. ohne Verbalverknüpfung. Der morphologische Status der Konstituenten ist freies + gebundenes Morphem/freies Morphem.

Literaturauswahl: Jespersen 1914 (*MEG* II):299–301; 1942 (*MEG* VI):275–281; Marchand 1969:27f., 65–69; Koziol 1972:60–62 (§ 101–103); Hansen 1982:54; ferner z.B. Morsbach 1896:55f.; Bergsten 1911:100–119; Carr 1939:309–313; Tengstrand 1940; Förster 1941:338–343; Brunner 1960–1962:II,36–38; Gardner 1968:12–14; Zandtvoort 1966:103–116 (bes. § 288), 278 (§ 805); Adams 1973:70f.; Warren 1978:8–10. Fürs Dt. siehe z.B. Fleischer 1971:112–122; Pavlov 1972:83–120; fürs Ahd. Gröger 1911:34ff. – Zur Geschichte von Genitiv und *of*-Fügung siehe die Nachweise oben 2.4.3.1. Anm. 80.

3.2.2.2. Zur morphologischen Isolierung

Der Typ Sb+s/Sb ist die ganze englische Sprachgeschichte hindurch morphologisch nicht isoliert, weil parallel zu ihm syntaktische Genitivgruppen (Sb+s+Sb) existieren. Komposita können durch Zusammenrückung[64] aus den entsprechenden syntaktischen Gruppen entstehen. Ein Beispiel ist möglicherweise *cinnesmen* ‚Verwandte', *ChronE* 1129 (ne. *kinsmen*), dem die syntaktische Gruppe *wið heora agenes cynnes mannum, Chron* CD 1052 zeitlich vorausgeht. Allerdings können Genitivkp. dann wohl auch unmittelbar, d.h. ohne daß zunächst eine entsprechende Genitivgruppe existiert, gebildet werden. In manchen Fällen wurden sogar Sb/Sb-Kp. später in Sb+s/Sb-Verbindungen (Kp.?) aufgelöst, z.B. ae. *deofol-cræft*, me. *deueles craftes;* vgl. unten 3.2.2.3.(4).[65]

Von manchen Autoren wird die Existenz der Genitivkp. ganz geleugnet, sowohl fürs Ae. und Me. als auch fürs Ne. Möglicherweise hat dies etwas mit der Muttersprache der Autoren zu tun. Autoren mit deutscher (und skandinavischer) Muttersprache akzeptieren im allgemeinen den Typ der Genitivkp., also von Genitivverbindungen, die im Rahmen der Wortbildung zu behandeln sind;[66] vielleicht spielt bei ihnen (unbewußt) eine Rolle, daß den engl. Genitivverbindungen im Dt. oft eindeutige Kp. (Nominativ- oder Genitivkp.) entsprechen. Beispiele aus *O&N* sind: *flesches lust(e)* ‚Fleischeslust'; *sumeres tid(e)* ‚Sommerzeit'; *daies liht* ‚Tages-

---

[64] Die den Übergang vom Doppelakzent zum Anfangsakzent einschließt.

[65] Ferner Koziol 1972:60f.

[66] Z.B. Bergsten, Förster, Jespersen, Marchand, Koziol, Hansen, Kastovsky 1982a:177f.

licht'; *hauekes cun(ne)* ‚Falkenart', *speres ord(e)* ‚Speer(es)spitze'; Beispiele
aus *AncR* sind *blodes dropen* ‚Blutstropfen', *deaðes dunt* ‚Todesstoß',
deaðes swat ‚Todesschweiß', *deaðes wunde* ‚Todeswunde', *deawes drope*
‚Tautropfen', *deofles hore* ‚Teufelshure', usw. Autoren mit Englisch als
Muttersprache lehnen dagegen den Kompositionstyp der Genitivkp. oft
implizit oder explizit ab und behandeln Genitivverbindungen grundsätzlich innerhalb der Syntax.[67] Für das Ne. ist dies aber schon deswegen zu
kategorisch, weil Verbindungen mit Anfangsakzent wohl doch als Kp. einzustufen sind *(búll's-èye, dríver's sèat)*.

Von der semantischen Struktur und vom syntaktischen Verhalten her
läßt sich ebenfalls ein Unterschied zwischen Genitivverbindungen machen, die sicher syntaktische Gruppen sind, und solchen, die sich wie Kp.
verhalten. Darauf hat besonders Zandvoort 1966: § 285−292 hingewiesen.
Nach ihm kann man zwischen Verbindungen mit spezifizierendem und
Verbindungen mit klassifizierendem Genitiv unterscheiden. Der spezifi-
zierende Genitiv bezieht sich auf eine bestimmte Person oder Sache, z. B.
my son's wife, the man's voice, the boy's release; Verbindungen damit sind
sicher syntaktische Gruppen. Der klassifizierende Genitiv bezieht sich dagegen allgemein auf die Klasse der Personen oder Dinge, die durch das
Wort im Genitiv bezeichnet werden, z. B. *a doctor's degree, a women's college, a summer's day;* syntaktisch lassen sich solche Verbindungen paraphrasieren als 'B is typical of A' oder 'B is for A'.[68]

Diesem semantischen Unterschied entspricht auch einer im syntaktischen Verhalten der betreffenden Verbindungen (vgl. oben 2.4.2.4.): Bei
Verbindungen mit spezifizierendem Genitiv beziehen sich Artikel, Pronomina und Adjektive auf das Element im Genitiv, also das Erstelement, bei
Verbindungen mit klassifizierendem Gen. dagegen auf das Zweitelement
und damit auf die ganze Verbindung. Allerdings sind doppeldeutige Fälle
nicht selten: *a new* in *a new boatswain's whistle* kann sich entweder nur
auf *boatswain* oder auf *boatswain's whistle* beziehen (‚die Pfeife eines neu-

---

[67] Z. B. Gardner 1968:12f.; Quirk/Greenbaum 1973:§ 4.70; Bauer 1983:240f. Stanley (ed.
O&N) erkennt keine der Sb+*s*/Sb-Verbindungen aus *O&N* als Kp. an, vgl. unten 6.2.2.4.
Eine Ausnahme unter den dt. Autoren bilden Nickel et al. 1976:II,20, die die Genitivkp.
(fürs Ae.) ebenfalls ablehnen; eine Ausnahme unter den englischsprachigen Autoren ist
z. B. Adams 1973:70f., die die Genitivkp. anerkennt.

[68] Arngart, ed. *Gen&Ex,* S. 39, spricht ebenfalls vom "classifying gen." und sagt dazu:
"Cases like these [e. g. *bredes fode, daiges liht*] may shade off into the compositional gen.";
daneben setzt er auch noch echte Genitivkp. an. − Neben dem klassifizierenden und dem
spezifizierenden Genitiv kann man noch viele andere semantische Funktionen des Gen.
unterscheiden, vgl. z. B. Lehnert 1953:75 ff.; Mustanoja 1960:79−92; Quirk/Greenbaum
1973:95 (§ 4.70); Arngart, ed. *Gen&Ex,* S. 39 f.; ferner oben 1.4.3.6.

en Bootsmannes' – ‚eine neue Bootsmannspfeife'); ebenso kann *an old fisherman's cottage* entweder ‚die Hütte eines alten Fischers' oder ‚eine alte Fischerhütte' bedeuten. Ein Beispiel aus *O&N* ist *for sume sottes lore, O&N* 1351 (spezifizierend), aber *an wif ah lete sottes lore, O&N* 1471 (klassifizierend).

Für das Ae. und Me. gestaltet sich die Unterscheidung auch deswegen noch komplizierter, weil zu dieser Zeit der Genitiv weitaus unbeschränkter vor das regierende Sb gestellt werden konnte als im Ne., so daß sich Artikel, Pronomina usw. auch bei eindeutigen syntaktischen Genitivgruppen auf das zweite Element beziehen können,[69] z. B. *þe Lundenes tun, La3B* C 9231; *to þan e3fulle Godes dome, WintBR* 41/19 f.; *þære lifes welle, SermRdE* 196 (*þære* bezieht sich auf das Fem. *welle*); vgl. ferner *hit is a wise monne dome, O&N* 289; *hit is gode monne iwone, O&N* 475; *wiþ þes wrecches worldes luue, PMor* 336; *fram þære halige rode dæige, WintBR.* Außerdem gibt es auch hier Fälle, die nicht sicher zu klären sind, z. B. *to here lifes ende, TrinH* XXIX (175/8 f.) ‚bis an das Ende ihres Lebens' oder ‚bis an ihr Lebensende'. Bei Verbindungen wie *deaðes bite, deaðes dunt* (beide *AncR*) scheint an den personifizierten Tod gedacht; damit läge ein spezifizierender Gen. vor. Der Kontext macht jedoch deutlich, daß tatsächlich ein klassifizierender Gen. vorliegt, weil es gar nicht der Tod selbst sein muß, der den Todesbiß gibt: *þe feond ... bit deaðes bite, AncR* A 78v/27 f. Das Gleiche gilt für *deofles sed* ‚Teufelssaat', *develes craftes,* ‚Teufelskünste': Selbst wenn man vom Teufel als einer Person ausgeht, handelt es sich hier doch um ‚Saat' bzw. ‚Künste', die für den Teufel typisch sind. *Licome lust, licomes lust* ‚Fleischeslust' ist vermutlich syntaktische Gruppe (z. B. *þes licome lust, LambH* II (19/20), vgl. III (35/6); *ti licomes lust, HMeid* 58v/25, vgl. 58r/8, 71r/14); es handelt sich aber um eine feste, häufig verwendete Fügung (vgl. Millett, ed. *HMeid,* S. 32).

Schließlich kann man die Tatsache nicht ignorieren, daß für relativ viele muttersprachliche Sprecher im Ne. Genitivfügungen grundsätzlich syntaktische Erscheinungen sind, ganz gleich ob sie einen spezifizierenden oder einen klassifizierenden Genitiv beinhalten.[70] So entspricht bei Quirk/Greenbaum 1973:95, 399 dem klassifizierenden Genitiv offenbar der beschreibende ("descriptive") Genitiv, den sie jedoch gleichberechtigt neben den anderen semantischen Funktionen des Genitivs (subjectivus, objectivus, possessivus usw.) einordnen. Für das Me. sprechen manche Au-

---

[69] Vgl. ferner oben 2.4.2.4. – Dies gilt auch für das Ahd. und Mhd. im Gegensatz zum Nhd., vgl. z. B. *daz küniges kint, der Krimhildes man;* ferner Pavlov 1972:90 ff.

[70] Jedenfalls soweit sie noch als solche empfunden werden, was für Bildungen wie *townsman, kinsman* wohl nicht mehr zutrifft, vgl. auch unten 3.2.2.3.(2).

toren dem vorangestellten (klassifizierenden) Genitiv adjektivische Funktion zu;[71] diese Einstufung ist aber fragwürdig und jedenfalls nicht allgemein akzeptiert.[72] Trotz der unscharfen Grenzen zwischen syntakt. Genitivgruppen und Kp. lassen sich für das Ae. und Me. zumindest einige Gruppen von Genitivverbindungen als Kp. einstufen; siehe dazu unten 3.2.2.5.

3.2.2.3. Weitere wichtige und problematische Punkte

(1) Ansatz und Umfang des Typs: Hier werden unter dem Typ der Genitivkp. nur solche Kp. behandelt, deren Dt den s-Genitiv aufweist, nicht dagegen Verbindungen mit einem Genitiv auf -e (< ae. -a, -e, -an) und -∅; siehe dazu oben 3.1.2.2.

(2) Status des -s (Genitivmorphem oder Fugenelement?): Im Nhd. ist der Charakter des -s als Fugenelement oft eindeutig festzustellen, vor allem dann, wenn das Dt in seiner normalen Flexion gar keinen s-Genitiv hat, z. B. *Arbeitszeit* ‚Zeit der Arbeit'; *Liebesdienst* ‚Dienst der Liebe' (vgl. oben 1.4.1. mit Anm. 83). Im Englischen ist dies aber schwieriger, weil — jedenfalls im Ne. — der Genitiv immer auf -s endet. Marchand 1969:27, 65 und Kastovsky 1982a:178 sehen trotzdem auch für das Ne. das -s grundsätzlich nicht als Genitivzeichen, sondern als Fugenelement an.[73] Dies gilt wohl für Bildungen wie *townsman, kinsman,* in denen vermutlich keine Genitivbeziehung mehr gefühlt wird und zu denen auch keine parallelen syntaktischen Gruppen existieren.[74] Man kann das -s jedoch nicht generell als Fugenelement bezeichnen. In Verbindungen wie ne. *beginner's luck, driver's seat* (Gen.Sg.), *ladies' man* (Gen.Pl.) ist die Genitivbeziehung sicher noch vorhanden, was sich auch daran zeigt, daß die Schreibung eindeutig die Genitivbeziehung markiert.[75] Adams 1973:70f. sieht für das Ne. das -s weitgehend als Genitivzeichen an, selbst in einem Teil der Bildungen, in denen es nicht (mehr) mit Apostroph geschrieben wird *(lambswool).* Bei

---

[71] Vor allem Bennett/Smithers 1974:xxviif. und Smithers, ed. *KingAlex;* letzterer stuft im Glossar z.B. *lyues body, lyues man, depes wounde, depes dint, depes wo* usw. als „adjektivische Genitive" ein. Vgl. dazu auch oben 2.4.3.1.

[72] So spricht z.B. Mustanoja 1960 nirgends von "adjectival genitive"; *lives body* stuft er unter dem "Gen. of description or of quality" ein (1960:80f.). Vielleicht ist die Einstufung der Genitive als Adjektive durch Bennett/Smithers ein weiteres Zeichen für die Tendenz, Elemente, die Sb prämodifizieren, als Adj zu deklarieren.

[73] Vgl. auch Faiß 1978:106f.

[74] Bergsten 1911:114 nimmt an, daß in derartigen Verbindungen schon im Me. kein Genitiv mehr empfunden wurde.

[75] Und natürlich auch daran, daß solche Verbindungen von vielen Autoren gar nicht als Komposita angesehen werden.

155

den ae. und me. Genitivkp. dürfte das -s in vielen Fällen ebenfalls noch das Genitivmorphem darstellen und nicht bloß ein Fugenelement; für Ausnahmen s. u. 3.2.2.5.(4) mit Anm. 92.

(3) Einige wenige Verbindungen stellen keine Sb+s/Sb-Kp. dar, sondern Sb/Sb-Kp., weil bei ihnen das -s nicht Genitivmorphem ist, sondern zum Wortstamm gehört. Dies gilt für Zusammensetzungen mit *alms* (ae. *ælmesse*) wie z. B. *almes-mon*[76] und möglicherweise auch für *pes dei is ure pentecostes dei, LambH* IX (89/3), das auf ein *pes dægðerlica dæg is ure Pentecostes, pæt is . . . (AeCHom* I,312) seiner ae. Vorlage zurückgeht.[77]

(4) Konkurrenz zwischen Sb/Sb-Kp. und Sb+s/Sb-Verbindungen: Für die Behandlung zumindest eines Teils der Genitivfügungen im Rahmen der Wortbildung spricht auch die Tatsache, daß nicht selten Sb/Sb-Kp. und Genitivfügungen in Konkurrenz zueinander stehen.[78] Teils kommen sie als Varianten in den ae., me. und ne. Texten vor; teils wurden ae. oder me. Sb/Sb-Kp. später zu Sb+s/Sb-Gruppen (Kp.) erweitert, seltener entwikkelten sich ursprüngliche Genitivverbindungen (Kp.) später zu Sb/Sb-Kp.

a) Beispiele für paralleles Auftreten von Sb/Sb-Kp. und Sb+s/Sb-Verbindungen in den frühme. Texten:[79]

pe ærchebiscop-stol, LaȝB C — *pe archebissopes stol, LaȝB* O

biscop-stol(e), LaȝB — *bissopes stol, LaȝB* O

castel-ȝ(e)at, LaȝB CO 9308 — *castles ȝæte, LaȝB* C 9482

dai-liȝt, O&N 332 — *bi daies lihte, O&N* 1431 — *pe liȝt of daie, O&N* 734. *LaȝB* hat ebenfalls *dai-liht* neben *daȝes liht(e);* letzteres kommt vor allem in der Formel *drihte(n) pe scop pes daȝes lihte(n)* vor, z. B. CO 7423, 9274 usw., wo es aber möglicherweise eine syntakt. Gruppe darstellt.[80]

deað-swot, AncR C 45r/11 — *deaðes swat, AncR* A 30v/3

earm-eðre, AncR A 70v/6 — *armes eðere, AncR* C 114v/17 f.

wið flesch-licunge, AncR C — *wið flesches licunge, AncR* A 32r/4 f. u. ö.

fles-lust, ProvH — *fleses lust, ProvH* (Vr.), *O&N* 895 usw.

fot-wunde, AncR C 124r/4 — *fotes wunde, AncR* A 75r/13 f.

heofenn-king, Orrm 1750 — *heffness king, Orrm* 13 802

hus-leafdi, AncR — *huses leafdi, AncR*

---

[76] Im Ne. wird *alms* aber oft als Sb im Plural aufgefaßt, siehe *ODEE* s. v. *alms*.

[77] Im Me. setzte sich aber aufgrund des frz. Einflusses der Nom.Sg. *pentecost* durch, so daß *pentecostes* fürs Me. als Genitivform nicht auszuschließen ist; vgl. *MED* s. v. *pente-coste*.

[78] Anders dagegen Bauer 1983:240 f., der sie aus der Wortbildung ausklammern will. — Für Beispiele siehe auch Bergsten 1911:115—119; Jespersen 1942 (*MEG* VI):152 f.; ferner oben 1.4.3.6.(2); 2.5.3.

[79] Die Genitivverbindungen sind freilich nur zum Teil Komposita. — Weitere Beispiele im Wortindex unten 6.4.

[80] Die Unterscheidung in *LaȝB* ist also metrisch und reimtechnisch bedingt.

kinge-riche, KingHorn – *kinges riche, KingHorn* (als Vr.)

leod-folk, LaȝB – *þissere leodes folke, LaȝB* C 4728

leod-king, LaȝB (häufig) – *þissere leodene king, LaȝB* C 7400

lif-grið, LaȝB C 4418 – *lifues grið, LaȝB* C 4440, 6349

man-kinde, Gen&Ex usw. – *mannes cu(i)nde, TrinH* XVI (99/3), *LaȝB* O 4562, usw.

mon-drem, LaȝB C 11 949 – *mannes drem, LaȝB* O 11 949

man-þewes, ProvA – *mannes þewes, ProvA* (Vr.)

milc-rem, StMarg/2 – *milkes rem* usw., *StMarg/2* (spätere Hss.)

mod-sorȝe, LaȝB C 4335 u. ö. – *modes sorȝe, LaȝB* C 12 603

mid munec-claðen, LaȝB C 6480, 6542 – *mid monekes clopes, LaȝB* O 6542, C 8814

neddre-streon, Orrm 9793 – *neddress streon, Orrm* 9755 u. ö.

palm-sunnedei, AncR A 71r/3 – *palmes-sunedi, AncR* C 115v/11 (beide Formen
  auch in *ChronE*)

priue-þurles, AncR A 75v/13 – *priuees þurles, AncR* C 125/1 f.

ðe se-grund, Best 401 – *te sees grund, Best* 407

shep-hirde, Orrm 3587 – *shepess hirde, Orrm* 3595 – *hirde off hise shep, Orrm* 3596

sond-men, LaȝB C 6361 – *sondes-mon, LaȝB* CO 6785 u. ö., *AncR* usw.

soster-sone (Kp.?) *Amis&A, Malory* – *his sistyrs son, Malory* 102/12

stæn-cun(ne), LaȝB C 1422 – *sto(nes) cun(ne), LaȝB* O 1422

ste(o)r-men, LaȝB CO 14 193 – *ste(o)res-man, LaȝB* CO 677, 5980

swerde-egge, Art&Merl 7465 – *swerdes egge, KingAlex* usw.

welle-water(e), LaȝB C 2255, *LambH* XVII (159/12) usw. – *welles water, LaȝB* O
  2255

wori weter-drink, PMor 144 – *wori wateres drink, PMor* 144 (Vr.)

widewe-had, LambH VIII u. ö. – *widdwess-had, Orrm*

worlt-men, AncR A 13r/21, *Vices&V* – *worldes men, AncR* C 21r/9 – *menn of ðe
  woreld, Vices&V* 77/75 f. – *worltliche men, AncR* A 21r/24

weorld-scome, LaȝB C 4151 – *weorldes scome, LaȝB* C 9279 – *worliche same, LaȝB*
  O 4151

world-wele, PMor – *þes worldes wele, PMor* (Vr.)

þis weorld-wowe, TrinH – *þis woreldes wowe, TrinH*

wint-puf, AncR C 61v/13 f. – *windes puf, AncR* A 40r/24 f.

Vgl. auch: *his monne lure, LaȝB* C 321 – *his man-lure, LaȝB* O 321

Namen:

Flaundre-lond, LaȝB C 3610 – *Flandres lond, LaȝB* O 3610

Teinne-wic, LaȝB C 10 783 – *Teynis-wich, LaȝB* O 10 783

b) Manche ae. und me. Sb/Sb-Kp. treten später (me., ne.) als Sb + *s*/Sb-
Verbindungen (Kp.) auf:

burg-tun (ae) – *burrȝhess tun, Orrm*

candel-leoht (ae) – *candeles leoct(es), WintBR* 87/28

craft-mon (ME), *LaȝB* C 14 444 – *craftsman* (seit dem 14. Jh.; siehe *ODEE* s. v. *craft*)

deor-cyn (ae) – *dereskin, Gen&Ex*
deofol-cræft (ae) – *deueles craftes, TrinH; deoffless crafft,* Orrm
heorde-man, hirde-man (ae), *AncR* usw. – *herdsman* (ne.)
land-man (ae) – *londes-men, TrinH* (ebenfalls schon ae)
lad-man (ae) – *lædes-men, LaȝB* C 3113, *lodes-men, LaȝB* O 3113
middæg-sang (ae) – *middæȝes-sang, WintBR* 55/26
sealm-sang (ae) – *sealmes-sang, WintBR* 59/1
spere-sceaft (ae) – *speres schaft, Art&Merl*
wæter-drinc (ae) – *watres drinc, Gen&Ex*
wæter-spring (ae) – *wateres springe, Gen&Ex*
woruld-æht (ae) – *worldes eihte, Vices&V,* usw. (vgl.: *mid worldliche echte, LambH*).

c)   Gelegentlich erscheinen umgekehrt auch ae. oder me. Sb+*s*/Sb-Kp. im
Me. bzw. Ne. als Sb/Sb-Kp.:[81]

cristesmasse (ae) *O&N* – *criste-masse, StatRom, KingAlex, Malory* (ne. *Christmas*)
hræfnes fot (ae) – *reuen-fot, HrlVoc*
mynstres regol (ae.: *BenR*) – *mynster-regol, WintBR*
Sateres-dai (ae) *LambH* I (9/6); *LaȝB* O 6952f. – *Sætterdæi, LaȝB* C 6952f. (ne.
    Saturday)
Sancte Michaeles Messe, ChronE – *Mychaellmasse, Malory* (ne. *Michaelmas*)
Vgl. auch: *Sunnandæg* > *Sunday; Monandæg* > *Monday; Friȝedæg* > *Friday.*

(5)   Im frühme. Material erscheinen einige Wörter als Erstelemente von
Verbindungen relativ häufig im *s*-Genitiv, andere dagegen selten oder nie
(vgl. unten 6.4.). Zur ersten Gruppe gehören anscheinend vor allem einige
Wörter, die schon im Ae. den Genitiv auf -*s* bildeten, z. B. *Christ (Cristes
bec), death (deþes bale), devil (deueles craftes), flesh (flesches brune), hound
(hundes-berie), king (kinges court), wind (wyndes blast).* Zur zweiten Gruppe gehören anscheinend überwiegend Wörter, die im Ae. den Genitiv noch
nicht auf -*s* bildeten (sondern auf -*e*, -*an* usw.), z. B. *anchor* ‚Einsiedlerin‘
*(ancre-hus), church (chirche-bende), earth (eorð-byfung), eye (ehe-lid), head
(hæfd-bon), hand (hand-ax), heart (heorte-blod), hell (helle-bearnes), love
(loue-bende), mass (messe-boc), mother (moder-bern), wood (wude-lond);* allerdings gehören auch einige Wörter hierher, die schon im Ae. den *s*-Geni-
tiv hatten, z. B. *gold (gold-coupes), heaven (heuene-bem;* siehe dazu aber
oben 2.4.3.1., S. 89 f.), *here (here-burne), hird (hired-childeren), house (hus-
carles), land (lond-cnihtes).*

---

[81]   D. h. sie verlieren ihr Genitiv-*s*; manche werden auch verdunkelt.

3.2.2.4. Geschichte und Produktivität des Typs

Man nimmt allgemein an, daß die Genitivkomposition kein altes Bildungsprinzip ist, sondern ihren Ausgang auf der Stufe des West-, Nord- und Ostgermanischen nahm, aber erst in den germanischen Einzelsprachen etwas produktiver wurde.[82] In welchem Umfang dies jeweils geschah, ist jedoch nur teilweise klar, was aufgrund der geschilderten Abgrenzungsschwierigkeiten zu den entsprechenden syntaktischen Gruppen auch nicht verwunderlich ist.[83] Folgende, recht eng umgrenzte Gruppen von Genitivverbindungen werden für das Ae. und Me. weitgehend als Kp. akzeptiert: Ortsnamen, Pflanzennamen, Wochentagsnamen sowie bestimmte Personenbezeichnungen, insbesondere auf *-man*.[84] Die ersten drei Gruppen sind semantisch deutlich isoliert, weil sie sich alle auf ganz bestimmte Referenten beziehen (vgl. oben 2.5.1. unter (2)), die Pflanzennamen zum Teil überdies, weil sie oft metaphorisch verwendet werden. Wenn man nur die genannten Gruppen rechnet, ist die Zahl der Genitivkp. im Ae. und Frühme. aber nicht sehr groß. In unserem frühme. Material wäre die Zahl der Genitivkp. wesentlich größer, wenn man alle Verbindungen mit einem klassifizierenden Genitiv einschlösse.[85] Wenn der Kompositumstatus solcher Verbindungen aber schon für das Ne. zum Teil abgelehnt wird, ist es natürlich erst recht unsicher, ob und wie weit sie im Ae. und Me. als Kp. empfunden wurden. Die Zahl von ca. 240 Genitivkp. in unserem frühme. Material (ohne Berücksichtigung der Ortsnamen) umfaßt deshalb etliche fragliche Fälle.

3.2.2.5. Belege

(1) Ortsnamen:[86] Hierher gehören z. B. *cynges-tun* urspr. ‚königlicher Gutshof‘, ChronE (ne. *Kingston*);[87] *Amberesburi*, *LaȝB* (ne. *Amersbury*);

---

[82] Siehe Carr 1939:309; Meid 1967:17f.

[83] Solche Schwierigkeiten ergeben sich nicht nur für das Alt- und Mittelenglische, sondern auch für das Alt- und Mittelhochdeutsche. Während Carr 1939:312–316 eine ganze Reihe von ahd. Genitivkp. aufzählt, sucht Pavlov 1972:83–120, bes. 108 nachzuweisen, daß sich der Typ der Genitivkp. erst im Frühneuhochdeutschen herausbildete. Demgegenüber macht aber Fleischer 1971:114f. darauf aufmerksam, daß man zumindest Ortsnamen mit dem Dt im Gen. als Komposita anerkennen muß; solche Bildungen gibt es im Ahd. aber schon seit dem 7. bzw. 8. Jh., z. B. *Bischofesheim*, *Spechteshart* ‚Spessart‘.

[84] Diese Gruppen nennen z. B. Bergsten 1911:101–108 und Carr 1939:316–318; letzterer hat noch mehr Gruppen.

[85] Für das Ae. müßten die entsprechenden Belege einmal zusammengestellt werden.

[86] Bei der Sammlung der Ortsnamen wurde keine Vollständigkeit angestrebt, siehe oben 1.1.1. Zu den einzelnen Ortsnamen siehe jeweils das *CODEPN*; für diejenigen aus *LaȝB* siehe auch Blenner-Hassett 1950.

[87] In *an cyninges tun*, ChronE 1070, liegt ein klassifizierender Gen. vor, der sich nicht auf

Belzæs-ʒate, Belynes-ʒat, Bellinges-ʒate, LaʒB (ne. *Billingsgate*); *Botolfston, DSirith* (ne. *Boston*; urspr. 'Botulf's stone'); *Conanes-borh, Cuningesburh, LaʒB; Lycches-feld, HundrE* (ne. *Lichfield*); *Lindes-eye, Hav* (ne. *Lindsey;* ursprünglich kein Genitivkp.); *Grimesby, Hav* (ne. *Grimsby*); *Portes-hom, O&N* (ne. *Portisham*); *Portes-moupe, Art&Merl* (ne. *Portsmouth*); *Remmes-buri, HundrE* (ne. *Ramsbury*); *Rokes-burw, Hav* (ne. *Roxbury*); *Wandles-biri, Art&Merl* (ne. *Wendlebury*). – Syntaktische Genitivgruppe ist aber wohl z. B. *Mihæles Munt, LaʒB* CO 9937 u. ö.

(2) Pflanzennamen (und Tiernamen): Im frühme. Material sind belegt (soweit nicht anders angegeben, in *HrlVoc*):[88] *briddes-tunge* (ME) ‚Pimper-nelle' (wörtl. ‚Vogelszunge'); *kattes-minte* (ME) ‚Katzenminze' (ne. *cat-mint*); *cronesanke* (ME, h) (für *cranes-shanke?* ‚?Knöterich', wörtl. ‚?Kra-nichbein'); *dais-eie, dayes-eʒes* (ae) ‚Gänseblümchen' (wörtl. ‚Tagesauge'; ne. *daisy*), *HrlVoc, LyricsXIII; foxes-gloue* (ae) ‚roter Fingerhut' (wörtl. ‚Fuchshandschuh'); *hundes-berien* (ae) ‚schwarzer Nachtschatten' (wörtl. ‚Hundsbeeren'); *hundes-rose* (ME) ‚Hundsrose'; *hundes-tunge* (ae; Lüs nach lat. *canis lingua* (griech. *cyneglossa*)) ‚gemeine Hundszunge'; *wulues-fist* (ME) ‚Bofist' (wörtl. ‚Wolfsfaust'). Tiernamen: *iles-pil, illes-pyl* (ME) ‚Igel' (wörtl. ‚Igelstachel'), *AncR* A 113v/4, *SEL.*[89] Hierbei lassen sich zwei Grup-pen unterscheiden, nämlich a) wörtliche Bildungen, die nach der Formel AB = B zu analysieren sind (d. h. B ist ein Wort für eine Pflanze bzw. de-ren Frucht): *kattes-minte, hundes-berien, hundes-rose;* b) metaphorische Bildungen, die zu erklären sind als 'X [plant] resembles, is like AB: *brid-des-tunge, cronesanke, dais-eye, foxes-gloue, hundes-tunge, wulues-fist;* diese sind strenggenommen als Exozentrika zu klassifizieren, d. h. als Bildungen mit komplexem Dt und Nullsuffix als Dm, vgl. oben 3.1.2.19.

(3) Wochentagsnamen: Alle Wochentagsnamen sind ursprüngliche Geni-tivverbindungen.[90] Den *s*-Genitiv zeigen im Me. *Tiwæs-dæg,* z. B. *ChronE, Tis-dæi,* z. B. *LaʒB* (ne. *Tuesday*); *Wodnes-dei,* z. B. *ChronE* (ne. *Wednesday*);

---

einen bestimmten König bezieht. Es gab viele Orte, die *cyninges tun* genannt wurden. Der Name war recht häufig; vgl. auch *LexMA* s. v. *cyninges tun.*

[88] Fast alle Belege stammen aus *HrlVoc.* – Die Analyse von Pflanzennamen ist nicht immer leicht, weil einerseits die gleiche Bezeichnung für verschiedene Pflanzen verwendet wer-den konnte, und andererseits auch verschiedene Bezeichnungen für die gleiche Pflanze; vgl. Bierbaumer 1975–1979.

[89] In der Wendung *ilespiles felles.* In *ylęspiles felles, AncR* C 193v/20, wurde das Genitivkp. in ein Nominativkp. geändert (etwas anders Dobson, Anm.). Vgl. auch *piles on ile, Body&S/2* (F 21).

[90] Die Wochentagsnamen entstanden in westgermanischer Zeit (spätestens im 4. Jh.) als Lehnübersetzungen der lateinischen Wochentagsnamen; siehe dazu z. B. Carr 1939:98–105; Meid 1967:18; Faiß 1978:105–112; Bammesberger 1984:86.

þunres-dæg, z.B. *ChronE*, *þures-dai*, z.B. *TrinH*, *þoris-dai*, z.B. *LaȝB* O 6950f. (ne. *Thursday*); *setteres-dei*, z.B. *LambH* (ne. *Saturday*). Auf andere Genitivformen gehen *Sunday* (ae. *sunnan-dæg*), *Monday* (ae. *monan-dæg*) und *Friday* (ae. *Frige-dæg*) zurück. Schon im Frühme. waren fast alle Wochentagsnamen (mit der möglichen Ausnahme von *Sunday*) verdunkelt; für das Ne. sind *Mon-*, *Tues-*, *Wednes-*, *Thurs-*, *Fri-* und *Satur-* als blockierte Morpheme einzustufen; siehe unten 4.5.7.

(4) Personenbezeichnungen mit *-man* als Dm: Einige Bildungen existierten schon im Spätae.[91] Im Frühme. scheint diese Gruppe an Produktivität zugenommen zu haben; die Belege aus unserem Material sind überwiegend me. Neubildungen.[92]

be(o)des-mon (ME) ‚Almosenempfänger‘ (lexikalisiert: wörtl. ‚Gebetsmann‘), *AncR*; ne. *beadsman*.

domes-men (ME) ‚Richter‘, wörtl. ‚Urteilsmänner‘, *PMor*.

erendes-mon (ME) ‚Bote‘, wörtl. ‚Botschaftsmann‘, *LaȝB*.

cinnes-men, *ChronE*, *kinnes-menn*, *Orrm* usw. (ae/ME) ‚Verwandte‘ (ne. *kinsman*).

londes-men (ae) ‚Landbewohner, Einwohner‘ (neben *landmann*), *TrinH*.

lædes-men, *lodes-men* (ae/ME) ‚Führer‘ (ae. *lādmann*), *LaȝB*.

reades-mon (ae) ‚Berater, Ratsherr‘, *AncR*.

sondes-mon, *sandes-man* (ME) ‚Bote‘ *ChronE*, *AncR* usw.; hierher gehören wohl auch *sander-men* und *sander-bode*, siehe oben 2.4.2.6.

steores-mon (ae) ‚Steuermann‘ (ae *steor-mon* neben *steoresman*), *LaȝB*, *StMarg/1*; ne. *steersman*.

þeines-men (ME, h?) ‚Diener‘, *LaȝB*.

wardes-men (ME) ‚Wärter, Wächter‘, *LaȝB*.

worldes-man (ae/ME) ‚weltlich gesinnter Mann‘, *AncR* C 21r/9 (ae. *woruld-man*).

Aus den späteren Texten gehören ferner hierher:

kynnes-woman (ME) ‚Verwandte‘, *Malory*; ne. *kinswoman*.

mesteres-men (ME) ‚Beamte‘, *Ayenb*.

Kein Kp. ist dagegen z.B.:

liues man (ME) ‚lebendiger Mann‘, *15 Toknen*.

(5) Einige Genitivverbindungen, die im Ne. Kp. sind, waren es wohl auch schon im Me. Außer den schon oben unter (1)−(4) genannten Verbindungen gehören hierher:

---

[91] Vgl. die Listen bei Bergsten 1911:103, 114−117; Jespersen 1942 (*MEG* VI):278; Marchand 1969:66. Die *MifConc* hat *rædesman*, *landesman*, *cynnesman*, *wytnesman*, *tunesman*, *sciresman*, *steoresman*; die meisten dieser Bildungen sind aber nur einmal belegt, keine öfter als dreimal. − *landesmenn*, *rædesmann* und *steoresmann* sind laut Hofmann 1955 aus dem An. entlehnt oder jedenfalls an. beeinflußt.

[92] Bei den Kp. des Musters Sb+*s/man* stellt das *-s* wohl schon im Me. in vielen Fällen ein Fugenelement dar; vgl. Bergsten 1911:114−117.

Cristes-mæsse, ChronE usw. (ae), *criste-messe, KingHorn* ‚Weihnachten‘ (ne. *Christmas,* d. h. kein Genitivkp. mehr).

cokkes-crowe (ME) ‚Hahnenschrei‘, *SEL* (ne. *cockcrow*); das Dm ist deverbal.

domes-dei (ae) ‚Jüngstes Gericht‘, *LambH* usw. (ne. *doomsday*).

Palmes-Sunnendæi ‚Palmsonntag‘, *ChronE* 1122, ist nur eine Variante des ae. üblichen *palm-sunnandæg* (> ne. *Palm Sunday*).

Syntakt. Gruppen sind im Frühme. dagegen wohl noch einige andere Namen von Festen, die später durch Zusammenrückung zu Kp. wurden (und dabei ihr Genitiv-*s* verloren), z. B.: *(Sancte) Martines mæsse (dæg), ChronE* (z. B. 1087; 1097; 1099/9); *(Sancte) Michaeles mæsse (dæg), ChronE* 108[7] u. ö.: ne. *Martinmas, Michaelmas.*

(6) Bei anderen Genitivverbindungen ist der Kompositumstatus dagegen nicht allgemein anerkannt, obwohl sich noch weitere Gruppen herausschälen lassen, die einen klassifizierenden Genitiv beinhalten, z. B.:

a) Teile bzw. Produkte von Tieren (u. Pflanzen): *a bores tux* ‚Eberhauer‘, *KingAlex; crowes nest* ‚Krähennest‘, *Art&Merl; flures bred, Gen&Ex; kalues fleis* ‚Kalbfleisch‘, *Gen&Ex; lambes ffleos* ‚Lammfell‘; *netes flesh* ‚Rindfleisch‘, *Hav; okes bord* ‚Eichenbrett‘, *KingAlex; oliues bog* ‚Olivenzweig‘, *Gen&Ex; ollfenntes hær, Orrm; shepess skinn, Orrm; swines brede* ‚Schweinefleisch‘, *PMor; whales bone* ‚Elfenbein (vom Walroß usw.)‘ *LaȝB;*

b) Verbindungen, die einen Vergleich implizieren (also durch ‘B is like A’ oder genauer ‘B is like [the B of] A’, vgl. oben 1.4.3.3., zu paraphrasieren sind): *childes limes, WohLo; meidnes wombe, AncR; his pralles lichame, Vices&V;* möglicherweise auch *deueles craftes, TrinH, Orrm; mannes feet, KingAlex;*

c) Verbindungen mit *kin* ‚Art‘ als Dm:[93] *deres kin* ‚Tierart, Tiere‘, *Gen&Ex; fleges kin, Gen&Ex* (ae. *fleohcynn*); *folkes kin, Gen&Ex; hauekes cun(ne), O&N* (ae. *hafoccynn*); *hines kin, Gen&Ex; hundes cunnes AncR* A 33r/20 f. (daneben *hunde-cunes,* C 49v/14); ferner *monnes cunde, AncR* (daneben *man-kinde, Gen&Ex*).

Für die übrigen Sb+*s*/Sb-Verbindungen, die von vielen Herausgebern und Autoren nicht als Kp. akzeptiert werden, siehe die entsprechenden Abschnitte unten 6.3.2., besonders bei *AncR, LaȝB, Orrm, Gen&Ex* usw.

(7) Syntaktische Gruppen sind dagegen viele der Genitivverbindungen,

---

[93] *Dereskin, folkeskin, hineskin* werden von Arngart (ed. *Gen&Ex*), S. 39, als Kp. eingestuft. Für uns wirkt -*kin* manchmal eher pleonastisch; z. B. bedeutet *hines-kin* wohl nicht ‚Art von Dienern‘, sondern einfach ‚Diener‘, und *folkes-kin* nicht ‚Volksart‘, sondern einfach ‚Volk‘. – Verbindungen mit *kines, cinnes* als Erstelement sind dagegen keine Kp., vgl. z. B. *alle cunnes wihte, LambH* VI.30 (S. 35). Siehe auch *MED* s. v. *kin*.

die semantisch den kopulativen Sb/Sb-Kp. entsprechen.[94] Sie finden sich relativ häufig bei Ortsnamen: *Brutlondes ærd, LaʒB* C 4872 u.ö.; CO 6383, 6515; u.ö.; *Egiptis lond(e), Heil; ʒerrsalæmess chesstre, Orrm; Lundenes tun, LaʒB* (aber *Lundene-tun, LaʒB* C 9317); *Nazaræpess chesstre, Orrm; Paradisess ærd, -rice, Orrm; Tintageoles tun, LaʒB; Verolames tun, LaʒB;* andere Beispiele sind *adamantines stan, HMeid; Egiptes folc, Gen&Ex; israeles folc, israeles leode, StJul; Latines leden(e)* ‚lateinische Sprache', *HMeid, StJul; nouembres moneþ, StKat; swinkes strif* ‚große Mühsal', *Gen&Ex; weimeres leoð* ‚Klagelied', *HMeid; ʒoless moneþþ* ‚Weihnachtsmonat', *Orrm.*

3.2.3. Adj/Sb (Adjektiv/Substantiv): *god-spel, gentil-mon*

3.2.3.1. Definition des Typs

Das Dt ist ein primäres Adj, das Dm ein primäres Sb; es handelt sich um Kp. ohne Verbalverknüpfung. Der morphologische Status der Konstituenten ist freies Morphem/freies Morphem.

Literatur: Jespersen 1914 (*MEG* II): 283 ff.; 1942 (*MEG* VI): 157 f.; Marchand 1969: 63−65; Koziol 1972: 62 f.; Hansen et al. 1982: 54 f.; Stein 1973: 124−128; ferner z.B. Carr 1939: 56−59, 85−87, 117−119, 147−150, 161−163; Brunner 1960−1962: II,71; Makkai 1972: bes. 164−168, 321−325, 330−334 (Adj/Sb aber nicht von Bahuvrihisb getrennt); Adams 1973: 83−87; Poldauf 1984: 129−133. Zum Deutschen siehe z.B. Fleischer 1971: 79 ff.

3.2.3.2. Zur morphologischen Isolierung

Der Typ Adj/Sb ist morphologisch nicht isoliert. Prinzipiell sind die Adj/Sb-Kp. durch Zusammenrückung aus den entsprechenden syntaktischen Gruppen Adj+Sb entstanden, vgl. ae. *leof mon*, Pl. *leofe men* ‚lieber Mann' mit me. *leofmon > lemman* ‚Geliebter, Geliebte'; ae. *on hwitan sunnandæg > me. white-sunedai* (ne. *Whitsunday*) ‚Pfingstsonntag' (wörtl. ‚weißer Sonntag'). Dementsprechend existieren syntakt. Gruppe und Kp. manchmal nebeneinander, z.B. ae. *ofer midne dæg* und *on middæge*,[95] ne. *bláck bírd* ‚schwarzer Vogel' und *bláckbird* ‚Amsel', unterscheiden sich aber oft in der Bedeutung. Wie bei allen durch Zusammenrückung entstandenen Kompositionstypen ist jedoch auch bei den Verbindungen aus Adj und Sb die Unterscheidung zwischen syntakt. Gruppe und Kompositum im Me.

---

[94] Vgl. unten 5.2.2.(1). − Kopulative Genitivkp. sind dagegen *þeines-man* und möglicherweise auch *sondes-man, wardes-men.* − Mustanoja 1960: 81 f. bezeichnet den Gen. in dieser Funktion als "genitive of definition", ebenso Arngart (ed. *Gen&Ex*), S. 40, während Berndt 1982: 127 von "appositive genitive" spricht; generell zur Apposition siehe Raabe 1979; Löbel 1986.

[95] Vgl. Carr 1939: XXX f., 86; Gardner 1968: 58.

zum Teil schwierig. Bei der Schreibung ist auffällig, daß in den me. Handschriften oft auch Verbindungen aus Adj+Sb zusammengeschrieben sind,
die wohl syntakt. Gruppen darstellen, siehe oben 2.2. unter (3). Im Ne. ist
die Unterscheidung zwischen syntakt. Gruppe aus Adj+Sb und Adj/Sb-
Kp. im allgemeinen durch die unterschiedliche Betonung gewährleistet; im
Ae. und Me. läßt sich die Betonung aber meist nicht sicher nachweisen.[96]
Morphologische Unterscheidungskriterien (flektiertes Erstelement in der
syntakt. Gruppe, unflektiertes Erstelement im Kp.) fallen im Me. zunächst
weitgehend und dann völlig weg, siehe oben 2.4.2.1. In manchen Fällen
hilft das Kriterium der Lexikalisierung, das z.B. für *godspell, ealdefader,
leofmon, white-sunedai* zutrifft; doch erfaßt es bei weitem nicht alle in Frage kommenden Verbindungen – nicht lexikalisiert sind z.B. *god dede* ‚gute
Tat, Wohltat', *nea magen* ‚nahe Verwandte' usw., deren Kompositumstatus
dementsprechend unsicher ist. Wie der Vergleich mit dem Deutschen
zeigt, ist semantische Isolierung aber keine Vorbedingung für das Vorliegen eines Adj/Sb-Kp., vgl. *nahe Verwandte – Nahverwandte; kurze Zeit –
Kurzzeit* usw. Umgekehrt ist auch mit semantisch isolierten syntaktischen
Gruppen (Idiomen) aus Adj+Sb zu rechnen; hierher gehören möglicherweise z.B. *Lang Fridæi* ‚Karfreitag', *ChronE* 1137 (ae); *þe holi gost* ‚der Heilige Geist', *idel ʒelp* ‚vana gloria'.[97] Gelegentlich können Verbindungen
aufgrund der Semantik als syntakt. Gruppen nachgewiesen werden. So
druckt A. Schröer in *WintBR* 99/25 *on formelentenes deiʒe*; es handelt sich
aber nicht um den ‚Tag der ersten Fastenzeit', sondern um den ‚ersten Tag
der Fastenzeit' (lat. *in capite quadragesime*) und damit eindeutig um eine
syntakt. Gruppe mit zwischengestelltem Genitiv *on forme lentenes deiʒe.*[98]

3.2.3.3. Weitere wichtige und problematische Punkte

(1) Adj/Sb oder Sb/Sb? Zu den relativ zahlreichen Fällen, in denen es
unklar oder umstritten ist, ob eine Verbindung (ein Kp.) aus Adj/Sb oder
ein Sb/Sb-Kp. vorliegt, siehe oben 2.4.3.4.
(2) Untergliederung des Typs: Im Ne. gibt es eine Untergruppe von Adj/
Sb-Kp., bei denen das Dt ein substantiviertes Adj darstellt (und die deswe-

---

[96] Siehe oben 2.3. Adams 1973:83 akzeptiert fürs Ne. allerdings nicht nur Adj/Sb-Verbin-
dungen mit Anfangsakzent als Kp., sondern auch solche mit Doppelakzent, während
Marchand 1969:63–65 nur Ortsnamen mit Doppelakzent zu den Adj/Sb-Kp. rechnet,
wie z.B. *Nèw Éngland.*

[97] Vgl. dazu Sauer 1985 a:§ 3.4. und 3.5.5. – Für ne. Adj+Sb-Idiome siehe Gläser 1986:71–
73, 76–78, vgl. 65.

[98] Vgl. *MED* s.v. *forme* adj. 1 a sowie *on þære forman længtenwucan, ChronE* 1106/9. – Zum
zwischengestellten Gen. s.o. 3.2.2.

gen strenggenommen den Sb/Sb-Kp. zuzuordnen wären), z. B. *greenhouse* ‚Gewächshaus‘ (nicht *'house which is green', sondern 'house where someone grows green plants') und *sick nurse* ‚Krankenschwester‘ (nicht *'the nurse is sick', sondern 'the nurse looks after the sick'). Im Frühme. existierten solche Bildungen aber noch kaum, abgesehen von den Klammerformen *vrini3t* (für *vridai-ni3t*) und *grayebicchen* (für *grayhoundbicchen*); siehe dazu unten 4.2.

(3)   Adverbiell verwendete Adj + Sb-Verbindungen: Einige, zum Teil öfter belegte Adj + Sb-Verbindungen werden überwiegend oder ausschließlich als adverbielle Fügungen verwendet.[99] Sie kommen oft mit Präpositionen vor *(to, mid)* und das erste Element (Adj) hat häufig die Endung *-er(e)*, bei der es sich um eine erstarrte Adjektivendung (starker Dat.Sg.Fem.) handelt (s. u. 4.3.2.1.); das zweite Element (Sb) steht gewöhnlich im "instrumental (adverbial) dative" (Mustanoja 1960:104; dort auch weitere Belege).

hele ‚Heil, Rettung, Gesundheit‘:
(to) goder-hele ‚zum Vorteil‘, *LambH, AncR* usw., wird meist nach *to* verwendet; vgl. auch die syntakt. Gruppe *to godere þire hæle, La3B* C 1796. Als zusammengesetztes Sb tritt es in *DSirith* 269 auf: *And goder-hele shal ben þin.* Das *MED* verzeichnet *goder-hele* dementsprechend als Phr[ase] und Noun.
(to) wraðer(e) heale, AncR, StJul, La3B usw. ‚zum Unglück‘, wird meist nach *to* verwendet; vgl. auch *To wroðer heore hele, La3B* C 247. Oakden 1935:II, 164, stuft die Verbindung wohl zu Unrecht als Nominalkp. ein.
to himmere heile ‚zum Unheil‘(?), *AncR* (A 26v/26; C 41r/20): Herkunft und Bedeutung von *himmere* sind unklar, siehe *MED* s.v. *?himmere* adj; Zettersten 1965:97 f.
heort(e) ‚Herz‘:
on hat heorte ‚im Zorn‘, *StKat* 14v/19; von d'Ardenne (ed. *Katherine-Group*) wohl zu Unrecht als Kp. angesehen; vgl. dagegen d'Ardenne/Dobson (ed. *StKat*), S. 274.
stefn, steuen ‚Stimme‘:
lud-steuene, StJul, StKat; (mid) ludere stefne, StKat, La3B (C 716) ‚mit lauter Stimme‘. *(mid) ludere steuene* ist sicher adverbielle Fügung; *lud-steuene* wird von d'Ardenne (ed. *StJul*), S. 111, jedoch als Bahuvrihiadj. angesehen; vgl. auch d'Ardenne/Dobson, (ed. *StKat*), S. 270 f., 321; ferner unten 3.3.13.3.(4).
Vgl. ferner *mid mildere steuene* ‚mit sanfter Stimme‘, *La3B* C 8885; *quickere stæuene* ‚mit lauter Stimme‘, *La3B* C 6140 (vgl. O 8263).
word ‚Wort‘:
soðere worden ‚mit wahren Worten‘, *La3B* C 11 240 u. ö., *sopere wordes, La3B* O 11 240.

---

[99]   Vgl. Sauer 1985 b:§ 2.3. mit Anm. 46.

3.2.3.4. Geschichte und Produktivität des Typs

Der Typ Adj/Sb geht auf das Germanische zurück[100] und ist auch im Ae., Me. und Ne. produktiv, allerdings nicht so stark wie der Typ Sb/Sb. Im Me. war er bei den zusammengesetzten Zunamen häufig (z. B. *Blakman, Lefchild, Leuesune, Swetman*), anscheinend sogar häufiger als im Allgemeinwortschatz.[101] Auch in Ortsnamen kommt er vor. Für den Allgemeinwortschatz e x a k t e Zahlenangaben zu machen, ist aufgrund der Abgrenzungsproblematik zu den entsprechenden syntakt. Gruppen nicht möglich; in unserem frühme. Material finden sich ca. 190 verschiedene Adj/Sb-Kombinationen, die sicher oder möglicherweise Kp. sind. Im Gegensatz zu den Sb+*s/man*-Verbindungen ist der Kompositumstatus vieler Adj/*man*-Verbindungen fraglich oder unwahrscheinlich. Zu den frühesten me. Bildungen gehören *middel-eard* ‚Erde, Welt‘, *ProvA, LambH* IX usw. (als Ersatz für ae. *middan-(g)eard*); *wittesunnedai, witsundai, LambH* IX, *LambH* usw.; *hea-deor* ‚Rotwild‘, *ChronE; hold-aðas* ‚Treueeide‘, *ChronE; bla-mon, AncR; leof-mon, AncR (> lemman)*.[102]

3.2.3.5. Belege

(1) Gebiets- und Ortsnamen:[103] *Est Engelond, LaȝB; East-sexe, LaȝB, HundrE* (ne. *Essex*); *Middel-sax, LaȝB, HundrE* (ne. *Middlesex*); *North-folk(e), ProclHenIII* (ne. *Norfolk*); *Norhamptoun, LyricsXIII* (ne. *Northampton*); *Norþhumberlond, Art&Merl* (ne. *Northumberland*); *Norþwych, HundrE* (ne. *Norwich*); *suþ-folc, HundrE* (ne. *Suffolk*); *Suð-hamton(e), LaȝB* (ne. *Southampton*); *superay, HundrE* (ne. *Surrey*); *Suð-sæxe, LaȝB, HundrE* (ne. *Sussex*); *West(e)-minster, LaȝB, SirTristr*.

(2) Pflanzen- und Tiernamen: (a) *blake-berie* (ae) ‚Brombeere‘ usw. (wörtl. ‚Schwarzbeere‘), *HrlVoc; gret-wurt* (ae) ‚Herbstzeitlose‘ (wörtl.

---

[100] Siehe Carr 1939:161–163; im German. war er anscheinend aber noch relativ selten.

[101] Siehe Weekley 1917:225 ff.; Ekwall 1947; Erlebach 1979:38 f., 64–71; Jönsjö 1979:31, 34. – Jönsjö zählt in seinem Material 514 Adj/Sb-Bildungen, mehr als doppelt so viel wie Sb/Sb-Kp.

[102] Marchand 1969:63 nennt als früheste me. Belege *wildfire* und *wildwood*, beide 1122 (nach der Datierung des *OED* s.v.); das *OED* gibt diese Belege aus *ChronE*, wo *wildefyr* 1032 erscheint und *wilde wuda* 963; beide gelten hier also als ae. Belege; außerdem handelt es sich bei den Belegen in *ChronE* möglicherweise noch um syntakt. Gruppen (Plummer verzeichnet sie in seinem Glossar nicht als Kp; ClarkHall hat aber *wildefyr* als Kp.).

[103] Vgl. dazu jeweils das *CODEPN*. Es handelt sich fast ausschließlich um Zusammensetzungen mit Himmelsrichtungen; vgl. dazu auch unten (4). Die Kp. auf *-sex* und *-folk* sind ursprünglich Stammesnamen, die dann auch das von den jeweiligen Stämmen bewohnte Gebiet bezeichnen, vgl. dt. *Bayern, Franken, Schwaben, Sachsen, Preußen* usw. sowie *CODEPN*, S. XIII.

‚große Wurz‘), *HrlVoc;* *holi-hoc* (ae) ‚echter Eibisch, Althee‘ (ne. *hollyhock*), *HrlVoc;* *hore-hune* (ae) ‚weißer Andorn‘ (ne. *horehound*), *HrlVoc;* *smal-ache* (ME) ‚Sellerie‘ (wörtl. ‚kleiner Eppich‘; ne. *smallage*), *SEL;* *supe-wurt* (ae/ ME) ‚Eberraute‘ (wörtl. ‚Südwurz‘), *HrlVoc;* (b) *grea-hundes, gre(y)-hound(es)* (ae) ‚Windhunde‘ (wörtl. ‚Grauhunde‘), *AncR* usw.; *graye-bic-chen* (ME) ‚Windhündinnen‘, *KingAlex;* *hea-deor* (ME) ‚Rotwild, Hirsche‘, *ChronE, LaʒB;* *calouwe-mous* (ME) ‚Fledermaus‘ (wörtl. ‚kahle Maus‘), *Ayenb.* Manche Pflanzennamen sind aber anscheinend syntakt. Gruppen aus Adj + Sb; aus *HrlVoc* wohl z.B.: *blinde nettle* (ne. *blind nettle*); *wite clouere* (ne. *white clover*). Im Gegensatz zu den Pflanzennamen des Typs Sb+*s*/Sb gibt es bei denen des Typs Adj/Sb – jedenfalls in unserem frühme. Material – keine metaphorischen Bildungen, sondern nur wörtliche, bei denen das Dm ein Wort für eine Pflanze (bzw. deren Frucht) ist: *ache* (< afrz.); *berie* (ne. *berry*); *hoc* (ne. *-hock*); *hune* (vgl. unten 4.4.3.(2)); *wurt* (ne. *wort*). Die Bahuvrihisb. des Musters Adj+Sb/Ø$_{Sb}$ *(wit-þorn)* werden hier als eigener Typ angesehen, s. u. 3.2.14.

(3) Personenbezeichnungen mit *-man* als Dm: Die Verbindungen aus Adj+*man* sind im Frühme. zwar recht zahlreich, doch ist nur bei einem Teil davon der Kompositumstatus sicher oder wahrscheinlich; manchmal tritt die gleiche Verbindung anscheinend auch teils als syntaktische Gruppe, teils als Kp. auf, oder zunächst nur als synt. Gruppe und erst später als Kp. Beispiele sind (vgl. auch oben 2.2. unter (3)):

bla-mon (ME) ‚Neger‘, *AncR* usw.: möglicherweise Kp.; vgl. *MED.*

cristene-man ‚Christenmensch‘, *TrinH* usw.: in dieser Form vermutlich syntakt. Gruppe; Kp. ist aber wohl die leicht verdunkelte Form *cristeman, TrinH* usw., die möglicherweise Lehneinfluß zeigt; vgl. *MED* s.v. *Crist(e)-man.*

cuð-mon ‚Bekannter‘, *AncR.* Bei Zettersten 1965:224f. nicht verzeichnet; könnte aber vielleicht Kp. sein, weil es in der alliterierenden Formel *ne cuðmon ne cunnes-mon* vorkommt (*AncR* A 115v/21; C 196r/8).

eldrene-man usw.: siehe dazu oben 2.4.3.4. unter (4).

fre(o)-man ‚freier Mann‘, *ProvA, O&N* usw., ist möglicherweise teils Kp., teils syntakt. Gruppe, siehe oben 2.5.2. unter (5); vgl. ne. *free man – freeman; MED* s.v. *frē-man* (nur als Kp.). Mack (ed. *StMarg/1*) faßt *freo-mon* als Kp. auf, aber nicht *freo-wummon* (*þeowe-wummon* dagegen wieder als (Sb/Sb)-Kp.).

gentil-man (ME) ‚Edelmann‘, ‚edler Mann‘, *AncR* usw., ist zum Teil sicher syntaktische Gruppe, vgl. z.B. *of þe gentil man & gode, Art&Merl* 1676 (vgl. 8354); Kp. ist es vielleicht in *moni gentil-mon, AncR* A 97r/5. Vgl. *MED* s.v. *gentil-man* und s.v. *gentil;* ne. *gentleman.* Hybrid.

god(e)-man ‚guter Mann‘, *LaʒB* usw., ist zum Teil sicher syntakt. Gruppe (vgl. *swa god mon* (Hs.: *godmon!*), *LambH XVI* (151/28); oben 2.4.2.3.); Kp. ist es aber möglicherweise in der lexikalisierten Bedeutung (Lehnbedeutung) ‚Haushalts-

167

vorstand', die es in *KentSerm* hat (als Wiedergabe von afrz. *prodom(e)*). Vgl. *MED* s. v. *gōd man, gōd-man; ODEE* s. v. *good;* ne. *good man – goodman.*

halimon ‚heiliger Mann', *AncR,* ist trotz gelegentlicher Zusammenschreibung wohl syntakt. Gruppe.

hah-mon etc. ‚hoher, hochgestellter Mann' ist wohl meist syntakt. Gruppe, vgl. *ʒif þar was swa hah mon, LaʒB* C 1284; *heye men and lowe, Hav* 958; in *his heymen, Hav* 231, könnte aber möglicherweise ein Kp. vorliegen.

largemen ‚freigebige Männer', *WohLo,* ist trotz Zusammenschreibung in der Hs. vermutlich syntakt. Gruppe. Hybrid.

leofmon, AncR usw., *lemman, LaʒB* (O) usw. ist sicher Kp., weil es lexikalisiert ist (‚Geliebter, Geliebte') und schon im Frühme. verdunkelt wurde *(lemman). LaʒB* hat neben dem Kp. allerdings auch einmal die syntakt. Gruppe ‚lieber Mann': *ne beo he na swa leof mon, LaʒB* C 6919.

madde man, Malory, ist möglicherweise noch syntakt. Gruppe, vgl. aber das ne. Kp. *madman.* Siehe *MED* s. v. *mad* adj. 1 c *(mad-man* als Kp. eingestuft).

noble men ist im Frühme. zunächst noch syntakt. Gruppe, vgl. *noble men 7 gentile 7 of heh burðe, WohLo* 160 f.; *a swiðe noble man, Art&Merl,* 3616; bei *Malory* ist es aber möglicherweise schon Kp.; vgl. oben 2.2. unter (3).

richeman (richemenne) ‚reicher Mann', *KingHorn, Amis&A,* ist wohl trotz Zusammenschreibung syntakt. Gruppe, vgl. *He is a richer man þan þou, Amis&A* 2039. Ebenso wohl *pouermen* ‚arme Leute'.

sikman usw. ‚kranker Mann': in *þa secræman[ne] in, ChronE* 1070, stellt *secræ man* wohl eine syntakt. Gruppe dar (wegen des flektierten Erstelementes und trotz Zusammenschreibung ed. Clark – ed. Plummer schreibt getrennt); in *Swo kam a leprus, a sikman, KentSerm* 136, könnte *sikman* wegen der Parallelität zu *leprus* lexikalisiert sein und somit ein Kp. darstellen. Vgl. *OED* s. v. *Sickman;* ne. ist aber wieder nur die synt. Gruppe *sick man* üblich.

wismon, AncR usw. ist wohl trotz Zusammenschreibung syntakt. Gruppe.

iungman ‚junger Mann, Diener', *Vices&V, ʒongman, Art&Merl,* usw. ist möglicherweise zumindest zum Teil Kp., vgl. *a ʒongman noble, Art&Merl* 7037, *ʒongman gent, Art&Merl* 7039 (vgl. 7782), sowie *OED* s. v. *Young man, Youngman,* zumal es vermutlich die Vorstufe von me. ne. *yeoman* ist, das als *ʒoman* bereits in *KingAlex* auftritt; vgl. unten 4.5.1.

Die Bezeichnungen für die Volkszugehörigkeit sind im Ne. oft Kp. (*Dutchman, Englishman, Frenchman, Irishman,* aber nicht **Danishman,* sondern *Dane*) – daß die entsprechenden Fügungen schon im Frühme. Kp. waren, läßt sich jedoch nicht nachweisen; die Tatsache, daß das Erstelement gewöhnlich noch das *-e* hat, das den Plural anzeigen könnte, spricht eher dagegen: *Densce-men, LaʒB* C 3041 u. ö., *Densemonne, LaʒB* C 6649; *Frensce-men, LaʒB* CO 3819; *Engliscemen, LaʒB* CO 12 164; *yrisshemen, KingHorn;* ferner *Douchemen, Malory.*

(4) Zusammensetzungen mit Himmelsrichtungen: Sicher Kp. sind die

spezifischen Ortsnamen, deren Dt eine Himmelsrichtung ist; dazu s. o. (1);
auch die allgemeineren Ortsangaben, deren Erstelement eine Himmelsrichtung bezeichnet, können wohl als Adj/Sb-Kp. eingestuft werden –
doch sehen z. B. die Herausgeber von La3B die meisten derartigen Verbindungen offenbar als syntaktische Gruppen an. Zur Frage der Wortart bei
den Himmelsrichtungen (und damit einer möglichen Einstufung als Sb/
Sb-Kp.) s. o. 2.4.3.4. unter (3).

AEstdale, Orrm (ae); *æst-ænde, La3B* (ae); *est-3ete, LambH* (ME); *æst-hal(l)f, La3B,
Orrm* usw. (ae); *est-lond, StKat* usw. (ae); *est-partie, KingAlex* (ME); *est-riche,
TrinH* (ae); *æst-side, La3B* (ME); *est-werld, KingAlex* (ME); *norrþ-dale, Orrm* (ae);
norð-ende, La3B usw. (ae); *norð-ærd(e), La3B* (ME); *norð-3æte, La3B* (ME); *norð-
half, ChronE* usw. (ae); *norð-side, La3B* (ME); *suþ-dale, Orrm* (ae); *suð-ende, La3B*
(ae); *suð-3æte, La3B* (ME); *suð-halue, La3B* (ae); *suð-lond, La3B* (ae); *soup-side, King-
Alex* (ME); *wesst-dale, Orrm* (ae); *west-ænde, La3B* (ae); *west-halue, La3B* (ae); *west-
lond, La3B* (ME).

(5)   Komposita sind wohl auch die entlehnten Adj/Sb-Verbindungen sowie die Lehnbildungen des Typs Adj/Sb:

a3en-will(e) ‚eigener Wille, Eigensinn‘, *Vices&V* (Lüs ← *propria voluntas*); syntakt.
    Gruppe allerdings wohl *of mire a3ene wille, Vices&V* 15/10.
belami ‚guter Freund‘ (oft ironisch), *SermAtWrastl* usw. (Lw < Afrz.).
freo-stone ‚feiner Sandstein‘, *SEL* (Lüt ← afrz. *franche pere*); ne. *freestone.*
geue-leng ðe ‚gleiche Länge, Äquinox‘, *Gen&Ex* (Lw < an. *iafnlengd*).
grandame ‚Großmutter‘, *StMarg/1* 36r/24 (Lw < afrz. *graund dame*).
gramerci, grauntemercy ‚schöner Dank‘ (Interj. u. Sb), *Art&Merl, Malory* (Lw <
    afrz. *grant merci*); vgl. *OED* s. v. *gramercy.*
grauntesyre ‚Großvater‘, *Malory* (Lw < Afrz.); vgl. *MED* s. v. *graunt-sire.*
maleise ‚Krankheit‘, *SermTrin/Cleo* (Lw < Afrz.).
malueisin (þet is on englisc yfel nehhebur) ‚böser Nachbar‘, *ChronE* 1095 (Lw <
    Afrz.).
sauff-conduyghte ‚sicheres Geleit‘, *Malory* (Lw < Afrz.); ne. *safe-conduct.*
sauff-garde ‚Schutz‘, *Malory* (Lw < Afrz.); ne. *safeguard.*
Sengreal, Sankgreall ‚heiliger Gral‘, *Art&Merl, Malory* (Lw < Afrz.); vgl. *OED* s. v.
    Sangrail.
veine-glory ‚eitle Ruhmsucht, Prahlerei‘, *SEL, Malory* (Lw < afrz. *vaine gloire*, vgl.
    lat. *vana gloria*); ne. *vainglory.*

(6)   Bei Adj/Sb-Verbindungen, die im Ae. Kp. waren oder dies im Ne.
sind, folgt nicht automatisch, daß sie es auch im Me. waren.
a)   Relativ sicher ist der Kompositumstatus einer Verbindung für das
Frühme. aber, wenn sie sowohl im Ae. als auch im Ne. Kp. ist:[104]

---

[104] *Mid-* ist frühme. (unter anderem) noch Adj, später wird es zum Präfix; vgl. Marchand
1969:176; *MED* s. v. *mid* adj. & pref. Zur Partikel (Präposition) *mid* s. u. 3.2.6.5.

god-spel (häufig) > ne. *gospel* (schon im Me. verdunkelt, s. u. 4.5.1.).
halidei, AncR > *halliday;* vgl. me. *holi-day* > ne. *holiday.*
hege-strete, TrinH > ne. *highstreet.*
hege-weie, TrinH usw. > ne. *highway.*
mid-dæg(e), ChronE usw. > ne. *midday.*
mid-marhen, AncR > ne. *midmorning.*
mid-niht, TrinH usw. > ne. *midnight.*
midde-sumer, ChronE > ne. *midsummer.*
mid(e)-winter, ChronE > ne. *midwinter.*
nehhebur, ChronE usw. > ne. *neighbour* (schon im Me. verdunkelt).
swete-metes, Vices&V > ne. *sweetmeat(s)* ‚Süßspeisen, Süßigkeiten‘.

b)   Manche ae. Komposita wurden dagegen im Verlauf des Me. zu syntaktischen Gruppen aufgelöst:

god-dede, LambH usw. (ae. *gōddǣd*) − ne. *good deed.*
heh king (heȝes kinges, hehne king) ‚hoher König‘, *LaȝB, Art&Merl* (ae. *heahcyning*).
heh-messe, ChronE (ae. *hēahmæsse*) − ne. *high mass.*
iuel-dede, Gen&Ex (ae. *yfeldǣd*) − ne. *evil deed.*

Kp. waren im Frühme. aber noch:

ædmede(n) ‚Demut, Barmherzigkeit‘, *LaȝB* (ae. *ēað-medu*).
emcristen(e) ‚Mitchristen‘, *HonEluc* usw. (< ae. *efen-cristen,* also leicht verdunkelt).
ernemorewe ‚früher Morgen‘, *PassLo* usw. (ae. *ærnemergen*) − das Dt hat die Fle-
    xion bewahrt, vgl. unten 4.3.2.1.
heh-engel ‚Erzengel‘, *LambH* usw. (ae. *hēah-engel*).

c)   Aus einer syntaktischen Adj+Sb-Gruppe wurde durch Zusammenrückung ein Kp.:

ae. *on hwitan sunnandæg* − me. *wit(te)-sunnedai, LambH* usw.; ne. *Whitsunday;*
    vgl. dazu unten 4.1.1. und 4.5.1.

Syntakt. Gruppen waren aber wohl eher:

Hali þursdei ‚Gründonnerstag‘ (wörtl. ‚heiliger Donnerstag‘), *AncR, Orrm* usw.
Langa Friȝedæg, Lang(e) Fridai, ChronE, TrinH; (∼ ne. *Good Friday* ‚Karfreitag‘).
Shere ðursdai, TrinH usw.; ne. *Sheer Thursday* ‚Gründonnerstag‘ (wörtl. ‚reiner,
    klarer Donnerstag‘).

(7)   Kp. sind ferner z. B.:

dorc-hus (ME) ‚Gefängnis‘ (wörtl. ‚Dunkelhaus‘), *StJul* (lexikalisiert): *7 dreaien in-
    to dorc-hus to prisunes pine, StJul* 42r/12; vgl. dazu d’Ardenne (ed. *StJul),* S. 147 f.
howe-wiif (ME, h?) ‚weise Frau, Hebamme‘, *Art&Merl.*
liteman (ME) ‚kleiner Finger‘ (wörtl. ‚kleiner Mann‘), *SEL* (lexikalisiert).
longeman (ME) ‚Mittelfinger‘ (wörtl. ‚langer Mann‘), *SEL* (lexikalisiert).

170

midden-eard ‚Erde' (wörtl. ‚Mittelerde'), *ChronE, HonEl* usw.: ae. *middan-(g)eard* (zu *middan* s. u. 4.3.2.).

(8)   Syntaktische Gruppen waren dagegen wohl:

holi chirche, AncR usw.: ne. *Holy Church;* im Me. aber oft zusammengeschrieben; vgl. *MED* s. v. *Holi Chirche.*

haligast, holi gost, AncR usw.; im Ae. syntakt. Gruppe (*halig gast*), ebenso im Ne. (*Holy Ghost*), deshalb wohl auch im Me., obwohl me. nicht selten zusammenge-schrieben; für eine Auffassung als synt. Gruppe spricht z. B. auch *Hallʒhe Fro-fre Gast, Orrm* (mehrmals); vgl. *MED* s. v. *Holi Gost.*

idel ʒelp, LambH usw.; im Ae. syntakt. Gruppe (*idel gilp*, vgl. Sauer 1985 a: § 3.4.) und wohl auch im Me. (trotz gelegentlicher Zusammenschreibung).

riht-(h)alf(e); vgl. *LambH* XIV (141/8) *a riht halue and a luft.*

(9)   Für weitere Beispiele von möglichen und sicheren Adj/Sb-Kp. s. u. 6.3., z. B. *ChronE, LambH, TrinH, AncR, LaʒB* usw. Zu Adj/*dom* (*wisdom* usw.) s. u. 3.2.13.5.(2), S. 229–231.

3.2.4. Num/Sb (Zahlwort/Substantiv): *fourten-niʒt, halue-broþer*

3.2.4.1. Definition des Typs

Das Dt ist ein Zahlwort (Numerale), das Dm ein (primäres) Sb. Es handelt sich um Kp. ohne Verbalverknüpfung. Der morphologische Status der Konstituenten ist freies Morphem/freies Morphem.

Literatur: Koziol 1972:63 f. (wo allerdings auch Bahuvrihikp. eingeschlossen sind) u. 98 f. (*half-* als Präfix eingeordnet); nicht als Typ aufgeführt bei Jespersen 1942, Marchand 1969, Hansen 1982, Stein 1973. Fürs Deutsche siehe jedoch Fleischer 1971:90 f.

3.2.4.2. Zur morphologischen Isolierung

Wie die Bildungen des Typs Adj/Sb sind auch die des Typs Num/Sb prin-zipiell Zusammenrückungen, die aus den entsprechenden syntaktischen Gruppen entstanden sind; im Einzelfall ist es für das Frühme. deswegen manchmal schwierig zu entscheiden, ob ein Kompositum oder eine syn-taktische Gruppe vorliegt. Gelegentlich zeigt sich der Kompositumcha-rakter einer Verbindung daran, daß sie das Vb im Sg. nach sich hat, wäh-rend sie als syntakt. Gruppe das Vb im Pl. haben müßte; siehe z. B. unten 3.2.4.5. zu *tweolf-moneþ.*

171

3.2.4.3. Weitere wichtige und problematische Punkte

Ansatz des Typs: Von vielen Autoren werden die Num/Sb-Kp. unter den Adj/Sb-Kp. mit aufgeführt (z. B. von Marchand);[105] hier werden sie jedoch als eigener Typ behandelt, siehe oben 3.1.2.4.

3.2.4.4. Geschichte und Produktivität des Typs

Entsprechend der beschränkten Anzahl der üblicherweise verwendeten Zahlwörter ist auch die Zahl der damit gebildeten Substantivkp. beschränkt. Zumindest einzelne Bildungen des Typs Num/Sb gab es aber bereits im Germanischen, siehe Carr 1939:58 (vgl. 87). Im Ae. ist auffällig, daß es neben Substantiven des Typs Num/Sb, z.B. dem aufs German. zurückgehenden *an-wig* ‚Zweikampf‘ (wörtl. ‚Ein(zel)kampf‘) relativ viele Bahuvrihiadjektive der Struktur Num+Sb/$\emptyset_{Adj}$ gab, so ist z.B. ae. *seofon-nihte* nur als Adj ‚sieben Tage (wörtl. Nächte) lang/alt‘ belegt (vgl. Carr 1939:64 f., 93); erst im Frühme. tritt es dann (auch) als Sb. auf.[106] Im Frühme. war der Typ Num/Sb produktiv. In unserem Material finden sich 29 Bildungen (von denen vermutlich aber nicht alle Kp. sind); die weitaus meisten davon sind me. Neubildungen oder Kp., die erst im Frühme. durch Zusammenrückung aus den entsprechenden (ae.) syntaktischen Gruppen entstanden. Im Ne. gibt es zwar eine Reihe von Bildungen der Form Num/Sb; sie werden aber meist nicht als Sb verwendet, sondern nur attributiv bzw. adjektivisch, z.B. *a one-man show, a one-way street, three-line whip* usw.

3.2.4.5. Belege[107]

an-sæte (ME) in der Fügung *ansæte lif* ‚Leben eines Einsiedlers, Einsiedlerleben‘, *Vices&V.* Laut *MED* s.v. *ān-sæte* liegt hier ein Sb ‚Einsiedler‘ vor; seine Struktur ist Num/Vb+$\emptyset_{Sb}$ (vgl. *Dorchestre-seten*, unten 3.2.9.5.(1)). Holthausen (ed. *Vices&V*) glossiert weniger überzeugend als ‚solitary‘. *ansæte lif* ist wohl Genitivgruppe, weil es in der Wendung *Ðese twa lif, hermite and ansæte lif, Vices&V* 73/30, vorkommt (vgl. aber oben 2.4.3.3.).

dusze pers, dosseperes (ME) ‚die zwölf Paladine (Karls d. Gr.)‘, *La3B* (CO) (*þa Freinsce heo cleopeden dusze pers), duzeper, PassLord:* ein frz. Lehnwort, vgl. *MED* s.v. *dousse-per* (danach zunächst Phrase, spätme. aber Kp.).

---

[105] Jespersen 1942 (*MEG* VI):158 führt sie unter den Pron/Sb-Kp. auf.

[106] Siehe ferner die Belege in *BT(S)* und ClarkHall s.v. *an-, feower-, seofon-, ðri-, healf-*. Im Frühme. spielen Bahuvrihiadj. des Musters Num+Sb/$\emptyset_{Adj}$ kaum noch eine Rolle, s.u. 3.3.13.5.(3).

[107] Vgl. auch *MED* s.v. *four* 1 c, *four-score, four-som, five, eighte* 4, *nin* 1 a. Zu den Bildungen mit *twi-* und *fiðer-* s.u. 3.2.13.5.(1), S. 228; vgl. S. 299–301.

fiftenday (ME) ‚der 15. Tag‘, *Amis&A, Sir Tristr,* ist wohl Kp., weil es leicht verdunkelt ist *(fiftende + dai);* vgl. *MED* s.v. *fif-tende.* Seine syntakt. Verwendung ist aber eingeschränkt, weil es fast nur in Wendungen vorkommt wie *on/til þe fiftendai* ‚nach zwei Wochen‘.

first ward (ME) ‚Vorhut‘, *KingAlex,* ist Lehnübersetzung nach afrz. *avantward,* aber möglicherweise syntakt. Gruppe. Synonym: *form-ward,* s. u.

forme-fader (ME) ‚Vorfahr, Stammvater‘, *Vices&V* usw. (wörtl. ‚erster Vater‘); Kp. (Zusammenrückung) laut *MED,* s. v. *form(e)-fader.*

forme-mete (ME) ‚erste Mahlzeit‘, *VespAH;* unklar, ob Kp. oder syntakt. Gruppe; vgl. *MED* s. v. *forme* adj. 1a(a).

form-ward (ME) ‚Vorhut‘, *Art&Merl,* ist wohl Kp.; syntakt. Gruppe ist aber möglicherweise *þe forme ward, KingAlex* 2064 u. ö.; vgl. oben zu *first ward* sowie *MED* s. v. *forme* adj. 2a.

feowertene niht, LaȝB C 12814 u. ö., *fourti-niht, fourte-niht, LaȝB* O 12814 u. ö., *KingHorn* usw., *fourten-niȝt, Amis&A* usw. (ae/ME) ‚vierzehn Tage‘ (wörtl. ‚vierzehn Nächte‘). Wie die Belege aus *LaȝB* zeigen, handelt es sich um eine Zusammenrückung aus der (ae.) syntakt. Gruppe *feowertene niht* zu dem leicht verdunkelten Kp. (ME) *fourteniht.* Dessen Kompositumstatus zeigt sich auch daran, daß *fourteniht* gewöhnlich im Sg. steht: *þis fourteniht, KingHorn* L 452; *withinne a fourteniht, Hav* 2284 usw.; *in þat fourten-niȝt, Amis&A* 1178. Ne. *fortnight;* vgl. *MED* s. v. *fourte-night;* unten 4.5.2.

frim-dæȝ(en) (ME, h) ‚erste Tage‘, *LaȝB* (C). Frim-, frum- könnte das ae. Sb *fruma* ‚Anfang, Ursprung‘ (vgl. *ord-fruma, StMarg/1*) oder das ae. Adj (= Num) *frum* ‚erst(er), ursprünglich(er)‘ repräsentieren; hier werden die Zusammensetzungen damit aber unter Num/Sb eingeordnet. Vgl. *MED* s. v. *frim-dæȝen.*

frum-ræs(en) (ME, h) ‚erster Angriff‘, *LaȝB* C 4322 (O hat *þe forste ræs*). Vgl. *MED* s. v. *frum-ræs.*

frum-scheft (ae) ‚ursprüngliche Schöpfung‘, *StJul, StMarg/1.* Vgl. *MED,* s.v. *frum-shaft.*

halue-broþer (ME) ‚Halbbruder‘, *Art&Merl, Malory.* Kp. laut *MED,* s.v. *half-bröther.* Ae. *healf,* me. ne. *half* kann Sb und Adj (Num) sein; die Verbindungen mit *half* als Dt werden hier aber unter Num/Sb eingeordnet.

haluen-dal (ME) ‚Hälfte‘, *AncR, LaȝB* usw. Es handelt sich um ein Kp., das durch Zusammenrückung aus der ae. syntakt. Gruppe *þæm, þone healfan dæl(e)* oder *healfne dæl* entstanden ist; vgl. *MED* s. v. *halven-dēl(e), halven-dōl* u. *half-dēl.* Auch als Adj u. Adv verwendet.

half-felawe (ME) 'half-sharer', *Art&Merl.* Kp. laut Macrae-Gibson (ed. *Art&Merl*).

half-ȝer(e) (ME) ‚Halbjahr‘ *AncR, Amis&A,* usw. Es könnte hier Kp. oder syntakt. Gruppe vorliegen.

halpenes (ME) ‚halbe Pennies‘ *AncR* (C 39r/16 *þreo halpenes makeð a peni!*), *halpany, KingAlex.* Daß die verdunkelte Form früher belegt ist als die nicht verdunkelte (*alfpeny, Ayenb;* ne. *halfpenny,* aber Aussprache /heɪpənɪ/), geht weder aus Götz 1971:91 f. noch aus Faiß 1978:165 f. klar hervor. Vgl. *MED* s. v. *halpeni.* Im Ae. ist nur *healfpeningwurþ* belegt.

half-schire (ME) (Kp?) ‚halbe Grafschaft‘, *HundrE*.

hælue-suster (ME) ‚Halbschwester‘, *LaȝB* (C). Vgl. *MED* s.v. *half-suster*.

half-uey (ae) ‚halber Weg, halbwegs‘, *StMarg/2*. In *MED* s.v. *half-wei* nur als Adv.

halue-wude (ae) ‚echte Bergminze, Bergmelisse‘ (wörtl. ‚Halbholz‘), *HrlVoc*.

seoue(n) dahes, seuen dawe ‚sieben Tage, eine Woche‘, *AncR, LaȝB, Art&Merl*, ist wohl noch syntakt. Gruppe (*seoue daȝes fulle;* zum häufigen Verlust des *-n* in *se(o)ue(n)* siehe unten 4.5.4.). *Ðe seuendai* (ME) ‚Sabbat‘, *Gen&Ex*, ist dagegen Kp. (wohl verdunkelt aus *seventh* bzw. *seuende + dai*, also eigentlich eine andere Bildung). Vgl. *OED* s.v. *Seventh-day* (nur mit ne. Belegen); *ODEE* s.v. *seven*.

seofenn-kin (ME) ‚sieben Arten‘ (nur in der Genitivfügung (Gen.Pl.) *seofennkinne bene*), *Orrm* 5351.

seue-ȝe(a)r (ME) ‚sieben Jahre‘, *PMor, LaȝB, KingHorn* usw. – Hier könnte es sich um eine syntakt. Gruppe handeln.

soue-nihte usw. (ae/ME) ‚eine Woche‘ (wörtl. ‚sieben Nächte‘) *PMor, ChronE, LaȝB* usw. In *for souenihte blisse, PMor* 142, könnte noch das ae. Bahuvrihiadj *seofonnihte* ‚eine Woche lang‘ vorliegen; später handelt es sich jedoch um ein Sb, z.B. *fulle seofeniht, ChronE* 1070; *a seoue-niht, AncR* A 75v/26; *seoue-niht 7 enne dæi, LaȝB* (C 703 u.ö.); allerdings wurde es anscheinend zum Teil als syntakt. Gruppe aufgefaßt; vgl. das Beispiel aus *LaȝB* sowie *Seue night siðen forð ben numen, Gen&Ex* 1687 (Verb im Pl.). Ne. *sennight;* siehe *OED, ODEE*.

tweo(l)f-moneð (ME) ‚Jahr‘ (wörtl. ‚zwölf Monate‘), *AncR, tvelmoneþ, Amis&A* (leicht verdunkelt). Siehe *OED* s.v. *Twelvemonth;* Zettersten 1965:219. Der Kompositumstatus geht z.B. hervor aus *þe tvelmoneþ was al gon, Amis&A* 1657 u.ö. (leicht verdunkelt; Vb im Sg.).

twelue-winter (ME) ‚Jahr‘ (wörtl. ‚Zwölfwinter‘), *HarrowH* (O 215).

twin-manslagt (ME, h?) ‚Doppelmord‘, *Gen&Ex*. Ae. *(ge)twinn* (> ne. *twin*) kann Sb und Adj sein; hier werden die Zusammensetzungen damit unter Num/Sb eingeordnet.

twin-wifing (ME) ‚Bigamie‘, *Gen&Ex*. Zu *twie-wifing*, ebenfalls in *Gen&Ex*, s.u. 3.2.13.5.(1).

priddendale (ae) ‚Drittel‘, *LaȝB, KingAlex;* vgl. *OED* s.v. *Thirdendeal*.

3.2.5. Pron/Sb (Pronomen/Substantiv): *Æl-drihten*

3.2.5.1. Definition des Typs

Das Dt ist ein Pronomen (*all-, he-, she-, self-*), das Dm ein (primäres oder deverbales) Substantiv. Es kann sich dementsprechend um Kp. mit oder ohne Verbalverknüpfung handeln. Der morphologische Status der Konstituenten ist freies Morphem/freies Morphem bzw. freies Morphem/freies Morphem + gebundenes Morphem.

Literatur: Jespersen 1942 (*MEG* VI):158; Marchand 1969:74f., 78; Koziol 1972:64f.; ferner Carr 1939:354f. (*all*/Sb); zu den Pronomina im Me. siehe auch Mustanoja 1960:120–228.

174

3.2.5.2. Zur morphologischen Isolierung des Typs

Kp. mit *he-*, *she-*, *self-* sind morphologisch isoliert, weil diese Pronomina keine syntaktischen Gruppen mit folgenden Sb bilden. Bildungen mit *all-* sind morphologisch isoliert, wenn ein Konkretum im Sg. vorliegt (*al-drih-ten*), ansonsten sind sie als Zusammenrückungen einzustufen (*al-halwen*).

3.2.5.3. Weitere wichtige und problematische Punkte

Zum Ansatz und zur Untergliederung des Typs sowie zur Abgrenzung der Pronomina von Adj und Sb s. o. 3.1.2.5. und die dort genannte Literatur.

3.2.5.4. Geschichte und Produktivität des Typs

Einige Kp. des Typs *eall*/Sb und *self*/Sb (bzw. deverbales Sb) gab es schon im Ae., z. B. *eallmægen, eallwundor, ealloffrung, selfdom, selfdema*, vgl. die Nachweise bei Koziol, *BT(S)* und *ClHall*. Kp. des Typs *he*/Sb, *she*/Sb gibt es erst seit dem 14. Jh., und zwar laut Marchand seit ca. 1300. Das *MED* hat aber nur zwei Belege vor 1382; ansonsten treten die frühesten Bildungen dieses Musters erst ca. 1382 auf, und zwar vor allem in der *Wycliff-Bibel;* sie stellt also möglicherweise den Ausgangspunkt für die weitere Verbreitung dieser Bildungen dar. Im Me. werden mit *he-* und *she-* nur Bezeichnungen für männliche bzw. weibliche Tiere gebildet, erst im Frühne. auch Bezeichnungen für Menschen. Im Frühme. ist der Typ Pron/Sb äußerst schwach vertreten: Kp. mit *self-*, *he-*, *she-* kommen gar nicht vor und nur zwei Belege für *all*/Sb, deren Status zudem nicht unumstritten ist, siehe 3.2.5.5. Im Spätme. und Ne. ist der Typ Pron/Sb (bzw. deverbales Sb) aber dann mit allen genannten Pronomina produktiv, vgl. besonders die Nachweise bei Koziol.

3.2.5.5. Belege

(1) Im frühme. Material:

æl-drihten (ME, h) in der Wendung *Ældrihten Godd. domes waldend, LaȝB* C 14 077 ‚Allherrscher Gott, …‘. Das *MED* klassifiziert *al-drihten* als zusammengesetztes Adjektiv, vermutlich weil *dryhten*, das gewöhnlich Sb ist, im Ae. gelegentlich auch als Adj dekliniert wurde: *drihtenum Gode* statt *drihtene Gode*, vgl. *BTS* s. v. *dryhten* adj(?). Es ist aber zumindest genauso wahrscheinlich, daß *Æl-drihten* in *LaȝB* ein Sb ist, das als Apposition zu *God* verwendet wird. Solche appositionellen Fügungen sind im Frühme. nicht selten, vgl. z. B. *Lauerd Drih-ten Crist, LaȝB* CO 12 760, sowie ne. Wendungen wie *Lord God* usw.[108]

---

[108] Zur Apposition vgl. auch oben 2.4.3.3. und 3.2.2.5.(7). – Das *DOE* s. v. *dryhten* ordnet die vereinzelten Formen mit *-um* (*dryhtenum*) dem Sb *dryhten* zu und setzt kein eigenes Adj an.

al-halewe-day (ae/ME) ‚Allerheiligentag' (1. November), *StatRom,* ist eine Zusammenrückung aus der syntakt. Gruppe ae. *ealra halgena dæg* (vgl. die ellipt. Form *com to Ealra Halgena, ChronE* 1095); *al* ist hier aber nur ein Teil des Dt.

(2)   Aus den späteren Texten:

Allhalow-masse (ME) ‚Allerheiligen' (wörtl. ‚Allerheiligenmesse'), *Malory* (und daraus verkürzt: *Halowmasse, Malory*).
Allhalowmasse-day (ME) ‚Allerheiligentag', *Malory.* Auch in diesen Verbindungen ist *all* nur ein Teil des Dt.

(3)   Aus dem späteren Me. führt das *MED* (bzw. *OED*) noch folgende Belege für den Typ Pron/Sb an:

al-: al-fulnes, al-halwe(n, al-love, al-might, al-soule(n, al-thing, al-wight, ?al-wit, al-wittines; zu *al-wealdend* siehe unten 3.3.4.5.(2).
he-: he-asse, he-cat, he-lomb, he-sparwe: MED s.v. *he* pron (1).
heo- (> me. *he*) ,sie': *he-beste, he-got, -lomb, -sparwe, -wolf: MED* s.v. *he* pron. (2).
she-: she-asse, -geyt, -lombe, -oxe, -ape: MED s.v. *he-, OED* s.v. *she* V. 9 u. 10.

3.2.6. Partikel/Sb; Partikel/deverbales Sb (Partikelkomposita): *ouer-ded, doun-falleing*

3.2.6.1. Definition des Typs

Das Dt ist eine Partikel, d. h. ein Wort, das selbständig als Präposition oder als Adverb, häufig in beiden Funktionen, verwendet wird.[109] Im allgemeinen handelt es sich um ursprüngliche Ortspartikeln, die dann jedoch auch andere Bedeutung haben können (zeitlich, übertragen). Das Dm ist ein Sb; im folgenden werden Bildungen mit primären und mit deverbalen Dm zusammen behandelt, so daß teils Kp. mit, teils Kp. ohne Verbalverknüpfung vorliegen. Der Status der Elemente ist freies Morphem/freies Morphem bzw. freies Morphem/freies Morphem + gebundenes Morphem (einschließlich Nullsuffix).

Literatur: Jespersen 1942 (*MEG* VI): 106 f.; Marchand 1969: 108 – 121; Koziol 1972: 69 (§ 123), 89 – 127; Hansen 1982: 57 f.; Stein 1973: 136; ferner Koch 1891: III, 115 – 146; Meid 1967: 29 f., 36 – 44; Gardner 1968: 58 – 60, 313 f.; Kastovsky 1968: 605 – 636; Strang 1970: § 140; Adams 1973: 32 f., 113 – 127. – Zu den einzelnen me. Partikeln u. ihren möglichen Wortarten (Präp, Adv, z. T. auch Adj, Sb usw.) siehe ferner z. B. Mustanoja 1960: 345 – 427 sowie *MED, OED.*

---

[109]   Manche Partikeln werden auch noch als Adj und Sb verwendet, vgl. z. B. *MED* s. v. *aboven* pref., adv., n., adj., prep.

3.2.6.2. Zur morphologischen Isolierung

Die Bildungen des Typs Partikel/Sb, Partikel/deverbales Sb sind im allgemeinen morphologisch isoliert, weil sie in der gleichen Form keine syntaktischen Gruppen sein können, vgl. Marchand 1969:112. Eine Ausnahme bilden aber die me. Fügungen des Musters Partikel/Vb+*ing*. Sie können auch syntakt. Gruppen sein *(in creping);* siehe dazu unten 3.2.12.5.(2).

3.2.6.3. Weitere wichtige und problematische Punkte

Hierher gehören vor allem drei Fragen, nämlich 1. ob die Zusammensetzungen mit Partikeln als Dt überhaupt im Rahmen der Komposition zu behandeln sind, was hier bejaht wird; 2. wie die verschiedenen Untergruppen der Partikelkp. zusammenzufassen sind − die hier unter dem Typ Partikel/Sb zusammengefaßten Muster entsprechen Marchands Mustern 1, 2, 3, 8, 11 (1969:109−112); 3. wie weit es sich um Zusammensetzungen handelt und wie weit um Ableitungen von Partikelverben. Siehe zu diesen Fragen jeweils oben 3.1.2.6.; 3.1.2.7. und 3.1.2.11.

3.2.6.4. Geschichte und Produktivität des Typs

Partikelkomposita gab es zu allen Epochen der englischen Sprachgeschichte.[110] In unserem frühme. Belegmaterial sind sowohl die Muster Partikel/primäres Sb als auch Partikel/deverbales Sb vertreten;[111] in der letzteren Gruppe spiegeln sich alle Typen wider, die auch beim Muster Sb/deverbales Sb angesetzt werden (s. u. 3.2.9.−3.2.12.), nämlich: Sb/Vb+$\emptyset_{Sb}$ ~ Partikel/Vb+$\emptyset_{Sb}$; Sb/Vb+*t* ~ Partikel Vb+*t*; Sb/Vb+*ere* ~ Partikel/Vb+*ere;* Sb/Vb+*ing* ~ Partikel/Vb+*ing*. Auch in der Häufigkeit entsprechen die Typen bzw. Muster einander ungefähr (vgl. ebenfalls unten 3.2.9.−3.2.12.): Wie Sb/Sb ist auch Partikel/Sb am häufigsten. Wie Sb/Vb+$\emptyset_{Sb}$ ist auch Partikel/Vb+$\emptyset_{Sb}$ im Frühme. noch relativ stark vertreten, scheint später aber zurückzugehen.[112] Partikel/Vb+*t* und Partikel/Vb+*ere* sind relativ schwach vertreten, aber beide produktiv; Partikel/Vb+*ing* ist dagegen schon im Frühme. vergleichsweise häufig. Manche Partikeln starben im Verlauf der Sprachgeschichte in selbständiger Verwendung aus; sobald dies geschehen ist, sind die damit gebildeten Kp., sofern sie weiterleben, als

---

[110] Vgl. die Belege in der oben genannten Literatur und vor allem die detaillierten Hinweise bei Marchand.
[111] Vollständigkeit wurde bei der Materialsammlung allerdings nicht angestrebt.
[112] Viele der im Frühme. belegten Bildungen dieses Musters gehen auf das Ae. zurück.

Präfixbildungen einzustufen.[113] Dies gilt z.B. für *mid-* (*mid-wife*, im Ne. Präfixbildung);[114] *ymbe-* (*vumbe-stunde, embe-panc;* im Ne. ganz ausgestorben); *sunder-* (*sunder-rune* usw.; schon im Me. Präfixbildung); *wiper-* (*wiper-winna* usw.; schon im Me. Präfixbildung?). Insgesamt finden sich in unserem frühme. Material ca. 110 substantivische Partikelkomposita.

3.2.6.5. Belege

(1)   Nach Partikeln geordnet:

a) In den frühme. Texten belegte Partikeln:

after- ‚nach‘:
> *after-clap* (ME) ‚Vergeltung‘ (hybride Lehnbildung), *Art&Merl.*
> *efter-liðe* (ae. *æftera līpa*) ‚Juli‘ (wörtl. ‚der zweite milde [Monat]‘, d. h. das Dm ist ein substantiviertes Adj), *StMarg/1* (l) (Zusammenrückung der ae. synt. Gruppe).
> *after-non(e)* (ME) ‚Nachmittag‘, *Art&Merl.*
> *after-tale* (ME) ‚nochmaliges Überlegen (second thoughts)‘, *SEL.*
> *after-ward, efter-warde* (ME) ‚Nachhut‘ (Lüs ← *ariere garde*), *Art&Merl, Ayenb.*

Aus den späteren Texten:
> *aftir-dyner* (ME) ‚Nachmittag‘, *Malory.*
> *aftir-souper* (ME) ‚Abend‘, *Malory.*
> *efter-telleres* (ME) ‚Wiederholer von Geschichten‘, *Ayenb.*

Marchand 1969: 113 f. gibt für *afterclap, afternoon* u. *afterdinner* erst spätere Datierungen.

again-, gain-, ʒein- ‚gegen‘:
> *ʒein-cleappes* (ME) ‚Gegenschläge‘, *StKat.*
> *ʒeyn-char* (ae) ‚Reue, Umkehr‘, *LyricsXIII.*
> *aʒein-cherhinge, yeyn-cherrynge* (ME) ‚Umkehr‘, *SStBede, Sinners* (Erweiterung aus dem Vorigen).
> *ʒein-cume* (ae) ‚Wiederkehr, Rückkehr‘, *AncR.*
> *gean-fare* (ME) ‚Rückkehr‘, *ChronE* 1119.
> *ʒen-ʒeld* (ME) ‚jemand, der sein Versprechen einlöst (?)‘, *SEL.*
> *aʒen-soukynge* (ME) ‚Zurücksaugen (?)‘, *SEL.*
> *ʒein-turn* (ME) ‚Kehrtwendung‘, *StKat.*

Aus den späteren Texten:
> *ayen-bite* (ME) ‚Reue‘ (wörtl. ‚Gegenbiß‘), *Ayenb.*

---

[113]   Oder als Kp. mit blockierten Morphemen, wenn die urspr. Partikeln nur noch in wenigen Kombinationen vorkommen. Vgl. auch Koziol 1972: 89–91. Bildungen mit *again, aʒein* usw. sind wohl als Kp. einzustufen, Bildungen mit der daraus verkürzten Form *gain-, ʒein-* usw. wohl schon eher als Präfixbildungen; sie sind aber trotzdem hier mit aufgeführt. Vgl. *MED* s. v. *ayēn-* u. *ayen-* (sowie *yēn, yēn-*); *OED* s. v. *Gain* adv.² u. prep., *Gain-*.

[114]   Vgl. Marchand 1969: 176.

(a)gayne-commynge (ME), *Malory* (Erweiterung aus *ȝein-cume*).

ayen-uallinge (ME) ‚Rückfall‘, *Ayenb.*

ayen-yefþe (ME) ‚Gegengabe‘, *Ayenb.*

ayen-wyȝte (ME) ‚Gegengewicht‘, *Ayenb.*

bafte-, baft- ‚hinter‘:

    bafte-(s)pache (ME, h) ‚Verleumdung‘ (wörtl. ‚Hinter-rede‘), *Vices&V.*

by- ‚bei‘:

    bi-gurdel (ae) ‚Gürtelgeldbörse‘ (wörtl. ‚Beigürtel‘), *AncR.* Vgl. Zettersten 1965:158.

down- ‚hinunter‘:

    doun-falleing (ME) ‚Fall, Hin(unter)fallen‘, *Art&Merl.*

    dun-stiȝhinng (ME) ‚Hinuntersteigen, Abstieg‘, *Orrm.*

    Laut Strang 1970:158 sind Zusammensetzungen mit *down-* seit 1300 belegt; wie die Bildung aus *Orrm* zeigt, gibt es sie vereinzelt aber schon seit ca. 1200.

er(e)- ‚vor, früher‘:

    (bi) are-dawes (ae/ME) (ae. *on ǣrdagum* u. ME < an. *i ār-daga*) ‚in früherer Zeit, vor langer Zeit‘, *Hav*(l). Vgl. *MED are dawes.*

    er-dede, ær-dæd(en), (ae) ‚frühere Tat(en)‘, *TrinH, LaȝB.*

    erne-morewe (ae): s. u. 4.3.2.1.

    ear-under (ME) ‚früher Morgen‘ (ae. *ǣr* + ae. *undern*), *AncR.* Vgl. Zettersten 1965:174f.

fore- ‚vor‘:

    uor-bisne (ae) ‚Sprichwort, Beispiel‘, *O&N.*

    for[e-fæderes] (ME) ‚Vorväter‘, *Body&S/2.*

    uore-genglen (ae) ‚Vorgänger, Vorfahren‘, *LaȝB.*

    fore-ȝift (ME) ‚Schonung (des besiegten Feindes), Pardon‘, *KingAlex.* Vgl. *MED foryift.*

    for(e)-heaued (ae) ‚Stirn‘ (wörtl. ‚Vorhaupt‘) (ne. *forehead*), *AncR, KingAlex, Malory.*

    for(e)-ridles (ae) ‚günstige Gelegenheiten‘ (wörtl. ‚Vorreiter‘), *AncR.*

    uor-speker (ae/ME) ‚Sprecher, Fürsprecher‘ (vgl. ae. *forespreca*), *LambH.*

    for(e)-ward (ae) ‚Übereinkunft, Abmachung‘ (wörtl. ‚Vorvertrag (?)‘), *AncR, LaȝB, O&N.*

Aus den späteren Texten:

    fore-front (ME) ‚vorderste Reihe‘ (hybrid), *Malory.*

    fore-ryders (ME) ‚Vorreiter‘, *Malory.*

    uore-speche (ae) ‚Vorwort‘, *Ayenb.*

    Sprengel 1977 behandelt nur mit *for(e)-* zusammengesetzte Verben, ist für unsere Untersuchung also nicht relevant.

forth- ‚fort, weiter‘:

    forð-feadres (ae) ‚Vorväter, Vorfahren‘, *StKat, StMarg/1.*

    forþ-fare (ME?) ‚Tod‘ (wörtl. ‚Abreise‘), *LaȝB* – wohl Ableitung vom Vb *forð-faren;* ebenso:

179

forð-for (ae) ‚Abreise‘, *Gen&Ex*(l).

forð-gong (ae) ‚Fortschritt, Entwicklung‘ (wörtl. ‚Fortgang‘), *AncR.*

feorþ-siþ (ae) ‚Tod‘ (wörtl. ‚Fortgang, Abreise‘), *Body&S/2, Vices&V* usw.

henen-, ne. *henne-* ‚(von) hinnen‘:

henen-sið (ae) ‚Abreise, Abfahrt, Tod‘, *TrinH*(l).

Vielleicht gehört hierher auch *hon-dai* ‚Todestag‘, *SStBede* (falls nicht ein Versehen für *ende-dai*).

her(e)- ‚hier‘:

her-biwist (ME?) ‚Hiersein, irdisches Leben‘, *TrinH.*

her-wunenge (ME?) ‚Hierwohnen, irdisches Leben‘, *TrinH.*

heðen- ‚von hinnen‘:

heðen-sið (ME?) ‚Abreise, Abfahrt, Tod‘, *TrinH*(l).

hider-, ne. *hither-* ‚hierher‘:

hider-cume (ae) ‚Herkommen, Geburt‘, *TrinH.*

Die Zusammensetzungen mit *henen* (ae. *heonon*), *here* (ae. *hēr*), *heðen* u. *hider* (ae. *hider*) kommen – jedenfalls im frühme. Material – nur (noch) in *TrinH* vor, und zwar immer in Dreiergruppen, z. B. XXII (125) *þe wunderlich hider kume and þe erueðliche herbiwist and þe wunderliche heðen sið of …;* ferner XXIII (133 u. 141), XXIX (185).

hinde-, *hind-* ‚hinten‘:

hinde-ward (ae/ME) ‚Nachhut‘ (vgl. ae. *hindan-weard* Adv), *Art&Merl.*

hom(e)- ‚heim‘:

hom-come, ham-cume (ae) ‚Heimkehr‘, *DSirith.*

Spätere Texte:

home-commynge (ME) ‚Heimkehr‘, *Malory* (Erweiterung aus dem Vorigen).

in- ‚in‘:

in-borh (ae) ‚Taufpate‘, *LambH; TrinH.*

in-ʒehied (ae) ‚Gewissen, Verstand‘, *Vices&V.*

in-ʒ(e)ong (ae) ‚Eingang, Eintritt‘, *AncR, SWard, LaʒB.*

in-seil, inn-seʒʒless (ae) ‚Siegel‘, *StMarg/1, Orrm.*

in-siht, inn-sihht (ME) ‚Einsicht, Wissen, Verstand‘, *LaʒB, Orrm, SEL* usw.

in-wit (ae/ME) ‚Gewissen‘, *SEL, Ayenb.*

mid- ‚mit‘:

mid-wiif (ME) ‚Hebamme‘ (idiomatisiert; wörtl. ‚Mitfrau‘), *Art&Merl* (Hier liegt wohl nicht *mid* Adj vor, wie *MED* s. v. *mid-wif* angibt). Ne. *midwife*, vgl. *ODEE.*

Aus den späteren Texten:

mid-polyinge (ME, h) ‚Mitleid (*compassio*)‘, *Ayenb* (Lüs?).

nigh- ‚nahe‘:

nehhe-bur, neahhe-buras (ae) (ne. *neighbour*) ‚Nachbar(n)‘, *ChronE, TrinH, AncR* usw.

nea-magen (ae) ‚nahe Verwandte, Nahverwandte‘, *SermRdE.*

nea-wist(e) (ae) ‚Nähe, Nachbarschaft‘, *ChronE;* als Adv u. Präp *aneoweste* ‚nahe, in der Nachbarschaft‘, *LaʒB;* vgl. *MED anēweste.*

niðer-, nether- ‚nieder, hinunter‘:

niðer-hellegrunde (ME, h) (Kp?) ‚tiefster Höllengrund‘, *PMor;* s. u. 4.1.1.(3).

neoðer-stienge (ae) ‚Abstieg‘, *TrinH.*

niðer-wunienge (ME) ‚Hölle‘ (wörtl. ‚untere Wohnung‘), *TrinH.*

Aus den späteren Texten:

neyther-shete (ME) (Kp?) ‚unteres Bettuch‘, *Malory.*

of-, off- ‚von, aus, weg‘:

of-sprung (ae) ‚Nachkommen(schaft)‘, *PassLord, LyricsXIII.*

on- ‚in, an, auf‘:

on-sihð (ME) ‚Anblick‘, *SWard, AncR.*

out- ‚aus, hinaus‘:

ut-gong (ae) ‚Auszug, Ausgang, Exodus‘, *Gen&Ex.*

out-hous (ME) ‚Nebengebäude, Schuppen, Stall‘ (wörtl. ‚Aushaus‘), *KingAlex.*

ut-lahen, vt-laʒen, vt-lawes usw. (spätae) (Lehnwort < An.) ‚Geächtete, Vogel-
freie, Banditen‘, *AncR, HMeid, LaʒB* usw.

ut-lete (ME) ‚Auslaß, Flußmündung‘, *O&N.*

ut-runes (ae) ‚Ausgang, Ergebnis, Gerüchte‘ (wörtl. ‚Ausrennen‘), *AncR*(l). Vgl.
MED s. v. *out-rune* n. (2).

ut-schute (ae) ‚Ausschweifungen, Exzesse‘, *O&N.*

houd-sipe (wohl für *out-sipe*) (ae) ‚Abreise, Ausfahrt‘, *O&N.*

Aus den späteren Texten:

oute-cry (ME) (hybrid) ‚Aufschrei‘, *Malory.*

out-kestinge (ME) (hybrid) ‚Sprößling, Ableger, Zweig‘ (wörtl. ‚(Hin)auswer-
fen‘), *Ayenb.*

outen- ‚(von) außen, ausländisch‘:

uten-laddes (ME) ‚ausländische, fremde Soldaten, Ausländer‘, *Hav.*

over- ‚über‘:

ouer-ded(e) (ME) ‚Übertreibung, Exzess‘, *TrinH, O&N, Ayenb.*

ouer-ete (ae) ‚Übersättigung, Völlerei‘, *TrinH* 55/17.

ouer-fulle (ae) ‚Überfülle, Übersättigung‘, *O&N.*

ouer-gart, oferr-garrt (ME) ‚übermäßiger Stolz, Arroganz‘, *StMarg/1, Orrm.*
Das Dm ist nicht selbständig belegt; zur komplizierten Etymologie (Dm
aus dem An.?) siehe Mack (ed. *StMarg/1*), S. 67 f.; Zettersten 1965: 30 f.; *MED*
s. v. *overgart;* vgl. unten 3.3.5.5.(1).

oferr-hannd (ME) ‚Oberhand, Herrschaft, Sieg‘, *Orrm.*

ouer-herunge (ME, h) ‚übertriebenes Lob‘, *AncR.*

ouer-herren (ME, h) ‚Höhere, Vorgesetzte‘, *HMeid.*

ouer-heued (ME, h) ‚Schlag von oben, Schlag auf den, über den Kopf‘, *KingAlex*
(ae. nur das Adv *ofer-heafod* belegt).

ouer-hohe usw. (ae. *oferhoga*) ‚Verächter, Verachtung, Anmaßung, Stolz‘, *AncR,
HMeid.*

oferr-king (ME) ‚höchster Herr‘ (wörtl. ‚Oberkönig‘), *Orrm.*

ouer-kipparis (Vr. *ouer-hippers*) (ME) ‚Priester, die Gebete auslassen, beim Beten
die Silben verschlucken‘ (wörtl. ‚Überspringer‘), *Trin* 323,33. Idiomatisiert.

ouer-leparis (ME, h) ‚Überspringer' (siehe oben zu *ouer-kipparis*), *Trin* 323,33. Idiomatisiert.

oferr-laferrd (ME) ‚höchster Herr, Oberherr', *Orrm*.

ouer-man (ME) ‚Herrscher, Meister' (wörtl. ‚Obermann'), *Gen&Ex*.

uuer-slagen (ae. *ofer-slege*) ‚Türsturz, Fenstersturz, Oberschwelle', *Gen&Ex*.

ouer-þroweing(e) (ME) ‚Niederwerfen, Überwinden', *Art&Merl*.

oferr-werrc (ae) ‚Aufbau' (wörtl. ‚Überbau'), *Orrm*.

Aus den späteren Texten:

ouer-doing(e) (ME) ‚Übertreibung, Exzeß', *Ayenb*. Wohl Ableitung vom Vb *ouerdo(n)*.

over-evenynge (ME) ‚Vorabend (?)', *Malory*.

over-garmente (ME) (hybrid) ‚Übergewand, Übermantel', *Malory*.

over-leder (ME) ‚oberster Führer', *Malory*.

over-shete (ME) ‚Übertuch', *Malory*.

ouer-wenere (ME) ‚stolzer, arroganter Mensch', *Ayenb*. Möglicherweise vom Vb *overwenen* abgeleitet; ebenso:

ouer-wening(e) (ME) ‚Stolz, Anmaßung, Arroganz', *Ayenb*.

sunder- ‚sonder':

sunder-ble (ME, h?) nur im (adverbiellen) Genitiv *sunder-bles* ‚buntscheckig, von verschiedener Farbe', *Gen&Ex*.

sunder-halȝe (ae) ‚Pharisäer' (wörtl. ‚Sonderheiliger'), *VespAH* 4 (XXVII).

sunder-red (ME, h?) ‚geheime Beratung', *Gen&Ex*.

sunder-rune (ME) ‚Gespräch unter vier Augen', *TrinH*, *LaȝB* usw.

sunder-spræc(e) (ae) ‚Gespräch unter vier Augen', *WintBR* (l?).

to- ‚zu':

to-nome (ae) ‚Zuname', *LaȝB*, *Best*.

thurgh-, through- ‚durch':

þorouȝ-keruyng (ME) ‚Durchschneiden, Durchbohren', *KingAlex*.

umbe- ‚um':

umbe-keoruunge (ME) ‚Beschneidung' (wörtl. ‚Umschneiden', wohl Lüs ← mlat. *circumcisio*, afrz. *circoncision*), *LofLe*.

vumbe-stunde (ME) meist Adv ‚manchmal, nach kurzer Zeit, sofort', *Heil*.

embe-þanc (ae) ‚Nachdenken, Sorgfalt', *Vices&V.*

under- ‚unter':

vnder-chaumberleyn (ME) (hybrid) ‚Unterkammerdiener' ('bedroom attendant'), *KingAlex*.

under-king(e) (ae) ‚Unterkönig (*subregulus*)', *LaȝB*.

under-plantere (ME) ‚Verdränger, Ersetzer', *TrinH*. Möglicherweise Ableitung vom zusammengesetzten Vb ae. *underplantian* bzw. Lüs ← *supplantator*.

unnderr-preost (ME) ‚Priester' (wörtl. ‚Unterpriester', d. h. wohl ‚unter dem Bischof stehender Priester'), *Orrm*.

up- ‚auf':

vp-lond (ME) ‚ländliche Gegenden, flaches Land, Hinterland' (wörtl. ‚Aufland'), *Art&Merl*.

182

vp-rysyng(e), op-rysyng, op-arizinge usw. (ME) ‚Aufgang, Aufstehen, Auferstehung‘, *KingHorn, LyricsXIII, Art&Merl* usw.

up-rist, up-ariste (ME) ‚Auferstehung‘, *LofLe, Creed/2, LyricsXIII.*

vp-springe (ae) ‚Aufgang‘, *KingHorn.*

Aus den späteren Texten:

op-weninge (ME) ‚Anmaßung, Stolz‘, *Ayenb.*

wither- ‚gegen, wider‘:

wiper-blench (ME), Vr. *wiper-clench* (ME) ‚Gegenschlag, Trick, feindlicher Griff‘, *LyricsXIII.*

wiðer-craftes, wiðere craftes (ME) ‚Zauberei, Magie‘ (wörtl. ‚Gegenkräfte‘), *LaʒB.*

wiðer-deden, wipere deades (Pl.) (ME) ‚feindliche Taten‘, *LaʒB.*

wiðer-ueht(e) (ME) ‚feindlicher Angriff‘, *LaʒB.*

wiðer-gome (ME) ‚Kampf, Widerstreit‘ (wörtl. etwa ‚Widerspiel‘), *LaʒB.*

wiperr gast (ME) (Kp?) ‚feindlicher Geist‘, *Orrm.*

wiper-happes, wiðer-heppes (Pl.) (ME) (hybrid) ‚Streit, Konflikt‘ (wörtl. etwa ‚widriges Schicksal, Gegenglück‘), *LaʒB.*

wiðer-lahen (Pl.) (ME) ‚Verfolger, böse Gesetze‘, *StMarg/1, LaʒB* (C).

wiðer-reases (ME) ‚feindliche Angriffe‘, *LaʒB.*

wiðer-saka (ae) ‚Widersacher, Gegner‘ (wörtl. ‚Widerkämpfer‘), *LaʒB*(l).

wiðer-side (ME) ‚Gegenseite, feindliche Seite‘, *LaʒB.*

wiperr-strenncpe (ME, h?) ‚Widerstand, Widerstandskraft‘, *Orrm.*

wiperr-peod (ME, h?) ‚feindliches Volk‘, *Orrm.*

wiðer-iwines, wiðer-wines, wiðer-winnan (Pl.) (ae) ‚Gegner, Feinde, Widersacher, Verfolger‘ (wörtl. ‚Widerkämpfer‘), *AncR, StKat, LofLe, LaʒB* usw.

Da *wither* aber auch als Adj verwendet wird, könnte es sich bei den genannten Bildungen zum Teil um Adj+Sb-Fügungen (syntakt. Gruppen) handeln.

b) Nur in den späteren Texten belegte Partikeln:

about- ‚um herum‘:

aboute-stondinges (ME) ‚Umstände‘, *Ayenb.* Das Vb *aboute-stonden* tritt laut *MED* erst später auf.

beside- ‚neben‘:

bezide-zitteres (ME) ‚Berater‘ (wörtl. ‚Beisitzer‘) (Lüt ← afrz. *assesseur*), *Ayenb.*

with- ‚mit, gegen‘:

wyp-draʒpes (ME) ‚Enthaltung‘, *Ayenb.* Möglicherweise Ableitung vom Vb me. *wið-draʒen* (ne. *withdraw*).

(2) Nach Bildungsmustern geordnet:

i) Partikel/primäres Sb (vgl. Marchand 1969: 109 ff., Nr. 11):

efter-liðe, after-tale, after-ward, are-dawes, er-dede, ear-under, bafte-spache, bi-gurdel, uor-bisne, fore-fædères, fore-ward, forð-feadres, feorp-sip, henen-sið, heðen-sið, hinde-ward, in-borh, in-ʒehied, in-seil, mid-wiif, neahhe-buras, nea-magen, out-hous, houd-sipe, uten-laddes, ouer-dede, over-gart, oferr-hannd, ouer-herren, oferr-king, oferr-laferrd, ouer-man, uuer-slagen, oferr-werrc, sunder-bles (als Adv verwendet), *sunder-halȝe, sunder-red, sunder-rune, sunder-spræc(e), to-nome, vumbe-stunde, embe-þanc, vnder-chaumberleyn, under-king, unnderr-preost, vp-lond, wiþer-blench, wiþer-craftes, wiðer-deden, wiðer-gome, wiþerr-gast* (Kp?), *wiþer-happes, wiðer-lahen, wiðer-side, wiþerr-strenncþe, wiþerr-þeod.*

Aus den späteren Texten: *fore-front, uore-speche, over-garmente, over-shete.*

In dieser Zusammenstellung sind auch Bildungen mit substantiviertem Adj als Dm eingeschlossen *(efter-liðe, sunder-halȝe);* zum Status von *-dede, -siþ, -speche/-spræc, -ward* usw. s. o. 3.1.2.10.

ii) Partikel/Vb+$\emptyset_{Sb}$ (vgl. Marchand 1969: 109 ff., Nr. 1):

after-clap, ȝein-cleappes, ȝein-char, ȝein-cume, ȝean-fare, ȝen-ȝeld, ȝein-turn (forþ-fare, forþ-for), forþ-gong, hider-cume, hom-cume, in-ȝeong, in-wit, of-sprung, ouer-hohe, ut-gong, ut-lete, ut-runes, ut-schute, vp-springe, wiðer-saka, wiðer-(i)-wines.
(Mit Suffix im Dm: *uore-genglen, uore-ridles).*
Aus den späteren Texten: *ayen-bite, oute-cry.*

iii) Partikel/Vb+*t:*

fore-gift, her-biwist, in-siht, nea-wist(e), on-sihð, up-ariste.
Aus den späteren Texten: *ayen-yefþe, ayen-wyȝte, wyþ-draȝþes.*

iv) Partikel/Vb+*ere* (vgl. Marchand 1969: 109 ff., Nr. 2):

uor-speker, ouer-kipparis, ouer-hippers, ouer-leparis, under-plantere.
Aus den späteren Texten: *efter-telleres, bezide-zitteres, fore-ryders, over-leder (ouer-wenere).*

v) Partikel/Vb+*ing* (vgl. Marchand 1969: 109 ff., Nr. 3):

(a)ȝein-cherhinge, aȝen-souking, doun-falleinge, dun-stiȝhinng, her-wunenge, neoðer-stienge, niðer-wunienge, out-kestinge, ouer-herunge, ouer-þroweinge, þorouȝ-keruyng, umbe-keoruunge, vp-rysynge.
Aus den späteren Texten: *aboute-stondinges, gayne-commynge, ayen-uallinge, home-commynge, mid-þolyying, out-kestinge, ouer-doinge, (ouer-weninge), op-weninge.*

vi) Partikel+Sb/$\emptyset_{Sb}$ (vgl. Marchand 1969: 109 ff., Nr. 8, und siehe oben 3.1.2.19.):

after-none, ut-lahen, ouer-heued ‚Schlag/auf den, über den Kopf‘, ferner *wiðer-lahen* in der Bedeutung ‚Verfolger‘ (wörtl. etwa ‚Leute, die gegen das Gesetz sind‘), aber nicht in der Bedeutung ‚böse Gesetze‘. Möglicherweise gehört hierher auch *for(e)-heaued* (> ne. *forehead*), weil das Wort „nicht eine Art von Kopf" bezeichnet, sondern lediglich einen bestimmten Teil des Kopfes (so Faiß 1978:113) – dagegen stufen Quirk et al. 1985:1543 ne. *fore-* aus *forearm, forename* usw. als Präfix mit der Bedeutung 'front part of' ein.

Aus den späteren Texten: *aftir-dyner, aftir-souper;* möglicherweise gehört auch *over-evenynge* hierher.

3.2.7. Vb/Sb (Verb/Substantiv): *drawe-brigge, snið-sceapp*

3.2.7.1. Definition des Typs

Das Dt besteht aus einem Vb, genauer gesagt, dem Präsensstamm eines Verbs, das Dm aus einem primären Sb. Es handelt sich um Kp. mit Verbalverknüpfung. Der morphologische Status der Konstituenten ist freies Morphem/freies Morphem (bzw. Stammorphem/freies Morphem).[115]

Literatur: Jespersen 1942 (*MEG* VI):159; Marchand 1969:72−74; Koziol 1972:65 f.; Hansen 1982:55; ferner Osthoff 1878 (hat fürs Ae. aber nur wenig, S. 102−104); Carr 1939:59, 160 f., 175−196; Meid 1967:28 f.; Gardner 1968:85−88 (vgl. 353−355); Adams 1973:65−67, 72, 76 f. Zum Ahd. bzw. Dt. vgl. z. B. Gröger 1911; *Duden-Grammatik* 1966:363; Fleischer 1971:85−88; Hubrich-Messow 1974.

3.2.7.2. Zur morphologischen Isolierung

Der Typ Vb/Sb ist prinzipiell morphologisch isoliert, weil es keine entsprechende syntaktische Gruppe aus Verbstamm plus Sb gibt. Der Wert dieser Feststellung wird aber dadurch stark eingeschränkt, daß in relativ vielen Bildungen im Dt entweder das Verb (der Verbstamm) oder das entsprechende (oft deverbale) Sb vorliegen könnte. Diese nicht selten mögliche Doppelanalyse als Vb/Sb oder Sb/Sb ist schon durch die Geschichte des Typs begründet und setzt sich die ganze engl. Sprachgeschichte hindurch fort; siehe dazu die folgenden Abschnitte.[116]

3.2.7.3. Weitere wichtige und problematische Punkte

(1) Wortart des Dt: Vb/Sb oder Sb/Sb? Das soeben angedeutete Problem der morphologischen Doppelanalyse mancher Bildungen als Vb/Sb oder als Sb/Sb muß noch etwas näher illustriert werden; zu den einzelnen Bildungen siehe jeweils unten 3.2.7.5. Zunächst ist festzuhalten, daß der Ansatz des Typs Vb/Sb grundsätzlich berechtigt und nötig ist, weil es eine

---

[115] Im Ne. sind bei den Verben aufgrund des Endungsverfalls Infinitiv Präsens und Stamm grundsätzlich identisch; im Ae. und Frühme. (wie heute noch im Deutschen) besteht der Inf. dagegen grundsätzlich aus Stamm + Endung (bzw. bei einem Teil der schwachen Verben aus Wurzel + stammbildendem Element + Endung), so daß die morphologische Beschreibung fürs Ae., Frühme. und Dt. Verbstamm/Sb lauten muß (vgl. dt. *Kneifzange, Turnschuh* usw.), fürs Ne. dagegen Vb/Sb lauten kann.

[116] Die gleiche Problematik besteht auch im Deutschen; so sind z. B. *Baustein, Trauerkleid, Reisegeld* morphologisch als Sb/Sb oder als Verbstamm/Sb analysierbar. Zur Problematik im Ahd. siehe Voetz 1977:348 ff.

Reihe von Bildungen gibt, die – jedenfalls fürs Me. – nur als Vb/Sb analysiert werden können, wie z.B. *bæc-hus, beor-time, croude-wain, drawe-brigge, here-word, sniδ-sceap* usw. In manchen Fällen geht die Analyse als Vb/Sb-Kp. auch eindeutig aus den me. Textpassagen hervor, z.B.[117]

> & bouȝt hem a gode *croude-wain* … þan Amoraunt *crud* sir Amiloun … & bifor al oþer pouer men he *crud* his *wain* into þe fen; *Amis&A,* 1858 – 1883.

Als Vb/Sb-Kp. oder als Sb/Sb-Kp. (seltener auch als Adj/Sb-Verbindungen) können dagegen z.B. aufgefaßt werden: *clout-leþer, gang-dawes, hele-wages, ploiueren, resste-daȝȝ, swi-dages, swi-messe, tei-dogge* usw., als Vb/Sb-Kp. oder als Adj/Sb-Verbindung z.B. *rum-hus, smerte-dintes, smerte-ȝier,* wobei bei *clout-leþer, ploiueren, resstedæȝȝ* und *spæc-hus* vom Kontext bzw. von der Satzparaphrase her eine Interpretation als Vb/Sb wahrscheinlicher ist. Gelegentlich spiegelt sich die mögliche Doppelanalyse sogar in den me. Texten:

> And þane ssrewe *teide* uaste inou as me deþ a *tei dogge* … Nou late suþþe he was *iteid* … a *tei dogge* þat is *iteid* in stronge *teie; SEL* 411/279 – 299.
> þe ter … is inemned *welle water* for he *welleð* of þe horte swa deð *water* of *welle; LambH* XVII (159/11 – 13).

Tei-dogge wird hier als Vb/Sb-Kp. eingestuft, bei *welle-water* ist aber doch eine Klassifizierung als Sb/Sb-Kp. wahrscheinlicher, siehe unten 3.2.7.5.

Entsprechend der Geschichte des Typs handelt es sich bei manchen Bildungen um ursprüngliche Sb/Sb-Kp., die dann als Vb/Sb-Kp. uminterpretiert wurden oder zumindest so aufgefaßt werden konnten; solche Uminterpretationen waren wohl die ganze me. Zeit hindurch möglich. Beispiele sind: ae. *fæsten-dæg* ist sicher Sb/Sb-Kp., weil das entsprechende Vb/Sb-Kp. **fæst-dæg* lauten müßte; ne. *fast day* kann aber auch als Vb/Sb aufgefaßt werden. Ebenso kann *workman* im Ae. und Frühme. nur Sb/Sb-Kp. sein, weil das entsprechende Vb/Sb-Kp. ae. **wyrc-man* > me. **wurch-man* usw. lauten müßte; ne. *workman* kann dagegen als Sb/Sb-Kp. oder als Vb/Sb-Kp. aufgefaßt werden (vgl. oben 3.1.2.10.). Ferner gibt es im Ae. bzw. Frühme. Fälle, bei denen das Dt morphologisch gesehen ein Sb ist, semantisch aber auch als Vb paraphrasiert werden kann. Hierher gehören fürs Ae. und Frühme. die gerade genannten Bildungen *fæsten-dæg* und *workman* ('We keep our fast on that day' oder 'We fast on that day'; usw.), ferner z.B. *mot-hus* ('They meet in this house' neben 'The meetings take place in this house' – morphologisch ist aber natürlich *mētan* von *mōt* abgeleitet und damit 'The meetings take place in this house' die korrekte

---

[117] Siehe ferner unten 5.3.1.

Analyse). Ähnlich wie bei der Abgrenzung der Kp. des Typs Sb/Vb+$\emptyset_{Sb}$ zu den reinen Sb/Sb-Kp. (vgl. oben 3.1.2.10.) müssen diese Bildungen für das Frühme. strenggenommen (noch) unter den Sb/Sb-Kp. eingeordnet werden – um die Abgrenzungsproblematik zu verdeutlichen, werden einige davon aber unten 3.2.7.5. mit aufgeführt.

(2) Wortart des Dt: Vb/Sb, Sb/Sb oder deverbales Sb/Sb? Im Zusammenhang mit der Abgrenzung der Vb/Sb-Kp. zu den Sb/Sb-Kp. stellt sich auch noch die Frage nach dem Status der zusammengesetzten Sb, deren Dt ein deverbales Sb ist. Während Bildungen des Musters Sb/deverbales Sb in vielen Handbüchern und auch hier als eigene Typen angesehen werden (unten 3.2.9.–3.2.12.), wird, soweit ich sehe, nirgends ein Typ deverbales Sb/Sb angesetzt. Soweit diese Bildungen morphologisch (und semantisch) auch als Vb/Sb interpretiert werden können (z.B. *charre-ded, gang-dawes*), ist ihre Einstufung unter diesen Typ ohnehin nicht problematisch. Doch auch für manche Bildungen, deren Dt morphologisch nur als deverbale Sb angesehen werden können (z.B. me. *grindel-stan* ‚Mühlstein‘, *gute-feastre* ‚offene Geschwüre‘), läßt sich eine Einstufung unter die Vb/Sb-Kp. zumindest dann rechtfertigen, wenn das Dt in der Satzparaphrase besser als Vb aufzulösen ist. Dies wird durch den Vergleich mit dem Deutschen bestätigt: im Deutschen gibt es eine Reihe von Parallelbildungen der Muster Vb/Sb und deverbales Sb/Sb, die etwa von Fleischer 1971:85−88 aber durchwegs dem Typ Vb/Sb zugeordnet werden, wie z.B. *Schiebkarre* – *Schubkarren* (‚Karren, den man schiebt‘ und nicht *‚Karren, der durch Schub angetrieben wird‘); *Ziehbrunnen, Ziehkind, Ziehbrücke* – *Zugbrücke* (‚Brücke, die man [sc. in die Höhe] zieht‘, und wohl nicht ?‚Brücke, die durch Zug gehoben wird‘), *Zugvogel; Gießkanne* – *Gußeisen; Schießplatz* – *Schußfeld*, usw.; vgl. auch unten 3.2.9.3.(2).

(3) Fugenelemente: Ein Teil der frühme. Belege weist als Dt nicht den reinen Verbstamm auf, sondern hat noch ein -*e*-, z.B. *charre-ded, croude-wain, doue-doppes, drawe-brigge, gure-blod, hele-wages, here-word* usw. (im Gegensatz zu *bac-hus, clout-leper, sniδ-sceapp* usw.). Für die entsprechenden dt. Bildungen wie *Bindeglied, Laderampe* (im Gegensatz zu *Bindfaden, Lauffeuer, Leihschein, Kühlhaus* usw.) sieht Hubrich-Messow 1974:5 u. 97 ff. das -*e*- als Fugenelement an. Bei den schon im Ae. vorhandenen Bildungen handelt es sich nach Carr 1939:190−193 um einen Kompositionsvokal, der fast nur bei Bildungen mit schwachen Verben auftritt und möglicherweise eine abgeschwächte Form des ursprünglich stammbildenden *i*, *j* darstellt (*herian* + *word* → ae. *here-word;* vgl. ae. *huetistan* ‚Wetzstein‘, *Erfurter Glossar;* vgl. auch Sauer 1985a:Anm. 58). Für die me. Bildungen, die die Mehrzahl ausmachen, dürfte aber doch einfach eine Erklärung als

Fugenelement (das im Frühme. mit dem Vokal der Infinitivendung me. -e(n) identisch ist!) in Frage kommen.

3.2.7.4. Geschichte und Produktivität des Typs

Der Typ Vb/Sb gilt als relativ jung. Er existierte noch nicht im Germanischen; möglicherweise reichen seine Anfänge ins Westgermanische zurück. Man nimmt an, daß er sich aus Komposita des Typs Sb/Sb entwickelte: Wenn das Dt ein Verbalnomen war, konnte es dann auch unmittelbar mit dem zugrundeliegenden Verb assoziiert werden, und es entstanden Neubildungen, die zum Teil nur als Vb/Sb analysiert werden können. Im Ae. ist der Typ Vb/Sb vertreten, aber noch nicht sehr stark.[118] Im Me. ist er produktiv. Aufgrund der zahlreichen Bildungen, die eine Doppelanalyse als Vb/Sb-Kp. oder als Sb/Sb-(bzw. deverbales Sb/Sb-)Kp. zulassen, sind genaue Zahlenangaben jedoch unmöglich. Unter 3.2.7.5. werden ca. 55 Bildungen aufgeführt, davon 21 ae. und 34 me., von denen aber nicht wenige doppeldeutig sind und einige als Sb/Sb-Kp. interpretiert werden müssen. Auch im Ne. existiert der Typ Vb/Sb. Schon seit seinen Anfängen steht er in einer gewissen Konkurrenz zum Typ Vb+ing/Sb; siehe dazu unten 3.2.8.4.

3.2.7.5. Belege

Neben eindeutigen Vb/Sb-Kp. werden auch einige doppeldeutige Bildungen (Vb/Sb oder Sb/Sb bzw. deverbales Sb/Sb) aufgeführt sowie einige, die wohl den Sb/Sb-Kp. zuzuordnen sind, aber die Abgrenzungsproblematik illustrieren.

bæc-hus(e), *bac-hus* (ME) ‚Backhaus (Backstube)‘, *WintBR, Jacob&J.* Vgl. *MED* s.v. *bak(e-house*. Laut Carr 1939:150, 189f. sowie *MED* handelt es sich um eine ae. Bildung; tatsächlich scheint hier aber eine me. Neubildung vorzuliegen, die ae. *bæc-ern* ersetzt (in der *MifConc* ist *bæc-hus* nicht belegt). *bæc-hus* ist ein Vb/Sb-Kp.; der Unterschied im Stammvokalismus zwischen dem ae. Inf. *bacan* und *bæc-* ist vermutlich durch die ae. Aufhellung $a > æ$ zu erklären, die durch folgenden Velarvokal verhindert wurde, vgl. *dæg – dagas; æ* findet sich ae. außerdem in der 2./3. Sg. des Verbs *(þu bæcst, he bæcþ)*. Vgl. auch Götz 1971:118.

bend-hus (ME, h) ‚Gefängnis‘ (wörtl. ‚Bandhaus‘), *LaʒB* (O). *Bend* ist deverbales Sb

---

[118] Vgl. Faiß 1978:179. Genaue Zahlen fehlen aber (und sind wohl auch kaum möglich). Gardner 1968:353–355 gibt zwar eine Reihe von Belegen, wobei er aber Vb/Sb und Vb+ing/Sb zusammenfaßt; von der Morphologie her müßten beide Typen jedoch zunächst getrennt betrachtet werden. – Zu Gardners ungenügendem Eingehen auf die morphologische Gestalt und Struktur der ae. Kp. vgl. auch oben 1.4.3.7. mit Anm. 156.

zu *bindan* (ne. *bind*), vgl. 3.1.2.10. Auch von der Bedeutung her ist *bend-hus* eher als Sb/Sb-Kp. einzustufen ('House where people are kept in bonds'; vgl. *La3B* O 524 f.: *and habbeþ me in bende and Antigonum mi broþer in 3oure bendhuse*).

ber-cnihtes (ME) 'Träger' (wörtl. 'Trageknechte'), *La3B*. Möglicherweise analog zu *bermen* gebildet. In *ber-* könnte morphologisch der Verbstamm von ae. *beran* (ne. *bear*) oder das deverbale Sb ae. *bǣr*, me. *bere* 'Trage, Sänfte' vorliegen (vgl. oben 3.1.2.10.); von der Bedeutung her ist *bercnihtes* aber als Vb/Sb-Kp. einzustufen.

ber-men (ae. *bǣr-mann*) 'Träger' (wörtl. 'Tragmänner'), *La3B, Hav*(l). Ursprünglich deverbales Sb/Sb; im Me. aber möglicherweise als Vb/Sb-Kp. zu interpretieren. Vgl. *MED* s. v. *bēr(e-man*.

beor-time (ME) 'Geburtszeit', *La3B* (O 6115). Wohl als Vb/Sb-Kp. einzustufen.

bode-word (ME) 'Gebot', *Orrm*. Könnte rein morphologisch gesehen Vb/Sb- oder Sb/Sb-Kp. sein. Weil *Orrm* aber auch oft das Sb *bode* 'Gebot' verwendet, ist *bode-word* als kopulatives Sb/Sb-Kp. einzustufen ('das Wort ist ein Gebot'). Überdies ist es ein (adaptiertes) an. Lehnwort, vgl. *MED* s. v. *bode-word* (beide Konstituenten stammen aber aus dem Ae.).

bryn-stan (ME) 'Schwefel' (wörtl. 'Brennstein' bzw. 'Brandstein'), *HonEluc*, tritt in mehreren Varianten auf: *brun-ston, Heil, 11Pains; bren-ston, StMarg/2; bron-ston, Body&S/4; brimston, LyricsXIII* usw. – *brimston* ist bereits leicht verdunkelt. *Bryn-* gehört morphologisch zu dem deverbalen Sb ae. *bryne* 'Brand', das vom Vb *beornan/byrnan* abgeleitet ist. *Bryn-stan* wird hier aber trotzdem unter Vb/Sb aufgeführt, weil 1. zumindest einige Varianten morphologisch auch als Vb/Sb-Kp. aufgefaßt werden könnten *(bren-ston)*, und 2. auch von der Satzparaphrase her eine Erklärung unmittelbar durch das zugrundeliegende Vb wohl sinnvoller ist ('stone which burns'). Vgl. *MED* s. v. *brim-ston* und *brennen*.

brim-fir (ME) 'Schwefelfeuer', *Gen&Ex*, ist eine Klammerform, deren Grundlage ein **brimston-fir* ist (vgl. unten 4.2.), also eindeutig Sb/Sb-Kp.

charre-ded (ME) 'Umkehr' (wörtl. 'Umkehrtat'), *Body&S/3*, könnte Vb/Sb- oder Sb/Sb-Kp. sein; vgl. *MED* s. v. *char* n. (1) (< ae. *cierr* usw.) und s. v. *charen* (< ae. *cierran* usw.). Auch von der Bedeutung her ist eine eindeutige Festlegung nicht möglich ('Tat, die eine Umkehr ist/darstellt' oder 'Tat, durch die man umkehrt').

clout-leper (ME, h?) 'Flickleder', *Art&Merl*: Es könnte sich um ein Sb/Sb-Kp. (so *MED* s. v. *clout* n. (1) oder ein Vb/Sb-Kp. handeln; die letztere Auffassung wird anscheinend durch den Kontext gestützt (siehe unten 5.3.1.; vgl. *MED* s. v. *clouten* v. (1) u. *clout* n. (1) – allerdings ist das Vb vom Sb abgeleitet).

croude-wain (ME, h) 'Schubkarren', *Amis&A*, geht aus dem Kontext als Vb/Sb-Kp. hervor, siehe oben 3.2.7.3.(1). Vgl. *MED* s. v. *croude-wain*.

ded-bot (ae) 'Buße', wörtl. 'Tatbuße', *WintBR, ChronE* usw., ist Sb/Sb-Kp., siehe dazu oben 3.1.2.10.

doue-doppes (ae) 'Tauchvögel', *SEL*, ist strenggenommen ein Vb/Vb+$\emptyset_{Sb}$-Kp. Das Dt ist der Stamm von ae. *dufan* 'tauchen' (ne. *dive* kommt aus dem parallelen schw. Vb. ae. *dyfan*); *-dop* ist ein (deverbales) Nomen agentis, das selbständig nicht vorkommt, siehe dazu unten 3.2.9.5.(1). Vgl. *MED* s. v. *dive-dap, OED* s. v. *Divedap; ODEE* s. v. *didapper.*

drawe-brigge (ME) ,Zugbrücke' (eigentl. ,Ziehbrücke'), *KingAlex* (e), ist Vb/Sb-Kp., was auch aus dem me. Kontext hervorgeht, siehe unten 5.3.1. Vom *MED* s. v. *drau(e* n 2. wird es wohl zu Unrecht als Sb/Sb-Kp. eingestuft; vom *OED* s. v. *Drawbridge* (vgl. s. v. *Draw-*) dagegen zurecht als Vb/Sb-Kp.

fæsten-dæg (ae) ,Fasttag', *WintBR* usw., ist ein Sb/Sb-Kp., weil das entsprechende Vb/Sb-Kp. **fæst-dæg* lauten müßte; vgl. oben 3.2.7.3.(1). Die Struktur Vb+*ing*/ Sb hat jedoch die Parallelbildung *fastyng-dei*, s. u. 3.2.8.5. Auch ne. *fast-day* läßt sich als Vb/Sb-Kp. interpretieren.

fossterr-fader (ae. *fostor-fæder*) ,Ziehvater, Nährvater', *Orrm*, ist ursprünglich sicher Sb/Sb-Kp., eine Interpretation als Vb/Sb-Kp. ist für das Me. aber nicht ganz auszuschließen. Das Gleiche gilt für *foster-moder*. Vgl. *MED* s. v. *foster* n. (1) und *fostren; ODEE* s. v. *foster.*

ʒeonc-daʒe, gang-dawes (ae) ,Bittage' (wörtl. ,Gehtage, Gangtage', d. h. ,Prozessionstage'), *AncR, SEL*, könnte ein Vb/Sb- oder ein Sb/Sb-Kp. (genauer: deverbales Sb/Sb-Kp.) sein; die Auffassung als Vb/Sb-Kp. wird aber schon durch ein ae. Zitat gestützt: *wise men ... gesetton us þas halgan gangdagas þry to fæstene and on to gangenne* (*Eleven Old English Rogationtide Homilies*, ed. J. Bazire, J. E. Cross (Toronto, 1982), Nr. 3/3-5). Sb/Sb-Kp. sind dagegen *gong-hus, gong-men* u. *gong-þurl*, wo *gong (gang)* die Bedeutung ,Abort' hat. Vgl. oben 3.1.2.10. sowie *MED* s. v. *gang, gong* n. (wo *gang-dai* wohl zu Unrecht als Sb/Sb-Kp. eingestuft ist).

grindel-stanes (ME) ,Mühlsteine' (wörtl. ,Mahlsteine'), *AncR*. *Grindel-* ist deverbales Sb zu *grindan* (> ne. *grind*); laut *MED* s. v. *grindel-stōn* ist dieses Kp. eine Erweiterung aus dem eindeutigen Vb/Sb-Kp. *grind-ston* (das allerdings nicht früher belegt ist, siehe *MED* s. v. *grind-stōn*). Während *grindel-stan* morphologisch also als Vb+Suffix$_{Sb}$/Sb aufzufassen ist, kann es semantisch als Vb/Sb-Kp. aufgelöst werden ('Stone on which we grind something'); für eine Einordnung unter die Vb/Sb-Kp. spricht ferner, daß *grindel-* gar nicht selbständig vorkommt.

gure-blod (ME) ,geronnenes Blut' (oder eher ,hervorschießendes Blut, Blutstrom'), *AncR, StJul, WohLo (girre-blod)*. Die Erklärung von *gure-, girre-* ist schwierig, vgl. d'Ardenne (ed. *StJul*), S. 96; Zettersten 1965:149. Gewöhnlich wird es als Adj oder Sb aufgefaßt; für eine mögliche Erklärung als Vb könnte aber vielleicht folgende Passage aus *LaʒB* C 14154 sprechen: *ʒurren þa stanes mid þan blodstremes*. Vgl. *MED* s. v. *gire* adj.; *OED* s. v. *A-gore-blood* u. *Gore blood.*

gute-fe(a)stre (ME, h) ,offene Geschwüre' (,hervorströmende Geschwüre'), *AncR*. Morphologisch ist *gute* deverbales Sb (ae. *gyte* ,Guß' zu ae. *geotan* ,gießen, hervorströmen'); semantisch läßt sich *gute-feastre* aber als Vb/Sb-Kp. auflösen (,Geschwüre, die hervorströmen').Vgl. Zettersten 1965:149; *MED* s. v. *gite* n. (1).

hele-waʒes, Body&S/1, hele-wowes, Body&S/2 (ME) ,Decke' (wörtl. wohl ,Hüllwände'). Das Dt ist wohl der Stamm des Verbs ae. *helan*, me. *helen* ,verhüllen (verhehlen)', der in ae. *eorð-hele* einmal auch als deverbales Sb auftritt; vgl. Breuer/ Schöwerling (ed. *Body&S/1*), S. 81, 173. Das *MED*, s.v. *hēle-wough* 'end wall' setzt als Dt aber nicht unmittelbar das Vb an, sondern das deverbale Sb *hēl(e* n. (2) 'hiding place', was weniger wahrscheinlich ist. Weniger wahrscheinlich ist auch die Deutung als ,Fersenwände', von ae. *hela,* ne. *heel* ,Ferse', siehe Buchholz (ed. *Body&S/1,2*), S. 22, 27; vgl. *MED* s.v. *hēl(e* n. (3) 'heel'.

here-word (ae) ,Lob, Ruhm' (wörtl. ,Lobwort'), *LambH, TrinH, AncR, LaʒB.* Das Dt ist der Stamm des Verbs ae. *herian* (und hat nichts mit dem Sb ae. *here* ,Heer' zu tun). Vgl. *MED* s.v. *here-word.*

cnaw-lechunge, knaw-leching (ae) ,Wissen', *SWard, Ayenb,* hat die Struktur Vb/Vb+*ing* und wird hier deshalb als eine Sonderform des Typs Sb/Vb+*ing* behandelt, siehe unten 3.2.12.5.

lod-cniht (ME, h?) ,Führer' (wörtl. etwa ,Reise-, Wegediener'), *LaʒB* CO 12 841, könnte zwar semantisch als Vb/Sb-Kp. aufgefaßt werden ('the knight leads [sc. the way]'); morphologisch ist *lād* aber primäres Sb (> ne. *load*) und das Vb *lead* davon abgeleitet, vgl. oben 3.1.2.10.; ferner *ODEE* s.v. *load, lode, lead; MED* s.v. *lōd(e* n. 2 b. Brook/Leslie emendieren in C (aber nicht in O!) wohl zu Unrecht zu *lo[n]d-cniht,* das in *LaʒB* sonst mehrmals belegt ist.

loue-dai (ME) ,Tag, an dem Streitigkeiten außergerichtlich beigelegt wurden' (lexikalisiert; wörtl. ,Liebestag'), *SEL(e),* könnte morphologisch Sb/Sb- oder Vb/Sb-Kp. sein; auch von der Bedeutung her läßt sich keine eindeutige Entscheidung treffen ('We love [sc. our enemies] on that day' oder 'We show our love [sc. towards our enemies] on that day'). Vgl. *MED* s.v. *love-dai.*

met-ʒerd (ae) ,Maßstab, Meßstab, Länge eines Maßstabes', *KingAlex.* Es könnte sich sowohl morphologisch als auch semantisch um ein Sb/Sb-Kp. (ae. *(ge)met*) oder um ein Vb/Sb-Kp. (ae. *metan*) handeln. Vgl. oben 3.1.2.10. zu *-met; MED* s.v. *met* n. 1 b sieht es als Sb/Sb-Kp. an.

mot-hus (ae) ,Versammlungshaus', *PassLord.* Mot ist primäres Sb und das Kp. deswegen ein Sb/Sb-Kp.; semantisch ließe es sich aber auch als Vb/Sb-Kp. interpretieren, s.o. 3.1.2.10. sowie 3.2.7.3.(1).

pic-forck(en) (ME) ,spitzige Gabel' (wörtl. etwa ,Stoßgabel'), *LaʒB,* ist laut *MED* s.v. *picche-forke* ein Vb/Sb-Kp.

ploiueren, StJul, plaʒe-iueren, LaʒB (C), *plei-ueres, LaʒB* (O), *pley-fere, SEL* (ME) ,Spielgefährten', entstand wohl als Sb/Sb-Kp. (ae. *plega* + ae. *gefera*), die me. (und schon die ae.) Varianten des Dt *(plo(i)-, plaʒe-)* sind aber zum Teil schwer erklärbar. Spätestens mit dem formalen Zusammenfall von Sb (ae. *plega*) und Vb (ae. *plegian*) in *play* ist das Kp. aber auch als Vb/Sp-Kp. interpretierbar. Vgl. oben 3.1.2.10. zu *-plage; OED* s.v. *Playfere* (dort als Sb/Sb-Kp. aufgefaßt).

resste-daʒʒ (ae. *rest(e)(n)-dæg* usw.) ,Ruhetag, Sabbat', *Orrm,* kann für das Me. u. Ne. als Sb/Sb- oder Vb/Sb-Kp. aufgefaßt werden (ne. *restday*); ursprünglich wurde es vermutlich als Sb/Sb-Kp. gebildet. Vgl. *OED* s.v. *Restday* (dort als Sb/Sb-Kp. angesehen); Gneuss 1955:87 (Nr. 71) sowie Isidor, *Etymologiae,* VI.xviii. 17 „Sabbatum ... requies nominatur".

rode-horse (ae) ,Reitpferd', *ProvH.* Diese Bildung kann zwar semantisch als Kp. mit

Verbalverknüpfung aufgefaßt werden ('Horse on which one rides' oder 'Horse which is for riding'); morphologisch ist *rod(e)* aber deverbales Sb (zu *ridan*). Vgl. *OED* s. v. *Road-horse*.

rum-hus(e) (ME) ‚Abort‘, nur *O&N*. Es ist nicht ganz sicher, ob das Dt das ae. Adj = Sb *rūm* ‚geräumig, Raum‘ (ne. *room*) repräsentiert oder das ae. Vb *rȳman* ‚räumen‘ (me. *rimen, rumen,* siehe *OED* s. v. *rime* v. 4); das *MED* s. v. *rūm-hous* identifiziert es aber wohl zu Recht mit dem Vb.

shæw-errne (ME, h) wörtl. ‚Schauhaus‘, *Orrm* (als Interpretation von *effrata* ~ *Ephrata, Micah* V.2.), dürfte Vb/Sb-Kp. sein; vgl. unten 3.2.13.5.(2).

slæp-ern (ae) ‚Schlafgebäude, Dormitorium‘ könnte morpholog. Vb/Sb-Kp. oder deverbales Sb/Sb-Kp. sein; semantisch scheint ersteres wahrscheinlicher ('House where people sleep'). Vgl. unten 3.2.13.5.(2).

slep-wurt (ME) bot., wörtl. ‚Schlafkraut‘, *HrlVoc(e)*. Morphologisch könnte es sich um ein Sb/Sb- oder ein Vb/Sb-Kp. handeln (zu ae. Sb *slæp* oder Vb *slæpan,* beide > ne. *sleep;* vgl. oben 3.1.2.10.); von der Bedeutung her kommt aber eher eine Interpretation als Sb/Sb-Kp. in Frage (‚Kraut, das den Schlaf verursacht‘ und nicht ?‚Kraut, das schläft‘). Vgl. *OED* s. v. *Sleepwort*.

smerte-dintes (ME) ‚schmerzende, schmerzhafte Schläge‘, *TrinH,* könnte Adj+Sb-Verbindung oder Vb/Sb-Kp. sein; eine eindeutige Entscheidung läßt sich kaum treffen.

smerte-gier (ME) ‚Hungersnot‘, wörtl. ‚Schmerzjahr, schmerzendes Jahr‘, *TrinH.* Hier kommt die gleiche Doppelanalyse wie bei *smerte-dintes* in Frage.

sniδ-sceapp (ME, h) ‚Schlachtschafe‘ (lat. *oves occisionis*), *WintBR.* Es handelt sich um ein Vb/Sb-Kp., dessen Dt der Präsensstamm des Verbs ae. *sniδan* ist. Die ae. Vorlage *(BenR)* verwendet dagegen eine syntakt. Gruppe mit dem deverbalen Sb: *swa swa sceap to gesnide.* Im Ae. ist auch *snæding-scēap* belegt.

spæc-hus(e), *LaȝB* (C), *spec-hus(e)*, *LaȝB* (O), (ME) ‚Sprechhaus (Sprechzimmer), Gästequartier‘. Ursprünglich ein Kp. des Musters deverbales Sb/Sb (ae. Sb *sp(r)æc* und nicht ae. Vb *sp(r)ecan;* allerdings kommen ae. vereinzelt auch Präsensformen des Verbs mit *æ* vor); *spec-hus* kann aber vielleicht schon als Vb/Sb-Kp. interpretiert werden. Zur Differenzierung von *speak* und *speech* s. o. 3.1.2.10. sowie *OED* s. v. *Speak* sb. und v. Das *OED* unterscheidet zwischen dem älteren *Speech-house* (Sb/Sb-Kp.) und dem jüngeren *Speak-house* (Vb/Sb-Kp.; im *OED* allerdings erst ne. Belege dafür).

sprung-wurt (ae) bot., wörtl. ‚Springwurz‘ (eigentl. ‚Sprungwurz‘), *HrlVoc,* ist morphologisch als deverbales Sb/Sb-Kp. zu klassifizieren (semantisch aber als Vb/Sb-Kp?). Das *OED* s. v. *Springwort* hat nur Belege aus dem 19. Jh.

stert-hwile (ME) ‚Augenblick‘, *AncR,* ist wohl eher als Vb/Sb-Kp. denn als Sb/Sb-Kp. einzustufen. Seine Bedeutung ist wohl parallel zu *hand-hwile;* im Fall von *stert-hwile* ‚Zeit, die man braucht, um aufzuspringen‘). Vgl. *ODEE* s. v. *start*².

stirop(s) (ae. *stīg-rāp*) ‚Steigbügel‘ (wörtl. ‚Steigseil‘, vgl. dt. ‚Stegreif‘), *SirTristr, KingAlex, Art&Merl,* ist wohl ein ursprüngliches, aber bereits verdunkeltes Vb/Sb-Kp. Vgl. Faiß 1978:181f. (§ 44); *OED* und *ODEE* s. v. *stirrup* (das *OED* stuft es allerdings – unnötigerweise – als deverbales Sb/Sb ein, ebenso Bammesberger 1984:87).

swaðel-bond(e) (ME) ‚Windel‘ (wörtl. ‚Windelband, Wickelband‘), *Vices&V*(e), ist wohl Vb/Sb-Kp. Allerdings ist die Erklärung von *swaðel* komplex und es gibt eine Reihe von Parallelformen. *ODEE* s.v. *swaddel* erklärt es als Vb, das aus *swathe* + *le³* abgeleitet wurde; es gab aber auch ein ae. Sb *sweðel, swæðel,* das in *swaðel* ebenfalls vorliegen könnte. Siehe *OED* s.v. *Swaddleband* (als Vb/Sb-Kp. erklärt), *Swaddle* usw.

swi-dages (ae) wörtl. ‚Schweigetage‘ (‚Karwoche‘, genauer: Gründonnerstag bis Karsamstag), *TrinH*(1?). Es könnte sich morphologisch und semantisch gesehen um ein Sb/Sb- bzw. ein Adj/Sb-Kp. handeln (ae. *swige* ‚Ruhe, ruhig; Schweigen, schweigend‘) oder um ein Vb/Sb-Kp. (ae. *swīg(i)an* > me. *swie(n)* ‚schweigen‘); im Kontext von *TrinH* XVII (101/15) wird es aber als Vb/Sb-Kp. erklärt, s.u. 5.3.1. Für eine Analyse als Vb/Sb-Kp. spricht außerdem die parallele Vb+*ing*/Sb-Bildung *swiing-wike,* siehe unten 3.2.8.4. u. 5.

swi-messe (ae) ‚Kanon der Messe, stille Messe‘ (wörtl. ‚Schweigemesse‘), *TrinH*(1?), könnte wie *swi-dages* prinzipiell als Vb/Sb- oder als Sb/Sb- bzw. Adj/Sb-Kp. eingestuft werden, wird hier jedoch analog zu *swi-dages* als Vb/Sb-Kp. aufgefaßt. Auch *OED* s.v. *Swie* faßt diese beiden Bildungen als dem Typ Vb/Sb zugehörig auf.

tei-dogge (ME) ‚Kettenhund‘ (wörtl. ‚angebundener Hund‘), *SEL*(e), könnte Sb/Sb- oder Vb/Sb-Kp. sein, vgl. das Zitat oben 3.2.7.3.(1) sowie *OED* s.v. *Tie-dog* (und *Tie-*), wo ebenfalls eine Doppelinterpretation offengelassen wird.

til-æht(e) (ME, h?) ‚Ertrag des Ackerbaus‘, *LaȝB,* ist morphologisch wohl Vb/Sb-Kp. (vgl. *ODEE* s.v. *till¹*); allerdings bereitet die semantische Erklärung Schwierigkeiten, siehe unten 5.3.1.

wech-dede (ME) ‚Wachen‘ (wörtl. ‚Wachtat‘), *Gen&Ex,* könnte Vb/Sb- oder Sb/Sb-Kp. (genauer: deverbales Sb/Sb) sein. Vgl. oben 3.1.2.10. zu *wæcche* und *OED* s.v. *Watch.*

wake-men(n) (ME) ‚Wächter‘ (wörtl. ‚Wachmänner‘, vgl. ne. *watchmen*), *AncR, Orrm,* könnte Sb/Sb- oder Vb/Sb-Kp. sein, wird im Kontext von *Orrm* aber anscheinend als Vb/Sb-Verbindung aufgefaßt; s.u. 5.3.1. Vgl. *OED* s.v. *Wake* und *Wakeman* (als Sb/Sb-Kp. erklärt).

walle-stream (ae. *wyllestream*) ‚fließendes Wasser‘ (wörtl. ‚wallendes Wasser‘), *LaȝB,* ist wohl Vb/Sb-Kp. (Vb ae. *weallan,* me. *wallen*); die meisten Zusammensetzungen mit *welle-* sind dagegen als Sb/Sb-Kp. einzustufen; siehe unten.

welde-(king) (ME, h) ‚Herrscher-König‘, *LaȝB* (O), ist wohl Vb/Sb-Kp. ('king who wields [sc. his rice]'), stellt aber vielleicht eine verderbte Form dar: Madden, ed. *LaȝB,* III,460, will *holde king* oder *weorld-king* (d.h. me. *werlde-king*) lesen.

welle- könnte dem Vb me. *wellen* (< ae. *wiellan* usw.) oder dem deverbalen Sb me. *well(e)* (< ae. *wiell(a), wælla* usw.) entsprechen. Ein Vb/Sb-Kp. liegt möglicherweise in *welle-strem* (ae) ‚fließendes Wasser‘ vor (vgl. jedoch die Sb+*s*/Sb-Verbindung *welles stræm, LaȝB*). In den meisten Zusammensetzungen hat *welle-* aber anscheinend die Bedeutung ‚Quelle‘ und nicht ‚fließen‘, so daß diese als

193

Sb/Sb-Kp. einzustufen sind: *welle-grund* (ME) ‚Grund der Quelle‘ ('the well has a ground [bottom]'); *well-riðe* ‚Quelle‘ (ME); *well-spring* (ae) ‚Quelle‘ (wohl kopulativ 'a spring (which) is a well'); *welle-weter* (ae) ‚Quellwasser‘ ('water which comes from a well') vgl. auch *welles water, LaȝB.* Vgl. *OED* s. v. *Well* sb.¹ und vb.¹ sowie oben 3.1.2.10.

werk-dai ‚Werktag, Arbeitstag‘, *werk-men* ‚Arbeiter‘ (beide ae); im Ae. und Frühme. noch Sb/Sb-Kp., s. o. 3.1.2.10.

winnde-clut (ME) ‚Windel‘ (wörtl. ‚Wickeltuch‘), *Orrm,* ist Vb/Sb-Kp. (von ae. *windan,* ne. *to wind*), vgl. *OED* s. v. *Wind-*¹.

Bildungen aus den späteren Texten *(Ayenb, Malory):*

hyere-zigginge ‚Hörensagen‘: siehe unten 3.2.12.3.(2) und 3.2.12.5.(1).

lhap-wynche (ae. *hlēape-wince,* ne. *lapwing*) ‚Wiedehopf‘ (auch ‚Kiebitz‘), *Ayenb.* Das Dt ist der Stamm des Verbs ae. *hlēapan* > ne. *leap;* durch Kürzung vor Doppelkonsonanz wurde es spätae./frühme. aber verdunkelt und später mit einem anderen Wort assoziiert. Das Dm ist ursprünglich ein deverbales Sb, siehe *ODEE* s. v. *lapwing,* vgl. *MED lap-wink(e* sowie unten 3.2.9.5.(1).

scowte-wacche (ME) ‚Wache, Kundschafter, Spion‘, *Malory,* ist wohl Vb/Sb-Kp., weil das Vb *scout* schon im 14. Jh. belegt ist, das Sb *scout* aber erst im 16. Jh.: siehe *ODEE* s. v. *scout*¹, das allerdings auch die Möglichkeit ins Auge faßt, daß *scout* Sb zuerst im Kp. *scout-watch* belegt ist und erst später selbständig auftritt (was jedoch weniger wahrscheinlich erscheint).

speke-man (ME) ‚Sprecher‘, nur *Ayenb,* ist Vb/Sb-Kp. Vgl. *ODEE* s. v. *spokesman* (eine spätere Neubildung).

3.2.8. Vb+*ing*/Sb (Verbalsubstantiv auf -*ing*/Substantiv): *clensing-fur, falling-dore*

3.2.8.1. Definition des Typs

Das Dt besteht aus Verb plus Suffix -*ing* (ae. und frühme. auch -*ung*), wobei es sich um ein Verbalsubstantiv handelt; das Dm ist ein primäres Sb. Es liegen demnach Kp. mit Verbalverknüpfung vor. Der morphologische Status der Konstituenten ist freies + gebundenes Morphem/freies Morphem.

Literatur: Jespersen 1940 *(MEG* V): 104–106; vgl. 1942 *(MEG* VI): 159; Marchand 1969: 69–72; Koziol 1972: 60 (§ 100), 63 (§ 107); Hansen 1982: 55; ferner Bergsten 1911: 41–43, 49–52 (wo aber auf deverbales -*ing* kaum eingegangen wird); Weyhe 1910; Carr 1939: 221; Visser 1966: II,1112–1114 (§ 1047); Adams 1973: 64–66, 72, 76. Für Literatur zur Geschichte und Funktion der *ing*-Form siehe oben 3.1.2.9. mit Anm. 18.

3.2.8.2. Zur morphologischen Isolierung

Für das Ae. und Frühme. kann der Typ Vb+*ing*/Sb im wesentlichen als morphologisch isoliert gelten, weil Verbalsb im Nominativ plus Sb keine syntaktische Gruppe bilden können; vgl. oben 2.4.1. (unter (3)).[119] Seit im Verlauf des Me. jedoch auch das PartPräs die Endung -ing annahm (siehe oben 3.1.2.9.), ist der Typ nicht mehr morphologisch isoliert (aber phonetisch und semantisch, z.B. ist *earding-stow* nicht der *,wohnende Platz', sondern der ,Platz, an dem man wohnt').

3.2.8.3. Weitere problematische und wichtige Punkte

(1) Denominales -ing: Die relativ wenigen frühme. Verbindungen, deren Dt eine denominale ing-Ableitung ist, gehören zum Typ Sb/Sb, z.B. *teoðing-ealdras* ,Herrscher über zehn' (wohl abgeleitet von *tēoða* ,zehnter' und nicht vom Vb *tēoðian*), *verþing-worþ* ,Wert eines Viertelpennys (d.h. geringer Wert)'; siehe dazu unten 4.1.3. sowie oben 3.1.2.9.(1).

(2) Verbalsb/Sb oder Partizip Präsens/Sb? Zur Frage, ob man nach der allmählichen Annahme der Endung -ing durch das PartPräs zwischen den Typen Verbalsb/Sb und PartPräs/Sb trennen soll, siehe oben 3.1.2.9. unter (2);[120] demnach wird hier als Kompositionstyp nur Verbalsb/Sb angesehen, während Verbindungen aus Partizip Präsens + Sb hier grundsätzlich als syntaktische Gruppen eingestuft werden (vgl. unten 3.2.18.5.). Dafür spricht auch, daß die letzteren Verbindungen weder im Germanischen noch im Ae. Kompositionstypen darstellten.[121] Freilich sind anscheinend einige Vb+ing/Sb-Kp. aus Partizipialfügungen entstanden; letztere müßte man dann als bedeutungsisolierte syntaktische Gruppen einstufen. Die Belege:

þe fallinde uuel, AncR (A 47r/24f.; C 73v/9−11, u.ö.) → me. *fallyng euel* ,Epilepsie, Fallsucht'; vgl. *MED* s.v. *falling* ppl. 2(b); ne. *falling sickness.*[122]

---

[119] Die Fälle, in denen das Erstelement auf -e endet und somit eine Genitivgruppe nicht auszuschließen ist, sind in unserem Material selten: *pinunge-prahen, witeʒhunngeboc*; beide stellen aber wohl ebenfalls Kp. dar (zu *Orrms* Deklination s.o. 2.4.3.1. mit Anm. 81).

[120] Vgl. ferner Jespersen 1940 (*MEG* V):104−106, der das Dt als *gerund* ansieht, was für das Frühme. aber noch nicht möglich ist.

[121] Vgl. Carr 1939:203f.; Visser 1966:II,1102−1105 (§ 1043).

[122] Diesem Übergang von der syntakt. Gruppe PartPräs+Sb zum Kp. Vb+ing (d.h. Verbalsb)/Sb entspricht möglicherweise eine Umstrukturierung des zugrundeliegenden Satzes: *fallinde uuel, fallinde turn* wären wohl zu paraphrasieren als 'evil which falls; trick [turn] which falls'; *falling evil* (bzw. *falling sickness*), *falling turn* sind dagegen zu paraphrasieren als 'evil which causes falling'; 'trick [turn] which consists in falling'. − Visser 1966:II,1112 bezeichnet *fallinde uuel* als hyperkorrekte Form anstatt zu erwartendem *falling uuel*. Solche Verwechslungen gibt es zwar während der Übergangszeit von -*ind(e)* zu -*ing*; trotzdem ist seine Annahme für diesen Fall fraglich. Erstens haben beide hier untersuchten Hss. von *AncR fallinde* (es müßten natürlich auch noch die anderen Hss. ausgewertet werden); zweitens verweist Visser selbst auf Parallelbildungen in anderen german. Sprachen, die ebenfalls PartPräs+Sb haben, z.B. ahd. *fallandia sucht*; drittens haben die Hss. von *AncR* auch *fallinde turn*, während *vallingtorn* ebenfalls erst später auftritt. Vgl. auch Jespersen 1940 (*MEG* V):105.

þe fallinde turn, AncR (ca. 1200) A 76v/14 = C 126v/19 → *valling-torn*, SEL (ca. 1300) ‚Falltrick (beim Ringen)'.

Vgl. ferner *uallynde dore*, SEL 481/135 (als Variante) − *falling-dore*, SEL 481/135 ‚Falltür'.

(3) Status des Dt: Bei den Bildungen des Typs Vb+*ing*/Sb ist das deverbale Sb auf *-ing*, das das Dt darstellt, anscheinend meist auch selbständig belegt, z. B. ae. *cēapung, clǣnsung, eardung, h(e)alsung, le(o)rnung, swīgung, ðe(g)nung; weorðung;* me. *childing, clipping, falling, fasting, fighting, hiding (hudunge), spusing* usw. − *clipping* ist selbständig aber erst später belegt als im Kp.

3.2.8.4. Zur Geschichte und Produktivität des Typs

(1) Nach Ausweis der Handbücher war der Typ Vb+*ing*/Sb schon im Ae. häufig und blieb auch im Me. und Ne. produktiv.[123] In unserem frühme. Material finden sich 28 Bildungen, davon 7 ae. und 21 me., d. h. die meisten Belege aus den frühme. Texten sind me. Neubildungen.

(2) Die Typen Vb+*ing*/Sb und Vb/Sb stehen bis zu einem gewissen Grad in Konkurrenz.[124] Marchand sagt, daß der Typ Vb+*ing*/Sb schon im Ae. der häufigere war und auch später stärker blieb als der Konkurrenztyp Vb/Sb.[125] Für das Frühme. ist die Nachprüfung dieser Aussage nicht ganz einfach, weil die Kp. des Typs Vb/Sb schwieriger zu zählen sind als die des Typs Vb+*ing*/Sb. Oben 3.2.7. wurden bei der Besprechung des Typs Vb/Sb zwar über 50 Bildungen angeführt; diese Zahl täuscht aber insofern, als einige dieser Bildungen nicht als Vb/Sb-, sondern als Sb/Sb-Kp. einzustufen sind und mehrere eine Doppelanalyse als Vb/Sb oder Sb/Sb (bzw. deverbales Sb/Sb) zulassen. Wenn man nur die Bildungen rechnet, die einigermaßen sicher als Vb/Sb-Kp. einzustufen sind, kommt man auf weniger Vb/Sb-Kp. als auf Vb+*ing*/Sb-Kp., womit Marchands Aussage bestätigt wäre − wenn man auch die Bildungen einschlösse, deren Status doppeldeutig ist, ergäbe sich fürs Frühme. dagegen eher eine leichte Überlegenheit des Typs Vb/Sb. Unmittelbar zeigt sich die Konkurrenz der beiden Typen in folgenden Bildungen: *swi-daʒes, swi-mæsse* gegenüber *swiingwike* (mit der Variante *swi-wike!*); vgl. unten 5.3.1.(4).

---

[123] Siehe Carr 1939:221 (offenbar nimmt Carr nicht an, daß der Typ auf das Germanische zurückgeht); Visser 1966:II,1112; Marchand 1969:72, 74; ferner die Liste bei Gardner 1968:353−355. Exakte Zahlenangaben für das Ae. liegen aber nicht vor. − Bei Shakespeare ist der Typ Vb+*ing*/Sb laut Scheler 1982:116 „nur schwach vertreten".

[124] Zu den Ähnlichkeiten in ihrer syntaktisch-semantischen Struktur siehe unten 5.3.1. − morphologisch ist der Typ Vb+*ing*/Sb deutlicher markiert.

[125] Marchand 1969:72, 74; vgl. Jespersen 1942 (*MEG* VI):159.

chepinng-boþe (ME) ‚Marktbude' (wörtl. ‚Kaufbude'), *Orrm.*

chepeing-toun (ME) ‚Marktflecken', *Amis&A.*

childing-pine (ME) ‚Geburtswehen', *LyricsXIII.* Vgl. auch unten zu *pinunge-prahen.*

cle(a)nsing-fur (ME) ‚Fegefeuer' (wörtl. ‚Reinigungsfeuer'), *AncR* (A 62r/4; erklärt beim erstenmal *purgatoire*).

clipping-time (ME) ‚(Schaf)schurzeit', *Gen&Ex.* Ein hybrides Kp.

e(a)rding-sto(u)we (ae) ‚Wohnort, Wohnsitz', *TrinH, O&N.*

ending-day (ME) ‚Todestag', *SirTristr, LyricsXIII* (Konkurrenzbildung zum ae. Sb/Sb-Kp. *ende-dæg*).

falling-dore (ME) ‚Falltür', *SEL* (als Variante *uallynde dore*).

valling-torn (ME) ‚Falltrick (beim Ringen)', *SEL* (*AncR* A 76v/14; C 126v/19 hat *fallinde turn*).

fastyng-day (ME) ‚Fasttag', *SEL* (Konkurrenzbildung zum ae. Sb/Sb-Kp. *fæsten-dæg*).

vastyng-eue (ME, h?) ‚Fastabend' (oder wohl eher ‚Vorabend eines Fasttages'), *SEL.* Vgl. unten 4.2.

fiȝttyng-cas (ME, h) ‚Schlacht' (wörtl. wohl ‚Kampfhandlung'), *KingAlex.* Ein hybrides Kp.

greting-word (ae) ‚Gruß' (wörtl. ‚Grußwort'), *Orrm.*

healsungȝebun (ME) ‚Bittgebet' (für lat. *supplicatio letanie*), *WintBR.* Hier handelt es sich jedoch möglicherweise um ein Schreibversehen für die Genitivfügung *halsunge ben* der ae. Vorlage *(BenR)*, siehe Schröer (ed. *WintBR*), S. 153, oder vielleicht um eine Kontamination aus dieser Form und dem ae. Kp. *halsung-gebed.*

huding-cloþ (ME) ‚Vorhang', wörtl. ‚Verstecktuch' (das Tuch im Tempel), *PassLord.*

leorning-cnihtes, lorning-kinchtes, leornin-chnichtes, le(o)rninng-cnihhtess, lierning-(c)nihtes usw. (ae) ‚Schüler, Jünger' (wörtl. ‚Lernknaben'), *HonEluc, LambH, VespAH, Orrm, Vices&V.* In der Variante *leorni-cnihtes, LambH* I (2 ×) rückt die Bildung durch den Abfall des *-ng* formal in die Nähe des Typs Vb/Sb.

lerinc-cnistes (ME) ‚Schüler', *Heil,* ist vielleicht als Mischung von ae. *leorning-cniht* (siehe oben) und ae. *læring-man* entstanden und *læran*, eigentlich ‚lehren', hat hier wohl die Bedeutung ‚lernen', siehe v. Lindheim 1951:25 (u. vgl. den dt. dialektalen Gebrauch von *lernen* als ‚lehren').

mourny[n]g-cheres (ME) ‚Trauermienen', *KingAlex.*

offring-lac (ME) ‚Opfergabe', *Orrm.*

pinunge-prahen (ME) ‚Geburtswehen', *HMeid.* Eigentlich tautologisch ‚Leiden-Leiden'. Dm ~ ne. *throe;* vgl. oben 3.1.2.10 (S. 140) unter *prowe.*

playing-pede (ME) ‚Spielvolk', *SirTristr* 291; laut Kölbing, ed. *SirTristr,* Anm. zur Stelle, aber wohl verderbt.

spusing-bendes (ME) (hybrid) ‚Ehebande', *O&N.*

swiing-wike (ME, h?) ‚Karwoche' (wörtl. ‚Schweigewoche'), *AncR.* Dies ist die Lesart von Hs. A 17v/7; Hs. C 28r/23 hat *swi-wike*, was vom Herausgeber (Dobson) wegen der zwischen *swi* und *wike* liegenden Rasur emendiert wurde zu *swi[ʒen] wike;* dies dürfte aber unnötig sein, weil *swi-wike* einem regulären Wortbildungstyp angehört; außerdem müßte eine Emendation wohl *swi[ing] wike* lauten. Vgl. Zettersten 1965:107, 212.

peninʒ-mann (ae) ‚Diener‘ (wörtl. ‚Dienstmann‘; für lat. *minister*), *WintBR*.

penynʒ-swustren (ME, h) wörtl. ‚Dienstschwestern‘ (in der Wendung *Be kicenan penynʒ-swustren* ‚Über die Schwestern, die in der Küche Dienst tun‘, wörtl. ‚Über die Dienstschwestern in der Küche‘), *WintBR*.

prowing-time (ae) ‚Leidenszeit‘, *SermTrin/Cleo.* Zum Dt (< ae. *prōwian*) siehe *OED* s. v. *throw* v.2.

witeʒhunnge-boc (ae) ‚Buch der Prophezeiungen‘, *Orrm*(l).

wurðing-dei (ae) ‚Anbetungstag‘ (d. h. ‚Sonntag‘), *LambH.*

Auch in den späteren hier berücksichtigten Texten ist der Typ Vb+*ing*/Sb nur schwach vertreten:

fyghtynge-place (ME) (hybrid) ‚Kampfplatz‘, *Malory.*
rennyng-hound (ME) ‚Jagdhund‘ (wörtl. ‚Rennhund‘), *Malory.*

Die folgende Bildung enthält ein Lehnwort als Dt und gehört deshalb nicht zum Typ Vb+*ing*/Sb, sondern zu Sb/Sb:

offrande-sel (ME) ‚Opferzeit‘, *Gen&Ex* (< afrz. *ofrende*).

3.2.9. Sb/Vb+Ø_{Sb} (Substantiv/nullabgeleitetes deverbales Sb): *appel-bite, yrfe-numa*

3.2.9.1. Definition des Typs

Das Dt ist ein Sb, das Dm ist ein (nullabgeleitetes) deverbales Sb, d. h. ein vom Verbstamm abgeleitetes Nomen agentis oder Nomen actionis ohne explizites Suffix. Das Dm kann, muß aber nicht selbständig vorkommen. Es handelt sich um Kp. mit Verbalverknüpfung, genauer gesagt um Zusammenbildungen (synthetische Kp.). Der morphologische Status der Konstituenten ist freies Morphem/freies Morphem + Nullsuffix.

Literatur: Marchand 1969:76–78; Koziol 1972:58f. (behandelt nur die Nomina agentis); Hansen 1982:56f.; ferner Sütterlin 1887; Carr 1939:216–219 (nur Nomina agentis); Meid 1967:26f. (nur Nomina agentis), vgl. 51–54, 56; Gardner 1968:42–54, 55–58, 76–85, 88f. (auch hier arbeitet Gardner den morphologischen Typ nicht klar heraus); Kastovsky 1968; Seebold 1970; Pilch 1970:109–112 (§ 25.1,3); Strang 1970:257f. (§ 140); Adams 1973:64, 67, 78f.; Kastovsky 1969/1981:319–322. – Zum Typ Vb/Ø_{Sb} siehe z.B. Kluge 1926:7–10 (§ 12–17); Marchand 1969:359ff., bes. 373–377; Stein 1973:247–255; Kastovsky 1985:246–253.

3.2.9.2. Zur morphologischen Isolierung

Die Bildungen des Typs Sb/Vb+$\emptyset_{Sb}$ sind morphologisch isoliert, soweit ihr Dm nicht selbständig vorkommt; soweit es jedoch auch als selbständiges Sb auftritt, sind die Bildungen nicht morphologisch isoliert, und es kann sich das gleiche Problem ergeben wie beim Typ Sb/Sb, d. h. die Frage der Abgrenzung zu syntakt. Genitivgruppen, siehe oben 2.4.3.1. und vgl. die folgenden Abschnitte.

3.2.9.3. Weitere problematische und wichtige Punkte

(1) Sb/Vb+$\emptyset_{Sb}$ oder Sb/Sb? Eine Reihe von Bildungen, deren Dm zwar ursprünglich deverbal ist, aber daneben auch als selbständiges Sb vorkommt, können nicht als Zusammenbildungen (Sb/Vb+$\emptyset_{Sb}$) analysiert werden, sondern müssen als reine Substantivkp. (Sb/Sb) eingestuft werden. Es kann auch vorkommen, daß das gleiche Dm in einer Verbindung als deverbal, in einer anderen dagegen als primär anzusehen ist. Ausführlich zu dieser Frage siehe oben 3.1.2.8.

(2) Nullabgeleitetes Dm? Eine Reihe von Zweitelementen (Dm), unter den Nomina actionis z.B. ae. *-bryce* (me. *-bruche*) ‚Bruch‘, *-cyme* (me. *-cume*) ‚Kommen‘, *-gyte* (me. *-gute*) ‚Guß‘, *-lyre* (me. *-lure*) ‚(Ver)lust‘, *-ryne* (me. *-rune*) ‚Lauf(en)‘, *-wyrp* (me. *-wurp*) ‚Wurf‘, sind historisch gesehen keine nullabgeleiteten Sb, sondern wurden ursprünglich mit einem Suffix gebildet, das später aber wieder abfiel. Außerdem weicht ihr Stammvokal oft vom Präsensstamm des entsprechenden Verbs ab, weil die Ableitung häufig von einer anderen Stammform aus geschah und darüber hinaus das ursprüngliche Suffix z.T. *i*-Umlaut bewirkte (wie in den obigen Beispielen). Trotzdem werden Kp. mit solchen Dm hier zusammen mit den nullabgeleiteten Dm (wie wohl *-bere* ‚Träger‘ in *gomfanoun-bere*, *-hoppe* ‚Hüpfer‘ in *gress-hoppe*, *-bite* ‚Biß‘ in *appel-bite* usw.) behandelt. Zum einen bilden beide Gruppen deverbale Sb, die schon im Ae. kein explizites Suffix (mehr) haben; zum anderen war die zuerst genannte Bildungsweise wohl schon im Frühme. nicht mehr produktiv und die im Frühme. noch erhaltenen Bildungen wurden später generell durch Nullableitungen vom Präsensstamm des Verbs aus ersetzt (also durch Bildungen der zweiten Gruppe), vgl. z.B. ne. *to break – a break; to run – a run; to throw – a throw* usw. – im Deutschen blieben viele der ursprünglichen Paare dagegen erhalten, wie z.B. *brechen – Bruch; gießen – Guß; schießen – Schuß; werfen – Wurf* (daneben gibt es im Dt. wie im Englischen parallele Ableitungen wie *breaking, -brechung, Brechen*). Siehe ferner oben 3.1.2.10.; 3.2.7.3.(2); unten 3.2.9.4. sowie Kastovsky 1968.

199

(3) Status des Dm (selbständiges Wort oder nicht): Das Dm muß bei den Zusammenbildungen nicht selbständig vorkommen; man kann solche Dm aber als potentielle Wörter einstufen, vgl. oben 1.3.2. und 1.4.3.3. Nicht selbständig sind z. B. belegt *-bach (eski-bach)*, *-bere (herand-bere* usw.), *-diʒe* (ae. *hlæf-diʒe*), *-doppe (doue-doppe)*, *-gale* ‚Sängerin‘ *(nihte-gale)*, *-loga (wær-lahen)*, *-numa (yrfe-numa)*, *-(w)reca* usw. *(erend-rake)*, *-swara (mon-sware)*, *-swilie (grunde-swilie)*, *-toga (here-toga)*. Viele Dm kommen jedoch auch als selbständige Wörter vor, z. B. Nomina agentis: *-slage (mon-slage)*, *-scaðe*, *-swike* (vgl. *swike he wes, LaʒB* C 2198; *leodene swike, LaʒB* C 378, aber *leod-swike, LaʒB* C 6459); *-(i)tilie, -weard; -cume* ‚Ankömmling‘ (vgl. *wil-cume*) kam ae. noch selbständig vor (ae. *cuma*). Nomina actionis: *-bryce* (me. *-bruche*), *-fiht, -feht, -flot, -cure* (vgl. *LaʒB* C 5773), *-gang, -giue, -lyre* (me. *-lure*, vgl. *for his manne lure, LaʒB* C 321, aber *for his man-lure, LaʒB* O 321; ferner *HMeid* 65v/20, 71r/5; *LaʒB* O 7367; *CO* 9291), *-gyte* (me. *-gute*), *-plega (-plæie), -ræs, -sang (-song), -scenc, -sene, -wyrp* (me. *-wurp*). In diesen Fällen können sich die oben (1) skizzierten Abgrenzungsprobleme zu den Sb/Sb-Kp. ergeben.

(4) Wortart des Dt: Einige Bildungen, deren Dm eine Vb+Ø$_{Sb}$-Ableitung ist, haben kein Sb als Dt, sondern ein Element anderer Wortart. Sie sind aber zu selten, um als eigene Typen eingestuft zu werden, und werden deshalb als Varianten des Typs Sb/Vb+Ø$_{Sb}$ behandelt. Hierher gehören: (i) deverbales Sb/Vb+Ø$_{Sb}$ *(grist-bat)*; (ii) Num/Vb+Ø$_{Sb}$ *(an-sæte)*; (iii) Adv/Vb+Ø$_{Sb}$ *(coue-arise)*;[126] (iv) Vb/Vb+Ø$_{Sb}$ *(doue-doppes, lap-wing;* beides Vogelnamen und bereits ae. Bildungen); (v) Adj/Vb+Ø$_{Sb}$ *(bropp-fall)*. – Die Bildungen der Form Partikel/Vb+Ø$_{Sb}$ werden dagegen bei den Partikelkp. aufgeführt, s. o. 3.2.6., bes. 3.2.6.5.(2.ii).

(5) Zur Möglichkeit einer Doppelanalyse der morphologischen Struktur bei den Zusammenbildungen siehe oben 1.4.3.3.; zur Frage, ob Ableitungen von einem zusammengesetzten Vb vorliegen könnten, siehe oben 3.1.2.11.

3.2.9.4. Geschichte und Produktivität des Typs

Die Vorstufen des Typs Sb/Vb+Ø$_{Sb}$ waren schon im Germanischen produktiv.[127] In dieser Epoche war das Dm allerdings noch nicht nullabgeleitet, sondern wurde mit Hilfe verschiedener expliziter Suffixe gebildet,

---

[126] Ross (ed *NamesHare*), S. 367, weist darauf hin, daß *coue-arise* (wörtl. ‚Schnellspringauf‘) eine ungewöhnliche Bildung ist und sagt, man würde statt dessen eher ein Imperativkp. **arise-coue* ‚Springschnellauf‘ erwarten; das Gleiche gilt nach ihm für *deu-dinge* und *hare-serd* (anstatt zu erwartendem **dinge-deu* und **serd-hare*), siehe S. 352 f., 365.

[127] Carr 1939 führt in seinem Materialteil die Bildungen des Typs Sb/deverbales Sb aber nicht eigens auf, sondern ordnet die Belege unter Sb/Sb ein.

Nomina agentis insbesondere mit *-an*, *-on* oder *-jan*, *-jon*, Nomina actionis z. B. mit *-i;* außerdem wurde das Dm ursprünglich häufig nicht vom Präsensstamm, sondern von anderen Stammformen des Verbs abgeleitet, vor allem der Schwundstufe. Im historisch belegten Altenglischen waren die german. Suffixe schon abgefallen;[128] ein ursprüngliches *-i*, *-j* als bzw. im Suffix läßt sich ae. aber noch am *i*-Umlaut des Stammvokals erkennen, z. B. in der schwundstufigen Bildung german. **gut-i-z* > ae. *gyte* > me. *gute* (zum Vb ae. *gēotan;* vgl. dt. *gießen* – *Guß*). Als Endungen treten im Ae. *-a*, *-e*, *-u* und *-Ø* auf (je nach Deklinationsklasse und Genus). Faiß weist darauf hin, daß sich diese Endungen für das Ae. als Flexionsendungen (des Nom.Sg.) auffassen lassen, und er analysiert ein ae. Kp. wie *stream-faru* morphologisch deshalb synchron als Nullableitung *stream/far+Ø+u*, d. h. freies lexikalisches Morphem/gebundenes lexikalisches Morphem (Stammmorphem) + Nullmorphem (Derivationsmorphem) + gebundenes grammatikalisches Morphem (Flexionsmorphem).[129]

Im Ae. ist der Typ Sb/Vb+Ø$_{Sb}$ recht stark vertreten.[130] Auch im Ne. gibt es ihn noch; allerdings ist er im Vergleich zum Ae. zurückgegangen und weitgehend auf Nomina actionis eingeschränkt, während die Nomina agentis nur noch eine relativ kleine Gruppe bilden, die – nach Marchands Beispielen zu schließen – großenteils wenig angesehene Berufe bezeichnen (*chimneysweep*, *bellpull*). Das Dm ist im Ne. seiner morphologischen Gestalt nach grundsätzlich mit dem Inf.Präs. des Verbs identisch. Im Bereich der Nomina agentis setzte sich im Ne. weitgehend der Konkurrenztyp Sb/Vb+*ere* durch; bei den Nomina actionis bildet der Typ Sb/Vb+*ing* eine gewisse Konkurrenz – beide Konkurrenztypen existierten ebenfalls schon im Ae., waren aber schwächer.[131] Im Frühme. überwiegt der Typ Sb/Vb+Ø$_{Sb}$ ebenfalls noch deutlich gegenüber den Typen Sb/Vb+*ere* und Sb/Vb+*ing*. In unserem Material finden sich ca. 110 Bildungen des Typs Sb/Vb+Ø$_{Sb}$, davon 44 Nomina agentis und 66 Nomina actionis. Darunter

---

[128] Historisch gesehen ist der ae. Typ Sb/Vb+Ø$_{Sb}$ also aus dem Zusammenfall verschiedener älterer Kompositionstypen entstanden (bzw. das Ableitungsmuster Vb+Ø$_{Sb}$ aus verschiedenen german. Ableitungsmustern).

[129] Siehe Faiß 1978: 103; vgl. Kastovsky 1985: 246 f.

[130] Siehe insbesondere Kastovsky 1968, der allerdings nicht darauf eingeht, wie weit die Bildungen schon aus dem German. ererbt sind und wie weit es sich um ae. Neubildungen handelt.

[131] Siehe zu ihnen unten 3.2.11. und 3.2.12. Sb/Vb+*ere* ist jünger als Sb/Vb+Ø$_{Sb}$. Man ist versucht, ihren Aufstieg damit zu erklären, daß sie morphologisch deutlicher markiert sind als der Typ Sb/Vb+Ø$_{Sb}$ (ein Gleiches gälte dann für das Übergewicht des Typs Vb+*ing*/Sb gegenüber dem Typ Vb/Sb). Dem steht aber entgegen, daß die Ableitung mit Nullsuffix (Nullableitung, Konversion) gerade im Ne. sehr häufig ist, jedenfalls bei Simplizia.

ist auch eine Anzahl me. Neubildungen. Wegen der Abgrenzungsproblematik zu den Sb/Sb-Kp. ist es natürlich kaum möglich, exakte Zahlenangaben zu machen. Sb/Vb+*ere*-Kp. finden sich dagegen nur 26, Sb/Vb+*ing*-Kp. nur 44, siehe unten 3.2.11. und 3.2.12. Im Me. war für Neubildungen des Typs Sb/Vb+$\emptyset_{Sb}$ nur noch der Präsensstamm (Inf.Präs.) produktiv, z. B. *blod-binde, hane-crau* usw. Diejenigen Dm von me. Neubildungen, die nicht mit dem Präsensstamm identisch sind, sondern aus anderen Ablautstufen abgeleitet sind, kommen schon ae. als selbständige Wörter vor, z. B. ae. *bryce* (vgl. me. *spusbruche*), ae. *feng* (vgl. me. *herrefeng*), ae. *lyre* (vgl. me. *landlyre*), oder lassen sich als Analogiebildungen erklären, z. B. me. *ansæte* zu ae. *burg-sæta, land-sæta*, me. *gristbat* zu ae. *gristbatung, gristbatian*. Die ae. Endungen *-a, -e, -u* sind me. unter *-e* zusammengefallen, das aber wohl nicht mehr als Nom.Sg.-Endung zu beschreiben ist.

3.2.9.5. Belege

Die Belege werden hier getrennt nach Nomina agentis (Agensnominalisierung) und Nomina actionis (Handlungsnominalisierungen) aufgeführt; bei letzteren werden auch diejenigen Bildungen subsumiert, die das Objekt, das Instrument, den Ort oder das Resultat der Handlung angeben (nomina instrumenti, loci, usw.); diese sind aber relativ selten (Objekt: *eæh-sene, han(d)-sselle, herre-feng, marhe-ʒeuen;* Instrument: *blod-binde, sæ-flot, schip-fare;* Ort: *herbyrge* (oder Instrument?); Resultat: *bowe-shote, here-gong.* Zur Diskussion der Abgrenzung von Sb/Vb+$\emptyset_{Sb}$-Kp. von Sb/Sb-Kp. siehe oben 3.1.2.10.; Bildungen, die dort als Sb/Sb analysiert wurden, werden hier gewöhnlich nicht aufgeführt.

(1) Nomina agentis:

ansæte (ME) ‚Einsiedler‘, siehe dazu oben 3.2.4.5.

borʒ-ʒulde (ae) ‚Schuldner, Verleiher‘, *SEL.*

bur-ward (ME) ‚Kammerwächter‘, *LaʒB.*

childre-bere (ME) ‚Schwangere‘, *Gen&Ex.* Nach Arngart (ed. *Gen&Ex*), S. 221, liegt hier ein Adj mit dem Suffix ae. *-bære* vor. Weil dieses Suffix im Me. aber sonst nicht mehr produktiv ist, andererseits dagegen noch einige andere Nomina agentis auf *-bere* existieren (*herand-bere, gomfanoun-bere, lig-ber;* siehe dazu jeweils unten), wird *childre-bere* hier trotz seiner prädikativen Verwendung (*Ðo wurð rebecca childre-bere, Gen&Ex* 1465) als Sb/Vb+$\emptyset_{Sb}$ eingestuft. Vgl. unten 3.3.12.5.(2).

cyrce-weard (ae) ‚Mesner‘, wörtl. ‚Kirchenwächter, -wärter‘, *ChronE.*

coue-arise (ME, h) ‚einer, der schnell aufspringt (der Hase)‘, *NamesHare;* siehe dazu oben 3.2.9.3.(4) mit Anm. 126.

deu-dinge (ME, h) ‚jemand, der den Tau wegschlägt (der Hase)‘, *NamesHare;* siehe dazu oben 3.2.9.3.(4) mit Anm. 126.

dure-wart (ae) ‚Torwächter, Türhüter‘, *SWard* usw.

doue-doppes (ae) ‚Tauchvögel‘, *SEL.* Zum Dt s. o. 3.2.7.5. Das selbständig nicht belegte Dm ist Nomen agentis zum Stamm *dēop-* usw., also wohl schon fürs Ae. als blockiertes Morphem einzustufen. Siehe *OED* s. v. *Dive-dap,* vgl. *MED* s. v. *dive-dap, AEW* s. v. *doppa.*

eorðe-(i)tilie (ME) ‚Ackerbauer‘, *LaȝB.* Vgl. ae. *eorðtilð* ‚Ackerbau‘.

herand-bere (ME), mit unorganischem *h,* ‚Bote‘ (wörtl. ‚Botschaftsträger‘), *InterlCl&P.* *-bere* ‚Träger‘ ist eine Neubildung vom Präsensstamm aus (zu *beran*); im Ae. war *-bora* üblich. Vgl. *erende-beorere,* unten 3.2.11.5.

erend-rake usw. (ae) ‚Bote‘, *TrinH, VespAH, LaȝB.* Das Dm ist schwierig zu erklären. Ursprünglich lautete es *-wreca* (anscheinend zu ae. *wrecan,* das in der Bedeutung ‚sprechen‘ aber offenbar kaum vorkommt). Nach *AEW,* s. v. *ærendraca,* wurde es in Anlehnung an ae. *racu* ‚Erzählung‘ umgebildet. Vgl. *MED erend-rake* u. *erend(e* 6 c; *OED* s. v. *Erendrake;* Wetzel 1981:73−77 (danach schon im 11. Jh. verdunkelt).

eskibah, eskebach usw. (ME) ‚Küchenjunge‘, *AncR.* Das Dm ist schwierig zu erklären. *MED* s. v. *aske-baði(e* sieht es als Lehnwort aus dem An. an mit der wörtl. Bedeutung ‚Jemand, der in der Asche badet‘. Zettersten 1965:28 f., 56 (mit weiteren Literaturhinweisen) will es dagegen als heimische Bildung erklären ‚Jemand, der Asche bäckt‘. − Eine ähnliche Bildung ist dt. *Aschenbrödel* (siehe Kluge-Mitzka), *Aschenputtel.*

eu-bruche ‚Ehebrecher‘ (ae) *LambH* II(13/8). Hier ist offenbar die Bedeutung von ae. *æw-breca* ‚Ehebrecher‘ mit der Form von ae. *æw-bryce* ‚Ehebruch‘ zusammengefallen. Zu letzterem siehe unten (2); vgl. ferner *OED* s. v. *Eaubruche* 1 und 2.

ȝete-ward usw. (ae) ‚Torhüter‘, *AncR, LaȝB* usw.

gomfanoun-bere (ME) ‚Bannerträger‘, *Art&Merl* (offenbar synonym zu *baneour, Art&Merl* 6023). Hybrid.

gress-hoppe (ae) ‚Grashüpfer‘, *Orrm, Gen&Ex.*

grunde-swilie (ae) ‚gemeines Kreuzkraut‘ (wörtl. ‚Bodenverschlingerin‘), *HrlVoc.* Volksetymologische Umdeutung aus ursprünglichem *gundeswelge* ‚Eiterverschlingerin‘. Ne. *groundsel,* siehe z. B. *ODEE.*

hare-serd (ME, h) ‚kopulierender Hase‘, *NamesHare.* Vgl. dazu oben 3.2.9.3.(4) mit Anm. 126.

hei-sugge (ae) ‚Heckenbraunelle‘ (wörtl. ‚Heckensaugerin‘), *O&N.*

hei-ward usw. (ae) ‚Gehegewart‘ (‚Viehhüter auf dem gemeinsamen Weideland‘), *AncR, Fox&W* usw.

here-toga, here-toche usw. (ae) ‚Heerführer, Herzog‘, *LambH, ChronE, VespAH, LaȝB.* Vgl. Carr 1939:5 f.; Ilkow 1968:198−203.

huni-succles (ae/ME) ‚Geißblatt‘ usw., *HrlVoc.* Eine Erweiterung des ae. *hunig-suge* (wörtl. ‚Honigsaugerin‘ − laut Kastovsky 1985:252 allerdings 'plant from which honey may be sucked'), vgl. unten 4.1.3. Ne. *honey-suckle.*

lond-tilien (ME) ‚Arbeiter' (wörtl. ‚Landpflüger, Landbebauer'), *Laȝʒ3B.*

hlæfdig, hlæfedie, leafdi, lauedi, lady usw. (ae) ‚Herrin', häufig. Ursprünglich ‚Teigkneterin' (ae. *hlæf-dige*), wobei das dem Dm zugrundeliegende Verb aber nicht belegt ist. Siehe dazu z. B. Götz 1971:82 f., Faiß 1978:140–142; *ODEE* s. v. *lady.*

hlaford, lauerd, louerd, lord usw. (ae) ‚Herr', häufig. Ursprünglich ‚Brotwächter, Brotwart' (ae. *hlaf-weard*). Siehe dazu z. B. Kastovsky 1968:236, 424; Götz 1971:85; Faiß 1978:146 f.; *ODEE* s. v. *lord.*

lauerd-swike (ae) ‚Verräter (seines Herrn)', *Laȝʒ3B.* Vgl. *OED* s. v. *Lordswike.*

leod-swike (ae) ‚Verräter' (wörtl. ‚Volksverräter'), *Laȝʒ3B.*

leyhtun-ward (ae) ‚Gärtner' (wörtl. ‚Gartenwärter'), *PassLord.*

ligber (ae/ME) ‚Lichtträger' *(Lucifer), Gen&Ex, Ayenb (liȝt-bere).* Eine (leicht verdunkelte) Neubildung vom Präsensstamm aus, die ae. *leoht-bora* ersetzt. Weniger wahrscheinlich ist, daß es sich um eine (substantivierte) Fortsetzung der ae. Adj *līgbǣre* ‚flammend' oder *leoht-bǣre* ‚glänzend' (‚lichttragend') handelt; siehe Arngart (ed. *Gen&Ex*), S. 164; ferner oben zu *childre-bere* sowie unten 3.3.12.5.(2).

mon-quelle (ME, h?) ‚Mörder', wörtl. ‚Manntöter', *LutSS.*

mon-slaȝe usw. (ae) ‚Mörder' wörtl. ‚Manntöter', *LambH, StMarg/1.*

mon-sware (ae) ‚Meineidiger', *Body&S/2, Laȝʒ3B.*

myle-ward (ME?) ‚Müller' (wörtl. ‚Mühlenwächter'), *SEL.*

morð-slaga (ae) ‚Mörder', *LambH.*

nihte-gale (ae), *niȝtingale* (ae/ME) ‚Nachtigall' (‚Nachtsängerin'), *O&N, Amis&A* usw. Vgl. dazu oben 2.4.2.6.

ræd-ȝiuen usw. (ae) ‚Ratgeber', *Laȝʒ3B, Vices&V.*

sti-ward, steward, stuard (ae) ‚Verwalter, Haushofmeister', *ChronE* usw. (häufig). Das Dt ist wohl mit ae. *stig* ‚Haus, Halle' (> ne. *sty(e)*) zu identifizieren, die urspr. Bedeutung des Kp. also ‚Hallenwächter'. Vgl. z. B. Götz 1971:100; Faiß 1978:180; *OED* und *ODEE* s. v. *steward.*

stoan-suke (ME, h) ‚Petersilie' (wörtl. ‚Steinsaugerin'?), *HrlVoc.* Vgl. *OED* s. v. *Stonesuck.*

wed-lowe (ae. *wed-loga*) ‚Vertragsbrüchiger, Verräter' (wörtl. ‚Vertragslügner'), *Body&S/2.*

wer-lahen, warlawes usw. (ae. *wǣr-loga*) ‚Verräter, Schurken, Teufel' (wörtl. ‚Vertragslügner'), *StMarg/1, LyricsXIII* usw. (ne. *warlock*, siehe z. B. *ODEE*).

wil-cume (ae. *wilcuma*) ‚willkommener Gast' (wörtl. etwa ‚Willensankömmling'), z. B. *Laȝʒ3B;* fällt frühme. mit dem Adv/PartPrät-Kp. *wel-cume* zusammen, s. u. 3.3.11.

yrfe-numa (ae) ‚Erbe', wörtl. ‚Erbnehmer', *ChronE, Orrm (arrf-name), Vices&V* (*erue-name* in der Bedeutung ‚Erbschaft').

yrfe-weard, yrfeard (ae) ‚Erbe', wörtl. ‚Wächter des Erbes', *ChronE, WintBR, Gen&Ex (erward).* Vgl. dazu Ilkow 1968:108 f.

Namen:

Dorchestre-seten ‚Bewohner von Dorchester', *Laȝʒ3B.* In *Laȝʒ3B* daneben auch schon

die (von den Bewohnern auf ihr Land übertragene) Form *Dor(e)sete (LaȝB* CO
10 717; *O&N)*, ne. *Dorset*, die wohl als Klammerform zu erklären ist, wobei aber
auch die Verdunklung eine Rolle spielt, s. u. 4.2.(3) und 4.5.3. Zu -*sæte* siehe Kluge 1926:20 (§ 33 b); Smith 1956:II,94.

Aus den späteren Texten:

lhap-wynche (ae) ‚Kiebitz‘ (wörtl. urspr. etwa ‚einer, der sich springend seitwärts
bewegt‘), *Ayenb*. Vgl. oben 3.2.7.5.; das Dm ist aus ae. *wincian* > ne. *wink* abgeleitet, siehe *ODEE* s. v. *lapwing*.

(2) Nomina actionis:

appel-bite (ME) ‚Apfelbiß‘, *Heil*.

bal-plohe (ME) ‚Ballspiel‘, *AncR*.

bede-sang (ME?) ‚Singen von Gebeten‘, *Orrm* (eine Auffassung als kopulatives Sb/
Sb-Kp. ‚der Gesang ist ein Gebet‘ ist allerdings nicht auszuschließen).

blod-binde (ME) ‚Binde‘, wörtl. ‚Blutbinde‘, *AncR*.

blod-gute (ae) ‚Blutvergießen‘, *LaȝB*.

blod-rune (ae) ‚Blutstrom‘, *LofLe*.

bowe-shote (ME) ‚(Länge eines) Bogenschuss(es)‘, *KingAlex*.

bropp-fall (ME, h) ‚epileptischer Anfall‘, *Orrm*. Anord. Lehnwort, wörtl. ‚plötzlicher Fall‘. Vgl. *MED* s. v. *bropp-fall*.

chaffere (ME) ‚Ware, Handel‘ (wörtl. ‚Kauffahrt‘, < *cēap-faru), *AncR* usw.; die
nicht so stark verdunkelte Form *chapfare* ist erst in *Ayenb* belegt. Vielleicht
adaptiertes an. Lw (vgl. an. *kaup-fǫr*).

chu[r]c-ȝong, chirch(e)-gang (ae) ‚Kirchgang, Meßbesuch‘, *LambH, TrinH, Gen&Ex*.

chirche-song (ae) ‚Kirchengesang‘, *O&N*.

cokken-crowe (ME, e) ‚Hahnenschrei‘, *SEL*. *cokkes-crowe*, *SEL* 646/1096, gehört zum
Typ Sb+*s*/Sb.

daȝȝ-sang (ae) wörtl. ‚Tagsang‘ (monastisches Offizium während des Tages), *Orrm*.

day-springe (ME) ‚Tagesbeginn‘ (‚Sonnenaufgang‘), *KingHorn*. Vgl. *day-springing*,
unten 3.2.12.4.

dep-prowe (ME) ‚Todeskampf‘ (wörtl. ‚Todesleiden‘), *KingAlex, SEL*. Siehe aber
oben 3.1.2.10. (S. 140).

driht-fere (ME) ‚glorreiche Prozession, königliche Gefolgschaft‘, *StKat*, könnte
auch ein Sb/Sb-Kp. sein.

ea-spring (ae) ‚Quelle‘.

elmas-dele (ME), *LambH; elmes-idal* (ae), *LambH; almes-delen* (ME), *TrinH*:
‚Almosenausteilen‘.

erð-chine (ME, h) ‚Erdspalt‘, *Best*. Das Dm kommt aus ae. *cinan* ‚gähnen, sich spalten‘, vgl. *OED* s. v. *Chine* vb¹ u. sb¹; Seebold 1970:290f.

eu-bruche, eaw-bruche usw. (ae) ‚Ehebruch‘, *LambH, TrinH, AncR, HMeid*. Vgl.
auch oben unter (1). (Synonym: *spus-bruche* s. u.).

eue(n)-song usw. (ae) ‚Abendandacht‘ (wörtl. ‚Abendgesang‘), *AncR* usw.

eæh-sene, eh-scene (ME) ‚Sicht, Anblick' (wörtl. ‚Augensicht'), *LaʒB, SirTristr* usw.
Ae. ist nur das Adj *eag-syne* ‚für das Auge sichtbar' belegt.

ehe-wurp, eche-wurp (ME, h?) ‚Blick', wörtl. ‚Augenwurf', *AncR*. Vgl. Zettersten
1965:156.

feond-ræs (ae) ‚Angriff der Feinde, feindlicher Angriff', *LaʒB*. Vgl. unten zu *wind-*
ræs; Sb/Sb (oder Adj/Sb?) sind aber wohl *balu-ræs, LaʒB* sowie *gram-reses, LaʒB.*

fote-ren (ME, h?) ‚Infanterie' (wörtl. ‚Fußrennen'), *Gen&Ex* (oder Sb/Sb-Kp.). Vgl.
unten zu *rimes-ren* sowie *OED* s. v. *Ren* sb; *MED* s. v. *ren.*

fet-steppes (ME) ‚Schritte' (wörtl. ‚Fußstapfen'), *Best.*

grist-bat (ME) ‚Zähneknirschen' (wörtl. ‚Mahlen-beißen'), *LaʒB*. Vgl. *grist-batinge,*
LaʒB C 945. Vgl. Sauer 1985 b:§ 2.11. mit Anm. 72; ferner oben 3.1.2.11. sowie
ae. *grist-bite, grist-bitung.*

grith-briches, grip-bruche (ae) ‚(Land)friedensbruch', auch ‚Recht, über dieses De-
likt zu urteilen (und die Strafe zu kassieren)', *ChartHenII, O&N.*

hannd-gang (ae) ‚Unterwerfung' (‚Handauflegen', wörtl. ‚Handgang', ‚an die Hand
gehen'), *Orrm* (dort für ‚Firmung', vgl. Käsmann 1961:207).

han(d)-sselle (ae) ‚Schicksal, Glück, Glückszeichen, Vorzeichen' (wörtl. ‚etwas, das
man in die Hand gibt'), *TrinH, Vices&V.* Vgl. *MED* s.v. *hanselle* (ae. *hand-selen,*
vom an. *hand-sal* beeinflußt); *ODEE* s. v. *handsel.*

hand-ʒeswinc, hand-iswink(e) (ME) ‚Handarbeit' (‚Sich plagen mit den Händen'),
WintBR, Vices&V(l). Vgl. *MED* s. v. *hand-iswink.*

hande-writt (ae) ‚Handschrift, Handgeschriebenes', *Orrm.*

hane-crau (ME, e) ‚Hahnenschrei', *TrinH.*

hanche-turn (ME) ‚Hüftschwung', *AncR*. Hybrid.

hert-breke (ME) ‚herzbrechendes Leid' (wörtl. ‚Herzbrechen'), *SirTristr.*

herte-bren (ME) ‚Leidenschaft' (wörtl. ‚Herzbrennen'), *Gen&Ex.*

herbyrge, herbearhe, herberwe usw. (ae) ‚Herberge', *SermRdE, AncR, LaʒB* usw.
Ne. *harbour.* Möglicherweise an. Lw, vgl. z. B. *ODEE.*

herre-feng (ME) ‚Beute' (wörtl. ‚das, was das Heer fängt'), *LaʒB.*

here-gong usw. (ae) ‚Invasion, Verwüstung' (wörtl. ‚Heergang'), *ProvA, O&N* usw.
Eine german. Bildung, siehe Carr 1939:73.

[ham]-cume (ae) ‚Heimkommen, Heimkehr', *HMeid.*

hore-plage (ME) ‚Hurerei' (wörtl. ‚Hurenspiel'), *Gen&Ex.*

hous-song (ME) ‚Frühmette (matins)' (wörtl. ‚Hausgesang'), *Fox&W.*

land-lyre (ME) ‚Landverlust', *ChronE.*

meið-lure, meidene-lure ‚Verlust der Jungfräulichkeit' (ME), *AncR*. Wohl Klammerform zu **meiðhades lure* bzw. **meidenhede lure,* siehe unten 4.2.

man-lure (ME) ‚Menschenverlust', *LaʒB, O.*

man-slege (ae) ‚Mord' (wörtl. ‚Menschenerschlagung'), *HonEl.* In *mon-slauen, Heil,*
ist wohl die Bedeutung von *man-slege* ‚Mord' mit der Form von *mon-slage*
‚Mörder' (siehe oben unter (1)) zusammengefallen; zu diesem Vorgang vgl. *eu-*
bruche oben unter (1).

messe-song (ae) ‚Messe', wörtl. ‚Singen der Messe', *Gen&Ex.*

marhe-ʒeue(n), *mærʒeue* usw. (ae. *morgen-gifu*), ‚Morgengabe‘ (lexikalisiert; wörtl. ‚etwas, das man am Morgen gibt‘), *AncR, HMeid, LaʒB* usw.

moneð-met (ME) ‚Maß eines Monats‘, *Gen&Ex.*

morʒen-slep (ME) ‚Morgenschlaf‘, *ProvA, Body&S/4 (morwe-slepe).*

niht-wecches (ae) ‚Nachtwachen‘, *TrinH.*

rimes-ren (ME, h?) ‚Dichtung‘ (wörtl. ‚Lauf der Reime‘), *Gen&Ex.* Eigentlich ein Sb+*s*/Sb-Kp., das Dm ist aber (möglicherweise) deverbal, vgl. Arngart (ed. *Gen&Ex*), S. 252, sowie oben zu *fote-ren.* Hybrid.

salm-song, sallm-sang (ae) ‚Psalmensingen‘ (auch: ‚die Psalmen‘), *Body&S/2*, Orrm.

schip-fare (ME) ‚Schiffsausstattung‘, *SirTristr.*

sæ-flot (ae) ‚Schiff, Flotte‘ (wörtl. ‚etwas, das auf der See schwimmt‘), *LaʒB.* Vgl. *ODEE* s.v. *float.*

spus-bruche, spus-breche usw. (ME) ‚Ehebruch‘, *AncR, O&N, KentSerm* usw. Hybrid. Vgl. *OED* s.v. *Spouse-breach.*

sonne-ryse (ME?) ‚Sonnenaufgang‘ (ne. *sunrise*), *KingAlex.* Laut *ODEE* s.v. *sun* als Kp. aber erst seit dem 15. Jh.

sunne-sine (ae/ME) ‚Sonnenlicht, Sonnenschein‘, *Gen&Ex.* Ne. *sunshine.* Seltenes ae. *sunscin* und *sunnascine* tritt anscheinend nur in der Bedeutung ‚Spiegel‘ auf.

tabour-bete (ME) ‚Trommelschlag(en)‘, *Body&S/4.* Hybrid.

ðþunre-sleiʒ (ae) ‚Donnerschlag‘, *Vices&V.*

uhhtenn-sang (ae/ME) ‚Frühmette, Nokturn, Matutin‘ (wörtl. ‚Morgengesang‘), *AncR*, Orrm. Ae. *uhtsang.*

water-gong (ME) ‚Flut‘ (wörtl. ‚Wassergang‘), *Gen&Ex.* Vielleicht Lw aus dem Mndl.

water-scenc (ME) ‚Wassertrunk‘, *LaʒB.*

wil-ʒeoue (ME) ‚freiwillige Gabe‘ (wörtl. ‚Willensgabe‘), *AncR, StMarg/1.* Vgl. ae. *wil-giefa* ‚großzügiger Geber, König‘.

win(e)-scenche usw. (ME) ‚Weintrinken, Trunk Weines‘, *LaʒB.*

wind-ræs(en) (ae) ‚Angriff‘ (wörtl. ‚Windsturm‘), *LaʒB*, könnte auch Sb/Sb-Kp. sein (‚B is like A‘).

3.2.10. Sb/Vb+*t* (Substantiv/deverbales Substantiv mit Suffix -*t* usw.): *elmesse-gift, eh-sihðe*

3.2.10.1. Definition des Typs

Das Dt ist ein Sb, das Dm ein deverbales Sb mit dem Dentalsuffix -*t* (-ð, -*d*). Es handelt sich um Kp. mit Verbalverknüpfung. Der Status der Konstituenten ist freies Morphem/freies Morphem + gebundenes Morphem.

Literatur: (1) Ein Kompositionstyp Sb/Vb+*t* wird in den Handbüchern nicht erwähnt. (2) Zu Ableitungen des Typs Vb+*t* usw. vgl. Koziol 1972:207f. (§ 485f.); ferner: Both 1909:57ff. (§ 19); Kluge 1926:67 (§ 127f.); Meid 1967:139−159; Pilch 1970:111f.; Bammesberger 1984:73−75; Kastovsky 1985:231−234; *ODEE* s.v. -*t¹.* Fürs Dt. z.B. Fleischer 1971:172f.

3.2.10.2. Zur morphologischen Isolierung

Weil die Dm zwar deverbale Sb sind, die meisten von ihnen aber auch als selbständige Wörter auftreten, kann der Typ nicht als morphologisch isoliert gelten. Eine echte Zusammenbildung scheint lediglich in *neawist* ‚Nähe‘ (< ae. *neah-west* ← *wesan neah*) vorzuliegen, das aber den Partikelkp. zuzuordnen ist; s. o. 3.2.6.5.

3.2.10.3. Weitere problematische und wichtige Punkte

(1) Ansatz des Typs: Die Handbücher erwähnen einen Kompositionstyp Sb/Vb+*t* nicht. Dies hat wohl mehrere Gründe: Erstens ist das Suffix -*t* wahrscheinlich schon im Me. nicht mehr produktiv. Die im Me. neu auftretenden Bildungen *draught* und *gift* (vgl. unten 3.2.10.5. zu *bowe-draught* und *elmesse-gifte*) sind wohl nicht unmittelbar aus den entsprechenden Verben ae. *gi(e)fan* bzw. *dragan* (ne. *give, draw*) abgeleitet, sondern anord. Lehnwörter bzw. unter anord. Einfluß entstanden. Zweitens kommen die meisten Dm auch als selbständige Wörter vor und die Zusammensetzungen damit entstanden im Me. wohl nicht als Zusammenbildungen, sondern nach dem Schema Sb/Sb, vgl. oben 3.2.10.2. Drittens sind in dem -*t* zum Teil verschiedene german. Suffixe zusammengefallen, z. B. -*ayht(e)* < ae. *æht* < germ. **aih-ti-z* ‚Besitz‘; -*wurhte, -wright* < ae. *wyrhta* < wgerm. **wurh-tjo* ‚-macher‘. Weil die Kp. der Struktur Sb/Vb+*t* aber durch das Suffix morphologisch markiert und zum Teil noch deutlich als Kp. mit Verbalverknüpfung erkennbar sind, lassen sie sich schlecht einem anderen Typ eingliedern und werden hier deshalb trotzdem in einem eigenen Typ zusammengefaßt. Ähnlich verfährt Kastovsky 1985:231–234, der ae. -*d*, -*ed, -oþ/-aþ/-þ* und -*t* als Varianten eines Suffixes (-*d*) ansieht.

(2) Wortart des Dt: Die meisten Bildungen zeigen die Form Sb/Vb+*t*, die deswegen hier als Typ angesetzt wird. Zu *fulluht* (Adj bzw. Adv/ Vb+*t*) s. u. (3); zu den Bildungen der Form Partikel/Vb+*t*, z. B. *in-siht*, *neawist* (< ae. *nea(h)-west*), s. o. 3.2.6.5.

(3) Kompositum oder Ableitung vom Vb (vgl. oben 3.1.2.11.)? Das verdunkelte *fulluht* ‚Taufe‘ (< *ful(l)-wiht*) ist möglicherweise keine Zusammenbildung, sondern eine Ableitung vom Vb **full-wihan* (> ae. *ful(l)wian*); vgl. *AEW* s. v. *full-wīht; OED* s. v. *Fullought*.

(4) Nicht hierher gehören Zusammensetzungen mit -*fiht, -feht* (ne. *fight*) und mit -*schote* (ne. *shot*) als Dm, weil in den zugrundeliegenden Verben *fihtan* (ne. *fight*) bzw. *sceotan* (ne. *shoot*) das -*t* zum Verbstamm gehört. Vgl. oben 3.1.2.10. (S. 138 f.) sowie 3.2.9.5.(2) unter *bowe-shote*.

3.2.10.4. Geschichte und Produktivität des Typs

Einzelne Bildungen reichen anscheinend ins Germanische zurück: eine germanische Bildung ist das Partikelkp. *neawist,* siehe Carr 1939: 58. Ae. me. *man-sli(e)ht* ist eine westgerman. Bildung (Carr 1939: 101). Von den 15 Bildungen im frühme. Material[132] sind 7 schon ae. belegt, 8 sind me. Neubildungen, die aber alle als Zusammensetzungen und nicht als Zusammenbildungen entstanden. Der Typ – falls man ihn überhaupt als solchen akzeptiert – hat jedenfalls nur marginalen Status.

3.2.10.5. Belege

elmesse-gift(e) (ae/ME) ,Almosenspende, Geben von Almosen', *Gen&Ex.* Dieses Kp. ersetzt ae. *ælmes-gifu.* Vgl. *ODEE* s. v. *gift.*

*[bred]-ehte ,Mitgift', wörtl. ,Brautbesitz', *ProvA,* ist eine durch Konjekturalemendation hergestellte Form (Arngart, ed. *ProvA* 1978, S. 15).

bred-wrigte (ME) ,Brotbäcker', wörtl. ,Brotmacher', *Gen&Ex.*

eh-siðe usw. (ME) ,Anblick', *AncR, StJul, StKat* usw. (oft in Wendungen mit der Bedeutung ,vor (deine) Augen', ,geh mir aus den Augen'), *eʒhe-sihhþe, Orrm* ,Sehkraft' (vgl. *herrtess eʒhe-sihhþe, flæshess eʒhe-sihhþe*).

feond-slæhtes (ME) ,Erschlagung der Feinde', *LaʒB.*

frumscheft (ae) s. o. 3.2.4.5.

fulluht usw. (ae. *ful(l)-wiht*) ,Taufe', urspr. wörtl. ,Vollweihe', häufig, z. B. *VespAH* XXIV, *Body&S/2, LambH* usw. Möglicherweise vom Vb **full-wihan* (ae. *fulwian*) abgeleitet. Das Wort ist z. T. schon im Ae. verdunkelt. Die Verdunklung zeigt sich z. B. auch daran, daß im Me. die Ableitung *fulohtning* (*TrinH* IV) gebildet wurde. Siehe ferner Käsmann 1961: 199 f.; *MED* s. v. *fulloght;* *OED* s. v. *Fullought;* unten 4.5.5.

fugel-fligt (ME) ,Vogelschwarm', wörtl. ,Vogelflug', *Gen&Ex.*

goddspell-wrihhtess (ME) ,Evangelisten' (wörtl. ,Evangelienmacher'), *Orrm.*

man-slihtas, mon-slaht usw. (ae) ,Mord', wörtl. ,Menschenerschlagung', *ChronE, AncR, LaʒB* usw. In *LambH* VI. 45 ist es einmal in der Bedeutung ,Mörder' belegt; zu derartigen Verwechslungen von Nomina actionis und Nomina agentis vgl. oben 3.2.9.5. zu *eu-bruche* (,Ehebrecher' statt ,Ehebruch') und *man-sleʒe* sowie *MED* s. v. *man-slaught* 3 'a murderer'. In *KentSerm* wird *manslechtes* in der Edition von Hall unnötigerweise zu *man-slehter* (> ne. *manslaughter*) emendiert. Vgl. auch *man-slaʒþe, man-slaʒte* (ME) ,Mörder', *Ayenb* und dazu Wallenberg 1923: 156 f.

nea-wist (ae) s. o. 3.2.6.5.

---

[132] Dabei kann **[bred]-ehte* als rekonstruierte Form natürlich nicht gerechnet werden. *Frumscheft* und *neawist* werden ebenfalls nicht mitgezählt, weil sie bereits bei anderen Typen aufgeführt wurden.

neb-schaft (ME) ‚Gesicht, Haltung' (wörtl. ‚Gesichtsschöpfung'), *StKat, StJul, AncR;* vgl. Zettersten 1965:66; *MED* s.v. *neb-shaft.*

salm-wurhte, salm-wrihte, salm-wruhte usw. (ae) ‚Psalmist', *LambH, TrinH, AncR, Orrm (sallme- wrihhte).* Vgl. *OED* s.v. *Psalm-wright.*

ship-wriȝth (ae) ‚Schiffsbauer', *KingAlex.*

wæl-slaht(es) usw. (ae) ‚Metzelei, tödlicher Kampf', *LaȝB* C(l). Wohl als Sb/Sb-Kp. zu analysieren, weil es tautologisch ist: auch *wæl* bedeutet ‚Gemetzel, Schlacht'.

wæn-slæhtes (ME, h) ‚Gemetzel' (wörtl. etwa ‚Elendsmetzelei'), *LaȝB.* Siehe *OED* s.v. *Wane* sb³.

wil-schrift (ME) ‚freiwillige Beichte', *AncR.*

world-ayhte (ae. *worold-æht*) ‚weltliche Besitzungen, irdische Güter', *ProvA, Orrm (weorelld-ahhtess), Vices&V (world-eihte).*

Belege aus den späteren Texten:

bowe-draught (ME) ‚Bogenschuß', ‚Entfernung eines Bogenschusses', *Malory.*

3.2.11. Sb/Vb+*ere* usw. (Sb/deverbales Nomen agentis mit Suffix *-ere, -estre, -icge): bac-bitere, grass-hoppere; bell-rinȝestre; wal-kirie*

3.2.11.1. Definition

Das Dt ist ein (primäres) Sb; das Dm ist ein deverbales Nomen agentis mit dem Suffix *-ere.* Es handelt sich um Kp. mit Verbalverknüpfung und dar- über hinaus um Zusammenbildungen. Der Status der Konstituenten ist freies Morphem/freies Morphem + gebundenes Morphem. Wegen ihrer semantischen Parallelität (sie formen weibl. Nomina agentis) und ihrer Seltenheit im Frühme. werden auch die Bildungen mit den Suffixen ae. *-estre* (> ne. *-ster*) u. ae. *-icge* hier mitbehandelt.

Literatur: (1) Sb/Vb+*ere:* Marchand 1969:15–19, 79f.; Koziol 1972:58f.; Hansen 1982:57; ferner Sütterlin 1887:77–105; Güte 1908:1–53; Langenfelt 1933:77–82; Carr 1939:229f.; Strang 1970:§ 140; Kastovsky 1971:285–325; Adams 1973:68, 79. Fürs Dt. z.B. Fleischer 1971:127–136. (2) Zu Ableitungen des Typs Vb+*er(e)* siehe ferner Marchand 1969:273–281; Koziol 1972:188–191; Hansen 1982:99–101; sowie Kluge 1926:6f. (§ 8–11); Gardner 1968:52f.; Pilch 1970:112f.; Kastovsky 1985:239–241; *ODEE* s.v. *-er¹*; Stein 1973:190f. (3) Zum Suffix *-estre* (> ne. *-ster*) siehe Marchand 1969:348f.; Koziol 1972:206f.; ferner Süt- terlin 1887:105–108; Kluge 1926:25f. (§§ 48–51); Meid 1967:185f. (§ 140); *ODEE* s.v. *-ster;* Stein 1973:194. (4) Zum Suffix *-icge* siehe Koziol 1972:194; Stein 1973:192; Kluge 1926:24 (§ 44).

3.2.11.2. Zur morphologischen Isolierung

Der Typ Sb/Vb+*ere* formt prinzipiell Zusammenbildungen, deren Dm als selbständiges Wort vorkommen kann, aber nicht muß, und ist deshalb als

Kompositionstyp morphologisch isoliert. Belege, die nicht als Zusammen-bildungen (Sb/Vb+ere) analysiert werden können, sondern als Sb/Sb-Kp. analysiert werden müssen, gibt es in unserem frühme. Material anschei-nend nicht (mit der möglichen Ausnahme von *west-lokere*). Anders ist dies bei einem Teil der Bildungen des Musters Sb/Vb+*estre*, die auch als Sb/Sb+*estre* analysiert werden können.

3.2.11.3. Weitere wichtige und problematische Punkte

(1)   Form des Suffixes: Nach Kastovsky 1971:289 besteht im Ae. das Suf-fix -*ere* strenggenommen nur aus -*er*, während -*e* die Endung des Nom.Sg. ist. In den frühme. Belegen ist das -*e* zwar noch fast durchwegs erhalten, aber wohl nicht mehr als Nom.Sg.-Endung zu deuten. Zum Ne. hin fällt es dann ohnehin ab.

(2)   Denominale Bildungen mit -*ere:* Mit -*ere* können die ganze englische Sprachgeschichte hindurch neben deverbalen auch denominale Bildungen abgeleitet werden.[133] Denominale Zusammenbildungen wie ne. *teenager* (aber nicht **ager*), *bobby-soxer* sind im Frühme. aber nicht belegt. Dagegen gibt es vereinzelt *ere*-Ableitungen aus Komposita: *godspel(l)* → *godspell-ere; gumfainun* (verdunkelt) → *gumfainunere;* spätme. *hous-hold* → *hous-holdere, Malory;* siehe oben 1.3.4. unter (4). Diese Bildungen sind keine Kp., sondern Ableitungen (Suffixbildungen). Eine denominale Ableitung auf -*er* ist das Dt von *horder-wice,* vgl. oben 2.4.2.6.

(3)   Wortart des Dt: Die Mehrzahl der Bildungen folgt dem Muster Sb/ Vb+*ere*, das deshalb auch als Typ angesetzt wird; als Varianten dazu er-scheinen: (i) Adj (bzw. Adv)/Vb+*ere: brod-lokere* und eventuell *west-lok-ere* (dazu s.u. 3.2.11.5.(1)); sowie aus den späteren Texten *guod-doere, well-wyllers.* (ii) Sb oder Adj könnte vorliegen im Dt von *woh-demeres* sowie *zop-siggeres,* vgl. dazu oben 2.4.3.4.(4), S. 113 f. (iii) Zu den Bildungen des Musters Partikel/Vb+*ere,* z.B. *ouer-hippers,* s.o. 3.2.6.5.

(4)   Selbständig nicht belegte Dm: Entsprechend dem Bildungstyp muß das Dm nicht selbständig vorkommen.[134] Nicht wenige Dm kommen aber bereits im Ae. auch als selbständige Wörter vor, nämlich *blawere, cwellere* (vgl. *StJul* 49r/19), *demere* (vgl. *WohLo* 378), *fiscere, geotere, mangere, prowere.* Noch nicht im Ae., aber dann im Me. sind mehr oder weniger

---

[133]   Die Bildung denominaler Sb ist wahrscheinlich sogar die ursprüngliche Funktion von -*ere*, das wohl aus dem lat. denominalen Suffix -*arius* (*monetarius, molinarius* usw.) ins Germ. entlehnt wurde.

[134]   Man kann es aber als potentielles Wort einstufen, siehe oben 1.3.2. und 1.4.3.2. – Im Ne. sind außerdem Sätze des Musters 'He drinks milk' offenbar üblicherweise umformbar zu 'He is a (regular) drinker of milk' ('A Vb B' → 'A is an Vb/er of B').

häufig selbständig belegt: *be(o)rere, betere, bitere, brecere, he(a)were, hoppere, lokere, sittere, weorpere* (im Ae. statt dessen *berend, bita, breca*). Nur eine Minderzahl der Dm kommt anscheinend überhaupt nicht selbständig vor, z. B. *-lekere, -roukere, -witere*. Siehe dazu jeweils *MED* und *OED*.

(5) Zur möglichen Doppelanalyse der morphologischen Struktur (neben Sb/Vb+*ere* auch Sb+Vb/*ere*) siehe oben 1.4.3.3.

3.2.11.4. Geschichte und Produktivität des Typs

Sb/Vb+*ere*-Komposita finden sich nicht in der ae. Dichtung, aber seit dem 9. Jh. in der ae. Prosa. Im Laufe des Me. verdrängte dieser Typ ganz oder teilweise seine Konkurrenten bei der Bildung von zusammengesetzten Nomina agentis, nämlich Sb/Vb+*ende*, der schon im Frühme. nur noch in vereinzelten Resten belegt ist (siehe dazu oben 3.1.2.18.; unten 3.3.4.5.(2), 3.3.8.3.(2) und 3.3.9.5.(3)), sowie Sb/Vb+$\emptyset_{Sb}$, der mit Einschränkungen aber auch noch im Ne. existiert (siehe oben 3.2.9.). Im Spätme. war der Typ Sb/Vb+*ere* schon recht häufig, im Ne. ist er einer der produktivsten Wortbildungstypen. Gegenüber dem Typ Sb/Vb+$\emptyset_{Sb}$ hatte der Typ Sb/Vb+*er(e)* wohl zwei Vorteile: die Agensfunktion war deutlicher gekennzeichnet; außerdem wurde von Anfang an (fast) nur noch vom Präsensstamm des Verbs abgeleitet.[135] In unserem frühme. Material ist der Typ Sb/Vb+*ere* mit 26 Belegen vertreten, davon entfallen allerdings 12 auf *NamesHare* und 14 auf alle übrigen Texte zusammen. Somit ist der Typ Sb/Vb+*ere* im Frühme. zahlenmäßig insgesamt noch deutlich schwächer als sein Konkurrenztyp Sb/Vb+$\emptyset_{Sb}$, der mit ca. 44 Nomina agentis vertreten ist (siehe oben 3.2.9.5.(1)). Der Aufstieg und die Produktivität des Typs Sb/Vb+*ere* kündigt sich aber schon darin an, daß fast alle Belege me. Neubildungen (oder Umformungen ae. Bildungen) sind: unter den 26 Bildungen finden sich nur zwei rein ae. Kp., nämlich *horn-blaweres* und *li[c]-ðroweres*. Dagegen sind beim Typ Sb/Vb+$\emptyset_{Sb}$ auch relativ viele ae. und zum Teil bereits verdunkelte Kp. enthalten. Außerdem sind einige. Sb/Vb+*ere*-Kp. als Umformungen ae. Sb/Vb+$\emptyset_{Sb}$-Kp. entstanden, die z. T. im Frühme. aber ebenfalls noch belegt sind (siehe oben 3.2.9.5.(1)): *eu-bruche* (ae *æw-breca*) – *eaw-brekere* (ME), beide *LambH; gress-hoppe* (ae) – *gras-hoppere* (ME, in *NamesHare* gleichzeitig mit anderer Bedeutung);[136] *mon-slaʒe* (ae) – *man-sleer* (ME, *Malory*); vgl. ferner *herand-bere* (ME) (und *erend-rake*) neben *erende-beorere* (ME) sowie *mon-quelle* (ME) neben *mon-quellere* (ME). Im Ne. bildet der Typ Sb/Vb+*ere* neben Nomina

---

[135] Allerdings ist die Nullableitung an und für sich im heutigen Englisch sehr produktiv.

[136] *Gen&Ex* hat als Kp. *gresse-oppes* (3065), aber dann als Simplex *ðo opperes* (3096).

agentis auch Instrumentbezeichnungen, z. B. *bottle-opener, lawn-mower, pencil-sharpener;* in unserem frühme. Material sind derartige Bildungen aber (noch) nicht belegt.

An Bildungen des Musters Sb/Vb+*estre* finden sich im Frühme. nur drei (alle in *WintBR*); von den Bildungen des Musters Sb/Vb+*icge* findet sich im Frühme. nur noch eine Reliktform aus dem Ae.

3.2.11.5. Belege

(1)   Sb/Vb+*ere*

(a)   Aus den frühme. Texten (außer *NamesHare*):

bac-bitere(s) (ME) ‚Verleumder‘ (wörtl. ‚Rückenbeißer‘, d. h. ‚jemand, der andere hinterrücks beißt‘), *AncR* usw. Möglicherweise an. Lehnwort; ist im Me. aber völlig durchsichtig, vgl. unten 4.6.3.(3 a) und 5.3.4.

cnif-warpere (ME) ‚Messerwerfer, Jongleur‘, *AncR*. Das Dm -*warpere* ist wohl nicht vom Prät.Sg.-Stamm des Verbs ae. *weorpan* – *wearp* abgeleitet, sondern vom me. Präsensstamm *warpe(n);* siehe Brunner 1960–1962:II,226; *OED* s. v. *Warp* v.

eaw-brekeres (ME) ‚Ehebrecher‘, *LambH*. Eine Umformung von ae. *æw-breca*.

erende-beorere (ME) ‚Bote‘ (wörtl. ‚Botschaftsträger‘), *AncR*.

eir-mangar(s) (ME) ‚Eierhändler‘, *SEL*.

flesche-heweere, flesche-hewer (ME), ‚Fleischhauer‘, *Art&Merl*.

horn-blaweres (ae) ‚Hornbläser, Trompeter‘, *ChronE*.

hus-berners (ME) ‚Häuserverbrenner, Brandstifter‘, *KentSerm*.

li[c]-ðroweres (ae) ‚Aussätzige, Leprakranke‘ (wörtl. ‚Körperleidende‘), *TrinH*. Die Hs. hat *lið-ðroweres* ‚Gliederleidende‘, was eine me. Bildung und ein Hapaxlegomenon wäre; es handelt sich aber wohl um ein Versehen (bzw. um eine durch Assimilation entstandene, leicht verdunkelte Form), weil *lic-prowere* die im Ae. übliche Form ist, vgl. *BT(S); MED* s. v. *lich* 1 d; Morris (ed. *TrinH*), S. 239.

man-fischers (ME) ‚Menschenfischer‘, *SEL*. Fischere war ursprünglich eine denominale Bildung, konnte dann aber als deverbal aufgefaßt werden, siehe *OED* s. v. *Fisher*.

mon-quellere (ME) ‚Mörder, Henker‘ (wörtl. ‚Menschentöter‘), *WohLo, StMarg/2* usw.

metal-ʒeters (Sg.!) (ME) ‚Metallgießer‘, *KingAlex*. Hybrid.

wæi-witere (ME) ‚Führer, Wegekundige‘ (wörtl. ‚Wegweiser, den Weg Wissende‘), *LaʒB* (Hs. C) (Hs. O hat *wei-wittie*).

woh-demeres (ME) ‚ungerechte Richter‘, *LambH*.

(b)   Aus *NamesHare*: Es handelt sich durchwegs um Bezeichnungen (Anreden) für den Hasen. Zu den einzelnen Bildungen siehe den Kommentar bei Ross (ed. *NamesHare*).

brod-lokere (ME, h) ‚Glotzer' (wörtl. ‚mit weit offenen Augen *[brod]* Schauender').

deu-hoppere (ME, h) ‚Tauhüpfer'.

fern-sittere (ME, h) ‚Farnkrautsitzer'.

fold-sittere (ME, h) ‚Bodensitzer'.

gras-bitere (ME,h) ‚Grasbeißer'.

gras-hoppere (ae/ME) ‚Grashüpfer' (in *NamesHare* ebenfalls als Bezeichnung für den Hasen!); eine Umformung von ae. *gærs-hoppa.* In dieser Bedeutung aber nur in *NamesHare.*

heg-roukere (ME, h) ‚Heckensitzer'. Zu dem im Dm zugrundeliegenden Vb siehe *OED* s. v. *Ruck* v.[1]

rou-lekere (ME, h) ‚Heckenhüpfer'.

sid-lokere (ME, h) ‚Auf-die-Seite-Schauer'.

wei-betere (ME) ‚Wegetreter'.

west-lokere (ME, h). Nach Ross (ed. *NamesHare*), S. 362 f., nicht ‚der nach Westen Schauende', sondern ‚der Schauer mit einem Gerstenkorn', d.h. ‚der Triefäugige, Schwachsichtige', was als Sb/Sb-Kp. zu interpretieren wäre, von Ross aber als Adj/Sb-Kp. aufgefaßt wird. Ross' Erklärung ist aber ebenfalls nur hypothetisch.

wort-croppere (ME, h) ‚Krautnager, Krautfresser'.

(c)   Aus den späteren Texten *(Ayenb, Malory)*:

dreme-reder (ME) ‚Traumdeuter' (wörtl. ‚Traumleser'), *Malory.*

guod-doere (ME) ‚Wohltäter', *Ayenb.*

ladyll-waysher (ME) ‚Schöpflöffelwäscher' (d. h. ‚Küchengehilfe'), *Malory.*

man-murtherer (ME) ‚Mörder' (wörtl. ‚Menschenmörder'), *Malory.*

man-sleer (ae/ME) ‚Mörder', *Malory.* Erweiterung von ae. *man-slaga.*

zop-ziggeres (ME) ‚Menschen, die die Wahrheit sprechen' (wörtl. ‚Wahrsager'), *Ayenb.*

time-zettere (ME) ‚Gläubiger' (wörtl. ‚Zeitsetzer', d. h. ‚jemand, der die Zeit für etwas festsetzt [sc. für die Rückzahlung des Kredits]'), *Ayenb.* Lüt. Idiomatisiert.

well-wyllers (ME) ‚Wohlwollende, Gutes Wünschende', *Malory.* Vgl. ae. *welwillende.*

(2)   Sb/Vb+*estre.* Das Suffix *-estre* (> ne. *-ster*) diente im Ae. hauptsächlich zur Bildung weiblicher Nomina agentis. Wie *-ere* wurde es sowohl für einfache Suffixbildungen als auch für Zusammenbildungen, deverbale wie denominale, benützt. Im Frühme. weist aber nur *WintBR* Kp. des Musters Sb/Vb+*estre* (bzw. Sb/Sb+*estre*) auf; dort gibt es drei Belege:

bell-rinȝestre (ME, h) ‚Glockenläuterin' (‚Nonne, die die Glocken läutet').

hræȝl-þenestre (ME, h) ‚Kleiderdienerin' (‚Nonne, die für die Kleider verantwortlich ist').

wuce-ðenestre (ME, h?) ‚Wochendienerin' (‚Nonne, die den Wochendienst versieht').

Davon ersetzt *hrægl-þenestre* ein *hrægl-þen* der ae. Vorlage (*BenR* 91/14), *wuce-þenestre* ersetzt ein *wic-þenas* der ae. Vorlage (*BenR* 59/6); *bell-rinʒestre* hat keine Entsprechung in der ae. Vorlage (*BenR* 79/9). Die maskuline Entsprechung *bell-(h)ringere* ist im Ae. nicht belegt, im Me. kommt sie relativ häufig vor (aber erst nach *WintBR;* siehe *MED* s. v. *bel(le)-ringer,* während *bell-rinʒestre* Hapax legomenon ist. Bei *hrægl-þenestre* und *wuce-þenestre* handelt es sich von der Entstehung her wohl nicht um Zusammenbildungen mit Hilfe des Verbs *þenian* nach dem Muster Sb/Vb+*estre,* sondern um Ableitungen aus bzw. Analogiebildungen zu den entsprechenden maskulinen Kp. nach dem Muster Sb/Sb+*estre.* Von der Satzparaphrase her lassen sich beide aber (wohl) sowohl als Kp. mit als auch als Kp. ohne Verbalverknüpfung auffassen (vgl. unten 5.3.4.). Eindeutig als Zusammenbildung ist dagegen *bell-rinʒestre* zu analysieren: 'She (who) rings the bells'.

(3) Sb/Vb+*icge.* Im Frühme. schon nicht mehr produktiv; es findet sich nur noch:

wal-kirie (ae. *wæl-cyrige*) ‚Hexe‘ (wörtl. ursprünglich ‚diejenige, die die Erschlagenen auswählt‘), *Body&S/3.* Im Frühme. wohl nicht mehr durchsichtig. Vgl. z.B. *ODEE* s. v. *valkyrie;* Kluge–Mitzka s. v. *Walküre.*

3.2.12. Sb/Vb+*ing* (Sb/deverbales Nomen actionis mit Suffix -*ing,* -*ung*): *bac-bitunge, ston-kasting*

3.2.12.1. Definition des Typs

Das Dt ist ein Sb, das Dm ein deverbales Sb (Verbalsubstantiv), genauer gesagt ein Nomen actionis (Verbalabstraktum) mit dem Suffix -*ing* bzw. -*ung.* Es handelt sich um Kp. mit Verbalverknüpfung und darüber hinaus um Zusammenbildungen (synthetische Kp.). Der Status der Konstituenten ist freies Morphem/freies Morphem + gebundenes Morphem.

Literatur: (1) Jespersen 1940 (*MEG* V): 107 f.; Marchand 1969:75 f.; Koziol 1972:59 f.; Hansen 1982:56; ferner: Carr 1939:230–236; Brunner 1960–1962:II,354–357; Mustanoja 1960:568–575; bes. 574 f.; Visser 1966:II,1067 f. (§ 1003) u. 1190–1200 (§ 1108–1119), vgl. auch 1173–1182 (§ 1097–1101); Strang 1970:257 f. (§ 140); Adams 1973:67, 74. (2) Für Literatur zum Verbalsubstantiv auf -*ing,* -*ung* und zur Geschichte der *ing*-Form siehe oben 3.1.2.9. mit Anm. 18.

3.2.12.2. Zur morphologischen Isolierung

Im Ne. ist der Typ Sb/Vb+*ing* morphologisch isoliert, weil er keiner möglichen syntaktischen Gruppe entspricht. Auch im Ae. scheint der Kompositumstatus der entsprechenden Bildungen weitgehend gesichert.

Im Me. ist der Typ jedoch nicht isoliert. Im Me. wurde die *ing*-Form nämlich stärker in die Verbalflexion einbezogen und wandelte sich vom reinen Verbalsubstantiv zum sogenannten Gerund (vgl. auch oben 3.1.2.9.). Dies hatte unter anderem zur Folge, daß sie seit dem Me. wie ein Verb ein Substantiv als Objekt regieren kann, das im Me. auch voranstehen konnte.[137] Die me. Bildungen des Typs Sb/Vb+*ing* lassen sich deshalb entweder als Kp. oder als syntaktische Gruppen mit vorangestelltem direkten Objekt auffassen.[138] Am ausführlichsten behandelt diese Frage Visser 1966:II,1192−1198.[139] Er unterteilt nach den verschiedenen me. Konstruktionsmöglichkeiten (die sich freilich überschneiden können), vor allem: (1) Präp+Sb+Vb+*ing*, z.B. *of vengeance taking; withouten mercy askynge; be good exampyl ʒevyng;* (2) Pron+Sb+Vb+*ing*, z.B. *þis arke making;* (3) Sb+*s*(Plural)+Vb+*ing*, z.B. *with all athes breking;* (4) Poss.Pron.+Sb+Vb+*ing*, z.B. *his love making;* (5) Artikel+Sb+Vb+*ing*, z.B. *at the iudgement geuing.* Nach Visser ist bei den drei erstgenannten Gruppen grundsätzlich nicht zu entscheiden, ob Kp. oder syntakt. Gruppe vorliegt; bei den zwei letztgenannten liegt zwar häufig ein Kp. vor, aber keineswegs immer. Fragliche Fälle aus unserem frühme. Material sind z.B. (zu 1+3) *in bedis biddinge;* (zu 1+4) *wið hare blod schedung* (vgl. Visser 1966:II,1196 sowie oben 2.4.2.4., S. 80); *hare heafde* (bzw. *heaued*) *sturunge; bi his side openunge,* alle *AncR;* vgl. ferner unten 3.2.12.5.(2). In diesen Verbindungen scheint sich das Poss.Pron. eher jeweils auf das erste Element zu beziehen und nicht auf die ganze Verbindung (vgl. oben 2.4.2.4.), d.h. es liegen anscheinend syntakt. Gruppen vor („mit dem Vergießen ihres Blutes‘ eher als ‚mit ihrem Blutvergießen‘). Trotzdem wird *blod-schedung* in der Literatur offenbar überwiegend für ein Kp. gehalten.[140] Es ist natürlich möglich, daß diese Verbindung ursprünglich keine Zusammenbildung war, sondern syntakt. Gruppe, daß sie sich aber dann durch Zusammenrückung doch zu einem Kp. entwickelte *(blód schédung → blóodshèdding).* Jedenfalls zeigt sich auch hier wieder, daß sich keine strikte Trennungslinie

---

[137] Dies zeigt sich besonders deutlich an einer Pronominalkonstruktion wie *Alisaunder spedde in þis doyng, KingAlex* 7611.

[138] Für das Ne. ist letzteres nicht mehr möglich, weil das Objekt (des Gerunds) generell nachgestellt wird.

[139] Vgl. auch Brunner 1960−1962:II,354−357; Mustanoja 1960:574f. − Von der Reihenfolge bei Visser wird im folgenden leicht abgewichen.

[140] Und dementsprechend auch unten 3.2.12.5.(1) als mögliches Kp. aufgeführt. Siehe Zettersten 1965:170; *OED* s.v. *Bloodshedding; MED* s.v. *blod* 1 b(a). − *bedes-biddyng(e)* wird in *Piers Plowman. An Edition of the C-Text,* by Derek Pearsall (London, 1978), XII.83 u. XXI.375, als Kp. gedruckt (mit Bindestrich). Vgl. auch *Malory* 593/19 *This vengeaunce ys for bloode-shedyng of maydyns.*

zwischen Kp. und den entsprechenden syntaktischen Gruppen ziehen läßt.[141]

3.2.12.3. Weitere wichtige und problematische Punkte

(1) Form des Suffixes: Im Ae. existierten -ing, -ung als Varianten nebeneinander; im Verlauf des Frühme. wurde -ung durch -ing verdrängt; in den frühesten Texten finden sich aber noch beide Varianten.

(2) Wortart des Dt: Die meisten Bildungen folgen dem Muster Sb/Vb+ing, das deshalb hier als Typ angesetzt wird; als Varianten dazu erscheinen: (i) deverbales Sb/Vb+ing: gris-bating (vgl. dazu auch unten (4)). (ii) Adj (bzw. Adv)/Vb+ing: arwurð-fullung, das aber als Klammerform aus einem *arwurðness(e)-fullung anzusehen ist, vgl. unten 4.2.; blind-fellung (vgl. auch unten (4)); twie-wifing (Arngart, ed. Gen&Ex, S. 262, leitet twie- nicht vom Präfixoid twi- ab [dazu vgl. unten 3.2.13.], sondern vom Adv ae. twigea [= tuwa] ‚zweimal‘); weste-wunienge (könnte Sb/Vb+ing oder Adj/Vb+ing sein, wird hier aber als Sb/Vb+ing eingestuft, vgl. oben 2.4.3.4.; aus den späteren Texten: eure-bleuinge; shorte-comyng. (iii) Zu den Bildungen des Musters Partikel/Vb+ing (þorouȝ-keruyng, vp-rising usw.) siehe oben 3.2.6. (iv) Vb/Vb+ing: cnaw-lechung (siehe dazu unten (4)) und aus den späteren Texten hyere-zigginge; (v) Verwandtschaft zu den reduplizierenden Bildungen zeigt liklakyng, siehe dazu unten 3.2.17.5.(3).

(3) Nicht selbständig belegtes Dm: Wie für alle Zusammenbildungen gilt auch für den Typ Sb/Vb+ing, daß das Dm nicht selbständig belegt sein muß. Dies ist im Ae. beispielsweise der Fall bei -bidding, -bitung, -feallung, -lætung, -sceadung; im Me. sind dann aber z.B. bidding, felling, grōninge und shedding selbständig belegt. Bereits im Ae. sind selbständig belegt z.B. behreowsung, bifung, (ge)fægnung, fyllung, mierring, spilling, styrung, wæscing, wifung. Für das Me. kann die Frage aber wohl nicht immer entschieden werden, weil sich ja nicht immer eindeutig klären läßt, ob eine Zusammenbildung (mit selbständig nicht belegtem Dm) oder eine syntakt. Gruppe mit vorangestelltem Objekt und selbständigem Verbalsb (bzw. Gerund) vorliegt, siehe oben 3.2.12.2.

(4) Kompositum oder Ableitung vom zusammengesetzten Verb? Die hier in Frage kommenden Bildungen (bak-bitung, blind-fellung, blodletung, cnaw-læcung, grisbatung) sind z.T. schwierig zu erklären. In Über-

---

[141] Ein Satz wie 'Someone reads books (a book)' kann im Me. bok reding oder bokes reding ergeben, wobei es sich im ersten Fall um ein Kp. oder um eine syntakt. Gruppe mit vorangestelltem Objekt handeln kann, im zweiten Fall um das Erstelement im Gen.Sg., Nom.Pl. oder Gen.Pl. Im Ne. kann sich das Kp. bookreading oder die synt. Gruppe reading books bzw. the reading of books ergeben.

einstimmung mit den generellen Erwägungen von oben 3.1.2.11. wird *cnaw-lacung* ‚Wissen‘ hier als Vb/Vb+*ing*-Kp. angesehen und nicht als Ableitung vom Vb *cnawleche* (seit *StKat* 8v/12 belegt), das entgegen der Behauptung von *ODEE* s.v. *knowledge* nicht in dem schon ae. belegten *cnawe-lacing* impliziert sein muß.[142] Bei *grisbating* ‚Zähneknirschen‘ ist ebenfalls nicht auszuschließen, daß es als Nominalkp. entstand (ae. *gristbatung*) und das Vb ae. *gristbatian* davon abgeleitet ist.[143] *Blind-fellung* ‚Augenverbinden‘ wird anscheinend meist als Ableitung aus dem zusammengesetzten Vb ae. *blind-fellian* angesehen;[144] es wäre aber auch hier denkbar, daß umgekehrt das Vb aus einem (allerdings nicht belegten) ae. **blind-fe(a)llung* abgeleitet ist.[145] *Bak-bitung* und *blod-letung* sind vermutlich Kp. (Zusammenbildungen), s. o. 3.1.2.11.

(5) Denominales *-ing* (vgl. oben 3.2.8.3.(1)): Die wenigen Verbindungen, deren Dm eine denominale (desubstantivische) *ing*-Ableitung ist, gehören zum Typ Sb/Sb, z. B. *mete-niðing* ‚Geizhals‘.

3.2.12.4. Geschichte und Produktivität des Typs

Nach Carr 1939:230–232 existierte der Typ Sb/Vb+*ing* noch nicht im Germanischen; möglicherweise entstand er im Westgermanischen. Eine Bildung aus dieser Zeit ist anscheinend *eorð-byfung* ‚Erdbeben‘ (Carr 1939:14 f., 98). Im Ae. und Me. war der Typ dann recht produktiv und häufig, was er im Ne. immer noch ist. In unserem frühme. Material sind 44 Bildungen des Typs Sb/Vb+*ing* belegt; davon gehen nur 5 aufs Ae. zurück, während 39 me. Neubildungen sind. Wegen der Abgrenzungsschwierigkeiten zu den entsprechenden syntaktischen Gruppen sind diese Zahlenangaben allerdings nur ungefähr zu nehmen. Der Typ Sb/Vb+*ing* steht in Konkurrenz mit den Nomina actionis des Typs Sb/Vb+$\emptyset_{Sb}$. Letztere sind im Frühme. mit circa 66 Bildungen vertreten und damit etwas stärker (siehe oben 3.2.9.5.(2)); allerdings ist wegen der Abgrenzungsproblematik zu den Sb/Sb-Kp. für diesen Typ die Belegzahl ebenfalls nur als sehr ungefähr zu nehmen. Unmittelbar zeigt sich die Konkurrenz in unserem frühme. Material in folgenden Bildungen: *day-springe* (ME) – *day-springing*

---

[142] Auch die ursprüngliche Bedeutung von *cnaw-lacung* ist nicht recht klar. Das dem Dm zugrundeliegende Verb ist laut *ODEE* (s.v. *knowledge*) ae. *gelæcan*, das aber selten ist und von der Bedeutung her nicht recht paßt (‚to emulate‘ usw.) – man müßte wohl auch an ae. *gelācian* ‚schenken, mit Geschenken versehen‘ denken, was die Bedeutung von *cnaw-lacung* aber ebenfalls nicht erklärt. Siehe ferner Seebold 1990:346 ff.

[143] Vgl. oben 3.1.2.11. zur ae. Parallelform *gristbitung* sowie oben 3.2.9.5.(2) zu *grist-bat*.

[144] Vgl. Zettersten 1965:53; *MED* s.v. *blind-fellen, blind-felling; OED, ODEE* s.v. *blindfold*.

[145] Siehe oben 3.1.2.11., vgl. auch Schrack 1966:56 f., 98.

(ME); *grist-bat* (ME) – *grist-bating(e)* (ae); *sunne-sine* (ae/ME) – *sonne-schineing* (ME); *tabour-bete* (ME) – *tabour-betyng* (ME); vgl. ferner z.B. *blod-ʒute* (ae) – *blod-schedunge* (ME) ‚Blutvergießen'.[146]

3.2.12.5. Belege

(1) Komposita sind sicher oder möglicherweise:

aleð-gestninge (ME, h) ‚Bierfest', *TrinH*. Vgl. *MED* s. v. *gestening(e*.

arwurð-fullung (ME, h?) ‚Ehrerbietung', *WintBR*. Vgl. dazu oben 3.2.12.3.(2).

bac-bitunge (ME) ‚Verleumdung' (wörtl. ‚Rückenbeißen'), *AncR* usw. Vgl. Schrack 1966:95; *MED* s.v. *bak-biting*.

bedis-biddinge (ME) ‚Beten von Gebeten', *AncR, SermTrin/Cleo*.

blind-fe(a)llunge (ME) ‚Blendung, Verbinden der Augen', *AncR*. Vgl. dazu oben 3.2.12.3.(4).

blod-letunge (ME) ‚Aderlaß' (wörtl. ‚Blutlassen'), *AncR, WohLo*. Vgl. dazu oben 3.1.2.11.

blod-schedunge (ME) (Kp?) ‚Blutvergießen', *AncR, Malory (bloode-shedyng)*. Vgl. Zettersten 1965:170 (dort als Kp. angesehen).

blod-s[w]etunge (ME) ‚Blutschwitzen', *LofLe*. Die Hs. hat *blod-spetunge*, was aber wohl ein Versehen ist, vgl. Thompson (ed. *WohLo*), S. 72.

child-beringe (ME) ‚Kindergebären', *SEL*.

cnaw-lechunge (ae) ‚Wissen, Anerkennung', *AncR, SWard, StKat, Ayenb*. Vgl. dazu oben 3.2.12.3.(4).

day-graukynge (ME) ‚Morgengrauen', *KingAlex*. Hybrid.

day-springing (ME) ‚Tagesanbruch', *Art&Merl, KingAlex*.

dere-hunting (ME) ‚(Tier)jagd', *Amis&A*.

dogge-fahenunge (ME, h?) ‚Schmeicheln wie ein Hund', *AncR*. Vgl. Zettersten 1965:45.

diol-makeing (ME) ‚Klagen, Lamentieren, Schmerzausbruch', *Art&Merl, Malory (dole-makynge)*. Hybrid. In *Art&Merl* ist der Kompositumstatus fraglich: *in al pis diol making*.

dust-riseing (ME) (Kp?) ‚Aufwirbeln von Staub', *Art&Merl*.

eorð-byfung, -bifung (ae) ‚Erdbeben', *ChronE*. Vgl. Carr 1939:230.

eorð-styrunge (ae) ‚Erdbeben', *ChronE*.

heie-renning (für *eie-*) (ME) ‚Tränen', wörtl. ‚Augenlaufen', *DSirith*.

fyre-brennyng (ME?) ‚Feuerbrand', in *KingAlex* möglicherweise Kp., in *Flor&B* dagegen wohl synt. Gruppe aus Sb + nachgestelltem PartPräs.

folc-stering (ME) (Kp?) ‚Leitung des Volkes', *Gen&Ex*.

fett-weascung(e) (ME, h) ‚Fußwaschung', *WintBR*.

feoh-spillinge (ME, h) ‚Geldverschwendung', *ChronE*.

---

[146] Sowie *man-slege – man-sliht; appel-bite – bac-bitunge; sonne-ryse – dust-riseing; bal-plohe – knijf-playeng; eu-bruche – staf-brekynge*.

flech-founge (ME) ‚Fleischwerdung, Menschwerdung', *LofLe* (vermutlich Kp.: *bi his flech founge*).

grisbating (ae *grist-bitung, grist-batung*) ‚Zähneknirschen' (wörtl. ‚Mahlen-beißen'), *LambH, LaʒB*. Vgl. dazu oben 3.2.12.3.(4); *MED* s.v. *grisbating;* d'Ardenne (ed. *StJul*), S. 154 f.

handes-wringing, Hav; honde-wryngyng, KingAlex (ME) ‚Händeringen' (Kp?).

heortne-graning (ME) ‚Seufzen, Lamentieren' (wörtl. ‚Herzensseufzen'), *LaʒB*.

heorte-grucchunge (ME?) ‚Neid, Herzensgroll', *AncR*. Wohl Kp., weil Sb + nachgestelltes PartPräs auf *-ung* für *AncR* noch wenig wahrscheinlich ist.

knijf-pleyeyng (ME) ‚Jonglieren mit Messern', *KingAlex*.

lik-lakyng (ME, h) ‚Klirren', *KingAlex* (in der Wendung *pere was swerdes liklakyng* ‚Schwerterklirren (im Kampf))'; vgl. auch unten 3.2.17. sowie *MED* s.v. *liklaking.*

loue-longing (ME) ‚Liebessehnen, Liebessehnsucht', *Amis&A, SirTristrem, LyricsXIII.*

loue-morning (ME) ‚Liebeskummer', *Amis&A.*

man-myrringe (ME, h) ‚Menschenvernichtung, Menschenverlust', *ChronE.*

moup-crieynges (ME) ‚Bittgebete' (wörtl. ‚Anflehen, Anschreien mit dem Mund'), *KingAlex*. Hybrid. Möglicherweise syntakt. Gruppe: *pis trowe honeste Askep offryng of none beeste ... Ne of moup crieynges,* 6833.

niðing-giscing (ME, h?) ‚Habsucht, Geiz' (wörtl. ‚Neid des Geizhalses'), *Gen&Ex*. S.o. 3.1.2.9.(1) zu *niðing;* ferner oben 2.4.3.4. zur Frage, ob in *niðing-giscing* ein Sb/Vb+*ing*-Kp. vorliegt oder (weniger wahrscheinlich) eine syntakt. Gruppe aus Adj + Sb.

oðe's'-sueriingge (ae/ME) ‚Schwören von Eiden', *Vices&V.* Der Schreiber schrieb zunächst *oðe sueriingge,* was dem ae. *að-swerung* entspricht, fügte aber dann das *s* über der Zeile hinzu, wollte also möglicherweise das Kp. in eine syntakt. Gruppe mit vorangestelltem Objekt im Pl. (oder Gen.?) ändern.

ostel-lyuerynge (ME) (Kp?) ‚Unterkunftszuteilung', *KingAlex*. Hybrid.

romanz-reding (ME) ‚Romanzenlesen', *Hav*. Hybrid.

staf-brekynge (ME) (Kp?) ‚Brechen der Speerschäfte' (beim Kampf bzw. Turnier), *KingAlex.*

ston-kasting (ME) ‚Steinwerfen', *SermAtWrasl*. Hybrid.

sonne-schineing (ME) ‚Sonnenschein', *Art&Merl, KingAlex (sonne-shynyng).* Könnte aber auch Sb + nachgestelltes PartPräs sein *(per nas sonne schineing).*

tabour-betyng (ME) ‚Trommelschlagen', *KingAlex*. Hybrid.

twie-wifing u. *twin-wifing* (ME) ‚Bigamie' (wörtl. ‚Doppelehe'), *Gen&Ex*. Vgl. unten 3.2.13.5.(1).

weste-wunienge (ME?) ‚Wüstenwohnung, Wohnen in der Wüste', *TrinH.*

Die Belege aus den späteren Texten sind (soweit nicht schon oben mit aufgeführt):

eure-bleuinge (ME) ‚Immerwähren, ewige Dauer', *Ayenb*. Adv/Vb+*ing.*

hyere-zigginge (ME, e) ‚Hörensagen', *Ayenb*. Vb/Vb+*ing*. Vgl. *MED* s.v. *hēre-sei-*

ing. Die Bildung ist also schon seit 1340 belegt, während *hearsay* laut *ODEE* s.v. *hear* erst seit dem 16. Jh. belegt ist.

yleaue-nymynge (ME) ‚Abschiednehmen‘, *Ayenb.*

shorte-comyng (ME) ‚Unzulänglichkeit, Mangel‘ (wörtl. ‚Kurzkommen‘), *Malory.* Adj (bzw. Adv)/Vb+*ing.* Laut *ODEE*, s.v. *short*, erst im 17. Jh. belegt.

slyeve-beryng (ME) ‚Ärmeltragen, Tragen eines (roten) Ärmels‘, *Malory.*

sorow-makynge (ME) ‚Jammern, Klagen‘ (wörtl. ‚Sorgenmachen‘), *Malory.*

time-zettinge (ME) ‚Kreditgeben‘ (wörtl. ‚Festsetzen der Zeit‘), *Ayenb.* Lüt.

worship-wynnynge (ME) ‚Gewinnen von Ehre‘, *Malory.*

(2) Syntakt. Gruppen sind dagegen sicher oder wahrscheinlich z. B.:

TrinH XI (65/9): *teares sheding.*

AncR A 50v/8; C 79v/7: *hare heafde (heaued) sturunge.*

O&N 981: *Cristes heriinge.*

Art&Merl 2430: *wiþ mangunels casteinge.*

Art&Merl 2798: *at our seruise ending.*

KingAlex 674 ff.: *stedes derayeyng.*

KingAlex 2161–2170: *Stedes lepyng ... jn crepyng ... stedes lesyng ... Swerdes draweyng, lymes lesyng, ... armes spoilyng.* – Zu der Reihung von Fügungen des Musters Sb (im Pl.)+Vb/*ing* in *KingAlex* 2159–2170 vgl. Koziol 1972 b: 27–35.

KingAlex 2453: *Hors nayzeng and crizeing of men.*

KingAlex 1614: *wilde-fire slyngyng.*

LofLe 55 f.: *bi his side openunge.*

LofLe 60: *in his side purlunge.*

AncR A 47v/11: *wið lah haldung.*

AncR A 26v/15 f. *a zung swete locunge ... a swote herunge ...* usw.

3.2.13. Präfixoid/Sb; Sb/Suffixoid$_{Sb}$ (mit Affixoiden zusammengesetzte Substantive): *kine-ring, fals-dom, brud-lac*

3.2.13.1. Definition

Affixoide (Präfixoide und Suffixoide) sind Elemente, die eine Art Zwischenstatus zwischen Wort und Affix (Präfix bzw. Suffix) einnehmen. Die Bildungen damit stehen dementsprechend an der Grenze zwischen Zusammensetzung und Ableitung. Wie oben 3.1.2.13. bemerkt, ist diese Gruppe insofern etwas heterogen, als sie sowohl selbständige Wörter umfaßt als auch selbständig nie oder nicht mehr belegte Elemente; gemeinsam ist ihnen allen aber ein gewisser Widerspruch zwischen semantischen und morphologischen Kriterien: Einige Elemente kommen zwar nicht als selbständige Wörter vor, entsprechen aber semantisch (und etymologisch) einem selbständig auftretenden Wort (z. B. me. *kine-, twi-, -ern, -ware*); umgekehrt entsprechen einige andere Elemente zwar formal einem selbständig auftretenden Wort, weichen aber in der Bedeutung davon ab (z. B. *-dom, -lac*). Die Elemente der letzteren Kategorie wurden im Verlauf der Sprachgeschichte dann aber oft zu echten Suffixen, weil sie entweder als selbständige Wörter untergingen (z. B. ne. *-hood, -lock*) oder phonetisch und in der Schreibung von den entsprechenden selbständigen Wörtern differenziert wurden (z. B. ae. *dōm* > ne. *doom* /duːm/ und *-dom* /dəm/); einige starben ganz aus (z. B. *-ern;* von denen der ersteren Kategorie *kine-*). Im Gegensatz zu den blockierten Morphemen müssen Affixoide produktiv sein; das Ausmaß der Produktivität ist bei den hier besprochenen Affixoiden aber recht unterschiedlich.

Literatur: Marchand 1969:210ff., 356–358; Koziol 1972:89f.; Hansen 1982:65f., 86–88; Stein 1973:205ff.; ferner z.B. Martin 1906:41–49, 55–63, 65–68, 71–79; Kluge 1926:§ 31, 33, 161–167; Raab 1933:§ 64–69, 114–123; Carr 1939:235f., 344–368 (intensivierende Bildungen); Lipka 1966:14f.; Meid 1967:15, 218–226; Gardner 1968:111ff. (intensivierende Bildungen); Strang 1970:191f.; Adams 1973:30f.; Faiß 1978:187–190; Ingersoll 1978:85–152 (intensivierende Bildungen). – Zu Suffixoiden und Präfixoiden im Deutschen siehe z.B. Wellmann 1975:98ff. (passim), zu *-werk, -zeug, -gut, -mann, -suse, -trine, -liese, -kraft, -hilfe; Affen-, Blitz-, Haupt-* usw.; Kühnhold 1978; Ortner/Ortner 1984:75–85; ferner Henzen 1965:33–35; Fleischer ²1971:63ff., 254ff.; Holst 1974; Vögeding 1981.

3.2.13.2. Zur morphologischen Isolierung

Klar ist die morphologische Isolierung bei Bildungen mit Konstituenten, die selbständig nicht bzw. nicht mehr vorkommen (z. B. me. *kine-, twi-, -ern, -rede(n), -ware*), ferner bei Zusammensetzungen mit *-ful(l)*$_{Sb}$, weil *ful(l)* selbständig nur als Adj vorkommt.[147] Bei den Bildungen mit zunächst auch noch selbständig vorkommenden Elementen (z. B. *-dom, -had, -lac*) muß dagegen die semantische Abweichung von den selbständigen Wörtern den Ausschlag geben.

3.2.13.3. Weitere wichtige und problematische Punkte

(1)   Abgrenzung von Wort, Affixoid und Affix; Kriterien für Affix(oid)e: Der nicht eindeutig zu fassende Charakter der Affixoide zeigt sich schon in der Terminologie der Handbücher: So spricht Carr 1939 von "composition suffixes" und in Anlehnung daran Meid 1967 von „Kompositionssuffixen";[148] Marchand 1969 hat einen Abschnitt über "Semi-suffixes". Hier

---

[147] Ursprünglich entstand das Muster Sb/*ful*$_{Sb}$ aber durch Zusammenrückung, siehe unten 3.2.13.5.(2).

[148] Analog dazu müßte man in einigen Fällen *(kine-, twi-)* von Kompositionspräfixen reden.

sollen diese Elemente als Präfixoide und Suffixoide bezeichnet werden.[149] Für die Handbücher zur ne. Wortbildung stellt sich hinsichtlich vieler der ae. und frühme. Affixoide das Problem insofern nicht, als diese Elemente, soweit sie nicht ausgestorben sind, im Ne. eindeutig als Suffixe einzustufen sind (-dom, -ful, -hood, -lock). Für eine synchrone Beschreibung des Ae. bzw. Frühme. kann dieser Gesichtspunkt aber nicht ausschlaggebend sein. -dom, -had, -lac kommen im Frühme. noch selbständig vor, können für diese Periode also noch nicht ohne weiteres als Suffixe angesehen werden.

Die wichtigsten der in der Literatur genannten Kriterien für den Affix(oid)charakter von Elementen sollen nun kurz aufgeführt und besprochen werden,[150] wobei es vor allem um diejenigen Suffix(oid)e geht, die sich aus selbständigen Wörtern entwickelt bzw. abgespalten haben. Nicht alle dieser Kriterien sind gleich überzeugend.

a) Differenzierung in Aussprache und Schreibung: Suffixe unterscheiden sich im Ne. in der Lautung und z. T. auch in der Schreibung von den entsprechenden selbständigen Wörtern, z. B. ne. *doom* /duːm/ vs. -dom /dəm/, ne. *full* /fʊl/ vs. -ful /f(ə)l/. Fürs Frühme. sind solche Ausspracheunterschiede aber gewöhnlich noch nicht nachweisbar. Dies hängt damit zusammen, daß im Frühme. – jedenfalls soweit ich sehe – in der Schreibung noch keine konsequente Differenzierung vorgenommen wird.

b) Präfigierbarkeit: Ein Anzeichen für den beginnenden Suffixcharakter von Wörtern ist es, wenn Bildungen, in denen sie das Dm darstellen, präfigiert werden können, z. B. *wisdom* → *unwisdom,* ne. *helpful* → *unhelpful;* bei Komposita ist Präfigierung nicht üblich, siehe Marchand 1969:204, 356 f.

c) Austauschbarkeit: Ein weiteres Indiz für (beginnenden) Suffixcharakter kann sein, wenn bestimmte Wörter als Dm untereinander und mit eindeutigen Suffixen anscheinend beliebig austauschbar sind, z. B. ae. *geongordom, geongorscipe; martyrdom, martyrhad;* me. *thralhad, þralhede, þralschipe; svikeldom* (O&N 163, 167), *svikelhede* (O&N 162); ae. *scamfull, scamfæst, scamlic.*[151]

d) Bedeutungsänderung: Häufig wird gesagt, daß beim Übergang vom Wort zum Suffix die Wortbedeutung allmählich verblaßt (z. B. Meid 1967:218, in Anlehnung an Carr 1939:344). Von der ursprünglichen Bedeu-

---

[149] In Anlehnung an die neuere germanistische Forschung, siehe z. B. Wellmann 1975:18; Ortner/Ortner 1984:75–85.

[150] Zu den Kriterien siehe z. B. auch Urbaniak 1983:61–68 (bes. 65 f.) u. ö.; Ortner/Ortner 1984:75–85; Wilss 1986:28 f., 111 f., 114.

[151] Siehe Martin 1906:71–79, der viele Beispiele bietet; ferner Koziol 1971:184 f.

tung des Wortes her gesehen ist dies sicher richtig, doch sind auch Suffixe (und Präfixe) Morpheme und haben eine Bedeutung; man sollte also vielleicht besser vom Bedeutungswandel beim Übergang vom Wort zum Suffix (bzw. Präfix) sprechen, der freilich für jedes Wort eigens zu untersuchen wäre. Dabei kann ein Element jedoch nicht nur alte Bedeutungen bzw. Bedeutungskomponenten verlieren, sondern auch neue Bedeutungen annehmen, vgl. z. B. unten 3.2.13.5.(2) zu *-dom* und *-had,* wobei sich im Fall von *-dom* starke, im Fall von *-had* aber nur vergleichsweise geringe Änderungen ergaben.

e)   Keine Paraphrase mit Hilfe des ursprünglichen Wortes: Der vollzogene Bedeutungswandel des Affixoids gegenüber dem entsprechenden selbständigen Wort zeigt sich dann auch daran, daß man die Bildungen damit gewöhnlich nicht mehr mit Hilfe des selbständigen Wortes paraphrasieren kann, z. B. bedeutet dt. *mundgerecht (zubereitetes Essen)* nicht *‚für den Mund gerecht (zubereitetes Essen)‘, sondern ‚(Essen, das so zubereitet ist, daß es) bequem gegessen werden kann‘; dt. *formlos* nicht *‚los (von) der Form‘, sondern ‚ohne Form‘; ne. *topless* nicht *‘less a top’, sondern ‘without a top’. Doch kann man z. B. *helpful* wohl schon noch als ‘full of help’ paraphrasieren. Dies zeigt, daß auch hier die Übergänge allmählich sind; ferner, daß die bisher genannten Kriterien nicht immer alle zugleich vorliegen.

f)   Reihenbildung: Die Tatsache, daß ein Wort sehr häufig als Dm von Kp. auftritt, kann, wie Marchand 1969:210 betont, für sich allein noch kein ausreichender Beweis für seinen Suffixstatus sein, vgl. etwa unten 3.2.13.5.(3) zu *-man.*

g)   Kompositum neben syntaktischer Gruppe: Das *ODEE* behauptet s. v. *-hood:*

> The transition from independent status to that of suffix is illustrated by the coexistence of OE *fæmnan had* and *fæmnhad* ‘virginity’.

Dieses Beispiel zeigt aber lediglich, daß Genitivgruppe und Kompositum nebeneinander existierten, was jedoch durchaus üblich und keineswegs auf Verbindungen mit Wörtern beschränkt war, die zu Suffixen wurden; siehe oben 3.2.2.3.(4).

Zwischen der Verwendung von Elementen wie *-dom, -had* usw. als selbständigen Wörtern und als reinen Suffixen muß man wohl eine breite Übergangsstufe ansetzen, in der die betreffenden Elemente affixartigen Charakter aufweisen;[152] für diese Übergangsstufe können sie als Affixoide

---

[152]   Vgl. Meid 1967:218 f.; Marchand 1969:356–358.

bezeichnet werden. Die nie selbständig belegten Elemente *kine-*, *twi-*, *-ware* werden in den Wörterbüchern und Handbüchern oft als Präfixe (bzw. Suffixe) bezeichnet; sie sollten jedoch besser als morphologisch bedingte Allomorphe zu den entsprechenden selbständigen Wörtern eingestuft werden, siehe unten 3.2.13.5.(1). Affixoide sind keineswegs auf das Ae. und Frühme. beschränkt; sie existieren auch im Ne. und Nhd. So stuft Marchand 1969:356–358 z. B. *-monger*, *-wort* und *-wright* als Suffixoide ("semi-suffixes") ein; als Präfixoide und morphologisch bedingte Allomorphe können Elemente wie z. B. *Anglo-* bezeichnet werden (*Anglo– French* statt **English–French*).[153]

(2) Unterteilung: Wie schon angedeutet, lassen sich bei den Affixoiden zwei Hauptgruppen unterscheiden: (i) Selbständig nicht (oder nicht mehr) belegte Elemente, die sich jedoch als Allomorphe zu den entsprechenden selbständigen Wörtern einstufen lassen oder deren Wortcharakter noch deutlich erkennbar ist, z. B. me. *kine-*, *twi-*, *-ern*, *-ware;* ne. *Anglo-*, *-monger*, *-wort*, *-wright;* (ii) selbständig belegte Wörter, die in Zusammensetzungen jedoch relativ regelmäßig eine andere Bedeutung aufweisen als in selbständiger Verwendung, z. B. me. *-dom;* nhd. *-gerecht*, die also reihenbildend wirken. Unten 3.2.13.5. wird allerdings eine etwas andere Einteilung gewählt, nämlich nach Präfixoiden und Suffixoiden.

3.2.13.4. Zur Geschichte und Produktivität

Weil sich die einzelnen Affixoide unterschiedlich entwickelt haben, muß jedes für sich betrachtet werden; Hinweise dazu werden im folgenden gegeben.

3.2.13.5. Belege

Unter (1) werden die Präfixoide aufgeführt (me. *kine-*, *seld-*, *twi-*), unter (2) die Suffixoide (me. *-dom*, *-ern*, *-ful*$_{Sb}$, *-had*, *-lac*, *-rede(n)*, *-ware*); unter (3) schließlich einige Sonderfälle und solche Wörter, die von manchen Autoren zwar ebenfalls unter die Affixoide gerechnet, hier jedoch als selbständige Wörter angesehen werden. Nicht behandelt werden Elemente, die im Frühme. schon eindeutig Präfixe bzw. Suffixe sind, z. B. *el-* (ae./frühme. *elðeod* ‚fremdes Volk‘, *elðeodig* ‚fremd, ausländisch‘); *steop-* (> ne. *step-*,

---

[153] Vgl. Bauer 1983:213–216 u. 270–278, der solche Elemente als "combining forms" bezeichnet.

z. B. *stepfather, stepmother*); *-ild* (*motild* usw.); *-ness; -scipe* (ne. *-ship*), *wan-* (*wanhope* ‚Verzweiflung‘, z. B. *Malory* 569: 15 u. ö.).[154]

(1) Präfixoide

kine-: kine-dom, kine-ring

Skizze der Entwicklung: *kine-* (ae. *cyne-*) sollte nicht (wie dies das *MED* s. v. *kine-* tut) als Präfix bezeichnet werden, sondern als positionsbedingtes (morphologisch bedingtes) Allomorph zum Sb *king* (ae. *cyning*) eingestuft werden. Dafür lassen sich mehrere Gründe anführen. (i) *kine-* (ae. *cyne-*) ist etymologisch mit *king* (ae. *cyning*) verwandt.[155] (ii) *king* und *kine-* haben die gleiche Bedeutung, nämlich ‚König, Königs-‘.[156] (iii) *kine-* und *king* stehen in komplementärer Verteilung: *king* wird als selbständiges Wort verwendet, *kine-* kommt selbständig nicht vor, sondern nur als Erstelement von Komposita anstelle von *king*. (iv) Daß *kine-* eher dem Wortstatus zuneigt, zeigen schließlich Bildungen wie ae. *cynelic* ‚königlich‘ und *cynescipe* ‚Königtum‘: Wenn man davon ausgeht, daß *-lic*$_{Adj}$ und *-scipe* im Ae. sicher schon Suffixe waren, kann *cyne-* kein Präfix sein, weil ein Wortbildungsmuster *Präfix/Suffix im Englischen nie existiert hat.[157]

Die komplementäre Verteilung von *cyne-* und *cyning* wird bereits im Ae. weitgehend beachtet: es gibt wesentlich mehr ae. Kp. mit *cyne-* als solche mit *cyning-* (z. B. *cyning-gereordu* ‚königliches Mahl‘; *cyninges-tun*). Im Frühme. wird die komplementäre Verteilung von *king-* und *kine-* zunächst sogar noch strikter eingehalten: in den frühen Texten (*ChronE, TrinH, AncR,* Katherine-Gruppe, *La3B, Orrm*) findet sich als Dt von Kp. nur *kine-* und niemals *king*. Ein besonders auffälliges Beispiel ist der Name *king Marke* (*La3B* C 1956), der in *La3B* O 1956 als *Kinemark* erscheint. Insgesamt finden sich im frühme. Allgemeinwortschatz 20 verschiedene Bildungen, davon 9 ae. und 11 me. Schon ab der Mitte des 13. Jh. (nach den oben genannten Texten) hört die Produktivität von *kine-* jedoch auf und auch in den etablierten Bildungen wie *kine-riche* wird *kine-* allmählich

---

[154] Siehe zu diesen Prä- und Suffixen z. B. die Angaben bei Kluge 1926, Marchand 1969, Koziol 1972, *MED* und *OED;* zu *el-* ferner *AEW* s. v. *el-;* zu *step-* Carr 1939:52 und Faiß 1978:178–180, die annehmen, daß *steop-* im Ae. noch kein Präfix gewesen sei. Nicht mit dem Präfix *wan-* ‚un-‘ (vgl. *ODEE* s. v. *wanton*) zu verwechseln ist das Sb *Wan(e)* ‚Unglück, Elend‘ in *wæn-slæhtes, wan-siðes.*

[155] Beide gehen auf die gleiche Wurzel (german. **kun-*) zurück. Näheres dazu siehe Sauer 1985 a:§ 4.3.1. mit Anm. 64.

[156] In der Paraphrase kann man *kine-* oft auch durch ein Adj (‚königlich‘) wiedergeben, vgl. bereits die me. Varianten *kine-burh – kineliche burh* usw.; dies ändert jedoch nichts daran, daß es primär Allomorph zu einem Sb ist.

[157] Vgl. Bauer 1983:213 f.

durch *king-* verdrängt: die Formen *king(e)-riche*, *kyng-ryche* finden sich bereits in *KingHorn* (Vr. *kinges riche*), *Flor&B*, *Gen&Ex*, *KentSerm*, *King-Alex.*[158] Gegen Ende des Me. ist *kine-* ausgestorben.

Literatur: Carr 1939:44, 61, 75, 106, 206, 220, 221 mit Anm. 286, 352; Smith 1956:I,123 f.; Sprockel 1965–1973:I,85 u. II,10 f.; Meid 1967:198 f.; Kastovsky 1968:496 (*cyne-* als Präfix eingestuft); Pilch 1970:109 (*cyne-* als "casus compositionis" von *cyning*!); *BT(S)* s.v. *cyne-*; *MED* s.v. *kine-* und die darauf folgenden Einträge (*kine-* als Präfix eingestuft); *OED* s.v. *kine-*; *ODEE* s.v. *kin, king, -ing*³; Kluge-Mitzka s.v. *König*; Sauer 1985 a:§ 4.3.1.; Sauer 1985 b:§ 2.13.3.

Die Belege:

kine-ærd(e) (ME, h) ,Königreich', wörtl. ,königliches Land', *La3B* C 9696; *kine-erpe* (ME, h), *La3B* O 9696. – *ærd(e)* und *erpe* sind zwei verschiedene Wörter: ae. *eard*, ae. *eorðe* (> ne. *earth*).

kine-be(a)rn, cunebern (ae. *cynebearn*) ,Königssohn', *TrinH*, *StMarg/1*, *WohLo*, *La3B*.

kine-bench(e) (ME, h) ,königlicher Sitz, Königsthron' (wörtl. ,Königsbank'), *La3B*.

kine-burh (ME, h) ,Königsstadt', *StKat*. Vgl. auch *ane kineliche burh*, *La3B* C 7051.

kine-dom, cyne-dom (ae) ,Königreich', *LambH*, *ChronE*, *AncR*, *StKat*, *StMarg/1*, *La3B* (häufig), *Orrm*, *Heil*. Vgl. auch unten (2) unter *-dom*.

kine-3er(r)d(e) (ae. *cyne-ge(a)rd*) ,Königsszepter', *LofLe*, *Orrm*.

kine-helm, kyne-helm, cyne-helm (ae) ,Königskrone' (wörtl. ,Königshelm'), *ChronE*, *La3B*(l).

kyne-kyn(ne) (ae) ,Königshaus, Königsgeschlecht', *ChronE*(l).

kine-louerd, -lauerd (ae) ,königlicher Herr', *La3B*(l). Kann als Kopulativkp. aufgefaßt werden.

kine-lond (ME) ,Königreich' (wörtl. ,Königsland'), *La3B* (häufig, an die 60 Belege). Vgl. auch *al pis kineliche lond*, *La3B* C 5591.

[k]ine-mede (ME, h) ,königliche Belohnung', *StKat*.

kine-merk(e) (ME) ,Königszeichen, Königsmal', *Body&S/2*, *Hav*(l).

kine-motes (ME, h) ,königliche Ratsversammlung', *StKat*.

kine-riche, kyne-rice, kune-riche (ae) ,Königreich', *ChronE*, *TrinH*, *VespAH*, *HMeid*, *StKat*, *La3B* (häufig), *Orrm*, *Hav* (auch *cunn-riche, kinriche*), *SEL* (*kinriche*), usw.

kine-ring (ME, h) ,Königsring', *StKat*.

kine-sæte (ME, h) ,Königsthron' (wörtl. ,Königssitz'), *Orrm*. Hybrid.

kine-seotl(e) (ae. *cynesetl*) ,Königsthron' (wörtl. ,Königssitz'), *StKat*(l).

kine-scrud (ME, h) ,Königsgewand', *LyricsXIII* (= *UrLe*).

kine-stol(e) (ae) ,Königsthron', *La3B*, *Trin* 323 91/6 (*kene-stol*), *LyricsXIII* (= *UrLe*).

kine-peode (ME) ,Königreich' (wörtl. ,Königsvolk'), *La3B*. Zur Bezeichnung des Landes durch den Namen seiner Einwohner siehe oben 3.2.3.5.(1) mit Anm. 103.

Namen:

Kine-bord, *La3B* CO 15325.

Kine-mark, *La3B* O 1956 (C hat *king Marke*).

---

[158] Vgl. ferner *kinedom* – *kyngdom; kinering* – *kinges ring*, unten S. 653.

seld-: selt-speche

Zum Status und zur Geschichte von *seld-* siehe unten 3.3.12.5.(1).
In unserem frühme. Material ist nur ein Beleg für *seld*/Sb:

selt-speche (ME, h?) ,Schweigsamkeit' (wörtl. ,seltene Rede'), *AncR*. Vgl. Zettersten
1965:86.

twi-: twy-byl, twi-speche

Skizze der Entwicklung: *twi-* ,zwie-, zwei' wird häufig als Präfix bezeichnet (Marchand, Koziol, *ClHall, OED, ODEE*); es sollte aber besser (analog
zu *kine-*) als positionsbedingtes (morphologisch bedingtes) und komple-
mentär verteiltes Allomorph von ae. *twā*, ne. *two* eingestuft werden.[159] Im
Ae. war *twi-* offenbar recht produktiv, während ae. *twa* als Dt von Kp. nur
selten verwendet wurde. Im späteren Me. und im Ne. wird *twi-* dagegen
nur noch gelegentlich benützt (ne. *twilight* ist eine Bildung des 15. Jh.); im
allgemeinen wird im Ne. auch als Dt von Kp. *two-* (oder *twice-*) verwendet
(allerdings hat das *OED* s. v. *Twi-, twy-* noch viele Belege aus dem 19. und
frühen 20. Jh.). Unser frühme. Material spiegelt aber noch die ae. Verhältnisse wider: es weist fünf Bildungen mit *twi-* auf, jedoch keine mit *twa-*.[160]
Drei der Bildungen mit *twi-* gehen allerdings aufs Ae. zurück, und nur
zwei sind me. Neubildungen (wobei *twi-* in *twimel-dei* lediglich Teil des Dt
ist).

Literatur: Campbell 1959:120, 284 (§ 282, 684); Marchand 1969:200; Koziol 1972:118 (§ 259);
OED s. v. *Twi-, twy-; ODEE* s. v. *twi-;* vgl. Kluge/Mitzka s. v. *zwie-*.

Die Belege:

twy-byl (ae. *twi-bill*) ,zweischneidige Axt', *LyricsXIII*.
twimel-dei (ME, h?) ,Tag mit zwei Mahlzeiten', *AncR*.
twi-read(e) (ae/ME) ,Meinungsverschiedenheit' (Substantivierung des Adj ae. *twi-
ræd* ,verschiedener Meinung'), *LaȝB*.
twi-spech(e) (ae) ,doppeldeutige Rede, Täuschung', *TrinH*(l?).
twie-wifing (ME, h?) ,Bigamie, Doppelehe', *Gen&Ex*. Siehe oben 3.2.12.5.(1). Laut
Arngart (ed. *Gen&Ex*) liegt hier allerdings keine Form von *twi-* vor, sondern das
Adv *twie* < ae. *twigea* 'twice'. Zu *twin-wifing*, ebenfalls in *Gen&Ex*, s. o. 3.2.4.5.

(2) Suffixoide

---

[159] Dies meint anscheinend auch Campbell 1959:120, 284 (§ 282, 684), wenn er von *twi-* als
"composition form" spricht. Vgl. Kluge-Mitzka s. v. *zwie-*: „die Form, die das Zahlwort
z w e i als erstes Glied von Zus.-Setzungen zeigt". Siehe ferner unten 3.3.12.5.(1) zu *twi-*.

[160] *Twa bale drinch, WohLo*, wird hier als Gruppe aus *twa* + *baledrinch* aufgefaßt und nicht
als *twabale* + *drinch*, vgl. oben 2.3., S. 72 Anm. 50.

Skizze der Entwicklung:[161] In der Literatur wird -*dom* oft schon für das Ae. als Suffix eingestuft.[162] Dies ist aber sicher zu pauschal. Bildungen mit -*dom* waren zunächst Zusammensetzungen;[163] die Spaltung des ae. Sb *dōm* in ein Sb (ne. *doom* /duːm/) und ein Suffix (ne. -*dom* /dəm/) war ein allmählicher und komplexer Prozeß, der erst im Verlauf des Me. seinen Abschluß fand. Folgende Faktoren spielten eine Rolle: (i) *dom* hatte als selbständiges Wort im Ae. viele Bedeutungen, vor allem ‚Urteil, Gesetz, Gericht (auch: jüngstes Gericht), Gerichtsbarkeit, Macht, Ruhm, Ehre, Status'. Einige, aber nicht alle davon erschienen auch in den Zusammensetzungen mit -*dom,* wobei anscheinend ‚Status, Macht' im Vordergrund stand. Im Me. wurde einerseits die Bedeutungsvielfalt von *dom* als selbständigem Wort eingeschränkt, wobei vor allem die Bedeutung ‚Zustand, Status' verloren ging, die in Zusammensetzungen weiterhin eine wichtige Rolle spielte.[164] Andererseits entwickelte -*dom* als Dm neue Bedeutungen, die im Simplex nicht vorkamen, vor allem ‚Territorium'. Diese neuen Bedeutungen nahmen anscheinend von vorliegenden Bildungen ihren Ausgang, etwa *cyne-dom,* ursprünglich ‚Königswürde, Königsmacht', dann auch ‚Königreich', d.h. ‚Territorium eines Königs'. Mit diesen neuen Bedeutungen konnten dann auch Neubildungen entstehen. Viele Bildungen sind infolgedessen mehrdeutig, wobei sich die Bedeutungsnuancen nicht immer säuberlich trennen lassen, vgl. *cyne-dom,* ferner *cristen-dom* (‚Christentum' [d.h. ‚Status des Christseins'], ‚Christenheit' [d.h. ‚Gruppe, Kollektivität der Christen', auch ‚Territorium der Christen']).[165] *Wis-dom* bedeutet gewöhnlich ‚Weisheit' (d.h. ‚Zustand des Weiseseins'), z.B. *O&N* 70, 772, u.ö.; in *he ... diht and writ mani wisdom, O&N* 1756, bedeutet es aber offenbar ‚weise Gedanken/Aussprüche/Dinge'. Wegen solcher Mehrdeutigkeiten lassen sich die me. Belege hier auf knappem Raum auch nur grob

---

[161] -*dom* kann hier keineswegs erschöpfend behandelt werden; für weitere Einzelheiten siehe die genannte Literatur, besonders Marchand.

[162] Z.B. bei Gardner 1968, der -*dom* nicht behandelt; ClarkHall; *MED* s.v. -*dom; OED* s.v. -*dom.* Vorsichtiger ist dagegen Meid 1967:219f.

[163] Siehe Marchand 1969:262; Faiß 1978:187; Hansen 1982:65.

[164] Die Bedeutung ‚Schicksal, Tod, Untergang' für das selbständige Wort ist später, vgl. *OED* s.v. *doom.*

[165] Dies gilt auch noch für das Ne., siehe Hansen 1982:98. — Carr 1939:358 diskutiert die Frage, von welcher Bedeutung der Suffixcharakter von -*dom* seinen Ausgang nahm und schlägt die Bedeutung ‚Urteil' vor, verweist aber selbst auf die Schwierigkeiten dieser Hypothese. Als Ausgangspunkt für die Bedeutung ‚Territorium' wäre wohl eher die Bedeutung ‚Gerichtsbarkeit' anzusetzen.

aufgliedern.[166] Relativ häufig scheint die Bedeutung ‚Status' zu sein, z. B. *cristin-dom, fre(o)-dom, heaðen-dom, þeow-dom, þral-dom.* Nicht selten ist auch die Bedeutung ‚Territorium', z. B. *eorl-dom, kine-dom (king-dom),* die auch in *cristen-dom, heaðen-dom* vorliegen kann. Daneben gibt es aber noch eine Reihe anderer Bedeutungsvarianten, z. B. *fals-dom, swike-dom* ‚Akt, Handlung des Falschseins, Verräterischseins'(?);[167] *haliʒ-domes, læce-domes, rice-domes* bezeichnen Konkreta: ‚Heiligtümer', ‚Arzneien, Heilmittel', ‚Reichtümer' (ursprüngl. ‚königliche Macht').[168] (ii) Schon im Ae. trat *-dom* in Konkurrenz zu anderen Suffixoiden und Suffixen; aus dem me. Material vgl. z. B. *swike-dom, O&N* 167; *svikel-dom, O&N* 163; *svikel-hede, O&N* 162. (iii) Schon im Ae. konnten Bildungen mit *-dom* als Dm präfigiert werden: *unwisdom* (vgl. *LaʒB* CO 1690 u. ö.). (iv) Die Abschwächung von *-dom* als Dm zu /dəm/ scheint erst im späteren Me. stattgefunden zu haben: *Orrm* (a 1180) schreibt immer *-dom* (und nicht **-domm*), was darauf hindeutet, daß bei ihm *-dom* noch sein ursprüngliches langes /o:/ bewahrt hatte.[169] – Von der morphologischen Gestalt her wäre noch zu sagen, daß *-dom* sowohl mit Sb als auch mit Adj kombiniert wird: Die Gestalt Sb/*dom* haben z. B. *eorl-dom, lauerd-dom, martir-dom, þral-dom;* die Gestalt Adj/*dom* haben z. B. *fals-dom, fre-dom, haliʒ-domes.* Sb oder Adj könnte z. B. vorliegen im Dt von *cristen-dom, hæþen-dom* (vgl. oben 2.4.3.4.).[170] Von den 22 aus den frühme. Texten gesammelten Bildungen gehen 14 aufs Ae. zurück; 8 sind me. Neubildungen.

Literatur: Marchand 1969:262–264; Koziol 1972:184f. (§ 438); Hansen 1982:65, 98; ferner z. B. Carr 1939:358 f.; Meid 1967:219 f.; Faiß 1978:187–190; *MED* s. v. *dom* u. *-dom; OED* s. v. *-dom; ODEE* s. v. *-dom, doom.*

Belege:

allderr-dom (ae) ‚Autorität', *Orrm.*
burh-domes (ME) ‚Urteile im Stadtgericht', *StJul,* ist noch eindeutig Sb/Sb-Kp., was auch aus dem Kontext hervorgeht: *he set 7 demde þe hehe burh domes,* f. 40v/14.
cristin-dom, cristen-dom (ae) ‚Christentum, Christenheit', *LambH* usw.

---

[166] Man müßte einmal alle Belege im Kontext untersuchen, was hier aber zu weit führen würde, zumal es sich eben doch oft nicht mehr um echte Kp. handelt.
[167] Vgl. dagegen die syntakt. Gruppe *þat he for þe fals dom deme* ‚daß er wegen dir ein falsches Urteil spreche', *O&N* 210.
[168] Interessant ist die Stelle *LaʒB* CO 3141 f.: *of hire wisdome sprong þat word wide, þat heo wes swiðe wis of wordliche dome,* der anzuzeigen scheint, daß *wisdom* noch durch seine Elemente paraphrasiert werden konnte.
[169] Ferner ist damit zu rechnen, daß die ursprüngliche Vollform und die abgeschwächte Form einige Zeit nebeneinander existierten.
[170] Nach Marchand 1969:262 ist Sb/*dom* die ganze englische Sprachgeschichte hindurch stärker als Adj/*dom;* dies gilt auch für unser frühme. Material.

230

eorl-dom (ae) ‚Grafschaft', *ChronE* usw.

fals-dom (ME) ‚Falschheit', *DSirith*.

fre-dom, freo-dom (ae) ‚Freiheit', *LambH* usw.

heaðen-dom, hæþenn-dom (ae) ‚Heidentum', *StKat* usw.

hali(ʒ)-domes (ae) ‚Heiligtümer, Reliquien', *Orrm, LaʒB* usw.

hor-dom(es) (ME) ‚Hurerei, Ehebruch', *LambH* usw.

kine-dom (ae) ‚Königtum, Königreich', *AncR* usw.; später *king-dom* (ME), *Floris&B* usw.

læche-dom (ae) ‚Heilmittel, Medizin', *Orrm*.

lauerdom, laferrd-dom (ae) ‚Herrschaft, Herrschaftsgebiet', *HMeid* usw.

martir-dom (ae) ‚Martyrium', *AncR* usw.

riche-dom (ae) ‚Reichtum, Macht' (urspr. ‚königliche Macht'), *HMeid, LaʒB*.

swike-dom (ae), *svikel-dom* (ME) ‚Täuschung, Verrat', *TrinH, O&N, LaʒB* usw.

þeo-dom (ME) ‚Gedeihen, Wohlstand', *SEL*.

þeu-dom, þeow-dom (ae) ‚Dienst, Sklaverei', *ChronE, LaʒB* usw.

þral-dom (ME) ‚Sklaverei', *LaʒB* usw. Hybrid.

usell-dom (ME, h?) ‚Elend, Erbärmlichkeit', *Orrm*. Hybrid.

wis(e)-dom, wiss-dom (ae) ‚Weisheit', *SermRdE* usw. Vgl. *unwisdom* (ae) ‚Dummheit, unkluges Verhalten', *LaʒB*.

wrake-dom (ME) ‚Unglück' oder ‚Rache', *LaʒB*.

wrecche-dom (ME) ‚Unglück, Elend', *StJul* usw.

Aus den späteren Texten:

deuke-dom (ME) ‚Herzogtum', *Malory*. Hybrid.

-ern (ae. *ærn, earn*): *shæw-errne, slæp-ern*

Skizze der Entwicklung: Im Ae. war *ærn, earn* ‚Gebäude, Haus' noch ein selbständiges Wort, allerdings kam es schon ae. wesentlich häufiger als Dm von Kp. vor. Im Frühme. tritt es nicht mehr selbständig auf und auch Zusammensetzungen damit gibt es nur noch wenige (sechs in unserem Material), die zudem zum Teil schon verdunkelt oder unklar sind; im Verlauf des Me. starb es dann ganz aus. Es wird hier aber mit aufgeführt, weil es frühme. noch ganz schwach produktiv war *(shæw-errne)* und sein ursprünglicher Wortstatus in Einzelfällen möglicherweise noch erkannt wurde, vgl. auch die Ersetzung des ae. *bæc-ern* durch frühme. *bæc-hus*.[171]

Literatur: Smith 1956:I,4 *(ærn)*; Götz 1971:119; Faiß 1978:86–89; Wetzel 1981:65–69, 465; Lipka 1985b:152f.; *BT, BTS* s.v. *ærn, earn; MED* s.v. *-ern, -arn; ODEE* s.v. *barn*.

---

[171] Siehe oben 3.2.7.5. – Laut Wetzel 1981:65–69, 465 war dagegen *-ern* schon im Ae. lautlich abgeschwächt und Bildungen damit waren schon im Ae. nicht mehr durchsichtig.

Belege:

bern(e) (ae. *bere-ærn*) ‚Scheune‘, wörtl. ‚Gerstenhaus‘, *O&N.* Im Me. bereits verdunkelt, ne. *barn.*

carcern (ae) ‚Gefängnis‘. Lat. Lw *(carcer)*, dessen Ausgang an *-ern* angeglichen wurde. Vgl. Bammesberger 1984:97; *DOE* s.v. *carcern.* Me. nicht mehr belegt.

quartern, cwartern (ae. *cweartern*) ‚Gefängnis‘, *ChronE, SermRdE, StKat* usw. Das Dt kommt selbständig nicht vor und seine Herkunft ist unklar (Umformung des Anfangs von *carcer(n)*?), siehe *AEW* s.v. *cweart-ern; OED* s.v. *quartern;* unten 4.4.1.

quarcern(e) (ME) ‚Gefängnis‘, *La3B*, ist möglicherweise eine Kontamination aus ae. *cw(e)artern* und *carcern* (< lat. *carcer(em)).*

shæw-errne (ME) ‚Schauhaus‘, *Orrm.* Eine Bildung des Typs Vb/Sb, siehe oben 3.2.7.5.

slæp-ern(e) (ae) ‚Schlafraum‘, wörtl. ‚Schlafhaus‘, *ChronE,* kann als Sb/Sb oder Vb/Sb-Kp. interpretiert werden, siehe oben 3.2.7.5.

wuda-fæstern (ae/ME) ‚schützender Wald‘ (wörtl. ‚Waldfestung‘), *Durham.* Im Ae. lautet das Kp. *wudu-fæsten;* sein Ausgang wurde hier möglicherweise an *-ern* angeglichen.

-ful$_{Sb}$: *hond-ful, sak-uol*

Skizze der Entwicklung: Die Verbindungen mit *-ful* als substantivischem Dm in der Bedeutung ‚Menge, die A füllt‘ haben ihren Ursprung in syntaktischen Gruppen des Typs *a hánd (fúll of something)*, die dann aufgefaßt wurden als *a hánd-fúll (of something)*, d.h. es fand eine Uminterpretation (und gleichzeitig eine Zusammenrückung) statt aus einer syntaktischen Gruppe „Sb + Adj + (Genitiv)Ergänzung“ zum Kp. „Sb/Suffixoid$_{Sb}$ + (Genitiv)Ergänzung“. Im Ae. und Me. ist es deswegen aber nicht immer sicher, ob derartige Verbindungen noch als syntakt. Gruppen oder bereits als Kp. aufzufassen sind; in Fällen wie *scip-ful* scheint sich der Übergang von der syntakt. Gruppe zum Kp. in den verschiedenen Hss. eines Textes zu vollziehen. Zumindest *handful* war aber bereits im Ae. ein zusammengesetztes Sb; den Belegen nach zu schließen nahm das Bildungsmuster davon seinen Ausgang, weil in unserem Material *handful* die einzige ae. und zugleich die am häufigsten belegte Bildung ist, während alle anderen me. Neubildungen sind, die überwiegend erst um 1300 entstanden. Mit insgesamt sechs verschiedenen Bildungen ist das Muster im Frühme. noch schwach vertreten.

Literatur: Marchand 1969:292f.; Koziol 1972:192 (§ 456); Hansen 1982:104; Stein 1973:207; ferner Carr 1939:60; Jespersen 1914 (*MEG* II):27; *MED* s.v. *ful* adj (1b) u. *-ful* (1); *ODEE* s.v. *-ful².*

Belege:

a cop-ful (ME) ‚ein Krugvoll‘, *KingAlex* (*a copful ale;* Vr. *a coppe ful of ale*).

hond-ful, hannd-full (ae) ‚eine Handvoll‘, *AncR, Orrm, Gen&Ex* usw. ; in *AncR* A 68 v/12 f. in der Wendung *An hondful of зerden beoð earueð to breoken.*

panne-uol (ME) ‚(eine) Pfanne voll‘, *SEL.*

sak-uol (ME) ‚ein Sackvoll‘, *SEL.*

scip-ful (ME) ‚Schiffsladung‘, *LaзB:* C 11 824 *a scip ful of golde;* O 11 824 *on sipfol of golde.*

tonne-uoll (ME) ‚(eine) Tonne voll‘, *SEL.*

Aus den späteren Texten:

a dysshfulle of bloode (ME) ‚eine Schüssel voll(er Blut)‘, *Malory.*

-had (ne. -hood): *child-had, spus-had*

Skizze der Entwicklung: Im Ae. und Frühme. ist *had* noch selbständiges Wort und die Zusammensetzungen damit sind Kp., zumal es als Simplex und als Zweitelement von Kp. weitgehend die gleiche Bedeutung hat, nämlich ‚Zustand, Status, Stand, Rang‘;[172] dies geht deutlich aus Fügungen hervor wie:

Ðo þre kinges bitocneð þre *hodes* of bilefulle men. on is *meidhod.* þat oðer *spushod.* þe þridde *widewehod* . . . on an of þese þre *hodes* . . ., *TrinH* VII (45/ 17–19).

Ah ha is þreouald. i *widewe had.* i *spus had.* i *meidenhad, AncR* A 107 v/15 f.

þes þreo *hat, meiðhad* ant *widewe-had* ant *wedlac[had], HMeid* 61 r/10 f.

Die semantische Entwicklung von -had scheint etwas einfacher zu sein als die von -dom, weil -had weitgehend die Bedeutung ‚Rang, Stand, Status‘ beibehält, wenn es im einzelnen natürlich auch hier Verschiebungen gibt, z.B. bei *childhad* ‚Kindheit‘ (‚Status des Kindseins‘ → ‚Zeit des Kindseins‘); *brotherhood* bezeichnet als Konkretum eine Gruppe von Menschen. Der Übergang zum Suffix zeigt sich an mehreren Erscheinungen: (i) Schon im Ae. konkurriert *had* zum Teil mit anderen Suffixoiden, z.B. *martyrhad* – *martyrdom* ‚Martyrium‘. (ii) Im Me. kommt die selbständig nicht belegte Nebenform -hed(e), -head auf, die zum Teil unterschiedslos neben -had verwendet wird, z.B. *feyr-hade* – *fayr-hede,* gelegentlich auch -had verdrängt: ae. *god-had,* me. *godd-head, -hed* (*AncR*), ne. *godhead*

---

[172] Die Bedeutung ‚Person‘ (besonders auf die drei göttlichen Personen der Trinität bezogen) kommt aber anscheinend nur im Simplex vor, vgl. z.B. *зe, þreo ant tah an, in hades totweamet, StMarg/1,* 35r/25; *þatt Crist iss Godd, 7 Crist iss mann, An had off twinne kinde, Orrm* 3661; *Faderr, 7 Sune, 7 Haliз Gast, þre hadess, all an kinde, Orrm* 18 646; vgl. ferner z.B. *Orrm* 5179; 10 855 u. ö.

‚Gottheit‘.[173] (iii) Schließlich wird *had* als selbständiges Wort allmählich durch andere Wörter verdrängt (z. B. das Lehnwort *state*) und stirbt als Simplex im 15. Jh. endgültig aus, während es als Dm bleibt; damit ist *-had* (ne. *-hood*) eindeutig Suffix. Dieser Verdrängungsprozeß zeigt sich schön in *Ayenb* 234/13−18: *þe þri states beuore yzed ... þe stat of spushod ... þe stat of wodewehod* ...[174] − Zur morphologischen Gestalt wäre noch zu sagen, daß *-had* im Ae. und in den frühesten me. Texten nur Bildungen des Musters Sb/*had* formt; erst im Verlauf des Me. entstehen dann auch gelegentlich Bildungen des Musters Adj/*had* (bzw. Num/*had*): *an-had, feyr-had, preo-had, false-hod, lykly-hod;* Sb/*had* oder Adj/*had* könnten sein *heðene-hod, sot-had.* Von den 20 Bildungen, die hier aus den frühme. Texten gesammelt wurden, stammen 8 aus dem Ae.; 12 sind me. Neubildungen.

Literatur: Marchand 1969:293; Koziol 1972:193; ferner z. B. Käsmann 1961:58 ff., 234 f.; Meid 1967:220 f. (§ 159); *OED* s. v. *-hood; MED* s. v. *-hēde, hōde; ODEE* s. v. *-hood.*

Belege:

an-had (ME) ‚Einheit, eine Natur‘, *StKat.*

borȝ-hod (ME) ‚Versprechen, Verpfändung‘, *SEL.*

child-had(e) (ae) ‚Kindheit‘, *PMor, TrinH, AncR* usw.

clerc-had (ae) ‚Klerikerstand‘, *ChronE.*

feyr-had(e) (ME) ‚Schönheit‘, *KingHorn* (Vr. *fayr-hede*).

hepene-hod(e) (ME) ‚Heidentum‘, *ServeChr.*

knyht-hod (ae/ME) ‚Rittertum, Ritterstand‘, *KingHorn* (Vr. *knyht-hede*), *Ayenb, Malory (knyghthode).*

kanunnkess-had (ME) ‚Kanonikerstand‘, *Orrm.* Eigentlich eine Sb + *s*/Sb-Verbindung, die aber ebenfalls zeigt, daß *had* noch selbständiges Wort war.

meiden-hat, maiden-hod(e) (ae. *mægdenhad*) ‚Jungfräulichkeit‘ (wörtl. ‚Stand eines Mädchens‘), *LambH, TrinH, AncR* usw. (häufig); *maidenhede, Amis&A.*

mægeð-had, meið-had, meid-had usw. (ae. *mægð-had*) ‚Jungfräulichkeit‘ (wörtl. ‚Stand eines Mädchens‘), *SermRdE, TrinH, AncR, StKat, StMarg/1* usw., nur bis ca. 1225 belegt. Vgl. *MED* s. v. *maithhōd.*

mon-had (ME) ‚Menschennatur, Menschsein‘, *StKat, WohLo, Ayenb* (*AncR* hat *monhead*).

munec-had (ae) ‚Mönchsstand‘, *ChronE.*

prest-had (ae) ‚Priesterstand‘, *WintBR.*

sot-had (ME) ‚Dummheit, Narrheit‘, *Vices&V.*

spus-had, spous-had (ME) ‚Ehe, Ehestand‘, *LambH, Art&Merl, SEL* usw. Hybrid. Vgl. *OED* s. v. *Spousehood.*

---

[173] *-hede* erscheint ab ca. 1200: In unseren Textgruppen I−II ist es noch nicht belegt, aber dann in III (*AncR* usw.). Die Belege werden hier aber in der Regel nicht aufgeführt.

[174] Allerdings hat *Ayenb hod* ‚Status, Rang‘ auch noch als selbständiges Wort.

þral-hod (ME) ‚Sklaverei, Sklavenstand, Abhängigkeit', *KingHorn* (Vr. *þral-hede*).

preo-had (ME) ‚Dreiheit, Dreieinigkeit, Trinität', *SWard, StJul.* d'Ardenne (ed. *StJul*), S. 168, lehnt den Kompositumstatus von *preo-had* (wohl zu Unrecht) ab und interpretiert die Verbindung als ‚drei Personen'. Die syntakt. Gruppe *preo had(es)* (‚drei Stände, Personen') ist allerdings durchaus belegt, siehe die Beispiele oben.

wedlac-had (ME) ‚Ehestand', *HMeid.*

widewe-had (ae) ‚Witwenstand', *LambH, HMeid, Ayenb; widdwess-had, Orrm* (eine me. Umbildung nach dem Typ Sb+s/Sb; vgl. oben zu *kanunnkess had*).

wrecc-had(e) (ME) ‚Elend, Unglück', *Vices&V.*

Aus den späteren Texten:

brothir-hod(e) (ME) ‚Bruderschaft', *Malory.*

false-hod(e) (ME) ‚Falschheit', *Malory* (daneben *fals-hede*).

lykly-hod(e) (ME) ‚Wahrscheinlichkeit', *Malory.*

-lac (ne. -lock): brud-lac, wed-lac

Skizze der Entwicklung: Im Ae. hat *lāc* sehr viele Bedeutungen, nämlich ‚Spiel, Sport, Kampf, Beute, Opfer, Gabe, Geschenk, Botschaft'. Ob und wie weit in den ae. Zusammensetzungen mit *-lac* als Dm noch ein Bedeutungszusammenhang mit dem Simplex *lac* besteht und die Verbindungen dementsprechend als Kp. oder als Suffix(oid)bildungen aufzufassen sind, ist umstritten. So nehmen Carr 1939:361 f. und im Anschluß daran Meid 1967:222 an, daß in vielen ae. Bildungen des Musters Sb/*lac* noch die ursprüngliche Bedeutung von *lac* durchscheine, z.B. ae. *beadu-lac* ‚Schlacht', wörtl. ‚Kampfspiel', *scin-lac* ‚Zauberei', wörtl. ‚Schein-, Trugspiel'. Dagegen nennt Gardner 1968:218 zwar auch einige Kp. mit *-lac* als Dm (darunter *beadu-lac*, laut ihm jedoch ‚battle-strife'!), nimmt aber an, daß in vielen Verbindungen *-lac* lediglich Suffix sei, und läßt deswegen mehrere der von Carr und Meid aufgezählten Kp. weg. Die Haltung von *ODEE* s.v. *-lock* ist nicht ganz klar: es bezeichnet ne. *-lock* (< ae. *lac*) als Suffix mit der Bedeutung 'actions or proceedings, practice', die ae. Verbindungen damit aber als Komposita. Auffällig ist, daß etliche der Bildungen mit Sb/*lac* etwas Tautologisches an sich haben,[175] gleich ob man nun die jeweils passende Grundbedeutung von *lac* (‚Spiel, Kampf' usw.) ansetzt oder die von *ODEE* und Bennett/Smithers 1968:517 vorgeschlagene Suffixbedeutung ‚Handlung, Vorgang, Tätigkeit'. Dies gilt z.B. für ae. *beadu-lac, feoht-lac (fiht-lac)* und *heapu-lac*, für *bod-lac* und *reaf-lac: Beadu, feoht* und *heapu-* bedeuten

---

[175] Natürlich nicht alle, z.B.nicht *wif-lac* 'play with a woman' = 'cohabitation'.

an und für sich schon ‚Kampf‘;[176] *(ge)bod* bedeutet auch selbständig schon ‚Gebot, Botschaft‘, *reaf* ‚Raub, Beute‘. In all diesen Fällen handelt es sich anscheinend um (attributive oder tautologische) Kopulativkp., die zu paraphrasieren wären als ‚fiht is a lac‘ usw. − dies spräche gegen die These von *-lac* als Suffix. Allerdings entwickelt sich im Me. *-lac* dann eindeutig zum Suffix. Wie bei *-dom* und *-hood* sind auch bei *-lac* (> ne. *-lock*) mehrere Faktoren beteiligt: (i) Das selbständige Wort wird in seiner Bedeutung eingeschränkt und stirbt schließlich aus. In unserem frühme. Belegmaterial tritt *lac, loc* nur noch in der Bedeutung ‚Opfer(gabe)‘ auf, z.B. *StJul* 48 v/23; *StKat* 1 r/23 u.ö.; *Vices&V* 85/17, 19, 23 u.ö. *(loc, loac); Gen&Ex* 1798; *Orrm* 1002, 1006 u.ö. *(lac, lak).* Auch *MED* s.v. *lok* verzeichnet nur noch die Bedeutungen ‚(religiöses) Opfer, Gabe, Geschenk‘; nach den Belegen des *MED* zu schließen stirbt das Wort im 14. Jh. aus.[177] (ii) Bildungen mit *lac* können suffigiert werden: *wedlac-had,* HMeid. (iii) Im Frühme. dringt aus dem Anord. die (etymologisch verwandte) Nebenform *-lec, -leic* usw. ein, die ebenfalls teilweise mit *-lac* konkurriert und, weil sie nicht selbständig auftritt, eindeutig Suffix ist. Wie *-hede, -head* erscheint sie ab ca. 1200. In unseren Textgruppen I−II ist sie erst bei *Orrm* belegt, in III (*AncR,* Katherine-Gruppe) dann recht häufig, z.B. *freo-lec* ‚Freigebigkeit‘ (in manchen Hss. statt dessen *freo-lac), god-lec* ‚Güte‘, *unwrest-lec* ‚Bosheit‘ (alle Beispiele aus *AncR*). In unserem frühme. Material finden sich 13 verschiedene Bildungen mit *-lac* (die z.T. Parallelformen auf *-lec* haben), davon stammen 5 aus dem Ae., 8 sind me. Neubildungen. Bildungen, die nur *-lec* haben, sind dabei nicht gerechnet.[178] Im Ne. ist *-lock* auch als Suffix nicht mehr produktiv. − Zur morphologischen Gestalt wäre noch zu sagen, daß *-lac* meist in Bildungen des Musters Sb/*lac* erscheint, z.B. *bod-lac, brud-lac,* seltener in solchen des Musters Adj/*lac,* z.B. *freo-lac* ‚freiwillige Gabe‘, gelegentlich in Bildungen des Musters Vb/*lac,* z.B. *tei-lac, schend-lac, reaf-lac.*

Literatur: Carr 1939:361 f.; Zettersten 1965:84, 88, 166, 185, 203, 242; Meid 1967:222; Gardner 1968:218; Gleißner 1984:236ff.; *MED* s.v. *lāc* (dort *-leik* usw. mitbehandelt), vgl. *leik* n. und *lōk* n. (3); *OED* s.v. *Lake* sb¹ und sb²; *ODEE* s.v. *-lock.*

Belege:

bod-laces (ME) ‚Gebote‘, *ChronE.* Vgl. *MED* s.v. *bod-lāc* (dort als ae. angegeben).

---

[176] Ae. *heapu-* tritt selbständig nicht auf, sondern nur als Dt von Kp. − dies spricht ebenfalls gegen die These, daß *-lac* schon im Ae. Suffix sei; vgl. oben zu *cynelic, cynescipe.*

[177] Das *OED* s.v. *lake* sb¹ u. sb² verzeichnet allerdings auch noch die Bedeutung ‚Spiel‘; nach den Belegen des *OED* stirbt das Wort erst im 16. Jh. aus.

[178] Die Bildungen bzw. Parallelformen mit *-lec* sind hier in der Regel auch nicht verzeichnet.

brud-lac (ae. *bryd-lac*) ‚Ehe, Heirat', *HMeid, StJul.* Vgl. *OED* s.v. *Bridelock.* Wörtl. urspr. ‚Brautgeschenk' oder ‚Brautspiel'?

dweomer-lak (ME) ‚Zauberkunst', *LaƷB.* Vgl. *MED* s.v. *dweomerlāc.*

fair-lac (ME, h?) ‚Schönheit', *LaƷB* (C) (O hat *fair-lock*).

fe(a)r-lac (ME) ‚Furcht', *AncR,* Katherine-Gruppe. Vgl. Zettersten 1965:185; *MED* s.v. *ferlac.*

fiht-lac (ae) ‚Streit, Kampf', *O&N* (l).

freo-lac (ae) ‚Freigebigkeit, freiwillige Gabe', *AncR.* Siehe Zettersten 1965:88, 255.

offring-lac (ME, h?) ‚Opfergabe', *Orrm.* Hier liegt sicher ein Kp. mit *lac* in seiner wörtl. Bedeutung ‚Opfer(gabe)' vor; allerdings hat auch diese Bildung etwas Tautologisches an sich. Vgl. oben 3.2.8.5.

ræf-lac, reaf-lac, ref-loc (ae) ‚Streit, Kampf, Raub', *ChronE, LambH, TrinH, AncR, LaƷB, Gen&Ex.* Vgl. Zettersten 1965:242.

schend-lac (ME) ‚Schande, Scham', *AncR,* Katherine-Gruppe, *WohLo.* Vgl. Zettersten 1965:84.

tei-lac (ME) ‚Verstrickung', *AncR.* Vgl. Zettersten 1965:203 u. 166.

treu-lac (ME) ‚Treue, Glaube', *LofLo.*

wed-lac (ae) ‚Ehe' (wörtl. ‚Vertragsschließung'), *AncR, HMeid, StJul* usw. Ne. *wedlock.*

-rede(n) (ae. -ræden, ne. -red): feolah-reden, kun-rede

Skizze der Entwicklung: Als Dm von Komposita war *-ræden* wohl schon im Ae. Suffixoid. *Ræden* kommt ae. zwar selbständig vor in den Bedeutungen ‚Anordnung, Bedingung, Abmachung, Schätzung'; diese Bedeutungen scheinen aber nur in relativ wenigen ae. Bildungen des Musters Sb/*ræden* (des bei Zusammensetzungen mit *ræden* üblichen Musters) vorzuliegen (siehe Gardner 1968:240). Als Dm hat *-ræden* anscheinend meist die Bedeutung ‚Zustand, Verhältnis', dann wohl auch ‚Gemeinschaft' (d.h. ‚Zustand des Nachbarseins' usw.), die im Simplex nicht vorkommt. Außerdem steht es bereits im Ae., wie dann auch im Me., in Konkurrenz zu anderen Suffixoiden bzw. Suffixen, z.B. ae. *broðorræden, broðorscipe.* Im Me. kommt es nicht mehr selbständig vor und wird damit eindeutig zum Suffix. Als solches ist es frühme. aber noch produktiv: Von den 9 verschiedenen Bildungen aus unserem Material sind 5 ae., 4 me. Im Ne. ist das Suffix *-red* nicht mehr produktiv.

Literatur: Koziol 1972:204; ferner Gardner 1968:240; *OED* s.v. *-red;* *ODEE* s.v. *-red.*

Belege:

feolah-re(a)dden, felau-rade (ME) ‚Gemeinschaft, Gesellschaft', *AncR, KingHorn, KentSerm* usw. Vgl. *MED* s.v. *felau-rede.*

(ge)fer-(r)ede, fe(o)r-re(d)den, uer-reden(e) usw. (ae) ‚Gemeinschaft, Gesellschaft', *VespAH, AncR, StKat* usw.

frende-rad(e), frende-rede (ae) ‚Freundschaft, Freunde‘, *KingAlex, Ayenb.*

hired(e) (ae. *hired* < **hiw-ræd;* vgl. ae. *hiw-ræden*) ‚Familie, Haushalt, Gefolgschaft‘, *LaȝB.* Schon ae. verdunkelt; vgl. *MED* s. v. *hired; OED* s. v. *Hird, hired.*

cun-redden, kun-rede (ae/ME) ‚Verwandtschaft‘, *AncR, StJul, O&N* usw. Ae. *cynred.*

kinde-redes (ME) ‚Verwandtschaft, Stämme‘, *Gen&Ex.* Aus dem vorigen erweitert
(vgl. *man-kin* > *man-kind*); ne. *kindred*, vgl. *OED, ODEE.*

man-red, mon-raden (ae) ‚Huldigung‘, *ChronE, LaȝB, HarrowHell* usw.

neȝebur-rede, nehebor-reden (ME) ‚Nachbarschaft‘, *LambH, TrinH, ChronE.*

sib-reden, sib-red (ME) ‚Verwandtschaft‘, *ChronE, Art&Merl.*

Aus den späteren Texten:

broþer-rede (ae) ‚Brüderschaft, Bruderschaft‘, *Ayenb.*
loue-rede (ae) ‚Freundschaft‘, *Ayenb.*

-ware: eorðe-ware, helle-ware

Skizze der Entwicklung: Ae. *-wara(n)*, me. *-ware* kommt nicht selbständig
vor, sondern nur als Zweitelement (Dm) in Verbindungen des Musters Sb/
wara. Anscheinend wurde es im Ae. und Frühme. aber noch als Wort
empfunden; darauf deuten hin: (i) daß *-ware* in Konkurrenz zu selbständigen Wörtern steht, vgl. unten zu *Rom-ware* sowie ae. *burh-ware* neben ae./
me. *burh-men;* (ii) die Fügungen *eorðware ⁊ heouenes* ‚Himmels- und Erd-
bewohner‘, *AncR* A 87 v/16 f.; *helle ware ⁊ heouenes, StMarg/1* 24 v/25, weil
anaphorischer Bezug wohl nur auf ein Wort möglich ist, aber nicht auf ein
Suffix.[179] Aus diesen Gründen erscheint es ungerechtfertigt, ae. *-wara(n)*,
me. *-ware* als reines Suffix einzustufen, wie dies z. B. Gardner 1968:283 tut.
Im Frühme. ist *-ware* aber kaum noch produktiv. Im frühme. Allgemeinwortschatz ist es noch bis ca. 1200 in den drei aus dem Ae. stammenden
Verbindungen *heuene-ware, eorðe-ware* und *helle-ware* belegt, von denen
wie schon im Ae. meist zwei oder alle drei als Kollokation zusammen auftreten, und zwar typischerweise in Schilderungen des Jüngsten Gerichtes
wie in *TrinH* IX (53/36):

> ... for þat he erneð here þat ure louerd ihesu crist him shendeð and wile shufe
> fro him a domes dai biforen alle *heueneware* and *herðe ware* and ec *helleware* ...

Nach ca. 1200 starben diese Bildungen aber aus und *-ware* ging unter.

Literatur: Kluge 1926:19 (§ 33 a); Meid 1967:223; Gardner 1968:283; Smith 1956:II,246; *MED*
s. v. *erthe* 13(qq); *helle* 2(b); *heven* 7(f).

---

[179] Auch *Brutware* ist nur zu erklären, wenn man *-ware* Wortstatus zugesteht. – Zu den ana-
phorischen Inseln siehe oben 2.4.2.4. – Mack (ed. *StMarg/1*), S. 121, sieht *ware* sogar als
selbständiges Wort an, aber wohl zu Unrecht.

Belege:

burh-weren (ae/ME) ,Stadtbewohner, Bürger', *LaȝB.* Das ursprüngl. Dm *-ware* (ae. *burg-ware* etc.) ist hier möglicherweise an *wer* ,Mann' angeglichen.

eorðe-ware usw. (ae) ,Erdbewohner', *LambH, TrinH, AncR.*

helle-ware (ae) ,Höllenbewohner', *LambH, TrinH, AncR, Orrm.*

heuene-ware, heffne-ware (ae) ,Himmelsbewohner', *LambH, TrinH, AncR, Orrm.*

Namen:

Brut-ware (ME) ,Briten', *LaȝB,* ist entweder ein tautologisches Kopulativkp. (,þe Bruttes are ware') oder eine Klammerform aus **Brutlondes ware* ,Bewohner Britanniens' – letzteres ist aber wahrscheinlicher, vgl. unten 4.2.(3).

Kent-wærre, Cant-uare (ae) ,Bewohner von Kent', *LaȝB.*

Rom-ware (ae) ,Römer' (wörtl. ,Rombewohner'), *LaȝB,* Hs. C. – Hs. O hat statt dessen *Romanisse* (O 3957), *Romleode* (O 12 641), *Rom-cnihtes* (O 13 915) und noch andere Wendungen.

(3)   Sonstige und fragliche Fälle

-bert, -wine: deubert, scotewine

Beide Elemente sind – jedenfalls als Dm – nur in *NamesHare* belegt und alle Verbindungen damit beziehen sich auf den Hasen: *þe deubert* (ME, h) ,der Kamerad im Tau'; *þe goibert* (ME, h); *þe swikebert* (ME, h) ,der Verräter'; *þe scotewine* (ME, h), wörtl. ,der Hasenfreund'. Ross (ed. *Names Hare*) erklärt *-bert* und *-wine* als übliche Zweitelemente von Personennamen (Vornamen), vgl. z. B. *Albert, Osbert; Edwin(e), Godwin(e);* siehe auch *MED* s. v. *deubert, goibert, scotewine;* zu *wine* ,Freund' als Dt vgl. *winemæies, LaȝB* (z. B. C 2908); s. u. S. 393.

-man: alder-mon, almes-mon

-man wird des öfteren als Suffix oder Suffixoid angesehen. Es ist sicher das häufigste Dm von zusammengesetzten Sb im Frühme. und wohl die ganze englische Sprachgeschichte hindurch. In unserem Material finden sich ca. 70 verschiedene Bildungen des Allgemeinwortschatzes mit *-man.* Zum Typ Sb/*man* gehören z. B. *alder-mon, almes-mon;* für sichere bzw. mögliche Bildungen der Typen Sb+*s*/*man*, Adj/*man* und Vb/*man* siehe oben 3.2.2.5(4); 3.2.3.5.(3); 3.2.7.5. Wie schon oben 3.2.13.3.(1) gesagt, ist die Häufigkeit und Produktivität eines Wortes allein aber noch kein ausreichender Grund, es als Suffix einzustufen. Auch die Tatsache, daß *-man* zum Teil in Konkurrenz mit eindeutigen Suffixen steht (vgl. z. B. *workman – worker*), berechtigt noch nicht dazu, es als Suffix zu erklären. Für das Ne. sieht man als entscheidend an, daß *man* als Zweitelement oft (aber keineswegs im-

mer) in der abgeschwächten Form /mən/ auftritt, z. B. in *postman, chairman*. Dazu müßte allerdings nachgewiesen werden, daß es sich nicht nur um nachträgliche Abschwächung in bereits etablierten Bildungen handelt, sondern daß auch Neubildungen mit /mən/ entstehen, was meines Wissens aber nicht der Fall ist. Für das Ae. und Me. ist die Abschwächung ohnehin nicht nachzuweisen; *man* wird hier deshalb als Wort eingestuft.

Literatur: Kluge 1926:17 f. (§ 31), der *-mann* schon für das Ae., Ahd. usw. unter den Suffixen aufführt; Hansen 1982:65 f.; Bauer 1983:36, 250; Quirk/Greenbaum 1985:1520 f.; zum Ahd. vgl. Voetz 1977, der die Bildungen mit *-man* als Kp. ansieht.

Die Belege (ohne Namen):

alder-mon usw.; *almes-mon; aughte-man; beodes-mon; ber-men; bla-mon; bondeman; burh-men; carl-man; castel-men; chap-man; cristene-man; clawwstre-man* ,Mönch'; *contreie-men; cuð-mon; craft-men; domes-men; driȝ-menn; driht-men; duȝeðe-men; dwel-menn; eorð-men; erendes-mon; ifo-men; fot(e)-men; frend-men; freo-man; gong-men; gentil-mon; glew-men; gode-mon; heafod-men; heorde-men; hird-men; hors-men; husbond-men; kinnes-men; londes-men; leȝhe-menn* ,Lohndiener'; *leof-mon* > *lemman; lite-man; loder-men* und *lodes-men; longe-man; maȝȝdenmann; monnes man; mere-man; minnstre-man; mester-men; noble man; ouer-man; rædes-mann; sond(es)-mon* usw.; *sæ-men; scip-men; sib-men; ster-men* und *steoresmon; þeines-men; wake-men; wardes-men; wepmon; hore-men; wif-man* > *woman; wude-mon; werc-men; world-men* und *worldes men; yong-mon; yoman.*

Aus den späteren Texten:

geme-men; lyege-man; madde-man; mesteres-man; speke-man.

Syntaktische Gruppen sind vermutlich (obwohl sie in den Hss. z. T. zusammengeschrieben werden) z. B.:

hah mon, hali mon, large men, pore mon, riche men, rihtwis mann, wis mon.

-siþ: ende-siþ, wo-siðes

Siþ ,Reise, Fahrt' usw. ist im Frühme. meist an Wörter angefügt, die ,Unglück, Elend, Tod' bedeuten und man könnte es gewöhnlich auch ohne wesentlichen Bedeutungsverlust weglassen, z. B. *deaþ-siþ* ,Tod', wörtlich ,Todesreise'. Möglicherweise sollte *-siþ* deshalb als Suffixoid eingestuft werden; vgl. auch unten 5.2.1.2.(1)(b), S. 409. In unserem frühme. Material finden sich insgesamt 11 Belege, davon 3 ae., aber 8 me.:

baleu-siþes (ae), *deaþ-siþ* (ME), *earfeþ-siþ* (ae), *ende-sið* (ME), *feie-sið* (ME), *qualesið* (ME), *sorh-siðes* (ME), *wan-siðes* (ME), *wo-siðes* (ME?), *wrake-siþ* (ae); dazu *lifsiþ* (ME) ,Leben' (wörtl. ,Lebensreise').

Dt mit verstärkender Funktion: *leod-scome, wæl-kempen*

Manche Wörter treten als Erstelemente von Kp. nicht immer in ihrer Grundbedeutung auf, sondern haben mehr oder weniger regelmäßig verstärkende Funktion, z. B. (1) me. *heued* (ae. *heafod*, ne. *head*): *hæfued-wunde* ‚Kopfwunde‘ (wörtlich), aber *hæfd-men* ‚Anführer‘ (übertragen; wörtl. ‚Hauptleute‘); (2) *leod* ‚Volk, Leute‘ (ae. *leod, leode; MED* s. v. *lēde*), v. a. in *La3B* häufig verwendet: wörtl. wohl z. b. in *leod-ðeaw* und *leod(e)-wisen* ‚Volksbrauch, Brauch des Volkes‘, verstärkend wohl z. B. in *leod-kempen, leod-cnihtes* ‚(starke) Krieger, Ritter‘ (wörtl. ‚Volkskrieger, Volksritter‘) usw.; (3) *wæl* ‚Gemetzel‘: verstärkend wohl z. B. in *wæl-kempen* ‚Krieger‘ (wörtl. etwa ‚Schlachtkrieger‘); (4) *feond* ‚Feind‘: verstärkend vermutlich in *feond-slæhtes, La3BC−O* hat *stronge sleahtes,* und in *feond-stronge, La3BC−O* hat *swiðe stronge!* Vor allem in der neueren germanistischen Literatur werden solche Wörter in der übertragenen Verwendung als Affixoide bezeichnet (vgl. dt. *Affenkäfig,* aber *Affenschande*); zumindest ein Teil davon wird hier aber trotzdem bei der Beschreibung der syntaktisch-semantischen Struktur der Kp. behandelt, siehe insbesondere unten 5.2.1.1.(6) zu *heued* usw.

Literatur: Siehe oben 3.2.13.1. sowie Ingersoll 1978:137−139 (zu *leod-*); Sauer 1985 a: § 4.3.5.; 1985 b: § 2.13.4; ferner die Zusammenstellungen unten im Register (6.4.) unter *douthe, dright, fiend, head, lede, wal.*

3.2.14. Sb + Sb/Ø_{Sb}; Adj + Sb/Ø_{Sb}; usw. (Bahuvrihisubstantive): *porne-bake, wit-porn*

3.2.14.1. Definition

Der morphologischen Gestalt nach handelt es sich um Verbindungen aus Sb + Sb, Adj + Sb, Num + Sb; der morphologischen Struktur nach bilden diese beiden Elemente jedoch zusammen das komplexe Dt, während das Dm an der Oberfläche nicht ausgedrückt ist; als Dm ist ein Nullmorphem anzusetzen. Die morphologische Strukturformel ist demnach Sb + Sb/Ø_{Sb} usw. Traditionellerweise werden die Bahuvrihisb. deshalb den Exozentrika zugerechnet. Der morphologische Status der Konstituenten ist freies Morphem + freies Morphem/Nullmorphem (Nullsuffix); als Formel läßt sich nicht angeben AB = B, sondern nur AB/Ø. Es handelt sich um Kp. ohne Verbalverknüpfung.

Literatur: Jespersen 1942 (*MEG* VI):149 f. (bei den Sb/Sb-Kp. mitbehandelt); Marchand 1969:13 f., 386−390; Koziol 1972:62 f.; Hansen 1982:133 f.; Stein 1973:255 f.; ferner z. B. Bergsten 1911:158−163; Last 1925; Tengvik 1938:285−383; Carr 1939:63, 154−156, 162−170; Meid

1967:30–35; Gardner 1968:21–25; Seltén 1975; Erlebach 1979:71–86, 93–99; Jönsjö 1979:29f., 35; zum Nhd. siehe z. B. *Duden-Grammatik* 1966:351–353; Ortner/Ortner 1984:62f.

3.2.14.2. Zur morphologischen Isolierung

Durch das anzusetzende Nulldeterminatum, das die semantische Besonderheit der Bahuvrihisb. widerspiegelt (ein *redcoat* ist kein *coat*, sondern ein *man*), ist der Kompositionstyp der Bahuvrihisb. morphologisch isoliert.

3.2.14.3. Weitere wichtige und problematische Punkte

(1) Kompositum oder Suffixbildung? Zur Begründung, warum die Bahuvrihisb. hier unter die Kp. gerechnet werden und nicht wie z. B. bei Marchand unter die Nullableitungen, siehe oben 1.3.2.

(2) Präzisierung der Definition und Abgrenzungsfragen (vgl. oben 3.1.2.19.): Die Bahuvrihisb. sind hier im wesentlichen eingeschränkt auf Bildungen, die sich paraphrasieren lassen als ‚X has AB‘, d. h. ‚Die durch das Nullmorphem vertretene Person oder Sache hat das, was durch das zusammengesetzte Dt bezeichnet wird‘, also z. B. ne. *redcoat* ‚Someone [i. e. the soldier] has a red coat‘. Früher wurden die Bahuvrihisb. deshalb auch manchmal als Possessivkp. bezeichnet. Diese Eingrenzung hat positive und negative Folgen.

Die positive Folge ist, daß der Typ, so wie er hier angesetzt ist, semantisch in sich relativ einheitlich ist. Das Besitzverhältnis läßt sich oft auch als metonymische (genauer synekdochische) Beziehung beschreiben: das Ganze wird durch einen charakteristischen Teil bezeichnet *(pars pro toto)*, wobei das Besitzverhältnis seinerseits auch metaphorisch sein kann: ‚Jemand (oder etwas) hat etwas, das AB ähnelt; jemand hat AB im übertragenen Sinn‘, z. B. ne. *greenhorn*, dt. *Löwenmäulchen, Dickkopf.* Manchmal muß die Formel allerdings etwas erweitert werden. So ist der me. Personenname *Whete-kake* ‚Weizenkuchen‘ zu paraphrasieren als 'One who has AB for sale' (Jönsjö 1979:30); der me. Personenname *Drake(n)-hefd* ‚Drachenkopf‘ ist zu paraphrasieren als 'One who has a dragon's head on his banner'.

Die negative Folge ist, daß eine Reihe ähnlicher Bildungen, die sich z. T. mit der generelleren Formel 'X is *characterised* by AB' beschreiben lassen[180] (d. h. ‚Die durch das Nulldeterminatum vertretene Person oder Sa-

---

[180] Siehe Marchand 1969:14, 386; Strang 1970:§ 140.

che ist *charakterisiert* durch das zusammengesetzte Determinans') und bei denen strenggenommen ebenfalls ein Nullsuffix als Dm anzusetzen ist, nicht hier erscheinen, sondern als Untergruppen anderer Typen eingeordnet sind.[181] Hierher gehören insbesondere: (i) Bei den Genitivkp. (Sb+*s*/ Sb-Kp.) die Untergruppe der Pflanzennamen, s.o. 3.2.2.5.(2): *hundes-tunge* ist keine Art von Zunge, sondern eine Art von Pflanze: 'X [plant] is characterised by looking like AB'. Gerade hier ist aber die Grenzziehung zu den Bahuvrihisb. manchmal schwierig (vgl. Carr 1939:132): ?'X [plant] has (something which looks like) AB'. (ii) Eine Untergruppe der Partikelkp., s.o. 3.2.6.5.(2.vi), z.B. *outlaw, afternoon*. (iii) Einzelne der Sb/Sb-Kp., z.B. *bryd-ealo* (> ne. *bridal*) ‚Hochzeit' (wörtl. ‚Brautbier'), ebenfalls eine metonymische Bildung, die zu paraphrasieren wäre als ‚Etwas [sc. die Hochzeit], das durch das Brautbier charakterisiert ist',[182] oder der Pflanzenname *hare-fot* ‚Ackerklee' usw. (wörtl. ‚Hasenfuß'): 'X [plant] is characterised by looking like AB' (oder ?'X [plant] has something which looks like AB').

(3) Wortart des Erstelementes: Der morphologischen Gestalt nach gibt es im frühme. Belegmaterial folgende Varianten: (i) Sb+Sb/$\emptyset_{Sb}$ (*atter-coppe, porne-bake*, usw.); (ii) Adj+Sb/$\emptyset_{Sb}$ (*wit-porn, long-here*, usw.); (iii) Num+Sb/$\emptyset_{Sb}$ (*fif-lef* und das Lehnwort *unicorne*). – Das Muster Vb+Sb/ $\emptyset_{Sb}$ (z.B. *scatterbrain, springtail* – zu unterscheiden von den Imperativkp.!) ist erst im Ne. belegt, siehe Marchand 1969:387, 389.

3.2.14.4. Geschichte und Produktivität des Typs

Ursprung und frühe Geschichte der Bahuvrihisb. wurden zwar schon oft diskutiert, sind in manchen Aspekten aber noch immer nicht recht klar. Man nimmt an, daß die Bahuvrihis aus der Namengebung kommen. Auf-

---

[181] Wie oben 3.1.2.19. gesagt, ist es darüber hinaus fraglich, ob man überhaupt alle metonymisch oder metaphorisch verwendeten Bildungen den Exozentrika zuordnen sollte. Zumindest sind manche noch schwieriger zu beschreiben als die bisher genannten. So lassen sich dt. *Baulöwe, Salonlöwe* weder durch die Formel ‚X hat AB' noch durch ‚X ist charakterisiert durch AB' erfassen, vielmehr müßte die letztere Formel noch erweitert werden, etwa zu ‚X ist dadurch charakterisiert, daß er in A (im Bauwesen, im Salon) wie B (ein Löwe) dasteht, wirkt [d.h. eine führende, auffällige Stellung einnimmt]'. Zu den Bahuvrihisb. gehören solche Bildungen jedenfalls sicher nicht.

[182] Faiß 1978:191 f. (Nr. 51) gibt als Paraphrasen allerdings auch 'We drink ale in honour of the bride' und 'We name B [sc. the wedding] for A [sc. the bryd-ealo]'. – *Bryd-ealo* wird schon seit dem Erstbeleg metonymisch (als *pars pro toto*) für ‚Hochzeit' verwendet. Entgegen dem Eindruck, den Faiß erweckt, ist das Wort offenbar erst relativ spät belegt: der Erstbeleg ist *ChronE* 1075 (vgl. *BT(S), OED, MifConc*), nach den hier zugrundegelegten Kriterien also bereits me. Carr 1939 erwähnt *brydealo* nicht.

fällig ist jedoch, daß es im Germanischen zwar Adjektivbahuvrihis gab, aber keine Substantivbahuvrihis. Auch im Ae. waren die Bahuvrihiadjektive (vgl. unten 3.3.13.) wesentlich häufiger als die Bahuvrihisubstantive. Zu letzteren gehören (i) einige Pflanzen- und Tiernamen, die noch dazu oft Lehnübersetzungen nach lat. Vorbildern waren, z. B. *fif-leaf* ‚quinquefolium‘, *an-horn* ‚unicornis‘; (ii) Personennamen (Zunamen) wie *Widsiþ* ‚jemand, der eine weite Reise gemacht hat‘, die etwas häufiger aber anscheinend erst im 11. Jhd. auftreten, z. B. *þurcytel Myranheafod* ‚Thurcytel „Mährenkopf“‘, *ChronE* 1010.[183] (iii) aus *Beowulf* die Schiffsbenennungen *bunden-stefna, hringed-stefna, wunden-stefna* ‚etwas [ein Schiff], das einen zusammengebundenen/einen Ring-/einen gewundenen Steven hat‘. Im Me. waren Bahuvrihisb. im Allgemeinwortschatz ebenfalls noch selten, bei Personennamen (genauer: Zunamen) aber bereits recht häufig. Seltén 1975 hat für den me. Zeitraum allein aus East Anglia über 180 verschiedene Bildungen nachgewiesen; zu den frühesten gehören z. B. *Balheued* 1257, *Blakberd* 1219, *Hardheued* 1202 usw.

Im Allgemeinwortschatz werden die Bahuvrihisb. dann erst im Frühne. häufiger. Ihren Aufstieg während der me. Zeit führt Marchand 1969:387 f. auf zwei Faktoren zurück: Erstens wurden im Me. die reinen Bahuvrihiadjektive durch die erweiterten Bahuvrihiadj. verdrängt, z. B. *mildheort* durch *mildheorted* (siehe unten 3.3.14.); damit war das erstere Muster frei für die Bildung von Bahuvrihisb. Zweitens konnten sich die Bahuvrihisb. im Anschluß an die im Me. neu auftretenden Imperativkp. entwickeln, die den anderen wichtigen Typ der exozentrischen Sb darstellen (siehe unten 3.2.15.). Allerdings sind im Frühme. die Bahuvrihiadj. mit 24 Bildungen noch häufiger als die Bahuvrihisb., und die Imperativkp. sind ebenfalls noch relativ schwach vertreten (mit 16 Bildungen), so daß es sich hier vielleicht eher um begünstigende als um auslösende Faktoren handelt. In unserem frühme. Belegmaterial finden sich insgesamt 16 Bahuvrihisb.; allerdings stellt *NamesHare* die Hälfte davon, nämlich 8 (fast durchwegs me. Neubildungen und fast alle Hapaxlegomena), während alle anderen Texte zusammen ebenfalls nur 8 Bildungen haben (ausschließlich der Namen).[184] Davon stammen 2 aus dem Ae., während 6 me. Neubildungen sind. Die These von der Herkunft der Bahuvrihisb. aus der Namengebung wird durch unser frühme. Belegmaterial gestützt: es handelt sich hier ausschließlich um Benennungen von Tieren, Pflanzen oder Menschen.

---

[183] Zu den Namen siehe Tengvik 1938.
[184] In den Texten unserer Textgruppen I–II gibt es keine Belege.

3.2.14.5. Belege

a)   Aus den frühme. Texten (außer *NamesHare*)

atter-coppe (ae. *ātor-coppe*) ‚Spinne‘ (wörtl. wohl ‚Giftkopf‘ oder ‚Giftspitze‘),
O&N. *-coppe* kommt schon ae. nicht selbständig vor. Vgl. Mayer 1962:103f. –
Weniger überzeugend ist die Erklärung als Sb/Sb-Kp., siehe *OED* s.v. *Attercop*.
fif-lef (ae) ‚quinquefolium, Fünffingerkraut‘, *HrlVoc*.
lylie-leor (ME, h?) ‚Liliengesicht‘, *LyricsXIII*.
nute-hede (ME, h) ‚Tormentill, Blutwurz‘ (wörtl. ‚Nußkopf‘), *HrlVoc*.
stan-stikel (ME) ‚Stichling‘ (wörtl. anscheinend ‚Steinstachel‘; das Kp. erscheint
aber in mehreren me. Varianten), *GlossNeck*. Vgl. *OED* s.v. *Stanstickle* (nur mit
ne. Belegen), *Stickleback*.
porne-bake (ME) ‚Stachelrochen‘? (wörtl. ‚Dornenrücken‘), *Hav*.
uni-corne (ME) ‚Einhorn‘, *AncR, KingAlex*. Lehnwort.
wit-porn (ME) ‚Weißdorn, spina alba‘, *HrlVoc*. Lehnübersetzung.

b)   Aus *NamesHare* (sie sind alle Bezeichnungen für den Hasen):[185]

cawel-hert (ME, h) ‚Kohlherz‘ (d.h. wohl ‚der Zaghafte‘). Eine Analyse als Sb/Sb-
Kp. ‚Kohlhirsch‘ ist jedoch nicht auszuschließen.
ffitel-fot (ME, h) ‚der mit den unruhigen (oder: weißen?) Füßen‘; vgl. *MED* s.v.
fitel-fot, wonach es sich um eine ae. Bildung handelt (*fitel-fota* 'whitefooted').
liȝtt-fot (ME, e) ‚Leichtfuß‘.
long-here (ME, h) ‚Langhaar‘, oder, wenn man ein unetymologisches *h* annimmt,
‚Langohr‘.
pin-tail (ME, h) ‚Nadelschwanz‘, d.h. wohl ‚der mit dem kleinen Schwanz‘.
stob-hert (ME, h) ‚Stummelherz‘. Eine Analyse als Sb/Sb-Kp. ‚Stummelhirsch‘
(d.h. ‚kleiner Hirsch‘) oder ‚Stoppelhirsch‘ ist jedoch nicht auszuschließen (vgl.
strau-der ‚Strohhirsch‘, *NamesHare*).
walden-eie (ae. *uualden-egi*; *BTS* s.v. *walden-ige*) ‚Hellauge, Glasauge‘ (*NamesHare*:
l). Vgl. *OED* s.v. *Walden-eie, Wolden-eiȝed, Wall-eye, Wall-eyed* sowie unten
3.3.14.5.(1 a).
wite-wombe (ME, h) ‚Weißbauch‘.

c)   Personennamen:

Draken-hefd, Drake-heued (ME) ‚Drachenkopf‘ (als Beinamen für Uther Pendragon, weil er einen Drachenkopf auf seinem Banner führt), *LaȝB*. Als Sb/Sb-Kp.
ist *drake-heaueð* in *AncR* belegt.

d)   Aus den späteren Texten (ebenfalls Personennamen):

Bewmaynes (ME; Lw) wörtl. ‚Schönhand; der mit den schönen Händen‘, *Malory*.
Ironsyde wörtl. ‚Eisenseite‘, *Malory*.

---

[185]   Siehe dazu jeweils den ausführlichen Kommentar bei Ross (ed. *NamesHare*).

e) Isolde Weißhand erscheint in *SirTristr* nie als Bahuvrihisb., sondern wird immer umschrieben:

þat maiden Ysonde hiʒt wiþ þe white hand, SirTristr 2650 f. (vgl. 2677 f.; 3046 f.; 2662).

3.2.15. Vb+Sb/Ø$_{Sb}$; usw. (Imperativkomposita): *chaunte-cler, wesche-disch*

3.2.15.1. Definition des Typs

Der morphologischen Gestalt nach handelt es sich um Verbindungen aus Vb+Sb (genauer: Verbstamm + Sb); der morphologischen Struktur nach bilden Vb+Sb jedoch das zusammengesetzte Dt, während das Dm an der Oberfläche nicht ausgedrückt ist und durch ein Nullmorphem vertreten wird.[186] Traditionellerweise werden die Imperativkp. deshalb den exozentrischen Bildungen zugerechnet. Die morphologische Strukturformel lautet Vb+Sb/Ø$_{Sb}$; der Status der Konstituenten ist freies Morphem + freies Morphem/Nullmorphem (Nullsuffix). Als Formel läßt sich nicht angeben AB = B, sondern AB/Ø. Die Imperativkp. sind Kp. mit Verbalverknüpfung. Siehe ferner unten 3.2.15.3.

Literatur: Jespersen 1914 (*MEG* II):223−226, 346−349; Marchand 1969:380−382; Koziol 1972:66−68; Stein 1973:256f.; ferner z.B. Weekley 1917:252−277; Uhrström 1918; Langenfelt 1933:76f., 82−86; Tengvik 1938:383−389; Carr 1939:63, 170−174; Meid 1967:30f.; Reaney 1967:279−289; Seltén 1969; Strang 1970:257 (§ 140); Faiß 1978: 72−78; Erlebach 1979:105−128; Jönsjö 1979:30, 34f. − Zum Frz. vgl. Darmesteter 1894:146−205; Nyrop 1936:287−290; Meyer-Lübke ²1966:167−169 (§ 258); Rohrer 1967/1977:128−139; Bierbach 1982; Thiele 1985:71 ff.

3.2.15.2. Zur morphologischen Isolierung

Durch das anzusetzende Nulldeterminatum, das die semantische Besonderheit der Imperativkp. widerspiegelt (ein *pickpocket* ist keine Tasche *[pocket]*, sondern ein Mann), ist der Kompositionstyp der Imperativkp. morphologisch isoliert.

3.2.15.3. Weitere wichtige und problematische Punkte

(1) Kompositum oder Suffixbildung? Zur Begründung, warum die Imperativkp. hier unter die Kp. gerechnet werden und nicht wie z.B. bei Mar-

---

[186] Im Gegensatz zu dem oberflächlich gleichen Typ Vb/Sb, bei dem das Vb das Dt und das Sb das Dm bildet, z.B. *sniδ-sceapp*, vgl. oben 3.2.7.

chand unter die Nullableitungen, siehe oben 1.3.2. Dies läßt sich auch so formulieren: Imperativkp. sind gewöhnlich keine ursprünglichen Vb/Sb-Kp., die dann noch ein Nullsuffix erhalten, das heißt in eine andere syntaktisch-semantische Klasse transponiert werden, sondern eigenständige Bildungen.

(2) Morphologische Interpretation des Erstelementes: Das verbale Element ist rein morphologisch meist mehrdeutig. Für das Frz. läßt es sich als Verbstamm, als 3. Person Ind. Präs. Sg. oder als Imperativ auffassen. Für das Englische und Deutsche kommen morphologisch nur Verbstamm oder Imperativ in Frage, für dt. Bildungen wie *Vergißmeinnicht* nur der Imperativ.

(3) Präzisierung der Definition: Wie gerade angedeutet, läßt sich – als eine mögliche Analyse – bei diesem Kompositionstyp das Verb als Imperativ und das Substantiv als Objekt dazu auffassen, was sich auch in der Bezeichnung des Typs als Imperativkp. widerspiegelt. Es liegt jedoch kein Befehlssatz vor, sondern die Bezeichnung für eine Person (seltener eine Sache), für welche die durch den Satz ausgedrückte Tätigkeit charakteristisch ist, wobei die Person (oder Sache) selbst an der Oberfläche des Kp. aber nicht genannt wird. Für die Satzparaphrase kommt oft kein Imperativsatz in Frage, sondern nur ein Aussagesatz: '*[Someone(who)]*/pick(s) pocket(s)' → pickpocket/∅; vgl. unten 5.3.6.

(4) Entstehung aus Befehlssätzen oder aus Aussagesätzen? Die bisherigen Erörterungen galten der synchronen Analyse; nun soll auf die Frage eingegangen werden, ob die Imperativkp. ursprünglich aus Imperativsätzen oder aus Aussagesätzen entstanden. Für eine Entstehung aus Befehlssätzen plädiert z.B. Meyer-Lübke 1966:167; nach ihm wurden Personen nach dem Zuruf benannt, „den der Benamste andern gegenüber braucht oder den man an ihn richtet, um ihn zu necken." Dagegen sagt Meid 1967:31

> Das verbale Vorderglied wird heute fast durchwegs imperativisch aufgefaßt (...), hatte ursprünglich jedoch sicher nicht diese Geltung, sondern eher die des (mit dem Imperativ identischen) reinen Verbalstammes.

Es gibt hier aber wohl keine generelle Lösung, sondern nur eine Entscheidung für jeden Einzelfall, weil die Bildungen teils aus Imperativsätzen, teils aus Aussagesätzen entstanden sein können. Im Französischen, dem der Kompositionstyp vermutlich entstammt (s.u. 3.2.15.4.), sind die Bildungen ohnehin insofern ambivalent, als das Vb im Frz. nicht nur als Imperativ, sondern auch als 3. Pers.Sg.Präs. aufgefaßt werden kann (s.o. unter (2)), und ein Kp. wie *chantecler* deshalb als Imperativsatz 'Sing clear(ly)!'

oder als Aussagesatz 'He sings clear(ly)' interpretiert werden kann. Im Englischen und Deutschen entstanden manche Bildungen zweifellos aus Imperativen, z. B. engl. *forget-me-not, speakeasy;* dt. *Vergißmeinnicht, Fürchtegott, Rührmichnichtan,* vgl. auch lat. *Vademecum, Facsimile.* Andere Bildungen sind dagegen wahrscheinlich aus Aussagesätzen entstanden, z. B. spätme. *breakfast* aus dem Aussagesatz *He broke his fast, they broke their fast,* der früher als das Kp. belegt ist.[187] *Wesche-disch* ‚Tellerwäscher‘ ist möglicherweise aus dem Relativsatz *þe cokes cneaue þe wescheð and wipeð disches* zusammengezogen worden, siehe unten 3.2.15.5.; zu *ssette-pors* siehe unten 5.3.6. Nachdem der Kompositionstyp einmal etabliert war, wurden Bildungen möglicherweise auch einfach analog zum Typ geprägt, ohne daß die Sprecher immer eine bestimmte Verbform (etwa den Imperativ) im Sinn hatten.

(5) Lokalisierung des Nullmorphems: Vor allem in bezug auf die französischen Imperativbildungen wird manchmal die Frage diskutiert, ob das Nullmorphem nicht besser nach dem Verb anzusetzen sei anstatt nach dem Sb.[188] Für das Frz. mag dies zum Teil angemessen sein, weil dort die morphologische Struktur Dm/Dt auch sonst nicht ungewöhnlich ist (vgl. unten 3.2.16.); aber selbst für das Frz. gilt es nicht immer, siehe Faiß 1978:72−78. Für das Englische ist es grundsätzlich nicht gerechtfertigt. Man könnte zwar darauf verweisen, daß gerade im Me. die Typen Sb/Vb+*ere* und Vb+Sb/Ø$_{Sb}$ eine gewisse Konkurrenz bilden; so steht z. B. me. *Ringebell* neben *Belringer* (siehe Seltén 1969:20). Analog zu der Tatsache, daß in *Belringer* das Suffix nach dem Vb steht, könnte man dann argumentieren, daß auch in *Ringebel* das Nullmorphem nach dem Vb anzusetzen sei, was die morphologische Struktur Vb+Ø/Sb ergäbe. Man müßte dann allerdings Vb+Ø zusammen als Dm ansehen, nämlich als nullabgeleitetes deverbales Sb, ähnlich wie das Dm in ae. *yrfe-numa,* ne. *bell-hop.* Im Englischen folgt aber gewöhnlich das Dm dem Dt (siehe oben 1.4.3.3.) und Inversionskp. stellen eine Ausnahme dar (siehe unten 3.2.16.). Aus diesen prinzipiellen Erwägungen heraus wird für die Imperativkp. hier deswegen die Struktur Vb+Sb/Ø$_{Sb}$ angesetzt;[189] dafür spricht außerdem die Parallele zu den Bahuvrihisb. (Sb+Sb/Ø$_{Sb}$; Adj+Sb/Ø$_{Sb}$).

(6) Morphologische Gestalt des Dt: Als Typ wird hier Vb+Sb/Ø$_{Sb}$ angesetzt (*cache-pol, cheuer-chef* usw.); daneben treten folgende morphologi-

---

[187] Er kommt mehrmals in *Malory* vor (70/42; 106/3; 108/25; 187/30 f.; 193/8 f.; 196/8; 439/4); vgl. ferner Götz 1971:56; Faiß 1978:99−102; *MED* s. v. *breke-fast(e; OED* s. v. *breakfast; ODEE* s. v. *breakfast.*

[188] Siehe z. B. Rohrer 1967/1977:34−44, 128−132; Erlebach 1979:106 f.

[189] Vgl. Faiß 1978:72−78.

sche Varianten auf: (i) Vb+Adv/$Ø_{Sb}$: *chaunte-cler, sitte-stille, stele-awai*;
vgl. ne. *Dolittle*. (ii) Vb+Präp+Sb/$Ø_{Sb}$ (nur in *NamesHare*): *gobidich, go-bi-grunde*, usw. (iii) Vb+Vb/$Ø_{Sb}$ (nur in *NamesHare*): *make-agrise, make-fare*.

3.2.15.4. Zur Geschichte und Produktivität des Typs

Im Germanischen und auch im Ae. gab es keine Imperativkp.; erst im
Spätae. (11. Jh.) tauchen Personennamen (Zunamen) dieses Typs auf.[190]
Zahlreicher werden die Imperativkp. erst im Me. Ähnlich wie die Bahuvrihisb. treten auch die Imperativkp. bei den Personennamen (genauer: Zuna-
men) früher und häufiger auf als im Allgemeinwortschatz. So hat Seltén
1969 allein für East Anglia 120 me. Personennamen dieses Typs nachge-
wiesen; unter den frühesten sind *Brechehert* 1176, *Brekepot* 1188, *Cache-uache* 1188. Weil die Imperativkp. im Altfranzösischen schon früher als im
Engl. (und im Deutschen) üblich waren und sich unter den frühen engl.
Imperativkp. zahlreiche Entlehnungen und Lehnübersetzungen aus dem
Frz. befinden (vgl. unten 3.2.15.5.(1)), nimmt man im allgemeinen an, daß
der Wortbildungstyp als solcher aus dem Frz. ins Me. entlehnt wurde.[191]
Gelegentlich wird zwar die Meinung vertreten, daß der Typ im Altenglischen (bzw. Germanischen) bereits latent gewesen sei und durch den frz.
Einfluß allenfalls verstärkt wurde (z. B. von Carr 1939:171−173); weil sich
dies jedoch nicht nachweisen läßt, ist zumindest für das Engl. der Theorie
vom frz. Ursprung der Vorzug zu geben. Sie wird ferner noch dadurch gestützt, daß der Typ auch im Engl. zunächst nur für Personenbezeichnungen (und Tiernamen) verwendet wird. Häufig haben diese pejorativen
Charakter und werden als eine Art Spitznamen für Personen, Personen-
gruppen und nicht sehr angesehene Berufe verwendet. In unserem frühme.
Belegmaterial finden sich 16 Bildungen, von denen allerdings über die
Hälfte, nämlich 9, aus *NamesHare* stammen, darunter sind viele Hapaxlegomena. Alle übrigen Texte zusammen weisen nur 7 Bildungen auf. Mit
Ausnahme des bereits ins Spätae. entlehnten *cachepol* (11. Jh.) handelt es
sich durchwegs um me. Bildungen bzw. um ins Me. entlehnte frz. Bildungen. Marchands frühester Beleg stammt aus der Zeit um 1300 (*trailbastoun*
1305); offenbar in Anlehnung daran legt Strang 1970:257 (§ 140) das Auftreten der Imperativkp. im Englischen in den Anfang des 14. Jh. Wie die

---

[190] Siehe Tengvik 1938:383−389; vgl. Reaney 1967:280.
[191] Siehe Marchand 1969:380−382; Erlebach 1979:21, 109, 145 f. Wenn ich Bierbach 1982
richtig verstehe, hat sie Belege für frz. Imperativkp. erst seit dem 12. Jh.; sie berücksichtigt dabei aber anscheinend die Personennamen nicht. − Voraussetzung für die Nach-
ahmung des Musters im Englischen war natürlich, daß die Sprecher des Englischen die
frz. Bildungen analysieren konnten.

hier gegebenen Beispiele zeigen, tritt der Typ im Englischen jedoch bereits im 11. Jh. auf, also fast 300 Jahre früher als von Strang angenommen.[192]

3.2.15.5. Belege

(1)   Aus den frühme. Texten (außer *NamesHare*):

cache-pol (spätae) ‚Zöllner, Steuereinnehmer‘, wörtl. ‚Fang das Geflügel‘, *LambH* IX. Eine Entlehnung aus dem Frz., genauer gesagt Anglonormannischen (anlautendes /k/ bewahrt). *LambH* IX ist die Abschrift einer Aelfric-Homilie; *cachepol* ersetzt *tollere,* das in der ae. Vorlage stand. Das Wort ist vereinzelt schon im Spätae. belegt (*hæcewol,* Wright/Wülcker 111,9; *cacepollus,* IV Aethelred 3,3 (Quadripartitus). In der Literatur wird es häufig erwähnt; siehe z. B. Uhrström 1918:16, Tengvik 1938:385; Reaney 1967:281 (1086 im *Domesday Book* belegt); Erlebach 1979:192; Koziol 1972:66 (danach erst 1377 belegt); *ODEE* s. v. *catchpoll; MED* s. v. *cacche-pol; OED* s. v. *Catchpole.*

chaunte-cler (ME) ‚Hahn‘, wörtl. ‚Singehell, Singeklar‘, *Fox&W.* Afrz. Lehnwort.

cheuer-chef (ME) ‚Kopftuch‘, *SEL, Malory (keverchoff).* Afrz. Lehnwort. Vgl. *OED* s. v. *coverchief; MED* s. v. *cover-chef.*

dobbe-dent (ME) ‚Zahnarzt‘, wörtl. ?‚der die Zähne ausschlägt‘, *SEL.* Hybrid. Der Sinn ist vom Kontext her klar; allerdings hat *dubben* (ne. *dub*) sonst selten die Bedeutung ‚schlagen‘ (wenn auch engl. *to dub s. o. a knight* dem dt. *jmd. zum Ritter schlagen* entspricht), vgl. *MED* s. v. *dubben.*

drinc-hail und *wassail:* Siehe dazu unten 3.2.18.2.

kealche-cuppe, keache-cuppe (ME, h) ‚Trunkenbold‘, wörtl. vielleicht ‚Erbrich die Tasse‘ (oder ‚Verschluck die Tasse‘ oder ‚Fang die Tasse‘), *AncR.* Das Dt ist schwierig zu erklären, zumal die einzelnen Hss. unterschiedliche Varianten haben; siehe Zettersten 1965:77, 146; *MED* s. v. *kēlche-cuppe. – kealche(n)* (Hs. A) wird von Zettersten aus ae. *cylcan* ‚rülpsen, kotzen, verschlucken‘ abgeleitet; *keache(n)* (Hs. C 92v/3) ist möglicherweise eine Verschreibung für *kealchen;* vielleicht aber auch eine Schreibung für *cache(n)* ‚fangen‘.

wesche-disch (ME) ‚Tellerwäscher‘, wörtl. ‚Wasch die Teller‘, *AncR,* Hs. C 176v/11. – Hs. A 103r/3 f. hat eine andere Lesart, nämlich *sluri þe cokes cneaue þe wescheð 7 wipeð disches i cuchene.* Bei der Variante von Hs. C *(sluri þe cokes cnaue þe weschedisch incuchene)* handelt es sich möglicherweise um ein Schreiberversehen; möglicherweise hat der C-Schreiber aber auch bewußt den Relativsatz zu einem Imperativkp. zusammengezogen, siehe die Anm. von Dobson (ed. *AncR,* Hs. C) zur Stelle. – Vgl. ital. *lavapiatti.*

---

[192] Marchand 1969:382 hält es allerdings ausdrücklich für wahrscheinlich, daß die Imperativkp. im Englischen schon vorher existierten. Koziol 1972 hat als frühesten datierten Beleg *spurnwater* (1347). – Bei Shakespeare sind die Imperativkp. nicht selten, siehe Scheler 1982:117 f. – *Drinc-hail* u. *wassail* sind bei unseren 16 frühme. Imperativkp. nicht mitgezählt.

warderobe (ME) ‚Garderobe, Kleiderschrank‘, *SEL, Malory (wardrop)*. Afrz. (agn.) Lehnwort.

(2)   Aus *NamesHare* (alles Bezeichnungen für den Hasen und durchwegs heimische Bildungen):[193]

breke-fforewart (ME, h) ‚Vertragsbrecher‘.
gobidich (ME, h?) ‚der am Graben entlanggeht‘ (oder: ‚der die Gräben meidet‘).
gobigrounde (ME, e) ‚der am Boden geht‘ (d. h. ‚kleines Tier‘).
go-mit-lombe (ME, h) ‚der mit den Lämmern geht‘.
make-agrise (ME, h) ‚der den Leuten Angst einjagt‘.
make-fare (ME, h) ‚der die Leute in die Flucht schlägt‘.
sitte-stille (ME, h?) ‚Stillsitzer‘.
stele-awai (ME, h) ‚der sich wegstiehlt‘.
tour[n]e-[t]o-hulle (Ross' Emendation; die Hs. hat *toure hohulle*) (ME, h?) ‚der sich zu den Hügeln wendet‘.

(3)   Aus den späteren Texten (soweit nicht schon oben mit aufgeführt):

bere-blisse (ME) ‚Freudenbringer(in)‘, *Ayenb*, in der Wendung *damezele bere-blisse*, eine Lehnübersetzung nach frz. *damoisele porte-ioie*.
Passe-Brewell (ME; afrz. Lw) wörtl. ‚der durchs Gebüsch geht‘ (Name eines Pferdes), *Malory*.
ssette-pors (ME, h) ‚Börsenschließer (der Teufel des Geizes)‘, *Ayenb*. Siehe dazu unten 5.3.6.; vgl. *OED* s. v. *Shut-purse*.

3.2.16. *Sb /Sb; Sb /Adj* (Inversionskomposita): *freres prechurs, herbe Robert*

3.2.16.1. Definition des Typs

Es handelt sich um Verbindungen aus Sb/Sb oder (häufiger) aus Sb/Adj, bei denen im Gegensatz zu dem im Englischen üblichen Muster das Dm dem Dt vorangeht; deswegen werden sie auch als Inversionskp. bezeichnet; früher wurden sie manchmal Initialdeterminativa genannt. Der Status der Konstituenten ist freies Morphem/freies Morphem; es liegen Kp. ohne Verbalverknüpfung vor.

Literatur: Jespersen 1914 (*MEG* II):25 f., 378–386 und 1942 (*MEG* VI):145 f.; Marchand 1969:11, 81 f.; Koziol 1972:61 f., 63 (§ 103, 106); ferner z. B. Bergsten 1911:55–65; Weinstock 1968:16, 54; Strang 1970:192 (§ 115); Quirk/Greenbaum 1973:84 f. (§ 4.37); Erlebach 1979:89–99; Quirk et al. 1985:418 ("institutionalized expressions"). – Zum Frz. siehe z. B. Rohrer 1967/1977:86–114; zum Dt. siehe z. B. Ortner/Ortner 1984:61 f.

---

[193] Siehe dazu jeweils den Kommentar bei Ross (ed. *NamesHare*). Auffällig ist auch, daß *NamesHare* nur heimische Bildungen hat.

3.2.16.2. Zur morphologischen Isolierung

Die Inversionskp. sind als Typ morphologisch nicht isoliert. Dies zeigt sich daran, daß oft das erste Element das Pluralmorphem erhält, z. B. ne. *heir apparent* – *heirs apparent;* nach Matthews 1974:189, 193, sind solche Verbindungen keine Kp. Im frühme. Material stehen zum Teil beide Elemente im Plural, wie *freres prechurs, freres meonurs, nutes amigdeles;* auch solche Verbindungen dürften keine Kp. sein. In vielen Fällen schwankt der Gebrauch, z. B. ne. Sg. *solicitor general* – Pl. *solicitors general* und *solicitor generals* – Formen wie die letztere kann man dagegen als Kp. ansehen.[194] Es zeigt sich auch hier wieder ein enges Nebeneinander von Kp. und parallelen syntaktischen Gruppen, und nicht in allen Fällen läßt sich eindeutig entscheiden, ob Kp. oder syntakt. Gruppe vorliegt.[195] Nicht überzeugend ist Marchands Argumentation. Er unterscheidet zwischen Inversionskp., die nach heimischem Muster gebildet sind, und solchen, die nach fremdsprachlichem Muster gebildet sind. Bei den heimischen Bildungen, die nach Marchand morphologisch nicht isoliert sind, handelt es sich aber großenteils um festgewordene syntaktische Gruppen der Form *man in the street, son-in-law,* die gar nicht hierher gehören, weil sie eine andere morphologische Gestalt zeigen und auch von Marchand selbst nicht bei den Inversionskp. behandelt werden, sondern an anderer Stelle (Marchand 1969:122–127). Die Inversionskp. nach fremdsprachlichem Muster sind laut Marchand 1969:81 morphologisch isoliert, weil es keine entsprechenden syntaktischen Gruppen gibt. Dagegen wurde jedoch oben argumentiert, daß diejenigen Fälle, in denen das Erstelement das Plural-*s* trägt, eben gerade als (z. T. freilich idiomatisierte) syntaktische Gruppen eingestuft werden können. Überdies weist Marchand selbst darauf hin, daß fast alle dieser Verbindungen Doppelakzent tragen.[196] Manche sind wohl als Appositionen einzustufen, z. B. Namen wie *burg ierico, lond Canaan, folc ebru,* alle in *Gen&Ex;* vgl. Arngart, ed. *Gen&Ex,* S. 40, sowie oben 2.4.3.3. mit Anm. 116.

3.2.16.3. Weitere wichtige und problematische Punkte

Auf die Notwendigkeit, vom Typ *Sb/Sb, Sb/Adj* Bildungen des Musters *Sb+Präp+Sb* zu trennen, wurde schon hingewiesen; zu letzterem siehe unten 3.2.18.2.

---

[194] Vgl. zur Frage des Plurals bei den Inversionskp. außer Matthews 1974:189–193 auch Jespersen 1914 (*MEG* II):25 f.

[195] Vor allem, wenn eine Bildung nur im Singular belegt ist.

[196] Bzw. Hauptakzent auf dem Zweitelement; vgl. auch Poldauf 1984:108.

3.2.16.4. Zur Geschichte und Produktivität des Typs

Die Inversionskp., die der hier gewählten Definition entsprechen, also *Sb/Sb* und *Sb/Adj* (nicht dagegen *Sb +Präp+Sb* usw.), gehen auf fremdsprachlichen Einfluß zurück, insbesondere auf französischen, gelegentlich auf lateinischen sowie bei den Orts- und Personennamen auch auf keltischen (vgl. ne. *Kirkpatrick, MacArthur*). Während in diesen Sprachen die Wortstellung Sb+Adj bzw. der Kompositionstyp der Inversionskp. nicht selten sind, sind beide den germanischen Sprachen ursprünglich fremd. Nach Strang 1970:192f. (§ 115) gibt es die Inversionskp. im Englischen seit dem 14. Jh. Unser Belegmaterial zeigt jedoch, daß sie schon um 1200 auftreten; bei den Ortsnamen reichen einzelne Entlehnungen sogar ins Ae. zurück *(munt-geof)*. Der Herkunft des Typs entsprechend handelt es sich oft um entlehnte Bildungen oder um hybride Lehnübersetzungen, d.h. Lehnübersetzungen, die entlehnte Elemente enthalten (z.B. spätme. *knight errant* nach frz. *chevalier errant*). Daß die keltischen Namen zumindest teilweise verstanden wurden, geht daraus hervor, daß sie in *LaȝB* oft zusammen mit ihren englischen Äquivalenten bzw. Übersetzungen erscheinen, z.B. *Kaer Leir* ~ *Leir-chestre, LaȝB* C 1455 f.; *Pendragon* ~ *Drakenhefd, LaȝB* 9097 f. Offenbar empfand man das Muster aber als fremd und es wurde im Englischen nie sehr produktiv; im Ne. ist es überwiegend auf juristische Terminologie (im weiteren Sinne) beschränkt, für Einzelheiten siehe Marchand 1969:81 u. vgl. Graband 1965:159, 166. In unserem frühme. Material finden sich zwar eine Reihe von Fügungen mit Inversion (unten 3.2.16.5.(1) sind 31 Bildungen aus dem Allgemeinwortschatz aufgezählt); exakte Zahlen für die Inversionskp. lassen sich aber aus mehreren Gründen kaum angeben: Etliche Fügungen sind wohl syntaktische Gruppen – dies betrifft nach unserer Eingrenzung die Fügungen mit dem Erstelement oder mit beiden Elementen im Plural sowie auch viele der Fügungen aus Sb+Adj; manche der entlehnten Bildungen waren im Englischen vermutlich verdunkelt und wurden nicht (mehr) als Kp. empfunden, z.B. *cunestable, port-colis;* bei den Namen (Personen-, Orts- und Volksnamen) dürfte es sich zum Teil um Appositionen handeln (vgl. oben 3.2.16.2.), vielleicht auch bei Fügungen wie *kynge cowarde* (oder Sb+Adj-Gruppe, vgl. oben 2.4.3.4.). Insgesamt nehmen die Inversionskp. also eher einen Randstatus innerhalb der me. Komposition ein.

3.2.16.5. Belege (unter Einschluß mehrerer syntakt. Gruppen)

(1)   Aus den frühme. Texten:

cendel Ynde (ME) ‚indischer Seidenstoff‘ (*Ynde* ‚Indigo‘), *Art&Merl.* Wohl syntakt.
Gruppe. Hybrid.

cethegrande, Gen. *cetegrandie* (ME) ‚Wal(fisch)‘ (wörtl. ‚großer Wal‘), *Best* (nur da
belegt). Lat. Lehnwort (*cete grandia, Genesis* 1.21.), das aber offenbar verstanden
wurde, weil daneben auch das synonyme Simplex *cete* ‚Wal‘ vorkommt (*Best*
397).

cunestable, conestable (ME) ‚Hofmarschall, Gouverneur usw.‘, *SWard, Hav* usw.
Frz. Lehnwort, das wohl nicht (mehr) verstanden wurde. Vgl. *MED* s. v. *constable.*

cunte-hoare (ME, h) ‚Erdrauch (Pflanze)‘ (wörtl. ‚graue Vulva‘), *HrlVoc.* Vgl. *MED*
s. v. *cunte-hoare.* Möglicherweise aber substantiviertes Sb/Adj-Kp., s. u. 3.3.1.5.

deuel wiȝt (ME) ‚tapferer Teufel‘, *Art&Merl.* Wohl syntakt. Gruppe aus Sb + Adj
(d. h. Sb mit nachgestelltem Adj).

douȝtter floure (ME) ‚unvergleichliche Tochter‘ (wörtl. wohl ‚Tochter, die wie eine
Blume ist‘), *KingAlex.* Wohl syntakt. Gruppe (in der Wendung *Cristallyne, my
douȝtter floure*). Hybrid.

fole-sage (ME) ‚weiser Narr‘, *Amis&A.* Frz. Lehnwort (afrz. *fol sage* ‚Hofnarr‘,
wörtl. ‚weiser Narr‘).

freres meonurs, Sg. *frer menur* (ME) ‚Minderbrüder, Minoriten‘ (= ‚Franziskaner‘),
AncR, LyricsXIII. Frz. Lehnwort.

freres prechurs (ME) ‚Predigerbrüder‘ (= ‚Dominikaner‘), *AncR.* Frz. Lehnwort
(eigentlich eine kopulative Bildung: 'the friars are preachers'). *freres prechurs*
und *freres meonurs* treten in *AncR* zusammen auf: A 16v/14; vgl. 112v/11 f.: *freres preachurs 7 meonurs.* Vgl. Tobler/Lommatzsch s. v. *menor* und s. v. *preecheor;
MED* s. v. *frer(e; ODEE* s. v. *minor.*

godalmihtin (ae/ME) ‚allmächtiger Gott‘, *LambH, TrinH* usw. (häufig). Die häufige Wendung ‚allmächtiger Gott‘ tritt entsprechend den beiden lateinischen
Stellungsmöglichkeiten *omnipotens deus* und *deus omnipotens* auch im Ae. und
Me. in den zwei Varianten (me.) *almihti God* und *god almihti* auf, wobei sich
manche Texte auf eine der Varianten festlegen und andere beide haben. Die
Form *almihtin* ist ein Reflex der ae. Akk.Sg.-Endung (*god ælmihtigne, ælmihtigne God*). Die Inversionsform *godalmihtin* wurde im Frühme. anscheinend
zum Teil als (durch Zusammenrückung entstandenes) Kp. empfunden. Darauf
deuten hin: erstens die nicht seltene Zusammenschreibung, z.B. in *LambH* I
(5/24), II (11/17) usw.; zweitens trägt gelegentlich das zweite Element das Geni-
tiv-*s: godalmihtines (milce), LambH* II (23/8); *god almihtines, Vices&V* 41/8. Vermutlich wurde *god almiht(in)* aber nicht immer als Kp. empfunden. Siehe Mustanoja 1973:204−212; *MED* s. v. *al-might* adj, *al-mighti* und *al-mightin* adj, wo
god almight(i)(n) als "phrase (or compound)" eingestuft wird.

gold rede (ME) ‚rotes Gold‘, *StatRom.* Sicher syntakt. Gruppe, vgl. *rede gold,* z. B.
LaȝB.

254

helle dim; helle merk (ME) ‚düstere, dunkle Hölle‘, *Best.* In beiden Fällen liegen syntakt. Gruppen mit nachgestelltem Adj vor.

herbe beneit, herbe yue ‚Wegerich‘, *herbe Johan, herbe Robert* (alle ME), Bezeichnungen für Heilkräuter, *HrlVoc.* Es handelt sich um Lehnwörter aus dem Afrz. (bzw. Lat.). In *HrlVoc* (a 1300) sind sie aber möglicherweise noch Fremdwörter. Dieses Glossar bringt gewöhnlich für jede Pflanze zunächst die lat., dann die frz., schließlich die engl. Bezeichnung; für die hier zur Debatte stehenden Bildungen sieht dies so aus:

Ypis, i. herbe Johan, i. uelderude [‚Johanniskraut‘].

Herba benedicta, i. herbe beneit, i. hemeluc [‚Schierling‘].

Herba Roberti, i. herbe Robert, i. chareuille [‚Ruprechtskraut‘].

Ostragium, i. herbyue. i. liþewurt [‚Wegerich‘].

Wenn die oben genannte Reihenfolge auch hier eingehalten wurde, dann sind für den Verfasser von *HrlVoc herbe beneit, herbe yue, herbe Johan* und *herbe Robert* (557/18, 558/3f., 7f., 21) noch frz. Wörter. Vgl. Marchand 1969:82 (datiert *herb Robert* 1265, *herb John* aber erst 1440); *MED* s.v. *herbe-jon* und *herbe-robert.* Möglicherweise als Kp. anzusehen.

herte grim (ME) ‚grimmiges Herz‘, *Hav.* Sicher syntakt. Gruppe Sb+Adj.

houses roume (ME?) ‚geräumige Häuser‘, *ProvH.* Sicher syntakt. Gruppe Sb+Adj.

hors eschif (ME) ‚scheues/leicht scheuendes Pferd‘, *AncR* Hs. A 65v/5 (Hs. C 106r/ 13 hat *þe scheunchinde hors*). Hybrid.

iambleué (ME) ‚erhobene Beine‘ (?,Tanzschritt‘), *Cokaygne.* Lw < afrz. *jambe levée;* vgl. *MED* s.v. *jaumb-levē.*

leattres isealet; leattres iopenet (ME) wörtl. ‚versiegelte Briefe, offene Briefe‘, in bezug auf das Alte und Neue Testament), *AncR* (A 105r/14 – 15).

lord-ouer (ME) ‚Oberherr‘, *Art&Merl.* Möglicherweise ein Versehen für *ouer-lord.*

nutes amigdeles (ME) ‚Mandeln‘, *Gen&Ex.* Hybride Bildung; entspricht semantisch einem subsumptiven Kopulativkp. ‚Mandelnüsse‘, ist aber morpholog. syntaktische Gruppe.

note-muge (ME) ‚Muskatnuß‘, *KingAlex.* Hybride Lehnübersetzung nach anglonorm. **nois mugue.* Vgl. *ODEE* s.v. *nutmeg.*

port-colice (ME) ‚Fallgatter‘, *Art&Merl.* Vgl. *ODEE* s.v. *portcullis.* Lehnwort.

spere feloun (ME) ‚verbrecherischer Speer‘, *SirTristr.* Wohl syntakt. Gruppe Sb+Adj. Hybrid.

tabel rounde (ME) ‚Tafelrunde‘, *Art&Merl, Malory,* daneben auch *rounde table.* Wohl bedeutungsisolierte syntakt. Gruppe.

vynegre (ME) ‚Essig‘ (wörtl. urspr. ‚bitterer Wein‘) (ne. *vinegar*), *SEL.* Lw < afrz. *vyn egre,* frz. *vinaigre.*

wrecche meoseise (ME) ‚kranke Kreatur‘, *AncR.* Wohl syntakt. Gruppe Sb+Adj. Hybrid. Zu *wrecche* Sb=Adj vgl. oben 2.4.3.4.

wude-brune (ME) ‚Günsel (Pflanze)‘, *HrlVoc.* Vgl. *OED* s.v. *Woodbrown.* (Oder substantiviertes Sb/Adj-Kp. ‚holzbraun‘).

(2)   Aus den späteren Texten (in *Malory* relativ häufig):

corseynte (ME) wörtl. ‚Leib eines Heiligen‘, *Malory*. Lw.

cousyn jermayne (ME) ‚leiblicher Vetter‘, *Malory*. Kp. laut *ODEE*, s.v. *german*. Hybrid.

kynge cowarde (ME) ‚feiger König‘, *Malory*.

a kynge and a quene royall, Malory; sicher synt. Gruppe.

knyght(es) arraunte, -armed, -aventures, -ermyte, -murtherer, -parters (‚Schiedsrichter‘), *-presoners, -straungers:* alles me. Bildungen aus *Malory* und wohl syntakt. Gruppen.

man ermyte, Malory. Hybrid.

morte Arture, Malory.

(3)   Namen (zum großen Teil wohl Appositionen):

Ethiope west, KingAlex.

flum noe ‚Noahs Flut‘, *flum iurdan* ‚der Fluß Jordan‘, *Gen&Ex.*

folc ebru, folc israel (neben *israel folc*), *folc moabit, Gen&Ex.*

Kaer Leir, erklärt als *Leir-chestre, LaȝB* C 1455.

Kaer Lud, erklärt als *Ludes-gate, LaȝB* C 3540.

Kaer Liun, LaȝB.

Kæir Usch, LaȝB.

karlemeyne, PassLord.

king pharaon, Gen&Ex.

lond mesopotamie, Gen&Ex.

munt-giw, munt-giu, mungyu, mungiu usw. ‚Alpen‘, *AncR, LaȝB,* Hs. C. Eine hybride Lehnübersetzung nach lat. *mons Iovis* ‚Berg Jupiters‘, die nicht erst im Me. auftritt, sondern bereits im Ae. belegt ist (*muntgeof, muntgiop* usw.), aber im Me. möglicherweise durchs Frz. verstärkt wurde. Die Bildung bezeichnete ursprünglich den großen St. Bernhard, weil dort einmal ein Jupitertempel stand, im Engl. dann auch allgemein ‚die Alpen‘. Das Kp. war im Engl. wohl verdunkelt; darauf deuten auch die synonymen Formen *montagu* und *munt-ioye* aus *LaȝB* Hs. O hin, die zeigen, daß hier verschiedene Wörter zusammengefallen waren: *montagu* geht auf ein *mons acutus* zurück, *munt-ioye* auf ein *montem gaudia, mons gaudii.* Vgl. Blenner-Hassett 1950:49, 71; Zettersten 1965:136; Tobler/Lommatzsch, s.v. *monjoie; MED* s.v. *mount* n. (1) a) u. b) und *mon-joi(e).*

munt galaad, mount synai, Gen&Ex; Munt Senis, LaȝB.

Port Lud, erklärt als *Ludes-ȝate, LaȝB* C 3559 f., vgl. O 3559 f.

Pendragoun: in *LaȝB* CO 9097 f. erklärt als *Draken-hefd;* in *Art&Merl* wohl nicht mehr verstanden, weil *Vterpendragoun* oft zusammengeschrieben, also möglicherweise als ein Wort aufgefaßt wird, z.B. 1721, 1761, u.ö.

temple salamon ‚der Tempel Salomons‘, *Gen&Ex.*

tur ader ‚der Turm von Edar‘, *Gen&Ex.*

Aus den späteren Texten:

the beste glatyssaunte, Malory.
the Castell Adventures, Malory.
Syege Perelous, Malory.

3.2.17. Reduplizierende Bildungen: *gale-gale, giue-gauen*

3.2.17.1. Definition

Bei den reduplizierenden Bildungen wird ein Element verdoppelt. Nach der morphologischen Gestalt unterscheidet man oft drei Gruppen:

(1) Reduplizierende Kp. im engeren Sinn: Sie zeigen Silbenverdoppelung ohne Veränderung (reine Verdoppelung), z. B. ne. *tick-tick.*

(2) Reimbildungen: Sie zeigen Silbenverdoppelung unter Veränderung des Anlautes (Reimverdoppelung), z. B. ne. *helter-skelter.*

(3) Ablautbildungen: Sie zeigen Silbenverdoppelung mit Stammvokalwechsel (Ablautverdoppelung), z. B. ne. *tick-tack, shilly-shally.*

Die reduplizierenden Bildungen weisen zwar eine Art Zweigliedrigkeit auf, haben aber meist keine morphologische Struktur, d. h. sie sind im allgemeinen nicht als Syntagmen nach dem Schema Dt/Dm zu analysieren.[197] Sie sind gewöhnlich auch nicht durch die Morpheme motiviert, aus denen sie bestehen, sondern durch ihre Lautform, eben Silbenverdoppelung, Reim oder Ablaut. Die Elemente vieler derartiger Bildungen kommen ohnehin gar nicht selbständig vor, und wo sie es tun, weichen sie oft in der Bedeutung ab, vgl. z. B. *sing, song* und *singsong.* Bei den reduplizierenden Bildungen im engeren Sinn dient die Wiederholung des zugrundeliegenden Elementes oft seiner Verstärkung. Es lassen sich gewöhnlich auch keine Satzparaphrasen dazu bilden. Aus diesen Gründen bilden die reduplizierenden Bildungen insgesamt nur eine Randgruppe der Komposita; man könnte sie auch schon zu den Sonderfällen rechnen.

Literatur: Jespersen 1942 (*MEG* VI): 173–183; Marchand 1969: 83, 429–439; Koziol 1972:296–301; Hansen 1982:138–144; Stein 1973:271–275; ferner insbesondere Thun 1963.

3.2.17.2. Zur morphologischen Isolierung

Die reduplizierenden Bildungen sind morphologisch isoliert, weil es keine entsprechenden syntaktischen Gruppen gibt.

---

[197] Marchand vermerkt dies zwar für die Ablaut- und Reimbildungen (1969:436), aber nicht für die reduplizierenden Bildungen im engeren Sinn (1969:83), für die es jedoch genauso zutrifft.

3.2.17.3. Weitere wichtige und problematische Punkte

Der Randstatus der reduplizierenden Bildungen im Bereich der Nominal-komposition zeigt sich an ihrer Behandlung in den Handbüchern. Koziol 1972 und Hansen 1982 besprechen die drei oben (3.2.17.1.) genannten Gruppen zwar zusammen, aber nicht unter den Komposita, sondern als eigenständige Form der Wortbildung.[198] Marchand 1969 trennt diese Grup-pe dagegen: er reiht zwar die reduplizierenden Bildungen im engeren Sinn unter die Kp. ein, die Ablaut- und Reimbildungen aber in eine eigene Wortbildungskategorie. Gegen eine solche Trennung spricht jedoch, daß das Schema Dt/Dm auf keine dieser Bildungen anwendbar ist; ferner kann man Ablaut- und Reimbildungen als Sonderform der Reduplikation anse-hen. Jespersen 1942 ist einer der wenigen, der alle drei Varianten unter dem Stichwort "Reduplicative Compounds" behandelt.[199] So wird auch hier verfahren. Eine Aufnahme der reduplizierenden Bildungen unter die Kp. läßt sich insofern rechtfertigen, als zumindest ein Teil der Bildungen aus selbständigen Wörtern oder aus potentiellen Wörtern (gebundenen lexika-lischen Morphemen, vgl. *gale-gale*) besteht.

3.2.17.4. Zur Geschichte und Produktivität des Typs

(1) Reduplizierende Kp. im engeren Sinn: Aus dem Ae. sind redupli-zierende Interjektionen belegt (*ha ha* für Gelächter, *weg la weg* als Klage-ruf).[200] Im Me. kommen dann auch reduplizierende Sb vor, aber noch sel-ten, vgl. Thun 1963:254–257. In unserem frühme. Material finden sich drei Bildungen, nämlich *baban, cuccu* und *galegale;* ferner kommt gelegentlich substantiviertes *weilawei* vor. Diese Bildungen zeigen aber immerhin, daß die Anfänge des Typs in die Zeit um 1200 fallen und nicht, wie Marchand 1969:83 angibt, erst ins 19. Jh.[201] Zu Recht weist Marchand dagegen darauf hin, daß dieser Typ größtenteils lautnachahmende Wörter umfaßt; für die frühme. Bildungen gilt dies durchwegs. Nach Leonard 1984:116 sind redu-plizierende Kp. zumindest in literarischen Texten auch im Ne. relativ selten.

(2) Reimbildungen treten nach Thun 1963:255–257 erst im 14. Jh. auf; in unserem Material sind sie noch nicht belegt.

---

[198] Koziol in dem Kapitel „Umformungen" unter dem Stichwort „Silbenverdoppelung"; Hansen in dem Kapitel „Verdoppelungen".
[199] Auch Bauer 1983:212 f. rechnet die Reim- u. Ablautbildungen zu den Kp.
[200] Zu *ha ha* vgl. z.B. Thun 1963:69, 254; *MED* s.v. *ha ha;* Mustanoja 1960:623–625.
[201] Es wäre natürlich noch zu fragen, ob es sich nur um vereinzelte Vorläufer handelt oder ob tatsächlich eine Kontinuität des Typs besteht.

(3)   Ablautbildungen erscheinen nach Thun 1963:256 und Marchand 1969:439 im 15. Jh., nach Strang 1970:193 im frühen 16. Jh. Wie die Bildungen *giue-gauen (AncR)* und *lik-lakyng (KingAlex)* zeigen, finden sich Ablautbildungen vereinzelt aber ebenfalls schon ab ca. 1200.

3.2.17.5. Belege

(1)   Reduplizierende Kp. im engeren Sinn:

baban (ME) ,Kind‘, *AncR*. Ahmt vermutlich das kindliche Lallen nach und ist wohl die Vorstufe zu ne. *baby*. Siehe Zettersten 1965:27; *MED* s. v. *babe; ODEE* s. v. *baby*. In dieser Bedeutung nicht bei Thun 1963.

cuccu, cockou (> ne. *cuckoo*) (ME) ,Kuckuck‘, *LyricsXIII* (*Sumer is icumen in*, ca. 1250), *Ayenb*. Das Wort ahmt den Ruf des Vogels nach, ist jedoch aus dem Frz. (afrz. *cuc(c)u, cocu* usw.) entlehnt und hat die heimische Bezeichnung ae. *gēac* verdrängt (ähnlich wie im Deutschen *Gauch* durch *Kuckuck* verdrängt wurde). Siehe Thun 1963:65, 254; *MED* s. v. *cokkou; ODEE* s. v. *cuckoo;* Kluge-Mitzka s. v. *Kuckuck*.

galegale (ME, h) ,Klatschbase, Schwätzerin‘, *O&N*. Dieses Hapaxlegomenon bietet den nicht allzuhäufigen Fall einer Bildung, die nicht einfach fertig dasteht, sondern im Kontext abgeleitet und erklärt wird (*O&N* 255 – 257):

> Ho quaþ, þu [h]attest Niȝtingale; [Hs. J: Nihtegale]
> þu miȝtest bet hoten Galegale,
> Vor þu hauest to monie tale.

(,Sie [sc. die Eule] sprach: Du heißt Nachtigall, aber du solltest beser Gallgall heißen, weil du gar so viele Geschichten weißt‘). Demnach stellt *galegale* die Verdoppelung des zweiten Elementes (Dm) von *nihtegale/nihtingale* dar (dazu s. o. 3.2.9.) und wurde gebildet, um einen spöttischen Effekt zu erzielen. Anscheinend wurde der Zusammenhang mit dem etymologisch verwandten Vb *ȝollen* ,schreien‘ (z. B. *O&N* 112, 223, 972 – 989) noch gefühlt (vgl. ae. *galan* ,singen, schreien‘, auf dem das Dm von *nihtegale* beruht), vielleicht auch der mit dem erst me. belegten Sb *gale* ,Gesang, Lärm‘. Siehe Thun 1963:70, 254; *MED* s. v. *gal(e* n. (1) und *galen; OED* s. v. *Gale* sb² u. v.¹; *Yell* v; *ODEE* s. v. *yell*.

weilawei usw. (ae. *weg la weg*) ,weh und ach‘, häufig. *Weilawei* ist primär Interjektion, ein bereits ae. belegter Schmerzens- und Klageruf. Im Me. wird er gelegentlich auch als Sb verwendet: *Body&S/2* (C 14: *Nafst þu bute [wei]lawei, þet þu weole heuedest*); *LyricsXIII* (48/17 *þat wele is come te weylaway*); *Art&Merl* (142: *Wiþ mani siȝhing & walewo*). Vgl. Mustanoja 1960:629; Thun 1963:166, 254; *BT* s. v. *weg la; OED* s. v. *wellaway, wellawo*.

(2)   Reimbildungen: Keine Belege.

(3)   Ablautbildungen:

giuegaue(n) (Pl) (ME) ,Spielzeug, Krimskrams‘, *AncR*. Nach Zettersten 1965:96 f. eine heimische Bildung und keine Ableitung aus afrz. *gogue* ,Scherz, Spiel‘, wie es das *MED* s. v. *giue-goue* vorschlägt. Nach *ODEE* s. v. *gewgaw* ist es unsicher, ob *giuegauen* die Vorstufe zu ne. *gewgaw* ist. Thun 1963 hat *giue-gauen* nicht, aber eine Reihe lautlich ähnlicher Bildungen.

liklakyng (ME, h) ‚Klirren‘ (für das Klirren von Schwertern im Kampf), *KingAlex.* Vgl. oben 3.2.12.5. Das erste Element ist wohl eine Änderung des zweiten; dieses entspricht dem Vb ae. *lacan* ‚sich auf und ab bewegen, springen, spielen‘. Vgl. *MED* s. v. *lik-laking*.

3.2.18. Sonderfälle und Sonstiges

In diesem Abschnitt werden Bildungen aufgeführt, die sich wegen ihrer morphologischen Gestalt nicht bei den bisher genannten Typen unterbringen lassen, die wegen ihres seltenen Vorkommens oder aus anderen Gründen aber auch nicht als eigene Kompositionstypen zu etablieren sind, jedenfalls nicht für das Frühme.

3.2.18.1. Adverb/Substantiv: *wel-ded*

Kp., die ein Adverb als Dt haben, sind verschieden zuzuordnen. Die Bildungen des Musters Ortsadverb/Sb gehören zu den Partikelkp.; dazu lassen sich auch einige Bildungen mit Zeitadverbien stellen (*ær-dæden* usw.), s. o. 3.2.6. Die Bezeichnungen für die Himmelsrichtungen werden als Dt von Kp. hier als Adjektive eingestuft (*east-dæl, norð-rice* usw.),[202] wenn eine Einstufung als Adverb (seit dem Ae.) oder als Sb (seit dem Me.) auch nicht auszuschließen ist, s. o. 2.4.3.4. unter (3). Es bleibt ein Rest von Bildungen mit anderen Adverbien als Dt, die im Englischen aber so vereinzelt auftreten, daß man kaum von einem Kompositionstyp Adv/Sb sprechen kann.

Literatur: Koziol 1972:68 (§ 120, wo die Ortsadverbien aber nicht von anderen Adv getrennt sind); Bauer 1983:206.

Belege:

wel-ded(e) (ae) ‚Wohltat, gute Tat‘, *LambH, TrinH, LaȝB.* Es handelt sich möglicherweise um eine Lehnübersetzung nach lat. *beneficium* (das sich seinerseits als deverbale Zusammenbildung aus *bene facere* erklärt). Schon im Ae. steht die Adv/Sb-Bildung *weldæd* in Konkurrenz zu der regulären Adj/Sb-Bildung *goddæd,* die me. ebenfalls belegt ist. Laut *OED* stirbt *wel-dede* im 14. Jh. aus. Vgl. Carr 1939:147; Mustanoja 1960:649, der angibt, daß das Adv *wel* in *wel-dede* als attributives Adjektiv gebraucht wird – dies scheint für die Entstehung der Bildung wenig wahrscheinlich, ist aber für das spätere Me. möglich; Ilkow

---

[202] Zu *norþan-, northen-* vgl. unten S. 662.

1968:397–399; ferner *OED* s.v. *Wel-dede* u. *Well* a.; *ODEE* s.v. *well*³ (Adj seit dem 13. Jh.).

well-fare (ME) ‚Wohlfahrt, Wohlergehen‘, *Malory*. Vgl. *ODEE* s.v. *welfare* (wahrscheinlich Lehnübersetzung nach an. *velferð* – dann kann es sich aber nicht gleichzeitig, wie das *ODEE* ebenfalls behauptet, um eine Zusammenrückung aus einer Phrase *wel fare* (Adv = Adj + Sb) handeln).

3.2.18.2. Festgewordene Phrasen: *broþer-in-lawe, late-at-hom*

Es handelt sich bei ihnen nicht um einen festumrissenen Typ, sondern um syntaktische Gruppen verschiedener Form und Struktur, die als komplexe Substantive verwendet werden, also im allgemeinen Zusammenrückungen sind. Ihre morphologische Struktur ist teils als Dt/Dm zu analysieren (z. B. ne. *Jackass*), teils als Dm/Dt (z. B. ne. *man in the street, son-in-law*), teils gar nicht nach diesem Schema (z. B. ne. *bread and butter*). Nach Bergsten 1911:121, der nur Präpositional- und Konjunktionalverbindungen behandelt, gibt es zu Kp. gewordene Phrasen im Ae. nicht und auch im Me. nur sehr selten. Nach Strang 1970:193 taucht der Typ *son-in-law* im 14. Jh. (nach 1370) auf – wie unsere Belege zeigen, reicht er mit einzelnen Bildungen aber bis ca. 1300 zurück.

Literatur: Marchand 1969:122–127; Koziol 1972:70f. (§ 124–127); ferner Bergsten 1911:120–127; Malkiel 1959:113–160; Strang 1970:193 (§ 115); Makkai 1972:bes. 155–164 u. 314–320; Gläser 1986:bes. 73–81.

Belege:

broþer-in-lawe (ME) ‚Schwager‘, *KingAlex* (e), *Malory*. Vgl. *MED* s.v. *brother-in-laue*.

þe *late-at-hom* (ME, h) ‚der spät heimkommt (spät daheim ist)‘ (als Bezeichnung für den Hasen), *NamesHare*. Diese Bildung ist den Exozentrika (mit Nullsuffix als Dm) zuzurechnen: ‘*[Someone who]*/ (is, arrives) late at home’ → þe late-at-hom/ $\emptyset_{Sb}$.

drinc-hail, LaȝB, und *wassail (wesseyl), LaȝB, Hav* 1246, ‚zum Wohl, Prost‘ (wörtl. ‚trink heil‘, ‚sei heil‘), sind me. Interjektionen (aus dem Anord. entlehnte Trinksprüche und zumindest ursprünglich echte Imperativsätze), die anscheinend gelegentlich dann auch als Sb verwendet werden. Vgl. *MED* s.v. *drink heil; OED* s.v. *Drink-hail; Wassail;* Mustanoja 1960:632f.; *ODEE* s.v. *wassail.*

Fraglich scheint, ob die beiden folgenden Entlehnungen aus dem Frz. im Englischen durchsichtig waren (im Frz. bildet dieses Muster seit dem 13. Jh. einen eigenen Kompositionstyp, vgl. z. B. Thiele 1985:84f. „präpositionale Komposita“):

fyldor (ME) ‚Faden aus Gold, Goldfaden‘, *LyricsXIII*. Vgl. *MED* s.v. *fildor.*

maudeflanke (ME) ‚Stich in der Seite, Seitenweh, Bauchweh‘, *SEL*. Vgl. *MED* s.v. *mal-de-flanke.*

3.2.18.3. *Incipit*-Fügungen: *aue maria, pater noster*

Gebete und andere Texte werden manchmal nach ihren Anfangsworten benannt, z. B. *Credo, Sanctus.* Soweit diese Bezeichnungen aus mehreren Wörtern bestehen, handelt es sich um feste syntaktische Gruppen – ob man sie aber mit Koziol als „Incipit-Komposita" bezeichnen sollte, ist fraglich. Eine morphologische Struktur (Dt/Dm-Struktur) haben sie jedenfalls nicht. Das Muster findet sich vereinzelt schon im Ae. In unserem frühme. Material sind nur zwei lat. Gebetsanfänge belegt; diese kommen aber häufig vor.

Literatur: Koziol 1972:71 (§ 128).

Belege:

aue maria, Aue maries (Pl.) (ME) ‚Ave Maria', *SWard, AncR, PsVirg, Ayenb.* In *PsVirg* (196) wird daneben auch einfaches *aues* (Pl.) verwendet. Vgl. *MED* s. v. *Ave Marie.*

pater noster (ae) ‚Vater unser', *WohLo, Orrm, Best* usw. In den ae. *Theodulfi Capitula (ThCap)* ist *pater noster* das Übersetzungsäquivalent für ein *oratio(nem) dominica(m)* der lat. Vorlage.

3.2.18.4. Wortmischungen *(blends): dromeluss*

Siehe dazu Marchand 1969:451–454; Koziol 1972:307 f.; Hansen 1982:144–146; Stein 1973:260–268; Scheler 1982:119; Frankis 1983:29–38.

Im frühme. Material findet sich ein Beleg:

dromeluss (ME, h) ‚Kamel, Dromedar', *Orrm,* in der Wendung *on a der patt iss dromeluss nemmnedd,* 6967. Es handelt sich um eine Mischung aus lat. *dromedarius* und lat. *camelus,* wobei aber unsicher ist, ob sie absichtlich vorgenommen wurde oder auf einem Versehen beruht. Vgl. *MED* s. v. *dromelus.*

3.2.18.5. Partizip Präsens + Sb; Partizip Präteritum + Sb: *goinge folk; beten gold*

Verbindungen aus Partizip (Präsens oder Präteritum) plus Sb werden hier prinzipiell als syntaktische Gruppen angesehen und nicht als Kompositionstypen (so auch Poldauf 1984:130 f.); dies schließt nicht aus, daß einzelne Bildungen durch Zusammenrückung zu Kp. wurden. Das Muster PartPräs/Sb ist nach Carr 1939:203 f. im Ae. selten und kein produktiver Kompositionstyp; zu seiner Einstufung für das Me. und Ne. s. o. 3.1.2.9. und 3.2.8. Das Muster PartPrät + Sb kommt im Ae. zwar vor; es bildet aber größtenteils Bahuvrihiadj., gelegentlich Bahuvrihisb. (*bunden-stefna, wundenstefna,* also PartPrät+Sb/Ø$_{Sb}$, s. o. 3.2.14.), vgl. Carr 1939:201–203.

Belege für mögliche Kp. (aus PartPrät/Sb):

corne-boote (ME, für *coren-bote*) ‚hervorragende (wörtl. auserlesene) Abhilfe, volle Buße, Genugtuung', *Malory.* Laut Vinaver (ed. *Malory*) liegt hier ein Kp. vor, laut *MED* s. v. *coren-bote* dagegen eine Phrase.

hund-limen (ME) vielleicht ‚dienstbare, niedrige Glieder', *TrinH* XXIX (179/10; 181/15 f. u. 21 u. ö.). Das *MED* s. v. *hund-lim* erklärt das Dt als *huned* (PartPrät zu me. *henen* v. (1) < ae. *hīenan* ‚erniedrigen'). Es scheint aber nicht ausgeschlossen, daß das Dm *hund* ‚Hund' repräsentiert (?‚Die Glieder sind wie Hunde').

infangenesthiafes (ae, *infangen(e)þeof*), *ChartHenII.* Ae. *infangenþeof* bedeutet wörtlich ‚auf frischer Tat (im eigenen Gerichtsbezirk) ertappter Dieb' und dann meist ‚Recht, über einen solchen Gericht zu halten (und die Strafe zu kassieren)'. Morphologisch ist *infangenþeof* zu analysieren als Partikel + PartPrät/ Sb. Es wurde ae. als syntakt. Gruppe und als Kp. verwendet. Wie es in *Chart-HenII* aufzufassen ist, ist schwer zu entscheiden: auf Kompositumcharakter könnte die Zusammenschreibung hindeuten; eher auf das Vorliegen einer syntaktischen Gruppe deutet dagegen, daß nicht nur *thiafes* das Genitivmorphem trägt, sondern auch *infangenes.* – Das *-s* in *infangenes* dürfte freilich eine erstarrte Form sein. Vgl. Hall 1920: II, 268; *BT(S)*, s. v. *infangeneþeof;* Liebermann (ed. *Gesetze*), Glossar; *MED* s. v. *infangene-thef; OED* s. v. *infangthief.*

Syntaktische Gruppen sind dagegen zum Beispiel (auch wenn sie in der Hs. zusammengeschrieben werden):

a) PartPräs + Sb: *a berninge drake, LaƷB* C 12773; *of ganninde monnen, LaƷB* C 12703 (*of goinde men,* O); *ælche farinde gume, LaƷB* C 9075 (vgl. O); *of ganninde uolke, LaƷB* C 8990 (*of goinge folk,* O); *liðende men, LaƷB* C 1566; *wallynde pich, PMor* 218; *a souffte amblynge pace, Malory* 160/16; *this glatissynge beste, Malory* 417/27; *the questyng(e) beste, Malory* 296/20; *wayuerindemen, Ayenb* 39/3.

b) PartPrät + Sb: *of beten gold, Art&Merl* 8672; *borne brethre, WohLo* 244; *a drawen swerd, SirTristr* 2530; *þair gilt pensel, Art&Merl* 7847; *of grunden stel, Hav* 2503; *ðat hotene lond, Gen&Ex* 960; *lerdemen, TrinH* V (31/9) u. ö.; *a slat swyn, LyricsXIII* (74/23); *wæpnedd follc, Orrm* 10225; *wedded wimmon, DSirith* 8.

3.2.18.6. Unklare Bildungen

Bei manchen Bildungen sind Etymologie, Bedeutung und Status eines oder beider Elemente unbekannt, sei es aufgrund von Lücken in unserem Wissen, sei es aufgrund von Schreiberversehen in den Handschriften. Solche Bildungen lassen sich natürlich auch nur unter Vorbehalt einem bestimmten Kompositionstyp zuordnen; vgl. z. B. oben 3.2.18.5. zu *hund-limen* sowie unten 4.4. zu den Kp. mit blockierten Morphemen. Manchmal lesen oder emendieren auch die Herausgeber falsch. Beispielsweise wird *cruce-*

thur, ChronE 1137/26 von Plummer/Earle als *crucet-hus* 'torture house' erklärt, von Gerritsen 1961:300 f. dagegen als Form des lat. Wortes *cruciator*
nachgewiesen, womit es aus der Liste der Kp. fällt und auch das Stichwort
crucet-hus im *MED* hinfällig wird. In *StMarg/1* (35 v/1 f.) druckt Mack *an
godd-imagin* („ein Gottesbild'); laut d'Ardenne ist aber zu lesen *an godd
unAgin* („ein Gott ohne Anfang'), womit diese Form ebenfalls aus der Liste
der Kp. zu streichen ist (vgl. auch Mack, S. 144).

3.3. Zusammengesetzte Adjektive

3.3.1. Sb/Adj (Substantiv/Adjektiv): *brest-heize, col-blake*

3.3.1.1. Definition des Typs

Das Dt ist ein Sb, das Dm ein (synchron als primär empfundenes) Adj.
Der morphologische Status der Konstituenten ist freies Morphem/freies
Morphem; es handelt sich um Kp. ohne Verbalverknüpfung.

Literatur: Jespersen 1942 (*MEG* VI):161–165 (unter Einschluß von Sb/PartPräs, Sb/PartPrät
usw.); Marchand 1969: 84–87 u. 356 f. (zu *worthy*); Koziol 1972:73; Hansen 1982:60 f.; Stein
1973:128–132; ferner Carr 1939:59 ff., 88 ff., 119 ff., 151 ff., 161 f., 340 f.; Lipka 1966; Birenbaum
1967:279–286; Adams 1973:90–104; Barnickel 1975:121–126; Welte 1982:178 f., 182 f.; Wilss
1986:101–151 u. ö.

3.3.1.2. Zur morphologischen Isolierung

Im Ne. ist der Typ Sb/Adj morphologisch isoliert, weil es keine entsprechende syntaktische Gruppe gibt (vgl. oben 2.1.1. sowie 2.4.1.). Im Ae. war
er es dagegen noch nicht, weil manche Adj ein vorangehendes Sb im Genitiv oder Dativ regieren und so syntaktische Gruppen mit ihnen bilden
konnten.[203] Dies hörte mit dem Verfall der Flexionsendungen auf, gewisse
Reflexe finden sich im Frühme. aber noch, z. B. *teres wet* ‚naß von Tränen
(tränennaß)', *Gen&Ex* 2288.[204] Dementsprechend gibt es im Frühme. noch
einige Fälle, in denen nicht sicher ist, ob ein Sb/Adj-Kp. oder eine syntakt.
Gruppe vorliegt. Das Hapax legomenon *houentinge, O&N* 1001 (Hs. C) ist
sicher ein Kp.; historisch gesehen bildet es aber möglicherweise eine Zu-

---

[203] Siehe z. B. Wülfing 1894:I,2–11, 55–74, 270 f.; Mitchell 1985:I,85–94. Vgl. dt. *Er ist des
Todes schuldig; Er ist des Krieges müde → Er ist kriegsmüde* und siehe dazu Fleischer
1971:220 (aber *s* als Fugenelement z. B. in *gesundheitsschädigend*).
[204] Siehe Mustanoja 1960:87, 103 f. und vgl. David 1913:68–76, der jedoch *s*-Genitiv und *of*-
Fügungen unterschiedslos behandelt.

sammenrückung aus der ae. Dativfügung *heofone getenge*, worauf auch *houenetinge*, die Lesart von Hs. J, hindeuten könnte.[205] *Deouel imene*, *O&N* 1412 (in der Fügung *moni man ... is mid mode deouel imene*) wird von Atkins (ed. *O&N*) als Kp. aufgefaßt, von Stanley (ed. *O&N*) dagegen als syntakt. Gruppe. Wie die parallelen Stellen *A wis word ... is fele manne a muþe imene*, *O&N* 234, und *Hit is fale oþer wiȝte imene*, *O&N* 628, zeigen, regierte *imene* (ae. *gemǣne*) ursprünglich ein Sb im Dativ.[206] *Sinne wod*, *Gen&Ex*, wird von Arngart (ed. *Gen&Ex*), S. 255, als Dativfügung erklärt; *herte hard*, *herte ranc*, *Gen&Ex*, erklärt Arngart (ed. *Gen&Ex*), S. 40, 184, als Genitivfügungen. Zumindest im Fall von *deouel imene* und von *herte ranc* ist das Vorliegen von Kp. aber nicht auszuschließen. Für weitere doppeldeutige Bildungen siehe unten 3.3.1.5. Bei der überwiegenden Mehrzahl der im Frühme. belegten Sb/Adj-Bildungen ist es aber klar, daß sie Kp. darstellen.

3.3.1.3. Weitere wichtige und problematische Punkte

(1) Status des Dm: Adjektiv oder Suffix? Nicht bei den Adjektiven, sondern bei den Adjektivsuffixoiden werden hier *-fast* und *-ful* aufgeführt, siehe dazu unten 3.3.12. Lipka 1966:2, 14f., 157 und Marchand 1969:87, 291f. rechnen dagegen zwar *-ful* zu den Suffixen, *-fast* aber zu den Adj und die Zusammensetzungen damit dementsprechend zu den Kp. Bei *-wis* (ne. *wise*) muß man möglicherweise zwischen dem Adj *wis* ‚weise‘ (*weorld-wis*, *storre-wis*) und einem Adjektivsuffixoid *-wis* ‚-gesinnt‘ unterscheiden; zu letzterem siehe ebenfalls unten 3.3.12.

(2) Kompositum oder Rückbildung? Lipka 1966:16−21 weist darauf hin, daß im Deutschen und Englischen manche Adjektive des Typs Sb/Adj von der Entstehung her nicht als echte Kp. anzusehen sind, sondern als Ableitungen oder Rückbildungen aus zusammengesetzten Sb, z.B. *airsick* aus *airsickness*. In unserem frühme. Material gibt es folgende Paare von komplexen Adj und entsprechenden Sb: *arwyrð* (ae) − *arwyrðness* (ae); *dæpshildiȝ* (ae) − *dæpshildiȝness* (me; nur in *Orrm*, z.B. 16 237); *lifhali* (me) − *lifhaliness* (me). Die Verhältnisse sind aber noch komplizierter, weil es auch noch ae. *weorðnes*, *halignes* (me. ne. *holiness*) und ae. *scyldignes* gibt. Klar ist, daß me. *dæpshildiȝness* aus ae. *dæpshildig* abgeleitet ist und nicht umgekehrt;[207] bei den anderen Bildungen ist eine Entscheidung

---

[205] Allerdings ist das auslautende *-e* im Me. auch anders deutbar, siehe oben 2.4.3.1.

[206] Vgl. *MED* s.v. *imene* n. In *O&N* 1412 wird *imene* gewöhnlich als substantivierte Form aufgefaßt, siehe Stanley (ed. *O&N*) und *MED*.

[207] Es ließe sich allenfalls noch denken, daß *dæpshildiȝness* als Kreuzung aus *dæpshildig* und *scyldigness* entstand.

schwieriger; es spricht jedoch nichts dagegen, auch *arwyrð* und *lifhali* als Sb/Adj-Kp. einzustufen.[208]

(3) Substantivierte Adjektive:[209] Einfache wie zusammengesetzte Adj können im Ae. und Frühme. noch relativ uneingeschränkt substantiviert werden; im Ne. ist ihre Substantivierung zwar ebenfalls möglich, aber in geringerem Maße, weil z. B. in vielen Fällen das Stützwort *one* verwendet werden muß. Der Status der Adjektivsubstantivierung im Rahmen der Wortbildung ist nicht recht klar.[210] Marchand behandelt in seiner Beschreibung der Nullableitung keine deadjektivischen Sb (1969:359−379, bes. 361). Hansen 1982:125, 134 unterscheidet dagegen zwischen Adj, die ganz zu Sb werden (z. B. *the blacks, the whites*) und solchen, die nur gelegentlich als Sb verwendet werden und zum Teil auch nicht alle Kennzeichen eines Sb annehmen (z. B. *the poor, the wealthy*, aber nicht **the poors, *the wealthies*). Die Bildungen der letzteren Art bezeichnet er als Konversionen, die „nicht als Wortbildungen im strengen Sinne des Wortes" anzusehen seien; die der ersteren Art sieht er als Nullableitungen an, die zur Wortbildung gehören.[211] Dies ergäbe dann allerdings eine Reihe zusätzlicher Typen, im vorliegenden Fall den Typ Sb+Adj/$\emptyset_{Sb}$. Um den Ansatz eines solchen Typs zu vermeiden, werden hier alle substantivierten Bildungen aus Sb plus Adj unter dem Typ Sb/Adj aufgeführt, selbst wenn sie nicht nur gelegentlich, sondern ausschließlich als Sb verwendet werden. Zu den substantivierten Sb/Adj-Kp. aus unserem frühme. Material gehören z. B. die Pflanzennamen *atter-lope, iren-harde, wei-brode* (alle aus *HrlVoc;* siehe dazu Bergener 1928:95−98) sowie *Gos-whit, forlong, þe wint-swifft, woruld-snotra* und möglicherweise *deouel-imene*, das aber auch als Adj aufgefaßt werden kann. Möglicherweise gehören hierher auch die Pflanzennamen *cunte-hoare* (‚vulva-grau') und *wude-brune* (‚holzbraun'); nicht auszuschließen ist aber, daß es sich bei diesen beiden um Inversionskp. (‚graue Vulva', ‚braunes Holz') handelt, s. o. 3.2.16.

(4) Untergliederung des Typs: Auf der rein morphologischen Ebene lassen sich die Sb/Adj-Kp. nicht weiter untergliedern;[212] zur syntaktisch-semantischen Unterteilung siehe unten 5.4.1.

---

[208] Selbst wenn es sich ursprünglich um Rückbildungen handeln würde, spielte dies für die synchrone Analyse nicht unbedingt eine Rolle.

[209] Vgl. oben 3.1.2.15.; ferner Koziol 1972:282 f. sowie Hansen 1982:125, 134.

[210] Vgl. Quirk et al. 1985:410 ff. u. 1559 ff.

[211] Für andere Terminologien zur Erfassung dieses Unterschiedes siehe Bergener 1928:9 f. (z. B. *totally* vs. *partially converted adjectives*).

[212] Wenn man von den Adj absieht, die ein suffigiertes Dm haben, wie z. B. *ȝeue-custi, soð-sagel* usw.; zu diesen siehe auch unten 4.1.3. unter *-el, -es, -i*.

266

3.3.1.4. Zur Geschichte und Produktivität des Typs

Der Bildungstyp Sb/Adj ist die ganze englische Sprachgeschichte hindurch geläufig. Für eine graphische Darstellung seiner Entwicklung siehe Lipka 1966:26 ff. Im Germanischen war er nach Carr 1939:162 sogar der zweithäufigste Typ nach dem Typ Sb/Sb.²¹³ Für das Ae. liegen keine genauen Zahlenangaben vor.²¹⁴ In unserem frühme. Material finden sich ca. 77 verschiedene Bildungen des Typs Sb/Adj, und zwar einschließlich der substantivierten Bildungen und einiger Zweifelsfälle, aber ausschließlich der Bildungen mit *-fast*, *-ful* und einiger auf *-wis*. Davon sind ca. 26 aus dem Ae. ererbt und ca. 51 me. Neubildungen, was für die Produktivität des Typs zeugt.

3.3.1.5. Belege

Diejenigen Bildungen, die auch Lipka 1966:125–133, 150 verzeichnet, sind mit einem Stern* versehen. Die Diskrepanz zwischen Lipkas Belegliste und der hier gegebenen erklärt sich zum Teil dadurch, daß Lipka sich auf die heute noch lebenden Bildungen konzentriert und ausgestorbene ae. und me. Bildungen weitgehend ausklammert (1966:23 f.).²¹⁵

elmes-ʒeorn (ae) ‚begierig, Almosen zu geben; spendenfreudig‘, *LambH*. Vgl. *MED* s.v. *almes-gern*.

ar-wurð(e) (ae) ‚ehrenwert‘, *WintBR* (l). Vgl. *MED* s.v. *ār-wurð*.

atter-laðe, atter-lope (ae) a) ‚Gegengift‘, *AncR;* b) Pflanzenname: ‚schwarzer Nachtschatten‘ usw., *HrlVoc*. Vgl. Zettersten 1965:162, 167. Tritt gewöhnlich als Sb auf.

bilehwit (ae. *bilewit*) ‚sanft, unschuldig‘, *StMarg/1, Orrm* usw. Die Etymologie dieses Kp. ist nicht ganz klar. Es handelt sich anscheinend um ein ursprüngliches Bahuvrihiadj. *bil(e)-wit* ‚von mildem Sinn‘, das dann aber volksetymologisch in ein Sb/Adj-Kp. ‚weißschnäbelig‘ (wörtl. ‚schnabelweiß‘), d.h. ‚rein, unschuldig‘ umgedeutet wurde. Siehe *MED* s.v. *bile-whit; OED* s.v. *Bilewhit; AEW* s.v. *bile-wit;* vgl. Borowski 1921:115–119; Mayer 1962:105.

*blod-rede** (ae) ‚blutrot‘, *SEL, Malory.*

*brest-heiʒe** (ME) ‚brusthoch‘, *Art&Merl, Malory.* Nach Lipka (der dem *OED* folgt)

---

²¹³ Carr rechnet unter den Typ Sb/Adj allerdings auch Bildungen der Typen Sb/PartPräs und Sb/PartPrät (*wegfarende, goldhroden* usw.; vgl. 1939:61), so daß seine Zahlen für unsere Zwecke nicht verläßlich sind.

²¹⁴ Zur Belegliste bei Lipka 1966 siehe unten 3.3.1.5.

²¹⁵ Nach Lipka 1966:24, 150 gehören zu den frühesten me. Bildungen *law-worthy* (1066–1075), *iron-hard* (1112) und *root-fast* (1127). Zu *root-fast* siehe unten 3.3.12.; *law-worthy* kommt in einer Urkunde vor; *iron-hard* ist jedoch bereits ae. (vgl. z.B. Marchand 1969:87).

datiert der Erstbeleg von 1677. Laut Macrae-Gibson (ed. *Art&Merl*) liegt hier ein Adv vor.

col-blake* (ME), ‚kohlschwarz‘, *O&N*.

cunte-hoare (ME, h) ‚Erdrauch‘ (Pflanzenname), wörtl. ‚vulva-grau‘, *HrlVoc*. Vgl. *MED* s.v. *cunte-hoare*. Nur als Sb belegt. Möglicherweise kein substantiviertes Sb/Adj-Kp., sondern ein Inversionskp. *Sb /Adj*.

dæp-shildiჳ (ae) ‚des Todes schuldig, zum Tode verurteilt‘, *Orrm*.

ded-strong (ME) ‚sehr stark‘, wörtl. ‚tatstark‘, *SEL*.

deouel-imene (ME, h?) ‚Teufelsgefährte, dem Teufel verfallen‘, *O&N*. Kann als substantivierte Form aufgefaßt werden, muß aber nicht; auch der Kompositumstatus ist nicht ganz sicher.

dom-kete (ME, h) ‚voll scharfen, schnellen Urteils‘ (wörtl. ‚urteilsscharf‘), *TrinH*. Vgl. *MED* s.v. *?dōm-kete*. Hybrid.

eiht-gradi (ME, h?) ‚habgierig‘, wörtl. ‚gierig nach Besitz‘, *TrinH*.

feond-strong(e) (ME) ‚sehr stark‘, wörtl. ‚feindstark‘, *LaჳB* (C 11 939; O hat dagegen *swiþe stronge*). Das Dt hat verstärkende Funktion.

fisch-hal (ME) ‚unversehrt‘, wörtl. ‚fischheil, fischgesund‘, *StJul*. Vgl. *OED* s.v. *Fishwhole*.

forlong (ae) ‚Achtelmeile‘ (wörtl. ‚furchenlang‘), *Art&Merl*. Nur als Sb belegt; schon im Ae. leicht verdunkelt: *furlang* < *furh+lang*. Ne. *furlong*.

fot-sid (ae) ‚bis zu den Füßen reichend, herabfallend‘, *Jacob&J*.

ჳeue-custi (ME) ‚freigebig‘, *LaჳB* (Hs. C). Pleonastisch ‚gaben-freigebig‘ oder ‚gebe-freigebig‘. Laut Mustanoja 1960:87 syntakt. Gruppe; das Vorliegen eines Kp. ist aber genauso wahrscheinlich.

gled-read (ME) ‚glühendheiß‘ (wörtl. ‚rot wie [glühende] Kohlen‘), *SWard*. Adaptiertes Lehnwort < an. *glōð-rauðr*.

god-furht, god-fruct(e), god-friht(e) usw. (ae. *god-fyrht*) ‚gottesfürchtig‘, *LambH, TrinH, Vices&V, Gen&Ex* (*gode-frigti*). Vgl. Carr 1939:88; *MED* s.v. *God(e)friht; OED* s.v. *Godfright;* unten 3.3.10.5.(1).

gold-foh(ne), gold-faჳ(e) usw. (ae. *gold-fag*) ‚goldglänzend, goldfarben‘, *Body&S/2, LaჳB*.

Gos-whit (ME) wörtl. ‚gans-weiß‘, Bezeichnung für Uther Pendragons und Arthurs Helm. *LaჳB* C (O) 10 552. Nur als Sb belegt.

gres-grene* (ae) ‚grasgrün‘, *KingAlex*.

grund-hat (ME) ‚siedend heiß‘, wörtl. ‚grundheiß‘, *LaჳB*.

grund-stalwrþe (ME) ‚sehr stark‘, wörtl. ‚grundstark, grundkräftig‘, *Hav*. Das Dt hat verstärkende Funktion.

hand-bare (ME) ‚mit leeren Händen‘, *Hav*. Evtl. als Adv einzustufen: *Kam he neuere hom hand-bare, Hav* 766.

herte-hard (ME) ‚hartherzig‘, *Gen&Ex*. Könnte auch syntakt. Gruppe sein.

herte-ranc (ME) ‚herzensstolz‘, *Gen&Ex*. Könnte auch syntakt. Gruppe sein, vgl. Arngart (ed. *Gen&Ex*), S. 40, 184.

houen-tinge (ME) ‚bis zum Himmel reichend‘, *O&N*. Möglicherweise als Zusammenrückung aus der entsprechenden syntakt. Gruppe entstanden, siehe oben 3.3.1.2.

*iren-harde** (ae) Pflanzenname ('Wiesenflockenblume'), wörtl. 'eisenhart', *HrlVoc*. In *HrlVoc* Sb; im Ae. aber auch als Adj belegt.

kinde-cold (ME, h?) 'kalt in seiner Natur', *Gen&Ex*. Könnte auch syntakt. Gruppe sein.

*lif-holi(e)** (ME) 'heiligmäßig', wörtl. 'lebensheilig', *TrinH, AncR, StJul*.

lif-leoui (ME, h) 'lebenslange Freunde, Geliebte', *StKat*. Substantiviert.

*lilye-white, lylie-whyt** (ME) 'lilienweiß', *LyricsXIII*.

luue-leuest (ME) 'am meisten geliebter', *WohLo*.

*luue-wurðe** (ME) 'liebenswert; wert, geliebt zu werden', *AncR, StJul, WohLo* usw. Nach Lipka 1966: 128 u. 160 erst im 20. Jh. belegt.

mayden-clene (ME, h?) 'jungfräulich', wörtl. 'rein wie ein Mädchen', *Hav*. Es ist aber nicht auszuschließen, daß hier eine Fügung aus Sb + nachgestelltem Adj vorliegt: *of bodi was he mayden clene*, *Hav* 995 ('reine Jungfrau').

med-ierne (ME) 'bestechlich', wörtl. 'nach Bestechungsgeld gierig', *PMor* 'begierig'; *LyricsXIII*. Vgl. *MED* s. v. *medyern*.

mere-wode (ME, h?) 'wild nach den Stuten, Mähren', *O&N*.

mete-custi (ME) 'freigebig' (wörtl. 'speisenfreigebig'), *La3B*. Vgl. *MED* s. v. *mete-custi*.

*milc-whit** (ae) 'milchweiß', *La3B*. Nach Lipka 1966: 128, 160 erst im 20. Jh. belegt.

milche-witter (ME, h?) 'gnädig', wörtl. 'gnaden-klug', *Gen&Ex*. Möglicherweise aber syntakt. Gruppe: *Min milche witter name eley* 'meiner Milde kluger Name Eley', *Gen&Ex* 2903. Hybrid: Dt < ae. *milts* (me. *milce*); Dm < an. *vitr*.

mils-liðe (ME, h) 'gütig, gnädig', *La3B*. Vgl. *MED* s. v. *mils-liðe* (aus *milce* + *lith(e)*).

mud-freo (ae) 'frei, zu sprechen' (wörtl. 'mundfrei'), *LambH* (l?).

nome-cuð(e) (ae. *nam-cuð*) 'berühmt, bekannt' (wörtl. 'namensbekannt'), *AncR, StJul, StKat*.

name-cund (ME, h) 'bekannt', *Orrm*. Offenbar eine Umbildung von *name-cuð* unter dem Einfluß von *-cund*.

[p]ine-wurðe (ME) 'wert, gefoltert zu werden', *OrMar*. Die Hs. hat *pine wurðe* 'deiner wert', was aber wohl ein Versehen ist. Lipka 1966 nennt ein *pains-worthy* von 1650; dies ist aber möglicherweise eine unabhängige Neubildung.

quale-holde (ME, h?) 'todgeweiht' (?), *Body&S/2*, in der Wendung *fuweles qualeholde*, wörtl. 'dem Tode holde Vögel' (?). Die Stelle ist allerdings schwierig; für eine andere Interpretation (als Sb/Sb-Kp. 'Leichnam') siehe Moffat, ed. *Body&S/2*, S. 90 u. 120.

read-wis(est) (ME) 'weise im Rat, klug', *StMarg/1*.

*rose-red** (ME) 'rosenrot', *KingHorn*.

*sæ-werie, see-weri** (ae) 'müde von der Seefahrt' (wörtl. 'seemüde'), *La3B*.

scad-wis (ae) 'vernünftig, unterscheidungsfähig' (wörtl. 'unterscheidungsweise'?), *Vices&V*.

sinne-wod (ME) 'durch Sünden verrückt', *Gen&Ex*. Laut Arngart (ed. *Gen&Ex*), S. 255, jedoch syntakt. Gruppe mit *sinne* als Dat.

slap-ʒeorn (ME) ‚schläfrig‘, *WintBR*. Möglicherweise Analogiebildung zu *druncen-georn*.

snou-wite, snaw-hwite* (ae) ‚schneeweiß‘, *TrinH, AncR, StKat* usw.

soð-cnawes (ME) ‚aufrichtig, die Wahrheit bekennend‘, *HMeid, StJul, StKat* (ein Wort der Katherine-Gruppe). Laut d’Ardenne (ed. *StJul*), S. 164 f., die Modifikation eines **soðes gecnāwe*.

soð-sagel (ae) ‚aufrichtig, die Wahrheit sagend‘, *TrinH* (l?). Zum Dm s. u. 4.1.3.

span-newe* (ME) ‚brandneu‘, *Hav, KingAlex* (teiladaptiertes) Lehnwort < an. *span-nyr*.

staðel-wurðe (ME) ‚standhaft‘ (wörtl. ‚platzwert‘), *AncR* (C), als Variante zum folgenden. Möglicherweise liegt hier eine Kontamination aus *stele-wurpe* und *staðel-fæst* vor.

stele-wurðe, st(e)ale-wurðe usw. (ae. *stæl-wierðe*) ‚standhaft, tüchtig‘ (wörtl. ‚platzwert‘), *LambH, AncR* (A), *StJul* usw. (häufig). Siehe *OED* s. v. *Stalworth*. Ne. *stalwart*.

steort-naket, -naked (ME) ‚völlig nackt, splitternackt‘, wörtl. ‚sterznackt (steißnackt)‘ *AncR, StJul, StKat* usw. Später umgebildet zu *stark naked*, siehe z. B. *ODEE* s. v. *stark*.

storre-wis (ME, h) ‚sternweise, sternkundig‘, *O&N*.

stan-ded* (ME) ‚mausetot‘, wörtl. ‚steintot‘, *Hav, Art&Merl, KingAlex* usw.

stan-stille*, stonestylle (ME) ‚mucksmäuschenstill‘, wörtl. ‚steinstill‘, *AncR, Malory*.

sunnebem-brigt (ME, h?) ‚hell wie ein Sonnenstrahl‘, *Gen&Ex*.

wei-brode (ae) ‚Wegbreite, großer Wegerich‘ (Pflanzenname), *HrlVoc*. Nur als Sb belegt. *OED* s. v. *Way-bread*.

walm-hat (ae) ‚siedend heiß‘, *StJul*. Zu *wal(l)-hat* s. u. 3.3.6.5.

wil-cweme (ae/ME) ‚zufrieden‘, wörtl. ‚willensbequem‘, *AncR, StJul, StKat*. Eine Umformung von ae. *wel-(ge)cweme* unter dem Einfluß von *wil-* ‚Willen‘; zum umgekehrten Ersatz von *wil-* (Sb) durch *wel-* (Adv) vgl. ae. *wil-cuma*, me. *welcome* (3.3.11.5.).

win-rede (ME, h?) ‚weinrot‘, *TrinH*.

wint-swifft* (ME) ‚windesschnell, schnell wie der Wind‘, *NamesHare;* dort als Sb *(þe wint-swifft)*. Bei Lipka (der dem *OED* folgt) datiert den Erstbeleg von 1592.

word-wod (ME, h) ‚geschwätzig, ungehemmt redend‘, wörtl. ‚wort-wild‘, *ProvA*.

weorld-seli (ME, h?) ‚glücklich in dieser Welt‘, *LaʒB* (Hs. C).

woruld-snotra (ae) ‚weltweise, weltklug‘, *ChronD* 1078; dort substantiviert *(se woruld-snotra)*.

weorlde-wis(e)* (ae) ‚gelehrt‘, wörtl. ‚weltweise‘, *LaʒB* (Hs. C; Hs. O schreibt *worle-wise)*.

world-witti (ME) ‚weltweise, weltklug‘, *StKat;* dort als Sb (Vgl. ae. *woruld-wita).*

wude-brune (ME) Pflanzenname (‚Günsel‘; wörtl. ‚holzbraun‘), *HrlVoc*. Vgl. *OED* s. v. *Woodbrown*. Substantiviert. Hier könnte möglicherweise auch ein Inversionskp. ‚braunes Holz‘ vorliegen, s. o. 3.2.16.

wnder-creftie, wonder-craftie (ae/ME; vgl. ae. *wundorcræftiglice*) ‚zauberkundig, wunderbar geschickt', *La3B*. Die meisten Verbindungen mit *wonder-* sind jedoch als syntakt. Gruppen aus Adv + Adj einzustufen, siehe dazu unten 3.3.2.5.(2).

Belege aus den späteren Texten:

harte-hole (ME) ‚unerschrocken‘ (wörtl. ‚herzganz‘), *Malory*.

3.3.2. Adj/Adj bzw. Adv/Adj (Adjektiv oder Adverb/Adjektiv): *deor-wurðe, pur-blinde*

3.3.2.1. Definition des Typs

Der morphologischen Gestalt nach ist das Erstelement ein Adj oder ein unmarkiertes Adv, das Zweitelement ein (primäres) Adj. Der Status der Konstituenten ist freies Morphem/freies Morphem; es handelt sich um Kp. ohne Verbalverknüpfung. Der morphologischen Struktur nach ergeben sich ähnlich wie beim Typ Sb/Sb zwei Untergruppen, nämlich einerseits kopulative = additive und andererseits determinative Bildungen.[216] Die additiven sind zu analysieren als AB = A + B (z. B. ne. *deaf-mute* ‘deaf and mute’, dt. *weißblau*); sie haben keine Dt/Dm-Struktur. Die determinativen sind dagegen als AB = B zu analysieren (z. B. ne. *icy-cold* ‘cold in an icy way’); sie haben eine Dt/Dm-Struktur.

Literatur: Jespersen 1914 (*MEG* II):366–373; 1942 (*MEG* VI):165 f.; Marchand 1969:88–90; Koziol 1972:73–75; Hansen 1982:59 f.; Stein 1973:128–132; ferner z. B. Carr 1939:162, 341 f.; Brunner 1960–1962:II,59; Adams 1973:92–94; Barnickel 1975:119 f.; Welte 1982:163 f., 173–178. Zum Dt. z. B. Fleischer 1971:227 f. (kopulative Adj/Adj-Kp.).

3.3.2.2. Zur morphologischen Isolierung

Während die additiven Adj/Adj-Kp. morphologisch isoliert sind, weil es keine identische syntaktische Gruppe gibt, können die determinativen für das Frühme. nicht als morphologisch isoliert gelten. Bei ihnen ist das Erstelement als Adverb einzustufen. Adjektive werden jedoch auch syntaktisch durch Adverbien modifiziert. Als syntaktische Gruppe aus Adv+Adj werden hier z. B. alle Bildungen mit *ful-* und die meisten mit *wonder-* als Erstelement angesehen, vgl. unten 3.3.2.5.(2).

3.3.2.3. Weitere wichtige und problematische Punkte

(1) Ansatz des Typs (vgl. oben 3.1.2.16.): Die additiven Bildungen können nur als Adj/Adj eingestuft werden; bei den determinativen ergibt sich je-

---

[216] Marchand 1969:88 bezeichnet die determinativen Bildungen als subordinativ.

doch ein gewisser Widerspruch zwischen morphologischer Gestalt (meist ebenfalls Adj/Adj) und morphologischer Struktur (Adv/Adj), der sich in den unterschiedlichen Einteilungen der Handbücher widerspiegelt. Mit der Zusammenfassung der Adj/Adj- und der Adv/Adj-Kp. in einem Typ wird hier ein Mittelweg eingeschlagen, der sich wie folgt begründen läßt: Weil Adj und Adv an der Oberfläche, d.h. als Dt von Kp. und im Me. auch sonst oft formal gleich sind,[217] werden hier nicht wie bei manchen Autoren zwei Typen (Adj/Adj; Adv/Adj) unterschieden. Dies empfiehlt sich auch deswegen nicht, weil ähnliche Bildungen manchmal unterschiedlich zuzuordnen sind: So ist nach Hansen 1982:59 *German-French* ein kopulatives Kp., *German-American* dagegen ein determinatives Kp.[218] Es ist jedoch auch nicht sinnvoll, mit Marchand 1969 nur einen Typ Adj/Adj anzusetzen, weil bei den determinativen Bildungen in der Paraphrase (im „zugrundeliegenden Satz") das Dt als Adv erscheint (*icy cold* 'cold in an icy way').

(2) Additives oder determinatives Kompositum? Wie gerade angedeutet, ergibt sich die Unterscheidung zwischen additiven und determinativen Bildungen oft nicht aus der morphologischen Gestalt, sondern erst aus der syntakt. Paraphrase bzw. dem außersprachlichen Wissen. So ist ein Farbname wie dt. *weißblau* additiv, weil er zwei verschiedene Farben bezeichnet, die nebeneinander gesetzt werden. Ein Farbname wie dt. *blauschwarz*, engl. *blue-black* ist dagegen determinativ, weil er nicht zwei Farben bezeichnet, sondern eine Farbe, die primär schwarz ist und einen bläulichen Einschlag hat.[219] Es wäre sogar denkbar, daß eine Verbindung einmal additiv, einmal determinativ ist.

3.3.2.4. Zur Geschichte und Produktivität des Typs

Nach Marchand 1969:90 sind sowohl die additiven als auch die determinativen (subordinativen) Bildungen erst ab der 2. Hälfte des 14. Jh. belegt (additiv: *bittersweet*, 1386; determinativ: *red-hot* 1375). Nach Carr 1939:162, 341 f. tritt dagegen zumindest der determinative Typ zwar noch nicht im Germanischen, aber dann im Westgerman. auf. Im Ae. sind einige Bildungen vorhanden, z.B. *deorce-græg* ,dunkelgrau', *geolu-hwit* ,gelblich-weiß'

---

[217] Vgl. Brunner 1960−1962:II,59f., 81f.; Mustanoja 1960:314−316, 648−650; Lipka 1966:13f.

[218] *German-French relations* 'relations between the Germans and the French', aber *German-American* ,deutschamerikanisch', d.h. 'American of German descent'. Vgl. *Anglo-French (relations)* 'relations between England and France' − *Anglo-Norman (language)* 'language of the Normans (as spoken) in England'.

[219] Vgl. Marchand 1969:88; Koziol 1972:74; siehe ferner Hansen 1982:59f.

(vgl. Koziol 1972:74 – das *DOE* s.v. *deorc* A. 2 sieht *deorce græg* allerdings nicht als Kp. an, sondern als zwei unabhängige Glossen für das gleiche lat. Lemma). Eine ae. Bildung des additiven Typs ist vielleicht *deor(e)-wyrðe,* siehe unten 3.3.2.5. Im Frühme. sind die additiven Bildungen nur schwach vertreten (ca. 4) und bilden möglicherweise noch kein produktives Muster. Etwas zahlreicher sind anscheinend die determinativen; wegen der Abgrenzungsschwierigkeit zu den entsprechenden syntaktischen Gruppen kann man aber kaum eine genaue Zahl angeben (in unserem Material finden sich ca. 11 Bildungen aus dem Allgemeinwortschatz); überdies sind einige Bildungen formal ungewöhnlich. Im Ne. finden sich bei den Adj/Adj bzw. Adv/Adj-Kp. vor allem viele Völkernamen und Farbbezeichnungen; diese kommen im Frühme. aber noch kaum bzw. gar nicht vor.

3.3.2.5. Belege

(1)   Additive Bildungen sind möglicherweise:

dead-heui (ME, h?) ‚traurig, trübselig (schwer wie der Tod)‘, wörtl. ‚tot-schwer‘. *AncR,* Hs. C 85 v/2. – Hs. A 54 v/7 hat *mid a dead 7 mid an heui heorte.* Die Lesart von Hs. C *(mid andeadheui heorte)* beruht möglicherweise auf einer versehentlichen Auslassung von *7 mid an;* möglicherweise wurde die syntakt. Gruppe aber auch absichtlich in ein Kp. zusammengezogen. Zu einer ähnlichen Zusammenziehung in C vgl. oben 3.2.15.5. zu *weschedisch.*

deor-wurðe, dyr-wyrðe, dere-wurðe usw. (ae) ‚kostbar, wertvoll‘, wörtl. ‚teuerwert‘, *WintBR, ChronE, HonEl, LambH, TrinH, AncR* usw. (häufig). Das *OED* s.v. *Dearworth* erklärt die Bildung als Sb/Adj; weil ein Sb ae. *dieru, deoru* aber anscheinend nicht belegt ist (*OED* s.v. *Dear* sb. 1 setzt diese Formen fürs Ae. hypothetisch an), ist die Bildung jedoch als Adj/Adj-Kp. aufzufassen. Vgl. *MED* s.v. *dere-worth(e).* – Auch das *DOE* hat kein *deoru, dieru.*

fol-hardi (ME) ‚tollkühn‘, *AncR.* Dieses afrz. Lehnwort war ursprünglich eine additive Bildung (‚töricht-kühn‘, vgl. *ODEE* s.v. *fool*[1]; Tobler-Lommatzsch); das daraus entstandene ne. *fool-hardi* ist allerdings als Sb/Adj-Kp. zu interpretieren, weil ne. *fool* nur noch Sb ist und das Adj ne. *foolish* lautet.

ʒere-witele (ae. *gearo-witol*) ‚klug‘, wörtl. ‚fertig-weise‘ (?), *LaʒB* (Hs. C). *-witol* kommt selbständig nicht vor, siehe dazu unten 4.1.3. (Hs. O 7256 hat *warwit(t)y;* O 9255 hat *war-witele*).

Eine Apposition liegt dagegen wohl vor in: *te wraðe sturne feader, AncR* A 99 r/20 (Hs. C 169 v/13 hat nur *þe sturne fader*).

Additive Bildungen sind auch die zusammengesetzten Himmelsrichtungen: *norð-east, ChronE* 1106, 1122, *KingAlex; norð-west, ChronE* 1110; *suð-east, south-est, ChronE* 1097, *KingAlex; suð-west, ChronE* 1097, 1106, *Art&Merl.* Diese Bildungen, die alle aus dem Ae. stammen, werden aber nicht als Adj verwendet, sondern meist als Adverbien, manchmal auch als Sb.

(2)   Determinative Bildungen sind:

a)   Mit *efen-*, *even-* als Dt:

efen, euen kann Adj und Adv sein (vgl. *MED* s. v. *even* adj und adv); es kann also nicht ausgeschlossen werden, daß manche der Verbindungen mit *efen-* syntakt. Gruppen sind. Sie werden hier jedoch als Kp. verzeichnet. Auch das *MED* s. v. *even* adv. 17 stuft sie als Kp. ein (Koziol 1972:98 f. ordnet *even-* zu Unrecht als Präfix ein). Besonders häufig werden sie in *Orrm* verwendet. Im Ae. erscheint *efen-* häufig in Lehnbildungen zur Wiedergabe von lat. *con-*, z. B. *efenmetan* ← *comparare*. Vgl. Gneuss 1955:172, 177.

[euen]-eche, efenn-eche (ae) ‚gleich ewig', *StKat* (dort durch Emendation hergestellt), *Orrm*.

efenn-heh (ae) ‚gleich hoch', *Orrm*.

euelong (ae. *efen-lang*) ‚länglich', wörtl. ‚gleich lang', *KingAlex*.

efenn-mete (ME) ‚gleich, ebenbürtig' (wörtl. ‚von gleichem Maß'), *Orrm*.

efenn-mahhtiʒ (ae) ‚gleich mächtig', *Orrm*.

euen-ald, efenn-ald (ae) ‚gleich alt', *Orrm, HMeid.*

efenn-rike (ae) ‚gleich mächtig', *Orrm*.

b)   Mit anderen Dt:

hefig-time, hefi-tyme, hefi-time usw. (ae) ‚beschwerlich, schmerzlich, bitter', *WintBR, ChronE, HonEl*. Die wörtl. Bedeutung ist etwa ‚schwer passend' (ae. *hefig + getieme*); das Dm hat nichts mit *time* ‚Zeit' zu tun. Vgl. *MED* s. v. *hevi-time;* stirbt nach ca. 1200 aus. Gehört vielleicht aber zum Typ 3.3.7.

hinnderr-ʒæp (ae. *hindergeap*) ‚schlau, betrügerisch' (wörtl. vielleicht ‚schlau *[geap]* auf betrügerische Weise *[hinder]*'), *Orrm* (1). Ae. und me. *hinder* kann Adj und Adv sein; vgl. *MED* s. v. *hinder* adj(1) u. adj(2); *hinder-yep*.

neu-fangel (ME) ‚begierig auf Neues', *ProvH, Malory (new-fangill)*. Das Dm ist aus dem Vb ae. *fōn* (< **fanxanan*) abgeleitet und kommt selbständig nicht vor. Vgl. *MED* s. v. *neue-fangel; ODEE* s. v. *newfangled* sowie die analoge Bildung *out-gangel, ProvH;* ferner unten 4.1.3.

pur-blinde (ME) ‚halbblind' (ursprünglich ‚ganz blind'), *NamesHare* (als Sb: *þe purblinde*), *SEL*. Ein hybrides Kp.; vgl. *ODEE* s. v. *purblind*.

Ortsnamen:

Wæst-Walsce (lond), LaʒB C 7719 (vgl. *West-Walisc lond,* 8799).

c)   Als syntaktische Gruppen aus Adv + Adj werden hier die Verbindungen aus *ful* + Adj angesehen, auch wenn sie in den Hss. zum Teil zusammengeschrieben werden und in manchen Fällen vielleicht durch Zusammenrückung entstandene Kp. vorliegen. Zu *ful* als Adv (‚sehr') siehe Mustanoja 1960:319 f.; *MED* s. v. *ful* adv. 5. Beispiele sind: *ful bliðe, LaʒB* C 9867 (O hat *wel bliþe!*); *fulgod* (ae), *LambH* III (29/25); *fullherrsumm* (ME), *Orrm* 7507; Adv ist *fuliwis, foliwis* ‚sicher, gewiß' (häufig in *LaʒB*, z. B. CO 664, 667, 3153 usw.).

274

d) Ein Kp. des Typs Sb/Adj ist wohl *wnder-creftie, wonder-craftie* ‚zauberkundig‘, *LaȝB* (s. o. 3.3.1.5.); die meisten Verbindungen mit *wunder-*, die vor allem in *LaȝB* häufig sind, sind jedoch als syntakt. Gruppen aus Adv + Adj einzustufen (und nicht mit Oakden 1935:II,164f. als Kp.), vgl. Sauer 1985b: § 5.3. Zur Verwendung von *wunder, wonder* als Adv (‚sehr‘) im Me. siehe Mustanoja 1960:328. Beispiele sind: *wunder ane, LaȝB* C 12 303 (Adverb); *wunder bliðe* (‚sehr glücklich‘), *LaȝB* C 11 321; *wunder god* ‚sehr gut‘, *LaȝB* C 12 714 (O hat *swipe god!*); *wunder lað, LaȝB* C 9950 (O hat *swipe lop!*); *wunder riche* ‚sehr mächtig‘, *LaȝB* CO 12 624; *wonder steorne* ‚sehr streng‘, *LaȝB* O 11 236; *wnder stronge* ‚sehr stark‘, *LaȝB* C 295; *wonder wroht, LyricsXIII* (90/15).

e) Syntakt. Gruppen (aus Adv + Adj) sind wahrscheinlich auch: *dede pale* ‚totenbleich‘, *Malory* 634/10; *sterke dede* ‚mausetot‘, *Malory* 220/40 u. ö. (zum Adv *stark* und seiner Geschichte siehe Mustanoja 1960:324f.); *woode wroth* ‚äußerst zornig‘, *Malory* 284/44 u. ö.; *wylde woode* ‚total verrückt‘, *Malory* 495/30; *wod sturne* ‚sehr streng‘ (wörtl. ‚verrückt streng‘), *LaȝB* C 11 236 (O hat *wonder steorne*).

(3) Sonderfälle:

clen-ȝeorne (ae) ‚keusch‘, wörtl. ‚begierig nach Reinheit‘, *WintBR*.
soft-gerne (ME) ‚bequem‘, wörtl. ‚begierig nach Weichheit (Luxus)‘, *TrinH* (dort substantiviert ‚Bequemlichkeit‘, ‚die Bequemen‘).

Beide Bildungen können weder als additive Kp. (**clene+georne, *soft+georne*) noch als determinative Kp. (**clenlice georne, *softlice georne*) aufgefaßt werden. Sie sind vielmehr als Klammerformen zu interpretieren: **clennesse georne, *softnesse georne;* vgl. unten 4.2.

3.3.3. Num/Adj; Num/deverbales Adj (d. h. PartPrät): *hælf-ȝaru, an-kenned*

3.3.3.1. Definition des Typs

Das Dt ist ein Numerale (Zahlwort), das Dm ein primäres oder ein deverbales Adjektiv (im letzteren Fall ein PartPrät). Der morphologische Status der Konstituenten ist freies Morphem/freies Morphem oder freies Morphem/freies + gebundenes Morphem.

Literatur: Koziol 1972:75, 104 (zu *half-*); *MED* s. v. *four-, five-* usw.

3.3.3.2. Zur morphologischen Isolierung

Bildungen mit Grund- u. Ordnungszahlen als Dt sind morphologisch isoliert, weil keine entsprechende syntakt. Gruppe existiert; Bildungen mit *half-* könnten dagegen auch syntakt. Gruppen sein.

3.3.3.3. Weitere wichtige und problematische Punkte

(1) Ansatz des Typs: Zur Berechtigung der Trennung der Numeralien von den Adjektiven siehe oben 3.1.2.4.

(2) Unterteilung des Typs: Aufgrund der wenigen me. Belege werden Bildungen mit primärem und mit deverbalem Dm hier zusammengefaßt; es liegen demnach teils Bildungen mit, teils Bildungen ohne Verbalverknüpfung vor. Nicht hierher gerechnet werden aber die Bahuvrihiadj und die erweiterten Bahuvrihiadj mit einem Zahlwort als Erstelement (Teil des komplexen Dt); dazu siehe unten 3.3.13.5.(3) und 3.3.14.5.(1 b), (2 b).

3.3.3.4. Zur Geschichte und Produktivität des Typs

Das Ae. weist einige Bildungen auf, z.B. *anboren* (nach Carr 1939:92 u. Gneuss 1955:53 eine Lehnübersetzung nach lat. *unigenitus*). Im Frühme. finden sich nur ganz wenige Belege, nämlich drei; es handelt sich wohl nicht um einen produktiven Typ. Zur Verbreitung im Ne. siehe Koziol und vgl. oben 3.2.4.4.

3.3.3.5. Belege

frum-scepen(e) (ae) ‚erstgeschaffen‘, *LambH* (l). Lüs nach *primogenitus?*

hælf-ʒaru (ME) ‚halbfertig‘, *LaʒB.*

an-kennedd (ae) ‚eingeboren, einzig geboren‘, *Orrm.* Lehnübersetzung nach lat. *unigenitus;* siehe Gneuss 1955:53.

3.3.4. Pron/Adj; Pron/deverbales Adj (d.h. PartPräs oder PartPrät): *al-mihti, all-fullfremedd*

3.3.4.1. Definition des Typs

Das Dt ist ein Pronomen, das Dm ein Adjektiv oder Partizip (Präsens oder Präteritum). Der Status der Konstituenten ist freies Morphem/freies Morphem (bei Pron/Adj) bzw. freies Morphem/freies Morphem + gebundenes Morphem (bei Pron/Partizip). Es handelt sich teils um Kp. ohne Verbalverknüpfung, teils um Kp. mit Verbalverknüpfung, wobei die Verbindungen des Musters *all*/Partizip aber zum Teil ebenfalls als Kp. ohne Verbalverknüpfung zu interpretieren sind, weil *all-* oft als verstärkendes Adverb (‚völlig‘) fungiert.

Literatur: Jespersen 1942 (*MEG* VI): 162, 165; Marchand 1969:87 f., 91–94; Koziol 1972:74–76, 79 f.; ferner Carr 1939:62 f., 91 f., 354 f.; Visser 1966:II,1239 f. (§ 1138); Adams 1973:94 f.; *MED* s.v. *al* und die darauf folgenden Einträge; *OED* s.v. *All* E. 7, 8; *Self-* 1, 2.

3.3.4.2. Zur morphologischen Isolierung

Die Bildungen mit *all-* sind morphologisch nicht isoliert, weil *all* oft als Adv fungiert und deshalb auch syntakt. Gruppen vorliegen könnten.

3.3.4.3. Weitere wichtige und problematische Punkte

(1) Als Pronomina werden hier *all-* und *self-* eingestuft, die beide aber auch andere Wortarten repräsentieren können.[220]
(2) Unterteilung des Typs: Die verschiedenen Muster (*all*/Adj, *all*/Part-Präs, *all*/PartPrät) werden wegen ihrer Seltenheit im Me. hier zusammen behandelt; vgl. oben 3.1.2.5.

3.3.4.4. Zur Geschichte und Produktivität des Typs

Das Muster *all*/Adj findet sich im German. und im Ae. (ae. *eall-beorht, eall-nacod, eall-mihtig*). Die Muster *all*/PartPräs und *all*/PartPrät existieren im German. anscheinend nicht; im Ae. sind sie nur schwach vertreten (*eall-wealdend(e); eall-writen*). Im Frühme. ist *all*/Adj selten und kaum produktiv; die aus dem Ae. ererbte Bildung *almihti* ist allerdings sehr häufig belegt. *All*/PartPräs ist frühme. kaum belegt (nur aus dem Ae. ererbtes *allwældennd*); *all*/PartPrät ist anscheinend vor allem in *Orrm* etwas produktiv. Insgesamt finden sich in unserem frühme. Material ca. 10 Bildungen mit *all-*. Im Ne. sind Kp. mit *all-* relativ häufig (siehe Marchand, Koziol). Kp. mit *self-* sind im German. anscheinend gar nicht und im Ae. nur sporadisch belegt (*self-willend*). Im Frühme. kommen sie gar nicht vor; erst im Ne. wird das Muster *self*/Adj, *self*/Partizip produktiv (ab ca. 1600; vgl. Marchand und Koziol).

3.3.4.5. Belege

(1) *all*/Adj:

all-ane (ME) ‚allein‘, *Vices&V.* Eine Zusammenrückung aus der syntakt. Gruppe *all ane*. Strenggenommen Pron/Num. Siehe *OED* u. *ODEE* s. v. *alone*.
allr-æresst (ae/ME) ‚(der) allererste‘, *Orrm*. Superlativ; eine Zusammenrückung aus ae. *ealra ærest* (Erstelement im Gen.Pl.). Strenggenommen Pron/Num. Vgl. *MED* s. v. *alder-* (pref.!).
all-haliȝ (ae) ‚ganz heilig‘, *Orrm*.

---

[220] Vgl. oben 3.1.2.5. sowie 3.2.5.1. u. 3.2.5.3. Mustanoja beschreibt *all* als Pron (1960:213 f.) und als Adv (1960:316 f.); *self-* wird von Mustanoja 1960:145 – 148 als Adj bezeichnet, aber unter den Pronomina aufgeführt; laut Jespersen 1942 (*MEG* VI):162 ist *self-* als Dt von Kp. als Sb zu interpretieren.

al-mihti(n), al-michti(n), eal-mihty, æl-mihtiȝ usw. (ae) ‚allmächtig', *WintBR, LambH, TrinH* usw. (sehr häufig). Ursprünglich Lüs nach lat. *omnipotens.* Siehe Carr 1939:91 f.; Käsmann 1961:45 f.; *ODEE* s. v. *almighty;* zur Herkunft des *-n* und zu den Fügungen *almihti(n) god, godalmihtin* s. o. 3.2.16.5.(1).
al-migtful (ME) ‚ganz allmächtig', *Gen&Ex.* Zur möglichen morphologischen Doppelanalyse s. u. 4.1.1.(3).

(2) *all*/PartPräs:

al-we(a)ldent, all-wældennd, al-we(a)ldinde usw. (ae) ‚allmächtig, Allmächtiger' (wörtl. ‚allwaltend(er)'), *HMeid, StJul, StKat, SWard, LofLo, LaȝB, Orrm.* Hier sind wohl das ae. Nomen agentis *eall-wealdend* und das ae. PartPräs *eall-wealdende* zusammengefallen, wobei die Formen *al-wealdent* und *all-wældennd* wohl auf das Nomen agentis zurückgehen, die Form *al-wealdinde* wohl auf das PartPräs. Die Formen werden dementsprechend als Sb und als Adj verwendet. Siehe *MED* s. v. *alwealdend* n. & ppl.; vgl. *OED* s. v. *All-wielding.*

(3) *all*/PartPrät (möglicherweise handelt es sich um syntakt. Gruppen mit *all* in der Funktion eines Adv):

all-forrwurrþenn (ME) ‚ganz ruiniert', *Orrm.*
all-forgelt (ME?) ‚ganz schuldig, schuldbeladen', *Vices&V.*
all-fullfremedd (ME) ‚ganz vollkommen' (wörtl. ‚ganz vollbracht'), *Orrm.*
all-fullwaxenn (ME) ‚ganz herangewachsen, ausgereift' (?), *Orrm.*

3.3.5. Partikel/Adj; Partikel/deverbales Adj (d. h. PartPräs oder PartPrät): *ouer-hardi, dune-fallen*

3.3.5.1. Definition des Typs

Das Dt ist eine Partikel (siehe dazu oben 3.2.6.1.), das Dm ist ein Adjektiv. Im folgenden werden sowohl Bildungen mit primärem Adj als auch solche mit deverbalem Adj, d. h. mit PartPräs und PartPrät, berücksichtigt, so daß teils Bildungen ohne, teils Bildungen mit Verbalverknüpfung vorliegen. Der morphologische Status der Konstituenten ist freies Morphem/freies Morphem (bei Partikel/Adj) oder freies Morphem/freies Morphem + gebundenes Morphem (bei Partikel/Partizip).

Literatur: Siehe die oben 3.2.6.1. genannte Literatur, insbesondere Marchand 1969:108–121; ferner Jespersen 1942 (*MEG* VI):166; Visser 1966:II,1232 f. (§ 1132); Hansen 1982:63.

3.3.5.2. Zur morphologischen Isolierung

Dazu lassen sich keine generellen Aussagen machen. Bildungen mit *ouer*- und *þurh*- sind anscheinend morphologisch isoliert, während Bildungen mit anderen Partikeln (z. B. *biforen-*, *fore-*) nicht isoliert sind und auch syntakt. Gruppen darstellen könnten.

3.3.5.3. Weitere wichtige und problematische Punkte

(1) Zur Frage, ob die Zusammensetzungen mit Partikeln Komposita oder Präfixbildungen darstellen, siehe oben 3.1.2.6. – hier werden sie als Kp. eingestuft.

(2) Zur Berechtigung, die einzelnen Muster der adjektivischen Partikelkp. unter dem Typ Partikel/Adj zusammenzufassen, siehe oben 3.1.2.7. Die drei Untergruppen Partikel/Adj, Partikel/PartPräs, Partikel/PartPrät entsprechen Marchands Mustern 7, 4 und 5 (1969:109 ff.).

(3) Zur Frage, in welchen Fällen Kp. (Zusammenbildungen), in welchen Ableitungen vom zusammengesetzten Vb vorliegen, siehe oben 3.1.2.11. Die meisten der hier zu behandelnden Fälle sind Kp.; Ableitungen vom Vb könnten vorliegen bei *fore-nammde* (ae. *fore-nemnan*), *ðurh-borede* (ae. *þurh-borian*) – sicher ist dies jedoch nicht, weil beide Verben ae. selten und me. anscheinend gar nicht mehr belegt sind.

3.3.5.4. Zur Geschichte und Produktivität des Typs

Mit Partikeln zusammengesetzte Adj wurden die ganze englische Sprachgeschichte hindurch gebildet. Am häufigsten sind im Frühme. Bildungen mit *ouer-* belegt (10 ×), an zweiter Stelle folgen Bildungen mit *þurh-* (6 ×). Insgesamt finden sich im frühme. Material ca. 30 verschiedene mit Partikeln zusammengesetzte Adj; davon sind nur 8 aus dem Ae. ererbt und 22 me. Neubildungen. Während die Muster Partikel/Adj (16 ×) und Partikel/PartPrät (13 ×) etwa gleich stark vertreten sind, ist das Muster Partikel/PartPräs nur sehr schwach vertreten (1 ×).

3.3.5.5. Belege

Zu den einzelnen Partikeln siehe auch oben 3.2.6.5. Vollständigkeit wurde bei der Belegsammlung nicht angestrebt.

(1) Nach Partikeln geordnet:

a) Aus den frühme. Texten:

aʒein- (ne. *again-*) ‚wieder‘:
    aʒein-comen (ME?) ‚wiedergekommen‘, *DSirith*. Könnte auch syntakt. Gruppe sein.

biforen- (ne. *before-*) ‚vor(her)‘:
    biforen-iseid (ME?) ‚oben gesagt‘, *ProclHenIII*. Könnte auch syntakt. Gruppe sein.

dune- (ne. *down-*) ‚hinunter‘:

dune-fallen (ME) ‚hinuntergefallen‘, *WohLo.* Könnte auch syntakt. Gruppe sein.

fore- ‚vor(her)‘:

fore-nammde (ae/ME) ‚vorher genannt, oben genannt‘, *Vices&V.* Könnte auch Ableitung vom Vb ae. *fore-nemnan* sein, das im Me. allerdings nicht mehr belegt ist, während *fore-named* me. mehrmals vorkommt, siehe *MED* s.v. *fore-named.*

fore-sprecon, foren-spræcena (ae) ‚vorher genannt, oben genannt‘, *ChronE.*

in- ‚in(nen)‘:

in-wuniende (ME?) ‚innewohnend‘, *AncR.*

out-, ut- ‚aus‘:

out-londis(se) (ae/ME) ‚ausländisch, fremd‘, *KingHorn.* Könnte Kp. sein, weil *KingHorn* (Hs. O) auch das Simplex *londisse* hat (H 647, 999).

out-gangel (ME) ‚begierig, auszugehen‘, *ProvA.* Vgl. unten 4.1.3.

ut-numenn (ME) ‚außerordentlich, außergewöhnlich‘ (wörtl. ‚(her)ausgenommen‘), *Orrm.*

ute-wið (ME) ‚außen, äußerlich‘, *UrLo.* Eine Verbindung aus Partikel/Präp (vgl. *without*), die gewöhnlich als Adv oder Präp verwendet wird und nur vereinzelt als Adj; siehe *OED* s.v. *Outwith.*

ouer- (ne. *over-*) ‚über‘:

ouer-carked (ME) ‚arg geplagt, zu sehr bedrängt, überlastet‘, *Art&Merl.* Hybride Lüs nach afrz. *sur-carquier.*

ouer-cuð(re) (ME?) (Komparativ) ‚zu sehr bekannt‘, *AncR.*

ouer-dede (ME, h) ‚unbeherrscht, unmäßig, maßlos‘, *LyricsXIII.* Adjektivischer Gebrauch des Sb.

oue-gart (ME) ‚übermäßig‘, *AncR.* Hybrid? Adjektivischer Gebrauch des Sb, s.o. 3.2.6.; Zettersten 1965:30f.

ouer-hardi (ME) ‚zu kühn, tollkühn‘, *SWard.* Hybrid.

oferr-heh (ae) ‚zu stolz, anmaßend‘ (wörtl. ‚überhoch‘), *Orrm.*

ouer-mete (ae) ‚übermäßig, unmäßig, extravagant‘, *TrinH.*

ouer-mod(e) (ae) ‚stolz‘, *SStBede, LyricsXIII.*

ouer-soh (ME?) ‚allzuwahr‘, *La3B* (C).

ouer-uuel (ME, h) ‚zu schlecht, außergewöhnlich böse‘, *AncR.*

toforen- ‚zuvor‘:

toforen-iseid(e) (ME?) ‚oben erwähnt, oben genannt‘, *ProclHenIII.* Könnte auch syntakt. Gruppe sein.

þurh- (ne. *through-*) ‚durch‘:

ðurh-borede (ae/ME) ‚durchbohrt‘, *Vices&V.* Möglicherweise PartPrät zum Vb ae. *ðurhborian.* Vgl. *thorowborne* ‚durchbohrt‘, *Malory.*

þurh-costned (ME?) (h?) ‚vollständig versehen (mit)‘, *La3B.*

þur3-hali (ae) ‚ganz heilig‘, *Vices&V.*

ðurh-nailed (ME?) ‚durchnagelt, mit Nägeln durchbohrt‘, *Vices&V.*

þorou3-strike (ME) ‚durchbohrt‘, *KingAlex.*

purth-prest (ME) ,durchbohrt, durchstoßen', *Art&Merl*. Hybrid.
up- ,auf':
    vp-londis (ME) ,im, vom flachen Land', *Art&Merl (vplondismen)*. Abgeleitet von
    uplond?
wither- ,gegen, wider':
    wiðer-ful (ME) ,feindlich, böse', *LaȝB*. Vgl. unten 3.3.12.5.(2), S. 303–307.
    wipper-hoked (ME) ,mit Widerhaken versehen' (Lw?), *Art&Merl*. Vgl. unten
    3.3.14.5.(1 c); 4.6.3.(5).

b)   Aus den späteren Texten:

above- ,oben, über':
    aboven-seyde (ME) ,obengesagt', *Malory*.
fore-:
    uore-yzede (ae) ,obengesagt, vorher genannt', *Ayenb*.
over-:
    over-hasty (ME) ,zu hastig, voreilig', *Malory*. Hybrid.
    over-muche (ae) ,zu viel, zu groß', *Malory*.
umbe- ,um':
    umbely-closed (ME) ,umgeben, umzingelt', *Malory*. Hybrid. In *umbely-* dürfte
    eine Variante von *umbe* vorliegen, vgl. *OED* s. v. *umbe-;* allerdings habe ich
    für das *-ly* keine Erklärung.

(2)   Nach Mustern geordnet:

a)   Partikel/Adj (einschließlich einiger suffigierter Adjektive) (vgl. Marchand
1969: 109 ff., Nr. 7)
*out-londis(se), ouer-cuð(re), ouer-dede, oue-gart, ouer-hardi, oferr-heh, ouer-mete,
ouer-mode, ouer-soh, ouer-uuel, purȝ-hali*. Ferner: *out-gangel, ute-wið, vp-londis,
wiðer-ful, wipper-hoked*.
Aus den späteren Texten: *over-hasty, over-muche*.

b)   Partikel/PartPräs (frühme. anscheinend sehr selten) (vgl. Marchand 1969:
109 ff., Nr. 4)
in-wuniende.

c)   Partikel/PartPrät (vgl. Marchand 1969: 109 ff., Nr. 5)
*aȝein-comen, biforen-iseid, dune-fallen, fore-nammde, fore-sprecon, ut-numenn, ouer-
carked, toforen-iseid(e), ðurh-borede, ðurh-nailed, purh-costned, porouȝ-strike,
purth-prest*.
Aus den späteren Texten: *abouen-seyde, uore-zede, thorowborne, umbely-closed*.

3.3.6. Vb/Adj (Verb/Adjektiv): *here-wurðe, lic-wurðe*

3.3.6.1. Definition des Typs

Das Dt ist ein Vb bzw. ein Verbstamm, das Dm ein Adj; es handelt sich dementsprechend um Kp. mit Verbalverknüpfung. Der morphologische Status der Konstituenten ist freies Morphem (bzw. Stammorphem)/freies Morphem.

Literatur: Die meisten Handbücher erwähnen einen Typ Vb/Adj nicht. Diskutiert wird er bei Lipka 1966:63 f., 72−74; Welte 1982:162 f.; Bauer 1983:209; Poldauf 1984:134. − Zum Deutschen siehe z. B. *Duden-Grammatik* ²1966:363; Lipka 1966:57−61; Welte 1982:169−173.

3.3.6.2. Zur morphologischen Isolierung

Der Typ Vb/Adj ist morphologisch isoliert, weil es keine entsprechende syntaktische Gruppe aus Verb(stamm) + Adj gibt.

3.3.6.3. Weitere wichtige und problematische Punkte

(1) Zur Berechtigung des Typs: Im Deutschen gibt es genügend Kp., die den Ansatz des Typs Vb/Adj rechtfertigen, z. B. *bettelarm, glaubwürdig, kochfertig, redselig, pflegeleicht, schreibfaul* usw.[221] Im Englischen sind Bildungen, die eindeutig als Vb/Adj zu interpretieren sind, dagegen äußerst selten und die meisten Handbücher zur engl. Wortbildung erwähnen einen solchen Kompositionstyp nicht. Weil es im Frühme. aber einige Bildungen gibt, die sich mehr oder weniger eindeutig als Vb/Adj-Kp. auffassen lassen, wird Vb/Adj hier als Kompositionstyp angesetzt, der freilich nur marginalen Status hat.

(2) Wortart des Dt: Vb/Adj oder Sb/Adj? Abgesehen von den wenigen eindeutigen Vb/Adj-Kp. gibt es im Ne. eine Reihe von Kp., die als Sb/Adj oder als Vb/Adj interpretiert werden können, z. B. *note-worthy* 'worthy of note' oder 'worthy of being noted', vgl. *praiseworthy, trustworthy, kissproof* − man nimmt aber an, daß die Analyse als Sb/Adj-Kp. gewöhnlich die näherliegende ist, siehe Lipka 1966:63 f.; Welte 1982:162 f. Einige solcher doppeldeutiger Fälle treten auch im Frühme. auf, nämlich *ar-wurðe* wörtl. ‚ehrenwert‘, *luue-wurðe* ‚liebenswert‘ und *pine-wurðe* wörtl. ‚peinwert; wert, gepeinigt zu werden‘. Bei *luue-wurðe* spiegelt sich die mögliche Doppelanalyse sogar im Kontext (vgl. ferner unten 5.5.1.):

---

[221] Einige Zweitelemente sind freilich als Suffixoide einzustufen, etwa *selig* in *redselig*. Ferner ist nicht ausgeschlossen, daß einige Erstelemente auch als Sb zu interpretieren sind.

nis nan swa *wurði to beo luued* as tu, swete iesu, þat in þe haues alle þing hwer
fore mon ah beo *luue-wurði* to oðer. þu art best *wurð mi luue* þat for mi luue
deidest…, *WohLo* 619−625 (vgl. auch 104).

Wie die Belege zeigen, handelt es sich vorwiegend um Bildungen, die ae.
weorþ(e), ne. *worth* u. *worthy* als Dm haben; auch ein Teil der eindeutigen
Vb/Adj-Kp. ist mit *worthy* gebildet, s. u. 3.3.6.5.

3.3.6.4. Zur Geschichte und Produktivität des Typs

Im Germanischen und Westgerman. gab es nach Carr 1939:63 einen Typ
Vb/Adj nicht − siehe jedoch unten zu *stareblind.* Während er sich im
Deutschen dann aber als eigenständiger Typ entwickelte,[222] hat er die ganze englische Sprachgeschichte hindurch offenbar nur eine sehr geringe
Rolle gespielt. Im Ae. und Frühme. finden sich nur wenige eindeutige Beispiele (vier im frühme. Material, siehe unten 3.3.6.5.); auch im Ne. tritt er
nur ganz vereinzelt auf: *fail safe, shatter proof.*[223] Zu den Bahuvrihiadj. mit
einem Vb als Erstelement *(þolebyrd, þolemod)* siehe unten 3.3.13.

3.3.6.5. Belege

here-wurðe (ME) ‚lobenswert; wert, gepriesen zu werden‘, *StJul.* Vgl. oben 3.2.7.5.
zu *hereword.*

lic-wurðe (ae) ‚liebenswert, angenehm‘, *TrinH, AncR, HMeid, SWard, Orrm (lic-
wurrþiʒ).* Vgl. *OED* s. v. *Likeworth; MED* s. v. *lik-worthe.*

stare-blind (ae. *stær-blind*) ‚ganz blind‘, *O&N* (l). Laut Carr 1939:122 ein Adj/Adj-
Kp. (wohl ‚starr-blind‘). Laut Kluge/Mitzka, s. v. *Star²* u. *ODEE* s. v. *stare* jedoch ursprüngl. ein Vb/Adj-Kp. ‚starrend, mit offnen Augen blind‘ (ae. Vb *starian*), das jedoch dann laut Kluge/Mitzka, s. v. *starr,* im Dt. später als Adj/Adj-
Kp. uminterpretiert wurde (vgl. auch Kluge/Mitzka, s. v. *starren*). Möglicherweise wurde die Bildung aber im Me. gar nicht mehr verstanden (obwohl das
Vb *stare* weiterlebte); sie wurde jedenfalls bald durch *purblind* ersetzt (s. o.
3.3.2.5.).

wal-hat, wall-hat (ae. *weal-hat*) ‚siedend heiß‘ (wörtl. ‚wallend heiß‘), *StJul, Orrm.*
Es liegt hier wohl ein Vb/Adj-Kp. mit dem Stamm des Verbs ae. *weallan* vor;
darauf deutet auch die Parallelform *wallinde hot* (PartPräs + Adj), *StJul* (Hs. R)

---

[222] Laut *Duden-Grammatik* 1966:363 sind solche Bildungen allerdings auch im Deutschen
selten.

[223] Wegen der Ungewöhnlichkeit des Musters Vb/Sb möchte Welte 1982:163 *shatter-proof* als
Sb/Adj-Kp. interpretieren; man muß aber eben auch die Existenz von seltenen und nur
ganz schwach produktiven Typen zugestehen. Vgl. ferner *slap-happy, slip-shod* (Dm
urspr. PartPrät) und *diehard* (Imperativkp., das anscheinend oft auch attributiv [adjekti-
visch] gebraucht wird).

u. *11Pains* hin. Es ist aber nicht auszuschließen, daß eine leicht verdunkelte Form des Sb/Adj-Kp. *walmhat* (s. o. 3.3.1.5.) vorliegt.

Eine Doppelanalyse als Vb/Adj oder Sb/Adj ist möglich bei: *ar-wurðe*, *luue-wurðe, pine-wurðe;* siehe dazu oben 3.3.1.5. sowie oben 3.3.6.3.(2).

3.3.7. Adj/Vb+Ø$_{Adj}$ (Adjektiv/nullabgeleitetes deverbales Adjektiv): *arueð-winne, eð-fele*

3.3.7.1. Definition des Typs

Im Me. ist das Dt ein Adj (ausnahmsweise ein Sb), das Dm ist ein Verbaladjektiv, genauer ein vom Verbstamm durch Nullsuffix (oder jedenfalls ohne explizites Suffix) abgeleitetes Adj, im allgemeinen mit der Endung *-e*. Strenggenommen ist die morphologische Beschreibung demnach Adj/Vb+Ø$_{Adj}$+*e*, d.h. freies Morphem/freies Morphem + Nullmorphem (+ gebundenes Morphem). Es handelt sich um Kp. mit Verbalverknüpfung.

Literatur: In den Handbüchern zur engl. Wortbildung wird ein Typ Adj/Vb+Ø$_{Adj}$ gewöhnlich nicht erwähnt; siehe jedoch Schön 1905:14f.; Hall 1920:II,277; Kluge 1926: § 231f.; Carr 1939:92; Zettersten 1965:200; Meid 1967:66f. (§ 70.2); Pilch 1970:117f.; Nickel et al. 1976:II,10.

3.3.7.2. Zur morphologischen Isolierung

Für das Ae. wird der Kompositumstatus der Bildungen des Typs Adj/Vb+Ø$_{Adj}$ nicht bezweifelt.[224] Das *MED* s.v. *arveð* nimmt jedoch an, daß Bildungen mit *arveð* als Dt im Frühme. dann auch als syntakt. Gruppen aus Adj+Infinitiv oder aus Adv+PartPrät aufgefaßt wurden.[225] Das Gleiche müßte für *eð-* gelten. Die Tatsache, daß in den frühme. Texten Verbindungen des Musters *hit is arveð telle* neben solchen des Musters *hit is arveð to telle* standen (vgl. *Hit is arfeð to understonden, TrinH* XXXII (205/14); ferner z.B. *pouerte wið menske is eað for to polien, WohLo* 366f.; *tu beo eað to paie, WohLo* 586), hat jedoch keine Beweiskraft. Wenn die letzteren (mit *to*) auch sicher syntaktische Gruppen sind, so folgt daraus nicht, daß die ersteren (ohne *to*) ebenfalls syntaktische Gruppen sein müssen.[226] Als vermutliche Kp. werden sie deshalb hier aufgenommen.

---

[224] Siehe Hall 1920:II,277; Pilch 1970:117f. sowie z.B. ClarkHall unter *earfoð-, eað-, uneað(e)-*.

[225] "In early ME the cpds. of OE were apt to be analyzed as phrases consisting of adj. plus inf. or adv. plus ppl."

[226] Visser 1966:II,990—993 (§ 940) hat Beispiele für die syntakt. Gruppe *hit is eð to telle* …,

3.3.7.3. Weitere wichtige und problematische Punkte

(1) Ansatz des Typs: Wenn die meisten Handbücher zur engl. Wortbildung den Kompositionstyp Adj/Vb+$\emptyset_{Adj}$ auch nicht aufführen, so gibt es im Ae. und Frühme. doch genügend Belege, die seinen Ansatz für diesen Zeitraum rechtfertigen.

(2) Nullabgeleitetes Dm? Pilch 1970:117 f. weist darauf hin, daß es im Ae. sowohl zusammengesetzte als auch einfache Adj gab, die (bzw. deren Dm) aus dem Verbstamm abgeleitet waren; zu letzteren gehören beispielsweise *swice* ,betrügerisch', *lyge* ,verlogen', *bryce* ,zerbrechlich'. Nach ihm handelt es sich im Ae. um „Deverbative Adjektive ohne Affix", wobei er das *-e* für das Ae. als Endung des starken Nom.Sg.Mask. erklärt. Die Erklärung des Dm als deverbales Adj ohne Affix bzw. mit Nullsuffix bezieht sich auf die synchrone Beschreibung; historisch gesehen handelt es sich, ähnlich wie bei dem Typ Sb/Vb+$\emptyset_{Sb}$ (siehe dazu oben 3.2.9.), aber um Ableitungen mit einem expliziten Suffix, in diesem Fall mit einem alten german. *i*-Suffix (> *-ja, -jō*), das dann bereits im Ae. verschwand, aber z. T. Spuren in Form eines *i*-Umlautes im Stammvokal hinterließ, zumal oft nicht vom Präsensstamm aus abgeleitet wurde, sondern von der Schwundstufe (oder Dehnstufe) aus, vgl. z. B. ae. *earfoð-fynde* und *eað-fynde* (zu *findan*), ae. *lyge* (zu *leogan*). Möglicherweise gab es dann aber auch suffixlose Ableitungen vom Präsensstamm aus, die als Nullableitungen zu klassifizieren wären, wie etwa die Bildungen mit schwachen Verben (*ærfeð-telle*).

(3) Lateinischer Einfluß? Hall 1920:II,27 nimmt offenbar an, daß die Kp. unter lat. Einfluß entstanden; er erklärt das Dm fürs Ae. als "a kind of verbal noun having a dat. termination in imitation of the Latin supine in u" (z. B. *facilis intellectu*), wobei er an Bildungen mit ae. *earfoðe, eaðe* und *uneaðe* als Dt denkt, die schon im Ae. einen großen Teil der Kp. dieses Typs ausmachen. Auf lat. Einfluß könnte auch deuten *ealle eaðlære beoð godes*, Westsächsische Evangelien Joh. 6.45, für lat. *et erunt omnes docibiles dei* (wo freilich kein Supin vorliegt). Allerdings müßte dies einmal näher untersucht werden: immerhin kommt *eapfynde* bereits im *Beowulf* vor (*þa wæs eaðfynde þe him elles hwær gerumlicor ræste sohte*, 138 f.) – der postulierte lat. Einfluß müßte demnach schon sehr früh sein.[227] Außerdem ist zu unterscheiden zwischen der Entstehung des Typs als solchem, der ja be-

---

aber keine für das hier zur Debatte stehende Kompositionsmuster *hit is eð-telle;* ebenso Mitchell 1985:I,391 f.

[227] Möglicherweise beruht Halls Aussage auf einem Mißverständnis der Einträge in *BT*: Dort werden die ae. Bildungen dieses Typs oft durch ein Supin glossiert, z. B. s. v. *eað-fynde* 'easy to be found; facilis inventu' – das muß aber nicht heißen, daß diese Bildungen tatsächlich einem lat. Supin nachgebildet wurden.

reits ins Germanische zurückreicht, was lat. Einfluß zumindest fraglich macht, und der Möglichkeit, daß einzelne Bildungen Lehnbildungen nach einer lat. Vorlage sind, wie vielleicht das gerade genannte *eaðlære*.

(4) Ist das Dt ein Adj oder ein Adv? (Vgl. oben 3.1.2.16.). Ae. *eaðe* (me. *eth(e)*) und ae. *earfoðe* (me. *arveð*) können Adj oder Adv sein, vgl. *BT(S)* und *MED*. Man könnte die Bildungen damit deshalb auch als Adv/ Vb+Ø$_{Adj}$ beschreiben.

(5) Wortart des Dt: Die meisten Bildungen folgen dem Muster Adj/ Vb+Ø$_{Adj}$ (bzw. Adv/Vb+Ø$_{Adj}$); Varianten sind: *lepe-bei* (Sb als Dt) und *seld-sene* (Präfixoid als Dt).

(6) Status des Dm: Die Determinata der Kp., also die deverbalen Adj, kommen offenbar größtenteils nicht als selbständige Wörter vor, wie z.B. *-fynde, -telle, -winne* usw.

(7) Eingeschränkte Verwendung: Die Bildungen des Typs Adj/Vb+Ø$_{Adj}$ werden, jedenfalls im Frühme., fast nur prädikativ verwendet, z.B. *Ac hi buð wunder erued-held*, PMor 313 (Lambeth-Hs.); *his folc was swiðe ærfeð-telle*, VespAH XXV (231/7).

3.3.7.4. Zur Geschichte und Produktivität des Typs

Wie oben 3.3.7.3.(2) gesagt, handelt es sich ursprünglich (im Germanischen und Urae.) um Bildungen mit einem expliziten Suffix *(-i)*, das dann aber schon im Ae. wegfiel.[228] Das Dm hat im Ae. und Frühme. deswegen kein Suffix mehr, ist im Ae. aber zum Teil noch durch *i*-Umlaut der Stammsilbe gekennzeichnet. Zum Teil liegen aber möglicherweise auch Neubildungen vom Präsensstamm aus vor; außerdem fällt eine Form wie ae. *-fynde* im Me. lautgesetzlich mit dem Präsensstamm von *find(e)(n)* zusammen. Im Ae. war der Typ Adj/Vb+Ø$_{Adj}$ produktiv; das Dm konnte von starken und schwachen Verben abgeleitet werden (vgl. die Belege bei ClarkHall). Zu Beginn des Frühme. war der Typ ebenfalls noch produktiv. In unserem Material finden sich 19 verschiedene Bildungen, davon 6 aus dem Ae. ererbte und 13 me. Neubildungen. Allerdings war der Typ auch von den kompositionsfähigen Elementen sehr eingeschränkt: als Dt kommen hauptsächlich *eð-* ,leicht' und *arueð-, erueð-* ,schwer' vor, die freilich schon im Ae. häufig waren, vgl. ClarkHall, *BT(S)*. Bereits im Verlaufe des 13. Jh. starb der Bildungstyp aus und wurde durch die entsprechenden syn-

---

[228] Vgl. bes. Kluge 1926:§ 231 f. und Meid 1967:66 f. (§ 70.2). Carr 1939:92 führt *eað-fynde*, *eað-gete* (unter Adj+Adj) als unabhängige Parallelbildungen im Ae. und An. (*auðfyndr*, *auðgætt*) auf; den Typ als solchen erwähnt er (für das Germanische) aber nicht.

taktischen Gruppen des Musters *something is easy to get, hard to see* usw.
verdrängt.

3.3.7.5. Belege

(1)   Adj/Vb+$\emptyset_{Adj}$

a) *arueð-, erueð-* usw. (ae. *earfoð*) als Dt (vgl. *MED* s. v. *arveð* adj & adv):
arueð-finde (ae) ‚schwer zu finden‘, *TrinH* V (27/11).
arueð-forþe (ME) ‚schwer zu tun, zu erreichen‘, *TrinH.*
erued-helde, earueð-healde usw. (ME) ‚schwer zu halten‘; *PMor.*
ærfeð-telle (ME) ‚zahllos‘, wörtl. ‚schwer zu zählen‘, *VespAH, TrinH (arfeð tellen,*
    TrinH XXXI (201/30f.)).
arueð-winne (ME) ‚schwierig zu bekommen‘, *TrinH.*

b) *eð-* (ae. *eaðe*) als Dt (vgl. *MED* s. v. *eth-* und die darauffolgenden Einträge: *eth-*
    bete, -falle, -fele, -finde, -lete, -luke, -sene, -winne, -yete; ferner *OED* s. v. *Eath*):
eð-bete (ME, h) ‚leicht zu büßen‘, *TrinH.*
eð-fele (ME, h) ‚leicht zu fühlen‘, *AncR.* Vgl. Zettersten 1965:200.
yþ-ʒeatæ, eþ-gete (ae) ‚leicht zu bekommen‘, *WintBR, SStBede (Sinners).* Das Dm ist
    von ae. *geatan* 'to say ‘yea'' abgeleitet.
eð-hurte (ME) ‚leicht zu verletzen‘, *AncR.* Hybrid.
eð-late, ec-lete, et-lete usw. (ME) ‚wenig wert, wertlos‘ (wörtl. ‚leicht zu lassen‘),
    PMor (nur dort).
eð-luke (ME, h) ‚leicht zu ziehen‘, *StJul.* Das Dm ist vom Vb ae. *lucan* abgeleitet.
eð-sene, et-scene, ed-s(c)ene (ae. *eð-gesyne, yþ-*) ‚leicht zu sehen, leicht sichtbar, klar‘,
    AncR, StKat, SWard, LyricsXIII. Im Ae. ist das Dm das Adj *gesiene, gesyne;*
    möglicherweise wurde im Me. jedoch das Verb ae. *sēon* > me. *sēn, seen* als Dm
    angesehen, vgl. *OED* s. v. *Sene, i-sene* a; Zettersten 1965:200, 203. Außerdem
    wurde das ae. Adj *gesēne* schon im Anglischen als PartPrät verwendet, siehe
    Sievers/Brunner 1965:§ 391.2.
eð-warpe (ME) ‚leicht (nieder)zuwerfen‘, *AncR.* Zur Form *-warpe* siehe oben 3.2.11.
eð-winne (ME, h) ‚leicht zu bekommen‘, *TrinH.*

c) andere Adj als Dt:
hefig-tyme (ae) s. o. 3.3.2.5.(2 b): gehört vielleicht ebenfalls hierher, wenn man ae.
    tieme als Ableitung vom Vb *tieman* (< *team* + *jan*) auffaßt – allerdings
    kommt ae. *getieme* auch selbständig als Adj vor.
londdrei (ME, h) ‚lang-leidend‘, *LyricsXIII.* Ein Versehen bzw. eine Assimilations-
    form für *long-dreʒ.* Das Dm ist aus dem Vb ae. *dreogan* ‚leiden‘ abgeleitet und
    kommt selbständig anscheinend nicht vor.
seld-sene, selt-sene (ae. *seld-syne*) ‚selten‘, wörtl. ‚selten zu sehen‘, *AncR, HMeid.*
    Seld- ist eigentlich ein Präfixoid, siehe unten 3.3.12. Zur Interpretation von *-sene*
    siehe oben zu *eð-sene.* Vgl. *OED* s. v. *Seldseen;* Zettersten 1965:203.
picke-liste (ME, h?) ‚schwerhörig‘, wörtl. ‚dickhörig‘, *TrinH.*

(2)   Sb/Vb+Ø_{Adj}

lepe-bei, leoðe-bei(e) usw. (ae. *leopu-bīge*) ‚biegsam, nachgiebig', wörtl. ‚gliederbieg-sam', *ProvA, StMarg/1, Vices&V.* Das Dt ist ae. *lið* (Pl. auch *leopu*) ‚Glied', nicht ae. *liðe* ‚leicht'. Vgl. Zettersten 1965:249; Oakden 1935:II,123; Mack (ed. *StMarg/1*), S. 104; *OED* s.v. *Litheby; MED lēthe-bei.*

(3)   *wel-cume* ‚willkommen' gehört nicht hierher, sondern ist als Adv/ PartPräs zu analysieren, siehe unten 3.3.11.

3.3.8. Sb/Vb+*ende;* Sb/Vb+*ing* (Substantiv/Partizip Präsens): *blod-lettinde, milc-drinkende*

3.3.8.1. Definition des Typs

Das Dt ist ein Sb, das Dm ein Partizip Präsens; die morphologische Struktur der Konstituenten ist demnach freies Morphem/freies Morphem + gebundenes Morphem. Im Frühme. hat das PartPräs zunächst noch meist die Endung *-ende* bzw. *-inde;* ihre Verdrängung durch die Endung *-ing* zeigt sich aber bereits in einigen Texten, vor allem den späteren. Es handelt sich um Kp. mit Verbalverknüpfung, genauer gesagt um Zusammenbildungen.

Literatur: (1) Zu Sb/PartPräs: Jespersen 1942 (*MEG* VI):161−165 (bei Sb/Adj mitbehandelt); Marchand 1969:91; Koziol 1972:77f.; Hansen 1982:61; ferner Kärre 1915:77−233; Carr 1939:209−215; Visser 1966:II,1195 (§ 1115); Hellinger 1969; Adams 1973:95; Wilss 1986:152− 167 u.ö. (bes. zum Dt.). (2) Zur Geschichte der *-ing*-Form siehe oben 3.1.2.9.

3.3.8.2. Zur morphologischen Isolierung

Im Gegensatz zum Typ Sb/Verbalsubstantiv auf *-ing* ist der Typ Sb/Part-Präs gewöhnlich morphologisch isoliert, weil es im allgemeinen keine entsprechende syntaktische Gruppe gibt.[229] Vereinzelt kommen jedoch syntakt. Gruppen aus Sb plus nachgestelltem attributivem PartPräs vor, siehe unten 3.3.8.5. zu *fire brennyng.*

3.3.8.3. Weitere wichtige und problematische Punkte

(1)   Grundsätzlich zur Frage, ob Kp. oder Ableitung vom zusammengesetzten Vb vorliegt, siehe oben 3.1.2.11. Im allgemeinen kann man davon ausgehen, daß ein Kp. vorliegt.

---

[229] Im Dt. ist der Typ Sb/PartPräs dagegen (morphologisch) nicht isoliert, vgl. z.B. *fleisch-fressende Pflanzen,* aber: *ein Fleisch fressender Löwe;* siehe Marchand 1969:91; vgl. Ortner/ Ortner 1984:15, vgl. 21.

(2) Zur Frage, ob ein Adj oder ein Sb (substantiviertes Adj) vorliegt, vgl. oben 3.1.2.15. und 3.1.2.18. Die Bildungen auf *-ende* werden hier grundsätzlich als PartPräs (d. h. als Adj) eingestuft, die freilich auch substantiviert werden können. Klar ist der Adjektivcharakter bei attributiver Verwendung *(ealle þa landsittende men);* in prädikativer Position könnte dagegen auch substantivische Verwendung vorliegen *(ælc mann … þe landsittende wæs, ChronE* 1085). Bildungen bzw. Dm, die sicher von ae. Nomina agentis auf *-end* abstammen, kommen nicht mehr vor; *sæ-liðende* muß nicht auf das ae. Nomen agentis *sæ-liðend* zurückgehen, sondern kann auch auf dem (allerdings noch selteneren) Adj *sæ-liðende* beruhen, vgl. *BT.*

3.3.8.4. Zur Geschichte und Produktivität des Typs

Der Typ Sb/PartPräs ist die ganze englische Sprachgeschichte hindurch produktiv.[230] Er existierte bereits im Germanischen und war auch im Ae. häufig; im Ne. sind Bildungen dieses Typs sehr zahlreich.[231] Im Frühme. kommt er jedoch nicht oft vor. Es finden sich lediglich 12 Bildungen, davon 5 altenglische und 7 mittelenglische. Die meisten sind aus unseren Textgruppen I–III, keine aus den späteren Texten (Textgruppen VIII, IX).

3.3.8.5. Belege

bearn-eacninde (ae) ‚schwanger‘, wörtl. etwa ‚kinder-schwanger‘, *SermRdE (heo … wearð bearneacninde)*. Möglicherweise eine Mischung aus dem Adj ae. *bearneacen* ‚schwanger‘ und dem Vb ae. *(ge)eacnian* ‚vergrößern, schwanger werden‘; vgl. auch das ae. Sb *bearn-eacnung*.

blod-lettinde (ME) ‚zur Ader lassend‘, *AncR*, Hs. C 116r/18 f., ist vermutlich ein Versehen anstatt richtigem *blod-letene* ‚zur Ader gelassen‘, so Hs. A f. 71r/20 f. – siehe dazu unten 3.3.10.

brune-wallinde (ME) ‚kochend heiß‘, wörtl. ‚feuer-wallend‘, *StJul (brune-wallinde bres)*. Aus ae. *bryne* + ae. *wællan, wyllan* zusammengesetzt.

dæl-nymende, -neominde (ae) ‚teilnehmend‘ (‚Teilnehmer‘?), *SermRdE, LambH IV (we beon dælnymende)*. Dürfte Kp. sein und nicht Ableitung von einem Vb *dæl-niman;* vgl. Sauer 1985 a: § 4.4.

fur-berninge, fur-berninde (ME) ‚brennend‘, wörtl. ‚feuerbrennend‘, *LyricsXIII (fur-berninge glede, fur-berninde drake)*. Syntakt. Gruppe aus Sb plus nachgestelltem PartPräs ist dagegen *Of fire brennyng ne water in þe see, Floris&B* 377. Vgl. *MED* s. v. *fir-brenning.*

---

[230] Der Ersatz der Endung *-ende* etc. durch *-ing* im Me. hat keinen Einfluß auf den Typ als solchen. Wenn Marchand 1969:91 sagt, "the types are essentially Modern English", so bezieht sich dies offenbar nicht auf den Wortbildungstyp Sb/PartPräs, sondern auf die einzelnen Belege: von den ae. Bildungen starben die meisten wieder aus.

[231] Für die Kp. dieses Typs bei Shakespeare vgl. Scheler 1982:118.

hond-habbing, honde-habbynde usw. (ae) ‚auf frischer Tat ertappt' (wörtl. ‚[die ge-stohlenen Güter] noch in der Hand habend'), *Floris&B, KingAlex, SEL.* Vgl. *MED* s.v. *hond-having(e; OED* s.v. *Hand-habend.*

land-sittende(ME) ‚land-(be)sitzend, Landbesitzer', *ChronE* 1085 u. 1086. Attributiv und prädikativ verwendet (*ealle þa landsittende men* und *ælc mann ... þe land-sittende wæs*).

milc-drinkende (ME, h) ‚milch-trinkend', *LambH (milc drinkende childre).*

sa-farinde (ME) ‚seefahrend', *TrinH (sa farinde men).* Vgl. *OED* s.v. *Seafaring.*

sæ-liðende (ae) ‚seefahrend' (ae. auch Sb: ‚Seefahrer'), *LaʒB (sæ-liðende men).*

sin-betende (ME) ‚büßend', wörtl. ‚sündenbüßend', *TrinH* (substantiviert: *þe sinbetinde*).

wei-f(e)arinde (ae) ‚reisend', wörtl. ‚weg-fahrend', *AncR (þe wei f(e)arinde men), Ayenb.* Ne. *wayfaring.*

3.3.9. Adj/Vb+*ende;* Adj/Vb+*ing* bzw. Adv/Vb+*ende;* Adv/Vb+*ing* (Adjektiv oder Adverb/Partizip Präsens): *briht-schininde, euer-lestinde*

3.3.9.1. Definition des Typs

Das Dt ist ein Adj bzw. Adv, das Dm ein Partizip Präsens (zu seiner Form siehe oben 3.3.8.1.). Die morphologische Beschreibung ist demnach freies Morphem/freies Morphem + gebundenes Morphem. Es handelt sich um Kp. mit Verbalverknüpfung, genauer gesagt um Zusammenbildungen.

Literatur: Marchand 1969:92; Koziol 1972:78f.; Hansen 1982:61; ferner Adams 1973:93; Hellinger 1969.

3.3.9.2. Zur morphologischen Isolierung

Der Typ ist morphologisch nicht isoliert, weil zum Teil auch syntakt. Gruppen aus Adv + PartPräs vorliegen könnten.[232]

3.3.9.3. Weitere wichtige und problematische Punkte

(1) Ist das Dt ein Adj oder ein Adv (vgl. oben 3.1.2.16.)? Hier wird der Typ nicht auf Adj/PartPräs oder Adv/PartPräs festgelegt,[233] sondern es

---

[232] Vgl. auch unten 3.3.14.2. – Von Herausgebern und Wörterbüchern werden die Verbin-dungen aber oft als Kp. angesehen (und mit Bindestrich geschrieben). Auch im Dt. ist der Typ Adj (Adv)/PartPräs morphologisch nicht isoliert; die Bildungen entstehen anschei-nend z.T. durch Zusammenrückung, vgl. z.B. *héll schéinend* und *héllschèinend; náhe líe-gend* und *náheliègend; nächstliegend* und *naheliegendst.*

[233] Im Gegensatz etwa zu Marchand 1969:92ff., der ihn auf Adj/PartPräs festlegt, und Adams 1973:93, die ihn umgekehrt auf "Adverb – verb(-ing)" festlegt, z.B. *far-seeing, hard-hitting, easy-going* (wie Adams auch Hellinger 1969:70ff.).

werden beide Möglichkeiten offengelassen. Die mögliche Einstufung als Adv ergibt sich, weil Verben syntaktisch meist durch Adverbien modifiziert werden und auch einige Kp. vorkommen, die als Adv/PartPräs zu interpretieren sind *(wel-donde)*;[234] die mögliche Einstufung als Adj ergibt sich, weil im Kp. das Dt oft nicht als Adv markiert ist und im Me. das Adv oft auch im Satz formal nicht vom entsprechenden Adj unterschieden ist.[235]

(2) Substantivierte Bildungen dieses Typs sind (im Gegensatz zum Typ Sb/PartPräs) anscheinend selten; im frühme. Material kommen jedenfalls keine vor; vereinzelt gibt es sie aber in unseren späteren Texten *(wel-wilynde, Ayenb)*.

3.3.9.4. Zur Geschichte und Produktivität des Typs

Carr 1939 erwähnt diesen Typ für das Germanische nicht. Im Ae. war er vorhanden; über das Ausmaß seiner Produktivität liegen aber unterschiedliche Angaben vor: Nach Marchand stellte er keinen geläufigen ae. Wortbildungstyp dar, nach Koziol war er im Ae. und Me. gar nicht so schwach vertreten. Unser frühme. Belegmaterial stützt jedoch eher Marchands Auffassung. Im Frühme. finden sich nämlich nur sieben Bildungen, davon allerdings nur eine ae., aber sechs me. Neubildungen. Häufiger wird der Typ erst im Ne.

3.3.9.5. Belege

(1) Aus den frühme. Texten:

briht-schininde, bricht- (ME) ‚hellscheinend', *AncR.*
euer-lestinde (ME) ‚immerwährend', *StMarg/1, Ayenb, Malory (ever-lastynge).*
fæle-talyende (ME?) ‚vielredend', *WintBR.*
muchel-lestinde (ME) ‚langdauernd', wörtl. ‚vieldauernd', *ProvA* (als Vr.).
sar-akinde (ME?) ‚sehr schmerzhaft', wörtl. ‚schmerzlich schmerzend', *AncR, SermTrin/Cleo (sore akinde)* (Kp?).
swote-sme(a)llinde (ME?) ‚süßriechend', *AncR* (Kp?).
wel-donde (ae) ‚tüchtig', *La3B, Art&Merl (wele doinde)*. Als Kp. im *OED*, s. v. *Welldoing.*

Sicher syntakt. Gruppe ist:

Swipe wele fi3tand men, Art&Merl 4508; vgl. oben 2.4.2.3.

---

[234] Marchand 1969:92 bezeichnet *well, ill* und *far* allerdings als Wörter, die bis ins Ne. sowohl Adj als auch Adv sein können.

[235] Außerdem gibt es auch Kopulaverben, die ein Adj bei sich haben, vgl. ne. *to look good, to keep quiet* usw.; siehe z. B. Quirk/Greenbaum 1973:352 f. (§ 12.8 f.).

(2)   Aus den späteren Texten:

(the Damesell) Byeau-Pansaunte (ME) afrz. Lw, *Malory.*
(the lady) Byeaue-Vyvante (ME) afrz. Lw, *Malory.*
bettir-farynge (ME), ‚besser gelitten‘, *Malory (a bettir-farynge knyght);* Kp. laut dem Glossar von Vinaver (ed. *Malory*).
well-farynge (ME) ‚angenehm, gutaussehend, wohlgelitten‘, *Malory.*
well fyghtynge (ME) ‚gut kämpfend‘, *Malory (a well fyghtynge man*); wohl syntakt. Gruppe.
wel-wilynde, well-wyllynge (ae) ‚wohlwollend‘, Sb ‚Freunde‘, *Ayenb, Malory.* Kp. laut dem Glossar von Vinaver (ed. *Malory*).
wyse-fyghtynge (ME) ‚geschickt kämpfend‘, *Malory (a wyse-fyghtynge knyght)* – Kp. laut Vinaver (ed. *Malory*).

(3)   Als Adj/Sb-Verbindung ist einzustufen:

heh-healent, hehe healent (ME?) ‚hoher Heiland‘, *StKat, StMarg/1. Healent* ist ein ae. Nomen agentis auf -*end*. Möglicherweise ist *heh(e) healent* syntakt. Gruppe.

3.3.10. Sb/Vb+*ed* (Substantiv/Partizip Präteritum): *blod-leten, hunger-biten*

3.3.10.1. Definition des Typs

Das Dt ist ein Substantiv, das Dm ein Partizip Präteritum (also im allgemeinen in der Form Vb+*ed* oder Vb+*en*). Die morphologische Beschreibung der Konstituenten ist demnach freies Morphem/freies Morphem + gebundenes Morphem. Es handelt sich um Kp. mit Verbalverknüpfung und prinzipiell um Zusammenbildungen.

Literatur: Jespersen 1942 (*MEG* VI):161–165 (bei Sb+Adj mitbehandelt); Marchand 1969:92f.; Koziol 1972:78; Hansen 1982:62; ferner Carr 1939:205–209; Visser 1966:II,1238 f. (§ 1137), 1251 f. (§ 1146), vgl. 1246 (§ 1143); Hellinger 1969; Adams 1973:94; Wilss 1986:167–195 u.ö. (bes. zum Deutschen).

3.3.10.2. Zur morphologischen Isolierung

Der Typ Sb/PartPrät ist im Me. und Ne. im allgemeinen morphologisch isoliert, weil es keine entsprechende syntaktische Gruppe gibt; siehe aber unten 3.3.10.5. zu *wo-bigon.*

3.3.10.3. Weitere wichtige und problematische Punkte

(1)   Substantivierte Bildungen (vgl. oben 3.1.2.15.): Wie alle Adj können auch die des Typs Sb/PartPrät substantiviert werden, vgl. adjektivisches *boc-ilæred men* und substantivisches *fele boc-lerede.*

292

(2) Kompositum oder Ableitung vom zusammengesetzten Verb? Wie oben 3.1.2.11. ausgeführt, wird hier prinzipiell davon ausgegangen, daß es sich um Kp. (Zusammenbildungen) handelt und daß entsprechende Verben (soweit solche existieren) aus den Kp. abgeleitet (rückgebildet) wurden. Ausnahmen sind freilich nicht auszuschließen; dazu gehören möglicherweise *gehandfæst* und *ihondsald* (siehe dazu ebenfalls oben 3.1.2.11.); zu *manne-handeled* s. u. 3.3.10.5.(2).

(3) Zur Frage, wie weit tatsächlich Zusammenbildungen vorliegen und wie weit es sich um Kp. (Zusammensetzungen oder Zusammenrückungen) aus Sb + PartPrät handelt, siehe unten 5.5.5.(5).

3.3.10.4. Zur Geschichte und Produktivität des Typs

Der Typ Sb/PartPrät existiert die ganze englische Sprachgeschichte hindurch. Er ist germanisch, aber im Germanischen noch recht schwach. Etwas stärker vertreten ist er im Ae. Die frühme. Belege sind nicht sehr zahlreich: Mit 23 verschiedenen Bildungen, davon 5 altenglischen und 18 me. Neubildungen (was für die Produktivität des Typs im Frühme. spricht), weist der Typ Sb/PartPrät aber immerhin fast doppelt so viele (verschiedene) Bildungen auf wie der Typ Sb/PartPräs. Sehr stark produktiv wird der Typ erst im Ne., besonders seit dem 19. Jh.[236]

3.3.10.5. Belege

(1) Die Belege aus den frühme. Texten:

blod-leten (ME) ‚zur Ader gelassen‘, wörtl. ‚blutgelassen‘, *AncR, SirTristr.* Z.T. substantiviert.

boc-lered(e), boc-ilæred usw. (ME) ‚buchgelehrt‘, *ProvA, LaȝB.*

cancre-frete (ME) ‚von Geschwüren zerfressen‘, *SEL.* Hybrid.

cheues-boren (ae) ‚unehelich geboren‘, wörtl. ‚von einer Kebse geboren‘, *LaȝB.*

deades-driuen (ME) ‚vom Tod angesteckt, befallen‘, *Gen&Ex.* Eigentlich Sb+*s*/ PartPrät.

dwall-kennde (ME, h) ‚irrtümlich, falsch, häretisch‘, wörtl. ‚Irrtum-geboren‘, *Orrm.*

fur-brend (ME) ‚vom Feuer ge-/verbrannt‘, *11Pains.* Vgl. *fur-berninge* (oben 3.3.8.5.).

flesch-fulet (Vr. *flesch-sulet*) (ME) ‚im Fleisch befleckt, besudelt‘, *StMarg/1.*

god-friht (ae. *godfyrht*) ‚gottesfürchtig‘. Vgl. oben 3.3.1.5. Das Dm ist ursprüngl. PartPrät zum Vb *fyrhtan* (> *fright* > *frighten*).

gold-beten (ME) ‚mit Gold[fäden] beschlagen, durchwirkt‘, *KingAlex (gold-beten sylk)*.

---

[236] Nach Visser 1966:II,1238 und Marchand 1969:92 f. ist der Typ Sb/PartPrät heute unbeschränkt produktiv. Für die Kp. dieses Typs bei Shakespeare siehe Scheler 1982:118.

gold-ileired (ME) ‚mit Gold eingefaßt, goldgerändert(?)‘, *LaȝB*. Vgl. *MED* s.v. *gold* n. 3 e.

golt-peinte (ME) ‚goldbemalt‘, *SStBede*. Hybrid.

grund-fulled (ME) ‚randvoll‘, wörtl. ‚bis zum Grund gefüllt‘, *LaȝB*.

grund-laden(e) (ME) ‚voll beladen‘, wörtl. ‚bis zum Grund beladen‘, *LaȝB*.

gehand-fæst (ME?) ‚verlobt‘ (wörtl. wohl ‚in die Hand versprochen‘), *SermRdE*, *LaȝB* (*ihond-fæst*), *Orrm* (*hannd-fesst*), *Malory* (*honde-faste*). Nicht auszuschließen, aber weniger wahrscheinlich ist, daß hier das PartPrät eines zusammengesetzten Verbs ae. **hand-fæstan* vorliegt (das so nicht belegt ist). An. Lw. Vgl. *MED* s.v. *hand-festen; OED* s.v. *Handfast* a. und v.

ihondsald (ae) ‚versprochen, verlobt‘ (wörtl. ‚in die Hand gegeben‘), *StJul*. Nicht auszuschließen, aber weniger wahrscheinlich ist, daß hier das PartPrät eines zusammengesetzten Verbs ae. **hand-syllan* vorliegt (das so nicht belegt ist). An. beeinflußt *(handselja)*. Vgl. *MED* s.v. *hanselle, handsellen* u. *honde* 8 g; *OED* s.v. *Handsal.*

hunger-biten(e) (ME) ‚hungrig‘. wörtl. ‚hungergebissen‘, *ChronE*. Nach Marchand 1969:93 erst seit dem 16.Jh. belegt.

hungur-fordred (ME) ‚furchtsam vor dem Hunger‘, *Gen&Ex*. Zum Dm vgl. *MED* s.v. *fordrēden*. Von Arngart (ed. *Gen&Ex.*), S. 236, aber anscheinend als Dativfügung aufgefaßt.

somer-driuen (ME) ‚auf einem Packpferd gezogen (zur Strafe)‘, *DSirith*. Ein hybrides Kp.: Das Dt entspricht agn. *sumer* ‚Lastpferd‘ (und hat nichts mit ‚Sommer‘ zu tun).

trewþe-pliȝt (ME) ‚verpflichtet, versprochen‘, *LaȝB* (*trouþe i-plipt*), *Amis&A*. Ne. *troth-plighted*. *OED* s.v. *Trothplight* sb., pa.pple., v. Wörtl. etwa ‚durch Treue gebunden‘.

win-drunken (ae) ‚weintrunken, betrunken vom Wein‘, *ProvA, LaȝB* (~ *dronge of wine* O 4052).

wind-feallet, wind-falled (ae) ‚vom Wind gefällt, umgeblasen‘, *AncR*.

wo-bigon (ME) ‚leidvoll, jammervoll‘, *Amis&A*. Zusammenrückung laut *OED* s.v. *Woe-begone*. In *Amis&A* aber möglicherweise noch syntakt. Gruppe.

(2)   Belege aus den späteren Texten (soweit nicht schon oben erwähnt):

manne-handeled (ME) ‚angegriffen, in der Schlacht begegnet‘ (wörtl. ursprünglich ‚von Menschen(kraft) bewegt‘), *Malory*. Laut *MED* s.v. *man-handlen* das PartPrät des zusammengesetzten Verbs *man-handlen*; es kann aber genauso gut das Vb eine Rückbildung aus dem Kp. (Sb/PartPrät) sein, zumal das PartPrät viel früher belegt ist als die finiten Formen oder der Inf. des Verbs; vgl. auch *OED* s.v. *Manhandle.*

werm-ethe, worme-etyn (ae/ME) (ae. *wyrm-ǣte*), ‚wurmzerfressen‘, *Ayenb, Malory*.

3.3.11. Adj/Vb+*ed;* Adv/Vb+*ed* (Adj oder Adv/Partizip Präteritum):
fre-boren, ful-fillid

3.3.11.1. Definition des Typs

Das Dt ist ein Adjektiv oder ein Adverb, das Dm ein Partizip Präteritum. Der morphologische Status der Konstituenten ist freies Morphem/freies Morphem + gebundenes Morphem. Es handelt sich um Kp. mit Verbalverknüpfung.

Literatur: Jespersen 1914 (*MEG* II): 373–377; 1942 (*MEG* VI): 165 f. (dort unter Adj+Adj mitbehandelt); Marchand 1969:94 f.; Koziol 1972:79 f.; Hansen 1982:62 f.; ferner Carr 1939:205; Visser 1966:II,1232–1235 (§ 1132 f.); vgl. 1235 f. (§ 1134); Hellinger 1969; Strang 1970:258 (§ 140); Adams 1973:93 f.

3.3.11.2. Zur morphologischen Isolierung

Wie der Typ Adj bzw. Adv/PartPräs ist auch der Typ Adj bzw. Adv/Part-Prät morphologisch nicht isoliert, weil in manchen Fällen syntakt. Gruppen aus Adv + PartPrät vorliegen könnten.[237] Erst im Ne. besteht eine gewisse Tendenz, zwischen Kp. aus Adj/PartPrät und syntakt. Gruppe aus Adv + PartPrät deutlicher zu differenzieren: *fresh-fallen – freshly fallen; moderate-sized – moderately sized* usw.[238]

3.3.11.3. Weitere wichtige und problematische Punkte

Es ergeben sich im wesentlichen die gleichen Fragen wie bei dem Typ Adj/PartPräs (s. o. 3.3.9.3.), nämlich:

(1) Ist das Dt ein Adj oder ein Adv? Aus den gleichen Gründen wie bei Adj bzw. Adv/PartPrät wird auch hier mit beiden Möglichkeiten gerechnet, nämlich daß Adj/PartPrät oder Adv/PartPrät vorliegen kann.[239]

(2) Substantivierung: Wie alle Adjektive können auch die des Typs Adj bzw. Adv/PartPrät substantiviert werden. Ein Beispiel aus dem frühme. Material ist *þe euele-Imet, NamesHare.*

(3) Liegt Kp. vor oder Ableitung vom zusammengesetzten Vb (vgl. oben 3.1.2.11.)? Einige der Bildungen mit *ful(l)-* sind mit mehr oder weniger gro-

---

[237] Die Herausgeber gehen aber oft von Kp. aus, z.B. Vinaver (ed. *Malory*). Auch im Deutschen ist der entsprechende Typ nicht isoliert, vgl. z.B. *weit geöffnet – weitgeöffnet.* Zu *full* + PartPrät vgl. Mustanoja 1960:319 f.

[238] Siehe dazu Jespersen 1914 (*MEG* II): 374–377; Visser 1966:II,1235–1237 (§ 1134 f.). Allerdings werden (syntaktische) Gruppen aus markiertem Adv+PartPrät auch heute selten mit Bindestrich geschrieben, z.B. *a happily-married woman,* und so in die Nähe von Kp. gerückt. – Visser 1966:II,1235 bezeichnet eine Bildung wie *fresh-fallen* als "quasi-compound".

[239] Vgl. auch Hellinger 1969:104–108.

ßer Wahrscheinlichkeit keine Zusammensetzungen (bzw. Zusammenbildungen), sondern Partizipialformen von zusammengesetzten Verben. Ziemlich sicher ist dies bei *ful-fillid* (ae. *full-fyllan* > ne. *fulfil*) u. *full-forþedd*; weniger sicher dagegen bei *full-fremedd* (ae. *full-fremman;* im Me. aber nur mehr als PartPrät belegt) und bei *full-waxen* (ae. anscheinend – trotz ClarkHall s. v. *fullweaxan* – nur als PartPrät belegt, me. ebenso, vgl. *MED* s. v. *ful-waxen*) sowie bei *full-wrohht*; siehe ferner unten 3.3.11.5.(1) zu *blind-feallede* u. *cup-lehthe*.

(4)   Liegt Adj (bzw. Adv)/Vb+*ed* oder Adj/Sb+*ed* vor? Bei einigen Bildungen ist schwierig zu entscheiden, ob das Dm aus einem Vb oder aus dem entsprechenden Sb abgeleitet ist, also ob eine Bildung des Typs Adv/Vb+*ed* (d. h. PartPrät) oder des Typs Adj/Sb+*ed* (d. h. ein erweitertes Bahuvrihiadj.) vorliegt. Dies betrifft z. B. *well-wylled, wel-wopned, wel-ðewed*, vgl. *OED* s. v. *Thewed, Weaponed, Willed* (bei den beiden ersteren läßt das *OED* deverbale und desubstantivische Ableitung offen, bei *willed* setzt es dagegen nur desubstantivische Ableitung an; vgl. jedoch die parallele Bildung *well-willing*, s. o. 3.3.9.5.(2)). Diese Bildungen werden hier unter Adj bzw. Adv/Vb+*ed* aufgeführt; Bildungen wie *well-wynded* und *well-brethed* sind dagegen wohl eher unter den erweiterten Bahuvrihiadj. des Musters Adj/Sb+*ed* einzuordnen; siehe unten 3.3.14.

3.3.11.4. Zur Geschichte und Produktivität des Typs

Der Typ Adj bzw. Adv/PartPrät ist germanisch und die ganze englische Sprachgeschichte hindurch vorhanden. Im Ae. war er aber nur schwach produktiv und auch im Frühme. nicht sehr stark. In unserem frühme. Material finden sich 24 Bildungen, davon 10 ae. und 14 me. Die Zusammensetzungen mit *full-* sind anscheinend besonders bei *Orrm* beliebt. Allerdings ist es nicht sicher, ob diese Bildungen tatsächlich alle als Kp. empfunden wurden. Stärker produktiv wurde der Typ erst im Frühne.

3.3.11.5. Belege

(1)   Aus den frühme. Texten:

(*betst-boren*: siehe unten zu *wel-ibore*).
blind-feallede, blint-fellede (ae) ‚mit verbundenen Augen‘, *AncR* (A 28r/16; C 43r/14; u. ö.), *PassLord, Malory*. Vgl. Zettersten 1965:53. Wohl Verbform zu (ge)*blindfellian*.
cup-lehthe (ae. *cūð-lǣcan*) ‚bekannt, freundlich aufgenommen‘, *SStBede*(*Sinners*) (l); vgl. *MED* s. v. *cūð-lechen*. Wohl Verbform dazu.
dead-biburiet (ME?) ‚tot und begraben‘, *AncR*. Anscheinend eine kopulative Bil

dung; ein Versehen (Auslassung eines 7 zwischen den Konstituenten) scheint aber nicht ausgeschlossen.

ded-bore (ae) ‚tot geboren‘, *SEL.*

þe euele-Imet (ME, h) ‚der, den zu treffen Unglück bringt‘ (wörtl. ‚der Übelgetroffene‘), *NamesHare.*

freo-iboren, fre-boren (ME) ‚frei geboren, von vornehmer Abkunft‘, *StJul, Jacob&J.*

ful-itohe(n), ful-itoȝen(e) (ME?) ‚schlecht erzogen‘, *AncR, SWard.*

full-brohht (ME) ‚vollbracht‘, *Orrm.* Laut *MED* s. v. *ful* adv. 1 b syntakt. Gruppe.

ful-fillid (ae) ‚erfüllt‘, *LyricsXIII.* Wohl Verbform (von *fulfil*).

full-forþedd (ME) ‚vollendet‘, *Orrm.* Wohl Verbalform, vgl. *MED* s. v. *ful-forthien.*

full-fremedd (ae) ‚erfüllt‘, *Orrm.* Ursprünglich wohl Verbform; im Me. aber nur mehr als PartPrät belegt, siehe *MED* s. v. *ful-fremed.*

full-timmbredd (ME) ‚fertig gebaut‘, *Orrm.* Laut *MED* s. v. *ful* adv. 1 b syntakt. Gruppe.

full-prifenn (ME, h) ‚fertig, komplett‘, *Orrm.* Hybrides Kp.

full-waxenn (ae) ‚ausgewachsen, reif‘, *Orrm.*

full-wrohht (ae) ‚fertig, vollendet‘, *Orrm, Vices&V.* Vgl. ae. *fullwyrcan;* im Me. ist dieses Vb aber nicht mehr belegt. Vgl. *MED* s. v. *ful-wroht.*

heþ-bore, heh-(i)boren, hæh-iboren(e), heȝe-ibore usw. (ME) ‚hochgeboren‘, *LaȝB, Orrm.* Syntakt. Gruppe ist aber sicher *þe alre hæheste iborne (mon), LaȝB* C 5416.

loh-iboren (ME) ‚niedriggeboren‘, *LaȝB.* Hybrid.

neow-cumen(e) (ME) ‚neugekommen, kürzlich angekommen‘, *LaȝB.*

rihht-biȝetenn (ME) ‚rechtmäßig erworben‘, *Orrm.*

wel-ibore (ae. *wel(ge)boren*) ‚wohlgeboren, von vornehmer Abkunft‘, *LaȝB, Malory (well-borne); betst-boren, bezst-iboren, beste borne* (ae) ‚von vornehmster Abkunft‘, *ChronE, LaȝB, Malory.*

wel-cume, wil-cume, wul-cume, wel-com(e) (ae/ME) ‚willkommen‘, *AncR, SWard, LaȝB, O&N* usw. (häufig). Adj und Interjektion. Nach *ODEE* s. v. *welcome* eine Lüs nach frz. *bienvenu* oder anord. *velkominn;* demnach wäre es zu analysieren als Adv/PartPrät. Gleichzeitig verdrängt es aber ae. *wil-cuma* ‚willkommener Gast‘ (wörtl. ‚Willensankömmling‘), das nach dem Muster Sb/Vb+Ø$_{Sb}$ (d. h. Sb/nullabgeleitetes deverbales Sb) gebildet ist, siehe dazu oben 3.2.9.5. *Wel-cume* (ne. *welcome*) kann deswegen zum Teil auch als Umbildung von ae. *wil-cuma* angesehen werden; vielleicht erfolgte der Übergang bei der häufigen prädikativen Verwendung des Wortes, z. B. *wulcume ært þu Teilesin, LaȝB* C 4544; *cnihtes ȝe beoð wulcume, LaȝB* C 6679 (... *welcome* O 6679) usw. Vgl. Mustanoja 1960:632; Carr 1939:105; Zettersten 1965:82; Schrack 1966:54, 94; Bammesberger 1984:87; *OED* s. v. *Welcome; AEW* s. v. *wilcuma;* Kluge-Mitzka *willkommen.*

wel-idon (ae) ‚edel, klug, tüchtig(?)‘, *LaȝB* (Kp?). Wörtl. ‚wohlgetan‘.

wel-itohe (ME) ‚wohlerzogen‘, *AncR, HMeid.* Nach Zettersten 1965:128 Kp. – Syntakt. Gruppe dürfte aber sein *alre bezst itoȝene, LaȝB* C 12299.

wel-ðewed (ME) ‚mit guten Manieren‘, *TrinH, LaȝB, Gen&Ex.* Das Dm könnte

297

auch desubstantivisch sein, vgl. unten 3.3.14.5.(1 a). Syntakt Gruppe ist wohl *wel wopnede men*, *Gen&Ex* 2479.

(2)   Aus den späteren Texten (soweit nicht schon oben erwähnt):

evyll-shapyn (ME) ‚schlecht sitzend‘, *Malory*. Lehnübertragung nach *La Cote Male Tayle: The Evyll-Shapyn Cote.*
uol-dronke (ME) ‚völlig betrunken‘, *Ayenb.*
new-made (ME) ‚neugeschaffen‘, *Malory.*
new-slayne (ME) ‚frisch erschlagen‘, *Malory.*
olde-seyde (ME) ‚alt‘, ‚von alters her gesagt‘ *(an olde-seyde sawe)*, *Malory.*
sorrowfull-borne (ME, h) ‚unter Sorgen geboren‘?, *Malory.*
well-beseyne (ME) ‚gutaussehend‘, *Malory.*
well-ruled (ME) ‚wohlerzogen, mit gutem Benehmen‘, *Malory*. Hybrid.
well-wylled (ae/ME) ‚in guter Absicht‘, wörtl. ‚wohlwollend‘, *Malory*. Das Dm könnte auch desubstantivisch sein, vgl. unten 3.3.14.5.(2 a).

3.3.12. Präfixoid/Adj; Sb/Suffixoid$_{Adj}$; Adj/Suffixoid$_{Adj}$ (mit Affixoiden zusammengesetzte Adjektive): *kine-boren, dred-ful* usw.

3.3.12.1. Definition

Zur Definition von Affixoiden (Präfixoiden, Suffixoiden) und zum Status der Bildungen damit siehe oben 3.1.2.13. und 3.2.13.1.

Literatur: Marchand 1969:356–358 („Semi-suffixes") sowie zu den einzelnen Suffixen; Koziol 1972:179f. sowie zu den einzelnen Suffixen; Hansen 1982:122–124; ferner Kluge 1926:114–127 (§237–247); Carr 1939:368–375; Lipka 1966:14f.; Schrack 1966:59f.; Meid 1967:226–229; Welte 1982:164–166. – Fürs Deutsche vgl. z.B. Fleischer ²1971:254–256; Kühnhold et al. 1978:75ff. (dort als Suffixoide z.B. *-durstig, -fähig, -faul, -feindlich, -fertig, -fest* usw.).

3.3.12.2. Zur morphologischen Isolierung

Eindeutig morphologisch isoliert sind Bildungen mit selbständig nicht vorkommenden Elementen, wozu alle Präfixoide (*feoðer-, kine-, seld-, twi-*) sowie *-wende* gehören; aber auch die Bildungen mit den übrigen Suffixoiden (*-fast, -ful, -wil, -wis*) dürften morphologisch isoliert sein.

3.3.12.3. Weitere wichtige und problematische Punkte

Hierher gehören zum einen die Frage nach der Abgrenzung von Wort, Affixoid und Affix sowie nach den Kriterien für Affixoide, zum anderen die Frage der Unterteilung der Affixoide; zu diesen beiden Punkten siehe oben 3.2.13.3. und unten 3.3.12.5. bei den einzelnen Affixoiden.

3.3.12.4. Zur Geschichte und Produktivität

Jedes Affixoid muß für sich betrachtet werden, siehe den folgenden Abschnitt (und vgl. oben 3.2.13.4.).

3.3.12.5. Belege

Unter (1) werden die Präfixoide aufgeführt (me. *feoðer-, kine-, seld- twi-*), unter (2) die Suffixoide (me. *-bere, -fast, -ful, -wende, -wil, -wis*). Von den in den Handbüchern zur historischen Wortbildung (Kluge 1926, Carr 1939, Meid 1967) gewöhnlich angeführten Adjektivsuffixoiden werden dagegen nicht behandelt ae. *-cund, -feald* (ne *-fold*), *-hæft, -leas* (ne. *-less*), *-lic, -sum,* weil diese zum Teil schon im Ae. und alle im Me. zu reinen Suffixen geworden waren.[240]

(1) Präfixoide

feoðer- (ae. *fiðer-* usw.): *feðer-fotetd*

Skizze der Entwicklung: Ae. *fiðer-, feðer-, feopor-* usw. (nicht zu verwechseln mit *feðer* ‚Feder‘) kommt nicht selbständig vor, sondern ist morphologisch bedingtes (positionsbedingtes) Allomorph zum Zahlwort ae. *feower* (> ne. *four*), d. h. es kommt nur als Dt von Kp. anstelle von *feower* vor. Im Ae. ist es produktiv, vgl. z. B. ClarkHall s. v. *fiðer-* und die darauf folgenden Einträge. Schon im Frühme. stirbt es aus und wird durch *feower* > *four* verdrängt. In unserem frühme. Material findet sich nur noch ein Beleg.

Literatur: Campbell 1959:284 (§ 684); Sievers-Brunner 1965:254 (§ 325); *MED* s. v. *feðer-foted,* vgl. *fiðer-rice* ‚Tetrarch‘.

Belege:

feðer-fotetd (ae/ME) ‚vierfüßig‘ (nicht: *,federfüßig‘), *LambH* (l). Eine Erweiterung aus ae. *fiðer-fote, fiðer-fete.*

kine- (vgl. dazu oben 3.2.13.5.(1)): *kine-boren, kine-wurðe*

Skizze der Entwicklung: *kine-* ist als morphologisch bedingtes (positionsbedingtes) Allomorph zu *king* einzustufen. Während es frühme. in Zusammensetzungen des Musters *kine*/Sb noch produktiv war, war es dies beim

---

[240] Siehe zu den einzelnen Suffixen die oben 3.3.12.1. genannte Literatur. *-less* wurde schon früher zum Suffix als sein Antonym *-ful(l);* bereits im Frühme. kommt es nicht mehr selbständig vor, vgl. *MED* s. v. *-les* suf. *Wan-* (z. B. in ae. *wanspēdig*) wird fürs Frühme. als Präfix angesehen.

Muster *kine*/Adj schon nicht mehr. Es sind nur zwei Bildungen des letzteren Musters belegt (allerdings jeweils mehrmals), die beide aus dem Ae. stammen. *Kine*- starb dann bald ganz aus.

Belege:

kine-boren(e) (ae. *cyneboren*) ‚aus königlichem Geblüt‘, *La3B* (l).
kine-wurðe (ae. *cynewyrðe*) ‚königlich, vornehm‘ (wörtl. ‚königswert‘), *StJul, StKat, StMarg/1, La3B*.

seld- (vgl. oben 3.2.13.5.(1)): *selcuð, selt-scene*

Skizze der Entwicklung: *Seld-* kommt ae. und frühme. nicht selbständig vor,[241] ist jedoch wohl als adjektivisches Präfixoid einzustufen. Daß es kein reines Präfix ist, zeigen die Bildungen ae. *seldan* (dt. *selten*) und *seld-lic* (me. *sellic, seollich,* z. B. *La3B* CO 7191 u. ö.) ‚seltsam, selten‘: *-an* ist eine Endung, *-lic* ein Suffix; ein Wortbildungsmuster *Präfix/Suffix hat im Englischen aber nie existiert.[242] Im Me. war das Muster *seld*/Adj aber nicht mehr produktiv; es sind nur zwei aus dem Ae. ererbte Bildungen belegt, die jedoch häufig vorkommen.

Literatur: Zu den ae. Bildungen mit *seld-* vgl. ClarkHall, *BT(S);* siehe ferner *ODEE* s. v. *seldom;* Kluge-Mitzka *selten, seltsam.* – *seld-* geht auf ein schon im German. nicht selbständig vorkommendes **selda-* zurück.

Belege:

selcuð, seolcuð, selcoupe usw. (ae. *seld-cuð*) ‚selten, seltsam‘ (wörtl. etwa ‚selten bekannt‘), z. B. *ChronE, LambH, AncR, La3B* usw. (häufig). Im Me. durchwegs verdunkelt. Gelegentlich substantiviert. Vgl. *OED* s. v. *Selcouth.*
selt-scene (ae. *seld-siene*) ‚selten‘ (wörtl. ‚selten zu sehen‘), *AncR, HMeid.* Vgl. oben 3.3.7.5.; Carr 1939: 62 f.; *OED* s. v. *Seldseen.*
Adverbien sind *selt-hwenne* ‚selten‘ (*AncR,* A 116v/25) und *seldene* (> ne. *seldom*) (*AncR* A 117r/20), beide ebenfalls ae.

twi- (vgl. oben 3.2.13.5.(1)): *twi-red*

Skizze der Entwicklung: *twi-* ist als morphologisch bedingtes (positionsbedingtes) Allomorph zu *twa* (ne. *two*) einzustufen.[243] Im Frühme. war das Muster *twi*/Adj anscheinend nicht (mehr) produktiv: in unserem Material finden sich nur zwei bereits ae. belegte Bildungen.

---

[241] Me. und frühme. selbständig belegtes *Seld(e)* ist eine Rückbildung zu *seldor, seldost,* dem Komp. bzw. Superlativ zu *seldan;* siehe *OED* s. v. *Seld.*

[242] Vgl. oben 3.2.13.5.(1) zu *cynelic;* auch im Französischen sind Kombinationen aus *Präfix/Suffix nicht möglich, siehe Wandruszka 1976: 3, 5, 107.

[243] Dies zeigt auch die Bildung *twi-fald:* Weder *twi-* noch *-fald* (< ae. *-feald*) kommen selbständig vor; ein Wortbildungsmuster *Präfix/Suffix gibt es im Englischen aber nicht.

Belege:

twi-red (ae) ‚unsicher, widersprüchlich, uneinig' (wörtl. ‚Zwierat'), *Gen&Ex.*
Eigentlich ein Bahuvrihiadj. des Musters *twi*+Sb/Ø$_{Adj}$, vgl. unten 3.3.13. Zu *twi-red* als Sb s.o. 3.2.13.5.(1).

Vgl. auch

twi-fald(e), twi-feald, twi-fold (ae) ‚doppelt, zwiefältig, zwiespältig', *Orrm, Vices&V, Best.* Aber *twa-ualt, twa-fald, AncR* A 51v/2; C 81v/9, 17 u.ö.; *Orrm* 5334 u.ö.; usw.

(2) Suffixoide

-bere (ae. *-bære*): *childre-bere*?

Skizze der Entwicklung: Man nimmt gewöhnlich an, daß das ae. Suffixoid *-bære* ‚tragend, bringend' (eine deverbale Ableitung zu *beran;* dt. *-bar*) im Me. nicht mehr produktiv war und auch die ae. Bildungen mit *-bære* ausstarben. Arngart (ed. *Gen&Ex*), S. 221, glaubt jedoch, daß in der me. Bildung *childre-bere* ‚schwanger, Schwangere', *Gen&Ex,* vorliegt. Es ist aber nicht ausgeschlossen, daß *childre-bere* (das freilich prädikativ verwendet wird) nach dem Muster Sb/Vb+Ø$_{Sb}$ unmittelbar aus dem Vb ae. *beran* (me. *beren*) abgeleitet ist, zumal sich in unserem frühme. Material sonst keine eindeutigen Bildungen mit *-bere*$_{Adj}$ finden, es aber einige andere Bildungen mit *-bere*$_{Sb}$ gibt, die eindeutig als Sb/Vb+Ø$_{Sb}$-Kp. einzustufen sind, nämlich *herand-bere, gomfanoun-bere, ligber* (leicht verdunkelt aus *ligt-ber,* siehe dazu Arngart, ed. *Gen&Ex,* S. 164). Deshalb wird *childre-bere* hier ebenfalls als Sb/Vb+Ø$_{Sb}$-Kp. eingestuft, siehe oben 3.2.9.5.(1).

Literatur: Koziol 1972:183 (§ 436); ferner Kluge 1926:116 (§ 243); v. Lindheim 1972:310−320.

-fast, -fest (ae. *-fæst*): *rot-fest, soð-fæst*

Skizze der Entwicklung: Der Status von *-fast* (ae. *-fæst*) ‚fest' ist umstritten. Von manchen Autoren wird *-fast* auch für das Ne. nur als selbständiges Wort aufgefaßt und die Zusammensetzungen damit dementsprechend als Sb/Adj-Kp.;[244] andere sehen es dagegen bereits für das Ae. als Suffix an.[245] Hier wird es als Suffixoid eingestuft. Ein Indiz für seinen Charakter als Suffixoid in der Verwendung als Dm ist, daß Bildungen damit schon im Ae. und Frühme. präfigiert werden können: *unstapelfæst* (ae), *unstedefast* (ME).[246] Komplexer ist die Bedeutungsentwicklung. Ursprünglich bedeu-

---

[244] Z.B. von Lipka 1966:157 u.ö.; Marchand 1969:87; ferner *ODEE* und *MED* s.v. *fast.* Das *ODEE* ist jedoch inkonsequent: s.v. *shame* bezeichnet es ae. *-fæst* nämlich doch als Suffix.

[245] Z.B. Schrack 1966:59f.; Koziol 1972:191f.; Meid 1967:228.

[246] Vgl. auch ae. *untreowfæst.*

tete *fast* nur ‚fest' (die heute wohl häufigere Bedeutung ‚schnell' ist beim Adv me., beim Adj erst ne.); man nimmt an, daß es als Suffix(oid) auch die Bedeutung ‚habend' annahm. Dies trifft zweifellos auf einen Teil unserer frühme. Belege zu: *ar-*, *blæd-*, *scame-*, *soð-fest* lassen sich wohl als ‚Ehre, Ruhm, Scham, Wahrheit habend' paraphrasieren. Es gilt aber nicht für alle Bildungen; in manchen hat es anscheinend noch seine ursprüngliche Bedeutung ‚fest': so bedeuten *rot-*, *stede-fest* nicht einfach ‚Wurzeln, einen Platz habend' (so Kluge 1926:116), sondern ‚mit den Wurzeln fest, auf dem Platz fest'. Die teilweise, aber nicht generelle Entwicklung zusätzlicher Bedeutungen in der Verwendung als Dm lassen es ebenfalls am günstigsten erscheinen, *-fast* als Suffixoid einzustufen. Alle Bildungen in unserem Material gehen nach dem Muster Sb/*fast*; *soð* und *treow* können zwar Sb und Adj sein (zu *soð* vgl. oben 2.4.3.4.); in den Verbindungen *soð-fæst*, *trow-fest* können sie jedoch als Sb eingestuft werden. Laut Koziol 1972:191 f. entstanden nach der ae. Zeit keine neuen Bildungen mit *-fast*; dies trifft jedoch nicht zu. In unserem frühme. Material finden sich 10 Bildungen, davon 8 aus dem Ae. ererbte und 2 me. Neubildungen; dies zeigt, daß *-fast* im Frühme. noch schwach produktiv war. Diese schwache Produktivität hat *-fast* bis ins 20. Jh. bewahrt, siehe die bei Lipka 1966:157 verzeichneten me. und ne. Bildungen, z.B. *rock-fast* (1898), *colour-fast* (1928).

Literatur: Marchand 1969:87; Koziol 1972:191 f.; ferner Kluge 1926:116; Carr 1939:369; Meid 1967:228 (§ 172: *-fasta-* als „Adjektivbildende[s] Kompositionssuffix[ ]"); Sprockel 1973:II,44 f.; Ingersoll 1978:148–150; *MED* s.v. *fast* adj.; *ODEE* s.v. *fast*.[1]

Belege (die mit Stern * gekennzeichnete Bildung findet sich auch bei Lipka 1966:157):

ar-fest(a) (ae) ‚ehrenhaft', *Durham*.

blæð-fæst (ae. *blæd-fæst*) ‚berühmt', *LaʒB* (nur C).

*rot-fest** (ME) ‚fest eingewurzelt' (wörtl. ‚wurzelfest'), *ChronE*. Vielleicht an. Lw, vgl. an. *rot-fastr*.

swome-fest, sam-uast, shamm-fasst usw. (ae. *scam-fæst*) ‚schamhaft, bescheiden', *LaʒB*, *Orrm*, *SStBede* usw. Im 16. Jh. umgebildet zu ne. *shame-faced*, siehe *ODEE* s.v. *shame*; *OED* s.v. *Shamefast*.

siʒʒe-fasst (ae) ‚siegreich', *Orrm*.

soð-fæst, soð-fest(e), soþ-fasst usw. (ae) ‚aufrichtig, ehrenhaft, vertrauenswürdig' (wörtl. ‚wahrheitsfest'), *ChronE, LambH, TrinH* usw. (häufig).

steaðel-uest, staðel-uæst(e) (ae. *staðol-fæst*) ‚standhaft, fest' (wörtl. ‚platzfest'), *StKat, LaʒB* (Hs. C). Vgl. *unstapelfest* (ae) ‚unsicher, wankelmütig', *LambH*.

stede-fast(e), stude-uest usw. (ae) ‚standhaft, beständig, entschlossen' (wörtl. ‚platzfest'), *TrinH, AncR, Orrm* usw. (häufig). Ne. *steadfast*. Vgl. *unstedefast* (ME) ‚unsicher, wankelmütig', *TrinH, PMor, LyricsXIII*.

trow-fest(e) (ae) ‚treu' (wörtl. wohl ‚in Treue fest'), *LambH.*

trewpe-fest (ME) ‚treu' (wörtl. wohl ‚in Treue fest'), *Body&S/* 4.

– Adv ist *hete-feste, hete-uest(e)* (ME) ‚fest' (wörtl. ‚haßfest'), *AncR;* vgl. *heteli-faste, WohLo.* Vgl. Shepherd (ed. *AncR*), S. 49; Zettersten 1965:76 f.

– zu *(ge)handfæst* s. o. 3.3.10.5.

-ful(l) ₐdⱼ: *angir-ful, dred-ful*

Skizze der Entwicklung: Im Ne. ist *-ful* eindeutig ein Adjektivsuffix, weil es sich vom selbständigen Adj *full*, aus dem es sich abgespalten hat, sowohl in der Schreibung als auch in der Aussprache unterscheidet: *full* /fʊl/ – *-ful* /f(ə)l/. Für das Ae. und Me. sollte man es aber wohl besser noch als Suffixoid einstufen, unter anderem deswegen, weil sich die abgeschwächte Aussprache erst für das Frühne. sicher nachweisen läßt; auch in der Schreibung werden das selbständige Adj und das Suffix nicht konsequent differenziert. Als Dm wird im Nom. meist *-ful* geschrieben (*Orrm* schreibt aber immer *-full*), in den obliquen Kasus (und im Pl.) oft *-fulle.* Auch das Simplex wird im Nom.Sg. nicht selten *ful* geschrieben. Außerdem deuten folgende Indizien darauf hin, daß *-ful* im Ae. und Frühme. seinen Wortstatus noch nicht ganz verloren hatte: (i) Die Bildungen *æiȝes-ful, eis-ful* (neben *ei-fulle*) ‚furchtsam, schrecklich', *redes-ful* (*LaȝB* C 66; neben *rad-ful*, z. B. *LaȝB* ‚klug, voll guten Rats' und *willes-ful* (*SWard, Ayenb*, neben *wil-ful*, z. B. *WohLo*) ‚entschlossen, eigensinnig' (wörtl. ‚willensvoll') zeigen, daß *-ful* gelegentlich noch ein Sb im Gen. regieren konnte (vgl. Mustanoja 1960:87).[247] (ii) Die Verbindung Sb/*ful* findet sich gelegentlich parallel zur syntaktischen Gruppe *ful(l) of* Sb: *care-ful* ‚sorgenvoll', z. B. *Amis&A* 223 – *Sir Amis was so ful of care* ‚voller Sorgen', *Amis&A* 256, vgl. *SirTristr* 2697; *nið-ful* ‚neidisch, böse', z. B. *LaȝB* – *þat fulle beoþ of nyþe, SStBede* (*Sinners* 24); *sin-ful, sun-ful* (häufig) – *full off sinne, Orrm* 14 583. (iii) In den gerade genannten wie auch in vielen anderen Verbindungen hat *-ful* offenbar noch seine ursprüngliche Bedeutung ‚voll von' und läßt sich dementsprechend in der Paraphrase der jeweiligen Bildungen verwenden. Indizien für den beginnenden Suffixcharakter von *-ful* sind dagegen: (i) Im Me. und schon im Ae. können Bildungen mit *-ful* durch *un-* präfigiert werden: *unn-skapefull, Orrm* 1176; *un-rihtful, on-riȝtuolle* (*Ayenb* 39/8 u. ö.); *un-ðeaufulle* ‚ungezogen, grob', *Vices&V* – die beiden letzteren sind allerdings nicht eindeutig, weil es im Ae. auch die Sb *unriht* und *unþeaw* gibt, so daß eine Analyse als *unriht-ful, unðeau-full* nicht ausgeschlossen ist. (ii) Wäh-

---

[247] *æiȝes-ful*, ae. *egesful* ist allerdings doppeldeutig: es könnte aus ae. *ege* + *ful* gebildet sein und wäre damit ein Genitivkp. (Sb+*s/ful*); es könnte allerdings auch aus ae. *egesa* + *ful* gebildet sein (und wäre dann eine Sb/*ful*-Bildung).

rend -*ful* ursprünglich nur an Sb angefügt werden konnte, tritt es dann (vereinzelt schon im Ae.) auch an Adj (seltener an Num und Partikeln) an, z. B. *an-ful, brade-fulle, glad-ful, ȝeorrn-full, hei-uol, lom-ful, mild-ful, proud-uol, wiðer-ful* usw.[248] (iii) Neben seiner ursprünglichen Bedeutung ‚voll (von)' entwickelt -*ful* als Dm andere Bedeutungsschattierungen, vor allem ‚bewirkend, verursachend, hervorrufend, erzeugend', die z. B. in *dred-ful* ‚furchtbar' (*HarrowHell*), *ei-fulle* (ne. *awful*), *fearful* usw. vorliegen.[249]

Ful(l)$_{Adj}$ ist als Dm im Ae. und Me. sehr produktiv; in unserem frühme. Material finden sich (ohne daß bei der Sammlung der Belege absolute Vollständigkeit angestrebt wurde) ca. 80 verschiedene Bildungen mit -*ful*, das sind etwas mehr als alle anderen Bildungen des Typs Sb/Adj zusammen (vgl. oben 3.3.1.5.) und wesentlich mehr als die Bildungen mit allen übrigen hier behandelten Adjektivsuffixoiden (*-fast, -wende, -wil, -wis*) zusammen (letztere weisen insgesamt nur 28 Bildungen auf). Unter den hier gesammelten Bildungen mit -*ful* gehen ca. 31 aufs Ae. zurück, während ca. 49 me. Neubildungen darstellen. Während -*ful* im Ae. und Me. sehr produktiv war, ist es laut Marchand 1969:291 nach dem 17. Jh. nur noch schwach produktiv. Bildungen mit frz. Lehnwörtern als Dt waren nach Marchand bereits um 1300 üblich. Zu den frühesten hybriden Bildungen gehören *cost-ful* ‚teuer' (*Gen&Ex*, ca. 1250), *ioy-ful* (*Floris&B*, ca. 1250), *deol-ful* ‚sorgenvoll, schmerzlich' (ne. *doleful; LaȝB*, Hs. C (diese Hs. wurde in der 2. Hälfte des 13. Jh. geschrieben); vgl. unten 4.6.4.2.(1), S. 370.

Literatur: Jespersen 1942 (*MEG* VI):418–420; Marchand 1969:291 f.; Koziol 1972:192 f.; ferner z. B. Carr 1939:369 f.; Zettersten 1965:134; Bennett/Smithers 1968: Glossar s. v. -*ful;* Ingersoll 1978:151 f.; Hansen 1982:116 f.; Sauer 1985 a: §4.3.4.; *MED* s. v. -*ful* (2); *ODEE* s. v. -*ful*¹.

Belege:

æiges-ful, eis-ful, aȝhe-full, ei-fulle (ae) ‚furchtbar, schrecklich'. *Orrm* usw.
allmess-full (ae) ‚mildtätig, freigebig'. *Orrm, SEL.*
almigt-ful (ME) ‚allmächtig'; vgl. unten 4.1.1.(3). *Gen&Ex.*
an-ful (ME) ‚individuell, einzeln'. *AncR.*
angir-ful (ME, hybrid) ‚zornig'. *SermTrin/Cleo.*
are-full (ae) ‚ehrenvoll, gnädig'. *Orrm.*
balde-ful(le) (ME) ‚kühn, tapfer'. *LaȝB.*
bale-ful (ae) ‚schrecklich, gefährlich'. *TrinH, StKat,* usw.
blis-ful(le) (ME) ‚froh, glücklich, selig'. *AncR, StJul,* usw.
bliþe-ful (ME) ‚froh, glücklich, selig'. *Art&Merl.*

---

[248] Vielleicht waren dies ursprünglich Klammerformen (*mild-ful* ← *mildnesse ful usw.), vgl. 4.2. Bildungen des Musters Vb/*ful* (ne. *forgetful*) sind wohl *leste-ful, lik-ful.*

[249] Näheres dazu siehe Marchand 1969:292; Hansen 1982:116.

brerd-full (ae) ‚randvoll'. *Orrm.*

bret-fol (ME, hybrid), ‚randvoll'. *TrinH, SEL.*

brade-ful(le) (ME) ‚breit' (?). *La3B.*

car(e)-ful(le) (ae) ‚sorgenvoll' (noch nicht ‚sorgfältig'). *La3B,* usw.

cost-ful (ME, hybrid) ‚teuer'. *Gen&Ex, Ayenb.*

deol-ful, diol-ful, dole-ful (ME, hybrid) ‚sorgenvoll, schmerzlich'. *La3B,* usw.

derful(le) (ME) ‚schmerzlich'. *La3B.*

dred-ful (ME) ‚furchtsam, furchtbar'. *HarrowHell.*

driht-ful(e) (ME, h?) ‚edel'. *StJul.*

engyne-ful (ME, hybrid) ‚geschickt'. *KingAlex.*

frigt-ful (ME) ‚furchtbar, furchtsam'. *Gen&Ex.*

gil-ful (ME, hybrid) ‚listig, trügerisch'. *KingAlex.*

glad-ful (ME) ‚froh'. *SEL.*

god-ful(le) (ME) ‚gut'. *La3B, PsVirg.*

gomen-ful(le) (ME) ‚froh, freudvoll, scherzhaft'. *La3B.*

grim-ful(le) (ae) ‚grimmig'. *SWard.*

gri∂-ful(le) (ME) ‚friedlich'. *La3B.*

grure-ful(e) (ME) ‚schrecklich'. *SWard.*

gu∂-ful(le) (ME) ‚kriegerisch' (?). *La3B.*

3eorrn-full (ae) ‚eifrig, begierig'. *Orrm, Vices&V,* usw.

hei-uol (ME) ‚voll' (vom Mond). *SEL.*

ho3-ful(e) (ae) ‚sorgenvoll, ängstlich'. *Orrm, La3B.* , usw.

ioy-ful (ME, hybrid) ‚freudig, fröhlich'. *Floris&B, Sir Tristr.*

lau-foll (ME) ‚gesetzmäßig'. *SStBede.*

læf-ful (ae. *geleaf-ful*) ‚gläubig'. *Orrm, La3B* usw.

leste-ful (ME) ‚andauernd, ewig'. *Gen&Ex.*

lik-ful(list) (ME) ‚liebenswert(est)'. *Cockaygne.*

li∂-ful(le) (ME) ‚mild, sanft'. *La3B.*

lom-ful (ME) ‚oft'. *LyricsXIII.*

luue-ful(e) (ME) ‚voller Liebe, liebevoll'. *AncR, StMarg/i.*

lust-full (ae) ‚angenehm' (wörtl. ‚lustvoll'). *Vices&V, Ayenb.*

ma∂-full, mea∂-ful, ime∂-full (ae) ‚maßvoll, zurückhaltend'. *SWard,* usw.

mein-ful(e) (ME) ‚stark, kräftig'. *StJul.*

mensk-ful (ME, hybrid) ‚edel, ehrenwert, schön'. *AncR, LyricsXIII.*

migt-ful (ae) ‚mächtig, machtvoll'. *Gen&Ex, LyricsXIII,* usw.

mild-ful(e) (ME) ‚gnädig, barmherzig'. *AncR, StJul.*

mildheort-ful(e) (ME) ‚gnädig, barmherzig'. *StJul.*

milz-ful(e) (ME) ‚gnädig'. *StJul, SEL.*

mod-ful(ne) (ae) ‚stolz, ehrgeizig'. *La3B.*

neod-ful(e), ned-full, nied-full (ae) ‚bedürftig, arm, notwendig'. *AncR,* usw.

ni∂-ful(ne), nip-full (ae) ‚neidisch, böse'. *PMor, Orrm,* usw.

ont-ful(e) (ME) ‚neidisch, zornig'. *PMor, HMeid,* usw.

ore-full (ae) ‚gnädig, barmherzig (ehrenvoll)'. *Vices&V.*

rad-ful(le), re(a)d-ful(le) (ME) ‚klug, voll guten Rates'. *LaȝB.*

redes-ful (ME) ‚klug, voll guten Rates'. *LaȝB.*

reow-ful, reu-ful, rewe-ful (ME) ‚reuig, mitleidig'. *StKat/1,* usw.

reuþ-ful (ME, hybrid) ‚reuig, mitleidig'. *KingHorn,* usw.

riȝt-ful, riȝt-uol (ae) ‚gerecht'. Vgl. *un-rihtful* ‚ungerecht'. *Art&Merl,* usw.

schame-ful (ae) ‚schamhaft, schmählich, schändlich'. *SermTrin/Cleo.*

scanful (ae. *scand-ful)* ‚schändlich'. *ProvA, LambH,* usw.

sede-full (ae) ‚sittsam, bescheiden'. *Orrm.*

sin(n)-full, sun-ful, sen-ful (ae) ‚sündig'. *Orrm, Body&S/2,* usw.

sorh-ful(e), sorw(e)-ful usw. (ae) ‚sorgenvoll'. *Orrm, Body&S/2,* usw.

swic-ful, swic-fol (ae) ‚betrügerisch, verräterisch'. *LaȝB.*

swinnc-full (ae) ‚mühsam, schmerzhaft'. *Orrm, AncR,* usw.

teon-ful(le) (ae) ‚böse, schmerzhaft'. *LaȝB.*

tir-ful(le, -ne) (ME) ‚mächtig (ruhmvoll)'. *LaȝB.*

þeaw-ful(e), þeu-ful(le) (ae) ‚tugendhaft'. Vgl. *un-ðeaufulle* ‚ungezogen'. *HMeid.*

þohht-full, Ðohgte-ful (ME) ‚nachdenklich, gedankenvoll'. *Orrm,* usw.

weole-ful(e) (ME) ‚wohlhabend, reich, glücklich'. *HMeid, SWard.*

wiȝe-ful, wiȝele-ful (ME) ‚täuschend, betrügerisch'. *LaȝB.*

wiht-ful (ME) ‚tüchtig, tapfer'. *LaȝB* (C).

wil-ful(le) (ae/ME; ae. nur *wilfullice* belegt) ‚entschlossen, eigenwillig, eigensinnig'.

willes-ful(e) (ME) ‚entschlossen, eigenwillig, eigensinnig'. *SWard.*

wit-ful(ne) (ME) ‚klug, vernünftig'. *LaȝB, Ayenb.*

wiðer-ful(ne), wiðer-ful(le) (ME) ‚feindlich, böse'. *LaȝB.*

wrake-ful (ae) ‚rachsüchtig, zornig'. *LyricsXIII.*

wrench-ful(e) (ME) ‚listig, täuschend, betrügerisch'. *StKat.*

wreth-ful (ME) ‚zornig'. *SermTrin/Cleo, Ayenb.*

wrech-fol (ae) ‚rachsüchtig (elend)'. *SEL.*

wrong-ful, -fol (ME) ‚ungerecht, ungesetzlich, unerlaubt'. *Art&Merl, SEL.*

wurð-ful (ae) ‚edel, tüchtig (wertvoll)'. *ChronE, Orrm,* usw.

Belege aus den späteren Texten *(Ayenb, Malory)* (soweit nicht schon oben mit erwähnt):

bisi-uol (ME) ‚sorgfältig, kunstvoll'. *Ayenb.*

faythe-full (ME, hybrid) ‚gläubig, treu'. *Malory.*

urem-uol (ae) ‚nützlich, vorteilhaft'. *Ayenb.*

gast-full(yst) (ME) ‚furchtsam, furchterregend'. *Malory.*

harm-uol(le) (ae) ‚schädlich'. *Ayenb.*

kuead-uol (ME) ‚boshaft, böse'. *Ayenb.*

merci-uol (ME, hybrid) ‚gnädig, barmherzig'. *Ayenb.*

proud-uol (ME, hybrid) ‚stolz'. *Ayenb.*

reste-uol (ME) ‚ruhig, nachdenklich'. *Ayenb.*

scel-uol (ME, hybrid) ‚vernünftig'. *Ayenb.*

sleuuol, sleauuol (ME; verdunkelt aus *slæwþ-ful* 'slothful') ‚träge, faul'. *Ayenb.*

sped-full (ME) ‚erfolgreich, tapfer'. *Malory.*
wlat-uol (ME) ‚abscheulich, widerwärtig'. *Ayenb.*
wonder-uol, wondir-full (ae) ‚wunderbar, seltsam'. *Ayenb, Malory.*
work-uol (ae) ‚fleißig, tätig, aktiv'. *Ayenb.*
worpssip-uol, worship-full(est) (ME) ‚ehrenwert, hervorragend'. *Ayenb, Malory.*

-wende: hal-wende, wrong-wende

Skizze der Entwicklung: *-wende* ist deverbales Adj zu **wandjan* > ae.
wendan (dt. *wenden*), aber schon im Ae. nicht selbständig belegt; der etymologische Zusammenhang mit dem Vb *wendan* dürfte jedoch noch klar
gewesen sein. Im Frühme. ist *-wende* nur noch ganz schwach produktiv
und dürfte dann bald ausgestorben sein; auch die Bildungen mit *-wende*
gingen unter. In unserem Material finden sich 4 Bildungen, davon 3 ae.
und nur eine me. Die Grundbedeutung ist ‚(zu)wendend, -gewendet'
(Meid 1967:229); sie liegt offenbar in *wrong-wende* vor. Meist bedeutet es
als Dm aber eher ‚bringend, herbeiführend, dienlich, gereichend zu'. Mit
-wende wurden vor allem Adjektive aus abstrakten Sb gebildet.

Literatur: Kluge 1926:117 (§ 245); Carr 1939:60; Zettersten 1965:44, 84f.

Belege:

hal-wende, halewinde (ae) ‚heilbringend, heilsam', *AncR, StKat, StMarg/1, La3B* usw.
leowinde, leowunde (ae. *leof-wende*) ‚liebevoll', *StJul.*
luue-wende (ae) ‚liebenswert, geliebt', *StJul, StMarg/1.*
wrong-wende (ME, h) ‚abgewendet, verkehrt' wörtl. ‚falschgewendet', *AncR.* Vgl.
    OED s.v. *Wrongwende;* Zettersten 1965:44, der als Dm allerdings nicht das Suf-
    fixoid *-wende* ansetzt, sondern das PartPrät des ae. Verbs *wendan* (siehe *OED*
    s.v. *Wend*), welches dem Suffixoid *-wende* ursprünglich zugrundeliegt.

-wil(e): drunc-wile, swete-wil

Skizze der Entwicklung: *-wil(e)* repräsentiert das Sb ae. *willa, (ge)will* >
me. *wille, wil* > ne. *will* ‚Wille', das ursprünglich auch als Zweitelement
von Bahuvrihiadj. (dazu siehe unten 3.3.13.) verwendet wurde, und zwar in
der Bedeutung ‚einen ... Willen habend', z.B. *an-wille* wörtl. ‚einen einzigen Willen habend' → ‚eigensinnig, hartnäckig'. In *AncR* und der Katherine-Gruppe wurde es dann aber offenbar als eine Art Adjektivsuffix(oid)
produktiv, das nicht mehr nur an Adj und Num angefügt wurde (ae. *an-
wil*, me. *drunc-wil, swete-wil*),[250] sondern auch an Verben (me. *fre(o)te-wil,
herc-wile, speate-wile*) und an Sb *(wrenc-wile)*. In den frühme. Neubildungen bedeutet *-wil(e)* nicht mehr ‚einen ... Willen habend', sondern ‚begie-

---

[250] *drunc* ist ursprünglich PartPrät, hatte aber dann wohl Adjektivstatus.

rig auf, nach ...', ,charakterisiert durch eine Begierde nach ...': *fre(o)te-wil* ,begierig, zu fressen', *drunc-wile* ,begierig, zu trinken' (oder ,betrunken zu werden'?) usw. Im Frühme. ist das Suffixoid *-wil(e)* auf *AncR* und die Katherine-Gruppe beschränkt; dort finden sich 9 verschiedene Bildungen, darunter nur eine ae., aber 8 me.; bei der Mehrzahl davon handelt es sich um Hapax legomena. Später kommt es nicht mehr vor.

Literatur: In den Handbüchern wird *-wil(e)* nicht erwähnt; siehe aber Zettersten 1965:90, 108, 147, 248 sowie die Glossare und Anmerkungen in den Editionen der Texte der Katherine-Gruppe, z.B. Mack (ed. *StMarg/1*), S. 66 u. 70; d'Ardenne/Dobson (ed. *StKat*), S. 257f.; Millett (ed. *HMeid*), S. 28 u. 55.

Belege:

an(e)-wil, ane-hwil(e) (ae) ,eigensinnig, hartnäckig', *AncR. MED* s.v. *on-wille.*

beate-wil (ME, h) ,appetitanregend'(?), *StKat.* Das Dt ist schwierig zu erklären, siehe *MED*, s.v. *bate-wil*, d'Ardenne/Dobson (ed. *StKat*), S. 257f. Als Variante dazu erscheint *swete-wil*, siehe unten.

drunc-wile (ME, h) ,betrunken', substantiviert ,Trunkenbold', *AncR.*

fre(o)te-wil (ME, h) ,verfressen, vielfressend', *AncR.*

herc-wile (ME, h) ,neugierig', wörtl. ,hören wollend, begierig zu hören', *AncR.*

speate-wile (ME) ,abscheulich', wörtl. ,begierig (sich) zu speien', *HMeid, StMarg/1.*

swete-wil (ME, h) ,angenehm' (wörtl. ,begierig nach Süßem'?), *StKat* (als Variante zu *beate-wil*).

wleate-wil(e) (ME) ,abscheulich', wörtl. ,begierig, (sich) zu speien', *HMeid, StMarg/1.* Als Variante dazu erscheint in *StMarg/1 wlate-fule.*

wrench-wile (ME, h) ,auf Täuschung bedacht; begierig zu täuschen, betrügerisch', *HMeid.* Das Dt ist das ae. Sb *wrenc* ,Trick'. Emendiert aus den belegtenVarianten *wrench-fule* und *wrech-wile.*

-wis: riht-wis, wrang-wis

Skizze der Entwicklung: Neben Sb/Adj-Kp. mit dem Adj *wis* ,weise' als Dm (*read-wis* ,weise im Rat', *scad-wis* ,vernünftig' (wörtl. ,weise in der Unterscheidung'?), *storre-wis* ,sternkundig' (wörtl. ,sternweise'), *weorlde-wis* ,weltweise, gelehrt' (siehe dazu oben 3.3.1.5.)) gibt es auch einige ae. und frühme. Bildungen, die anders analysiert werden müssen, nämlich als ursprüngliche Bahuvrihiadjektive, deren Zweitelement das Sb ae. *wis* ,Weise, Art' ist (Sb+*wis*/Ø$_{Adj}$; Adj+*wis*/Ø$_{Adj}$). Möglicherweise wurde *-wis* dann als eine Art Suffix mit der Bedeutung ,gesinnt, eine bestimmte Gesinnung habend' verwendet. Ein Zweifelsfall ist *rihtwis*, das gewöhnlich als ,die rechte Weise habend' aufgefaßt wird (vgl. *ODEE* s.v. *righteous*); nicht so überzeugend ist die manchmal vorgebrachte Interpretation als Sb/Adj-Kp. ,weise in bezug auf das Recht(e)'.[251] Klar ist der Suffixoidcharakter von

---

[251] Z.B. Carr 1939:37, 120. Das *OED* s.v. *righteous* stellt beide Analysen zur Wahl.

-wis aber in *flesch-wis* ‚die Weise des Fleisches habend' (und nicht *‚weise in bezug auf das Fleisch') sowie in *wrang-wis* ‚die un(ge)rechte Weise habend, ungerecht gesinnt' (und nicht *‚weise in bezug auf das Unrecht'); das Gleiche gilt für *bæli-wis* und *tale-wis*. In dieser Bedeutung war das Suffixoid *-wis* im Me. aber nur schwach produktiv und starb auch bereits im Verlauf des Me. wieder aus. Neben vier Bildungen mit dem Adj *wis* (s. o.) finden sich in unserem frühme. Material fünf mit dem Suffixiod *-wis*, davon stammen zwei aus dem Ae. und drei aus dem Me.

Literatur: In der Literatur wird ein Adjektivsuffixoid *-wis* nicht verzeichnet; auch *OED* s. v. *Wise* sb.¹ erwähnt es nicht. Marchand 1969: 358 behandelt das Adverbsuffixoid *-wise*.

Belege:

bæliwis (ME) ‚böse', *LaȝB* (C 8550). Brook-Leslie drucken *bæl iwis*; Stratmann 1891 setzt dafür *bælu-wīs* an, was er offenbar als an. Lw ansieht (*bölvīss*).

flesch-wis(e) (ME) ‚fleischlich gesinnt', *AncR*. Vgl. Zettersten 1965: 176 u. 212. Substantiviert.

riht-wis(e) (ae) ‚rechtschaffen, gerecht' (> ne. *righteous*), *LambH*, *TrinH*, *AncR* usw. (sehr häufig). Dazu auch *unrihtwis*, *unnrihhtwis(e)* (ae) ‚ungerecht, unrecht', *Orrm*, *Vices&V*, *Gen&Ex* (hier ist allerdings eine Doppelanalyse möglich: *un-rihtwis* oder *unriht-wis*).

tale-wis (ME, h) ‚verleumderisch, geschwätzig', *TrinH*. Hat wohl nichts mit ae. *tæl-wis* ‚skilled in arithmetic' zu tun; das Dt kommt vielmehr entweder aus ae. *tæl* ‚Verleumdung' oder vielleicht aus ae. *talu* ‚Geschichte'.

wrang-wis(e) (ae) ‚ungerecht', *PMor*(1?). *OED* s. v. *Wrong-wise* (adv.!) bietet nur einen Beleg von 1849.

3.3.13. Sb+Sb/Ø$_{Adj}$; Adj+Sb/Ø$_{Adj}$; Num+Sb/Ø$_{Adj}$; Vb+Sb/Ø$_{Adj}$
(reine Bahuvrihiadjektive): *bar-fot, open-heaued*

3.3.13.1. Definition des Typs

Der morphologischen Gestalt nach handelt es sich um Verbindungen aus Sb+Sb, Adj+Sb usw., die jedoch nicht als Sb, sondern als Adj verwendet werden. Der morphologischen Struktur nach ist deshalb die Verbindung aus Sb+Sb, Adj+Sb usw. das zusammengesetzte Dt, während das die Wortart bestimmende Dm durch ein Nullmorphem (genauer: Nullsuffix) vertreten wird. Die morphologische Struktur ist deshalb als Sb+Sb/Ø$_{Adj}$, Adj+Sb/Ø$_{Adj}$ usw. zu beschreiben, der Status der Konstituenten ist freies Morphem + freies Morphem/Nullmorphem. Traditionellerweise werden die Bahuvrihiadj. zu den Exozentrika gerechnet. Es handelt sich um Kp. ohne Verbalverknüpfung. Während sich die Bahuvrihisb. syntaktisch-semantisch charakterisieren lassen als ‚jemand der (oder: etwas, das) die durch das zusammengesetzte Dt bezeichnete Sache hat', lassen sich die Bahuvrihiadj. dementsprechend charakterisieren als ‚die durch das zusammengesetzte Dt bezeichnete Sache habend' (vgl. oben 3.2.14.3.(2)).[252] Deswegen werden sie manchmal auch als Possessivkp. bezeichnet.

Literatur: Jespersen 1942 (*MEG* VI):149f. (unter „Substantive-compounds" mit erwähnt!); Marchand 1969:265, 387f.; Koziol 1972:76f.; Stein 1973:255f.; ferner Schön 1905:21–29; Bergsten 1911:158–163; Kluge 1926:88f. (§ 176); Carr 1939:164f., 201–203, 219f., 226f., 262f., 266f., 342f.; Meid 1967: 303–305; Ilkow 1968:305; Amos 1980:157–159; Bammesberger 1984:87f.

3.3.13.2. Zur morphologischen Isolierung

Die Bahuvrihiadj. sind durch das anzusetzende Nullsuffix morphologisch isoliert; rein von der Oberfläche her gesehen kann man auch sagen, daß die Bahuvrihiadj. deswegen morphologisch isoliert sind, weil das Zweitelement im Kompositum als Adj funktioniert, während es in selbständiger Verwendung nur als Sb auftritt.

3.3.13.3. Weitere wichtige und problematische Punkte

(1) Kompositum oder Nullableitung? Wie die Bahuvrihisb. werden auch die Bahuvrihiadj. hier zu den Kp. und nicht zu den Ableitungen gerechnet; siehe dazu oben 1.3.2. und 3.1.2.19. Allerdings kommen bei den Bahuvrihiadj. – im Gegensatz zu den Bahuvrihisb. – relativ häufig auch die entsprechenden syntakt. Gruppen vor; für Beispiele s.u. (3) u. (4).

(2) Unterteilung des Typs: Die Muster Sb+Sb/Ø$_{Adj}$, Adj+Sb/Ø$_{Adj}$, Num+Sb/Ø$_{Adj}$ und Vb+Sb/Ø$_{Adj}$ sind als Varianten des Typs der Bahuvrihiadj. einzustufen und nicht etwa als verschiedene Kompositionstypen; vgl. dazu oben 3.1.2.14.

(3) Adj oder Adv? Einige der gewöhnlich zu den Bahuvrihiadj. gerechneten Bildungen werden anscheinend überwiegend oder ausschließlich adverbiell verwendet.[253] Dazu gehören vor allem die Bildungen mit *-fot*, vgl. z.B.: *bearuot gan*, AncR A 113v/12; *To Lincolne barfot he yede*, Hav 862; *7 per ha eoden drufot*, AncR A 59r/27; C 94v/3; *ȝwan þo fendes hot-fot comen*, Body&S/4 591, sowie die entsprechenden syntakt. Gruppen *gon we solle alle on vre bare fet*, LaȝB O 8358f. usw. Dies gilt ferner für *openheued*,

---

[252] Historisch gesehen sind in den german. Sprachen die Bahuvrihiadj. allerdings älter als die Bahuvrihisb: erstere sind bereits im Ae. häufig (werden später aber zurückgedrängt), während letztere im Ae. nur ganz schwach vertreten sind und erst im Verlauf des Me. häufiger werden; s.o. 3.2.14.4.
[253] Vgl. auch Koziol 1972:85 (§ 179).

vgl. *dame wi sistou here openheued & gidiliche*, SEL 272/218. Zu *lud-steuene* siehe den folgenden Abschnitt.

(4)   Nicht hierher gehörige Bildungen und doppeldeutige Fälle: Die oben 3.3.12.5.(2) behandelten Adjektivsuffixoide *-wil* und *-wis* entstanden zwar vermutlich als Zweitelemente von Bahuvrihiadj.; weil sie in der Bedeutung aber meist mehr oder weniger deutlich von dem zugrundeliegenden Sb abweichen, werden sie hier zu den Suffixoiden gerechnet. Schwierig zu beurteilen ist *lut-steuene, lud-steuene*. Es wurde bereits oben 3.2.3.3.(3) als Parallelform zu der adverbiell verwendeten syntakt. Gruppe *ludere steuene* (usw.) aufgeführt, die auch in der Form *mid lude steuene* vorkommt, z. B. *O&N* 314; bei isolierter Betrachtung könnte man es aber als (allerdings adverbiell verwendetes) Bahuvrihiadj. einstufen.[254]

(5)   Semantische Besonderheiten und häufige Zweitelemente: Die Bahuvrihiadj. bezeichnen im allgemeinen (in unserem frühme. Material ausschließlich) Charakteristika von Personen (Körperteile, Eigenschaften). Schon im Ae. sind bestimmte Zweitelemente besonders häufig, vor allem *-mod, -heort, -ræd*, vgl. dazu Schön 1905:22 und Ilkow 1968:297, 305−311. Dies setzt sich im Me. fort: *-mod* erscheint im Frühme. 9×,[255] *-fot, -he(o)rt(e), -rede (-ræde)* jeweils 3×, *-heued* 2×; vgl. auch *MED* s.v. *fot* 14c, d und *mod* n. 9.

(6)   Form des Zweitelementes: Neben Bildungen mit unverändertem Zweitelement gab es im Ae. auch einige, deren Zweitelement *i*-Umlaut aufweist; im Frühme. haben diese Besonderheit noch *ead-mede* (ae), *SermRdE* 135/5 (sonst aber meist *ead-mod* usw.), *wamed, LaȝB* (sonst aber meist *we(a)-mod*), und *ru[m]-hende, LaȝB*.[256] Letzteres ist eine me. Neubildung. Weil das Bildungsprinzip im Me. aber sicher nicht mehr lebendig war, ist *rum-hende* möglicherweise als Analogiebildung zu Kp. wie ae. *an-hende, idel-hende* zu erklären.

3.3.13.4. Zur Geschichte und Produktivität des Typs

Der Typ ist germanisch. Im Ae. ist er recht stark vertreten, insbesondere mit dem Muster Adj+Sb/Ø$_{Adj}$. Im Me. ging die Produktivität der reinen Bahuvrihiadj. zurück, weil dieser Typ allmählich durch den deutlicher als Adj gekennzeichneten Typ der erweiterten Bahuvrihiadj. verdrängt wurde

---

[254] Vgl. d'Ardenne (ed. *StJul*), S. 111; d'Ardenne/Dobson (ed. *StKat*), S. 270f., 321.

[255] Ein Sb/Sb-Kp. ist aber *orrȝhell-mod* (ME, h) ‚Stolz', *Orrm*. Hybrid.

[256] Zur Bildungsweise vgl. Campbell 1959:83f. (§ 204/3); Meid 1967:34. Nicht hierher gehört wohl *clane-hierte, Vices&V*, weil ae. ⟨eo⟩ in *Vices&V* mehrmals als ⟨ie⟩ erscheint, vgl. *lierning-cnihtes, nied-fullen*.

(dazu s. u. 3.3.14.). Im Frühme. finden sich aber immerhin noch 25 verschiedene Bildungen, darunter 16 ae. und 9 me. Neubildungen. Die Untergruppen Sb+Sb/Ø$_{Adj}$, Num+Sb/Ø$_{Adj}$ und Vb+Sb/Ø$_{Adj}$ sind allerdings jeweils nur mit einer oder zwei Bildungen vertreten, die alle aus dem Ae. stammen. Die bei weitem umfangreichste und im Frühme. allein noch produktive Gruppe ist die der Adj+Sb/Ø$_{Adj}$-Kp., die 20 Bildungen umfaßt, darunter die 9 me. Neubildungen. Bei *Ayenb* und *Malory* finden sich keine Belege; bei Shakespeare aber noch vereinzelt (*a false-heart traitor;* siehe Scheler 1982:117). Im Ne. existiert der Typ kaum noch; die einzige weiterlebende Bildung ist *barefoot.*[257] Zur Konkurrenz zwischen den reinen und den erweiterten Bahuvrihiadj. siehe unten 3.3.14.4.

3.3.13.5. Belege

(1) Sb+Sb/Ø$_{Adj}$

we-mod, wea-mod, we-mot, wa-med (ae) ‚schlecht gelaunt, mißgestimmt' (wörtl. ‚wehmütig'), *LambH, AncR, La3B.* Das Erstelement kommt von ae. *wea* ‚Kummer, Schmerz, Unglück'; vgl. *OED* s. v. *Wemod.*

(2) Adj+Sb/Ø$_{Adj}$

aðel-mod (ME, h) ‚edelmütig', *La3B.*
bar-fot, bear-uot, bare-foot usw. (ae) ‚barfuß', *AncR, La3B, Hav, KingAlex, Malory.* Oft als Adv. Vgl. *MED* s. v. *bar-fot.*
bliðe-mod (ae) ‚glücklich', *La3B.*
clane-hierte (ae) ‚mit reinem Herzen', *Vices&V.*
dreri3-mod, dreri-mod (ae) ‚traurig' (wörtl. ‚mit traurigem Sinn'), *Orrm, DSirith, ProvH.* Daneben: *wiþ dreri mode, Amis&A,* 259, usw.
dru-fot (ME) ‚trockenen Fußes', *AncR, StJul, Orrm (dri3e-fot).* Laut *MED* s. v. *driefot* adv & n.
ead-mod, ed-mod, ad-mod usw. (ae. *eað-mod*) ‚demütig', *WintBR, LambH, TrinH, AncR, La3B, Orrm* usw. Hierher gehört auch *ead-med(e), SermRdE* 135/5.
fast-rede (ae) ‚standhaft (im Rat)' (‚von sicherer Urteilskraft'), *O&N*(l).
heard-heort (ae) ‚hartherzig', *ChronE.*

---

[257] Vereinzelt kommen aber in der ne. Dichtung noch Neubildungen vor: "O goat-foot God of Arcady", Oscar Wilde, *Pan* (Doppel-Villanelle), mehrmals; "And many a lightfoot lad", A. E. Housman, *A Shropshire Lad,* LIV. Das Muster war also auch um 1900 noch nicht völlig tot. – Als eine Art neuer Bahuvrihiadj. könnte man allerdings die im Ne. häufigen Bildungen aus Adj+Sb und Num+Sb ansehen, die aber meist nur attributiv verwendet werden, z. B. *a one-man show, a plain-clothes policeman; a thirty-mile walk; a five-act comedy;* vgl. Poutsma 1926:II, ii,562; Jespersen 1942 (*MEG* VI):154f.; Welte 1982:166–168.

heih-[mod] (ae) ‚hochgemut', *Body&S*/2.

hot-fot (ME) ‚schnell' (wörtl. ‚heißen Fußes'), *Body&S*/4. Das *MED* verzeichnet *hot-fot* als Adv (nur unseren Beleg) und als Sb (in Personennamen).

lud-steuene (ae. *hlud-stefne*, nur 1× belegt) ‚mit lauter Stimme', *StJul, StKat*. Vgl. dazu oben 3.2.3.3.(3) und 3.3.13.3.(4). Bei den me. Belegen handelt es sich vielleicht um unabhängige Neubildungen. Siehe *MED* s. v. *loud* 1 b.

mild-heorte (ae) ‚barmherzig', wörtl. ‚mildherzig', *TrinH, LaჳB*.

naked-heued (ME) ‚barhäuptig', *KingAlex*. Adv?

open-heaued (ME) ‚barhäuptig', *AncR, SEL (open-heued)*. In *SEL* sicher Adv, in *AncR* wohl Adj.

ru[m]-hende (Hs.: *runhende*) (ME, h?) ‚freigebig' (wörtl. ‚raumhändig, mit offenen Händen'), *LaჳB* (C). *Rum* kann Sb und Adj sein, hier liegt aber wohl das Adj vor. Möglicherweise liegt im Dm aber das Adj ae. *gehende* vor; vgl. die Lesart von *LaჳB* O 3259 *and of mete hende*.

samm-tale (ME) ‚einig' (wörtl. ‚mit einer Stimme'), *Orrm*. An. Lw.

sort-leui (ME) ‚kurzlebig', *Gen&Ex*. Möglicherweise ist das Zweitelement eine ungewöhnliche Schreibung für *lif* (*Gen&Ex* schreibt aber sonst immer *lif, liues*).

sori-mod usw. (ae) ‚traurig' (wörtl. ‚traurigen Sinnes'), *ProvA, Body&S*/2, *LaჳB* usw. Daneben: *mid ful sori mod, Jacob&J*, 107, usw.

stertful-mod (ME, h?) ‚launenhaften Sinnes', *ProvH*. Vgl. dazu die Anm. bei Schleich (ed. *ProvH*).

(3) Num+Sb/Ø_{Adj}

an-red (ae) ‚beständig, regelmäßig' (wörtl. ‚eines Rates'), *AncR*(l). *MED* s. v. *ān-rēd*.

twi-ræde, twi-reade (ae) ‚zwieträchtig, verschiedener Meinung, unsicher', *LaჳB, Gen&Ex*. Vgl. oben 3.2.13.5.(1) und 3.3.12.5.(1).

(4) Vb+Sb/Ø_{Sb}

polo-byrde, pole-burde (ae. *pole-byrde*) ‚geduldig' (wörtl. ‚die Last duldend'), *WintBR, TrinH, OrisLo* (*poleburne*: Sb, möglicherweise Versehen für *poleburd-ness*). Vgl. *OED* s. v. *Tholeburde*.

pole-mod (ae) ‚geduldig' (wörtl. ‚duldenden Sinnes'), *LambH, AncR, StKat, StMarg, LaჳB* usw. (häufig). Zum Teil als Sb. Vgl. *unpolemod* (ME) ‚ungeduldig', *Vices&V*. Vgl. *OED* s. v. *Tholemode*.

3.3.14. Adj+Sb/*ed;* Num+Sb/*ed* bzw. Adj/Sb+*ed;* Num/Sb+*ed* (erweiterte Bahuvrihiadjektive): *arm-heorted, blake-feþered*

3.3.14.1. Definition des Typs

Das Dt ist zusammengesetzt aus Adj+Sb (bzw. Adv+Sb) oder Num+Sb, das Dm besteht aus dem Suffix -*ed,* das synchron (wohl schon seit dem

313

Ae.) als identisch mit der Endung des PartPrät empfunden wird.[258] Der morphologische Status der Konstituenten ist freies Morphem + freies Morphem/gebundenes Morphem. Für die alternative Analyse der morphologischen Struktur als Adj/Sb+*ed*, Num/Sb+*ed* siehe unten 3.3.14.(2). Es handelt sich um Zusammenbildungen, die strenggenommen aber ohne Verbalverknüpfung geformt werden. Die Grundbedeutung ist die gleiche wie bei den reinen Bahuvrihiadj. (siehe oben 3.3.13.1.), nämlich ,die durch das zusammengesetzte Dt bezeichnete Sache habend, besitzend', wobei es sich im Frühme. meist um Attribute von Personen (seltener Tieren) handelt. Im Gegensatz zu den reinen Bahuvrihiadj. sind die erweiterten Bahuvrihiadj. aber nicht mehr exozentrisch, sondern endozentrisch.

Literatur: Jespersen 1942 (*MEG* VI):425–435; Marchand 1969:264–267, 387f.; Koziol 1972:185–187; Hansen 1982:114f.; ferner Carr 1939:164f., 252–256; Visser 1966:II,1223–1225 (§ 1126f.); Meid 1967:33–35; Ilkow 1968:305; Hellinger 1969:102f.; Kisbye 1971:I,73, 79; Quirk/Greenbaum 1973:App.I.8; Kawakami 1978:35–41; Welte 1982:166f.; Hirtle 1970:19–36; *MED* s.v. -*ed* (1); *ODEE* s.v. -*ed*².

3.3.14.2. Zur morphologischen Isolierung

Im Gegensatz zu den reinen Bahuvrihiadj. sind die erweiterten Bahuvrihiadj. im Me. anscheinend nicht generell morphologisch isoliert. Parallel zu ihnen existieren nämlich syntaktische Gruppen aus Adv+Sb/*ed*, und die Grenze zwischen Adj+Sb/*ed* (bzw. Adj/Sb+*ed*)-Kp. einerseits und syntakt. Gruppen aus Adv+Sb/*ed* ist nicht ganz eindeutig zu ziehen. Dies hat mehrere Gründe: Erstens sind die Adverbien oft nicht morphologisch markiert, sondern mit den entsprechenden Adjektiven formal gleich (vgl. oben 3.1.2.16; 3.3.2.3.); zweitens kommen die Zweitelemente zum Teil auch selbständig vor; drittens ist der Typ Adj/Sb+*ed* parallel zum Typ Adj/Vb+*ed* (bzw. Adv/Vb+*ed*) gebildet (dazu s.o. 3.3.11.). Die Angleichung der erweiterten Bahuvrihiadj. an die Kp. mit einem PartPrät als Dm zeigt sich besonders deutlich in den Fällen, in denen das Zweitelement (das Sb!) das Präfix *i-*, *y-* (< ae. *ge-*) erhält sowie in Fällen, in denen das Erstelement das Adv *well* ist, obwohl im zugrundeliegenden Satz das Adj *good* stehen müßte, z.B. 'he has a good wind [breath]' → *he is well-wynded (Malory);* vgl. Marchand 1969:265, der die Verbindungen mit *well-* (wie ne. *well-mannered*) aber generell als syntakt. Gruppen ansieht. Kawakami 1978:35–41 trennt folgendermaßen: Bildungen aus Adj(Adv)+Sb+*ed* sieht er als Kp. an, Bildungen aus ae. Adj(Adv)+*ge*+Sb+*ed* > me. Adj(Adv)+*y*, *i* +

---

[258] Die Wörterbücher (z.B. *MED, ODEE*) trennen wegen der unterschiedlichen Etymologie jedoch gewöhnlich -*ed* als PartPrät-Endung der schwachen Verben und -*ed* als Suffix zur Ableitung von Adj aus Sb.

Sb+*ed* dagegen als syntakt. Gruppen. Auf den ersten Blick scheint diese Trennung bestechend, zumal auch hier in einzelnen Fällen anscheinend ae. Kp. zu me. syntakt. Gruppen aufgelöst wurden (vgl. oben 2.4.3.1.), z. B. ae. me. *heard-heort* → me. *hærd iheorted;* ae. *stið-mod* → me. *stið-imoded(e).* Es ist aber nicht sicher, ob man so rigoros trennen kann. Gelegentlich finden sich nämlich Parallelbildungen, die man dann auseinanderreißen müßte: *heor-locked(e) wif, La3B* C 12 899; *hor-ilocket wif, La3B* O 12 899; vgl. auch *heard-heort* − *hærd-iheorted* usw. Außerdem sehen viele Herausgeber auch die Verbindungen aus Adj (oder Adv) + *i, y*+Sb+*ed* oft als Kp. an. Trotz ihres fragwürdigen Kompositumstatus werden eine Reihe von Verbindungen dieses Musters deswegen unten 3.3.14.5. mit aufgeführt. Klare Fälle von syntakt. Gruppen sind jedoch mehrere Verbindungen mit *iheortet,* die vor allem in *AncR* und den Texten der Katherine-Gruppe relativ häufig sind:[259]

alle þe beoð hehe 7 ouerhohe iheortet, AncR A 56v/26; C 89v/16.
3e beon ... swete 7 swote iheortet, AncR A 32r/16.
hu swote he wes iheortet, AncR A 37r/14 f.; C 55v/23.
there was never so harde an herted man, Malory 721/16.

Syntakt. Gruppen sind wohl auch

ha beoð to wake 7 to unwreaste iheortet, AncR A 73r/26; vgl. C 120r/10.
ha is heardre iheortet, HMeid 67r/13; *þe heardeste i-heortet, StMarg/1* 23r/4 − beide
   Verbindungen werden jedoch von den jeweiligen Herausgeberinnen als Kp. angesehen; so druckt Millett *heardre-iheortet.*

Andere Verbindungen, die wohl syntakt. Gruppen darstellen, sind:

3ef þu art unwurðlich [ant wraðelich]e ilatet, HMeid, ed. Millett, S. 16/15 f.
nam ich hest icunnet, AncR A 107v/8; C 185r/9 f.
he3e men icunned, La3B C 13 095.
swiþe moded man, La3B O 13 829.
stronglice iweallet, AncR A 77v/20.

Und aus den späteren Texten:

he is as fayre an handid man, Malory 210/29.

Vgl. ferner unten 3.3.14.5.

3.3.14.3. Weitere wichtige und problematische Punkte

(1)   Ansatz des Typs (Kp. oder Ableitung?): Viele Autoren (Marchand, Koziol, Hansen) zählen den Typ Adj+Sb/*ed* bzw. Adj/Sb+*ed* nicht zu

---

[259]   Siehe auch *MED* s. v. *herted* 'of a certain disposition, disposed, inclined'.

den Kp., sondern zu den Ableitungen (Suffixbildungen). Historisch gesehen ist dies sicher richtig, weil die erweiterten Bahuvrihiadj. ursprünglich als Ableitungen (Erweiterungen) aus den einfachen Bahuvrihiadj. entstanden (vgl. auch unten 3.3.14.4.); in den frühme. Texten finden sich zum Teil noch beide Bildungsweisen nebeneinander (vgl. oben 3.3.13.5.):

ae. me. *eað-mod* → me. *ad-moded.*
ae. me. *heard-heort* → me *hærd-iheorted.*
ae. me. *mild-heort* → me. *mild-heorted.*
ae. me. *walden-ige, walden-eie* (me. als Bahuvrihisb., s. o. 3.2.14.5.) → me. *wolden-eiʒed.*

Vgl. ferner:

ae. *earm-heort* → me. *arm-herted.*
ae. *feoðer-fote* → me. *feðer-fotetd.*
ae. *stiðmod* → me. *stið-i-modede.*

Sobald der Typ einmal etabliert war, konnten die erweiterten Bahuvrihiadj. dann aber auch unmittelbar aus syntakt. Gruppen abgeleitet werden, ohne daß zunächst ein einfaches Bahuvrihiadj. vorlag, z. B. 'someone/something has black feathers' → 'someone/something is *blackfeathered*'. Die Ableitung aus syntakt. Gruppen zeigt sich daran, daß weder die beiden Nomina AB als unabhängiges Kp. vorkommen müssen (also z. B. nicht **blake-feþer, *broke-rugge, *feower-nok*), noch daß das suffigierte Zweitelement Bc selbständig vorkommen muß (also z. B. nicht **noked, *rugged* – dagegen kommen *feathered, he(o)rted* auch selbständig vor). Rein synchron gesehen kann man die erweiterten Bahuvrihiadj. deshalb ab dem Me. so wie alle anderen Zusammenbildungen als Kp. (genauer: als eine Verbindung aus Zusammensetzung und Ableitung) einstufen. „Erweitertes Bahuvrihiadj." ist daher eine Bezeichnung, die auf den Ursprung des Typs verweist; sie besagt aber nicht, daß jede Bildung auf diese Weise entstand (siehe Marchand 1969:265 f.).

(2) Morphologische Doppelanalyse: Wie bei den meisten Zusammenbildungen sind auch bei den erweiterten Bahuvrihiadj. prinzipiell zwei Konstituentenstrukturanalysen möglich (vgl. oben 1.4.3.3.). Die oben an erster Stelle gegebene Analyse als Adj+Sb/ed stützt sich 1. auf die Parallele zu den reinen Bahuvrihiadj.; 2. auf die Tatsache, daß einige erweiterte Bahuvrihiadj. tatsächlich aus den entsprechenden reinen Bahuvrihiadj. entstanden: Adj+Sb/Ø$_{Adj}$ → Adj+Sb/ed, z. B. *heard-heort* → *heard(i)heort-ed;* 3. darauf, daß erweiterte Bahuvrihiadj. oft als Ableitungen aus syntakt. Gruppen zu erklären sind, vgl. oben unter (1). Die an zweiter Stelle gegebene Analyse als Adj/Sb+ed *(heard-iheorted)* stützt sich 1. auf die Parallele

316

zum Typ Adj (bzw. Adv)/Vb+*ed* (d.h. Adj (Adv)/PartPrät; dazu s.o. 3.3.11.); sowie 2. auf die Tatsache, daß Ableitungen des Typs Sb/*ed* zum Teil auch selbständig vorkommen (vgl. ne. *bearded* — *red-bearded*).[260] Dies schließt nicht aus, daß in manchen Fällen eine Analyse vorzuziehen ist.[261]

(3) Morphologische Varianten: Als Varianten kommen im Frühme. die Muster Adj/Sb+*ed* (möglicherweise auch Adv/Sb+*ed*) und Num/Sb+*ed* vor (sowie 1× Partikel/Sb+*ed*); anders als bei den reinen Bahuvrihiadj. dagegen nicht die Muster *Sb/Sb+*ed* und *Vb/Sb+*ed* — diese treten jedoch später auf, siehe Marchand 1969:266 f.; Hellinger 1969:102 f.

(4) Häufige Zweitelemente (Dm): Bei den reinen Bahuvrihiadj. ist im Frühme. *-mod* das mit Abstand häufigste Zweitelement, gefolgt von *-fot*, *-he(o)rt(e)*, *-rede*, s.o. 3.3.13.3.(5). Bei den erweiterten Bahuvrihiadj. ist dagegen *-(i)heorted* das bei weitem häufigste Zweitelement (über 10×), gefolgt von *-iwordet* (4×), das aber nur in *AncR* vorkommt. Bei den Fügungen mit *-(i)heorted* handelt es sich aber zum Teil und bei denen mit *-iwordet* wohl durchwegs um syntakt. Gruppen. Mehrmals belegt sind ferner *-egede*, *-eied* (3×) und *-moded* (2×).

(5) In einigen Fällen ist es nicht ganz sicher, ob das Zweitelement desubstantivisch oder deverbal ist; vgl. dazu oben 3.3.11.3.(4).

3.3.14.4. Zur Geschichte und Produktivität des Typs

Die erweiterten Bahuvrihiadj. wurden ursprünglich aus reinen Bahuvrihiadj. abgeleitet, siehe oben 3.3.14.3.(1). Man empfand letztere möglicherweise morphologisch als problematisch, weil ihr Zweitelement in selbständiger Verwendung ein Sb war, das im Kp. aber als Adj funktionierte (und im Ae. als Adj dekliniert wurde). Durch das Anfügen eines Adjektivsuffixes (*-ig* in ae. *an-liepig*) oder der PartPrät-Endung *-ed* (*heard-(i)heorted* usw.) wurde der Adjektivcharakter des Zweitelementes dagegen eindeutig markiert und bei der Anfügung der PartPrät-Endung (und zum Teil gleichzeitig des Präfixes ae. *ge-* > me. *i-*, *y-*) zugleich eine Parallele zum Typ Adj/Vb+*ed* hergestellt. Erweiterte Bahuvrihiadj. finden sich in allen german. Einzelsprachen. Während sich im Deutschen weitgehend das Adjektivsuffix durchsetzte (*scharfzüngig, schöngeistig, viereckig*),[262] war schon im Ae.

---

[260] Vgl. oben 3.3.14.2. sowie unten 3.3.14.5.(3). Zum Ableitungstyp Sb/*ed* siehe Marchand 1969:264 f.; Koziol 1972:185.

[261] Eine Bildung wie ne. *red-bearded* ist sinnvoller zu paraphrasieren mit 'having a red beard' und kaum mit ?'bearded (in a) red (way)'. Eine Bildung wie ne. *copyrighted* ist dagegen eine Ableitung von einem Kp. und nur zu analysieren als *copyright/ed* 'having (being protected by)/copyright' (und nicht als *copy/righted*).

[262] Siehe z.B. *Duden-Grammatik* 1966:403 f.; Fleischer 1971:236—239.

die Erweiterung durch die PartPrät-Endung -ed am häufigsten und setzte sich im Me. vollständig durch. Allmählich wurde der Typ der reinen Bahuvrihiadj. durch den Typ der erweiterten Bahuvrihiadj. fast vollständig verdrängt, wobei die Neubildungen dann meist nicht mehr aus einfachen Bahuvrihiadj., sondern aus syntaktischen Gruppen abgeleitet sind (vgl. oben 3.3.14.3.(1)). Im Ne. ist der Typ Adj/Sb+ed (Num/Sb+ed) sehr produktiv.[263] Bereits in den frühme. Texten sind die erweiterten Bahuvrihiadj. häufiger als die reinen (zu letzteren, die mit 25 Bildungen vertreten sind, s.o. 3.3.13.4. u. 5.). Nur drei davon sind ae. Bildungen (*an-ihurnde* < ae. *an-hyrned; an-lypig; on-eyde* < ae. *an-eagede*); einige sind me. Erweiterungen aus ae. reinen Bahuvrihiadj., wobei diese beiden Bildungstypen im Frühme. zum Teil noch nebeneinander vorkommen, siehe oben 3.3.14.3.(1); bei den meisten handelt es sich aber um me. Neubildungen. Insgesamt finden sich in unserem Material 43 verschiedene Bildungen, davon 36 des Musters Adj+Sb/ed und 7 des Musters Num+Sb/ed (einschließlich einer Bildung des Musters Partikel+Sb/ed). Diese Zahlen sind freilich recht unsicher, weil einige Verbindungen wohl syntakt. Gruppen aus Adv+i+Sb+ed waren (vgl. dazu auch oben 3.3.14.2.).

3.3.14.5. Belege

(1)   Aus den frühme. Texten

(a)   Adj+Sb/ed bzw. Adj/Sb+ed

-heorted als Zweitelement (der Kp.-Status der Bildungen mit i- ist fraglich). Für weitere Beispiele s.o. 3.3.14.2.

arm-heorted (ME, h) ‚barmherzig' (wörtl. ‚armherzig'), TrinH. Erweiterung aus ae. earmheort.

blind iheortet, blint iheorted (ME) ‚blinden Herzens', AncR.

bliðe iheortet (ME) ‚fröhlichen Herzens', AncR A 103r/3 (C 176v/9 hat bliðe inheorte).

feol iheortet, feolle iheorted (ME) ‚haßerfüllten, törichten Herzens'(?), AncR.

freo iheortet (ME) ‚freien Herzens', AncR.

gleade i-heortet, gled iheorted (ME) ‚frohen Herzens', AncR.

heard iheortet, hard iheorted, hærd iheorted, harde-herted (ME) ‚hartherzig', AncR, LaȝB, Malory. Eine Erweiterung aus ae. heard-heort.

mild-heorted, mild-heorteð (ME) ‚barmherzig', wörtl. ‚mildherzig', LambH, TrinH. Eine Erweiterung aus ae. mild-heort.

narewe-herted (ME) ‚geizig' (wörtl. ‚engherzig'), TrinH.

---

[263]   Laut Scheler 1982:118 stellen bei Shakespeare Bildungen des Typs Sb/Sb+ed (tiger-footed, honey-tongu'd) die umfangreichste Gruppe unter den zusammengesetzten Adj.

swote-iheortet (ME) ‚milde, milden Herzens‘ (?), *AncR*.

-*iwordet* als Zweitelement (es handelt sich dabei wohl durchwegs um syntakt. Gruppen); die Belege stammen alle aus *AncR*:

feole iwordet (iworded) (ME) ‘linguosus’, *AncR* A 20 r/2 f.; C 31 v/17 f.

lihte iwordet (iworded) (ME) ‚mit leichten (leichtsinnigen) Worten‘, *AncR* A 29 r/2.

luðere iwordet (iworded) (ME) ‚voller böser Worte‘, *AncR* A 29 r/2.

wis iwordet (iworded) (ME) ‚mit weisen Worten‘, *AncR* A 15 v/28.

– andere Zweitelemente:

ad-moded (ME) ‚demütig‘, *VespAH*. Wohl eine Erweiterung aus ae. *eað-mod;* laut *MED* dagegen eine Partizipialform des Verbs *ed-modien* (< ae. *ēaðmōdian*).

blake-fepered (ME) ‚schwarzgefiedert, mit schwarzen Federn‘, *KingAlex*. Das *MED* s.v. *fetheren* v. (1) 3 leitet -*fepered* aber vom Vb *(feperen)* und nicht vom Sb *(feper)* ab (was weniger wahrscheinlich ist).

blake-heueded (ME) ‚schwarzköpfig‘, *KingAlex*.

brad-egede (ME) ‚mit großen Augen‘ (wörtl. ‚breitäugig‘), *ChronE*.

broke-rugget (ME) ‚mit gekrümmtem Rücken‘ (wörtl. ‚mit gebrochenem Rücken‘), *HMeid*. Eine Verbindung aus PartPrät/Sb+*ed*. Vgl. *MED* s.v. *breken* 2 a, 2 b usw.

gledd-icheret (ME) ‚mit froher Miene‘, *SWard*. Hybrid. Von Bennett/Smithers 1968 als Kp. angesehen.

gra-scinnen (ME) ‚aus grauem Pelz‘, *ChronD* 1075. Eine Erweiterung aus anord. *graskinn*.

heor-lockede, hor-ilocket (ME) ‚grauhaarig‘ (wörtl. ‚grau gelockt‘), *LaзB* (*heor-lockede* C 12 899; *hor-ilocket* O 12 899).

longe-berded (ME?) ‚langbärtig‘, *KingAlex*.

long-nailed (ME) ‚mit langen Nägeln‘, *Body&S/4*.

luðere ilatet (ME) ‚von bösem Verhalten‘, *StKat*. Wohl syntakt. Gruppe. Vgl. *MED* s.v. *lither(e* adv.

luðere iponcket (ME) ‚voll böser Gedanken‘, *AncR*. Wohl syntakt. Gruppe.

rowe-tayled (ME) ‚mit rauhem Schwanz‘, *Body&S/4*. – Zu den erweiterten Bahuvrihiadj. aus *Body&S/4* (*long-nailed, rowe-tailed, scharpe-clawed*) vgl. Sauer 1985 c: 449 f.

rum-handed (ME, h) ‚freigebig‘, wörtl. ‚offenhändig‘, *TrinH*. Vgl. die Parallelbildung *rum-hende* (oben 3.3.13.5.).

scharpe-clawed (ME) ‚mit scharfen Krallen, Klauen‘, *Body&S/4*.

shorte-yswired (ME) ‚mit kurzem Hals‘, *KingAlex*.

stið-biwaled (ME) ‚festummauert‘, *LaзB* (C 15 322; O 15 322 hat *wel bi-walled*). Laut *MED* ist *biwalled* PartPrät zum Vb me. *biwallen*.

stið-imained(e) (ME) ‚sehr stark‘ (wörtl. ‚stark-kräftig‘), *LaзB*. Vgl. das ae. Sb *stiðmægen* ‚große Kraft‘.

stið-i-moded(e) (ME) ‚tapfer‘, wörtl. ‚starkmütig‘, *LaзB*. Wohl eine Erweiterung aus ae. *stið-mod*. Vor allem in *LaзB* Hs. C; Hs. O läßt es meist weg oder ersetzt es durch *swiþe moded, swiþe modi*.

319

wolden-eized (ME) ‚glasäugig, mit ganz hellen Augen‘, *KingAlex*. Eine Erweiterung aus ae. *ualden-egi;* vgl. das me. Bahuvrihisb. *walden-eie* (oben 3.2.14.5.).

wel-peaud (ME) ‚wohlerzogen, wohlgesittet, höflich‘, *TrinH*. Wohl syntakt. Gruppe in *LaƷB: swiðe wel iðæwed*, C 3258; *swipe wel i-peuwed*, O 3258. *-peaud* usw. könnte auch deverbal sein, s. o. 3.3.11.3.(4) u. 3.3.11.5.(1).

wel iwepned(e) (ME) ‚wohl bewaffnet, gut bewaffnet‘, *LaƷB*. Dürfte syntakt. Gruppe sein.

(b)   Num + Sb/*ed* bzw. Num/Sb + *ed*

an-lypig, analpi, alpi, onlepi, anlepi usw. (ae) ‚einzeln, einzig‘ (wörtl. ‚mit einem Sprung‘), *SermRdE, LambH, TrinH, AncR* usw. (häufig). Me. meist schon verdunkelt. Vermutlich vom Sb ae. *hliep* ‚Sprung‘ abgeleitet und nicht vom Vb ae. *hleapan* (ne. *leap*) ‚springen, laufen‘, weil von Verben wohl kaum mit dem Adjektivsuffix *-ig* abgeleitet wurde. Vgl. *MED* s. v. *onlepi;* *OED* s. v. *Anlepi, Onlepy*.

feðer-fotetd (ME) ‚vierfüßig‘ (nicht: *‚federfüßig‘!), *LambH* (l). Eine Erweiterung aus ae. *fiðer-fote, feoðer-fote, fiðer-fete*. Zum Präfixoid *feðer-* s. o. 3.3.12.5.(1).

four-heornede (ME) ‚viereckig‘, *SEL*.

feower-noked, four-nokede (ME) ‚viereckig‘, *LaƷB*.

an-ihurnde (ae. *an-hyrne, an-hyrned*) ‚mit einem Horn‘, *StMarg/1*. Vgl. auch das ae. Bahuvrihisb. *an-hyrne* ‚Einhorn‘.

on-eyde (ae. *an-eage, an-eagede*) ‚einäugig‘, *SEL*.

(c)   Partikel + Sb/*ed*

wipper-hoked, ME (Lw?) ‚widerhakig, mit Widerhaken versehen‘, *Art&Merl*. Vgl. unten 4.6.3.(5).

(2)   Aus den späteren Texten (soweit nicht oben mit erwähnt):

(a)   Adj + Sb/*ed*

bare-legged (ME) ‚mit bloßen Beinen‘, *Malory*. Hybrid.

(*beste-brethed:* siehe unten bei *well-brethed*).

(*bettir-wynded:* siehe unten bei *well-wynded*).

clennyst-myghted (ME, h) ‚am stärksten‘, *Malory*. Vgl. *MED* s. v. *mighten;* das *MED* setzt zu Unrecht ein Vb an (das seinerseits vom Sb *might* abgeleitet ist!) – es handelt sich bei *mighted* sicher um eine unmittelbare Ableitung vom Sb aus.

false-harted (ME) ‚falsch‘ (wörtl. ‚falschherzig‘), *Malory*.

fowle-mowthed (ME) ‚mit böser Zunge, mit losem Maul‘, *Malory*.

ydel-honded (ME) ‚mit leeren Händen‘, *Ayenb*. Eine Erweiterung und Umformung von ae. *idel-hende*.

olde-rooted (ME) ‚alterfahren, alteingesessen‘ (wörtl. ‚alteingewurzelt‘), *Malory*.

opynne-mowthed (ME) ‚geschwätzig, gesprächig‘ (wörtl. ‚mit offenem Mund‘), *Malory*.

stronge-walled (ME) ‚mit starken Mauern‘, *Malory*.

swyffte-horsed (ME) ‚mit einem schnellen Pferd‘, *Malory*.

tendir-herted (ME) ‚sanft, weichherzig‘, *Malory*. Hybrid.

320

well-brethed (ME) ,gut bei Atem, mit kräftigen Lungen', *Malory. beste-brethed* (ME) ,mit dem stärksten Atem, mit den besten Lungen', *Malory.* Vgl. *MED* s.v. *brethed.*

well-condyssyonde (ME) ,voller guter Eigenschaften', *Malory.* Vgl. *MED* s.v. *condiciound.*

well-vysaged (ME) ,gut aussehend', *Malory.* Hybrid.

well-wylled (ME) ,wohlwollend', *Malory.* Es könnte sich auch um ein Adv/Vb+ed-Kp. handeln, s.o. 3.3.11.3. u. 5. (möglicherweise eine Umformung aus ae. *welwillende*).

well-wynded (ME) ,mit guten Lungen', *Malory.* Vgl. *OED* s.v. *Winded* a. – *Bettirwynded, Malory; the best-wynded, Malory.*

(b) Num/Sb+*ed*
double-dyked (ME) ,mit doppeltem Graben', *Malory.* Hybrid.

(3) Einige Beispiele für selbständige Sb/*ed*-Ableitungen (vgl. auch oben 3.3.14.2.):

ihelmede peines ,behelmte Krieger', *LaȝB* C 13 348.

wið scurge i-leadet, schurge ileadet, AncR A 113 v/4 f., C 194 r/1 (,mit Bleistücken versehene Peitsche').

i-oxned swiðe fæire, LaȝB C 15 880.

iwepnede peines ,bewaffnete Krieger', *LaȝB* CO 12 689, vgl. CO 12 181.

toped ,mit Zähnen versehen', *KingAlex* 5399.

Vgl. ferner *elheowet* ,von unirdischem, überirdischem Aussehen', *SWard.*

þi ȝimmede bur ,deine juwelengeschmückte Kammer', *WohLo* 147.

3.3.15. Sonderfälle und Sonstiges: *lutles-hwet, wel-to-louie*

(1) Adjektivkp. der Form Sb/Vb+*el* (*-ol*), Sb/Sb+*el* (*-ol*), Adj/Vb+*el* usw., wie z.B. *neu-fangel, soð-sagol*, werden hier unter Sb/Adj, Adj/Adj und Partikel/Adj aufgeführt; siehe ferner die Zusammenstellung unten 4.1.3.

(2) Ebenso wie die Verbindungen aus Partizip Präsens + Sb und Partizip Präteritum + Sb (s.o. 3.2.18.5.) sind auch Verbindungen aus PartPräs + Adj (*wallinde hat, StJul,* synt. Gruppe) keine Kompositionstypen; für *broke-rugget* (PartPrät als Erstelement) siehe oben 3.3.14.5. (1 a).

(3) Weitere Bildungen, die zu keinem bestimmten Kompositionstyp gehören, sind:

ham-ward (ae) ,auf dem Heimweg', *Vices&V.* Ein mit dem Suffix ae. *-weard* gebildetes Adv, das hier als Adj verwendet wird: *to [h]is prophete, ðe was ham-ward, Vices&V* 147/25. Vgl. *MED* s.v. *hom-ward;* ODEE s.v. *-ward;* Marchand 1969:351 f.

lutles-ihweat, lutles-hwet, littless-whatt (ME) ,Kleinigkeit', *ChronE, AncR, Orrm,* hat die Struktur Adj + *s*/Pron; es ist eine Zusammenrückung aus einer Genitivgruppe und wird in *AncR* als Sb verwendet *(sum lutles-ihweat)*. Vgl. Zettersten 1965:230; *MED* s. v. *litel what* (dort als Phrase angesehen).

moni-cunnes, mani-kennes (ae) ‚vielfältig, vieler Arten‘, *AncR*, *Vices&V*, in der Wendung *mani-kennes sennes*. Von Holthausen (ed. *Vices&V*) wird es als Adj eingestuft; es ist ursprünglich eine syntakt. Gruppe aus Adj + Sb im Gen., die als Genitivattribut zu *sennes* verwendet wird. Vgl. *MED* s. v. *mani-kin* adj. phr.

nonskinnes (ae) ‚keine Art von‘, *Orrm*, *Vices&V*, *Art&Merl* usw., ist wohl wie *mani-kennes* ursprünglich als zusammengerückte syntakt. Gruppe im Genitiv (ae. *na-nes cynnes*) einzustufen. *MED* s. v. *nōnes-kinnes* stuft es als Adj ein; vgl. s. v. *nōne-kin, nōne-kinnes*.

operweis (ae/ME) ‚anders‘ (wörtl. ‚auf andere Weise, auf anderem Weg‘), *AncR*, in der Wendung *biuore godd is operweis*, *AncR* A 84r/1, C 140r/16. *Otherwise* ist ursprünglich syntakt. Gruppe (ae. *on opre wisan*), die dann auch als Sb, Adj und Adv verwendet wird. In dem Beleg aus *AncR* wurde das Zweitelement möglicherweise nicht mit *wis* ‚Art, Weise‘ assoziiert, sondern mit dem Gen. von *wei* ‚Weg‘. Siehe *OED* s. v. *Otherways, Otherwise*; *ODEE* s. v. *other* und *-wise*; Zettersten 1965:220; Marchand 1969:357f.

wel-to-louie (ME) ‚liebenswert; wert, geliebt zu werden‘, *SEL*, in der Fügung *a wel-to-louie tre[o]*, 393/112. Hier handelt es sich um eine syntakt. Gruppe, die als Adj verwendet wird. Vgl. *OED* s. v. *Well* a.; *Well-to-do*.

4. Morphologische Varianten und Besonderheiten

Im folgenden werden einige mehr oder weniger häufig vorkommende Erscheinungen besprochen, die in der Regel zwar nicht für den Ansatz der einzelnen Kompositionstypen wichtig sind, die aber bei der Beschreibung der morphologischen Gestalt der einzelnen Komposita berücksichtigt werden müssen. Es handelt sich dabei vor allem um drei Gruppen von Erscheinungen:

(1) Kp. mit komplexen Konstituenten und Verwandtes (4.1.–4.3.);
(2) Kp. mit selbständig nicht belegten Elementen (blockierten Morphemen) (4.4.) und verdunkelte Kp. (4.5.);
(3) Kp., die Lehneinfluß aufweisen (4.6.) – letztere werden allerdings nur beispielhaft behandelt.

Kp. mit Konstituenten, deren Wortart doppeldeutig ist, wurden schon besprochen,[1] ebenso Fugenelemente in der Kompositionsfuge.[2]

4.1. Komposita mit komplexen Konstituenten

Wie sich aus der Beschreibung der einzelnen Kompositionstypen (oben 3.2. und 3.3.) ergibt, fallen fast alle Typen vom morphologischen Status der Konstituenten her unter wenige generelle Muster, nämlich: (i) freies Morphem/freies Morphem (selten Stammorphem/freies Morphem), z.B. Sb/Sb, Adj/Sb, Vb/Sb, Sb/Adj, Adj/Adj usw. (ii) freies Morphem + gebundenes Morphem/freies Morphem: Sb+s/Sb; Vb+ing/Sb. (iii) freies Morphem/freies Morphem + gebundenes Morphem (einschließlich Nullmorphem), z.B. Sb/Vb+$\emptyset_{Sb}$, Sb/Vb+ere, Sb/Vb+ing, Sb/Vb+ed usw. (iv) freies Morphem + freies Morphem/gebundenes Morphem (meist: Nullmorphem), z.B. Adj+Sb/$\emptyset_{Sb}$; Vb+Sb/$\emptyset_{Sb}$; Adj+Sb/$\emptyset_{Adj}$; Adj+Sb/ed usw.

Die überwiegende Mehrzahl der Bildungen folgt im Frühme. wie wohl auch in den anderen Sprachperioden genau diesen Mustern; zum Teil kön-

---

[1] Siehe besonders oben 2.4.3.4.; 3.1.2.8.; 3.1.2.10.; 3.1.2.16. sowie bei der Beschreibung der einzelnen Typen.
[2] Siehe oben 2.4.2.6. sowie zum häufig auftretenden und oft mehrdeutigen -e- oben 2.4.3.1.

nen die Konstituenten darüber hinaus aber in sich komplex sein, d. h. ihrerseits aus Komposita, aus Präfix- oder aus Suffixbildungen bestehen.[3]

4.1.1. Komposita als Konstituenten

Im German. und Westgerman. gab es laut Carr 1939:197 nur Kp. aus zwei
Wörtern; erst in den Einzelsprachen (aber nicht im Gotischen) treten Kp.
aus drei Wörtern auf. Im Ae. und Me. sind Kp., deren Dt oder Dm ein Kp.
ist, nicht selten; es sind aber fast nie beide zugleich Kp., d. h. Kp. bestehen
gewöhnlich maximal aus drei Wörtern.[4] Im Ne. sind wesentlich komplexe-
re Fügungen möglich – ihr Kompositumstatus ist jedoch umstritten.[5] Wie
im Ne. ist auch schon in der Mehrzahl der frühme. belegten Bildungen das
Dt ein Kp.; seltener sind Bildungen mit einem zusammengesetzten Dm.[6]

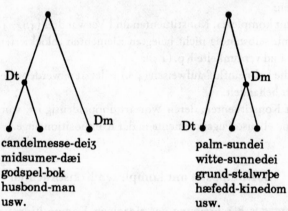

Dt / Dm

candelmesse-deiʒ
midsumer-dæi
godspel-bok
husbond-man
usw.

palm-sundei
witte-sunnedei
grund-stalwrþe
hæfedd-kinedom
usw.

Manchmal kommen sowohl die beiden ersten als auch die beiden letzten
Elemente eines Kp. aus drei Wörtern als eigene Kp. vor. Zum Teil ist aber

---

[3] Komplexe Konstituenten, die für bestimmte Kompositionstypen charakteristisch sind
(Sb+*s*, Vb+*ing* usw.) gehören natürlich nicht in diesen Zusammenhang. – Kp. aus mehr
als zwei Wörtern werden manchmal als Dekomposita bezeichnet; siehe z. B. Grimm
1878:II,383; Ortner/Ortner 1984:115 f.

[4] Eine mögliche Ausnahme aus dem späteren Material ist *allhalowmasse day*, Malory.

[5] Z. B. *shot-gun type rubber recoil pad* (Warren 1978:15); *computer peripherals sales repre-
sentatives* (Johansson 1980:35); *The Library of Congress Main Reading Room Reference
Collection Subject Catalog* (Hinweis von Prof. Käsmann); *Strategic Systems Performance
Analysis Group; the City University of New York Faculty Research Award Program.* Mar-
chand 1960:411–416 sieht Fügungen aus mehr als drei Wörtern grundsätzlich als syntakt.
Gruppen und nicht als Kp. an; Koziol 1972:52 und Warren 1978:10–30 behandeln sie
dagegen als Komposita. Als eine Art Kompromiß böte sich hier Leisis Konzept vom
„Wortverband als Wort" an: Leisi 1985: § 18.

[6] Mit anderen Worten: Linksverzweigende Konstituentenstruktur ist häufiger als rechts-
verzweigende.

trotzdem nur eine Konstituentenstrukturanalyse sinnvoll, z. B. bei *candel-mæsse/deig* (vgl. ae. *candelmæsse* und *mæssedæg*) und bei *leodbisceop/rice* (vgl. *leodbisceop* und *bisceoprice*) (nicht etwa *candel/mæssedeiʒ, leod/bisceoprice*); zum Teil ist eine Doppelanalyse möglich,[7] z. B. bei *childer/massedai* (oder *childermasse/dai,* siehe *MED*), *Passke/messedaʒʒ* oder *Passkemesse/daʒʒ,* siehe unten; *Norðhumber/lond* oder *Norð/humberlond; almight/ful* oder *al/mightful,* siehe unten. Die meisten Bildungen fallen unter den Typ Sb/Sb, z. B. *Candelmesse/deiʒ,* genauer (Sb+Sb)/Sb; *midsumer/dæi,* genauer (Adj+Sb)/Sb, doch gibt es auch einige, die zu anderen Typen gehören: *witte/sunnedei,* Adj/Sb (genauer: Adj/(Sb+Sb)); *grund/stalwrþe,* Sb/Adj (genauer: Sb/(Sb+Adj)), usw.

Wie bei den Verbindungen mit einfachen Konstituenten ist es auch bei den Verbindungen mit komplexen Konstituenten nicht immer sicher, ob Kp. oder syntakt. Gruppen vorliegen.[8] *Midsumer-Dæi (ChronE, AncR)* und *Midwintre-Dæi (ChronE, AncR)* müßten Kp. sein, weil der Genitiv von *sumer sumeres,* der von *winter wint(e)res* lautet; das gleiche gilt für die Verbindungen mit *heouerice-,* weil der Gen. von *heouerice heouerices* ist. *Mæsse-,* messe- kann dagegen die Fortsetzung des ae. Nom. (*mæsse*) oder Gen. (*mæssan*) sein, so daß der Kompositumstatus von *Candelmesse-deiʒ (ChronE, AncR)* und *Hlammæsse-dæg (ChronE)* aufgrund der Morphologie nicht sicher geklärt werden kann. Syntaktische Gruppen sind wohl *Pentecosten-mæssan wuce (ChronE)* und *palm-sunedeies procession (TrinH),* weil -*an* und -*es* eindeutige Gen.Sg.-Endungen sind. *Pentecosten-mæsse* und *palm-sunedei* ihrerseits sind aber Kp.[9] Eindeutig syntakt. Gruppen sind ferner Fügungen wie z. B. *on Ealra Halgena mæsse-æfne (ChronE); Sancte Marie messe-dæi (ChronE); Seinte Marie dei magdaleine (AncR); (Sancte) Martines mæssedæg (ChronE); Sancte Michaeles mæsseæfen (ChronE); toforan Sancte Michaeles mæssan (ChronE).* Einige davon wurden aber anscheinend später durch Zusammenrückung zu Kp., vgl. *allhalowmasse (Malory);* andere wurden möglicherweise aber auch später als syntakt. Gruppen (Appositionen) empfunden, wie vielleicht *Myghelmas day (Malory);* vgl. *MED* s. v. *messe* n. (1) 1 b.

In unserem frühme. Material finden sich, von den Ortsnamen abgesehen, ca. 60 Kp. aus drei Wörtern, dazu über 25 Orts- bzw. Gebietsnamen.

---

[7] Vgl. Bally 1965:103 (§ 156), der für *Dorfschullehrer* eine Analyse als *Dorf/schullehrer* und als *Dorfschul/lehrer* ansetzt.

[8] Vgl. oben 2.4.3.1.

[9] *Pentecosten* ist im Ae. üblicherweise der Nom. (Gen.Sg. *pentecostenes*). *Pentecostewuce, ChronE* 1123 ist demnach leicht verdunkelt; allerdings fällt das -*n* auch im Simplex (> ne. *Pentecost*). Siehe unten 4.5.4.

Umfangreichere Gruppen innerhalb der Kp. aus drei Wörtern bilden neben den Ortsnamen die Zeitangaben (Namen für Festtage usw.); diese beiden Gruppen werden deshalb im folgenden eigens aufgelistet. Es werden auch einige Kp. mit aufgeführt, die ein verdunkeltes Kp. als Konstituente haben und streng synchron gesehen deshalb eigentlich nicht mehr aus drei Wörtern bestehen.

Literatur: Jespersen 1942 (*MEG* VI):154−156; Marchand 1969:20; Koziol 1972:52; ferner Bergsten 1911:71 f.; Carr 1939:197−201; Marchand 1960:411−416; Bally 1965:103; Warren 1978:10−30; Leonard 1984:71 u. 201 f.; fürs Dt. z. B. Ortner/Ortner 1984:115 f.; fürs Frz. z. B. Rohrer 1967/77:140−154.

(1)   Zeitangaben (Namen für Tage, Feste, Tageszeiten):[10]

al halewe day ‚Allerheiligentag‘, *StatRom.* Möglicherweise synt. Gruppe mit *al halewe* im Gen.Pl. (Pron+Sb)/Sb. Vgl. *MED* s. v. *al-halwe(n;* oben 3.2.5.5.(1).

Candelmesse-deiʒ ‚Lichtmeßtag‘, *ChronE* usw. (Sb+Sb)/Sb.

childermasse-day ‚Tag der unschuldigen Kinder‘, *StatRom. childer-* repräsentiert den ae. Gen.Pl.; vgl. *ODEE* s. v. *child. MED* s. v. *childer-massedai, childermesse-dai.*

chirche-halyday ‚Kirchenfeiertag‘, *StatRom.* Kp?

Cristenmesse-euen ‚Weihnachtsabend‘, d. h. ‚Abend vor dem Weihnachtsfest, Heiliger Abend‘, *Art&Merl. Cristenmesse* steht wohl für *Cristesmesse* (oder *Cristmasse,* d. h. statt des Sb(+*s*)/Sb-Kp. ein Adj/Sb-Kp.). Von Macrae-Gibson als Kp. angesehen − Ne. *Christmas Eve* hat allerdings Doppelakzent (bzw. Akzent auf dem Dm) und wird deshalb nicht generell als Kp. aufgefaßt.

Hlammæsse-dæg(e), Lammasse-day ‚Petri Kettenfeier (1. August)‘, (wörtl. ‚Brotmeßtag‘) *ChronE, StatRom.* Das Dt ist verdunkelt; s. u. 4.5.2.

midmorwe-day ‚Vormittag‘ (ca. 9 Uhr), *Art&Merl.*

midsumer-dæi ‚Mittsommertag‘, *ChronE.*

midewintre-dæi ‚Weihnachtstag‘, wörtl. ‚Mittwintertag‘, *ChronE* usw.; daneben *midewinteres dæi, LaʒB* (wohl synt. Genitivgruppe).

midwinter-tide ‚Weihnachtszeit, wörtl. ‚Mittwinterzeit‘, *Amis&A.*

myd-overnon ‚die Mitte des Nachmittags‘ (ca. 15 Uhr), *KingAlex, SEL.* Laut *MED* aus *mid* + *overnon* zusammengesetzt (s. v. *mid-over-non!*); Smithers (ed. *KingAlex*), II,190, trennt zu Unrecht *mydouer-non.*

New ʒeress daʒʒ, Newerys day ‚Neujahrstag‘, *Orrm, Malory,* dürfte syntakt. Genitivgruppe sein.

Palm-sunedei ‚Palmsonntag‘, *TrinH* usw. *ChronE* 1122 hat einmal die Genitivfügung (wohl synt. Gr.) *Palmes Sunendæi.* − Zu *palmesunnes aue* s. u. 4.2. (2).

Passke-messedaʒʒ ‚Oster(sonn)tag‘, *Orrm.* Daneben hat *Orrm* auch *Passkedaʒʒ* und *Passkemesse,* so daß hier eine morpholog. Doppelanalyse als *Passke/messedaʒʒ* und als *Passkemesse/daʒʒ* in Frage kommt.

---

[10]   Zu den Bezeichnungen für die Kirchenfeste vgl. auch Käsmann 1961:340−355.

Pentecostenmæssan wuce ‚Pfingstwoche', *ChronE.* Wohl syntakt. Gruppe, vgl. oben.
seuendai-morgen ‚Samstagmorgen' (wörtl. ‚Morgen des siebten Tages'), *Gen&Ex.*
Müßte Kp. sein, weil der Gen. von *dai daies* ist.
twimel-dei ‚Tag mit zwei Mahlzeiten', *AncR.* Vgl. Zettersten 1965:211, der *twimel*
allerdings zu Unrecht als Adj einstuft.
witte-sunnedei ‚Pfingstsonntag' (wörtl. ‚weißer Sonntag' – die deutsche lexikalisierte syntakt. Gruppe *Weißer Sonntag* bezeichnet einen anderen Sonntag, nämlich den ersten Sonntag nach Ostern), *LambH, LofLo* usw. Es handelt sich um
eine Zusammenrückung aus der ae. (lexikalisierten) syntakt. Gruppe *on hwitan
sunnandæg*, die noch deutlich in der Wendung *a Whiten-sunen-dæie, LaȝB* C
8727, 8731 (vgl. 8725) widergespiegelt ist. Das Kp. wurde allerdings bald verdunkelt (durch Kürzung der ersten Silbe in dreisilbigen Wörtern) und auch morphologisch uminterpretiert, was den Verlust seiner Motivation voraussetzt.
Diese Uminterpretation zeigt sich an Schreibungen wie *witsunne dei, AncR* A
11 v/1, *Witesone daiȝe, LaȝB* O 8725, und noch deutlicher an den Bildungen
Whitesune-tide und *Witson-time;* beide bedeuten ‚Pfingstzeit' (und nicht etwa
*,Zeit der weißen Sonne'). Vgl. unten 4.5.1.
Whitesune-tide ‚Pfingstzeit', *LaȝB* C 15736. *Whitesune* ist nicht mehr motiviert, s.o.
zu *witte-sunnedei.*
Witson-time ‚Pfingstzeit', *LaȝB* O 15736. Vgl. zu *Whitesune-tide.*

Aus den späteren Texten (soweit nicht oben mit erwähnt):

Al(l)halow-mas(se) ‚Allerheiligen', *Malory.* Zusammenrückung aus der syntakt.
Gruppe (ae). *ealra halgena mæsse;* vgl. oben 3.2.5.5.
Allhalowmasse day ‚Allerheiligentag', *Malory.* Vom Herausgeber getrennt geschrieben. Wenn man es als Kp. einstuft, besteht es aus vier Wörtern.
evynsonge-tyme ‚Zeit des Abendoffiziums', *Malory.*
Myghelmas day ‚Michaelstag' (29. Sept.), *Malory.*
the twelve-monthe ende, Malory 178/25, ist möglicherweise ein Versehen für *the
twelve-monthes ende, Malory* 398/28. (Vgl. oben 2.4.3.2.)

Als (bedeutungsisolierte) syntaktische Gruppen dürften anzusehen sein: *longe fridai,* z.B. *ChronE; longe friniht, AncR; shere ðursdei,* z.B. *TrinH.* Vgl. oben 3.2.3.5.
(6 c).

(2)   Ortsnamen:

Bei ihnen ist fast immer das Dt zusammengesetzt; oft ist es aber bereits ein verdunkeltes Kp. Die meisten Bildungen auf *-schire* sind in *HundrE* belegt.
Bedeford-schire; Bukingham-schire; Cantware-buri, LaȝB (C); *Deoreby-schire; Dorset-schire; Everwich-schire; Gloucestre-schire; Grauntebrugge-schire; Hereford-
schire; Hertford-schire; Huntendone-schire; Yrland-side, SirTristr* 1092; vgl. *Yrlond-þede, SirTristr* 1386; *Leycestre-schire; Norhamtone-schire* (ursprünglich aus
vier Wörtern bestehend); *Norðhumberlond(e), LaȝB* (weil *LaȝB* daneben sowohl

Norðhumbre als auch *Humberlond* hat, ist hier wohl eine morphologische Doppelanalyse möglich: *Norð/humberlond, Norðhumber/lond*); *Oxeneford-schire; Stafford-schire; Sumersete-schire; Suð-hamton(e), LaȝB; Suþhampton-schire* (ursprünglich aus vier Wörtern bestehend, aber das Dt ist wahrscheinlich bereits leicht verdunkelt); *Warewik-schire; Westmara-lond; Wiltun-scire, Wiltone-schire; Wyricestre-schire.* Vgl. ferner *Egipte-wimmen, Gen&Ex* (Kp?).

(3) Andere Bildungen:

all-: Vgl. dazu oben 3.3.4.5. *All-fullfremedd* ‚ganz vollbracht‘, *Orrm; all-fullwaxenn* ‚ganz herangewachsen‘, *Orrm; al-migtful* (oder *almigt-ful*), ‚allmächtig‘, *Gen&Ex.* Weil es ae. *eallmiht* und ae. *mihtful* gibt, die freilich beide selten sind, ist die oben angegebene morphologische Doppelanalyse möglich: ‚ganz machtvoll‘ oder ‚allmachtsvoll‘. Arngart (ed. *Gen&Ex*), S. 214, sowie *MED* analysieren als *(e)all-miht + ful (MED almight-ful)*, übersetzen aber als *all-powerful!*

ansæte-lif ‚Einsiedlerleben‘, *Vices&V.* Möglicherweise syntakt. Genitivgruppe.

arwurð-fullung ‚Ehrerbietung‘, *WintBR.* Siehe unten 4.2.

brendfier-rein ‚Schwefelregen‘ (wörtl. ‚Regen aus Schwefelfeuer, aus brennendem Schwefel‘), *Gen&Ex;* siehe unten 4.2.

bur-wimen ‚Kammerfrauen‘, *AncR.* Dm verdunkelt.

ereward-riche ‚Erbe, Erbschaft‘, (wörtl. ‚Reich des Erben‘), *Gen&Ex.* Dt verdunkelt.

God-almihtin, God-almiten usw. ‚allmächtiger Gott‘, mehrmals (z. B. *LaȝB* usw.). Siehe oben 3.2.16.5.(1).

godspel-: godspel-bok ‚Evangelienbuch‘, *TrinH, Orrm; goddspell-wrihhtess* ‚Evangelisten‘, *Orrm, goddspell-wheless, Orrm.*

grund-stalwrþe ‚sehr kräftig, tapfer‘ (wörtl. ‚grundtapfer‘), *Hav.*

heued-: hæfedd-kinedom ‚Hauptkönigreich‘, *Orrm; heued-lorðeau* ‚Hauptlehrer‘, *TrinH.*

he(o)ue(n)riche-: heoueriche-blisse ‚Seligkeit des Himmelreichs‘, *UrLo* usw. (daneben *heofene-riches blisse, LambH* usw.; *þe blisse of heuenriche, HarrowH); heoueriche-bote* ‚Lohn im Himmelreich‘, *11 Pains; heoueriche-liȝte* ‚Licht des Himmelreiches‘, *Lyrics XIII; heouenriche-murhðe; heoueriche-wunnen, AncR, StMarg/1, LutSS.* Vgl. *MED* s. v. *heven-riche.*

husbond-men ‚Haushaltsvorstände, Bauern‘, *SirTristr.* Das Dt war wohl schon leicht verdunkelt.

laferrd-flocc ‚Hauptherde‘, *Orrm.* Wahrscheinlich nur noch als Sb/Sb-Kp. einzustufen, weil das Dt vollständig verdunkelt ist (ähnlich *hus-leafdi, huse-lauerd* mit verdunkeltem Dm.).

leyhtun-ward (ae) ‚Gärtner‘ (wörtl. ‚Gartenwärter‘), *PassLord.* (Sb+Sb)/Vb+Ø$_{Sb}$.

leodbiscop-ryche ‚Bistum, Diözese‘, *HundE.* Die Hs. hat aber anscheinend *leod biscopryche* (so druckt jedenfalls der Hrsg.).

lerninngcnihhte-flocc ‚Jüngerschar‘, *Orrm.* Es ist aber nicht ausgeschlossen, daß eine syntakt. Gruppe mit *lerninngcnihhte* im Gen.Pl. vorliegt.

marrgrote-staness ‚Perlen‘, *Orrm.* Vgl. *MED* s. v. *mēre* n. (2).

mildheort-ful(e) ‚gnädig, barmherzig', *StJul* (Die Edition und das *MED* schreiben wohl zu Unrecht *mild-heortful(e)*). Vielleicht eine Klammerform, s. u. 4.2.(1).

moncun-: moncunne-heale ‚Heil der Menschheit', *AncR* (A 9 v/13; C 16 r/4); *mann-kinne-nede*, *Orrm* 164 D, 15 781. Die Verbindungen mit *moncunne-* müßten Kp. sein, weil der Gen. *moncunnes* wäre.

nauegar-speerr ‚Bohrer' (wörtl. ‚Bohrer-Speer'), *Heil*.

niðerhelle-grund(e) ‚Grund der tiefsten Hölle', *PMor* 297 (Vr). Die Verbindung ist verschieden analysierbar und könnte auch syntakt. Gruppe sein: *niper helle-grund(e)* ‚tiefster Höllengrund'. Vgl. *niðer in to helle grunde*, *Vices&V* 57/4.

orchard-side ‚Gartenseite'?, *Amis&A*. Das Dt ist verdunkelt, das Kp. synchron demnach nur als Sb/Sb zu analysieren.

stertful-mod ‚launenhaften Sinnes', *ProvH*. (Vb+*ful*)+Sb/Ø$_{Adj}$. Für *startful* hat das *OED* allerdings nur ne. Belege.

streberi-lef ‚Erdbeere' (wörtl. ‚Erdbeerblatt'), *HrlVoc*.

sunnebem-brigt ‚hell wie ein Sonnenstrahl', *Gen&Ex*. (Sb+Sb)/Adj.

tuelfmonep-scot ‚Jahrestribut, Unterhalt für zwölf Monate', *LyricsXIII*. (Num+Sb)/Sb.

twin-: twin-manslagt ‚Doppelmord', *Gen&Ex*. Num/(Sb+Vb+*t*).

peowe-wummon ‚Dienerin', *StMarg/1*. Dm verdunkelt. Sb/(Sb+Sb).

wapmon-cun, *weppmann-kinn* ‚Männer' (wörtl. ‚Art von Männern'). *LaʒB, Orrm*. Dt verdunkelt. (Sb+Sb)/Sb.

wedlac-had ‚Ehestand', *HMeid*. (Sb+Suffixoid)/Suffixoid.

wimmann-kinn ‚Frauen' (wörtl. ‚Frauenart, -geschlecht'), *Orrm*. Dt verdunkelt (aber 1× *wifmann-kinn*, 3058). (Sb+Sb)/Sb.

wisdom-boc ‚Buch der Weisheit', *TrinH*. (Adj+Suffixoid$_{Sb}$)/Sb. Vgl. *pe boc of wisdom [liber sapientiae]*, *LambH XVI*.

winberi-stones ‚Trauben' (wörtl. ‚Weinbeerensteine'), *HrlVoc*. (Sb+Sb)/Sb.

Belege aus den späteren Texten:

kynnes-woman (ME) ‚Verwandte', *Malory*. Dm verdunkelt. (Sb+*s*)/(Sb+Sb).

sorrowfull-borne ‚in Sorge geboren'?, *Malory*. (Sb+*ful*)/PartPrät.

worpssip-uol usw. ‚hervorragend, ehrenwert', *Ayenb, Malory*.

yoman-porter ‚Türhüter', *Malory*. Dt verdunkelt. (Adj+Sb)/Sb.

4.1.2. Präfixbildungen als Konstituenten

Literatur: Carr 1939:250–252; zu den einzelnen Präfixen siehe Marchand 1969, Koziol 1972, Stein 1973:170–179, *ODEE;* zu *ge > i-*, *y-* siehe Berndt 1960:127, Stanley 1982:25–66.

arch- (ae. *arce* usw.): *archebiscop-rice* ‚Erzbistum', *ChronE*. Weil es im Ae. sowohl *ærce-biscop* als auch *biscop-rice* gibt, wäre auch eine Analyse als *arche-biscoprice* möglich; letzteres wäre aber eine reine Präfixbildung. – *ærchebiscop-stol* ‚Erzbistum', *LaʒB* (Hs. C). Neben ae. me. *ærce-biscop* gibt es auch ae. me. *biscop-stol;* deswegen ist auch hier eine Doppelanalyse nicht auszuschließen (*ærchebiscop/stol* oder *ærche/biscopstol;* letzteres wäre eine reine Präfixbildung, ist aber weniger wahrscheinlich, s. u. 4.2.).

bi- (ne. *be-*): *chirche-bisocnie* (ME, h) ‚Kirchenbesuch' usw., *LambH. Bisocnie* ist eine schwierig zu erklärende Form; nach *MED* s. v. *bisokne* ist es möglicherweise kontaminiert aus ae. *sōcn* und me. *bisēchen.* − *dead-biburiet, AncR* (s. o. 3.3.11.) − *her-biwist* ‚Hiersein', *TrinH* (s. o. 3.2.6.5.); *stið-biwaled* ‚festummauert', *La3B: rihht-bi3etenn* ‚rechtmäßig erhalten', *Orrm; wo-bigon* ‚kummervoll, elend', *Amis&A.*

i- (ae. *ge-*): Das Präfix ae. *ge-* wurde im Frühme. zu *i-, y-* abgeschwächt und ging im Verlauf des Me. unter. In den frühme. Texten kommt es zwar auch bei Sb noch vor; wie einige Bildungen mit unhistorischem oder falsch plaziertem *i-* zeigen, war das Gefühl dafür aber zum Teil schon verloren gegangen und das *i-* hatte keine Funktion mehr.

(a) *ge-, i-* im Dt: *gebyr[d]-tide* ‚Geburtszeit', *ChronE; ifo-men* ‚Feinde', *VespAH; gewis-tale* (ME, h) ‚Rechenschaft', *WintBR; gewitene-mot* ‚Ratsversammlung, Rat der Weisen', *ChronE* 1123/16 (Es gibt zwar ae. *wita* und *gewita*, im Ae. lautete die Bildung aber gewöhnlich *witena-gemot* (vgl. unten zu *witene-mot*), so daß das *ge-* wohl falsch gesetzt ist). Zu *gehandfæst, ihondfæst* u. *ihond-sald* s. o. 3.3.10.5.

(b) *ge-, i-* im Dm: Bei Substantiven: *detþ-iscippe* ‚Todesstunde, Todesschicksal', *SermAtWrasl; elmes-idal* (ae. *ælmes-gedal*), *LambH; eorðe-itilie, La3B* (Hs. C), aber *erþe-tilie, La3B* (O); ae. *eorð-tilia:* das *-i-* im Me. ist unetymologisch; *halymotes, halimot* ‚Versammlung in der Halle' *(heall + gemot), La3B, Lyrics-XIII; healle-geweorc* ‚Hallenbau', *ChronE; hand-3eswinc, handiswinke* (ME) ‚Handarbeit', *WintBR, Vices&V; hand-3eweorc, handiwerc, hondiwerc, hande-werrc* (ae) ‚Handarbeit', *WintBR, LambH, TrinH, Orrm* usw. (ne. *handiwork* ist das einzige Kp., in dem sich *ge-* > *i-* erhalten hat) − aber *hond-werke, 15 Toknen* (C); *hird-iferen* ‚Gefolgsleute, Höflinge', *La3B* (Hs. C); *kempe-ifere* ‚Mitkrieger, Kriegergefährte', *AncR* (A 75 r/13; aber *kemp-fere,* C 124 r/3); *nehhebur* (< ae. *neah-gebur*); *pla3e-iferen* ‚Spielgefährten', *La3B* (Hs. C); *Rom-gesceot, ChronE* und *Romescot(t)* ‚Peterspfennig', *ChronE; scirereuan* (ae. *scir-gerefa*), *Chart-HenII* (aber *schireue, StMarg/1* usw.); *witene-imot, La3B; wiðer(i)wines, wiðer-iwinne(n), AncR, La3B; world-ispech(e)* ‚weltl. Reden', *AncR* C 30 v/23 (ae. nur *spræc* und *woruld-spræc); weorld-iwald, LambH;* vgl. ferner *lutles-ihweat* (ME), *AncR* A 94 r/4 (aber *lutles hwet,* C 159 v/21).

− Bei Sb/PartPrät und Adj(Adv)/PartPrät: *boc-ilæred, La3B; gold-ileired, La3B; bezst-iboren, La3B; euele-Imet, NamesHare; toforen-iseide, ProclHenIII;* für weitere Belege s. o. 3.3.11.5.

− Bei Bildungen des Musters Adj(Adv)/Sb+ed (erweiterte Bahuvrihiadj.) kommt *i-* relativ häufig vor; hier leitet es in Verbindung mit dem *-ed* quasi aus Sb Part-Prät ab. Bei diesen Verbindungen ist der Kompositumstatus aber zum Teil fraglich. (Die reinen Bahuvrihiadj. haben nie ein *i-*). Beispiele sind *blind-iheortet, bliðe-iheortet;* für weitere Belege s. o. 3.3.14.2. u. 3.3.14.5.

330

un-: Mit *un-* präfigierte Dt finden sich in drei Bildungen aus *ChronE,* die alle Hap. leg. sind: *unlaga-geld* (hybrid) u. *unryht-geold* beide: ‚ungerechte Besteuerung'; *untid-gewidera* ‚Unwetter' (*untid* ist ae. mehrmals in Kp., aber nicht selbständig belegt). Keine Kp., sondern Präfixbildungen sind dagegen Bildungen wie *un-polemod, Vices&V,* usw. (vgl. unten 6.5.). Eine morphologische Doppelanalyse lassen schließlich *unrihtful* u. *unðeaufull* zu, s. o. 3.3.12.5.(2), S. 303.

4.1.3. Suffixbildungen als Konstituenten

Literatur: Carr 1939:220–227; zu den einzelnen Suffixen siehe Marchand 1969, Koziol 1972, Stein 1973:180–232; *ODEE* usw.

(1) *-el: -el (-ol, -l)* ist hauptsächlich ein deverbales Suffix. Es fällt auf, daß die Mehrzahl der Ableitungen auf *-el* in unserem Material nur innerhalb von Kp. vorkommt und nicht selbständig. Zu dem Suffix vgl. Koziol 1972:198 f. (§ 468 f.: *-le¹, -le²*); Kastovsky 1985:234–236; *ODEE* s. v. *-le¹, -le²; Duden-Grammatik* 1966:380.

(a)   *-el* im Dt (von Substantivkp.):

adrel-wurt (ME) ‚Fieberkraut' *(febrefugia), HrlVoc.* Die Herkunft des Dt ist anscheinend unklar (ae. *næddre-wyrt* paßt von der Bedeutung her schlecht; vgl. *MED* s. v. *naddre-wort*).

birðhel-tre (ME) ‚Fruchtbaum, fruchttragender Baum', *Gen&Ex.* Laut Arngart (ed. *Gen&Ex*), S. 218, ist *birðel* eine Erweiterung aus *birðe* ‚Geburt', kommt aber selbständig anscheinend nicht vor. Vgl. *MED* s. v. *birthel* (bringt *birthel* in Zusammenhang mit *beren* ‚to bear'). Möglicherweise an. beeinflußt, s. u. 4.6.4.3.(1).

grindel-stanes (ME) ‚Mühlsteine', *AncR. grindel-* ist eine Erweiterung aus dem Verbstamm *grind-,* die aber selbständig nicht vorkommt, s. o. 3.2.7.5. Im Ne. hat sich die reguläre Vb/Sb-Bildung *grindstone* durchgesetzt.

swaðel-bonde (ME) ‚Windel' (wörtl. ‚Windelband, Wickelband'), s. o. 3.2.7.5.

svikel-dom (ME) ‚Täuschung, Verrat', *O&N,* ist anscheinend eine Erweiterung aus ae. *swic-dom* (> me. *swike-dom*), wobei das Dt an das Adj ae. *swicol* angeglichen wurde.

Cantelburi und *cantelcapas:* siehe dazu unten 4.5.1.

Nicht hierher gehört *spitel-uuel,* dessen Dt ein frz. Lw ist; vgl. unten 4.6.4.2.(1).

(b)   *-el* im Dm:

– bei Sb:

blisse-budel (ME) ‚Freudenbote', *LyricsXIII.* Ae. *bydel* (zu *bēodan*) wurde später durch afrz. *bedel* verdrängt, siehe *ODEE* s. v. *beadle.*

uore-genglen (ae) ‚Vorfahren, Vorgänger', *LaʒB. -gengel* ist aus *gangan* abgeleitet, kommt aber selbständig nicht vor. Vgl. *MED* s. v. *fore-gengel.*

for(e)-ridles Pl. (ae) ‚günstige Gelegenheiten' (wörtl. ‚Vorreiter'), *AncR.* Vgl. Zettersten 1965:209.

freondes huckel (ME) ‚Freundesmantel': vgl. unten 4.6.4.2.(2).

huni-succles (ae/ME) ‚Geißblatt' usw. *HrlVoc* (ne. *honeysuckle*). Eine Erweiterung aus dem ae. Sb/Vb+Ø$_{Sb}$-Kp. *hunig-suce, -suge*, wörtl. ‚Honigsaugerin' (s.o. 3.2.9.5.(1)); *-succles* kommt aber selbständig nicht vor.

sea-dingle (ME, h?) ‚Meerestiefe', *SWard*. Vgl. *MED* s.v. *dingle* (Ableitung aus ae. *ding, dung* ‚dungeon'?); s.u. S. 343 f.

stan-sticel (ME) ‚Stichling', *GlossNeck*. Vgl. oben 3.2.14.5.; *ODEE* s.v. *stickleback*. Das Zweitelement (ae. *sticel(s)*) ist eine Ableitung aus dem ae. Sb *sticca* (> ne. *stick*).

– bei Adj:

ʒere-witele (ae) ‚klug', *LaʒB*, Hs. C (l?); Dm wohl von *witan* ‚wissen' abgeleitet (Hs. O hat *war-witty*).

neu-fangel (ME) ‚neumodisch', *ProvH*. Im Ne. erweitert zu *new-fangled*, siehe *ODEE*. Vgl. *MED* s.v. *neue-fangel*.

out-gangel (ME) ‚begierig, auszugehen', *ProvH*.

soð-sagol (ae) ‚die Wahrheit sagend', *TrinH: soð-sagel man seið ofte soð*, XXIII (131/24). Vgl. auch *un-ligel*.

Bei keinem dieser zusammengesetzten Adj kommt das Dm selbständig vor. *-fangel*, *-gangel* und *-witel* (ae. *-witol*) sind deverbale Adj (zu **fanhanan* > ae. *fōn, gangan*, und *witan*: ‚begierig, zu fangen', ‚begierig, zu gehen', ‚begierig, zu wissen'. *-sagol* ‚begierig, zu sagen', ist morphologisch desubstantivisch (zu *sagu*, das aber die Basis des Verbs *secgan* ist, vgl. *AEW* s.v. *-sagol*), kann aber semantisch durch ein Vb paraphrasiert werden. Möglicherweise ist die ganze Gruppe als schwach produktiver eigener Kompositionstyp Sb, Adj, Partikel/Vb+*el, ol* einzustufen; vgl. auch das dt. Muster *zielstrebig* (‚jemand, der nach einem Ziel strebt'), usw. Die Bildungen sind hier aber unter Sb/Adj bzw. Adj/Adj bzw. Partikel/Adj eingeordnet. Eine selbständige Ableitung ist *speokele ancre, AncR*.

(2) *-er*: Es finden sich mehrere Kp. mit *-er* im Dt (siehe dazu oben 2.4.2.6.). Das Derivationssuffix *-er*, das Nomina agentis bildet, zeigen davon aber nur *horderwice* ‚Amt des Schatzmeisters' (*ChronE;* ae. *hordere* ist (desubstantivisches) Nomen agentis zu *hord*) und wohl auch *loder-man;* in den übrigen ist das *-er* anders zu erklären, z.B. als Flexionssuffix oder als analog angefügtes *-er* (z.T. unter Lehneinfluß). Zu *alder-mon, aldere-men* usw. siehe oben 2.4.3.4. (ae. *ealdor* ist ursprüngl. aus dem Adj *eald* abgeleitetes Sb; im Frühme. wurde es möglicherweise zum Teil auch unmittelbar als Komparativ zu *ald* aufgefaßt).

(3) *-es: soð-cnawes* ‚aufrichtig', *StJul*, ist eine isolierte und schwierig zu erklärende Bildung, siehe d'Ardenne (ed. *StJul*), S. 164 f.

(4) *-i* (< ae. *-ig*): *eiht-gradi* (vgl. *ODEE* s.v. *greedy*); *ʒeue-custi; mete-custi; allhaliʒ, Orrm; al-mihti, all-mahhtiʒ* (häufig); *lif-leoui* (anscheinend eine irreguläre Erweiterung aus *lif+leof*); *wei-wittie, LaʒB* (Hs. O 6418), *war-witty, LaʒB* (Hs. O). Vgl. oben 3.3.1.5. usw.

(5) *-ing*: Hier kommt nur desubstantivisches und deadjektivisches *-ing* in Frage, vgl. oben 3.1.2.9.(1); für deverbales *-ing* siehe oben 3.2.8. und 3.2.12. *Erming-licome* ‚Elendsleib', *LambH:* (Adj+*ing*)$_{Sb}$/Sb; *earming-saulen* ‚Elendsseelen': (Adj+*ing*)$_{Sb}$/

Sb; *ferþing-wastel* ‚Brot für einen Viertelpenny', *Hav:* (Num+*ing*)$_{Sb}$/Sb; *verþing-worþ*, SEL: (Num+*ing*)$_{Sb}$/Sb; *herte-ermyng* ‚Herzenssorge', *KingAlex; mete-niðin-ges, PMor: niðing* ist an. Lw; *niðing-giscing* ‚Habsucht', *Gen&Ex; teoðing-ealdras* ‚Herrscher über zehn *(decanas)*', *WintBR:* (Num+*ing*)$_{Sb}$/Sb; ferner Ortsnamen wie *Waling-ford* 'the ford of Wealh's people'; *Snotingham* (ne. *Nottingham*); *West-mering* usw.

(6) *-ish* (ae. *-isc*): *out-londisse* ‚ausländisch', *KingHorn.*

(7) *-ness: helle-depnesse, Vices&V* (Kp?); *hevene-heinesse, Vices&V* (Kp?); *lif-hali-ness(e), AncR, LofLe* (eine Ableitung aus *lif-hali* (also *lifhali-ness*) ist hier allerdings nicht ganz auszuschließen, s. o. 3.3.1.3.(2)); *temple-rihtwisnesse* ‚Tempelgerechtig-keit' (ME), *Vices&V.*

4.2. Klammerformen

Einige Bildungen sind als Klammerformen zu analysieren, d. h. als im Grunde komplexe Kp., bei denen das mittlere Element aber an der Ober-fläche nicht erscheint. Bei den frühme. Belegen ist es fast immer das Zweit-element des Dt, das getilgt wurde, also (A+X)/B → A/B; dies ist offenbar auch im Ne. der Fall.

Literatur: Siehe oben 1.4.3.3. mit Anm. 121; ferner Horn/Lehnert 1954:II,1180—1182.

(1) Allgemeinwortschatz:

arce-stol (ae) ‚Erzbistum', *ChronE;* wohl eine Kurzform für das ae.me. ebenfalls be-legte *arcebiscop-stol,* siehe dazu oben 4.1.2.

arwurð-fullung (ME, h?) ‚Ehrerbietung', *WintBR,* steht wohl für ein (nicht beleg-tes) **arwurð[ness(e)]-fullung.*

brim-fir (ME), *Gen&Ex,* wohl für nicht belegtes **brim[ston]-fir,* ‚Schwefelfeuer'; siehe dazu Arngart (ed. *Gen&Ex*), S. 172, sowie *MED* s. v. *brim-fir.* Eine modifi-zierte Form von *brim-fir* erscheint in *brendfier-rein, Gen&Ex;* siehe dazu Arn-gart (ed. *Gen&Ex*), S. 176.

clen-ȝeorne (ae) ‚nach Reinheit bestrebt', *WintBR;* wohl für **clæn[nesse] georne.*

graye-bicchen (ME) ‚Windhündinnen', *KingAlex;* wohl für **gray[hound]-bicchen.* Man könnte allerdings auch annehmen, daß hier einfach *hound* durch das ent-sprechende Femininum *bicce* (ne. *bitch*) ersetzt wurde; vgl. MED s. v. *grē-bicche.*

husting (spätae) ‚Ratsversammlung', *LaȝB.* An. Lehnwort; im An. eine Klammer-form aus **huskarlaþing;* siehe Hofmann 1955: 203 f. (§ 307).

meið-lure (ME), *AncR* A 44 v/13; *meidene-lure, AncR* C 69 r/1 f. Wohl für **meið[had(es)] lure* bzw. **meiden[had(es)] lure* ‚Verlust der Jungfräulichkeit'.

mildheort-ful(e) (ME, h) ‚gnädig, barmherzig', *StJul,* ist vielleicht eine Klammer-form aus *mildheortnesse full* ‚voll von Barmherzigkeit', da *mildheort* selbst schon ‚barmherzig' bedeutet und das Anfügen von *ful* wenig sinnvoll wäre. Vielleicht entstanden die Bildungen des Musters Adj/*ful* u. Num/*ful* (*an-ful*

333

usw.), vgl. oben 3.3.12.5.(2), S. 304, zumindest ursprünglich überhaupt als Klammerformen aus syntakt. Gruppen des Musters Adj/*nesse* + *ful*.

soft-gerne (ME), *TrinH;* wohl für **soft[nesse] georne*. In *TrinH* als Sb. — Möglicherweise bestand eine gewisse Tendenz, bei Bildungen mit *-ness* und *-had* das Suffix auszustoßen.

Whitesune-tide und *Witson-time* (beide ME), (s. o. 4.1.1.(1)), sind möglicherweise ebenfalls als Klammerformen entstanden: **Whitesune[dei]-tide, -time*.

(2) *-even* und *-niht* als Dm: Klammerformen sind anscheinend ferner einige Zeitangaben mit *-æfen, -eve(n)* und mit *-niht* als Dm. Sie haben die zusätzliche Besonderheit, daß *-eve(n)* und *-niht* hier jeweils ‚Abend, Nacht *vor* dem genannten Tag‘ (dann auch ‚Tag *vor* dem genannten Tag‘) bedeuten (also ‚Vorabend, Vortag‘). In ne. *eve* ist diese Bedeutung zur dominierenden geworden, vgl. *MED* s.v. *eve(n)*, 2; *night* 1 b(c); *OED* und *ODEE* s.v. *eve*. Der Ausfall von *dæg* ‚Tag‘ aus den ursprünglich komplexen Dt erklärt sich möglicherweise von daher, daß das semantische Merkmal [+TAG] bereits im Dm enthalten ist: *-eue(n), -niht* ‚Abend/Nacht/(Tag) vor dem durch das Dt bezeichneten Tag‘; es wurde anscheinend aus dem Dt ins Dm hinübergezogen.[11]

Cristenmesse-euen (ME), s. o. 4.1.1.(1).

Eastre-æfen, ester-euen (ae) ‚Karsamstag‘ (‚Vorabend von Ostern‘), *ChronE, TrinH*.

vastyng-eue (ME), *SEL;* vielleicht für **fasting[day]-eve* ‚Vorabend des Fasttages‘.

vri-niȝt (ae. *Frigeniht*) ‚Donnerstagnacht‘, *SEL* 592/61; vgl. ClarkHall und *BTS* s.v. *Frigeniht, MED* s.v. *fri-night* — nicht, wie im Glossar zu *SEL* angegeben, ***‚Friday night‘. Wohl für **Fri(ge)[dæg]-niht*. Vgl. *longe friniht* ‚Gründonnerstagnacht‘, *AncR:* hier überlagern sich die Konstituentenstrukturen von *long fridai* und *friniht*.

mæsse-æfen (ae) ‚Vorabend eines Festtages‘, *ChronE*.

mæsse-niht (ae) ‚Vorabend, Vortag eines Festtages‘, *ChronE* (z. B. *on Sancte Ambrosius mæsse-niht*).

mone-niht (ae), *ChronE*(l); für **monan[dæg]-niht* ‚Nacht vor dem Montag‘, also ‚Sonntagnacht, Sonntagabend‘.

palmesonnes-aue (ME) ‚Abend vor dem Palmsonntag‘, *Art&Merl*. Wohl für **palmson[daye]s-eue*.

sunnan-æfen (ae) ‚Samstag, Abend vor dem Sonntag‘ (vgl. dt. *Sonnabend*). Wohl für **sunnan[dæg(es)]-æfen*. Siehe Kluge-Mitzka, s.v. *Samstag*.

sunne-niht (ae) ‚Nacht vor dem Sonntag‘ = ‚Samstagnacht‘, *AncR, LyricsXIII*. Wohl für **sunne[dei(es)]-niht*. Vgl. *OED* s.v. *Sunnight*.

---

[11] Siehe ferner Kluge-Mitzka s.v. *Fastnacht, Feierabend* und *Samstag* (zu *Sonnabend*). Nach Kluge-Mitzka zählten Abend und Nacht bei den Germanen zum folgenden Tag; so kamen Abend und Nacht zur Bedeutung ‚Vorabend, Tag vor ...‘.

(3) Namen:

Brut-ware ‚Briten‘, *LaȝB* C 6333. Wohl für **Brut[lond(es)]-ware*. Weniger wahrscheinlich wäre hier eine Auffassung als Kopulativkp. (‚The Brits are ware [i. e.
inhabitants]‘) oder die Annahme, daß *Brut* hier für das Land (‚Britannien‘) steht.
Dor(e)-sete ‚Bewohner von Dorchester‘, *LaȝB*. Wohl für **Dorn[cæster]-sæte;* vgl.
Blenner-Hassett 1950:32; *CODEPN*, s. v. *Dorset*. *LaȝB* (C) hat auch *Dorchestre-*
seten. Vgl. oben 3.2.9.5.(1) sowie unten 4.5.3.
Sumer-sete, Somer-sete (ne. Somerset), *LaȝB*. Wohl aus ae. **Sumortūn-sǣte* ‚Bewohner von Somerton‘, siehe *CODEPN*, s. v. *Somerset;* Horn-Lehnert 1954:II,1181.

(4) Sonstige und fragliche Fälle: In eine etwas andere Kategorie gehören
einige Kp., die einen Vergleich implizieren (vgl. unten 5.2.1.1.(5)): *asse-*
earen ‚Eselsohren‘, *AncR; childes-limes* ‚Kindesglieder‘, *WohLo; hore-ehe*
‚lüsternes Auge‘ (wörtl. ‚Hurenauge‘), *AncR*. Man könnte sie ebenfalls als
Klammerformen auffassen, weil sie strenggenommen nicht zu paraphrasieren sind als ‚Augen einer Hure‘, sondern als ‚Augen [wie die Augen] einer
Hure‘, usw. Bei ihnen enthüllt sich der elliptische Charakter aber eben erst
bei einer genaueren syntaktisch-semantischen Paraphrase und nicht schon
auf der Ebene der morphologischen Struktur; man käme kaum unmittelbar auf den Ansatz eines zugrundeliegenden **hore[ehe]-ehe*.[12]
Während bei den oben unter (1)–(3) genannten Bildungen der Charakter als Klammerform auf der Hand liegt, ist bei anderen eine Einstufung
als Klammerform zumindest fraglich. Analog zu den oben (2) genannten
Bildungen wäre es zwar denkbar, daß folgende Verbindungen als Klammerformen aufzufassen seien: *Cristes-mæsse* (ae) ‚Weihnachten‘; *Cristes-*
morn (ME) ‚Weihnachtsmorgen‘, *Amis&A; Cristes-niȝt* (ME) ‚Heilige
Nacht‘, *Amis&A; Cristes-tyd(e)* (ME) ‚Weihnachtszeit‘, und zwar für
*Cristes[byrd]-mæsse; Cristes[byrd]-niȝt, usw.; dagegen spricht aber unter
anderem, daß parallele Bildungen wie *(Sancte) Michaeles messe* usw. sicher
keine Klammerformen sind.[13] Keine Klammerformen, sondern Ellipsen,
bei denen das erste oder letzte Element weggelassen wurde, sind: *ȝeres-day*
‚Neujahrstag‘, *SEL* (für *New ȝeres day*); *Halowmas(se), Malory* (für *Alha-*
low-mass); *mere, Best* 448,459 (für *mereman* ‚Meerjungfrau‘, *Best* 442).
Nicht als Ellipsen sind dagegen wohl Bildungen anzusehen, mit denen das

---

12 Auch Warren 1978:23 ff. macht einen Unterschied zwischen dem Muster *licence[num-*
   ber]plate (optionale Tilgung) und *pig[eye]eyes* (obligatorische Tilgung).
13 Außerdem existiert *Cristes byrd* (im Gegensatz zu *softnesse, sunnandæg* usw.) nicht als
   Kp. – *Cristes-morn, Cristes-niȝt* und *Cristes-tyd(e)* ließen sich allerdings auch als Klammerformen aus **Cristes[mæsse]-niht, -morn, -tyd(e)* erklären, vgl. die volle Form *Cristen-*
   messe-euen ‚heiliger Abend, Vorabend des Weihnachtstages‘, *Art&Merl. Cristes-mæsse*
   selbst wird hier als lexikalisiert angesehen, vgl. oben 2.5.1.

Land durch seine Bewohner (oder umgekehrt) bezeichnet wird, z. B. *Æst-Ængle*, *Æst-sæx*, *Norð-humbre*, alle drei *LaȝB*.

4.3. Determinantien (Dt) mit bewahrter Flexionsendung

Oben 2.4.2.1. wurde darauf hingewiesen, daß die Dt von Komposita in der Regel nicht flektiert sind. Die Ausnahmen sollen nochmals kurz zusammengestellt werden.

4.3.1. Substantive mit bewahrter Flexionsendung

4.3.1.1. Dt im Genitiv

Bildungen des Musters Sb+*s*/Sb werden hier als eigener Kompositionstyp angesetzt, Bildungen des Musters Sb+*e*/Sb werden wegen der Mehrdeutigkeit des -*e* dagegen unter die Sb/Sb-Kp. eingeordnet.[14] Einige der Dt auf -*e* und -*s* sind wohl als Gen.Pl.-Formen zu erklären; weil sich der Gen.Pl. seit dem Frühme. aber morphologisch oft nicht (und auch von der Bedeutung her nicht immer) vom Nom./Akk.-Pl. abgrenzen läßt, werden die Bildungen, deren Dt möglicherweise als (ursprünglicher) Gen.Pl. aufzufassen ist, im nächsten Abschnitt mit aufgeführt.

Andere Genitivendungen als -*s* und -*e* sind noch erhalten in:

aleð-gestninge ‚Bierfest‘, *TrinH*. In *aleð* liegt der ursprüngl. Gen.Sg. zu ae. *ealu* (ne. *ale*) vor, siehe Campbell 1959: § 637; Sievers-Brunner 1965: § 290.

uhhten-sang ‚Matutin (Morgengesang)‘, *uhhten-tid* ‚Morgenzeit‘, beide *Orrm:* in *uhhten-* ist der ae. Gen.Sg. auf -*an* bewahrt (ae. *uht-sang*, *uht-tid* neben *uhtan-tid*); laut *OED* s. v. *Ughten* wurde jedoch der oblique Kasus des schwachen Fem. *uht* auch als Nom. übernommen.

4.3.1.2. Dt im Plural

Nach Bergsten kommen Kp. mit dem Dt im Nom.Akk.-Pl. im Ae. nur ganz ausnahmsweise vor und sind auch im Me. noch selten; erst im Ne. werden sie immer häufiger. Heute sind sie ganz geläufig; allerdings werden solche Verbindungen oft wohl eher als attributive Fügungen und nicht als Kp. aufgefaßt. Im folgenden werden neben Bildungen mit dem Erstelement im Nom./Akk.-Pl. auch solche mit dem Erstelement im (sicheren

---

[14] Siehe oben 3.2.2. und 2.4.3.1. Bei beiden Mustern ist es oft schwer, Kp. von den entsprechenden syntaktischen Gruppen abzugrenzen.

oder möglichen) Gen.Pl. aufgeführt – letztere ohne Anspruch auf Vollständigkeit.

Literatur: Bergsten 1911:74–99; Jespersen 1914 (*MEG* II):185 ff.; Johansson 1980 (mit weiteren Hinweisen).

(1) Allgemeinwortschatz: Die eindeutigen Nom./Akk.-Plurale sind in dieser Gruppe in der Minderzahl (*fet-steppes*, möglicherweise *childre-bere*); viel häufiger sind die Genitiv-Plurale.

allr-æresst ‚allererster‘, *Orrm. allr-* geht auf den ae. Gen.Pl. *ealra* zurück, vgl. oben 3.3.4.5.(1) sowie *MED* s. v. *alder-*.

almes-dede ‚Almosengabe‘: Das -s gehört ursprünglich zum Stamm, wurde später aber als Pluralmorphem aufgefaßt, siehe *ODEE* s. v. *alms*; vgl. Lehnert 1953:153 (danach von *Orrm* als Gen.Sg. oder Gen.Pl. aufgefaßt).

aske-baðie (vgl. *eskibah, eskebach, AncR*) ‚Aschenbader‘ (?) wird von Bergsten 1911:76 als Bildung mit dem Dt im Pl. aufgefaßt; *aske, eske* ist aber wohl noch Sg., erst im Ne. wird *ashes* gewöhnlich als Pl. verwendet.

chicne-mete ‚Hühnermiere‘ (wörtl. ‚Hühnerfutter‘), *HrlVoc.* Aus ae. *cicena mete* (Erstelement ursprüngl. im Gen.Pl.).

childre-bere ‚Schwangere‘, wörtl. ‚Kinderträgerin‘, *Gen&Ex,* siehe dazu oben 3.3.12.5.(2).

childermasse-day ‚Tag der [unschuldigen] Kinder‘ (wörtl. ‚Kindermeßtag‘), *Stat-Rom. Childer-* stellt wohl den Gen.Pl. dar.

Eastren-dæi, estrene dai ‚Ostertag‘ und *Eastren-tyde* ‚Osterzeit‘: ae. *eastron* kann Plural oder flektierter Sg. sein, siehe Campbell 1959: § 619; Sievers-Brunner 1965: § 276A5, 278A3.

eir-mangars ‚Eierhändler‘, *SEL: eir* ist Pl., vgl. Campbell 1959: § 635; Sievers-Brunner 1965: § 289.

fet-steppes ‚Schritte, Fußstapfen‘, *Best. Fet* ist Nom.Pl. – Zu *fett-weascung* ‚Fußwaschung‘ s. u. (4).

leoden-king ‚König der Leute‘, *LaʒB. leoden-* repräsentiert den Gen.Pl. Daneben hat *LaʒB* auch *leod-king.*

lerninngcnihhte-flocc ‚Jüngerschar‘, *Orrm.* Das Dt ist wohl im Gen.Pl.

liunes leohe ‚Löwengrube‘, *StKat* (Kp?). Von der Bedeutung her müßte *liunes* Gen.Pl. sein.

prestes wifes ‚Priesterfrauen‘, *LutSS* (Kp?). *prestes* dürfte Gen.Pl. sein.

scipen-monnen ‚Seeleute‘ (wörtl. ‚Schiffsleute‘), *LaʒB* C 6884, *scipen* könnte wie *monnen* den ae. Dat.Pl. widerspiegeln; es ist aber möglicherweise als Schreiberversehen (Antizipation von *monnen*) zu erklären – sonst hat *LaʒB* immer *scipmen* usw. (In 6882 hat *LaʒB* (Hs. C) als Nom.Pl. *scipen*).

teares weater ‚Tränenwasser‘, *AncR* (Kp?); *teres wep* ‚Tränenweinen, Tränenvergießen‘, *Gen&Ex* (Kp?): *teares* ist Gen.Pl.

þeoden lareow ‚Völkerapostel‘ (wörtl. ‚Völkerlehrer‘), *VespAH* 2–3. Das Dt stellt wohl einen Gen.Pl. zu ae. *þeod* ‚Volk‘ dar; es ist aber nicht ausgeschlossen, daß es sich um ein Kopulativkp. mit ae. *þeoden* ‚Fürst' usw. handelt (also wörtl. ‚Oberlehrer, Hauptlehrer').

weien-læten, weyn-leates (ae/ME) ‚Wegkreuzungen', *LaȝB*. Das Dt spiegelt einen ae. Gen.Pl. wider (so nicht belegtes *wegena gelæte* statt üblichem *wega gelæte*); im Ae. gab es allerdings auch das Kp. *weg-gelæte. OED* s.v. *wayleet*.

Bei den Verbindungen mit (ursprünglichem) Gen.Pl. könnten z.T. auch syntakt. Gruppen vorliegen; siehe neben den schon genannten Beispielen z.B. auch *al-halewe day, froskes here, gnattes hird, hogges herd, kinges sunes, þodes spile, witene imot, wormes fode,* usw.

Aus den späteren Texten:

brech-gerdel ‚Hosen(gürtel)', *Ayenb. Brech* ist Nom./Akk. Pl. (ne. *breeches*).

(2) Ortsnamen (Hier handelt es sich fast durchwegs um Verbindungen mit dem Gen.Pl.):

Dene-marke ‚Dänemark', *LaȝB*. Bergsten 1911:75 f. erklärt *Dene-marke* für das Ae. als Kp. mit dem Dt im Nom.Pl. (offenbar weil man als Gen.Pl. *Dena-* erwarten würde); für das Me. kann man aber wohl auch von einem Dt im Gen.Pl. ausgehen.

Devene-scire, LaȝB. Vgl. *CODEPN* s.v. *Devon, -shire.*

Engle-lond, z.B. *AncR* (A 21 r/13). Ursprünglich steht das Dt im Gen.Pl., das Kp. wurde aber bald verdunkelt zu *engelond* usw., z.B. *AncR* A 69 r/14. Vgl. *CODEPN* s.v. *England* sowie unten 4.5.1.

Maidene Castel ‚Schloß von Edinburgh' (wörtl. ‚Mädchenschloß'), *LaȝB* (CO 1340), aber *Maiden Castel, Art&Merl.* Vielleicht stellt *Maidene* einen Gen.Pl. dar. Vgl. *CODEPN* s.v. *Maidenhead* usw.

Mercena lawe, Mercene lawe ‚Gebiet (wörtl. Gesetz) der Merzier', *HundrE*. Wohl noch syntakt. Gruppe; das Erstelement steht im Gen.Pl.

Oxene-ford, LaȝB (CO 13 097), daneben *Oxeuord, LaȝB* C 12 145. Vgl. *CODEPN* s.v. *Oxford;* dt. *Ochsenfurt.*

Saxe-lond(e), LaȝB C 7002, 7149; daneben *Sex-lond(e),* C 7230, *Sax-lond(e),* CO 7238 u.ö. *Saxe-* stellt möglicherweise noch den Gen.Pl. dar.

sparewen-chestre ‚Spatzenstadt', *LaȝB. sparewen* repräsentiert wohl den Gen.Pl.

(3) Drei Belege finden sich für attributive Kopulativbildungen, bei denen sowohl Dt als auch Dm im Nom./(Akk.)Pl. stehen und die deswegen wohl nur einen lockeren Kompositumstatus haben:

incubii demones ‚Inkubusdämonen', *LaȝB*. Lat. Lehnwort.

feolahes reclus ‚Miteinsiedler', *AncR*. Hybrid.

wiches clerkes ‚Hexenmeister' (wörtl. ‚Gelehrte, die Hexer sind'), *Gen&Ex*. Hybrid.

(4) Mehrmals steht das Erstelement (Dt) bei Bildungen des Typs

Sb/Vb+*ing* im Plural, z. B. *bedis-biddinge, fett-weascung, handes-wringing* usw.; s. o. 3.2.12.5. für weitere Belege. Allerdings handelt es sich nicht bei allen Verbindungen dieses Typs um Kp.; zum Teil liegen auch syntakt. Gruppen mit vorangestelltem direktem Objekt vor, siehe dazu oben 3.2.12.2.

4.3.2. Adjektive (und Zahlwörter) mit bewahrter Flexionsendung

4.3.2.1. Kasusformen

Es handelt sich durchwegs um erstarrte Formen, die historisch gesehen nicht mehr immer korrekt verwendet werden; so müßte ein ae. *soðum wordum* ein me. *soðen worden* ergeben; die tatsächlich belegte Form *soðere worden, LaȝB*, mit der starken Dat.Sg.Fem.-Endung *-re* wurde analog zu Bildungen wie *(mid) ludere stefne* gesetzt. Ähnliches gilt für die Bildungen mit einem Akk.Sg., der dann auch in den Nom.Sg. übernommen wurde.

(1) Die starke Dat.Sg.Fem.-Endung ist bewahrt in *midder-niht(e), LaȝB* (C 7956 u. ö.).[15] Keine Kp., sondern adverbielle syntakt. Gruppen sind Fügungen wie *(mid) ludere stefne, soðere worden*, siehe dazu oben 3.2.3.3.(3).
(2) Die starke oder schwache Akk.Sg.Mask.-Endung wurde auch in den Nom.Sg. übernommen und ist so bewahrt in:

(h)erne-morewe (ae) ‚früher Morgen‘, *15 Toknen* usw. Zusammenrückung; vgl. *MED*
   s. v. *erne morwe* "phrase (later cpd.)"; Pope (ed. *AeHomPope*), S. 509 f.
God-almihtin ‚allmächtiger Gott‘, siehe dazu oben 3.2.16.5.
godne dai ‚guten Tag‘, *KingHorn, DSirith* usw.; möglicherweise auch noch syntakt.
   Gruppe (meist als direktes Objekt); daneben auch *god day*. Vgl. *MED* s. v. *gōd
   dai, gōd(d)ai* "phr.&n.".
haluen-del ‚Hälfte‘ (wörtl. ‚Halbteil‘), *AncR, LaȝB* (O 1668). Vgl. Mustanoja
   1960:307.
mesten-dæl ‚größter Teil‘, *LaȝB* (C 3921). *Mesten* ist zugleich Superlativ; möglicherweise stellt die Verbindung aber eine syntakt. Gruppe dar.
midden-erde ‚Erde, Welt‘, *LaȝB* (C 12 365). Vgl. *OED* s. v. *Middenerd*.
pridden-dale (ae) ‚Drittel‘ (< ‚Dritteil‘), *LaȝB, KingAlex*.
ȝursten-dæi ‚gestern‘, *LaȝB;* s. u. 4.4.1.

4.3.2.2. Komparativ und Superlativ

Literatur: Carr 1939:204 f.; Marchand 1969:64; vgl. oben 2.4.2.2.

(1) Kp. des Typs Adj/Sb mit dem Dt im Komparativ oder Superlativ

---

[15] Vgl. dt. *Mitternacht* und dazu Kluge/Mitzka; im Frühme. häufiger ist aber *mid-niht, TrinH* usw. (ne. *midnight*).

sind in den germanischen Sprachen nicht üblich; die einzigen Ausnahmen sind Elemente, die nicht mehr als Komparative bzw. Superlative empfunden wurden. Soweit sie noch als solche empfunden werden, dürften die Verbindungen damit syntakt. Gruppen sein.

efter-lithe (ae/ME) ‚Juli‘, *StMarg/1,* ist Zusammenrückung aus ae. *æfterra liþa.* Im Me. wurde das Dt wohl nicht mehr als Komparativ empfunden. Vgl. unten 4.4.2.

eldre-feder ‚Vorfahr‘ (wörtl. etwa ‚Altvater, älterer Vater‘), *LambH.* Dazu und zu weiteren Bildungen mit *alder-, elder-* s. o. 2.4.3.4.(4), S. 107 f.

an heste dei ‚ein sehr hoher [Fest]tag‘, *LambH* I(3/2); wohl syntakt. Gruppe. *Heghdei* könnte dagegen Kp. sein.

þe moredel ‚der größere Teil‘, *StatRom;* wohl syntakt. Gruppe trotz Zusammenschreibung in der Edition.

þat mesten dæl ‚der größte Teil‘, *La3B;* könnte synt. Gruppe oder Kp. sein.

neyther-schete, Malory, wird vom Hrsg. als Kp. angesehen; *neyther* wurde aber wohl nicht mehr als Komparativ empfunden. Vgl. oben 3.2.6.5.(1) s. v. *nither-; ODEE* s. v. *nether.*

(2) Bei den Typen Adj(Adv)/Vb+*ed* (d. h. PartPrät) und Adj(Adv)/ Sb+*ed* (erweiterte Bahuvrihiadj) kommen Verbindungen mit dem Adj im Komparativ oder Superlativ mehrmals vor, z. B. *betst-boren, heardre-iheortet;* für weitere Belege s. o. 3.3.11.5. u. 3.3.14.2. Der Kompositumstatus dieser Verbindungen scheint mir unsicher, wenn auch die Herausgeber der Texte viele davon als Kp. ansehen. Interessant in diesem Zusammenhang ist die Suffix(oid)bildung *nestfald(e), nextfolde* ‚Nächstverwandte‘, *StJul, Jacob&J:* Sie kann keine syntakt. Gruppe sein, weil *-fald, -fold* nicht selbständig vorkommt.

4.4. Komposita mit blockierten Morphemen

Manche der im Frühme. belegten Kp. enthalten blockierte Morpheme, d. h. Elemente, die nicht bzw. nicht mehr als selbständige Wörter vorkommen und gewöhnlich nur in einer oder in ganz wenigen Verbindungen erscheinen, also auch nicht mehr produktiv sind.[16] Das Kriterium der Produktivität unterscheidet die blockierten Morpheme von anderen Elementen, die ebenfalls nicht selbständig vorkommen, aber wegen ihrer Produktivität nicht als blockiert gelten können, nämlich den Affixen, den Affixoiden und den (deverbalen) Dm der Zusammenbildungen.[17] Freilich

---

[16] Zum Teil werden sie auch als „unikale Morpheme" bezeichnet.
[17] Zu den Affixoiden s. o. 3.2.13. u. 3.3.12.; zu den Zusammenbildungen s. o. 1.3.2.; 3.2.9.– 3.2.12. u. 3.3.7.–3.3.11. sowie 3.3.14.

gibt es auch hier Grenz- und Zweifelsfälle.[18] Die Kp. mit blockierten Morphemen stehen in der Nähe der verdunkelten Kp. Erstens sind sie synchron gesehen allenfalls noch teilmotiviert; vollständig zu analysieren sind sie nur diachron, d.h. auf einer früheren Sprachstufe, jedenfalls soweit ihre Etymologie bekannt ist, was nicht immer der Fall ist. Zweitens sind manche Kp. mit blockierten Morphemen darüber hinaus ohnehin schon verdunkelt (etwa *orchard*). Prinzipiell sollten die Gruppen der Kp. mit blockierten Morphemen und der verdunkelten Kp. jedoch trotzdem getrennt werden, weil bei den verdunkelten Kp. beide Elemente selbständig weiterleben können (vgl. *woman − wife, man*).[19] Als blockiert sind wohl auch Konstituenten von Kp. einzustufen, die (vermutlich) zwar ursprünglich selbständigen Wörtern entsprachen, bei denen aber kein Zusammenhang mehr damit gefühlt wurde, z.B. *stare-blind* (ae. *starian*, ne. *to stare*) und *sti-weard* (ae. *stig*, ne. *sty*). *Birðhel-* (aus *birðhel-tre*) und *grindel-* (aus *grindel-stan*) sind mit einem schwach produktiven Suffix abgeleitet; weil sie aber nicht selbständig vorkommen und auch kein Kompositionstyp Sb+*el*/Sb bzw. Vb+*el*/Sb angesetzt wird, müssen sie ebenfalls als blockierte Morpheme eingestuft werden.[20] Eine weitere Schwierigkeit bei der Abgrenzung und dem Nachweis von blockierten Morphemen in frühme. Kp. ist, daß sich nicht immer eindeutig feststellen läßt, wann das Simplex ausstarb (vgl. z.B. unten zu *dweomer*). Im folgenden werden, ohne Anspruch auf Vollständigkeit, die Belege aus dem frühme. Material gegeben; dabei werden auch einige Beispiele diskutiert, bei denen es unsicher ist, ob sie tatsächlich ein blockiertes Morphem enthalten.

Literatur: Vgl. Kastovsky 1982 a:72 f.; Poldauf 1984:121, sowie oben 1.4.3.8. und 2.4.2.7. Zum Deutschen vgl. Ortner/Ortner 1984:28−34.

4.4.1. Dt als blockiertes Morphem

driȝ-crafftes (ae) ,Zauberei, Zauberkraft', *Orrm* (1), und *driȝ-men* (ae) ,Zauberer', *Orrm* (1). Das Simplex ae. *dry* ,Zauberer, Zauberei' ist laut *MED* s.v. *dri* frühme. nur noch in einigen Abschriften ae. Texte belegt (bis ca. 1200), d.h. Simplex und Kp. sterben etwa zur gleichen Zeit aus − es läßt sich deswegen nicht entscheiden, ob *driȝ-* in den Belegen aus *Orrm* als blockiertes Morphem zu gelten hat.

---

[18] Zu Elementen wie *grindel-*, *birðhel-* siehe auch oben 4.1.3. *-bah* aus *eskibach* ist zwar wohl deverbales Nomen agentis, seine genaue Herleitung aber unklar.

[19] Im verdunkelten Kp. selbst müssen sie dagegen nicht zu erkennen sein, während beim Kp. mit einem blockierten Morphem die andere Konstituente einem selbständigen Wort entsprechen muß.

[20] Zu den Bildungen mit *-el* s. o. 4.1.3.

dweomer-cræft (ME, h) und *dweomer-lak* (ME) ‚Zauberei, Zauberkraft', beide in *LaȝB*. Das Sb ae. *dwimor* ‚Illusion' usw. ist im Frühme. nicht mehr selbständig belegt; da Laȝamon es aber noch zu Neubildungen verwendet, muß es ihm noch geläufig gewesen sein.

ȝursten-dæi (ae) ‚gestern' (z. T. Adv), *LaȝB:* ae. *geostran, gystran* kommt me. nicht mehr selbständig vor; vgl. *OED* und *ODEE* s. v. *yesterday.*

hurd-reue (ME, h), Pflanzenname (?,Herdsman's rue'), *HrlVoc.* Es ist fraglich, ob das Dt noch mit *herd* ‚Hirte' assoziiert wurde.

ilond (ae. *iegland*) ‚Insel', z.B. *LaȝB* O 569: ae. *ieg* starb aus, so daß *i-* im Me. zunächst ein blockiertes Morphem war; später wurde es aber durch Anlehnung an frz. *ile* wenigstens zum Teil neu motiviert; vgl. *MED* s. v. *ilond; ODEE* s. v. *island.*

mildeu (ae. *mildeaw*) ‚Mehltau, Nektar', *WohLo.* Das Dt (aus germ. **meliþ* ‚Honig') ist schon ae. nicht mehr selbständig belegt; vgl. *ODEE* s. v. *mildew;* Kluge-Mitzka, s. v. *Mehltau, Meltau.*

mug-w[u]rt (ae) Pflanzenname (‚Beifuß, Fliegenkraut'), *HrlVoc.* mug-, mucg- kommt schon ae. nicht selbständig vor. Vgl. *MED* u. *ODEE* s. v. *mug-wort.*

neorxene-wang (ae) ‚Paradies', *HonEl. neorxena-* ist schon ae. nicht selbständig belegt und schwierig zu erklären, vgl. *AEW* s. v. *neorxena-wang, MED* s. v. *neorxna-wonge.*

orh-ȝeard usw. (ae. *ortgeard*) ‚Garten', z.B. *AncR* C 176r/15 f. Meist schon völlig verdunkelt: *orchard, AncR* A 102v/18; *Orchærd, LaȝB* C 6465; *horechard, LaȝB* O 6465. Das Dt (ae. *ort-*) kommt schon ae. nicht selbständig vor; seine Etymologie ist umstritten. *ODEE* s. v. *orchard* sieht es als Variante zu germ. **worti* > ne. *-wort* ‚Kraut' an; andere identifizieren es mit lat. *hortus,* z.B. Carr 1939:70; Faiß 1978:164.

quartern, cwartern (ae. *cweartern*) ‚Gefängnis', *ChronE* usw. Zu *-ern* s.o. 3.2.13.5.(2); *cweart-* kommt schon ae. nicht selbständig vor; seine Etymologie ist unklar: Laut *OED* s. v. *Quartern* ist es vielleicht eine Variante zu ae. *carcern;* anders *AEW* s. v. *cweart-ern.*

senib-hakel (ME) ‚eine Art Gewand', *TrinH.* Das Dt ist unerklärt.

stiward (ae) ‚Verwalter, Haushofmeister' (urspr. ‚Hallenwärter'), häufig. Bald verdunkelt zu *steward, stiuard* usw. Das Dt ist wohl ursprünglich mit ae. *stig* ‚Haus, Halle' identisch; der Zusammenhang damit riß aber ab, weil einerseits *stigward* zu *steward, stuard* verdunkelt wurde, andererseits ae. *stig* seine Bedeutung veränderte > ne. *sty(e)* ‚Schweinestall'. Siehe z.B. *ODEE* s. v. *steward;* Götz 1971:100; Faiß 1978:180.

stare-blind (ae) ‚völlig blind' (wörtl. ‚starrend [d.h. mit offenen Augen] blind'), *O&N* (l?). Das Dt ist zwar ursprünglich mit dem Vb ae. *starian* > ne. *stare* identisch, es ist aber fraglich, ob der Zusammenhang damit noch gefühlt wurde; vgl. oben 3.3.6.5.

tintreohe (ae. *tintreg*) ‚Marter, Pein', *StKat, SWard.* Das Dm entspricht ae. *trega* ‚Unglück'; das Dt ist unklar, vgl. *AEW* s. v. *tintreg; OED* s. v. *tintregh;* Schrack 1966:47 (erklärt es als ‚Zangenmarter'). Möglicherweise liegt ein volksetymologisch teiladaptiertes Lw aus dem Irischen vor (air. *teintrech* usw.), siehe Henry 1966: 205 ff.

weimeres leoð (ME) ‚Klagelied‘, *HMeid*. *Weimer* ist anscheinend nur hier belegt.

4.4.2. Dm als blockiertes Morphem

atter-coppe (ae) ‚Spinne‘ (wörtl. ‚Giftspitze, Giftkopf‘), *O&N*. -*coppe* (verwandt mit dt. *Kopf*) ist in dieser Form schon ae. nicht belegt; ae. gibt es lediglich noch ein (sehr seltenes) *copp* ‚Spitze, Gipfel‘.

deofell-shine (ae) ‚böser Geist, Teufelskunst‘, *SEL*(l). Das Dm ist ae. *scin, scinn* ‚Illusion, Phantom, böser Geist‘, das me. nicht mehr selbständig belegt ist. Es ist ursprünglich deverbales Sb zu *scīnan* (> ne. *shine*), wurde aber wohl nicht mehr damit assoziiert. Vgl. *OED* s. v. *devilshine*.

efter-lithe (ae. synt. Gr. *æfterra liþa*) ‚Juli‘ (wörtl. ‚der zweite milde [Monat]‘), *StMarg/1*. Ae. *liþa* (Substantivierung des Adj *liðe*) ist noch selbständiges Wort; im Me. aber wohl nicht mehr (es hat wohl nichts mit dem me. in verschiedenen anderen Bedeutungen belegten *lith* zu tun, siehe *MED* s. v. *lith* sowie *MED* s. v. *after-* prefix 2 g.

healewi, halewi, haliwei (ME) ‚Balsam, Heilwasser, Salbe‘, *AncR, HMeid, StKat*. Das Dt ist ae. *hælu* (> ne. *heal*), das Dm ae. *wæg* ‚Wasser‘, das im Me. aber nicht mehr vorkommt. Es handelt sich vielleicht um ein ae. Kp. **hæl-wæg*, das aber eben erst me. belegt ist. Siehe z. B. Carr 1939: 72 f.; d'Ardenne/Dobson (ed. *StKat*), S. 258, 313; *MED* s. v. *hale-wei(e)*.

hert-polk (ME) ‚Magengrube‘ (wörtl. ‚Herzgrube‘), *Art&Merl*. Möglicherweise ist *polk* allerdings mit *polk* ‚Pfütze‘ identisch.

hlæfedie ‚Herrin, Dame‘; s. o. 3.2.9.5.

meare-minnes, mer-minnen ‚Seejungfrauen, Meerjungfrauen, Sirenen‘, *StKat, LaʒB*. Das Dm entspricht ae. *mennen* ‚Dienerin, Sklavin‘, das me. nicht mehr belegt ist. Später wurde die Bildung volksetymolog. neu motiviert: *mer-maid*. Schon im Frühme. findet sich eine volksetymolog. Umformung zu *mere-man* ‚Meermann‘, *Best* (h). Vgl. Carr 1939: 50 f.; *ODEE* s. v. *mermaid*; *MED* s. v. *meremin*.

neahhe-bur, neiʒebour usw. (ae. *neah-gebur*) ‚Nachbar‘, *ChronE, Art&Merl* usw. Die genaue Ableitung von ae. *gebur* ist umstritten, vgl. Faiß 1978: 150–154; *ODEE* s. v. *neighbour*. *OED Gebur* und *Neighbour*.

ouer-gart (ME) ‚Stolz‘, *StMarg/1*. -*gart* ist schwierig zu erklären, siehe Mack (ed. *StMarg/1*), S. 67 f.

reke-fille (ME, h) ‚April‘ (wörtl. etwa ‚Rauchfülle‘, d. h. ‚Rauchmonat‘), *Gen&Ex*. -*fille* entspricht wohl dem ae. deverbalen Sb *fyllo, fyllu* ‚Fülle‘ (zum Vb ae. *fyllan* > ne. *fill*), vgl. auch ae. *winterfylleð* ‚Oktober‘, ae. *monaðfylen* ‚Zeit des Vollmondes‘ – es ist aber fraglich, ob semantisch der Zusammenhang damit noch klar war.

se-dingle (ME, h) ‚Meerestiefe‘, *SWard*. Es ist fraglich, ob *dingle* als blockiertes Morphem zu gelten hat. Es kommt zwar nicht im Allgemeinwortschatz als selbständiges Wort vor, aber in Orts- und Personennamen; vgl. *MED* s.v. *dingle;* Smith 1956:I,133; oben S. 332.

sygaldren (ae. *sigegealdor*) ‚Zauberlieder' (wörtl. ‚Siegeslieder'), *AncR*. Das Dm ist me. nur noch 1× selbständig belegt (in *LaȝB*), vgl. *OED* s.v. *sigalder; MED, OED* s.v. *galder*. Strenggenommen kann es deswegen aber für die Zeit um 1200 noch nicht als blockiert gelten. Vgl. Zettersten 1965:50, 113. Ähnlich: *siȝe-craft* (ME, h?) ‚Zauberei' (wörtl. ‚Siegeskunst'), *LaȝB* (C).

wode-roue (ae) ‚Waldmeister', *HrlVoc, LyricsXIII* (ne. *woodruff*). Das Dm ist unklar, vgl. *ODEE* s.v. *wood*.

wude-wale (ME) ‚Specht' oder ‚Pirol', *O&N*, usw. Das Dm ist unklar, vgl. *OED* s.v. *Woodwall*.

4.4.3. Weitere Beispiele

Im folgenden werden weitere Beispiele für Bildungen mit Morphemen gegeben, die im Frühme. vermutlich blockiert waren oder jedenfalls schwierig zu erklären sind; manche davon sind ae. Wörter, die im Me. aber offenbar nicht mehr selbständig belegt sind (z. B. ae. *faðe* ‚Vaterschwester, Tante väterlicherseits', *guð* ‚Kampf', *hana* ‚Hahn' usw.), vgl. unten (5). Die blockierten Morpheme sind im folgenden g e s p e r r t gedruckt.

(1)   Häufig sind blockierte Morpheme in (ursprünglich) zusammengesetzten Ortsnamen, z.B. *A m b e r e s -buri, B a r b e -fleot, Stan-henge* (alle aus *LaȝB*) usw.;[21] darauf kann hier jedoch nicht näher eingegangen werden.[22]

(2)   Blockierte Morpheme in Pflanzen- und Tiernamen:

(a)   Pflanzen: *euen-l e s t e n* (vgl. *MED* s.v. *evenlesten* 'some plant'); *horehune* ‚weißer Andorn' (ne. *horehound*, vgl. z.B. *ODEE*); *m u r -berien* ‚Maulbeeren' (ne. *mulberry*, vgl. *ODEE*); *s c r e p e -malue* (laut *MED* ein Versehen für *crispe malwe* < mlat. *crispa malwa* 'curled mallow'); *p e f e - porn; p u ȝ e -pistel; u a r e -wurt* (vgl. *OED* s.v. *Varewort* 'a plant of doubtful identity'); *w e r m o d* (vgl. Kluge-Mitzka s.v. *Wermut;* ne. *wormwood*, vgl. *ODEE*); vgl. ferner oben 4.4.1. u. 4.4.2.: *h u r d -reue, m u ȝ -wrt, wode-r o u e*.

(b)   Tiere: *g r e f -hounde* (hybrid, vgl. unten 4.6.4.2.(1)); vgl. ferner oben 4.4.2.: *atter-c o p p e, wude-w a l e*.

(3)   Im Ne. sind die Dt fast aller Wochentagsnamen blockiert; zu ihrem Status im Frühme. siehe unten 4.5.7.

(4)   Manche entlehnten Elemente erscheinen nur oder jedenfalls zunächst nur innerhalb von entlehnten Kp. oder hybriden Kp.:[23] *a p p e r -mod*

---

[21]   Für Beispiele siehe vor allem unten 6.1. bei *LaȝB* (Nr. 31) und bei *HundrE* (Nr. 69).

[22]   In *LaȝB* werden manche der Ortsnamen aber neu (fiktiv) motiviert; dazu s.u. 5.2.1.2.

[23]   Zu diesen siehe auch unten 4.6.3. u. 4.6.4.

‚bitterer Sinn‘; *brei-gurdel* ‚Hosengürtel‘ (vgl. *MED* s.v. *brech-girdel*); *bret-fol* ‚randvoll‘ (vgl. *MED* s.v. *bred-ful*); *bropp-fall* ‚plötzlicher Fall‘ (vgl. *MED*); *bul-axe* (vgl. *MED* s.v. *bol-ax(e)*: *bole* ‚Baumstamm‘ kommt erst später auch selbständig vor); *bulder-ston* (*boulder* ist daraus rückge- bildet); *cache-pol* (s.o. 3.2.15.5.(1)); als selbständiges Vb ist *catch* anschei- nend erst etwas später entlehnt); *calke-trappe* ‚Fußangel‘ (auch Pflanzen- name: ‚Sterndistel‘) (Lw; siehe *MED*); *carl-man* (selbständig ist *carl* erst später belegt, vgl. *MED*); *dobbe-dent*, s.o. 3.2.15.5.(1) (*dent* wurde nicht selbständig entlehnt); *gridire* (ne. *gridiron*; durch Volksetymologie ent- standen aus dem frz. Lw me. *gridel* > *gridere* usw.; vgl. *MED* s.v. *gridel* u. *gridere*; *grid* erst im 19. Jh. durch Rückbildung entstanden, vgl. *ODEE*). *guweorn* ‚Seidelbast‘, *HrlVoc* (für *guth-corn?*, vgl. ae. *gip-corn*, *gut-corn*); *lezhe-men* ‚Lohndiener‘; *scowte-wacche* ‚Wache, Späher, Spion‘ (selb- ständig tritt *scout* erst später auf, vgl. *ODEE*); *scuter-signe*; *span-newe* (vgl. *OED* s.v. *span-new*); *usell-dom* ‚Elend‘.

(5)   Andere Bildungen:

(a)   Blockiertes oder unklares Dt: *attenshame* ‚Schande‘, *TrinH* IX (53/ 34); *beate-wil*, s.o. 3.3.12.5.(2); *bot-forke* (vgl. *MED*); *buff-side* (vgl. *MED* s.v. *buffe*); *daheðes-dai* (vgl. *MED* s.v. *daheðes*); *faða-sunu* ‚Vetter‘ (wörtl. ‚Tantensohn‘) (vgl. *MED* s.v. *fatha-sunu*); *ffitel-fot*, s.o. 3.2.14.5.; *furn-daz(en)* und *iuurn-zer(e)* (vgl. *MED* s.v. *fern-* adj.); *guð-strencðe* ‚Kampfkraft‘ (ae. *guð* Sb; das *MED* stuft *guth* wohl zu Unrecht als Adj ein); *hane-crau* (vgl. *MED*); *heri-scole* (?‚Lobschule‘), *VespAH* XXVI (243/6); *haynx-man*, Malory (ne. *henchman*, vgl. *ODEE*; *MED* s.v. *hengest- man*); *marme-stan* (vgl. *MED*); *sede-ful* (ae. *sidu*; vgl. *OED*); *treze-cuve- nant* (*SermAtWrasl*; für *trewe-cuvenant?*); *untid-gewidera*, s.o. 4.1.2.; *walden-eie* und *wolden-eized*, vgl. oben 3.3.14.5.(1a); *wer-lahen*, s.o. 3.2.9.5.(1).

(b)   Blockiertes bzw. unklares Dm: *land-efne* ‚Landanteil‘; *wed-durge* ‚Abmachung, Vertrag‘(?), *LambH*; *bur-lutlen* ‚Kammer(jung)frauen‘ (ae. *lȳtle* ‚Sklavin‘).

4.5. Verdunkelte Komposita

Die Verdunklung ist zwar ein diachroner Vorgang, aber abgesehen davon, daß sie bei der Beschreibung der morphologischen Gestalt vorliegender Bildungen zu berücksichtigen ist, läßt sich ein Eingehen auf die verdunkel- ten Kp. auch insofern rechtfertigen, als die Verdunklung kein abrupter Vorgang ist, sondern vielmehr durchsichtige und verdunkelte Formen eines Kp. meist längere Zeit als Varianten nebeneinander herlaufen. Manche Kp. werden dann endgültig verdunkelt (z. B. *lord, lady, woman*); in anderen Fällen stellen die verdunkelten Formen dagegen nur vorübergehende Erscheinungen dar, die die ursprünglichen Formen letztlich nicht verdrängen können, z. B. ae. *goldfinc* > ne. *goldfinch*, aber frühme. als Variante auch *golfinc*, O&N, Hs. C; vgl. auch ne. Schriftbildaussprachen wie /'weɪstkəʊt/ für *waistcoat* (früher /'weskət/). Im Frühme. sind verdunkelte Kp. nicht selten; eine Reihe von Kp. wurde anscheinend beim Übergang vom Ae. zum Frühme. oder dann im Frühme. verdunkelt.

Die Verdunklung läßt sich nach verschiedenen Gesichtspunkten betrachten, z. B. Ursachen, Formen, Grade. Ursachen der Verdunklung sind im Frühme. unter anderem Kürzung des Erstelementes (Dt) vor Doppel- und Mehrfachkonsonanz und in drittletzter Silbe (vgl. 4.5.1.), Assimilationserscheinungen in der Kompositionsfuge (vgl. 4.5.2.–4.5.4.), Verlust des Akzentes auf dem Zweitelement (Dm) (vgl. 4.5.5.). Manchmal wirken mehrere dieser Faktoren zusammen, vor allem wenn stärkere Verdunklung eintritt. Beispielsweise zeigen Kürzung des Erstelementes plus (anschließende) Assimilation: *cēap-faru* > *chap-fare* > *chaffere; gōd-spel* > *god-spel* > *gospel; lēof-man* > *lef-man* > *lemman; wīf-man* > *wif-man* > *wimman*. Die Grade der Verdunklung (leicht, stark, völlig) gehen aber ineinander über und lassen sich nicht immer eindeutig voneinander abgrenzen; dies gilt für alle Sprachperioden. Manchmal ergibt sich z. B. auch das Problem, daß Kp. von der Schreibung her völlig durchsichtig sind (ne. *breakfast, halfpenny*), aber von der Aussprache her verdunkelt (/brekfəst/, /heɪp(ə)nɪ/).[24] Manchmal ist es unklar, ob man bestimmte Formen, die innerhalb von Kp. auftreten, eventuell noch als Allomorphe der entsprechenden selbständigen Wörter auffassen kann (z. B. /heɪ/ – als Allomorph von /haːf/?; vgl. dazu z. B. Marchand 1969:4–9. Für das Frühme. kommt hinzu, daß es zu dieser Zeit noch keinerlei normierte Orthographie gab und z. B. mündliche Assimilationsformen oder abgeschwächte Formen, die im Ne. gewöhnlich durch die Schreibung verdeckt werden (z. B. *football* ['fʊtbɔːl] > ['fʊpbɔːl]), im Me. leichter auch in der Schreibung zum Ausdruck kommen, wobei sich diese Formen aber nicht immer gegenüber der Vollform durchsetzten, vgl. das oben genannte *golfinc;* ferner unten z. B. *bisp-ryche, evene-king, liðð roweres, gebyrtid(e), fonstan* usw.

Beim folgenden Überblick über die verdunkelten Kp. in den frühme. Texten wird hauptsächlich versucht, nach den Formen der Verdunklung

---

[24] Neuerdings setzt sich bei *halfpenny* aber wieder eine durchsichtige Aussprache durch, siehe *EPD*[14] s. v. *penny*. Auch im Frühme. spiegelt die Schreibung nicht immer sofort alle eingetretenen lautlichen Veränderungen.

zu gliedern, d. h. danach, ob das Dt, das Dm oder beide von der Verdunklung betroffen sind. Aufgrund der angedeuteten Komplexität vieler Verdunklungsvorgänge läßt sich eine klar abgegrenzte Unterteilung aber kaum erreichen und manche Beispiele müßten gleichzeitig in verschiedenen Gruppen erscheinen. Die meisten Bildungen werden nur knapp besprochen, weil auf die phonetischen Verdunklungsvorgänge hier nicht im Detail eingegangen werden kann; soweit möglich wird aber auf die einschlägige Literatur verwiesen, insbesondere Götz 1971 und Faiß 1978. Auf Ortsnamen wird nur ausnahmsweise eingegangen. Einige der verdunkelten Lehnkomposita werden unten 4.6.3. aufgeführt.

Literatur: Siehe oben 2.4.2.8. mit Anm. 78; ferner Horn-Lehnert 1954:II,1174–1180.

4.5.1. Verkürztes Erstelement (Dt)

Literatur: Siehe z. B. Jespersen 1909 (*MEG* I):123–129; Horn-Lehnert 1954:II,1178 f.; Berndt 1960:21–25.

allderrdom, allderrmenn, beide *Orrm.* Wie Orrms Schreibung zeigt, ist *allderr-* vor 1200 in drittletzter Silbe gekürzt, vgl. dagegen *ald mann, Orrm* 16 638, 16 640. Aus den Schreibungen der anderen Texte geht diese Verkürzung nicht hervor (*alder(e)men* usw.). Vgl. oben S. 107 f.

bisp-ryche ‚Bistum‘, *HundrE* (mehrmals); offenbar eine Nebenform, die sich gegenüber ae. *bisceoprice* > ne. *bishopric* nicht durchgesetzt hat.

chapman ‚Kaufmann‘: das Dt ist frühme. meist schon (vor Doppelkonsonanz) gekürzt und damit gegenüber dem Simplex ae. Sb *cēap* > me. *chēp* > ne. Adj *cheap* (sowie dem Vb me. *chepen*) isoliert. Deutlich wird dies aus Schreibungen wie *chappmenn, Orrm*; vgl. auch *chapman on eche chepinge, TrinH; ha chepeð hire sawle þe chapmon of helle, AncR* A 113r/10. Ein Versehen ist möglicherweise *champmen, StJul.* Nicht als verdunkelt nachzuweisen ist dagegen die Schreibung *cheapmon,* z. B. *AncR* C 88r/20 f. Vgl. Zettersten 1965:242, 244. Götz 1971:59, 17.

Dorchestre-seten, LaȝB C 14 780, aber *Dor(e)-sete, CO* 10 717. Letzteres (ne. *Dorset*) ist aber wohl eher als Klammerform zu analysieren, s. o. 4.2.(3).

dreful, Gen&Ex 2590, ist wohl nur ein Versehen, weil auch *Gen&Ex* selbst sonst *dredful* ‚furchtsam, furchtbar‘ hat (3×).

ed-bote, Trin 323, 24/2. Eine verkürzte Form des häufigeren *dedbot(e)*. Vgl. Käsmann 1961:227 mit Anm. 3.

emcristen(e), HonEl usw. Hier hat Assimilation innerhalb des Dt stattgefunden; daneben ist auch die durchsichtige (ursprüngl.) Form *euen-cristen(e)* ‚Mitchristen‘ belegt, z. B. *LambH* (sowie *euecristene, LambH*).

Engelond(e), Englond, Inglond usw. ist die verdunkelte Form, die z. B. in *AncR, LaȝB* (O 3148, CO 15 578), *O&N, Hav, SirTristr, Art&Merl* belegt ist. In *AncR* und *LaȝB* findet sich neben der verdunkelten aber auch noch die der ursprüng-

347

lichen Form (ae. *Engla-land*) nähere Form *engle-lond, AncR* A 21r/13; *Engle-lond(e), Ængle-lond, LaƷB* C 10 452 u.ö.; *LaƷB* CO 9 u.ö. hat sogar erweitertes *Englene lond(e), Ænglene lond.*

ereward-rice ,Erbteil', *Gen&Ex:* das Dt ist aus ae. *yrfe-weard* ,Erbe' verdunkelt.

evene-king, LyricsXIII, sowie *euene-lith, LyricsXIII,* zeigen "h-dropping" gegenüber dem ursprünglichen und üblicheren *heuen(e)-king* ,Himmelskönig' bzw. *heuene-liht* ,Himmelslicht'.

fiftenday (ME), *Amis&A, SirTristr,* ist wohl durch Assimilation verdunkelt aus *fiftende* + *day;* vgl. oben 3.2.4.5.

gossip ,Pate': die verdunkelte Form (mit Assimilation in der Fuge) tritt erstmals in *Fox&W* (ca. 1300) auf und setzt sich später durch; ursprüngliches *godsib* (ae. *godsibb* ,Verwandtschaft in bezug auf Gott' bzw. substantiviertes ,verwandt(er) in bezug auf Gott') findet sich in *ChronE,* aber auch noch in *Ayenb* (1340): *godzyb.* Vgl. Götz 1971:72; Faiß 1978:124—127.

gospel: Ursprünglich ein Adj/Sb-Kp. (ae. *gōd-spel* ,gute Botschaft', letztlich Lüs nach griech. *euangelion*). Durch die frühme. Kürzung vor Doppelkonsonanz, die sich klar in Orrms Schreibung *godd-spell* (so auch *O&N,* Hs. C) zeigt, entstand daraus ausnahmsweise zunächst kein verdunkeltes Kp., sondern ein Sb/ Sb-Kp. ,Gottesbotschaft' — jedoch nicht für Orrm, der interessanterweise zwar die gekürzte Form *goddspell* schreibt, sie aber etymologisch richtig erklärt als *Goddspell onn Ennglissh nemmnedd iss God word, 7 god tiþennde, God errnde* ..., D 157—159; D 177 f. In der 2. Hälfte des 13. Jh. tritt dann aber schon die durch Assimilation entstandene, eindeutig verdunkelte Form *gosspel (Heil), gospel(le), SStBede* auf. (Abgesehen von *Orrm* sind die frühme. Hss. bei der Bezeichnung von Längen und Kürzen oft nicht eindeutig; so hat z.B. *LaƷB godes goddspel; AncR* A/7v hat *goddspell,* aber sonst *godspel*). Vgl. Götz 1971:71; Faiß 1978:123 f.

goshauk (ae. *gōs-hafoc*) ,Hühnerhabicht' (wörtl. ,Gänsehabicht'), *KingAlex.* Siehe dazu Götz 1971:79 f.; Faiß 1978:118—120. Das Dt ist vor Doppelkonsonanz gekürzt, was aus der me. Schreibung noch nicht hervorgeht. Ne. *goshawk.*

Ʒmston ,Edelstein', *LyricsXIII,* 43/153 *(LuueRon):* die Schreibung zeigt wohl die Vokalisierung des anlautenden /j/; sonst wird aber immer *Ʒimston* geschrieben.

grunnd-wall ,Grundmauer', in *Orrm* mit kurzem Dt (aber ne. *ground* < spätae. *grūnd*).

Ʒoman, yoman ,Freisasse' usw., *KingAlex, Malory,* ist wohl durch Abschwächung (Assimilation) des Dt aus (frühme. ebenfalls belegtem) *Ʒong man* entstanden; siehe *ODEE* s.v. *yeoman.*

halidei (ae. *hāliƷ dæg*), *AncR* usw. Das Dt wurde frühme. in drittletzter Silbe gekürzt, was ne. *halliday* ergab. Die me. Neuzusammensetzung (Zusammenrückkung) *holi dai* wurde später ihrerseits gekürzt: ne. *holiday*). Die Hss. von *LutSS* haben als Varianten *haliday, holy daye.*

honday, SStBede: möglicherweise ein Versehen für *ende-day* (vielleicht beeinflußt von *heonon*?). Vgl. oben 3.2.6.5.(1 a) unter *henen-.*

husewif, AncR, SWard: die Kürzung, die zu ne. *hussy, huzzy* sowie *housewife*
/hauswaɪf/ oder /hʌzɪf/ führte, zeigt sich in *AncR* und *SWard* in der Schreibung
noch nicht, aber möglicherweise in *houssewif, DSirith, hosewif, SEL*. Vgl. Götz
1971:78–81; Faiß 1978:136 f.; *ODEE* s.v. *house, hussif, huzzif; hussy, huzzy.*

leornicniht(es), LambH I (3/6): eine leicht verdunkelte Form von *leorning-cnihtes*
‚Schüler, Jünger‘, *HonEl* usw.

leowinde, StJul; leowund: das Dt wurde anscheinend durch Assimilation aus ae.
leof-wende ‚liebevoll‘ verkürzt; vgl. oben 3.3.12.5.(2).

stiward (ae), häufig, z.B *steward, SirTristr; stuard, KingHorn:* siehe dazu oben
3.2.9.5. und 4.4.1. Literatur: Götz 1971:100; Faiß 1978:180 (§ 43); *ODEE* s.v.
steward.

wepmon, wapmon, weppmann (ae) ‚Mann‘, häufig, z.B. *LambH, LaʒB, Orrm.* Das
Dt ist zunächst Kurzform aus ae. *wæp(e)n-man* wörtl. ‚Mensch, der eine Waffe
hat‘, oder aus ae. *wæpned-man* (*wæpned* kommt ae. auch selbständig als ‚Mann‘
vor); frühme. wurde *wæp-* dann vor Doppelkonsonanz zu *wep-, wap-* verkürzt.
Vgl. Campbell 1969:393.

wimman ‚Frau‘: s.u. 4.5.2.

wisdom (ae); häufig: das Dt wurde frühme. vor Doppelkonsonanz gekürzt, was
sich deutlich an Orrms Schreibung *wissdom* (z.B. 5997) zeigt. Zur Abschwächung von ae. me. /doːm/ zu /dəm/ vgl. oben 3.2.13.5.(2), S. 229 f.; Faiß
1978:187–190.

witte-sunnedei, LambH usw. Das Dt wurde frühme. vor Doppelkonsonanz bzw. in
fünftletzter Silbe gekürzt und das ganze Kp. gleichzeitig morphologisch um-
strukturiert; dazu s.o. 4.1.1.(1); ferner Käsmann 1961:351 f.; Götz 1961:103 f.;
Faiß 1978:184 f.; *ODEE* s.v. *Whit Sunday* ‚Pfingstsonntag‘.

Zu erwähnen sind ferner noch *cantelburi* und *cantelcapas* (zu *-el* im Frühme. vgl.
auch oben 4.1.3.): *Cantel-buri* (*LaʒB* (O)) ist – vielleich als Dissimilationsform
– aus *Canterburi* geändert (*Kanter-buri, ProclHenIII*), das seinerseits eine Verkürzung von *Cantware-buri* (so noch *LaʒB* (C)) darstellt. *Cantelcapas, ChronE*
1070, *LaʒB* C 14847, ist aus *canter-cape* ‚Umhang des Vorsängers, Chorleiters‘
geändert, vgl. *MED* s.v. *cantercope;* Clark 1952/53:80 mit Anm. 45 (erweist die
Erklärung des *OED* als unrichtig).

4.5.2. Assimilation in der Kompositionsfuge

Überwiegend wurde das Dt an das Dm assimiliert, d.h. es fand regressive
Assimilation statt, z.B. *chaffere, Lammas, wimmon.* In einigen Fällen ist
die (regressive) Assimilation von daher naheliegend, weil Auslaut des Dt
und Anlaut des Dm identisch oder ähnlich sind, z.B. *bere-ern, fiftende-
day, fourten-niht, port-toun, racente-teah.*

Literatur: siehe z.B. Berndt 1960:185 ff.

bern(e) ‚Scheune‘, *O&N;* zusammengezogen aus ae. *bere-ern* ‚Roggen-Haus‘ (z. T. schon ae. verdunkelt); ne. *barn.* Vgl. Götz 1971 :119; Faiß 1978:86–89; *ODEE.*

brimston (ME) ‚Schwefel‘, *LyricsXIII:* ursprüngl. aus ae. *bryne* + *stan* zusammengesetzt; das *-m-* entstand durch Dissimilation; vgl. *ODEE* s.v. *brimstone;* Götz 1971:73 f.

chaffere (ME) ‚Handel‘, wörtl. ‚Kauffahrt‘, *AncR, HMeid* usw. Zugrunde liegt ein (ae?) **ceap-faru;* es ist jedoch schon der me. Erstbeleg verdunkelt; allerdings hat *Ayenb* dann motiviertes *chapuare.* Vgl. Götz 1971:59; Faiß 1978:102–104.

fiftenday ‚15. Tag‘: s.o. 3.2.4.5. u. 4.5.1.

fourteniht, fourtiniht: verdunkelt aus *fourten(e)-niht;* dieses Kp. entstand durch Zusammenrückung aus der entsprechenden syntakt. Gruppe, s.o. 3.2.4.5. Vgl. Götz 1971:94; Faiß 1978:167–171. Ne. *fortnight.*

gossip (< ae. *god-sib);* siehe oben 4.5.1.

Lammas (ae. *hlāf-mæsse*) ‚Petri Kettenfeier‘ (‚1. August‘), wörtl. ‚Brotmesse‘ (d.h. ‚Messe, in der Brote gesegnet wurden‘): auch hier zeigt sich, daß verdunkelte und motivierte Formen einige Zeit als Varianten nebeneinander standen: *ChronE* 108[6]/5 schreibt bereits *lammæssan; ChronE* 1101/12 dagegen wieder durchsichtiges *Hlafmæssan* (möglicherweise war aber auch schon hier das Dt vor Doppelkonsonanz gekürzt). Vgl. Götz 1971:83; Faiß 1978:142–144; Käsmann 1961:355.

latteu, lattow ‚Führer‘, *TrinH, StJul:* die ursprüngl. Form ist wohl *lad-þeow,* wörtl. ‚Wegediener‘, vgl. *læd-teowas, ChronE* 1097/8; *lat-ðæu, TrinH. OED* s.v. *Lattew; MED* s.v. *latteu.*

lemman, lemmon, leman (ME): die ursprüngliche Form *leofmon* ‚Geliebter, Geliebte‘ (wörtl. ‚lieber Mensch‘, durch Zusammenrückung entstanden) ist in *AncR* und der *Katherine*-Gruppe üblich, z. B. *ower deore leofmon, AncR* A 25v/21; die durch Assimilation plus Kürzung des Dt vor Doppelkonsonanz verdunkelte Form *lemmon, leman* usw. dagegen bereits in *LaзB,* Hs. O 2239; *KingHorn, Hav, Amis&A.* Vgl. Götz 1971:84 f.; Faiß 1978:145 f.

liðð roweres, TrinH, ist wohl eine versehentliche Assimilationsform für *lic-ðroweres,* s.o. 3.2.11.5.

londdrei (ME, h) ‚lange leidend‘, *LyricsXIII,* ist eine Assimilationsform für *long-dreg,* s.o. 3.3.7.5.(1 c).

portoun (ME) ‚Marktflecken‘, *SEL,* ist assimiliert aus *port-toun;* zu port ‘market-town’ vgl. Clark 1952/53:73.

raketeзe, raketeie, rachenteges (ae) ‚Kette(n), Fessel(n)‘, *ChronE, PMor, StJul, LaзB* usw. ist schon im Ae. meist leicht verdunkelt aus ursprünglichem *racente-teah;* vgl. *OED* s.v. *Rakenteie; MED* s.v. *raketeie.*

schireue, StMarg/1, ist durch Kürzung des Dt und Assimilation aus ae. *scīr-gerēfa* (wörtl. etwa ‚Gouverneur einer Grafschaft‘) verdunkelt. Zu weiteren frühme. Formen s.o. 4.1.2.; ne. *sheriff.* Vgl. Faiß 1978:176; Götz 1971:97–99.

sygaldren, AncR A 56r/25; *sigaldrie, AncR* C 88v/17. Aus ae. *sige-gealdor* ‚Siegeslied‘ (‚Zauberei, Beschwörung‘).

wimmon, wumon usw. (ne. *woman*): die ursprüngliche und die verdunkelte Form stehen längere Zeit nebeneinander, zum Teil innerhalb der gleichen Texte. Ursprüngliches *wif-man(ne)* haben z.B. *WintBR, LaʒB* (neben *wimmon* usw.); *Orrm* (neben *wimman; Orrms wifmann* spiegelt die anzunehmende Kürzung vor Doppelkonsonanz nicht wider); später auch noch *Ayenb (wyfman)*. Assimiliertes *wimman, wiman* findet sich dagegen z.B. in *ChronE, LaʒB* (Hs. O), *Flor&B;* noch stärker verdunkeltes *wummon, woman,* z.B. in *AncR, LaʒB* (Hs. C), *Floris&B.* Vgl. Götz 1971:104; Faiß 1978:185−187.

Namen:

Botolfston, DSirith: assimiliert aus einem '(St.) Botulf's stone', siehe *CODEPN,* s.v. Boston.

4.5.3. Ausfall des mittleren von drei Konsonanten in der Kompositionsfuge

Diese relativ häufige Erscheinung ist eine Form der Assimilation; sie wird aber aus zwei Gründen hier eigens aufgeführt: erstens ist der Ausfall eines Konsonanten nicht genau der gleiche Vorgang wie die Verschmelzung zweier Konsonanten; zweitens entstanden dadurch des öfteren nur Varianten, die sich gegenüber den ursprünglichen durchsichtigen Formen letztlich nicht durchsetzen konnten (vgl. z.B. ne. *goldfinch, Northampton, workman*). Bei allen Belegen ist es der letzte Konsonant des Dt, der wegfällt.

Literatur: Horn-Lehnert 1954:II,1127−1141; Berndt 1960:204; Zettersten 1965:126.

gebyrtid(e), ChronE; burtid(e), Heil; daneben ursprüngliches *[bu]rdtid, Body&S/2* < ae. *(ge)byrd-tid* ‚Geburtszeit‘; *burð-tid, WohLo,* enthält als Dt das anord. Lw *byrð* (> ne. *birth*).

cwalhus, qualehus ‚Gefängnis, Folterkammer‘, *StMarg/1, LaʒB* CO 365: Möglicherweise verdunkelt aus *cwalm-hus, StMarg/1, AncR* (eine me. Bildung); es ist aber nicht auszuschließen, daß eine nicht verdunkelte Bildung unmittelbar aus ae. *cwalu + hus* vorliegt, vgl. *quale-siðe, LaʒB.*

Dorchestre-seten: Dorchester kommt aus *Dornceaster;* für weitere Einzelheiten siehe *ODEE* und vgl. oben 4.5.1.

feonðewæs, LaʒB (Hs. C) < *feond-ðewes* ‚Brauch der Feinde‘.

fonstan, fonston ‚Taufstein‘, *LambH* XV (149/28), *TrinH, StMarg/1* (als Vr.) u. *StMarg/2;* daneben das ursprüngliche *font-stone* (ME), *Body&S/2, TrinH* usw.

forlong ‚Achtelmeile‘, *Art&Merl:* schon ae. *furlang* ist verdunkelt (< *furh* (ne. *furrow*) + *lang*); ne. *furlong.*

gealforke (ME) ‚Galgen‘ (wörtl. ‚Galgengabel‘), *AncR,* Hs. A; Hs. C hat noch *galc-forke;* < ae. *gealga* + ae. *forca.* Vgl. Zettersten 1965:48, 120.

golfinc (ae. *goldfinc*) ‚Stieglitz‘, *O&N,* Hs. C; *KingAlex.* Aber ursprüngliches *gold-fynch, O&N,* Hs. J. Ne. *gold-finch.*

golprenes (ME, h?) ‚Goldbroschen‘, *Gen&Ex* 1872, < ae. *gold* + ae. *preon;* nur die verdunkelte Form ist anscheinend belegt. Arngart (ed. *Gen&Ex*) druckt trotz der Verdunklung *gol prenes* und sieht die Verbindung sicher zu Unrecht als syntakt. Gruppe an.

grisbating ‚Zähneknirschen‘, *LambH* III (33/15), < ae. *gristbatung, gristbitung*. Das *MED* hat die verdunkelte Form als Stichwort.

halpenes (ME), *AncR* C 39r/16. Ae. ist nur *healfpeningwyrð* belegt. Bereits der (me.) Erstbeleg von *halpenes* ist verdunkelt; das *MED* hat als Stichwort *hal-peni*. Die durchsichtige Schreibung wurde erst später wieder eingeführt (ne. *half-penny*). Siehe Faiß 1978: 165 f.; Götz 1971: 91 f.; oben Anm. 24.

heafsunne, hefsunnen, LambH II (25/11), V (51/15). Wohl verdunkelt aus einer Form *heafd-sunn*. Die reguläre Entwicklung ist ae. *heafod-synn* > me. *heued-sun* usw. (letzteres in unserem Material die häufigere Schreibung, vgl. z. B. *LambH* V (49/13 u. ö.) ‚Todsünde‘ (wörtl. ‚Hauptsünde‘).

heuelbedd (ME) ‚gewebtes Bett‘, *HMeid;* wohl aus ae. *hefeld* + *bedd* zusammengesetzt.

lauerdom, HMeid < ae. *lauerd-dom* ‚Herrschaft‘.

ligber ‚Lichtträger‘, *Gen&Ex*. Leicht verdunkelt aus *ligt-ber;* die nicht verdunkelte Form *liȝt-bere* noch in *Ayenb*.

longauel ‚Landsteuer‘, *LaȝB* C 3721; *LaȝB* C 3884 hat dagegen wieder durchsichtiges *lond-gauel*.

Norhamptoun, LyricsXIII, Norhamtone-schire, HundrE; ne. aber wieder *Northampton(-shire)*. Zum Einschub des *p* siehe oben 2.4.2.6.

rechelfat ‚Weihrauchfaß‘, *TrinH; reclefatt, Orrm* usw. < ae. *recels-fæt; Orrm* hat als Simplex *recless*.

scanful ‚schändlich‘, *LyricsXIII* (Nr. 45); wohl aus ae. *scand-ful*.

sultrome, LaȝB O 8216; *soltrome, LaȝB* O 8170 u. ö., durchsichtiges *sceld-trume* ‚Truppe, Angriffsformation‘ (wörtl. ‚Schildtruppe‘) hat dagegen *LaȝB* C 4714, 8216, u. ö. Ne. *shelter;* vgl. auch *OED* s. v. *Sheltron*[1].

scriffader (ME) ‚Beichtvater‘, *SEL* 495/85; ursprüngliches *schrift-feaderes* dagegen in *AncR*.

selcuð, seolcuð (< ae. *seld-cuð*) ist die Schreibung in allen frühme. Texten, z. B. *ChronE, LambH, WohLo;* die durchsichtige Form kommt nicht mehr vor.

tvelmoneð, Amis&A; ursprüngliches *tuelf-moneþ* dagegen in *HarrowH* usw.

walhat, StJul, ist schwierig zu beurteilen (vgl. oben 3.3.6.): es könnte aus *walm-hat*, ebenfalls *StJul*, verdunkelt sein; es könnte sich aber auch um ein unmittelbares Vb/Adj-Kp. handeln (mit dem Stamm des Verbs ae. *weallan* > me. *wallen;* vgl. auch *wallinde hat, StJul*, Hs. R); sowohl *wealhat* als auch *wylmhat* sind schon ae. belegt, beide aber selten. d'Ardenne (ed. *StJul*), S. 136, hält *wal-hat* und *walm-hat* (beide ‚siedend heiß‘) für zwei verschiedene Bildungen.

worma[n], LaȝB O 5160; ursprüngliches *weorc-mon(nen)* hat dagegen *LaȝB*, C 5160. Ne. *workman*.

worleriche, LaȝB O 3493 u. ö.; *worleþinge, LaȝB* O 14040; nicht verdunkeltes *woruld-rice* dagegen in *LaȝB*, C 3493.

4.5.4. Ausfall von -n- in der Kompositionsfuge

Die Komposita, bei denen ein -n- in der Kompositionsfuge schwand (es handelt sich dabei immer um den auslautenden Konsonanten des Erstelementes), ließen sich alle unter eine der bisher genannten Gruppen der verdunkelten Kp. einordnen; sie werden hier aber aus folgendem Grund zusammen behandelt: Im Me. war das -n- in unbetonten Silben besonders instabil;[25] es fiel nicht nur generell als Flexionsendung, sondern zum Teil auch, wenn es den Auslaut eines Wortes bildete: ae. *ǣfen* > me. ne. *eve* (dazu *evening*); ae. *eln* > me. ne. *ell*; ae. *lenten* > me. ne. *lent*; ae. *mægden* > me. ne. *maid* (neben *maiden*); ae. *morgen* > me. ne. *morrow* (neben *morn* und *morning*); ae. *mylen* > me. ne. *mill*; ae. *pentecosten* (Nom.Sg.), aber me. ne. *pentecost*.[26] Bei den mit diesen Wörtern gebildeten Kp., in denen im Me. das -n ausfiel, handelt es sich dementsprechend nicht um echte Verdunklung; vielmehr fand innerhalb des Kp. die gleiche Entwicklung statt, die auch im Simplex stattfand. Als verdunkelt können dementsprechend nur Kp. gelten, deren Dt nicht auch als Simplicia das -n verloren (*cristeman, fourtiniht, heueriche* usw. – aber ne. *Christian, fourteen, heaven* usw.).

Literatur: Horn-Lehnert 1954:II,883–886.

cristeman, cristemen ,Christ, Christenmensch', z. B. *TrinH* XVI, *StJul;* daneben das ursprüngl. *cristene man, cristene men*, z. B. *TrinH* IV. Vgl. oben 3.2.3.5.(3). Möglicherweise zeigt die Form *cristeman* an. Einfluß (vgl. an. *kristmaðr*).

heoueriche ,Himmelreich', z. B. *StJul, StMarg/1* usw.; daneben ursprüngliches *he(o)uen-riche, heuene-riche*, z. B. *StJul*. Siehe dazu oben 2.4.3.1. Im Me. kam gelegentlich anscheinend auch Verlust des -n im Simplex vor, der sich aber nicht durchsetzte.

elbohen (ne. *elbow*; dt. *Ellenbogen*), *Art&Merl*; z. T. schon ae. in der Form *elboga* < *eln-boga*. Siehe *ODEE* s. v. *elbow; ell*.

euecristene: s. o. 4.5.1. zu *em-cristen(e)* ,Mitchrist(en)'.

euesonc ,Abendgesang', *Trin 323*, 32 usw.; ursprüngliches *euen-song* z. B. *AncR* usw.

euetime ,Abendzeit', *LaȝB* O 6417, 8912 (dagegen *æuen-time, LaȝB* C).

fourtiniht: s. o. 3.2.4.5. Ne. *fortnight*.

leintemete (ME) ,Fastenspeise', *TrinH*.

maidechild ,Mädchen', *LaȝB*, Hs. C; C 1613 hat aber noch *meiden-child* (< ae. *mægdencild*).

---

[25] Zum Einschub eines unetymologischen -n- siehe oben 2.4.2.6. Siehe auch Jespersen 1942 (*MEG* VI):337 ff., bes. 339–343; d'Ardenne (ed. *StJul*), S. 199 f.; Berndt 1960:207; *ODEE* s. v. *maid*.

[26] Die Form *pentecost* wurde im Me. allerdings aus dem Frz. neu übernommen, siehe *ODEE* s. v. *Pentecost* und vgl. Käsmann 1961:351 f.

marmestan ‚Marmorstein', *LaʒB*, < ae. *marman-stan*. (*LaʒB* C 660 hat noch *marmon-stan*).

marheʒeuen, AncR A 7v/28, *mareʒeuen, AncR* C 13v/13; noch stärker verkürzt *morʒeue, LaʒB* C 15 519, *mærʒeue, LaʒB* C 7183; *marech-ʒeuen, AncR* C 38r/14 f. ‚Morgengabe', aber ursprüngliches *morgen-giwe, Gen&Ex*.

moreliht, LaʒB O 8955; aber noch *morʒen-liht* ‚Morgenlicht', *LaʒB* C 8955.

morʒemete ‚Frühstück' (wörtl. ‚Morgenspeise'), *VespAH* XXV.

morʒesclep neben *morʒenslep* ‚Morgenschlaf', *ProvA* 15.

morewile (ME) ‚Morgenzeit', *TrinH*.

mulston ‚Mühlstein', *SEL* < ae. *mylenstān;* ne. *millstone*. Auf einem Versehen beruht vielleicht *melstanent, VespAH* XXV.

myleward (ME) ‚Müller' (wörtl. ‚Mühlenwärter'), *SEL*.

pentecostewuce ‚Pfingstwoche', *ChronE*. Ae. *pentecosten*.

soueniht(e), LaʒB O 5309, aber *seouen-niht(e), LaʒB*, z.B. C 5309; vgl. *sevennyght, Malory* 97/14. Ne. *sennight* (vgl. *ODEE*). Im Me. fiel das *-n* von *seouen* aber auch anscheinend gelegentlich im Simplex, vgl. die synt. Gruppe *Seue nigt siðen forð ben numen, Gen&Ex* 609 u.ö.; siehe dazu oben 3.2.4.5. Vgl. ferner *seoue dahes; seouefald, AncR; seue-ʒer, PMor, KingHorn*.

umbridaʒes, AncR, < ae. *ymbren-dæg* ‚Quatembertag(e)'. Ne. *Ember Day(s)*.

umbriwiken, AncR, < ae. *ymbren-wuce* ‚Quatemberwoche'. Ne. *Ember-week*.

undertid (ae) ‚die 3. Stunde; Morgenzeit', *LambH, AncR*, < ae. *undern-tid*. Auch hier fiel das *-n* zum Teil im Simplex, vgl. *earunder* ‚früher Morgen', *AncR*.

4.5.5. Abgeschwächtes Zweitelement (Dm)

Die Abschwächung des Dm (aufgrund des Verlustes des Nebenakzentes) konnte die ganze engl. Sprachgeschichte hindurch stattfinden. Bei manchen Kp. ist sie schon fürs Ae. klar, z.B. *fulluht, lareow, hlaford;* bei anderen läßt sie sich erst für das Ne. nachweisen, z.B. den Bildungen mit *-man* (*chapman* /tʃæpmən/, *woman* /wʊmən/) oder *England* /ɪŋglənd/. Außer den im folgenden genannten Kp. zeigen auch die meisten der in 4.5.6. genannten völlig verdunkelten Kp. diese Abschwächung.

Literatur: Horn-Lehnert 1954:II,1174−1178; Berndt 1960:114ff.; Wetzel 1981:51−100; vgl. oben 3.2.13. zu *-dom*.

churchei (ME) ‚Kirchhof', *SEL*, als Vr. das ursprünglichere *chirche-heie*.

fulluht, fuluht ‚Taufe' (vgl. oben 3.2.10.5.), < ae. *ful(l)-wiht*, z.T. aber schon ae. verdunkelt. Das Kp. war me. wohl völlig verdunkelt, d.h. die zweite Silbe entsprach keinem bekannten Morphem und auch die erste Silbe wurde nicht mehr mit *full* in Verbindung gebracht. Das Dm *-wiht* ‚Weihe' kam selbständig nie vor. Vgl. *OED* s.v. *Fullought*.

garlec ‚Knoblauch', *Cockaygne* (ae. *gar-leac*, wörtl. ‚Speerlauch'). Vgl. Götz 1971:68 f.; Faiß 1978:117; *ODEE* s.v. *garlic* und *leek*.

haliter, *AncR* C 42v/26, ist möglicherweise ein Versehen für *haliweater* ‚geweihtes Wasser, Weihwasser', *AncR* A 5r/1 u. ö., C 9v/3 u. ö.

hlaford: s. u. 4.5.6. bei *lord;* vgl. Wetzel 1981:83–87.

lareow, lareaw (ae) ‚Lehrer', *VespAH* XXVI (241/21) tritt schon ae. meist in der verdunkelten Form auf; gelegentlich erscheint im Frühme. aber noch die ursprüngliche Form *lar-peow* (wörtl. ‚Lehrdiener'): *lar-peu, larpewe, LambH* IX u. X (in der ae. Vorlage von *LambH* IX steht *lareow;* anscheinend hat der Schreiber statt der verdunkelten Form wieder die durchsichtige eingesetzt; vgl. Wetzel 1981:91 Anm. 138), *lar-ðeawes, SermRdE, TrinH.* Siehe Wetzel 1981:87–91.

licame, licome (ae. *lic-hama*) ‚Leib, Körper' (wörtl. ‚Körperhülle'), häufig, z. B. *LambH, TrinH, StKat* usw.; daneben z. T. auch noch die der ursprünglichen Form nähere Schreibung *lichame,* z. B. *VespAH,* die aber ebenfalls schon verdunkelt war, siehe Wetzel 1981:92–98.

neosturles (ae) ‚Nasenlöcher', *LyricsXIII* (29 B) als Vr; die ursprüngl. Form *neasepurles, neose-purles,* aber noch *StMarg/1, LyricsXIII.* Ne. *nostril;* vgl. Götz 1971:87 f.; Faiß 1978:155–160.

werlahen, warlawes, warlais (siehe oben 3.2.9.5.): offenbar alles bereits verdunkelte Formen von ae. *wær-loga.* Im Ne. völlig verdunkelt: *warlock* (siehe ODEE).

wedlowe (siehe oben 3.2.9.5.(1)): im Frühme. wohl bereits ebenfalls verdunkelt.

yrfeard(es) ‚Erbe', *WintBR* (siehe oben 3.2.9.5.) verdunkelt aus ae. *yrfe-weard;* vgl. auch oben 4.1.1. *(ereward-riche).*

wurð-mynte (ae) ‚Ehre' usw., *HonEl.* Durch den Wandel von *d* > *t* wurde das Dm wohl nicht mehr mit ae. *gemynd* > ne. *mind* in Zusammenhang gebracht; vgl. *OED* s. v. *Worthmint.*

4.5.6. Völlig verdunkelte Komposita

Bei der Entstehung der völlig verdunkelten Kp. spielen meist mehrere der bisher genannten Faktoren zusammen. Rein synchron sind die völlig verdunkelten Kp. als einmorphemige Wörter einzustufen.

an-lypig, SermRdE, ist morphologisch anscheinend noch nicht stark verdunkelt; auch *onlepi, anlepi, TrinH, AncR* usw. waren vielleicht noch durchsichtig. Stark oder völlig verdunkelt sind dagegen Formen wie *analpi, LambH; alpi, LaȝB* usw.; *elpi, LyricsXIII.* Vgl. oben 3.3.14.5.

bern(e) ‚Scheune', *O&N,* < ae. *bere-ern* ‚Roggen-Haus' (zum Teil aber schon ae. verdunkelt); ne. *barn.* Vgl. oben 3.2.13.5.(2) unter *-ern;* ferner 4.5.2.

fulluht: s. o. 4.5.5.

hilewoh, LaȝB O 12 920, möglicherweise für *halle-wah* ‚Hallenwand', *LaȝB* C 12 920.

hired: s. o. 3.2.13.5.(2) unter *-rede(n).*

lady: Formen wie *hlæfedie, WintBR, hlæfdig, ChronE,* waren morphologisch möglicherweise noch nicht ganz verdunkelt; völlig verdunkelt sind dann aber Formen wie *lafdi, TrinH; leafdi, AncR, HMeid; lauedi, AncR*, Hs. C; *laffdiჳ, Orrm; lady, Flor&B.* S. o. 3.2.9.5.(1); ferner Götz 1971:82; Faiß 1978:140–142.

lord: ae. *hlāfweard* (ursprüngl. ,Brotwächter') ist schon seit Beginn des Me. auch morphologisch verdunkelt. Offenbar wurde zuerst das Dm abgeschwächt und dann bald das ganze Wort einmorphemig: *hlaford, VespAH1; laferd, ChronE; louerde, lauerd, LambH, PMor* usw.; *lauerrd, Orrm; lord, KentSerm.* Götz 1971:85; Faiß 1978:146 f.

orchard: s. o. 4.4.1.; Götz 1971:90; Faiß 1978:164 f.

weoued, weued ,Altar', *AncR, LaჳB* usw.; < ae. *wig-bed* (ursprüngl. ,Tisch für das Götzen-/Götterbild'); schon im Ae. ist die verdunkelte Form häufig; im Me. kommt nur noch sie vor. Vgl. Käsmann 1961:210–214.

waferiht, TrinH; ein Versehen für **weafed-rift* (ME) ,Altartuch'. Siehe Morris (ed. *TrinH*), S. 215; Käsmann 1961:211 f. (bezeichnet *waferiht* (< *weafed-rift)* als „verstümmelte alte Form" – es scheint sich aber um ein Hap.leg. zu handeln).

wumon usw. ,Frau': s. o. 4.5.2.

4.5.7. Die Wochentagsnamen

Die morphologische Verdunklung von Kp. ist gewöhnlich eine Folge ihrer semantischen Lexikalisierung; vgl. oben 1.4.3.8.[27] Es gibt gelegentlich aber kompliziertere Fälle. So kommt es auch im Me. vereinzelt vor, daß Kp. zwar bereits verdunkelt sind, aber aufgrund von historisch-etymologischem Wissen mancher Sprecher zumindest für diese semantisch trotzdem noch durchsichtig sind. Dies gilt insbesondere für die Behandlung der Wochentagsnamen bei Laჳamon.[28] In *LaჳB* CO 6935–6954 zählt er zunächst die Götter der Germanen auf und ordnet ihnen dann die Wochentagsnamen zu.[29] Zumindest für *LaჳB* können die Dt der Wochentagsnamen deswegen strenggenommen nicht als blockiert gelten und die Namen nicht als lexikalisiert, sondern noch als voll motiviert. Manche waren aber trotzdem schon etwas verdunkelt, was sich daran zeigt, daß sie im Kp. anders geschrieben werden als die entsprechenden Simplicia:

---

[27] Nicht alle lexikalisierten (semantisch isolierten) Kp. werden jedoch verdunkelt.

[28] Ein berühmtes Beispiel für die etymologisch richtige Erklärung eines möglicherweise schon auf dem Weg der Verdunklung befindlichen Kp. ist Chaucers "... the dayesie, That wel by reson that it calle may the dayesye or elles the ye of day", *The Legend of Good Women*, 182–184. Siehe ferner oben 4.5.1. für Orrms Erklärung von *goddspell*.

[29] Die Passage ist in *LaჳB* zweigeteilt: In 6935–6945 wird eine Reihe von Göttern aufgezählt; in 6946–6954 werden einige dieser Götter nochmals genannt und ihnen die Wochentagsnamen zugeordnet. Die beiden Aufzählungen sind aber nicht genau koordiniert: nicht allen der zuerst aufgezählten Götter werden anschließend Wochentagsnamen zugeordnet, und umgekehrt werden nicht alle Götter, die in Wochentagsnamen erscheinen, schon in der ersten Aufzählung genannt.

LaʒB, Hs. C 6947–6954		*LaʒB*, Hs. O 6946a–6954	
Sunne	Sonedæi	---	---
Mone	Monedæi	Mone	Moneday
Tidea	Tisdæi	Tydea	Tisdei
Woden	---	Woden	Wendesdai
þunre	þunresdæi	þonre	þorisdai
Freo(n)	Fridæi	Frea	Friday
Saturnus	Sætterdæi	Saturnus	Sateresdai

Auch in den anderen frühme. Texten finden sich zum Teil schon Formen mit verdunkelten Dt:[30]

Monday: zunächst finden sich meist noch die durchsichtigen Formen *monandæg(e)*, *WintBR; monedei, LambH* IV usw. – die anzusetzende Kürzung des *o* in drittletzter Silbe spiegelt sich in der Schreibung zunächst nicht wider. Eindeutig verdunkelt ist aber *munendai, Gen&Ex* (mit (ungeklärter) Hebung des gekürzten *o* > *u*). Fraglich ist, ob man ne. *Mon-* noch als Allomorph von *moon* ansehen kann.

Wednesday: ursprüngliches *wodnes-dei* noch in *ChronE;* dann aber verdunkelte Formen: *weodnes-dei, AncR* A 17v/6; *wednes-dei, AncR* C 28r/22; *Wendes-dei*, *LaʒB* O 6950 f.

Thursday: ae. *þunresdæg*, so z.B. noch in *LaʒB* C 6951 (*þunres-dæi*) – *þorisdai*, *LaʒB* O 6950–1 ist dagegen anord. Lehnwort. Bei der Entstehung von ne. *Thursday* wirken ae. und anord. Formen zusammen, siehe Faiß 1978:110 (nur vom Ae. geht d'Ardenne (ed. *StJul*), S. 199 f., aus).

Friday: *ChronE* hat noch die Form *Friʒe-dæg;* eindeutig verdunkelt ist *fridei*, z.B. *StKat.*

Saturday: die ursprüngliche ae. Form ist *Sæternes-dæg*, aber bereits im Ae. kommen verdunkelte Formen wie *Sæterdæg* usw. vor. Me. *seterdæg, WintBR; saterdai, LambH* usw.

Im Ne. sind alle Wochentagsnamen teilweise verdunkelt, weil bei allen das Dm zu /dɪ/ abgeschwächt ist[31] und bei fast allen das Dt nicht mehr selbständig vorkommt, also ein blockiertes Morphem ist: *Mon-day* (vgl. aber oben), *Tues-, Wednes-, Thurs-, Fri-, Satur-;* nicht dagegen *Sun-day.*

4.5.8. Komposita, deren Verdunklung sich erst später nachweisen läßt

Eine Reihe von Kp. aus den frühme. Texten sind erst im Ne. deutlich verdunkelt. Von unserem frühme. Material her läßt sich aufgrund der Schreibung keine oder nur schwache Verdunklung nachweisen; es ist aber nicht

---

[30] Siehe dazu jeweils Götz 1971:63 f.; Faiß 1978: 105–112; *ODEE.*

[31] Man könnte /dɪ/ allerdings als morphologisch bedingtes Allomorph von /deɪ/ einstufen (vgl. oben 4.5.), zumal es daneben auch immer noch die Aussprache mit /deɪ/ gibt.

ausgeschlossen, daß in einzelnen Fällen die oben genannten Verdunklungs-vorgänge wie Kürzung des Dt oder Abschwächung des Dm schon im Me. stattfanden.[32] Dazu gehören:

nafegar-speer: ae. *nafu-gar* > ne. *auger.*

bryd-ealo > ne. *bridal.*

daies-eye > ne. *daisy.*

fore-heued > ne. *forehead* /fɒrɪd/.

grounde-swelge > ne. *groundsel.* Vgl. oben 3.2.9.5.(1).

herbyrge > ne. *harbour.* Vgl. oben 3.2.9.5.(2).

holidei > ne. *holiday* /hɒlədɪ/ (neben /hɒlɪdeɪ/).

hus-bonde > ne. *husband.*

Cristes-masse > ne. *Christmas.*

Michaelmasse > ne. *Michaelmas.*

riht-wis > ne. *righteous.* Die beginnende Verdunklung zeigt sich bei *Malory:* *ryghtwos.*

shep-hirde > ne. *shepherd* /ʃepəd/.

scireue (bereits leicht verdunkelt aus ae. *scīr-gerēfa*) > ne. *sheriff.*

sti-rop(s) > ne. *stirrup.* Vgl. oben 3.2.7.5. (S. 192 f.).

win-geardes, winiærd, winyard(e), ChronE, KentSerm > ne. *vineyard* ‚Weinberg‘, siehe *OED* und *ODEE* s. v. *Vineyard;* ferner *OED* s. v. *Winyard.*

4.6. Lehneinflüsse auf die Komposition im Frühmittelenglischen

4.6.1. Formen des Lehneinflusses

Die Lehneinflüsse auf die Komposition lassen sich nach zwei einander überschneidenden Gesichtspunkten gliedern, nämlich einerseits den For-men des Lehneinflusses, andererseits den Sprachen, aus denen entlehnt wurde. An Sprachen sind in erster Linie das Altfranzösische, in zweiter das Altnordische wichtig, dann auch das Lateinische, in geringerem Aus-maß ferner das Mittelniederländische und das Keltische. Bei den Formen kann man im Hinblick auf die Komposita unterscheiden zwischen 1. ent-lehnten Kompositionstypen, 2. entlehnten Komposita, 3. hybriden Kom-posita und 4. Lehnbildungen.[33] Der Komplex der Lehneinflüsse kann hier nicht im Detail dargestellt werden; es soll aber vor allem die Fragwürdig-keit der Thesen von Wolff 1975:49−51 deutlich gemacht werden (vgl. auch

---

[32] Ein Teil dieser Kp. ist bei Götz 1971 und Faiß 1978 besprochen. Vgl. auch oben 4.5.5. für Kp., bei denen sich die Abschwächung des Dm erst im Ne. nachweisen läßt.

[33] Zur formalen Untergliederung des Lehngutes siehe auch z. B. Gneuss 1955, Toth 1980, je-weils mit weiteren Literaturhinweisen.

oben 1.2.5.). Wolff behauptet zum einen, daß die romanischen Wortbildungsmodelle „für den Bereich der Komposition im Mittelenglischen nur
eine sehr geringe Rolle gespielt" hätten (1975: 49), zum anderen, „daß die
Zahl der hybriden Bildungen überschätzt wird" (1975: 51).

4.6.2. Entlehnte Kompositionstypen

Für das System der Komposition am wichtigsten sind die entlehnten
Kompositionstypen. Wie oben 3.2.15. und 3.2.16. gezeigt wurde (und natürlich auch schon vorher bekannt war), entstanden sowohl der Typ der
Imperativkp. (Vb+Sb/Ø$_{Sb}$) als auch der Typ der Inversionskp. *(Sb/Sb,
Sb/Adj)* im Me. aufgrund frz. Vorbilder. Die Zahl von zwei entlehnten
Kompositionstypen ist nicht so gering, wie sie zunächst vielleicht aussieht,
wenn man bedenkt, daß dies anscheinend so ziemlich die einzigen entlehnten Kompositionstypen im Verlauf der ganzen englischen Sprachgeschichte sind.[34] Die Zahl der im Me. aus dem Frz. entlehnten Präfixe und Suffixe
und damit die Umwälzung im System der Affixe ist in der me. Zeit wesentlich größer als die Umschichtung im Bereich der Komposition. Das
System der Komposita war schon im Ae. recht gut ausgebaut und trug zumindest im Ansatz auch schon den Keim einiger späterer Entwicklungen
in sich (siehe jeweils oben Kap. 3), so daß wohl auch gar keine Notwendigkeit mehr bestand, noch Kompositionstypen in größerem Umfang zu ent-
lehnen.

4.6.3. Entlehnte Komposita

Generell zerfallen die entlehnten Kp. in zwei Gruppen: Manche sind auch
im Englischen durchsichtig, andere sind es nicht. Frz. Lehnwörter können
durchsichtig sein, wenn ihre Konstituenten auch selbständig entlehnt wurden, z. B. bei *fol-hardi* (ne. *foolhardy*); durchsichtig muß ferner zumindest
ein Teil der Bildungen nach den im Engl. zunächst noch nicht vorhandenen Kompositionstypen gewesen sein, weil diese Typen ja nicht abstrakt
entlehnt wurden, sondern erst im Anschluß an eingebürgerte Entlehnungen produktiv werden konnten. Bei den an. Lehnwörtern muß die etymologische Verwandtschaft der Elemente zum Teil noch klar gewesen sein;

---

[34] Auch das Bildungsmuster der transpositionellen Adj ('Someone advises the president' →
presidential adviser; vgl. oben 1.3.3. unter (5) sowie 1.4.3.7. zu Levi) geht anscheinend auf
frz. Einfluß zurück, tritt aber im Frühme. noch nicht auf. Beim Kompositionstyp Sb/
Vb+*er(e)* ist zwar das Suffix letztlich entlehnt, aber nicht der Kompositionstyp als solcher.

jedenfalls wurden in entlehnten skandinavischen Kp. oft die entsprechenden engl. Wörter substituiert, so wurde z. B. an. *-maðr* grundsätzlich durch
engl. *-man* ersetzt, vgl. z. B. an. *karl-maðr* > me. *carl-man*; vgl. ferner Bildungen wie *nihter-tale* ‚Nachtzeit‘ (< an. *náttar-þel*). Die Grenze zwischen Lehnwort und Lehnübersetzung ist hier fließend; vielleicht sollte
man Bildungen wie die genannten als adaptierte Lehnwörter bezeichnen.
Freilich stellt sich gerade bei den an. Entlehnungen zum Teil die Frage, wie
weit es sich wirklich um Entlehnungen aus dem An. ins Ae. bzw. Me. handelt und wie weit lediglich um unabhängige Parallelbildungen. Auch die
Wörterbücher geben hier zum Teil unterschiedliche Auskünfte. So sind
z. B. *backbiter* (me. *bac-bitere*) und *whoredom* (me. *hor-domes*) laut *OED*
(vgl. auch *ODEE*) Lehnwörter aus dem An., während das *MED* den Eindruck erweckt, daß sie heimische Bildungen sind. Ein Teil der aus dem Frz.
und Anord. entlehnten Kp. ist im Me. aber verdunkelt, z. B. wenn ihre
Konstituenten nicht auch selbständig entlehnt wurden.

Es folgt eine Auswahl der entlehnten Kp. aus unserem Material; nicht
mehr berücksichtigt werden gewöhnlich insbesondere die Bildungen, die
schon bei der Besprechung der Typen Adj/Sb (oben 3.2.3.5.(5)), Num/Sb
(oben 3.2.4.5.), Vb+Sb/Ø$_{Sb}$ (3.2.15.5.) und *Sb*/*Sb*, *Sb*/*Adj* (3.2.16.5.) aufgeführt wurden. Auch auf Namen wird nicht eingegangen. Ferner sind vor
allem Entlehnungen ins Me. erfaßt. Aufgenommen sind allerdings auch einige Bildungen, die zwar in der Ursprungssprache (Lat., Frz., An.) Kp. waren, aber im Englischen wohl kaum noch als solche erkannt wurden.

(1)   Unmittelbar aus dem Lateinischen entlehnte Kp. sind relativ selten;
manche davon waren außerdem im Englischen wohl nicht mehr durchsichtig.

cethegrande: s. o. 3.2.16.5.(1). Im Engl. möglicherweise durchsichtig.
febrefugia ‚Mutterkraut, Frauenminze‘ (wörtl. ‚Fiebervertreiberin‘), *HrlVoc.* Vgl.
     ODEE s. v. *feverfew;* unten (2) *fewerfue.*
holocaust ‚Brandopfer‘, *Gen&Ex* 1326 (1319 *holocaustum*); die Form *holocaust* könn-
     te auch aus dem Frz. übernommen sein; vgl. *ODEE.*
millefolium ‚Schafgarbe‘ (wörtl. ‚Tausendblatt‘), *HrlVoc.* Vgl. unten (2) *milfoil.*
pentecost ‚Pfingsten‘, *Art&Merl, Malory,* war im Ae. aus dem Lat. entlehnt worden,
     wurde im Me. aber aus dem Frz. neu entlehnt, siehe *ODEE* s. v. *Pentecost.*
pusillanimitas ‚Kleinmut‘, *AncR* A 54v/3, C 85r/17. Im *MED* nur *pusillanimite* <
     Afrz. im späten 14. Jh.

(2)   Aus dem Frz. und Agn. entlehnte Komposita (einschließlich der
letztlich aufs Lat. zurückgehenden)
(a)   Von den folgenden waren im Frz. wohl die meisten durchsichtig, im
Engl. waren dagegen viele undurchsichtig oder nur teildurchsichtig:

aunbesas, ambesaas, amesas, wörtl. ‚beide Asse‘, dann ‚Glück‘ oder ‚Unglück‘, *Har-rowH, SEL*. Vgl. *MED* s. v. *ambes-ās*.

bonaire ‚freundlich, höflich‘, *SirTristr, Art&Merl*.

calke-trappe a) ‚Falle, Fußangel‘, b) Pflanzenname; *GlossNeck, HrlVoc*. Die Etymologie ist komplex: ae. *calcatrippe* usw.; *ME* < afrz. (agn.) *calketrappe* usw.; mlat. *calcatrippa*. Ne. *caltrop*, vgl. *ODEE*.

chaumpe bataile ‚Feldschlacht, Schlachtfeld‘, *KingAlex* 1237; syntakt. Gruppe laut Smithers (ed. *KingAlex*).

cuccu: s. o. 3.2.17.5.

drugeman ‚Übersetzer, Dolmetscher‘, *KingAlex*. Das zweite Element wurde im Engl. möglicherweise (volksetymologisch) mit *-man* identifiziert, so daß *druge-* als blockiertes Morphem einzustufen wäre. Ne. *dragoman*, vgl. *ODEE; MED* s. v. *drugeman*.

fewerfue ‚Mutterkraut, Frauenminze‘, *HrlVoc*. Vgl. *ODEE* s. v. *feverfew* sowie oben (1) *febre-fugia* (lat.).

fyldor: s. o. 3.2.18.2.

fol-hardi ‚tollkühn‘, *AncR*. Ferner: *fol-semblant, fole-sage*.

homicide ‚Mord‘, *AncR* A 54r/27. Im Engl. nicht analysierbar.

iambleué ‚erhobene Beine‘ (?‚Tanzschritt‘), *Cockaygne*. Afrz. *jambe levée*. *MED* s. v. *jaumb-leve*.

maudeflank ‚Seitenweh, Bauchweh‘, *SEL*. Siehe *MED* s. v. *mal-de-flanke* sowie oben 3.2.18.2.; vgl. ferner oben 3.2.3.5.(5).

milfoil ‚Schafgarbe‘, *HrlVoc*. Afrz. *milfueil*. Vgl. oben (1) *millefolium*.

reremeyn ‚Schlag mit der Rückhand‘, *KingAlex, Malory; rerewarde* ‚Nachhut‘, *SEL*.

solsecle ‚Heliotrop‘, *HrlVoc, LyricsXIII* (geht auf lat. *solsequium* zurück).

unicorne ‚Einhorn‘, *AncR, KingAlex* (geht auf lat. *unicornis* zurück).

Aus den späteren Texten:

advaunte-garde ‚Vorhut‘, *Malory*.

baselycoc ‚Basilisk‘, *Ayenb*. Vielleicht wurde das Dm (volksetymologisch) mit *cock* assoziiert. Vgl. *MED basilicok*.

folebayrie ‚törichtes Streben‘, *Ayenb*. Vgl. *MED* s. v. *fole-bairie*.

lyefftenaunte ‚Leutnant‘ (wörtl. ‚Platzhalter‘, d. h. ‚Stellvertreter‘), *Malory*.

rerebrace ‚Schutz für den Oberarm‘, *Malory*.

vawmbrace ‚Schutz/Rüstung für den Unterarm‘, *Malory*.

vawarde ‚Vorhut‘, *Malory*.

(b) Nicht nur im Englischen, sondern wohl schon im Frz. verdunkelt waren dagegen vermutlich Bildungen wie die folgenden, die deshalb synchron nicht mehr zu den Kp. zu rechnen sind:

alblast ‚Armbrust‘, *Art&Merl* 7949. Lat. *arcu-ballista*. Vgl. *MED* s. v. *arblast*.

berefrei ‚beweglicher Turm‘, *KingAlex*. Dt. *Bergfried;* ne. *belfry*.

conestable, cunestable, constable ‚Hausverwalter, Befehlshaber einer Festung' usw., *SWard, Hav, SirTristr* usw. Lat. *comes stabuli.*

goinfainoun, gomfaynoun usw. ‚Banner, Fahne, Standarte', *SirTristr, Art&Merl, KingAlex.* German.; vgl. ahd. *gundfano. MED* s. v. *gounfanoun.*

hauberk, hawbirke ‚Harnisch', *SirTristr, Art&Merl, KingAlex* usw. Afrz. *hauberc* usw. < ahd. *halsberg* usw.

marescal, marschal usw. ‚hoher Offizier, hoher Beamter' (ne. *marshal*), *ProclHenIII, KingAlex.* Afrz. *mareschal* < German.

(3) Sicher oder möglicherweise aus dem Altnordischen entlehnte (bzw. adaptierte oder teiladaptierte) Kp. (vgl. dazu jeweils Björkman 1900–1902 u. Hofmann 1955)

(a) Die folgenden waren im Englischen wohl durchsichtig oder zumindest teildurchsichtig:

bac-bitere(s) ‚Verleumder' (wörtl. ‚Rückenbeißer'), *AncR.* Vgl. an. (mittelschwed.) *bak-bitari; ODEE* s. v. *back-bite.*

bode-word ‚Gebot, Verkündigung', *Orrm.* Vgl. an. *boð-ord.*

bren-ston ‚Schwefel' (wörtl. ‚Brennstein'), *StMarg/2.* Vgl. *ODEE* s. v. *brimstone* sowie oben 3.2.7.5.

bropp-fall ‚epileptischer Anfall, Epilepsie' (wörtl. ‚plötzlicher Fall'), *Orrm.* Vgl. an. *broð-fall*, altisländ. *brotfall.* Vgl. oben 4.4.3.(4).

bul-axe ‚Streitaxt, Axt', *Orrm.* Vgl. an. (altisländ.) *bol-ǫx; MED* s. v. *bol-axe* sowie oben 4.4.3.(4).

bulder-ston ‚runder Stein', *Hav.* Vgl. schwed. *bullersten;* s. o. 4.4.3.(4).

carl-man ‚Mann', *ChronE.* Vgl. an. (altisländ.) *karl-maðr; ODEE* s. v. *carl* sowie oben 4.4.3.(4). Im Me. ist das Kp. früher belegt als das Simplex *carl.*

chaffare ‚Handel' (wörtl. urspr. ‚Kauffahrt'), *AncR* usw. Vgl. an. *kaupfǫr* sowie oben 4.5.2.

cristene-man, cristeman (ae) ‚Christ'; vgl. an. (altisländ.) *Krist-maðr.*

far(e)-cost ‚Boot, Schiff' (‚Transportmittel'), *LaȝB.* Vgl. an. (altisländ.) *far-kostr; OED* u. *MED* s. v. *far-cost.*

frið-land ‚friedliches Land; Land, mit dem man im Frieden ist', *ChronE.* Vgl. an. *friðr-land.*

gled-read ‚glühendheiß, rot wie glühende Kohlen', *SWard.* Vgl. an. *gloð-rauðr.*

goder-hele; s. o. 3.2.3.3.(3); vgl. an. (altisländ.) *gōdu heilli* und *MED* s. v. *gōder hele.*

gra-scinnen ‚von grauem Fell, Pelz', *ChronD* 1075. Vgl. an. *grāskinn.*

ham-socne (ae) ‚Angriff auf jemand in dessen eigenem Haus', *ChartHenII.* Vgl. an. (altisländ.) *heim-sokn; MED* s. v. *hamsokne; OED* s. v. *hamesucken.*

hal-wei, healewi ‚Heilwasser, Balsam', *AncR.* Vgl. an. *heil(i)-vagr; MED* s. v. *hale-weie;* oben 4.4.2.

helle-bu (ME, h) ‚Höllenbewohner, Teufel' (oder ?‚Höhlenbewohner'), *KingAlex.* Vgl. an. (altisländ.) *hellis-būi;* Smithers (ed. *KingAlex*), II,135; d'Ardenne (ed. *StJul*), S. 145 f.; *MED* s. v. *hellebu.*

362

hus(e)-bonde (spätae.) ‚Hausherr, Haushaltsvorstand, Gatte‘ (ne. *husband*), *TrinH* usw. Vgl. an. *husbondi; MED* s.v. *hous-bonde.*

hus-carles (spätae.) ‚Gefolgsleute, Leibwächter (der dän. Könige)‘ (wörtl. ‚Hauskerle‘), *ChronE.* Vgl. an. (altisländ.) *huskarl; MED* s.v. *hous-carl.*

husting(e) (ae) ‚(Rats)versammlung (im engen Kreis), Gerichtsversammlung‘ (wörtl. ‚Hausversammlung, Hausding‘), *La3B* (häufig in Hs. C; in Hs. O meist ersetzt). Vgl. an. *hūs-þing; MED* s. v. *husting; ODEE.*

in-siht ‚Einsicht‘, *La3B.* Vgl. schwed. *insiht* usw.; *ODEE* s.v. *insight.*

ku[n]g-dom ‚Königreich‘, *Gen&Ex.* Vgl. an. *konungdomr.*

le3he-menn ‚Lohndiener, gemietete Diener‘, *Orrm.* Vgl. altisländ. *leigu-maðr* sowie oben 4.4.3.(4). Hybride Lüs.

mete-niðinges ‚Geizhälse‘, *PMor.* Vgl. an. *matniðingr.*

nihter-tale ‚Nachtzeit‘, *Hav.* Vgl. an. *nattarþel* sowie oben 2.4.2.6.

rædes-mann (ae) ‚Ratgeber, Ratsherr‘, *AncR.* Vgl. an. *raðs-maðr.*

rot-fest ‚fest eingewurzelt, fest ebabliert‘ (wörtl. ‚wurzelfest‘), *ChronE.* Vgl. an. *rótfastr.*

samm-tale ‚einig‘, *Orrm.* Vgl. *OED* s.v. *Samtale.*

sander-bodes, sander-men ‚Boten‘: vgl. oben 2.4.2.6.

spannewe ‚ganz neu, brandneu‘ (wörtl. urspr. ‚span-neu‘), *Hav, KingAlex.* Vgl. an. *spān-nȳr* sowie oben 4.4.3.(4).

steores-mann (ae) ‚Steuermann‘ (ne. *steer(s)man*), *StMarg/1.* Vgl. an. *styri(s)maðr.*

þrel-werkes ‚Sklavenarbeit, Knechtsarbeit‘, *LambH, La3B.* Vgl. an. *þræl-verk.*

þurs-day: s.o. 4.5.7.

ut-lages, ut-lahen, vt-la3en usw. (spätae.) ‚Gesetzlose, Geächtete‘ (ne. *outlaws*), *ChronE, AncR* usw. (häufig). An. *utlagi.*

hor-domes ‚Hurerei‘, *TrinH* usw. Vgl. an. *hōr-dōmr.*

wrang-sehtan, wrang-sehte (Pl) ‚die Uneinigen, Verfeindeten‘ (*discordantes*), *WintBR, VespAH.* Vgl. an. *rangsattr;* siehe Stratmann 1891 s.v. *wrang-seht.*

wrang-wis(e) ‚falsch, ungerecht‘, *PMor.* Vgl. Stratmann 1891 s.v. *wrang-wis.*

(b) Die folgenden waren im Englischen wohl nicht mehr durchsichtig:

feolahes, felawes usw. (spätae.) ‚Gefährten, Partner, Teilhaber‘ (ne. *fellow*), *AncR, HMeid, StKat* usw. (häufig). Spätae. *feolaga* < an. *félagi.* Vgl. *MED* s.v. *felaue.*

gersum(as), gærsume, gersume, garsum, garisom usw. (ae) ‚Schatz, Schätze‘, *ChronE, LambH, TrinH* usw. (häufig). Vgl. an. *görsemi* usw.; *MED* s.v. *gersume.*

herbyrge, herbearhe, herbar3e usw. (spätae.) ‚Herberge‘ (ne. *harbour*), *SermRdE, AncR* usw. Vgl. an. (altisländ.) *her-bergi; MED* s.v. *herberwe.*

nowcin, newcin usw. ‚Mühsal, Plage, Leiden, Unglück‘, *StKat, StMarg/1,* *SWard.* Vgl. an. *nauð-syn.*

wandrede, wanred(e), wontreaðe, wondred usw. ‚Plage, Mühe, Schwierigkeit(en), Unglück, Elend‘, *LambH, TrinH, AncR* usw. An. *vandrǣði;* vgl. *OED* s.v. *Wandreth.*

window(es), *windoge*, *wyndewes* usw. ‚Fenster‘ (wörtl. ursprüngl. ‚Windauge‘), *AncR, La3B, Gen&Ex* usw. An. *vindauga*.

(4) Aus dem Mittelniederländischen sicher oder vielleicht entlehnt:

after-clap ‚Vergeltung, schlimme Folgen‘ (wörtl. ‚Nach-schlag‘), *Art&Merl*. Vgl. mndl. *after-clap*, mndt. *achter-clap*.

corne-tas ‚Kornhaufen‘, *KingAlex*. Mndl. *corntas*.

hert-polk ‚Herzgrube‘, *Art&Merl*.

mon-drake ‚Alraun(wurzel)‘, *LyricsXIII*. Im Englischen wohl volksetymologisch an *man* und *drake* angeglichen. Vgl. *ODEE* s.v. *mandrake* (wahrscheinlich aus mndl. *mandrage*, vgl. aber auch lat. *mandragoras*, afrz. *mandrago(i)re*); *MED* s.v. *mandrage*.

Martyn-ape ‚affenähnliches Tier‘ (wörtl. ‚Martinsaffe‘), *KingAlex*. Vgl. mndl. *Mertijn die aep; MED* s.v. *martin-āpe*.

nek-bon ‚Nacken, Hals‘ (wörtl. ‚Nackenknochen‘), *SirTristr, Art&Merl* usw. Vgl. mndl. *nacbeen* usw.

water-gong ‚Strömung, Flut‘, *Gen&Ex*. Vgl. mndl. *watergang;* an. *vatnagangr*.

water-kressen ‚Wasserkresse‘, *KingAlex*. Vgl. mndl., mnddt. *waterkerse*.

(5) Vielleicht aus dem Mittelhochdeutschen:

wipper-hoked ‚mit Widerhaken versehen‘, *Art&Merl*. Vielleicht Ableitung von einem Lw (vgl. mhd. *widerhake;* dt. *Widerhaken*); im Engl. ist aber anscheinend kein Sb *witherhook* belegt.

4.6.4. Hybride Komposita

Hybride Kp. sind englische Zusammensetzungen, die aus einem entlehnten und einem heimischen Element bestehen, oder auch Kp. aus zwei entlehnten Elementen, die jedoch erst im Englischen zusammengefügt wurden. Seine Aussage, daß die Zahl der hybriden Bildungen im Me. überschätzt werde, stützt Wolff auf keinerlei Literaturangaben; es scheint auch nicht viel Literatur speziell zu den hybriden Kp. im Englischen bzw. Mittelenglischen zu geben. Wehrle 1935 geht fast nur auf hybride Präfix- und Suffixbildungen ein (s.o. 1.2.1.); Serjeantson 1935:7 stellt lediglich ganz allgemein fest, daß hybride Kp. im Englischen nicht ungewöhnlich sind und gibt ein paar Beispiele, aber keine Zahlenangaben oder Statistiken.[35] Ähnlich verfahren Baugh/Cable 1978:§ 134, die darauf hinweisen, daß die frz. Lehnwörter im Me. schnell assimiliert und bald mit heimischen Elementen kombiniert wurden.

---

[35] "Hybrid compounds of noun plus noun, adjective plus noun, etc., are not uncommon". Scheler 1977:80f. geht auf hybride Kp. nicht ein.

Unbeschadet der obigen Definition kann man den Kreis der hybriden Kp. für das Frühme. (wie auch für andere Sprachperioden) jedoch weiter oder enger ziehen: Wenn man rein etymologisch vorgeht und alle jemals entlehnten Wörter mitrechnet, auch solche, die schon lange in die Sprache integriert sind und keineswegs mehr als fremd empfunden werden, ist die Zahl der hybriden Kp. sicher deutlich höher als wenn man nur solche Lehnwörter rechnet, bei denen den Sprechern vermutlich noch bewußt ist, daß es sich um aus einer anderen Sprache übernommene Wörter handelt. Dieses Bewußtsein der Sprecher vom Fremdwortcharakter eines Wortes läßt sich, zumal für ältere Sprachstufen, selbstverständlich ebenfalls nicht immer leicht nachprüfen.[36] Im folgenden wird aber trotzdem nicht nach dem rein etymologischen Prinzip vorgegangen, sondern der Kreis der hybriden Kp. wird enger gezogen:

(1) Es werden in der Regel nur die im Me. gebildeten hybriden Kp. berücksichtigt, und zwar im wesentlichen nur solche, die erst im Me. entlehnte Lehnwörter enthalten, aber nicht solche mit bereits im Ae. entlehnten Wörtern, wie z.B. *ancre, ærcebiscop, biscop, candel, chirche, easter* usw.

(2) Freilich gibt es auch hier Grenzfälle, unter anderem deswegen, weil manche ae. Wörter bzw. ins Ae. (aus dem Lat.) entlehnte Wörter im Me. durch die entsprechenden an. oder afrz. Wörter verstärkt, überlagert oder modifiziert wurden. Dies gilt z.B. für *castel* (schon spätae. aus dem Lat. entlehnt; im Me. aus dem Agn. neu entlehnt); *meistre* (schon ae. als *mægester* aus dem Lat. entlehnt; im Me. durchs Frz. verstärkt); *scape* (ae. *sceapa*, ne. *scathe*: die Aussprache mit /sk/ weist auf den Einfluß des entsprechenden an. Wortes hin) und *turn* (ein ae. Wort, das im Me. wohl mit dem entsprechenden frz. Wort zusammenfiel). Diese werden hier berücksichtigt; nicht dagegen z.B. *candle* und *palm,* die ebenfalls schon im Ae. existierten und im Me. durchs Lat. bzw. Frz. verstärkt wurden. Ferner werden auch einige erst im Spätae. (11. Jh.) auftauchende (besonders an.) Lehnwörter berücksichtigt, z.B. *feolah(es)* und *pral.*

(3) Bei manchen Elementen ist die Etymologie unklar bzw. umstritten, vgl. z.B. unten zu *gref-hound;* dieses Kp. wird hier mit berücksichtigt,

---

[36] Sicher als Fremdwörter empfunden wurden aber Wörter, die in den frühme. Texten explizit als solche gekennzeichnet und erklärt bzw. übersetzt werden, z.B. (1) *bigamie is unkinde ðing, / on engleis tale twie-wifing, Gen&Ex,* 449; (2) *Inne Franse weren italde twelfe iferan, / þa Freinsce heo cleopeden dusze pers, La3B* 812 f.; (3) *Malueisin ... þæt is on Englisc yfel nehhebur, ChronE* 1095. Auch tautologische und pleonastische Kp., bei denen ein (in etwa) synonymes heim. Wort mit einem Fremdwort kombiniert wird, scheinen zu zeigen, daß das betreffende Fremdwort noch erklärungsbedürftig war, z.B. (tautolog.) *casteltoun, cite-toun, loue-drurye, or3el-prude, paien-hapen;* (pleonast.) *charbokel-ston, cheysilclop, gref-hounde, figer-tre, marbre-stan* usw., siehe ferner unten 5.2.1.1. (3) und (4).

nicht dagegen z. B. *giue-gauen, AncR*. Bei den Kp. mit an. Elementen sind ferner hybride (also englische) Bildungen und (adaptierte) Entlehnungen nicht immer eindeutig zu unterscheiden, vgl. oben 4.6.3.

(4) Wie schon mehrmals betont, läßt sich nicht immer entscheiden, ob Kp. oder syntaktische Gruppe vorliegt.

(5) Orts- und Personennamen sind im folgenden ausgeklammert.

Es werden hier im wesentlichen also nur diejenigen hybriden Kp. des Allgemeinwortschatzes erfaßt, die im Frühme. mit im Frühme. entlehnten Wörtern gebildet wurden (sowie einige Bildungen mit bereits im Spätae. – meist aus dem An. – entlehnten Wörtern). Dies heißt selbstverständlich trotzdem nicht, daß in all diesen hybriden Kp. die entlehnten Elemente für die Sprecher noch Fremdwortcharakter hatten. Unter Berücksichtigung der genannten Einschränkungen ergeben sich in unserem frühme. Material immerhin ca. 250 hybride Kp. (bzw. mögliche Kp.). Für Etymologie und Bedeutung der einzelnen Elemente sei auf die einschlägigen Hilfsmittel verwiesen (*MED, OED, ODEE*, Björkman 1900–1902, Serjeantson 1935).

Entsprechend der Tatsache, daß die Zahl der Entlehnungen v. a. aus dem Frz. zunächst noch relativ begrenzt war und erst im Verlauf des 13. Jh. immer stärker anstieg (vgl. z. B. Baugh/Cable 1978: § 123), nimmt auch die Zahl der hybriden Kp. in den späteren Texten deutlich zu, wie ein Vergleich von vier Texten zeigt:[37]

(1) *LaʒB* (ca. 1200)[38] weist bei einer Gesamtzahl von ca. 549 Kp. ca. 25 hybride Bildungen auf, das sind 4,5 % – dabei wurden die hybriden Bildungen aus beiden Hss. berücksichtigt, wobei Hs. O deutlich mehr hybride Kp. aufweist als Hs. C, d. h. daß der Lehneinfluß in Hs. O stärker ist als der in Hs. C.[39]

(2) *AncR* (ca. 1200) weist bei einer Gesamtzahl von ca. 324 Kp. ebenfalls ca. 25 hybride Bildungen auf, das sind 7,7 % der Gesamtzahl.

(3) *Hav* (ca. 1280–1300) weist unter ca. 82 Kp. ca. 11 hybride Bildungen auf, das sind 13,4 %.

(4) *KingAlex* (ca. 1300) weist bei einer Gesamtzahl von ca. 230 Kp. ca. 42 hybride Bildungen auf, das sind immerhin 18,6 % der Gesamtzahl.

---

[37] Die hybriden Kp. repräsentieren natürlich nur einen Teil des Lehneinflusses; für eine Darstellung des gesamten Lehneinflusses auf die einzelnen Texte müßten auch die Lehnwörter und eventuelle Lehnübersetzungen berücksichtigt werden.

[38] Die beiden Hss. von *LaʒB* entstanden aber erst in der 2. Hälfte des 13. Jh.

[39] Vgl. dazu auch Sauer 1985 b: § 3.9.2.

4.6.4.1. Hybride Kp. mit lat. Elementen

Hybride Kp. mit Wörtern, die im Frühme. unmittelbar aus dem Lat. entlehnt wurden, gibt es relativ wenige, weil die Mehrzahl der letztlich aufs Lat. zurückgehenden Wörter im Frühme. übers Frz. (bzw. Agn.) entlehnt wurde – dazu vgl. den folgenden Abschnitt. In manchen Fällen läßt sich freilich nicht entscheiden, ob Entlehnung aus dem Lat. oder aus dem Frz. (oder beides zugleich) vorliegt.

cantel-cape, La3B (C). Vgl. oben 4.5.1. sowie jetzt Hoad 1985:134–137; beide Elemente sind aus dem Lat. entlehnt, wobei *cantel* vermutlich eine Sonderform von *canter* (lat. *cantor*) ist.

dromeluss, Orrm. Siehe oben 3.2.18.4.

incubii demones ‚böse Geister' (wörtl. ‚Inkubusdämonen'), *La3B.* Beide Elemente sind aus dem Lat. entlehnt.

latines leden ‚lateinische Sprache', *HMeid, StJul. Latin* kann aus dem Lat. und aus dem Afrz. entlehnt sein.

Passke-da33; Passke-messe; Passkemesse-da3 ‚Ostern', *Orrm.* Vgl. Käsmann 1961:350.

prior-wyce ‚Amt des Priors bzw. der Priorin', *WintBR.* Möglicherweise Lüs, vgl. unten 4.6.5.(1).

4.6.4.2. Hybride Kp. mit frz. bzw. agn. Elementen (die ihrerseits zum Teil aufs Lateinische zurückgehen)

(1) Dt aus dem Frz. entlehnt:

adamantines stan (Kp.?) ‚Adamantstein' (sehr harter Stein), *HMeid.*

angel-hond ‚Engelshand'; *angel-mete* ‚Engelsspeise', *StatRom. Angel* verdrängte die im Frühme. zunächst noch häufigere ae. Form *engel;* für Einzelheiten siehe Käsmann 1961:80–82 und *MED* s.v. *aungel.*

arche-wold ‚Schutz der Arche', *Gen&Ex. Arche* könnte auf ae. *ærc(e), earc(e)* usw. oder auf afrz. *arche* zurückgehen, vgl. *ODEE* s.v. *ark.*

armes spoiling (wohl synt.Gr.), *KingAlex.* Dm ebenfalls < Afrz. Vgl. oben 3.2.12.5.(2).

bestes bodi ‚Tierkörper', *HMeid; beastes crib(be)* wörtl. ‚Tierkrippe', *WohLo.*

brei-gurdel ‚Hosengürtel', *LyricsXIII.* Vgl. oben 4.4.3.(4).

bugle-hornes ‚(Büffel)hörner', *KingAlex.*

cancre-frete ‚krebs(zer)fressen', *SEL.* Vgl. oben 3.3.10.5.

castel-buri, La3B; castel-3(e)at, La3B; castel-men, ChronE; castel-toun, kasstell-tun, Orrm, KingAlex; castel-tour, SirTristr (Dm ebenfalls aus dem Afrz.); *castel-weorces, ChronE.*

cendel Ynde (Kp?), *Art&Merl.* Vgl. oben 3.2.16.5.(1).

chaumber-side, Amis&A; chambre-wowe, KingHorn.

charbucle-ston, charbokel-ston ‚Karfunkelstein', *Floris&B, Hav, KingAlex* usw.

367

cheysil-clop, *PassLord;* *chaysel-smok*, *KingAlex;* *cheisil-scurte*, *LaȝB*. Vgl. oben 2.4.3.4.

chymbe-bellen ‚Zimbalglocken‘, *KingAlex*. Laut *MED* s.v. *chimbe* aus afrz. *chimbe*, aber laut *ODEE* s.v. *chime¹* aus ae. *cimbal*.

chyne-bon ‚Rückgrat‘, *KingAlex*.

cite-toun ‚feste Stadt, ummauerte Stadt‘, *Amis&A*, *KingAlex;* *cite-wal* ‚Stadtmauer‘, *Art&Merl*, *KingAlex*.

contreie-men ‚Landbewohner‘, *SEL*.

coward king ‚feiger König‘, *Art&Merl*.

deserd-lond ‚Wüstenland‘, *Gen&Ex*.

diol-makeing, *Art&Merl*. Vgl. oben 3.2.12.5. Ne. *dole*.

dobbe-dent ‚Zahnarzt‘, *SEL*. Beide Elemente aus dem Afrz., aber anscheinend eine engl. Bildung. Dt: ne. *dub;* Dm: vgl. oben 4.4.3.(4) sowie 3.2.15.5.(1).

eil-purl ‚Fenster‘ (‚Augenöffnung‘ u. ‚Unglücksöffnung‘), *AncR*, *StMarg/1*. Hier ist das Erstelement von ae. *eah-pyr(e)l* > me. *eh-purl* ‚Fenster‘ (wörtl. ‚Augenöffnung‘) ersetzt durch me. *eil* (< ae. *egle*) ‚Unglück, Schwierigkeit‘ (‚Unglücksöffnung‘), gleichzeitig aber mit Anklang an afrz. *ueil* ‚Auge‘. Vgl. Mack, ed. *StMarg/1*, S. 65 f.; Zettersten 1965:87; *MED* s.v. *eil-thurl*. In *AncR* ist dies absichtlich zum Zweck eines komplexen Wortspieles geschehen: *hire eilpurl ... 7 mid good richt muȝen ha beon ihaten ech-purles for ha habbeð idon muchel eil to moni ancre*, *AncR* (C, 26r/4−8).

feol-iheortet ‚mit wildem Herzen‘, *AncR*. Vgl. oben 3.3.14.5.(1 a).

figer-tre ‚Feigenbaum‘, *SirTristr*. Afrz. *figier* ersetzt hier das Dt von ae. *fic -treow*.

flures bred ‚Brot aus feinem Weizenmehl‘ (Kp?), *Gen&Ex*.

forrest-ende, *LaȝB* (O); *forest-plain*, *Amis&A* (Dm ebenfalls < Frz.); *forest-syde*, *KingAlex*.

funt-fat ‚Taufstein‘, *Best*. Ae. *font*, von agn. *funz* beeinflußt.

gentil-dame, *Art&Merl;* *gentil-folk*, *KingAlex;* *gentil-man*, *AncR*, *KingAlex;* *gentile-wommen*, *HMeid*, *LaȝB*. Der Kp.-Status dieser Verbindungen ist fürs Frühme. z.T. noch fraglich.

gigge-lahtre ‚kokettes Gelächter‘, *AncR*.

gomfanoun-bere ‚Bannerträger‘, *Art&Merl*. Vgl. oben 3.2.9.5.(1).

grauel-stones ‚Kieselsteine‘, *KingAlex*.

gref-hounde ‚Jagdhund‘, *KingAlex*. Laut *MED* eine Form von (ae) *grig-hund* > (me) *gre-hound* > (ne) *greyhound;* laut Smithers (ed. *KingAlex*) repräsentiert *gref* jedoch afrz. *greffier* und das Kp. bedeutet ‚Jagdhund‘; Smithers' Erklärung ist die wahrscheinlichere, zumal *KingAlex* auch *grehonden* ‚greyhounds‘ hat.

harlot-grom (Kp?) ‚Schurkenkerl‘, *KingAlex*.

haunche-turn ‚Hüftschwung‘, *AncR*. Zu *turn* vgl. *ODEE*: ae., aber aus dem Frz. verstärkt.

hostel-: s.u. bei *ostel-*.

illond ‚Insel‘, *LaȝB* (O). *LaȝB* (C) hat *ilond*, die Fortsetzung des ae. *ieg-land;* in *illond* ist das Dt aber möglicherweise mit afrz. *isle* > frz. *ile* assoziiert worden. Vgl. auch oben 4.4.1.

368

largemen (Kp?), *WohLo.* Vgl. oben 3.2.3.5.(3).

launce-schaft ‚Lanzenschaft‘, *Art&Merl.*

lecher-craft(e) und *lecher-fare* ‚Unzucht, Geilheit‘, *Gen&Ex.*

liunes-leohe ‚Löwengrube‘ (Kp?), *StKat.*

marbre-ston, marbel-ston ‚Marmorstein‘, *TrinH, La3B* (O), *StKat* usw. Verdrängt das aufs Ae. zurückgehende *marme-stæn(e), La3B* (C) (ae. *marmanstan*).

maister, meister, ma33stre (< ae. *mægester* u. afrz. *maistre*): *-burg, Gen&Ex; -cite, KingAlex* (Dm ebenfalls < Afrz.); *-curtiler, Fox&W* (Dm ebenfalls < Afrz.); *-deoflen, LambH; -dwale, Orrm; -fend, HarrowH; -gomfainoun, Art&Merl* (Dm ebenfalls < Afrz.); *-king, KingHorn; -prest, Gen&Ex; -toun, KingAlex.* Vgl. auch unten 5.2.1.1.(6).

merche-stow(e) ‚Grenzgegend‘, *VespAH.*

mester-men ‚Handwerker‘, *SermAtWrasl.* Afrz. *mestier,* frz. *métier.*

metal-3eters ‚Metallgießer‘, *KingAlex.* Vgl. 3.2.11.5.(1 a).

noble man, KingAlex. Im Frühme. zunächst noch syntakt. Gruppe. Vgl. oben 3.2.3.5.(3).

note-muge, s. o. 3.2.16.5.(1) u. unten 4.6.5.(2): *muge* ist das Lw.

nouembres moneþ ‚Novembermonat‘, *StKat.*

offrande-sel ‚Opferzeit‘, *Gen&Ex.* Afrz. *ofrende.*

oliues bog ‚Olivenzweig‘, *Gen&Ex.*

orr3hell-mod ‚Stolz‘, *Orrm; or3el-prude* ‚Stolz‘, *ProvA, Gen&Ex.* Vgl. oben 3.3.13.5.

ostel-lyverynge ‚Unterkunftszuweisung‘, *KingAlex.* Dm ebenfalls < Afrz. Vgl. oben 3.2.12.5.(1).

paien-hapen ‚Heide‘, *Art&Merl.* Vgl. oben S. 112.

paraise-3eten ‚Paradiespforten‘, *AncR* usw.; *paraise-selhðe* ‚Paradiesglück‘, *HMeid* usw.

pouermen, pore-man (Kp?) ‚Arme(r)‘, *Art&Merl.* Vgl. oben 3.2.3.5.(3).

poyson present (Kp?), *KingAlex.* Beide Elemente < Afrz. Vgl. oben 2.4.3.4., S. 112.

prisun-hille ‚Gefängnis‘, wörtl. ‚Gefängnishügel (?)‘, *LyricsXIII.*

priue-men ‚Vertraute‘, *La3B* (O); *priue-purles* ‚Abortlöcher‘, *AncR.*

pur-blinde, NamesHare, SEL. Vgl. oben 3.3.2.5.(2).

purgatori-fer ‚Fegefeuer‘, *StatRom.*

rasoures egge (Kp?) ‚Rasiermesser-Schneide‘, *KingAlex.*

roche-wall(e) ‚Felsenwand‘, *KingHorn.*

romanz-reding, Hav. Vgl. oben 3.2.12.5.(1).

sepulchre-dure ‚Grabtür‘, *PassLord.*

seneueies corn (Kp?) ‚Senfkorn‘, *Vices&V.*

somer-driuen, DSirith. Vgl. oben 3.3.10.5.(1).

sot-wordes (Kp?) ‚Narrenworte, Unsinn‘, *Vices&V.*

spitel-uuel ‚Aussatz‘ (wörtl. ‚Spitalkrankheit‘), *AncR.* Aus dem Ital. laut *OED* s. v. *Spittle;* aber − und wahrscheinlicher − frz. laut Serjeantson 1935:127 (afrz. *hospital*). − Heimisch ist dagegen das homonyme *spitel* in *spitel-steaf* ‚Spaten‘, das nichts damit zu tun hat.

spus-bruche ‚Ehebruch‘, *AncR; spus-had, LambH, AncR* usw.; *spusing-bendes, O&N;*
Ne. *spouse.* Vgl. oben 3.2.8.5., 3.2.9.5.(2), u. 3.2.13.5.(2).

spices ware (Kp?) ‚Gewürzwaren‘, *Gen&Ex.*

tabour-bete, Body&S/4; tabour-betyng, KingAlex. Vgl. oben 3.2.9.5.(2) und 3.2.12.5.(1).

tresour-hous ‚Schatzhaus‘, *Flor&B.*

virgyne-wax, s. o. 2.4.3.4. (S. 114).

Bildungen mit *-ful* (vgl. oben 3.3.12.5.(2), S. 304):

cost-ful, Gen&Ex; deol-ful, diol-ful, LaȝB usw.; *engyne-ful, KingAlex; g[il]-ful, King-*
Alex; ioy-ful, joye-ful, Flor&B, KingAlex.

Aus den späteren Texten:

Malory:
bay coursor; beste glatyssaunte (wohl syntakt. Gr.); *buff-syde* (nicht sicher, ob <
  buffet side oder < *abuven-side,* d. h. ob Dt entlehnt oder heimisch, vgl. *MED*);
  caytyff knyght; canell-bone ‚Halsknochen‘; *chambir-dore; chambir-wall; cham-*
  bir-wyndow; chapell-dore; chapell-yerde; dyner-time; double-dyked; ermyte-pry-
  ste; fygge-tre; fountayne-stone; lazar-cote; maystir-marynars (auch Dm < Afrz.);
  May-day; meane-whyle; noblemen; porke-hog; preste-ermyte (auch Dm < Afrz.);
  scowte-wacche (vgl. oben 4.4.3.); *souper-time; tendir-herted; terme-day* ‚verein-
  barter Tag‘; *torche-lyght; towre-gate; traytoure-knyght; traytoure kynge* (diese
  beiden möglicherweise syntakt. Gruppen); *Trynyte Sonday* ‚Dreifaltigkeits-
  sonntag‘.
Ayenb:
mene-time; merci-uol.

(2)   Dm aus dem Frz. entlehnt (soweit nicht schon oben genannt):

ancre-ordre, AncR; ancre-riwle, AncR. Zu *ancre* ‚Einsiedlerin‘ selbst siehe weiter
  oben.

chirch-uestemenz ‚Kirchengewänder‘, *AncR* (A).

depes cage (Kp?), *KingAlex; dep-rentes, Art&Merl; deades strif* (Kp?), *Gen&Ex; dep-*
  werres ‚tödliche Kriege‘, *KingAlex.*

deuel-dragouns ‚Teufelsdrachen‘, *SirTristr; deofles scorpiun, AncR.*

douȝtter floure (wohl synt. Gruppe), *KingAlex.* Vgl. oben 3.2.16.5.(1).

est-partie ‚Ostteil, Ostgegend‘, *KingAlex.*

eð-hurte, AncR. Vgl. oben 3.3.7.5.

fende-dragoun ‚Teufelsdrache‘, *SirTristr.*

ferping-wastel ‚Weizenbrot für einen Farthing‘, *Hav.*

fiȝttyng-cas, KingAlex. Vgl. oben 3.2.8.5.

flesches temptatiuns (Kp?) ‚Versuchungen des Fleisches‘, *AncR.*

freondes huckel ‚Freundesmantel‘, *AncR.* Die Etymologie von *huckel* ‚Mantel, Um-

370

hang' ist umstritten: Zettersten 1965:134f. nimmt frz. Ursprung an; vgl. auch *MED* s. v. *huckel.*

ȝæt-essel ‚Türriegel', *LaȝB*(h).

gledd-icheret, SWard. Vgl. oben 3.3.14.5.(1 a).

golt-peint(e), SStBede. Vgl. oben 3.3.10.5.(1).

grey-frere, Lyrics XIII. Ne. *greyfriar* ‚Franziskaner', wörtl. ‚Graumönch'.

griþ-sergeanz ‚Polizisten' (wörtl. ‚Friedenssergeanten'), *Hav.* Dt < An.; Dm < Afrz.

heiȝe auter ‚Hochaltar', *StatRom.*

helle-liun (Kp?) ‚Höllenlöwe', *AncR; helle-weorrur* ‚Höllenkrieger', *AncR.*

hird-clerc ‚Hofkaplan', *ChronE. Clerc* (ne. *clark*) wurde ins Ae. aus dem Lat. und ins Me. aus dem Frz. entlehnt.

hors eschif (wohl syntakt. Gruppe), *AncR.* Vgl. oben 3.2.16.5.(1).

kinges court, Amis&A; kinges crune, KingHorn; kynges deys, KingAlex; kynges felouns, KingAlex.

leafdi-riwle ‚Hauptregel', *AncR.*

lylye-flour ‚Lilienblume', *KingHorn.*

loue-drurye ‚Liebe(ssehnsucht)', *Hav, KingAlex; loue-las* ‚Liebesschlinge', *Art&Merl* (ne. *lace); luue-lettres* ‚Liebesbriefe', *WohLo.*

maister-cite, -curtiler, -gomfainoun: s. o. (1) sowie unten 5.2.1.1.(6) unter *maister.*

mete-graces ‚Tischgebete', *AncR.*

mix-maumez ‚Scheißgötzen', *StJul, StKat.*

mournyng-cheres, KingAlex. Vgl. oben 3.2.8.5. Ne. *cheer.*

mouþ-crieynges, KingAlex. Vgl. 3.2.12.5.

nutes amigdeles (wohl syntakt. Gruppe), *Gen&Ex.* Vgl. oben 3.2.16.5.(1).

ouer-hardi, SWard. Vgl. oben 3.3.5.5.(1 a).

rose-flour ‚Rosenblume', *Art&Merl.*

scol-meistres ‚Schulmeister', *AncR, StKat.* Zu *meister* s. o. (1) unter *maister.*

smal-ache, SEL. Ne. *smallage,* vgl. z. B. *ODEE* sowie oben 3.2.3.5.

spere feloun (wohl syntakt. Gruppe), *SirTristr.* Vgl. oben 3.2.16.5.

stan-roches (spätae.) ‚Steinfelsen', *Vices&V.* Vgl. *ODEE* s. v. *rock².*

stedes derayeyng (wohl syntakt. Gruppe), *KingAlex.* Vgl. oben 3.2.12.5.(2).

swinkes strif (Kp?) ‚Mühsal, Plage', *Gen&Ex.* Ne. *strife.*

þeues-las ‚Diebesschlinge', *Art&Merl.* Ne. *lace.*

vnder-chaumberleyn, KingAlex. Vgl. oben 3.2.6.5.

weater-bulge ‚Wassersack', *HMeid.* Herkunft des Dm umstritten: afrz. *bou(l)ge,* lat. *bulga* oder ae. *belg, bylg;* siehe z. B. *ODEE* s. v. *bulge; Millett* (ed. *HMeid).*

weres mester (Kp?) ‚Männerangelegenheit', *Gen&Ex.* Afrz. *mestier,* frz. *métier.*

wete-flour ‚Weizenmehl', *SEL.*

wide-bawme ‚Bergminze' (wörtl. ‚Holzbalsam'), *HrlVoc.* Ne. *balm.*

win-grape ‚Weintraube', *Gen&Ex.*

wombe-ioye ‚Schlemmen' (wörtl. ‚Bauchfreude'), *SEL; wombe-pot,* wörtl. ‚Bauchtopf', *AncR* (vgl. *ODEE* s. v. *pot).*

wonder best, KingAlex; wonder meruaile, Art&Merl. Zur Wortart von *wonder* (Sb oder Adj) s. o. 2.4.3.4.(4), S. 114f.

371

worldes baret, world-baredt ‚weltlicher Streit‘, *AncR* (afrz. *barat*); *woreld richeise* ‚weltliche Reichtümer‘, *TrinH* (ne. *riches*).

Aus den späteren Texten:

Malory:
fyghtyne place; fore-fronte; hors-lyttar (ne. *litter*); *kychyn-payge; oute-cry; over-gar-mente; over-hasty; see-costys; well-condyssyonde; well-vysaged; wynter-rasure* und *wyntres rasure; weste-partyes.*

4.6.4.3. Hybride Komposita mit altnordischen Elementen

(1) Dt aus dem An. entlehnt oder an. beeinflußt:

apper-mod ‚Bitterkeit des Sinnes‘, *Orrm* (nicht **awwermod*); Vgl. oben 4.4.3.(4).

bla-mon, bleo-men ‚Schwarze(r), Neger‘ (wörtl. ‚dunkler Mann‘), *AncR, La3B* usw. Hier fielen allerdings ein an. und ein frz. Wort zusammen, siehe *MED* s.v. *blō* adj. und *blō-man;* Zettersten 1965:163; oben 3.2.3.5.(3).

birðhel-tre, Gen&Ex. Vgl. oben 4.1.3.(1).

bonde-man ‚Bauer‘, *Hav.*

brunie-hode ‚Helm‘ (wörtl. ‚Kapuze des Harnisches‘), *La3B* (O). In *brunie* fielen ein an., ein afrz. und ein ae. Wort zusammen, siehe *MED* s.v. *brinie. La3B* (C) hat *burne-hode,* die eindeutige Fortsetzung des ae. *byrne.*

bule-hude, bole-hude ‚Stierhaut‘, *La3B.*

burð-tid ‚Geburtszeit‘, *WohLo.* Ae. *gebyrd,* durch an. *byrþ* beeinflußt.

carte-lode ‚Wagenladung‘, *Hav.* In *carte* können allerdings ae., afrz. und an. Formen zusammengefallen sein, siehe *ODEE* s.v. *cart;* vgl. *MED.*

clipping-time, Gen&Ex. Vgl. oben 3.2.8.5.

cnif-warpere, AncR; knijf-pleyeyng, KingAlex. Vgl. oben 3.2.11.5. und 3.2.12.5.

cur-dogge ‚Hund‘, *AncR.* Es ist umstritten, ob *cur* ein heim. Wort ist oder aus an. (altisländ.) *kurra* entlehnt ist, vgl. Zettersten 1965:133; *MED* s.v. *curre; ODEE* s.v. *cur.*

drit-cherl ‚Dreckskerl‘, *Hav.* Ne. *dirt.*

duue-briddes ‚junge Tauben‘, *TrinH.* Ne. *dove.*

eski-bah ‚Aschenbader‘, *AncR.* Vgl. oben 3.2.9.5.(1). Aber ae. *asce* > ne. *ash(es).*

feolah-redden ‚Gemeinschaft‘, *AncR* usw. Vgl. oben 3.2.13.5.(2) unter *-rede(n).*

herne-panne ‚Hirnschale‘, *Hav, Art&Merl.* An. *hjarni.*

kides blod (Kp?) ‚Blut junger Ziegen‘, *Gen&Ex.*

kug-dom; kug-lond, gug-lond; kug-riche ‚Königreich‘, alle in *Gen&Ex.* Dt an. beeinflußt. Vgl. oben 4.6.3.(3 a).

loh-iboren ‚niedriggeboren‘, *La3B; logede men* (wohl syntakt. Gruppe), *Gen&Ex.* Ne. *low.*

niðing-giscing ‚Geiz‘, *Gen&Ex.* An. *niðingr.*

scaðe-ded ‚Übeltat‘, *La3B* (C); *scaðe-werk, La3B* (C). Ne. *scathe.*

steorrne-leom ‚Sternenlicht‘, *Orrm.*

Tis-dæi ‚Tuesday‘, *La3B*. Die ae. Form ist *Tiwes-dæg; Tis-dæi* ist wohl von an. *tys-dagr* mit beeinflußt.

þoris-dei, þurs-dei, La3B (O). *La3B* (C) hat die aufs Ae. zurückgehende Form *þunres-dæi; þoris-dai* ist aber wohl von an. *þórs-dagr* mit beeinflußt. Vgl. *OED* und *ODEE* s. v. *Thursday*.

þral-dom ‚Knechtschaft‘, *La3B* (C) usw.; *þral-hod, KingHorn; þralle-workes, þrel-werkes* ‚Sklavenarbeit‘, *LambH, La3B* − laut *OED* s. v. *Thrall* sb¹ III.4 ist *þrel-werkes* allerdings an. Lehnwort. Vgl. oben 4.6.3.(3a).

unlaga-geld ‚Unrechtssteuer‘, *ChronE*.

usell-dom ‚Elend‘, *Orrm*. Vgl. oben 4.4.3.(4).

wrong-wende, AncR; wrang-wis(e), PMor. Vgl. oben 3.3.12.5.(2) unter *-wende, -wis*.

wæi-si∂ ‚Elend, Unglück‘, *La3B*. Dt beeinflußt von an. *vei* ‚woe‘; heimisch dagegen: *wo-si∂es, TrinH* (ne. *woe*).

Bildungen mit *-ful* (vgl. oben 3.3.12.5.(2)):

a3he-full, Orrm (ne. *awful; awe* − heimisch dagegen *ei-ful* usw.); *angir-ful, Serm-Trin/Cleo; bret-fol, SEL* (s. o. 4.4.3.(4)); *mensk-ful* ‚anmutig, zierlich‘, *AncR, LyricsXIII; wiht-ful, La3B* (C); *wrong-ful, Art&Merl, SEL*.

Aus den späteren Texten:

lykly-hode, Malory; scel-uol, Ayenb; syster-sonnes, Malory.

(2) Dm aus dem An. entlehnt oder an. beeinflußt:

ale∂-gestninge, TrinH. Vgl. oben 3.2.12.5.

breost-rot(en) ‚Wurzeln der Brüste‘, *StKat*. Ne. *root*.

chepinng-bothe, Orrm. Ne. *booth*. Vgl. oben 3.2.8.5.

dom-kete, TrinH. Vgl. oben 3.3.1.5.

elmesse-gift(e), Gen&Ex. Vgl. oben 3.2.10.

eor∂e-þrelles ‚Erdsklaven‘, *LambH*.

full-þrifenn, Orrm. Ne. *thrive*. Vgl. oben 3.3.11.5.

hege-sete (Kp?) ‚Hochsitz‘, *TrinH*. Ne. *seat*.

helle-dik ‚Höllengrube‘ (ne. *dike*); *helle-merk* ‚Höllenfinsternis (finstere Hölle)‘, *Best; helle-pouke* ‚Teufel‘, *Art&Merl* (ae. *pūca* u. an. *pūki*).

heorte-rotes ‚Herzensgrund‘, *TrinH* usw.

herd-swein ‚Hirte‘, *La3B* (C). An. *sveinn;* ne. *swain*.

here-dring ‚Krieger‘, *La3B* (CO). C hat daneben auch *here-þringes*, dessen Dm wohl von ae. *þring* mit beeinflußt ist.

hunger-bond ‚Hungersnot‘, *Gen&Ex*. An. *band;* ne. *band, bond*.

kyne-merk, Hav (Dm ae. *mearc* oder an. *merki); kine-sæte, Orrm*. Siehe oben 3.2.13.5.(1).

loue-laike ‚Liebesspiel‘, *SirTristr*.

mæin-clubbe ‚kräftige Keule‘, *La3B* (C). An. *klubba;* ne. *club*.

messe-gere ‚Gerätschaften für die Messe', *Hav.* An. *gervi;* ne. *gear.*

neil-cniues ‚Rasiermesser' (wörtl. ‚Nagelmesser'), *StJul.* An. *knifr;* ne. *knife.*

oue-gart ‚Arroganz', *AncR.* Vgl. oben 3.2.6.5.(1).

rou-lekere ‚Heckenhüpfer', *NamesHare.* Vgl. oben 3.2.11.5.(1 b); *MED* s. v. *leiken.*

scyp-sterne ‚Schiffsheck', *KingHorn.* An. *stjorn;* ne. *stern.*

see-brynke ‚Meeresufer' (wörtl. ‚Seerand'), *KingHorn.* Ne. *brink.*

shepess skinn (Kp?) ‚Schaffell', *Orrm.* Ne. *skin.*

shuldre-blade ‚Schulterblatt', *Hav. Blade* ist an. beeinflußt, siehe *ODEE* s. v. *blade.*

somer-blome ‚Sommerblume', *DSirith.* An. *blómi;* ne. *bloom.*

ston-kasting, SermAtWrasl. Vgl. oben 3.2.12.5. An. *kasta;* ne. *cast.*

swineis dritte (Kp?) ‚Schweinemist', *Cockaygne.* An. *drit;* ne. *dirt.*

þurth-þrest ‚durchstoßen', *Art&Merl.* Ne. *thrust.* Vgl. oben 3.3.5.5.(1).

wæld-scæðe, wald-scaðe ‚Waldungeheuer', *LaȝB.* Vgl. oben bei *scaðe-ded.*

wil-tiðende ‚willkommene Botschaft', *LaȝB.* An. *tiðendi;* ne. *tidings.*

wiðer-heppen, wiþer-happes, LaȝB. An. *happ;* ne. *hap.* Vgl. oben 3.2.6.5.(1).

wode-rote ‚Waldwurzel', *LaȝB* (an. *rót;* ne. *root*); *wode-scaþe* ‚Waldungeheuer', *LaȝB* (O).

Aus den späteren Texten:

bare-legged, Malory (an. *leggr*); *bowe-draught, Malory* (ne. *draught, draft;* vgl. *ODEE*); *out-kestinge, Ayenb* (an. *kasta;* ne. *cast*).

4.6.4.4. Hybride Komposita mit aus dem Mittelniederländischen oder Mittelniederdeutschen entlehnten Elementen

asse-bos ‚Eselstall', *LyricsXIII.* Mnddt. *bos;* ae. *bosig.*

bot-forke ‚Heugabel', *LyricsXIII. Bot* < afrz. *botte* < mndl. *bot(t)e.*

day-graukynge ‚Tagesanbruch', *KingAlex.* Mndl. *grakyng;* vgl. oben 3.2.12.5.; *MED* s. v. *grikinge.*

fote-ren ‚Infanterie' und *rimes-ren* ‚Dichtung', *Gen&Ex.* Vgl. ndl. *ren;* an. *renna,* aber auch me. *rennen; MED* s. v. *ren.*

hert-pyt ‚Innerstes, Kern des Herzens', *KingAlex.* Wohl mndl. *pit* ‚Fruchtkern'; vgl. aber auch ae. *pytt* (> ne. *pit*).

pol-heuedes ‚Kaulquappen', *Gen&Ex.* Ne. *poll.*

Aus den späteren Texten:

mole-hyllys ‚Maulwurfshügel', *Malory.* Ndl. *mol* usw.; ne. *mole.*

4.6.4.5. Hybride Komposita mit aus dem Keltischen bzw. Irischen entlehnten Elementen

cader-clutes ‚Wiegenkleider', *HMeid; cader-fulðen* ‚Wiegenschmutz', *HMeid.* Dt aus dem Kelt.; vgl. walisisch *cadair.*

Aus den späteren Texten:

crosse-bowys, crosse-way, Malory. Ne. *cross;* laut *ODEE* < an. *kross* < altir. *cros;* vgl. Campbell 1959:§ 565.

4.6.4.6. Hybride Komposita mit zwei aus verschiedenen Sprachen entlehnten Elementen

feolahes-reclus ‚Miteinsiedler‘, *AncR.* Dt < An.; Dm < Afrz.

gilt-naches ‚Hintern einer (jungen) Sau‘, *Trin 323/88.* Dt < an. *gyltr;* Dm < afrz. *nache.*

grip-sergeanz, s. o. 4.6.4.2.(2).

olies ðef (Kp?) ‚Olivenduft, Geschmack von Öl‘, *Gen&Ex.* Dt < Afrz.; Dm < an. *þefr.*

rimes-ren (Kp?), *Gen&Ex.* Dt < frz. *rime;* zum Dm s. o. 4.6.4.4. unter *fote-ren.*

scuter-signe, AncR. Dt < An.; Dm < Afrz.; vgl. oben 2.4.2.6. und 4.1.3.(2).

Aus den späteren Texten:

bay-wyndow ‚Erkerfenster‘, *Malory.* Dt < Afrz.; Dm < An.

4.6.5. Lehnbildungen

Im Ae. waren Lehnbildungen, d. h. Nachbildungen fremder (im Falle des Ae. gewöhnlich lateinischer) Wörter mit heimischen Elementen recht zahlreich;[40] im Me. spielen sie „eine weitaus geringere Rolle als im Ae." (Käsmann 1961:17 Anm. 1). Doch weist Käsmann zugleich selbst darauf hin, daß „eine zusammenfassende Untersuchung vermutlich zeigen [würde], daß sie häufiger sind als man gemeinhin annimmt". Eine solche Untersuchung müßte jedoch in einer eigenen Arbeit geleistet werden;[41]

---

[40] Siehe vor allem Gneuss 1955 und, vorsichtiger, Gneuss 1985:117−120; vgl. ferner z. B. Baugh/Cable 1978:§ 65. Die Lehnbildungen sind unterteilbar in Lehnübersetzungen (Lüs), Lehnübertragungen (Lüt) und Lehnschöpfungen (Lsch) − auf diese Unterscheidung wird hier aber gewöhnlich nicht eingegangen. Bei den hybriden Lehnübersetzungen wird nur ein Element übersetzt und eines in der fremdsprachlichen Form belassen.

[41] Sie führt in andere Bereiche als die hier im Zentrum stehenden: zum einen müßten die me. Texte jeweils genau mit ihren lat. bzw. afrz. Quellen verglichen werden (soweit solche vorhanden bzw. bekannt sind); zum anderen müßte unter Abwägung einer Reihe von Kriterien (siehe dazu z. B. Toth 1980:23−28) zu klären versucht werden, welche Bildungen tatsächlich Lehnbildungen darstellen und welche unabhängigen heimischen Bildungen sind. Ferner müßten nicht nur Komposita, sondern auch Ableitungen berücksichtigt werden.

hier können nur einige Beispiele herausgegriffen werden, die sichere oder mögliche frühme. Lehnbildungen darstellen.[42]

(1) Frühme. Lehnbildungen bzw. mögliche Lehnbildungen nach lat. Vorbildern:

aʒen-wille ← *propria voluntas;* Vices&V. Vgl. oben 3.2.3.5.(5).

an-sæte (h) ← *mon-achus;* Vices&V. Vgl. *MED.*

arwurð-fullung (h), *WintBR* 129/16 f.: *moderlic arwurð-fullung* ← *materna reverentia.*

blod-wurt ‚Hirtentäschel' (wörtl. ‚Blutwurz') ← *sanguinarie; HrlVoc.*

burde-boldes ← *palatio patris; StKat.* Siehe d'Ardenne/Dobson, ed. *StKat,* S. 301.

chirche-weork(e) ← *fabrica ecclesiae* (?); *LambH.* Vgl. *LexMA,* s.v. *Fabrica ecclesiae.*

(ure) deies bred (Kp?) ← *panem nostrum cotidianum; LambH* VI.146.

efenn-mete ← *co-aequalis* (?); *Orrm.* Vgl. oben 3.3.2.5.(2 a).

feole-iwordet mon ← *vir linguosus; AncR* A 20r/2 f.

flesch-timber (h) ← *materia(m) carnis; StKat.* Vgl. d'Ardenne/Dobson, ed. *StKat,* S. 237.

flesches pricung(e) (Kp?) ← *stimulus carnis* (?); *AncR.*

handʒeswinc(e) ← *labor(e) manuum; WintBR* (ae. *handa geswinc*)

heorte-rotes ← *cordis angustia; TrinH* usw. Kp. laut *MED* s.v. *herte-rōte.*

heorte-scheld (Kp?) ← *scutum cordis; AncR.*

herte-sor (Kp?) ← *cordis contricio; TrinH* usw.

kattes-minte ‚Katzenminze' ← *herba catti; HrlVoc.* Ne. *catmint;* vgl. *ODEE.*

kine-mede (h) ← *regiis … muneribus; StKat.* Vgl. d'Ardenne/Dobson, ed. *StKat,* S. 318.

lig-ber, liʒt-bere ← *lucifer; Gen&Ex, Ayenb.*

luue-dai ← mittellat. *dies amoris* (laut *ODEE* s.v. *love*).

luue-runes, luue-ron ← *amatoria carmina* (?); *StKat, LyricsXIII.*

manness sune ← *filius hominum; Orrm, PassLord.*

man-fischers ← *piscatores hominum; SEL.*

mel-seotel (h) ← *cathedra refectionis; StMarg/1.* Siehe Mack, ed. *StMarg/1,* S. 69.

milc-drinkende (h): *of milc drinkende childre muðe* ← *ex ore infancium et lactancium; LambH* I (7/16).

prior-wyce (h): *of þære prior-wyce* ← *de ordine praepositure; WintBR.*

sea-dingle (h?) ← *abyssus* (?); *SWard.*

shæw-errn(e) (h) ← *effrata; Orrm.*

siðhinges lond (Kp?) ← *terra visionis; Gen&Ex.*

slap-ʒeorn (h?) ← *somnolentum; WintBR.*

---

[42] Daneben leben im Frühme. auch mehrere ae. Lehnbildungen weiter, wie z.B. *al-mihti* > ne. *almighty (omnipotens), dæges eage* > ne. *daisy (oculus diei), domes-dai* > ne. *doomsday (dies iudicii), ead-mod (humilis;* Bedeutungsentlehnung), *godspel* > ne. *gospel (evangelium), heofod-sunnan* usw. *(vitia capitalia), heuene-rice (regnum caelorum), mild-heorte (misericors),* usw.; siehe z.B. Gneuss 1955; *ODEE.*

snið-sceapp (h?) ← *oves occisionis; WintBR.* Vgl. ae. *snæding-sceap.*

umbe-keoruunge ← mittellat. *circumcisio* oder afrz. *circoncision; LofLe.*

under-plantere ← *supplantator; TrinH.*

virgyne wax (Kp?) ← lat. *cera virginea* oder frz. *cire vierge; KingAlex.* Vgl. oben 2.4.3.4.(4).

wisdom-boc ← *liber sapientie; TrinH* XXX (187/16f.); vgl. *þe boc of wisdom, LambH* XVI (151/23).

ȝewistale (h): *ȝewistale upaȝifen* ← *rationem redditura; WintBR* 19/28.

wit-þorn ‚Weißdorn' ← *spina alba, alba spina; HrlVoc.*

Aus den späteren Texten:

þorn-hog ← mittellat. *porcus spinosus* oder afrz. *porc espin, Ayenb.* Ebenso dt. *Stachelschwein,* vgl. Kluge/Mitzka.

(2) Frühme. Lehnbildungen bzw. mögliche Lehnbildungen nach afrz. Vorbildern:

after-ward ← *ariere-garde; Art&Merl.*

first ward (wohl syntakt. Gruppe) und *form(e) ward* (Kp?) ← *avaunt-garde, vanguard; Art&Merl, KingAlex.*

freo-stone ‚feinkörniger Sandstein oder Kalkstein' (wörtl. ‚freier Stein') ← *fraunche piere; SEL*(e).

gentil-mon ← *gentils hom; AncR* usw. Vgl. *ODEE* s.v. *gentle.*

gode-mon ‚Haushaltsvorstand' ← *prodomme; KentSerm.* Wohl Lehnbedeutung.

hores sone (Kp?), *KingAlex.* Laut *OED* s.v. *Whoreson* Lüs nach agn. *fiz a putain;* laut *MED* s.v. *hore-sone* und *ODEE* s.v. *whore* aber unabhängige heimische Bildung.

note-muge ‚Muskatnuß' ← agn. **noiz mugue; KingAlex.* Hybride Lüs. Ne. *nutmeg,* vgl. *ODEE.* Inversionskp., vgl. oben 3.2.16.5.

ouer-carked ‚sehr geplagt' ← agn. *surcarquier; Art&Merl.* Hybride Lüs. Vgl. oben 3.3.5.5.

twie-wifing, Gen&Ex 449f.: *Bigamie is unkinde ðing, On engleis tale twie-wifing.* Vgl. *twin-wifing, Gen&Ex.*

Aus den späteren Texten:

bere-blisse ← *porte-ioie; Ayenb.* Vgl. oben 3.2.15.5.(3).

bezide-zitteres ← *asseseores; Ayenb.*

The Evyll-Shapyn Cote ← *La Cote Male Tayle; Malory* 286/44f.

mid-polying(e) ← *compassion; Ayenb.*

time-zettere ‚Gläubiger, Wucherer' (wörtl. ‚Zeitfestsetzer') ← *termoirs; Ayenb.* Vgl. oben 3.2.11.5.(1c).

time-zettinge ‚Kreditgeben, Wucher' (wörtl. ‚Zeitfestsetzen') ← *termoiemens;*
Ayenb. Vgl. oben 3.2.12.5.(1).
porn-hog: siehe oben (1).

(3)   Frühme. Lehnbildungen bzw. mögliche Lehnbildungen nach an. Vorbildern wurden oben 4.6.3.(3 a) als adaptierte oder teiladaptierte Lehnwörter aufgeführt, z. B. *carl-man, rædes-mann,* usw.

(4)   Frühme. Lehnbildung nach einem keltischen Vorbild:

furse-cat (h) ‚Ginsterkatze' (sc. ‚der Hase') ← walisisch *cath eithin; NamesHare.*
Siehe Ross, ed. *NamesHare,* S. 361.

5. Grundzüge einer syntaktisch-semantischen Beschreibung

5.1. Methodische Vorbemerkungen

5.1.1. Ziel, Umfang und Anordnung der Beschreibung

Weil sich eine einigermaßen vollständige Beschreibung der Nominalkomposita nicht mit der Angabe ihrer morphologischen Gestalt und Struktur zufriedengeben kann, sollen nun noch die syntaktisch-semantischen Grundstrukturen skizziert werden, die den einzelnen Komposita bzw. Kompositionstypen zugrundeliegen. Eine eingehende Untersuchung dieser Strukturen würde freilich ein eigenes Buch füllen[1] – es kann hier deshalb weder eine ausgedehnte theoretische Diskussion geführt noch können alle Belege aufgezählt und alle Zweifelsfälle im Detail untersucht werden. Dies gilt insbesondere für die rektionalen Sb/Sb-Kp., die den weitaus größten Teil der Nominalkp. ausmachen und hier nur beispielhaft analysiert werden können. Die Beschreibung orientiert sich primär an den syntaktischen Strukturen[2] unter besonderer Betonung der Referenztypen; sie berücksichtigt aber auch wichtige semantische Unterscheidungen. Ausgangspunkt der Untersuchung sind jeweils die oben in Kap. 3 herausgearbeiteten morphologischen Typen. Innerhalb der beiden morphologischen Hauptgruppen, nämlich der zusammengesetzten Sb und der zusammengesetzten Adj, werden jeweils noch die Kp. mit und die ohne Verbalverknüpfung zusammengefaßt.[3] Die Trennung nach Sb und nach Adj ist nicht nur von der morphologischen, sondern auch von der syntaktischen Analyse her gefordert, weil Substantivkp. und Adjektivkp. syntaktisch weitgehend unterschiedlich zu beschreiben sind.[4] Bei den Substantivkp. gibt es Sub-

---

[1] Vgl. z.B. die Arbeiten von Gardner 1968; Kürschner 1974; Brekle 1976; Warren 1978 usw.

[2] Das heißt an der syntaktischen Funktion der Konstituenten im Paraphrasensatz (zugrundeliegenden Satz).

[3] Die schon in Kap. 2 und 3 besprochenen Problemfälle bei der Trennung von Kp. mit und ohne Verbalverknüpfung sowie bei der Zuordnung der Konstituenten von Kp. zu bestimmten Wortarten werden hier nicht nochmals diskutiert, vielmehr wird die in 2 und 3 gegebene Zuordnung im folgenden meist vorausgesetzt.

[4] Daß Adjektive auch substantiviert werden können, ist sekundär und spielt zunächst weder in der morphologischen noch in der syntaktischen Analyse eine Rolle, siehe oben 3.1.2.15. und 3.3.1.3.(3).

379

jekts- (S-), Objekts (O-), Adverbialergänzungs- (Adv-) und Prädikationstypen (Pn-Typen), d. h. das Dm des Kp. kann zum Subjekt, zum Objekt, zur
Adverbialergänzung oder zum Prädikat des Paraphrasensatzes in Beziehung gesetzt werden. Bei den Adjektivkp. gibt es die drei erstgenannten
Typen dagegen überhaupt nicht. Die Adjektivkp. mit Verbalverknüpfung
lassen sich als Prädikationstypen auffassen, bei denen die Verbalhandlung
adjektiviert wird,[5] z. B. 'The wind *fells* someone' → 'Someone is wind*felled*
[me. wind*feallet*]'. Bei den Adjektivkp. ohne Verbalverknüpfung (d. h. mit
primärem Adj als Dm) ist der zugrundeliegende Satz im allgemeinen ein
Kopulasatz, dessen Prädikativ (Prädikatsnomen) zum Dm des Kp. wird,
also z. B. 'Someone is *weary* from the sea' → 'Someone is sea-
weary'. Man könnte sie deshalb als Prädikativtyp bezeichnen.

5.1.2. Zum Verhältnis von syntaktischer und semantischer Beschreibung

Eine Alternative zur hier gewählten Beschreibung auf syntaktischer
Grundlage wäre die Beschreibung anhand der semantischen Rollen der
Konstituenten oder der semantischen Beziehungen zwischen den Konstituenten. In mancher Hinsicht ist sie bestechend,[6] doch ist auch sie nicht
ohne ihre Probleme:
(1) Die Zahl der semantischen Rollen liegt schon für die Satzanalyse
nicht fest.[7]
(2) Für die Analyse von Kp. müssen überdies noch Rollen hinzukommen, die bei der Satzbeschreibung nicht erscheinen, wie z. B. Teil-Ganzes
(armchair), Ganzes-Teil *(church door)*, Material-Form (CONSIST OF,
z. B. me. *ulintsex*), Vergleichspunkt-Verglichenes (RESEMBLE, BE LIKE,
z. B. ne. *frogman*).
(3) Die bisher vorgeschlagenen semantischen Klassifizierungsschemata
sind in ihrer Untergliederung und Terminologie sehr vielfältig, vgl. oben
1.4.3.7. sowie die Synopse bei Ortner/Ortner 1984:204−275. Ähnlich wie
beim Ansatz der morphologischen Typen ist es auch beim Ansatz von semantischen Typen nicht immer klar, welche und wie viele Strukturen man
als Hauptgruppen und welche man als Untergruppen ansetzen sollte.
Wenn man allein die oben 1.4.3.7. skizzierten Klassifikationen von Warren
und Levi vergleicht, fällt u. a. auf, daß Levis BE-Beziehung bei Warren nur

---

[5] Der Prädikationstyp ist allerdings problematischer als die anderen drei Referenztypen,
s. u. 5.1.3.3.
[6] Weshalb relativ viele neuere Autoren von ihr ausgehen, siehe oben 1.4.1. mit Anm. 102
und 103.
[7] Siehe z. B. Kürschner 1974:115−120; Welte 1974:174−178.

eine Untergruppe der CONSTITUTE-Beziehung ist, daß Levis CAUSE-Beziehung bei Warren nur eine Untergruppe der LOCATION-Beziehung ist, usw.

(4) Mögliche Doppelanalysen von Kp. gibt es nicht nur bei der syntaktischen Paraphrase, sondern auch bei der Zuweisung semantischer Rollen; so erscheint die Zweckbestimmung (Warrens PURPOSE, Levis FOR) häufig als zusätzliche Rollenkonfiguration, siehe unten 5.1.3.4. u. 5.1.3.5.

(5) Die Kopulativkp. und die Adjektivkp. ohne Verbalverknüpfung sind nicht nach semantischen Rollen zu beschreiben, die Adjektivkp. mit Verbalverknüpfung nur gezwungen.[8]

Die Trennung von syntaktischer und semantischer Analyse ist ohnehin nicht absolut. Auch die syntaktische Beschreibung stellt bis zu einem gewissen Grad bereits eine semantische Analyse dar,[9] z.B. wenn bei den Sb/Sb-Kp. ein Verb, bei den Sb/Adj-Kp. eine Präposition ergänzt wird, oder wenn bei den Adverbialien zwischen Ort, Zeit und Instrument unterschieden wird. Umgekehrt teilen manche semantischen Beschreibungsmodelle ebenfalls zwischen Kp. mit und solchen ohne Verbalverknüpfung, und die Zuweisungen semantischer Rollen beruhen bei den Kp. ohne Verbalverknüpfung dann zum Teil auf den einzusetzenden Verben.[10] Die Untergliederung der Kopulativkp. läßt sich nicht syntaktisch, sondern nur semantisch begründen.

5.1.3. Einige Grundfragen der syntaktisch-semantischen Beschreibung

Die meisten Schwierigkeiten bei der syntaktischen Beschreibung und Klassifizierung rühren letztlich daher, daß es bei analytischem Vorgehen, und nur dies kommt bei der Untersuchung vorliegender Bildungen zunächst in Frage, für viele Kp. nicht bloß einen einzigen möglichen Paraphrasensatz gibt; vielmehr lassen sich oft für das gleiche Kp. verschiedene Sätze finden. Die Wahl zwischen ihnen hängt dann aber bereits von be-

---

[8] Zu den Kopulativkp. vgl. Warren 1978 (siehe oben 1.4.3.7.) u. Hansen 1982:53. Hansen setzt für die beiden Konstituenten von Kopulativkp. verschiedene Rollen an, was aber widersinnig zu sein scheint. Für die Analyse der Adjektivkp. mit Verbalverknüpfung führt Hansen 1982:59—63 eine Art *item and process*-Analyse ein, z.B. *earth-shaking* Obj[ective] + Act[ional] → Statal.

[9] Vgl. Lipka 1966:67 und 1976:130f.

[10] Vgl. z.B. Levi 1978, Warren 1978:57ff., Hansen 1982:53ff. Bei Kürschner 1974 führt diese Unterscheidung dazu, daß er bei den Sb ohne Verbalverknüpfung generalisierte Verben einsetzt, bei den Sb mit Verbalverknüpfung die vorhandenen Verben dagegen pauschal als Relatoren bezeichnet, was etwas paradox wirkt.

stimmten Vorentscheidungen ab, von denen einige der wichtigeren kurz herausgegriffen seien.[11]

5.1.3.1. Gleiche Elemente im Kompositum und im Paraphrasensatz

Alle Elemente des Kp. müssen im Paraphrasensatz enthalten sein. Wenn das nicht möglich ist, ist das Kp. lexikalisiert oder eine Konstituente zeigt Affixcharakter.[12] Bei den Adjektivkp. kommt noch hinzu, daß Adj im allgemeinen nicht isoliert auftreten, sondern als attributive oder prädikative Bestimmungen zu einem Substantiv verwendet werden. Dieses Sb muß deshalb ebenfalls in der Satzparaphrase erscheinen.

5.1.3.2. Satzparaphrase und Sprachgefühl

Der Paraphrasensatz sollte mit dem Sprachgefühl des kompetenten Sprechers übereinstimmen. Diese Forderung ist für die Gegenwartssprache nicht immer leicht und für vergangene Sprachstufen oft gar nicht zu erfüllen. Wie die bisherigen Arbeiten auf diesem Gebiet muß sich deshalb auch die vorliegende Arbeit statt idiomatischer me. Satzparaphrasen zum Teil mit ne. Paraphrasen behelfen; insbesondere bei Kp. ohne Verbalverknüpfung müssen des öfteren ne. Verben eingesetzt werden.[13]

5.1.3.3. Aussagesatz oder Relativsatz?

Um der Einheitlichkeit und Vergleichbarkeit willen wird hier mit Marchand so weit wie möglich von einem einfachen aktiven Aussagesatz im Präsens ausgegangen, weil nur dieser verschiedene Nominalisierungen und damit verschiedene Referenztypen offenläßt. Beispielsweise kann 'Someone spends money' nominalisiert werden zu *money-spender, money-spending* und *spending-money;* 'We keep the bird in a cage' kann nominalisiert werden zu *birdcage* und zu *cagebird*. Andere Autoren gehen dagegen von einem Relativsatz aus.[14] Viele Kp. lassen sich zwar mit einem Relativsatz genauso gut oder sogar auf natürlicher erscheinende Weise paraphra-

---

[11] Zu den Problemen der Satzanalyse vgl. auch oben 1.4.3.4.; zur Diskussion dieser Vorentscheidungen siehe z.B. Smith 1971:31–36, 80f.; Faiß 1978:31–39; Kastovsky 1982a:185–215. – Marchand betont hauptsächlich, daß sich ein Satz oft zu verschiedenen Kp. nominalisieren läßt; daß ein Kp. oft auf verschiedene Sätze zurückgeführt werden kann, ignoriert er dagegen weitgehend.

[12] Vgl. oben 1.4.3.8. und 3.2.13.3.(1).

[13] Vgl. Smith 1971:80f., Faiß 1978:78f. u. 81–200; siehe ferner Gardner 1967:31–33 und seine Kritik an Reibel 1963. – Insofern stammen die Paraphrasen dann doch oft nicht mehr aus der Objektsprache, sondern aus einer Metasprache.

[14] Insbesondere Kastovsky 1982a:188–204; vgl. auch Hansen et al. 1982:51f.

sieren; der Relativsatz ist aber bereits topikalisiert und läßt nur noch eine Nominalisierung zu, weil das Sb, von dem der Relativsatz abhängt (sein Antezedens), grundsätzlich zum Dm des Kp. wird.[15] Bezogen auf unsere Beispiele sieht dies folgendermaßen aus: 'Someone spends money' → (a) '[Someone] (who) / spends money' → money-spend/er; (b) Money (which) / (someone) spends' → spending/money. 'We keep the bird in a cage'→ (a) 'Bird (which) / we keep in a cage' → cagebird; (b) 'Cage (in which) / we keep a bird' → birdcage. Wie diese Beispiele zeigen, bereitet für die S-, O- und Adv-Typen die Umformung des Aussagesatzes in einen Relativsatz im allgemeinen keine Schwierigkeiten, vgl. z.B. auch noch: S-Typ 'Someone (S) blows (P) a horn (O)' → [Someone] (who) (S) / blows (P) a horn (O)' → horn-blow/er; O-Typ 'Someone (S) gives (P) something (dO_{aff}) to someone (iO) in the morning (Adv_T)' → '[something which] (dO) / someone (S) gives (P) to someone (iO) in the morning (Adv_T)' → ae. morgen-gif/Ø+u ,Morgengabe'; Adv-Typ 'Someone (S) bakes (P) bread (O) in this house (Adv_P)' → 'house (in which) (Adv_P) / someone (S) bakes (P) bread (O)' → bake-house (frühme. bæc-hus).[16]

Problematisch ist aber der Pn-Typ (Prädikationstyp), der bei den Nomina actionis und bei den Adjektivkp. mit deverbalem Dm anzusetzen ist.[17] Diese stellen eine Nominalisierung (Substantivierung bzw. Adjektivierung) der Verbalhandlung dar und lassen sich nicht auf einen Relativsatz zurückführen, weil bei ihnen das Dm (d.h. das Suffix) keine Entsprechung (kein Antezedens) im aktiven Aussagesatz hat und deswegen eigentlich auch nichts topikalisiert werden kann. Bei ihnen muß man ohnehin vom Aussagesatz ausgehen, also z.B. 'Someone spends money' → money spend/ing.[18]

---

[15] Genau dies ist auch der Grund dafür, warum die Paraphrase eines Kp. durch einen Relativsatz oft natürlicher erscheint als seine Paraphrase durch einen Aussagesatz.

[16] Kastovsky 1968:22 ff. und 1969/1981:313−315 bezeichnet den einfachen aktiven Aussagesatz als Kernsatz, den bereits topikalisierten und damit schon näher an der Oberfläche eines bestimmten Kompositums liegenden Satz als unterliegenden Satz; diesen Vorschlag greift Kastovsky 1982a aber nicht wieder auf, sondern geht unmittelbar vom Relativsatz aus. Die Markierung der syntaktischen Kategorien bezieht sich aber auch bei ihm letztlich immer auf den Aussagesatz. So ist eine Angabe wie bed spread/Ø 'something which (O) one spreads (P) over the bed (AdP)' (1982a:188) eigentlich nur verständlich vor dem Hintergrund des Satzes 'Someone (S) spreads (P) something (O) over the bed (AdP)'.

[17] Auch bei den zusammengesetzten Adj ohne Verbalverknüpfung nützt der Ansatz eines Relativsatzes nichts.

[18] Kastovsky 1976/1981:377−390; 1982a:188−190 schlägt als Ausweg vor, die Nomina actionis durch einen Komplementsatz zu paraphrasieren, der von einem abstrakten Antezedens (head-noun) wie FACT, ACT, ACTION, PROCESS usw. abhängig ist, also z.B. 'Someone spends money' → 'the ACTION of/ spending money' → money spending. Zumindest unter generativem Gesichtspunkt löst dieser Vorschlag aber nicht nur ein Pro-

5.1.3.4. Syntaktische Doppelanalyse I:
Ortsangabe oder Zweckbestimmung?

Nicht selten überschneidet sich die Zweckbestimmung mit anderen Strukturen, insbesondere der Ortsangabe. Für ein Kp. wie *candle-stick* könnte man zunächst unter anderem an folgende Paraphrasen denken: 'The candle is on the stick', oder 'We put the candle on the stick', oder 'The stick is for the candle'. Man kann aber generell die Ortsbestimmung usw. als die primäre und die Zweckbestimmung als die sekundäre oder besser gesagt übergreifende auffassen, d.h. die primäre Analyse von candle-*stick* wäre 'We put the candle on the *stick*' → '*stick* (on which) / we put a candle'.[19]

5.1.3.5. Zusätzliche semantische Merkmale: [+ZWECK] usw.

Die Angabe der Zweckbestimmung in irgendeiner Form empfiehlt sich aber trotzdem, und zwar deswegen, weil sie, wie schon angedeutet, oft für das Kp. typisch ist und andere semantische Beziehungen überlagert, also das ganze Kp. dominiert. Hier wird sie deshalb als zusätzliches semantisches Merkmal vermerkt, also z.B. 'stick on which we put a candle' [+PURPOSE].[20] Die Angabe [+PURPOSE] in der folgenden Darstellung besagt demnach, daß das Kp. zusätzlich auch die Struktur 'B is for A' hat und so paraphrasiert werden kann. Außer [+ZWECK] gibt es noch einige andere, relativ allgemeine Merkmale, die bei Kp. des öfteren auftreten, vor allem [+REPEATED], [+HABITUAL], [+OFFICE, OFFICIAL FUNCTION], [+PROFESSIONAL]; von solchen allgemeinen Merkmalen unterscheidet man gewöhnlich speziellere wie z.B. [+EXCESSIVE], [+DISEASE], [+SPORT, PASTIME] usw.[21] Hinsichtlich der Satzpara-

---

blem, sondern wirft auch ein neues auf: in 'the ACTION of spending money' wäre das Element, das zum Dm des Kp. wird, nämlich zweimal vertreten (ACTION und -ing).

[19] Siehe Kastovsky 1971:301 ff.; Kürschner 1974 (vgl. oben 1.4.3.7.); Faiß 1978:34; Warren 1978:197−209; Kastovsky 1982a:167, 196f., 208f.; Quirk/Greenbaum et al. 1985:1572. − In diesem Sinne wäre auch Levi 1978 zu modifizieren, vgl. ebenfalls oben 1.4.3.7.

[20] Vgl. die Notation bei Kürschner 1974 (siehe oben 1.4.3.7.) sowie bei Hansen 1982:51 ff. − Nach Kastovsky 1982a:196f. (vgl. 166) tritt zusammen mit dem Merkmal [+ PURPOSE] auch immer das Merkmal [+ POTENTIALITY] auf: Wenn etwas für einen Zweck bestimmt ist, muß es dafür auch geeignet sein; d.h. als Paraphrase wäre auch möglich 'stick on which we c a n put a candle' usw. Da beide Merkmale aber im allgemeinen gekoppelt sind, reicht die Angabe von [+ ZWECK].

[21] Die Literatur zum Konzept des semantischen Merkmals und den damit verknüpften Fragen (Zahl, Ansatz und Status der Merkmale) ist umfangreich, siehe oben 1.4.3.8. sowie z.B. Kastovsky 1971:304 ff.; Lipka 1971:231 ff.; Lipka 1972:33−72; Welte 1974:II,378− 381; Lyons 1977:I,317−335; Lipka 1979:187−202; Sprengel 1980:145−177; Hansen 1982:38f., 51f. u.ö.; Kastovsky 1982a:166f., 195−198. Es gibt keinen festen Kanon von Merkmalen. So hat Kastovsky 1971:304−307, 319−322 das Merkmal [+ CHARACTER-

phrase haben die meisten aber nicht den gleichen Status wie [+PUR-POSE] – sie sind nicht durch die syntaktische Struktur der Kp. bedingt und zeigen sich dementsprechend nicht in der Satzparaphrase, sondern beruhen eher auf pragmatischen Faktoren. So sind Bildungen wie ne. *tennis-player, football-player* nicht schon von ihrer Struktur her auf bestimmte zusätzliche Merkmale festgelegt: es geht erst aus dem Kontext bzw. dem jeweiligen Referenten hervor, ob der damit Bezeichnete diesen Sport selten oder regelmäßig, als Zeitvertreib oder als Beruf ausübt. Dies gilt auch für die entsprechenden ae. und me. Bildungen.[22] Wie schwierig eine Festlegung im Einzelfall sein kann, zeigt die schon oben 1.4.3.3. zitierte Bildung *horn-blaweres* aus *ChronE* 1127/68–71. Nach Kastovsky 1971:311 ff. ist es bei diesem und bei ähnlichen Kp. fraglich, ob hier das Merkmal [+BERUFSMÄSSIG] oder [+ZUR UNTERHALTUNG, ZUM ZEITVERTREIB] vorliegt. Ersteres scheidet bei vorliegendem Beleg sicher aus, weil es sich nicht um berufsmäßige Orchestermusiker handelt, sondern um Jäger, die während der Jagd ihre Jagdhörner blasen. Außerdem handelt es sich in diesem speziellen Fall aber um eine wilde Jagd, so daß auch das Merkmal [+ZUR UNTERHALTUNG] allenfalls auf die hornblasenden Jäger selbst zutrifft; für die Zuhörer bedeuten sie dagegen nächtliche Ruhestörung und ein böses Omen. Man muß hier wohl zwischen Denotation und Konnotation unterscheiden. Die Denotation von *horn-blaweres* dürfte, jedenfalls im vorliegenden Fall, nur ‚Männer (Jäger), die ihre Hörner blasen‘, sein, d. h. es handelt sich um eine reine Nominalisierung ohne zusätzliche semantische Merkmale. Angegeben wird im folgenden deshalb nur das Merkmal [+PURPOSE], aber nicht andere wie [+PROFESSIONAL], [+HABITUAL] usw.

5.1.3.6. Syntaktische Doppelanalyse II: Agens oder Instrument?

Bei dem oben unter 5.1.3.4. besprochenen Beispiel *candle-stick* wurde nicht die Paraphrase 'The candle is on the stick' zugrundegelegt, sondern die Paraphrase 'We put the candle on the stick' → 'stick on which we put a candle' [+PURPOSE]. Dies läßt sich damit begründen, daß *candle-stick* ein Instrument ist, das menschliche Aktivität impliziert.[23] Abzulehnen ist aus diesem Grunde z.B. die Paraphrase von *candle-stick* durch Smith

---

ISTIC], das er später nicht mehr aufführt, wohl weil bei Kp. das Dt ja in der Regel eine charakteristische Eigenschaft des Dm angibt.

[22] Es gilt auch für einfache Ableitungen. So kann sich z.B. *writer* auf jemand beziehen, der einen Brief geschrieben hat *(the writer of this letter)*, aber auch auf einen Schriftsteller, wobei nicht alle Schriftsteller Berufsschriftsteller sind (Caesar, Chaucer …).

[23] Siehe z.B. Kastovsky 1982a:190f.

1971:109 als 'The stick holds a candle', zumal auch aus dem Kontext eines Beleges deutlich hervorgeht, daß menschliche Aktivität im Spiel ist:

> ne men light nat a lanterne and put it under a busshel, but men sette it on a candle-stikke to yeve light to the men in the hous (Chaucer, *Canterbury Tales*, X,1035)

Diese Analyse gilt aber nur für Instrumente im weitesten Sinn und läßt sich nicht auf alle Kp. ausdehnen, bei denen letztlich menschliche Aktivität im Spiel ist. So ist etwa bei *godspel-bok* die Paraphrase 'The book contains the gospel' → 'Book which/ contains the gospel' sicher näherliegend als etwa ?'Someone has written the gospel into the book'. Ähnliches gilt für Kp. wie *castel-weall, ulint-seax*, die zu paraphrasieren sind als 'The castle has a wall', 'The seax [knife] consists of flint': Sie haben nicht das Merkmal [+PURPOSE], sondern das Merkmal [+BESITZ] oder [+ZUSTAND]. Während die Instrumente eine dynamische Beziehung ausdrücken, drücken die zuletzt genannten Kp. eine statische Beziehung aus. Diese Unterscheidung zwischen Instrumenten einerseits und Kp. mit einer ‚Haben'-Relation andererseits bezieht sich wohlgemerkt nur auf die interne Struktur des ganzen Kp. So ist z. B. ein Messer (me. *sex*) zwar ebenfalls ein Instrument, das von Menschen gemacht ist und von ihnen benützt wird; das me. Kp. *ulint-sex* drückt aber als Kp. nur aus, daß B aus A besteht. Der Unterschied läßt sich auch so erklären, daß die Zweckbestimmung von *candle-stick, altar-cloth* usw. bleibt, auch wenn der Ständer gerade keine Kerze trägt usw.; von *godspel-bok, ulint-sex* kann man dagegen nur sprechen, wenn das Messer tatsächlich aus Stein besteht usw.

5.1.3.7. Generalisierte Verben?

Bei den Kp. ohne Verbalverknüpfung, vor allem den Sb/Sb-Kp., stellt sich die Frage, wie allgemein oder wie spezifisch das zu ergänzende Verb sein soll.[24] Im Rahmen des hier gewählten syntaktischen Ansatzes läßt sich darauf keine generelle Antwort geben.
(1) Für eine Reihe von Sb/Sb-Kp. reicht z. B. das relativ allgemeine Verb 'to have', etwa bei *castel-weall* 'The castle has a wall', obwohl sich verschiedene spezifischere Verben denken ließen, etwa 'The wall protects the castle', 'The wall surrounds the castle', 'The wall is part of the castle' usw., von denen sich manche sogar durch me. Sätze stützen lassen: *For cæstel is geclypod sum heh stepel, þe byð mid wealle betrymed*, SermRdE

---

[24] Zu dieser Frage siehe z. B. Lees 1970:182–185; Kürschner 1974:139–142, 168–184; Warren 1978:237, 244–248.

134/22 f.; vgl. auch *þe uttere wal abute þe castel, AncR* (C 176r/7). Durch die spezifischeren Verben ergäbe sich zum Teil ein anderer Referenztyp: 'The castle (S) has (P) a wall (O)', O-Typ; aber ' The wall (S) protects/ surrounds (P) the castle (O)', S-Typ; 'The wall (S) is (P) part (Prädikativ) of the castle', ebenfalls S-Typ. Ähnlich wie bei den Instrumenten besteht das Problem auch bei den Kp. mit einer ‚Haben'-Relation darin, daß sich zwei (oder mehr) semantische Beziehungen überlagern, in diesem Fall ‚Besitz' (‚A hat B') und ‚Ganzes – Teil' (‚B ist Teil von A'), die sich in unterschiedlichen syntaktischen Strukturen niederschlagen und deshalb in der Satzparaphrase nicht gleichzeitig angegeben werden können. Die ‚Haben'-Beziehung soll hier als die grundlegendere an erster Stelle ange-führt werden.[25]

Mit ihr läßt sich auch der Gegensatz zu den Instrumenten gut deutlich machen, also der Unterschied zwischen einer statischen und einer dynami-schen Beziehung zwischen den Konstituenten der Kp.

(2) Bei manchen Kp. läßt sich zur Paraphrase eine Gruppe von in etwa synonymen Verben heranziehen, z.B. *cave-man* 'The man lives in/dwells in a cave' $(S-P-Adv_p)$ oder 'The man inhabits a cave' $(S-P-O)$, so daß sich für *cave-man* die Doppelanalyse Adv_p/S oder O/S ergibt. Wenn man die semantischen Rollen mit berücksichtigt, wäre die Analyse als Adv_p/S vorzuziehen – dabei geben dann allerdings nicht mehr syntaktische, son-dern semantische Kriterien den Ausschlag.[26]

(3) Bei vielen anderen Kp. ist dagegen von der Bedeutung eines oder bei-der Elemente her ein ganz spezifisches Verb gefordert oder zumindest na-heliegend, beispielsweise *saule-leche* (‚Seelenarzt') 'The leech [doctor, phy-sician] treats, cures the soul'; *mæsse-preost* ne. 'The priest celebrates mass', ae. me. 'The priest sings mass', weil *mæssan singan* die im Ae. und Me. übliche Wendung ist; *orf-cwealm* (‚Viehseuche') 'The cwealm [plague] kills the orf [cattle]'. Man könnte zwar auch hier oft allgemeinere Verben ein-setzen, für *saule-leche* und *mæsse-preost* etwa 'B is [+HABITUALLY/ PROFESSIONALLY] concerned with A';[27] als Satzparaphrase wirkt dies jedoch reichlich gezwungen und zeigt, daß es nicht angeht, für die Satzpa-raphrase grundsätzlich generalisierte Verben zu verwenden. Man stößt hier an die Grenze zwischen syntaktischer Paraphrase und semantischer

---

[25] In der Literatur ist die ‚Haben'-Beziehung weitgehend anerkannt, vgl. z.B. oben 1.4.3.7. zu Warren, Levi und Lipka.

[26] Vom Ae. und Frühme. her gesehen könnte man *inhabit* natürlich auch nicht einsetzen, weil es erst im 14. Jh. entlehnt wurde.

[27] So wie es z.B. Warren 1978:237 im Rahmen ihrer semantischen Analyse vorgeschlagen hat; vgl. auch oben 1.4.3.7.

Beschreibung: Zwar haben schon die vorangegangenen Überlegungen gezeigt, daß sich semantische Gesichtspunkte aus der Satzparaphrase nicht völlig ausklammern lassen; das heißt aber nicht, daß syntaktische Analyse und semantische Beschreibung eines Kp. in jedem Fall identisch sind. Während für eine semantische Analyse generalisierte und relativ abstrakte Verben eher möglich sind, ist dies für eine syntaktische Paraphrase, die letztlich doch noch stärker oberflächenbezogen ist, nur beschränkt der Fall. Bei manchen Kp. läßt sich wohl überhaupt kein generalisiertes Verb einsetzen. So kann etwa *hand-hwile* nur paraphrasiert werden durch 'Someone turns his hand in a while' → 'While [time] in which/ someone turns his hand', d. h. ,sehr kurze Zeit, Augenblick (!)'.[28]

5.1.3.8. Syntaktische Doppelanalyse III: Weitere Probleme

Für manche Konstruktionen reichen die bisher genannten Kategorien S, P, O, Adv nicht recht aus. So läßt ein Satz wie *He looked at the girl* nach Quirk/Greenbaum eine Doppelanalyse zu: Man kann entweder ein intransitives Verb *looked* und eine als Adverbiale funktionierende Präpositionalphrase *at the girl* ansetzen, oder ein Präpositionalverb *looked at* und ein Präpositionalobjekt *the girl*.[29] Lees 1960 und in Anlehnung daran Smith 1971:66f. bezeichnen eine Verbindung aus Präposition plus Substantiv grundsätzlich als präpositionales Objekt; Marchand 1969 und in Anlehnung daran Faiß 1978 sowie Kastovsky 1982 sehen sie dagegen als Adverbialergänzung ("Adverbial complement") an. Auch diese Frage läßt sich wohl nicht generell, sondern nur von Fall zu Fall bzw. für die jeweiligen Verben entscheiden. Für den dem Kp. *grindstone* zugrundeliegenden Satz 'Someone grinds knives on the stone' → 'stone on which/ someone grinds knives [+PURPOSE]' ist die Analyse von *on the stone* als Adverbialergänzung schon deswegen vorzuziehen, weil das direkte Objekt ja durch *knives* repräsentiert wird; die Satzstruktur ist demnach S+P+O+Adv$_P$, die des Kp. P/Adv$_P$ [+PURPOSE]. Bei Fügungen des Musters 'B consists of A' *(sand castle)* müßte man dagegen eher von S+P+O (genauer: Subjekt+Präpositionalverb+Präpositionalobjekt) ausgehen; die Struktur des Kp. wäre demnach O/S. Ähnlich müßte man bei Fügungen des Musters 'A is part of B' *(armchair*, als Untergruppe von 'B

---

[28] Ein weiteres Argument gegen die generelle Einsetzung von generalisierten Verben ist, daß die Kp. mit Verbalverknüpfung immer ein spezifisches Verb enthalten.

[29] So die Formulierung in Quirk et al. 1972:818f.; in Quirk/Greenbaum 1973:350 wird dagegen *the girl* als direktes Objekt bezeichnet. Zur Unterscheidung von "prepositional verbs", "phrasal verbs" und Ähnlichem siehe Quirk et al. 1972:811–853; Quirk/Greenbaum 1973:347–374; ferner Lipka 1972:17–20.

has A') verfahren. Vor allem im Hinblick auf solche Fragen hat man der syntaktischen Analyse von Kp. vorgeworfen, daß sie sich eher mit Problemen der Syntax als mit der Erklärung der Struktur von Komposita beschäftige; sie können aber bei einer konsequenten syntakt. Analyse nicht ignoriert werden.

Trotz der immer wieder deutlich gewordenen Grenzen der syntaktischen Beschreibung scheint mir die syntaktische Analyse von Kp. insgesamt doch zu nützlich zu sein, als daß man sie ganz über Bord werfen sollte, vgl. auch oben 1.4.3.4. (S. 34–39). Im folgenden soll deshalb beispielhaft eine syntaktische Analyse der frühme. Kp. versucht werden, wobei weitere Probleme bei der Analyse der einzelnen Kp. bzw. syntaktischen Muster gestreift werden.

5.2. Substantivkomposita ohne Verbalverknüpfung

5.2.1. Sb/Sb (reine Nominalkomposita)

Der Typ Sb/Sb ist nicht nur der mit Abstand häufigste und produktivste Kompositionstyp, sondern auch der mit den vielfältigsten zugrundeliegenden syntaktisch-semantischen Strukturen. Von der syntaktischen Paraphrase her ist die Unterscheidung zwischen Kopulativkp., bei denen die Kopula 'to be' zu ergänzen ist, und Rektionalkp., bei denen ein anderes Verb zu ergänzen ist, grundlegend. Diese Unterscheidung ergibt sich auch aufgrund semantischer Kriterien und findet sich dementsprechend auch in semantisch orientierten Modellen. Während die Untergruppen der Kopulativkp. noch einigermaßen überschaubar sind, sind die Untergruppen der Rektionalkp. sehr zahlreich. Sowohl bei den Kopulativkp. als auch bei den Rektionalkp. gibt es aber Bildungen, die sich nicht mit Sicherheit einer bestimmten Untergruppe zuordnen lassen; selbst die Grenze zwischen Kopulativkp. und Rektionalkp. ist nicht in allen Fällen eindeutig.

5.2.1.1. Kopulativkomposita: *carl-man, ʒim-ston*

Literatur: Jespersen 1942 (*MEG* VI): 147–149; Marchand 1969: 40–47, 61–63, 124 f.; Koziol 1972: 52–55; ferner z. B. Koeppel 1901: 201–204; Bergsten 1911: 143–152; Carr 1939: 40 f., 325–339; Hatcher 1951; Gardner 1968: 33 f., 64–67, 72–74, 90–95, 106–108; Smith 1971: 87–96 ("Subjective Complement/Subject Type (Literal Result))"; Bauer 1978: 67 f., 127–130; Faiß 1978: 30 f., 40–47; Warren 1978: 82, 98–117; Fill 1980: 59–61, 101; Fanselow 1981: 116–128; Neuß 1981: 31–84 (zugleich Forschungsbericht). Zum Deutschen siehe z. B. Erben 1975: 36 f., 54, 57; Ortner/Ortner 1984: 53–58, 142, 204–208; siehe ferner oben 3.2.1.

(1)   Additive Kopulativkomposita (Dvandvas):
Den Dvandvas kann man keine Dt/Dm-Struktur zuordnen.[30] Sie zerfallen
in zwei Gruppen: (i) Einige Bildungen bezeichnen zwei verschiedene Einheiten, die zusammen eine höhere Einheit bilden; auf sie trifft die Formel
AB=A+B zu, was sich graphisch folgendermaßen darstellen läßt:

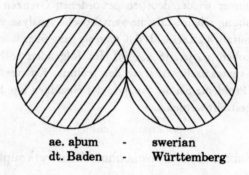

ae. aþum   -   swerian
dt. Baden   -   Württemberg

In den germanischen Einzelsprachen war dieses Muster fast ausgestorben
und nur noch mit einigen Verwandtschaftsnamen ganz schwach vertreten,
z. B. ae. *aþum-swerian* ‚Schwiegersohn und Schwiegervater‘.[31] Die additiven Ländernamen wie z. B. dt. *Elsaß-Lothringen, Schleswig-Holstein, Österreich-Ungarn* sind erst in der Neuzeit entstanden. (ii) Andere Bildungen
bezeichnen eine Einheit, von der zwei Aspekte aufgezeigt werden, wie z. B.
poet-painter, author-director, writer-husband, choreographer-dancer-singer,
vgl. dt. *Hemdhose;* im Ne. sind sie nicht selten. Sie zeigen bereits eine gewisse Nähe zu den attributiven Kopulativkp. Von letzteren unterscheiden
sie sich aber dadurch, daß beide Aspekte das gleiche Gewicht haben und
diese Bildungen ebenfalls nach der Formel AB=A+B zu analysieren sind
('a poet-painter is someone who is a poet and a painter at the same time')
und keine Dt/Dm-Struktur haben, während die attributiven Kopulativkp.
eine Dt/Dm-Struktur aufweisen.
   Im Frühme. sind additive Kopulativkp. (Dvandvas) so gut wie unbekannt. Die einzige möglicherweise hierher gehörige Bildung ist das Oxymo-
ron *luue-eie* (ME) ‚Liebe-Furcht‘, *AncR, SEL* (vgl. Zettersten 1965:136).[32]

---

[30]   Siehe Erben 1975:54; Warren 1978:107; Faiß 1978:45. Marchands (1969:41) Doppelformel
‘AB is A, AB is B’ und seine Paraphrase ‘B which is also A’ überzeugen nicht für die erste
der beiden hier angesetzten Gruppen, sondern nur für die zweite.
[31]   Siehe dazu z. B. Carr 1939:40 f.; Gardner 1968:90−95.
[32]   Es wird allerdings nicht generell als Dvandva aufgefaßt, sondern zum Teil als Rektionalkp. erklärt, siehe *MED* s. v. *love* (4 b) ‘fear inspired by love’ sowie das Glossar zu *SEL*
‘dread tempered by love’.

(2)   Attributive Kopulativkomposita

Bei den attributiven Kopulativkp., die manchmal auch als appositionelle Kp. bezeichnet werden, werden zwei Aspekte der gleichen Einheit aufgezeigt, was sich graphisch folgendermaßen darstellen läßt:

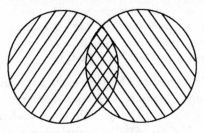

me. knaue - child
ne. girl   - friend

Auf diese Gruppe trifft zwar Marchands Doppelformel AB = B; AB = A zu, und als Satzparaphrase ist 'A is B' und 'B is A' möglich; als Referenztyp kann man jedoch grundsätzlich einen Subjektstyp ansetzen, also 'B is A', weil der Informationsstruktur nach die Formel AB = A dominiert, d. h. AB eine Teilklasse von B darstellt und nicht von A – dies heißt gleichzeitig, daß die attributiven Kopulativkp. eine Dt/Dm-Struktur haben.[33] Viele additive Kopulativkp. sind pleonastisch, d. h. das Dm ist im Grunde überflüssig, weil es schon im Dt impliziert ist; dies zeigt sich bei Paaren wie *frend* und *frend-men*, *ifon* und *ifo-men* daran, daß sie im gleichen Text nebeneinander vorkommen. Wie schon im Ae. sind attributive Kopulativkp. auch im Frühme. nicht selten; in unserem Material finden sich ca. 95 solcher Bildungen (ohne die Namen). Hierher gehören:

a)   Bildungen, die das Geschlecht von Personen angeben, wobei immer das Dt den Geschlechtsunterschied markiert:

carl-man (ME) ‚Mann‘, *ChronE*(e). Möglicherweise an. Lehnwort, s. o. 4.6.3.(3 a).

cnape-cild (ME) ‚Knabe‘ (wörtl. ‚Knabenkind‘), *Orrm*.

cnaue-child, knaue-child (ME) ‚Knabe‘, *LambH, TrinH, LaȝB* usw.

cniht-bærn (ME) ‚Knabe‘, *LaȝB*(l).

kniȝt-child, (ae) ‚Knabe‘, *Jacob&J*(l).

---

[33] Vgl. *þu shalt understonde child on þine innoðe and cnowen for cnauechild*, *TrinH* IV (21/ 13), vgl. *LambH* VII (77/22). Die hier vorliegende Präzisierung von *child* durch *cnaue-child* zeigt, daß *child* das Dm ist, das durch das Dt *cnaue* näher bestimmt wird. Vgl. ferner me. *fa-men* ‚Feinde‘, wörtl. ‚Feindmänner‘, d. h. ‚Männer, die Feinde sind‘ und nicht *‚Feinde, die Männer sind‘; ne. *girl friend* 'friend who is a girl'. Vom Kp. her gesehen ist die Struktur also Subjektsergänzung/Subjekt.

meiden-child, maide-child, maʒʒdenn-child (ae) ‚Mädchen‘ (wörtl. ‚Mädchenkind‘), *LaʒB, Orrm.*

maʒʒden-mann, (ae) ‚Mädchen‘ (wörtl. ‚Mädchenmensch‘), *Orrm.*

sune-child (ME) ‚Sohn‘ (wörtl. ‚Sohnkind‘), *Orrm.*

wapman, wepman usw. (ae) ‚Mann‘, häufig. Verdunkelt, s. o. 4.5.1. Ein Kopulativkp. liegt aber nur bei der Ableitung von ‚The man is a wæpned [male person]‘ vor; bei der Ableitung von ‚The man has a wæpen [weapon, penis]‘ läge dagegen ein rektionales Kp. vor (S-Typ: ‚B has A‘).

wifman, wimman, woman usw. (ae) ‚Frau‘, häufig.

Man hat in den Bildungen dieses Musters nicht die Bedeutung ‚Mann‘, sondern die Bedeutung ‚Mensch‘; *wif-man* bedeutet also ursprünglich ‚Mensch, der eine Frau ist‘.[34] Die Bezeichnungen *carl-man* – *wifman* treten gelegentlich (z. B. *ChronE*), die Bezeichnungen *wapman* – *wifman* bzw. *wapmen* – *wifmen* treten häufig als Paare auf (z. B. *LambH, TrinH, ChronE, StMarg/1*).

b) Bildungen, die den Status von Personen angeben (einschließlich einiger Zweifelsfälle), z. B.:

alder-mon (ae) ‚Edler, Fürst, Führer‘, *LaʒB* usw. Vgl. oben 2.4.3.4.

bonde-man (ME) ‚Bauer‘, *O&N.* Hybrid. Ursprünglich Kopulativkp. (‚Man who is a bonde‘), später aber uminterpretiert zu einem Rektionalkp. (etwa ‚man who is kept in bond(s)‘); vgl. Marchand 1969:60 f.; *MED* s. v. *bonde-man;* ODEE s. v. *bond*[1,2].

caue-deouel (ME, h) ‚kühner Teufel‘, *AncR.* Die Einstufung als kopulatives Sb/Sb-Kp. liegt vom Kontext her nahe: *kimeð þe kaue ananriht ... al swa þe caue deouel bereð awei, AncR* A 16r/22 – weil *caue* aber ursprünglich ein Adj ist, kann die Verbindung auch als Adj+Sb-Gruppe analysiert werden, s. o. 2.4.3.4.

driht-fere (ME) ‚Gefolgschaft‘, *LaʒB:* dies könnte ein attributives Kopulativkp. sein (*driht* ‚retinue‘, *fere* ‚multitude, army‘); möglicherweise dient *driht* hier aber einfach der Verstärkung.

erming-licome, earming-saulen (beide ME, beide h) ‚elender Leib, elende Seelen‘, beide *LambH.*

fa-mon, ua-men usw. (ME?), ‚Feind(e)‘, häufig, z. B. *HMeid, StJul, StMarg/1. Vesp-AH* XXVI (141/24 – 27) schreibt zunächst *ifo-men,* wenige Zeilen später *ifon.*

frend-men, ureond-men (ME) ‚Freunde‘, *TrinH, UrLe. TrinH* XXIX (183/23 – 29) schreibt zunächst *frendmen,* kurz darauf *frend.*

feolahes reclus (ME) ‚Miteinsiedler‘, *AncR.* Hybrid.

incubii demones (ME) ‚böse Geister‘, *LaʒB.* Hybrid.

kaserr-king (ME?) ‚(römischer) Kaiser‘ (wörtl. ‚Kaiser-König‘), *Orrm.*

kempe-(i)fere (ME) ‚Mitkrieger‘ (wörtl. ‚Kriegergefährte‘), *LaʒB.*

---

[34] Vgl. auch: *þe manness Sune iss Jesu Crist þurrh Sannte Marʒe hiss moderr. Forr mann iss were, 7 mann is wif, 7 mann iss maʒʒdenn nemmnedd, Orrm* 13 888 – 13 891.

munec-child (ae) wörtl. ‚Mönch-Kind‘, *LaₐB*, gehört wahrscheinlich nicht hierher: nach *BT* s.v. *munuc-cild* bedeutet es nicht *'child who is a monk', sondern 'child who is to become/is trained to be a monk', laut *MED* allerdings doch 'boy-monk'.

sibbe-men (ME) ‚Verwandte‘, *LaₐB*, könnte kopulatives Sb/Sb-Kp. sein (‚Männer, die Verwandte sind‘) oder Adj/Sb-Kp. (bzw. Adj+Sb-Gruppe), siehe oben 2.4.3.4. − die Adj/Sb-Kp. sind aber ohnehin grundsätzlich kopulativ, siehe unten 5.2.3.

peowe-wummon (ME, h?) ‚Dienerin, Leibeigene‘ (wörtl. ‚Diener(in)-Frau‘), *StMarg/1*.

wine-mæies (ae) ‚liebe Verwandte‘ (wörtl. ‚Freunde-Verwandte‘), *LaₐB*(C)(l).

Namen:

Brut-leoden (wörtl. ‚Brit(en)leute‘) und *Brut-þringen* (‚Britenkrieger‘), neben dem Simplex *Brutes, Brutenne*, z.B. *LaₐB* C 1255, O 3057, O 5211, 5442; *Sax-leode, Sæx-þeoden; Scot-leode* und *Scot-þeode* ‚Schottenvolk‘, alle aus *LaₐB*.

Ferner:

broþer-kniȝt; coward-king; cowarde-knyght; deuel-dragoun ‚Teufelsdrache‘; *deuel-dwale* ‚Teufelshäretiker‘; *driȝ-menn* ‚Zauberer‘; *fende-dragoun* ‚Teufelsdrache‘ (*SirTristr;* vgl. *SEL* (Ld 78/26) *twei dragones þat feondes weren*); *feond-scaðe* ‚Feind-Schädling‘; *harlot-grom* ‚Schurkenkerl‘; *heorde-men* ‚Hirten‘; *ermyte-pryste* und *preste-ermyte* (beide in *Malory*); *traytoure-knyght* und *traytoure-kynge* (beide in *Malory*); *þeu-maiden* ‚Dienerin‘; *war-wolff* ‚Werwolf‘ (‚Mann, der ein Wolf ist; sich in einen Wolf verwandeln kann‘) (*Malory*); *yoman-porter* (*Malory*).

Bei manchen Kp. ist eine eindeutige Zuordnung deshalb schwierig, weil eine Konstituente mehrdeutig ist und sich je nachdem, welche Bedeutung man ansetzt, verschiedene Einstufungen ergeben. Dies gilt z.B. für *sond-mon*. *Sond* kann ‚Bote‘ und ‚Botschaft‘ bedeuten (vgl. *OED* s.v. *Sand* sb¹); *sond-mon* könnte deshalb ein attributives Kopulativkp. sein (‚Mann, der ein Bote ist‘), aber auch ein rektionales Kp. (‚Mann, der eine Botschaft überbringt‘); das gleiche gilt für *sondes-mon* und *sander-man*. Letztere sind aber wohl eher rektional. Da *sondes-* eine Genitivform ist, bedeutet *sondes-mon* wohl ‚Botschaftsmann‘.

Nicht immer leicht zu trennen sind die attributiven Kopulativkp. ferner von Appositionen (dazu vgl. oben 2.4.3.3., S. 101); zu letzteren gehören möglicherweise z.B. *feolahes reclus* und *incubii demones. Godd feader* ‚Gott Vater‘, *StMarg/1* 36v/14, wird von Mack, ed. *StMarg/1*, als Kp. aufgefaßt, hier jedoch als Apposition angesehen (dagegen stuft es Faiß 1978:116 als Dvandva ein). Appositionen sind z.B. auch *Drihhtin Godd, Orrm* 761

u. ö.; *leafdi meiden moder, AncR* A 10v/27 f.; *my lorde kyng Arthur, Malory* 690/22 f.; *ure Laferrd Jesu Crist, Orrm* 6838 u. ö.; *a wicke traytur Judas, Hav* 319.

c) Geographische Angaben:

deserd-lond ‚Wüstenland‘, *Gen&Ex.*

eit-lond, LaʒB (CO), *ilond* (verdunkelt), *LaʒB* (O) und *illond* (neu motiviert), *LaʒB* (O): ‚Insel‘, wörtl. ‚Inselland‘.

eorþe-rice ‚Welt‘ (wörtl. ‚Welt-reich‘), *Orrm.*

feon-land(es) ‚Marschland‘, *ChronE.*

helle-hus ‚Höllenhaus‘, *WohLo.*

heuen(e)-riche ‚Himmelreich‘, *ChronE, PMor,* usw.

hus-lewe ‚schützendes Haus, Schutz in einem Haus‘, (‘house-shelter’); möglicherweise rektional ‘B provides A’. *WohLo.*

lei-uen ‚Sumpf, Moor‘, *AncR, HMeid* usw.; vgl. Zettersten 1965:74.

lond-riche ‚Land(reich)‘, *LaʒB.* Es ist kein Gegensatz zu einem ‚Seereich‘ impliziert; möglicherweise ist *lond-riche* ein tautologisches Kp.

merche-stowe ‚Grenzbereich, Grenzgegend‘, *VespAH XXV.*

mersc-land ‚Marschland‘, *ChronE.*

portoun ‚Marktflecken‘, *SEL.*

wesste-land ‚Wüstenland‘, *Orrm;* vgl. *weste is cleped þat londe …*

woruld-riche ‚Welt‘, *LaʒB.* Vgl. oben *eorþe-rice.*

wuda-fæstern ‚Waldfestung‘, *Durham.* Könnte an und für sich auch rektional sein (‚Festung, die im Wald liegt, vom Wald umgeben ist‘); daß es im vorliegenden Beleg aber kopulativ ist (‚Wald, der eine Festung ist‘), geht aus dem Kontext hervor.

wode-lond ‚Waldland‘ (‘B is A’ oder ‘B consists of A’?), *LaʒB.*

wude-scaʒe ‚Walddickicht‘, *LaʒB.* vgl. *OED* s. v. *Woodshaw.*

Ortsnamen:

Breoten-rice ‚Britannien‘ (wörtl. ‚Britannien-reich‘), *Durham.*

Egypte-lond ‚Ägyptenland‘ (oder Gen.Fügung ‚Land der Ägypter‘), *LambH.*

Flaundre-lond ‚Flandern‘, *LaʒB* C 3610 (O 3610 hat *Flandres lond*).

Gric-lond, Grec-lond, LaʒB CO 166.

Lundene-burh ‚London‘, *LaʒB.*

Puille-lond ‚Apulien‘ (*Puille* kommt in *LaʒB* auch selbständig vor), *LaʒB.*

Rome-burh ‚Rom‘, *LaʒB.*

Rome-lond ‚Rom‘, *LaʒB.*

Wie schon angedeutet, lassen sich manche dieser Bildungen auch rektional auffassen, z. B. *feon-land* ‘land which is a fen’ oder ‘land which consists of a fen’.

d)   Zeitangaben, z. B.:

Easter-tid ‚Osterzeit‘, *LambH.*
euen-tid ‚Abendzeit‘, *AncR.*
æuen-time ‚Abendzeit‘, *LaȝB.*
ȝeol-dæi ‚Weihnachtstag‘, *LaȝB, Orrm.* Vgl. *OED* s. v. *Yule-day.*
lenten-tyde ‚Fastenzeit‘ ('the time [tide] is lent'), *ChronE.*
morgen-tid ‚Morgenzeit‘, *Gen&Ex.*
morge-wile ‚Morgenzeit‘, *TrinH.*
non-tid ‚Mittagszeit‘, *ChronE.*
Passke-daȝȝ ‚Ostern, Ostertag‘, *Orrm.*
uhhtenn-tid ‚(frühe) Morgenzeit‘, *Orrm.*
under(n)-tid ‚Morgenzeit‘ (‚Vormittag‘), *LambH, AncR.*

Die Bezeichnungen für die kirchlichen Feste ließen sich allerdings auch als Rektionalkp. auffassen, z. B. *lenten-tyde, leinten-time* 'We celebrate lent during this tide [= time]'.

e)   Die Kp. der folgenden Gruppe ließen sich als attributive Kopulativkp. ('B is A') oder als Rektionalkp. mit einer Zweckbestimmung ([+PUR-POSE]; 'B is for A, is meant to be an A') auffassen:

bismare-word ‚Hohnwort, Spottwort‘, *ProvA.*
bode-word ‚Gebot, Botschaft‘, *Orrm.*
hoker-lahter ‚Hohngelächter‘ (kurz vorher: *lahhen þe to hokere*), *WohLo* 525–532.
hoker-leoþ ‚Spottlied‘, *LaȝB.*
hoker-word ‚Spottwort‘, *LaȝB.*
hux-word ‚Spottwort‘, *LaȝB.*
plohe-speche ‚Liebesworte‘ (wörtl. ‚Spielrede‘), *StMarg/1.*
scuter-signe ‚Zeichen des Spotts, der Verachtung‘, *AncR.*

f) Sonstiges:

ax-treo ‚Achse‘, wörtl. ‚Achsenbaum‘, *StJul.*
ele-sæw ‚Öl‘ (wörtl. ‚Ölsaft‘), *Orrm.*
est-dede ‚Wohltat‘, *Gen&Ex.*
est-metes, esste-mete ‚Delikatessen, Leckereien, Süßigkeiten‘, z. B. *Orrm.*
flesc-mete ‚Fleischspeise‘, *ChronE.*
font-stone ‚Taufstein‘ (wörtl. ‚Taufstein-stein‘) *Body&S/2, LambH,* usw., vgl. Smith 1971:90.
funt-fat ‚Taufstein‘ (wörtl. ‚Taufstein-Gefäß‘), *Best.*
fulht-beda ‚Taufbad‘, *LambH.*
gealforke (< *gealga* + *forke*) ‚Galgen‘, wörtl. ‚Galgengabel‘, *AncR.*
galwe-tre ‚Galgen(baum)‘, *Hav, SEL.*
gleo-drem wörtl. ‚Unterhaltungslärm‘, *LaȝB.*

healle-geweorc ‚Hallenbau‘, *ChronE.*

morþ-dæden ‚Mordtaten‘, *Body&S/2.*

rode-scheld ‚Kreuzesschild‘, *AncR.*

rode-steaf ‚Kreuz‘ (wörtl. ‚Kreuzstab‘), *AncR.*

salm-song ‚Psalm‘ (wörtl. ‚Psalmengesang‘) (wenn man *song* nicht als deverbal auffaßt; siehe oben 3.1.2.10.), *Body&S/2, Orrm.*

sea-stream ‚Meer, See‘ (wörtl. ‚Seestrom‘), *LaȝB, StMarg/1.*

Allerdings ließen sich viele dieser Bildungen auch als Rektionalkp. auffassen, z. B. *rode-steaf* 'A consists of B', *flesc-mete* 'B consists of A'.

(3)   Subsumptive Kopulativkomposita:

Bei den subsumptiven Kopulativkp. (ne. *oaktree*, dt. *Eichbaum*) bezeichnet
das Dt die Art *(differentia specifica)*, das Dm die Gattung *(genus proxi-
mum)*, und zwar immer in dieser Reihenfolge. Mit anderen Worten: das
Dt ist das Hyponym, das Dm sein Hypernym; alle semantischen Merkmale des Dm sind schon im Dt enthalten, das aber noch zusätzliche Merkmale hat: jede Eiche ist ein Baum, aber nicht jeder Baum ist eine Eiche. Während für die attributiven Kopulativkp. (wie auch für alle rektionalen) gilt:
‚AB ist Teilklasse von B‘, gilt für die subsumptiven Kopulativkp.: ‚A ist
Teilklasse von B‘. Letztere sind deshalb grundsätzlich pleonastisch, weil
das Dm strenggenommen überflüssig ist und das Dt gewöhnlich auch selbständig in der Bedeutung von AB vorkommt. Von den Sprechern werden
die subsumptiven Kopulativkp. aber offenbar nicht als pleonastisch empfunden; vielmehr ist das Dm oft eine Art Erläuterung zum Dt. Dies ist
z. B. in denjenigen Fällen klar, in denen das Dt ein Lehnwort ist, wie etwa
turtle-; fic-; ȝim-; marbel-, marrgrote-. Graphisch lassen sich die subsumptiven Kp. folgendermaßen darstellen:

ae. āc-trēo
ne. oak-tree

Als Satzparaphrasen sind zwar möglich 'A is B' und 'B is A' ('The oak is a
tree' und 'The tree is an oak' (oder besser 'This kind of tree is an oak'?));
als Referenztyp läßt sich aber grundsätzlich ein Subjektstyp ansetzen: 'B

is A', eben weil A eine Unterklasse von B ist und nicht umgekehrt. Die Zuordnung zu den Subsumptivkp. ist unumstritten, wenn es sich um eine Art-Gattungs-Beziehung aus dem Bereich der Tiere, Pflanzen und Mineralien handelt. Die Geschlechtsbezeichnungen bei Menschen und die Zeitangaben sind dagegen wohl eher den attributiven Kopulativkp. zuzuordnen, siehe oben unter (2 a) und (2 d).[35] *Wifman* ‚Frau' beispielsweise ist zwar ein Hyponym zu *man* ‚Mensch', ähnlich wie *oak* ein Hyponym zu *tree* ist – im Gegensatz zu *oak-tree* handelt es sich bei *wif-man* aber nicht um eine Art-Gattungs-Beziehung, weil *wifman* keine Menschenrasse bezeichnet. Die Aussagen zur Geschichte der Subsumptivkp. sind widersprüchlich.[36] Wenn man die subsumptiven Kopulativkp. auf die genannten drei Gruppen einschränkt, sind sie im Frühme. jedenfalls nicht sehr häufig und deutlich seltener als die attributiven Kopulativkp. – unser Material weist ca. 17 entsprechende Bildungen auf. Die Belege aus den frühme. Texten sind:

a) Tierbezeichnungen:

cullfre-briddes (ME) ‚Taubenvögel', *Orrm.*
duue-briddes (ME) ‚Taubenvögel', *TrinH.*
gref-hound (ME) ‚Jagdhund', *KingAlex.* Hybrid (Dt < Afrz.), vgl. oben 4.6.4.2.
henne-fugeles (ae) ‚Hennen', wörtl. ‚Hennenvögel', *ChronE.*
turtle-briddes (ME, h?) ‚Turteltauben, Taubenvögel', *TrinH.*

Die Bildungen mit *-briddes* (> ne. *-birds*) sind allerdings nur subsumptiv, wenn man von der Bedeutung ‚Vogel' ausgeht; wenn man dagegen von der ursprünglichen Bedeutung ‚junger Vogel' ausgeht, wären sie eher den attributiven Kopulativkp. zuzuordnen (‚junge Tauben, junge Turteltauben').[37] Sicher den attributiven Kopulativkp. sind zuzuordnen (weil das Dm den Geschlechtsunterschied angibt):

pe-cokes (ME) ‚Pfauen' (wörtl. ‚Pfauhähne'). *Art&Merl, KingAlex, Ayenb.* Ne. *peacock.*
prestel-cok, prustel-cok (ME) ‚(Sing)drosselmännchen', *LyricsXIII, SEL.*

---

[35] Gegen Faiß 1978: 185 – 187.
[36] Nach Carr 1939: 325 sind die subsumptiven Kopulativkp. in den germanischen Sprachen zu allen Zeiten recht häufig, nach Marchand 1969: 62 im Ne. dagegen schwach vertreten, was laut Warren 1978: 99 – 101 u. 105 jedoch differenziert werden muß; vgl. auch Fill 1980: 60 f., 102 f. Die unterschiedlichen Aussagen hängen wohl mit einer unterschiedlich weiten Auslegung des Begriffes „subsumptiv" (der von Carr allerdings nicht verwendet wird) zusammen.
[37] Nach *MED* s.v. *brid* stehen während der me. Zeit die ursprüngliche Bedeutung ‚junger Vogel, Vogeljunges' und die spätere Bedeutung ‚Vogel' nebeneinander.

b) Pflanzenbezeichnungen:

fic-tre (ae) ‚Feigenbaum', *Orrm.*

fygge-tre (ME) ‚Feigenbaum', *Malory.* Hybrid. *Fic-tre* und *fygge-tre* (ne. *figtree*) sind subsumptiv, wenn man von *fic, fig* ‚Feigenbaum' ausgeht (wörtl. dann ‚Feigenbaum-baum'), aber rektional, wenn man von *fic, fig* ‚Feige' ausgeht (‚Baum, der Feigen trägt'); vgl. *MED* s. v. *fik(e)*.

figer-tre (ME) ‚Feigenbaum', *SirTristr.* Hybrid.

lylye-flour (ME) ‚Lilienblume', *KingHorn.* Hybrid (Dm entlehnt < Agn.).

muge-floures (ME, h) ‚Moschuspflanzen', *KingAlex.* Hybrid (Dt und Dm entlehnt).

palme-tren (ae) ‚Palmbäume', *Gen&Ex.*

rose-flour (ME) ‚Rose(nblume)', *Art&Merl.* Hybrid (Dm entlehnt).

c) Mineralien:

charbuncle-stoon usw. (ME) ‚Karfunkel(stein)', *Floris&B, Hav.* Hybrid.

ʒim-ston usw. (ae) ‚Edelstein' (wörtl. etwa ‚Gemmenstein'), *UrLe, StKat, StMarg/1, LaʒB* usw. (häufig). Vgl. *a deorewurðe ʒimstan ... þis deorewurþe stan, AncR* A 37r/9–11 (vgl. C 55v/13–17); vgl. ferner *LyricsXIII* (43/153–163, *Luue Ron*): *Hit is ymston ... þis ilke ston þat ich þe nemne Maydenhod icleoped is. Hit is o derewurþe gemme ...*

grauel-stones (ME) ‚Kieselsteine', *KingAlex.* Hybrid (Dt < Afrz.).

marman-stan (ae), *LaʒB* (C), *marbre-stan, StKat, LaʒB* (O), *marbel-stone* (ME), *TrinH*(e) ‚Marmorstein'.

marrgrote-stan (ME, h?) ‚Perle(nstein)', *Orrm.*

(4) Tautologische Kopulativkomposita:

Tautologisch sind solche Kp., deren Konstituenten Synonyme sind.[38] Als Formel ließe sich demnach angeben: A = B und B = A; als graphische Darstellung:

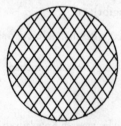

ae.me. rake - teie
me. orʒel - prude

---

[38] Als Synonyme werden hier Wörter mit gleicher Denotation, aber möglicherweise unterschiedlicher Konnotation angesehen. Zum Synonymenbegriff und seiner Problematik siehe z. B. Welte 1974:II,510–515 (mit Literaturnachweis); Kastovsky 1982a:124.

Bei Wörtern aus älteren Sprachstufen läßt sich der Grad der Synonymie und damit der Tautologie freilich nicht immer genau feststellen; außerdem ergibt sich bei manchen Bildungen das Problem, daß beide Konstituenten zwar in einer ihrer Bedeutungen synonym sind, aber nicht in allen, vgl. z. B. unten zu *run-stauen* und *prum-ferde*. Im Ae. waren tautologische Komposita wie *word-cwide*, *gang-weg* vor allem in der Dichtung häufig, siehe Carr 1939:329–339. Ihre Funktion dort ist umstritten; sie lassen sich wohl auch nicht auf eine einheitliche Funktion festlegen. Marchand 1969:62 argumentiert, daß es sich nicht einfach um Tautologien handle, sondern um poetische Formen – es ist aber nicht einzusehen, warum poetische Formen keine Tautologien sein können. Carr 1939:xix, 330 f., 338 nahm an, daß viele solcher Kp. gerade deshalb gebildet wurden, um die benötigte Alliteration zu erzielen und die Verszeilen zu füllen. Gardner 1968:109–116 spricht den Dt solcher Bildungen dagegen eine intensivierende Funktion zu,[39] was bei manchen Bildungen sicher der Fall ist; vgl. z. B. unten zu *driht-folk*, *leod-folk* und *peod-folk*. Beide Funktionen (Herstellung der Alliteration; Intensivierung) schließen einander auch nicht aus. Hybride Bildungen, bei denen das Dt ein Fremdwort ist, sind wohl ähnlich wie die hybriden Subsumptivkp. so zu interpretieren, daß das Dm eine Art Erklärung zum Dt darstellt, wie z. B. in *casstell-tun*, *cite-toun*.[40] Im Me. sind laut Bergsten 1911:144 echte tautologische Kp. selten. Folgende, immerhin 26 Bildungen aus den frühme. Texten gehören aber sicher oder möglicherweise hierher:[41]

castel-buri (ME) möglicherweise ‚befestigte Stadt‘ (wörtl. ‚Burg-Burg‘ oder ‚Burg-Stadt‘), *LaʒB*. Hybrid.

casstell-tun (ME) wohl ‚befestigte, ummauerte Stadt‘ (wörtl. ‚Burg-Stadt‘), *Orrm*. Hybrid.

cite-toun (ME) ‚(bedeutende, ummauerte) Stadt‘ (wörtl. ‚Stadt-Stadt‘), *Amis&A*, *KingAlex*. Hybrid.

cluster-lok(an) (ae) ‚Gefängnis‘, *LambH*. Hybrid; beide Elemente bedeuten (u. a.) ‚Gefängnis‘. Vgl. Carr 1939:336.

cur-dogge (ME), *AncR*. Der Status von *cur* hat sich gewandelt: Man nimmt an, daß *cur* ursprünglich ein deverbales Element war und die Bedeutung des Kp. ursprünglich als ‚knurrender Hund‘ anzusetzen ist. Weil *cur* aber bereits in *AncR* (A 38v/14) selbständig in der Bedeutung ‚Hund‘ auftaucht, muß es wohl als in etwa synonym zu *dogge* empfunden worden sein. Vermutlich hatte es pejorati-

---

[39] So auch Ingersoll 1978:85.
[40] Allerdings gibt es auch den (selteneren) umgekehrten Fall, daß das Dt ein heimisches Wort ist und das Dm ein Lehnwort, vgl. *luue-drurye*, *wonder meruaile*.
[41] Relativ zahlreich sind die tautologischen Kp. in *LaʒB*, was darauf hindeutet, daß sie doch etwas mit der Technik des Alliterationsverses zu tun haben.

ve Konnotation (was auch aus *cur* ,Feigling', A 38v/14, hervorgeht). Ausführlich dazu siehe Zettersten 1965:133; ferner *MED* s. v. *curre* u. *dogge; ODEE* s. v. *cur*.

driht-folk (ae) ,Schar, Truppe, Gefolgsleute', *LaȝB*. Ae. *dryht* ,Menge, Schar, Heer, Volk' + ae. *folc* ,Volk'. Das Dt ist möglicherweise verstärkend.

gamen-gle (ME) ,vergnügliche Unterhaltung' (wörtl. ,Unterhaltungsvergnügen'), *Art&Merl*. Vgl. *gamen and glie, PMor* 292.

leod-folk (ME) ,Leute, Volk' (wörtl. ,Leutvolk'), *LaȝB*. Möglicherweise hat das Dt verstärkende Funktion (vgl. oben 3.2.13.5.(3) sowie unten (6)).

luue-drurye (ME) ,Liebe, Liebeszeichen', *Hav, KingAlex*. Hybrid.

mor-uenne (ME) ,Sumpf, Moorland', *LaȝB*.

neod-þearf (ae) ,Notwendigkeit' (dt. Notdurft), *WintBR*. Sowohl *neod* als auch *þearf* bedeuten ,Notwendigkeit'.

ord-frume (ae) ,Anfang, Beginn', *StMarg/1*. Sowohl ae. *ord* als auch ae. *fruma* können ,Anfang' bedeuten.

orȝel-prude (ME) ,Stolz', *PMor* (als Vr. zu *ouer-prude*). *Prude*, das etwas ältere Fremdwort (> ne. *pride*), erklärt hier *orȝel*, das etwas jüngere Fremdwort, das später wieder verschwand. Beide stehen für lat. ,superbia'.

paien-haþen (ME) (Kp?) ,Heide(n)' (wörtl. ,Heiden-Heiden'), *Art&Merl*. Hybrid. Könnte Sb/Sb oder Adj/Adj sein, vgl. oben 2.4.3.4.(4), S. 112.

pol-heuedes (ME, h) ,Kaulquappen' (wörtl. ,Kopf-Köpfe'), *Gen&Ex*. Hybrid, vgl. oben 4.6.4.4.

prœt-wrench (ME) ,hinterlistiger Trick, Betrug', *LaȝB*. ae. *prœt* und ae. *wrench* können ,List, Trick' bedeuten.

rachenteges, raketehe, raketeie usw. (ae) ,Fessel(n), Kette(n)', z. B. *ChronE, PMor, StJul, StKat, LaȝB*. Sowohl ae. *racente* als auch ae. *teah* (> ne. *tie*) bedeuten ,Band, Fessel'; vgl. Koeppel 1901:202. Zur Verdunklung siehe oben 4.5.3.

run-stauen (ME), *LaȝB*. Sowohl ae. *run* als auch ae. *stæf* können unter anderem ,Buchstabe' bedeuten; es liegt also wohl ein tautologisches Kp. ,Buchstaben' vor; vgl. Oakden 1935:II,154. Nicht auszuschließen ist jedoch, daß ein attributives Kopulativkp. ,Runenbuchstaben' vorliegt; weniger wahrscheinlich ist, daß ein rektionales Kp. ,geheimnisvolle Buchstaben' vorliegt.

þeod-folk (ME) ,Volk', *LaȝB* (C). Sowohl ae. *þeod* als auch ae. *folc* bedeuten ,Volk'; möglicherweise dient das Dt der Verstärkung. Oakden 1935:II,158 übersetzt mit 'national people'.

þrum-ferde (ME) ,Heer', *LaȝB*. Es könnte sich um ein tautologisches Kp. ,Heer-Heer' handeln, aber auch um ein rektionales Kp. ,Ruhm(reiches)-Heer'.

wœl-slahtes (ae) ,Gemetzel, tödlicher Kampf', *LaȝB* (C)(l). Ae. *wœl* ,Gemetzel, Morden'. Vgl. oben 3.2.10.5.

wel-sprung (ae) ,Quelle', *LyricsXIII*. Sowohl ae. *wiell* als auch ae. *spring* bedeuten ,Quelle'; ne. *well-spring*. Beide Konstituenten sind ursprünglich deverbal; die Bildung ist aber als tautologisches Sb/Sb-Kp. anzusehen.

wicke-tunes (ae/ME) ,Wohnsiedlungen', *O&N*. Siehe dazu oben 2.4.3.1. (S. 94).

wode-burȝe (ae/ME) ,Wald, Hain', *LaȝB* (C). Ae. *wudu-bearu* ist tautologisch

(‚Wald-Wald‘, ‚Hain-Hain‘); in *wode-burჳe* wurde das Dm aber möglicherweise an ae. *burg* (Gen. *byrig*) (> ne. *-bury, -borough*) angelehnt.

wonder meruaile (ME) (Kp?) ‚wunderbare Taten‘ (wörtl. ‚Wunder(bares) Wunder‘), *Art&Merl.* Hybrid. Vielleicht syntakt. Gruppe aus Adj+Sb, vgl. oben 2.4.3.4.(4), S. 114 f.

writ-runen (ME) ‚Briefe‘, *LaჳB* (C). Bedeutet vielleicht nur ‚Briefe‘ (*writ* und *run* kann ‚Brief‘ bedeuten), vgl. Oakden 1935:II,164; die Bedeutung ‚geheime Briefe‘ (wörtl. ‚Briefgeheimnisse‘) ist aber nicht auszuschließen.

(5) Vergleichende Komposita

Bei den Kp., die einen Vergleich beinhalten, bezeichnet das Dt ein Element, dem das Dm in irgendeiner Weise ähnlich ist. Sie können zwar gewöhnlich nicht mit 'B is A' oder 'A is B' paraphrasiert werden (also *frogman* z. B. nicht als *'The frog is a man'* oder *'The man is a frog'*), sondern nur mit 'B is like A' ('B resembles A'). In der neueren Literatur werden sie aber trotzdem oft den (attributiven) Kopulativkp. zugeordnet, weil es sich bei ihnen um eine figurative Attribution handelt.[42] Marchand 1969:46 unterscheidet zwischen Kp., in denen B als Ganzes mit A verglichen wird (z. B. *bulldog, frogman*) und solchen, bei denen nur ein Teil von B mit A verglichen wird, z. B. *bellflower* (nicht die ganze Pflanze ähnelt einer Glocke, sondern nur ihre Blüte). Marchand rechnet nur erstere zu den Kopulativkp., aber letztere zu den Rektionalkp. Diese Trennung scheint aber nicht gerechtfertigt, weil bei all diesen Kp. in erster Linie wichtig ist, daß ein Vergleich vorliegt, und erst in zweiter Linie, was das Tertium comparationis im einzelnen ist, d. h. welcher Aspekt von B mit welchem Aspekt von A verglichen wird. Dazu kommt, daß es auch Kp. gibt, bei denen B nur mit einem Teil von A verglichen wird: *Someone has pig-eyes* ist nicht zu paraphrasieren als *'Someone's eyes are like a pig'*, sondern als 'Someone's eyes are like the eyes of a pig'.[43] Im Frühme. sind die vergleichenden Kp. relativ selten; selbst wenn man die unsicheren und fraglichen Fälle mitzählt, kommt man nur auf 16 Bildungen, die allerdings überwiegend me. Neubildungen sind; allein sieben davon kommen in *AncR* vor. Nach Warren 1978:108 sind die vergleichenden Kp. auch im Ne. nicht sehr häufig. Die frühme. Belege sind:[44]

asse-earen (ME) ‚Eselsohren‘, *AncR.* Ein verkürzter Vergleich (‚Ohren wie die Ohren eines Esels‘).

---

[42] Siehe Marchand 1969:46 f.; ferner z. B. Smith 1971:96 f., "Subjective Complement/Subject Type (metaphoric result)"; Warren 1978:80, 101–104, "comparant – compared".

[43] Vgl. Warren 1978:23–26, 109 f., sowie oben 1.4.3.3. und 4.2.

[44] Vgl. auch oben 4.2.(4).

broper-kniʒt (ME) ‚Kampfgefährte' (wörtl. ‚Bruderritter', d. h. wohl ‚Ritter, der wie ein Bruder ist'), *Art&Merl.*

eape-ware (ME, h) ‚gefälschte Waren, Tricks' (wörtl. ‚Affenwaren'), *AncR.* Die Interpretation dieses Kp. ist nicht einfach. In *AncR* A 67r/14 wird der Teufel als *þe alde eape* bezeichnet. Es könnte sich also auch um ‚Teufelsware' handeln. In beiden Fällen (‚Affenware, Teufelsware') ist es nicht sicher, ob ein vergleichendes Kopulativkp. vorliegt (‚Ware, wie sie die Affen/der Teufel machen') oder ein Rektionalkp. (‚Ware, die die Affen/der Teufel machen/gemacht haben').

dogge-deouel (ME) ‚Hundsteufel', *AncR* (A 79v/8 f.). Hier überschneiden sich deutlich Vergleich ('B is like A') und Attribution ('B is A'). In der betreffenden Passage aus *AncR* wird der Teufel als Hund zunächst zwar durch einen Vergleich eingeführt, dann aber als wirklicher Hund geschildert und behandelt: *his teð beoð attrie as of a wed dogge. David i þe sawter cleopeð hine dogge ... For þi mi leoue suster sone se þu eauer underʒetest þat tes dogge of helle cume ... ame dogge ga her ut ... hat him ut heterliche þe fule cur dogge ... agein helle dogge ...: AncR* A 79r/1 – 23 usw.

drit-cherl (ME) ‚Dreckskerl', *Hav,* ist schwierig zu erklären: es könnte kopulativ sein ‚der Kerl ist (wie) (ein Stück) Dreck', aber auch rektional ‚der Kerl lebt, wühlt usw. im Dreck'.

gar-cliue (ae) bot. ‚Odermennig' (wörtl. ‚Speerklette'), *HrlVoc.*

gar-lek (ae) ‚Knoblauch' (wörtl. ‚Speerlauch'), *Cockaygne, HrlVoc.* Ne. *garlic.* Faiß 1978: 117 geht zwar ebenfalls davon aus, daß B mit A verglichen wird, setzt aber, anders als hier, ein Rektionalkp. an 'B has the form of A'. Vgl. unten bei *sperewurt.*

gol(d)-finc (ae) ‚Stieglitz, Distelfink' (wörtl. ‚Goldfink'), *O&N, KingAlex.* Hier müßte man vielleicht eher von einem Satz ausgehen 'B shines like A'.

huni-luue (ME, h?) ‚honigsüße Liebe', *AncR.* ‚Liebe, die [SÜSS] wie Honig ist'; vgl. Zettersten 1965: 135.

hore-ehe (ME) ‚lüsterne Augen', *AncR.* Wörtl. ‚Hurenaugen'. Ein verkürzter Vergleich: ‚Augen wie die Augen einer Hure'.

mix-maumez (ME) ‚Scheißgötzen, -idole', *StJul, StKat:* könnte als Vergleich aufgefaßt werden; die Herausgeber sehen *mix* allerdings gewöhnlich als Adj an, siehe dazu oben 2.4.3.4.

schit-worde (ME, h?) ‚wüste Beschimpfungen' (wörtl. ‚Scheißworte'), *O&N.* Auch bei *mix-maumez* und *schit-worde* dürften sich Attribution und Vergleich überschneiden ('B is A' und 'B is like A'); vielleicht gilt dies auch für *drit-cherl.*

spere-wurt (ae) bot. ‚Wasserschwertlilie' (wörtl. ‚Speerkraut'), *HrlVoc.* Wie bei *garcliue* und *gar-lek* (siehe oben) ist auch hier wohl von einem Satz 'B resembles, is like A' auszugehen.

wombe-pot (ME) ‚Bauchtopf', *AncR.* Hier wird eigentlich A mit B verglichen ('A is like B').

Unklar sind:

hund-limen (ME), *TrinH:* siehe dazu oben 3.2.18.5.

402

king-hond (ME, h) ‚rechte Hand‘, *AncR* (C). Möglicherweise ein Versehen für *riht hand, AncR* (A).

(6) Verstärkende Komposita:

Bei den verstärkenden Kp. hat das Dt nicht mehr seine Grundbedeutung, sondern eher die Bedeutung ‚most important, höchst, wichtigst, Haupt-‘.[45] Die Übergänge zwischen Attribution, Vergleich und Verstärkung sind manchmal fließend; bereits bei manchen der tautologischen Kp. wurde darauf hingewiesen, daß ihr Dt möglicherweise verstärkende Funktion hat, vgl. oben (4) zu *driht-, leod-, peod-*. Hier sind noch die Kp. aufzuführen, die *heued-, lady-, master-, wunder-* usw. als Dt haben. Man kann annehmen, daß sie ursprünglich aus einem Vergleich entstanden, etwa ae. *heafod-man* 'The man is like a head [sc. as regards his importance]'.[46] Die Berechtigung, sie den Kopulativkp. zuzuordnen, ergibt sich aber auch von daher, daß zumindest *heafod* (> ne. *head*) offenbar die ganze englische Sprachgeschichte hindurch auch selbständig in der Bedeutung ‚höchste, wichtigste Sache bzw. Person‘ vorkommt; frühme. Beispiele sind:[47] *eall ða heaued, læred 7 læuued, þet wes on Engleland, ChronE* 1127; *he wæs an hæfod þa aþ to swerene, ChronE* 1127/50 ‚er war der Hauptzeuge gewesen‘; *He þe is ure heaued, AncR* A 97v/20, C 166v/17 f.; *Ac eauer is schrift þe heaued* ‚immer ist die Beichte die Hauptsache‘, *AncR* A 88r/17; *þet heaued prof is þe feont …, SWard; berepþ itt till þallderrmann onn hæfedd, Orrm* 14 045; *summ apell mann 7 god þatt i þatt hird wass hæfedd, Orrm.*

In den frühme. Texten finden sich ca. 30 verschiedene Bildungen mit *heued, maister* usw. als Dt, wobei *heued* mit 14 verschiedenen Bildungen am häufigsten vorkommt, gefolgt von *maister* mit 10 verschiedenen Bildungen.

heafod-, heaued-, heued-, hæfedd- usw.: *-burrh* ‚Hauptstadt‘, *Orrm; -follc* ‚Hauptvolk‘, *Orrm; -hird* ‚Haupthirte‘, *Orrm; -kinedom* ‚Hauptkönigreich‘, *Orrm; -lorðeau* ‚oberster Lehrer‘ (wörtl. ‚Hauptlehrer‘), *TrinH; -luuen* ‚Kardinaltugenden‘ (wörtl. ‚Hauptlieben‘), *AncR; -mihtan* u. *-mahhtes* ‚Haupttugenden‘ (im Gegensatz zu den Hauptsünden), *LambH, Orrm; -men(n)* ‚Führer, wichtige Männer‘ (wörtl. ‚Hauptmänner‘), *ChronE, LambH, Orrm* usw.; *-plihht* ‚größte Gefahr‘, *Orrm; -port* ‚größere Stadt‘, *ChronE; -preost* ‚Hoherpriester‘, *Orrm;*

---

[45] Vgl. dazu z. B. Carr 1939: 324 ff., 349 ff.; Ingersoll 1978: 85 – 152, sowie oben 3.2.13.5.(3) zu Präfixoiden und unten 5.4.1.(2) zu Sb/Adj-Kp. mit verstärkendem Erstelement. Zum Deutschen vgl. Fleischer 1971: 199 ff.

[46] Bei den Kp. mit ae. *heafod* (> ne. *head*) spielt aber möglicherweise auch lat. Lehneinfluß eine Rolle; so gibt ae. *heafodburh* lat. *urbs capitalis* wieder, und ae. *heafodsynn* ist ursprünglich eine Lehnübersetzung nach lat. *vitia capitalia.*

[47] Zur Einordnung dieser Gruppe unter die Kopulativkp. siehe z. B. auch Faiß 1978: 87; Warren 1978: 101 – 104 ("adjective-like comment-nouns").

403

-sunnen u. *sinne* ‚Hauptsünden, Todsünden‘, *LambH, TrinH, AncR, Orrm* usw. (~ *deadliche sunnen, AncR); -þeawes* ‚Kardinaltugenden‘, *SWard; -welle* ‚Quellgebiet‘ (wörtl. ‚Hauptquelle‘), *Gen&Ex.*

laferrd-: laferrd-flocc (ME) ‚Hauptherde‘ (?), *Orrm* (590: *Alls iff itt wære laferrd-flocc Off alle poþre flockess*).

leafdi-: -riwle ‚Hauptregel‘, *AncR.*

maister-, meister-, maȝȝstre- usw.: *-burh* ‚Hauptstadt‘, *Gen&Ex; -cite* ‚Hauptstadt‘, *KingAlex* (hybrid); *-curtiler* ‚Hauptgärtner‘, *Fox&W* (hybrid); *-deoflen* ‚Oberteufel‘, *LambH; -dwale* ‚Erzhäretiker‘, *Orrm; -fend* ‚Oberteufel (Satanas)‘, *HarrowH; -gomfainoun* ‚Hauptfahne‘, *Art&Merl* (hybrid); *-king* ‚Oberkönig, oberster Anführer‘, *KingHorn, Art&Merl; -prest* ‚Hoherpriester‘, *Gen&Ex; -toun* ‚Hauptstadt‘, *KingAlex.*

moder-: -burh ‚Hauptstadt‘, *StKat; -hus* ‚Mutterhaus, Ursprung‘, *AncR; -sunnen* ‚Hauptsünden, Todsünden‘, *AncR.*

wunder-, wonder-: wonder-craftes ‚Magie, Zauberkünste‘, *LaȝB; wonder-þing, LaȝB; wunder-word VespAH XXV.* Wohl auf Grund dieser verstärkenden Funktion wurde *wunder* im Me. dann bald zum Adj und zum Adv, s. o. 2.4.3.4. (S. 114 f.) und vgl. 3.3.2.5.(2).

Head-, lady- und *mother-* treten aber nicht immer in verstärkender Funktion auf, sondern zum Teil auch in ihrer ursprünglichen Bedeutung, z. B. in *hæfd-bon* ‚Hirnschale‘ (wörtl. ‚Kopfknochen‘), *hæfued-wunde* ‚Kopfwunde‘, beide *LaȝB*, oder *moder-bern* ‚Menschen‘ (wörtl. ‚Mutterkinder‘), *StMarg/1, moder-sune* ‚Mensch‘ (wörtl. ‚Muttersohn‘), *WohLo.*

(7) Grenzfälle:

Bei einer Reihe von Bildungen läßt es sich nicht eindeutig entscheiden, ob sie als kopulativ oder als rektional aufzufassen sind, weil sie verschiedene Paraphrasen zulassen. Dazu gehören beispielsweise auch Bildungen, die zwar in einer Richtung durch einen Kopulasatz paraphrasiert werden können (‘A is B’; eventuell auch ‘A constitutes B’), in der anderen Richtung aber doch eher durch einen Rektionalsatz zu paraphrasieren sind (‘B consists of A’). Auf einige solcher Zweifelsfälle wurde schon hingewiesen; ferner sind hier zu nennen:

a) Die Kp. mit *-kin* und *-kind* ‚Art, Geschlecht‘ als Dm:

beore-cun ‚Bärenart‘, *AncR.*

dier-chin ‚Tiere‘ (wörtl. ‚Tierart(en)‘), *VespAH XXV.*

fisc-cynn ‚Fischart‘, *VespAH XXV.*

fohȝel-cunne ‚Vogelgeschlecht‘, *LaȝB, Orrm.*

hunde-cun ‚Hundeart‘, *AncR.*

man-kin, mon-cun und späteres *man-kunde* (> ne. *mankind*) ‚Menschheit‘, häufig.

mæte-cun ‚Speisenarten‘, *LaȝB.*

stæn-cun ‚Steinart‘, *LaȝB.*

wapmon-cun ‚Männer‘ (wörtl. ‚Männerart‘), *LaʒB, Orrm.*

wimmann-kinn ‚Frauen‘ (wörtl. ‚Frauenart‘), *Orrm.*

Vgl. ferner

enngle-kind(e) ‚Engel(sgeschlecht)‘, *Orrm.*

kynne-kyn ‚Königsgeschlecht‘, *ChronE.*

mynster-cyn wörtl. ‚Münsterart‘ (gemeint wohl ‚Mönchsart‘), *WintBR.*

wepne-cin ‚Waffen(art)‘, *VespAH XXVI.*

wif-kin ‚Frauen(geschlecht)‘, *Gen&Ex.*

wrim-kin ‚Wurm(arten)‘, *Gen&Ex.*

Zu den Bildungen des Typs Sb+s/*kin* (*deres-kin* usw.) siehe unten 5.2.2.1.

Bei vielen von ihnen müßte die Paraphrase strenggenommen lauten ‘The As are a B’ (‘The bears are a kin’) (oder ‘A is B’: ‘Bear is a kin’?); als umgekehrte Paraphrase ist aber doch wohl näherliegend ‘B consists of A’ (‘The kin consists of bears’).[48] Smith 1971:92 paraphrasiert allerdings *mankynde* einfach als ‘The kind is man’. Ferner gehören hierher möglicherweise (‘A is B’, aber ‘B consists of A’):

flesc-mete ‚Fleischspeise‘, *ChronE.*

flesch-timber ‚Körpersubstanz‘ (wörtl. ‚Fleischsubstanz‘), *StKat.*

cniht-weored ‚Ritterschar‘, *LaʒB.*

b) Einige Bildungen, die sich umgekehrt einerseits paraphrasieren lassen als ‘B is A’ (oder ‘The Bs are an A’) (oder ‘B constitutes A’), andererseits aber eher als ‘A consists of B’, z.B.:

driht-men, duʒeðe-cnihtes, duʒeðe-men ‚Gefolgsleute, Krieger‘, alle drei aus *LaʒB.*

grunt-wal ‚Grundmauer‘, *StJul, Orrm*, usw.

man-að ‚Meineid‘ (*mān* ‚Verbrechen‘), *Orrm.*

5.2.1.2. Rektionalkomposita: *burh-folc, burh-ʒeten*

Die Rektionalkp. unter den Sb/Sb-Kp. lassen sich nach Subjekttypen, Objekttypen und Adverbialergänzungstypen (S-, O-, Adv-Typen) unterteilen. Der Prädikationstyp kommt für reine Nominalkp. nicht in Frage, weil das Vb von der Definition des Typs her an der Oberfläche nicht erscheint. Die einzelnen Referenztypen ließen sich nach den jeweiligen Satzstrukturen noch weiter unterteilen, z.B. der S-Typ nach O/S und Adv/S. Einerseits ist dies in manchen Fällen jedoch schwierig (vgl. z.B. oben 5.1.3.7.(2). zu *cave-man*); andererseits wären die reinen Satzstrukturen doch noch zu grob, um die semantischen Beziehungen zwischen den Ele-

---

[48] In manchen Verbindungen scheint -*kin* für unser modernes Sprachgefühl eher pleonastisch zu sein und kann zumindest in der Übersetzung weggelassen werden, wie wohl z.B. in *wapmon-cun.*

menten auszudrücken. Es wird hier deshalb zunächst der Referenztyp gegeben, dann aber, jedenfalls beim S-Typ, gleich nach den einzusetzenden Verben unterteilt.[49]

(1) Subjektstyp (S-Typ):

(a) Bezeichnungen für Personen und Lebewesen als Dm: Als ganz generelle Paraphrase ließe sich hier angeben 'B has to do with A [+ HABITUALLY, PROFESSIONALLY, OFFICIALLY]'. Bei Einsetzung spezifischerer Verben ergeben sich zahlreiche Untergruppen unterschiedlicher Stärke. Bei einer rein semantisch orientierten Klassifizierung ergäben sich zum Teil andere Gruppierungen. Bei einem kasusgrammatischen Ansatz müßte beispielsweise zwischen Agens und Experiencer unterschieden werden. Bei Warren 1978 wird z. B. *cowboy* der ACTIVITY-Beziehung zugeordnet (Untergruppe OBJ[ect]-actor), *Harlem boy* dagegen der LOCATION-Beziehung (Untergruppe origin-OBJ[ect]), vgl. oben 1.4.3.7.

Bei der Einsetzung von Verben ergeben sich v. a. folgende Untergruppen:

– 'B lives in, at, on, near A', 'B inhabits A'; vgl. Marchand 1969:48. Beispiele sind: *burh-cnauen* ‚Stadtburschen', *burh-folc, burh-men, burh-weren* ‚Stadtvolk, Stadtleute', *castel-men, chirch-ancre* ‚Kircheneinsiedlerin', *ea-uroskes* ‚Wasserfrösche', *eorð-briddes* ‚Erdvögel', *eorð-men, eorðe-prelles* ‚Erdsklaven' (oder: 'B belongs to A', 'A owns B, has B in its power'), *heouene-engel, heofon-fugel, hellebearnes, helle-hund, helle-liun, helle-dogge, helle-weorrur* (oder: 'B comes from A'?), *helle-wurmes, land-folc, leond-cnihtes* ‚Bevölkerung', *land-leode, luft-fuheles, meare-minnes* ‚Meerjungfrauen', *sæ-fisc, wude-mon* ‚Jäger, Waldhüter, -arbeiter' (wörtl. ‚Waldmann'), *world-men* wörtl. ‚Weltmänner' (möglicherweise lexikalisiert, s. o. 2.5.2. u. unten (4)).
Namen: *Rom-cnihtes, Rom-folk, Rom-leoden, Rom-men, Rom-peode, Rom-wisen* ‚die Weisen von Rom'.

– 'B serves in A', z. B. *bur-cnihtes* ‚Kammerdiener' (in *LaʒB* z. T. auch *burh-cnihtes* geschrieben), *bur-lutlen* ‚Kammerjungfrauen', *bur-penas* ‚Kammerdiener', *burh-preostes* ‚Stadtpriester', *eðele-peowe* ‚Hausklave', *here-cniht, hære-gumen, hærekemppen, here-dring(es), here-ðring(es)* wörtl. etwa ‚Heermänner, Heerkämpfer, Heeressoldaten'; *hir(e)d* ‚Haushalt': *hired-children, hird-clerc, hird-cnaue, hiredcniht, hired-gume, hird-iferen, hird-men; hus-carl* ‚Leibwächter' (wörtl. ‚Hauskerl', lexikalisiert).

– 'B guards, keeps, is responsible for A', z. B. *herd-swein* ‚Hirte', *heorde-men* ‚Hirten', *hors-horde* ‚Pferdehirt, Gastwirt', *kei-herde* ‚Schlüsselbewahrer', *reil-pein*

---

[49] Die in Kap. 2 diskutierte Frage, wie weit hier wirklich Kp. und wie weit syntakt. (Genitiv)gruppen vorliegen, wird hier nicht mehr berücksichtigt; sie ist für die syntaktische Analyse auch belanglos. – Die angegebene Zuordnung ist nicht immer die einzig mögliche; es können hier aber nicht alle Zweifelsfälle diskutiert werden.

,Gewandmeister', wörtl. ,Garderobendiener', *hrægl-þenestre* ,Gewandmeisterin'.

- 'B rules, reigns, governs (in, over) A', z. B. *hus(e)-bonde, hus-leafdi* ,Frau des Hauses', *huse-lauerd* ,Hausherr', *hus-wif; folc-king* ,Volkskönig' (Dt eigentlich überflüssig), *duȝeðe-king* ,Gefolgskönig', *heuen-king* ,Himmelskönig', *helleking, weoreld-king* ,irdischer König', *heouene-kwene; burh-reue* ,Stadtpräfekt', *scirereuan* (> ne. *sheriff*).
- 'B gives, provides, shows A', z. B. *frofre-gast* ,Tröstungsgeist', *lod-cniht* ,Führer' (wörtl. ,Wegeknecht'), *læd-teow* ,Führer', *lor-ðein* ,Lehrer' (wörtl. ,Lehrdiener'), *schrift-feader* ,Beichtvater', *wei-wittie* ,Wegekundige' (,Wegweiser'). Zu *fossterrfaderr* ,Ziehvater' usw. s. o. 3.2.7.5. u. unten 5.3.1.
- 'B makes, produces, creates A', z. B. *gleo-men* ,Unterhalter', *wæl-kempen* wörtl. ,Schlacht-Krieger' (Dt wohl verstärkend ,mächtige Krieger'), ähnlich *Wæl-Brutten* ?,kriegerische Briten'.
- 'B uses, operates (on, with, from) A', z. B. *bowe-men* ,Bogenschützen', *fote-folk* u. *fot-men* ,Fußvolk, Infanterie', *hors-leden* und *hors-men* ,Reiter' (hier müßte natürlich spezifisch 'ride' eingesetzt werden), *land-fyrde* ,Landheer' (hier könnte auch 'fights on' eingesetzt werden), *sæ-men* ,Seeleute', *scip-gumen, scip-here* ,Flotte', wörtl. 'Schiffsheer' (im Ae. lexikalisiert: ,feindliche Flotte'), *scip-fyrde* ,Flotte', wörtl. ,Schiffsheer' (im Ae. lexikalisiert: ,die eigene [englische] Flotte'), *scip-men;* bei *sæ-* und *scip-* wäre spezifisch 'sail' einzusetzen.
- Fälle, in denen andere spezifische Verben einzusetzen sind: z. B. *sawle-fan* ,Seelenfeinde, Feinde der Seele' ('B attacks A'), *hird-folc* 'B belongs to A', *chirche-folc* 'B belongs to A', *mæsse-preost* 'B sings (celebrates) A', *gong-men* wörtl. ,Abortmänner' (wohl 'B cleans A'), *niht-fuhel* 'B flies, is active during A' (bei Marchand 1969:49 als eigene Gruppe), *saule-leche* ,Seelenarzt' ('B treats, cures A'), *chapmon* ,Kaufmann' ('B deals with A [+PROFESSIONAL]'), *weorc-man* 'B does, performs A', *brud-gume* ,Bräutigam', wörtl. ,Brautmann' (ne. *bridegroom*) ('B has A'), *wun-folk* wörtl. ,Freudenvolk' ('B has, lives in A'), *tungelwitega* ,Sternweiser' ('B knows about A'), *craft-mon* ,Handwerker' ('B practises A'), *scol-meistre* ,Schulmeister' ('B works, teaches in A'), *golt-smið* ,Goldschmied' ('B works with, fashions A'); *sweord-broþer* ,Waffenbruder', wörtl. ,Schwertbruder' und *wed-broþer* wörtl. ,Vertragsbruder' (,Bruder durch die Taufe'), beide *LaȝB* ('B is related to X through, via A' oder 'X is like a B through A') – Fanselow 1981 erweckt den Eindruck, daß Kp. mit relationellen Sb wie *Vater, Bruder* usw. als Dm (z. B. *Adenauersohn*) immer nach dem Schema ,Sohn, Bruder von A' zu interpretieren sind; wie die obigen Beispiele zeigen, ist dies aber keineswegs immer der Fall (vgl. auch *Blutsbruder, Bundesbruder*).
- Schwierig zu paraphrasieren sind *god-fæder, god-moder, god-sib* ,Taufpate, Taufpatin' (wörtl. ,Gottvater' usw.) sowie *god-child, god-doȝter, god-sone* ,Patenkind' usw. Als generelle Paraphrase käme in Frage 'B is related to X with regard to God', z. B. *god-fader* 'The father is related (to the child) with regard to God', und zwar in Anlehnung an Faiß, der allerdings *god-sib* (ne. *gossip*, Faiß

407

1978:124–127, Nr. 17) und *god-fader, god-moder* (ne. *gaffer, gammer* bzw. *god-father, godmother,* Faiß 1978:115 f., Nr. 13) getrennt behandelt und nicht zueinander in Beziehung setzt. Die Paraphrase von C. C. Smith 1971: 'The relative (sib) acts in behalf of God' paßt zwar für *god-sib, god-fader* und *god-moder,* aber nicht für *god-child* usw. Möglicherweise ist *god-* in allen genannten Bildungen (und auch den sonstigen Bildungen dieses Musters) als eine Art Präfixoid einzustufen („nicht der leibliche Vater, das leibliche Kind usw., sondern Vater, Kind usw. durch die Patenschaft bei der Taufe').

(b)   Dinge und Abstrakta als Dm:

– 'B consists of, is made of A': Auch dies ist eine relativ große Gruppe, vgl. Marchand 1969:47; Warren 1978:82–84 ("Material-Artefact"). Beispiele sind: *almes-dede* ‚Geben von Almosen' (wörtl. Almosentat'); *bras-fat* ‚Kupfergefäß', *cheysil-clop* ‚Leinenstoff', *chaysel-smok* ‚Leinenhemd', *feper-beddes* ‚Federbetten' (oder 'B contains, is filled with A'?), *feper-home* ‚Federkleid, Flügel', *ulint-sex* ‚Steinmesser', *gate-heorden* ‚Ziegenherden' (oder 'The As form, constitute B', vgl. oben 5.2.1.1.(7)), *glæs-fat* ‚Glasgefäß', syntakt. Gruppe *rede golde stauen* ‚Buchstaben aus rotem Gold', *gold-fæt* ‚Goldgefäß', *golt-hord* ‚Goldhort', *gold-ring* ‚Goldring', *gold-wir* ‚Golddraht', *gras-bæd* wörtl. ‚Grasbett' (in der Wendung *gras-bæd isohten* ‚starben', wörtl. ‚suchten das Grasbett', vgl. dt. ‚bissen ins Gras'), *pilche-clut* ‚ein Stück von einem alten Lumpen', *red-ʒerde* ‚Szepter aus Schilf', *scid-wall* ‚Palisadenzaun', *stel-boʒe* ‚Stahlbogen', *stan-graf* ‚Steingrab', *stone-wall* ‚Steinmauer', *weter-drink* ‚Wassertrunk', *wax-bredene* ‚Wachstafeln' (lexikalisiert: *stanene wax-bredene* ‚Steintafeln', wörtl. ‚steinerne Wachstafeln'; vgl. ne. *a green blackboard*). – Zu Bildungen, die Materialbezeichnungen enthalten, vgl. auch oben 2.4.3.4.(2).

– Als Untergruppe der Struktur 'B consists of A' kann man die von Marchand 1969:47 (und Warren 1978:84–87 "Matter-Shape") eigens angeführte Gruppe 'A takes on the shape of B' ansehen. Der Unterschied zwischen beiden Gruppen besteht darin, daß es sich bei der ersten (*gold-ring* usw.) um von Menschen gefertigte Dinge handelt, bei der zweiten (*blode-stræm, swat-dropen*) dagegen um Erscheinungen, die ohne menschliches Zutun zustande kommen. Nach Marchands Analyse würde die zweite Gruppe rein syntaktisch gesehen freilich nicht hierher gehören, sondern Objekttypen der Struktur S/O (Präpositionalobjekt) bilden. Marchands Analyse ist hier freilich gleich in mehrfacher Hinsicht inkonsequent. Während er sonst immer betont, daß verschiedene Kp. auf den gleichen Satz zurückgehen können, leitet er *loaf sugar* und *sugar loaf* von verschiedenen Sätzen ab, wobei er zum Teil überdies noch im Verlauf der Ableitung das Verb austauscht: 'the sugar appears in the form of a loaf' → '(matter) B shaped as A' → *loaf sugar;* aber '(form) B consists of (matter) A' → 'B consisting, made up of A' → *sugar loaf.* Beispiele sind: *blode-stræm* ‚Blutstrom', *clei-clot* ‚Lehmklumpen' (der Mensch), *huni-tiar* ‚Honigtropfen', *mildeu* ‚Mehltau' (nur teildurchsichtig: *mil-* ist ein blockiertes Morphem; ursprünglich

408

‚Honigtau'), *milc-strund(en)* ‚Milchströme', *swat-dropen* ‚Schweißtropfen',
water-stremes ‚Wasserströme' und vielleicht *hwete-corn* ‚Weizenkorn' (oder: 'B
is part of A', 'A yields, produces B'?).

- Bildungen der Struktur 'B takes on the shape of A' (*gar-cliue, gar-lek, spere-wurt* usw.) werden hier dagegen als einen Vergleich enthaltende Kopulativkp.
eingestuft ('B is like A'), s. o. 5.2.1.1.(5).
- 'B contains A' (oder 'A is in, at B', was aber einen Adv-Typ ergäbe und wohl
eine nicht ganz so naheliegende Paraphrase ist), z. B.: *gold-or* ‚Golderz', *godspel-boc* ‚Evangelienbuch', *leer-stow* ‚Grabplatz', *sealm-boc* ‚Psalter' (wörtl. ‚Psal-menbuch'), *salter-boc* ‚Psalter' (könnte aber auch ein attributives Kopulativkp.
sein, weil *salter* selbst schon ‚Psalmenbuch' bedeutet: 'The book is a psalter'),
salt-weter ‚Salzwasser', *weater-bulge* ‚Wassersack', *lichame, licome* (bald ver-dunkelt) ‚Körper' (wörtl. ‚Leibeshülle, -bedeckung', 'B covers A'; vgl. dagegen
oben *feper-home*).
- 'B is about A', 'B is concerned with A', vgl. Warren 1978:93−98 ("Subject Mat-ter − Whole"), z. B. *luue-boc* wörtl. ‚Buch der Liebe' (d. h. ‚Hoheslied'), *luue-lettres* ‚Liebesbriefe', *luue-run(es), luue-speche, luue-wordes, stef-craft* ‚Buchge-lehrsamkeit, Grammatik' (wörtl. ‚Buchstabenkunde'), *wisdom-boc* ‚liber sapien-tiae' (eventuell auch 'B contains A').
- 'B brings about, causes, leads to, results in, produces A [+ PURPOSE]', vgl.
Marchand 1969:47 (A ist das effizierte Objekt), z. B. *bale-drinch* ‚Unglücks-trank, Verderbenstrank', *bale-duntes* ‚schreckliche Schläge' (zur Interpretation
von *bale* als Adj s. o. 2.4.3.4.), *deað-uuel* ‚Todeskrankheit', *healewi* ‚Heilwasser,
Balsam' (höchstens noch teildurchsichtig, weil *-wi* ein blockiertes Morphem
ist), *loue-drinc* ‚Liebestrank', *scheome-creft* ‚schändliche Kunst' (oder kopulativ-attributiv 'B is A'?), *scheome-deað* ‚schändlicher Tod' (wörtl. ‚Schandtod'),
scheome-sunnen ‚schändliche Sünden', *siȝe-craft* ‚Zauberei, Zauberkunst' (lexi-kalisiert; wörtl. ‚Siegeskunst'), *sygalder* ‚Zauberspruch' (lexikalisiert; wörtl.
‚Siegeslied'), *sunne-lustes* ‚Sündenlüste' (oder umgekehrt 'A creates, arouses
B'?).
  Hierher gehören wohl auch die meisten Verbindungen mit *-sið* ‚Reise', bei
denen aber auffällig ist, daß *-sið* oft pleonastisch ist und eigentlich wegbleiben
könnte (möglicherweise stellt es ein Suffixoid dar, s. o. 3.2.13.5.(3)): *bale-sið*
‚Unglück, Tod, Trauer' (wörtl. ‚Unglücksreise, Todesreise'), *deað-sip, dæd-sih*
‚Tod' (wörtl. ‚Todesreise'; oder kopulativ-attributiv ‚der Tod ist eine Reise'?),
ende-sið ‚Tod' (wörtl. ‚Endreise'), *lif-sið* ‚Leben, Lebenszeit' (wörtl. ‚Lebensrei-se'; wohl eher kopulativ-attributiv ‚das Leben ist eine Reise'), *quale-siðe* ‚Tod'
(wörtl. ‚Todesreise'), *sorh-siðes* ‚Unglück' (wörtl. ‚Sorgenreise'), *wan-siðes*
‚Untergang, Zerstörung', *wo-siðes* ‚Kummer, Schmerz, Schwierigkeiten, Tod'
(wörtl. ‚Elendsreise'), *wrake-sip* und *wrecche-sip* ‚Unglück, Elend' (wörtl. ur-sprünglich ‚Reise ins Exil, in die Gefahr' bzw. ‚Reise eines Elenden, Flücht-lings') sowie *earfeð-sið* ‚Unglücksreise'.
- 'B afflicts A', z. B. *heaued-eche* ‚Kopfweh', *herte-sor* wörtl. ‚Herzschmerz', *lond-*

sorȝe, lond-uuel, mod-kare, mod-sorȝe, man-cwealm ‚tödliche Seuche‘ (noch spe-zifischer: 'B kills A'), *orf-cwealm* ‚Viehsterben‘ (noch spezifischer: 'B kills A').

- 'B is in, at A', 'B occurs in, at (during) A'; vgl. Warrens Gruppe LOCATION (1978:158 ff.). Zum Teil müssen hier spezifischere Verben eingesetzt werden (*burn, shine,* usw.). Ein Teil der Bildungen ließe sich wohl auch als 'A has B', 'A provides B' paraphrasieren, was einen O-Typ ergäbe, aber eine nicht ganz so naheliegende Paraphrase zu sein scheint. Eine weitere Unterteilungsmöglich-keit wäre danach, ob A eine Orts- oder eine Zeitangabe ist. Beispiele sind: *breost-ponk* ‚Gedanken, Sinn‘ (wörtl. ‚Brustgedanken‘), *breost-wunde* ‚Brust-wunde‘ (mit impliziertem zusätzlichem Merkmal ‚tödliche Wunde‘), *cader-fulðe* ‚Schmutz in der Wiege‘, *dai-liht* ‚Tageslicht‘ ('B shines during A'), *eorð-hole* ‚Erdloch‘, *eorð-hus* ‚Höhle(nwohnung)‘ (wörtl. ‚Erdhaus‘), *fot-wunde* ‚Fuß-wunde‘, *heued-wonde* ‚Kopfwunde‘, *heorte-blod* ‚Herzblut‘ (wohl lexikalisiert, s. o. 2.5.2.; laut Smith 1971:120 aber nur 'A has B'), *heorte-wund(en)* ‚Herzwun-de‘, *heuene-blisse* ‚Himmelsseligkeit‘ (oder: 'A provides B'?), *houen-fur* ‚Him-melsfeuer‘ ('B burns in A'), *heuene-liht* ‚Himmelslicht‘ ('B shines in A'), *helle-fyr* ‚Höllenfeuer‘, *helle-liht* ‚Höllenlicht‘, *helle-stench, helle-smorðre* ‚Höllen-rauch‘, *længten-wuce* ‚Woche in der Fastenzeit‘ (oder: 'B is part of A'?), *midsu-mer-dæi* ‚Mittsommertag‘, *midewintre-dæi* ‚Weihnachten‘ (wörtl. ‚Mittwinter-tag‘), *morȝen-liht* ('B shines during A'), *niht-peoster* ‚Düsternis der Nacht‘, *sea-water* ‚Seewasser‘ (eventuell auch 'B is characteristic, typical of A'), *sid-wages* ‚Seitenwände‘, *untid-gewidera* ‚Unwetter, Gewitter zur Unzeit‘, *welle-weter* ‚Brunnenwasser‘ (oder 'B comes from A'), *world-baret* ‚Streit in dieser Welt‘.

- 'B occurs before A': In dieser Gruppe kommen als Dm nur *-æfen (-eue)* und *-niht* vor, und zwar in der Bedeutung ‚Vorabend; Abend bzw. Tag vor dem durch A bezeichneten Tag‘. Bei vielen der hierher gehörigen Bildungen handelt es sich um Klammerformen; für die Belege siehe oben 4.2.

- 'B is characteristic of, expresses, symbolizes, signifies A' (zum Teil käme auch 'A has B' in Frage): *feon[d]-ðewæs* wörtl. ‚Brauch der Feinde‘, *here-mærke* ‚Standarte‘ (wörtl. ‚Heereszeichen‘), *leod-quide* ‚Volkssprache‘, *luue-lates* ‚liebe-volle Blicke‘, *man-pewes* ‚Betragen, Manieren‘ (wörtl. ‚Menschenbräuche‘), *meið-peawes* ‚jungfräuliche Tugenden‘, *rode-tac(e)n* ‚Kreuzeszeichen‘, *prim-setles* ‚Throne‘ (wörtl. ‚Ehrensitze‘).

- Schwierig zu paraphrasieren sind viele Kp. mit *wil-* ‚Willen‘ als Dt: *wil-daȝes* ‚Freudentage‘, *wil-ȝeoue* ‚freiwillige Gabe‘, *wil-gomen* ‚Vergnügen‘, *wil-schrift* ‚freiwillige Beichte‘, *will-spell* ‚willkommene Nachricht‘ (wörtl. ‚Willensnach-richt‘), *wil-tidende* ‚Freudenbotschaft, willkommene Botschaft‘, vgl. auch *wil-cume* ‚willkommener Gast; willkommen‘. Vielleicht könnten diese Bildungen mit 'B fulfils A' paraphrasiert werden (‚diese Tage erfüllen unseren Willen‘, ‚diese Botschaft erfüllt unseren Willen‘) – möglicherweise fungiert *wil-* aber als eine Art Präfixoid.

- Andere Bildungen, die großenteils schwierig zu paraphrasieren sind, sind z. B.: *snaw-water* ‚Schneewasser‘ ('B comes from A' oder auch 'A yields, is B'?),

410

sawle-heale ‚Seelenheil', *pic-forc* ‚Spitzgabel' ('B has A', aber auch: 'A is part of B'); *chirche-wike* ‚Kirchenamt' (wohl 'B is for A [+ PURPOSE]'), *feorme-ham* ‚Farm' wörtl. ‚Provisionsheim' ('B provides, produces A'), *sibe-laȝe* ‚Gesetz der Verwandtschaft' ('B regulates A'?), *guð-strencðe* ‚Kampfkraft'? ('B shows in A [+ PURPOSE]'?); *win-berien* ‚Weintrauben' ('B yields A').

(2) Objektstyp:
(a) Eine recht umfangreiche Gruppe läßt sich ganz generell als 'A has B' paraphrasieren, was dem Objektstyp entspräche (S/O) (vgl. Marchand 1969:50f.); viele der hierher gehörigen Kp. lassen sich aber auch paraphrasieren als 'B is part of A', 'B is in A', 'B is at the border of A', 'B leads into A', 'B protects A', 'B is characteristic of A' usw. und wären demnach als Subjektstypen anzusetzen. Wie oben 5.1.3.7. gesagt, wird hier zunächst von 'A has B' als dem generelleren Muster ausgegangen; die Untergruppen innerhalb dieses Musters ('B is part of A' usw.) werden jedoch ebenfalls vermerkt. Die möglichen Doppelklassifikationen in diesem Bereich, die für das gleiche Kp. jeweils unterschiedliche Referenztypen ergeben, zeigen wieder die Grenzen einer rein syntaktischen Analyse und bestätigen gleichzeitig die Notwendigkeit, auch bei der syntaktischen Analyse bis zu einem gewissen Grad semantische Gesichtspunkte mit zu berücksichtigen.

- 'A has B' = 'B is part of A' ('B is in, on, at A'): Ganzes-Teil-Beziehung, vgl. Smith 1971:115–125; Warren 1978:124ff., z.B. *earm-eðre* ‚Armader', *bochleaues* ‚Blätter an den Zweigen' (auch: 'B grows on A'), *breost-holke* ‚Brusthöhle', *breoste ehnen* ‚Augen des Herzens', wörtl. ‚Augen der Brust', *breost-roten* wörtl. ‚Brustwurzeln', *burne-hod(e)* und *brunie-hode* ‚Helm' (wörtl. ‚Kapuze der Brünne, des Kettenhemdes'), *bule-hude* ‚Stierhaut' (auch: 'A yields B', 'We obtain B from A'), *buri-boldes* ‚Palast, Schloß' (wörtl. ‚Stadthalle'), *chirche-purl* ‚Kirchenfenster', *drake-heaueð* ‚Drachenkopf' (auch als Bahuvrihisb. belegt, s. u. 5.2.5.), *finger-neiles* ‚Fingernägel' (auch: 'B grows on A'), *gong-purl* ‚Abortloch', *halle-wah* ‚Hallenwand', *heued-bon* usw. ‚Hirnschale' (wörtl. ‚Kopfknochen'), *heaued-ponne* ‚Hirnschale', *heorte-heaued* ‚Spitze (wörtl. Kopf) des Herzens', *heorte-ehnen*, wörtl. ‚Augen des Herzens', *heorte-rotes* ‚Herzensgrund' (wörtl. ‚Herzwurzeln'), *helle-grund* ‚Höllengrund', *hus-purles* ‚Hausfenster', *leaddre-steolen* ‚Seitenteile der Leiter', *nease-gristles* ‚Nasenknorpeln', *nease-purles* ‚Nasenlöcher' (> ne. *nostrils*), *palm-twig* ‚Palmzweig' (oder 'B grows on A'), *priue-purles* ‚Abortlöcher', *rose-blostmen* ‚Rosenblüten', *sadel-boȝe* ‚vorderer Sattelbaum' (wörtl. ‚Sattelbogen'), *see-grund* ‚Seegrund, Meeresgrund', *spere-scæft* ‚Speerschaft', *spitel-steaf* ‚Spaten', *wode-roten* ‚Waldwurzeln'.
- 'A has B' = 'B is part of A', wobei B einen Grenzbereich bezeichnet: *dæi-ende* ‚Tagesende', *dæi-rime* ‚Tagesanbruch, Morgendämmerung' (wörtl. ‚Tagesrand'), *forrest-ende* ‚Waldrand', *helle-breord* ‚Rand der Hölle', *sæ-brim* u. *sæ-rim* ‚Meeresufer' (wörtl. ‚Meeresrand'), *wode-rim* ‚Waldrand', *sæ-strond* ‚Meeresstrand'.

411

- 'A has B' = 'B is part of A', auch 'B leads into A', z. B.: *burh-ȝeten* ‚Stadttore‘, *castel-ȝat* ‚Burgtor‘, *chirche-dure* ‚Kirchentür‘, *heuene-gaten* ‚Himmelspforten‘, *halle-dure* ‚Hallentor‘, *helle-dure* ‚Höllentor‘, *helle-gate* ‚Höllenpforte‘, *helle-muð* ‚Höllenrachen‘, *paraise-ȝeten* ‚Paradiespforten‘.
- 'A has B' = 'B is part of A', auch 'B surrounds, protects A', z. B. *burh-walles* ‚Stadtmauern‘, *cæstel-weall* ‚Burgmauer‘, *chirch-ȝard* ‚Kirchhof‘, *ehe-lid* ‚Augenlid‘, *heorte-scheld* wörtl. ‚Herzensschild‘, *nute-scalen* ‚Nußschalen‘, *Rome-walles* ‚Mauern von Rom‘.
- 'A has B', genauer 'A rules, governs, owns B' (also die Umkehrung von 'B rules A'), z. B. *abbot-rice* ‚Abtei‘ (wörtl. ‚Abtreich‘), *archebiscop-rice* und *ærchebiscop-stol* ‚Erzbistum‘ (letzteres wörtl. ‚Erzbischofstuhl‘), *biscop-rice* und *biscop-stol* (‚Bistum, Diözese‘), *chirch-lond* ‚Kirchenland‘, *fæder-land* ‚Vaterland‘.
- 'A has B' (zum Teil ohne weitere Paraphrasen, zum Teil mit unterschiedlichen spezifischeren Paraphrasen), z. B. Verbindungen mit relationellen Sb, die echte oder zugeschriebene Verwandtschaftsbeziehungen ausdrücken, wie *biche-sone* ‚Hundesohn‘ (wörtl. ‚Sohn einer Hündin‘), *broper-sunu* ‚Neffe‘ (wörtl. ‚Brudersohn‘), *faða-sunu* ‚Neffe‘ (wörtl. ‚Sohn der Vaterschwester‘), *moder-sune, moder-bern* wörtl. ‚Muttersohn‘ (auch lexikalisiert: ‚Menschen‘); vielleicht auch *heorte-reste* ‚Herzensfrieden‘, *moder-healf* ‚Mutterseite‘, *godd-cunde* ‚Gottheit‘ (zu den Kp. mit *-kinde* als Dm s. o. 5.2.1.1.(7); möglicherweise liegt hier aber ein substantiviertes Adj mit dem Suffix ae. *-cund* vor). Ferner: *ancre-riwle* ‚Einsiedlerinnenregel‘ (auch 'A lives according to B' oder 'B governs the life of A'), *ancre-steire* ‚Rang der Einsiedlerin‘, *bileaue-ehe* ‚Auge des Glaubens‘, *chirche-neode* ‚Bedürfnisse der Kirche‘, *heorte-wil* ‚was das Herz begehrt‘ (wörtl. ‚Herzenswillen‘), *horder-wycan* ‚Amt des Schatzmeisters‘, *prior-wyce* ‚Amt des Priors‘, *wored-strencðe* (wohl für *werod-strengð*) ‚Heeresstärke‘. Als Kreuzklassifikation böte sich an 'B is characteristic of A' für *leod-quide* ‚Volkssprache‘, *leod-peaw* und *leod(e)-wis* ‚Brauch (des Volkes), Volksbrauch‘, *man-pewes* ‚Sitten, Bräuche, Manieren‘.

(b)   Andere Gruppen, die sich als S/O-Typen auffassen lassen:

- 'A contains B' (also die Umkehrung von 'B contains A'), z. B. *boc-leden* ‚gelehrte Sprache‘ (wörtl. ‚Buchlatein‘; vielleicht auch 'B is characteristic of A'), *boc-lore* ‚Bücherwissen, Buchgelehrsamkeit‘, *boc-runen* ‚Buchstaben‘ (oder 'B occurs in A'?), *boc-spell* ‚Geschichte‘ (wörtl. ‚Buchgeschichte‘, Dt eigentlich überflüssig?), *boc-stauen* ‚Buchstaben‘, *sæ-cliua* ‚Seeklippen‘ (oder 'B occurs in A'?).
- 'A gives, offers, provides, inflicts B' (zum Teil auch interpretierbar als 'We experience, enjoy, suffer B in A', was am O-Typ nichts ändern würde, aber statt der Struktur S/O die Struktur Adv/O ergäbe), z. B. *chirche-grið* ‚Kirchenfriede, Asyl in der Kirche‘, *heuene-wel* etwa ‚Himmelsfreuden‘, *helle-pin* ‚Höllenpein‘, *helle-wowe* ‚Höllenqual‘, *helle-wite* ‚Höllenstrafe‘, *hus-lewe* wörtl. ‚Hausschutz‘, *paraise-selhðe* ‚Paradiesfreuden‘, *woreld-richeise* etwa ‚Reichtum in dieser Welt‘, *weorld-scome* ‚Schande in dieser Welt‘ (oder Dt mit verstärkender

412

Funktion?), *wurld-wele* ‚Wohlergehen, Reichtum in dieser Welt', *weorld-wowe* ‚Leid in dieser Welt', *world-wunne* ‚Glück, Besitz in dieser Welt', *iudase-cos* ‚Judaskuß' ('A gives B'; wohl auch verkürzter Vergleich ‚ein Kuß wie ihn Judas gibt/gab').

- 'A forms, constitutes B' (auch: 'B consists of A'), vgl. oben 5.2.1.1.(7); z.B. *ancre-ordre* ‚Einsiedlerinnenorden', *mon-ferde* usw. ‚Heerschar' (wörtl. ‚Männerheer'), *Scot-ferde* ‚Heer der Schotten'.

- 'A does, performs, practises B' (gleichzeitig auch: 'B is typical of A'), z.B. *hired-plæie* wörtl. etwa ‚höfisches Spiel', *leche-creft* ‚Heilkunst' (wörtl. ‚Arztkunst'), *scaðe-werc* wörtl. ‚Tat des Schädlings', *prel-werkes* ‚Sklavenarbeit', *wicche-creft* ‚Zauberkunst' (wörtl. ‚Hexenkunst').

- 'A causes, makes, produces, inflicts, emits, yields B' (d.h. S/O$_{eff}$), vgl. Marchand 1969:51f.: z.B. *eorðe-blostmes* ‚Früchte der Erde' (oder: 'B grows on A'?), ähnlich: *eorð-wæstmas* ‚Früchte der Erde', *mon-drem* ‚Lärm der Männer, Hallenjubel', *syn-wunden* ‚Sündenwunden', *treow-wæstm* ‚Baumfrüchte, Ertrag der Bäume', *eorð-dyne* ‚Erdbeben', *fur-brondes* ‚Feuerbrände', *water-stormes* u. *waterstremes* ‚Flüsse, Ströme' (wörtl. ‚Wasserströme'; nicht: *‚Wasserstürme'), *ned-swat* ‚starker Schweiß' (wörtl. ‚Notschweiß'; Dt wohl in verstärkender Funktion), *candel-liht* ‚Kerzenlicht', *luue-gleames* ‚Liebesstrahlen', ebenso *sunne-gleam* ‚Sonnenstrahl', *sunne-liht* ‚Sonnenlicht'.

- 'A consists of, is made of B' (auch 'B constitutes A'), z.B. *ax-treo* ‚Achse' (wörtl. ‚Achsenbaum'; oder kopulativ 'B is A'?, s.o. 5.2.1.1.(2f.)), *boc-fell* ‚Pergament' (wörtl. ‚Buchfell'), *daʒ-tiden* ‚Tageszeiten', *deu-water* ‚Tauwasser' (oder 'B takes the shape of A'), *graue-stan* ‚Steinsarg' (wörtl. ‚Grab-stein'), *lif-dawes* ‚Leben' (wörtl. ‚Lebenstage', Dm eigentlich überflüssig? – aber vgl. dt. *mein Lebtag (lang)), lif-time* ‚Lebenszeit', *rein-water* ‚Regenwasser' (auch: 'B takes the shape of A'), *seil-claðt* ‚Segeltuch' [+ PURPOSE].

- Andere Bildungen, bei denen unterschiedliche Verben eingesetzt werden müssen, z.B. *ancre-lif* ‚Einsiedlerinnenleben' ('A leads B'), *cantel-capas* ‚Mantel des Chorleiters' usw. (Dt verdunkelt; A [sc. *canter*] wears B'), *mape-[me]te* ‚Madenspeise' ('A eats, devours B' [+ PURPOSE], d.h. der Mensch), *munecclif* ‚Kloster' (lexikalisiert), *munec-claðes* ‚Mönchskleider' ('A wears B [+ PURPOSE]'), *nið-craft* wörtl. ‚Neidkunst' ('A characterizes B'?), *(ge)witene-mot* ‚Rat, Treffen der Weisen'.

(c)   Bildungen, die sich als Adv/O-Typen auffassen lassen. Viele davon haben zusätzlich (einige ausschließlich) das Merkmal [+ PURPOSE]. Die Adverbialergänzungen lassen sich nach Ort, Zeit, Instrument und reiner Zweckbestimmung gliedern.

- Adv$_P$/O; als eine Art übergreifender Formel ließe sich angeben 'Someone has, does, keeps, leads, observes, puts, uses, wears ... B in, on, to A', Beispiele sind: *alter-cloð* ‚Altartuch' ('X puts B on A'), *acer-sæd* ‚Ackersaat', *bac-duntes* ‚Rükkenschläge', *burh-domes* ‚Urteile im Stadtgericht' (wörtl. ‚Stadturteile'), *bord-*

cloð ‚Tischtuch', *cader-clutes* ‚Säuglingskleider, Windeln' (wörtl. ‚Wiegenkleider'), *chire[che]-cloðes* und *chirch-uestemenz* ‚Kirchengewänder' ('X wears B in A'), *cot-lif* ‚Wohnung' (lexikalisiert?), *halimot* (d.h. *hall-imot*) ‚Treffen in der Halle', *husting* (Lehnwort), *minster-boc, mynster-regol, stod-meare* ‚Zuchtstute', *weorld-lifen, weorld-iwald* ‚Gewalt, Macht in dieser Welt', *wereld-ðing* ‚Reichtum dieser Welt' (wörtl. ‚Weltding'), *Romgesceot* ('X sends B to A') ‚Peterspfennig'.

– Adv_T/O; in den Belegen aus unserem frühme. Material wären als Verben u.a. einzusetzen 'X eats, gives, keeps, sings, says, wears ... B during A'. Beispiele sind: *leinte-mete* ‚Fastenspeise', *non-mete* ‚Mittagessen', *morȝe-mete* ‚Frühstück', *messe-cos* ‚Friedenskuß (während der Messe)' (wörtl. ‚Meßkuß'), *mete-graces* ‚Tischgebet' ('X says B before, after A'), *mæssa-hakeles* ‚Meßgewänder', *measse-kemese* ‚Albe', *messe-ref* ‚Meßgewand', *mel-seotel* wörtl. ‚Essenssitz' ('X sits on B during A').

– Adv_I/O; Beispiele sind: *hand-geweorc, handiworc* ‚Handarbeit' ('X does B with A'), *hond-sæx* wörtl. ‚Handmesser' ('X uses B with A').

– In manchen Bildungen gibt A das Ziel oder den Grund der Handlung an; als primäre Paraphrase kommt hier wohl 'X does B for, because of A [+ PURPOSE]' in Frage. Beispiele sind: *dæd-bot* ‚Buße' (wörtl. ‚Buße für die Tat'), *sun-bot* ‚Sündenbuße', *castel-weorc* ‚Burgbau' (‚Erbauen von Burgen'), *chirche-weork* wörtl. ‚Kirchenwerk' (d.h. Arbeit für die Instandhaltung der Kirche'), *crisme-cloð* ‚Tauftuch' ('We use B for A'), *healle-geweorc* ‚Hallenbau', *treo-workes* usw. ‚Holzarbeit', *bryde-eala* usw. ‚Hochzeit' (lexikalisiert [Metonymie]; wörtl. ‚Brautbier', d.h. 'X drinks B in honour of A', siehe Faiß 1978:191], *leir-wite* ‚Strafe für Ehebruch, Hurerei' ('X inflicts B because of A', oder auch 'Y suffers B because of A'), *lon[d]-gauel* ‚Landsteuer' ('X pays B for A'), *lof-song, loftsong* ‚Preislied' ('X sings B for A'), *sæil-rapen* ‚Taue, Segeltaue' ('X uses B for A'), *wal-spere* ‚Kampfspeer' ('X uses B for A'; das Dt ist aber möglicherweise (auch) verstärkend); *wi-æx* ‚Streitaxt', *here-burne* wörtl. ‚Heerbrünne' (Dt eigentlich überflüssig?), *hære-scrud* ‚Waffenrock' (wörtl. ‚Heeresgewand'), *unlaga-geld* und *unriht-gyld* ‚ungerechte Steuer, ungerechter Tribut' (‚X zahlt die Steuer zu Unrecht'), *burde-boldes* ‚ererbte Wohnung' (vielleicht 'X has B [the house] through A [by birth]'?).

(d) Bei den Wochentagsnamen und bei vielen Ortsnamen (bzw. Gebietsnamen) ist eine Benennungsrelation der Struktur 'We name B after A' anzusetzen, vgl. z.B. Faiß 1978:56, 60, 91 u.ö. Dafür finden sich in *LaȝB* mehrere Textbelege.[50]

---

[50] Laȝamons Erklärungen zu den Ortsnamen spiegeln nicht immer die historisch korrekte Etymologie wider, sondern sind zum Teil nachträgliche Erklärungsversuche; sie zeigen aber trotzdem deutlich das Prinzip der Namengebung. – Eine explizite Erklärung der Entstehung von Ortsnamen durch eine Benennungsrelation bietet Laȝamon nicht nur für Komposita, sondern gelegentlich auch für Simplicia, z.B. *Wes þet lond þurh Morgan Mar-*

– Wochentagsnamen (vgl. dazu auch oben 4.5.7.):

Hs. C (6947–6954)
> *Woden* ... þene feorðe dæi i þere wike heo ʒifuen him to wurð-scipe. þa *þunre* heo ʒiuen *þunres-dæi* for þi þat heo heom helpen mæi. *Freon* heore læfdi heo ʒiuen hire *Fridæi*. *Saturnus* heo ʒiuen *Sætterdæi*, þene *sunne* heo ʒiuen *Sonedæi*. *Monen* heo ʒiuen *Monedæi*, *Tidea* heo ʒeuen *Tis-dæi*.

Hs. O (6946–6953); gegenüber C zum Teil umgestellt und regularisiert:
> To alle þeos godes we worsipe wercheþ and for hire loue þeos daʒes we heom ʒefue: *Mone* we ʒefue *Moneday*, *Tydea* we ʒefue *Tisdei*. *Woden* we ʒefue *Wendesdei*, þane *þonre* we ʒefue *þorisdai*, *Frea* þane *Friday*, *Saturnus* þane *Sateresdai*.

– Ortsnamen, z. B.:

Brut-lond: þenne bið al þis faire *lond* iset *Brutten* an hond. Æfter þine leoden bitæche heom name *Brutlond* þat lasse (CO 5892–5894).

Ængle-lond:
> a) of *Angles* comen *Englisce* men and *Engle-lond* heo hit clepeden (C 991; vgl. O 991).
> b) þat folc þat wes *Ænglis* and þis *lond* heo cleopeden *Ængle-lond* (C 14 675). – Morphologisch gesehen stimmt diese Erklärung allerdings nicht ganz, weil das Dt von ae. *Engla-land* mit dem Sb *Engle* und nicht mit dem Adj *Englisc* gebildet ist.

Æst-sæx etc.: Bruttes scupten þan lond nome for *Sæxisce* monnen scome ... for þan þe heo mid *cnifen* biræuden heom at liue, þa cleopeden heo þat lond al *Æst-sæx* and *West-sæx* and þat þridde *Middel-sæx* (C 7676–7680; vgl. O). – Daß die Sachsen nach ihren Messern (germ. **saxsam*) benannt wurden, ist möglicherweise die korrekte Etymologie, vgl. *ODEE* s.v. *Saxon*.

Gloi-chestre: Gloi þat child hahten ... and Claudien him bitæhte þa *burh* þe he ahte ... and *heoten* heo *Gloichestre* (C 4797–4801; vgl. O).

Hamtone: þar *Hamund* was to-draʒe, an *toun* he makede. For *Hamundes* deaþe, *Hamtone* hine hehte (O 4676 af.; vgl. C). Nach Laʒamons Erklärung läge hier ein *Hamund* + *tun* > *Hamton* zugrunde. Zur korrekten Etymologie von *Hamton* siehe *CODEPN* s.v. *Hampton* und *hāmtūn*. Laʒamon schließt an diese Stelle noch eine generelle Bemerkung zur Namengebung an: Nou þou wost for woche game. aros þar þe toname. So doh a fale wise, toname ariseh (O 4679 f., vgl. C).

---

gan ihæten (CO 1930); *For Humber kinges deaðe, Humbre was ihaten* (C 1104); vgl. ferner CO 2408–2410; C 14 813. – Die Beispiele zeigen zugleich, daß die Erklärungen (Ableitungen) in den me. Texten keineswegs immer genau den oben 5.3.1.1. ff. aufgestellten Forderungen für Satzparaphrasen entsprechen; so erscheint das Wort *burh* im Kp. immer als *-chestre*. – Die Wochentagsnamen stellen ursprünglich allerdings durchwegs Genitivkp. dar.

Leir-chestre (Kaer Leir): *Leir* ... He makede an riche *burh* ... and he heo lette nemnen efter him-seoluan. *Kaer Leir* hehte þe burh. ... þa we an ure leod-quide *Leirchestre* clepiað (C 1450 und 1453–1456; vgl. O). – Ähnlich wird die Benennung von *Kaer Lud* nach *Lud* (3539–3540), die von *Kaer-Liun* (3012) und die von *Kæir Usch (Kair Uske)* (CO 2992–2995) erklärt; vgl. ferner CO 4775–4785 zu *Kairclou.*

Wale-broc: and wurpen hine in ænne *broc,* þe þer heom bi stod, and al þæt *wal* heo brohten in-to þan *broke* ... and Bruttes þan *broke* nome bitæhten, for Gallus wes islaʒen þer-bi, hæhte hine nemni Galli, and a þære Ænglisce boc, he is ihaten *Wale-broc* (5401 f. und 5405–5407).

In einigen Fällen beruht die Benennungsrelation nicht bloß auf einem Satz, sondern man muß eine ganze Geschichte kennen, um das Kp. verstehen zu können (vgl. auch oben 1.4.3.10.):

Sparewen-chestre: And þus wes *Chirenchestre* and his londe aweste ... for þenne þe *burh* wes biwunnen mid swulches cunnes ginnen: [mi]d *sparewen* þat beren þat fur and *sparewen* heo forbarnden ... þat folc þa þer wunede cleopeden heo *Sparewenchestre* in heore leod-spellen (14640–14645).

þwong-chastre: he hafde ane hude ... of ane wilde bule ... of þere hude he kærf enne *þwong* ... þa al islit wes þe *þong,* he wes wunder ane long. A-buten he bilæde muche del of londe ... ane *burh* he arerede ... þa þe *burh* wes al ʒare, þa scop he hire nome; he hæhte heo ful iwis Kaer Carrai an Bruttisc, and Ænglisce cnihtes heo cleopeden *þwong-chastre* (7090–7104).

(3) Adverbialergänzungstyp (Adv-Typ):
(a) Struktur S/Adv$_P$:

– 'A lives in, at B' ('A inhabits B') (also die Umkehrung von 'B lives in, at A'), z. B. *ancre-hus, ancer-setl, ancre-wahes, soule-hus* (metonymisch für ‚Körper'): bei diesen Bildungen ist wohl [+ PURPOSE] anzusetzen. Ferner: *Brut-lond, Cantware-buri* (> *Canterbury*), *Engle-lond* (> *England*), *Franclond, Gric-lond, Gut-lond, Sax(e)-lond, Scot-lond.* Bei diesen Bildungen könnte man auch noch ansetzen 'A owns B' und 'We name B after A' (vgl. oben 2 d).

– Andere Bildungen (z.T. schwierig zu paraphrasieren): z.B. *dream-þurles* ‚Ohren' (wörtl. ‚Lärmöffnungen'; 'A enters through B'?), *wun-sele* wörtl. ‚Freudensitz, Freudensaal' ('There is A in B' oder: 'We enjoy A in B'?), *gong-hus* ‚Abort(haus)' ('A is in B' oder kopulativ 'B is A'?), *sæ-side* ‚Meeresküste' (wörtl. ‚Seeseite'), *sæ-healf* ('B is on, at A'?), *weien-læten* ‚Wegkreuzung' ('A meets, crosses at B'; in dieser Form aber ein Kp. mit dem Dt im Gen.Pl., d.h. wohl als Zusammenrückung aus einer Genitivgruppe entstanden); *captel-hus* ‚Kapitelhaus' ('A meets in B' [+ PURPOSE]).

(b) Struktur O/Adv$_P$:

– Als Paraphrase läßt sich angeben 'We keep A in B', 'We put A into B' [+ PUR-

POSE], z. B. *der-fald* und *deor-friÞ* ,Wildgehege, Tierpark‘, *gyste-hus* ,Gäste-haus‘, *hors-hus* ,Pferdestall‘, *lich-hus* ,Grab‘ (wörtl. ,Leibhaus‘), *lich-raste* ,Begräbnisplatz‘ (wörtl. ,Leibruheplatz‘), *madme-hus* u. *tresour-hous* ,Schatz-haus‘, *sed-læpas* ,Saatkörbe‘, *win-tunnen* ,Weinfässer‘. Vgl. Marchand 1969: 53.

– Andere Paraphrasen, großenteils ebenfalls mit dem Merkmal [+ PURPOSE]: *boc-scæmele* ,Lesepult‘ (wörtl. ,Buchschemel‘), *candel-stic* ,Kerzenhalter‘, *mete-burd* ,Essenstisch‘ (für diese drei Kp. gilt: 'We put A on B'); *ale-hus* ('We drink A in B'), *weari-treo* ,Galgen, Kreuz‘ (wörtl. ,Verbrecherbaum‘; 'We execute A on, with B'), *care-bed* ('X suffers A in B'), *child-bed, win-geardes* (vgl. ne. *vineyard* und dazu Faiß 1978:182 f.), *cwal-hus* ,Folterkammer‘, *cwalm-stow* ,Exekutionsplatz‘, *lust-bedd* ('We perform A in B'?), *tæuel-brede* ,Spiel-brett‘, *eh-þurl* ,Fenster‘ (wörtl. ,Augenöffnung‘; oder Adv$_I$/Adv$_P$ 'We see through B with A') – *eil-þurl* ,Unglücksfenster‘ ist ein Wortspiel zu *eh-þurl: mid gode rihte muwen eipurles beon ihoten eilpurles, AncR;* siehe dazu oben 4.6.4.2.(1), S. 368; *dom-seotel* ,Richterstuhl‘ (wörtl. ,Urteilssitz‘: 'X administers A on B'); *bend-hus* ,Gefängnis‘, usw.

(c)   Struktur S/Adv$_T$:

– 'A happens, occurs, takes place during, on B', z.B. *gebyr[d]-tid* ,Geburtszeit‘, *ende-dai* ,Todestag‘, *wa-dæi* ,Unglückstag‘, *ester-dai* ,Ostertag‘, *ester-tid* ,Oster-zeit‘, *midsumer-dæi, mid(e)wintre-dæi* ,Weihnachtstag‘ – bei den Bezeichnun-gen für kirchliche Feste und Zeiten wäre zum Teil allerdings auch möglich 'We celebrate A during B', was Kp. der Struktur O/Adv$_T$ ergäbe, siehe den folgen-den Abschnitt.

(d)   Struktur O/Adv$_T$:

– Beispiele sind: *candel-mæsse* ,Lichtmeß‘, ne. *Candlemas,* sowie *palm-sunedei* ,Palmsonntag‘ (beide: 'We carry A on, during B'); *candelmesse-deig* ('We cele-brate A on B'), ebenso *Hlammæsse-dæg, messe-daჳ, Pentecostenmæssan-wuce; bot-dai* ,Bußtag‘ ('We do, perform A on B'), ähnlich *werc-dei* ,Werktag, Arbeits-tag‘; *mel-dei* ,Fasttag‘ (wörtl. ,Mahlzeittag‘; lexikalisiert: 'We eat [ONLY ONE] meal on this day‘); *mel-tid* und *mel-time* ,Essenszeit‘, *twimel-dei* ,Tag mit zwei Mahlzeiten‘, *fæsten-dæg* ,Fasttag‘, *Lammæsse* (verdunkelt aus *hlaf-mæsse:* 'We offer A [sc. bread] during B'), *hand-hwile* ,Handumdrehen, sehr kurze Zeit‘ ('We turn A in B'; lexikalisiert); *leafdi-dei* ,Marienfest‘ ('We honour our lady on that day'). Für weitere Belege zu (c) und (d) s. o. 4.1.1.(1).

(e)   Struktur S/Adv$_I$, anscheinend selten:

– *sun-bendes* ,Sündenbande‘ ('A keeps people in B').

(f)   Struktur O/Adv$_I$:
Bei einem Teil dieser Bildungen läßt sich B als reines Instrument auffassen, z.B. *sho-þuong* ,Schuhband, Schuhriemen‘ ('We fasten A with B'); bei etli-

chen anderen kann man B als Ortsadverbiale oder als Instrument auffassen, wobei aber wohl die Vorstellung als Instrument doch überwiegt, z. B. *fisch-net* ('We catch A in B', 'We catch A with B'); vgl. aber oben 5.1.3.4. sowie (3 a) und (3 b); bei allen diesen Bildungen ist als primäres oder als zusätzliches Merkmal [+ PURPOSE] anzusetzen. Beispiele sind:

– *bed-strau* ,Bettstroh' ('We cover, fill A with B'; oder auch: 'We put B on A', was einen O-Typ ergäbe); *fish-net, fot-spure* ,Fußstütze' ('We support A with B' oder auch 'We put B on A'), *зæt-essel* ,Türriegel' ('We lock A with B'), *gleo-beames* ,Musikinstrumente' (wörtl. ,Musikhölzer, Freudenhölzer': 'They produce A with B'), *hand-cloðes* ,Handtücher' ('We dry A with B'), *heaued-claÞ* ,Kopftuch' ('We cover A with B' oder: 'We put A on B'), ebenso *haued-line* ,Kopftuch'; *lif-griÞ* ('We protect A with B'?), *luue-salue* ,Liebesarznei' ('We cure A with B'), *muse-stoch* ,Mausefalle' (im Kontext aber als O/Adv$_P$ erklärt, siehe unten), *nail-sax* u. *neil-cniues* ,Nagelmesser' ('We cut A with B'), *rechel-fat* ,Weihrauchfaß' (wohl doch eher O/Adv$_P$ 'We burn A in B'), *sho-puong* ,Schuhband', *purl-claÞ* ,Vorhang' (wörtl. ,Fenstertuch'), *waferiht* (falls für *weafed-rift* ,Altartuch': 'We cover A with B' oder 'We put B on A'; letzteres ergäbe einen O-Typ).

(4) Im Verhältnis zur Vielzahl der Sb/Sb-Kp. gibt es nur relativ wenige Sb/Sb-Bildungen, die im Kontext durch einen Satz paraphrasiert oder definiert werden. Die Einstufung, die sich von diesen Paraphrasen her ergäbe, entspricht zudem nicht immer den oben gegebenen Einstufungen, was wiederum zeigt, daß sich viele Kp. nicht auf einen einzigen Satz zurückführen lassen. Abgesehen von den Wochentagsnamen und den Ortsnamen mit Benennungsrelation (siehe dazu oben 2 d) finden sich in den frühme. Texten folgende Beispiele:[51]

brid-gume: bridgume iss he þatt hafeþþ *brid, Orrm* 17 958 u. ö.; (aber: as *brude* ne nimeð *gume* ne *brudgume brude*, HMeid 56v/20).

Candelmesse-deiз: vgl.: tatt *daзз* ... iss *Kanndellmesse* nemmnedd, *Orrm* 7706.

eorð-briddes: [ancres] ne ne fleoð nawt on heh ah beoð *eorð-briddes* 7 nisteð on *eorðe, AncR* A 36r/23.

goddspell-wheless: siehe dazu *Orrm* 5897–5911 u. 5964–5971.

golt-smiÞ: a) þe *goltsmiÞ* cleanseð þet *gold* i þe fur; *AncR* A 64r/3, vgl. C 103r/10; b) þe *golt-smiÞ* fondeð þat *gold* i þe fure; *AncR* A 49r/1, vgl. C 76v/3. – Diese Stellen zeigen schön, daß sich die syntakt. Paraphrase letztlich nicht immer auf ein Verb reduzieren läßt; unsere obige Paraphrase 'A works with, fashions B' faßt bereits die Summe der Tätigkeiten zusammen, die der Goldschmied ausübt.

---

[51] Bei den Orts- und Wochentagsnamen wird deren Entstehung im Kontext erklärt; allerdings handelt es sich dabei um nachträgliche Erklärungen, vgl. auch Anm. 50.

418

handiwerk: vgl.: Wid *honden werc* ne dot hoe non, *Reimpredigt* 128.

helle-pin (und *pyne of helle*): vgl.: In *helle* beoþ þe *pynen, Sinners* 43.

heorte-ehnen: vgl.: Godd ne mai ben ȝesigen mid none oðer *eiȝen* ðanne mid þare hierte ... Gif þu wilt witen wilke *eiȝene* ðe *hierte* muȝe habben ..., *Vices&V* 125/ 9–12.

lond-sorȝe: of þere *lond-sorȝe* þe Arður dude an *londe; LaȝB* C 11 696. – Oben wurde *lond-sorȝe* paraphrasiert als 'B afflicts A' (Struktur O/S); nach dem Satz aus *LaȝB* wäre aber eher zu paraphrasieren als 'X does B in A', 'X inflicts B on A' (Struktur Adv$_p$/O).

luft-fuheles, StKat 15v/23: vgl.: þe flihinde *fuheles* þe fleoð bi þe *lufte, StMarg/1* 25r/6.

muse-stoch: wule tilden his *musestoch* ... he bicherreð monie *mus* to þe *stoke; LambH* V (53/20–23). – Danach wäre *musestoch* primär als Kp. der Struktur O/Adv$_p$ aufzufassen (und erst sekundär als Kp. der Struktur O/Adv$_1$).

nest-ey ,im Nest zurückgelassenes Ei' (wörtl. ,Nestei') ist lexikalisiert; seine Bedeutung wird *SEL* 134/163–173 im Kontext erklärt: For wanne henne leggeþ in hore *nest eiren* monyon & me comeþ & nimeþ al awei. me wole euere bileue on þat bileueþ as a *nest ey.* þat þe hen mowe iwite ware he ssel efsone legge ... (usw.)

niht-fuhel: þe *nihtfuhel* flið bi *niht; AncR* A 39r/13; 7 fleo bi *niht as nihtfuhel; AncR* A 39v/27.

sin-bot(e): elche *sinne* þare him seluen biseið but hit be here forgieue oðer mid *bote* iheled; *TrinH* XXVIII (173/6 f.). – Oben (2 c) wurde als Paraphrase für *sin-bot* 'We do B for A' angesetzt (Kp. der Struktur Adv/O); die hier zitierte Stelle würde dagegen als Paraphrase fordern 'We heal A with B', was einen Adv$_1$-Typ ergäbe (Kp. der Struktur O/Adv$_1$).

world-menn: ȝe *worldmenn*, ðe bieð on ðare *woreld* ibunden, *Vices&V* 41/32 f.

woreld-wunne: Ita mundus effluit dum opes confert ... ec þis *woreld* floweð þanne he *woreld-wunne* ȝieueð; *TrinH* XXVII (161/11). Diese Passage würde als Paraphrase fordern 'The world gives wynn [sc. joy]', was einen O-Typ ergäbe (Kp. der Struktur S/O).

Einige Stellen sind keine richtigen syntaktischen Paraphrasen, sondern zeigen lediglich, daß die Elemente bestimmter Kp. in einer (Dt/Dm-)Beziehung zueinander stehen, vgl. z. B.:

bede-hus: myn *hus* is bede hus *icleped, PassLord.*

bule-hude (*LaȝB* C 7080): he hafde ane *hude* ... of an wilde *bule, LaȝB* C 7090 f.

chapmon: ha *chepeð* hire sawle þe *chapmon* of helle; *AncR* (A 113r/10; vgl. C). – Offenbar wurde noch ein Zusammenhang zwischen dem Vb *chepen* und dem Sb *chepe* (genauer: der schon verdunkelten Form *chap-*, vgl. oben 4.5.1.) gesehen, was für die Analyse von *chapmon* als Sb/Sb-Kp. aber nichts hilft.

deor-frið: vgl.: makede *frið* of *deoren, LaȝB* C 15 972.

orf-cwealm (*ChronE* 1086 u. ö.): vgl.: *cwealm* on men 7 on *erue, ChronE* 1125/35.

sun-bendes: ulcne mon sunfulle þet lið in heuie *sunne* and þurh soðe scrift his *sun-bendes* nule slakien; *LambH* V (51/13).

waȝhe-rifft: an *waȝherifft* wass spredd fra *wah* to *waȝhe, Orrm* 1014 f. und 1670 f.

5.2.2. Sb+*s*/Sb (Genitivkomposita)

Wie schon die Parallelbildungen der Typen Sb/Sb und Sb+*s*/Sb zeigen,[52] ergeben sich bei diesen beiden Kompositionstypen zum Teil auch die gleichen syntaktisch-semantischen Muster. Die Sb+*s*/Sb-Kp. werden hier aber nur skizzenhaft und in ganz knapper Auswahl behandelt, teils weil die Abgrenzung zu den entsprechenden syntaktischen Gruppen oft sehr unsicher ist; teils auch, weil eine syntaktische Paraphrase bei vielen Genitivkp. zwar genausogut möglich ist wie bei vielen Sb/Sb-Kp., erstere aber eben doch zum Teil als Zusammenrückungen aus den entsprechenden Genitivgruppen entstanden.[53]

Literatur: Marchand 1969:65−69 (geht ausführlich auf die einzelnen Gruppen ein).

5.2.2.1. Kopulativkomposita: *fleges kin, þeines-men*

Hierher gehören sicher oder möglicherweise z. B. folgende Bildungen, deren Kompositumstatus aber zum Teil fraglich ist; zur weiteren semantischen Unterteilung vgl. oben 5.2.1.1. − Quirk/Greenbaum 1973:95 (§ 4.70) bezeichnen diese Verwendung des Genitivs als "appositive genitive".

adamantines stan ‚Adamant(stein)': subsumptiv; hybrid (Lw durch heim. Wort erklärt), *HMeid.*

burrȝhess-tun ‚befestigte Stadt' (tautologisch?), *Orrm.*

childes limes ‚Kindesglieder', *WohLo;* s. o. S. 78; 162 (6b); vgl. 401 f.

ȝoless moneþþ ‚Weihnachtsmonat, Dezember', *Orrm; nouembres moneþ* ‚Novembermonat' (attributiv), *StKat.*

Latines leden(e) ‚lateinische Sprache' (ursprünglich ‚Latein-Latein'), *HMeid.* Hybrid.

leodes-folk(e) ‚Volk' *LaȝB* (C): vgl. oben 5.2.1.1.(4) zu *leod-folk.*

shepess lamb ‚Lamm, junges Schaf' (wörtl. ‚Schafslamm'), *Orrm.*

sondes-mon, AncR: sond kann ‚Bote' und ‚Botschaft' bedeuten; *sondes-man* könnte demnach kopulativ sein ('The man is a sonde') oder rektional ('The man brings the sonde [sc. message]').

swinkes strif ‚Streit', *Gen&Ex;* tautologisch; hybrid (Dt: heim. Wort; Dm: Lw).

þeines-men ‚Diener' ('The men are þeines'), *LaȝB.*

---

[52] Zu diesen Parallelbildungen siehe oben 3.2.2.3.(4).

[53] Beispielsweise ist dt. *Müllerstochter* wohl als Zusammenrückung aus der syntakt. Gruppe *des Müllers Tochter* entstanden; syntaktisch wäre es aber zu paraphrasieren als ‚der Müller hat eine Tochter' (Objektstyp der Struktur S/O).

wardes-man ‚Wächter', *LaʒB*, könnte ebenfalls kopulativ sein ('The man is a ward(e)') oder rektional ('The man keeps the ward [watch]').

Vgl. ferner die Bildungen der Form Sb+s/*kin (kind)*; siehe dazu auch oben 3.2.2.5.(6c):

deres-kin ‚Tiere' (wörtl. ‚Tierarten'), *Gen&Ex.*

fleges-kin ‚Fliegen(geschlecht)', *Gen&Ex.*

folkes-kin ‚Volk' (wörtl. ‚Volksart'), *Gen&Ex.*

hines-kin ‚Diener' (wörtl. ‚Dienerart'), *Gen&Ex.*

hundes-kunnes ‚Hunde(art)', *AncR.*

mannes-cuinde ‚Menschheit' (wörtl. ‚Menschengeschlecht'), *AncR, StKat,* usw.

Zu den entsprechenden Bildungen der Form Sb/*kin (kind)* s.o. 5.2.1.1.(7), S. 404 f.

Semantisch entsprechen den Kopulativkp. ferner eine Reihe von syntaktischen Genitivgruppen des Musters *Lundenes tun* ('London is a town'); siehe dazu oben 3.2.2.5.(7).

5.2.2.2. Rektionalkomposita: *hundes-berien, steores-men*

(1) S-Typ:

(a) Personenbezeichnungen als Dm:

- 'B lives in A': z.B. *londes-men* ‚Bevölkerung' (wörtl. ‚Landsleute'), *worldes-men* ‚Weltleute' (gleichzeitig wohl lexikalisiert: 'B is too much concerned with A'; vgl. das Zitat zu *world-men* oben 5.2.1.2.(4)).
- 'B guards, keeps, is responsible for A', z.B.: *shepes hirde* ‚Schafhirt'.
- 'B rules, reigns, governs (in, over) A', z.B.: *heffness king* ‚Himmelskönig', *huses leafdi* ‚Hausfrau, Herrin des Hauses'.
- 'B gives, provides, administers, shows A', z.B.: *domes-men* ‚Richter' (wörtl. ‚Urteilsmänner'), *lædes-men* ‚Führer', *reades-mon* ‚Ratsherr, Berater', *steores-men* ‚Steuermänner'.
- Andere Paraphrasen, z.B.: *beodes-man* ‚Almosenempfänger' (lexikalisiert; wörtl. ‚Gebetsmann' [der für seine Wohltäter betet], d.h. 'B prays, says A'), *erendes-mon* ‚Bote' ('B brings A'), *kinnes-man* ‚Verwandter' ('The man belongs to [the same] kin'?).

(b) Dinge und Abstrakta als Dm:

- 'B consists of A', z.B. *wateres drink* ‚Wassertrunk', *flures bred* ‚Brot aus feinem Weizenmehl'.
- 'B is in, at A', z.B. *fotes wunde* ‚Fußwunde'.

(2) O-Typ:

- 'A has B' (mit weiteren Untergruppen, s.o. 5.2.1.2.(2a)), z.B. *armes eðere, bores tux, castles ʒat, crowes nest, kinges riche, priuees purles, sees grund, swerdes egge.*
- 'A causes, makes, produces B', vgl. Marchand 1969:68 (§ 2.5.7.), z.B. *deaðes*

421

swat ‚Todesschweiß‘, *frendes dede* ‚Freundestat‘ ('A does B'), *mannes drem* ‚Lärm der Männer‘; ferner Produkte von Tieren, z. B. *kalues fleis* ‚Kalbfleisch‘, *netes flesch* ‚Rindfleisch‘.

– Andere Paraphrasen, z. B. *Cristes-mas(se)* (> ne. *Christmas*) ('We celebrate B in honour of A' [+ PURPOSE]); *feondes fode* ‚Teufelsnahrung‘ ('A eats B [+ PURPOSE]'); *monekes clopes* ‚Mönchskleider‘ ('A wears B [+ PURPOSE]', vgl. Marchand 1969:67 (§ 2.5.5.3.).

– Benennungsrelation ('We name B after A'): Hierher gehören (jedenfalls ursprünglich) die Wochentagsnamen; siehe dazu oben 5.2.1.2.(2 d); ferner wohl auch viele der Ortsnamen des Typs Sb+s/Sb, vgl.:

Belȝæs-ȝate, Belynes ȝat (ne. *Billingsgate*):

Fo we ȝet to *Beline* to þan blisfulle kinge [...]
He begon þer ane ture. þe strengeste of al þe tune.
and mid muchele ginne. a ȝæt þer-vnder makede.
þeo clupede men hit *Belȝæs-ȝate*.
nu and auere-mare. þe nome stondeð þare. *LaȝB* C 3015 – 3022 (vgl. O).

Cuninges-burh, Conanes-borh:

7 *Conaan* eorl mid wraððen. wende to Scotten.
7 monie Scottes him buȝen to. 7 ane *burh* bigunnen. [...]
þa þeo burth wes al i-maked. mid muchelere strengðe.
he sette hire æne nome. æfter him-seoluen.
ofte he ræd hire þurh 7 þurh. 7 hehte heo *Cuninges-burh*.
LaȝB C 5809 – 5814 (vgl. O).

Grimesby (ne. *Grimsby*):

And for þat *Grim* þat *place* au[h]te,
þe *stede* of *Grim* þe name lau[h]te,
So þat *Grimesbi* [hit] calle,
þat þer-offe speken, alle,
And so shulen men callen it ay
Bitwene þis and domesday. *Hav* 743 – 748.

Auch hier ist allerdings wieder auffällig, daß dem Dm des Kp. *(-bi)* im Satz andere, synonyme Wörter entsprechen *(place* und *stede)*.

(3) Adv-Typ:

– O/Adv$_T$: *palmes-sunedi* (vgl. oben 5.2.1.2.(3 d)); *domes-dei* ('doom takes place on that day'; lexikalisiert: ‚Jüngstes Gericht‘).

(4) Einige metaphorisch verwendete Kp. finden sich bei den Pflanzennamen (vgl. Marchand 1969:68 (§ 2.5.8.2.); siehe auch oben 3.1.2.19. u. 3.2.2.5.(2)): *briddes-tunge, dayes-eȝe(s)* (> ne. *daisy*), *foxes-gloue, hundes-tunge, wulues-fist*. Sie lassen sich wohl generell paraphrasieren als 'This plant (or some part of this plant) is like, resembles the B of A'. Als Dm müßte man strenggenommen ein Nullsuffix ansetzen und als Formel dem-

entsprechend A(+s)+B/Ø. Eine Bildung wie *foxes-gloue* (wörtl. ‚Fuchs-handschuh') läßt sich aber auch mit der genannten Paraphrase nicht mehr erfassen. – Nicht alle Pflanzennamen des Typs Sb+s/Sb sind metaphorische Bildungen. Ihre wörtliche Bedeutung haben die Dm von *kattes-minte*, *hundes-berien* und *hundes-rose*. Bei ihnen zeigt sich aber deutlich die Unmöglichkeit einer syntaktisch-semantischen Interpretation von Kp. ohne die Kenntnis der durch sie bezeichneten Sache (vgl. oben 1.4.3.10.). Ohne diese Sachkenntnis läßt sich nicht entscheiden, ob für *kattes-minte* als Paraphrase z. B. 'The cat eats the mint' oder ein anderer Satz zutrifft.[54]

(5)   Satzparaphrasen zu den Genitivkp. finden sich nur wenige. Zu den Ortsnamen siehe oben (2); vgl. ferner:

domes-dai: a) he *demað* stiðne *dom* þam forsunegede on his efter to-come þet is on *domes-deie; LambH* IX (95/17); b) vgl.: On ðat *dai* ðat *dom* sal ben; *Best* 206.

5.2.3. Adj/Sb und Num/Sb: *freo-mon, seoue-niht*

Wenn man von einem zugrundeliegenden Satz ausgeht, sind die Adj/Sb- und die Num/Sb-Kp. immer auf einen Kopulativsatz der Struktur S + Kopula + Prädikatsnomen zurückzuführen und zu paraphrasieren als 'B is A' ('Sb is Adj bzw. Num'), z. B. 'The man is free' → *freeman;* 'The day is holy' → *Holiday;* 'The nights are seven' → *sevennight (> sennight).* Es handelt sich grundsätzlich um attributive Kopulativkp. und um Subjekts-typen; die syntaktische Analyse erlaubt bei den Adj/Sb und Num/Sb-Bildungen keine weitere Unterteilung. Es lassen sich mit ihrer Hilfe lediglich Bildungen wie ne. *greenhouse, madhouse, blacksmith* abtrennen, die als Sb/Sb-Kp. mit einem substantivierten Adj als Dt aufzufassen sind.[55] Solche sind im Frühme. aber noch sehr selten. Ein Beleg ist *Whit-sunday,* das ursprünglich zu paraphrasieren ist als 'We wear white robes on this Sunday' (Satzstruktur S + P + Attribut + O + Adv$_T$; Kp.-Struktur Attr./ Adv$_T$), das aber bald verdunkelt wurde.[56]

Literatur: Marchand 1969:65.

---

[54] Weitere Schwierigkeiten für die Interpretation von Pflanzennamen ergeben sich dadurch, daß nicht wenige Namen gleichzeitig verschiedene Pflanzen bezeichnen und daß umgekehrt ein und dieselbe Pflanze mehrere Namen tragen kann.

[55] Zum Teil vielleicht auch als Klammerformen, z.B. *blacksmith* 'The smith works with black [things]'. Vgl. ferner oben 3.2.3.3.(2) sowie unsere Paraphrase für *Whitsunday*.

[56] Siehe Faiß 1978:184f.; zur Verdunklung vgl. auch oben 4.5.1.

5.2.4. Pron/Sb: *æl-drihten*

Der einzige einigermaßen sichere frühme. Beleg dieses Typs, nämlich *æl-drihten*, dürfte syntaktisch auf den Satz der Struktur S + P + O 'drihten [the lord] rules all' zurückzuführen sein; vom Kp. her gesehen liegt ein Subjektstyp der Struktur O/S vor. Nach Marchand trifft diese Analyse auch auf die meisten späteren Bildungen des Musters *all*/Sb zu.

Literatur: Marchand 1969:74f., 78, 80f.

5.2.5. Sb+Sb/Ø$_{Sb}$; Adj+Sb/Ø$_{Sb}$; Num+Sb/Ø$_{Sb}$ (Bahuvrihisb.): *long-here*

Wie schon oben 3.2.14.3.(2) angedeutet, sind die Bahuvrihisb. syntaktisch gesehen grundsätzlich Subjektstypen, die auf einen Satz der Struktur S + P *(have)* + O zurückgehen, wobei das Objekt immer komplex ist und an der Oberfläche des Kp. allein erscheint, während das Subjekt, das zum Dm des Kp. wird, an der Oberfläche des Kp. nicht erscheint und der morphologischen Struktur nach durch ein Nullmorphem vertreten wird. Das einzusetzende Verb ist typischerweise *to have*. Beispiele sind:

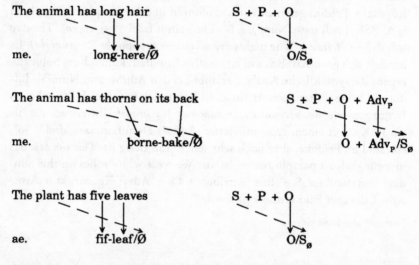

Ähnlich sind beispielsweise zu analysieren: *atter-coppe* ('animal which has atter [poison] in its coppe [tip]'); *cawel-hert* ('animal which has a heart of cawel [cabbage, cole]'), usw. Für die Analyse einiger Bildungen ist ein erweitertes Objekt nötig, z.B. für *Drakenhefd* 'Someone (who) has a dragon's head on his banner'. Die Entstehung dieses Kp. wird in *La3B* folgendermaßen erklärt:

þe king lette wurchen twein imaken, tweien guldene *draken* … þe oþer wes his
here-mærke … þis iseʒen Bruttes … æuer se[ðð]en heo cleopeden Vther, þe to
hermærke þene *drake* bar. þene nome heo him laiden on. þet wes Vðer *Pendra-*
gon. Pendragun on Brutisc. *Draken-hefd* an Englisc; *LaʒB*, C 9085–9097
(ähnlich Hs. O).

Dieses Zitat spricht zugleich wiederum für die Annahme, daß die Bahuvrihisb. aus der Namengebung kommen.

Literatur: Marchand 1969: 386–389; oben 3.2.14.

5.3. Substantivkomposita mit Verbalverknüpfung (einschließlich der Zusammenbildungen)

5.3.1. Vb/Sb und Vb+*ing*/Sb: *swi-dages, swiing-wike*

Weil die beiden Typen Vb/Sb und Vb+*ing*/Sb Konkurrenztypen sind und
ihnen deshalb auch weitgehend die gleichen syntaktisch-semantischen
Strukturen zugrundeliegen, werden sie hier zusammen besprochen.

Literatur: Marchand 1969:69–74; vgl. oben 3.2.7. u. 3.2.8.

(1)   Beide Kompositionstypen lassen sich syntaktisch nach S-Typ, O-Typ
und Adv-Typ untergliedern; der Pn-Typ ist ausgeschlossen, weil das Dm
ein primäres Sb ist. Der S-Typ kann nochmals unterteilt werden nach Bildungen mit intransitivem und solchen mit transitivem Verb; der Adv-Typ
nach Adverbialien des Ortes, der Zeit, des Instruments und der Art und
Weise. Viele Kp. der beiden Typen weisen das zusätzliche Merkmal [+
PURPOSE] auf, d.h. sie haben auch die Struktur 'B is for A', genauer 'B is
designed for A', 'B is expected to perform A'. Das -*ing* des Typs Vb+*ing*/
Sb hat im zugrundeliegenden Satz kein Antezedens; es ist das -*ing* des Ver-
balsubstantivs und nicht das -*ing* des PartPräs. Nach Marchand 1969:72 ist
beim Typ Vb/Sb im Ne. der Adv-Typ am stärksten vertreten; der S-Typ
folgt an zweiter Stelle; der O-Typ ist am schwächsten. In unserem frühme.
Material gilt diese Verteilung für beide Typen (Vb/Sb und Vb+*ing*/Sb).
(2)   Beispiele für die Analyse der Typen sind:
i)   Subjektstyp (S-Typ):[57]

---

[57] Laut Strang 1970:257 (§ 140) tritt dieses Muster im Me. neu auf (ihre Beispiele sind *gog-*
gle-eye, leap-year) – einzelne Bildungen gehen aber möglicherweise aufs Ae. zurück (vgl.
doue-doppes, sprung-wurt, walle-strem).

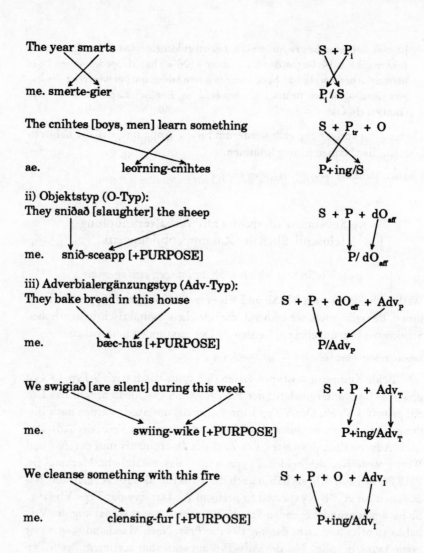

The year smarts   S + P_i

me. smerte-gier   P_i / S

The cnihtes [boys, men] learn something   S + P_tr + O

ae.   leorning-cnihtes   P+ing/S

ii) Objektstyp (O-Typ):
They sniðað [slaughter] the sheep   S + P + dO_aff

me.   sniþ-sceapp [+PURPOSE]   P/ dO_aff

iii) Adverbialergänzungstyp (Adv-Typ):
They bake bread in this house   S + P + dO_aff + Adv_P

me.   bæc-hus [+PURPOSE]   P/Adv_P

We swigiað [are silent] during this week   S + P + Adv_T

me.   swiing-wike [+PURPOSE]   P+ing/Adv_T

We cleanse something with this fire   S + P + O + Adv_I

me.   clensing-fur [+PURPOSE]   P+ing/Adv_I

(3) Bei relativ vielen Bildungen ist es schwierig zu entscheiden, ob sie als
Vb/Sb- oder als Sb/Sb-Kp. zu interpretieren sind; darauf wurde bereits
oben 3.2.7.3. und 3.2.7.5. hingewiesen. Aber auch manche Kp. des Typs
Vb+*ing*/Sb lassen sich nicht nur als Verbalnexuskp. paraphrasieren, sondern genausogut oder sogar besser als Sb/Sb-Kp.; bei einigen kommt anscheinend nur eine Analyse als Sb/Sb-Kp. in Frage. Die wichtigsten Beispiele sind:

childing-pine ‚Geburtswehen': 'The woman gives birth [childeþ] under pain'
(Struktur des Kp.: P+*ing*/Adv_M) oder 'Giving birth [childing] causes pain'

426

(Struktur des Kp.: S/O). Die gleichen Möglichkeiten dürften sich für *pinunge-prahen* ‚Geburtswehen' ergeben.

falling-torn ‚Falltrick': Wohl Sb/Sb-Kp. 'The trick [turn] consists in falling' und weniger: 'We fall with a trick'.

fiȝtting-cas ‚Schlacht, Kampfhandlung': Wohl kopulatives Sb/Sb-Kp. 'B is A' (oder: 'B consists in A').

spusing-bendes ‚Ehebande': wohl Sb/Sb-Kp. 'A causes, constitutes B'.

witeȝhunnge-boc ‚Buch der Prophezeiungen': vermutlich Sb/Sb-Kp. 'B contains A'.

(4) Vergleichende Zuordnung der Bildungen zu den Referenztypen:[58]

ia) P_i/S

bryn-stan	falling-dore
doue-doppes	mournyng-cheres
gure-blod	**playing-þede**
gute-feastre	þening-mann
plei-feres	þenynȝ-swustren
smerte-dintes	
smerte-gier	
sprung-wurt	
wake-men	
walle-strem	

ib) P_{tr}/S

ber-cnihtes	leorning-cnihtes
ber-men	pinunge-þrahen
fosster-fader usw. (oder Sb/Sb)	
hele-wages (oder P/Adv$_I$?)	
welde-king	

ii) P/O

croude-wain	lerinc-cnistes
drawe-brigge	offring-lac
snið-sceapp	
tei-dogge	

iiia) P/Adv_p

bæc-hus	chepinng-boþe
rum-hus	chepinng-toun
shæw-errne	earding-stow
slæp-ern	
spæc-hus	

---

[58] Unter Einschluß einiger der Fälle, bei denen zweifelhaft ist, ob Verbalnexuskp. oder Kp. ohne Verbalverknüpfung vorliegen.

iiib) P/Adv_T

beor-time	clipping-time
gang-dawes	ending-day
resste-daȝ	fastyng-day
stert-hwile	vastyng-eue
swi-dages	**swiing-wike**
swi-masse	þrowing-time
	wurþing-dei

iiic) P/Adv_I

charre-ded	cleansing-fur
clout-leþer	valling-torn
grindel-stan	greting-word
here-word	huding-cloþ
met-ȝerd	offring-lac
sti-rops	healsung-gebun
winnde-clut	

iiid) P/Adv_M

	childing-pine
	pinunge-þrahen

(5)   Mehrere Bildungen des Typs Vb/Sb sind in den frühme. Texten als
Nominalisierungen erkennbar oder werden durch einen Satz paraphrasiert, was ein klarer Beweis für die grundsätzliche Berechtigung dieses
Typs ist. Belege, in denen Kp. des Typs Vb+*ing*/Sb syntaktisch paraphrasiert würden, finden sich in unserem frühme. Material dagegen nicht
(abgesehen von einem, der eher die Interpretation von *childing-pine* als
Sb/Sb-Kp. stützt).

a)   Vb/Sb:

ber-cnihtes: 7 his *ber-cnihtes* gold *beren* an honden; *LaȝB* C 9952. – Der Satz enthält zwar nur das dem Dt zugrundeliegende Verb; dies zeigt aber, daß das Kp.
tatsächlich dem Typ Vb/Sb zuzuordnen ist.

ber-men: þe *bermen* let he alle ligge/ And *bar* þe mete to þe castel; *Hav* 876 f.

clout-leþer: strong *clout-leþer,* hem to *clout; Art&Merl* 1305.

croude-wain: siehe dazu oben 3.2.7.3.(1).

drawe-brigge: a) Her *drawebrigge* hij *drowen* whate; *KingAlex* 1205; b) Her *brygge*
hij *drowȝen; KingAlex* 5129; aber: c) and pulled up the *drawbrygge, Malory* 201/
14; she lette the *drawbrygge* downe; *Malory* 219/28.

fossterr-faderr, uoster-moder: a) þatt hallȝhe mann Josæp þatt himm wass sett to
fosstren ... he ... wass ... herrsumm ... till hiss *fossterrfaderr; Orrm* 8851–8855;
b) Ich wes hire *uoster-moder* and feire heo *uostrede; LaȝB* (C) 12 926.

ȝurre-blod: siehe dazu oben 3.2.7.5.

428

ploi-ueren: 7 ti sorhful gast schal wið swucche *ploiueren pleien* in helle; *StJul* 47v/5.

snið-sceapp (WintBR): vgl. dazu: Abraham þa *snað* þatt *shep; Orrm* 14 690.

spæc-hus, spec-hus: he sæide þat he wolde *speken* wið Costance. þe abbed hit him uðe. 7 hine ladde to *spæchuse; LaȝB* (C 6505 f.; O 6545).

swi-dages: he lai on his sepulchre and *swiede* and for þat ben þe þre *dage* biforen estre cleped *swi-dages; TrinH* XVII (101/15).

tei-dogge: siehe dazu oben 3.2.7.3.(1): gleichzeitig als Vb/Sb-Kp. und als Sb/Sb-Kp. analysierbar.

til-æht: 7 let heom *tilien* þat lond. 7 libben bi heore *til-æhðe; LaȝB* (C 8413). – Obwohl das Dt von *til-æht* hier mit dem Vb *tilien* (ne. *till*) in Beziehung gesetzt wird, ist *til-æht* kaum als Vb/Sb-Kp. zu paraphrasieren; die Paraphrase müßte wohl eher lauten 'We get the æht [goods] through tilling'.

wake-men: To spekenn wiþþ þa *wakemenn* / þatt *wokenn* heore faldess; *Orrm* 3772 f.

welle-water: siehe oben 3.2.7.3.

winnde-clut: 7 *wand* himm sone i *winndeclut; Orrm* 3320; ähnlich *Orrm* 3327, 3365, 3664, 3675; vgl. ferner: poure þu *wunden* was i rattes and i *clutes; WohLo* 327 f.

b) Vb+*ing*/Sb:

childing-pine: childing-pine haues te nou picht ... For in his dead þe *wo* þu ȝulde / in *childing* þat tu þole schulde; *LyricsXIII* (4/12 – 17).

5.3.2. Sb/Vb+Ø$_{Sb}$: *gomfanoun-bere, day-springe*

(1) Im morphologischen Typ Sb/Vb+Ø$_{Sb}$ verwirklichen sich im Frühme. alle vier Referenztypen; allerdings sind der S-Typ und der Pn-Typ stark, der O-Typ und der Adv-Typ dagegen schwach vertreten. Der S-Typ bildet Nomina agentis, der Pn-Typ Nomina actionis, die gelegentlich dann auch Konkreta bezeichnen (Ergebnis der Handlung usw.); der O-Typ und der Adv-Typ bilden Konkreta (Nomina instrumenti usw.). Nach Marchand ist im Ne. der Pn-Typ am stärksten vertreten, der S-Typ schwächer und der Adv-Typ noch schwächer, der O-Typ gar nicht mehr.

Literatur: Kastovsky 1968; Marchand 1969:76–78; oben 3.1.2.10. und 3.2.9.

(2) Subjektstyp (S-Typ):
Die Bildungen nach dem S-Typ gehen auf Sätze der Struktur S + P + O oder S + P + Adv zurück, so daß sich vom Kp. her gesehen die Strukturen O/P+S oder Adv/P+S ergeben, wobei O/P+S häufig ist, Adv/P+S dagegen selten.

(a) O/P+S   Someone slays a man   S + P + dO$_{aff}$

ae.   mon-slaȝ+Ø+a   O+P/S$_\emptyset$ (bzw. O/P+S$_\emptyset$)

Nach diesem Muster können analysiert werden (meist mit dO$_{aff}$; selten mit dO$_{eff}$: *childre-bere*): *borg-ʒulde, bur-ward, childre-bere, cyrce-weard, deu-dinge, dure-wart, eorðe-itilie, herand-bere, erend-rake, ʒete-ward, gomfa-noun-bere, grunde-swilie, hei-sugge, hei-ward, here-toʒe, hlaford, huni-suc-cles, laferd-swike, leyhtun-weard, lig-ber* und die meisten anderen der oben 3.2.9.5.(1) genannten Bildungen.[59]

(b)   Adv/P+S

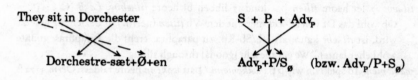

Hierher gehören vermutlich auch *eskibach, gress-hoppe, nihte-gale, wed-low* und *wer-lahen* ('people who lie with respect to their pledge'), *wil-cume.*

(3)   Objektstyp (O-Typ):
Der O-Typ geht auf Sätze der Struktur S + P + O (+ Adv) zurück; vom Kp. her gesehen ergeben sich die Strukturen S/P+O oder Adv/P+O.

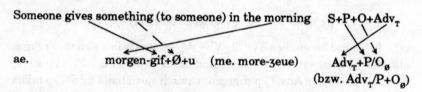

Ähnlich wie *more-ʒeue* sind strukturiert: *eæh-sene* (Adv$_I$/P+O), *herre-feng* (S/P+O) und *wil-ʒeoue* wörtl. ‚Willensgabe' (Adv$_M$/P+O).

(4)   Adverbialergänzungstyp (Adv-Typ):
Der Adv-Typ bildet Bezeichnungen für Instrumente im weitesten Sinn; demnach haben alle Kp. des Adv-Typ das Merkmal [+ PURPOSE].

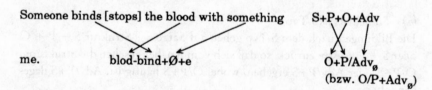

---

[59]   Siehe dort auch für Bedeutungsansätze, morphologische Besonderheiten und problematische Aspekte.

430

Ähnlich wie *blod-binde* sind noch strukturiert: *herbyrge* (jedenfalls ursprünglich: ,Ort, an dem man das Heer birgt'); *sæ-flot* (,Schiff', d. h. ,etwas, mit dem man auf der See schwimmt'; diese Bildung ließe sich aber auch als S-Typ auffassen).

(5) Prädikationstyp (Pn-Typ):

Beim Pn-Typ ergeben sich drei Untergruppen: (a) $S/P_i+Pn_{(Sb)}$ ($\leftarrow S + P_i$); (b) $O/P+Pn_{(Sb)}$ ($\leftarrow S + P + O$); (c) $Adv/P+Pn_{(Sb)}$ ($\leftarrow S + P + Adv$). Beispiele sind:

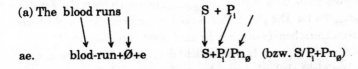

(a) The blood runs $S + P_i$

ae.   **blod-run+Ø+e** $S+P_i/Pn_\emptyset$ (bzw. $S/P_i+Pn_\emptyset$)

Zu dieser Gruppe gehören *blod-rune, cokken-crowe, day-springe, driht-fere* (konkret: ,königliche Gefolgschaft'), *ea-spring* (konkret: ,Quelle'), *erð-cine* (konkretes Resultat der Handlung: ,Erdspalte'), *feond-ræs, hane-crau, hertbreke, herte-bren, here-gong* (,Heereszug'; auch konkretes Resultat der Handlung: ,Verwüstung, Verheerung'), *hore-plage* ,Hurerei, Unzucht' (wörtl. ,Hurenspiel'), *sonne-rise* (ne. *sunrise*), *sunne-sine* (ne. *sunshine*), *ðunre-sleiȝ, weter-gong, wind-ræsen* (übertragen verwendet).

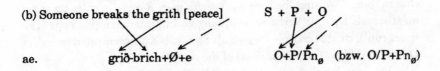

(b) Someone breaks the grith [peace] $S + P + O$

ae.   **grið-brich+Ø+e** $O+P/Pn_\emptyset$ (bzw. $O/P+Pn_\emptyset$)

Zu dieser Gruppe gehören *appel-bite, bede-sang, blod-gute, bowe-shote* (auch konkret: ,Länge, Entfernung eines Bogenschusses'), *eu-bruche, ehewurp* ,Blick', *elmas-dele, grip-bruche, haunche-turn* ,Hüftschwung', *landlure* ,Landverlust', *meið-lure* (Klammerform), *man-lure, man-sleȝe, messesong, sallm-sang, spus-bruche, tabour-bete, water-scenc* und *win(e)-scenche* (diese beiden aber ebenso wie *water-drinnch* auch konkret ,Trunk Wasser, Trunk Wein' und als Sb/Sb-Kp. zu analysieren: 'the drink consists of water' usw.).

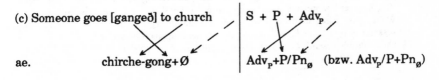

(c) Someone goes [gangeð] to church │ $S + P + Adv_P$

ae.   **chirche-gong+Ø** │ $Adv_P+P/Pn_\emptyset$ (bzw. $Adv_P/P+Pn_\emptyset$)

Zur Gruppe Adv$_P$/P+Pn gehören: *church-gong, hannd-gang, han(d)-sselle, ham-cume, hous-song*. Zur Gruppe Adv$_T$/P+Pn gehören z. B. *daȝȝ-sang, euen-song, morgen-slep, niht-wecche, uhhten-sang*.[60] Zur Gruppe Adv$_I$/P+Pn gehören z. B.: *bal-plohe, fote-ren* wörtl. ‚Fußrennen' (konkret: ‚Fuß-soldaten, Infanterie'), *fet-steppes, hand-iswinke, hande-writt* (‚Hand-schrift'; oder Adv/P+O ‚Handgeschriebenes'), *ship-fare* (konkret: ‚Schiffs-ausstattung'). Bei *chaffere* ‚Handel' (wörtl. ‚Kauffahrt', verdunkelt aus *ceap-faru*) gibt das Dt den Grund bzw. das Ziel der Handlung an (‚Jemand fährt, um Handel zu treiben'); laut Faiß 1978: 102−104 hat der zugrunde-liegende Satz die Struktur S + P + Adv$_{Mod(caus)}$; demnach hätte das Kp. die Struktur Adv$_M$/P+Pn. Die gleiche Struktur hat (ursprünglich) wohl auch *grist-bat* ‚Zähneknirschen' (wörtl. ← ‚Jemand beißt unter Mahlen').[61]

(6) Eine Reihe von Kp. mit (ursprünglich) deverbalem Dm können syn-chron trotzdem nicht als Verbalnexuskp. analysiert werden, sondern müs-sen als Sb/Sb-Kp. ohne Verbalverknüpfung aufgefaßt werden.[62] Es kommt auch vor, daß das gleiche Dm in verschiedenen Bildungen unterschiedlich einzustufen ist. Beispielsweise kann ae. *mon-slaga (me. mon-slaȝe)* als Ver-balnexuskp. aufgefaßt werden (S-Typ: ← 'Someone (who) slays a man'), ae. *morp-slaga* muß dagegen wohl eher als Sb/Sb-Kp. aufgefaßt werden (S-Typ: 'The slayer commits a murder').[63] Manche Bildungen erlauben ferner eine Doppelanalyse als Kp. mit und als Kp. ohne Verbalverknüpfung, z. B. viele der Bildungen mit *-song* als Dm: *chirche-song* 'We sing (something) in church' oder 'We sing the *song* in *church*', usw. *Rimes-ren* wäre zwar se-mantisch als Kp. mit Verbalverknüpfung zu interpretieren (Pn-Typ: 'The rimes run'), ist aber morphologisch als Sb+s/Sb-Kp. einzustufen (mit dem Dt im Gen.(Pl.): 'The course [run] of the rimes').

(7) Die grundsätzliche Berechtigung des Typs S/V+Ø$_{Sb}$ zeigt sich jedoch auch daran, daß in den frühme. Texten einige Bildungen dieses Typs mehr oder weniger deutlich als Nominalisierungen erkennbar sind bzw. durch eine syntaktische Paraphrase erklärt werden:

bede-sang (Orrm): vgl.: and heore *bede sunge; PassLord* 659.
blod-gute: LaȝB, Hs. C, hat mehrmals die Formel *par was muchel blod-gute*, z. B. C 317, 9552, 10019, usw.; Hs. O löst das Kp. dagegen meist in die syntaktische Fügung *par was mochel blod iȝote* auf, z. B. 9552, 10019 usw.

---

[60] Viele Kp. mit *-song* als Dm lassen sich außer als Pn-Typen ('We sing in the morning', ‚Morgengesang') auch als O-Typen auffassen ('Something which we sing in the morn-ning'); ferner kommt auch eine Interpretation als Sb/Sb-Kp. in Frage, siehe unter (6).

[61] Wobei *grist* selbst ursprüngl. ein deverbales Sb ist, vgl. *ODEE* s.v. *grist*. Kastovsky 1968:118 u. 333 ordnet das parallele *grist-bite* allerdings als Adv$_I$/P+Pn-Typ ein.

[62] Dieses Problem wurde bereits oben 3.1.2.10. diskutiert.

[63] Zu beiden Bildungen siehe Kastovsky 1968:154.

432

broþþ-fall: 7 ta þatt *fellenn* o *broþþfall; Orrm* 15 504. *Broþþ-fall* ist an. Lw (s. o. 3.2.9.5.(2) sowie 4.6.3.(3a)), war aber offenbar zumindest teildurchsichtig.

childre-bere: Longe it was or ghe him *child bar* ... Đo wurð rebecca *childre-bere; Gen&Ex* 1461–1465.

cokken-crowe, cokkes-crowe (SEL): vgl.: þoo þe *cok crowe* bigan; *KingAlex* 397.

day-springe (KingHorn): vgl.: Or eny *day* was *sprunge; KingHorn* 1015 (C); hwan *day* was *sprungen; Hav* 1131

elmas-dele, almes-delen: vgl.: ech man þe ... bi alle here mihte *almes delen; TrinH* XXVI (159/18 f.); and *deleð almes; TrinH* XXII (129/32).

eorðe-itilie: þat *lond* wes swiðe god ... nes hit neuere *itiled* þurh nænne *eorðe-itilie; LaȝB* Hs. C 4999–5000 (vgl. Hs. O).

eske-bach: þe ȝiscere is his *eskebach fareð* abuten *esken; AncR* C 91v/5 f. Im Satz steht allerdings ein anderes Verb als im Kp. *(fareð – -bach).*

feond-ræs: to him *reasde* mid his *feond-reases; LaȝB*, Hs. O 11 956 (Hs. C hat dagegen: him to fusden mid his *feond-ræse).*

gomfanoun-bere: Sarmedon, þe *gomfanoun-bere; Art&Merl* 6008; vgl.: A geaunt, þat *bar* þe *gomfanoun; Art&Merl* 6405.

hannd-gang (Orrm): vgl.: þu me *gest* an *honde; O&N* 1651 ‚du unterwirfst dich mir' (wörtl. ‚du gehst mir an die Hand').

leod-swike: þa þohten [statt: þohte] he to *swiken* ... 7 þus leh þa *leod-swike; LaȝB*, Hs. C 6457–6459. – Sicher syntakt. Gruppe ist dagegen die Wendung *for he wes his leodene swike; LaȝB*, Hs. C 378. Hs. O 378 hat das Kp. *for he was leod-swike.*

lof-sang: wohl eher als Sb/Sb zu interpretieren, vgl. a) þeȝȝ alle *sungenn* ænne *sang* Drihhtin to *lofe; Orrm* 3374 f.; b) And *singge* þe *lofsong* bi daie and bi nihte; *LyricsXIII* (3/8, vgl. 14); c) hie *singeð* godes *lofsang* at prime; *Vices&V.*

lond-tilien (LaȝB): vgl.: ȝif ðu wilt ... *land teliȝen; Vices&V.*

meið-lure: onont *meið-lure* ...; *AncR*, A 44v/17 (Klammerform); vgl. dazu: 7 an *meið-had* mei beon *forloren* ...; *AncR*, C 69r/9 f.; For heo heore *mayden-hod lure; 11 Pains.*

messe-song: vgl.: þe preost þat *singeþ masse, Sinners* 121; þer he *song masse, Stat-Rom* 44 u. 151; & bicome prest, *messe* to *sing, Art&Merl* 8912; whanne he *singeþþ messe, Orrm* 1725.

mon-slaȝen: and beoð *mon-slaȝen* for heo *slaȝeð* heore aȝene *saule; LambH* V (53/8). – Wie auch in einigen anderen der hier aufgeführten Bildungen ist im Satz nicht das Dt, sondern nur das dem Dm zugrundeliegende Vb belegt; dies zeigt aber eben, daß das Dm als deverbales Sb aufgefaßt werden kann.

ræd-ȝiuen: Hier ist nur das Dt, aber nicht das dem Dm zugrundeliegende Vb im Satz belegt, so daß die folgenden Sätze nicht den deverbalen Charakter von -ȝiue(n) beweisen: and mine *ræd-ȝiuen* reden me wulleð; *LaȝB*, C 14 907; Clepe nu to *ræde* þine *ræd-ȝiuen* gode; *LaȝB*, C 5794.

spus-bruche (AncR, O&N): vgl.: breke *spuse; O&N* 1334; ferner: þes proude leuedies ... *breken* here *spousinge; SStBede* 145–147; vgl. *O&N* 1558, 1554 f.

win(e)-scenche (LaȝB): vgl. þer me *uin schencheð; LyricsXIII* (29B/46).

(8) Der morphologische Typ Sb/Vb+Ø$_{Sb}$ konkurriert beim S-Typ mit dem Typ Sb/Vb+*ere* (siehe dazu oben 3.2.11.4. sowie unten 5.3.4.) und in beschränktem Maß (wegen dessen häufig eher pejorativem Charakter) mit dem Typ Vb+Sb/Ø$_{Sb}$ (Imperativkp., siehe dazu oben 3.2.15.4. sowie unten 5.3.6.); beim O-Typ konkurriert er mit dem Typ Sb/Vb+*t* (siehe dazu unten 5.3.3.); beim Pn-Typ konkurriert er mit dem Typ Sb/Vb+*ing* (siehe dazu oben 3.2.12.4. sowie unten 5.3.5.).[64] Nur beim Adv-Typ hat er unter den Kp. mit deverbalem Dm im Frühme. anscheinend keine Konkurrenz (*blod-binde*).

5.3.3. Sb/Vb+*t*: *bred-wrigte, world-ayhte*

Dieser Typ ist im Grunde etwas heterogen, weil unter Sb/Vb+*t* hier Bildungen zusammengefaßt werden, die etymologisch zum Teil verschiedener Herkunft sind. Wenn man aber einmal von e i n e m Typ Sb/Vb+*t* ausgeht, enthält dieser Typ Komposita nach dem S-Typ, dem O-Typ und dem Pn-Typ, jedoch anscheinend keine nach dem Adv-Typ.

Literatur: Siehe oben 3.2.10.

(1) S-Typ:

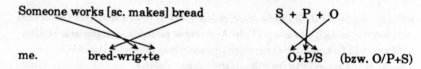

Zum gleichen Muster wie *bred-wrigte* gehören auch die anderen Zusammensetzungen mit -*wright* als Dm: *goddspell-wrihhtess, salm-wurhte, ship-wrizth.* -*wright* wurde aber offenbar schon im Frühme. nicht mehr immer als 'someone (who) works something' paraphrasiert, sondern auch als 'someone who makes something', vgl. das folgende Beispiel aus *Gen&Ex:* *And on ðe made ðe kinges bred* (2048) … *Quað ðis bred-wrigte* (2077) – *goddspellwrihhtess* wurde dagegen von Orrm anscheinend noch als Nominalisierung des Verbs *wurchen* (ne. *work*) angesehen, vgl. unten (5). Für das Ne. ist -*wright* als Suffixoid anzusehen (Marchand 1969:358); es hat synchron keinen Bezug mehr zum Vb *work*. Ein S-Typ ist wohl auch *fugel-fligt* (wörtl. ‚Vogelflug‘), das aber ein Konkretum bezeichnet (‚Vogelschwarm‘).

(2) O-Typ:

---

[64] Und in beschränktem Maß mit dem Typ Sb/Vb+*t*, vgl. *man-slege* und *man-sliht.*

We own something in the world   S + P + O + Adv$_P$

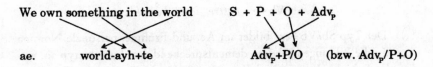

ae.   world-ayh+te   Adv$_P$+P/O   (bzw. Adv$_P$/P+O)

Eyesight (me. *eh-sihð* usw.) läßt eine doppelte Interpretation zu: Es kann Nomen actionis ‚Sehkraft‘ sein (und demnach Pn-Typ: 'We see with the eyes' → FACULTY of seeing with the eyes'); dies ist die im Ne. allein übliche Bedeutung. Den me. Belegen nach zu schließen bedeutet es im Frühme. aber überwiegend ‚Anblick, Sicht‘ (‚Das, was man mit den Augen sieht‘), ist also O-Typ ('We see something with the eyes' → 'Something which we see with the eyes'). Darauf deuten die im Frühme. mehrmals belegten Wendungen wie *Gað ʒe aweariede ut of mine ehsihðe*, AncR (A 83/24); *hatte bringen hire biuoren his eh-sihðe*, StJul (f. 40v/13).

(3)   Pn-Typ:

They slay the man (men)   S + P + O

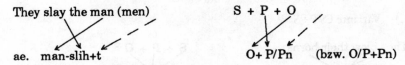

ae.   man-slih+t   O+ P/Pn   (bzw. O/P+Pn)

In diese Gruppe gehören außer *man-sliht* auch *feond-slæhtes* ‚Erschlagen der Feinde‘ und *elmesse-gifte* (das aber auch als Sb/Sb-Kp. analysiert werden kann: 'The gift consists of alms'); ferner ursprünglich *fulluht* (verdunkelt aus *full-wiht* ‚Taufe‘, wörtl. ‚Vollweihe‘): 'Someone consecrates someone fully'; Satzstruktur S+P+dO$_{aff}$+Adv$_M$ → Kp. der Struktur Adv$_M$/P+Pn, wobei das zugrundeliegende Verb **wihan* (dt. *weihen*) im Ae. aber nicht selbständig belegt ist.

(4)   Schwierig zu erklären ist *neb-schaft* ‚Gesicht, Miene‘ (wörtl. ‚Gesichtsschöpfung‘?); als Sb/Sb-Kp. dürften zu analysieren sein *wæl-slaht* ‚Kampf, Metzelei‘, das möglicherweise tautologisch ist (mit intensivierendem Dt), weil *wæl* selbst schon ‚Tod, Leichnam, Metzelei‘ bedeutet, sowie *wæn-slæht* ‚Metzelei‘ ('The slaughter results in, brings about misery [wæn]').

(5)   Als Nominalisierung ist in einem frühme. Text erkennbar:

goddspell-wrihhtess: þurrh hallʒhe *Goddspellwrihhtess* All *wrohht* 7 *writenn*; Orrm 160 D.

Zu *bred-wrigte* siehe dagegen oben (1). Vgl. ferner:

schaft: alle þine *schaftes* þat tu *schop* on eorðe; WohLo 85 f.
fluht: we biginneð to *fleon* 7 turneð to *fluhte*; StJul 45r/18.

5.3.4. Sb/Vb+ere (-estre, -icge): horn-blawere

(1) Der Typ Sb/Vb+*ere* bildet im Ae. und Frühme. personale Nomina agentis; die Bildungen gehören dementsprechend dem Subjektstyp an, wobei das Subjekt des zugrundeliegenden Satzes im Kp. in der Form -*ere* (-*estre*, -*icge*) erscheint. Als zugrundeliegende Satzstrukturen kommen in Frage S+P+O und S+P+Adv; vom Kp. aus gesehen ergeben sich die beiden Varianten O/P+S und Adv/P+S. Letztere ist nach Kastovsky 1971:296 und Marchand 1969:80 im Ae. und Ne. die seltenere; in unserem frühme. Material ist sie allerdings nicht sehr viel schwächer als die Variante O/P+S. Instrumentbezeichnungen wie ne. *screw-driver, tape-recorder* usw. finden sich im Frühme. nicht, jedenfalls nicht in dem hier zugrundegelegten Material.[65] Zur morphologischen Doppelanalyse als Sb/Vb+*ere* oder Sb+Vb/*ere* siehe oben 1.4.3.3.

Literatur: Marchand 1969:79 f.; Kastovsky 1969/1981:306–323; Kastovsky 1971:285–325; ferner oben 3.2.11.

(2) Variante O/P+S

In diese Gruppe gehören: *eaw-brekere, erende-beorere* („Bote‘, wörtl. „Botschaftsträger‘), *flesch-heweere, gras-bitere* (oder Adv/P+S?), *horn-blaweres, hus-berners, man-fischers, mon-quellere, metal-ʒeters, wei-betere, wǣi-witere* („jemand, der den Weg weiß‘), *woh-demeres* (oder Adv_M/P+S), *wort-croppere,* vielleicht auch *cnif-warpere,* das nach dem unten (4) gegebenen Beleg allerdings möglicherweise als Adv_I/P+S zu analysieren ist; ferner *bell-rinʒestre* ('she (who) rings the bells') und – morphologisch allerdings noch komplizierter – *wal-kirie* (ae. *wæl-cyr*+*icge;* ursprünglich 'she (who) chooses the wæl [the slain]').

(3) Variante Adv/P+S

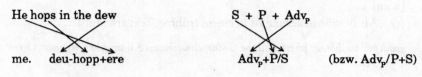

---

[65] Im Ae. finden sich Instrumentbezeichnungen mit -*ere* selten und offenbar nur als einfache Ableitungen, aber nicht als Kp., siehe Kastovsky 1971:294 ff.

In diese Gruppe gehören: a) Kp. der Struktur $Adv_P/P+S$ (relativ zahl-reich): *bac-bitere, deu-hoppere, fern-sittere, fold-sittere, grass-hoppere, heg-roukere, li[c]-proweres* (lexikalisiert: ‚Aussätzige, Leprakranke‘; wörtl. ‚Körperleidende‘), *rou-lekere, sid-lokere, west-lokere* (oder Sb/Sb). b) Kp. der Struktur $Adv_T/P+S$ (sehr selten): *wuce-penestre* (‚Nonne, die den Wo-chendienst versieht‘, etwa ‘she (who) serves [þenað] during the week’); c) Kp. mit anderen Strukturen ($Adv_I/P+S$; $Adv_M/P+S$): *brod-lokere, eir-man-gars, hrægl-penestre* (wörtl. ‚Kleiderdienerin‘) − entstanden sind *hrægl-penestre* und *wuce-penestre* aber nicht als Nominalisierungen, sondern als Analogiebildungen zu den maskulinen Sb/Sb-Kp. *hrægl-pen* und *wic-penas*.

(4) Mehrere Bildungen des Typs Sb/Vb+ere sind im me. Textzusammen-hang deutlich als Nominalisierungen erkennbar bzw. werden durch eine Satzparaphrase erklärt:

bac-bitere: bac-biteres þe *biteð* bihinde *bac* oþre; *AncR*, A 22v/13 f.; C 35r/12 f.

bell-ringestre: vgl. oben 2.4.2.4. (S. 80).

brod-lokere (NamesHare): vgl.: For, though ye *loke* never so *brode*, and stare; Chau-cer, *Canterbury Tales*, “Canon’s Yeoman’s Tale”, 867.

cnif-warpere: þe wreaðfule biuore þe feond *skirmeð* mid *cniues* 7 is his *cnif-warpe-re, AncR* A 57v/6; C 91r/2. − Im Satz ist hier allerdings nicht das gleiche Verb verwendet wie im Kp.

flesche-heweere: He hem *tohewe* … So *flesche* doþ þe *flesche-heweere; Art&Merl* 4802.

horn-blawere: þa son þær æfter þa sægon 7 herdon fela men feole huntes hunten. Ða huntes wæron swarte 7 micele 7 ladlice. 7 here hundes ealle swarte 7 brad-egede 7 ladlice. 7 hi ridone on swarte hors 7 on swarte bucces. … 7 þa muneces herdon *þa horn blawen* þet hi *blewen* on nihtes. Soðfeste men heom kepten on nihtes. sæidon þes þe heom þuhte þet þær mihte wel ben abuton twenti oðer þritti *horn-blaweres; ChronE* 1127. Vgl. ferner oben 1.4.3.3.

man-fischers: For *fischeres* hi were boþe and as hi *fischede* a dai. Bi þe se oure Louerd com and here *fisschin* isay. Come he seide after me. and ich wole ჳou make *Manfischers* …; *SEL* 543/6. Der Kontext läßt hier allerdings eine Doppel-erklärung als *man + fisher* oder als ‘Someone who fishes men’ zu, vgl. oben 1.4.3.3. Fisher (ae. *fiscere*) war ursprüngl. möglicherweise eine desubst. Ablei-tung, wurde später aber wohl eher als deverbal empfunden.

mon-quellere: 7 te *monquellere* fra deðes dom was lesed … was tat barabas a þeof þat … *hafde a mon cwelled; WohLo* 380−388.

Vgl. ferner:

folჳeres: ჳe modi menn, ðes dieules *folჳeres,* ðe *folჳið* ðe dieule; *Vices&V* 41/26 f.

tiliere: Abraham … *tillede* corn, *Gen&Ex* 1278 − *tiliere, Gen&Ex* 1482.

5.3.5. Sb/Vb+*ing: eorð-styrung, fett-weascung*

(1) Der morphologische Typ Sb/Vb+*ing* bildet offenbar die ganze englische Sprachgeschichte hindurch nur Nomina actionis, die syntaktisch gesehen dem Prädikationstyp (Pn-Typ) angehören, d.h. es wird die Verbalhandlung nominalisiert (substantiviert).[66] Es ergeben sich folgende Untergruppen: (i) Kp. der Struktur S/P+Pn, die auf einen Satz der Struktur S+P_i zurückgehen; (ii) Kp. der Struktur O/P+Pn, die auf einen Satz der Struktur S+P_{tr}+O zurückgehen; (iii) Kp. der Struktur Adv/P+Pn, die auf einen Satz der Struktur S+P+Adv zurückgehen. Davon ist O/P+Pn am häufigsten, S/P+Pn und Adv/P+Pn sind dagegen seltener. Die gleiche Verteilung besteht auch noch im Ne.

Literatur: Marchand 1969:75 f.; Kastovsky 1982a:188 f.; ferner oben 3.2.12.

(2) Variante S/P+Pn:

Diesem Muster folgen: *day-graukynge, day-springing, dogge-fahenunge* (oder Sb/Sb-Kp. mit implizitem Vergleich?), *dust-riseing, eorð-byfung, eorð-styrunge, heie-renning, fyre-brenning* (oder O/P+Pn?), *niðing-giscing* (oder Sb/Sb-Kp.?), *sonne-schineing* (vgl. dazu *sunne-sine*, oben 5.3.2.(5)).

(3) Variante O/P+Pn:

Diesem Muster folgen: *arwurð-fullung* (Klammerform), *bedis-biddinge, blod-letung, blod-schedunge, blod-swetunge, child-beringe, dere-hunting, diol-makeing, folc-stering, fett-weascung, feoh-spillinge, flech-founge, handes-wringing, man-myrring, oðe's'-sweringe, ostel-lyuering, romanz-reding, staf-breking, ston-kasting, sunne-bireowsunge, tabour-beting.* Die Objekts-

---

[66] Zum Problem, daß beim Prädikationstyp das Dm bzw. das Suffix des Dm (im Falle der Sb/Vb+*ing*-Kp. das -*ing*) keine Entsprechung im zugrundeliegenden Satz hat, s.o. 5.1.3.3. Darauf wird im folgenden nicht weiter eingegangen; auch nicht auf den Lösungsvorschlag von Kastovsky, für Bildungen wie *blood-letting* als zugrundeliegenden Satz anzusetzen 'The ACTION of letting someone blood' usw.

ergänzung wird zum Dt in *blind-feallung* (← 'They fell [sc. strike] someone blind').

(4)   Variante Adv/P+Pn:

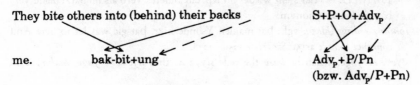

They bite others into (behind) their backs   S+P+O+Adv$_P$

me.   bak-bit+ung   Adv$_P$+P/Pn
                                                           (bzw. Adv$_P$/P+Pn)

Nach diesem Muster sind gebildet: *aleð-gestninge* (Adv$_I$: 'They celebrate
(something) with ale'); *bac-bitunge* (,Verleumdung', wörtl. ,Rückenbei-
ßen'; zur Paraphrase vgl. oben 5.3.4.(4) unter *bac-bitere*); *grist-bating*
(Adv$_M$); *heorte-grucchung* (oder S/P+Pn?); *heortne-graning* (oder S/
P+Pn?), *knif-pleyeyng* (Adv$_I$), *moup-crieynges* (Adv$_I$), *twi-wifing*. Möglicherweise gehören hierher auch *loue-longing* ('someone longs for love'),
loue-morning ('someone mourns because of love'?). *Weste-wunienge* würde
als ,Wohnen in der Wüste' hierher gehören; in der Bedeutung ,Wüsten-
wohnung' ist es jedoch als Sb/Sb-Kp. zu analysieren.[67]

(5)   Syntaktisch nicht recht zu analysieren sind die Vb/Vb+*ing*-Bildung
cnaw-lechunge und die Vb/Vb+*ing*-Bildung *lik-lakyng;* letztere zeigt
deutliche Nähe zu den Ablautbildungen.

(6)   Einige Bildungen des Typs Sb/Vb+*ing* sind im Textzusammenhang
als Nominalisierungen erkennbar:

blod-letung: a) þe wealdent of al þe world þa *he wes þus ilete blod* ... i þe ilke
   blodletunge...; AncR (A 31r/8 f.; C 46r/14 f.); b) ȝe schulen *beon* ... as ofte *ileten
   blod* ... Swa wisliche witeð ow in ower *blod-letunge* ...; AncR (A 115r/1−9; C
   195r/4−10); c) vgl. ferner SirTristr 2190−2192; LaȝB (CO) 9471 u. 1782; Fox&W
   40; KingAlex 2410.

blod-schedung(e): vgl.: þat day he *schad* so michel *blode;* Art&Merl 6258; vgl. ferner
   oben 3.2.12.2.

day-springyng: Al forto *s.ponge þe dayes liȝth* / Cler and fair is *day-springyng;*
   KingAlex 910 f.; vgl. ferner oben 5.3.2.(7) zu *day-spring.*

diol-makeing: & his breþer þat yseiȝen & com to him & gret *diol made* ... In al þis
   diol makeing; Art&Merl 8502−8507.

---

[67]   *wunung* ist zwar ein deverbales Sb des Adv$_P$-Typs ('Someone lives [wunaþ] at this place'
   → 'Place at which/someone lives'); eine Analyse des Kp. als 'Someone lives at this place
   in the desert' ist aber schlecht möglich; die Paraphrase müßte lauten 'Someone has his
   habitation [wunung] in the desert'.

heie-renning (für *eie-renning*): þis mustart shal ... gar þin *eien to rene.* I shal make a
lesing of þin *heie-renning; DSirith* 280 – 283.

fett-weaschung: ðwean ealra gystene *fett* ... æfter þære *fett-weascunge* ...; *WintBR*
107/15 – 17. – Hier steht wieder im Kp. ein anderes Verb als im Satz; beide Verben sind aber synonym.

romanz-reding (Hav): vgl.: þat maiden Ysonde hiʒt, þat gle was lef to here And
romance to rede ariʒt; *SirTristr* 1256 – 1258.

slyeve-berynge: whan he *bare* the rede *slyve* ... that *slyeve-berynge; Malory* 632/
29 – 31.

Vgl. auch:

blawunge: ant te deouel *blaweð* ... Hwen his *blawunge* ne geineð nawt; *AncR* A
116r/15f. (~ C 196v/14f.).

drædunng: þatt iss, to *drædenn* Drihhtin rihht ... þiss *drædunng* iss þatt rodetreo;
Orrm 5600 – 5602.

5.3.6. Vb+Sb/Ø$_{Sb}$; Vb+Präp+Sb/Ø$_{Sb}$ usw. (Imperativkp.):
wesche-disch, sitte-stille

(1)   Unabhängig davon, wie man sich die Entstehung der sogenannten
Imperativkp. vorzustellen hat, sind sie syntaktisch – ähnlich wie die Kp.
des Typs Sb/Vb+*ere* – meist durch Aussagesätze der Typen S + P + O
oder (seltener) S + P + Adv zu paraphrasieren. Diese Satzmuster ergeben
überwiegend personale Nomina agentis der Struktur P+O/S$_{\emptyset}$ bzw.
P+Adv/S$_{\emptyset}$, also Subjektstypen, wobei aber das Subjekt, das zum Dm des
Kp. wird, an der Oberfläche des Kp. nicht erscheint, sondern durch ein
Nullmorphem vertreten ist. Instrumentbezeichnungen sind in unserem
frühme. Material sehr selten; es findet sich nur *cheuer-chef.*

Literatur: Marchand 1969: 380 – 384; ferner oben 3.2.15.

(2)   Beispiele für die Ableitung bzw. Paraphrase sind:

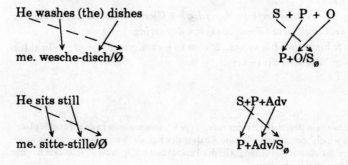

He washes (the) dishes   S + P + O

me. wesche-disch/Ø   P+O/S$_{\emptyset}$

He sits still   S+P+Adv

me. sitte-stille/Ø   P+Adv/S$_{\emptyset}$

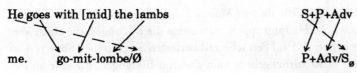

He goes with [mid] the lambs   S+P+Adv

me.   go-mit-lombe/Ø   P+Adv/S$_\emptyset$

Die aus dem Frz. entlehnten Bildungen (*cache-pol, cheuer-chef* usw.) müßten natürlich gewöhnlich durch frz. Sätze paraphrasiert werden.[68]

(3) Im me. Textzusammenhang sind folgende Bildungen als Nominalisierungen erkennbar:

ssette-pors: Of zuiche uolke is lhord a dyeuel and mayster. þet is ine helle. þet is y-cleped: *ssette-pors*. þet an hermite y-zeʒ þet zede þet he hedde þe mestier uor to *ssette* þe *porses* of þe wrecchen þet hi ne ssolle by open to be elmesse; *Ayenb* 187/34 — 188/2.

wesche-disch: AncR (A 103r/3 f.) schreibt: sluri þe cokes cneaue þe *wescheð* 7 wipeð *disches* i chuchene. Dagegen bietet *AncR* (C 176v/11) die Variante: sluri þe cokes cnaue þe *weschedisch* incuchene. Ein Schreiberversehen ist für Hs. C zwar nicht auszuschließen; möglicherweise hat der Schreiber von Hs. C aber bewußt den Relativsatz zu einem Imperativkp. zusammengezogen. Vgl. oben 3.2.15.5.(1).

5.4. Adjektivkomposita ohne Verbalverknüpfung

5.4.1. Sb/Adj: *blod-rede, storre-wis*

(1) Die Kp. des Typs Sb/Adj lassen sich überwiegend auf Kopulasätze des Typs Sb+is+Prädikativ zurückführen, wobei das Prädikativ die Struktur Adj+Partikel(Präp)+Sb hat.[69] Als Ableitungsmuster läßt sich angeben:

Sb + is + Adj + Partikel (Präposition) + Sb

Sb + is + Sb/Adj

This colour is as green as grass

This colour is grassgreen   (ae.)

---

[68] Zumindest zum Teil müssen sie allerdings von den Engländern verstanden worden sein, weil die Entlehnung des Kompositionstyps ins Englische nicht abstrakt geschehen konnte, sondern nur aufgrund des Vorbildes von analysierbaren Kp.

[69] Ausführlich besprochen wird die syntaktisch-semantische Analyse der Sb/Adj-Kp. bei Lipka 1966:54 ff., an dem sich die folgende Darstellung zum Teil orientiert.

Bei den Adjektiven, die diesem Muster folgen, ergeben sich zwei syntaktisch-semantische Hauptgruppen: zum einen die Bildungen, die einen Vergleich beinhalten und auf den schon illustrierten Satztyp (ne.) Sb + is + as + Adj +as + Sb zurückgehen; zum anderen Bildungen, die eine andere Präposition (Partikel) implizieren, die sich ganz allgemein als 'with regard to' („in bezug auf, was anbetrifft') paraphrasieren läßt (Sb + is + Adj + with regard to + Sb) und in manchen Fällen noch näher spezifiziert werden kann.

Literatur: Lipka 1966: bes. 54ff.; Birenbaum 1967:279−286; Marchand 1969:84−87; ferner oben 3.3.1.

(2)   Ein Vergleich liegt vor in relativ vielen Farbbezeichnungen:[70] *blod-rede*,[71] *col-blake, gled-read, gos-whit* (als Name), *gres-grene, lilye-white, milc-whit, rose-red, snou-wite, sunnebem-brigt, win-rede;* ferner in: *feond-stronge, fisch-hal, iren-harde* (als Sb), *stan-ded, stan-stille, mayden-clene, wint-swifft* (als Sb). Auch die Dimensionskomposita gehören hierher: *brest-heize, for-long* (letzteres aber nur als Sb belegt).[72] In manchen Fällen dient der Vergleich auch oder sogar primär der Intensivierung; letzteres gilt z. B. für *feond-stronge* (*LazB*, C 11 939; O hat statt dessen *swipe stronge*), *fisch-hal, stan-ded* und *stan-stille*. Die intensivierende Funktion muß aber nicht erst im Kp. auftreten, sondern kann auch in der entsprechenden syntaktischen Gruppe vorhanden sein, vgl. z. B. *ston-stille* und *Also stille als a ston; Hav* 928; *Ligge stille, so doth þe ston; Hav* 1997; *þat knizt gan houe stille so ston; Amis&A* 1273. Ferner ist die Verstärkung nicht notwendigerweise an einen Vergleich gebunden.[73]

(3)   Die vergleichenden Sb/Adj-Kp., insbesondere die Farbbezeichnungen, existieren im Frühme. des öfteren parallel zu den entsprechenden syntaktischen Gruppen; vgl.:

blod-rede (SEL): vgl.: And bycome reed as blood, *Floris&B* 622; Hytt shall be as red as any blod, *15 Toknen*, 13.
col-blake (O&N): vgl.: blac so euer eny cole; so blac so eny cole, *KingHorn* 588, 602 (ferner 590).
gled-read (SWard): vgl.: red so eny glede, *KingHorn* 506 bzw. 520.
gres-grene (KingAlex): vgl.: ase grene so gres ine someres tide, *StMarg/2*, 172.

---

[70]   Dazu siehe auch Barnickel 1975:122−126 (vgl. 52−58, 119f.).
[71]   *Blod-rede* kann im Me. allerdings nicht nur ‚rot wie Blut' bedeuten, sondern auch ‚rot vom Blut', vgl. *MED* s.v. *blōd-rēd*.
[72]   Zu *breast-high* 'as high as the breast' siehe Lipka 1966:78; *OED* s.v. *breast-high*.
[73]   Sb/Adj-Kp., die keinen Vergleich implizieren, deren Dt aber wohl intensivierende Funktion hat, sind *ded-strong, grund-hat, grund-stalwurpe, steort-naket* − zu Sb/Sb-Kp., deren Dt verstärkend wirkt, siehe oben 5.2.1.1.(6).

lilye-white (LyricsXIII): vgl.: Whit so eni lilie ..., *Jacob&J.*

milc-whit (LaȝB): vgl.: a palfray þe oon half white so mylke, *Flor&B* 365 (vgl. auch *KingAlex*); þat on is white so milkes rem, *Art&Merl.*

rose-red: rose-red was his colur, *KingHorn* C 16 – so rose red wes his colour, *King-Horn* LO 16.

stan-ded (Hav, Art&Merl usw.): vgl.: ded so ston, *Art&Merl* 3456.

stan-stille (AncR): vgl. oben (2).

Manche Vergleiche existieren im Frühme. dagegen nur als syntakt. Gruppen und werden – jedenfalls in den frühme. Texten – nicht zu Kp., z. B. *cler as candellyȝht,* 15 *Toknen; so whyt so þe sonne, KingHorn* 651 (siehe auch Hall, ed. *KingHorn,* S. 92 f.); *his armour ... þat ere was white so swan, Amis&A* 1359; vgl. ferner *she was as naked as a nedyll, Malory* 478/18.

(4)   Die Gruppe der Sb/Adj-Kp., die andere Partikeln (Präpositionen) implizieren, ist vielfältiger, aber gleichzeitig schwieriger aufzugliedern, weil es nicht immer sicher ist, welche Präposition am besten zu ergänzen sei.

for oder *after* (A is the goal of B): *almes-ȝeorn, eiht-gradi, med-ierne, mere-wode, slap-ȝeorn.* – Jedenfalls gilt diese Analyse, sobald eine Interpretation als Zusammenrückung aus einer syntaktischen Genitiv- oder Dativgruppe nicht mehr in Frage kommt; siehe dazu unten (6).

from (A is the source of B): *sæ-weri.*

in (z. T. auch *with*): *ded-strong, dom-kete, kinde-cold, lif-holi, read-wis, weorld-seli, woruld-snotre, weorlde-wis.*

with: deouel-imene, ȝeue-custi, mete-custi, mud-freo, sinne-wod, word-wod.

with regard to: storre-wis.

(5)   Einige Bildungen lassen sich analysieren als Sb + is + Adj, z. B. ne. *admission-free* 'The admission is free';[74] aus den frühme. Belegen gehören möglicherweise hierher: *dom-kete, hand-bare, lif-holi, mud-freo, name-cuð, read-wis, steort-naket.*

Allerdings ließe sich zumindest ein Teil dieser Bildungen auch nach dem oben (1) angegebenen Grundmuster mit der Präposition *with regard to* analysieren: Sb + is + Adj + with regard to + Sb.

Someone is holy with regard to his life   S + is + Adj + Partikel + Sb

Someone is   lifeholy   (me.)   S + is + Sb/Adj

(6)   Im Ae. und in eingeschränktem Umfang auch noch im Frühme. konnten Adjektive ein Sb im Gen. oder Dat. regieren, so daß einige Sb/

---

[74] Siehe Lipka 1966:65 u. 70 ff.; Birenbaum 1967:281.

443

Adj-Kp. auch als Zusammenrückungen aus solchen syntakt. Gruppen entstanden sein könnten, z. B. die mit *custi, gredi* und *wurðe* als Dm;[75] vgl.: *ar-wurðe, dæp-shildiʒ, deouel-imene, elmes-georn, eiht-gradi, ʒeue-custi, houen-tinge, luue-wurðe, med-ierne, pine-wurðe, quale-holde, stale-wurðe, wil-cweme*. Ab dem späteren Me. ist dies nicht mehr möglich, und auch diese Bildungen müssen für das Spätme. und Ne. mit Hilfe von Präpositionen paraphrasiert werden.

(7) Einige Bildungen, insbesondere solche mit *-wurðe* als Dm, lassen sich nicht nur als Sb/Adj, sondern auch als Vb/Adj-Kp. auffassen; dazu siehe oben 3.3.6.3.(2) u. unten 5.5.1.

5.4.2. Adj/Adj (bzw. Adv/Adj): *deor-wurðe, efenn-ald*

Die oben 3.3.2.1. genannte Zweiteilung in additive und determinative Bildungen gründet sich auf die syntaktische Analyse. Die additiven Bildungen sind syntaktisch zu paraphrasieren als 'Someone/something is Adj + Adj', z. B. 'Someone is dear and worthy' → 'Someone is *dearworthy*'; die determinativen sind dagegen syntaktisch als Adj anzusehen, die durch ein Adv modifiziert werden, das formal aber oft nicht als Adv markiert ist, z. B. 'Someone is euen-ald' (‚gleich alt').

Literatur: Marchand 1969:88−90; vgl. oben 3.3.2.

5.4.3. Adj+Sb/Ø$_{Adj}$; Num+Sb/Ø$_{Adj}$; Adj+Sb/*ed*; Num+Sb/*ed* (Bahuvrihiadj. und erweiterte Bahuvrihiadj.): *heard-heort, heard-iheortet*

(1) Bahuvrihisb. und Bahuvrihiadj. sind prinzipiell von der gleichen Satzstruktur abgeleitet.[76] Auch die reinen und die erweiterten Bahuvrihiadj. haben die gleiche syntakt. Grundlage und können hier deshalb zusammen behandelt werden. Die Mehrzahl von ihnen (d. h. alle mit einem Adj oder Num als Erstelement) ist auf einen Satz der Struktur S + P (have) + Adj + dO$_{aff}$ zurückzuführen, wobei als Prädikat immer das Vb *to have* auftritt. Für das Nullsuffix der reinen bzw. das *ed*-Suffix der erweiterten Bahuvrihiadj. (d. h. die Adjektivmarkierung) findet sich im zugrundeliegenden Satz allerdings kein Antezedens. Als Ableitung ist anzusetzen:

---

[75] Vgl. oben 3.3.1.2. sowie die dt. Entsprechungen wie z. B. *ehrenwert* ‚der Ehre wert'; *des Todes schuldig; todeswürdig* ‚des Todes würdig'.

[76] Vgl. auch die entsprechenden Bildungen aus *NamesHare*, die im Kontext zwar Bahuvrihisb. sind, die man aber auch als Bahuvrihiadj. auffassen könnte (oben 3.2.14.5b.)

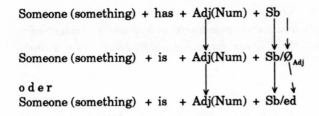

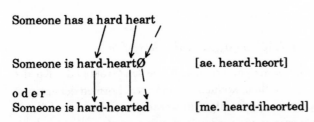

Literatur: Siehe oben 3.3.13. u. 3.3.14.; ferner Hirtle 1970:19–36; Hudson 1975:69–72; Ljung 1976:159–168; Botha 1984 (passim).

(2) Zu einigen Bahuvrihiadj. finden sich in den frühme. Texten auch die entsprechenden syntakt. Gruppen; diese bieten gleichzeitig syntaktische Parallelen zu der Verwendung der Bahuvrihiadj. als Adverbien:

bar-fot: vgl.: Heo eode on hire bare foten, *LaʒB* CO 2493; vgl. ferner oben 3.3.13.3.(3).
dreri(ʒ)-mod (Orrm, DSirith): vgl.: he went wiþ dreri mode, *Amis&A* 259 (und ähnlich öfter).
dru-fot, driʒʒe-fot (Orrm usw.): vgl.: and god hom ledde ofer þa rede se mid druʒe fotan, *LambH* IX (87/11 f.).
sory-mod (ProvA, O&N usw.): vgl.: And wot of hire sore mode, *O&N* 1595; wiþþ serrhfull herrte 7 sariʒ mod, *Orrm* 8945; Iosep sit in pette mid ful sori mod, *Jacob&J* 107.

5.5. Adjektivkomposita mit Verbalverknüpfung

5.5.1. Vb/Adj: *lic-wurðe, here-wurðe*

(1) Die sicheren oder möglichen Vb/Adj-Kp. mit *-wurðe* als Dm sind auf einen Kopulasatz mit passiver Ergänzung zum Prädikativ zurückzuführen:

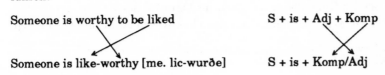

Ebenso sind gebildet: *here-wurðe* und, mit möglicher Doppelanalyse als Sb/Adj oder Vb/Adj, *luue-wurðe, pine-wurðe* und *ar-wurðe*. Anders müssen dagegen das me. wohl schon verdunkelte *stare-blind* sowie *wallhat* analysiert werden.[77]

Literatur: Vgl. oben 3.3.6.

(2) Zur Satzparaphrase von *luue-wurðe* im frühme. Kontext siehe oben 3.3.6.3.(2).

5.5.2. Adj/Vb+Ø$_{Adj}$: *arueð-telle, eð-fele*

(1) Die Bildungen mit *arueð-* und *eð-* als Dt, die den Großteil der Kp. des Typs Adj/Vb+Ø$_{Adj}$ ausmachen, können als verkürzte Formen der entsprechenden syntaktischen Gruppen aufgefaßt werden, zumal sie ebenfalls gewöhnlich prädikativ verwendet werden und später wieder ganz durch die syntakt. Gruppen verdrängt werden:

Something is arueð to tellen (‚difficult to tell‘)   **S + is + Adj + Komp**

Something is arueð-telle   (me.)   **S + is + Adj/Komp**

Anders (und schwieriger) ist dagegen *lepe-bei* ‚biegsam‘ zu interpretieren (ursprüngl. ‚Die Glieder sind [leicht] zu biegen‘?); *picke-liste* ‚schwerhörig‘ (wörtl. ‚dickhörig‘) ist vielleicht eine Analogiebildung nach dem einmal etablierten Muster.

Literatur: Siehe oben 3.3.7.

(2) Zumindest teilweise Satzparaphrasen bzw. Ableitungen im Kontext finden sich für:

erued-helde: he þe þos twa luue haueð and wel hi wule *healde* Ac hi buð wunder *erued-helde*, PMor 313.

eð-hurte: ჳef þer is eani word iseid þat mahte *hurten* heorte ... to oþer ancre. þat is *eð hurte*, AncR A 117r/18.

5.5.3. Sb/PartPräs: *milc-drinkende, land-sittende*

(1) Bei den Kp. mit einem Partizip als Dm wird das Vb des zugrundeliegenden Satzes in Form eines Partizips adjektiviert und so zum Dm des Kp.

---

[77] *Stare-blind* ursprünglich vielleicht ?‘Someone is so blind that he stares’; *wall-hat* vielleicht ‘Something is so hot that is wells [boils]’.

Die Adjektivmarkierung (*-ende, -ing, -ed*) hat im zugrundeliegenden Satz aber keine Entsprechung. Participia praesentis als Dm haben nichts mit der Verlaufsform zu tun (siehe Hellinger 1969:38–41). Die Bildungen des Typs Sb/PartPräs zerfallen syntaktisch gesehen in zwei Gruppen: die eine geht auf Sätze der Struktur S + P + dO zurück, wobei das dO zum Dt wird; die andere auf Sätze der Struktur S + P + Adv (d. h. Adverbialergänzung), wobei das Adv zum Dt des Kp. wird. Nach Marchand 1969:91 und Hellinger 1969:48 überwiegen im Ne. Bildungen des Musters S + P + dO; in unserem – allerdings recht geringen – frühme. Belegmaterial ist das Verhältnis aber umgekehrt.

Literatur: Marchand 1969:91; Hellinger 1969:48–69; vgl. oben 3.3.8.

(2)   Muster S + P + dO (vom Kp. her gesehen dO/P+*ende, ing*):

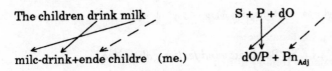

Wie *milc-drinkende* sind zu analysieren: *dæl-nymende, sin-betende*.

(3)   Muster S + P + Adv (vom Kp. her gesehen Adv/P+*ende, ing*):

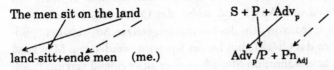

Ähnlich wie *land-sittende* sind wohl zu analysieren: *brune-weallinde* (oder nur S + P?), *fur-berninge* (oder nur S + P?), *honde-habbynde* (← 'Someone has something in his hands'; lexikalisiert: ‚auf frischer Tat ertappt(er Dieb)‘); *sa-farinde, sæ-liðende, wei-fearinde;* vielleicht auch *bearn-eacninde*.

(4)   *Fur-berninde* wird einmal auch im me. Kontext im Zusammenhang mit *berninde fur* gebracht:

fur-berninde, fur-berninge (*TrinH, Lyrics XIII* usw.): Seodðan he him sceaude an ouen on bern inde fure he warp ut of him seofe leies uwilan of seolcuðre heowe þa alle weren ... ʒette he him sceawede ane welle of fure and alle hire stremes urnen fur bern inde ..., *TrinH* IV (41/23–28); vgl. ferner oben 3.3.8.5.

5.5.4. Adj/PartPräs bzw. Adv/PartPräs: *euer-lestinge*

Die diesem Typ zugrundeliegenden Sätze haben die Struktur S + P + Adv
oder S + Kopulaverb + Adj (Subjektsergänzung), wobei dann das Adv
bzw. Adj zum Dt des Kp. wird. Vom Kp. her gesehen ergibt sich die Struktur Adj(Adv)/P+*ende, ing*. Elemente, die im Satz als Adverbien fungieren,
sind im Kp. aber nicht immer als solche markiert. Ein Beispiel ist:

The devil shines bright   S + P + Adv$_M$

me. briht-schin+inde deouel   Adv$_M$/P + Pn$_{Adj}$

Ähnlich sind die übrigen me. Kp. dieses Typs zu analysieren: *euer-lestinde,*
fæle-talyende,[78] *muchel-lestinde, sar-akinde, swote-smeallinde, wel-donde.*

Literatur: Marchand 1969:92; Hellinger 1969:70−84; vgl. oben 3.3.9.

5.5.5. Sb/PartPrät: *wind-feallet, golt-peinte*

(1) Dem Kompositionstyp Sb/PartPrät liegen im wesentlichen zwei verschiedene Satzmuster zugrunde, nämlich S + P + O und S + P + O +
Adv (bzw. Präpositionalobjekt). An Kompositionsmustern ergeben sich
vor allem S/P+*ed* und Adv/P+*ed*, wobei das Objekt des Satzes jeweils
zum Substantiv wird, von dem das zusammengesetzte Adj abhängt.[79] Bildungen, in denen das Objekt zum Dt des Kp. wird, werden von Marchand
für das Ne. nicht erwähnt; im Me. gab es aber anscheinend vereinzelt solche Bildungen. Da das PartPrät gewöhnlich passivische Bedeutung hat,
muß man den letztlich zugrundeliegenden Aktivsatz zunächst in einen
Passivsatz umformen:[80] 'Hunger bites them' → 'They are bitten by hunger' → 'They are hunger-bitten'. Die syntaktische Untergliederung der
Kp. beruht aber immer auf dem Aktivsatz. Nach Marchand 1969:93 ist das
Muster S/P+*ed* im Ne. am häufigsten; in unserem, freilich recht geringen,
frühme. Material sind die beiden Muster in etwa gleich stark.

Literatur: Marchand 1969:92 f.; Hellinger 1969:85−102; Gerbert/Zimmermann 1977:307−
316; vgl. oben 3.3.10.

---

[78] ae. *fela* kann Sb, Adj und Adv sein, so daß eine Analyse von *fæle-talyende* als Sb/Part-
Präs-Kp. der Struktur dO/P+*ende* nicht ausgeschlossen ist.
[79] Statt S/P+*ed* bzw. Adv/P+*ed* könnte man auch notieren S/P+Pn$_{Adj}$ bzw. Adv/P+Pn$_{Adj}$.
[80] Dabei werden die Konstituenten allerdings zweimal umgestellt: *hunger bites* → *bitten by*
hunger → *hunger-bitten.*

448

(2) Muster S + P + O → S/P+*ed*, d.h. das Subjekt des Satzes wird zum Dt des Kp.:

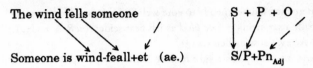

Ähnlich wie *wind-feallet* sind anscheinend zu interpretieren: *cancre-frete*, *cheues-boren*, *fur-brend*, *hunger-biten*, und vielleicht auch *somer-driuen* und *deades-driuen* (letzteres eine eigentümliche Bildung, weil das Dt im Genitiv steht).

(3) Muster S + P + O + Adv → Adv/P+*ed*, d.h. die Adverbialergänzung des Satzes wird zum Dt des Kp.:

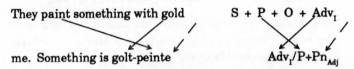

Ähnlich wie *golt-peinte* sind vermutlich zu interpretieren: *gold-beten*, *gehandfæst* und *ihondsald* ('They fasten, sell something into the hand'), *grund-fulled* und *grund-laden* ('They fill, load something to the ground', wobei das Dt möglicherweise gleichzeitig verstärkende Funktion hat) sowie *wo-bigon*, das allerdings als Zusammenrückung entstand.

(4) Das Objekt des Satzes wird anscheinend zum Dt des Kp. (S + P + O → O/P+*ed*) in *trewpe-pliȝt* ‚verpflichtet, verlobt' ('They plight their troth' → 'They are troth-pliȝt') und in *flesch-fulet*. Ein doppeltes Objekt liegt vor in 'They let someone blood'; davon wird eines zum Dt des Kp. und eines das Sb, von dem das zusammengesetzte Adj abhängt: 'They let someone blood' → 'Someone is let blood' → me. 'Someone is *blodleten*'.

(5) Manche PartPrät haben schon eher den Status eines Adj und die Zusammensetzungen damit erlauben keine Analyse mehr mit einem letztlich zugrundeliegenden Aktivsatz (der in einen Passivsatz überführt wird), sondern sind eher als Sb/Adj-Kp. zu interpretieren. Dies gilt wohl für: *boclerede*, *dwall-kennde*, *win-drunken*. Für *win-drunken* geht dies auch daraus hervor, daß *LaȝB* C 4052 das Kp. hat (*7 þa drihtliche gumen weoren windrunken*), während *LaȝB* O 4052 es in die entsprechende syntakt. Gruppe auflöst (*weren alle þe gomes dronge of wine*). Ähnliches gilt für *boc-(i)lered*, das in *LaȝB* C die übliche Wendung ist; *LaȝB* C hat aber auch einmal die Wendung *þreo biscopes wise, a boke wel ilæred* (10907); vgl. ferner *Orrm* 8931 f. u. ö.: *þatt Iudiskenn flocc þatt læredd was o boke*.

(6) Einige Bildungen sind im me. Kontext als Nominalisierungen (Adjektivierungen) erkennbar bzw. werden syntaktisch paraphrasiert:

blod-leten: Twa manere men habbeð neode to eote wel: Swinkinde 7 *blodletene.* þe dei þat he wes baðe i sar swink 7 *ilete blod* as ich nest seide; *AncR* A 71r/20f.; vgl. ferner *AncR* A 70v/6 sowie oben 5.3.5.(6).

trewþe-pliʒt (Amis&A), ne. *trothplight:* vgl.: he hire hafde trouþe i-plipt, *LaʒB* O 1126; Her I þe mi trouþe pliʒtte, *DSirith* 252; On a day þe childer war & wiʒt/ Treweþes to-gider þai gun pliʒt, *Amis&A* 145 f.; we er trewþe-pliʒt, *Amis&A* 293.

wind-feallet: hwet is word bute *wind.* To wac ha is istrengðet þat a *windes puf,* a word mei *afellen* 7 warpen in to sunne. ant hwa nule þunche wunder of ancre *windfeallet?; AncR* A 33v/1 − 4 (vgl. C 50r/3).

5.5.6. Adj/PartPrät bzw. Adv/PartPrät: *freo-boren, wel-cume*

(1) Die Bildungen des Typs Adj(Adv)/PartPrät sind syntaktisch nicht immer eindeutig zu analysieren, weil hier verschiedene Muster zusammen-fielen, vgl. die Bemerkungen bei Marchand.

Literatur: Marchand 1969:94f.; Hellinger 1969:104−108; ferner oben 3.3.11.

(2) Ähnlich wie beim Typ Adj(Adv)/PartPräs läßt sich ein Teil der Bil-dungen auf Sätze der Struktur S + P + Adv oder S + Kopulaverb + Adj (Prädikatsergänzung) zurückführen, wobei das Adv bzw. Adj zum Dt des Kp. wird. Elemente, die im Satz als Adverbien fungieren, sind im Kp. aber nicht immer als solche markiert.

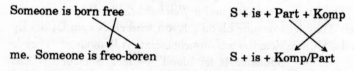

Someone is born free   S + is + Part + Komp

me. Someone is freo-boren   S + is + Komp/Part

Genauso wie *freo-boren* sind die übrigen Bildungen mit *born* zu analysie-ren: *ded-bore, heh-bore, loh-iboren, wel-iboren.*[81]

(3) Bei vielen anderen Bildungen braucht man nicht auf einen zugrunde-liegenden Satz zurückgehen; sie dürften vielmehr als PartPrät zu analysie-ren sein, die unmittelbar durch ein Adv modifiziert werden, d.h. als Zu-sammenrückungen entstanden sind, z. B. *ful-itohen, wel-itohen, full-brohht* usw.; bei einigen Bildungen mit *ful(l)-* handelt es sich allerdings nicht um

---

[81] Hier geht man besser unmittelbar von einem Passivsatz aus und nicht von einem Aktiv-satz (*'The woman bears a child free' usw.); *cheues-boren* (s.o. 5.5.5.(2)) kann dagegen auf den Aktivsatz 'The cheues [sc. concubine, dt. Kebse] bears someone (a child)' zurückge-führt werden.

Kp. des Typs Adj(Adv)/PartPrät, sondern um Partizipialformen von mit *ful(l)-* zusammengesetzten Verben, siehe oben 3.3.11.3.(3).

(4) Aktive Bedeutung hat das PartPrät in *neow-cumen* und *wel-cume;* vgl. dazu auch *Wel be þou (here) to londe (i)come, KingHorn* 1495.

5.6. Misch- und Randtypen

Hier werden ganz kurz diejenigen Typen behandelt, die nach unserer Einteilung oben in Kap. 3 sowohl Kp. mit als auch solche ohne Verbalverknüpfung umfassen (also Kp. mit primärem und mit deverbalem Dm), sowie solche, die sich höchstens noch teilweise syntaktisch analysieren lassen.

5.6.1. Mit Partikeln zusammengesetzte Sb und Adj (Partikelkomposita): *after-none, dune-fallen*

Literatur: Marchand 1969: 108 – 127; siehe ferner oben 3.2.6. und 3.3.5.

(1) Partikel/primäres Sb und Partikel + primäres Sb/$\emptyset_{Sb}$:
Marchand unterscheidet von der zugrundeliegenden syntaktischen Struktur her diese zwei Muster. Das als zweites genannte (sein Muster 8) läßt sich erklären als Präpositionalverbindung, die als Sb verwendet wird; dabei ist als Dm oft ein Nullmorphem anzusetzen, z.B. *after-none* (ne. *afternoon*) 'time/after noon'; *ut-lahen* (ne. *outlaws*) 'men (who are)/out(side) (the) law'; *wiðer-lahen* 'men (who are)/wiðer [sc. against] (the) law'. Das als erstes genannte Muster (Marchands Muster 11) wird von ihm erklärt als "substantive based on an adjunct/primary relation" (1969: 109), was er aber nicht näher erläutert und wofür er auch keine syntakt. Paraphrase angibt. Eine befriedigende Satzparaphrase ist bei vielen dieser Bildungen auch nicht möglich. Manche lassen folgendes Schema erkennen: *fore-fæderes (fore-fathers),* etwa 'fathers before our fathers'; *oferr-man,* etwa 'man who reigns over other men'; *underr-king* 'king who rules under another king'; *to-nome* ‚Zuname' etwa 'name in addition to another name' usw. Bei anderen ist das Dt eher als Präfix anzusehen, z.B. *ouer-dede* 'excessive deed'; auch *for-heued* (ne. *forehead*) ist am einfachsten als Präfixbildung zu erklären, weil es weder *'something/(be)fore the head' bedeutet noch *'head/(be)fore the head', sondern 'forepart, front part of the head'.[82]
(2) Partikel/deverbales Sb:

---

[82] Siehe die Diskussion bei Faiß 1978:112 – 114 sowie die Lösung bei Quirk/Greenbaum et al. 1985:1543.

Diese Bildungen lassen sich großenteils parallel zu den Bildungen der Typen Sb/Vb+$\emptyset_{Sb}$, Sb/Vb+t, Sb/Vb+ere und Sb/Vb+ing erklären; bei ihnen liegt aber kein Satz des Musters S + P + O zugrunde, sondern ein Satz des Musters S + P + Partikel, vgl. Marchand 1969:110 und Kastovsky 1968:605 f. Letzterer weist darauf hin, daß die Ableitung immer von der Struktur Vb + Partikel ausgehen kann, selbst wenn ein Verbalkp. der Form Partikel/Vb existiert, also z. B. ae. *he færþ forþ (→ he forþfærþ)* → *forþfaru.*
Beispiele sind:
a) Subjektstyp:

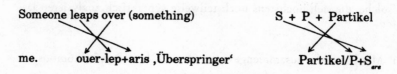

b) Prädikationstyp:

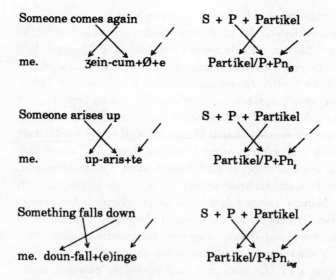

Einige Bildungen sind allerdings trotz deverbalem Dm eher als Präfixbildungen zu analysieren, z. B. *ouer-herung* ‚übermäßiges Lob‘, *ouer-hoga* ‚Verächter‘ (oder Ableitung vom Vb ae. *oferhycgan, ofer-hogian*?).
(3) Die grundsätzliche Berechtigung der in (2) genannten Analysen zeigt sich jedoch auch daran, daß in den me. Texten einige Bildungen dieses Typs im Kontext als Nominalisierungen gebildet werden. In zwei der zi-

tierten Fälle (ӡeincume und neoðer-stienge) handelt es sich wohl schon um
ae. Bildungen, die aber offenbar noch durchsichtig waren und sozusagen
neu abgeleitet werden konnten.

dun-stiӡhinng: Birrþ *stiӡhenn dun* ... Forr whase itt iss þatt *stiӡhepp dun* ... Forr
þurrh Jorrdan ... Iss *dunstiӡhinng* bitacned, *Orrm* 10786−10795.

ӡein-cume: biturn þe 7 cum aӡein ... ӡet he eorneð hit seið aӡein hire *ӡein-cume* ...;
AncR A 106v/20−22; C 183v/13−16.

neoðer-stienge: Erest he *steg neoðer* and siðen on hegh; of *neoðer-stienge* specð
dauid; *TrinH* XIX (111/20 f.).

(4) Partikel/primäres Adj:
Die Bildungen des Musters Partikel/Adj lassen sich nicht syntaktisch analysieren; bei ihnen hat die Partikel eher die Funktion eines Präfixes: *hinn-
derr-ӡæp, out-londis(se), ouer-hardi* usw.

(5) Partikel/deverbales Adj:
Die Bildungen des Musters Partikel/deverbales Adj (d.h. PartPräs, Part-
Prät) lassen sich dagegen großenteils von Sätzen des Musters S + P + Par-
tikel ableiten, z.B.

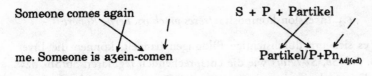

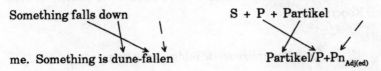

Ähnlich sind z.B. *biforen-iseid, fore-nammde, ðurh-nailed* usw. zu analysieren.

5.6.2. Mit Affixoiden zusammengesetzte Sb und Adj: *kine-ring, slæp-ern, ioy-ful*

Die Besonderheiten und der unterschiedliche Status der einzelnen Affixoide spiegeln sich auch beim Versuch einer syntaktischen Analyse wider.

Literatur: Siehe oben 3.2.13. und 3.3.12.

(1) Präfixoide, die Allomorphe zu selbständigen Wörtern sind, müssen
in der Satzparaphrase durch diese Wörter vertreten werden, z.B. *kine-ring*

'ring which a king has/wears'; *kine-louerd* 'king who is a lord' (attributives Kopulativkp.); Something is *cyne-wyrðe* 'Something is worthy of a king'; The animal is *feoðer-fotetd* 'The animal has four feet', usw. Entsprechende ne. Bildungen sind z. B. *Anglo-French relations* 'relations between England and France'; *a serio-comic play* 'a play which is serious and comic'.

(2) Suffixoide, die aus selbständigen Wörtern entstanden, können in manchen Verbindungen zunächst noch durch diese paraphrasiert werden, und die Bildungen damit können dann wie die übrigen Sb/Sb- bzw. Sb/Adj-Kp. analysiert werden, z. B. wohl noch ae. *slæp-ern* 'ern [house] in which people sleep [+PURPOSE]'; *munec-had* 'had [status] which a monk has'; Someone is *trewðe-fest* 'Someone is fast in his trewþe [fidelity]'; Something is *ioy-ful* 'Something is full of joy'.[83] In anderen Fällen und auf einer späteren Stufe ihrer Entwicklung generell haben die Affixoide (Suffixoide) die Funktion von Suffixen und können nicht mehr für eine syntaktische Paraphrase verwendet werden, z. B. *haliȝ-domes* $\neq$ *'dooms which are holy'; *hor-domes* $\neq$ *'dooms which concern whores'; Something is *an-ful* $\neq$ *'Something is full of an [one]'.

5.6.3. Inversionskomposita: *freres prechurs, herbe Robert*

Soweit es sich um durchsichtige Bildungen handelt, können die Inversionskp. *(Sb/Sb, Sb/Adj)* wie die entsprechenden regulären Sb/Sb- bzw. Adj/Sb-Kp. analysiert werden, also z. B. *freres-prechurs* 'the friars are preachers' (attributives Kopulativkp.); *herbe Robert* 'we name this herb (after?) Robert'.

5.6.4. Reduplizierende Bildungen: *gale-gale*

Die reduplizierenden Bildungen haben keine Dt/Dm-Struktur und lassen sich auch syntaktisch nicht analysieren. Aus diesen beiden Gründen stehen sie am Rande der Komposition.

5.6.5. Num/Adj und Num/Partizip: *hælf-ȝare, an-kenned*

Die frühme. ohnehin sehr seltenen Bildungen dieses Typs sind wohl als Adj bzw. PartPrät aufzufassen, die durch ein Numerale (in der Funktion

---

[83] Für weitere Beispiele des Musters 'Someone/something is Sb/*ful(l)*' ← 'Someone/something is *ful(l)* of Sb' siehe oben 3.3.12.5.(2) unter -*ful(l)*.

eines Adverbs) modifiziert werden; es scheint wenig sinnvoll, hier einen zugrundeliegenden Satz zu postulieren: *hælf-ʒare, an-kenned, frum-scepen*.

Literatur: Siehe oben 3.3.3.

5.6.6. Pron/Adj und Pron/Partizip: *all-haliʒ, all-forgelt*

Literatur: Marchand 1969:91; siehe ferner oben 3.3.4.

(1) Die Bildungen der Muster *all*/PartPrät und ein Teil der Bildungen des Musters *all*/Adj sind kaum durch zugrundeliegende Sätze zu erklären, sondern als Adj bzw. Partizipien, die durch *all-* (in der Funktion eines intensivierenden Adverbs) modifiziert werden: *al-mihti* (Lüs nach *omnipotens;* eventuell aber als 'Someone is mighty over all' zu analysieren); *all-haliʒ; all-ane; all-forrwurrpenn* usw.

(2) Bei der Pron/PartPräs-Bildung *al-we(a)ldent* usw. (die zum Teil aber auch auf ein altes Nomen agentis auf *-end* zurückgeht) läßt sich dagegen von einem Satz des Musters S + P + O ausgehen: 'God wields all' → me. 'God is (the) *al-wealdent*' (Struktur des Kp.: O/P+Pn$_{Adj}$ oder O/P+S).

5.7. Weitere Aspekte und Zusammenschau

5.7.1. Semantische Gruppen (Wortfelder) und syntaktische Analyse am Beispiel der Pflanzennamen

Wir sind bei der syntaktisch-semantischen Analyse von den morphologischen Typen ausgegangen und haben gefragt, ob und wie weit sich diese dann nach syntaktisch-semantischen Kriterien beschreiben bzw. unterteilen lassen. Man könnte z.B. aber auch von semantischen Gruppen (Wortfeldern) ausgehen und fragen, durch welche morphologischen Typen und syntaktischen Strukturen diese realisiert werden. Dies soll hier noch ganz kurz am Beispiel der Pflanzennamen illustriert werden.[84] Wie wir sahen, spiegeln die zusammengesetzten Pflanzennamen[85] eine Reihe verschiedener morphologischer und syntaktischer Muster wider, insbesondere:

(1) Endozentrika, bei denen B ein Pflanzenname ist oder jedenfalls einen Pflanzenteil bezeichnet (Formel AB = B). Diese lassen sich weiter unterteilen in Kopulativkp. (z.B. *blake-berie* > ne. *blackberry; gret-wurt:* Adj/

---

[84] Vgl. dazu oben 3.2.2.5.(2).; 3.2.3.5.(2); 3.2.16.; 3.3.1.3.(3) und 3.3.1.5.; 5.2.2.2.(4).

[85] Nur diese werden entsprechend dem Thema dieser Arbeit hier berücksichtigt, nicht jedoch Simplizia und einfache Ableitungen.

Sb; 'B is A') und Rektionalkp. (Sb/Sb, Sb+s/Sb), die syntaktisch ihrerseits wieder unterteilbar sind, z.B. in: 'B grows in, at, near A' *(broc-minten, fen-uern, sea-pistel, wai-wurt)*; 'B is like, resembles A' (oder: 'Part of B is like, resembles A') *(gar-lec, spere-wurt)*; 'B induces, brings about A' *(slep-wurt)*; 'B is food for A' oder 'A likes to eat B' *(euer-uern* ‚Eichenfarn', wörtl. ‚Eberfarn'). In Fällen, in denen die genaue Art der Beziehung nicht oder jedenfalls heute nicht mehr bekannt ist, kann nur die allgemeine und recht vage Paraphrase 'B has something to do with A' angesetzt werden, z.B. wohl bei *hors-minte* (Sb/Sb), *kattes-minte, hundes-rose* (Sb+s/Sb).

(2) Exozentrika, bei denen B kein Pflanzenname ist und bei denen als Dm strenggenommen ein Nullsuffix anzusetzen ist (Formel AB ≠ B; AB/ Ø). Oft liegt hier ein Vergleich vor ('X is like, resembles AB' oder 'Part of X is like, resembles AB'), z.B. *hare-fot* (‚Ackerklee', wörtl. ‚Hasenfuß'), *reuen-fot* (‚Hahnenfuß', wörtl. ‚Rabenfuß') (hier aber als Untergruppe von Sb/Sb angesehen), *deies-eie, foxes-gloue* (hier aber als Untergruppe von Sb+s/Sb angesehen);[86] manchmal kommt auch ein Besitzverhältnis zum Ausdruck, z.B. *fif-lef, wit-porn* (Bahuvrihisb. des Typs Adj+Sb/Ø$_{Sb}$ bzw. Num+Sb/Ø$_{Sb}$: 'X has AB'); wieder eine andere Beziehung liegt vor in *chicne-mete* (‚Hühnermiere', wörtl. ‚Hühnerfutter') ('X [plant]/is meat [sc. food] for chickens'; hier aber unter Sb/Sb aufgeführt).

(3) Inversionskp., bei denen das Dm dem Dt vorausgeht, die aber zu den Endozentrika gehören, wie z.B. wohl *wudebrune* oder die Lehnwörter *herbe beneit, herbe Robert* (Typ *Sb/Sb* bzw. *Sb/Adj;* Formel AB = A). Auch hier liegen unterschiedliche syntakt.-semant. Muster zugrunde: 'We name this herb (after) Robert'; 'The wood is brown' (oder vielleicht 'X [plant] is like brown wood'?) – möglicherweise gehört *wudebrune* aber zum folgenden Typ:

(4) Substantivierte Adj des Typs Sb/Adj, wie *atter-lope, iren-harde, wei-brode.* Diesen liegen ebenfalls unterschiedliche syntaktische Muster zugrunde: 'X [plant]/is loath to atter [i.e. helps against poison, cures poisoning]'; 'X [plant]/is as hard as iron' (?); 'X [plant]/grows, lies broad at or near the way'.

5.7.2. Zusammenschau

Wie oben 1.3.1. betont wurde, lassen sich Komposita nur unter Berücksichtigung mehrerer Kriterien bzw. sprachlicher Ebenen angemessen beschreiben. Um der systematischen Darbietung willen wurden diese Krite-

---

[86] Vergleiche können also ausgedrückt werden mit Hilfe des Musters 'B is like, resembles A' oder des Musters 'X [plant] is like, resembles AB'.

rien[87] hier soweit wie möglich separat vorgeführt und untersucht. Beim Versuch einer umfassenden Beschreibung der einzelnen Kp. müßten sie aber jeweils zusammen aufgeführt und besprochen werden, was hier jedoch nur noch anhand ganz weniger Beispiele angedeutet werden kann:

bac-bitere ‚backbiter, Verleumder‘ (wörtl. ‚Rückenbeißer‘), im Me. zuerst belegt. Nomen agentis, Zusammenbildung des morpholog. Typs Sb/Vb+*ere* (bzw. Sb+Vb/*ere*). Syntaktisch ein Subjektstyp mit der Paraphrase ‘Someone (who) / bites others behind their backs’. Die Bildung ist durchsichtig, aber wohl idiomatisiert. Es handelt sich vielleicht um ein Lehnwort aus dem An. (mittelschwed. *bak-bītari*). Mir scheint wahrscheinlich, daß das Vb *to backbite* vom Sb *backbiter* abgeleitet (rückgebildet) ist; das *ODEE* s.v. *backbite* nimmt jedoch anscheinend den umgekehrten Vorgang an (Sb *backbiter* aus dem Vb *to backbite* abgeleitet), wohl zu Unrecht.

fol-hardi (ne. *foolhardy*) ‚tollkühn‘: ins Me. aus dem Frz. entlehnt, im Engl. aber durchsichtig. Es hat vermutlich eine Umstrukturierung der morpholog. Gestalt stattgefunden: Ursprünglich wohl ein additives Kp. des Typs Adj/Adj ‚törichtkühn‘; im Ne. aber ein Kp. des Typs Sb/Adj (mit implizitem Vergleich) ‘hardy like a fool’ (‘as hardy as a fool’).

luue-dai ‘love-day, Liebestag‘. Eine me. Bildung. Sie könnte dem Typ Sb/Sb oder dem Typ Vb/Sb zugeordnet werden: ‘We show our love [sc. towards our enemies] on that day’ (syntakt. Struktur O/Adv$_T$) oder ‘We love [sc. our enemies] on that day’ (syntakt. Struktur P/Adv$_T$). Jedenfalls ist sie deutlich lexikalisiert (bzw. idiomatisiert): sie bezeichnet einen ‚Tag, an dem Streitigkeiten außergerichtlich beigelegt werden konnten‘. Laut *ODEE* s.v. *love* handelt es sich um eine Lehnübersetzung nach mittellat. *dies amoris* (was eine morpholog. Interpretation von *luue-dai* als Sb/Sb-Kp. stützen würde).

mil-deaw (ne. *mildew;* dt. *Mehltau;* urspr. wörtl. ‚Honigtau‘) war ursprünglich (im Germanischen) ein Sb/Sb-Kp.; weil das Erstelement (german. **meliþ* ‚Honig‘) aber schon im Ae. nicht mehr als selbständiges Wort vorkommt (im Deutschen wurde es volksetymolog. durch ein anderes Wort ersetzt), ist *mildew* fürs Englische als zusammengesetztes Sb mit einem blockierten Morphem als Dt einzustufen, das höchstens teildurchsichtig ist und auch syntaktisch nicht mehr analysiert (paraphrasiert) werden kann.

nihte-gale, nihtingale (ne. *nightingale;* dt. *Nachtigall;* wörtl. urspr. ‚Nachtsängerin‘) ist ein aufs German. zurückgehendes Nomen agentis und fürs Ae. als Zusammenbildung des Typs Sb/Vb+Ø$_{Sb}$ (Sb/deverbales Sb mit Nullsuffix oder jedenfalls ohne explizites Suffix) einzustufen. Der zugrundeliegenden syntaktischen Struktur nach war es ein Subjektstyp (‘Someone [sc. a bird] (who) / sings at night’ → Adv$_T$/P+S bzw. Adv$_T$+P/S). Das Zweitelement (Dm) war aber wohl nie als selbständiges Wort belegt und später riß die Verbindung zum zugrundeliegenden Vb ganz ab (bzw. das Vb starb aus). Außerdem ist die Bildung

---

[87] Genauer gesagt: die mir am wichtigsten bzw. am nützlichsten scheinenden Kriterien.

wohl lexikalisiert (idiomatisiert), weil sie sich auf eine ganz bestimmte Vogelart bezieht. Im Me. wurde in die Kompositionsfuge ein Fugenelement *-(i)n-* eingeschoben, das schwer zu erklären ist (s. o. 2.4.2.6.).

stan-stille 'stone-still, mucksmäuschenstill' ist eine me. Bildung und ein Sb/Adj-Kp., dem ein Vergleich zugrundeliegt ('Someone is as still as a stone'); das Erstelement (Dt) hat aber gleichzeitig wohl verstärkende Funktion ('very still').

sunnan-æfen 'sun-eve' i. e. 'Saturday', dt. *Sonnabend,* ist ein Sb/Sb-Kp., das jedoch eine Klammerform aus **sunnandæg-efen* 'Sunday-eve' darstellt. Außerdem hat *æfen* 'eve' hier die Bedeutung ‚Vorabend, Vortag' (d. h. *sunnan-æfen, Sonnabend* bedeuten ‚Abend bzw. Tag vor dem Sonntag'). Als syntakt. Paraphrase käme vielleicht in Frage 'B precedes A' (Subjektstyp). Eine ae. Bildung.

wit-þorn (ne. *whitethorn,* dt. *Weißdorn*), eine me. Bildung, ist wohl nicht als 'the thorn is white' zu paraphrasieren, sondern als 'X [plant] (which) / has white thorns', und stellt damit ein Bahuvrihisb. des Typs Adj + Sb/Ø$_{Sb}$ dar. Es ist eine Lehnübersetzung nach lat. *alba spina.*

wif-man, wimman (ne. *woman*): eine ae. Bildung; ursprünglich ein Sb/Sb-Kp.; syntaktisch-semantisch gesehen ein attributives Kopulativkp. ‚Mensch *[man],* der eine Frau [ae. *wif*] ist'. Das Kp. wurde aber schon im Me. durch Kürzung und Assimilation des Erstelementes verdunkelt.

6. Materialteil und Indices

6.1. Der Text von *The Names of the Hare (NamesHare)*

Zugrundegelegt ist die Edition von A. S. C. Ross, "The Middle English Poem on the Names of a Hare", *Proceedings of the Leeds Philosophical and Literary Society*, 3 (1935), 347–377, bes. 350 f. [B–R Nr. 3421].

Les nouns de vn leure en engleis

  1 þe mon þat þe hare Imet,
      Ne shal him neuere be þe bet,
      Bote if he lei doun on londe,
      þat he bereþ in his honde,
  5 (Be hit staf, be hit bouwe),
      And blesce him wiþ his helbowe.
      And mid wel goed devosioun
      He shal saien on oreisoun
      In þe worshipe of þe hare;
 10 þenne mai he wel fare:
      "þe hare, þe scotart,
      þe bigge, þe bouchart,
      þe scotewine, þe skikart,
      þe turpin, þe tirart,
 15 þe wei-betere, þe ballart,
      þe gobidich, þe soillart,
      þe wimount, þe babbart,
      þe stele-awai, þe momelart,
      þe eueleImet, þe babbart,
 20 þe scot, þe deubert,
      þe gras-bitere, þe goibert,
      þe late-at-hom, þe swikebert,
      þe frendlese, þe wodecat,
      þe brodlokere, þe bromkat,
 25 þe purblinde, þe fursecat,
      þe louting, þe westlokere,
      þe waldeneie, þe sid-lokere,

And eke þe roulekere;
þe stobhert, þe long-here,
30   þe strauder, þe lekere,
þe wilde der, þe lepere,
þe shorte der, þe lorkere,
þe wint-swifft, þe sculkere,
þe hare-serd, þe hegroukere,
35   þe deudinge, þe deuhoppere,
þe sittere, þe gras-hoppere,
þe ffitelfot, þe foldsittere,
þe liȝtt-fot, þe fernsittere,
þe cawelhert, þe wortcroppere,
40   þe gobigrounde, þe sittestille,
þe pintail, þe toure-tohulle; [Hs. toure hohulle]
þe coue-arise,
þe make-agrise,
þe wite-wombe,
45   þe go-mit-lombe,
þe choumbe, þe chaulart,
þe chiche, þe couart,
þe make-fare, þe brekefforewart,
þe ffnattart, þe pollart,
50   (His hei nome is srewart);
þe hert wiþ þe leþerene hornes,
þe der þa woneþ in þe cornes,
þe der þat alle men scornes,
þe der þat nomon nedar nemnen."
55   Wen þou hauest al þis I-said,
þenne is þe hare miȝtte alaid.
þenne miȝtt þou wenden forþ,
Est and west and souþ and norþ,
Wedrewardes so mon wile –
60   þe mon þat con ani skile.
Haue nou godnedai, sire hare!
God þe lete so wel fare,
þat þou come to me ded,
Oþer in ciue, oþer in bred!   Amen.

6.2. Zwei Beispiele zur Trennung von Komposita und syntaktischen Gruppen (siehe Kap. 2): Das Material aus *The Owl and the Nightingale (O&N)* und *The Wohunge of ure Lauerd (WohLo)*

In Kap. 2 wurden bei der Besprechung der Frage, wie man Kp. von parallelen syntaktischen Gruppen abgrenzen kann, viele Beispiele aus *O&N* und *WohLo* genommen, vgl. oben 2.1.2. Die Belege aus diesen beiden Texten sollen hier nun noch zusammenhängend aufgeführt werden.

6.2.1. Die Komposita aus *WohLo:* Worttrennung in der Handschrift und Behandlung in den Editionen

In der folgenden Liste wird jeweils zunächst angegeben, wie die Verbindungen hier eingestuft werden; dabei sind Kp. gewöhnlich durch einen Bindestrich zwischen den Konstituenten gekennzeichnet, verdunkelte Kp. werden aber zusammengeschrieben, syntaktische Gruppen dagegen getrennt. Verbindungen, deren Kompositumstatus unsicher ist, werden durch (?) markiert. Anschließend wird die Schreibung in den Editionen von Morris 1867–1868 (Mo), Thompson 1958 (Th) und Blake 1972 (Bl) verzeichnet. Während Morris und Thompson offenbar im wesentlichen die Worttrennung der Handschrift wiedergeben (vgl. Thompson 1958:lxii) und sich so hinsichtlich ihrer eigenen Einstufung freilich nicht festlegen, modernisiert Blake Schreibung und Worttrennung: Verbindungen, die er als Kp. ansieht, schreibt er mit Bindestrich oder zusammen, Verbindungen, die er als syntakt. Gruppen ansieht, dagegen getrennt (selbst wenn sie in der Hs. zusammengeschrieben werden). Zur Zitierweise und Numerierung vgl. unten 6.3.2. (Nr. 30).

(1.1.) Sb/Sb

1   bale-drinch (?) 521: [T]wa Bale drinch MoTh; twa-bale drinch Bl
2   bali-duntes (?) 462: bali duntes MoTh; bale duntes Bl
3   burð-tid 322: burð tid MoTh; burth-tid Bl
4   cwalm-hus 145: cwalm hus MoTh; cwalm-hus Bl
5   cwalm-stowe 493 f.: cwalm stowe MoTh; cwalm-stowe Bl
6   finger-neiles 469: finger neiles MoTh; fingerneiles Bl
7   haliwei 3, 35: haliwei MoTh, Bl
8   helle-bearnes 465: helle bearnes MoTh; helle-bearnes Bl
9   helle-dogges 138 f.: helle dogges MoTh; helle-dogges Bl
10 helle-hus 144: helle hus MoTh; helle-hus Bl
11 heorte-blod 95: heorte blod MoTh; heorte-blod Bl

11a	heorte haliwei 35: heorte haliwei MoTh; heorte-haliwei Bl
11b	min herte swetnesse 270: min herte swetnesse MoTh; min herte-swetnesse Bl
12	hoker-lahter 532: hoker lahter MoTh; hoker-lahter Bl
13	huni-ter 3: huniter MoTh; Bl
14	hus-lewe 324: hus lewe MoTh; hus-lewe Bl
15	luue-lettres (?) 549: luue lettres MoTh; luve-lettres Bl
16	luue-lif 105: luue lif MoTh; luve[s] lif oder luve-lif Bl
17	mildeu 5: mildeu MoTh; Bl
18	moder-sune (?) 55: moder sune MoTh; moder-sune Bl
19	mon-kin 129, 379, u. ö.: monkin MoTh, Bl (aber mon kin MoTh 379)
20	red-ȝerde 486: red ȝerde MoTh; red-yerde Bl
21	sawle-fan (?) 154 f., 570: sawle fan MoTh; sawle-fan Bl
21a	mi sawle swetnesse 35 f.; mi sawle swetnesse MoTh; mi sawle-swetnesse Bl
22	warh-treo 504: warh treo MoTh; warh-treo Bl
23	wepmon 164, 223: wepmon MoTh Bl
24	wummon 163, 221: wummon MoTh Bl

(1.2.) Sb+s/Sb

1	beastes cribbe 329: beastes cribbe MoThBl
2	blodes dropes 456 f.: blodes dropes MoThBl
3	childes limes 324 f.: childes limes MoThBl
4	deðes dom 381: deðes dom MoTh Bl
5	deaðes hus 307: deaðes hus MoTh; deathes-hus Bl
6	domes-dai 565 f.: domes dai MoTh Bl
7	flesches pine 313: flesches pine MoThBl
8	kinse-mon 230: kinsemon MoTh; kinesmon Bl
9	liues luue 269 f., 318, u. ö.: liues luue MoThBl
10	monnes cunde 224 f.; monnes cunde MoThBl
11	speres ord 559; speres ord MoThBl
12	weorldes wele 80: weorldes wele MoThBl

(1.3.) Adj/Sb

1	god-spel 338, 382, u. ö.: god-spel MoTh; godspel Bl
2	large men 92: largemen MoTh; large men Bl
3	lef-mon 58, 97, u. ö.: lefmon MoThBl (aber 508 f. lef/mon Th)
4	noble men 160: noble men MoThBl
5	riht-hond (?) 101: rihthond MoTh; riht hond Bl
6	sibbe-frend 31, 217: sibbe frend MoTh; sibbe-frend Bl

(1.7.) Vb/Sb (?)

1	girre-blod 480 f.: Girre blod MoTh; girre-blod Bl

(1.9.) Sb/Vb+Ø_{Sb}

1	lauerd 172, u. ö.: lauerd MoThBl

462

2   lauedi 84, 554, u. ö.: lauedi MoThBl
    lafdi 559: lafdi MoThBl

(1.10.) Sb/Vb+t

1   salme-wrihte 581: salmewrihte MoThBl

(1.11.) Sb/Vb+ere

1   mon-quellere 380 f.: monquellere MoThBl

(1.12.) Sb/Vb+ing

1   blod-leting: (i)blodleting MoThBl

(1.13.) Affixoide

kine-
1   kine-bearn 175 f.: kine bearn MoTh; kine-bearn Bl

-dom
1   fre-dom 19, 81: fredom MoThBl
2   wis-dom 22, 108, 110, u. ö.: wisdom MoThBl
    wise-dom 111, 116: wisedom MoThBl

-had
1   child-had 331: childhad MoThBl
2   mon-had 173 f.: monhad: MoBl; mon had Th

-lac
1   schend-lac 393: schendlac MoThBl

(1.18.) Sonstiges

1   Pater Noster 235: Pater noster MoThBl

(2.1.) Sb/Adj

1   luue-leuest 34: luueleuest MoTh; luvelevest Bl
    luue-leuest 636: luue leuest MoTh; luvelevest Bl
2   luue-wurði 13, 263, u. ö.: luuewurði MoThBl (luvewurthi)
3   stale-wurðe 152: stalewurðe MoThBl

(2.2.) Adj/Adj bzw. Adv/Adj

1   dere-wurðe 33 u. ö.: derewurðe MoThBl

(2.5.) Partikel/Adj

1   dune-fallen 280: dune fallen MoTh; dune-fallen Bl

(2.14.) Affixoide (Adj)

-fast
1   heteli-faste 468 (Adv): hetelifaste MoTh; heteli faste Bl

-ful
1   ahe-fulle 126: ahefulle MoThBl
2   blis-fule 51: blisfule MoThBl
3   grure-ful 128: grureful MoThBl
4   hað-fule 371: haðfule MoThBl
5   pin-fule 202: pinfule MoThBl
     pine-ful 316: pineful MoThBl
6   rew-fule 539: rewfule MoThBl
7   sune-fule 205, 390: sunefule MoThBl
8   wele-fulle 394 f.: wele-fulle MoTh, welefulle Bl
9   wil-fulle 302: wilfulle MoThBl

seld-
1   selcuðes 428 (Sb): selcuðes MoThBl

-wis
1   riht-wise 529: rihtwise MoThBl

(3.) Verdunkelte Lehnkp.

1   gersum 17: MoThBl

6.2.2. Die Komposita aus *O&N*

Die Belege aus *O&N* werden unter mehr Aspekten aufgeschlüsselt als die
aus *WohLo*. Außer der Worttrennung in den Hss. (6.2.2.1.) wird auch die
Betonung im Vers berücksichtigt (6.2.2.2.); anschließend wird in einem
vergleichenden Überblick zu zeigen versucht, wie viele (bzw. wie wenige)
der einzelnen oben in Kap. 2 diskutierten Kriterien (Schreibung, Betonung, morphologische und semantische Isolierung) auf die einzelnen Kp.
bzw. Fügungen zutreffen (6.2.2.3.); abschließend wird die Einstufung der
Belege durch verschiedene Herausgeber und Wörterbücher verglichen
(6.2.2.4.). Überliefert ist *O&N* in zwei Handschriften (C = London, British Library, Cotton Caligula A.IX; J = Oxford, Jesus College 29), die beide durch die Faksimileausgabe von Ker 1963 leicht zugänglich sind. Die
Schreibung folgt, wo nicht anders angegeben, im allgemeinen der von Hs.

464

C (d.h. der Edition von Stanley). Zur Numerierung vgl. unten 6.3.2. (Nr. 32).

6.2.2.1. Die Worttrennung in den Handschriften

Wo es nicht klar scheint, ob Zusammen- oder Getrenntschreibung beabsichtigt ist, wurde dies durch ein Fragezeichen (?) markiert. Aufgelöste Abkürzungen werden durch <u>Unterstreichung</u> gekennzeichnet.

	Hs. J (Jesus)	Hs. C (Cotton)
(1.1.) Sb/Sb		
1 adel-eye (?) 133	adel eye	adel eye
2 bed-time 324	bedtime	bedtime
3 bonde-man 1577	bonde man (?)	bonde man
4 chapmon 1575	chapmo<u>n</u>	monichapmon
5 chirche-bende (?) 1428	chirchebende (?)	chirchebende (?)
6 chirche-song (?) 984	chirche song	chirche song
chirche-songe (?) 1036	chirche songe	chirche songe
7 chirche steuene 727	chirche stefne (?)	chirche steuene (?)
8 dai-liȝt 332	day liht	dai liȝt
9 dai-rim 328	day rewe	dairim
10 dai-sterre 328	day steorre	daisterre
11 dweole-song (?) 926	dwele song	dweole song (?)
12 fuel-kun(ne) 65	fowel cunne	fuel kunne
13 gol(d)-finc 1130	goldfynch	golfinc
14 hole-brede (?) 965	hole brede	hole brede
15 horte-blod 945	heorte blod	horte blod (?)
16 houen-king(e) 862	heuene kynge	houen kinge (?)
17 houene-liȝt(e) 732	heuene lyhte	houene liȝte
18 houene-riche 717	heueryche	houene riche
19 licome 1054	lichome	licome
20 lif-daȝ(e) 1141	lyfdaye	lifdaȝe
21 lond-folc 1158	londfolc (?)	londfolc
22 man-kun(ne) 849	mō cūne	mankūne
man-kun(ne) 973	moncunne	mankunne
man-kun(ne) 1725	mankunne	mannēne
23 mulne-dure 778	mulne dure	mulne dure (?)
24 red-purs 694	red purs	red purs
25 schit-word(e) 286	sitworde	schit worde
26 sumere-dale 1	sumere dale	sumeredale
27 sum[er]e-tide 709	sume tyde	sume tide
28 þorne-wode 444	þorne wode	þorne wode
29 wepmon 1379	we mon (? þe mon)	wepmon
30 wicche-creft(e) 1301	wicchecrafte	wicchecrefte
wicche-craft(e) 1308	wicchecrafte	wiecchecrefte
31 wicke-tunes 730	wike tunes	wicke tunes

	Hs. J (Jesus)	Hs. C (Cotton)
32 wudewale 1659	wodewale	wudewale
33 wummon 1350 u. ö.	wymmen	wummon

Ortsnamen:

	Hs. J (Jesus)	Hs. C (Cotton)
1 Engelond 749	engelonde	engelonde
2 Gulde-ford 191	guldeuorde	guldeforde
3 Ir-lond 907	irlonde	irlonde
4 Scot-lond 908	scotlonde	scotlonde

(1.2.) Sb+s/Sb (Auswahl)

	Hs. J (Jesus)	Hs. C (Cotton)
1 Cristes-masse 481	cristes masse	cristes masse
2 daies-liht (?) 1431	dayes lyhte	daies lihte
3 fles(ch)es luste 895	fleyses luste	fleses luste (?)
fles(ch)es lustes 1388 (u. ö.)	fleysses lustes	flesches lustes
4 hauekes cun(ne) 271	hauekes cunne	hauekes cunne
5 sottes lor(e) 1351	sottes lore	sotteslore
sottes lor(e) 1471	sottes lore	sortes lore (sic!)
6 speres ord(e) 1712	speres orde	speres orde
7 sumeres tid(e) 489	sumerestyde	sumerestide

Ortsnamen:

	Hs. J (Jesus)	Hs. C (Cotton)
1 Portes-hom 1752	portes hom	portes hom
Portes-hom 1791	portes ham	portes ham

(1.3.) Adj/Sb

	Hs. J (Jesus)	Hs. C (Cotton)
1 freo-man (?) 1507	freoman	freoman
fro mon(ne) 131	freo monne	fro monne
2 god(d)-spel(le) 1209	godspelle	goddspelle
god(d)-spel 1270	godspel	goddspel
3 holi chirche 721	holy chireche	holi chirche
4 leof-mon 1430	leof mon (?)	leofmon
5 middel-niȝt(e) 325	middelnyhte	middelniȝte
middel-niȝt(e) 731	middel nyhte	midel niȝte
6 soþ-saȝe 1038	soþsawe (?)	soþsaȝe

Trotz Zusammenschreibung sind wohl syntaktische Gruppen:

	Hs. J (Jesus)	Hs. C (Cotton)
1 euch mon 975	eueruych mon (?)	euchmon
2 gode monne 475	godemonne	godemonne
3 moni man 1712 (vgl. 1411)	monymon	moniman
4 wise monne 289	wisemonne	wisemonne

466

	Hs. J (Jesus)	Hs. C (Cotton)

(1.6.) Partikel/Sb; Partikel/deverbales Sb

1 fore-ward 1693	foreward	foreward
uore-ward 1689	uoreward	uoreward
2 houd-siþ(e) 1586	houþ syþe	houd siþe
3 ouer-ded(e) 352	ouerdede	ouerdede
4 ut-let(e) 1754	vt lete (?)	ut lete (?)
5 ut-schute 1468	vt schute (?)	utschute

(1.7.) Vb/Sb (?)

1 rum-hus(e) 592	rū huse	rū huse
rum-hus 652	rū hus	arū hus

(1.8.) Vb+ing/Sb

1 earding-stow(e) 28	erdingstowe	eardingstowe
2 spusing-bendes 1472	spusyng bendes	spusing bendes

(1.9.) Sb/Vb+Ø_{Sb}

1 griþ-bruche 1734	gryþbruche (?)	griþ bruche
2 hei-sugge 505	heysugge	heisugge
3 her(e)-gong(e) 1191	heregonge	hergonge
4 lauerd 959	louerd	lauerd
5 lauedi 959	leuedy	lauedi
6 nihte-gale	nyhtegale 4 u. ö.	nihtegale 1512 u. ö.
niȝtingale	–	niȝtingale 4 u. ö.
7 spus-bruche 1368	spusbruche (?)	spusbruche (?)

Namen:

1 Dorsete 1753	dorsete	dorsete

(1.13.) Affixoide (Sb)

-dom

1 svikel-dom 163	swikedom	svikeldom
2 wis-dom 454	wis dom (?)	wisdom

-ern

1 bern(e) 607	berne	berne

-lac

1 fiht-lac 1699	fihtlak	fihtlac

	Hs. J (Jesus)	Hs. C (Cotton)

-reden

1 kun-rede 1677	kunrede	kunrede

(1.14.) Sb+Sb/Ø$_{Sb}$

1 atter-coppe 600	attercoppe	attercoppe

(1.17.) Reduplizierend

1 gale-gale 256	galegale	galegale

(2.1.) Sb/Adj

1 col-blake 75	colblake	colblake
2 deouel-imene (?) 1412	deouel imene	deouel imene (?)
3 houen-tinge 1001	houenetinge	houentinge
4 mere-wod(e) 496	marewode	merewode
5 storre-wis 1318	sturre wis	storre wis (?)

(2.4.) Pron/Adj

1 al-miʒti 1173	al myhti	almiʒti (?)
		(oder: God al miʒti)

(2.6.) Vb/Adj (?)

1 stare-blind 241	stareblind	stareblind

(2.11.) Adj/PartPrät bzw. Adv/PartPrät

1 wel-cume 1600	welcume	welcume

(2.12.) Affixoide (Adj)

-ful

1 hoʒ-ful(e) 537	houhful	hoʒfule
2 sun-ful 891	sunfulle	sunfulle
3 wurþ-ful 1481	wrþful	wurþful

(2.13.) Adj+Sb/Ø$_{Adj}$

1 fast-red(e) 211	fastrede (?)	fastrede (?)
2 sori-mod 1218	sori mod	sorimod (?)

6.2.2.2. Die Betonung im Vers[1]

In Klammern ist das jeweilige Reimwort angegeben. Die Ziffern am Anfang beziehen sich auf die laufenden Nummern, die die Kp. oben 6.2.2.1. haben.

(1.1.) Sb/Sb

Anfangsbetonung

4	Móni *chápmon* & móni cníht 1575
13	Pínnuc, *gól(d)finc*, róc, ne crówe 1130
21	Óþer þat *lóndfolc* wúrþ idórue 1158
24	þonne ís his *rédpurs* ál toslít 694
29	Bitwéone *wépmon* & wímmáne 1379

Doppelakzent

1	þat hé com óf þan *ádel éye* 133 (a fró nést léie)
2	& sóþþe won hít is *bédtíme* 323 (a ríʒte tíme)
3	An swá deþ móni *bóndemán* 1577 (deþ áfter þán)
5	A ríhte wéie þurþ *chírche bénde* 1428 (atwénde)
6	At ríʒte tíme *chírche sóng* 984 (né to lóng)
	Vor ích of *chírche sónge* sínge 1036
7	An níme ʒéme of *chírche stéuene* 727 (blísse of hóuene)
8	From éue fórt hit is *dáilíʒt* 332 (álle lónge níʒt)
9–10	Oþer *dáirím* oþer *dáistérre* 328 (aríse vórre)
11	þat þi *dwéole sóng* heo né forlére 926
12	Vorþi þú art lóþ al *fúelkúnne* 65 (dríueþ hónne)
14	Sholde ích for óne *hóle bréde* 965 (ríʒte stéde)
15	For wráþþe méinþ þe *hórte blód* 945 (so wílde flód)
16	þat fúndeþ tó þan *hóuenkínge* 862 (Hs. J: *héuenekýnge*) (wépe þane sínge)
17	An sínge óf þe *hóuene líʒte* 732 (úp to mídelníʒte)
18	To þáre blísse of *hóuene ríche* (*héuerýche* Hs. J) 717 (sóng and múrʒþe ilíche)
19	And vnríʒt of híre *lícóme* 1054 (to dón schóme)
20	þe wíle þu árt on *lífdáʒe* 1741 (hóngest isláge)
22	þu seíst þat þu síngist *máncúnne* 849 (fúndeþ hónne)
	An séist þu uísest *máncúnne* 973 (hóre súnne)
	Ho wás itóʒen amóng *mankénne* 1725 (bróhte þénne)
23	An stónt itéid at *múlne dúre* 778 (ʒérd & spúre)
25	So hérdes doþ óþer mid *schítwórde* 286 (mid fúle wórde)
26	Ich wás in óne *súmere dále* 1 (díʒele hále)
27	Búte síngen in *súm[er]e tíde* 709 (blísse fór and wíde)
28	þat cúmeþ út of þe *þórnewóde* 444 (mid híre rúde)
30	Bute hít of *wícche créfte* wére 1301 (móste þe skére)
	þu *wíecche cráfte* néauer ne léte 1308

---

[1] Die Skandierung ist nicht immer eindeutig und die hier angesetzte dementsprechend nicht immer die einzig mögliche.

31   þar bóþ þos góde *wícketúnes* 730 (múnekes & kanúnes)
32   þrúsche & þróstle & *wúdewále* 1659 (bóþe gréte & smále)

Schwanken (bei schon verdunkeltem Kp.)

33   For *wúmmon* béoþ of sófte blóde 1350
         Bitwéone wépmon & *wimmáne* 1379 (atbróide, þénne)

Ortsnamen:

1   Né shaltú, for *Éngelónde* 749 (mé atstónde)
2   Máister Níchole of *Gúldefórde* 191 (wís an wár of wórde)
3   þu néauer ne síngst in *Írlónde,* 907   ⎫
4   Ne þú ne cumest nóȝt in *Scótlónde* 908 ⎭

(1.2.) Sb + s/Sb (Auswahl)

Doppelakzent

1   & húre & húre to *Crístes másse* 481 (móre & lásse)
2   An gó to hím bi *dáies líhte* 1431 (bi þeostre níhte)
3   þu dráȝst mén to *fléses lúste* 895 (u. ö.) (þíne sónges lúste)
4   So hít bicúmeþ to *háuekes cúnne* 271 (hit is mi w[ú]nne)
5   þat héo, for súme *sóttes lóre* 1351 (síkeþ sóre)
        An wíf ah létte *sóttes lóre* 1472 (þúncheþ sóre)
6   Mid swórde án mid *spéres órde* 1068 (at þísse wórde)
7   Vor *súmeres tíde* is ál to wlónc 489

Ortsnamen:

1   He wúneþ at *Pórteshóm* 1752 (cwaþ héo, his hóm)
        To *Pórteshám* þat héo bicóme 1791 (of héore dóme)

(1.3.) Adj/Sb

Doppelakzent

1   ánd is méind wit *fró mónne* 131 (þat hé com þónne)
        Ich not hú mai éni *fréomán* 1507 (áfter þán)
2   An éke ich cán of þe *góddspélle* 1209 (ich núle þe télle)
        Ánd his wórde was *góddspél* 1270 (Álfred swíþe wél)
3   Vorþí me síngþ in *hóli chírche* 721 (sónges wírche)
4   Hire *léofmón* wiþúte sáke 1430 (oder: Híre léofmon …?)
5   þe þrídde síþe ad *míddelníȝte* 325 (míne sóng adíȝte)
        Aríseþ úp to *mídelníȝte* 731 (óf þe hóuene líȝte)
6   An ȝét ilást þilke *sópsáȝe* 1038 (in ólde láȝe)

Vgl. ferner die syntakt. Gruppen

1   Solde *éuch món* wónie & gréde 975 (oder: Sólde éuch mon wónie …?)
2   Hít is *góde mónne* iwóne 475

3　For *móni mán* mid spéres órde 1712
　　Móni mán is of his flésche cléne 1411
4　Hit ís a *wíse mónne* dóme 289

(1.6.) Partikel/Sb

Doppelakzent

1　Wultú nu bréke *fóreward?* 1693 (þe þíng[þ] to hárd)
　　Ah hít was únker *uóreward* 1689 (híderwárd)
2　For híre láuerdes *hóudsípe* 1586 (wíf unblíþe)
3　Mid únméþe & mid *óuerdéde* 352 (mai lósen his gódhéde)
4　Bi þáre sée in ore *útléte* 1754 (ine Dórséte)
5　Lóþ me beoþ wíues *útschúte* 1468 (þat þú hit wíte)

(1.7.) Vb/Sb (?)

Schwanken

1　I mái þe uínde ate *rúmhúse* 592 (níʒtes áfter múse)
　　A *rúmhus* at hóre búres énde 652

(1.8.) Vb+ing/Sb

Doppelakzent

1　Hit wás þare Húle *éardingstówe* 28 (mid íui ál bigrówe)
2　þah *spúsingbéndes* þúncheþ sóre 1472

(1.9.) Sb/Vb+Ø$_{Sb}$

Anfangsbetonung

1　ʒef ʒé doþ *grípþbruche* ón his lónde 1734
7　*Spúsbruche* búggen & únríht 1368
4　þar *láuerd* líggeþ & láuedí 959

Doppelakzent

2　ʒet þú singst wórse þon þe *héisúgge* 505 (amóng þe stúbbe)
3　Ich wót of húnger, of *hérgónge* 1191 (schule líbbe lónge)
6　Heo þóhte þátte *Níhtegále* 1512 (of swíche tále)
　　Ho quáþ þu áttest *Níʒtingále* 255 (bet hóten Gálegále)

Schwanken (bei schon verdunkeltem Kp.)

5　þar láuerd líggeþ & *láuedí* 959 (sínge & sítte bí)
　　þar *láuedies* béoþ & fáire máide 1338

Namen:

1　At óne túne ine *Dórséte* 1753 (in ore útléte)

471

(1.13.) Affixoide (Sb)

-dom

Anfangsbetonung

1 Schild þíne *svíkeldom* vrám þe lízte 163 (amón þe rízte)
Vor *svíkedom* háued schóme & héte 167

Schwanken

2 Ich fáre azén, & dó *wisdóm* 454 (vor wán ich cóm)
Ac *wísdom* né w[u]rþ néuer vnw[ú]rþ 770

-lac

Anfangsbetonung

1 þat ówer *fíhtlac* léteþ béo 1699

-reden

1 Álle heo béoþ of míne *kúnrede* 1677 (zíf ich béde)

(1.14.) Sb+Sb/Ø_{Sb}

Doppelakzent

1 Bute *áttercóppe* & fúle ulíze 600

(1.17.) Reduplizierend

Doppelakzent

1 þu miztest bét hóten *Gálegále* 256 (þu áttest Níztingále)

(2.1.) Sb/Adj

Doppelbetonung

1 þin ézene boþ *cólbláke*, & bróde 75
2 þat ís mid móde *déouel iméne* 1412 (óf his flésche cléne)
3 Knárres & clúdes *hóuentínge* 1001 (hóm is génge)
4 Boþ bóþe wílde & *mérewóde* 496 (íne þe stóde)
5 þe món mot béo wel *stórrewís* 1318 (& sóþ hit ís)

(2.4.) Pron/Adj

Doppelbetonung (genauer: Endbetonung)

1 Gód *Almízti* w[ú]rþe him wróþ 1173

(2.6.) Vb/Adj (?)

Doppelbetonung

472

1   Bi dáie þú art *stáreblínd* 241 (síchst ne bóv ne rínd)

(2.11.) Adv/PartPrät

Doppelakzent (genauer: Endbetonung)

1   Forþán ich ám hire wél *welcúme* 1600 (ich bére súme)

(2.12.) Affixoide (Adj)

-ful

Anfangsbetonung

1   Hí boþ *hóȝfule* & uél árme 537
     & *hóhful* wás, & fúl wel míȝte 1292
2   Án þan *súnfulle* ich hélpe alswó 891
3   ȝef hé is *wúrþful* & áht mán 1481

(2.13.) Adj+Sb/Ø$_{Adj}$

Doppelakzent

1   He ís him rípe & *fástréde* 211 (nú to nóne unréde)
2   Wel *sórimód* & wórþ ich sítte 1218

6.2.2.3. Vergleichender Überblick über die Kriterien des Kompositumstatus

Die folgende Tabelle soll zeigen, wie viele der möglichen Kriterien für den Kompositumstatus jeweils auf eine bestimmte Verbindung zutreffen. Dabei bedeuten:

+ Das Kriterium trifft zu (Zusammenschreibung; Anfangsbetonung; morpholog. Isolierung; semant. Isolierung).

− Das Kriterium trifft nicht zu (Getrenntschreibung; Doppelakzent; keine morpholog. Isolierung; keine semant. Isolierung).

± Die Hss. schwanken (oder mehrere Belege für die gleiche Verbindung werden in einer Hs. unterschiedlich behandelt).

? Es läßt sich nicht sicher entscheiden, ob das Kriterium zutrifft oder nicht; in Spalte VI: Es handelt sich möglicherweise, aber nicht sicher um ein Kp.

	I) Zusammen- schreibung	II) Kp.- akzent	III) Morphol. isoliert	IV) Semant. isoliert	V) Zahl der positiven Kriterien	VI) Hier als Kp. akzeptiert

(1.1.) Sb/Sb

	I)	II)	III)	IV)	V)	VI)
1 adel-eye 133	–	–	–	–	o	+ (?)
2 bed-time 324	+	–	–	–	1	+
3 bonde-man 1577	–	–	+	–	1	+
4 chapmon 1575	+	+	+	+ (?)	4 (?)	+
5 chirche-bende 1428	+ (?)	–	–	–	1 (?)	+ (?)
6 chirche-song 984 u. ö.	–	–	–	– (?)	o	+ (?)
7 chirche steuene 727	– (?)	–	–	–	o	–
8 dai-liȝt 332	–	–	–	–	o	+
9 dai-rim 328	±	–	–	–	o – 1	+
10 dai-sterre 328	±	–	–	+	1 – 2	+
11 dweole-song 926	–	–	–	–	o	+ (?)
12 fuel-kun(ne) 65	–	–	–	–	o	+
13 gol(d)-finc 1130	+	+	±	+	3 – 4	+
14 hole-brede 965	–	–	–	–	o	+ (?)
15 horte-blod 945	–	–	–	+ (?)	1 (?)	+
16 houen(e)-king(e) 862	–	–	–	–	o	+
17 houene-liȝte 732	–	–	–	–	o	+ (?)
18 houene riche 717	–	–	–	–	o	+ (?)
heueriche (Hs. J)	+	–	+	–	2	+
19 licome 1054	+	–	+	+	3	+
20 lif-daȝ(e) 1141	+	–	–	– (?)	1	+
21 lond-folc 1158	+	+	–	– (?)	2	+
22 man-kun(ne) 849 u. ö.	±	–	–	–	o – 1	+
23 mulne-dure 776	–	–	–	–	o	+ (?)
24 red-purs 694	–	+	–	– (?)	1	+
25 schit-word(e) 286	±	–	–	– (?)	o – 1	+
26 sumere-dale 1	±	–	–	– (?)	o – 1	+
27 sum[er]e-tid(e) 709	–	–	–	–	o	+
28 þorne-wode 444	–	–	–	– (?)	o	+
29 wepmon 1379	±	+	+	+	3 – 4	+
30 wicche-crafte 1301, 1308	+	–	–	– (?)	1	+
31 wicke-tunes 730	–	–	+ (?)	– (?)	1	+
32 wude-wale 1659	+	–	+	+	3	+
33 wummon 1350 u. ö.	+	±	+	+	3 – 4	+

Ortsnamen:

	I)	II)	III)	IV)	V)	VI)
1 Engelond(e) 749	+	–	+	+	3	+
2 Gulde-ford 191	+	–	+	+	3	+
3 Irlond 907	+	–	+	+	3	+
4 Scot-lond 908 u. ö.	+	–	–	+	2	+

474

	I)	II)	III)	IV)	V)	VI)

(1.2.) Sb+s/Sb

	I)	II)	III)	IV)	V)	VI)
1 Cristes-masse 481	–	–	–	+	1	+
2 daies liht 1431	–	–	–	–	o	–
3 fles(ch)es lust(e) 895 u.ö.	–	–	–	– (?)	o	– (?)
4 hauekes cun(ne) 271	–	–	–	–	o	– (?)
5 sottes lore 1351, 1471	±	–	–	–	o–1	– (?)
6 speres ord(e) 1712	–	–	–	–	o	– (?)
7 sumeres tid(e) 489	+	–	–	–	1	– (?)

Ortsnamen:

	I)	II)	III)	IV)	V)	VI)
1 Portes-hom 1752, 1791	–	–	– (?)	+	1	+

(1.3.) Adj/Sb

	I)	II)	III)	IV)	V)	VI)
1 freo-man 1507	+	–	–	?	1	+ (?)
fro monne 131	–	–	–	–	o	–
2 god(d)-spel(le) 209, 1270	+	±	–	+	2	+
3 holi chirche 721	–	–	–	–	o	–
4 leofmon 1430	±	–	–	+	1–2	+
5 mid(d)el-niȝt(e) 325, 731	±	–	–	–	o–1	+
6 soþ-saȝe 1038	+	–	–	– (?)	1	+

Vgl. ferner:

	I)	II)	III)	IV)	V)	VI)
1 euch mon 975	±	– (?)	–	–	o–1	–
2 gode monne 475	+	–	–	–	1	–
3 moni man 1411, 1712	+	– (?)	–	–	1	–
4 wise monne 289	+	–	–	–	1	–

(1.6.) Partikel/Sb

	I)	II)	III)	IV)	V)	VI)
1 fore-ward 1693	+	–	+	+	3	+
2 houd-siþ(e) 1586	–	–	+	+ (?)	2	+
3 ouer-dede 352	+	–	+	+	3	+
4 ut-let(e) 1754	–	–	+ (?)	+ (?)	2	+
5 ut-schute 1468	±	–	+	+ (?)	2–3	+

(1.7.) Vb/Sb (?)

	I)	II)	III)	IV)	V)	VI)
1 rum-hus(e) 592, 652	–	±	?	+	1–2	+

	I)	II)	III)	IV)	V)	VI)

(1.8.) Vb+ing/Sb

	I)	II)	III)	IV)	V)	VI)
1 earding-stow(e) 28	+	−	+	−	2	+
2 spusing-bendes 1472	−	−	+	−	1	+

(1.9.) Sb/Vb+Ø_Sb

	I)	II)	III)	IV)	V)	VI)
1 griþ-bruche 1734	±	+	−	−	1−2	+
2 hei-sugge 505	+	−	−	+	2	+
3 her(e)-gong(e) 1191	+	−	±	− (?)	1−2	+
4 lauerd 959 u.ö.	+	+	+	+	4	+
5 lauedi 959 u.ö.	+	±	+	+	3−4	+
6 nihtegale 1512 u.ö.	+	−	+	+	3	+
niȝtingale 4 u.ö.	+	−	+	+	3	+
7 spus-bruche 1368	+ (?)	+	−	−	2	+

Namen:

	I)	II)	III)	IV)	V)	VI)
1 Dorsete 1753	+	−	+	+	3	+

(1.13.) Affixoide

-dom

	I)	II)	III)	IV)	V)	VI)
1 svikel-dom 163 u.ö.	+	+	+ (?)	+ (?)	4	+
2 wis-dom 454 u.ö.	±	±	+ (?)	+ (?)	2−4	+

-lac

	I)	II)	III)	IV)	V)	VI)
1 fiht-lac 1699	+	+	+ (?)	+	4	+

-reden

	I)	II)	III)	IV)	V)	VI)
1 kun-rede 1677	+	+	+ (?)	+	4	+

(1.14.) Sb+Sb/Ø_Sb

	I)	II)	III)	IV)	V)	VI)
1 atter-coppe 600	+	−	+	+	3	+

(1.17.) Reduplizierend

	I)	II)	III)	IV)	V)	VI)
1 gale-gale 256	+	−	+	+	3	+

(2.1.) Sb/Adj

	I)	II)	III)	IV)	V)	VI)
1 col-blake 75	+	−	+	−	2	+
2 deouel-imene 1412	−	−	− (?)	−	0	+ (?)
3 houen(e)-tinge 1001	+	−	± (?)	−	1−2	+
4 mere-wod(e) 496	+	−	+ (?)	−	2	+
5 storre-wis 1318	−	−	+ (?)	−	1	+

	I)	II)	III)	IV)	V)	VI)

(2.4.) Pron/Adj

	I)	II)	III)	IV)	V)	VI)
1 al-miʒti 1173	±	–	+	–	1–2	+

(2.6.) Vb/Adj (?)

1 stare-blind 241	+	–	+	+	3	+

(2.11.) Adv/PartPrät

1 wel-cume 1600	+	–	+	+	3	+

(2.12.) Affixoide

-ful

1 hoʒ-ful(e) 537 u. ö.	+	+	–	–	2	+
2 sun-ful 891	+	+	–	–	2	+
3 wurþ-ful 1481	+	+	–	–	2	+

(2.13.) Adj+Sb/Ø$_{Adj}$

1 fast-red(e) 211	+ (?)	–	+	–	2	+
2 sori-mod 1218	±	–	+	–	1–2	+

6.2.2.4. Die Behandlung der Belege in Editionen und Wörterbüchern

Berücksichtigt werden die Ausgaben von Atkins 1922 und Stanley 1962 sowie *OED* und *MED*.

Die Ortsnamen, die Verbindungen mit Partikeln und mit Affixoiden werden allgemein als Komposita (bzw. als Ableitungen) angesehen und deshalb hier weggelassen. Abkürzungen:

Kp	Die Verbindung wird als Kompositum angesehen bzw. hat im Glossar der Edition oder im Wörterbuch *(OED, MED)* einen eigenen Haupteintrag.
comb; c&c	Die Verbindung erscheint in den Wörterbüchern unter dem Eintrag zum ersten Element in einer Rubrik "combinations", "compounds and combinations" oder ähnlich, d. h. die Frage, ob Kp. oder syntakt. Gruppe vorliegt, wird offen gelassen.
attrib.	Das erste Element wird als attributives Sb angesehen.
Adj	Das erste Element wird als Adjektiv angesehen.
Gen.	Die Verbindung wird als syntakt. Genitivgruppe angesehen.

?	Es werden keine eindeutigen Angaben über den Status gemacht.			
(?)	Es wird in dieser Arbeit als fraglich angesehen, ob ein Kompositum vorliegt.			
–	Die Verbindung ist nicht verzeichnet (das *MED* reichte 1990 bis *stok-*).			

	Atkins	Stanley	*MED*	OED

(1.1.) Sb/Sb

		Atkins	Stanley	*MED*	OED
1	adel-eye (?) 133	Kp	Adj	Adj	attrib&adj (Addle B.1)
2	bed-time 324	Kp	Kp	c&c (bed 1c)	Kp (Bedtime)
3	bonde-man 1577	Kp	Kp	Kp (bŏnd(e-man)	Kp (Bondman)
4	chapmon 1575	Kp	Kp	Kp (chap-man)	Kp (Chapman)
5	chirche-bende (?) 1428	Kp	attrib	c&c (chirche 9)	– (vgl. Church)
6	chirche-song (?) 984, 1036 u. ö.	Kp	attrib	c&c (chirche 9)	attrib. ... (Church 16)
7	chirche steuene 727	synt. Gr.	attrib	c&c (chirche 9)	– (vgl. Church)
8	dai-liʒt 332	Kp	Kp	Kp (dai-light)	Kp (Daylight)
9	dai-rim 328	Kp	Kp	c&c (dai 13)	Kp (Day-rim)
10	dai-sterre 328	Kp	Kp	Kp (dai-sterre)	Kp (Day-star)
11	dweole-song (?) 926	Kp	Adj	? (dwĕle 2)	– (vgl. Dwale, Dwele)
12	fuel-kun(ne) 65	Kp	Kp	c&c (foul 6)	Kp (Fowl-kin)
13	gol(d)-finc 1130	Kp	Kp	Kp (gold-finch)	Kp (Goldfinch)
14	hole-brede (?) 965	Adj	Adj	Adj (hōl(e 1b)	– (vgl. aber Hole 12: hole-board)
15	horte-blod 945	Gen. Sg.	Gen. Sg.	Kp (herte-blōd)	Kp (Heart-blood, Heart's blood)
16	houene-liʒt(e) 732	Kp	attrib	c&c (hĕven 7)	– (vgl. Heaven 10)
17	houen-king(e) 862	Kp	Kp	c&c (hĕven 7)	Kp (Heaven-king)
18	houene-riche 717	Kp	attrib	Kp (hĕven-rĭche)	Kp (Heavenric, -rich)
19	licome 1054	Kp	Kp	Kp (lichame)	Kp (Licham)
20	lif-daʒ(e) 1141	Kp	Kp	Kp (līf-dai)	Kp (Life-day)
21	lond-folc 1158	Kp	Kp	Kp (lond-folk)	Kp (Landfolk)
22	man-kun(ne) 849 u. ö.	Kp	Kp	Kp (man-kin)	Kp (Mankin)
23	mulne-dure 778	Gen. Pl.	Gen. used attrib.	c&c (milne 2)	– (vgl. Mill)
24	red-purs 694	Kp	Kp	? (rēd n. 1, 6a)	comb (Rede 5: redpurs)
25	schit-word(e) 286	Kp	Kp	? (shit (a))	comb (Shit 3: shit-word)
26	sumere-dale 1	–	attrib	– (vgl. somer (1))	– (vgl. Summer)
27	sum[er]e-tid(e) 709	–	attrib	Kp (somer (1)3a)	Kp (Summer-tide)
28	þorne-wode 444	Kp	Kp	–	attr&comb (Thorn 8)
29	wepmon 1379	Kp	Kp	–	Kp (Wapman)

	Atkins	Stanley	*MED*	*OED*
30 wicche-creft(e) 1301, 1308	Kp	attrib	–	Kp (Witchcraft)
31 wicke-tunes 730	Kp	Kp	–	– (vgl. Wick sb²)
32 wudewale 1659	Kp	Kp	–	Kp (Woodwall)
33 wummon 1350 u. ö.	Kp	Kp	–	Kp (Woman)

(1.2.) Sb+s/Sb (Auswahl)

	Atkins	Stanley	*MED*	*OED*
1 Cristes-masse 481	Kp	Gen. Sg.	Kp(Criste-mas(se)	Kp (Christmas)
2 daies liht (?) 1431	Gen.		phr. (dai 3 u. dai-light, daies light)	Kp (?) (Daylight)
3 fles(h)es lust(es) 895 u. ö.	Gen. Sg.	Gen. Sg. used attr.	? (flesh 5a)	– (vgl. Flesh)
4 hauekes cun(ne) 271	Gen. Sg.	Gen. Sg.	– (vgl. hauk)	– (vgl. Hawk)
5 sottes lor(e) 1351, 1471	Gen. Sg.	Gen. Sg. used attr.	phr. (vgl. sot (1)a)	– (vgl. Sot)
6 speres ord(e) 1068, 1712	Gen. Sg.	Gen. Sg.	phr. (vgl. spēre (1)1c)	– (vgl. Spear sb.¹)
7 sumeres tid(e) 489	Gen. Sg.	Gen. Sg.	–	Kp (Summer's tide)

(1.3.) Adj/Sb

	Atkins	Stanley	*MED*	*OED*
1 freo-man (?) 1507	Kp	Kp	Kp (frē-man)	Kp (Freeman)
aber: fro monne 131	Adj	Adj	– (vgl. frē)	– (vgl. Free a.)
2 godd-spel(le) 1209, 1270	Kp	Kp	Kp (gospel)	Kp (Gospel)
3 holi chirche 721	Kp	Adj	? (Holi Chirche)	Adj (Church 7 u. Holychurche ... "ME way[s] of writing *Holy Church* ...")
4 leof-mon 1430	Kp	Kp	Kp (lemman)	Kp (Leman)
5 middel-niʒt(e) 325, 731	Kp	Kp	Kp (middel-night)	Kp (Middle night)
6 soþ-saʒe 1038	Kp	Kp	–	Kp (Soothsaw)

– euch mon 975, gode monne 475, moni man 1712, 1411, wise monne 289 werden von Atkins und Stanley als Adj+Sb-Gruppen eingestuft.

(1.7.) Vb/Sb (?)

	Atkins	Stanley	*MED*	*OED*
1 rum-hus(e) 592, 652	Kp	Kp	Kp (rūm-hous)	comb (Room adj. 4: room-house)

(1.8.) Vb+ing/Sb

	Atkins	Stanley	*MED*	*OED*
1 earding-stow(e) 28	Kp	Kp	Kp (?) (ĕrding b: erding stowe)	comb (Erding: erding-stow)

	Atkins	Stanley	MED	OED
2 spusing-bendes 1472	Kp	Kp	? (spousinge a)	attrib (Spousing c.)

(1.9.) Sb/Vb+Ø$_{Sb}$

	Atkins	Stanley	MED	OED
1 griþ-bruche 1734	Kp	Kp	Kp (grith-briche)	Kp (Grithbreach)
2 hei-sugge 505	Kp	Kp	Kp (hei-sugge)	Kp (Haysugge)
3 her-gong(e) 1191	Kp	Kp	c&c (here 3)	attrib&comb (Here)
4 lauerd 959 u. ö.	Kp	Kp	Kp (lōrd)	Kp (Lord)
5 lauedi 959 u. ö.	Kp	Kp	Kp (lādīe)	Kp (Lady)
6 nihte-gale 1512 u. ö.	Kp	Kp	Kp (nihte-gāle)	Kp (Nightgale)
niȝtingale 4 u. ö.	Kp	Kp	Kp (nightin-gāle)	Kp (Nightingale)
7 spus-bruche 1368	Kp	Kp	Kp (spouse-bruch)	Kp (Spouse-breach)

(1.14.) Sb+Sb/Ø$_{Sb}$

	Atkins	Stanley	MED	OED
1 atter-coppe 600	Kp	Kp	Kp (atter-coppe)	Kp (Attercop)

(1.17.) Reduplizierend

	Atkins	Stanley	MED	OED
1 gale-gale 256	Kp	Kp	Kp (gāle-gāle)	Kp (Galegale)

(2.1.) Sb/Adj

	Atkins	Stanley	MED	OED
1 col-blake 75	Kp	Kp	Kp (cōl 4)	Kp (Coal-black)
2 deouel-imene (?) 1412	Kp	attrib	– (vgl. devel)	– (vgl. Devil)
3 houen-tinge 1001	Kp	Kp	c&c (hĕven 7)	– (vgl. Heaven)
4 mere-wod(e) 496	Kp	Kp	Kp (?) (mēre 2)	attrib (Mare 6: mare-wood)
5 storre-wis 1318	Kp	Kp	? (sterre 1b (a))	attrib&comb (Star II.16)

(2.4.) Pron/Adj

	Atkins	Stanley	MED	OED
1 al-miȝti 1173	Kp	Kp	Kp (al-mightī)	Kp (Almighty)

(2.6.) Vb/Adj (?)

	Atkins	Stanley	MED	OED
1 stare-blind 241	Kp	Kp	Kp (stare-blind)	Kp (Stareblind)

(2.11.) Adv/PartPrät

	Atkins	Stanley	MED	OED
1 wel-cume 1600	Kp	Kp	–	Kp (Welcome)

(2.13.) Adj+Sb/Ø$_{Adj}$

	Atkins	Stanley	MED	OED
1 fast-red(e) 211	Kp	Kp	Kp (fast-rēde)	Kp (Fastrede)
2 sori-mod 1218	Kp	Kp	Kp (sōrī 1e)	Kp (Sorry-mood)

6.3. Die Komposita in den einzelnen frühmittelenglischen Texten (jeweils gegliedert nach den morphologischen Typen)

6.3.1. Umfang und Anlage dieses Verzeichnisses

6.3.1.1. Die Textauswahl

Die Grundlage dieser Arbeit bilden die frühme. Texte des 12. und 13. Jahrhunderts (vgl. oben 1.1.2.). Sie umfaßt damit in etwa den gleichen Bereich wie die frühme. Anthologien von Hall 1920, Dickins/Wilson 1951 und Bennett/Smithers 1968 oder z. B. die Untersuchung von Kivimaa 1966.[2] Die meisten Texte wurden zunächst gelesen und die eigene Auswertung dann – wo vorhanden – mit den entsprechenden Glossaren verglichen; nur die Glossare wurden für *SEL* und *Ayenb* ausgewertet.[3]

Eine völlig eindeutige Abgrenzung des frühme. Textkorpus ist freilich aus verschiedenen Gründen kaum möglich. Erstens bildet das Jahr 1066 zwar das historische Datum für das Ende der angelsächsischen Epoche; die Grenze zwischen der ae. und der me. Sprachperiode läßt sich aber nicht so klar ziehen, weil sich die Sprache nicht sprunghaft, sondern allmählich wandelt.[4] Zweitens sind viele ae. wie auch me. Texte nur in späteren Abschriften erhalten und die Entstehung der Originale kann oft nur sehr ungefähr datiert werden. So entstanden nach 1066 nicht nur neue Texte, sondern es wurden auch verschiedene ae. Texte noch bis nach 1200 kopiert bzw. bearbeitet, wobei sich bei einigen Texten, die nur in Hss. des 12. oder frühen 13. Jhs. überliefert sind, nicht entscheiden läßt, ob sie ursprünglich schon vor oder erst nach 1066 verfaßt wurden. Von denjenigen Texten, die sicher oder vermutlich auf ae. Originale zurückgehen, wurde hier nur eine Auswahl berücksichtigt (unten 6.3.2. unter I).[5] Um das Bild nicht zu sehr zugunsten des Ae. zu verfälschen, wurden aus den Texten, deren ae. Vorlagen bekannt sind, außerdem nur solche Kp. aufgenommen, die sich an der entsprechenden Stelle des ae. Originals nicht finden. Ebenso wie der

---

[2] Vgl. ferner die Textauswahl bei Käsmann 1961 und Wilson 1968. – Der von Hall 1920 abgedeckte Bereich wurde hier ganz erfaßt.

[3] Die Glossare zu den einzelnen Texten sind von recht unterschiedlicher Vollständigkeit und Qualität.

[4] Zur Frage der Periodisierung des Me. siehe z. B. Morsbach 1896:6–12; Malone 1930:110–117; Clark (ed. *ChronE*), S. lii ff.; Görlach 1974:26–29; Baugh/Cable 1978:§ 38.

[5] Hier nicht aufgenommen wurden vor allem: *Twelfth Century Homilies in MS Bodley 343*, ed. A. O. Belfour, EETS 137 (1909); *Early English Homilies from the Twelfth Century MS. Vespasian D. XIV*, ed. Rubie D.-N. Warner, EETS 152 (1917); *History of the Holy Rood Tree*, ed. A. S. Napier, EETS 103 (1894), 2–34; *Peri Didaxeon*, ed. M. Löweneck (Erlangen, 1896). – Von den bei Warner abgedruckten Texten wurden hier lediglich *HonEluc* und *SermRdE* berücksichtigt.

Übergang von Ae. zum Me. ist auch der Übergang vom Frühme. zum Me. des 14. Jhs. fließend, wobei zur Unmöglichkeit der genauen Datierung vieler Texte (und Hss.) hier noch hinzu kommt, daß ab der zweiten Hälfte des 13. Jhs. das Material immer stärker anschwillt, so daß von den um 1300 entstandenen Texten nur noch eine begrenzte Auswahl berücksichtigt werden konnte.

6.3.1.2. Zur Chronologie der Texte

Trotz der Unsicherheit in der Datierung vieler me. Werke wird im folgenden eine ungefähre chronologische Aufstellung der behandelten Denkmäler versucht;[6] nach ihr sind dann auch die Texte unten in 6.3.2. angeordnet. Soweit wie möglich wird die vermutliche Entstehungszeit der Texte angegeben, ansonsten die ungefähre Entstehungszeit der Hs.

I) *Ausgewählte frühme. Bearbeitungen ae. Texte*

1	LambH IX	a1225
2	LambH X	a1225
3	VespAH 1 (XXIV)	a1225
4	VespAH 4 (XXVII)	a1225
5	WintBR	a1225

II) *Texte des 12. Jhs., die zum Teil das Fortleben ae. Traditionen zeigen*

6	ChronE	1070–1154
7	Durham	c1104–1109
8	HonEl(uc)	c1125
9	SermRdE	c1125
10	ChartHen II	1155
11	ProvA	c1150–1165
12	SGH	c1160–1170
13	Body&S/1 (Grave)	c1175
14	PMor	?c1175
15	Orrm	a1180

16	SanctBeda (WorcFr)	a1200
17	Body&S/2 (WorcFr)	a1200
18	LambH	a1225
19	TrinH	a1225

18a und 19a LambH = TrinH

20	VespAH 2–3 (XXV–XXVI)	a1225

III) *Frühme. Texte um 1200*

21	AncR (= AncW)	c1200

22–26 Katherine-Gruppe

22	HMeid	c1200
23	StJul	c1200
24	StKat	c1200
25	StMarg/1	c1200
26	SWard	c1200

27–30 Wooing-Gruppe

---

[6] Sie stützt sich auf die (zum Teil allerdings unterschiedlichen) Angaben in Handbüchern, Editionen und Untersuchungen, z.B. Käsmann 1961:356–359; Kivimaa 1966:11–23; Kjellmer 1971:113–128 u. 187–190; Kjellmer 1973:17–33 u. 165–178; *MED, Plan and Bibliography; Manual ME.*

27 LofLe = OrMar   c1200
28 LofLo   c1200
29 UrLo = UrGod   c1200
30 WohLo   c1200

31 LaʒB   c1200
32 O&N   ?c1200 (a1250)
33 ProvT(rin)   c1200
34 Vices&V   c1200

IV) *Texte aus der 1. Hälfte des*
     13. Jhs.

35 KingHorn   ?c1225
36 Best   a1250
37 Creed/1   a1250
38 Creed/2   a1250
39 HarrowHell   a1250
40 OrisLo   a1250
41 SermAtWrasl   ?a1250
42 SermTrin/Cleo   ?a1250

V) *Texte aus der Mitte des*
    13. Jhs.

43 Floris&B   c1250
44 Gen&Ex   c1250
45 LutSS   c1250
46 ProvH   c1250
47 TenAb   c1250
48 Body&S/3   a1260
49 Heil   a1260
50 Trin 323   a1260
51 Reimpredigt   a1260
52 StMarg/2   a1260

VI) *Texte aus der 2. Hälfte*
    des 13. Jhs.

53 ProclHenIII   1258
54 KentSerm   c1275
55 Hav   c1280–1300
56 Amis&A   a1300
57 Annunc   a1300
58 Body&S/4   a1300

59 Cockaygne   a1300
60 DutyChr   a1300
61 DSirith   ?a1300
62 11Pains   a1300
63 15Toknen   a1300
64 Fox&W   ?a1300
65 Fragment   a1300
66 GlossNeck   ?a1300
67 HrlVoc   a1300
68 HolyCh(ireche)   a1300
69 HundrE   a1300
70 InterlCl&P   ?a1300
71 Jacob&J   a1300
72 NamesHare   ?a1300
73 PassLo(rd)   a1300
74 PsVirg   ?a1300
75 ServeChr   a1300
76 Signs   a1300
77 SirTristr   a1300
78 SStBede   ?a1300
    (Sinners)
79 SStBern   ?a1300
    (Man's Three Foes)
80 StatRom   a1300
81 WomS   a1300

VII) *Lyrik des 13. Jhs.*

82 LyricsXIII   c1200–c1300

VIII) *Ausgewählte Texte*
      um 1300

83–84 Zwei Texte aus der Kyng-
      Alisaunder-Gruppe

83 Art&Merl   c1300
84 KingAlex   c1300

85 SEL   c1300

IX) *Zum Vergleich: Ausge-*
     wählte spätere Texte

86 Ayenb   1340
87 Malory   a1470

6.3.1.3. Erläuterungen zu einigen Textgruppen

(1)   Entsprechungen zwischen *LambH* und *TrinH* (Nr. 18−19):
Die Sammlung der *LambH* besteht aus 17 Stücken (ed. Morris 1867−1868
(*OEH* I): Nr. I−XVII), die der *TrinH* aus 34 Stücken (ed. Morris 1873
(*OEH* II): Nr. I−XXXIV). Fast alle davon sind Prosahomilien; nur
LambH VI ist eine Vaterunsererklärung in Versen. Je fünf der *LambH* und
der *TrinH* gehen auf eine gemeinsame Quelle zurück,[7] wobei die Fassungen in den beiden Hss. aber auch deutliche Abweichungen aufweisen. Die
gemeinsamen Komposita dieser Stücke werden hier unter Nr. 18 a u. 19 a
zusammengefaßt.

1. TrinH IV   = LambH VII (Credo).
2. TrinH XXV   = LambH XVII (Iacobus − Ps. CXXVI.6).
3. TrinH XXVI   = LambH XIII (Laurentius − Epist. 2 ad Corinth. IX.6).
4. TrinH XXX   = LambH XVI (Estote fortes in bello).
5. TrinH XXXII   = LambH XV (Marc. VIII.34).

(2)   Entsprechungen innerhalb der Wooing-Gruppe (Nr. 27−30):
Von den sechs bei Thompson 1958 gedruckten Stücken gehen einige auf
eine gemeinsame Vorlage zurück, nämlich einerseits *LofLe* und *OrMar*, andererseits *UrLo* und *UrGod;* diese wurden hier jeweils zusammen behandelt (Nr. 27 und 29).[8]

(3)   Zur *Kyng Alisaunder*-Gruppe (Nr. 83−84):
Die vier Romanzen *Art&Merl* (*ManualME* 1.I [Nr. 18]), *KingAlex* (*ManualME* 1.I [Nr. 64] sowie *Richard Cœur de Lion* (*ManualME* 1.I [Nr. 106]) und
The Seven Sages of Rome haben eine Reihe von auffälligen sprachlichen
und stilistischen Gemeinsamkeiten, so daß manche Forscher alle vier
Dichtungen für das Werk des gleichen Verfassers halten; siehe zu dieser
Frage z. B. Smithers (ed. *KingAlex*), II,41 u. 60; Macrae-Gibson (ed.
Art&Merl), II,65−75. In unserem Material wurden allerdings nur die beiden erstgenannten Texte berücksichtigt.

6.3.1.4. Aufbau des Verzeichnisses

(1)   Das folgende Verzeichnis bietet die Kp. der einzelnen frühme. Texte
in der oben 6.3.1.2. gegebenen Reihenfolge.

(2)   Innerhalb der Texte sind die Belege nach den oben in Kap. 3 herausgearbeiteten morphologischen Typen angeordnet; unter 1. die Substantive,

---

[7] Vgl. Mindt 1971:10. Diese parallelen Homilien sollten einmal näher untersucht und zusammen ediert werden.
[8] Diese verwandten Stücke sollten ebenfalls einmal parallel ediert werden.

unter 2. die Adjektive; ferner werden unter 3. die (verdunkelten) Lehnkp., unter 4. unklare Formen und syntakt. Gruppen aufgeführt (die von den Herausgebern aber z. T. als Kp. angesehen werden).

(3) Für die meisten Typen wurde – soweit dies die Unsicherheiten hinsichtlich der Abgrenzung von Kp. und syntakt. Gruppen überhaupt zulassen – eine komplette Belegsammlung angestrebt; keinen Anspruch auf Vollständigkeit erheben aber die Belege zu den Zusammensetzungen mit Partikeln und mit Affixoiden; wegen der Abgrenzungsschwierigkeiten zu den entsprechenden syntaktischen Gruppen können auch die Belege zu den Typen Sb+s/Sb und Adj/Sb keine Vollständigkeit beanspruchen. Bei den zusammengesetzten Orts- und Personennamen wurde ebenfalls keine Vollständigkeit erstrebt, vor allem die aus *ChronE* wurden kaum berücksichtigt. Soweit die Orts- und Personennamen erfaßt wurden, werden sie jeweils im Anschluß an den Allgemeinwortschatz des entsprechenden Typs aufgeführt.

(4) Manche Verbindungen, deren Kompositumstatus unsicher oder umstritten ist, werden auseinandergeschrieben oder durch ein Fragezeichen (?) markiert; diese Markierung läßt sich aber nicht konsequent setzen.

(5) Kp., bei denen die Wortart einer Konstituente doppeldeutig ist, werden trotzdem meist nur unter einem Typ aufgeführt; zur Diskussion solcher Zweifelsfälle siehe oben Kap. 2 und 3.

(6) Die Schreibung der Kp. folgt der Schreibung der Texte. Schreibungsvarianten (innerhalb einer Hs. oder zwischen den verschiedenen Hss. eines Textes) werden nur in Auswahl gegeben, insbesondere wenn sie für die morphologische Analyse wichtig sind. Vr. bezieht sich auf Schreibungsvarianten in anderen Hss. eines Textes.

(7) Bei der Alphabetisierung ist *æ* als *ae* eingeordnet, *ʒ* folgt auf *g* und *þ* auf *t*. Kp., die beim Anfangsbuchstaben unterschiedliche Schreibungen aufweisen, werden unter einer dieser Schreibungen zusammengefaßt (z. B. *Irlond, Yrlond* unter *Irlond*), ansonsten ist die tatsächliche Schreibung maßgebend. Die Alphabetisierung richtet sich immer nach dem Erstelement, d. h. *bur-lutlen* kommt vor *burh-folk,* usw.

(8) Bei Kp., die nur in obliquen Kasus oder im Pl. belegt sind, ist der Ansatz des Nom.Sg. manchmal unsicher; vermutliche Flexionsendungen (bes. *-e, -es*) werden (z. T.) in Klammern gesetzt.

(9) Zur Verdeutlichung werden die Elemente der Kp. gewöhnlich durch einen Bindestrich voneinander abgesetzt.[9] Zusammengeschrieben werden

---

[9] In den frühme. Hss. kommt der Bindestrich sehr selten vor; Kp. werden dort entweder zusammen oder getrennt geschrieben, vgl. oben 2.2.

nur Kp., die bereits mehr oder weniger stark verdunkelt sind, z. B. durch Assimilationserscheinungen in der Kompositionsfuge *(wimmen)*.

(10)   Bei in einem Text mehrfach belegten Kp. werden meist nur zwei Stellenverweise gegeben und auf das Vorhandensein von weiteren Belegen wird mit u. ö. verwiesen.

(11)   Außer bei Orts- und Personennamen wird bei jedem Kp. vermerkt, ob es aus dem Ae. weiterlebt (ae) oder eine me. Neubildung darstellt (ME). Auch dies ist aber aus verschiedenen Gründen nicht immer eindeutig zu klären. (a) In manchen Fällen hängt es davon ab, wann man das Me. beginnen läßt (vgl. oben 6.3.1.1.). So werden hier z. B. − im Gegensatz zu vielen Wörterbüchern − die erstmals in *ChronE* nach 1066 belegten Kp. als ME und nicht als ae eingestuft. (b) Ferner kann bei manchen Kp. nicht ausgeschlossen werden, daß sie schon im Ae. gebildet (oder aus dem An. entlehnt) wurden, aber aufgrund der Zufälle der Überlieferung erst im Me. schriftlich belegt sind. Während manche Autoren und Herausgeber dazu neigen, für bestimmte erst im Me. belegte Kp. hypothetische ae. Vorstufen zu postulieren, wird hier immer von der tatsächlichen Beleglage ausgegangen, soweit sie sich feststellen läßt; z. B. werden *leofmon* (> *lemman*), *chaffere* (< **ceap-faru*) und *h(e)alewi* (< **hæl-wæg*) hier als ME und nicht als ae eingestuft.[10] Sicher sind bei weitem nicht alle erst im Me. belegten Kp. schon im Ae. entstanden. (c) Wenn ein Kp. zwar aus dem Ae. stammt, aber im Me. umgebildet wurde, wird dies durch ae/ME angedeutet; Beispiele sind *seouen-niht,* das im Me. als Sb, im Ae. aber nur als Adj (Bahuvrihiadj.) belegt ist, oder das me. Adj *welcome,* das zumindest teilweise eine Umbildung des ae. Sb *wilcuma* darstellt (vgl. oben 3.2.9.5. und 3.3.11.5.). (d) Wenn ein Kp. im Ae. nur sehr selten belegt ist, kann man andererseits nicht immer ausschließen, daß die me. Belege dafür unabhängige Neubildungen sind (vgl. oben 3.3.13.5.(2) zu *lut-steuene*).

(12)   Hapax legomena werden durch (h) gekennzeichnet, Erstbelege durch (e), Letztbelege durch (l), Lehnwörter durch (Lw).

6.3.2. Das Verzeichnis

I) Ausgewählte frühme. Bearbeitungen ae. Texte

In dieser Gruppe werden die aus der ae. Vorlage übernommenen Kp. im allgemeinen nicht verzeichnet, sondern nur neu eingefügte (auch wenn sie

---

[10]   Im Gegensatz beispielsweise zu d'Ardenne (ed. *StJul*), S. 109, und d'Ardenne/Dobson (ed. *StKat*), S. 258, 313. Siehe zu diesem Fragenkreis jetzt Hoad 1985:131−150 (dort auch zu *cantel-cape* u. *dufe-doppe*).

in der Vorlage an einer anderen Stelle vorkommen) sowie morphologisch
veränderte.

1) *LambH IX*

(Bearbeitung von *AeCHom* I.22)
Prosa; 7'/. Druckseiten

1.1. Sb/Sb

1 ester-dei 89/4	ae	
hester-dei 87/1		
2 ester-tid 87/3	ae	
3 frofre-gast 97/13	ae	
4 lar-þeu 95/26	ae	
lar-ðewe 97/29		
5 loftsong 99/28 f.	ae/ME	
6 undertid 91/2	ae	

Ortsnamen:

1 egipte-lond (?) 87/4	ae

1.2. Sb+s/Sb

1 domes-dei 95/17	ae
2 pentecostes-dei 89/3	ME

1.3. Adj/Sb

1 middel-eard 93/24; 95/6	ME
2 riht-alfe (?) 91/8, 10; u. ö.	ME
3 wittesunnedei 89/4, 23	ME

1.15. Vb+Sb/Ø_Sb (Imperativkp.)

1 cache-pol 97/30 (Lw)	ae

2.4. Pron/Adj

1 almihti 97/35; 101/19	ae
almihtin 97/23; 99/17	
almihtiga 97/36	

2.12. Affixoide (Adj)

seld-

1 selcuð 93/22	ae

-fast

1 trow-fest 89/29	ae

3. Verdunkelte Lehnkp.

1 gersum(e) 91/35; 101/8	ME

2) *LambH X*

(Bearbeitung von Aelfric, *De octo vitiis
et de duodecim abusivis*) Prosa; 8'/.
Druckseiten

1.1. Sb/Sb

1 boc-leden 107/22; 117/6	ae
(Aelfric: leden)	
2 heafod-mihtan 105/1	ME
3 heofod-sunnan 103/4 f.	ME
4 heouenriche-murhðe	ME
115/1 (Aelfric: heofonan	
rices myrhðe)	
5 lar-þeu 109/8; 117/17	ae
(Aelfric: lareow)	
6 mel-tima 115/29 (Aelfric:	ae
mæl-tid)	

1.3. Adj/Sb

1 idel ʒelp (?) 107/6	ae
2 middel-eard 113/16	ME
(Aelfric: middaneard)	

1.9. Sb/Vb+Ø_Sb

1 here-toga 118/28	ae

2.12. Affixoide (Adj)

-wis

1 riht-wise 105/33 (Sb) (vgl.	ae
unrihtwise 115/28;	
u. ö.)	

2.13. Vb+Sb/Ø_Adj

1 þole-mod 105/19 (Aelfric:	ae
þolmod)	

3) VespAH 1 (XXIV)

(Bearbeitung von *AeCHom* I.1, *De initio creaturae*) Prosa; 6⅓ Druckseiten

1.1. Sb/Sb

1 ʒim-ston 217/26	ae
2 huni-tiar 217/24 f.	ae
3 lic-hama 219/15	ae
4 man-cenne 217/27	ae
5 þrim-setles 219/10	ae

1.3. Adj/Sb

1 hah-boden 219/10	ae

1.9. Sb/Vb+Ø_Sb

1 hlaford 217/16	ae

1.10. Adj/Vb+t

1 fulluht 229/34	ae

2.4. Pron/Adj

1 al-mihtiʒ 217/16	ae

2.12. Affixoide (Adj)

-wis

1 riht-wis 217/27	ae

4) VespAH 4 (XXVII)

(Bearbeitung von *AeCHom* I.24) Prosa; ⅓ Druckseite

1.6. Partikel/Sb

1 sunder-halʒe 245/3	ae

5) WintBR

(Bearbeitung von Aethelwolds *BenR*) Prosa; 73 Druckseiten

1.1. Sb/Sb

1 boc-scæmel 43/29	ME
2 dæd-bot(en) 93/18	ae
3 daʒ-tid 53/12	ae
4 eastre-tid 103/3	ae
5 fæsten-dæʒ 107/13	ae
6 gyste-hus (?) 115/28 (ae. gyst-hus)	ae
7 hand-ʒeweorc 97/22	ae
8 hand-hwile 27/23	ae
9 lar-þeawes 45/6	ae
10 man-cyn 147/6	ae
11 messe-daʒ 51/9, 10 f.	ae
12 mæsse-prust 127/7, 8, 17 mæsse-præst	ae
13 mynster-cyn(ne) 13/32[11]	ME(h)
14 mynster-regol 39/23 (ae. mynstres regol)	ae/ ME(h)
15 monan-dæg 49/9	ae
16 neod-þearf 99/24 f. (Adj)	ae
17 non-mete 99/20	ae
18 prior-wyce 137/15	ME
19 seterdæʒ 49/20	ae
20 sunnan-deʒ 45/26 sunnen-dæʒ 57/3 sunne-daʒ 55/31; 57/7	ae
21 teoðing-ealdras 135/28 (*BenR:* decanonas)	ae
22 wif-man 125/17	ae

1.2. Sb+s/Sb

(Der Kompositumstatus dieser Bildungen ist unsicher)

1 candeles-leohtes 87/28 (ae. candel-leohtes)	ae/ME
2 middæges-sang 55/26 (ae. middæg-sang)	ae/ME
3 sealmes-sang 59/9 (ae. sealm-sang)	ae/ME

---

[11] In der Wendung *mynstercynne mynecæna,* die vielleicht eine Umbildung des ae. *mynster-monna cynne* ‚Art(en) von Mönchen', *WintBR,* darstellt.

1.3. Adj/Sb

1 haliʒ-raft 111/4f.		ae
(hali-ref 111/16)		
2 ʒewis-tale 19/28		ME(h)

1.6. Partikel/Sb usw.

1 sunder-spræc(e) 127/6	ae

1.7. Vb/Sb

1 bæc-hus(e) 95/19; 139/11	ME	
(ae. bæc-ern)		
2 snið-sceapp 37/10	ME	

1.8. Vb+ing/Sb

1 healsung-ʒebun (?) 45/10	ae/ME	
(ae. halsunge ben)		
2 þeninʒ-mann 127/7	ae	
3 þenynʒ-swustren 77/22	ME(h)	

1.9. Sb/Vb+Ø_Sb

1 hand-ʒeswinc 97/24	ae/ME	
(ae. handa ʒeswinc)		
2 hlæfedie 129/18	ae	
3 yrfeard 7/30	ae	

1.11. Sb/Vb+estre

1 bell-rinʒestre 97/7f.	ME(h)
2 hræʒl-þenestre 113/6	ME(h)
3 wuce-ðenestre 79/4, 7;	ME(h)
u.ö.	

1.12. Sb/Vb+ing

1 arwurð-fullunʒ 129/16f.	ME(h)
2 fett-weascung 107/17	ME(h)

1.13. Affixoide (Sb)

-hād

1 prest-had 125/19	ae

1.16. Inversionskp.

1 God-almichtin(?) 5/14	ae/ME
(ae. God ælmihtig)	

2.1. Sb/Adj

1 ar-wurð 125/17	ae
2 slap-ʒeorn 23/30	ME

2.2. Adj/Adj; Adv/Adj

1 clen-ʒeorn 125/30	ae
2 dyr-wyrð 125/28	ae
3 hefi-tyme 83/23	ae
hefi-tume 141/4, 5	
4 wrang-seht(an) 25/24	ME
(Sb) Lw	

2.4. Pron/Adj

1 eal-mihtye 37/31	ae
æl-mihtiʒ 115/18	
al-michtin 35/12;	
siehe ferner oben 1.16.	

2.7. Adj/Vb+Ø_Adj

1 yþ-ʒeat(æ) 19/31	ae

2.9. Adj/PartPräs; Adv/PartPräs

1 fæle-talyende (?) 39/39	ME(h)?

2.13. Adj+Sb/Ø_Adj; Vb+Sb/Ø_Adj

1 ead-mod 29/23; 141/7	ae
2 þolo-byrd(e) 117/7 (Sb)	ae

II) Texte des 12. Jhs., die zum Teil das Fortleben ae. Traditionen zeigen

6) *ChronE* (ab 1070)

Prosa; 59 Druckseiten
(Die verschiedenen Schichten von *ChronE* werden hier nicht unterschieden, Orts- und Personennamen kaum berücksichtigt.)

1.1. Sb/Sb

1 abbot-rice 1070/12;   ae
108[7]/83; u. ö.

2 acer-sæd 1124/27–30   ME
(2×)

3 ancer-setl 108[7]/42   ae

4 arcebiscop-rice   1093/6;   ae
1114/14f.

5 arce-stol 1095/63; 1115/   ae
10 (elliptisch)

6 biscop-rice 1072/8;   ae
108[8]/84; u. ö.

7 biscop-stol 108[7]/32, 85   ae

8 broðer-sunu 1097/14   ae

9 bryd-eala 1075/6f.,33   ME(e)

10 bur-þenas 1120/9   ae

11 gebyrtid(e) 108[7]/2   ae

12 Candel-mæsse   1091/2f.;   ae
1094/9; u. ö.

13 Candelmesse-deig (?)   ae
1123/17

14 candel-sticcan (Pl.)   ae
1102/22

15 cantel-capas 1070/16   ME(e)

16 captel-hus 1116/18   ae

17 carl-man 108[7]/94;   ME(e)
1137/19

18 castel-men 1075/17f.   ME

19 castel-weorces 1137/16   ME(e)

20 cyrce-wice 1137/67   ME(h)

21 cyrce-iærd 1137/46f.   ME

22 dæd-bot(e) 1100/26   ae

23 dæi-rim(e) 1122/23   ae

24 der-fald 1123/5;   ae
1127/67

25 deor-frið 108[7]/117   ME(e)

26 Eastre-æfen 1097/34   ae

27 Easter-dæg 1109/8   ae
Eastren-dæi 1125/19   ae

28 Eastren-tyde 1123/71   ae

29 eorð-dyne 1122/13;   ae
1129/39

30 eorð-wæstmas 1095/67;   ae
1110/25; u. ö.

31 fæder-land (?) 1101/18   ME(e)

32 faða-sunu (?) 1119/27   ME(h)

33 feon-landes 1070/8   ae

34 feorme-ham (?) 108[8]/13   ME(h)?

35 flesc-mete 1131/10   ae

36 fot-mæl 108[7]/53   ae

37 fot-spure 1070/28   ME(h)

38 Frige-dæg 1106/9   ae
Fri-dæig 1129/15

39 frið-land 1097/29   ME(h)

40 god-sib 1093/24   ae

41 heafod-menn 1075/25;   ae
u. ö.

42 heafod-port 108[7]/34   ME(h)?

43 healle-geweorc 1097/36   ME(h)?

44 henne-fugeles 1131/10   ae

45 heofonan-rice (?) 108[7]/   ae
145

46 hird-clerc 1123/53f.   ME(h)

47 hired-men 108[8]/27   ae

48 Hlaf-mæsse 1101/12   ae

49 Hlammæsse-dæg (?)   ae
1100/6

50 horder-wyce 1137/68   ME(h)

51 hus-carles 1070/7   ae

52 lædteowas 1097/8   ae

53 land-efne 1085/12   ME(h)

54 land-folc 1070/4; u. ö.   ae

55 land-fyrd(e) 1071/6f.;   ae
u. ö.

56 land-leode 108[7]/113   ae

57 længten-wuce 1106/9   ae

58 lenten-tyd(e) 1122/3;   ae
1127/13

59 leod-biscopas 1085/31;   ae
u. ö.

60 lic-hama 1120/12   ae

61 mæsse-æfne 1094/40   ae
mæsse-æfen 1106/32; u. ö.

62 mæsse-dæg 1083/30;   ae
108[7]/165
messe-dæi 1122/14f.; u. ö.

63 mæssa-hakeles 1070/16;   ae
1122/8

64 mæsse-niht 1095/14;   ae
1129/38

65 madme-hus 108[7]/168   ae
(ae. maðm-hus)

66 man-cwealm 1112/9   ae

67 man-cynn 108[7]/99   ae

68 mersc-land 1098/13   ME(h)?

69 Midsumer-Dæi 1131/18   ME
70 Midewintre-Dæi 1135/17   ME(e)
    Midwintre-Dæi 1154/7
71 moder-healf (?) 1075/7   ME(e)
72 Monen-dæig 1129/14   ae
73 Mone-niht 1131/1   ae
74 munece regol (?) 1123/   ae
    27 f.
75 non-tid 1140/4   ae
76 orf-cwealm 1086/20;   ae
    1103/13; u. ö.
77 Pentecosten-mæssan-   ME
    wuce (?) 1102/19
78 Pentecoste-wuce 1123/75   ME
79 rachenteges 1137/30   ae
80 reil-þein 1131/36   ae
    (ae. hrægl-þegn)
81 Rom-gesceot 1095/64 f.   ae
    Romescot 1123/40
    Romescott 1127/30
82 sed-læpas 1124/27–30   ae
    (3×)
83 sæ-flod 1099/10   ae
84 sæ-healf 1071/8; 1072/16   ae
85 scip-fyrd(e) 1071/8; u. ö.   ae
86 scip-here 1075/14   ae
87 scip-men 1122/18   ae
88 Sunnan-dæg 1100/31   ae
    Sunen-dæi 1127/62;
    1154/7
89 treow-wæstm 1103/14;   ME(e)
    u. ö.
90 unlaga-geld 1090/20   ME(h)?
91 unryht-geold (?) 1087/43   ME(h)?
92 untid-gewidera 1095/66   ME(h)?
93 wæpmen 1123/87   ae
94 wimman 108[7]/94; u. ö.   ae
95 win-geardas 1073/3   ae
    win-iærd 1137/73
96 gewitene-mot 1123/16;   ae
    1124/43
    (ae. witena-gemot)

1.2. Sb+s/Sb

1 cinnes-men 1129/34   ME(e)
2 Cristes-bec (?) 1070/16   ae

3 Cristes-mæsse 1091/1;   ae
   u. ö.
4 Cristes-tyde 1123/2   ME(e)?
5 cynges-tun 1070/53 (?)   ae
6 Martines-mæsse (?)   ae/ME
   1089/6; u. ö.
7 Palmes-Sunendæi (?)   ae
   1122/9
8 sander-men 1123/2, 37   ME(e)
9 Tiwæs-dæg 1104/5;   ae
   1122/9
10 þunres-dæg 1100/27;   ae
   1106/19
11 Wodnes-dei 1123/4   ae

Syntaktische Gruppen sind:
– (Sancte) Michaeles mæsse
  1091/31; u. ö.
– Michaeles mæssedæg
  108[7]/165

1.3. Adj/Sb

1 god-spel 1122/5   ae
2 hea-deor 108[7]/123   ME(e)?
3 heh-messe 1125/18   ae
4 hold-aðas 108[6]/8;   ME(e)
   1115/3
5 mid-dæg(e) 1104/5   ae
   mid-dæi 1131/4
6 mid-lengten 1094/12   ae
7 middan-eard 108[7]/51   ae
8 middan-sumer 1114/3   ae
9 midde-sumer 1097/9;   ae
   1100/10
10 mide-winter 1075/32;   ae
   1083/31; u. ö.
11 norð-half 1131/2   ae

Ortsnamen:

1 Malueisin 1095/30 (Lw)

Syntakt. Gruppe ist wohl:
1 Lang Fridæi 1137/79   ae

1.4. Num/Sb

1 seofe-niht 1070/60;   ae/ME
   1123/58; u. ö.

1.6. Partikel/Sb; Partikel/ deverbales Sb

1 gean-fare 1119/23	ME
2 nea-wist 1094/43 (Sb)	ae
3 nehhebur 1095/30f.	ae
neahheburas 1100/11; u.ö.	
4 ut-lages 1070/19; u.ö.	ae

1.9. Sb/Vb+Ø_Sb

1 cyrce-weard 1070/14f.	ae
2 here-toga 1121/4	ae
3 hlæfdig 1075/28	ae
4 hlaford 108[7]/39; u.ö.	ae
Laferd 1123/9	
5 land-lyre 1105/10f.	ME(e)
6 stiward 1093/23	ae
7 yrfe-numa 1091/15, 17;	ae
u.ö.	
8 yrfe-weard 1100/21	

1.10. Sb/Vb+t; Adj/Vb+t

1 dohter-gift (?) 1110/24	ME
2 man-slihtas 1104/24	ae

Vgl. auch nea-wist
(oben 1.6.)

1.11. Sb/Vb+ere

1 horn-blaweres 1127/71	ae

1.12. Sb/Vb+ing

1 eorð-byfung 1117/15	ae
eorð-bifung 1119/13	
2 eorð-styrunge 1089/4	ae
3 feoh-spillinge 1096/30	ME(h)
4 man-myrringe 1096/30	ME(h)

1.13. Affixoide (Sb)

Präfixoide:

kine-

1 cyne-dom 1075/11;	ae
1107/12	
2 kyne-helm 1070/27	ae
kine-helm 108[7]/57	

cyne-helm 108[7]/74	
3 kyne-kynn 1100/47	ae
4 kyne-rice 1076/2	ae
kine-rice 1124/38	

Suffixoide:

-dom

1 cristen-dom 1102/16	ae
2 cyne-domes s.o.	ae
3 eorl-dom 1075/5; 1102/4	ae
u.ö.	
4 halidom 1131/33	ae
5 swic-dom 1104/14	ae
6 þew-dom 1070/59	ae

-ern

1 quartern 1137/25	ae
2 slæpperne 1116/18	ae

-had

1 clerc-had 1123/23;	ae
1127/32	
2 munec-had 1123/22	ae

-lac

1 bod-lac 1129/22	ME(e)
2 ræf-lac 1135/18	ae

-reden

1 manred 1137/12 u.ö.	ae
2 sibreden 1127/19, 53	ae

2.2. Adj/Adj; Adv/Adj

1 deor-wurðe 108[7]/171	ae
2 hefig-time 1096/25, 26;	ae
u.ö.	
3 norð-east 1122/19 (Sb)	ae
(1106/41: Adv)	
4 norð-west 1110/18 (Sb)	ae
5 norðan-eastan 1110/15f.	ae
(Adv)	
6 suð-east 1097/20 (Adv)	ae
7 suð-west 1106/12;	ae
1110/16 (Sb);	
suð-weast 1097/19 (Adv)	

2.4. Pron/Adj

1 æl-mihtig 1114/32;	ae
1124/48	

2.5. Partikel/Adj

1 fore-spræcena,　　　　　ae
　for-sprecon 1070/47;
　1130/11

2.8. Sb/PartPräs

1 land-sittende 1086/6　　　ME(e)
　(Adj); 1085/32 (Sb)

2.10. Sb/PartPrät

1 hunger-biten 1096/24　　ME(e)?

2.11. Adj/PartPrät; Adv/PartPrät

1 betst-boren 108[8]/73　　ae

2.12. Affixoide (Adj)

seld-
1 selcuð 1097/18; 1114/7　ae

-fast
1 rot-fest 1127/44　　　　ME(e)
2 soð-fæst 1124/46; 1127/69　ae

-ful
1 wurð-ful 108[7]/63, 74　ae

2.13. Adj+Sb/Ø$_{Sb}$; usw.

1 heard-heort 108[7]/14 f.　ae

2.14. Adj+Sb/ed; usw.

1 brad-egede 1127/65　　ME(e)

3. Verdunkelte Lehnkp.

1 gersumes 108[7]/168;　　ME
　1122/7

4. Syntakt. Gruppen; Versehen

1 crucet-hus (ed. Plummer):
　lies statt dessen: crucethur
　(ed. Clark) 1137/26
2 secræman[ne] 1070/40
　(trotz Zusammenschrei-
　bung wohl Adj+Sb-
　Gruppe)

3 to Ealra Halgena 1095/43

5. Kp. aus anderen Versionen der ags. Chronik (ed. Plummer) Sb/Sb

1 hyld-að, ChronH 1114　ME

Sb/Adj

1 woruld-snotra, ChronD　ae
　1078 (Sb)

Lehnkp.

1 gra-scinnen, ChronD 1075　ME

7) *Durham*

　Dichtung; 21 Verse

1.1. Sb/Sb

1 wuda-fæstern 6　　　　ae

Ortsnamen:

1 Breoten-rice 1　　　　ae

1.13. Affixoide (Sb)

Suffixoide:

-ern
1 wuda-fæstern: s.o. 1.1

2.12. Affixoide (Adj)

-fast
1 ar-fest 10　　　　　　ae

8) *HonEluc*

　Prosa; 5 Druckseiten

1.1. Sb/Sb

1 Fri-dæig 144/22　　　ae
2 helle-fyr (?) 142/38　　ae
3 helle-pinen (?) 143/33　ME(?)
4 lic-hame 142/4　　　　ae
5 neorxene-wang 141/15;　ae
　144/6

6 wif-mann 143/30   ae
7 wurld-welen 141/39 f.   ae
8 wurð-mynt 140/33   ae

1.3. Adj/Sb

1 emcristene 141/30   ME(e)?
2 god-spell 144/25; 145/3   ae
3 midden-eard 140/31   ae

1.7. Vb/Sb

1 bryn-stanes 143/31   ME(e)

1.8. Vb+ing/Sb

1 leorning-cnihtes 144/9 u.   ae
  28

1.9. Sb/Vb+Ø$_{Sb}$

1 man-slege 140/34   ae

2.2. Adj/Adj; Adv/Adj

1 deore-wurðe 143/22   ae
2 hefig-teme 140/30   ae

9) SermRdE

Prosa; 25 Druckseiten, aber mit um-
fangreichem Apparat.

1.1. Sb/Sb

1 cæstel-weall 26 f.   ae
2 heofone-rice (?) 56   ae
3 lar-ðeawes 18; 95   ae
4 lic-hame 26; 121 ff.   ae
5 tungel-witega 189   ae

1.2. Sb+s/Sb

1 domes-dæig 130   ae

1.3. Adj/Sb

1 god-spell 1; 14 f.; u. ö.   ae
2 nea-magen 225   ae

1.9. Sb/Vb+Ø$_{Sb}$

1 herbyrge 119   ae

1.13. Affixoide (Sb)

-dom
1 wise-dom 179; u. ö.   ae

-ern
1 cwartern 144   ae

-had
1 mægeð-had 25; 88; u. ö.   ae

2.8. Sb/PartPräs

1 bearn-eacninde 178   ae
2 dæl-nymende 223   ae

2.12. Affixoide (Adj)

-fast
1 gehand-fæst 52   ae

2.13. Adj+Sb/Ø$_{Adj}$

1 ead-mede 41   ae

2.14. Adj+Sb/ed; Num+Sb/Suffix$_{Adj}$

1 an-lypig 12   ae

10) ChartHenII

Prosa; ⅟₂ Druckseite

1.1. Sb/Sb

1 ham-socne 9   ae
2 scirereuan 2   ae

Ortsnamen:

1 Cantuara-birʒ 4   ae
2 ængle-land 1   ae

1.3. Adj/Sb

1 ealde-fader 7 (2 ×)   ae

1.9. Sb/Vb+Ø$_{Sb}$

1 grith-briche 9   ae

1.18. Phrasen etc.

1 infangenes thiafes 9   ae

11) *ProvA*

Dichtung; 536 Verse in 29 Strophen (Strophen 30–34 sind nach Arngart 1978:23 später). Zitiert nach Strophen und (in Klammern) Verszeilen.

1.1. Sb/Sb

1 baleu-siþes 17 (292)	ae
2 cot-lif 16 (275)	ae
3 fo-men 17 (286) (vr. fon)	ae
4 mon-þewes 14 (228) (vr. mannes þewes)	ae
5 orgul-prude 21 (347) (vr. ouer-prute)	ME
6 sadel-boȝe 13 (205)	ae
7 se-flod 8; 11 (124; 175) (vr. see þat floweþ)	ae
8 wimman 17 (293); u. ö. (vr. wimmon, wymmon)	ae
9 wrake-siþ 7 (120) (vr. wrake-se)	ae

Ortsnamen:

1 Enȝlond 1 (12, 17, 24) (vr. enkelond, englene lond, englelond, usw.)

Ferner:
1 bismare-word 31 (586)   ae

1.2. Sb+s/Sb

1 daies liht (?) 28 (499)	ae
2 werldes wele (?) 27 (496)	ME
3 werldes welþe (?) 29 (507)	ME?

1.3. Adj/Sb

1 fre-mann 26 (23) (456)	ae
2 middellert 29 (514) (vr. middel-werlde)	ME
3 wis-mon (?) 6; 26 (109, 458)	ae/ME
4 yong-mon (?) 7 (111) (vr. ȝung-man)	ae/ME

1.9. Sb/Vb+Ø_{Sb}

1 here-gong 5 (86)   ae

2 louerd 2; 21 (44, 362); u. ö.	ae
3 morȝe-sclep 15 (260)	ME
4 soþ-cweþes (?) 30 (541) (vr. soþe cweþes)	ae/ME

1.10. Sb/Vb+t

1 *[bred]-ehte 16 (267) (Hss. ehte usw.)	–
2 world-ayhte 29 (507) (vr. werldes welþe)	ae

1.13. Affixoide (Sb)

-dom
1 wis-dom 6; 12; 15 (96, 192, 247)   ae

2.1. Sb/Adj

1 word-wod 17 (293)   ME(h)

2.7. Sb/Vb+Ø_{Adj}

1 leþe-bei 34 (656)   ae

2.9. Adj/PartPräs

1 muchil-lestinde (?) 15 (261)   ME

2.10. Sb/PartPrät

1 boc-lered(e) 1; 3 (4; 65) (Vr. bok-ilered; in boke ilered; usw.)	ME?
2 win-drunken 17 (282) (Vr. wyn-drunke; drunken)	ae

2.12. Affixoide (Adj)

-wis
1 riht-wis 2 (55); u. ö.   ae

-ful
1 schend-ful 20 (340) (Vr. scondes-ful)   ae

2.13. Adj+Sb/Ø_{Adj}

1 sory-mod 14 (241)   ae

12) *SGH*

Dichtung; 14 Verse

1.13. **Affixoide (Sb)**

-had
1	clen-had 6	ME

13) *Body&S/1 (Grave)*

Dichtung; 25 Verse

1.1. **Sb/Sb**

1	eorð-hus 15	ae
2	sid-waȝes 9	ME

1.7. **Vb/Sb**

1	hele-waȝes 9	ME(e)

14) *PMor*

Dichtung; 398 Verse

1.1. **Sb/Sb**

1	helle-dure (?) 182	ae
2	helle-ver (?) 152; 154 (vr. helle-fur)	ae
3	helle-gate (?) 182 (vr.)	ae
4	helle-grunde (?) 180	ae
5	niþerhelle-grunde (?) 297	ME
6	helle-king (?) 218	ME?
7	helle-pine (?) 154 (vr.); 210 (vr) u. ö.	ae
8	heuen-fer 76 (vr. houen-fur; heuene and fur)	ae
9	heuen-king 63; 352 (vr. he(o)uene-king)	ae
10	heuene-riche 42; 65; u. ö. (vr. heueriche usw.)	ae
11	lic-ham 304	ae
12	man-cun 305; 338 (vr. mon-kun; manne cunne; manne-kenne; usw.)	ae
13	mete-niðinges 232	ae
14	raketeȝe 281 (vr. raketeie)	ae
15	salt-water 250 (vr.)	ME

16	serreue 50 (vr. schirreue)	ae
17	weter-drinc 144 (vr. wateres drinc)	ae
18	world-wele 155 (vr.) (vr. worldes weole) werlde-wele 224; u. ö. (vr. worldes weole)	ae

1.2. **Sb+s/Sb**

1	domes-dai 136	ae
2	domes-men 258	ME(e)
3	kunes-men 263 f. (vr.)	ae/ME
4	swines brede (?) 145	ME?
5	werldes wele 155; 224 (vr.); u. ö.	ae(?)

1.3. **Adj/Sb**

1	cristene-men (?) 295	ae?
2	emcristene 308 (vr. euen-cristen)	ae
3	middel-erd 140 (vr.)	ME
4	midden-eard 140; 195; u. ö.	ae

1.4. **Num/Sb**

1	forme-fader (?) 197 (vr.) (vr. uormes uader)	ae/ME
2	seue-ȝier 142	ME
3	soue-niht 142 (Adj?)	ae/ME

1.9. **Sb/Vb+Ø$_{Sb}$**

1	louerd 80; 189 (vr. lauerd)	ae

1.13. **Affixoide (Sb)**

-dom
1	cristen-dom 296	ae
2	hor-dom 255	ME
3	wis-dom 213	ae

-had
1	child-hade 7 (vr.)	ae

2.1. **Sb/Adj**

1	medeȝierned 258 (vr. med-ierne)	ME

2.4. Pron/Adj

1 al-mihti 335	ae
(vr. eal-mihti; usw.)	

2.7. Adj/Vb+Ø_{Adj}

1 erued-helde 313 (vr.)	ME
(vr. earueð-healde; usw.)	
2 eð-lete 74; 150; u.ö.	ME(e)
(vr. ec-lete)	

2.12. Affixoide (Adj)

-fast
Vgl. un-stedefeste 243 u.ö.	ME

-ful
1 niþ-ful 276 (vr.)	ae
2 ond-ful 276	ME

-fold
1 hundred fealde 249	ME

-wis
1 wrang-wis(e) 48; 258	ae

15) *Orrm*

Dichtung; 20068 Verse plus Dedication (D; 342 Verse) und Preface (P; 106 Verse)

1.1. Sb/Sb

1a allderr-mann 265, 271; u.ö.	ae
1b ellderne-mann 1213, 1235	ae/ME
2 allmess-ded(e) 7365, 7372; u.ö.	ae
3 allmess-werrkess 10118	ae
4 asse-cribb(e) (?) 3711	ME
5 apperr-mod 4720 (nicht: *awwerr-mod)	ME(h)
6 belle-dræm 922	ME?
7 boc-staff D 104; 4305, 4308; u.ö.	ae
8 bode-word(ess) 7, 4377; u.ö.	ME

9 breost-lin 955	ae
10 brid-ale 11059, 14003; u.ö. (häufig)	ae
11 brid-gume 10393, 10422; u.ö.	ae
12 bul-axe 9281, 9935; u.ö.	ME
13 casstell-tun 17918 kasstell-tun 18102, 19501	ME
14 chappmenn 15783, 16078	ae
15 clawwstre-mann 6352	ME(h)
16 cnape-child, cnape-chilldre 4133, 4220, 4245; u.ö.	ME
17 cullfre-briddes 7586, 7726; u.ö.	ME
18 dæd-bot(e) 6025, 7831; u.ö.	ae
19 deofell-shin(e) 8110	ae(l)
20 driʒ-crafftess 16053	ae(l)
21 driʒ-menn 7076, 7080; u.ö.	ae(l)
22 eʒhe-sallfe 1852, 9426	ae
23 ele-sæw 994, 1470; u.ö.	ME
24 ende-daʒʒ 5674, 5690; u.ö.	ae
25 ende-land 17916, 18080; u.ö.	ME
26 enngle-flocc 67	ME
27 enngle-kinde 666	ME
28 enngle-þeod 1050, 1697, 1762; u.ö.	ME
29 eorþe-riche 12132 erþe-riche 14949	ae
30 errfe-blod 1788	ME
31 esste-mete 829	ae
32 fic-tre 12804, 12816; u.ö.	ae
33 fossterr-faderr 8855	ae
34 frofre-gast 757, 10986; u.ö.	ae
35 gesst-hus 7040	ae
36 goddspell-bokess P4, P52; u.ö. goddspell-boc D 179; u.ö.	ae

37 goddspell-wheless 5911, ME
   5971
38 grunnd-wall 13 372, ae
   13 382
39 ʒol-daʒʒ 11 063, 11 064 ae
40 hæfedd-burrh 8469 ae
41 hæfedd-follc 14 492 ME
42 hæfedd-hird 587, 591; ME
   u. ö.
43 hæfedd-kinedom 9175 ME
44 hæfedd-mahtess 4555 ME
   hæfedd-mahht 4566;
   u. ö.
45 hæfedd-mann 297, ae
   8085; u. ö.
46 hæfedd-peninng 3293 ME
47 hæfedd-plihht 4738, ME
   10 213
48 hæfedd-preost 299 ME
   hæfedd-prest 477, 508;
   u. ö.
49 hæfedd-sinne 2728, ae
   4557; u. ö.
50 handewerrc 5054, 5060; ae
   u. ö.
51 hannd-while 12 166 ae
52 helle dæþ 7782 ME
53 helle-fir 1529, 9970; ae
   u. ö. (vgl. fir off helle
   10 560)
54 helle-grund 10 508, ae
   15 394
55 helle-mihhte D 278 ME?
56 helle-pin(e) 3683, 3863; ME
   u. ö. (häufig)
57 helle-pitt 10 215, 10 504; ME
   u. ö.
58 helle-þeod 6547 ME
59 helle-wa 209D, 9699; ME
   u. ö.
60 heofenn-king 1750 ae
   (heffness king 13 802)
61 heofenn-riche 2153, ae
   3489; u. ö.
62 herrfesst-tid 11 254 ae
63 hirde-flocc 3372 ME
64 hirde-mann 6852 ae
65 hirne-stan 6824, 13 358 ae

66 kanndell-messe 7706 ae
67 kaserr-king 275, 3270; ME
   u. ö.
− kasstell-tun s. o. bei ME
   casstell-tun
68 kirrke-dure 1327, 13 332 ME
69 kirrke-flor 9015 ME
70 kirrke-gærd 15 254 ME
71 læche-crafft 1869 ae
72 laferrd-flocc 590, 603 ME
73 laʒhe-boc 1953, 1967; ME
   u. ö.
74 laʒhe-follc 10 203 ME
75 laʒhe-leod 10 231 ME
76 lar-faderr 16 625, ME
   16 789; u. ö.
77 lar-spell D 56, 5947; u. ö. ae
78 leʒhe-menn 6222 ME(h)
79 lerninngcnihhte-flocc ME
   15 676
80 lihht-fatt(ess) 13 399; ae
   13 440
81 loff-sang 18 025 ae
82 maʒʒdenn-child 4098, ae
   4222; u. ö.
83 maʒʒdenn-mann 2085, ae
   3082; u. ö.
84 maʒʒstre-dwale 7454 ME
85 man-aþ 4480 ae
86 mann-kinn(e) D 164; ae
   D 165; u. ö.
87 marrgrote-staness 7407 ME
88 messe-boc 31 D ae
89 messe-daʒʒ 2720, ae
   4172; u. ö.
90 mete-kinn 8645 ME
91 minnstre-dure 1060 ME
92 minnstre-mann 6339 ae(l)
93 moderr-hallf (?) 10 814, ME
   12 718; u. ö.
94 munec-lif 6292, 6294; ae
   u. ö.
95 neddre-streon (?) 9265, ME
   9793 (neddress streon
   s. u. 1.2.)
96 orrʒhell-mod 6262 ME(h)
97 Passke-daʒʒ 15 552, ME
   15 614; u. ö.

498

98 Passke-messe 8902,   ME
   15 849; u.ö.
99 Passkemesse-daȝȝ 8893,   ME
   8985; u.ö.
   Paschemesse-daȝȝ
   17 888
100 preste-flocc 489, 547   ME
101 reclefatt 135, 1072;   ae
   u.ö.
102 reȝhell-boc D 8   ME
103 rode-pin(e) 2018, 12 633   ME
104 rode-tre D 201, P 9;   ME
   u.ö.
   rode-treo 1368, 1374;
   u.ö.
105 sæ-steorrne 2132, 2134   ae
106 sallte tæress (?) 13 849   ME
107 saterr-daȝȝ 4350   ae
108 sawle-baþe 14 479   ME
109 sawle-berrhless D 138;   ME
   P 103
110 sawle-bote 10 194   ME
111 sawle-bræd 3653   ME
112 sawle-nede (?) 244, 981;   ME?
   u.ö.
   (aber: sawless nede 254)
113 sawle-sallfe 13 489   ME
114 sawle-sellþe P 102   ME
115 shep-hirde 3587   ae
   (shepess hirde 3595)
116 sho-þwang 10 387,   ae
   10 412; u.ö.
117 shulldre-lin 954   ME
118 steorrne-leom 3442,   ME
   6536; u.ö.
   sterrne-lem 7276
119 sune-child 128   ME
120 sunne-bæm 7278, 7280   ae
   sune-bæm 18 979
121 sunenn-daȝȝ 936, 4360;   ae
   u.ö.
122 uhhtenn-tid 5832   ae/ME
   (ae. uht-tid)
123 unnderrn-time 19 458   ME
124 waterr-fetless 14 411   ME
125 waterr-flod 17 533,   ae
   17 567; u.ö.
126 waterr-kinn 193 D   ae

127 waterr-kinde 18 087   ME?
128 waterr-stræm 18 092   ae
129 waȝhe-rifft 1014, 1018;   ae
   u.ö.
130 weorelld-lif 2978, 2980   ae
131 weorelld-riche 11 800   ae
132 weorelld-þing 2966,   ae
   2969; u.ö.
133 weppmann 15 P, 1943;   ae
   u.ö.
134 weppmann-kinn 4092   ME
135 werrke-daȝȝess 11 315   ae
136 wesste-land 9139, 9239;   ME?
   u.ö.
137 wicche-crafftess 7077,   ae
   7081
138 widdwe-lif (?) 7669   ME
139 wif-mann 291, 7912;   ae
   u.ö.
   wimmann 1987, 2031;
   u.ö.
140 wimmann-kinn 239,   ME
   2334; u.ö.
   wifmann-kinn 3058
141 wuke-daȝȝ 13 182   ae
142 wurrþ-minnt 3379,   ae
   12 369

Namen:

1 Gricc-land 16 423
2 Judea-land 6856, 6872; u.ö.
3 Kalldea-land 6642, 6866; u.ö.
3 Rome-burrȝh 275
   Rome-burrh 7010; u.ö.
4 Rome-king (?) 8289
6 Rome-riche 8305

1.2. Sb+s/Sb

(Bei vielen der genannten Verbindungen ist der Kompositumstatus fraglich).

1a burrȝhess tun 6538   ae/ME
   (ae. burgtun)
1 childess ȝærress 10 885   ME?
2 childess þæwess 8054   ME?
3 childess cosstess 8056   ME?

4 dæþess drinnch   ME?
   14380, 15387; u.ö.
5 dæþess pine 15221,   ME?
   19954
6 dæþess nahht 1904   ME?
7 dæþess slap 1903   ME?
   dæþess slæp 5953; u.ö.
8 dæþess wunde 4275, 4289   ME?
9 daȝȝess lihht 3860   ME?
10 deofless crafft 12455   ae/ME
11 deofless þeoww 31   ME?
   defless þeww 7454,
   16050
12 domess-daȝȝ D 247,   ae
   651; u.ö.
13 flæshess lusst 5072,   ME?
   5521, 5714; u.ö.
14 Godess Lamb 12623   ME?
15 ȝoless moneþþ 1910   ME?
16 heoffness ærd 2235,   ME?
   2264; u.ö.
   heffness ærd 5954,
   14948; u.ö.
17 heffness blisse D 248,   ME?
   D 280; u.ö.
   heoffness blisse 3557,
   4115; u.ö.
18 heffness ȝate 13998   ME?
19 heffness king 13802,   ae/ME
   15082; u.ö.
   (vgl. heofenn-king,
   oben 1.1.)
20 heorrtess eȝhe 5537   ME?
   herrtess eȝhe 13622
21 hunntess hus 13466   ME?
22 kingess waȝȝn 5912   ME?
23 kinness-menn 319,   ae/ME
   321; u.ö.
24 lifess bræd 1939, 3534   ME?
25 lifess drinnch 15406   ME?
26 manness sune 13821   ME?
27 millkess drinnch   ME?
   12650
28 Moysæsess boc 14290   ME
29 neddress streon 9755,   ME?
   9763; u.ö.
   (neddre streon 9793)
30 new ȝeress daȝȝ 4230   ME?

31 nihhtess resste 6492   ME?
32 ollfenntess hær 3208,   ME?
   9223
33 salltess smacc 1653   ME?
34 sanderr-menn 10273,   ME
   10304; u.ö.
35 shepess lamb 12660,   ME?
   12662
36 shepess skinn 3210,   ME?
   9229
37 sinness wundess 2228,   ae/ME
   17464
   (ae. syn-wund)
38 steoress-mann 2135   ae/ME
   (ae. steor-man)
39 sunness lihht 13420   ME?
40 swerdess egge 6639,   ME?
   8146; u.ö.
41 þurrs-daȝȝ 5989   ae/ME
   (Hallȝhe þurrsdaȝȝ)
42 winess drinnch 11118,   ME?
   14119; u.ö.

Namen:

(Wohl durchwegs syntakt.
Gruppen)

1 Beþleæmess chesstre 3311,
   3397; u.ö.
2 ȝerrsalæmess chesstre
   6987, 11756; u.ö.
3 Issraæless land 8499
4 Issraæless riche 8470
5 Nazaræþess chesstre 1808,
   8390; u.ö.
6 Paradisess ærd 8413   ME
7 Paradisess riche 5581,   ME
   7494; u.ö.
8 Romess kinedom 9173

1.3. **Adj/Sb**

1 Æst-dale 16400   ae
2 æst-hallf 3432   ae
3 Goddspell D 14, D 30;   ae
   u.ö.
4 Haliȝ Gast (?) D 235,   ae
   167; u.ö.

5 heh-enngell 1862, 2266;   ae
u. ö.

6 heh-faderr 17107   ae

7 idell ʒellp 4564, 9709;   ae
u. ö.
(wohl synt. Gr.)

8 middell-ærd P 35, P 39;   ME
u. ö.

9 middell-werelld (?)   ME
17538, 17803

10 norrþ-dale 16412   ae

11 rihht-hallf (?) 626, 646;   ME?
u. ö.

12 suþ-dale 16418   ae

13 wesst-dale 16406   ae

14 woʒhe-dedess (?) 1375   ae

Namen:

1 Ennglisshe menn (?) 7705

1.4. Num/Sb

1 seofenn-kinne (?) 5351   ME
(seofenn-kinne bene)

2 sefenn-nahht 523, 545   ae/ME

1.6. Partikel/Sb; usw.

1 dun-stiʒhinng 10795   ME

2 inn-seʒʒless D 260,   ae
D 265; u. ö.

3 inn-sihht 3434, 3437; u. ö.   ME

4 oferr-garrt 8163, 15770   ME

5 oferr-hannd 5458, 5460;   ME
u. ö.

6 oferr-king 6906   ME

7 oferr-laferrd 276, 6903;   ME
u. ö.

8 oferr-werrc 1035, 1046;   ae
u. ö.

9 sunnderr-run 16978   ME

10 unnderr-preost 1146,   ME
1154, 10882

11 wiþerr-gast (?) 11389   ME

12 wiþerr-strenncþe 6905   ME(h)

13 wiþerr-þeod (?) 10227   ME(h)?

1.7. Vb/Sb

1 resste-daʒʒ 4176, 4186   ae

2 shæw-errn(e) 7025   ME(h)

3 wake-menn 3772, 3812;   ME
u. ö.

4 winnde-clut 3320, 3365;   ME
u. ö.

1.8. Vb+ing/Sb

1 chepinng-boþe 15573,   ME
16095; u. ö.

2 greting-word 2799   ae

3 lerninng-cnihhtess 38 P,   ae
236 D; u. ö.
leorninng-cnihhtess 2234,
5271; u. ö.

4 offring-lac 639   ME

5 witeʒhunnge-boc 15188   ae

6 witeʒhunnge-writ 15298   ME

1.9. Sb/Vb+Ø_Sb

1 arrf-name 17744, 19165;   ae
u. ö.

2 bede-sang 1450, 5526;   ME?
u. ö.

3 broþþ-fall 15504   ME(h)

4 daʒʒ-sang 6360   ae

5 gress-hoppe 9224   ae

6 hannd-gang 13254,   ae
15992; u. ö.

7 handewritt 13566   ae
(ae. hand-gewrit)

8 laferrd 181 D; u. ö.   ae

9 laffdiʒ 1807, 1886; u. ö.   ae

10 sallm-sang 14291, 16946   ae

11 uhhtenn-sang 6360   ae/ME
(ae. uht-sang)

12 waterr-drinnch 14482,   ae
14600; u. ö.

1.10. Sb/Vb+t; Adj/Vb+t

1 eʒhe-sihhþe 1868, 16955;   ME
u. ö.

2 fulluhht D 4, D 194; u. ö.   ae

3 goddspell-wrihhte P 28,   ME
P 36, 759; u. ö.

4 sallme-wrihhte 15 429,   ae
   15 578; u. ö.

5 weorelld-ahht 12 079   ae

1.13. Affixoide (Sb)

kine-

1 kine-dom 801, 2227; u. ö.   ae
   (häufig)

2 kine-ȝerrde 8182   ae

3 kine-riche 2236, 2262; u. ö.   ae

4 kine-sæte 2224   ME

-dom

1 allderr-dom 18 278   ae

2 crisstenn-dom 3 D,   ae
   137 D; u. ö.

3 hæþenn-dom 1320, 1960;   ae
   u. ö.

4 haliȝ-dom(ess) 1031,   ae
   1689; u. ö.

5 hore-dom 3996, 4438;   ME
   u. ö.

6 kine-dom s. o.   ae

7 læche-dom 1851, 1855;   ae
   u. ö.

8 laferrd-dom 11 851,   ae
   12 252

9 marrtir-dom 5331, 6314;   ae
   u. ö.

10 swike-dom(ess) 3795,   ae
   3997; u. ö.

11 þeoww-dom 3611, 3617;   ae
   u. ö.
   þeww-dom 12 848,
   12 852; u. ö.

12 usell-dom 3708   ME

13 wissdom 5997, 6729; u. ö.   ae

-ern

1 cwarrterrn 6168, 8133;   ae
   u. ö.
   quarrterrn 18 187

2 shæw-errne s. o. 1.7. (7025)   ME(h)

*-full*Sb

1 hannd-full 8648   ae

-had

1 kanunnkess-had (?) 9 D   ME?

2 maȝȝdenn-had 4606, 4624   ae

3 maȝȝþ-had 2278, 2286;   ae
   u. ö.

4 widdwess-had 4606, 4624;   ae/ME
   u. ö.
   (ae. wuduwan-had)

-lac

1 offring-lac s. o. 1.8. (639)   ME

2 wedd-lac 2499, 2510; u. ö.   ae
   (In der Überzahl sind jedoch Bildungen mit *-leȝȝc*,
   das seinerseits mit *-ness*
   alterniert).

-ware

1 heffne-ware 12 919   ae

2 helle-ware 3593   ae

1.18. Sonstiges

Incipit-Kp.

1 Paterr Nossterr (?) 5352,   ae
   5354; u. ö.

Wortmischung

1 dromeluss 6967   ME(h)

2.1. Sb/Adj

1 bilewhit 6654   ae

2 dæþ-shildiȝ 10 436, 18 317   ae

3 name-cund 6863   ae/ME
   (ae. nam-cuð)

2.2. Adj/Adj; Adv/Adj

1 dere-wurrþe 4958, 4959;   ae
   u. ö.
   deore-wurrþe 6689; u. ö.

2 efenn-ald 18 605   ae

3 efenn-eche 18 582   ae

4 efenn-heh 15 720   ae

5 efenn-mahhtiȝ 18 571   ae

6 efenn-mete 3099, 3101;   ME
   u. ö.

7 efenn-rike 11 868   ae

8 full-herrsumm (?) 7507   ME

2.3. Num/Adj; Num/Partizip

1 an-kennedd 7141, 16 733;   ae
   u. ö.

2.4. Pron/Adj; Pron/Partizip

a) Pron/Adj

1	allr-æresst D 332, 15 225; u.ö.	ae
2	all-mahhtiʒ D 315, P 57; 95, 175; u.ö.	ae
3	all-haliʒ 8871	ae

b) Pron/PartPräs

4	all-wældennd 153, 2290; u.ö.	ae

c) Pron/PartPrät

5	all-forrwurrþenn 4920	ME
6	all-fullfremedd 4151	ME
7	all-fullwaxenn 4762	ME

2.5. Partikel/Adj; Partikel/dev. Adj

1	hinnderr-ʒæp 6646, 6652	ae
2	oferr-heh 12061	ae
3	ut-numenn 460, 3767; u.ö.	ME

2.6. Vb/Adj

1	lic-wurrþiʒ 15919	ae
2	wallhat 14196	ae/ME

2.10. Sb/PartPrät

1	dwall-kennde 7441	ME(h)

2.11. Adj/PartPrät; Adv/PartPrät

Bei fast allen Verbindungen könnte es sich auch um syntakt. Gruppen handeln.

1	full-brohht 16335, 16337	ME
2	full-forþedd 15597	ME?
3	full-fremedd 1576, 5792	ae
4	full-timmbredd 16323	ME
5	full-þrifenn 5130	ME
6	full-waxenn 6079, 10884; u.ö.	ae
7	full-wrohht 15597, 16251	ae
8	heh-borenn 13532f.	ME
9	rihht-biʒetenn 1645	ME

2.12. Affixoide (Adj)

seld-

1	sellcuþ 15693, 16156; u.ö.	ae

twi-

1	twi-fald(e) 5224; u.ö.	ae

-fast

1	shammfasst 2175	ae
2	siʒʒe-fasst 16958	ae
3	soþ-fasst 1445, 1562; u.ö.	ae
4	stede-fasst 1597, 4148; u.ö.	ae

Vgl. ferner

5	hannd-fæst 2389	ae

-ful

1	aʒhe-full 7172	ae
2	are-full 1460	ae
3	allmess-full 9931	ae
4	brerd-full 14451, 14529; u.ö.	ae
5	ʒeorrn-full 1631, 2697; u.ö.	ae
6	hoʒhe-full 2902, 2952; u.ö.	ae
7	læf-full 19242	ae
8	niþ-full 78 D, 672; u.ö.	ae
9	sede-full 2175; 4610	ae
10	serrh-full 4789, 4805; u.ö.	ae
11	sinn-full 2967, 2975; u.ö. (full off sinne 14583)	ae
12	swinnc-full 2621, 4730; u.ö.	ae
13	þohht-full 3423	ME?
14	wurrþ-full 5195, 5801; u.ö.	ae

Vgl. auch

15	unn-skaþefull 1176	ae
16	unn-þæwfull 2191	ae

-wis

1	rihht-wis 190, 369; u.ö. (un-rihhtwis 390, 9708)	ae

2.13. Adj+Sb/Ø$_{Adj}$

1	ædmod 2887, 3606; u.ö. æddmod 10837; u.ö.	ae
2	dreriʒ-mod 6541	ae
3	driʒʒe-fot 10338 (Adv?)	ME?
4	samm-tale 1535, 5731	ME

503

2.14. Adj+Sb/ed; Num+Sb/ed; usw.

1 an-lepiʒ 11   ae

2.15. Sonstiges

Adj(+s)/Pron
1 littless-whatt 6952   ME?
2 maniʒ-hwatt   ME

4. Syntakt. Gruppen; Fragliches

1 Statt awwer-mod lies:
  apper-mod 4720 (s.o. 1.1.)
2 wæpnedd follc 10225
  (PartPrät+Sb)
  Nach Lehnert 1953:81
  sind auch folgende Ver-
  bindungen Kp.:
3 bodiʒ dede
4 bodiʒ kinde
5 bodiʒ mahhte
6 bodiʒ sihhte
7 bodiʒ sinn
  – Dies scheint jedoch
  fraglich.

16) *SanctBeda (WorcFr)*

Dichtung; 23 Verse

1.1. Sb/Sb

1 lor-þeines 19   ae

Ortsnamen:

1 cantoreburi 14
2 rofecæstre 14
3 wincæstre 13
4 wireceastre 12

1.2. Sb+s/Sb

Ortsnamen:

1 heoues-ham 12
2 malmes-buri 12 f.

1.13. Affixoide (Sb)

-dom

1 cristen-dom 10   ae

2.2. Adj/Adj

1 deor-wurþe 5   ae

17) *Body&S/2 (WorcFr)*

Dichtung; insgesamt 349 Verse (Fragmente A–G)

1.1. Sb/Sb

1 andweork(e) F 42   ae
  (ae. handgeweorc)
2 bed-strau D 14   ae
3 [bu]rd-tid A 26   ae
4 clei-clot A 37   ME(h)?
5 dream-þurles E 30   ME(h)?
6 font-stone G 37   ME(e)
7 god-fæderes G 44   ae
8 gold-fæten B 7   ae
9 heaued-ponne D 5   ae
10 helle-wite (?) B 26   ae
11 licame A 11; u.ö.   ae
12 lif-dawes A 14   ae
13 maþe-[me]te G 4   ME(h)?
14 morþ-deden E 15   ae
15 salme-[be]c C 20   ae
16 sid-wowes C 30   ME
17 soule-hus A 22   ae
18 wea-siþes G 7   ME?
19 wrecche-siþ G 6   ae

1.2. Sb+s/Sb

1 domes-dai E 13   ae

1.3. Adj/Sb

1 earfeþ-siþ A 42; 44   ae
2 holi-water(e) (?) D 12   ae

1.6. Partikel/Sb

1 for[e-fæderes] D 23   ME
2 feorþ-siþ A 27   ae
3 ofer-mete D 35   ae

1.7. Vb/Sb

1 [h]ele-wowes C 30   ME

504

1.9. Sb/Vb+Ø_{Sb}

1 mon-sware D 47	ae
2 salm-song B 22	ae
3 wed-lowe D 47	ae

1.10. Adj/Vb+t

1 ful[luht] G 38	ae

1.13. Affixoide (Sb)

kine-

1 kine-merke G 41	ME(e)

-dom

1 þeow-dom(e) B 29	ae
2 wis-dom(e) E 43; u.ö.	ae

1.17. Reduplizierend

1 [wei]-la-wei C 14 (Sb)	ae

2.1. Sb/Adj

1 gold-fohne C 4 (ae. gold-fag)	ae
2 quale-holde (?) B 42	ME(h)?

2.2. Adj/Adj

1 deor-wurþe B 25; F 50	ae

2.4. Pron/Adj

1 al-mihti F 36	ae

2.12. Affixoide (Adj)

-ful

1 seoruh-ful B 18; u.ö.	ae
2 sun-ful(e) F 27	ae

2.13. Adj+Sb/Ø_{Adj}

1 hei-[mod] G 42	ae
2 sori-mod E 16	ae

3. Verdunkelte Lehnkp.

1 gærsume C 12	ME

18) *LambH*

Prosa (aber Nr. VI: Dichtung; 305 Verse); 63 Druckseiten (außer Nr. IX—X; dazu siehe oben 1—2). Für die in Nr. VII, XIII, XV—XVII gemeinsam mit TrinH überlieferten Kp. siehe unten 18a—19a.

1.1. Sb/Sb

1 castel-wall XIV (141/8)	ae
2 chirche-bisocnie IV (45/25)	ME(h)
3 chirche-weork(e) III (31/26)	ME(e)
4 cluster-lokan IV (43/21)	ae
5 ded-bot II (21/22; 23/10) u.ö.	ae
6 deu-water XVII (159/16)	ME
7 eh-þurl VIII (83/4 f.)	ae
8 elmes-dede XIII (135/32)	ae
9 ende-dai II (17/18; 21/21) u.ö.	ae
10 eorðe-þrelles IV (47/2 f.)	ME(h)
11 erming-licome IV (43/9)	ME(h)
12 earming-saulen IV (41/31)	ME
13 ester-dei III (25/23); IV (45/31); u.ö.	ae
14 feþer-home VIII (81/36)	ae
15 fonstan XV (149/28)	ME
16 fulht-bed(a) III (37/17) (ae. fulwiht-bæþ) (~ þas fulhtes beðe, II (23/26))	ae
17 god-moderes VII (73/28, 31 f.)	ae
18 ʒim-stones XIII (135/10)	ae
19 hefd-men XI (123/2)	ae
20 heafsunne II (25/11) heueð-sunnen V (49/13) hefsunnen V (51/15) heued-sunne VI.282 (S. 71)	ae
21 heouen-king VI.100 (S. 61) heuene-king VI.194 (S. 65)	ae

505

22 houene-riche I (7/28)   ae
heuene-riche II (17/26;
19/11); u. ö.
heouene-riche II (19/23);
u. ö.
heouena-riche XI (125/
23); XII (131/12); u. ö.

23 helle-grund(e) II (19/8);   ae
III (27/30)

24 helle-pin(e) II (25/15); III ae
(39/21); u. ö.

25 helle-yete IV (41/21)   ae

26 hondiwerc XII (129/20)   ae

27 hors-horde VIII (79/10;   ae
85/5 f.)

28 hors-hus(e) VIII (79/10;   ae
85/5); u. ö.

29 knaue-child VIII (81/27)   ME

30 lar-spel VI.150 (S. 63);   ae
VII (75/4)

31 lar-þeu VIII (81/20);   ae
XIII (133/1); u. ö.
lar-ðewen XIII (131/16)

32 leinten-time III (25/19)   ae

33 likam(e) VII (77/17)   ae

34 licome-lust (?) II (19/20); ME
III (35/6)

35 lif-daȝes XII (129/35)   ae

36 lif-lad(e) VIII (85/17)   ae

37 lof-song I (5/5)   ae
leof-song I (7/10)

38 man-aðas V (49/15)   ae

39 meister-deoflen IV   ME
(41/29)

40 mon-cun II (11/13;   ae
15/12); u. ö.

41 mone-dei IV (45/17)   ae

42 muse-stoch V (53/19,   ME
20, 29)

43 salm-scop V (7/13)   ae

44 saterdei IV (45/17)   ae

45 snaw-water XVII (159/8) ME(e)

46 sun-bendes (51/13)   ae

47 sun-bot(e) V (51/3); XIII ae
(135/30); u. ö.

48 sunne-lustes (?) III   ae
(33/26)

49 sune-dai I (9/8); IV

(41/10); u. ö.
sunne-dei II (11/28);
IV (45/5); u. ö.
sunnen-dei XI (123/22 f.);
XIV (139/8); u. ö.

50 þrel-weorkes IV (47/2 f.) ME(e)

51 ulint-sexe VIII (81/27 f.) ME(h)

52 welle-weter XII (129/6 f.) ae

53 weorld-iwald (?) III   ME
(33/32)

54 wepmon II (15/18);   ae
IV (47/2 f.); u. ö.

55 wif-mon II (15/18);   ae
XIII (133/12); u. ö.
wimmen V (53/23)

56 world-wunne XIV (143/ ME
36); XV (145/23); u. ö.

57 wreche-siþ(e) VIII   ae
(79/29)
ae. wræc-siþ

1.2. Sb+s/Sb

1 deies bred (?) VI.146   ME
(S. 63)

2 deis fod(e) XVI (151/15) ME

3 domes-dai III (35/35); IV ae
(45/6); u. ö.

4 setteresdei I (9/6)   ae

1.3. Adj/Sb

1 alde-feder II (19/6)   ae

1a eldre-feder II (23/6)   ME(e)

2 est-ȝete I (5/9)   ME(e)

3 euen-cristen(e) V   ae
(53/2, 6)
euecristen(e) VI.199
(S. 65); u. ö.
emcristen(e) XVII
(157/6)

4 euenexta II (13/3); u. ö. ME
efen-nexta II (17/32, 33 f.)

5 god-ded(e) II (17/11);   ae
XIII (137/20)

6 god-spel I (3/3); III   ae
(39/4); u. ö.

7 heh-angel IV (43/24)   ae
heh-engel IV (43/35)

8 middan-erd XII (127/18)   ae
9 middel-erd I (9/12; 11/2);   ME
  u. ö.
  middil-ert II (15/9)
  middel-ert II (15/11)
10 richt-halue (?) XIV   ME
   (141/8)
11 smal-chef VIII (85/28)   ME
   smal-cheue (85/29;
   nach of)
12 wit-sunnedei IV (45/34)   ME
13 wohe-domas (?) III   ae
   (35/5)
   (ae. wohdom)

Syntakt. Gruppe ist:
god mon (Hs. godmon) XVI
(151/28)

Vgl. ferner:
goder-hele VI.202 (S. 65);   ME
(Adv)

1.6. Partikel/Sb usw.

1 uorspeker VIII (83/19)   ae/ME
  (ae. fore-spreca)

1.7. Vb/Sb

1 here-word XIII (137/4 f.)   ae
2 þole-mod VI.266 (S. 69)   ae/ME?
  (hier Sb)

1.8. Vb+ing/Sb

1 leornicnihtes I (3/6)   ae
  leornikenehtes I (7/19)
  lornig-kinchtes XV
  (149/23)
2 wurðing-dei I (9/9)   ae

1.9. Sb/Vb+Ø_{Sb}

1 chuc-gong I (9/27)   ae
2 ec-sene III (143/10)   ME
3 eu-bruche II (13/8)   ae/ME
  ‚Ehebrecher'
  eu-bruche V (49/15)   ae
  ‚Ehebruch'
4 lauerd I (3/9); u. ö.   ae

5 mon-slaӡe II (15/25)   ae
  mon-slaӡen V (53/8)
6 morð-slaga III (19/13)   ae

1.10. Sb/Vb+t; Adj/Vb+t

1 fulluht VII (73/12); u. ö.   ae
2 mon-slaht VI. 45 (S. 57)   ae

1.11. Sb/Vb+ere

1 eaw-brekeres III (29/13)   ME
2 woh-demeres III (29/14)   ME

1.12. Sb/Vb+ing

1 grisbating III (33/15)   ae/ME

1.13. Affixoide (Sb)

kine-
1 kine-dom IV (45/11)   ae

-dom
1 cristin-dom VII (73/3)   ae
2 fre-dom IV (41/9)   ae
3 kine-dom s. o.   ae
4 hor-domes III (33/19)   ME

-had
1 meiden-had VIII (85/19 f.)   ae
2 spus-had XIV (143/24)   ME
3 widewe-had VIII (85/19 f.)   ae

-lac
1 reaf-lac III (39/36)   ae

-ware
1 eorðe-wara III (35/36 f.)   ae
  horðe-ware XIV
  (139/22 f.)
2 helle-wara III (37/1)   ae
3 heuene-wara III (35/36)   ae
  houene-ware XIV
  (139/22 f.)
  heouen-ware XIV (143/8)

-reden
1 neӡebur-rede XIII (137/8)   ME

1.16. Inversionskp.

1 godalmihti I (5/24); u. ö.   ae/ME

godalmihtin II (21/5; 25/2); u. ö.

1.18. Sonstiges
Adv/Sb

1 wel-ded(e) XIII (133/1);   ae
u. ö.

2.1. Sb/Adj

1 bilehwit IX (95/3, 30)   ae
2 elmes-ʒeorn IV (43/32)   ae
3 god-fruct(e) I (7/3)   ae
  god-furht III (27/24;
  35/29); u. ö.
  (ae. god-fyrht)
4 mud-freo V (49/31)   ae
  (ae. muð-freo)
5 stele-wurðe II (25/12)   ae

2.2. Adj/Adj; Adv/Adj

1 dere-wurð(e) II (19/9);   ae
  VIII (79/18); u. ö.
2 ful-god (?) III (29/25)   ae

2.3. Num/Adj; Num/dev. Adj

1 frum-scepen(e) XI   ae
  (123/16)

2.4. Pron/Adj

1 almihti II (23/16)   ae
  almihtin XV (145/14)   ae/ME
  (Vgl. auch oben 1.16 zu
  godalmihtin)

2.5. Partikel/Adj

1 ouer-modi I (5/26)   ae

2.8. Sb/PartPräs

1 dal-neominde IV (47/8)   ae
2 fur-berninde (?) IV (41/30) ME
3 milc-drinkende I (7/16)   ME(h)

2.11. Adj/PartPrät

frum-scepen(e): Vgl. oben 2.3.

2.12. Affixoide (Adj)

feðer-
1 feðer-fotetd ṣ. u. 2.14.

seld-
1 seolcuð IV (41/25); u. ö.   ae

-fast
1 soð-fest(e) VI.42 (S. 57)   ae
2 Vgl. un-staþelfest XVI   ae
  (151/27)

-ful
1 scond-ful III (31/2)   ae

-wis
1 riht-wis III (35/29); u. ö. ae

2.13. Sb+Sb/Ø$_{Adj}$; Adj+Sb/Ø$_{Adj}$; Vb+Sb/Ø$_{Adj}$

1 ed-mod VI.299 (S. 71)   ae
2 þole-mod(e) VI.273   ae
  (S. 69); XIV (143/34)
3 we-mod I (2/26)   ae

2.14. Adj+Sb/ed; Num+Sb/ed

1 analpi II (23/21)   ae
  alpi III (33/35); u. ö.
  (ae. anliepig usw.)
2 feðer-fotetd IV (43/6 f.)   ME
  (ae. fiþer-fot(e))
3 mild-heorteð II (23/4)   ME

3. Verdunkelte Lehnkp.

1 wandrede XVII (157/6)   ME

4. Ungeklärt

1 wed-durge II (15/26)

19) *TrinH*

Prosa; 109½ Druckseiten (Für die in Nr. IV, XXV, XXVI, XXX u. XXXII gemeinsam mit LambH überlieferten Kp. s. u. 18 a–19 a).

1.1. Sb/Sb

1 ale-huse III (11/30)   ae

2 almes-dede IX (55/29); ae
  XXXII (207/24)
  elmes-dede X (57/8)

3 alter-cloð XXVII ME(e)
  (163/30)

4 boc-leden XXV ae
  (151/35 f.)

5 boc-lore XXVI (155/ ae
  21); XXXIV (219/28)

6 bord-cloðes XXVII ae
  (163/34 f.)

7 bot-dai XII (69/12 (2×)) ME

8 burh-folc XV (89/24) ae

9 chapman XXXI (193/ ae
  27)

10 child-bed VIII ME(e)
  (47/4, 5, 20)

11 crisme-cloð XVI ME(e)
  (95/22)

12 chire[che]-cloðes ME(e)
  XXVII (163/28 f.)

13 chirche-folc XXVI ME(e)
  (155/33)

14 chirche-neod(e) ae
  XXXIII (215/23)

15 chirch-socne XV (89/6) ae

16 cnaue-child VIII (47/7); ME
  XXIII (135/8)

17 dai-rieme XXVII ae
  (167/8)

18 deu-water XXV ME
  (151/18)

19 duue-briddes VIII ME(e)
  (47/18)

20 eldrene-man (?) IX ae/ME
  (55/6)

21 eorðe-blostmes (?) ME?
  XXXI (197/35)

22 eorð-hole XXIII (139/ ME(e)
  15)

23 est-metes VI (37/29); ae
  IX (55/17); u. ö.

24 estre-dai XVI (99/8 f.) ae
  estrene-dai XVI (97/17);
  XIX (113/22 f.); u. ö.

25 ester-euen XVI (95/10; ae
  99/29)

26 fant-ston XVI (95/10; ME
  99/30)
  uant-ston(e) XI (61/17)

27 fish-net XXIX (175/3) ae

28 frend-men XXIX ME
  (183/23)

29 glew-men V (29/18) ae

30 godspel-boc XVII ae
  (101/7)

31 ȝim-ston XXXI ae
  (197/20, 21; 199/4)

32 hand-cloðes XXVII ae
  (163/34 f.)

33 handiwerc XXXIII ae
  (213/12)

34 hand-selne III (11/13) ae

35 haued-line XXVII ME(h)
  (163/31 f.)

36 heorte-rotes (?) XXV ME(e)
  (151/14)

37 heued-lorðeau II (7/10) ME

38 heued-synnes VI ae
  (41/11); XI (65/11)

39 heuene-blisse (?) XIV ME(?)
  (83/20)

40 heuene-gaten (?) XIX ME?
  (115/15)

41 heuene-liht XIX ae
  (113/17 f.)

42 heuen-riche XXV ae
  (145/28)
  heuene-riche XXV
  (151/29)

43 heuene-wele (?) III ME
  (11/25 f.); XII (73/3);
  u. ö.

44 helle-fur XII (75/6) ae

45 helle-gaten IV (23/1) ae

46 helle-liht (?) XIX ME
  (113/17 f.)

47 helle-pine VI (33/5); ae
  IX (55/35); u. ö.

48 helle-wite IX (55/16) ae

49 helle-wowe III (11/26); ME
  XII (73/3); u. ö.

50 hund-limes XXIX ME
  (179/10)
  hund-limen XXIX
  (181/15 f., 21)

51 huse-bonde XXVII ae
(165/18)
52 kei-herde XXXI ae
(193/13)
53 lar-ðewes VII (41/28) ae
lor-ðeu III (9/20)
lor-þewes VI (39/12);
u. ö. usw.
54 latðæu XXVII (161/6) ae
latteu XXXI (197/15)
55 leinte-mete XI (67/10) ME
56 lichame II (7/28); u. ö. ae
licame V (25/10)
57 lich-hus(e) XXVIII ME(h)
(169/17)
58 lif-dages XII (69/1) ae
59 lif-lod(e) II (7/14); ae
III (9/22); u. ö.
60 loftsonges IX (51/29 f.; ae/ME
53/3, 5); u. ö.
61 lond-folc IX (51/27) ae
62 lor-spel(le) V (27/5); ae
u. ö.
lar-spel(le) VI (39/25)
63 lust-bed(de) ME(h)
XIII (77/28)
64 man-kin III (15/1); ae
IV (23/32); u. ö.
65 marbel-ston(e) XXIV ME(e)
(145/2)
66 mel-tid III (13/21) ae
67 messe-cos XV (91/27) ME(e)
68 mes-hakele XXVII ae
(163/33)
69 messe-prest(e) IV ae
(23/30)
70 messe-ref XXXIII ae
(215/25)
71 minster-boc XIX ae
(109/28)
72 mon-oð XXXIII ae
(215/1)
73 morge-wile VI ME
(39/34; 41/3)
74 niht-þeoster XXVIII ME
(171/25)
75 palm-sunedei XVI ae
(95/7; 99/27 f.)

76 palm-twig XV (89/27 f.) ae
77 rechelfat XXIII ae
(133/35 f.)
78 rein-water XXV ae
(151/18)
79 salter-boc IV (17/3) ME(e)
80 se-steorre XXIV ae
(141/24)
sæ-sterre XXVII
(161/4); u. ö.
81 se-water XXV ae
(151/4−6)
82 sealm-boc IX (51/5); ae
u. ö.
salm-boc XII (69/14);
u. ö.
83 senib-hakel VI (37/29) ME(h)
84 sho-þuong XXIII ae
(137/33)
85 sin-bot(e) XII (73/24); ae
XIV (83/17 f.); u. ö.
syn-bot(e) XXIII
(137/3)
86 sinne-bendes XII (71/3); ae
XVI (95/9)
87 syn-wunden VI (35/16; ae
41/14)
88 sune-dai XXVI ae
(155/31 f.)
89 turtle-briddes VIII ME(h)?
(47/17)
90 waferiht XXXIII ME
(215/25)
(wohl für: weofod-rift)
91 wapman, wapmen VI ae
(37/22); u. ö.
92 water-stormes XXI ME
(177/20, 22)
93 water-stremes XXIX ae
(177/28)
94 weste-lond(e) (?) ae
XXVII (161/29)
95 wimman, wimmen VI ae
(37/22); u. ö.
96 wisdom-boc XXX ME(e)
(187/16 f.)
97 wo-siðes VII ME
(43/7, 29); u. ö.

98 woreld-richeise XXXI ME(e)?
(195/1)

99 wereld-þing(e) XXII ae
(127/16)
woreld-þing XXIX
(175/30f.); u. ö.

100 woreld-wele V ae
(29/28); u. ö.
wureld-wele XXV
(147/6)

101 weorld-wowe VII ME
(45/34)
(woreldes wowe XXIII
(141/5))

102 woreld-winne VII ME
(43/22); u. ö.
woreld-wunne XXVII
(161/11); u. ö.

103 wrecche-siðes XXVIII ae
(169/9)

1.2. Sb+s/Sb

1 deueles craftes (?) III ME?
(11/17)
(ae. deofolcræft)

2 domes-dai I (3/15); u. ö. ae

3 londes-men XXXI ME(e)
(197/20)

4 midewintres niht II (7/23) ae?

5 sander-bodes XV (89/20f.) ME(h)

6 þures-dai XI (61/5) ae

1.3. Adj/Sb

1 alde-fader XXVII ae
(165/19)

2 cristene-man (?) IV ae
(21/5)
cristeman XVI (99/19)

3 eldrene-man (?) s. o. 1.1. ae/ME

4 emcristene II (69/7); u. ö. ae

5 est-riche VII (45/13) ae

6 god-spel I (5/17); u. ö. ae

7 hegh-dai (?) XXVI ME?
(155/31f.)
heʒe-dai (?) XXXIII
(215/16); u. ö.

8 heg-engel XXII (125/12); ae
XXIII (135/1); u. ö.

9 heg-settle XV (91/7); ae
XIX (111/31f.)

10 hege-sete XXX (191/9) ME

11 hege-strete (?) XV ae
(89/25)

12 hege-wei(e) (?) XXII ae
(131/20)

13 holi gost (?) XIX ae
(109/25); XX (117/26);
u. ö.

14 lift-half (?) III (11/25); ME?
XII (67/29)

15 mid-niht VI (39/33) ae

16 mid-winter IX (55/15) ae

17 middel-herd XI (59/27); ME
XVIII (109/1)

18 midden-erd XIX ae
(109/14, 21); u. ö.

19 riht-half (?) III (11/24f.); ME
IV (23/11); u. ö.

20 soðe-quen XIV (83/32) ME

Syntakt. Gruppen sind wohl:

1 lange fridai XVI (95/9; ae
99/29)

2 shere ðuresdai XVI ME
(95/8; 99/28)

1.6. Partikel/Sb; Partikel/ deverbales Sb

1 henen-sið XXIX (185/3f.) ae

2 her-biwist XXII (125/9f.); ME
u. ö.

3 her-wunenge XXIX ME
(185/3f.)

4 heðen-sið XXII ME
(125/9ff.); u. ö.

5 hider-cume XXII ae
(125/9ff.); u. ö.

6 ouer-dede XXIX (181/23) ME

7 ouer-mete XXIII (137/21) ae/ME
(Adj)

8 under-plantere XXV (151/ ME
35f.)

1.7. Vb/Sb

1 here-word XIV   ae
(83/20f., 24); u. ö.
2 smerte-gier (?) XI (61/29)   ME
3 smerte-dintes (?) XVI   ME
(95/6)
4 swi-dages XVII (101/15)   ae
5 swi-messe XVI (97/35)   ae

1.8. Vb+ing/Sb

1 erding-stouwe XXVIII   ae
(173/28)

1.9. Sb/Vb+Ø_Sb

1 chirch-gang VIII (47/4)   ae
chirche-gong VIII (47/20)
2 erndrake VI (31/19)   ae
erend-rake VI (35/21);
u. ö.
herend-rake XXXIV
(219/1)
3 ewue-bruche XXIII   ae
(137/26f.)
ewe-bruche XXXIII
(213/14f.)
4 hane-crau VI (39/33;   ME(e)
41/1f.)
5 louerd III (9/20); u. ö.   ae
hlouerd VII (43/29); u. ö.
6 lafdie IV (21/8); u. ö.   ae
7 niht-wecches VI (35/30;   ae
39/32)

1.10. Sb/Vb+t; Adj/Vb+t

1 fulluht XIV (87/18, 19);   ae
u. ö.
2 salm-wriht(e) VII   ae
(43/14); XIX (113/19)
salm-wurhte XXXI
(197/23)
salm-wirhte XXXIII
(217/17)

1.11. Sb/Vb+ere

1 li[c]-ðroweres XII (71/14)   ae
Hs.: lið-ðroweres (ME)

1.12. Sb/Vb+ing

1 aleð-gestninge III (13/20)   ME(h)?
2 weste-wunienge XXVII   ME
(161/27)

1.13. Affixoide (Sb)

kine-
1 kine-bern VIII (49/30)   ae
cune-bern VIII (47/21);
u. ö.
2 kine-riche XXX (185/31;   ae
193/10)

-dom
1 hor-dom III (13/1); IX   ME
(51/17)
2 swike-dom(e) XXIX   ae
(179/13); u. ö.
3 wis-dom XIV (83/35, 36)   ae
4 woʒe-dom(e) (?) XXIX   ae
(179/16)

-had
1 child-hod(e) XIV (85/8)   ae
2 meid-hod VII (45/17−19)   ae
maiden-hod(e) VIII
(49/21f.)
2a meið-hod(e) XIX
(109/27); u. ö.
3 spus-hod VII (45/17−19);   ME
u. ö.
4 widewe-hod VII   ae
(45/17−19); u. ö.

-lac
1 ref-loc XIII (79/29);   ae
XXXIII (213/16); u. ö.

-reden
1 kin-raden XIV (83/21)   ae
2 neheboreden XIV (83/21)   ME

-ware
1 heuene-ware IX (53/36);   ae
XII (69/3f.)
2 herðe-ware IX (53/36)   ae
eorðe-ware XII (69/3f.)
3 helle-ware IX (53/36); XII   ae
(69/3f.)

1.18. Sonstiges
Adv/Sb

1 wel-ded(e) VII (45/32);   ae
XV (93/5); u.ö.

2.1. Sb/Adj

1 dom-kete XIV (83/5)   ME(h)
2 eiht-gradi V (29/26)   ME
3 god-friht V (25/23; 27/12);   ae
u.ö.
god-fruht XXV (149/18);
u.ö.
4 · lif-holi(e) VIII (49/13); IX   ME(e)
(51/9); u.ö.
5 snou-wit(e) XIX (115/6)   ae
6 soð-sagel XXIII (131/24)   ae
7 win-rede XXXIII (213/14)   ME(h)?

2.2. Adj/Adj; Adv/Adj

1 dere-wurðe XXIV   ae
(145/2); XXXI (197/20)
2 soft-gerne XII (75/6) (XII   ME
[73/1; 75/3] als Sb)

2.4. Pron/Adj

1 al-mihti(e) IV (23/11); u.ö.   ae
al-mihtin XIX (109/23);
u.ö.

2.6. Vb/Adj

1 lic-wurðe XIII (77/35)   ae

2.7. Adj/Vb+$\emptyset_{Adj}$; usw.

1 arueð-forþe XXII (131/3)   ME
2 arueð-winne VIII   ME
(49/13f.)
3 eð-bete XI (63/6f.)   ME(h)
4 eð-winne VIII (49/13f.)   ME(h)
5 þicke-liste XXII (129/29)   ME(h)?

2.8. Sb/PartPräs

1 sa-farinde XXVII (161/20)   ME(e)
2 sin-betende XXI   ME
(121/12−15); XXVI
(159/2)

2.12. Affixoide (Adj)
-fast

1 soð-feste III (9/28)   ae
2 stede-fast(e) XXVII   ae
(163/8); u.ö.
3 Vgl. un-stedefast XI   ME
(61/16); u.ö.

-ful

1 bal-ful(le) XXIX (181/9)   ae
2 bret-ful XXVIII (167/31)   ae/ME

-wis

1 riht-wis XII (67/24); XXII   ae
(131/1); u.ö.
2 tale-wis(e) XXXI (193/27)   ME(h)?

2.13. Adj+Sb/$\emptyset_{Adj}$; Vb+Sb/$\emptyset_{Adj}$

1 ad-mod(e) VIII (49/25);   ae
XV (89/20); u.ö.
ed-mod XXX (187/24f.)
2 mild-heorte XXI   ae
(121/11); XXV (151/26)
3 þole-burde XIII (79/7, 25)   ae

2.14. Adj+Sb/ed

1 arm-heorted XVI (95/29)   ME(h)
2 mild-heorted VII (45/7);   ME
XI (59/24); u.ö.
3 narewe-herted V (29/33)   ME?
4 rum-handed V (29/18)   ME(h)
5 wel-þeaud (?) VII (41/26)   ME

3. Verdunkelte Lehnkp.

1 gersum VII (43/11)   ME
2 wanrede VII (43/18) u.ö.   ME

18a und 19a) *LambH* (L) = *TrinH* (T)

Hier sind diejenigen Kp. zusammengestellt, die *LambH* und *TrinH* in den
fünf von ihnen gemeinsam überlieferten Homilien gemeinsam haben (s.o.
6.3.1.3.(1)).

513

1.1. Sb/Sb

1 chirche-dure L VII   ae
   (73/29)
   chireche-dure T IV
   (17/19)
2 knaue-child L VII   ME
   (77/22)
   cnaue-child T IV (21/13)
3 fonstan L VII (73/29)   ME
   fanston(e) T IV
   (17/19, 20)
4 god-faderes L VII   ae
   (73/28, 31 f.)
   god-faderes T IV (17/23)
5 heorte-sar L XV   ME
   (149/4, 5)
   herte-sor T XXXII
   (207/12)
6 lif-lad(e) L VII (73/16),   ae
   T IV (17/1)
7 mon-cun L VII (75/30)   ae
   man-ken T IV (19/14)
8 salt-water L XVII (159/   ME(e)
   5), T XXV (151/4−6)
9 see-water L XVII (159/5)   ae
   se-water T XXV
   (151/4−6)
10 sun-bote L XIII   ae
   (135/29 f.)
   sin-bote T XXVI
   (157/12 f.)
11 sunen-dei(e) L XIII   ae
   (135/11)
   sune-dai T XXVI
   (155/31 f.)
12 welle-water L XVII   ae
   (159/12), T XXV (151/13)
13 world-wunne L XV   ME
   (147/2 f.)
   woreld-winne T XXXII
   (205/2); u. ö.

1.3. Adj/Sb

1 god-spel L VII (73/8),   ae
   T IV (15/23); u. ö.
2 middel-erd L VII (75/5)   ME
3 midden-eard T IV (17/10)   ae

1.7. Vb/Sb

1 here-word L XIII (137/2),   ae
   T XXVI (157/21)

1.9. Sb/Vb+Ø$_{Sb}$

1 elmas-dele L XIII (135/25)   ME
   almes-delen T XXVI
   (157/9)
2 elmes-idal L XIII (135/30)   ae
3 almes-deled T XXVI   ME
   (157/13)
4 lauerd L IV (mehrmals)   ae
   louerd T

1.10. Sb/Vb+t; Adj/Vb+t

1 fulluht L VII (73/4)   ae
   (fulohtninge T IV (15/21))   ME
   fulht L VII (73/12)
   (fulcninge T IV (15/26))
2 salm-wurhte L XIII   ae
   (135/27)
   salm-wrihte T XXVI
   (157/10)

1.13. Affixoide (Sb)

kine-

1 kine-riche L VII (77/23),   ae
   T IV (21/14)

1.18. Sonstiges
Adv/Sb

1 wel-dede L XIII (131/18),   ae
   T XXVI (153/11); u. ö.

2.1. Sb/Adj

1 god-furhte L VII (77/8)   ae
   god-frihte T IV (19/35 f.);
   u. ö.

2.4. Pron/Adj

1 al-mihti L VII (75/26),   ae
   T IV (17/30 f.)

2.12. Affixoide (Adj)

-wis

514

1 riht-wise L XVII (157/27), ae
T XXV (149/17); u. ö.

2.16. Num+Sb/ed; usw.

1 enlepi L VII (75/28) ae
onlepi T IV (19/13); u. ö.

3. Verdunkelte Lehnkp.

1 wandrede L XVII (157/6) ME
wanred T XXV (147/26)

20) *VespAH 2–3 (XXV–XXVI)*

1.1. Sb/Sb

1 dier-chin XXV (233/25) ae
2 ende-deie XXV (237/31) ae
3 fis-cynn XXV (233/26) ae
4 hafed-men XXV (237/20) ae
5 helle-muð (?) XXV ME(h)?
(239/30 f.)
6 hwete-corn(e) XXV ae
(241/10)
7 ifo-menn XXVI (241/24) ae
8 lar-þawes XXV (235/27) ae
lareaw XXVI (241/21)
9 licame XXV (239/5); u. ö. ae
10 man-cyn XXV (237/11); ae
u. ö.
11 mel-stanent XXV ae/ME
(241/16)
(ae. mylen-stan)
12 merche-stow(e) XXV ME(h)?
(239/2)
13 morȝe-mete XXV ae
(237/33; 239/3)
14 rode-tacne (?) XXV ae
(239/25)
15 stef-creft XXV (235/35) ae
16 þeoden-lareaw (?) XXVI ME
(241/21)
17 þrim-settles XXV ae
(233/14)
18 wax-breden(e) XXV ae
(235/27)
19 wepne-cin (?) XXVI ME(h)?
(243/22)

20 wunder-worder XXV ME(h)?
(235/1)
21 wrh-mint XXV (235/9); ae
u. ö. (für: wurþ-mint)

1.2. Sb+s/Sb

1 dȝeies-licht XXV (233/33) ME?
2 domes-dȝeie XXV ae
(235/14); u. ö.
domes-deg(e) XXV
(237/21); u. ö.

1.3. Adj/Sb

1 god-spel XXV (241/6, 10) ae
2 hage-faderen XXV ae
(239/19)
3 hali-gost (?) XXVI ae/ME
(243/21 f.)
4 midden-ard XXV ae
(233/17); u. ö.
middennard XXV (237/5)
midenard (239/21, 23)

1.4. Num/Sb

1 forme-mete (?) XXV ME
(231/17)

1.6. Partikel/Sb; usw.

1 up-stiȝ(e) XXV (237/18) ae

1.7. Vb/Sb (?)

1 heri-scole XXVI (243/6) ME?

1.8. Vb+ing/Sb

1 leornin-chihtes XXV ae
(237/18)

1.9. Sb/Vb+∅_{Sb}

1 ærndraches XXV (231/22) ae
ærndraces XXV (235/15,
20); u. ö.
2 here-toche XXV (235/25); ae
XXVI (243/18); u. ö.
3 laford XXV (231/18) ae
hlaford XXV (233/9); u. ö.

515

1.13. Affixoide (Sb)

kine-
1 cyne-rice XXV (231/8, 9)   ae

-reden
1 geferede XXV (231/26)   ae

2.2. Adj/Adj; Adv/Adj

1 diere-wurd XXV   ae
  (231/16); u. ö.
  dere-wrþe XXV (239/17)
2 wransehte XXVI   ME
  (241/29) (Lw)

2.3. Pron/Adj

1 al-mihti XXV (233/9)   ae

2.7. Adj/Vb+Ø$_{Adj}$

1 ærfeð-telle XXV (231/7)   ME

2.12. Affixoide (Adj)

1 richt-wise XXV (239/28)   ae

2.14. Adj+Sb/ed

1 ad-moded XXV (237/16)   ME?

III) Frühmittelenglische Texte um 1200

21) *AncR* (= *AncW*)

Prosa; 217 bzw. 317 Druckseiten.
Zitiert nach den Hss. A und C. Die
Schreibung der Belege folgt, soweit
nicht anders vermerkt, der Hs. A.

1.1. Sb/Sb

1 ancre-hus A 23 r/19;   ME
  23 v/20; C 36 r/6, 7; u. ö.
2 ancre-lif (?) A 58 v/25 f.;   ME
  C 93 v/4
3 ancre-ordre (?)   ME
  A 111 v/22; C 191 v/4
4 ancre-riwle A 21 r/6;   ME
  C 33 r/21
5 ancre-steire (?) A 95 v/7;   ME
  C 161 r/17
6 ancre-wahes (?)   ME
  A 94 r/2; C 159 r/18
7 asse-earen A 46 v/2   ME
8 bac-duntes A 79 r/12;   ME
  C 131 v/11
9 beore-cunn A 80 v/15 f.   ME
10 bileaue-ehe (?) A 67 v/4;   ME
  C 110 r/6
11 boch-leaues C 62 r/22   ME(h)
  (bohes A 40 v/18)
12 breoste-ehnen (?)   ME?
  A 80 r/9; C 135 v/5 f.
13 breost-wunde   ME(h)?
  A 51 v/12; C 82 r/7
14 bur-wimen C 22 v/21   ME?
15 burh-men A 14 r/23;   ae
  95 r/1; C 161 r/12
16 burh-preostes A 81 v/6;   ME
  C 136 r/2 f.
17 caue-deouel A 16 r/22   ME
18 chapmon A 56 r/12;   ae
  113 r/10
  cheap-mon C 88 r/20 f.;
  193 v/2
19 chirch-ancre   ME
  A 112 r/22 f. u. 26;
  C 192 r/17; 192 v/1; u. ö.
20 chirche-claðes   ME
  A 114 r/20; C 194 r/21
21 chirche-grið A 47 r/3;   ae
  C 74 r/8
22 chirch-ʒard A 86 v/19   ME
  (oo C)
23 chirche-þurl A 17 r/19;   ME
  C 28 r/9
24 chirch-uestemenz   ME
  A 113 r/15 (oo C)
25 Condelmeasse-dei   ae
  A 111 r/26 (oo C)
26 cur-dogge A 79 r/10 f.;   ME
  C 131 v/9
27 cwalm-hus A 38 v/10;   ME
  C 58 v/14

28 cwalm-stowe A 28 r/8;   ae
    C 43 r/2

29 dead-bot(e) A 55 v/20;   ae
    56 r/9; C 87 v/15;
    88 r/16; u. ö.
    (Vgl. oben S. 109)

30 dogge-deouel   ME
    A 79 v/8 f.; C 132 v/23 f.

31 dom-seotel A 83 v/8;   ae
    C 139 v/9

32 drake heaueð (?)   ME
    A 66 v/7; C 108 r/13

33 eape-ware A 67 r/12   ME(h)
    (aȝen ware C 109 r/19)

34 earm-eðre A 70 v/6   ME
    (armes eðere
    C 114 v/17 f.)

35 easter-dei A 111 r/28   ae
    (oo C)

36 ester-euen C 28 v/1   ae
    (oo A)

37 eh-þurl A 12 v/20   ae
    eh-þurh A 17 v/20
    ech-þurles C 28 v/14 f.

38 eil-þurl C 20 r/14; u. ö.   ME

39 el-bohen A 11 r/16 (2×)   ae
    (oo C)

40 eorð-briddes A 36 r/23;   ME
    C 54 v/1

41 euen-tid A 109 r/25;   ae
    C 188 r/13

42 fa-men C 78 v/4; 188 v/5   ae
    ua-men A 50 r/4;
    109 v/7 f.

43 feasten-dahes A 86 v/26;   ae
    C 145 v/7

44 feolahes reclus   ME
    A 102 v/1; C 175 v/12

45 flod-ȝeten A 18 v/3 f.   ME
    (oo C)

46 fot-wund(e) A 51 v/10 f.;   ME
    C 82 r/4 f.; 124 r/4
    (fotes wunde A 75 r/
    13 f.; u. ö.)

47 fri-dei A 17 v/3, 6;   ae
    C 28 r/19, 22; u. ö.

48 fri-niht A 33 r/24 f.;   ae
    C 49 v/19

49 gate-heorden A 26 r/23;   ae
    C 40 v/2

50 gealforke A 47 r/13 f.   ME(h)?
    galcforke C 73 r/17

51 gigge-lahtre A 55 r/26;   ME
    C 87 r/4

52 god-child A 56 v/13;   ME
    C 89 r/17

53 golt-hord A 29 r/25;   ae
    41 r/14, 16; C 63 r/11,
    13; A 29 r/25 f. (oo C);
    u. ö.

54 gold-or A 93 r/2;   ae
    C 157 r/5

55 gold-ring A 52 v/3   ME

56 golt-smið A 49 r/1, 14   ae
    gold-smið C 76 v/3;
    77 r/1; u. ö.

57 gong-hus A 21 v/27;   ME
    C 34 r/18

58 gong-men A 21 v/26 f.;   ME
    C 34 r/18

59 gong-þurl A 21 v/28;   ME(e)
    C 34 r/19 f.

60 ȝim-stan A 37 r/9,   ae
    12; C 55 v/13, 15; u. ö.

61 healewi A 24 v/3;   ME
    31 v/2; 64 v/22;
    halewi C 46 v/21;
    104 v/13; u. ö.

62 heaued-clað   ae
    A 53 r/22 (oo C);
    A 113 v/22 (oo C);
    A 115 v/18; C 196 r/3

63 heaued-eche   ae
    A 100 v/7
    heauet-eche
    C 172 r/16 f.

64 heaued-luuen   ME
    A 106 v/2; C 183 r/9

65 heaued-sunne   ae
    A 3 r/21; 7 r/26;
    C 7 r/9; u. ö.
    vgl. 13 r/4 f. (heaued
    7 dedliche sunnen)

66 helle-bearnes (?)   ME
    A 74 v/1; C 122 v/8 f.

67 helle-breord   ME

517

A 88 r/22; C 148 v/9

68 helle-dogge A 70 r/23;   ME
C 132 r/3
(þe dogge of helle
A 79 r/4; C 131 r/20;
u. ö.)

69 helle-fur A 41 r/12;   ae
C 63 r/8
(þe fur of helle
A 41 r/7 f.; C 63 r/2; u. ö.)

70 helle-grunde A 73 r/19;   ME
C 119 v/17 f.; A 76 v/
11 f.; C 126 v/16; u. ö.

71 helle-liun (?)   ME
A 44 v/1; C 68 v/10

72 helle-smorðre   ME
A 74 r/22; C 122 r/20

73 helle-stench   ME
A 27 v/16; C 42 v/6

74 helle-sweordes   ME
A 57 v/12; C 91 r/12

75 helle-weorrur   ME
A 61 v/23; C 99 r/7 f.

76 heorde-men   ae
A 26 r/24; 113 r/2;
C 40 v/3; 193 r/12

77 heorte-blod A 106 r/17;   ME
C 182 v/12

78 heorte-ehnen (?)   ME
A 74 v/21; 85 v/18;
C 123 r/16; 143 v/1 f.

79 heorte-heaued (?)   ME?
A 26 v/20; 80 r/9;
C 133 v/5 f.

80 heorte-reste   ME
A 101 v/2; C 174 r/7

81 heorte-scheld (?)   ME
A 80 r/2; C 133 r/14

82 heorte-sar A 48 r/26 f.;   ME
C 75 v/2; u. ö.

83 heorte-wil (?)   ME?
A 59 v/4; C 94 v/10 f.

84 heorte-wunden (?)   ME
A 75 r/23; C 124 r/20

85 heoueriche A 41 r/14;   ae
97 r/10; 107 v/27;
C 63 r/10 f.; 165 v/6;
185 v/11; u. ö.

(riche of heouene
A 10 r/5; C 16 v/9; u. ö.)

86 hond-hwile A 24 v/28;   ae
39 v/19
hont-hwile C 38 v/3;
60 v/7; u. ö.

87 hore-ehe A 55 r/26   ME
hore-ech3e C 87 r/4 f.

88 huni-luue A 109 r/26;   ME
C 188 r/15

89 hunde-cunes C 49 v/14   ME?
(hundes cunnes A 33 r/
20 f.)

90 hus-leafdi A 112 r/13 f.;   ME
C 192 r/9

91 hus-þurles C 25 v/19 f.   ME

92 huse-wif A 60 v/13;   ME
C 96 v/18; A 112 v/22;
C 192 r/17; u. ö.

93 iudase cos (?) C 81 v/14   ME?
(oo A)

94 kempe-ifere A 75 r/13   ME
kemp-fere C 124 r/3

95 king-hond (?) C 61 r/14   ME
(riht hand A 40 r/10)

96 leaddre-steolen (?)   ME
A 96 r/7, 19; C 163 r/19;
163 v/16

97 leafdi-dei A 111 r/7   ME

98 leafdi-riwle A 1 v/22;   ME
111 r/6 f.;
lauedi-riwle C 4 v/19

99 leche-creft A 48 r/5;   ae
100 r/28; C 74 v/12;
172 r/7 f.; u. ö.

100 leiuen A 89 r/13   ME

101 licome A 1 v/4; 8 r/19;   ae
C 14 r/8; u. ö.

102 lif-haliness A 39 r/2;   ME(e)
C 59 r/17

103 lif-lad A 69 r/19; 94 v/15   ae
(oo C); C 160 v/11; u. ö.

104 loftsong A 53 r/12   ae/ME
(oo C)

105 lond-uuel A 97 v/21   ME
lont-uuel C 166 v/19

106 luue-boc A 27 r/16;   ME
102 r/9 f.; C 41 v/16;

175 r/10; u. ö.

107	luue-eie A 117 r/2; C 198 r/9	ME
108	luue-gleames A 108 r/26; C 186 v/5	ME
109	luue-lates A 23 v/13; C 36 v/12	ME
110	luue-salue (?) A 70 r/3; C 113 v/16	ME
111	luue-speche A 55 r/27; C 87 r/6	ME
112	measse-cos A 8 v/18 messe-cos C 14 v/12	ME
113	measse-kemese A 114 v/7 (oo C)	ME(h)
114	mel-dei A 6 v/7 (oo C)	ME(h)
115	mete-graces A 6 v/8 (oo C); A 116 r/25; C 197 r/7	ME(e)
116	midsumer-dei A 111 v/1 (oo C)	ME
117	midwinter-dei A 111 r/25 (oo C)	ME
118	moder-hus A 69 r/28	ME
119	moder-sunnen A 58 v/13; C 93 r/9	ME
120	mon-cun A 9 v/13; 13 v/21; C 16 r/4; 22 r/23; u. ö.	ae
121	munedai C 11 v/5 f. (oo A)	ae
122	ned-swat A 30 v/6 f.; C 45 r/16	ME
123	niht-fuhel A 38 v/24, 26; C 59 r/9, 11 f.; u. ö.	ME
124	orchard A 102 v/18 orh-ȝeart C 176 r/15 f.	ae
125	palm-sunnedei A 71 r/3 (palmes-sunedi C 115 v/11)	ae
126	paraise-ȝeten (?) A 96 v/1; C 164 r/11	ME
127	pilche-clut A 57 v/11; C 91 r/11	ME
128	priue-þurles A 75 v/13; C 125 r/1 f.	ME
129	rode-scheld (?) A 80 r/7; C 133 v/2	ME
130	rode-steaf A 79 r/22;	ME

	79 v/8; C 132 r/2; 132 v/22; u. ö.	
131	rode-taken A 5 v/24; 9 r/5 f.; C 10 v/18; 15 v/10; u. ö.	ae
132	rose-blostmen (?) A 75 v/10; C 124 v/18	ME?
133	sawle-heale (?) A 31 r/23; C 46 v/12	ae?
134	scol-meistre A 114 v/20; C 194 v/19	ME
135	scheome-deað A 105 v/9; C 181 v/4	ME?
136	scheome-sunnen A 76 r/3; 87 v/6; C 125 v/6; 147 r/10	ME
137	schrift-feaderes A 16 v/21; 92 r/28; C 156 r/23 f.; u. ö.	ME
138	scuter-signe A 53 r/19	ME
139	spitel-uuel A 67 v/24; C 110 v/14	ME
140	spitel-steaf A 104 r/17; C 179 r/6	ME(e)
141	stert-hwile A 91 r/16 f. start-hwile C 153 v/10	ME(h)
142	stod-meare A 86 r/25 f. stod-mare C 144 v/14	ae
143	sunne-dei A 6 r/13; 111 r/6 sunnen-dei C 11 r/15; 191 r/7; u. ö.	ae
144	sunne-gleam A 24 v/23; 45 v/21; C 38 r/23; 71 r/6 f.	ME
145	sunne-niht A 6 v/6; C 11 v/17	ae
146	swat-dropen A 80 r/4	ME?
147	sygaldren A 56 r/25 sigaldrie C 88 v/17	ae
148	twimel-dei A 6 v/8 (oo C)	ME
149	þurl-clað A 25 r/12 (þurh þe clað C 38 v/17)	ME
150	umbridaȝes C 191 r/11 (oo A)	ae
151	umbriwiken A 17 v/6 vmbridei C 28 r/22	ae

152 undertid A 108 r/25 f.; ae
C 186 v/3 f.

153 weari-treo A 33 r/25 f.; ae
47 r/13 f.; 49 r/21; u. ö.
wari-treo C 49 v/20;
73 r/17; 77 r/12 f.; u. ö.

154 werc-dei A 5 v/6, 12, 22; ae
werke-dai C 10 r/22;
10 v/5, 16

155 werc-men A 109 r/25 ae
werch-men C 188 r/14

156 wepmen A 113 r/22 ae
(nan mon C 193 v/10)
wepmon A 114 r/4
(oo C); u. ö.

157 wicche-creftes A 56 r/26 ae
wiche-creftes C 88 v/19;
A 73 v/3; C 120 r/19 f.

158 win-berien A 75 v/10; ae
80 v/15; C 124 v/18;
134 v/7

159 win-ʒardes A 80 v/13 ae
win-ʒeardes C 134 v/5 f.

160 wombe-pot (?) ME
A 100 r/1; C 171 r/6

161 world-baredt C 72 r/20 ME
(worldes baret
A 46 v/10)

162 world-ispeche C 30 v/23 ae
(worldlich speche
A 19 r/19)

163 worlt-men A 13 r/21 ae
(worldes men C 21 r/9)

164 wude-lehe A 16 v/15; ME?
25 v/3
wode-leʒe C 39 r/14

165 wude-mon C 39 r/26 f. ae
(oo A)

166 wummen A 3 v/6; u. ö. ae
wimmen C 7 v/4; u. ö.

167 wurð-munt A 17 r/20 ae
wurð-mund C 28 v/10

Ortsnamen:

1 engle-lond A 21 r/13
engelon C 33 v/2
englond A 69 r/14, 27
(oo C)

520

1.2. Sb+s/Sb
(Wohl nur zum Teil Kp.)

1 beodes-mon A 96 v/17; ME
C 164 v/14

2 blodes dropen ME?
C 133 r/17 f.

3 blodes swat A 80 r/4; ME?
97 v/20; C 166 v/17 f.

4 cunnes-mon A 115 v/21; ae/ME
C 196 r/8

5 deaðes bite A 78 v/27 f. ME?
(2×); C 131 r/14 f. (2×)

6 deaðes dunt A 75 r/24; ME?
C 124 r/21; A 99 r/21;
C 169 v/15; C 25 v/6

7 deaðes swat A 30 v/3 ME?
(deað-swot C 45 r/11)

8 deaðes wunde ME?
A 105 v/12; C 181 v/8

9 deawes drope ME?
A 49 r/24 f.; C 77 r/16

10 deofles hore A 79 v/4; ME?
C 132 r/17

11 deofles puf A 61 v/14; ME?
C 98 v/17 f.

12 deofles scorpiun ME
A 55 v/8; C 87 r/19 f.

13 deofles sed A 54 r/8 ME

14 domes-dei A 10 r/7; ae
31 v/28 f.; C 16 v/12;
24 v/3 f.; u. ö.

15 domes-mon A 42 v/7; ME
83 v/8; C 65 r/20

16 flesches este A 99 v/26; ME?
C 171 r/2

17 flesches fondunges ME?
A 51 v/10 f.; 66 r/7 f.; 77 r/
21; C 82 r/4 f.; 107 r/14 f.;
128 r/8 f.; u. ö.

18 flesches fulðe A 76 r/6; ME?
C 125 v/10

19 flesches licunge ME?
A 32 r/4 f.; 55 v/14;
C 47 v/18; 87 v/6; u. ö.

20 flesches lust(es) A 26 v/6, ME?
9; C 40 v/19, 22; u. ö.

21 flesches luue A 109 v/26; ME?
C 189 r/8 f.

22 flesches pine A 36 v/21;   ME?
    C 55 r/12

23 flesches pinsunges   ME?
    A 104 r/3; C 178 v/6

24 flesches pricunge   ME?
    A 63 v/8 f.; C 102 r/22

25 flesches temptatiuns (?)   ME
    A 93 v/3 f.; C 158 r/14

26 feondes fode C 92 r/20 f.   ME?

27 freondes huckel   ME?
    A 22 v/19; C 35 r/20 f.

28 fures fode A 40 v/25;   ME?
    C 62 v/9

29 huses leafdi A 17 v/2 f.   ME
    (oo C)

30 iles-pil A 113 v/4   ME
    yleṣ-pil C 193 v/20

31 liues boc A 67 r/1;   ME?
    C 109 r/3

32 lombes fleos A 16 v/9;   ME?
    (lombr[es] schrud
    C 27 v/8)

33 meidnes wombe   ME?
    A 19 v/18
    (meidene wombe
    C 31 v/1)

34 monnes cunde A 33 r/9;   ME?
    C 49 r/23

35 reades-mon A 60 v/20;   ae
    C 97 r/6

36 schriftes boc A 16 v/26   ae/ME
    (oo C)
    (ae. scrift-boc)

37 sondes-mon A 51 r/10;   ME
    69 v/17; C 80 v/4 f.;
    113 v/3; u. ö.

38 speres wunde C 25 v/4   ME

39 speres ord C 25 r/16   ME?

40 sweordes dunt C 25 v/4   ME?

41 sweordes echʒe C 25 r/16   ME?

42 teares weater A 81 r/7;   ME?
    C 135 r/13

43 þursdei A 10 r/4; 111 v/1   ae
    þures-dei C 16 v/8

44 weodnes-dei A 17 v/6   ae
    wednes-dei C 28 r/22

45 windes puf A 40 r/24 f.   ME?
    (wint-puf C 61 v/13 f.)

46 worldes men A 50 v/20 f.;   ae/ME
    C 80 r/2
    (ae. woruld-man)

1.3. Adj/Sb

1 alde-feader A 98 r/16;   ae
    105 r/1
    alde-fader C 167 v/11

2 alde-moder A 13 v/11;   ae
    54 r/13; C 21 v/11; 85 r/5

3 bla-mon A 63 v/21;   ME
    C 102 v/19

4 cuð-mon A 115 v/21;   ME
    C 196 r/8

5 gentil-mon (?) A 97 r/5;   ME
    C 165 r/17 f.

6 god-dede(n) A 39 v/27;   ae
    40 r/2; C 45 v/12; 60 v/20;
    u. ö.

7 god(d)-spel A 7 v/27;   ae
    35 r/5
    god-spel C 13 v/11 f.;
    52 r/21; u. ö.

8 grea-hunz A 90 v/10, 12   ae
    grea-hundes C 152 v/
    Rand

9 hali-chirche (?)   ME
    A 15 r/28; 38 v/28 f.;
    C 59 r/15, 21; u. ö.

10 hali-cun (?) A 43 r/27;   ME
    C 66 v/18

11 hali-dei A 5 v/7, 13;   ae
    hali-dai C 10 r/23; 10 v/6;
    u. ö.

12 hali-gast (?) A 14 r/26;   ae/ME
    43 r/7; C 23 r/3; 66 r/13;
    u. ö.

13 hali-mon (?) A 12 v/16 f.;   ae/ME
    14 v/10; C 20 r/10;
    23 r/19; u. ö.

14 hali-weater A 5 r/1;   ae
    28 r/4; C 9 v/3; u. ö.
    haliter C 42 v/26

15 heh-engel A 91 r/4   ae
    hech-engel C 153 r/12

16 leof-mon A 8 v/20; 23 v/   ME
    7; C 14 v/15; 36 v/4; u. ö.

17 liht-leapes A 98 r/7   ME

licht-lepes C 167 r/19
(als Adv: wiþ liht-leapes)

18	mid-dei A 8 v/24; C 14 v/18	ae
19	mid-marhen A 6 v/25 mid-mareʒen C 12 r/14	ME(e)
20	mid-niht A 64 r/20; C 103 v/13	ae
21	middel-wei A 91 v/6; C 154 v/14 f.	ME?
22	riht-half (?) A 82 r/25; C 137 v/5	ME
23	riht-hond (?) A 40 r/10, 11; C 61 v/15 f.; 61 r/16; u. ö. (king-hond C 61 r/14)	ae
24	wis mon (?) A 58 r/1; 59 r/3; C 91 v/15; 93 v/12	ae/ME
25	witsunne-dei A 111 v/1 (oo C)	ME

Vgl. ferner:

1	to himmere heile A 26 v/26 to himmere heale C 41 r/20	ME(h)

1.4. Num/Sb

1	half-ʒer A 111 v/12; C 191 r/14	ME
2	halpenes C 39 r/16 (oo A)	ME
3	haluen-dal A 12 r/13; C 19 r/20	ME
4	seoue-dahes (?) A 88 r/28 seoue-daʒes C 148 v/19 seue-dawes C 148 v/19	ME
5	seoue-niht A 18 r/17; 75 v/26 seoue-nicht C 29 r/19; 125 r/20; u. ö.	ME
6	tweof-moneð A 58 v/25 tweolf-moneð A 111 r/25; C 93 v/3 f.	ME

1.6. Partikel/Sb; Partikel/dev. Sb

1a	bi-gurdel A 34 r/21	ae

1	ear-under A 117 r/13	ME
2	for-heaued A 5 v/11; 11 v/21; C 10 v/4; 18 v/18 f.; u. ö.	ae
3	fore-ridles A 55 v/1, 5 for-ridles C 87 r/9, 16	ae
4	fore-ward A 46 r/20, 22 fore-wart C 71 v/19; 72 r/2, 6; u. ö.	ae
5	forð-gong A 87 r/2 forð-ʒeong C 145 v/12	ae
6	ʒein-cume A 63 r/24; 106 v/21 f.; C 183 v/16	ae
7	in-ʒong A 25 v/11; 98 r/1, 2 in-ʒeong C 39 v/3 f.	ae
8	nehbur A 100 r/2; 112 r/27; C 171 r/7 f.; 192 v/2 f.	ae
9	ouer-herunge A 22 r/19 ofer-herunge C 34 v/15 f.	ME?
10	ouer-hohe A 63 r/20 ouer-hoʒe C 101 v/22	ae
11	ut-lahen A 14 r/25 vt-laʒen C 23 r/1	ae
12	ut-runes A 46 v/3; C 72 r/12 f.	ae
13	wiðer-iwines A 51 v/24, 26; u. ö. wiðer-wines C 82 v/5, 8; u. ö.	ae

1.7. Vb/Sb

1	grindel-stan A 17 v/16; 90 r/26; C 28 v/10; 152 r/6	ME(e)
2	gure-blode A 80 r/22; C 133 v/23	ME
3	gute-feastre (?) A 89 r/27; C 150 r/11	ME
4	ʒeonc-daʒes C 191 r/11 (oo A)	ae
5	here-word A 40 r/24 f.; 40 v/14; C 61 v/13 f.; 62 r/16; u. ö.	ae
6	wake-men A 4 r/27; C 8 v/13	ME

1.8. Vb+ing/Sb

1. cleansing-fur A 62 r/4;   ME
   A 77 v/22
   clensi[n]g-fur C 99 r/20 f.;
   120 r/10
2. swiing-wike A 17 v/7   ME(h)
   swi[gen]-wike C 28 r/23

1.9. Sb/Vb+Ø$_{Sb}$

1. bal-plohe A 49 r/24;   ME
   59 r/1; C 93 v/10
2. blod-binde(n) A 114 r/19;   ME
   C 194 r/20
3. eaw-bruche A 55 r/21   ae
   eauwe-bruche C 86 v/17
4. ehe-wurp A 14 v/16;   ME
   C 23 v/5
5. eskibah A 57 v/23;   ME
   eskebach C 91 v/5
6. euen-song A 6 r/22; 12 r/   ae
   7; C 11 r/25; 19 r/13
7. ȝete-ward A 74 r/12, 18;   ae
   u.ö.; C 122 r/4, 14; u.ö.
8. haunche-turn A 76 v/9;   ME
   C 126 v/23
9. hei-ward A 113 r/2   ae
   hai-wart C 193 r/13
10. marhe-ȝeuen A 7 v/28;   ae
    24 v/17; C 13 v/13;
    38 r/14 f.; u.ö.
11. meið-lure A 44 v/13, 17;   ME
    u.ö.; C 86 v/17
    (meidene lure C 69 r/1 f.)
12. spus-bruche A 14 v/19   ME(e)?
    spuse-bruche C 23 v/9
13. stiward A 104 v/22   ae
14. uht-song A 5 v/5; 6 r/5   ae
    vt-song C 10 r/21; 11 r/5;
    u.ö.
15. wil-ȝeoue A 99 v/22;   ME
    C 170 v/14

1.10. Sb/Vb+t

1. eh-sihðe A 13 v/12;   ME
   83 r/24; u.ö.
   hech-sichðe C 21 v/12
   ech-sihðe C 23 v/22
   eȝe-sichðe C 139 r/14
2. mon-slaht A 14 v/20;   ae
   54 v/20; u.ö.
   mon-slacht C 23 v/10;
   85 v/18; u.ö.
3. neb-scheft A 42 r/13;   ME
   45 v/19; C 71 r/4
4. salm-wruhte A 20 r/4;   ae
   70 r/4; u.ö.
   salm-wruchte C 31 v/18 f.;
   55 r/9; u.ö.
   psalm-wruhte A 36 v/19
5. wil-schrift A 92 r/15;   ME
   C 155 v/6

1.11. Sb/Vb+ere

1. bac-bitere A 21 v/2, 8;   ME
   u.ö.; C 33 v/22 f.; 34 r/1;
   u.ö.
2. cnif-warpere A 57 v/6;   ME
   C 91 r/2
3. erende-beorere C 25 r/3   ME
   (oo C)

1.12. Sb/Vb+ing

1. bac-bitunge A 21 r/11, 21;   ME
   u.ö.; C 33 r/26; 33 v/11;
   u.ö.
2. blind-fellunge A 25 r/4;   ME?
   50 v/3
   blind-fallunge C 38 v/7 f.;
   79 r/21
3. blod-letunge A 4 v/4;   ME
   31 r/8 f.; C 9 r/9 f.;
   46 r/14 f.; u.ö.
4. blod-schedunge A 13 r/3   ME
5. dogge-fahenunge   ME
   A 79 r/25
   dogge-faȝenunge C 132 r/7

1.13. Affixoide (Sb)

kine-

1. kine-dom A 40 r/24;   ae
   52 r/20; u.ö.; C 61 r/12 f.;
   83 r/8; u.ö.

seld-

1 selt-speche A 19 v/7;   ME
  C 31 r/18

-dom

1 cristen-dom A 7 v/27 f.;   ae
  C 13 v/12

2 hore-dom A 55 r/21;   ME
  C 86 v/17

3 kine-dom s.o. bei kine-   ae

4 martir-dom A 94 r/17;   ae
  C 159 v/16

5 þeow-dom A 8 r/11;   ae
  59 r/24
  þouwe-domes C 13 v/22
  þeowe-dom C 94 r/21

6 wis-dom A 7 r/1; 37 v/27;   ae
  C 12 r/20; 57 r/9; u. ö.

7 wreche-dom(e) C 101 r/11   ME?
  (wrecche-head A 62 v/26   ME)

-ful$_{Sb}$

1 hond-ful A 68 v/12 f.   ae
  hont-ful C 112 r/15

-had

1 child-had A 85 v/9, 26;   ae
  u. ö.; C 143 r/10; 143 v/12;
  u. ö.

2 ȝuheðe-had A 92 v/15   ae
  ȝeuȝeðe-had C 156 v/4 f.

3 meiden-had A 13 r/6;   ae?
  14 r/21; u. ö.
  meden-had C 16 r/5

4 meið-had A 9 v/14; 44 v/   ae
  23, 26; C 69 r/18; 69 v/1

5 spus-had A 107 v/15 f.   ME
  (oo C)

6 widewe-had A 107 v/15 f.   ae
  (Daneben z. T. auch Formen mit -head, -hed)

-lac

1 fear-lac A 98 r/24   ME
2 schend-lac A 96 v/11   ME

-reden

1 cun-redden A 45 v/13   ME
2 feolah-redden A 8 r/4;   ME
  28 r/20; u. ö.

3 fer-redden A 9 v/18   ae
  fer-reden C 16 r/10
  feor-reden C 43 r/18 f.;
  46 v/17

-ware

1 eorð-ware A 87 v/16 f.   ae
  eorðe-ware C 147 v/4 f.

2 helle-ware A 65 v/25 f.;   ae
  C 106 v/21 f.

3 heouene-ware A 65 v/25 f.;   ae
  C 106 v/21 f.

1.14. Adj+Sb/Ø$_{Sb}$

1 unicorne A 32 v/27;   ME
  52 r/22; C 49 r/10; 83 r/13;
  u. ö. (Lw)

1.15. Vb+Sb/Ø$_{Sb}$

1 kealche-cuppe A 58 v/23   ME(h)?
  keache-cuppe C 92 v/3

2 wesche-disch C 176 v/11   ME(h)
  (wescheð 7 wipeð disches
  A 103r/3 f.)

1.16. Inversionskp.

1 freres prechurs (?)   ME
  A 16 v/13; 112 v/11 f.
  (oo C)

2 freres meonurs (?) A 16 v/   ME
  13; 112 v/11 f. (oo C)

3 leattres isealet A 105 r/14 f.   ME

4 leattres iopenet   ME
  A 105 r/14 f.

Ortsnamen:

1 munt-giw A 103 r/11   ME
  mungyu C 177 r/4 f.

1.17. Reduplizierende Sb

1 baban A 63 r/23; C 102 r/3   ME
2 giue-gauen A 52 r/6   ME
  giue-gaue C 82 v/19

524

2.1. Sb/Adj

1 atter-laþe A 75 r/19;   ae
   C 124 r/13 (Sb)
2 lif-hali A 93 v/16;   ME?
   C 158 v/15
3 luue-wurðe A 31 r/6;   ME
   105 v/24 f.; C 46 r/10 f.;
   C 182 r/3 f.
4 nome-cuðe A 91 r/7;   ae
   C 153 r/16
5 snaw-hwite A 86 r/3 f.;   ae
   C 143 v/19
6 stan-stille A 112 r/12;   ME
   C 192 r/7
7 steale-wurðe A 74 r/26;   ae
   C 122 v/4
8 steort-naket A 40 v/16;   ME
   A 71 r/11; u.ö.
   steort-naked C 62 r/21;
   116 r/4; u.ö.
9 wil-cweme A 77 r/14; 85 v/   ae
   3; C 127 v/20; 143 r/2

2.2. Adj/Adj; Adv/Adj

1 dead-heui C 85 v/2   ME
   (mid a dead 7 mid an heui
   heorte A 54 v/7)
2 deore-wurðe A 1 r/10;   ae
   5 r/2; 7 r/3; C 4 r/9;
   12 r/22; u.ö.
3 fol-hardi A 15 v/10;   ME
   C 25 v/12

2.4. Pron/Adj

1 al-mi(c)hti A 6 v/28;   ae
   16 v/19; C 46 v/22;
   152 v/16; u.ö.
   al-michtin C 12 r/17 f.;
   31 v/12; u.ö.

2.5. Partikel/Adj; usw.

1 in-wuniende A 95 r/24   ME
2 ouer-cuð(e)re A 17 v/28;   ME
   C 28 v/23
3 ouegart A 53 r/22   ME

4 ouer-hohe 61 r/13 (Adj);   ae/ME
   A 75 v/1 (Sb)
   ouer-howe C 97 v/18 f.;
   u.ö.
5 ouer-uuel A 22 r/23;   ME
   C 34 v/21 f.

2.6. Vb/Adj

1 lic-wurðe A 33 r/16; 40 r/   ae
   1; C 49 v/7; 61 r/2 f.; u.ö.

2.7. Adj/Vb+Ø$_{Adj}$; usw.

1 eð-fele A 51 v/13; C 82 r/9   ME
2 eð-hurte A 117 r/18   ME
   (oo C)
3 et-scene A 31 v/14   ae/ME
   ed-scene A 38 v/10; u.ö.
   eð-sene C 47 r/15 f.
   ed-sene C 58 v/16; u.ö.
4 eð-warpe A 76 r/4;   ME
   C 125 v/7
5 selt-sene A 20 r/2; 20 v/16   ae
   seld-sene C 31 v/16;
   32 v/25

2.8. Sb/PartPräs

1 blod-lettinde C 116 r/18 f.   ME?
   (blod-letene A 71 r/20 f.)
2 wei-fearinde A 94 v/26   ae
   wei-farinde C 161 r/8

2.9. Adj/PartPräs; Adv/PartPräs

1 bri(c)ht-schininde (?)   ME?
   A 60 v/22; C 97 r/8
2 sar-akinde (?) A 97 v/18;   ME?
   C 166 v/14 f.
3 swote-smeallinde (?)   ME?
   A 101 v/15; C 174 v/5

2.10. Sb/PartPrät

1 blod-leten A 31 r/13; 71 r/   ME?
   20 f.; C 46 r/21; A 111 v/14
2 wind-feallet A 33 v/4   ae
   wind-falled C 50 r/3

525

2.11. Adj/PartPrät; Adv/PartPrät

1 dead-biburiet (?)   ME?
  A 114 r/27
2 ful-itohe(n) A 28 v/10;   ME
  38 v/18; 47 v/3; u. ö.
  ful-itoʒen C 59 r/2;
  73 v/18; u. ö.
3 wel-cume A 106 v/20;   ae/ME
  C 183 v/13
4 wel-itohe (?) A 55 r/16 ME

2.12. Affixoide (Adj)

seld-

1 selcuð A 97 r/24   ae
  seolcuð C 166 r/6 (Sb)
2 seld-sene s. o. 2.7.   ae

-fast

1 hete-ueste A 8 v/22;   ME
  66 r/15; u. ö.
  hete-feste C 14 v/17;
  107 v/4 f.; u. ö. (meist Adv)
2 stude-uest A 45 r/14;   ae
  92 v/3; C 69 v/22; 156 r/7
  (vgl. un-steaðeluest
  A 56 r/23 ae)

-ful (Auswahl)

1 an-ful A 69 r/22   ME
2 blis-ful C 13 r/21   ME
3 luue-ful A 69 r/8; u. ö.   ME
4 mild-ful A 72 v/12   ME
5 neod-ful A 58 r/8; C 92 r/4 ae
6 pin-ful A 96 v/12   ME
7 sun-ful A 14 v/21;   ae
  C 23 v/12
8 swing-ful C 133 r/15; u. ö. ae
9 wurð-ful A 38 v/19;   ae
  C 59 r/3 f.

-wende

1 hal-wende A 51 r/14;   ae
  77 r/8
  halewinde C 80 v/10;
  127 v/11
2 wrong-wende A 69 r/1; ME
  C 112 v/21

-wil

1 ane-wil A 14 v/23;   ae
  29 v/8; u. ö.; C 84 r/7
  an-wil C 23 v/15; u. ö.
2 drunc-wile A 58 r/25; ME
  C 92 v/7
3 freote-wil A 35 r/13   ME
  frete-wil C 52 v/7
4 herc-wile A 26 r/26;   ME
  C 40 v/6

-wis

1 flesch-wise A 100 r/3 f. ME
  fles-wise C 171 r/10
2 riht-wis(e) A 24 r/6; 24 v/ ae
  13; C 37 r/14; 37 v/10; u. ö.

2.13. Sb+Sb/Ø$_{Adj}$; Adj+Sb/Ø$_{Adj}$; usw.

1 an-red A 61 v/13; 69 r/16 ae
  (oo C)
2 bear-uot A 113 v/12   ae
  bar-fot C 194 r/5 f.
3 dru-fot A 59 r/27; C 94 v/3 ME
4 ead-mod(e) A 32 r/16;   ae
  42 v/28; u. ö.; C 48 r/6;
  u. ö.
  ed-mod C 66 r/3; 108 v/18;
  u. ö.
5 open-heaued A 115 v/20; ME
  C 196 r/6
6 þole-mod(e) A 32 r/16 f.; ae
  A 42 v/27; C 66 r/2;
  76 v/14; u. ö.
7 wea-mod A 32 r/21, 27; ae
  we(a)-mot C 48 r/12, 19;
  u. ö.

2.14. Adj+Sb/ed; usw.

1 an-lepi A 31 v/17; 88 r/10; ae
  C 47 r/20; 148 r/15; u. ö.
2 bliðe iheortet (?) A 103 r/3 ME
3 gleade iheortet (?)   ME
  A 95 v/19 f.
4 heard-iheortet A 105 r/25 ae/ME

2.15. Sonstiges
        Adj+s/Pron

1 lutles-ihweat A 94 r/4 (Sb) ME

3. Verdunkelte Lehnkp.

1 feolahe A 9 v/25; u. ö. ae
2 windowes A 15 v/1 ME
(oo C)
3 wontreaðe A 98 r/18 ME

22)–26) *Katherine-Gruppe*

22) *HMeid*

Prosa; 38 Druckseiten

1.1. Sb/Sb

1 bearn-team f. 64 r/25 ae
2 brud-gume f. 55 r/16; ae
56 v/20; u. ö.
3 cader-clutes f. 67 r/23 ME
4 cader-fulðen (?) ME
f. 66 v/25
5 dead-bote f. 57 r/23; ae
60 r/22
(Vgl. oben S. 109)
6 ealmes-dede f. 60 r/12 ae
7 eðele-þeowe f. 64 v/14 ME(h)
8 fa-mon f. 68 v/25 ae
9 he'a'lewi f. 57 v/15 ME
10 helle-grund (?) f. 69 r/7 f. ae
11 hird-men f. 64 v/4 ae
12 hond-hwile f. 56 r/5 ae
hont-hwile f. 70 r/6
13 leifen f. 65 r/6 ME
14 leir-wite f. 71 r/11 ae
15 licome f. 56 r/24; u. ö. ae
16 lif-lad f. 53 r/19; ae
55 r/5; u. ö.
17 lif-siðen f. 70 r/8 ME
18 meið-þeawes f. 52 v/5 ME
19 milc-strunden f. 66 v/2 ME
20 mon-cun f. 57 v/6, 11 ae
21 Paraise-selhðe (?) ME
f. 70 v/22
22 scheome-creft f. 66 v/13 ME
23 wa-sið(es) f. 66 v/14; ME
67 r/20 f.
24 weater-bulge f. 66 r/24 ME

25 wummen 55 r/14; u. ö. ae
wummon f. 64 r/20; u. ö.

1.2. Sb+s/Sb

In Auswahl; der Kp.-Status der meisten
Verbindungen ist fraglich.

1 adamantines stan ME
f. 67 r/13
2 bestes bodi f. 56 v/25 ME?
3 deaðes dunt f. 58 v/9; ME
63 r/5
4 engles euene f. 69 v/2 f. ME?
5 flesches brune f. 55 v/2 ME?
6 flesches fulðe f. 60 v/2 f.; ME?
62 v/23 f.
7 flesches lustes ME?
f. 53 r/24 f.; 59 r/4
8 flesches þrealles ME?
f. 53 r/14
9 kinges sunes f. 70 v/11 ME?
10 latines leden f. 61 r/3 f. ME
11 liues writ f. 61 v/2 ME?
12 meidenes mede f. 71 r/10 ME?
13 weimeres leoð f. 60 r/20 ME?

1.3. Adj/Sb

1 earm-hwile f. 65 v/13; ME
67 r/2
2 gentile-wumm[e]n (?) ME
f. 55 r/14
3 god-dede f. 59 v/3 ae
4 hali-gast (?) f. 68 v/9; ae
70 r/4
5 heh-engel f. 69 r/8 f., 13; ae
u. ö.
6 heuelbedd f. 60 r/16 ME
(Doch vgl. oben S. 110)
7 leof-mon f. 53 v/7, 13; u. ö. ME
8 mid-niht f. 66 v/23 ae

Wohl syntakt. Gruppe:
– to goder heale f. 63 v/1 f. ME

1.6. Partikel/Sb

1 fore-wart f. 58 v/2; 59 r/6 ae
2 ouer-herren f. 64 r/4 ME(h)

3 ouer-hohe f. 69 r/18;   ae
   68 v/10
4 ut-lahe f. 56 v/24; 69 r/18   ae

1.8. Vb+ing/Sb

1 pinunge-þrahen f. 18 v/5 f.   ME

1.9. Sb/Vb+Ø_Sb

1 chaffere f. 55 r/19   ME
   che'a'ffere f. 62 v/1, 16
2 eaw-bruche f. 69 r/15 f.   ae
3 [ham]-cume f. 64 v/8   ae
4 lauerd f. 57 v/9; 59 v/7;   ae
   u. ö.
5 leafdis f. 55 r/5   ae
   leafdi f. 57 v/4; u. ö.
6 marhe-ʒeue f. 68 r/9 f.   ae

1.10. Sb/Vb+t

1 psalm-wruhte f. 52 v/3   ae

1.13. Affixoide (Sb)

kine-
1 kine-dom f. 68 r/9 f.   ae
2 kine-riche f. 59 r/7   ae

-dom
1 Cristen-dom f. 65 r/22   ae
2 freo-dom f. 53 v/18; u. ö.   ae
3 hore-dom f. 69 r/11   ME
4 kine-dom s. o. bei kine-
5 lauerdom f. 55 v/12; 57 v/6   ae
6 riche-dom f. 52 v/24;   ae
   64 v/2 f.
7 þeow-dom f. 53 r/8; u. ö.   ae
8 wis-dom f. 58 r/4   ae

-had
1 meiden-had f. 57 r/6   ae
2 meið-had f. 56 r/1 f., 6; u. ö. ae
3 wedlac-had f. 61 r/10 f.   ME?
4 widewe-had f. 61 r/14   ae

-lac
1 brud-lac f. 52 v/22;   ae
   55 v/20; u. ö.
2 fear-lac f. 63 v/24 f.; u. ö. ME

3 schend-lac f. 58 v/4   ME
4 wed-lac f. 55 v/6; u. ö.   ae
   (Daneben auch Bildungen
   mit *-lec*)

2.1. Sb/Adj

1 soð-c[n]awes f. 61 v/12   ME

2.2. Adj/Adj; Adv/Adj

1 deore-wurðe f. 53 r/5;   ae
   53 v/9; u. ö.
2 euen-ald f. 69 r/6   ME

2.4. Pron/Adj; Pron/PartPräs

1 al-wealdent f. 66 r/12 f.;   ae
   f. 68 v/20
2 al-mihti f. 59 r/19   ae

2.6. Vb/Adj

1 lic-wurðe f. 56 r/19   ae

2.11. Adj/PartPrät; Adv/PartPrät

1 wel-itohe f. 61 v/25   ME

2.12. Affixoide (Adj)

seld-
1 selt-scene f. 62 v/21 f.   ae

-ful
1 ont-ful f. 57 v/2   ME
2 þeaw-ful f. 70 r/10   ae
3 weole-ful f. 63 v/19; u. ö.   ME

-wil
1 speate-wile f. 61 v/14, 15   ME
2 wrench-[wile] f. 71 r/7   ME
3 wleate-wile f. 55 v/3   ME

2.14. Adj+Sb/ed; usw.

1 broke-rugget f. 62 r/15   ME

Wohl syntakt. Gruppen sind:
2 heardre iheortet f. 67 r/13   ME
3 wraðeliche ilatet   ME
   (ed. Millett 16/16)

3. Verdunkelte Lehnkp.

1 feolahes f. 59 r/14 f.   ae

23) StJul

Prosa; 33 Druckseiten

1.1. Sb/Sb

1	ax-treo f. 47 v/18	ME
2	burh-domes f. 40 v/14	ME
3	champ-men f. 46 v/24 f.	ae
4	deað-bote f. 51 r/4 f.	ae
5	dom-seotle f. 47 r/8	ae
6	fa-mon (Hs. R; Zle 183 ed. d'Ardenne) va-men f. 42 v/15	ME
7	grunt-wal f. 51 r/7	ae
8	heoueriche f. 51 r/12 heouen-riche (Hs. R; Zle 180 ed. d'Ardenne)	ae
9	lattow f. 42 v/10	ae
10	licome f. 45 r/15	ae
11	lif-lade f. 36 v/18, 25	ae
12	mix-maumez f. 40 r/8	ME
13	mon-cun f. 39 v/11; 43 v/20; u. ö.	ae
14	neil-cniues f. 47 v/17	ME
15	paraise-selhðe (?) f. 43 v/21 f.; 48 r/22	ME
16	ploiueren f. 47 v/5	ME
17	raketehe f. 45 v/14; 47 r/5	ae
18	wepmen f. 49 v/12 f.	ae
19	wicche-creftes f. 47 r/12; 47 v/13	ae
20	wummon f. 39 v/20; 43 r/22; u. ö.	ae
21	wurð-munt f. 36 v/21; 49 r/18	ae

1.2. Sb+s/Sb

(Zum Teil wohl syntakt. Gruppen)

1	daheðes dei f. 37 v/18 f.	ME?
2	domes-dei f. 52 r/19; 49 r/6 f.	ae
3	latines ledene f. 36 v/25	ME?
4	mones man f. 37 v/22	ME?
5	speres ord f. 44 r/20 f.	ME?

Namen (wohl Appositionen):

1 Israeles folc f. 44 r/7 f.
2 Israeles leode f. 42 v/12
3 Nichomedese burh
f. 37 r/7
(aber siehe d'Ardenne (ed. StJul), S. 143)

1.3. Adj/Sb

1	cristemen f. 45 r/19 (aber: cristene men f. 46 v/20 f.)	ME
2	dorc-hus f. 42 r/12	ME
3	hali-chirche (?) f. 45 r/51 f.; f. 51 v/9	ae?
4	hali gast (?) f. 36 v/17, 22	ae
5	heh-engel f. 43 r/16	ae
6	heh-reue f. 38 r/5 hehe-reue f. 38 v/4	ae
7	hehe-seotel f. 46 v/2	ae
8	leof-mon f. 38 r/17; 40 r/23; u. ö.	ME

Vgl. ferner:

9	lud-steuene f. 49 r/19 f.	ae/ME
10	to wraðer heale f. 38 v/10; 39 v/20; u. ö.	ae

1.4. Num/Sb

1	frum-scheft f. 36 v/20	ae

1.7. Vb/Sb (?)

1	gure-blod f. 41 v/10	ME

1.9. Sb/Vb+Ø$_{Sb}$

1	lauerd f. 36 v/20; u. ö.	ae
2	leafdi f. 38 v/20; u. ö.	ae

1.10. Sb/Vb+t

1	eh-sihðe f. 40 v/13; 42 r/11; u. ö.	ME
2	frum-scheft: s. o. 1.4.	ae
3	neb-scheft f. 40 v/16 neb-scheaft f. 47 r/9	ME

1.13. Affixoide (Sb)

-dom

1 þeow-dom f. 44 r/9	ae
2 wis-dom f. 42 v/9; f. 43 r/21	ae
3 wrecche-dom f. 46 r/4	ME

-had

1 meið-hað f. 37 v/21 meið-had f. 40 r/19; u. ö.	ae

-lac

1 brud-lac f. 37 v/24	ae
2 wed-lac f. 38 v/18 wed-lack f. 39 r/20	ae

-reden

1 cun-redden f. 48 v/5	ME

2.1. Sb/Adj

1 fisch-hal f. 48 r/14	ME
2 lif-hali (Hs. R; ed. d'Ardenne, Zle 6)	ME
3 luue-wurðe f. 40 r/6 f.; 44 v/11 f.; u. ö.	ME
4 nome-cuðe f. 52 r/13	ae
5 soð-cnawes f. 47 r/11	ME?
6 steale-wurðe f. 45 r/10 stale-wurðe f. 50 v/12, 15	ae
7 steort-naket f. 39 v/25; 41 r/6	ME
8 walm-hat f. 50 r/18	ae
9 wil-cweme f. 42 v/1	ME

2.2. Adj/Adj

1 deore-wurðe f. 36 v/21; 38 r/12; u. ö.	ae

2.4. Pron/Adj; Pron/PartPräs

1 al-mihti f. 38 v/22; 41 v/11; u. ö.	ae
2 al-wealdent f. 42 v/6 (Sb)	ae

2.6. Vb/Adj

1 here-wurðe f. 42 r/25	ME
2 walhat f. 41 v/25 f.	ae

530

(aber wallinde hat Hs. R; d'Ardenne Zle 533)

2.7. Adj/Vb+Ø_Adj

1 eð-luke f. 50 v/9	ME

2.8. Sb/PartPräs

1 brune-wallinde f. 41 v/25	ME

2.10. Sb/PartPrät

1 ihond-sald f. 37 v/15	ae

2.11. Adj/PartPrät

1 freo-iboren f. 37 v/13, 14	ME

2.12. Affixoide (Adj)

kine-

1 kine-wurðe f. 45 v/7 f.; 49 v/7 f.	ae

-fast

1 stude-uest f. 51 r/8	ae

-ful

1 blis-ful f. 51 v/10	ME
2 driht-ful f. 39 v/1	ME
3 mein-ful f. 42 v/18; 45 v/11; u. ö.	ME
4 mild-fule f. 47 r/24 f.	ME
5 mildheort-fule f. 49 v/22	ME
6 milz-fule f. 46 v/21 f.; 47 v/7	ME
7 sorh-ful f. 47 v/4 f.	ae
8 sun-ful f. 49 r/8 (substantiviert)	ae

-wende

1 luue-wende f. 49 r/12	ae

-wis

1 riht-wis f. 44 v/6; 49 r/8	ae

2.13. Adj+Sb/Ø_Adj

1 dru-fot f. 42 v/13	ME
2 lud-steuene: s. o. 1.3.	

3. Verdunkelte Lehnkp.

1 feolahe f. 45 v/25   ae

4. Kein Kp.

1 heamen f. 41 r/25   ME

24) *StKat*

Prosa; 36 Druckseiten

1.1. Sb/Sb

1 breost-roten (?) f. 14 v/21   ME
2 burde-boldes f. 2 r/7   ME
3 burh-ʒeten f. 15 r/17   ae
4 burh-men f. 1 r/4 f.;   ae
  9 v/11; u. ö.
5 burh-reue f. 13 r/8   ae
6 buri-boldes f. 4 v/3   ME
7 cwalm-hus f. 5 v/19 f.;   ME
  10 r/16; u. ö.
8 driht-fere f. 12 v/1 f.   ME
9 flesch-timber (Hs. R; Zle   ME(h)?
  436, ed. d'Ardenne/Dob-
  son)
10 fri-dei f. 18 r/10   ae
11 ʒim-stanes f. 11 r/4 f.   ae
12 healewi f. 11 r/20 f.   ME
13 heoueriche f. 10 v/21 f.;   ae
  15 r/2; u. ö.)
  (riche of heouene 12 r/10;
  u. ö.)
14 hird-men f. 15 v/10   ae
15 hondiwerc (Hs. R; Zle   ae
  448 ed. d'Ardenne/Dob-
  son)
16 hont-hwile f. 10 v/18;   ae
  13 r/21
17 lar-spel f. 4 r/5 f.   ae
18 licome f. 2 v/11; u. ö.   ae
19 luft-fuheles f. 15 v/23   ME
  (fuheles of þe lufte
  14 v/8)
20 luue-runes f. 1 v/19   ME
21 marbre-stan f. 9 v/13   ME
22 meare-minnes f. 9 v/18   ae
23 mix-maumez f. 2 v/7;   ME
  14 r/23
24 moder-burh f. 1 r/20   ME(h)?

25 mon-cun (Hs. R; Zle 438   ae
  ed. d'Ardenne/Dobson)
26 mon-drem f. 14 r/1   ae
27 raketehen (Hs. R; Zle   ae
  340, 418 ed. d'Ardenne/
  Dobson)
28 rode-taken f. 2 v/3 f.   ae
29 scol-meistres f. 5 r/15   ME
30 tintreohe f. 4 r/12 f.; u. ö.   ae
31 wepmen f. 16 v/8   ae
32 wicche-creft f. 16 r/8   ae
33 world-men f. 4 v/23   ae
34 wummen f. 16 v/8   ae
35 wurðe-munt f. 2 v/12, 14   ae
  wurð-munt 9 r/24; 9 v/11

Ortsnamen:

1 franc-lond f. 1 r/5

1.2. Sb+s/Sb

Zum Teil syntakt. Gruppen
1 domes-dei f. 3 v/13   ae
2 liunes leohe f. 12 r/24   ME
3 monnes cunde (Hs. R; Zle   ME?
  333 ed. d'Ardenne/Dob-
  son)
  (vgl. mon-cun, oben 1.1.)
4 monnes mān f. 3 v/10   ME?
5 nouembres moneþ   ME?
  f. 9 r/14
6 reades-men f. 5 v/9   ae
7 sondes-mon f. 5 r/13   ME
8 weodnes-dei f. 15 r/21 f.   ae

1.3. Adj/Sb

1 est-lond f. 5 r/19 f.; 8 r/21   ae
2 freo-mon f. 4 v/7   ae
3 hali chirche (?) f. 7 v/9   ME?
4 hali-gast (?) f. 1 v/22; 2 v/5   ae
5 heh-engel f. 6 v/11 f.   ae
6 heh-feader f. 6 r/18   ae
7 leof-mon f. 16 r/25;   ME
  16 v/19; u. ö.
8 mid-niht f. 11 v/11 f.   ae

Vgl. auch:
9a ludere steauene f. 2 v/8   ME?

9b lut-steuene f. 14 r/8   ae

1.4. Num/Sb

1 an-had s. u. 1.13.   ME

1.6. Partikel/Sb

1 forð-feadres f. 1 v/13   ae
2 ʒein-cleappes f. 2 r/2   ME
3 ʒein-turn f. 14 v/6   ME
4 wiðer-wines f. 6 r/10   ae

1.9. Sb/Vb+Ø$_{Sb}$

1 lauerd f. 12 v/23; u. ö.   ae
2 leafdi f. 1 v/11; u. ö.   ae

1.10. Sb/Vb+t

1 heh-sihðe f. 16 v/5   ME
2 neb-schaft f. 9 r/25; 4 v/6   ME

1.12. Sb/Vb+ing; Vb/Vb+ing

1 cnaw-lechunge f. 8 v/25 f.   ae

1.13. Affixoide (Sb)

kine-

1 kine-burh f. 12 v/14   ME
2 kine-dom f. 9 v/6; u. ö.   ae
3 [k]ine-mede f. 4 r/11   ME
4 kine-motes f. 13 v/1   ME
5 kine-riche f. 2 r/23;   ae
   4 r/15; u. ö.
6 kine-ring f. 4 r/15   ME
7 kine-seotle f. 1 r/20; 6 v/16   ae

-dom

1 heaðen-dom 1 r/16   ae

-ern

1 cwartern f. 5 v/19; u. ö.   ae

-had

1 an-had (Hs. R; Zle 345 ed.   ME?
   d'Ardenne/Dobson)
2 child-had f. 1 v/7   ae
3 meið-had f. 2 r/6; u. ö.   ae
4 mon-had (Hs. R; Zle 363   ME
   ed. d'Ardenne/Dobson)

-lac
(Daneben Bildungen mit *-lec*)

1 fear-lac f. 5 v/23;   ME
   10 v/6; u. ö.
2 schend-lac f. 8 r/11   ME

-reden

1 uer-reden f. 6 v/9; u. ö.   ae

2.1. Sb/Adj

1 lif-leoui f. 11 r/14   ME(h)?
2 nome-cudest f. 7 v/3   ae
   nome-cuðe f. 5 r/20
3 sna-hwite f. 17 v/10 f.   ae
4 snoð-cnawes (Hs. R; Zle   ME
   396 ed. d'Ardenne/Dob-
   son)
5 stale-wurðe f. 12 v/6;   ae
   15 r/14
   steale-wurhðe f. 6 v/8; u. ö.
6 steort-naket f. 10 r/12   ME
7 wil-cweme f. 11 v/10   ME
8 world-witti f. 4 v/24   ME

2.2. Adj/Adj; Adv/Adj

1 deore-wurðe f. 6 r/6; u. ö.   ae
2 [euen]-eche f. 3 r/22   ae

2.4. Pron/Adj; Pron/PartPräs

1 al-mihti f. 12 r/5; u. ö.   ae
   al-mihte f. 13 v/12
2 al-wealdent (Hs. R; Zle   ae
   392 ed. d'Ardenne/Dob-
   son)
3 al-wealdinde f. 5 v/25 f.   ae

2.7. Adj/Vb+Ø$_{Adj}$

1 etsene f. 4 r/4   ae

2.9. Adj/PartPräs

1 heh-healent (?)   ME?
   f. 14 r/22 (Sb)
   (vgl. hehe healent
   f. 17 r/7 f.)

2.12. Affixoide (Adj)

kine-

1 kine-wurðe f. 5 v/7;   ae
  7 r/6; u. ö.

-fast

1 steaðel-uest f. 1 v/4   ae

-ful (Auswahl)

1 bale-ful f. 2 v/7   ae
2 eis-ful f. 1 r/18   ae
3 wrench-ful (Hs. R; Zle   ME
  330 ed. d'Ardenne/Dob-
  son)
4 wurð-ful (Hs. R; Zle 375   ae
  ed. d'Ardenne/Dobson)

-wende

1 halewinde f. 2 v/19; u. ö.   ae

-wil

1 beate-wil f. 11 r/20   ME
2 swete-wil (Hs. T; Zle 1154   ME
  ed. d'Ardenne/Dobson)

-wis

1 riht-wis (Hs. R; Zle 451   ae
  ed. d'Ardenne/Dobson)

2.13. Adj+Sb/Ø_Adj; Vb+Sb/Ø_Adj

1 lut-steuene s. o. 1.3.   ae
2 þole-mod f. 2 r/21; 12 r/14   ae

2.14. Adj+Sb/ed; usw.

1 an-lepi f. 1 v/5; u. ö.   ae

Syntakt. Gruppe ist wohl:
2 se luðere [ilatet] (Hs. R;   ME?
  Zle 333 ed. d'Ardenne/
  Dobson)

3. Verdunkelte Lehnkp.

1 feolahes f. 16 v/1   ae
2 nowcin f. 11 r/17   ME
  newcin f. 12 v/5; u. ö.
3 wontreaðe f. 6 r/3   ME

4. Syntakt. Gruppen; Versehen

1 Statt *blisse bune,* f. 10 r/5,
  lies *blisse buuen me.*

---

2 cang men f. 3 r/5 (Adj+Sb)
3 on hat heorte f. 14 v/19
  (Adj+Sb)

25) *StMarg/1*

Prosa; 41 Druckseiten

1.1. Sb/Sb

1 bale-bondes (?) 28 r/14   ae/ME
2 bale-sid f. 36 v/2 f. (lies: ae
  -si[ð])
3 boc-fell f. 36 r/21   ae
4 brud-gume f. 33 r/6;   ae
  35 r/1
5 cwalhus f. 20 av/9   ME
  cwalm-hus f. 23 v/6;
  24 r/17; u. ö.
6 eil-þurl f. 24 v/19   ME
7 eorð-men f. 36 v/16   ME
8 fa-men f. 23 v/24   ae
9 font-stan f. 32 v/25 f.; u. ö.   ME
10 foster-moder f. 19 r/16;   ae
  19 v/2
  uoster-moder f. 24 r/16
11 golt-hord f. 31 v/18   ae
12 graue-stan f. 36 r/16   ME
13 ჳim-stanes f. 24 v/1 f.;   ae
  u. ö.
  gim-stan f. 19 v/21
14 healewi f. 28 v/12   ME
15 [h]elle-hundes f. 22 v/8   ae
16 helle-wa (?) f. 29 v/2   ME
17 heouene-ჳetes f. 22 r/14   ME
18 heoueriche f. 35 v/10   ae
19 heoueriche-wunne   ME
  f. 29 v/2
20 hond-hwile f. 30 r/15   ae
21 hondiwerc f. 25 r/19   ae
22 leiuen f. 28 v/21   ME
23 licome f. 22 r/11; u. ö.   ae
24 lif-lad f. 34 r/12; 36 r/21   ae
25 loftsong f. 33 r/15 f.   ae/ME
26 mel-seotel f. 26 v/8   ME(h)
27 moder-bern f. 19 v/19   ME?
28 mon-cun f. 27 r/2; u. ö.   ae
29 nease-þurles f. 24 v/4 f.   ae

30 ord-frume f. 24 r/15;   ae
35 r/22
31 paraise-ȝeten (?) f. 27 v/9   ME
32 plohe-speche f. 28 v/14 f.   ME
33 rode-taken f. 25 v/11 f.   ae
(aber: þe taken of þe hali
rode f. 23 v/11)
34 schireue f. 19 r/23 f.;   ae
20 ar/5
35 sea-strem f. 25 r/12 f.;   ae
34 r/8
36 þeowe-wummon   ME?
f. 20 ar/20
37 wepmen f. 18 r/19;   ae
21 v/25 f.
38 wummen f. 18 r/19; u.ö.   ae
wummon f. 19 v/4; u.ö.
39 wurð-mund f. 25 v/11   ae
wurd-munt f. 33 r/17
wurð-munt f. 35 v/2; u.ö.

1.2. Sb+s/Sb

1 domes-dei f. 23 v/3   ae
2 domes-mon f. 24 r/8 f.   ME?
3 steores-mon f. 34 r/8   ae

1.3. Adj/Sb

1 bla-mon f. 25 v/20   ME
2 freo-mon (?) f. 20 ar/19   ae
3 grandame f. 36 r/16 (Lw)   ME
4 hali gast (?) f. 18 r/15; u.ö.   ae
5 heh-feader f. 20 ar/23   ae
6 lef-mon f. 19 r/11 f.   ME
leof-mon f. 20 av/1; u.ö.
7 riht-half (?) f. 25 v/18   ME
riht-halue f. 35 v/18

Vgl. ferner:
8 to wraðer-heale f. 25 v/11   ME

1.4. Num/Sb

1 frum-scheft f. 34 r/4   ae

1.6. Partikel/Sb; usw.

1 efter-liðe f. 36 r/25   ae
2 forð-fedres f. 20 av/4   ae

3 in-seil f. 21 r/24   ae
4 ouer-gart f. 25 r/24 f.   ME
5 wiðer-lahen   ME
(Hs. R; S. 13/20 ed. Mack)
(wer-lahen; Hs. B; s.u. 1.9.)

1.9. Sb/Vb+Ø$_{Sb}$

1 lauerd f. 20 ar/7; u.ö.   ae
2 lefdi f. 21 r/16; u.ö.   ae
3 mon-slahe f. 26 r/15   ae
mon-slae f. 27 r/21
4 wer-lahen f. 21 v/4   ae
5 wil-ȝeoue f. 31 r/2   ME

1.10. Sb/Vb+t; Adj/Vb+t

1 eh-sihðe f. 31 v/23   ME
2 frum-scheft: s.o. 1.4.   ae
3 fulluht f. 32 v/25; u.ö.   ae
4 neb-schaft f. 20 av/18   ME

1.13. Affixoide (Sb)

kine-
1 kine-bern f. 20 av/5;   ae
23 v/19
2 kine-dom f. 20 av/6; 35 r/4   ae

-dom
1 kine-dom s.o.   ae
2 wis-dom f. 24 r/13   ae

-ern
1 cwartern f. 20 av/8   ae

-had
1 meid-had f. 31 r/20; u.ö.   ae

-lac
1 fear-lac f. 24 v/18; u.ö.   ME
(daneben auch Bildungen
mit -lec)

-ware
1 helle-ware f. 24 v/25   ae
(helle ware 7 heouenes)

2.1. Sb/Adj

1 bile-hwit f. 35 v/20   ae
2 snaw-hwit 32 r/25   ae

3 steale-wurðe f. 30 r/17;   ae
u. ö.
4 steort-naket f. 21 v/2;   ME
32 r/21

2.2. Adj/Adj; Adv/Adj

1 deor-wurðe f. 19 r/3; u. ö.   ae
deore-wurðe f. 32 v/11;
u. ö.

2.4. Pron/Adj

1 al-mihti f. 18 v/13;   ae
22 v/21; u. ö.

2.7. Sb/Vb+Ø_Adj

1 leoðe-beie f. 30 v/17   ae

2.9. Adj/PartPräs; Adv/PartPräs

1 euer-lestinde   ME
(Hs. R. S. 53/34 ed. Mack)
2 heh-helent (?)   ME?
f. 20 ar/9
(vgl. hehe healent f. 18 v/
7 f.; 22 v/11; u. ö.)

2.10. Sb/PartPrät

1 flesch-fulet f. 36 v/11   ME
2 flesch-sulet (Hs. R; S. 55/5   ME
ed. Mack)

2.12. Affixoide (Adj)

kine-
1 kine-wurðe f. 33 v/4   ae

seld-
1 selcude f. 32 r/15   ae

-ful (Auswahl)
1 luue-ful f. 28 v/16   ME
2 ont-ful f. 24 r/6 f.   ME?
3 reow-ful f. 22 v/11   ME

-wende
1 hale-winde f. 24 r/8   ae
hale-wende f. 26 r/20; u. ö.
hal-wende f. 34 v/9; u. ö.
2 luue-wende f. 25 r/17   ae

-wil
1 speate-wile f. 24 v/4;   ME
27 v/3
2 wleate-wile f. 27 r/22   ME

-wis
1 read-wise f. 28 r/6   ME?
2 riht-wise f. 22 r/10 f. (Sb);   ae
28 r/18; u. ö.

2.13. Vb+Sb/Ø_Adj

1 þole-mode f. 16 r/25   ae

2.14. Adj+Sb/ed; Num+Sb/ed

1 an-ihurnde f. 22 v/14 (Sb)   ae
2 an-lepi f. 23 v/23   ae

Synt. Gruppe ist:
3 þe heardeste iheortet   ME
f. 23 r/4

3. Verdunkelte Lehnkp.

1 neowcin f. 18 v/11   ME
nowcin f. 25 r/21
2 wontreþe f. 20 av/25 f.   ME

4. Syntakt. Gruppen; Versehen

1 godd feader f. 36 v/14
(Apposition)
2 Statt *godd-imagin,* f. 35 v/
1 f.; lies *godd unagin*
3 on hot heorte f. 33 v/10
(Adj+Sb)
4 riht fot f. 27 r/10 (Adj+Sb)
5 rode merke f. 30 r/23
(Gen.-Gruppe)

26) *SWard*

Prosa; 20 Druckseiten

1.1. Sb/Sb

1 breoste-holke f. 74 v/10   ME
2 dead-bote f. 74 v/3   ae
(Vgl. oben S. 109)
3 ea-uroskes f. 74 v/8   ME

4 ehe-lid f. 80 v/1   ME

5 heaued-þeawes f. 72 v/22   ME

6 helle-wurmes f. 74 v/5 f.   ME

7 hus-bonde f. 72 v/25   ae
huse-bonde f. 72 v/19;
77 r/18

8 huse-lauerd f. 72 r/10, 20;   ae
u. ö.

9 huse-wif f. 72 r/24;   ME
77 r/24

10 lif-siðe f. 74 r/2   ME

11 loftsong f. 79 v/2 f.;   ae/ME
80 r/20 f.

12 mon-cun f. 78 r/23   ae

13 nease-gristles f. 74 v/7   ae

14 pilche-clut f. 75 r/23   ME

15 raketehe f. 73 v/22 f.   ae

16 sea-dingle f. 79 v/18   ME

17 sunne-gleam f. 78 r/8   ME

1.2. Sb+s/Sb

1 flesches licunge (?)   ME?
f. 76 v/7

2 flesches lustes (?) f. 76 r/17   ME?

1.3. Adj/Sb

1 god-spel f. 72 r/3   ae

2 hali gast (?) f. 78 r/13   ae

3 riht half (?) f. 78 r/17   ME?

1.6. Partikel/Sb; usw.

1 in-ʒong f. 72 v/16 f.; 73 r/3   ae

2 on-sihð f. 77 v/11 f.;   ME
78 v/13

1.9. Sb/Vb+Ø$_{Sb}$

1 dure-wart f. 73 r/1   ae

2 lauerd f. 72 r/3, 5, 8, 12;   ae
u. ö.

3 lefdi (Zle 411; ed. Bennett/   ae
Smithers)

1.10. Sb/Vb+t; Adj/Vb+t; usw.

1 on-sihð s. o. 1.6.

1.12. Sb/Vb+ing; Vb/Vb+ing

536

1 cnaw-lechunge f. 79 v/12   ae

1.13. Affixoide (Sb)

-dom

1 wis-dom f. 76 v/23   ae

2 wrecche-dom f. 74 r/17   ME

-had

1 þreo-had (Zle 420; ed.   ME
Bennett/Smithers)

-lac

1 fear-lac f. 73 v/9, 14; u. ö.   ME

2 schenð-lac f. 75 r/19 f.   ME

-reden

1 cun-readnes f. 78 v/24 f.   ME

2 fer-'r'eden f. 79 r/10   ae

2.1. Sb/Adj

1 gled-read f. 73 v/23;   ME
75 r/22

2.2. Adj/Adj; Adv/Adj

1 deore-wurðe f. 76 r/1;   ae
77 r/23; u. ö.

2.4. Pron/Adj; Pron/PartPräs

1 al-mihti f. 80 v/4   ae

2 al-wealdent f. 78 r/1, 17   ae

2.5. Partikel/Adj

1 ouer-hardi 73 v/1   ME

2.6. Vb/Adj

1 lic-wurðe (Zle 391; ed.   ae
Bennett/Smithers)

2.7. Adj/Vb+Ø$_{Adj}$; usw.

1 etscene f. 78 r/20   ae

2.11. Adj/PartPrät; Adv/PP

1 ful-itohe f. 72 r/10   ME

2 wel-cume f. 78 r/2 f.   ae/ME

2.12. Affixoide (Adj)

-ful

1 blis-ful f. 78 r/17   ME
2 grim-ful f. 75 r/18   ae
3 grure-ful f. 75 r/18   ME
4 meaÐ-ful f. 77 r/13   ME
5 weole-ful f. 78 v/2   ME
6 willes-ful f. 73 r/8; 77 r/24   ME

-wis

1 riht-wis f. 77 r/8   ae

2.14. Adj/Sb+ed; Num/Sb+ed; usw.

1 an-lepi f. 80 r/14   ae
2 gledd-icheret f. 77 v/4   ME

3. Verdunkelte Lehnkp.

1 cunestable f. 72 v/25;   ME
77 r/18
2 nowcin f. 76 r/19, 23; u. ö.   ME
3 wontreaÐes f. 75 v/1   ME

27)–30) *Wooing-Gruppe*

27) *LofLe = OrMar*

Prosa; 3 Druckseiten

1.1. Sb/Sb

1 licame LofLe 32   ae
licome OrMar 22
2 lif-holinesse LofLe 78   ME
3 mon-cun LofLe 3;   ae
OrMar 2 f.

1.6. Partikel/Sb; usw.

1 umbe-keoruunge LofLe 57   ME
2 up-ariste LofLe 79   ME
3 wider-wines LofLe 10 f.   ae

1.9. Sb/Vb+$\emptyset_{Sb}$

1 blod-rune LofLe 62   ae

1.12. Sb/Vb+ing

1 bac-bitunge LofLe 24;   ME
OrMar 17

2 blod-s[w]etunge (?)   ME
LofLe 57 f.
3 flech-founge LofLe 41;   ME?
flesch-founge OrMar 29

Synt. Gruppen sind wohl:
4 side openung LofLe 55 f.   ME
5 side þurlunge LofLe 60   ME

1.13. Affixoide (Sb)

kine-
1 kine-ȝerde LofLe 51 f.   ae

2.1. Sb/Adj

1 pine-wurÐe LofLe 37   ME?
[p]ine-wurÐe OrMar 26

2.2. Adj/Adj; Adv/Adj

1 deore-wurÐe LofLe 71   ae

28) *LofLo*

Prosa; 5 ½ Druckseiten

1.1. Sb/Sb

1 mon-cun 135   ae
2 weoued 25   ae

1.2. Sb+s/Sb

1 domes-dai 23   ae

1.3. Adj/Sb

1 holi gost (?) 136, 164; u. ö.   ae
2 hwite-sunedai 21   ME
3 leof-mon 118   ME
leoue-mon 119

1.10. Sb/Vb+t; Adj/Vb+t

1 eih-sihÐe 35 f.   ME?
2 fuluht 26   ae
3 salm-wruhte 139   ae

1.13. Affixoide (Sb)

-had

537

1 meid-hod 87   ae

-lac
1 treu-lac 162   ME?

2.2. Adj/Adj
1 dereo-wurðe 59   ae

2.4. Pron/PartPräs
1 al-weldinde 144 f.   ae

3. Verdunkelte Lehnkp.
1 wondred 109   ME

4. Syntakt. Gruppe ist wohl:
1 soule deað 64

29) *UrLo = UrGod*

Prosa; 5 Druckseiten

1.1. Sb/Sb

1 balew-sið UrL 28 f.	ae
baluh-sið UrG 33	ae
2 chapmon UrL 32	ae
chepmon UrG 36	ae
3 halwi UrL 4	ME
healewi UrG 5	
4 heorte-eihen (?) UrG 151	ME?
5 heoueriche UrG 158 f.	ae
6 huni-ter UrL 5; UrG 5	ae
7 luue-wordes (?) UrG 87	ME?
(vgl. UrL 71 f.)	
8 wimmon UrL 107;	ae
UrG 132	

1.2. Sb+s/Sb
1 breostes blisse (?)   ME?
  UrL 6; UrG 6
2 liues louerd (?) UrL 34   ME?

1.3. Adj/Sb
1 god-deden UrL 67;   ae
  UrG 81
2 leof-mon UrL 17, 22;   ME
  UrG 19, 25

538

1.9. Sb/Vb+Ø_{Sb}
1 leafdi UrG 150   ae

1.10. Sb/Vb+t
1 eh-sihþe UrL 79   ME
  eih-sihðe UrG 96

2.1. Sb/Adj
1 luue-wurðest UrL 72 f.;   ME
  UrG 88

2.2. Adj/Adj; Adv/Adj
1 deor-wurþ(e) UrL 32 f.;   ae
  116

2.4. Pron/Adj
1 al-mihti UrG (Titel)   ae

2.5. Partikel/Adj; Partikel/Partikel
1 utewið UrL 30; UrG 34   ME?

2.12. Affixoide (Adj)

-wende
1 hal-wende UrL 85;   ae
  UrG 103

30) *WohLo*

Prosa; 18½ Druckseiten; vgl. oben
6.2.1.

1.1. Sb/Sb

1 bale-drinch (?) 521	ME
2 bali-duntes (?) 462	ME
3 burð-tid 322	ae
4 cwalm-hus 145	ME?
5 cwalm-stow 494	ae
6 finger-neiles 469	ME
7 haliwei 3, 35	ME
8 helle-bearnes 465	ME?
9 helle-dogges 138 f.	ME
10 helle-hus 144	ae
11 heorte-blod (?) 95	ME
12 hoker-lahter 532	ME

13 huni-ter 3	ae	
14 hus-lewe 324	ae	
15 luue-lettres (?) 549	ME	
16 luue-lif (?) 105	ME	
17 mildeu 5	ae	
18 moder-sune (?) 55	ME	
19 mon-kin 129, 378 f.; u. ö.	ae	
20 red-ȝerde 486	ME	
21 sawle-fan (?) 154 f.; 570	ME	
22 warh-treo 504	ae	
23 wepmon 163 f.; 223	ae	
24 wummon 163 f.; 221	ae	

1.2. Sb+s/Sb

Der Kp.-Status vieler dieser Verbindungen ist fraglich.

1 beastes cribbe 329	ME
2 blodes dropes 456 f.	ME?
3 childes limes 324 f.	ME?
4 deðes dom 381	ME?
5 deaðes hus 307	ME?
6 domes-dai 565 f.	ae
7 flesches pine 313	ME?
8 kinse-mon 230	ME
9 liues luue 269 f., 318; u. ö.	ME?
10 monnes cunde 224 f.	ME?
11 speres ord 559	ME?
12 weorldes wele 80	ME?

1.3. Adj/Sb

1 god-spel 338, 382; u. ö.	ae
2 large men (?) 92	ME
3 lef-mon 58, 97; u. ö.	ME
4 noble-men (?) 160 f.	ME
5 riht-hond (?) 101	ae
6 sibbe-frend (?) 31, 217	ME

1.7. Vb/Sb (?)

1 girre-blod 480 f.	ME

1.9. Sb/Vb+Ø_{Sb}

1 lauerd 172; u. ö.	ae
2 lauedi 554; u. ö. lafdi 559	ae

1.10. Sb/Vb+t

1 salme-wrihte 581	ae

1.11. Sb/Vb+ere

1 mon-quellere 380 f.	ME

1.12. Sb/Vb+ing

1 blod-leting 521	ME

1.13. Affixoide (Sb)

kine-
1 kine-bearn 175 f.	ae

-dom
1 fre-dom 82	ae
2 wis-dom 108, 110; u. ö. wise-dom 111, 116	ae

-had
1 child-had 331	ae
2 mon-had 173 f.	ME?

-lac
1 schend-lac 393	ME?

1.18. Sonstiges

1 pater noster 235	ae

2.1. Sb/Adj

1 luue-leuest 34, 636	ME
2 luue-wurði 13, 263; u. ö.	ME
3 stale-wurðe 152	ae

2.2. Adj/Adj; Adv/Adj

1 dere-wurðe 33; u. ö.	ae

2.5. Partikel/Adj; usw.

1 dune-fallen (?) 280	ME?

2.12. Affixoide (Adj)

-fast
1 heteli-faste 468 (Adv)	ME?

-ful (Auswahl)
1 wil-ful 302	ae/ME

seld-
1 selcuðes 428 (Sb)	ae

539

-wis

1 riht-wise 529   ae

3. Verdunkelte Lehnkp.

1 gersum 17   ME

4. Synt. Gruppen; Versehen

1 Statt twa bale-drinc (521)
liest Blake twa-bale drinc
(248); twa bale-drinc ist
aber wohl doch vorzuzie-
hen. Vgl. oben S. 72 mit
Anm. 50; 228

2 Statt heorte haliwei (35),
herte swetnesse (270) und
sawle swetnesse (35 f.) liest
Blake heorte-haliwei (17),
herte-swetnesse (130) und
sawle-swetnesse (17); es
handelt sich aber wohl
doch jeweils um syntakt.
Gruppen.

31) *La3B*

Dichtung; 16 095 Ver-
se. Vgl. Sauer 1985 b.[12]

1.1. Sb/Sb

1 alder-mon C 712   ae
aldere-men C 4089

2 almes-mon C 9800   ae
ælmes-mon C 9811

3 ærchebiscop-stol   ae
C 6316 u. 12 164
(archebissopes stol
O 6316, 12 164)

4 bale-sið C 285, 327   ae
(nicht in O)

5 bend-hus O 525   ME

6 biscop-stol C 9091   ae
u. 12 120
(bissopes stol O 9091
u. 12 120)

7 blode-stræm C 13 328   ME
blod-stremes C 14 154
(blodie stremes
O 13 328)

8 boc-fell C 26   ae

9 boc-runen C 2244   ME

10 boc-spell C 8728   ME
boc-spæll C 9691
bok-spell O 9691

11 boc-stauen C 3807   ae

12 breost-þonk(e) C 969   ae

13 bulehude C 7080   ME
bole-hude O 7080, 7088

14 bur-cniht(es) C 8863,   ae
9461; u. ö.
bour-cniht O 9461,
9479; u. ö.

14a burh-cnihtes C 8854,   ae/ME
8872

15 bur-lutlen C 15 368   ME

16 bur-ðein(e) C 7663   ae

16a burh-þeines C 6844,   ae/ME
9951
(nicht in O)

17 burh-cnauen C 7762   ME
borh-cnaues O 7762

18 burh-folc C 4866, 8458,   ME
14 178

19 burh-3æten C 4713   ae
burh-3ate C 8818
borh-3ate O 8818

20 burh-mon C 6208, 5889,   ae
5940; u. ö.
borh-man O 6208, 5889,
5940; u. ö.

20a bur-men C 6798

21 burh-walles C 11 024   ae
borh-walles O 11 024

22 burh-weren C 14 159   ae
bur3e-were (?) C 14 171

23 burne-hod (?) C 8242;   ME
u. ö.
brunie-hod O 8242,
11 967, 13 790 f.

24 candel-liht CO 11 853   ae

25 cantelcape C 14 847   ae

---

[12] Die Aufstellung hier wurde gegenüber Sauer 1985 b nochmals überarbeitet.

26 castel-buri C 3346 ME

27 castel-ʒat C 9308, 9723 ME
castel-ʒeat O 9308,
9482; u. ö.
(castles ʒæt C 9482,
9476)

28 chæpmen C 5665, 6645 ae
chepmen O 6645
chepmon CO 15314;
u. ö.

29 cheisil-scurte C 11858 ME
(cheiselne seorte
O 11858)

30 chireche-griÐ C 11138 ae
cherch-griþ O 11138

31 chiric-lond C 7413 ae

32 cnaue-child O 7748 ME

33 cniht-bærn C 7748 ME

34 cniht-weorede C 13359 ME

35 craft-mon C 14444 ME

36 dæi-ende C 13385 ME

37 dæi-liht C 2881, 2826, ME
3989; u. ö.
dai-liht O 2881, 2826,
3989; u. ö.
day-liht O 9763; u. ö.

38 dæd-sih, -siÐ C 3164, ME
3273
deaþ-siþ O 3164, 3273

39 deor-friÐ C 720 ME
deor-friþ O 720

40 driht-folk C 57, 696; ae
u. ö. (oo O)

41 driht-men C 7343 ae/ME

42 duʒeþe-cnihtes C 5070 ME

43 duʒeÐe-king C 12954 ME

44 duʒeÐe-men C 7019 ME

45 dweomer-cræft C 15291 ME

46 Æstere-dæi C 12048 f. ae

47 eit-lond C 561, 569; u. ö. ME
æit-lond C 3659, 3613;
u. ö.
eyt-lond O 898; u. ö.
eit-lond O 1033; u. ö.

48 ende-dæi C 1858, 4482 ae

49 eorÐ-hus C 1181, ae
15322; u. ö.
erþ-hus O 1181; u. ö.

50 æuen-time C 6417 ae
auen-time C 8912
eue-time O 6417, 8912

51 far-cost C 747 ME
fare-cost C 12757; u. ö.
O 747, 12757; u. ö.
uare-cost C 15059; u. ö.

52 feonÐewæs C 291 ME

53 feþer-beddes O 8706 ae

54 feÐer-home ae
C 1436, 1438
feþer-hames O 1436,
1438
feÐer-heomen C 12912
feaþer-(ham)es O 12912

55 fohʒel-cun C 4044 ae
foʒel-cun O 4044

56 folke-king C 4542 ae
folc-king C 4737, 4748;
u. ö. (oo O)

57 forrest-ende O 10410 ME

58 uoster-moder C 12926 ae
foster-moder O 12926

59 fur-burondes C 12780 ME
fur-brondes O 12780

60 Fri-dæi C 6952 ae
Fri-day O 6952

61 glæs-fat C 8845, 8846 ae
(vrnal O 8845, 8846)

62 gleo-cræft C 3495 ae

63 gleo-drem C 913 ae
gle-dremes O 913

64 gleo-men C 3491, ae
CO 9410; u. ö.; O 2548

65 Godd-cunde C 12456 ME
god-cunde O 12456

66 gold-ring CO 2252, ME
12276
(ring of golde O 1818,
C 12349; u. ö.)

67 golde stauen C 10555 ME
(mid rede golde stauen)

68 gold-wir CO 3513 ME

69 gras-bæd C 11722 ME
gras-bed C 11969

70 guÐ-strencÐe C 799 ME

71 ʒæt-essel C 9477 ME
ʒeat-essel O 9477

541

72 ʒeol-dæi C 11 346   ae
73 ʒim-ston C 10 550   ae
    ʒem-ston O 10 550
74 halewei CO 11 513,   ME
    14 280
75 halle-dure C 10 478,   ME
    15 049
    halle-dore O 10 478
76 halimot C 15 973   ME
77 hile-woh O 12 920   ME
    (þare halle wah
    C 12 920)
78 hæfd-bon C 735   ae
    haued-bæn C 3242
    heued-bon O 735
    hefd-bon O 3242
79 hæfd-(men) C 8058   ae
80 hæfued-wunde C 3796   ae
    heued-wonde O 3796
81 herd-swein C 2824   ME
82 here-burne CO 11 959   ae
83 here-cniht C 15 367   ME
84 hære-gumen C 7254,   ME
    10 106
    here-gumen C 9563
85 hære-kemppen C 10 287   ME
    here-kempen C 11 264,
    11 733; u. ö. (nicht in O)
86 here-mærke C 9089,   ME
    9095, 10 762; u. ö.
    (oo O)
87 hære-scrud C 2528   ME
88 here-ðringes C 2580,   ME
    5066; u. ö.
88a here-dring C 4290;   ME
    O 4290, 11 051; u. ö.
89 heorte-blod CO 7907   ME
90 heouen-king C 16 059   ae
91 hefne-riche C 14 788,   ae
    16 016
92 hired-childeren C 8261   ME
93 hird-cnaue C 2825   ME
    heorede-cnauen
    C 10 462
    hired-cnafe C 14 384
94 hired-cnihtes C 1779;   ae
    u. ö.
    hird-cniht C 2154

hired[d]-cnihtes O 7488
(sonst in O ersetzt)
95 hird-folc C 3222   ME
96 hird-iferen C 3306   ME
97 hired-gume C 6132   ME
    hired-gomes O 9563
98 hired-men C 1126,   ae
    CO 1290; u. ö.
    hired-mon C 1177; u. ö.
    hired-man O 1177; u. ö.
    hered-men C 3428
99 hoker-loð C 14 408   ME
100 hoker-word C 9777,   ME
    14 482
    hoker(e)-wordes O
    9777, 10 819, 14 482
101 hond-sæx C 3227   ae
102 hors-leden C 11 483   ME
103 hors-men CO 13 285   ME
104 hus-bonde C 15 953   ae
    hose-b[o]nde O 15 953
105 husting CO 430, 2379;   ae
    u. ö. (Lw)
    (später in O ersetzt oder
    weggelassen)
106 hux-word C 10 819   ae
107 ilond O 569   ae
    ylond O 582
107a il-lond O 3616; u. ö.   ae/ME
    yl-lond O 4767; u. ö.
108 incubii demones   ME
    CO 7876 (Lw)
109 læche-cræft C 3797   ae
    leche-craft C 7499; u. ö.;
    O 3797, 7499
    lache-craft C 8868
110 ley-uen C 11 395   ME
    laʒe-fen O 11 395
111 lar-spel C 5068; u. ö.   ae
    lor-spel O 5068; u. ö.
112 leer-stow C 8466   ae
    leir-stow C 11 414
113 leode-ælder (?) C 684   ME
114 leod-cnihtes C 3718   ME
115 leode-ferde C 421, 2479   ME
    leod-ferde C 2835,
    10 339 (oo O)
116 leod-folk C 1025; u. ö.;   ME

O 1019, 4728
(sonst in O meist
ersetzt)
leode-folc C 1838
leod-folc C 3304; u. ö.
(leodes folk C 4728)

117 leod-kempen C 3004,   ME
13168

118 leod-king CO 436,   ae
C 1510; u. ö. (häufig; in
O z. T. ersetzt)
leoden king (?) C 249

119 leod-quide C 1456   ME(h)

120 leod-runen C 7264,   ME
7734, 7740 (oo O)

121 leod-scome C 13124   ME

122 leod-scopes C 11465,   ME
C 15278

123 leod-spelle CO 7863,   ME
C 14645

124 leod-ðeaw C 1031   ae

125 leod-þeines C 3327   ME

126 leod(e)-wise CO 3544,   ME
C 11062

127 likame C 2509, 3814;   ae
u. ö.
licame O 3814; C 5510;
u. ö.

128 lich-rast C 8597   ae

129 lif-dai O 485   ae
lif-daȝ C 5413, 5634;
u. ö.; O 1452, 4977; u. ö.
lif-dæȝ C 6021; u. ö.

130 lif-grið C 4418   ME
(lifues-gri[ð] C 4440,
6349
lifes griþ O 4440)

131 lif-time O 503   ME

132 lod-cniht CO 12841   ME

133 loftsong C 36, 7308   ae/ME

133a loue-sang O 36

134 l(e)ond-cnihtes C 9963,   ME
12829; u. ö.
lond-cnihtes O 12829

135 lond-folc C 11114,   ae
15439;
lond-folk O 15439

136 lond-gauel C 3884   ae

longauel C 3721

137 lond-riche CO 12774,   ae
C 15024

138 lond-sorȝe C 11696   ME

139 luf-þing C 86   ME

140 meiden-child C 1613   ae
maide-child C 7175
mæide-child C 12241
(O hat nur maide)

141 mæin-clubbe C 7630   ME

142 marme-stæn C 571   ae
marme-stan C 3800,
16023
marmon-stan C 660

143 marbre-ston O 571, 660   ME

144 masse-preostes C 14908   ae

145 mer-minnen C 663   ae
mere-minnes O 663;
u. ö.

146 mete-burdes C 1817   ME
mete-bordes O 1817

147 mæte-cun C 473   ME

148 mod-kare C 1556, 6837   ae
mod-care O 1556, 6837;
u. ö.

149 mod-sorȝe C 4335; u. ö.   ae
(modes sorȝe C 12603)

150 mon-kun CO 220,   ae
C 1107, 2615; u. ö.
mon-cun CO 2865; u. ö.
man-cun O 2883; u. ö.
(häufig)

151 man-kunde O 7424   ME

152 mon-drem C 11949   ae
(mannes drem O 11949)

153 mon-ueorde C 2835   ME
mon-uerede C 5350
mon-weore[de] C 5360;
u. ö.
man-ferde O 5360; u. ö.
(häufig)

154 mon-qualm C 1950,   ae
2018
man-cwalm O 1950

155 Mone-dæi C 6954   ae

156 mor-uenne C 10062   ME
mor-fenne O 10062

157 morȝen-liht C 8955   ae

543

more-liht O 8955

158 morð-gomen C 11 431 — ME

159 morð-spell C 9807 — ME

159a morþre-spell O 9807

160 munec-child C 6614 — ae

161 munec-claðes C 6480; — ME
6542
(monekes cloþes O
6542, C 8814;
monekene cloþes O
8814)

162 munecclif C 14 831 — ae
(abbey O 14 831)
muneccliuen C 16 084

163 nail-sax C 15 263 — ae
nail-sex O 15 263

164 nið-craft C 3547 — ME
niþ-craftes O 3547

165 nute-scalen C 14 605 — ae

166 orchærd C 6465 — ae
horechard O 6465

167 pic-forc C 10 777 — ME
pic-fork O 10 777

168 plaȝe-iueren C 7800 — ME
(zu plei-ueres O 7800
s. u. 1.7.)

169 præt-wrench C 2644; — ME
u. ö.

170 quale-hus C 365, 1882 — ME
cwal-hus O 365

171 quale-sið C 15 924 — ME

172 raketeȝe C 8360, 8371; — ae
u. ö.; O 8371, 11 394
raketeies O 8360

173 run-stauen C 4967 — ME

174 Sætter-dæi C 6953 — ae
(Sateres-dai O 6952 f.)

175 scaðe-ded C 14 761 — ME

176 scaðe-werc C 774 — ME

177 sceld-trome C 4714, — ae
8216; u. ö.
sultrome O 8216; u. ö.
soltrome O 8170

178 scid-wal C 5164 — ae
sid-wal O 5164

179 scip-ferde C 1078; u. ö. — ae
schip-færde C 3607
sip-ferde O 3607; u. ö.

180 scip-gumen C 2276 — ME

181 scip-men C 1115, — ae
5905; u. ö.
sip-men C 1115,
2276; O 669, 1115
scipen-monnen
C 6884

182 sæ-brim C 3183, 7346; — ME
u. ö.
see-brim O 3183; u. ö.

183 sæ-cliua C 933 — ae
sæ-cliuen C 9301
se-cleue O 933
see-cluues O 9301

184 sæ-fisc C 11 252 — ae
see-visc O 11 252

185 sæ-flod C 518, 542; u. ö. — ae
see-flod O 518, 542; u. ö.

186 sa-grund C 2012 — ae
see-grund O 2012,
10 231, 14 375

187 sæ-men C 584, 4858; — ae
u. ö.
see-men O 584, 4858

188 sæ-oure C 4281 — ME?
see-ofre O 4281

189 sæ-rime C 3098, 3211; — ae
u. ö.
see-rime O 3098, 5229

190 sæ-side C 4860, 5996; — ME
u. ö.
see-side O 4860, 5996;
u. ö.

191 sea-streames C 165 — ae
see-strem(es) O 165,
477, 1612
sæ-strem C 1789; u. ö.

192 sæ-strond C 1076, 2438; — ae
u. ö.
see-strond O 744, 1076,
2438; u. ö. (häufig)

193 seil-clæð C 2270 — ME
seil-cloþ O 2270

194 sæil-rap C 8682 — ME?

195 sibbe-freond C 1222 — ME

196 sibe-laȝe C 208 — ME

197 sibbe-men C 682 — ME
sib-men O 682

(Zum Status von sib-
vgl. oben S. 113)

198	siȝe-craft C 7735	ME
199	Sone-dai C 6953	ae
200	sorh-siðes C 5541	ME
201	spere-scæft C 7362	ae
	spere-saft O 7362	
202	stæn-cun C 1422	ae
	(sto(nes) cun O 1422)	
203	stan-graffen (D. Pl.)	ME?
	C 15915	
204	ston-wall C 96, O 866,	ae
	1014; u. ö.	
	stan-wall C 866, 1014;	
	u. ö.	
205	stel-boȝe C 11926	ME
206	sunne-liht C 8913	ME
207	swerd-broþer C 2068	ME
	sweord-broð[er]	
	C 15235	
208	tæuel-brede C 4056	ME
209	treo-wrekes C 11427	ae
	treo-workes O 11427	
210	þeod-folk C 13223	ME
211	þrel-werkes C 229	ME
	þralle-workes O 229	
212	þrum-ferde C 680	ME
213	wa-dæi C 4364	ME
214	wæl-kempe C 284; u. ö.	ME
	wal-kempen C 391; u. ö.	
215	wal-spere C 14260	ae
216	wan-siðes C 1542, 5547	ME
	wen-siðes C 53, 57; u. ö.	
	(nicht in O)	
217	wapmen C 215, 562;	ae
	u. ö.	
	wepmen CO 172;	
	O 562, 936; u. ö.	
218	wapmon-kun C 251	ME
219	wari-treo C 2850	ae
	weri-treo O 2850	
	(Hs. wer itreo!)	
220	wed-broðer C 7221,	ae
	7239; u. ö.	
	wed-broþer O 7221,	
	7239; u. ö.	
	wedde-broðer C 16079	
221	wei-sið C 12899; u. ö.	ME

222	weien-læten C 7739	ae
	weyn-leates O 7739	
223	wei-wittie O 6418	ME
224	welle-water C 2255,	ae
	9876	
	(welles water O 2255,	
	9876)	
225	weofed C 595; u. ö.	ae
	wefed O 595; u. ö.	
226	weorc-mon C 5160,	ae
	11423	
	weorc-men C 7895	
	worma[n] O 5160	
227	weoreld-king C 3154	ae
	weoruld-king C 3361	
	(worliche king O 3154)	
	worle-kin[g] O 3661	
228	weorld-lif C 16012	ae
	wor[ld-liue] O 16012	
229	weorld-mon C 14040	ae
230	woruld-riche C 3493,	ae
	7280; u. ö. (häufig)	
	worle-riche O 3493,	
	3594; u. ö. (häufig)	
	worlde-riche C 4384,	
	8576	
	weorlde-riche C 7851;	
	u. ö.	
231	weorld-scome C 4151	ae
	(weorldes scome	
	C 9279)	
232	worle-þing O 14040	ae
233	wi-æx C 785, 1132; u. ö.	ME
	wi-ax C 12692; u. ö.;	
	O 12692 (in O aber	
	meist ersetzt)	
234	wimmon C 78; u. ö.	ae
	wif-men C 186; u. ö.	
	wimmen O 186; C 172;	
	u. ö.	
	wif-man O 4786; u. ö.	
	womman O 1119, 4814;	
	u. ö.	
235	wif(e)-ðing C 2218,	ae
	12968; u. ö. (oo O)	
236	wil-daȝes C 901	ae
237	wil-gomen C 10450	ME
238	will-spall C 8803	ae

545

wil-spelles C 15 409

<table>
<tr><td>239</td><td>wil-tidende C 8529</td><td>ME</td></tr>
<tr><td>240</td><td>win-tunnen C 15 312,
15 323
win-tonnes O 15 312
wyn-tonnen O 15 323</td><td>ae</td></tr>
<tr><td>241</td><td>wine-mæies C 2908;
u. ö.
wine-maies C 8060; u. ö.
(oo O)</td><td>ae</td></tr>
<tr><td>242</td><td>witene-imot C 5759</td><td>ae</td></tr>
<tr><td>243</td><td>wode-burʒ C 1084
(in wode oþer in
borewe O 1084)</td><td>ae</td></tr>
<tr><td>244</td><td>wode-lond CO 851</td><td>ae</td></tr>
<tr><td>245</td><td>wode-rim C 372</td><td>ae</td></tr>
<tr><td>246</td><td>wode-rot CO 235</td><td>ME</td></tr>
<tr><td>247</td><td>wude-scaʒe C 10759,
13 659
wode-saye O 13 659</td><td>ME</td></tr>
<tr><td>248</td><td>wored-strencðe C 256</td><td>ME</td></tr>
<tr><td>249</td><td>worð-munt C 9407</td><td>ae</td></tr>
<tr><td>250</td><td>writ-runen C 2868</td><td>ME</td></tr>
<tr><td>251</td><td>w[o]nder-craftes C 576
wonder-craftes O 576;
11 427</td><td>ae</td></tr>
<tr><td>252</td><td>wonder-þing O 8548;
CO 8584</td><td>ME</td></tr>
<tr><td>253</td><td>wunder-weorc O 8673</td><td>ae</td></tr>
<tr><td>254</td><td>wn-folk C 694
(d. h. w[u]n-folk)</td><td>ME</td></tr>
<tr><td>255</td><td>wun-sele C 7836, 8784</td><td>ae/ME?</td></tr>
</table>

Orts- und Personennamen:

1 Barbe-fleot CO 12 707,
   12 796; u. ö.
2 Brut-leoden C 4180,
   5373, 6434; u. ö.
   Brut-leode O 10 193
3 Brut-lond CO 1097, 1088;
   u. ö. (häufig)
4 Brut-þringen C 6429
5 Camel-ford CO 14 239
6 Cantware-buri C 1409,
   3708; u. ö.
   Cantel-buri O 1409,
   3708; u. ö.
7 Dene-marke C 2281,

2319; u. ö.
   Dene-marche O 2281;
   u. ö.
8 Dertene-muð C 8046
   Dertemouþ O 8046; u. ö.
   Dertemuð C 10 454; u. ö.
9 Deuene-scire C 14 928
10 D(e)or-sete: s. u. 1.9.
11 Englene-lond CO 9
   Engle-lond C 3148; u. ö.
   Ænglene-lond C 7140;
   u. ö.
   Ængle-lond C 10 452;
   u. ö.
   Ængelond C 15 578
   Engelond O 7, 3148,
   11 478
   Eangelond O 14 741
12 Eover-wic C 1335
   Euere-wic C 2379; u. ö.
   Euer-wick O 1335; u. ö.
13 Flaundre-lond C 3610
   (Flandres lond O 3610)
14 Gloi-chestre C 4801
   Glou-cestre O 4801; u. ö.
15 Gric-lond C 166, 281
   Grec-lond O 166, 281
16 Gut-lond CO 11 259;
   u. ö.
17 Hæd-feld C 15 581
   Aþel-feld O 15 581
18 Hamton CO 4677; u. ö.
19 Houen-feld C 15 666
20 Humber-lond CO 2225
21 Ir-lond C 3118; u. ö.
   Yr-lond O 3118
22 Is-lond C 11 212;
   O 11 211; u. ö.
23 Laʒamon C 1, 14
   Laweman O 1, 14
24 Lane-castel C 7108
   Leane-castel O 7108
25 Leir-chestre C 1456,
   1859; u. ö.
   Leyr-cestre O 1859
   Leycetre O 1456
26 Lundene-burh C 2138
27 Maidene Castel (?)

546

C 1340
Maydene Castel (?)
O 1340
28 Norð-humbre CO 9223,
C 14947, O 15 553; u. ö.
(siehe 1.3.)
29 Norðhumber-lond
CO 3185, C 5741; u. ö.
Norþhomber-lond
O 5741, 6264; u. ö.
30 Oxene-uord C 13 097;
u. ö.
Oxene-ford O 13 097;
u. ö.
31 Port-chæstre C 4606,
5609; u. ö.
Port-castre O 4606; u. ö.
32 Puille-lond C 6086
Poillond O 6086
33 Rome-burwe C 2631
Rome-burh C 2667, 6098
Rome-borh O 2667
Rome-buri C 2834
34 Rom-cnihtes C 4624,
O 12 399
(Romanisse cnihtes
O 4624)
35 Rom-folk C 3953
36 Rom-leode(n) C 2818,
3583; u. ö.; O 2818, 2939;
u. ö. (häufig)
37 Rom-lond C 4840
Rome-lond CO 5596;
O 6221; u. ö.
38 Rom-monen (D. Pl.)
C 2950
39 Rome-þeode C 4512
Rom-þeode C 5735,
O 4512
40 Rom-walles C 2952
Rome-walles O 2952
Rome-wal CO 2844; u. ö.
41 Rom-wisen C 5576
(wise of Rome O 5576)
42 Scot-dale C 2412
43 Scot-ferde CO 2050
44 Scot-leode CO 10 003
45 Scot-lond CO 1065,

1331; u. ö. (häufig)
46 Scot-þeode C 10 187
47 Sex-leode C 7552, 14 657
48 Saxe-lond C 7002
Sæx(e)-lond C 7149, 7561
Sax-lond O 7149, 7156;
u. ö.; C 7238
Sex-lond C 7230; u. ö.
49 Sæx-þeode C 7234
50 Sparewen-chestre
C 14 645
51 Stan-henge C 8732; u. ö.
Ston-henge O 8732; u. ö.
52 þwong-chastre C 7104,
7494
þwang-chestre O 7104,
7494
53 Wæl-Bruttes C 5361
Walse-Bruttes O 5361
54 Wale-broc CO 5407
55 Wine(n)t-lond C 11 285;
u. ö.
Winet-lond O 11 285;
u. ö.

1.2. Sb+s/Sb

Der Kp.-Status eines Teils dieser Verbindungen ist unsicher.

1 archebissopes stol   ae
O 6316, 12 164
2 bissopes stol O 9091,   ae
12 120
3 castles ʒæt C 9476, 9482;   ME
u. ö.
4 cunnes-mon C 1363   ae/ME
cunnes-men C 5516,
6976; u. ö.
cunes-mon C 6819
kines-man O 1363, 3471;
u. ö.
kunnes-mon C 3471
5 daʒes liht C 7423, 8123;   ME?
u. ö.
dæies liht C 9750, 9810;
u. ö.
daiʒes liht O 7423, 9274,
10 515; u. ö.

6	dæðes kare C 7755	ME
	deþes care O 7755	
7	domes-dæi C 7873,	ae
	12113	
	domes-dai O 7873, 12113	
8	erendes-mon C 12407	ME
	(herendrake O 12407;	
	s.u. 1.9.)	
9	heruestes dæi C 12678	ME?
10	kinges istreon C 11276	ME?
	kinges streon O 11276	
11	lædes-men C 3113	ae
	lodes-men O 3113	
12	lifes grið CO 4440	ME
13	mannes drem O 11949	ae
14	midewinteres dæi	ae
	C 11430	
	midewynteres day	
	O 11430	
15	modes sorȝe C 12603	ae?
16	monekes cloþes C 8814,	ME
	O 6542	
17	Sateres-dai O 6952–6953	ae
18	sondes-man O 5239,	ME
	6785; u.ö.	
	sondes-mon C 6785,	
	6790; u.ö.	
	(sond-mon C 6361)	
19	steores-man C 677, 5980	ae
	steres-mon O 677, 5980	
	(ster-men C 3911)	
	(steor-men CO 14193)	
20	sto(nes) cun O 1422	ae/ME
21	Tis-dæi C 6954	ae
	Tis-dei O 6954	
22	twines þræd C 7096	ME
	(twined þred O 7096)	
23	þeines-men C 7460	ME
24	þunres-dæi C 6951	ae
24a	þoris-dai O 6950–6951	ME?
25	wardes-men C 9633	ME
26	welles-stræm C 9858,	ae/ME
	14804	
27	welles-water O 9858	ae/ME
28	Wendes-dei O 6950–	ae
	6951	
29	weorldes scome C 9279	ae/ME
30	whales bone C 1182	ME

wales bone O 1182

Ortsnamen:

1 Angnetes munt C 1339
2 Agnetes hull O 1339
3 Amberes-buri C 8177; u.ö.
  Amberes-bury O 8248; u.ö.
4 Belȝæs-ȝate C 3021; u.ö.
  Belynes-ȝat O 3021
  Bellinges-ȝate O 7519
5 Cuninges-burh C 5814; u.ö.
5a Conanes-borh O 5814, 8203; u.ö.
  Kunigges-burh C 8201
6 Cristes-chirche C 1254
7 Ludes-ȝate C 3559
  Loudes-gate O 3560
8 Mihæles Munt O 9937; u.ö.
  Mihȝeles Munt O 9937; u.ö.
9 Teynis-wich O 10783
  (Teinne-wic C 10783)

Sicher syntakt. Gruppen sind:

10 Lundenes tun C 9231, 9236
   Londenes toun O 9317
11 Tintageoles tun C 9580
   Tyntageles toun O 9580
12 Verolames tun C 9768
   Verolames toun O 9768
13 Winchæstres tun C 9806
   Wynchestres toun O 9806
   (Winchastre tun C 9795)

1.3. Adj/Sb

1 æd-mede C 3316, 4993;   ae
  u.ö.
  ed-mod O 4993, 11922
  að-mede C 10910
2 alde-fader C 1694   ae
  alde-uader C 15478

548

holde-fader (?) O 1694

3	ær-dæd C 4361 er-ded O 4361	ae
4	bleo-men CO 12666	ME
5	æst-ænde C 8903, 13728; u.ö. east-e(a)nde O 10877, 13728; u.ö.	ae
6	æst-half C 11902 est-half O 11902	ae
7	æst-side C 10877	ME
8	feie-sið C 154 faie-sið C 1415 fæi-siðe C 1863; u.ö. vei-siþ O 1863 fei-siþe O 7472; u.ö. fæie-sið C 11721; u.ö. (in O häufig ersetzt)	ME
9	freo-king (?) C 1595; u.ö.	ae
9a	freo-lond (?) CO 4096	ME
10	freo-men (?) C 3833; CO 9675; u.ö.	ae
11	furn-daʒ C 13536, 16078 vorne-daʒ O 13536, 16078	ae
11a	iuurn-ʒer(e) C 12546	ae
12	god-dede CO 10514	ae
13	godd-spell C 14726, 14735	ae
14	ʒursten-dæi C 8516, 9363 ʒorsten-dai O 8561, 9363; u.ö. (auch Adv)	ae
15	hali-rift C 14211	ae
16	hea-der C 159	ae
17	hæhʒe dæi (?) C 5341; 7019; u.ö.	ME
18	hæh-sættele C 8307 hæh-setle C 9245 heʒe-setle O 9245	ae
19	lað-spæl C 10382	ae
20	leue-mon C 97 leoue-mon C 2239, 2321; u.ö. lemmon O 2239, 2321; u.ö. leof-man O 2323; u.ö.	ME
21	lift-hond (?) C 8392; u.ö.	ME
22	luþer-craftes (?)	ME?

	O 12435, 12729, 14467 (aber: mid luðeren heore craften C 14467)	
23	mesten-dæl C 3921	ME
24	mid-festen C 11106	ae
25	mid-niht C 843, 2826; O 7956, 10276; u.ö.	ae
26	middel-broþer (?) O 6442 (aber: þe midleste broðer C 6442)	ME
27	middel-(e)ærde C 3592, 3597; u.ö.	ME
27a	(mid)del-erþe O 3592; u.ö. middil-erþe O 3658, 4522; u.ö.	
28	middel-niht C 10282	ae
29	midden-erde C 12365	ae
30	midder-niht C 7956, 10276; u.ö.	ae
31	norð-ærd C 5816, 10002	ME?
32	norð-ende C 1389, 1893; u.ö. norþ-ende O 1389; u.ö. (häufig)	ae
33	norð-ʒæt C 3799	ME?
34	norð-half C 7953 norþ-half O 7953	ae
35	norð-side C 12234 norþ-side O 12234	ME?
36	priue-men (?) O 3428	ME
37	riht-hond (?) CO 8327, C 8392; CO 9970; u.ö.	ae
38	soð-quides C 4749, 8179 soðe quides C 12572	ae
39	suð-ende C 1684, 3401 suþ-ende O 1684, 3401; u.ö.	ae
40	suð-ʒæt C 13941 suþ-ʒeat O 13941	ME
41	suð-hal[u]e C 10878, 12232 suþ-half CO 7953, O 12232, 14997	ae
42	suð-lond C 1057, 1868 suþ-lond O 1057, 1868; u.ö.	ae

549

43 west-ænde C 9378;   ae
   15801
   west-eande O 9378
44 west-halue C 11901,   ae
   14616
   west-half O 11901
45 west-lond CO 8119   ME
46 weste-paðes (?) C 8650   ME
47 weste-side (?) C 10880   ME?
48 White-sunedæi C 8725;   ME
   u. ö.
   Witesone-daiʒ O 8725
   (a Whiten-sunen-dæie
   C 8727, 8731)
   Wite-sonneday O 8731;
   u. ö.
   Witsonday O 12135; u. ö.
49 Whitesune-tide C 15736   ME
49a Witson-time O 15736

Vgl. ferner:

50 ludere stæuene C 8204   ME
   ludere stefene C 10391
   loudere stemne O 10391;
   u. ö.
51 soðere worden C 11240;   ME?
   u. ö.
   soþere wordes O 11240
52 to wraðere hele C 14750   ae
   to wroþere heale O
   14750

Personen- und Ortsnamen:

1 Æst-Ængle C 6114,
   6120, 14870
1a Est-Engelond O 6114
2 Æst-lond C 15440,
   15717; u. ö.
   Est-lond O 15440
3 Æst-sæx C 7662,
   7678–7680
   Est-sex O 7678–7680
   Æst-sex C 7662
4 Dense-men C 6649
5 Englisce-men (?)
   C 12164
   Englesse-men O 12164
   Englisse-men O 988

6 Frensce-men C 3819
   Frence-men O 3819
   Frensc-mon C 3821
7 Middel-sæx CO 7680
8 Norð-humbre C 9223,
   14947; u. ö.
   Norþ-humbre O 9223,
   15553
8a Norðhumber-lond
   s. o. 1.1.
9 Norð-Wales C 12142,
   O 3712; u. ö.
10 Suð-hamton C 2413
   Suþ-hamton O 2413,
   9938; u. ö.
   Suð-hamtun C 9938; u. ö.
11 Suð-sæxe C 7668
12 Suð-Wales C 14935;
   15793
   Suþ-Wales O 14935
13 West-mering C 4972 ff.;
   (Westenering O 4972 ff.)
14 West-muster C 15330
15 West-sæx
   CO 7678–7680
16 West-Wales C 5361
17 Wit-sond CO 4855,
   14091
   Whit-sond C 14091,
   14123

1.4. **Num/Sb**

1 dusze-pers C 813   ME
   dosseperes O 813
2 fourtiniht O 12814; u. ö.   ME
   (feowertene niht C 12814;   (ae)
   u. ö.)
3 frim-dæʒ C 15947   ME?
4 frum-ræs C 4322   ME
5 hælue-suster C 4195   ME
6 haluen-del O 1668   ME
   hæluen-dale C 3536
   halfen-dele O 3636; u. ö.
7 seouen daʒes (?) C 4869   ME?
   soue dawes O 4869
8 seoue-niht C 703, 1195   ae/ME
   seoue-niþt O 703, 1195

seouen-nihte C 818, 5309;
u. ö.
seue-niþte O 818
soue-niht O 2714; u. ö.

9 þridden-dale C 7822   ae
þridden-deal O 7822

1.5. Pron/Sb

1 Æl-drihten C 14077   ME

1.6. Partikel/Sb usw.

1 uore-genglen C 12517   ae
2 for(e)-ward C 549, 1125;   ae
u. ö.; O 548; u. ö.
feore-ward C 698, 2349
3 forþ-fare O 1259, 2997;   ME
u. ö.
forð-fare C 2997; u. ö.
4 in-ȝeong C 14160   ae
(in-gonde[!] O 14160)
5 in-siht CO 15222   ME
6 sunder-rune C 15681   ME
7 to-nome C 6511   ae
8 under-kinge C 15644   ae
9 vt-laȝen C 563, 5230;   ae
u. ö.
vt-lawen C 644
vt-lawes O 563, 644; u. ö.
10 wiðer-craftes C 138,   ME
9794
wiðere-craftes C 487
wiþere-craftes O 9794
11 wiðer-deden C 8143,   ME
10521
wiþere-deades O 10521
12 wiðer-ueht C 14306   ME
13 wiðer-gome C 12326   ME
wiþer-game O 12326
14 wiðer-heppes C 204   ME
wiþer-happes O 204,
C 288; u. ö.
15 wiðer-laȝen (D. Pl.)   ME
C 5471
16 wiþer-reases O 12524   ME
17 wiðer-saka C 906, 6298   ae
wiðer-sake O 906
18 wiðer-side CO 5973   ME

19 wiðer-winna O 391   ae
wiþer-iwinnen C 2097;
u. ö.
wiþer-iwennes O 2263
wiþer-iwinnes O 2851;
u. ö.

1.7. Vb/Sb

1 ber-cnihtes C 9952   ME
2 ber-men CO 1657, 4041;   ae
u. ö.
3 beor-time O 6115   ME
4 hære-word C 5946   ae
here-word O 5946,
CO 12305
5 plei-ueres O 7800   ME
(plaȝe-iueren C 7800)
s.o. 1.1.
6 spec-hus O 6545; u. ö.   ae
(spæc-hus C 6506, 6545;
u. ö.)
7 til-æhð C 8413   ME
8 walle-stream C 1423   ae
9 welde-(king) O 1597   ME

1.9. Sb/Vb+Ø

1 bac-warde C 11884   ME
bac-ward O 11884
2 balu-feht(e) C 2964   ME
3 balu-ræs C 5154, 12524;   ME
u. ö.
balou-reas O 12944
4 blod-gute C 317, 9552;   ae
u. ö.
blod-gote O 317
(aber: was mochel blod
iȝote O 9552; u. ö.)
5 bur-ward C 9569   ME
bour-ward O 9569
6 dure-ward C 8819   ae
dore-ward O 8819
7 eæh-sene C 1544; u. ö.   ME
æh-sene C 4104, 4838
eh-scene O 1544
8 eorðe-itilie C 5000   ae
erþe-tilie O 5000, 11037
eorðe-tilien C 11037

9 erend-rake C 4139   ae
   ærend-rake C 332
   herind-rake O 332, 12 407
10 feond-ræs C 11 956   ae
   feond-reas O 11 956
11 feond-scaðe C 12 996   ae
   feond-scaþe O 12 996
12 frum-ræs: s. o. 1.4.
13 gram-reses O 2593   ME
14 grist-bat C 2586   ME
15 ȝæte-ward C 9480   ae
   ȝeate-ward O 9480
16 herberia C 1775   ae
   hærberȝe C 3773, 5857
   herberwe C 3977; u. ö.
   herborȝe O 3773, 3977;
   u. ö.
17 herre-feng C 5845   ME
18 here-ȝeong C 9079   ae
19 her-toȝe C 2932   ae
   here-toȝe C 4980; u. ö.
   (nicht in O)
20 hired-plæie C 7227   ME
21 horse-bere CO 9695,   ae
   9778
22 lauerd C 136; u. ö.   ae
   louerd O 333; u. ö.
23 lauerd-swike C 11 047,   ae
   12 408
   louerd-swike O 11 047,
   12 408
24 leod-swike C 6459; u. ö.; ME
   O 378, 6457; u. ö.
   (leodene swike C 378)
25 leuedi C 597; u. ö.   ae
   leafdi O 597; u. ö.
26 lond-tilien C 7409   ME
27 man-lure O 321   ME?
   (his monne lure C 321)
28 mon-sware C 2070   ae
   man-swore CO 11 048
29 mærȝeue C 7183   ae
   morȝeue C 15 519
30 ræd-ȝiuen C 5794, 5797;   ae
   u. ö.
   red-ȝeues O 7857; 12 420
31 sæ-flot C 2261   ae
32 stal-fiht CO 315   ME

stal-feht C 922, 2067; u. ö.
33 stiward C 727, CO 739;   ae
   u. ö.
34 wæld-scæðe C 3213   ME
   wald-scaðe C 12 906
35 water-scenc C 9827, 9839 ME
   water-sench O 9827
36 win(e)-scench(e) C 1762, ME
   3455; u. ö.
   win-senche O 4833
37 wind-ræs C 4611   ae
38 wode-scaþe O 12 906   ME

Personennamen:

1 Dorchestre-seten C 14 780
1a Doresete C 10 717
   Dorsete O 10 717
   D(e)or-sete CO 1238; u. ö.

1.10. **Sb/Vb+t**

1 feond-slæhtes C 8212   ME
2 fulluht C 18, 4795; u. ö. ae
   (follost O 18, 4795; u. ö.)
3 heh-seht O 4104   ME
4 mon-slæht C 13 889,   ae
   13 891
   man-sleaht O 13 891
5 wæl-slaht C 686   ae
6 wæn-slæhtes C 4747   ME

Vgl. ferner:
7 in-sihð, oben 1.6.
8 til-æhð, oben 1.7.
9 a neo-weste C 8698 (Adv)   ae

1.11. **Sb/Vb+ere**

1 wæi-witere C 6418   ME
   (wei-wittie O 6418)

1.12. **Sb/Vb+ing**

1 grist-batinge C 945   ae
2 heortne-graning (?) C 8880 ME

1.13. **Affixoide (Sb)**

kine-
1 kine-ærde C 9696   ME

552

1a kine-erþe O 9696
2 kine-bearn C 101, 105;   ae
u.ö.
kine-bern O 626
3 kine-bench C 4833   ME
4 kine-dom CO 1400; u.ö.   ae
5 kine-helm C 3372, 4033;   ae
O 4033; u.ö.
6 kine-lond C 93, 452;   ME
u.ö.; O 110, 741; u.ö.
(häufig)
7 kine-louerd C 1251; u.ö.;   ae
O 3304; u.ö.
kine-lauerd C 4902; u.ö.
8 kine-riche O 299, CO   ae
1447; u.ö. (häufig)
9 kine-stol CO 2254   ae
10 kine-þeode C 1472,   ME
CO 11128; u.ö. (in O
aber nur 1×)

Personennamen:

1 Kine-bord CO 15325
2 Kine-marck O 1956
(king Marke C 1956)

twi-
1 twi-read O 9688   ae
(twi-ræd(e) Adj. C 9688)

-dom
1 Cristin-dom C 5040; u.ö.   ae
Cristen-dom O 5040; u.ö.
2 eorl-domes CO 3573;   ae
u.ö.
3 freo-dom(es) C 10427,   ae
11089
fr(e)-dom 10427
4 hali-dom(es) CO 7655;   ae
u.ö.
5 martir-dom CO 5047   ae
6 riche-dom(es) O 1186,   ae
CO 1662; u.ö.
7 swike-dom(es) CO 2058;   ME
u.ö.
8 þeowe-dom C 183, 229;   ae
u.ö.
þeu-dom O 183, 229; u.ö.
9 þral-dom C 14550, 14665   ME

10 wis-dom CO 223, 745;   ae
u.ö.
(vgl. unwisdom C 1690,
4132; u.ö.;
onwisdom O 1690, 4132;
u.ö.)
11 wrake-dom C 40   ME

-ern
1 quarcern CO 365, C 510   ME
quartern C 1882, 2627

-ful$_{Sb}$
1 scip-ful C 11824   ME
sip-fol O 11824

-had
1 child-had C 10134   ae
child-hod O 10134

-lac
1 dweomer-lak C 137, 5650   ME
2 fair-lac C 5806   ME
(fair-lock O 5806)
3 raf-lak C 2014   ae
ræf-lac C 3184, 4956,
11278
4 wed-lac CO 199   ae

-reden
1 færedene C 2029   ae
fer-rædene C 3002
ver[r]edene O 3002
2 hired C 1169, 4097; u.ö.   ae
(oo O)
3 mon-redne C 212   ae
mon-ræidene C 2394; u.ö.
mon-raden C 3110; u.ö.
man-radene O 2394, 3110;
u.ö.

-ware

Personennamen:

1 Brut-ware C 6333
2 Cant-uare C 14853
Kent-wærre C 4158
3 Rom-ware C 3957
Rom-wæren C 5196,
11975; u.ö. (nicht in O)

553

1.14. Sb+Sb/Ø_Sb

Personennamen:

1 Draken-hefd C 9097   ME
   Drake-heued O 9097

1.16. Inversionskp.

Orts- und Personennamen
(z. T. wohl Appositionen):

1a Kaer Carrai C 7103
    Cayr Karri O 7103
1 Kaer Leir C 1455
2 Kaer Liun C 3012
3 Kaer Lud C 3540
4 Kaer Usch C 2995
5 Munt-giu C 2814, 3603;
   u. ö.
   Mungiu C 2621; u. ö.
5a Montagu O 2621
5b Munt-ioye O 11 480
6 Munt Senis (?) C 2622
   Munt Seneys (?) O 2622
7 Pen-dragon CO 9096
8 Port Lud C 3559
   Porþ-lud O 3559

1.18. Sonstiges
     Adv/Sb

1 wel-ded O 1491; C 1578;   ae
   CO 1651; u. ö.

2.1. Sb/Adj

1 feond-strong C 11 939   ME
2 gold-faȝe C 4880, 10 642; ae
   u. ö.
   gold-fawe O 13 329
3 grund-hat C 2839   ME
4 ȝeue-custi C 2427   ME(h)?
5 mete-custi CO 177, 9614; ME
   u. ö.
6 milc-whit C 7954   ae
   milc-wit O 7954
7 mils-liðe C 7409   ME(h)
8 sæ-werie C 2306,   ae
   3093
   see-weri O 2306, 3093

9 snau-wh[i]te C 12 237   ae
10 stale-worþe O 1903,   ae
   6246; u. ö.
   stilleworþe O 6405
   (nicht in C)
11 weorld-seli C 5508   ME
12 wod-sturne C 11 236   ME
13 w[u]nder-creftie (?)   ME
   CO 579
Vgl. ferner unten 4. (11–21).

Namen:

1 Gos-whit C 10 552 (Sb)
   (Gos-wiht O 10 552)

2.2. Adj/Adj; Adv/Adj

1 dere-worþe O 1017   ae
   dure-wurðe O 1778, 8327
   deore-worþist O 1978,
   4476
2 ȝere-witele C 1512, 2812; ae
   u. ö.
   war-wit(t)y O 7256; u. ö.
   war-witele O 9255

Namen:

1 Wæst-Walsce (?) C 7719
   West-Walisc C 8799
   West-Walse O 8799

2.3. Num/Adj

1 hælf-ȝaru C 4318   ME
   half-ȝare O 4318

2.4. Pron/Adj; Pron/PartPräs

1 al-miten C 30, 8376; u. ö. ae
   al-mihti C 8377; u. ö.;
   O 10 923
2 al-waldinde C 9754   ae

2.5. Partikel/Adj; usw.

1 ouer-soh C 1732   ME
2 þurh-costned C 12 696   ME
   þorh-costned O 12 696

2.8. Sb/PartPräs

1 sæ-liðende C 3900, 6157   ae

2.9. Adj/PartPräs; Adv/PartPräs

1 wel-donde O 2929   ae

2.10. Sb/PartPrät

1 boc-ilæred C 7298, 8435;   ME
  u. ö.
  boc-ilared C 8901, 9894;
  u. ö. (nicht in O)
2 cheues-boren C 2163   ae
  cheuis-bore O 2163
3 gold-ileired C 4630   ME
4 grund-fulled C 546   ME
5 grund-laden C 555   ME
  grund-lade O 555, 3082
6 win-drunken C 4052   ae
  (dronge of wine O 4052)

2.11. Adj/PartPrät; Adv/PartPrät

Zum Teil liegen wohl syntakt. Gruppen vor.

1 bezst iboren C 8163   ME?
2 bezst itoʒen C 12299   ME?
3 heþ-bore O 170   ME?
  hæh-iboren C 4980; u. ö.
  heʒe-ibore O 4980; 7137
  hæheste iborne C 5416
  hæʒe iborenne C 7137
  heh-bore O 12119
4 loh-iboren C 10999   ME
5 neow-cumen C 4270   ME?
6 wel-ibore CO 341   ae
7 wil-cume C 2447, 7982   ae/ME
  wil-come O 2447, 7982
  wul-cume C 4253, 4544
  wol-come O 4253, 4544
  wel-come O 6679; u. ö.
8 wel-idon CO 9363; u. ö.   ME?

2.12. Affixoide (Adj)

kine-

1 kine-boren C 170;   ae
  CO 5036; u. ö.

2 kine-wurðe C 2982; u. ö.   ae
  kine-worþe O 6680; u. ö.

seld-

1 seolcuð C 245, 1411; u. ö.   ae
  selcuð C 142; u. ö.
  selcuþ O 245; 1411; u. ö.
  selcouþ O 1941; u. ö.

-fast

1 blæð-fest C 3482; u. ö.   ae
  blæð-fæst C 5037
2 soð-fest C 32; u. ö.   ae
  soþ-fast O 32; u. ö.
3 staðel-uæst C 4896   ae
4 swome-fest C 1554   ae
  sam-uast O 1554

Vgl. ferner:

5 ihond-fæst C 1126   ME

-ful

1 æiʒes-ful C 8968   ae
2 balu-fulle C 7522; u. ö.   ae
  balde-fulle C 7600
3 blis-ful C 3015, 4756   ME
  blis-folle O 3015
4 brade-fulle C 16087   ME
5 care-ful C 141; u. ö.   ae
  car-ful O 141
6 deol-ful O 3440, 5985   ME
7 der-ful C 9886   ME
8 god-ful C 1700, 4707;   ME?
  u. ö. (in O meist anders)
9 gomen-ful C 10693   ME
10 grið-ful C 4370; u. ö.   ME
  griþ-fol O 4370; u. ö.
11 guð-ful C 1476, 5752   ME?
  gud-ful C 2259
12 hoh-ful C 7034   ae
13 læf-ful C 5414   ae
  leaf-ful C 1515
  laþ-fol O 1515
14 lið-ful C 633   ME?
15 mod-ful C 12046, 15706   ae
16 neod-fol O 11848   ae
17 nið-ful C 5096   ae
18 redes-ful C 66   ME?
  rad-ful C 1453; u. ö.
  read-ful O 2639; u. ö.

19 sorh-ful C 85, 165, 523; ae
    u. ö.
    sorh-fol O 165, 1089;
    u. ö. (häufig)
20 swic-ful C 4000; u. ö. ae
    swic-fol O 4000; 7468;
    u. ö.
    swike-ful C 5254, 6679
21 teon-ful C 2289 ae
22 tir-ful C 1445, 4147; u. ö. ME
23 þeu-ful C 900 ME
24 wiȝe-ful C 1439 ME?
    wiht-ful C 602
    wiȝele-ful(le) C 10548
25 wit-ful C 4536, 11027; ME?
    u. ö.
    wit-fol O 900, 10548;
    u. ö.
26 wiðer-ful C 5273, 10738; ME
    u. ö.
    wiþer-fol O 10738

-wende
1 hal-wende C 1424 ae

-wis
1 bæli-wis C 8550 ME
   (bæl iwis: Brook/Leslie)
   (bælu-wis: Stratmann)
2 riht-wis C 1046; u. ö. ae
   riþt-wis O 1046
3 weorlde-wis C 6847; u. ö. ae
   world-wise C 7733
   worle-wise O 6847; u. ö.

2.13. Sb+Sb/Ø_Adj; Adj+Sb/Ø_Adj; usw.

1 æd-mod C 11188 ae
   að-mod C 11645, 12762
   ed-mod O 11605
2 aðel-mod C 11605 ME(h)
3 bar-fot C 4410 ae
   bare-uot O 4410
4 bliðe-mod C 14823 ae
5 mild-heorte C 8390 ae
6 run-hende C 3259 ME
   (für: ru[m]-hende)
7 sori-mod O 12640 ae

særi-mod C 14776
sari-mod C 14868
8 twi-ræd C 9688 ae
9 þole-mod CO 1569 ae
10 wa-med C 3174 ME
    (Vgl. auch unten 4.(10))

2.14. Adj+Sb/ed; usw.

Zum Teil liegen wohl syntakt. Gruppen vor.

1 an-læpi C 6668 ae
   alpi(e) CO 1747, O 6668
   ælpi C 6187
2 feower-noked C 10978 ME
   four-nokede O 10978
3 hærd iheorted C 5982 ME
4 heor-lockede C 12899 ME
   hor-ilocket O 12899
5 stið biwaled C 15322 ME
   (wel bi-walled O 15322
   ME?)
6 stið imained CO 12886 ME
7 stið imoded C 9890, ae
   10592; u. ö. (nicht in O)
8 wel-iðæwed C 3258 ME?
   wel-iþeuwed O 3258
9 wel iwepned CO 13577 ME?

3. Verdunkelte Lehnkp.

1 gersum C 62, 179; u. ö. ae?
   garisom O 444, 649; u. ö.
2 wandreð C 6243 ME
3 wi[n]dewen C 15385 ME

Vgl. ferner:
4 husting (s. o. 1.1.) ae

4. Syntakt. Gruppen; Versehen; etc.

1 drinc hail CO 7152 (vgl.
   MED s. v. drink heil)
2 heȝe men (Adj+Sb)
3 hænde craftes C 2446
   (Adj+Sb)
   hendicraftes O 2446
4 hinder cræft C 5231
   (Adj+Sb)

5 iuurn ȝer C 12546
(Adj+Sb)

6 larspelundre: lies:
larspel undernom
C 14736

7 lim-mele CO 12785
(Adv)

8 liðende mon
(PartPräs+Sb)

9 meterum: lies: a mete
rumhende C 3259
(s.o. 2.13. (6))

10 to-wamed (so Brook/
Leslie): wohl zu lesen als:
to wa-med C 3174 (s.o.
2.13.)

11 wunder bliþe C 11321
(Adv+Adj; so auch die
folgenden Fügungen)

12 wunder creftie CO 579

13 wunder feole C 11427

14 wunder god C 12714

15 wunder kene CO 3627

16 wunder lað C 9950

17 wunder mere C 7805

18 wunder muchel C 12515

19 wunder riche CO 12624

20 wonder steorne O 11236

21 wnder stronge C 295

32) O&N

Dichtung; 1794 Verse: zitiert nach
Hs. C (Vgl. auch oben 6.2.2.).

1.1. Sb/Sb

1 adel-eye (?) 133	ME
2 bed-time 324	ME(e)
3 bonde-man 1577	ME(e)
4 chapmon 1575	ae
5 chirche-bende (?) 1428	ME(e)
6 chirche-song (?) 727, 984, 1036; u. ö.	ae
7 chirche steuene (?) 727	ME?
8 dai-liȝt 332 (þe liȝt of daie 734)	ME
9 dai-rim 328	ae

10 dai-sterre 328	ae
11 dweole-song (?) 926	ME?
12 fuel-kun(ne) 65	ae
13 golfinc 1130 gold-fynch Hs. J 1130	ae
14 hole-brede (?) 965	ME(h)
15 horte-blod 945	ME
16 houen-king 862	ae
17 houene-liȝt(e) 732	ae
18 houene-riche 717	ae
19 licome 1054	ae
20 lif-daȝ(e) 1141	ae
21 lond-folc 1158	ae
22 man-kun(ne) 849; u. ö. man-ken(ne) 1725	ae
23 mulne-dure 778	ME(h)
24 red-purs 694	ME(h)
25 schit-word(e) 286	ME(h)
26 sumere-dale 1	ME(h)?
27 sum[er]e-tid(e) 709	ME
28 þorne-wode 444	ME(h)
29 wepmon 1379	ae
30 wicche-creft(e) 1301 wiecche-craft 1308	ae
31 wicke-tunes 730	ae
32 wudewale 1659	ME(e)
33 wummon 1350; u. ö. wimmen 1355; u. ö. wimmon 1357; u. ö.	ae

Ortsnamen:

1 Engelond 749
2 Gulde-ford 191
3 Ir-lond 907
4 Scot-lond 908, 1758

1.2. Sb+s/Sb

Auswahl; der Kp.-Status vieler dieser
Verbindungen ist fraglich.

1 bokes lor(e) 1208	ME?
2 clerkes lor(e) 1328	ME?
3 Cristes-masse 481	ae
4 daies-liht (?) 1431	ME?
5 fles(ch)es lust(e)(s) 895, 1388; u. ö.	ME
6 haueckes cun(ne) 271 (ae. hafoc-cynn)	ae/ME

557

7 sottes lor(e) 1471   ME
   (aber sicher synt. Gr. 1351)
8 speres ord(e) 1068, 1712   ME?
9 sumeres tid(e) 489   ae/ME
usw.

Ortsnamen:

1 Portes-hom 1752
   Portes-ham 1791

1.3. Adj/Sb

1 freo-man (?) 1507   ae
2 goddspel(le) 1209, 1270   ae
3 holi chirche (?) 721   ME?
4 leof-mon 1430   ME
5 middel-niȝht(e) 325, 731[13]   ae
6 soþ-saȝe 1038   ae

1.6. Partikel/Sb; usw.

1 fore-ward 1693   ae
   uore-ward 1689
2 ouer-ded(e) 352   ME
3 ouer-fulle 354   ae
4 ut-let(e) 1754   ME?
5 ut-schute 1468   ae
6 houd-siþ(e) 1586   ae
   (wohl ae. ut-siþ)

1.7. Vb/Sb (?)

1 rum-hus(e) 592, 652   ME

1.8. Vb+ing/Sb

1 earding-stow(e) 28   ae(l)
2 spusing-bendes 1472   ME(h)?

1.9. Sb/Vb+Ø_{Sb}

1 griþ-bruche 1734   ae
2 hei-sugge 505   ae
3 her-gong(e) 1191   ae
4 lauerd 959; u. ö.   ae
5 lauedi 959; u. ö.   ae
   lefdi 1051
6 nihte-gale 1512; u. ö.   ae

niȝtingale 4; u. ö.   ME
7 spus-bruche 1368   ME

Namen:

1 Dorsete 1753

1.13. Affixoide (Sb)

-dom

1 svikel-dom 163   ME
   svike-dom 167
   (svikel-hede 162)
2 wis-dom 454, 770; u. ö.   ae

-ern

1 bern(e) 607   ae

-lac

1 fiht-lac 1699   ae(l)

-reden

1 kun-rede 1677   ME

1.14. Sb+Sb/Ø_{Sb}

1 atter-coppe 600   ae

1.17. Reduplizierend

1 Gale-gale 256   ME(h)

2.1. Sb/Adj

1 col-blake 75   ME(e)
2 deouel-imene (?) 1412   ME?
3 houen-tinge 1001   ME(h)
4 mere-wod(e) 496   ME(h)
5 storre-wis 1318   ME(h)

2.4. Pron/Adj

1 al-miȝti 1173   ae

2.6. Vb/Adj (?)

1 stare-blind 241   ae(l)

2.11. Adj/PartPrät; Adv/PartPrät

1 wel-cume 1600   ae/ME

---

[13] Vgl. aber oben 2.4.3.4.(4), S. 111 f., zur Einstufung von *middel-niȝhte* als Sb/Sb-Kp.

2.12. Affixoide (Adj)

-ful

1	hoʒ-ful(e) 537	ae
	hoh-ful 1292	
	hoþ-ful 1295	
2	sun-ful 891	ae
3	wurþ-ful 1481	ae

2.13. Adj+Sb/Ø_Adj

1	fast-red(e) 211	ae(l)
2	sori-mod 1218	ae
	(vgl.: of hire sore mode	
	1595)	

33) *Prov T(rin)*

Teils Vers, teils Prosa; 19 Zwei-, selten
Vierzeiler; nur zum Teil englisch.

1.1. Sb/Sb

1	godsep [14]	ae
	(ae. god-sibb)	

34) *Vices&V*

Prosa; 75 Druckseiten

1.1. Sb/Sb

1	ænde-dai 19/16; 33/12	ae
	ande-dai 5/3	
2	bred-ale 95/33	ME
3	bred-gume 95/33	ae
4	chapmann 121/19	ae
5	chirch-landes 77/28	ae
6	chierche-þinges 139/20	ae
7	dead-bote 105/24	ae
8	dwel-menn 27/18	ae
9	froure-gost 83/33	ae
10	glew-men 121/21	ae
11	grund-wall 47/9; 93/28;	ae
	u.ö.	
12	ʒim-stanes 95/32	ae
13	handeweorc 21/22	ae
	handiwerc 13/7; 115/5	
14	helle-depnesse 5/9f.	ME
15	helle-grund(e) 57/4	ae

16	helle-pin(e) 5/4; 37/30;	ME
	u.ö.	
	(pine of helle 7/19f.)	
17	herte-mold(e) (?) 69/13	ME
18	heued-sennes 3/9 u. 29;	ae
	u.ö.	
	heaued-senne(s) 5/15;	
	7/27; u.ö.	
19	heuene-heiness(e) (?) 5/9	ME
20	heuene-riche 7/17; 31/2;	ae
	u.ö.	
	heuen-riche 13/6; 75/26f.	
	heueriche 77/25	
	heune-riche 151/12	
21	licham(e) 9/18; 11/16;	ae
	u.ö.	
	likame 131/12; u.ö.	
22	lof-sang 19/27	ae
23	man-kenn(e) 7/29; 11/12;	ae
	u.ö.	
	mann-kynn 25/20; u.ö.	
24	saule-stre[n]gþe (?) 93/6	ME
25	smec-hus(e) 129/7	ME
26	stan-roches 45/18	ae
27	stor-fat(e) 143/24	ae
28	temple-rihtwisnesse (?)	ME?
	105/9	
29	wapmann 55/13	ae
30	well-riðe 95/27f.	ME
31	well-stream 81/31	ae
	well-strem 103/4	
32	wif-mann 127/12	ae
33	world-menn 41/32f.;	ae
	u.ö.	
	woreld-mann 57/14, 18;	
	u.ö.	
	(menn of ðe woreld	
	77/75 f.)	
34	woreld-þing 3/13	ae

1.2. Sb+s/Sb

(Z.T. wohl synt. Gruppen)

1	domes-dai(ʒe) 11/11;	ae
	25/27	
2	domes-mann 121/22	ME
3	flesches lustes 39/8;	ME?
	135/15 (z.T. synt. Gr.,	
	z.B. 109/32f.)	

4 kenes-men 75/31   ae/ME
5 kynges hyrde 43/12   ME?
6 scipes bord(e) 43/33   ME?
7 seneueies corn(e) 29/19   ME
8 stieres-mann 43/21 f.;   ae
  u. ö.
  stieres-menn 43/27
9 þralles licham(e) 49/17   ME
10 wor(d)lles eiht(e) 33/15   ME
  worldes eihte 75/22
11 worldes luue 139/33   ae/ME
  (ae. woruld-lufu)

1.3. Adj/Sb

1 æld-mone (?) 27/24   ME
2 aȝen-will(e) 13/28;   ME
  15/3 f.; u. ö.
  auȝen-wille 13/30
3 cristene-man (?) 9/17   ae
4 emcristen 11/23; 67/12;   ae
  u. ö.
5 god-spell 5/29 f.;   ae
  15/8; u. ö.
  godd-spell 37/7; 55/24;
  u. ö.
6 hali-gast (?) 19/22; 21/21;   ae
  u. ö.
7 heih-ængel 55/17   ae
8 idel ȝelp (?) 5/20   ae
9 idel wulder (?) 5/20   ae
10 iung-man (?) 67/25   ME
11 mid-daiȝ 125/13   ae
12 mid-niht 125/13   ae
13 midden-eard 43/25;   ae
  117/11
  midden-ard 105/26
14 sot-wordes (?) 101/15   ME
15 swete-metes 137/35   ae
  (ae. swet-mete)

1.4. Num/Sb

1 an-sæte 73/30   ME(h)
  (hermite and ansæte lif)
2 forme-fader (?) 7/18   ME

1.6. Partikel/Sb; usw.

1 bafte-(s)pache 11/1, 3   ME

2 embe-þanc 39/26; 69/14;   ae
  u. ö.
3 for(ð)-sið(e) 17/24   ae
4 in-ȝehied 141/1, 3; 65/11;   ae
  u. ö.
5 neihibures 75/32   ae
6 wiðer-wine(n) 5/11; 75/9;   ae
  u. ö.

1.7. Vb/Sb

1 swaðel-bond(e) 49/29   ME(e)

1.8. Vb+ing/Sb

1 lierning-(c)nihtes 99/14 f.   ae

1.9. Sb/Vb+Ø$_{Sb}$

1 an-sæte s. o. 1.4.   ME(h)
2 erue-name 117/10   ae
3 han(d)-sselle 29/10   ae/ME
4 handiswink 91/30   ME
5 lafdi 5/24; 21/5; u. ö.   ae
6 lauerd 7/32; u. ö.   ae
  hlauerd 17/6, 7; u. ö.
7 rad-ȝiue 75/4 f.   ae
8 ðþunre-sleiȝ 11/18   ae

1.10. Sb/Vb+t

1 world-eiht(e) 57/26   ae
  (vgl. worldes eihte,
  oben 1.2.)

1.12. Sb/Vb+ing

1 oðe(s)-sueriingge (?) 9/5   ae/ME
  (ae. að-swerung)

1.13. Affixoide (Sb)

-dom
1 cristen-dom 7/31; u. ö.   ae
2 hæðen-dom 31/7   ae
3 hali-dom 129/31 f.   ae
4 hor-dom(es) 67/29;   ME
  121/21
5 martir-dom 129/19   ae
6 swice-dom 11/21; 59/30   ae

7 þew-dom 23/28   ae
8 wise-dom 25/24; 37/1   ae
    wis-dom 25/17, 23; u. ö.

-had

1 child-had 67/31   ae
2 maiden-had 55/6, 14; u. ö.   ae
3 sot-had 67/18; 101/6; u. ö.   ME
4 wrecc-had 21/18; 95/25   ME

1.16. Inversionskp.

1 god-almihtin (?) 7/7 f.;   ME
    u. ö.
    god-almihtines 41/8

Vgl. auch unten 2.4.

2.1. Sb/Adj

1 godd-frihti 71/11   ae

2.2. Adj/Adj; Adv/Adj

1 dere-wurðe 15/12; 43/14;   ae
    u. ö.

2.4. Pron/Adj; usw.

1 all-ane 63/30   ME(e)?
    all-hone 123/18
2 all-forgelt (?) 145/18, 26   ME
3 al-mihti 15/32 f.; 23/6;   ae
    u. ö.
    al-mihtin 151/15   ae/ME

(Vgl. auch oben 1.16.)

2.5. Partikel/Adj; Part/dev. Adj

1 fore-nammde 15/29   ae/ME
2 þurʒ-hali 145/28   ae

Ableitungen vom Vb sind vielleicht:
3 ðurh-borede 119/12   ae
4 ðurh-nailed 119/14   ME

2.7. Sb/Vb+Ø_Adj

1 leðe-beiʒe 45/1   ae
    leðe-beih 109/3; 113/26

2.11. Adj/PartPrät; Adv/PartPrät

1 full-wroht (?) 39/24 f.   ae/ME
2 fulfremed 39/23   ae
3 wel-cume 99/29; 141/9   ae/ME

2.12. Affixoide (Adj)

seld-

1 selcuð 29/15; 55/18 (Sb);   ae
    u. ö.

-fast

1 stede-fast 135/2   ae

-ful

1 ʒiern-full 109/16   ae
2 ei-full 19/5   ae
3 care-full 87/31   ae
4 houh-full 87/31   ae
5 lust-full 51/24   ae
6 mað-full 139/15   ae
    imeð-full 139/16
7 nied-full 41/19; u. ö.   ae
    ned-full 53/21; u. ö.
8 ore-full 145/16   ae
9 sen-full(e) 15/31; u. ö.   ae
10 sorh-full 83/18; u. ö.   ae
11 swink-full 33/9; u. ö.   ae
(12 un-ðeaufull 131/5   ae)

-wende

1 hal-wende 47/15   ae

-wis

1 riht-wis 15/4 u. 21; u. ö.   ae
    (z. T. als Sb)
    rihtwis-mann (?) 143/28
    (un-rihtwis 37/29; u. ö.   ae)
2 scad-wis 15/3   ae

2.13. Adj+Sb/Ø_Adj; usw.

1 clane-hierte 125/8, 19, 25   ae
2 ead-mod(e) 49/10; 57/25;   ae
    u. ö.
3 þole-mod 129/3   ae
    (un-þolemod 13/21   ae/ME)

1 on-lepi 67/1; 115/17 f.　　　ae
　an-lepi 39/19

1 ham-ward 147/25　　　ae/ME

IV) Texte aus der 1. Hälfte des 13. Jhs.

35) *KingHorn*

Dichtung; 1546 Verse in Hs. L, 1569 in
Hs. O, 1530 in Hs. C.

1.1. Sb/Sb

1 brud-ale L 1044, C 1032　　ME
　brid-ale O 1073; u. ö.

2 castel-wall(e) L 1054,　　ae
　C 1042
　kastel-wall(e) O 1087

3 chambre-wowe L 982　　ME
　(anders OC)

4 chyrche-wowe O 1076　　ME
　(anders LC)

5 day-lyht L 128, O 132　　ME
　dai-liȝt C 124
　(liȝt of daye C 818)

6 dure-pin C 973　　ME
　(anders LO)

7 gold-ring L 561, O 579,　　ME
　C 563

8 halle-dore L 1496, O 1523　　ME

9 halle-gate C 1474　　ME

10 heuene-blisse L 420,　　ae/ME
　C 414
　(ioye and blisse O 436)

11 hose-bonde L 421, 739;　　ae
　O 436, 762
　huse-bonde C 415, 735;
　u. ö.

12 kinge-riche C 17　　ME?
　(kinges riche LO 20)

13 lylye-flour L 15　　ME
　lili-flour O 15 (flur C 15)

14 lond-folk LO 47, C 43　　ae

15 lyf-dawe L 914　　ae
　(anders OC)

16 meyster-king O 635　　ME

(maister L 617, C 621)
maister-kyng(e) L 638,
O 656, C 642

17 moder-child O 664,　　ae
　C 648 (anders L)

18 prime-tid(e) L 857,　　ME
　O 876, C 849

19 roche-wall(e) L 1396,　　ME
　C 1384
　(eueriche walle O 1427)

20 scyp-stern(e) O 1412　　ME
　(anders LC)

21 see-brynk(e) L 145,　　ME
　C 141 (anders O)

22 see-sid(e) L 35, O 35,　　ME
　C 33; L 139, O 143,
　C 135; u. ö.

23 se-strond(e) O 838, 1547　　ae
　(anders LC)

24 shurte-lappe L 1209　　ME
　schirt-lappe O 1244
　(nicht in C)

25 sonne-day L 958, 976　　ae
　sone-day O 993, 1011;
　C 966; u. ö.

26 wed-broþer O 295　　ae
　(broþer LC)

27 wimman C 418　　ae
　wyman(ne) L 71, C 67
　wimmen(ne) O 71

28 wode-bowe L 1235,　　ME
　O 1270
　wude-boȝe C 1227

29 wode-leȝe L 1160,　　ME
　O 1195
　wude-liȝe C 1158

30 wode-syd(e) L 1034,　　ME
　O 1063
　wude-sid(e) C 1024

Namen:

1 yr-lond C 1002, 1513;
  L 1535; O 1558

1.2. Sb+s/Sb

(Bei einem Teil der Bildungen ist der Kp.-Status fraglich)

1 cristes-masse L 805, C 799   ae
  cristemesse O 826
2 cunes-mon L 1346   ae/ME
  (anders OC)
3 diþes wunde C 640   ME
4 kinges riche LO 20   ae?
5 kynges crune C 1286   ME
5a kynges roune L 1294   ME
  (kynges owne O 1329)
6 kynges sone(s) L 766, 891;   ME?
  u. ö.; O 789, 1494; C 760,
  1447
7 someres day LO 31, C 29;   ME?
  L 918
8 wodes ende L 1220,   ME?
  O 1255
  wudes ende C 1212

1.3. Adj/Sb

1 cristine-men (?) L 190   ae
  cristene-men (?) O 192,
  C 182
2 gode-men(ne) O 186 (?)   ME?
  (of gode kenne L 184,
  C 176)
3 ȝunge-men (?) L 1366   ME?
  (childre(n) O 1397, C 1355)
4 lemman C 442, 552; u. ö.   ME
  O 671, 697; u. ö.
  lemmon L 550
  leman O 568, 748
5 mid-nyht L 1307, O 1338   ae
5a middel-niȝt C 1297   ME
6 riche-men(ne) L 23 (?)   ME?
  riche-mannes C 21 (?)
  riche-men (?) L 1268,
  O 1301, C 1258

Wohl synt. Gruppe ist:

7 godne day L 731, C 727
  god day O 754

Namen:

1 yrisshe-men(ne) (?) L 1376
  hyrysce-men(ne) O 1405
  irisse-men(ne) C 1365

1.4. Num/Sb

1 fourte-niht L 452   ae/ME
1a seue-niȝt C 448   ae/ME
  (nyȝte O 468)
2 seue-ȝer(e) (?) L 526, 736;   ME
  u. ö.; O 544, 760; u. ö.;
  C 524, 733; u. ö.

1.6. Partikel/Sb; usw.

1 fore-ward L 456, 552;   ae
  O 472; C 452
2 vp-rysyng(e) L 852, C 844   ME
  op-rysyng O 871
3 vp-spring(e) L 826   ae
  (op-rysyng O 847)
  (anders C)
4 day-springe L 1447   ME
  (her þe day gan springe
  O 1454; C 1427)

1.9. Sb/Vb+Ø$_{Sb}$

1 ȝate-ward L 1073   ae
  gate-ward O 1108, C 1067
2 leuedy L 341; O 348;   ae
  lefdi C 335; u. ö.
3 louerd L 314, O 319; u. ö.   ae
  lord C 308; u. ö.
4 stiward L 232, 233; O 236,   ae
  237; C 226, 227; u. ö.
  stuard C 274, 393; u. ö.

1.12. Sb/Vb+ing; usw.

1 vp-rising s. o. 1.6.   ME

1.13. Affixoide (Sb)

-had
1 feyr-had(e) L 89   ME
  (-hede OC)

2 kniȝt-hod C 440, 545;   ae
  L 543; O 561; u. ö.
  (daneben -hede)

4 þral-hod C 439   ME
  (-hede LO)

-lac

1 wed-lak L 1264, C 1254   ae
  (wedding O 1295)

-reden

1 felau-rade L 174   ME

1a verade C 166   ae
  (anders O 176)

1.14. Adj+Sb/Ø$_{Sb}$ (?)

Namen:

1 God-mod L 773, 785; u. ö.
  (Cu(t)berd OC)

2.1. Sb/Adj

1 rose-red C 16   ME
  (so rose red LO 16)

2.5. Partikel/Adj

1 out-londisse O 613   ae/ME
  (anders LC)
  (vgl. londisse O 647, 999)

2.11. Adj/PartPrät; Adv/PartPrät

1 wel-come L 405, 796,   ae/ME
  1468; u. ö.; O 419, 819;
  C 790

2.12. Affixoide (Adj)

-ful

1 reuþ-ful L 901   ME
  (anders OC)

3. Verdunkelte Lehnkp.

1 felawe L 1093, O 1130,   ae
  C 1089

36) *Best*

    Dichtung; 667 Verse (ed. Hall).

1.1. Sb/Sb

1 birde-time 117   ae
2 brest-atter (?) 121   ME
3 brest-ouel (?) 458   ME
4 eilond 387, 414 (387:   ae
  a neilond; 414: aneilond)
5 erðe-fen 630   ME
6 euen-sterre 630   ae
7 funt-fat 93   ae(l)
8 haliweie 612   ME
9 harm-dedes 299   ME(h)
10 helle-pin(e) 638   ME
11 heuene-blis 638   ae/ME?
12 heuen-king 564   ae
13 heuen-louerd 170   ME
14 heuen-riche 18, 292; u. ö.   ae
15 huse-bondes 299   ae
16 hus-rof 361   ME
17 kirke-dure 134, 586   ae
18 lend-bon 273   ae
  (ae. lenden-ban)
19 licham 214   ae
20 lif-tim(e) 573   ME
21 man-kin 168, 243; u. ö.   ae
22 mere-man 442   ae/ME
  (ae. mere-menn(en))
23 nese-smel (?) 2   ME
24 se-grund 401   ae
  (aber: sees grund, 407)
25 se-sond 388   ME
26 sip-men 451   ae
27 skin-bon 272   ae
  (ae. scin-ban; hier aber
  wohl Versehen für chin-
  bone, ae. cin-ban)
28 water-grund 278   ae
29 welle-grund 58   ME?
30 wimmen 575   ae

Namen:

1 Inde-riche (?) 480

1.2. Sb+s/Sb

1 belles drem (?) 451   ME?
2 domes-dei 216   ae
3 hornes blast (?) 541   ME?

1.3. Adj/Sb

1 god-spel 157	ae
2 holi gast (?) 640	ae/ME
3 mid-side 498	ME
4 middel-erd 352	ME

1.6. Partikel/Sb

1 to-name 298	ae
2 wiðer-wine 645	ae

1.9. Sb/Vb+Ø$_{Sb}$

1 erð-chine 308	ME(h)
2 fet-steppes 5	ME?
3 louerd 590	ae

1.13. Affixoide (Sb)

-dom
1 wise-dom 324	ae

-had
(Nur Bildungen mit *-hede*)

1.16. Inversionskp.

1 cete-grandie (Gen.) 382	ME
cethe-grande 383	
(vgl. cete 397); Lw	

1.18. Sonstiges Incipitkp.

1 pater noster 98	ae

2.12. Affixoide (Adj)

seld-
1 selcuðes 441 (Sb)	ae

twi-
1 twi-fold 322, 471	ae

-fast
1 stede-fast 288, 434 (Sb); u. ö.	ae

-ful
1 lef-ful 585	ae
2 sin-ful 82, 167; u. ö.	ae

4. Syntakt. Gruppen

1 firste fader 552 (Num+Sb)	
2 helle dim 439, 570 (Sb+Adj)	
3 helle merk 341 (Sb+Adj)	

37) *Creed/1*

Prosa; 16 Zeilen

1.3. Adj/Sb

1 hali chireche (?) 14	ME?
2 riht-half (?) 11	ME

1.9. Sb/Vb+Ø$_{Sb}$

1 lhaferd 4	ae

2.4. Pron/Adj; Pron/Partizip

1 al-mihtig 11	ae
2 al-weldend(e) 1	ae

4. Syntakt. Gruppen

1 eche lif 16 (Hs. echelif)	ae

38) *Creed/2*

Prosa; 9½ Druckzeilen

1.3. Adj/Sb

Wohl größtenteils syntakt. Gruppen
1 holi chirche 8	ME?
2 holi gost 8	ae
3 rit-hond (?) 7	ae

1.6. Partikel/Sb; Partikel/ dev. Sb

1 up-ariste 9	ae/ME

1.9. Sb/Vb+Ø$_{Sb}$

1 louerd 2	ae

2.4. Pron/Adj

1 al-mihti 1, 7	ae

2.14. Adj+Sb/ed; usw.

1 on-lepi 2	ae

39) *HarrowHell*

Dichtung; Hs. O 256 Verse, Hs. L 248
Verse, Hs. E 228 Verse.

1.1. Sb/Sb

1 appel-tre O 83, L 93, E 99   ae
2 fri-day O 19   ae
  (gode friday)
3 helle-gates L 40, 137   ae
  helle-ʒates O 127, 137;
  E 141, 149
4 helle-pyn(e) L 12, 61;   ME
  O 45, 179; E 195; u. ö.
5 heuene-blyss(e) O 243   ME?
6 heuene-ryke L 178   ae
  heuen-rike E 188
  heuene-riche O 242
  heue-riche O 251
7 maister-fend O 72   ME
8 mon-kun(e) O 100, L 110   ae
  man-kin E 116; u. ö.

1.2. Sb+s/Sb

1 domes-day O 120, 248;   ae
  L 128, 238; E 158; u. ö.
2 paradises blisse O 193, 211   ME

1.4. Num/Sb

1 tuelf-moneþ (?) L 209   ae/ME
2 twelue-winter (?) O 215   ae/ME

1.9. Sb/Vb+Ø$_{Sb}$

1 ʒate-ward(e) O 129, 132;   ae
  L 139; E 143
2 louerd O 91; L 101; E 107;   ae
  u. ö.
  lord E 157, 159; u. ö.
3 steward E 146   ae

1.13. Affixoide (Sb)

-dom
1 martir-dom O 216; L 210;   ae
  E 216

-reden

566

1 mon-rade L 88   ae
  man-red E 94

2.11. Adj/PartPrät; Adv/PartPrät

1 wel-come(n) O 89, 145;   ae/ME
  L 149, 151; E 157, 159; u. ö.

2.12. Affixoide (Adj)

-fast
1 soth-fast L 18   ae

-ful
1 dred-ful L 202   ME?
2 sun-ful O 41   ae

3. Verdunkelte Lehnkp.

1 aunbesas O 98   ME
  ambesaas L 108
  amesas E 114

4. Syntakt. Gruppen

1 god friday O 19 (Adj+Sb;   ME(e)
  s. o. 1.1.)

40) *OrisLo*

Dichtung; 64 Verse.

1.1. Sb/Sb

1 lychome 22 (vgl. lich 41)   ae
2 mon-kunne 52   ae

1.9. Sb/Vb+Ø$_{Sb}$

1 louerd 1, 3, 12; u. ö.   ae

2.13. Vb+Sb/Ø$_{Adj}$ (?)

1 þole-burne 51 (Sb)   ae/ME
  (wohl Versehen für þole-
  burde oder þoleburdness)

41) *SermAtWrasl*

Prosa; 2 Druckseiten.

1.1. Sb/Sb

1 fo-men 153/33   ae
2 herte-eien (?) 153/44   ME
3 heueriche-bliss(e) 153/56   ME
  (Förster emendiert unnötigerweise zu heue[n]riche
  blisse)
4 lif-lad(e) 153/44   ae
5 mester-men 154/63   ME

1.2. Sb+s/Sb

1 domis-dai 152/17   ae
2 flescis lustis (?) 153/58   ME?

1.3. Adj/Sb

1 bel-ami 153/61 (Lw)   ME
2 god-spel 152/15   ae
3 lemman 152/1, 13; u.ö.   ME

1.9. Sb/Vb+Ø_Sb

1 detþ-iscippe 153/60 f.   ME(h)

1.12. Sb/Vb+ing

1 ston-kasting 152/2;   ME
  153/36; u.ö.

2.12. Affixoide (Adj)

-ful
1 sin-fule 153/33   ae

3. Verdunkelte Lehnkp.

1 belami s.o. 1.3.

4. Syntakt. Gruppen; unerklärte Bildungen

1 harde herte 154/67
  (Adj+Sb)
2 treʒe-cuvenant 153/34   ME(h)

42) *Serm Trin/Cleo*

Prosa; 1¼ Druckseiten.

1.1. Sb/Sb

1 womman 150/24 f.   ae

1.2. Sb+s/Sb

1 domes-dai 150/22   ae
  (vgl. dai of dom 150/30)

1.3. Adj/Sb

1 cristene man (?) 150/24 f.   ae
2 mal-eise 148/14;   ME(e)
  150/31 (Lw)

1.8. Vb+ing/Sb

1 þrowing-time 148/16   ae

1.12. Sb/Vb+ing

1 bedis-bidding(e) (?) 148/12   ME

2.9. Adj/PartPräs; Adv/PartPräs

1 sore akinde (?) 150/20   ME?

2.12. Affixoide (Adj)

-ful
1 angir-ful 150/18   ME
2 schame-ful(e) 148/16   ae
3 wreth-ful 150/30   ME

-wis
1 rit(e)-wise 150/23   ae

3. Lehnkp.

1 mal-eise s.o. 1.3.   ME

V) Texte aus der Mitte des 13. Jhs.

43) *Floris&B*

Dichtung; 1083 Verse; wo nicht anders
vermerkt, zitiert nach Hs. E.

1.1. Sb/Sb

1 chapmen 146   ae
2 charbuncle-stoon 172   ME

3 day-lyȝt 426   ME
4 gold-ryng 744 (Hs. A)   ME
5 hert-roote (?) 117   ME
6 kyng-ryche 348   ae/ME
  (ae. cyne-rice)
7 lyf-dawe 48   ae
8 marbul-ston 573   ME
9 morne-tyde 836   ae
  morewe-tide 316 (Hs. V)
10 orchard 605, 609   ae
11 tresour-hous 182   ME
12 woman 247, 618; u.ö.   ae

1.3. Adj/Sb

1 bel-ami 640 (Hs. A);   ME
  387 (Hs. V) (vgl. amy, 180)
2 lemman 180, 225; u.ö.   ME
  leman 237, 420
3 mydl-erd 606   ME
  (vr. middel-(h)ard)

Vgl. ferner:

4 to wroþer-hale 644   ME
  (Hs. A)

Namen:

1 Blanche-flour 18, 20, 22;
  u.ö.

1.4. Num/Sb

1 fourtenyȝt 90, 126; u.ö.   ae/ME

1.6. Partikel/Sb

1 for-wardes 727   ae

1.9. Sb/Vb+Ø$_{Sb}$

1 boter-fleȝe 469 (Hs. A)   ae
2 ȝate-ward 595   ae
3 lady 68, 395   ae
4 lord 467   ae

1.12. Affixoide (Sb)

-dom

1 cristen-dom 600   ae
2 kyng-doom 1079   ae/ME
  (kyn-dom 837 (Hs. A))

2.4. Pron/Adj

1 al-miȝte 815   ae

2.8. Sb/PartPräs

1 hond-habbing 668 (Hs. C)   ae
  (ae. hand-hæbbend)

2.12. Affixoide (Adj)

-ful

1 ioy-ful 800   ME
2 þouȝt-ful 524   ME

3. Verdunkelte (?) Lehnkp.

1 bel-ami s.o. 1.3.   ME
2 felow 780   ae
3 Blanche-flour s.o. 1.3.   ME

4. Syntakt. Gruppen

1 fire brennyng 377
  (Sb+PartPräs)

44) *Gen&Ex*

Dichtung; 4162 Verse.

1.1. Sb/Sb

1 arche-wold (?) 576   ME
2 beren-tem 954; 3903   ae
  bern-team 3748
3 birðhel-tre 119   ME
4 bode-word 213, 218;   ME
  u.ö. (häufig)
  (vgl. bode 2383; u.ö.)
5 bread-lepes 2078   ME
6 brendfier-rein 1110   ME(h)
  (vgl. brim-fir unten 1.7.)
7 brid-ale 1674   ME
8 burgt-folc 1063   ae
  burge-folc 1854
9 chapmen 1956; 1989   ae
10 cuuel-staf 3710   ME
11 deserd-lond 2852   ME
12 deuel-dwale 20, 67   ME
13 dure-pin 1078   ME
14 dure-tren 3155   ME

15	ende-sið 3777	ME
16	engel-tale 2526	ME
17	engle-tunge (?) 3158	ME
18	engel-wirð 1786	ME
	(wird of engeles 1790)	
	engel-wird 4140	
19	erd-folc 1880	ME
	(herdes-folc 3372)	
20	ereward-riche 1512	ME
21	erf-kin 3177	ME
22	erðe-dine 1108, 3196	ae
23	est-dede 2758	ME
24	fier-isles 1130	ME
25	fostre-wimman 2620	ME
26	fostre-wune (?) 2625	ME(?)
27	gold-gad 3185	ME
28	gold-pot 3344	ME
29	golprenes 1872	ME
	(Edition: Gol prenes)	
30	helle-bale 2525	ae
31	helle-dale 1983	ME
32	helle-dik 281	ME
33	helle-nigt 89	ME
34	helle-pine 2530	ME
35	herte-sor (?) 1039	ME?
	(z. T. syntakt. Gr. aus	
	Sb + Adj: 1048, 1945,	
	1733)	
	(hertes sor 733)	
36	heued-welle 868	ME(h)?
37	heuene-bem 1606	ME
38	heuene-deu (?) 1573	ME
39	heuene-gate 1620	ME
40	heuone-hil (?) 281	ME
41	heuene-rof 101	ae
42	hine-folc 3655	ME
43	hirde-men 2395	ae
44	hore-men 4072	ME
45	hunger-bond 763	ME
46	hungri-gere (?) 2136	ae/ME
	(ae. hunger-gear)	
47	hus-folc 3139	ME
48	kinde-dei (?) 78	ME
	Doch vgl. oben S. 111	
49	kinge-dale (?) 887	ME
50	ku[n]g-lond 1262	ME
	gu[n]g-lond 1264	
51	kinge-riches 2789	ae/ME

51a	ku[n]g-riche 1258	ae/ME
	(ae. cyne-rice)	
52	knape-child 2585	ME
53	lecher-craft(e) 1064	ME
54	licham(e) 200, 350	ae
	(vgl. lich(e) 2488)	
55	liue-dai 652	ae
	liue-dages 4119	
56	loder-man 3723, 4110	ae/ME
	(ae. lad-man)	
57	lond-speches 669	ME
58	lond-weig(e) 2681	ME
59	man-kin 240, 528; u. ö.	ae
60	man-kinde 24, 264; u. ö.	ae/ME
	(ae. man-cynn)	
61	mayden-childre 2574	ae
62	meister-burg 3881	ME
63	meister-men 664	ME
64	meister-prest 3886	ME
65	migte-name (?) 3038	ME
66	hunige-lond (?) 2788	ME
67	more-lond 2968	ae
68	morgen-quile 3275, 3443	ME
	morge-quile 3461	
69	morgen-tid 59	ae
70	munen-dai 72	ae
71	orgel-pride 3767	ME
72	palme-tren 3305	ae
73	pol-heuedes 2977	ME
74	rein-bowe 637	ae
75	reke-fille 148, 3136	ME
76	rekle-fat 3761, 3782; u. ö.	ae
77	rin-frost 3328	ae
78	salte-swot 3280	ME
	(lies: salte-spot)	
79	sinne-dwale (?) 1037	ME
80	sumer-tid 1224	ME
81	sune-dai 71	ae
	sunen-day 261	
82	vndren-time 2269	ME
83	wapmen 536; u. ö.	ae
	wapman 1001	
84	welle-spring 1243, 3304	ae
85	wiches clerkes 2993	ME
86	wif-kin 656, 1177	ae
87	wimman 228, 374; u. ö.	ae
88	win-grape 3710	ME
89	win-tre 2059	ae

90 wrim-kin 3895   ae
   (ae. wyrm-cynn)

Namen:

(z. T. möglicherweise Appositionen)

1 ebru child 2572
2 egipte-clerkes 790
3 egipte-folc 785, 2444;
  u. ö. (häufig)
4 egipte-lage 2446
5 egipte-king 2767
6 egipte-lond 764
  (vgl. egipte 771)
7 egipte-riche 797
8 egipte-wimmen 2611
9 Israel folc 3268
10 madian-lond 3950
11 mambre-dale 810, 1033;
  u. ö.
12 moab-kinges 4041
13 moab-lond 4133
14 sichem-feld 1933
15 sokoht-stede 3203

1.2. Sb+s/Sb

(Auswahl; großenteils wohl syntakt. Gruppen)

1 blisses erd 383   ME
  (erd al ful of swete blis
  382)
2 bredes fod(e) 894   ME
3 bredes mel 1246   ME?
4 daiges-ligt (?) 3294   ME?
  (sicher synt. Gr.:
  114, 167)
5 dedes bond 2716   ME
6 dedes swog 484   ME
7 deades wrech 3396   ME
8 deres-kin (?) 556   ae/ME
  (ae. deor-cyn)
9 domes-dai 105, 505; u. ö.   ae
10 erebis ston 3359   ME?
11 fendes wis(e) 2961   ME
12 fieres wreche 1142   ME
13 fleges kin 3004   ae/ME
  (ae. fleoh-cynn)

14 flures bred 1013   ME?
15 folkes kin 1864   ME
16 frendes wune 1655   ME?
17 froskes here 2969   ME?
18 gnattes hird 2988   ME?
19 godes folc 3221   ME?
20 herdes-folc 3372   ME
  (vgl. erd-folc oben 1.1.)
21 hines kin 3776   ME
22 hornes blast 3464   ME?
23 kalues fleis 1013   ME
24 kides blod 1967   ME
25 kinnes-men 2710, 3122;   ae/ME
  u. ö.
26 liues blast 201   ME?
27 olies ðef 3340   ME
28 oliues bog 608   ME
29 podes spile 2977   ME
30 rimes ren s. u. 1.9.   ME
31 saltes dale 1131   ME
32 seles mel 1542   ME
33 sinnes same 553   ME?
34 siðhinges lond 1288   ME
35 sondere-man 1410, 2791   ME
  sondere-men 1792, 1969;
  u. ö.
  sonder-man 2871
36 sorges strif 778   ME?
37 soules dead 4064   ME?
38 soules-reste 11   ME?
39 spices ware 1952   ME
40 steres-men 3417, 3429   ae
41 sunes stede 723, 2629,   ME?
  2637
42 swinkes strif 175   ME
43 teres wep 3888   ME?
44 ðralles wune 971   ME
45 watres drinc 1246, 1380   ae/ME
  (ae. wæter-drinc)
46 watres drope 1018   ME?
47 wateres springe 581   ae/ME
  (ae. wæter-spryng)
48 weres mester 532   ME?
49 werldes wune 513   ME
50 wiches kire 2919   ME?
51 wines drinc 1149, 1542   ME?
52 yses wal 97   ME?

Namen:

1 egiptes folc 3257

1.3. Adj/Sb

(Zum Teil wohl synt. Gruppen)

1 eði-modes (Gen.Sg.) 2249	ae/ME
(vgl. eðe mod 3924)	
2 geue-lengðhe 147, 149	ME
3 hali-dai 3501	ae
4 hali gast 2438	ae
ali gast 2428	
5 iuel-dede (?) 502	ae
6 kinde-blod (?) 1452	ME
7 kinde-lond (?) 2075	ME
8 kinde-luue 2286	ME
8a kinde ðhogt 2254	ME
9 kinde-wune 1405	ME
(Zum Status von kinde	
vgl. oben S. 111)	
10 leman 782, 1374	ME
11 logede men 2	ae/ME
12 middel-erd 93, 106; u.ö.	ME
13 midel-sel (?) 3159	ME
14 middil-walkne(s) (?) 288	ME
15 middel-werld 98	ME
15a middes-werld 42	ME
16 soðe-sagen 14	ae
17 heg-tide (?) 1507	ae
18 wilde der 178, 1975	ae

1.4. Num/Sb

1 seuen-dai 607	ME
2 seuendai-morgen 247	ME
3 seuene nigt 2454, 2483;	ae/ME
u.ö.	
seue-nigt 1687	
(wohl meist synt. Gr.)	
4 twin-manslagt 485	ME
5 twin-wifing 485	ME

1.6. Partikel/Sb; Partikel/dev. Sb

1 forð-for 3158	ae
2 for-ward 1719, 1992; u.ö.	ae
3 ouer-man 3424	ME
4 sunder-bles (Gen.) 1729	ME
5 sunder-red 3808	ME

6 sunder-run 991	ME
7 ut-gong 2800	ae
8 ut-lage 431	ae
9 uuer-slagen 3155	ae

1.7. Vb/Sb (?)

1 brim-fir 754	ME
brin-fires 1164	
2 wech-dede 2460	ME

1.8. Vb+ing/Sb

1 clipping-time 1740	ME
2 offrande-sel 1503	ME

1.9. Sb/Vb+Ø$_{Sb}$

1 chafare 1951	ME
2 childre-bere 1465	ME
3 chirche-gong 2465	ae
4 erward 934	ae
5 fote-ren 3218	ME(h)?
6 gressehoppes 3065	ae
(ae. gærs- hoppe)	
7 herberge 1392	ae
8 here-gong(e) 848	ae
9 herte-bren 4054	ME
10 hore-plage 530, 4067	ME
11 lecher-fare 776	ME
12 leuedi 968, 980; u.ö.	ae
13 ligber 271	ae/ME
(ae. leoht-bora)	
14 leuerd 33	ae
louerd 275; u.ö.	
lord 2172, 2317	
15 messe-song 2466	ae
16 moneð-met 145	ME
17 morgen-giwe 1428	ae
18 rimes-ren 1	ME
19 stiward 1991, 2255; u.ö.	ae
20 sunne-sine 3335, 3337	ae/ME
(ae. sun-scin, sunna-	
scima)	
21 water-gong 662	ME

1.10. Sb/Vb+t

1 bred-wrigte 2077	ME

2 elmesse-gift(e) 2466   ae/ME
  (ae. ælmes-gifu)
3 fugel-fligt 3321   ME
4 twin-manslagt s. o. 1.4.   ME

1.12. Sb/Vb+ing

1 folc-stering (?) 3410   ME
2 niðing-giscing 3432   ME(h)?
3 twie-wifing s. u. 1.13.   ME

1.13. Affixoide (Sb)

twi-
1 twie-wifing 450   ME

-dom
1 hore-dom 3509   ME
2 ku[n]g-dom 1260   ME
3 swike-dom 2883   ae
4 ðral-dom 2322   ME
5 wis-dom 37, 269; u. ö.   ae
  wis-dam 35

-ful$_{Sb}$
1 hand-ful 1919   ae

-had
Nur Bildungen mit *-hed,*
z. B. chast-hed, 2022;
child-hed 2652; usw.

-lac
1 ref-lac 436, 3512   ae

Vgl. loac 1798

-reden
1 kinde-redes 4127   ae/ME
  (ae. cyn-red)

1.16. Inversionskp.

Es könnte sich großenteils auch um
Appositionen handeln.

1 nutes amigdeles 3840   ME

Namen:

1 flum noe 490
2 flum iurdan 806; u. ö.
3 folc ebru 3220

4 folc israel 3376
  (israel folc 3268)
  (folc of israel 3107; u. ö.)
5 folc moabit 1156
6 king pharaon 2357
7 lond mesopotanie 1360
8 munt galaad 1744
9 mount synai 2853
10 temple salamon 1296
11 tur ader 1889

2.1. Sb/Adj

1 gode-frigti 3430   ae/ME
  (ae. god-fyrht)
2 herte-hard (?) 2936   ME
3 herte-ranc (?) 1658   ME
4 kinde-cold (?) 1999   ME
5 milche-witter (?) 2903   ME
6 sinne-wod (?) 1073   ME
7 stal-wurði 655, 864; u. ö.   ae
8 sunnebem-brigt 3614   ME

Vgl. ferner die synt. Gruppen:
 9 teres wet 2288, 2342
10 war ðis dead 2983

2.4. Pron/Adj

1 al-migtin 9 (Sb), 30; u. ö.   ae/ME
  al-migten 3405 (Sb), 3727
2 al-migtful 2694   ME
  (oder almigt-ful)

2.10. Sb/PartPrät

1 deades-driuen (?) 1125   ME

2.11. Adj/PartPrät; Adv/PartPrät

1 wel-cume 1830   ae/ME
2 wel-ðewed (?) 1914   ME
3 wel-wopnede (?) 2479   ME

2.12. Affixoide (Adj)

seld-
1 selkuð 1286   ae
  selcuð 3972
  (vgl. sellic 466; u. ö.   ae)

twi-

1 twi-red: s.u. 2.15.   ae

-ful

1 cost-ful 3880   ME
2 dred-ful 1619; u.ö.   ME?
  dreful 2590
3 frigt-ful 3459   ME
4 lef-ful 155, 2524   ae
5 leste-ful 304   ME(h)
6 migt-ful 100, 2902; u.ö.   ae
7 ned-ful 2130, 3507   ae
8 nið-ful 369, 1917   ae
9 sin-ful 551, 1117; u.ö.   ae
10 ðohgte-ful 1437   ME
11 wurð-ful 2678   ae

-wis

1 rigt-wis(e) 418, 516; u.ö.   ae
  (vn-rigtwis 2014   ae)

2.13. Adj+Sb/Ø_Adj; usw.

1 seri-mod 1850   ae
  sori-mod 3520
2 sort-leui 712   ME
3 twi-red 3271   ae

3. Verdunkelte Lehnkp.

1 felage 1761   ae
2 holocaust 1326; vgl. 1319   ME(e)
3 windoge 602   ME

4. Syntakt. Gruppen

1 ðat hotene lond 960,
  2508 (PartPrät+Sb)
2 maniman 696, 1132
  (Adj+Sb trotz Zusam-
  menschreibung)

45) *LutSS*

Dichtung; 100 Verse

1.1. Sb/Sb

1 chepmen 33   ae
  (vr. chapmen)

2 heueriche-wunne 48, 92   ME
  (vr. heoueryche-wunne)

1.2. Sb+s/Sb

1 prestes wifes 49   ME?

1.3. Adj/Sb

1 haliday 62   ae
  (vr. holy-day(e) (?))
2 ʒunge-men (?) 53   ME
  (Hs. ʒungemen)
  (vr. yonge-men)

Wohl synt. Gruppe:
3 gode men 45, 89   ae/ME
  (Hs. godemen)

1.4. Num/Sb

1 vorme fader (?) 7   ME(?)

1.9. Sb/Vb+Ø_Sb

1 mon-quelle 28   ME(h)?

1.11. Sb/Vb+ere

1 bac-biteres 25   ME
  (vr. bak-bytares)

2.12. Affixoide (Adj)

-ful
1 reus-ful 15   ME?
  (vr. reuþ-ful)

46) *ProvH*

Dichtung; 39 Strophen
(I. 1–39), dazu 18 unsichere
(II. 1–18); jeweils 7 oder 8 Verse.

1.1. Sb/Sb

1 bicche-taille (?) II.16,7   ME
2 fles-lust I.10,1 u. 4   ME
  (vr. fleses lust)
3 fo-mon I.11,1   ae
  (vgl. fo I.11,7)
4 herte-tene II.11,5   ME

5 mester-men II.8,7   ae
6 rode-horse II.17,8   ae
7 rode-tre I.1,3   ME
8 wimman II.2,1; 16,6;   ae
  womon II.9,2

1.3. Adj/Sb

1 fre-man (?) II.6,2   ae

1.6. Partikel/Sb

1 nechbor II.3,1   ae

1.13. Affixoide (Sb)

-dom
1 fre-dom I.31,5   ae
2 wis-dom I.2,1 u. 7; u.ö.   ae

2.2. Adj/Adj; Adv/Adj

1 neu-fangel II.14,1   ME(e)

2.5. Partikel/Adj

1 out-gangel II.14,2   ME(h)?

2.13. Adj+Sb/Ø$_{Adj}$

1 dreri-mod I.37,6   ae
2 stertful-mod II.17,3   ME(h)

4. Syntakt. Gruppen

1 houses roume I.19,2
  (Sb+Adj)

47) *TenAb*

   Prosa? 14 Zeilen
1.1. Sb/Sb

1 wimmon 8   ae

1.2. Sb+s/Sb

1 domes-mon 3   ME

1.3. Adj/Sb

1 ȝunch-mon (?) 7   ME
  (vr. yong-mon)

574

2.12. Affixoide (Adj)

-ful
1 wil-ful 2   ae/ME
  (vgl. ae. wilfullice)

48) *Body&S/3*

   Dichtung; 160 Verse in Hs. Trin
   (40 Strophen)

1.1. Sb/Sb

1 helle-grund(e) 112   ae
2 uiche-craft 131   ae

1.2. Sb+s/Sb

1 domes-dai 66   ae
2 worldes æite 59   ae/ME
  (ae. woruld-æht)

1.3. Adj/Sb

1 long-hom (?) 155   ME
Synt. Gruppe:
2 wrec gost 41, 49

1.7. Vb/Sb (?)

1 charre-ded (?) 133   ME(?)

1.9. Sb/Vb+Ø$_{Sb}$

1 louerd 76; u.ö.   ae
  lauerd 109

1.11. Sb/Vb+ere, -estre, -icge

1 walkirie 131   ae

2.12. Affixoide (Adj)

-ful
1 reu-ful 53   ME
2 seru-ful 3   ae

49) *Heil*

   Dichtung; 349 Verse

1.1. Sb/Sb

1 burtid(e) 185	ae
2 chehec-bone 86 (wid one asse chehec bone)	ME
3 helle-bend(e) 2	ae
4 herde-mon 72	ae
5 heuene-kink(e) 79, 83; u. ö.	ae
6 hewene-riche 43	ae
7 lif-daues 99	ae
8 lo[f-s]ong 293	ae
9 monhend 17 (wohl für mon-kend)	ME
10 nauegar-speerr 337	ME(h)?
11 spitil-uuel 238	ME(h)?
12 sune-dai 349	ae
13 wommon 60 vimmon 66	ae

1.2. Sb+s/Sb

1 þuris-dai 313	ME

Namen:

1 Egiptis lond(e) 232	

1.3. Adj/Sb

1 gosspel 279, 318	ae
2 holi chirreche (?) 5	ME
3 holie gost (?) 196	ae
4 middel-erd 188	ME
5 nort-hende 31	ae
6 wite-sonedaiy(e) 322	ae/ME

1.4. Num/Sb

1 foutennist 348	ae/ME

1.6. Partikel/Sb

1 vmbe-stunde 87; 136 (Adv)	ME?

1.7. Vb/Sb

1 brun-ston 27	ae

1.8. Vb+ing/Sb

1 lerinc-cnistes 299	ME

1.9. Sb/Vb+Ø_Sb

1 appel-bite 133	ME
2 leuedi 289, 292	ae
3 louerd 1, 49; u. ö. loueird 4	ae
4 mon-slauen 94	ae

1.10. Adj/Vb+t

1 folust 261	ae

1.13. Affixoide (Sb)

kine-

1 kine-dom 224	ae

-dom

1 cristen-dom 252	ae
2 kine-dom s. o.	ae
3 suike-domes 122	ae

-reden

1 foreden 294	ae

2.14. Affixoide (Adj)

-ful

1 blis-ful 20	ME
2 reu-ful(le) 340	ME?

3. Syntakt. Gruppen; unklare Bildungen

1 in one coluere liche 265
2 in one neddere liche 41
3 herrewore 56?

50) *Trin 323*

Einige kurze Stücke aus Hs. Cambridge, Trinity College 323, ed. Reichl 1973.

1.1. Sb/Sb

1 edbote Nr. 24 (für: ded-bote)	ae
2 gilt-na[c]hes Nr. 88/12	ME(h)
3 helle-piche Nr. 88/17	ME

575

4 heueriche-blisse Nr. 42   ME
5 licam Nr. 71   ae
6 rug-bon Nr. 88/14   ae

1.2. Sb+s/Sb

1 liuis-firist Nr. 71/1   ME?

1.3. Adj/Sb

1 pore monnis (?) Nr. 12/2   ME
  (Hs. poremonnis)

1.6. Partikel/Sb; Partikel/dev. Sb

1 ouer-kipparis Nr. 33/2   ME
  (vr. ouer-hippers)
2 ouer-leparis Nr. 33/1   ME
3 longe scleparis (?) Nr. 33/1   ME

1.9. Sb/Vb+$\emptyset_{Sb}$

1 euesonc Nr. 32/4   ae

1.13. Affixoide (Sb)

kine-
1 kene-stol Nr. 91/6   ae

2.13. Vb+Sb/$\emptyset_{Adj}$

1 þole-mod Nr. 37/2   ae

51) *Reimpredigt*

Dichtung; 172 Verse

1.1. Sb/Sb

1 heuenric-bliss(e) 12   ME

2.4. Pron/Adj

1 al-mit(te) 10   ae
  al-mytte 34

2.12. Affixoide (Adj)

-wis
1 rist-wis 38   ae

576

52) *StMarg/2*

Dichtung; 84 Strophen, 313 Verse in
der Trinity-Hs., mehr in anderen Hss.;
ed. Reichl Nr. 6.

1.1. Sb/Sb

1 almes-dede 274   ae
2 bras-fat 250   ME
  (spätere Hss.)
3 fonston 86, 231   ME
4 milc-rem 128   ME
  (vrr.: milkes rem,
  melkus stren, mylkes
  creme; usw.)
5 purpel-pal 107   ME
6 wyman 13   ae

1.3. Adj/Sb

1 cristene men (?) 34   ae
2 holi gost (?) 63, 167; u. ö.   ae
3 leue-mon 44, 81; u. ö.   ME
4 middel-erd 111   ME

1.4. Num/Sb

1 halfuey 76   ae

1.6. Vb/Sb

1 bren-ston 173   ae
  (vrr.: brim-ston,
  brem-stone, bryme-ston)

1.9. Sb/Vb+$\emptyset_{Sb}$

1 leuedi 193   ae
2 louerd 29, 51; u. ö.   ae
  lord 261

1.11. Sb/Vb+ere

1 mon-quellere 254   ME

1.13. Affixoide (Sb)

-dom
1 martir-dom 20   ae
2 wise-dom 24   ae

-had
1 maidan-hod 55   ae

-lac
1 wed-lac 42   ae

-reden
1 cun-raden 39   ME

3. Verdunkelte Lehnkp.

1 felawe(s) 27, 176   ae

VI) Texte aus der 2. Hälfte des 13. Jhs.

53) *ProclHenIII*

Prosa; 35 Druckzeilen

1.1. Sb/Sb

Namen:

1 Englene-loand(e) 1, 29, 35   ae
  (ae. Engla-land)
2 Glowchestre 28
3 Huntendone-schir(e) 4
4 Ire-lond(e) 35
  Yr-loand(e) 2
5 Kanterburi 26
6 Leir-chestre 27
7 Wire-chestre 26

1.2. Sb+s/Sb

1 rædes-men 5, 14   ae
  redes-men 9, 25

1.3. Adj/Sb

Namen:

1 North-folk(e) 29

1.9. Sb/Vb+Ø$_{Sb}$

1 Lhoauerd 1   ae

1.13. Affixoide (Sb)

kine-
1 kune-riche 7, 35   ae

2.5. Partikel/Adj; Partikel/dev. Adj

1 biforen-iseid (?) 14 f.   ME?
2 toforen-iseid(e) (?) 9, 13   ME?

2.12. Affixoide (Adj)

-fast
1 stede-fæst 9, 21   ae

3. Verdunkelte Lehnkp.

1 Marescal 29   ME

54) *KentSerm*

Prosa; 5 Predigten. 8 Druckseiten;
384 Zeilen (ed. Hall).

1.1. Sb/Sb

1 bred-ale 80, 82, 84   ME
2 bred-gume 99   ae
3 heueriche-blisce 252,   ME
  256 f.; u. ö.
  (vgl. þo blisce of
  heueriche, 76)
4 king-riche 16   ae/ME
  (ae. cyne-rice)
5 man-ken 41   ae
6 werk-men 203, 206; u. ö.   ae
7 win-yard(e) 203, 226; u. ö. ae
  wyn-yard(e) 204 f., 209;
  u. ö. (häufig)
8 wyman 87, 147   ae

1.2. Sb+s/Sb

1 domes-dai 192   ae

1.3. Adj/Sb

1 cristene-mann (?) 45, 52;   ae
  u. ö.
  (Hs. cristenemann(es))

577

xpiste(n)-man 69, 109

2 good-man 202   ae/ME
gode-man (?) 209, 220;
u.ö.
god man 234; u.ö.
(Hs. z.T. goodman usw.)

3 gode-spel(le) 5, 32; u.ö.   ae
god-spel(le) 33, 80; u.ö.
(häufig)
(Hs. godespelle usw.)

4 holi gost (?) 72   ae
5 mid-day 205, 232; u.ö.   ae
6 sik-man (?) 136   ME
(Hs.: a sikman)

1.6. Partikel/Sb

1 fore-werd(e) 203, 204   ae

1.9. Sb/Vb+Ø_{Sb}

1 lauedi 6   ae
leuedi 31, 83; u.ö.

2 louerd 5, 26; u.ö. (häufig)   ae
lord 32, 43; u.ö. (häufig)
loruerd(e) 103

3 man-slechtes 111   ae
(Hall emendiert zu
man-slechter)

4 spus-breche 110, 144   ME

1.11. Sb/Vb+ere

1 bak-biteres 111   ME
2 hus-berners 111   ME

1.13. Affixoide (Sb)

-dom
1 cristen-dom 253   ae

-reden
1 felarede 147, 153; u.ö.   ME

1.16. Inversionskp.

1 god-almichti 5, 47; u.ö.   ae/ME
(aber: of gode almichti
145 f., 156)

2.4. Pron/Adj

578

1 al-michti: s.o. 1.16.   ae

2.12. Affixoide (Adj)

-fast
1 soth-fast 38   ae

-full
1 sen-uul(le) 142   ae

2.14. Adj+Sb/ed; usw.

1 on-lepi 48   ae

3. Verdunkelte Lehnkp.

1 velaghes 218   ae

4. Unklare Bildungen

1 sigge nacht 104

55) *Hav*

Dichtung; 3001 Verse

1.1. Sb/Sb

1 bonde-man 32, 1016; u.ö.   ME
2 bulder-ston 1790   ME(e)
3 burg-men 2049   ae
4 carte-lod(e) 895   ME(e)?
5 chapmen 51, 1639   ae
6 charbucle-ston 2145   ME
7 day-belle 1132   ME
8 dede-bondes 332   ME
9 dore-tre 1806, 1968   ME
10 drit-cherl 682   ME(h)?
11 ferþing-wastel 878   ME(h)?
12 fir-sticke 966   ME(h)?
13 galwe-tre 43, 335; u.ö.   ae
14 glev-men 2329   ae
15 gold-ring 1632, 1637; u.ö.   ME
16 grith-sergeanz 267   ME
17 hand-ax 2553   ae
18 hand-ded(e) 92   ME
19 helle-pin(e) 405   ME
20 hern-panne 1991   ME
21 herte-blod 1819   ME
22 herte-wille (?) 70   ME
23 heuene-king 1937   ae

24	heuene-rike 133	ae
	heuene-riche 407	
25	horse-knaue 1019	ME
26	kradel-barnes 1912	ME
27	luue-drurye 195	ME
28	messe-bok 186, 391; u. ö.	ae
29	messe-gere 188, 389; u. ö.	ME
30	milne-hous 1967	ME
31	mone-liht 534	ME
32	schireue(s) 266, 2286	ae
33	shuldre-blade 2644	ME
34	sunne-bem 592, 2123	ae
35	wman 174, 281	ae
	wimman 1139, 1168; u. ö.	
	wymman 1156	

Namen:

1 Dene-mark 340, 381; u. ö.
2 Englond 52, 2800
   Engelond(e) 59, 61; u. ö.
3 Winchestre 158, 318

1.2. Sb+s/Sb

1	deueles lim(e) 1409	ME
2	domes-day 748, 2523	ae
3	kinges-sone (?) 1267	ae?
4	netes flesh 781	ME
5	nihter-tale 2025	ME
6	seis-oure (?) 321	ME?

Namen:

1 Grimes-bi 745, 1202; u. ö.
2 Rokes-burw 139, 265

Vgl.

3 Lindes-eye 734

1.3. Adj/Sb

1	are-dawes 27	ME
2	fre-man 628	ae
3	god-man (?) 1693	ae/ME
4	hey-men 231	ME
	hey-man 1260, 1261	
	(aber: heye men and	
	lowe 958)	
5	hold-oþes (?) 2781	ME

6	leman 1191	ME
	lemman 1283, 1312; u. ö.	
7	middel-erd 2244	ME
8	middel-nicht 575	ae
	(aber vgl. þe middel	
	of þe niht 2092)	
9	north-ende 734	ae

Synt. Gruppen sind wohl:

10	salte se 1305	ME?
11	yunge men 1009	

Namen:

1 englishe-men (?)
   2766, 2795

1.4. Num/Sb

1	fourteniht 2284	ae/ME
2	haluen-del 460	ME

1.6. Partikel/Sb; usw.

1	for-ward(e) 486, 554	ae
2	ut-lawes 41	ae
3	uten-laddes 2153, 2580	ME

1.7. Vb/Sb

1	ber-men 868 (2×),	ae
	876; u. ö.	

1.9. Sb/Vb+Ø$_{Sb}$

1	chaffare 1657	ME
2	herboru 742	ae
3	leuedi 171, 239	ae
4	louerd 96, 118; u. ö.	ae
5	stiward 666	ae

1.12. Sb/Vb+ing

1	handes-wringing (?) 235	ME
2	romanz-reding 2327	ME(e)?

1.13. Affixoide (Sb)

kine-

1	kyne-merk 604	ME
2	kinne-riche 976	ae
	kune-rike 2400	

cunn-riche 2318
(kun-rik 2143 ist wohl
Versehen für kun-merk)

-dom

1 erl-dom 2909, 2923   ae
2 fre-dom 631   ae

-reden

1 manred(e) 484, 2172;   ae
  u. ö. (häufig)

1.14. Sb+Sb/Ø$_{Sb}$

1 þorne-bake 759, 832   ME(e)

1.18. Sonstiges
Interjektion → Sb

1 wesseyl 1246 (Lw)   ME

2.1. Sb/Adj

1 grund-stalwrþe 1027   ME(h)
2 hand-bare 766   ME
3 spannewe 968 (Lw)   ME(e)
4 stal-worþi 24, 904; u. ö. ae
5 stan-ded 1815   ME

Synt. Gruppe ist vielleicht:
6 mayden clene 995   ME?
  (Sb+Adj)?

2.11. Adj/PartPrät; Adv/PartPrät

1 wel-come 159, 1213; u. ö. ae/ME

2.12. Affixoide (Adj)

seld-

1 selcouth 124 (Sb),   ae
  1059; u. ö.

-ful

1 sorw-ful 151, 1248; u. ö. ae

-wis

1 richt-wis(e) 37   ae

2.13. Adj+Sb/Ø$_{Adj}$

1 bar-fot 862 (Adv?)   ae

2.14. Adj+Sb/ed; usw.

1 anþlepi 2107   ae

3. Verdunkelte Lehnkp.

1 conestable(s) 2366, 2286   ME
2 felawes 1338   ae

4. Syntakt. Gruppen

1 herte grim 2655 (Sb+Adj)

56) *Amis&A*

Dichtung; 2508 Verse

1.1. Sb/Sb

1 brid-ale 1514, 2451   ME
  bred-ale 2472
2 castel-gat(e) 1891,   ME
  2018; u. ö.
  castel-ʒate 2011
3 chaumber-side (?) 770   ME
4 cite-toun 1864   ME
5 fo-man 392, 932   ae
  (aber: fon 1269, 1554)
6 forest-plain (?) 1425   ME
7 gold-coupe(s) 245,   ME
  1617; u. ö.
  (aber: coupe(s) of gold
  314, 1810; u. ö.)
8 gold-smitþ(e) 244   ae
9 hert-blod(e) 1116, 2225   ME
10 hert-rote 2395   ME
11 heuyn-king 35   ae
  heuen-king 128, 321; u. ö.
  (häufig)
12 knaue-childre 32   ME
13 lyue-days 2481   ae
14 man-kende 303, 1042   ME
15 man-kunne 2253   ae
16 midwinter-tide 1887   ME
17 orchard 542   ae
18 orchard-side (?) 927   ME?
19 schulder-blade 1363   ME
20 soster-sone (?) 1628   ae

1.2. Sb+s/Sb

1 Cristes-morn (?) 2203   ME

580

2 Cristes-niȝt (?) 2251   ME
3 domes-day 2333, 2501   ae
4 kinges court (?) 1897   ME
5 kinges sones 596   ME?
6 liues fod(e) 1725   ME
7 meles mete 1607   ME
8 somers day 525, 532   ME
9 somers tid(e) 411   ME
10 worldes winne 2256   ME

1.3. Adj/Sb

1 gode-man (?) 1672,   ME
  1711; u. ö.
2 leman 574, 2378   ME
3 riche-man (?) 1938   ME
  (aber: a richer man þan
  þou, 2039)

1.4. Num/Sb

1 fiftenday 106   ME
2 fourten-niȝt 100, 433; u. ö.   ae/ME
3 half-ȝere (?) 1585   ME
4 seuen-niȝt 658, 737   ae/ME
5 tvelmoneþ 1657, 2186; u. ö.   ME

1.7. Vb/Sb

1 croude-wain 1858   ME(h)

1.8. Vb+ing/Sb

1 chepeing-toun 1700, 1816   ME

1.9. Sb/Vb+Ø_Sb

1 ladyes 31, 66   ae
  leuedis 122; u. ö.
2 lord 304; 643; u. ö.   ae
3 niȝtingale 536   ae/ME
  (ae. nihte-gale)
4 steward 311, 346; u. ö.   ae

1.12. Sb/Vb+ing

1 dere-hunting 497, 676; u. ö.   ME
2 loue-longing 539   ME
3 loue-morning 482   ME
  (vr.: loue-longing)

1.13. Affixoide (Sb)

-dom
1 cristen-dom(e) 1976   ae

-had
(Nur Bildungen mit *-hed,*
z. B. broþer-hed, 362)

-reden
1 felawe-rede 311   ME

1.16. Inversionskp.

1 fole-sage (?) 1946 (Lw)   ME

2.4. Pron/Adj

1 al-miȝt(i) 1527, 1912   ae
  (in der Wendung: god
  almiȝt(i))

2.10. Sb/PartPrät

1 trewþe-pliȝt 293, 1013   ME
2 wo bigon (?) 2162   ME(e)

2.11. Adj/PartPrät; Adv/PartPrät

1 wel-come 1457   ae/ME

2.12. Affixoide (Adj)

-ful
1 blisse-ful 516   ME?
2 care-ful 223, 1740; u. ö.   ae
  (vgl. ful of care 256)
3 diol-ful 520   ME
4 rewe-ful 1814, 2292   ME

-wis
1 riȝt-wise 291   ae

3. Verdunkeltes Lehnkp.

1 felawe 1058   ae

4. Syntakt. Gruppen

1 chef botelere 188   ME
  (Adj+Sb)
2 chef steward 191, 206   ME
  (Adj+Sb)

3 wreche chaitif 1564　　　ME
　(Adj+Sb)

57) *Annunc*

Dichtung; 19 Verse

1.9. Sb/Vb+Ø_{Sb}

1 louerd 16　　　ae

58) *Body&S/4*

Dichtung; 608 Verse in 76 Strophen
(mit Abweichungen in den einzelnen
Hss.)

1.1. Sb/Sb

1	glewe-men 57	ae
2	helle-fir 439	ae
3	helle-houndes 407, 467; u. ö.	ae
4	helle-pine 248	ME
5	heuen-blis 368	ME
6	man-kinde 346, 362	ME
7	man-kun(e) 378	ae
8	purpel-palle 46	ME
9	soule-nedes (?) 233	ME
10	wiche-craft 197	ae
11	woman 305	ae

1.2. Sb+s/Sb

1	domes-day 222, 472	ae
2	winters niȝt 1	ME?

1.3. Adj/Sb

1	gre-houndes 30	ae
2	mid-sid(e) 517	ME
3	wild-fir (?) 549	ME

Vgl. ferner:
4	to wroþer hele 562	ME

1.6. Partikel/Sb

1 neiȝbours 129　　　ae

1.7. Vb/Sb

1 bron-ston 549　　　ae

1.9. Sb/Vb+Ø_{Sb}

1	morwe-slep(e) 372	ae
2	euen-song 234	ae
3	leuedi 256	ae
4	tabour-bete 58	ME

1.13. Affixoide (Sb)

-dom
1 wis-dom 348　　　ae

2.11. Adj/PartPrät; Adv/PartPrät

1 wel-com 77　　　ae/ME

2.12. Affixoide (Adj)

-fast
1 trewþe-fest 120　　　ae/ME

-ful
1	rewe-ful 12, 145; u. ö.	ME
2	sun-ful 596	ae

2.13. Adj+Sb/Ø_{Adj}

1 hot-fot 591 (Adv)　　　ME(e)

2.14. Adj+Sb/ed

1	long-nailed 483	ME
2	rowe-tayled 481	ME
3	scharpe-clawed 483	ME

4. Unklare Formen

1 tretefale 411　　　ME?

59) *Cockaygne*

Dichtung; 190 Verse

1.1. Sb/Sb

1	garlek 105	ae
2	halwei 84	ME
3	heuen-riche 3	ae
4	likam 174	ae
5	wodwale 97	ME
6	womman 30, 42	ae

582

1.2. Sb+s/Sb

1 someris dai 151	ME	
2 swineis dritt(e) 179	ME	

1.9. Sb/Vb+Ø$_{Sb}$

1 euesang 130	ae	
2 niȝtingale 96	ae/ME	

1.18. Sonstiges

1 leuerokes 107	ae/ME	

2.12. Affixoide (Adj)

-ful

1 lik-fullist 56	ME	
lik-ful 80		

60) *DutyChr*

Dichtung; 120 Verse

1.1. Sb/Sb

1 heouene-blys (?) 119	ME	
2 heouene-riche 76	ae	

1.3. Adj/Sb

1 ryht hond(e) (?) 120	ae	

1.9. Sb/Vb+Ø$_{Sb}$

1 louerd 9, 55; u.ö.	ae	

2.4. Pron/Adj

1 al-myhti 117	ae	

2.12. Affixoide (Adj)

-ful

1 yeorn-ful(le) 100	ae	

-wis

1 ryht-wis(e) 33	ae	
riht-wis 113, 115		

2.13. Adj+Sb/Ø$_{Adj}$

1 edmod 11, 53	ae	

61) *DSirith*

Dichtung; 450 Verse

1.1. Sb/Sb

1 almes-ded(e) 207	ae	
2 heuene-king 31, 89	ae	
3 housse-bonde 137	ae	
hosse-bonde 341		
4 housse-wif 361	ME	
5 lif-wil(e) 103	ME	
6 loue-werc 374	ME	
7 somer-blome 294	ME	
8 wicche-crafft 206	ae	
9 wim(m)on 8, 205	ae	
womon 122		

Namen:

1 Lincolne-schire 78		

1.2. Sb+s/Sb

Namen:

1 Botolfston 77		

1.3. Adj/Sb

1 godne-dai (?) 145	ME	
god-dai (?) 397		
2 lemmon 127	ME	
lef-mon 376		
leue-mon 418, 447		

Vgl. ferner:

3 to goder-hele 261	ME	
goder-hele 269		

1.6. Partikel/Sb

1 fore-ward 256	ae	

1.9. Sb/Vb+Ø$_{Sb}$; usw.

1 hom-come 108, 293	ae	
2 louerd 17, 31; u.ö.	ae	

1.12. Sb/Vb+ing

1 heie-renning 283	ME	

583

1.13. Affixoide (Sb)

-dom

1	fals-dom 65	ME

1.16. Inversionskp.

1	god-almiʒtten (?) 25, 322; u. ö.	ae/ME

1.18. Sonstiges
Adv/Sb

1	ender-dai 366	ME(e)

Incipitkp.

1	pater noster 209	ae

2.4. Pron/Adj

1	al-miʒtten: s. o. 1.16.	ae/ME

2.5. Partikel/Adj; Partikel/dev. Adj

1	aʒein-comen (?) 296 (vgl. ae. ongean-cyme)	ae/ME

2.10. Sb/PartPrät

1	somer-driuen 247	ME

2.11. Adj/PartPrät; Adv/PartPrät

1	wel-come 26, 255 (Interj) wel-comen 267; u. ö.	ae/ME

2.13. Adj+Sb/Ø_{Adj}

1	dreri-mod 149	ae

62) *11Pains*

Dichtung; Hs. Jesus: 290 Verse (ed. Morris); Hs. Digby: 307 Verse (ed. Horstmann)

1.1. Sb/Sb

1	chireche-dure J 140 chirche-dore D 138	ae
2	ende-day D 62	ae

3	helle-dure J 9 helle-dore D 9	ae
4	helle-grund(e) J 243 helle-grount D 254	ae
5	helle-hundes J 137 helle-houndes D 135	ae
6	helle-pin(e) D 282 (vgl. þe pine of helle D 216)	ME
7	heuene-king J 229 heuen-king D 240	ae
8	heuene-lyht(e) J 286	ae
9	heueriche-bote (?) D 295	ME
10	iren-bond (?) D 264 yrene-beond (?) J 253	ae/ME
11	iren-wal (?) D 262	ME
12	wapmen J 145 wep-men D 143	ae
13	wimmen J 145; D 143; u. ö. wymmen J 118, 120, 131; u. ö.	ae
14	wynter-stal J 40	ME

1.2. Sb+s/Sb

1	wateres flod J 163 watres flod D 163	ME?

1.3. Adj/Sb

1	myd-þeyh J 97	ME?
2	midden-erd J 117	ae
3	middel-ert D 115	ME

Vgl. ferner:

4	To wroþer(e) hele J 27; D 27	ME

1.7. Vb/Sb

1	brun-ston J 124; D 122	ae

1.11. Sb/Vb+ere

1	bak-biteres J 101 bak-bitter D 99	ME

1.13. Affixoide (Sb)

-dom

| 1 wis-dom J 198 | ae |
| 2 wrecche-dom J 186 | ME |

-had

| 1 mayden-hod J 139 | ae |
| maiden-hot D 137 | |

-lac

| 1 wed-lac J 105 | ae |
| wed-lak D 103 | |

2.10. Sb/PartPrät

| 1 fur-brend J 181 | ME |

3. Verdunkelte Lehnkp.

| 1 wondrawe(n) J 59; D 59 | ME |

4. Syntakt. Gruppen; unklar

1 þeouene bed J 258
(Gen.Pl.+Sb)
2 vnriht mol J 161 (Adj+Sb)
3 wallinde hot J 75
(PartPräs+Sb)
4 wrecche gost J 22
(Adj+Sb)

63) *15 Toknen*

Dichtung; 203 Verse in Hs. D (ed.
Stengel), von denen aber V. 41–106
verloren sind; 268 Verse in Hs. C (ed.
Furnivall).

1.1. Sb/Sb

1 candyl-lyȝth C 201	ae
2 hond-werk(e) C 250	ae
3 heuene-king(e) D 160	ae
4 heuene-riche D 20	ae
heuyn-ryche C 30	
5 mon-kun(ne) D 146, 189	ae
man-kyn C 153	
6 man-kynd C 244	ae/ME

1.2. Sb+s/Sb

| 1 domes-day D 2 | ae |
| do(o)mys-day C 6, 26 | |

(vgl. day of do(o)me
D 180; C 159, 177)

2 liues man (?) D 168	ME?
3 þonres liȝt D 119, 164	ME?
4 windes fliȝt D 120	ME?

1.3. Adj/Sb

1 herne-morewe (?) D 166	ae
2 holy gost (?) C 235	ae
3 myd-day C 36	ae

1.9. Sb/Vb+Ø$_{Sb}$

1 louerd D 107; u. ö.	ae
lord C 28	
2 lady C 231	ae

1.13. Affixoide (Sb)

-dom

| 1 cristyn-dom C 62 | ae |
| 2 kyng-dom(e) C 262 | ME |

-reden

| 1 verede D 116 | ae |
| 2 felow-redde C 116 | ME |

1.16. Inversionskp.

| 1 godd-allmyth (?) C 115 | ae |

2.4. Pron/Adj

| 1 all-myth s. o. 1.16. | ae |

2.12. Affixoide (Adj)

-ful

| 1 dred-ful D 15, 137; u. ö.; | ME |
| C 23, 146; u. ö. | |

1.18. Sonstiges
Interjektion → Sb

| 1 welaway C 112 | ae |
| (day of welaway) | |

64) *Fox&W*

Dichtung; 295 Verse

1.1. Sb/Sb

1	eddre-blod 45	ME
2	fo-men 288	ae
3	gossip 116, 209, 220; u.ö.	ae
4	heuene-bliss(e) 233	ME
5	lif-dayes 49	ae
	lif-daie 200	
6	maister-curtiler 272	ME
7	soule-cnul 251	ME
8	wimmen 8	ae

1.6. Partikel/Sb; usw.

1	neiʒe-bore 115	ae

1.9. Sb/Vb+Ø_Sb

1	hai-ward 26	ae
2	hous-song(e) 265, 270; u.ö.	ME
	(für ae. uht-sang?)	

1.15. Vb+Sb/Ø_Sb

1	chaunte-cler 37, 46	ME
	(sire chauntecler) (Lw)	

2.14. Adj+Sb/ed; usw.

1	alpi 132	ae

65) *Fragment*

Dichtung; 10 Verse

1.1. Sb/Sb

1	lichome 2	ae

2.12. Affixoide (Sb)

-ful

1	sun-fule 8	ae

66) *GlossNeck*

Glossen; überwiegend afrz. und lat., nur wenige englische.

1.1. Sb/Sb

1	calke-trap 111/3	ae/ME

	(zu: pedicam sive descipulam) (Lw)	
2	fis-lep 97/6	ME
	(zu: vel nassa, vr. lassa)	
3	veder-coc 115/9	ME?
	(zu: cheruca ... ventilogium)	

1.14. Sb+Sb/Ø_Sb (?)

1	stan-stikel 98/2	ME
	(zu: gamarus: pinosche)	
	(laut *ODEE* s.v. stickle-back erst s. XVII belegt)	

3. Lehnkp.

1	calke-trap: s.o. 1.1.

67) *HrlVoc*

Dreisprachiges Pflanzennamenglossar. 2 Druckseiten (4 Spalten). In der Hs. ist die Reihenfolge gewöhnlich Lat. – [Afrz.; genauer:] Agn. – Engl.; im folgenden wird aber immer zuerst das engl. Wort (oder Lehnwort) gegeben und anschließend in Klammern die lat. u. afrz. Bezeichnungen. B bezieht sich auf Bierbaumer 1975–1979, I–III.

1.1. Sb/Sb

1	adrel-wurt 556/16	ae/ME?
	(Febrefugia i. fewerfue)	
	(? < ae. nædder-wyrt)	
	Vgl. B I,108; II,88; III,175	
2	appel-leaf 559/10	ME
	(Uiola, i. uiole) B III,12	
3	blod-wurt 556/27f.	ME
	(Bursa pastoris, i. sanguinarie)	
4	bon-wurt 556/43	ae
	(Osmunda, i. osmunde) B I,14f.; II,8; III,16f.	
5	broc-minten 556/20f.	ae
	(Silimbrium, i. balsamitis) B III,38	

6 calke-trappe 557/14f. ae
(Tribulus marinus, i. calketrappe, seaþistel)
B III, 57f.

7 chicne-mete 558/11 ae
(Intiba, i. muruns)
B I, 31; II, 21; III, 47

8 cne-hole 557/33 ae
(Frisgonem, i. fresgun)
B I, 37f.; II, 25; III, 55f.

9 doc-nettle 557/39f. ME(h)
(Dormentille, i. ortie griesche)

10 euer-uern 556/5 ME
(Felix arboratica, i. pollipode)

11 fen-uern 555/13 ae
(Saluia, i. sauge) B III, 90f.

12 ford-boh 557/43 ME(h)
(Epitime, i. epithimum)

13 gar-cliue 555/2 ae
(Agrimonia, i. agremoine)
B I, 65; II, 50f.; III, 102

14 gar-lec 558/17 ae
(Alleum, i. ail)
B I, 65; II, 51; III, 102

15 guweorn (oder guwcorn?) 556/7f. ae/ME
(Spurgia, i. spurge)
(ae. giþ-corn, gut-corn)
B I, 69; II, 52; III, 112

16 hare-fot 555/6 ME
(Auencia, i. avence)

17 henne-bone 559/9 ME
(Iusquiamus, i. chenille)

18 hinde-hele 556/23 ae
(Ambrosia, i. ambrose)
B I, 83; II, 63; III, 135

19 hors-elne 556/5 ae
(Enula, i. alne)
B II, 66; III, 140f.

20 hors-minte 555/5 ae
(Mentastrum, i. mentastre) B II, 66

21 hul-wurt 555/1 ae
(Pulegium, i. puliol)

B II, 71f.; III, 151

22 hurd-reue 555/14 ME(h)
(Centauria, i. centoire)

23 liþe-wurt 558/21 ae
(Ostragium, i. herbyue)
B I, 96f.; II, 79; III, 163f.

24 lung-wurt 557/27 ae
(Eleborum, i. ellebre)
B I, 98; III, 164

25 luse-sed 559/6 ME(h)
(Psilliun)

26 luue-stiche 555/11 ae
(Leuisticum, i. luuesche)
B I, 97; II, 80; III, 164

27 med-wurt 555/8 ae
(Regina, i. reine)
B I, 103; III, 168f.

28 mug-w[u]rt 554/3 ae
(Artimesie, i. mugwrt. i. merherbarum)
B I, 106f.; II, 86; III, 174

29 mur-berien 557/31 ae/ME(e)
(Celsi, i. murer)
(ae. mor-berie) B oo

30 nute-hede 557/44 ME(h)
(Turmentine)

31 oerþ-iui 558/5 ae
(Hedera nigra, i. iere)
(ae. eorþ-ifig)
B I, 56; II, 41; III, 85f.

32 reuen-fot 556/3 ae/ME
(Pollipodium, i. poliol)
(ae. hræfnes fot)
B I, 87; II, 66f.; III, 144

33 sea-þistel 557/14f. ME(e)
(s. o. unter calketrappe)

34 spere-wurt 558/8 ae
(Hinnula campana)
B II, 108; III, 213

35 stich-wurt 557/30 ae
(Ualeriane) B III, 218

36 streberi-lef 558/28 ME
(Fraga, i. fraser)
(ae. streaw-berge)
Vgl. B I, 130; II, 111; III, 221

37 þundre-clouere 558/2 ae
(Consolida media)

B II, 121

38 uelde-rude 557/18   ae
(Ypis, i. herbe Johan)
B III, 89

39 wai-wurt 556/25   ME(e)
(Saxifragium, i. saxifrage)

40 wal-wurt 555/10   ae
(Ebulum, i. eble)
B I, 138 f.; II, 123; III, 249

41 wide-bawme 557/45   ME(h)?
(Widebawme i.
haluewude)

42 winberi-stones 558/20   ME
(Omfacium)
(Vgl. ae. win-berge)
Vgl. B I, 142; II, 128 f.;
III, 254

43 wude-bi[n]de 556/39   ae
(Mater silua, i. cheuefoil)
B I, 145; III, 264 f.

44 wude-merch 554/8   ae
(Saniculum, i. sanicle)
B I, 146; II, 134; III, 267

45 w[u]de-minte 557/20 f.   ME
(Origanum, i. puliol real)

1.2. Sb+s/Sb

1 briddes-tunge 557/35 f.   ME
(Pinpernele, i. pinpre)

2 cronesanke 556/36 f.   ME(h)
(persicaria, i.
saucheneie)
(? = cranes shanke)

3 dais-eie 555/3   ae
(Consolida, i. consoude)
B III, 69 f.

4 foxes-gloue 556/6   ae
(Saluinca, i. gauntelee)
B II, 49; III, 98 f.
foxes-gloue 557/10
(Fion, i. camglata)

5 hundes-berien 558/16   ae
(Labrusca) B III, 146

6 hundes-rose 559/8   ME
(Ypoquistidos)

7 hundes-tunge 557/37 f.   ae
(Lingua canis, i.

chenlange)
B I, 89; II, 70; III, 146 f.

8 kattes-minte 557/3   ME(e)
(Nepta, i. nepte)

9 wulues-fist 556/45   ME(e)
(Fungus)

1.3. Adj/Sb

1 blake-berie 558/18   ae
(Murum) B III, 29

2 gret-wurt 554/12   ae
(Elna enula, i. ialne)
B I, 71; II, 54; III, 116

3 holi-hoc 556/24   ae
(Althea, i. ymalue)
B III, 139

4 hore-hune 554/4   ae
(Marubium, i. maruil)
B I, 76 f.; II, 57; III, 123

5 suþe-wurt 554/14   ME(e)
(Abrotanum, i. aueroine)
(vgl. ae. suþerne-wudu)
Vgl. B II, 114; III, 224

1.4. Num/Sb

1 halue-wude 557/45   ae
(s.o. 1.1. unter
widebawme) B I, 79 f.

1.7. Vb/Sb (?)

1 slep-wurt 558/27   ME(e)
(Lactua, i. letue)

2 sprung-wurt 557/42   ae
(Burneta)
B I, 129; II, 108; III, 215

1.9. Sb/Vb+$\emptyset_{Sb}$

1 grunde-swilie 558/12 f.   ae
(Iregerontis, i. cenesuns)
B I, 71 f.; II, 55; III, 118

2 huni-succles 558/15   ae/ME
(Ligustrum, i. triffoil)
(ae. hunig-suge) B III, 147

3 stoan-suke 556/11   ME(h)
(Petrosillum, i. peresil)

1.14. Adj+Sb/Ø_Sb; Num+Sb/Ø_Sb

1 fif-lef 556/30	ae
(Quinquefolium, i.	
quintfoil)	
B I, 62; II, 46; III, 93	
2 wit-þorn 559/25	ME(e)
(Bedagrage, i. spina alba)	

1.16. Inversionskp.

1 herbe Johan (noch Fremd-	ME
wort, s. o. 1.1. unter uelde-	
rude)	
2 herbe Robert (?) 558/6 f.	ME(e)
(herba Roberti, i. herbe	
Robert, i. chareuille)	

Wohl noch Fremdwörter
sind auch:

3 herbe beneit 558/3 f.	ME
4 herb-yue 558/21 f.	ME
(s. o. 1.1. unter liþe-wurt)	

Wohl eher Sb/Adj (→ Sb)
sind:

5 cunte-hoare: s. u. 2.1.
6 wude-brune: s. u. 2.1.

2.1. Sb/Adj

Alle Bildungen dieses Typs sind
substantiviert.

1 atter-loþe 558/25	ae
(Morella, i. morele)	
B I, 7 f.; II, 3 f.; III, 6	
2 cunte-hoare 557/16	ME(h)
(Fumus terre, i. fumetere)	
3 iren-harde 556/41	ae
(Ueruena, i. uerueine)	
B II, 73	
4 wei-brode 558/22	ae
(Plantago, i. planteine)	
B I, 139; II, 126; III, 250 f.	
5 wude-brune 554/7	ME(e)
(Buglosa, i. bugle)	

3. (Verdunkelte) Lehnkp.

1 fewerfue 556/16	ae

(Febrefugia)
Vgl. adrel-wurt oben 1.1.
B I, 59; II, 43; III, 88

2 milfoil 555/9	ME
(Millefolium)	
3 solsegle 557/24	ae/ME
(Elitropium, i. solsegle,	
i. gloden)	
(ae. sol-sece)	
B II, 106 f.; III, 212	

4. Unklare und nicht hierher-
gehörige Bildungen

1 chelepriem 556/9 f.	ME(h)
(Coliandrum, i.	
coriandre)	
2 euen-lesten 559/2	ME(h)
(Mercurialis, i. euen-	
lesten, i. mercurial) B I,	ae
52; II, 36	
3 screpemalue 558/1	ME
(Malua cripia)	
4 sin-fulle 559/12 (Aizon)	ae
Präfixbildung	
B I, 126 f.; II, 105; III, 207	
5 sin-grene 558/26	ae
(Iouis barba, i. iubarbe)	
Präfixbildung	
B I, 127; II, 105; III, 208	
6 þefe-þorn 558/29	ae
(Ramni, i. grosiler)	
Dt unklar	
B I, 134 f.; II, 119; III, 236	
7 þuge-þistel 559/5	ae/ME
(Andiuia, i. letrun)	
Dt unklar	
Vgl. B I, 136; III, 239	
(ae. þu-þistel, þufe-þistel)	
8 uare-wurt 557/25	ME(h)
(Eptaphilos, i. salerne)	
Dt unklar	
9 wermod 554/11	ae
(Absinthium, i. aloigne)	
B I, 141; II, 128; III, 252	
10 wude-roue 558/9 f.	ae
(Hastula regia, i. muge	
de bois)	

Dm unklar
B I, 146 f.; II, 132 f.;
III, 267 f.

68) *HolyChireche*

Dichtung; 36 Verse

1.9. Sb/Vb+Ø$_{Sb}$

1 louerd 9   ae

1.13. Affixoide (Sb)

-dom

1 cristen-dom 12   ae
2 þeowe-dom 16   ae

69) *HundrE*

Prosa; 2 Druckseiten (58 Zeilen)

1.1. Sb/Sb

1 abbod-ryche 22   ae
2 bis(s)cop-ryche 8, 27   ae
  byscop-ryche 7
  bispryche 12, 32
  bispriche 13, 17; u. ö.
3 bisscop-stol 24   ae
4 erchebiscop-ryche 7, 8 f.   ae
  erchebisscop-riche 30
5 hundredes (Überschrift)   ae
6 leodbiscop-ryche 9   ME

Namen:

1 Bearruc-schire 41
2 Bedeford-sch[i]re 47
3 Bridy-port 19
4 Brut-laund 37
5 Bukingham-schire 46 f.
6 Chestre-schire 56
7 Cicestre 11
8 Cornwale 3, 36 (2×)
9 Cumberlond 35
10 Dene-lawe 39, 44
11 Deoreby-schire 45
12 Deuena-sch[i]re 44
13 Dorset-schire 43

14 Engelond(e)
   Überschrift, 34
   Engle-lond(e) 1, 4, 5
15 Euerwich 29
16 Everwich-schire 45
17 Excestre 17, 21
18 Gloucestre-schire 52
19 Grauntebrugge-schire 48
20 Hereforde 25
21 Hereford-schire 53
22 Heremon (biscop) 15
23 Hertford-schire 46
24 Huntyndune-schire 49
25 Kanter-bury 9
26 Leycestre-schire 45 f.
27 Lyncolne-schire 46
28 Mercena-lawe 39 f., 51
29 Norhamtone-schire 50
30 Oxeneford-schire 55
31 Rouecestre 9, 10
32 Scot-laund 37
33 Slobschire 55
34 Snoting-ham 45
35 Stafford-schire 57
36 Sumerseth-schire 43
37 Suþhamton-schire 42 f.
38 Warewik-schire 54
39 Westmara-lond 35
40 Wiltone-schire 41, 42
41 Wirecestre 25
42 Wyricestre-schire 53
43 Wyncestre 11

1.2. Sb+s/Sb

Namen:

1 Lycches-feld 26
2 Mihhales-steow(e) 2 f.
3 Remmes-bury 13
4 Sares-bury 12, 16 f.

1.3. Adj/Sb

Namen:

1 East-sexe 48
2 Middel-sex 51
3 Norþ-folc 47
4 Norþ-humbre 34

5 Norþ-wych 11
6 suþ-folc 47
7 suþeray 41
8 Suþ-sexe 41
9 West-sexene (lawe) 39, 40

1.4. Num/Sb

1 half-schire (?) 28

4. Synt. Gruppen

1 store schire 28 (Adj+Sb)

70) *InterlCl&P*

Dichtung (Drama); 84 Verse

1.1. Sb/Sb

1 wym(m)an 29, 84   ae

1.11. Sb/Vb+Ø_{Sb}

1 herand-bere 56   ME

1.18. Sonstiges Incipitkp.

1 pater noster (?) 71   ae

2.11. Adj/PartPrät; Adv/PartPrät

1 wel-cum 2, 38 (Interj.)   ae/ME

4. Synt. Gruppen

1 Crist, of heuene kync 78

71) *Jacob&J*

Dichtung; 538 Verse

1.1. Sb/Sb

1 chapmen 112, 118; u.ö.   ae
   chapmon 164
2 kniȝt-child 367   ae
3 licame 9   ae
4 lif-dawe 24, 309   ae
5 morewen-tid(e) 406   ae
6 see-sid(e) 529   ME?

7 se-strond(e) 140   ae
8 wimman 198, 199   ae
9 win-ȝard(e) 256   ae

Namen:

1 Egipte-lond (?) 116, 119; u.ö.

1.3. Adj/Sb

1 elde-man (?) 31, 169; u.ö.   ae/ME
   (aber: old man 380)
2 est-ende 341   ae
3 ȝunge-men (?) 361, 392;   ME
   u.ö. (Hs. z.T.: ȝungemen)
4 smal-chaf (?) 330   ME?

1.7. Vb/Sb

1 bac-hus(e) 259   ME

1.9. Sb/Vb+Ø_{Sb}

1 leuedi(s) 153, 201; u.ö.   ae
2 louerd 62, 72; u.ö.   ae
3 stiward 158, 159; u.ö.   ae

1.13. Affixoide (Sb)

-dom
1 swike-dom 427   ae

-reden
1 ferade 160   ae

2.1. Sb/Adj

1 fot-sid 100   ae

2.2. Adj/Adj; Adv/Adj

1 dere-worþ(e) 187, 201; u.ö.   ae

2.11. Adj/PartPrät; Adv/PartPrät

1 fre-boren 366   ME
2 wel-come 204   ae/ME

2.12. Affixoide (Adj)

-ful
1 reu-ful(e) 30   ME

2 reuþ-ful(e) 418   ME?

-wis

1 riȝt-wis(e) 278, 328   ae

2.13. Adj+Sb/Ø$_{Adj}$

1 sori-mod 174   ae
(aber: mid ful sori
mod 107)

4. Syntakt. Gruppen

1 a swiþe wonder þing 400
(nicht: a swiþe
wonderþing)

72) *NamesHare*

Dichtung; 64 Verse. Abgesehen von
godne-dai und *hel-bowe* handelt es sich
durchwegs um Bezeichnungen für den
Hasen. Vgl. oben 6.1.

1.1. Sb/Sb

1 brom-kat 24   ME(h)
2 furse-cat 25   ME(h)
3 hel-bowe 6   ae
(ae. el(n)-boga)
4 strau-der 30   ME(h)
5 wode-cat 23   ME

1.3. Adj/Sb

1 godne-dai (?) 61   ME

Wohl synt. Gruppen sind:
2 shorte der 32
3 wilde der 31

1.9. Sb/Vb+Ø$_{Sb}$; Adv/Vb+Ø$_{Sb}$

1 coue-arise 42   ME(h)
2 deu-dinge 35   ME(h)
3 hare-serd 34   ME(h)

1.11. Sb/Vb+ere; Adv/Vb+ere

1 brod-lokere 24   ME(h)?
2 deu-hoppere 35   ME(h)
3 fern-sittere 38   ME(h)

4 fold-sittere 37   ME(h)
5 gras-bitere 21   ME(h)
6 gras-hoppere 36   ae/ME
(vgl. ae. gærs-hoppa)
7 heg-roukere 34   ME(h)
8 rou-lekere 28   ME(h)
9 sid-lokere 27   ME(h)
10 wei-betere 15   ME
11 west-lokere 26   ME(h)
12 wort-croppere 39   ME(h)

1.13. Affixoide (Sb)

-bert

1 deu-bert 20   ME(h)
2 goibert 21   ME(h)
3 swike-bert 22   ME(h)

-wine

1 scote-wine 13   ME(h)

1.14. Sb+Sb/Ø$_{Sb}$; Adj+Sb/Ø$_{Sb}$

1 cawel-hert 39   ME(h)
2 ffitel-fot 37   ME(h)
3 liȝtt-fot 38   ME(e)
4 long-here 29   ME(h)
5 pin-tail 41   ME(e)
6 stob-hert 29   ME(h)
7 walden-eie 27   ae(l)
8 wite-wombe 44   ME(h)

1.15. Vb+Sb/Ø$_{Sb}$; Vb+Präp+Sb/Ø$_{Sb}$; usw.

1 breke-fforewart 48   ME(h)
2 go-bi-dich 16   ME(e)
3 go-bi-grounde 40   ME(e)
4 go-mit-lombe 45   ME(h)
5 make-agrise 43   ME(h)
6 make-fare 48   ME(h)
7 sitte-stille 40   ME(e)
8 stele-awai 18   ME(h)
9 toure-to-hulle 41   ME(e)

1.18. Sonstiges Phrasen

1 late-at-hom 22   ME(h)

2.1. Sb/Adj

1	wint-swifft 33 (Sb)	ME

2.2. Adj/Adj; Adv/Adj

1	pur-blinde 25	ME

2.11. Adj/PartPrät; Adv/PartPrät

1	euele-Imet 19 (Sb)	ME(h)

2.13. Sb+Sb/Ø_Adj; Adj+Sb/Ø_Adj

S. o. unter 1.14. Alle Bildungen dieses Typs treten in *NamesHare* als Sb auf.

73) *PassLo*

Dichtung; 706 Verse

1.1. Sb/Sb

1	bede-hus 79	ae
2	chepmen 74	ae
3	cheysil-cloþ 510	ME
4	vryday 424	ae
5	helle-dure 536	ae
6	heued-sunne 18	ae
7	heuene-kyng(e) (?)	ae
	180, 689	
	(aber: kynge of	
	heuene 322)	
8	heueryche-bliss(e) (?)	ME
	414, 701	
9	huny-comb 616	ae
10	leyh-tun(e) 291	ae
11	likame 378	ae
12	lyf-day(e) 84	ae
	lyf-dawe 344, 400	
13	mon-kun(ne) 11	ae
14	mot-hus(e) 304	ae
15	palme-suneday 65	ae
16	seop-heorde 133	ae
17	sepulchre-dure (?) 513	ME
18	soule-leche 508, 556	ME
19	waritreo 491	ae
20	wymmen 53, 679	ae
	wymmon 563, 568	

1.2. Sb+s/Sb

1	kunes-mon 290	ae/ME
2	monnes sune 172	ME?
3	þursday 89	ME

1.3. Adj/Sb

1	erne-morewe 301	ae
2	gode-mon (?) 573	ME?
3	god-spel(le) 2, 501	ae
4	holy gost (?) 27; u. ö.	ae
	(Hs.: holigostes 628)	
5	leof-mon 558	ME
6	myd-day 477	ae
7	midden-herd(e) 478	ae
	mydden-erd 544	
8	wit-suneday 657	ae/ME

Syntakt. Gruppen sind wohl:

9	longe vryday 424	ae
10	schere þursday 89	ME

1.4. Num/Sb

1	duzeper 3 (Lw)	ME
2	twelf-moneþ (?) 86	ae/ME

1.6. Partikel/Sb; Partikel/dev. Sb

1	of-sprung 23	ae

1.8. Vb+ing/Sb

1	huding-cloþ 480	ME

1.9. Sb/Vb+Ø_Sb

1	cheffare 116	ME
2	dure-ward 227, 229	ae
3	leyhtun-ward 576	ae
4	louerd 19, 78; u. ö.	ae

1.13. Affixoide (Sb)

kine-

1	kyne-riche 355, 358; u. ö.	ae

1.16. Inversionskp.

1	god-almyhti (?) 46	ae/ME

Namen:

1 karlemeyne 3

2.4. Pron/Adj

1 al-myhti: s.o. 1.16.   ae

2.12. Affixoide (Adj)

-ful
1 sun-uul(le) 172   ae
  sun-ful(le) 544

2.13. Adj+Sb/Ø$_{Adj}$

1 sori-mod 298   ae

3. Verdunkelte (?) Lehnkp.

1 duzeper: s.o. 1.4.   ME

4. Syntakt. Gruppen

1 þeouene dich 80

74) *PsVirg*

Dichtung; 250 Verse

1.2. Sb+s/Sb

1 settres-day 87, 156   ae

1.4. Num/Sb

1 seveniȝtte 164, 179   ae/ME

1.9. Sb/Vb+Ø$_{Sb}$

1 leuedi 1, 55; u.ö.   ae
2 louerd 51   ae

1.18. Sonstiges Incipitkp.

1 Aue maries (Pl.) 80, 106;   ME
  u.ö. (Lw)

2.12. Affixoide (Adj)

-ful
1 goed-ful 94   ME

75) *ServeChr*

Dichtung; 78 Verse

1.1. Sb/Sb

1 crysme-child 11   ME
2 mon-kun 30   ae

1.3. Adj/Sb

1 middel-erd 52   ME

1.9. Sb/Vb+Ø$_{Sb}$

1 louerd 5, 8; u.ö.   ae
2 warlawes 37   ae

1.10. Sb/Vb+t

1 fulluht 2   ae

1.13. Affixoide (Sb)

-had
1 heþene-hod(e) 38   ME

2.12. Affixoide (Adj)

-ful
1 sun-ful(le) 25   ae
-wis
1 riht-wis(e) 5   ae

2.13. Adj+Sb/Ø$_{Adj}$; Vb+Sb/Ø$_{Adj}$

1 þole-mod(e) 33   ae

2.14. Adj+Sb/ed; usw.

1 onlepy 3   ae

4. Syntakt. Gruppen

1 heþene hell(e) 48

76) *Signs*

Dichtung; 12 Verse
Keine Belege

77) *Sir Tristr*

Dichtung; 3344 Verse in 304 Strophen

1.1. Sb/Sb

1	blod-bende 2208	ME
2	care-bed 1123	ME
3	castel-tour 158	ME(h)?
4	child-bed 217, 247	ME
5	deuel-dragouns 1451	ME
6	erþe-hous(e) 2469, 2478	ae
7	fende-dragoun 1464	ME
8	figer-tre 3082	ae/ME
	(ae. fic-treow)	
9	fo-men 3278	ae
	(häufiger: fo, fon)	
10	glewe-men 1851	ae
11	helle-fere 1440	ae
12	hert-blod(e) 1578	ME
13	heuen-king 3120	ae
14	husbond-men 455	ME
15	king-riche 579	ME
16	knaue-child 107	ME
17	liif-days 88	ae
18	loue-drink 1710	ME(h)?
19	loue-laike 2020	ME(h)?
20	nek-bon 1480	ME
21	orchard 2058	ae
22	schip-men 674, 929; u. ö.	ae
23	schip-sid(e) (?) 2247	ME
24	se-strand 1179	ae
25	sonne-bem 2537	ae
26	werk-men 590, 2827	ae
	werke-men 1751	
27	wode-bouȝ 2485, 3277	ME
28	woman 828, 2270	ae
29	yland 1024	ae

Namen:

1 Deuelin toun 1409
2 Inglond 52
  Yngland 429
  Ingland 770; u. ö.
3 Yrland 935, 969; u. ö.
  Irland 1166
4 Yrland-side (?) 1092
5 Yrlond-þede 1386

1.2. Sb+s/Sb

1	kins-man 858, 1103	ae/ME
	kinsse-man 1980	
	(ae. synt. Gruppe)	
2	kinges sones 822	ME?
3	londes riȝt 952	ME?
4	somers day 12, 2316; u. ö.	ME

1.3. Adj/Sb

1	belamye (Lw) s. u. 3.	ME
2	gode day (?) 1297	ME
3	leman 3019, 3303	ME

Namen:

1 Blaunche-flour 77, 98; u. ö.
2 Weste-minster 2235

1.4. Num/Sb

1	fiftenday 3174	ME
2	fourten-niȝt 2038	ae/ME
3	seuen-ȝer (?) 48	ME?
4	seuen-niȝt (?) 1921	ae/ME
5	tvelmoneth 2508	ME

1.6. Partikel/Sb

1	for-ward 46, 1105; u. ö.	ae

1.7. Vb/Sb

1	stirops 3261	ae

1.8. Vb+ing/Sb

1	ending-day 1672	ME
2	playing-þede (?) 291	ME

1.9. Sb/Vb+Ø_{Sb}

1	eiȝe-sene 2222, 2450	ae/ME
	(ae. eag-syne Adj.)	
2	hert-breke (?) 2993	ME
3	leuedi 222, 233; u. ö.	ae
4	lord 234, 392; u. ö.	ae
5	schip-fare 926, 1390	ME
6	steward 1492, 1497; u. ö.	ae

1.12. Sb/Vb+ing

595

1 blod-leteing 2192 ME
2 loue-longing 1862 ME

1.13. Affixoide (Sb)

-dom
1 hore-dom 862 ME

-had
(nur Bildungen mit *-hede*)

2.1. Sb/Adj

1 stal-worþ 90 ae

2.4. Pron/Adj

1 al-miʒt 2352, 2781; u. ö. ae

2.10. Sb/PartPrät

1 blod-leten 2190 ME

2.11. Adj/PartPrät; Adv/PartPrät

1 wel-com 662, 704; u. ö. ae/ME

2.12. Affixoide (Adj)

-ful
1 diol-ful 3341 ME
2 ioie-ful 1920 ME
3 rewe-ful 578 ME?

3. (Verdunkelte) Lehnkp.

1 Blauncheflour s. o. 1.3. ME
2 belamye 530 ME
3 bonair(e) 311 (Adv), 2731 ME
4 constable 2169, 3016 ME
5 felawes 1218 ae
6 goinfainoun 146, 173; u. ö. ME
7 hauberk 2777 ME
8 Peticrewe 2408, 2419; u. ö. ME
 Peticru 3108

4. Syntakt. Gruppen

1 drawen swerd 2530
 (PartPrät+Sb)
2 fole askeing 1361
 (Adj+Sb)

3 linden spon 2050
 (Adj+Sb)
4 spere feloun 1446
 (Sb+Adj)
5 wilde best 2477 (Adj+Sb)

78) *SStBede (= Sinners)*

Dichtung; 61 Strophen. 373 Zeilen in Hs. D (ed. Furnivall); 354 Verse in Hs. J (ed. Morris).

1.1. Sb/Sb

1 chapmen D 127; J 139 ae
2 ende-day J 192 ae
 hon-day D 180
 (Versehen?)
3 helle-ground(e) D 156 ae
 helle-grund(e) J 168
4 helle-smych(e) (?) J 95 ME
5 helle-stunch(e) J 155 ME
6 heouene-blyss(e) J 31 ME
7 heouene-king(e) D 57 ae
 heouene-king(e) J 63
8 heueryche J 321 ae
9 heueriche-bliss(e) (?) ME
 D 308
10 heued-sun(ne) D 67 ae
 heaued-sun(ne) J 73
11 licome D 339 u. 245 ae
 licom D 344
 lychom J 327, 331
12 mon-kun(ne) D 8, J 8 ae
13 wepmen D 254 ae
 wapmen J 233
14 wimmen D 254 ae
 wymmen J 233

1.2. Sb+s/Sb

1 domes-day J 347 ae
2 sottes drink(e) D 140 ME

1.3. Adj/Sb

1 god-ded(e) J 291 ae
2 gospel(le) D 37 ae
 god-spel(le) J 37
3 holi gost DJ 1 ae

1.6. Partikel/Sb; Partikel/dev.Sb

1 aȝein-cherhinge D 53   ME
   yeyn-cherrynge J 58
2 wiþer-winne D 71   ae
   wiþer-wine D 241
   wyþer-wynne J 77
   wyþer-wine J 226

1.9. Sb/Vb+Ø$_{Sb}$

1 leuedies D 145, 257;   ae
   J 157, 236
2 louerd J 290, 304   ae

1.13. Affixoide (Sb)

-dom
1 hor-dom D 75; J 83   ME

2.5. Partikel/Adj; usw.

1 ouer-mod(e) D 284;   ae
   J 269 (Sb)

2.7. Adj/Vb+Ø$_{Adj}$

1 eþ-gete J 71   ae

2.10. Sb/PartPrät

1 golt-peint(e) D 219   ME

2.12. Affixoide (Adj)

-fast
1 shome-fast(e) D 261   ae
   schome-uast(e) J 240

-ful
1 lau-foul D 191   ME

3. Verdunkelte Lehnkp.

1 garisoumm(e) D 104   ME
   gersumm(e) J 116

4. Syntakt. Gruppen usw.

1 cuþlehthe J 98 (PartPrät
   des Verbs ae. cuðlæcan)
2 englene fere D 366
   (Gen.Pl.+Sb)

3 wone siþ(e) D 356

79) *SStBern* (= *Man's Three Foes*)

Dichtung; 126 Verse in 21 Strophen.

1.1. Sb/Sb

1 fo-men 86, 89   ae
2 helle-deþ 53   ME
3 herte-blod 116   ME
4 heuene-king 1   ae

1.2. Sb+s/Sb

1 wermes hok 14   ME?

1.6. Partikel/Sb

1 fore-ward 122   ae

80) *StatRom*

Dichtung; 734 Verse; ed. Furnivall 1867.

1.1. Sb/Sb

1 almes-ded(e) 219   ae
2 angel-hond 513   ME
3 angel-mete 325   ME
4 candel-liht 193   ae
5 childermasse-day 87   ae
6 chirche-halyday 519   ME
7 chirche-rof 398   ME
8 criste-masse 87   ae/ME
9 heuene-blisse 192   ME
10 lammasse 51   ae
11 lammasse-day 576   ae
12 marbel-ston 212   ae/ME
13 purgatori-fer 412   ME
14 rode-tre 386   ME
15 soule-bote (?) 3   ME?
16 sunday 90   ae
   sonenday 377
17 wommon 24, 46; u. ö.   ae
   wimmen 116

Namen:

1 Canterburi 500
   Canturburi 718

1.2. Sb+s/Sb

1 Wednes-day 378, 410	ae
2 þursday 51	ME?

1.3. Adj/Sb

Zum Teil wohl
syntakt. Gruppen.

1 cristene mon 252	ae
2 heiʒe auter 151, 477	ME
3 middel-ert 512	ME
4 more-del (?) 67	ME
(Hs. moredel)	
5 riht-hond (?) 38	ae
(ae. riht-hand)	

Syntakt. Gruppen sind
ferner wohl:

6 holy þursday 51	ME?
7 scher þorsday 307, 332	ME

1.4. Num/Sb

1 seuene ʒer (?) 25	ME

1.9. Sb/Vb+Ø_Sb

1 ladi 39, 140; u.ö.	ae

1.13. Affixoide (Sb)

-dom

1 cristen-dam Pr. 57	ae
cristen-dom Pr. 73	

2 martir-dom(e) 612	ae

4. Syntakt. Gruppen; unklar

1 al halewe day 617	ae
2 gold red(e) 625 (Sb+Adj)	ae
3 palmalle 201	ME

81) *WomS*

Dichtung; 77 Verse

1.1. Sb/Sb

1 helle-sor(e) 76	ME
2 wepmon(ne) 32	ae
3 wymmon 14, 16; u.ö.	ae

Namen:

1 Iude-lond(e) 19	

1.2. Sb+s/Sb

Namen (synt. Gr.):

1 Ierusalemes tun(e) 50	

1.9. Sb/Vb+Ø_Sb

1 louerd 10, 25; u.ö.	ae

2.4. Pron/Adj

1 al-mihty 77	ae

VII) Lyrik des 13. Jhs.

82) *LyricsXIII*

Dichtung; 91 Gedichte auf 163 Druckseiten (ed. Brown). Hier zitiert nach
Gedichtnr. und Zeile.

1.1. Sb/Sb

1 almesse-dede 2/25	ae
almes-dede(n) 28 A,	
B/20; 29 A/55; 29 B/126	

2 asse-boss (?) 26/76	ME
3 bale-þrehes (?) 4/15	ME
4 blisse-budel 75/5	ME
5 bot-forke 89/2	ME
6 brei-gurdel 2/16	ME(e)
7 brud-þing(e) 43/207	ae
8 bruþen-led 29 B/121	ME
bruþen-leit 29 A/89	
9 cley-clot 29 A/21	ME
clei-clot 29 B/37	

10 col-put 29 B/121 vr ae
11 dai-red 28 B/9 ae
 dai-ret 28 A/9
 (vr. B: daye-rewe)
12 daiʒ-rewe 60/9 ME
13 eʒe-puttes 29 B/121 ME
 (vr. eye-puttes)
 heye-puttes 29 A/89
14 ende-dai 2/14; 55/31 ae
 (vgl. endin-day 1.8.)
15 ende-sid 29 A/108 ME
16 frent-men 29 A/24 ME
 ureond-men 3/166
17 fri-day 20/15 ae
18 gleo-beames 3/62 ae
19 gold-ringes 3/34 ME
20 grund-wal 43/124 ae
21 ʒim-stones 3/55 ae
 ym-ston(e) 43/153, 175;
 u. ö.
22 halymotes 74/28 ME
23 hasel-bou 52/106 ME
24 helle-fur 59/20 ae
25 helle-leuen(e) (?) 49 B/62 ME
26 helle-pin(e) 2/40; 3/104, ME
 111; u. ö.; 32 A/5; 32 B/5;
 61/20
 (aber: pine of helle
 29 B/30; 49 A, B/41; 55/11
27 helle-stenches 3/44 ME
28 helle-wrake (?) 60/64 ME
20 herte-blod(e) 58/5, 22; ME
 64/6; 84/9; 90/32
 heorte-blod 3/4, 157
30 herte-ground(e) (?) ME
 49 A, B/11
31 herte-hord (?) 51/28 ME
32 herte-lith (?) 47/11 ME
 herte-liʒt 50/5
33 herte-lisse 50/2 (?) ME
34 herte-loue (?) 50/2 ae
35 hert-rote (?) 88 B/45 ME
36 herte-sor (?) 90/17 ae/ME
 (ae. heort-sarnes)
37 heuene-blis(se) 19/37; ME
 46 B/69
 eune-blis 44/55
 houene-blis(se) 55/1

38 heouene-bur 43/184 ME
39 heouene-deuʒ 60/26 ME
40 heouene-gold(e) 43/181 ME
41 heouene-grund(e) 43/154 ME
42 heouene-hert 79/18 ME
43 heouen-king 3/86; 41/10 ae
 heuen(e)-king(e) 5/18, 35;
 17/12; 26/75; 28 A/42;
 68/1
 heuon-king(e) 28 B/42
 hewene-kinc 33/2
 evene-king 44/1
 heuene-kyng 82/14
 (king of heuene 67/2)
44 houene-list(e) 29 A/108 ae
 heouene-lyht(e) 43/134
 euene-lith 44/6
 heuene-lith 49 B/66
45 heuene-mede (?) 90/24 ME
46 heuene-quene 24/94; ME
 48/55; 60/1
 heouene-kwene 3/83
 (quen of heouene 61/18)
47 heuene-riche 5/6 ae
 heoueriche 3/24, 150;
 42/1
 heouerige 28 B/44
48 heoueriche-liʒt(e) (?) ME
 29 B/132
49 hondiwerc 18/17 ae
50 hose-bonde 21/3 ae
51 licam(e) 3/163; 20/13; ae
 29 A/18; 33/7
 licome 29 B/12, 34
52 lof-song 3/8, 14 ae
53 loue-bend(e) 60/35 ME
54 loue-bene (?) 86/13 ME
55 luue-ron 43/2 ME
56 luue-wund(e) 43/156 ME
57 lylie-leor 82/46 ME
58 man-kind(e) 67/9 ae/ME
 (ae. man-cynn)
59 marbre-ston 33/10 ae/ME
 (ae. marman-stan)
60 mayden-m[a]n 49 B/45 ae
61 mondrake 76/31 ME
62 mon-kun(ne) 16/35; ae
 32 B/12; u. ö.

mon-kin(ne) 31/7; 33/4,
13; u. ö.
man-ken 44/11, 22
man-kyn 65/38
63 mulne-post 72/21   ME
64 neose-þurlis 29 A/86   ae
neose-þurles 29 B/118
(vr. neosturles)
65 orchard 52/98   ae
66 prisun-hill(e) (?) 5/26   ME
67 rode-tre 54/41; 65/39   ME
68 rose-blostme (?) 51/172   ME
69 schome-speche 4/4   ME
70 selte-teres (?) 35/9   ME
71 setter-day 20/16   ae
72 sonne-day 20/17   ae
73 sune-niȝt(e) 28 B/5   ae
sonen-nist 28 A/5
74 tuelfmoneþ-scot (?) 72/37   ME
75 þed-lond 28 A/7   ae
76 þeu-maiden 44/29   ME
77 þrestel-cok 52/16,   ME(e)?
73, 121; 81/7
78 þrote-bolle 29 A/35;   ae
29 B/87
79 wel-sprung 3/72   ae
80 wepmen 3/20   ae
wepmon 74/3
81 wode-gor(e) 85/31   ME
82 wode-roue 81/9   ae
83 wode-shawe 52/179   ME
84 wode-wale 76/24   ME
85 wummen 3/19; u. ö.   ae
wummon 3/23
wommon(e) 4/8; u. ö.
wimmon 23/6; u. ö.
wimon 25/7; u. ö.
wymmon 43/6; u. ö.
wyman 47/38; u. ö. usw.
86 wyn-ȝord 80/2   ae
87 wynter-wele (?) 81/11   ME
88 wynter-woo (?) 81/8   ME

Namen:

1 engelaund(e) 42/7
engelond(e) 43/101; 72/27
2 Irlond 82/12

600

3 Leycestre 82/30
4 Walingford 72/10

1.2. **Sb+s/Sb**
Bei einem Teil der Bildungen ist
der Kp.-Status unsicher.

1   childes dede 51/39   ME?
2   cunes-men 25/6   ae/ME
3   dayes-eȝes 81/4   ae
4   daiis-list (?) 17/3   ME?
(Hs. dai is list)
daies-liht 85/2
5   dayes werk 89/16   ME?
6   deþes stounde 49 A/10   ME?
(dede-stunde 49 B/10)
7   dewes dropes 91/30   ME
8   domis-day 24/103   ae
domes-dai 28 B/1, 13;
29 A/73, 96; 54/73; 75/6;
84/26; 88 A/38
(dai of dome 55/36)
9   frendes ded(e) 90/22   ME?
10 someres tid(e) 52/126   ME?
11 monnes kuinde 49 A/8   ME
(vgl. man-kind(e), oben
1.1.)
12 þorsday 25/1   ME
13 worldes aht(e) 82/42   ae/ME
(ae. woruld-æht)
14 worldes wele 5/33; 52/47   ae/ME
(ae. woruld-wela)
15 worldehis win 64/59   ME
(Hs. worlde his win)
16 worldes wo 59/31   ME?
17 wormes fode 10/34   ME?
(vr. weirmes mete)

Namen:

1 Lyndeseye 86/17

1.3. **Adj/Sb**

1 cristin-folk (?) 67/5   ME?
2 ewecristene 19/11   ae
3 fre-man 57/1   ae
freo-men 40/3

4 gode deden (?) 88 A/10   ae/ME
  (ae. god-dæd)
5 godd-spel(le) 29 B/8   ae
  gospel(le) 19/13
6 grey frere (?) 89/19   ME
7 haliday 23/3   ae
  halidai 70 A/3
  holiday 70 B/3
8 holi gost 16/23;   ae
  59/13; u. ö.
  þoligast 44/18, 40
9 lef-mon 34/2; u. ö.   ME
  lef-man 36/3; u. ö.
  leman 35/2; u. ö.
  leof-mon 43/87, 186
  leoue-mon 43/120; u. ö.
  lemman 62/20; u. ö.
  lemmon 64/37; u. ö.
10 mid-day 64/14   ae
  myd-day 80/7
11 middel-eard 3/78   ME
  middel-erd 28 B/6; 75/1
  middel-ert 51/138

Syntakt. Gruppe:
12 scere þorsday 25/1   ME

Ortsnamen:

1 Norhamptoun 86/17

1.6. Partikel/Sb; Partikel/dev. Sb

1 fore-ward 72/43; 80/10, 42 ae
2 ʒeyn-char 82/35   ae
  (ae. gean-cyrr)
3 neiebores 70 A/9   ae
4 of-spring 28 A/23   ae
5 uorð-sið(e) 3/117   ae
6 up-risinge 4/31   ME
7 up-rist 54/79   ME
8 wiþer-blench 10 B/12 (vr.)   ME
  wiþer-clench 10 A/12
9 wyþer-wines 68/2   ae

1.7. Vb/Sb

1 brim-ston 29 A/74   ae
  brime-ston 29 B/106
  (vr. brunston)

1.8. Vb+ing/Sb

1 childing-pine 4/12   ME
2 endinday 65/18   ae/ME
  (ae. ende-dæg, vgl.
  oben 1.1.)

1.9. Sb/Vb+Ø_Sb

1 ex-sene 55/36   ae/ME
  (ae. eag-syne Adj)
2 eue-song 80/13   ae
3 hay-ward 89/24, 27   ae
4 leuedi 2/1, 37; u. ö.   ae
  lauedi 4/13, 19; u. ö.
  lefdi 65/33
  ledy 74/10; 82/8, 44; u. ö.
  (häufig)
5 louerd 5/8; u. ö.   ae
  lauerd 28 B/4, 8; u. ö.
  lord 46 A/16; 74/1; u. ö.
  (häufig)
6 niʒttegale 52/5   ae
  nyhtegale 76/28;
  81/5; 86/1
  niʒtingale 52/13, 49, 157   ae/ME
  niʒttingale 52/85,
  133, 145, 181
7 stiuart 53/13   ae
8 warlais 65/19   ae
  (ae. wær-loga)

1.12. Sb/Vb+ing

1 louue-longinge 62/9; 77/5   ME

1.13. Affixoide (Sb)

kine-
1 kine-riche 59/17   ae
2 kine-scrud 3/34   ME
3 kine-stol 3/25   ae

twi-
1 twy-byl 89/15   ae

-dom
1 hore-dom 29 A/95, 97   ME
  hor-dom 29 B/125
2 king-dom 67/15   ae/ME
  (ae. cyne-dom)

601

3 þeou-dom 3/98   ae
4 wis-dom 39/8; 43/94   ae

-had

1 mayden-hod 43/162   ae
   maiden-hod 47/54
(daneben Bildungen mit -hed(e))

1.16. Inversionskp.

1 god-almihti (?) 2/28; 3/164   ae/ME
2 frer menur (?) 66/7   ME

1.17. Reduplizierende Bildungen

1 cuccu 6/2, 5, 9; u. ö.   ME

1.18. Sonstiges Incipitkp.

1 pater noster 67/12   ae

Interjektion → Sb

1 weylaway 48/17   ae

2.1. Sb/Adj

1 lilye-white 76/12   ME
   lylie-whyt 78/31
2 med-ierne 76/41   ME
3 stale-warde 53/9   ae

2.2. Adj/Adj; Adv/Adj

1 dere-wurþe 43/163; 83/37   ae

2.4. Pron/Adj

1 al-michti 2/28   ae
   al-micti 5/15
   al-myhti 43/206
   (vgl. auch: God-almihti,
   oben 1.16.)

2.5. Partikel/Adj; Partikel/dev. Adj

1 ouer-dede 2/41   ME
2 ouer-mod 51/57   ae

2.7. Adj/Vb+$\emptyset_{Adj}$; usw.

1 eþ-sene 60/5   ae/ME
   (ae. eað-gesyne)

2 londdrei 53/24   ME(h)
   (long + dreჳ)

2.8. Sb/PartPräs

1 fur-berninge 29 B/99   ME
   fur-berninde 29 B/108

2.11. Adj/PartPrät; Adv/PartPrät

1 ful-fillid 65/33   ME?
   (vielleicht PartPrät zum
   Verb)

2.12. Affixoide (Adj)

seld-
1 selkud 9/1; 42/5 (Sb)   ae

-fast
1 stude-uast 18/10   ae
   stude-uest 43/18
   (un-stedefast 46 A/34   ME)

-ful
1 bal-ful 83/65   ae
2 blis-ful 3/19; 4/7; 44/3;   ME
   47/60; 83/18
3 kar-ful 5/3   ae
4 lom-ful 9/4   ME
5 mensk-ful 83/7, 29   ME
6 meth-ful 79/51   ae
7 mils-ful 45/45   ME
8 mitteful 65/27   ae
   (ae. miht-ful)
9 reu-ful 13/5; 24/112;   ME
   45/37; 49 B/54; 65/13
10 reuþ-foul 51/249   ME
11 scanful 45/8   ae
12 serw-ful 49 A/54   ae
13 sin-ful 14/3   ae
   sun-ful(e) 28 B/30, 37;
   u. ö.
14 wilfful 53/16   ae/ME
   (ae. wilfullice)
15 wrake-ful 75/10   ae

-wis
1 riste-wise 26/74   ae
   riჳt-wis(e) 28 B/29, 33
   ryht-wys(e) 75/77

2.13. Adj+Sb/Ø_Adj

1	sori-mod 29 B/96	ae

2.14. Adj+Sb/ed; usw.

1	elpi 59/18	ae

3. Verdunkelte Lehnkp.

1	solsecle 76/20; 83/51	ae/ME
2	wondred 53/4	ME
3	wyndou 85/23	ME

4. Syntakt. Gruppen

1	þu brohtest dai and eve, niʒt 32 B/15	
2	heorte blisse 3/5 (Gen.+Nom.)	
3	selte teres 35/9 (Adj+Sb)	
4	slat swyn 74/23 (PartPrät+Sb)	
5	wonder wroht 90/15 (Adv+Adj)	
6	medewe gres 43/16 (Gen.+Nom.)	

VIII) Ausgewählte Texte um 1300

83–84) Zwei Texte der Kyng Alisaunder-Gruppe

83) Art&Merl

Dichtung; 9938 Verse; zitiert
nach Hs. A.

1.1. Sb/Sb

1	alder-man 5095, 5121	ae
2	ax-helue 5203	ME
3	ax-lengþe 5178	ME
4	biche-sone 8477	ME
5	bore-heuedes 5643	ME
6	brest-bon 7191, 9278	ae
7	broþer-kniʒt 7632	ME
8	bur-maiden 6476	ME
9	candel-messe 2834	ae
10	castel-ʒates 1887	ME
11	castel-wal 3173	ae
12	chap-man 1981	ae
13	child-bed 2709	ME
14	chirche-dore 2807	ae
15	chirche-ʒerd 1317	ME
16	chirche-hay 6728	ME
17	cite-wal 5813, 6375 (vgl. cites wal 1.2.)	ME
18	coward-king (?) 6343 (Doch vgl. oben S. 108)	ME
19	Cristenmesse-euen 2783	ME

20	day-liʒt 2366 (aber: liʒt o day 2363)	ME
21	deþ-dentes 5220	ME
22	deþ-rentes 7800	ME
23	elbowe 565, 9385	ae
24	ester-tid(e) 2839	ae
25	flesche-fleiʒe 6418	ME
26	fo-men 126, 314; u.ö. fo-man 309, 5962 (fon 519, 1742; u.ö.)	ae
27	fot-men 3193, 3762	ME
28	gamen-gle 6532	ME
29	girdel-stede 5216	ME
30	god-sone 5492	ae
31	helle-fend(e) 8366	ME
32	helle-fer 642	ae
33	helle-ground(e) 9696	ae
34	helle-hound(e) 6374	ae
35	helle-pin(e) 326, 1878; u.ö.	ME
36	helle-pouke 7180	ME
37	hern-panne 5762	ME
38	hert-blod 1221	ME
39	hert-polk 8491	ME
40	heued-panne 9762	ae
41	heuen-blis 2088, 2746	ME
42	heuen-king 1, 1384; u.ö.	ae
43	heuen-quen 1038, 4664	ME
44	hors-bere 8542	ae
45	hors-fet(e) (?) 3824, 6629, 6694; u.ö.	ME

46	hors-gutten (?) 5166	ME
47	hus-bounde 4477	ae
48	launce-schaft 6865	ME
49	licham 950	ae
	(vgl. liche 2515, 7248)	
50	liue-dawe 3213, 4218;	ae
	u. ö.	
	liif-dawe 3904	
	liif-day 4458	
	liif-days 7428	
51	lond-half 2094	ME
52	lord-king (?) 9894	ME
53	loue-las 2251	ME
54	maister-gomfainoun 5638	ME
55	maister-king (?) 5001	ME
56	midmorwe-day 7982	ME
57	mile-way 2147, 3793; u. ö.	ME
58	Monon-day 8663	ae
59	nek-bon 454, 1862; u. ö.	ME
60	paien-haþen (?) 7511	ME
61	pecokes 3120	ME
62	purpel-pelle(s) 6657, 7417	ME
63	rose-flour 3061	ME
64	sadel-bowe 8148, 9676	ae
65	sonne-bem 9160	ae
66	soule-hale (?) 30	ae?
67	swerde-egge 7465	ME
	(vgl. swerdes egge,	
	unten 1.2.)	
68	wel-strem(e) 6058	ae
69	werke-men 529	ae
	werk-mennes (Gen.) 540	
	werk-men 1464, 1469	
70	wiche-craft 4441	ae
71	wiman 676, 722; u. ö.	ae
	woman 733, 778; u. ö.	
72	wonder-meruaile (?) 9186	ME
73	ysen-cheld (?) 8829	ME
74	ysen-hat (?) 7114,	ME
	7170; u. ö.	

Namen:

1	Bedinham 7684, 8225	
2	Breken-ham 7342	
3	Brock-lond 4603, 4652	
4	Cardoil toun 3172	
5	Cradel-man 3733, 3894;	
	u. ö. (häufig)	

6	Danmark 6437	
7	Inglond 22, 33, 116; u. ö.	
8	Maiden-castel 5435	
9	Rok(e)ing-ham 3640,	
	3657; u. ö.	
10	Sarrazin-welp(e) (?) 4516	
11	Schorham 7683	
12	Scot-lond 2236	
	Scot-lant 3102; usw.	
13	Winchester 97, 141,	
	1725; u. ö.	
14	Winchester toun 1760,	
	1800	
15	Yrlond 4887	
	Irlond 6436	

1.2. Sb+s/Sb

Zum Teil liegen wohl syntakt. Gruppen vor.

1	cites wal 9188	ME
2	crowes nest 9174	ME
3	deþes bale 4992	ME?
4	deþes dint 8046	ME?
5	deþes harm 5238	ME?
6	deþes hond 4423	ME
7	deþes wo 2098	ME
8	deþes wounde 5959, 7020	ME?
9	hogges herd 1979	ME?
10	kinges ring 3670	ME
11	kinges stren 3175	ME?
12	milkes rem 1455	ME?
13	palmesonnes aue 5381	ME?
14	scheldes bord 7450	ME?
15	somers tid(e) 7619	ME
16	speres schaft 6363	ae/ME
	(ae. spere-sceaft)	
17	steles egge 9085	ME
18	swerdes dint 3325	ME
19	swerdes egge 5012, 9636	ME
	(vgl. swerde-egge	
	oben 1.1.)	
20	Tewis-day 5585	ae
	Tiwes-day 8777	
21	tounes wal 6321	ME?
22	þeues las 9078	ME?
23	þors-day 5575	ME?

604

24 warldes care 14   ae/ME
   (ae. woruld-cearu)

25 warldes wele 490   ae/ME
   (ae. woruld-wela)

Namen:

1 Portes-mouþ(e) 3533
2 Salesbiri 435, 520
3 Wandles-biri 8217

1.3. Adj/Sb

Bei einem Teil der Verbindungen ist der
Kp.-Status unsicher.

1 arne-morwe 4786,   ae
   4787; u. ö.
2 cristen-men (?)   ae
   6208, 7491
   cristen-man (?) 7402
   (synt. Gr.); u. ö.
3 eld-fader 1734, 1747   ae
4 est-half (?) 7847   ME?
5 gentil dame (?) 2580   ME
6 gentil-man (?) 23,   ME
   2266; u. ö.
   gentil men 1676, 8354
   (synt. Gr.)
7 gre-houndes 4611,   ae
   9028; u. ö.
8 ȝong-man (?) 748,   ME
   756; u. ö.
   yong-man 760
9 heþen-houndes (?) 5944,   ME?
   6823, 7883; u. ö.
10 hold-oþ 3578   ME
11 holi gost 8917   ae
12 howe-wiif (?) 994   ME
13 leman 1353   ME
14 mid-day 4778, 4787; u. ö.   ae
   miday 5189
15 mid-niȝt 9898   ae
16 midel soster (?) 770   ME?
17 pouer-men (?) 7369   ME
   (Hs. pouermen)
18 riȝt-half (?) 6513   ME
19 souþe-half (?) 8745   ae
20 wise-men (?) 3149, 3678   ae?
   (Hs. wisemen)

Vgl. ferner:
21 wroþer hole 9372 (Adv)   ME

Namen:

1 Norþ-Humberlond 2235,
   3727; u. ö.
2 Norþ-lond 8709
3 Norþ-Wales 3733,
   4314, 4430
4 Souþe-sex 7043

1.4. Num/Sb

1 form-ward 7787   ME
2 fourten-niȝt 3377,   ae/ME
   3582; u. ö.
   fourteniȝt 3377
3 half-felawe 426   ME
4 halue-broþer 7660   ME
5 haluen-del 2116, 6619; u. ö.   ME
6 seuen-dawe 2390   ME
7 seuen-niȝt 2053, 2232; u. ö.   ae/ME

1.6. Partikel/Sb; Partikel/dev. Sb

1 after-clap 499   ME
2 after-non(e) 4789, 4791   ME
3 after-ward 7736   ME
4 doun-falleing 9905   ME
5 hinde-ward 7805   ae/ME
   (vgl. ae. hindan-weard
   Adv.)
6 mid-wiif 967   ME
7 neiȝebours 833   ae
8 ouer-þroweinge 8804   ME
9 vp-lond 7015, 7311   ME
10 vp-riseing 3865, 9906   ME
11 wiþþer-win(e) 2410,   ae
   5302; u. ö.

1.7. Vb/Sb

1 clout-leþer 1305   ME
2 stirop(es) 3249, 3250; u. ö.   ae

1.9. Sb/Vb+Ø$_{Sb}$

1 auen-song 4783, 4791   ae
2 gate-ward 5611   ae

3 gomfanoun-bere 6008 — ME
4 herberwe 7222 — ae
5 here-gong 4084 — ae
6 leuedi 409, 457; u.ö. — ae
7 lord 77, 379; u.ö. — ae
8 niȝtingale 4679 — ae/ME
9 steward 80, 105; u.ö. — ae

1.11. Sb/Vb+ere

1 flesche-heweere 4802 — ME
  flesche-hewer 8202

1.12. Sb/Vb+ing

1 bac-biteing 808 — ME
2 day-springing 8799 — ME
3 diol-makeing 8507 — ME
4 dust riseing (?) 9163 — ME?
5 mangunels casteinge (?) — ME
  2430
6 seruise ending (?) 2798 — ME
7 sonne-schineing 9164 (?) — ME

1.13. Affixoide (Sb)

-lac

1 wedde-loc 485 — ae
  wed-loc 729

-reden

1 felawe-red 2127, 5893; u.ö. — ME
2 fer-red(e) 1680, 1761; u.ö. — ae
  fer-rad(e) 3528; 1787; u.ö.
3 sib-red 6934 — ME

1.16. Inversionskp.

1 god-almiht (?): s.u. 2.4. — ae/ME
2 lord-ouer 9646 — ME
3 Pendragoun 48, 58; u.ö. — ME
  (Vterpendragoun)

1.18. Sonstiges
Adv/Sb

1 norþþen-wind(e) 5934 — ae

Interjektion → Sb

1 walewo 142, 4262 — ae/ME

Vb → Sb

1 knowe-leche 1946 — ae/ME
  (ae. cnaw-læcung)

2.1. Sb/Adj

1 brest-heiȝe 536 — ME
2 forlong 5844, 6693 (Sb) — ae
3 stal-worþ 5442, 6688; u.ö. — ae
4 stan-ded 7116 — ME
  (vgl.: ded so ston 3456)

2.4. Pron/Adj

1 al-miȝt 713, 7992, 8740 — ae
  (immer: god almiȝt)

2.5. Partikel/Adj; Partikel/dev. Adj

1 ouer-carked 5941 — ME
2 þurth-þrest 7469 — ME

2.11. Adj/PartPrät; Adv/PartPrät

1 wel-come 3546, 5548; u.ö. — ae/ME
  (z.T. auch Interjektion
  und Vb)
2 wele-doinde (?) 2870, — ae?
  4773; u.ö.
3 wele fiȝtand (?) 4508 — ME?

2.12. Affixoide (Adj)

seld-

1 selcouþe 362, 918; u.ö. — ae

-fast

1 sted-fast 431 — ae
  stede-fast 1570

-ful

1 bliþe-ful 8605 — ME
2 rewe-ful 6232; 6782 — ME
3 riȝt-ful 2804 — ae
4 schame-ful 1157 — ae
5 sorwe-ful 6324, 6779; u.ö. — ae
6 wrong-ful 1348, 6492 — ME

2.14. Adj+Sb/ed; usw. (?)

1 wiþþer-hoked 5666 — ME

3. (Verdunkelte) Lehnkp.

1	alblast 7949	ME
2	belami 9872	ME
3	bonair 810, 4601	ME
4	constable 4116, 5089; u. ö.	ME
5	felawe 492; u. ö.	ae
6	gis(h)arm(es) 6103; u. ö.	ME
7	gonfaynoun 440	ME
	gomfaynoun 1759; u. ö.	
8	gramerci 279, 5890; u. ö.	ME
9	hauberk 321, 449; u. ö.	ME
10	Pentecost 2223, 2843	ae
11	port-colice 8310	ME
12	windowe 973, 1130	ME

Namen:

1	Sengreal 2750	ME

4. Syntakt. Gruppen; Versehen

1 beten gold 8672
(PartPrät+Sb)
2 cendel ynde 5634
(Sb+Adj)
3 deuel wiȝt 9095
(Sb+Adj)
(vgl. wiȝt geaunt, 4885)
4 gilt pensel 7847 (Adj+Sb)
5 heiȝe king 8063
(Adj+Sb)
6 heþen cors 7974
(Adj+Sb)
7 hors chine 9041 (Ø-Gen.)
8 hors rigge 8441 (Ø-Gen.)
usw.
9 midel liue 5392 (Adj+Sb)
10 moder half 8886 (Ø-Gen.)
11 a swiþe noble man 3616
(Adj+Sb); vgl. 4070
12 seyn Jones misse 3391
seyn Jon tid(e) 3010
13 in spous-hade 2773
(Macrae-Gibson liest: in
spouse he nas)

14 stede fet 9173 (Ø-Gen.)
15 tabel rounde 3092
(Sb+Adj)
16 vplondismen 5077, 5271;
u. ö. (Adj+Sb)
17 wreche liif 1309
(Adj+Sb)

84) *KingAlex*

Dichtung; 8021 Verse; zitiert
nach Hs. B.

1.1. Sb/Sb

1	appel-trowes 5775	ae
2	boure-mayde 378	ME
3	bowe-men 3609	ME
4	breest-brede 2318[14]	ME
5	brid-ale 1069, 1094	ME
6	bugle-hornes 5273	ME
7	calk-trappes 6060 (Lw)	ME
8	candel-liȝth 340	ae
9	castel-toun 5122	ME
10	cee-half 3268	ae
11	cee-hounde 5660	ae
12	charbokel-ston 5243	ME
13	chaysel-smok 279	ME(h)?
14	chymbe-bellen 1851	ME
15	chyne-bon 7414	ae
16	cite-toun 5634, 6058; u. ö.	ME
17	cite-wall(e) 5805	ME
18	Criste-mass(e) 6393	ae
19	deþ-werres 1217	ME
20	eye-shell(e) 574, 578	ae
21	erþe-drake 6495	ae/ME
22	fire-brond(en) 5372, 6838	ME(e)
23	foo-men 2133	ae
	fo-men 5036, 5648; u. ö.	
	(fon 88, 107; u. ö.)	
24	forest-syd(e) 3576	ME
25	fote-folk 4887	ME
26	fote-men 1400, 1609; u. ö.	ME
27	glev-men 1152, 5247	ae
28	golfynche 782	ae

---

[14] ,Brustfleisch'; vgl. Smithers, ed. *KingAlex*, Anm. zu 2318. Hat offenbar nichts mit *MED*,
s. v. *brēst-brēd*, zu tun.

29 golde-wyr(e) 208	ME	
30 gos-hauk 484, 488; u.ö.	ae	
31 grauel-stones 1740	ME	
32 gref-hounde 5275	ME	
33 halle-dore 1196	ME	
34 harlot-grom (?) 3332	ME	
35 hay-rek 696	ME	
36 helle-bu 5947	ME(h)	
37 herte-blood 1278, 7755	ME	
38 herte-ermyng (?) 1523	ME?	
39 hert-pyt 2246	ME	
herte-pytt 4450		
40 heruest-tyd(e) 457	ae	
41 hesel-rys 3289	ME	
42 heuen-kyng 166	ae	
heuene-kyng(e) 1508,		
5107		
43 heuen-rou(e) 514	ME	
44 hors-man 6105	ME	
45 knaue-child(e) 312, 636	ME	
46 kyng-riche 402, 2866;	ME	
u.ö.		
47 lijf-dawe 2252, 6081	ae	
(dayes of lyue 5866)		
48 londe-folk 7814	ae	
49 loue-drurye 7604	ME	
50 maister-cite 6102	ME	
(vr. prynspall cyte)		
51 maister-toun 7801	ME	
52 man-qualm(e) 3348	ae	
53 Martyn-ape (?) 6454 (Lw)	ME	
54 met-ʒerd 4258	ae	
55 morowen-tyd(e) 4101	ae	
56 muge-floures 1023	ME	
57 nek-bon 720, 2332	ME	
58 nose-þerles 548	ae	
59 orchard 1683	ae	
60 pecok 5401	ME	
61 pese-buʒth 4703	ME	
62 poyson-present (?) 7865	ME	
63 salt-water (?) 5144	ae	
64 stod-mere 7730	ae	
65 þonder-dent 4372	ME	
66 þonder-wedre 3737	ME	
67 virgyne-wax(e) (?) 334	ME	
68 water-dogges 5762	ME	
69 water-kressen 5758	ME	
70 water-syd(e) 4136, 4288	ME	

71 wode-syd(e) 462	ME	
72 wonder-best(es) (?)	ME	
5175, 5357		
73 wonder-folk (?) 5029,	ME	
6293		
74 wonder-þing(e) (?) 6503,	ME	
6630		
(Doch vgl. oben S. 114f.		
zu wonder-)		
75 wood-bowe 6061	ME	
76 wymmen 162, 284; u.ö.	ae	
womman 417, 1341; u.ö.		

(Orts)namen:

Der Kp.-Status dieser Verbindungen ist zum großen Teil fraglich.

1 Arabye lond(e) 1873		
2 Athene regiouns 3143		
3 Cisile contreie 3443		
4 Corinthe toun 769, 805		
5 Egipte erd 6497		
6 Egipte-land(e) (?) 6501		
7 Grece lond(e) 128,		
1300; u.ö.		
8 Tebe toun 2667		
9 Trace regiouns 1420		
10 Tyre lond(e) 1700		
11 Ynde lond(e) 4749,		
5744; u.ö.		
12 Ynde regiouns 7173		

1.2. Sb+s/Sb

Der Kp.-Status dieser Verbindungen ist zum Teil unsicher.

1 arewes fliʒth 2178	ME?	
2 bordes ende 7355	ME?	
3 bores tux 6113	ME?	
bores tosshes 6806		
4 dayes spryng(e) (?) 3595	ME	
(vgl. day-springyng		
unten 1.12.)		
5 deþes cage 5002	ME?	
6 deþes wound(e) 2369,	ME?	
4602		
7 domes-day 6235, 6279;	ae	
u.ö.		

8 hores son(e) 879, 2687   ME?
9 horses bridel 664   ME?
10 horses tayle 3606   ME
11 kniʒttes wise 7370   ME?
12 kynges deys 7472   ME?
13 kynges felouns 5952   ME?
14 lyues body 2878   ME?
15 lyues lere 4524   ME?
16 lyues man 9   ME
17 mannes bon 5185   ME?
18 mannes feet 6512   ME?
19 mannes flesshe 5185   ME?
20 okes bord 6405   ME?
21 rasoures egge 6603   ME
22 somers tyd(e) 4791, 6582   ME
23 sonnes risynge 2897   ME?
24 speres ord(es) 930,   ME?
   1764; u. ö.
   (aber: orde of spere 1838)
25 swerdes egge 1838, 2968;   ME?
   u. ö.
26 swerdes dynt 7298   ME?
27 wyndes blast 236   ME?

1.3. Adj/Sb

1 bele-amy: s. u. 3.   ME
2 erne-morowe 5449   ae
3 est-partie (?) 4901   ME
4 est-werld(es) (?) 36   ME
5 gentil-folk (?) 4651   ME
6 gentyl-men (?) 538;   ME
   2510; u. ö.
   gentil-man 1078, 1378;
   u. ö. (häufig)
7 graye-bicchen 5385   ME
8 gre-honden 6557   ae
9 grene-wood 678   ME
10 ʒoman 834   ME
11 hoolde-oþ(e) 2908   ME
12 lemman 398, 2056; u. ö.   ME
13 myd-day 1066   ae
14 myd-niʒth 344, 6877   ae
   mid-niʒth 5354
15 myd-ouernon 5207   ME
   (Hs. mydouer non)
16 myddel-erd(e) 1, 597;   ME
   u. ö.

middel-erd(e) 42, 1714;
u. ö.
middl-erd 214, 1761; u. ö.
17 noble men (?) 5041   ME
18 norþ-half 4821, 4897;   ae
   u. ö.
19 souþ-half 4819, 4899   ae
20 souþ-sid(e) 4975   ME
21 west-half 5595, 6340   ae
22 wilde-brond(e) 1855   ME
23 wilde dere 4993   ae
   (synt. Gr.)
24 wylde-fyr(e) 1614, 1902   ae
   wilde-fyr 2779, 2879; u. ö.

(Orts)namen:

1 Est Ynde 5605

1.4. Num/Sb

1 first ward (?) 1996   ME
2 forme ward (?) 2064,   ME
   5724; u. ö.
3 fourtene-niʒth (?) 7564   ae/ME
4 halpany 3112   ae/ME
5 seuen-niʒth (?) 5119,   ae
   5121; u. ö.
6 þridden-dale 5152   ae

1.6. Partikel/Sb; Partikel/dev. Sb

1 fore-ʒift 3822   ME?
2 fore-heued(e) 5410   ae
3 neiʒbur 7923   ae
4 ouer-heued 7390   ME(h)
5 out-hous 697   ME
6 þorouʒ-keruyng 2166   ME
7 vnder-chaumberleyn 246   ME
8 weþer-wynes 5096   ae

1.7. Vb/Sb

1 drawe-brigge 1205   ME(e)
2 stirop(e) 1958   ae

1.8. Vb+ing/Sb

1 fiʒttyng-cas 4421   ME(h)
2 mourny[n]g-cheres (?)   ME
   7210

609

1.9. Sb/Vb+∅ₛᵦ

1	bowe-shote 3486	ME
2	chaffare 5094	ME
3	deþ-þrowe 721	ME
4	hay-ward 5747	ae
5	herberewȝe 2538; u. ö.	ae
	herberewe 3424; u. ö.	
6	leuedyes 140, 171	ae
	ladies 152	
	lefdyes 158, 182; u. ö.	
7	lord(e) 412, 414; u. ö.	
8	niȝttyngale 142, 2543	ae/ME
9	rere-ward(e) 7781	ME
10	sonne-rys(e) (?) 5740	ME
11	stiward 2107, 2215	ae

Synt. Gruppe ist wohl:

1 cok crowe 397
   (þoo þe cok crowe bigan)

1.10. Sb/Vb+t; usw.

1	ship-wriȝth 3660	ae

1.11. Sb/Vb+ere

1	metal-ȝeters 6725	ME

1.12. Sb/Vb+ing

Zum Teil liegen wohl
syntakt. Gruppen vor.

1	armes spoilyng (?) 2170	ME
2	day-graukyng(e) 4056	ME
3	day-springyng 911	ME
	day-spryngynge 4283	
4	fyre-brennyng (?) 1899	ME
	(vgl. ae. fyr-bryne)	
5	honde-wryngyng (?) 7970	ME
6	hors-nayȝeng (?) 2453	ME
7	knijf-pleyeyng 1042	ME
8	liklakyng 3840	ME(h)
	(vgl. unten 1.17.)	
9	lymes lesyng (?) 2167	ME?
10	mouþ-crieynges (?) 6833	ME
11	ostel-lyuerynge (?) 7164	ME
12	sonne-shynyng (?) 5666	ME?
13	staf-brekynge (?) 1254	ME?

14	stedes derayeyng 674	ME
	(wohl synt. Gruppe)	
15	stedes lepyng 2161	ME
	(wohl synt. Gruppe)	
16	swerdes draweyng 2167	ME
17	tabour-betyng 2159	ME
18	þorouȝ-keruying (2166)	ME?
	(s. o. 1.6.)	
19	wilde-fire slyngyng 1614	ME
	(wohl synt. Gruppe)	

1.13. Affixoide (Sb)

*-ful*ₛᵦ

1	cop-ful 23	ME
	(vr. a coppe ful of ale)	

-had

Nur Formen mit *-hed(e)*

-reden

1	felaw-rede 96	ME
	felau-rede 3056; 6829	
2	frende-rade 1486	ae
	frende-rede 5270; 6189;	
	u. ö.	
3	kyn-rede 1933, 6413	ae
4	man-rede 4656	ae

1.14. Adj+Sb/∅ₛᵦ; Num+Sb/∅ₛᵦ

1	vni-cornes 6700, 7088 (Lw)	ME

1.16. Inversionskp.

1	douȝtter floure (?) 3872	ME
2	Godalmyht: s. u. 2.4.	ae/ME
3	note-muge 428, 6782	ME

Namen:

1	Ethiope west 6362	

1.17. Reduplizierende Bildungen

1	lik-lakyng: s. o. 1.12.	ME

1.18. Sonstiges
Phrase → Sb

1	broþer-in-lawe 4392	ME(e)

2.1. Sb/Adj

1	gres-grene 299	ae
2	spannewe 4051 (Lw)	ME
3	stalworþe 1192, 3887; u. ö.	ae
4	stan-ded(en) 2260	ME

2.2. Adj/Adj; Adv/Adj

1	euelong 6436	ae
2	north-est 6402 (Sb)	ae
3	south-est 5216 (Adv)	ae

2.4. Pron/Sb

1	al-miȝth 2694, 7788	ae
	al-miȝtty 5677	
	(immer: God almiȝth	
	usw.)	

2.5. Partikel/Adj; Partikel/dev. Adj

1	þorouȝ-corue 3951	ME
2	þorouȝ-rauȝt 3951	ME
3	þorouȝ-strike 1256	ME

2.8. Sb/PartPräs

1	honde-habbynde 4197	ae

2.10. Sb/PartPrät

1	gold-beten 1032	ME

2.11. Adj/PartPrät; Adv/PartPrät

1	wel-come 6670	ae/ME
	(3331: Interj)	

2.12. Affixoide (Adj)

seld-

1	selcouþ(e) 16, 154; u. ö.	ae

-fast

1	sted-fast 6991, 7040	ae

-ful

1	dole-ful 4585	ME
2	engyne-ful 4860	ME
3	g[il]-ful 444	ME
4	joye-ful 1144	ME
5	shame-ful 460	ae
6	syn-ful 4618, 6275	ae

2.13. Adj+Sb/Ø_Adj; usw.

1	bare-foot 4991 (Adv)	ae
2	liche-bare (?) 7062 (Adv)	ME
3	naked-heued 205	ME
4	þole-mood 393	ae

2.14. Adj+Sb/ed

1	blake-feþered 5397	ME
2	blake-heueded 5409	ME
3	longe-berded 1924	ME?
4	shorte yswired (?) 6254	ME?
5	wolden-eiȝed 5265	ae/ME
	(ae. walden-egi)	

3. (Verdunkelte) Lehnkp.

1	bele amy(e) (?) 7904, 7930	ME
2	berefrei 2773	ME
3	calk-trappes: s. o. 1.1.	ME
4	conestable 4322, 7243;	ME
	u. ö.	
5	cornetas 696	ME
6	druge-man 3398	ME
7	felawe(s) 1955, 2251	ae
8	gounfanoun 1963, 5545	ME
9	gys(e)arme 2283, 2293;	ME
	u. ö.	
10	hauberk 2368, 3096; u. ö.	ME
11	mareschales 169, 833;	ME
	u. ö.	
	marschal 2111; 7124	
12	reremeyn 7389	ME
13	vnicornes: s. o. 1.14.	ME
14	wyndewes 6170, 7659	ME

4. Syntakt. Gruppen; unklare Bildungen

1	chaumpe bataile 1237
	(Adj+Sb)
2	ȝonge men 3590 (Adj+Sb)
3	liege seignour(e) 1456
	(Adj+Sb)
4	wode sere 795

85) *SEL*

Dichtung; 706 Druckseiten; zitiert nach Seite und Zeile. Nach dem Glossar ausgewertet, also wohl nicht ganz komplett. Im allgemeinen wird jeweils nur ein Beleg gegeben.

1.1. Sb/Sb

1	aker-staf 470/186	ME(e)
2	baþ-water 46/255	ME(e)
3	bel-hous 9/32	ae
4	blod-hond 132/113	ME
5	brest-bon 594/24	ae
6	chepmen 430/49; 432/105	ae
7	churchei 201/624	ME
	(vr. chirche-heie 469/179)	
8	churche-ȝard 114/141; 87/63	ME
9	contreie-men 276/56; 289/291	ME
10	deþ-vuel(e) 175/237	ME
11	deuel-scine 156/13	ae
12	dom-hall 57/93	ME
13	eorþe-liȝt 369/120	ME
14	fur-gleden 323/239	ME(h)?
15	fur-ire 201/641	ME(e)?
16	galou-treo 337/299	ae
17	grid-ire 347/204	ME
18	helle-grond(e)(?) 407/177	ae
19	heued-sunnes 303/24	ae
20	heuene-riche 568/67	ae
21	hors-her 498/161	ME(e)
22	hors-knaues 536/78	ME
23	hose-wif 310/233	ME
24	licame 83/90; 142/166; u.ö.	ae
25	lif-lod(e) 137/18; 518/96	ae
26	lond-folk 113/110	ae
27	loue-dai 508/498	ME(e)?
28	loue-eiȝe 82/53	ME
29	man-kunde 160/30	ME
30	man-kun(ne) 1/2; 146/280; usw.	ae
31	mas-cos 669/1785	ME
32	mester-mon 136/13	ME
33	mulston 421/580	ae
34	nest-ey 134/169, 172	ME(e)

35	port-dogge 410/267	ME
36	port-hond 410/274	ME
37	portoun 410/267	ME
38	raketeye 66/112; 249/78	ae
39	rim-forst 422/622; 423/626	ae
40	scherreue 480/15	ae
41	schriffader 495/85	ME
42	somer-lese 287/236	ME
43	soule-bot(e) 142/179; 528/386	ME
44	speche-tym(e) 635/767	ME
45	ssep-hurde 680/2150	ae
46	þrustel-cok 122/12	ME
47	verþing-worþ 131/70	ME
48	waritreo 683/2232	ae
49	water-breþ 423/628	ME
50	welle-spreng 289/293	ae
51	wete-flour 120/52	ae
52	weued 79/51; 87/64; u.ö.	ae
53	wombe-ioye 462/44	ME
54	womman 272/216	ae

1.2. Sb+s/Sb

1	cokkes-crowe 646/1096 (vgl. cokken-crowe, unten 1.9.)	ME
2	ȝeres-day 3/67 u. 1	ME
3	illes-pyl 513/47	ME
4	þores-day 192/356; 594/25	ME
5	vingres-ende 95/294	ME

1.3. Adj/Sb

1a	bel amy: s.u. 3.2	ME
1	blo(u)-man 379/174; 456/205	ME
2	freo-ston(e) 290/333	ME(e)
3a	godday 13/136; 211/200	ae/ME
3	gri-houndes 487/138	ae
4	hali-bred 467/105	ME(e)?
5	hei-day 86/18; 128/23	ME
6	heie-way 589/102	ae
7	hor-forst 422/617; 423/626	ME
8	liteman 412/308, 315	ME
9	longe-man 412/311, 316	ME
10	mid-ouernon 434/11	ME

11 middel-erde 39/58 (Vr.)   ME
   myddel-herde 39/58 (Vr.)
12 smal-ache 120/52   ME(e)
13 veine-glory 440/17   ME
14 Vri-niȝt 592/61   ae

Syntakt. Gruppe ist wohl:

1 Schere þoresday 192/356;   ME
  594/25

Vgl. ferner:

1 (to) goder-hele 216/52;   ME
  531/484
2 (to) wroþere-hele 471/221;   ME
  526/326

1.4. Num/Sb

1 ambes-as: s.u. 3.1   ME
2 haluen-del 432/110; u.ö.   ae/ME
3 seueniȝt 14/189   ae/ME
  soueniȝt 432/518

1.6. Partikel/Sb; Partikel/dev. Sb

1 after-tale 630/619   ME
2 aȝen-soukynge 454/163   ME
3 for(e)-ward(e) 232/321;   ae
  u.ö.
4 ȝen-ȝeld 555/153 (vr.)   ME
5 in-siȝt 415/410; 576/134   ae
6 in-wit 199/563; 412/321   ae/ME
6a tuo-name 571/4   ae
7 vp-risinge 130/37   ME
  op-risinge 608/456
8 wiþer-wine 241/92;   ae
  661/1547; u.ö.

1.7. Vb/Sb

1 bac-hous(e) 120/73   ME
2 doue-doppes 487/128   ae
3 gang-dawes 161/11   ae
4 pley-fere 494/67   ME
5 tei-dogge 411/280, 281, 299   ME(e)

1.8. Vb+ing/Sb

1 falling-dore 481/135   ME
  (Vr. uallynde dore)
2 fastyng-day 131/74   ME(e)?

3 valling-torn 407/176   ME
4 vastyng-eue 131/71   ME(h)?

1.9. Sb/Vb+∅$_{Sb}$

1 borȝ-ȝulde 555/153   ae
2 cheffare 226/165; 568/67   ME
3 cokken-crowe 608/463   ME(e)
  (vgl. cokkes-crowe,
  oben 1.2.)
4 deþ-þrowes 347/192   ME
5 eue-song 187/215; 190/312   ae
6 morȝiue 33/26   ae
7 myle-ward 698/4 u. 6   ME?
8 rerewarde 2/29; 3/54   ME
9 spous-bruche 37/2; 242/32   ME

1.10. Sb/Vb+t

1 man-slaȝt 172/138;   ae
  622/365

1.11. Sb/Vb+ere

1 eir-mangars 276/69   ME
2 man-fischers 543/6   ME
3 man-quellare 68/185   ME
  mon-quellare 229/244
  (vgl. quellare 68/190;
  69/205)

1.12. Sb/Vb+ing

1 child-beringe 477/28   ME

1.13. Affixoide (Sb)

kine-
1 kinriche 533/8   ae

-dom
1 cristen-dom 461/36; u.ö.   ae
2 hali-dom 685/2289   ae
3 hor-dom 242/32; 551/27   ME
4 swike-dom 334/214;   ae
  557/202
5 þeo-dom 398/48   ME

-ful$_{Sb}$
1 panne-uol 323/240   ME
2 sak-uol 126/144   ME
3 tonne-voll 595/53   ME

613

-had

1	borʒ-hod 573/56	ME
2	maidenot 66/118; 444/31	ae
3	spous-hod 293/50	ME

Sonst anscheinend meist *-hed.*

-reden

1	kunrede 293/62	ME
	cun-rede 293/65	
2	man-rede 100/421; 286/203	ae

1.15. Vb+Sb/Ø_Sb

Siehe dazu auch unten 3.

1	cheuer-chef 271/213	ME
2	dobbe-dent 363/151	ME
3	warde-robe 7/68	ME
	warderop 7/58	

1.16. Inversionskp.

1	canoun seculer (?) 505/385	ME
2	iambeleue 407/177 (Adv; Lw)	ME
3	vynegre (s.u. 3.)	ME

1.18. Sonderfälle

1	maudeflank (s.u. 3.)	ME

2.1. Sb/Adj

1	blod-red(e) 564/448	ae
2	ded-strong 424/667	ME
3	stan-ded(e) 21/76; 161/26	ME

2.2. Adj/Adj; Adv/Adj

1	pur-blind 360/41	ME(e)?

2.8. Sb/PartPräs

1	hond-habbinge 336/267	ae

2.10. Sb/PartPrät

1	cancre-frete 155/221	ME
2	bed-rede 518/91; 523/236	ae/ME

2.11. Adj/PartPrät; Adv/PartPrät

1	ded-bore 493/13	ae

2.12. Affixoide (Adj)

-fast

1	stede-fast 508/499	ae

-ful

1	almes-fol 665/1682	ae
2	bret-fol 395/171	ME
3	deol-uol 10/73	ME
4	glad-ful 516/39	ME
5	hei-uol 135/9, 13; u. ö.	ME
6	ioy-uol 17/19; 185/148	ME
7	milce-ful 555/167	ME
	mils-fol 414/371	
8a	ssend-fol 24/154, 219/47	ae
8b	ssenfol 152/128	
9	ssun-fol 295/114	ae
10	wil-fol 653/1317	ae/ME
11	wrech-fol 412/331	ae
12	wrong-fol 664/1632	ME

2.13. Adj+Sb/Ø_Adj

1	open-heued 272/218 (Adv)	ME

2.14. Adj+Sb/ed; Num+Sb/ed

1	four-heornede 608/465	ME
2	on-eyde 45/234	ae

2.15. Sonstiges Syntakt. Gruppe → Adj

1	wel-to-louie 393/112	ME(h)?

3. Lehnkp. (z. T. verdunkelt)

1	ambes-as 39/72; 196/494	ME
2	bel amy (?) 257/283; 636/808	ME
3	cheuer-chef 271/213	ME
	keuer-chef 702/127	
4	constables 19/8; 164/8	ME
5	dobbe-dent 363/151	ME
6	felawe 412/302	ae
7	maudeflank 639/893	ME

8 vynegre 459/99	ME	warderop 7/58
9 warderobe 7/68	ME	10 wyndowe 551/33 ME

IX) Zum Vergleich: Ausgewählte spätere Texte

86) *Ayenb*

Prosa; 271 Druckseiten. (Ausgewertet nach P. Gradons Glossar und nach Wallenberg 1923.)

1.1. Sb/Sb

1 basely-coc: s.u. 3. (Lw)	ME(e)
2 bissop-riches 42, 7	ae
3 boc-hous(e) 1, 6	ae
4 brech-gerdel 205, 3 u. 5	ME
5 bred-ale 75, 11; 118, 27; u.ö.	ME
6 bred-gome 233, 9	ae
7 calke-treppen 131, 3 (Lw)	ae
8 chap-man 76, 24; 77, 26; u.ö.	ae
9 cherch-tounes 41, 4	ae
10 chi[l]d-bed(de) 224, 21	ME
11 coluer-hous 142, 6 u. 11	ME
12 ded-bot(e) 32, 1; 33, 2	ae
13 dong-hel 81, 9; 230, 21	ME
14 geme-men 63, 6; 90, 24	ME
15 god-doȝter 48, 33	ae
16 god-moder 48, 33	ae
17 god-sone 48, 34	ae
18 god-zyb 48, 34 u. 35	ae
19 haued-zennes 16, 8; 105, 18	ae
20 heuene-blisse 262, 7 (?)	ME
21 house-bounde 48, 22; 49, 5; u.ö. hose-bounde 239, 27	ae
22 king-riche 122, 9; 137, 5; u.ö.	ME
23 man-kende 1, 2	ME
24 messe-day(e) 175, 32 messe-daȝes 214, 19	ae
25 pane-worþes 23, 29; 37, 4; u.ö.	ae

26 pokoc 258, 22; 270, 6	ME
27 ssarn-boddes 61, 32	ae
28 ssep-herde 140, 33	ae
29 ssip-men 61, 13; 140, 22	ae
30 ssrifte-uader 38, 10; 172, 35; u.ö. srifte-uader 158, 32	ME
31 þorn-hog 66, 13	ME
32 weder-coc 180, 28	ME
33 weued 167, 22 wefde 112, 19 wyeuede 111, 1; u.ö.	ae
34 wyche-creft 43, 17	ae
35 wyed-hoc 121, 7	ae
36 wyf-man 11, 1; 41, 10; u.ö. wymman 48, 22; u.ö.	ae
37 work-man 86, 32; 113, 11; u.ö.	ae
38 zeter-day 7, 5 u. 14; u.ö.	ae
39 zonday 7, 22 u. 28; u.ö.	ae
40 zonne-byam 108, 11	ae

1.2. Sb+s/Sb

1 cristes-messe 213, 17	ae
2 domes-man 38, 19; 44, 3; u.ö.	ME
3 lodes-man 140, 23 (ae. lad-man)	ae/ME
4 mesteres-men (?) 39, 11	ME

1.3. Adj/Sb

1 calouwe-mous (?) 27, 4	ME(h)
2 emcristen 10, 5; 66, 21; u.ö.	ae
3 god-spel 28, 14; 50, 16; u.ö.	ae
4 gry-hond 75, 28 u. 30; u.ö.	ae
5 hore-urostes 108, 7	ME
6 ientil-man 190, 20	ME
7 lemman 94, 29; 230, 8 f.	ME

615

8 mene-tim(e) 36, 30   ME(e)
9 mid-niȝt 173, 12   ae

1. 4. Num/Sb

1 alf-peny 193, 33   ae
2 haluedele 36, 15   ae/ME

1.6. Partikel/Sb; Partikel/dev. Sb

1 aboute-stondinges 174,   ME
  37; 175, 24; u. ö.
2 ayen-byte 1, 8; 5, 15   ME
3 ayen-uallinge 116, 7   ME
4 ayen-wyȝte 247, 20   ME
5 ayen-yefþe 120, 24–25   ME
6 bezide-zitteres 40, 20   ME
7 efter-tellere 58, 17 u. 18   ME
8 efter-ward(e) (?) 118, 1;   ME
  182, 34
9 in-wyt 1, 6; 5, 15; u. ö.   ME
10 mid-þolyinge 157, 1   ME
11 neȝybores 10, 22; 30, 16;   ae
  u. ö.
12 op-weninge 21, 16   ME
13 ouer-ded(e) 55, 11;   ME
  258, 5; u. ö.
14 out-kestinge 22, 16; 35, 5   ME
15 uore-speche 5, 1; 98, 31;   ae
  u. ö.
16 uor(ey)-zede 190,   ae
  21 u. 26

Möglicherweise vom
zusammengesetzten Verb
abgeleitet sind:

1 op-arizinge 213, 18   ME
1a op-risinge 227, 32   ME?
2 ouer-doinge 258, 32 u. 34;   ME(e)
  u. ö.
3 ouer-wenere 21, 26; 22, 27;   ME(e)
  u. ö.
4 ouer-weninge 17, 24; 29, 9;   ME
  u. ö.
5 wyþ-draȝþes 240, 32   ME
6 wyþ-zigginge 54, 19; u. ö.   ME

1.7. Vb/Sb

1 bern-ston 49, 32;   ae

130, 7 (2×)
  bren-ston 73, 21
2 lhap-wynche 61, 31   ae
3 speke-man 60, 4; 99, 28   ME

Vgl. ferner:
4 hyere-zigginge: s. u. 1.12.   ME
5 knaw-lechinge: s. u. 1.12.   ae

1.9. Sb/Vb+Ø_Sb; Vb/Vb+Ø_Sb

1 chap-fare 34, 35; 35, 16;   ME
  u. ö.
2 dore-ward 121, 23; 263, 33   ae
3 lhap-wynche: s. o. 1.7.   ae
4 lheuedi 24, 23; 53, 28; u. ö.   ae
  leuedi 47, 20; u. ö.
5 lhord 1, 14; u. ö.   ae
  lord 138, 29; u. ö.
6 liȝt-bere 16, 14   ae/ME
  (vgl. ae. leoht-bære Adj)
7 spous-breche 37, 30; 48, 16   ME

1.10. Sb/Vb+t; usw.

1 man-slaȝþe 8, 28; 54, 30;   ME
  u. ö.
2 neb-sseft 265, 21   ae

1.11. Sb/Vb+ere; Adj/Vb+ere

1 guod-doere 135, 8   ME
2 time-zettere 36, 6   ME
3 zoþ-ziggeres 256, 34 u. 36   ME

1.12. Sb/Vb+ing; Vb/Vb+ing; usw.

1 eure-bleuinge 105, 5   ME
2 hyere-zigginge 117, 10   ME(e)
3 knau-lechinge 106, 10;   ae
  132, 9; u. ö.
4 time-zettinge 36, 10   ME
5 yleaue-nymynge 112, 4   ME

1.13. Affixoide (Sb)

-dom

1 cristen-dom 64, 34; 93, 27;   ae
  u. ö.
2 hor-dom 7, 33; 9, 7   ME

3 kyng-dom 77, 6 — ME
king-dom 84, 12
4 þrel-dom 67, 17; 87, 4; u. ö. — ME
5 uri-dom 41, 23; 80, 32; u. ö. — ae
6 wys-dom 81, 34; 83, 11; u. ö. — ae
wis-dom 251, 31

-ful$_{Sb}$

1 hand-uol 77, 35 — ae

-had

1 knyȝt-hod 83, 22; 161, 34; u. ö. — ae
2 mayden-hod 220, 2 u. 28; u. ö. — ae
maiden-hod 227, 23
3 man-hod 12, 15; 19, 15; u. ö. — ME
4 spous-hod 10, 27; 14, 8; u. ö. — ME
5 wodewe-hod 48, 6; 185, 18; u. ö. — ae

Oft auch Bildungen mit *-hede.*

-reden

1 broþer-rede 110, 24 — ae
2 ken-rede 49, 2; 89, 8 u. 11 — ae
3 loue-rede 3, 12; 145, 4; u. ö. — ae
4 uelaȝ-rede 9, 8; 10, 26; u. ö. — ME
5 urend-rede 149, 7 — ae

1.15. Vb+Sb/Ø$_{Sb}$

1 ssette-pors 187, 35 — ME
2 bere-blisse 72, 21 f. — ME

1.17. Reduplizierende Bildungen

1 cockou 22, 8; 59, 21 — ME

1.18. Sonstiges Incipitkp.

1 aue maria (?) 4, 7 — ME?
2 pater noster 2, 35–6; 3, 1 u. 16 — ae

2.4. Pron/Adj

1 al-miȝti 1, 12; 5, 2; u. ö. — ae

2.9. Adj/PartPräs; Adv/PartPräs

1 eure-lestynde 93, 4 u. 33; u. ö. — ME
2 wel-wilynde 112, 11 — ae

2.10. Sb/PartPrät

1 werm-ethe 229, 25 — ae

2.11. Adj/PartPrät; Adv/PartPrät

1 uol-dronke 107, 12–13; 247/34 — ME

2.12. Affixoide (Adj)

-fast

1 ssam-uest 193, 7; 216, 28–29; u. ö. — ae
2 stede-uest 84, 23; 116, 33; u. ö. — ae

-ful

1 bisi-uol 226, 31 — ME
2 blis-uol 75, 4; 148, 2; u. ö. — ME
3 cost-uol(le) 229, 6 — ME(e)
4 dred-uol 14, 33; 15, 5; u. ö. — ME
5 harm-uol(le) 58, 3 — ae
6 kuead-uol 6, 30; 182, 25 — ME
7 lost-uol 80, 18 u. 23; u. ö. — ae
8 merci-uol 96, 31; 187, 6; u. ö. — ME
9 miȝt-uol 83, 19; 100, 34; u. ö. — ME
10 nyed-uol 36, 7 u. 35; u. ö. — ME
11 proud-uol 217, 10 — ME
12 reste-uol 199, 12 — ME
rest-uol 200, 4; u. ö.
13 reuþe-uol 116, 25; 186, 15; u. ö. — ME
14 riȝt-uol 105, 23; 131, 17; u. ö. — ae
(vgl. onriȝtuolle (ae) 39, 8; 270, 15)
15 scel-uol 51, 28; 169, 7; u. ö. — ME
16 sleu-uol 32, 17; u. ö. — ME
sleau-uol 32, 30; u. ö.

17 ssam-uol 117, 1 ae

18 urem-uol 80, 19 u. 23; ae
u. ö.

19a wyl-uol(le) 162, 2 ae

19b wylles-uol 263, 20 ME

20 wyt-uol 150, 13 ae

21 wlat-uol 241, 8 u. 10 ME

22 wonder-uol 15, 4; 92, 32; ae
u. ö.

23 work-uol 199, 9 u. 36 ae

24 worþssip-uol 80, 23 ME
u. 27; u. ö.

25 worþ-uol(le) 16, 30 ae

26 wreþ-uol(lo) 30, 10 ME

27 zen-uol 15, 33; 59, 32; ae
u. ö.

28 zorʒ-uol 34, 10; 54, 3; ae
u. ö.

2.14. Adj+Sb/ed; usw.

1 on-lepi 12, 11; 13, 31 f.; ae
u. ö.

2 ydel-honded 218, 21 ME

3. Verdunkelte (?) Lehnkp.

1 baselycoc 28, 12 ME(e)

2 folebayrie 17, 25 ME(h)

3 uelaʒe 21, 3; 36, 27; u. ö. ae

4 wyndowes 154, 24 ME

4. Syntakt. Gruppen

1 wayuerindemen 39, 3 ME
(PartPräs+Sb)

87) *Malory*

Prosa; 726 Druckseiten

1.1. Sb/Sb

1 Alhalow-mas(se) 8/16 f., ME
15/7; u. ö.

2 Allhalowmasse-day ME
635/21

3 almes-ded(e) 576/2; u. ö. ae
almys-ded(e) 588/23

4 appyll-tre 149/21; u. ö. ae
appil-tre 151/10; u. ö.

5 arow-hed(e) 644/9 ME

6 backe-syd(e) 595/37 ME

7 bay-wyndow 303/25; ME
317/37; u. ö.

8 brayne-panne 237/10 ae
u. 11; u. ö.

9 buffsyd(e) 216/5 ME

10 candyll-lyght 245/33 ae

11 Candel-mas(se) 9/44; ae
10/4; u. ö.
Candyl-mas(se) 499/17;
u. ö.

12 Candilmasse-day 25/36; ae
642/32
Candilmas-day 644/16

13 candyll-styk(ke) 536/31 ae
u. 32; u. ö.

14 canell-bon(e) 108/40 ME

15 castell-gate 491/29; ME
503/8 f.

16 castell-wallys 369/23 ae

17 caytyff-knyght (?) ME
634/19 f.
(Doch vgl. oben S. 108)

18 chambir-dore 483/35 ME
u. 40; u. ö.

19 chambir-wall (?) 286/1 ME

20 chambir-wyndowe ME
303/4 f.

21 chapell-dore 271/32 ME

22 chapell-yerd(e) 168/9 ME
u. 15

23 chirche-yard(e) 7/30; ME
u. ö.
chyrche-yerd(e) 51/14;
167/35; u. ö.

24 clyff-syd(e) 132/43 ME

25 cow-herd(e) 61/39; ae
91/43; u. ö.

26 cowarde-knyght (?) ME
419/15; 507/39;
cowherd-knyght
424/42; u. ö.
(Doch vgl. oben S. 108)

27 crosse-bowys 132/15 ME

28 crosse-way 109/8; 339/9 ME

29 Crist-mas(se) 10/6   ae/ME
   Cryste-mas(se) 119/22;
   121/4; u. ö.
   (ae. Cristes-mæsse)
30 day-lyght 18/19; 191/3;   ME
   u. ö.
31 deth-day 392/29;   ae
   422/40; u. ö.
   dethe-day 710/9; 714/3
32 dyner-tym(e) 515/24   ME
33 ermyte-pryste 575/36   ME
34 Estir-day 603/40   ae
35 evenyng-tyd(e) 622/32   ME
36 evynsong(e)-tym(e)   ME
   565/1; 692/15
   (zu evyn-song s. u. 1.9.)
37 foo-men 136/21; 143/1   ae
38 foote-men 16/28; 23/35;   ME
   u. ö.
39 foster-brother 134/12   ae
40 fountayne-ston(e)   ME
   481/22
41 Fry-day 726/8   ae
   (Good Fryday)
42 fygge-tre 537/40 f.;   ME
   539/44; u. ö.
43 god-fadyrs 510/35   ae
44 god-son 21/16; 24/19   ae
45 halle-dore 178/42;   ME
   602/18
46 Halow-mas(se) 637/17   ME
47 hande-brede 483/26 f.   ae
48 harte-root(e) 673/38   ME
49 hau-thorne 184/7   ae
   (blak hauthorne)
50 haynx-man 138/37;   ME
   139/16; u. ö.
51 hede-shete 245/26 f.;   ME
   658/4 f.
52 herde-men 307/22 u. 30;   ae
   u. ö.
53 hervest-tym(e) 687/40   ae
54 hethe-buysshe 712/43   ME
55 hors-back(e) 12/34; u. ö.   ME
   horse-bak(e) 16/29 u.
   39; u. ö. (häufig)
   (aber: on his horse
   backe 406/8; u. ö.)

56 horse-bere 90/13   ae
   hors-bere 722/25;
   723/16; u. ö.
57 hors-lyttar 6/32   ME
   horse-littur 46/41 f.
   horse-litter 332/28 f.;
   u. ö.
58 horse-men 23/36   ME
   u. 40; u. ö.
   horse-man 287/6;
   635/43 f.
59 horse-mete 145/34   ME
   (zu syntakt. Gruppen
   mit horse s. u. 4)
60 house-holdis 629/14 f.   ME
61 hous-wyff 62/18   ME
62 husband(e) 70/40;   ae
   169/29
   husbond(e) 88/14;
   167/4; u. ö.
63 husbande-man 119/24   ME
64 knaue-chyldren   ME
   119/29 f.; 121/8
65 kychen-boyes 179/7 f.   ME
66 kychyn-knave 180/18;   ME
   182/10; u. ö.
67 kychyn-page 183/6 u.   ME
   29; u. ö.
68 Lammas 144/3   ae
69 lazar-cot(e) 271/41   ME
70 leche-crafft(e)   ae
   237/31; 620/39; u. ö.
71 love-day 365/35   ME
72 lyvelod(e) 8/14; 80/2   ae
   lyefflood(e) 433/24
73 man-kynd(e) 524/21   ae/ME
74 marbil-ston(e) 58/36   ME
   marble-stone 58/42
   marbyll-stonys 92/13
75 masse-peny 641/15;   ME
   642/3
76 May-day 37/11 u. 13;   ME
   u. ö.
77 Máy-mórnyng(e) 650/8   ME
78 maystir-man 120/23   ME
79 maystir-marynars 429/5   ME
80 mete-whyl(e) 123/15   ME
81 molle-hyllys 198/44   ME

619

82 Monday(e) 595/13;   ae
   711/12
   Munday 529/20
83 moneth-day 712/8;   ME
   718/19 f.
84 moone-lyght 162/35;   ME
   714/23
85 morne-tyd(e) 405/30   ae
86 Mychael(l)-mass(e)   ae/ME
   224/4 f.; 558/11 f.
87 Myghelmas-day 224/29   ME
88 myl-stone 58/37   ae
89 myle-way 507/17   ME
90 necke-bon(e) 140/24   ME
91 Palme-Sonday 539/44   ae
92 plum-tre 307/7 f.   ae
93 porke-hog 178/26   ME
94 preste-ermyte 708/16   ME
95 sadyll-bowgh(e)   ae
   262/18 f.
   sadyll-bow(e) 327/8;
   355/42; u. ö.
96 Satirday 558/33   ae
97 see-costys 432/20   ME
98 see-syd(e) 224/5 u. 9;   ME
   390/13; u. ö.
99 see-strond(e) 576/43   ae
100 shaffte-monde 206/5   ae
101 shyppe-bordis 82/17   ME
    ship-bourd(e) 579/14;
    shippe-bourd(e) 583/10;
    u. ö.
102 shyp-men 274/20   ae
103 shyp(p)erdis 305/12   ae
    u. 23
104 Son-day 606/18   ae
105 sonne-beam(e) 521/37   ae
106 soule-helthe 591/38 f. ME
107 souper-tym(e) 656/42   ME
108 sparhawke 502/31   ae
109 spere-hede 238/7   ME
110 spere-lengthe 115/42;   ME
    149/39
111 stayre-foot(e) (?) 620/9 f. ME
112 stone-wallys 657/27 f. ae
113 swerde-length 122/3   ME
114 syde-bourd(e) 63/28   ME
    u. 31; u. ö.

115 syster-sonnes (?) 97/12;   ae/ME
    334/38 f.; 674/26; u. ö.
    (aber: his sistyrs son
    102/12; vgl. 711/37)
116 terme-day 109/6   ME
117 torche-lyght 105/14;   ME
    579/10
118 towre-gate 188/10;   ME
    292/40
119 traytoure-knyght (?)   ME
    242/25; 246/6 f.; u. ö.
    (häufig)
120 traytoure-kynge   ME
    413/17; 666/26; u. ö.
121 Trynyté-Sonday 711/12   ME
    u. 19
122 warwolff 667/13   ae
123 welle-stremys 120/26   ae
124 welle-syd(e) 468/1   ME
125 woman 102/17; u. ö.   ae
    women 161/24 f.
126 wondir-dedis (?)   ae
    706/29 f.
127 wood-knyves 643/18   ME
128 wood-shaw 297/11   ME
129 wycche-craufft(e)   ae
    40/29; 481/8
130 wynter-rasure 649/7   ME
    (aber: wyntres rasure
    649/10)
131 yoman-porter 159/26   ME

Ortsnamen (Auswahl):

1 Ingelond(e) 114/22;
  125/8; u. ö.
2 Moyses-lond(e) 142/6

1.2. Sb+s/Sb

1 dethys wound(e) (?) 428/9;   ME?
  714/8
2 Doomesday 720/21   ae
  (aber: Day of Dome 232/
  17; 595/28)
3 fysshers garment(e) (?)   ME
  275/35
4 kynnes-man 71/44;   ae/ME
  114/21; u. ö.

kynnys-man 271/19;
476/43 f.; u. ö.

5 kynnes-woman 72/16   ME
6 marys sonne (?) 285/7   ME
7 Newerys day 116/29   ME
8 sondis-men 127/16   ME
9 Tewysday 152/37; 507/12;   ae
   u. ö.

1.3. Adj/Sb

1 bay coursor (?) 214/8   ME
2 good-morow 572/4 f.   ME
   (Interjektion?)
3 gray-hound(e) 62/23   ae
   u. 24; u. ö.
   gre-hounde(s) 62/25;
   322/34
4 Holy Chirche 572/19;   ME
   u. ö.
5 hygh-way 46/22; 97/39   ae
   hyghe-way 153/19;
   160/6; u. ö.
6 jantil-man 53/5;   ME
   jantyll-men 178/21;
   185/3; u. ö.
7 jantill-women 15/23;   ME
   75/41
   jantill-woman 40/43;
   191/10; u. ö.
8 lemman 153/26   ME
9 madde man (?) 496/27;   ME
   502/38 f.
10 mayne-londis 115/33   ME
11 meane-tyme 286/4;   ME
   273/27; 288/3
12 meane-whyle 21/8;   ME
   40/30; u. ö. (häufig)
13 myd-day 554/15; 567/34;   ae
   u. ö.
14 myd-nyght 18/4; 46/24;   ae
   u. ö.
15 myddyl-ward(e) 141/33   ME
16 neyther-shete 245/26 f.   ME?
17 noble-man 194/8; 269/2;   ME
   u. ö.
18 vayne-glory 554/11;   ME
   557/29; u. ö. (Lw)
19 weste-partyes (?) 118/29   ME

20 Whyt-sonday 58/42;   ae/ME
   106/24; u. ö.
21 Whytsontyd(e) 179/16;   ME
   558/11 f.; u. ö.
22 yoman 138/10; 232/18;   ME
   u. ö.

Namen:

1 Duchemen 138/30
   Douche-men 132/16
   (Hyghe Duchemen)
2 Englysshe-men 708/34
   u. 37
3 South-lond(e) 138/32
4 Weste-mynster 649/39
5 West-wall(e) 138/32

Syntakt. Gruppe ist:
1 Good Fryday 726/8   ae

1.5. Num/Sb

1 dowseperys 123/21 (Lw)   ME
2 fourtenyt(e) 168/41   ae/ME
   fourtenyght 346/11;
   500/41
3 halff-brothir 299/33;   ME
   710/22
4 half-yer(e) (?) 116/25;   ME
   305/26; u. ö.
5 halfen-del(e) 120/43   ME
6 seven-nyght(e) 97/14;   ae/ME
   106/32; u. ö.
7 twelve-month(e) 28/37 u.   ME
   42; u. ö. (häufig)
8 twelvemonthe-ende (?)   ME
   178/25
   (aber: twelve-monthes
   ende 398/28)

1.6. Partikel/Sb; Partikel/dev. Sb

1 aftir-dyner 407/5   ME
2 aftir-souper 205/33   ME
3 agayne-commynge   ME
   341/15; 434/38; u. ö.
3a gayne-commynge 215/32   ME
4 fore-front(e) 48/24   ME

5 fore-hede 140/24   ae
  for-hede 277/8; 484/14

6 fore-ryders 17/32;   ME(e)
  126/27; u. ö.
  (ae. for-ridel)

7 home-commynge 267/27;   ae/ME
  505/36; u. ö.
  (vgl. ae. ham-cyme)

8 neyghboure 393/17   ae

9 oute-cry 690/6   ME

10 over-garmente 282/7   ME

11 over-evenyng(e) 322/6   ME

12 over-leder 137/40   ME

13 over-shete 245/26 f.;   ME?
  658/4 f.

Wohl vom Verb abgeleitet:

14 over-commynge 79/36   ME?

1.7. Vb/Sb

1 draw-brygge 219/28;   ME
  201/14

2 scowte-wacche 18/5   ME

1.8. Vb+ing/Sb

1 fyghtynge-place 199/1   ME

2 rennynge-hound 63/27   ME?

1.9. Sb/Vb+$\emptyset_{Sb}$

1 evyn-song(e) 16/6; 96/23;   ae
  u. ö.

2 rere-ward(e) 131/11 f.;   ME
  142/29

3 werlow 120/31   ae

1.10. Sb/Vb+t; usw.

1 bow(e)-draught 21/34;   ME
  245/29; u. ö.

2 yghe-syght 456/9   ME

1.11. Sb/Vb+ere; usw.

1 dreme-reder 12/23   ME

2 lady-hunteras 648/10 f.   ME(h)?

3 ladyll-waysher 182/12   ME

4 man-murtherer 208/27   ME

5 man-sleer 570/5   ae/ME
  (ae. man-slaga)

6 well-wyllers 388/16;   ME
  675/20; u. ö.

Ableitung vom zusammenges. Sb:

7 house-holder 98/17   ME

1.12. Sb/Vb+ing; usw.

1 bloode-shedyng(e) 593/19   ME

2 dole-makyng(e) 612/27   ME

3 shorte-comyng 697/34   ME

4 slyeve-beryng(e) 632/31   ME

5 sorow-makyng(e) 636/9 f.;   ME
  723/19 f.

6 worship-wynnynge   ME
  467/34

1.13. Affixoide (Sb)

-dom

1 Crysten-dom 76/38   ae

2 deuke-dom 145/33   ME

3 erle-dom 71/21   ae

4 kyng-domes 119/12   ME

5 wys(e)-dom(e) 116/31;   ae
  428/34; u. ö.

-full$_{Sb}$

1 dyssh-full(e) 591/32   ME

-had

1 brothir-hod(e) 561/7   ME

2 false-hod(e) 41/20   ME
  (daneben: fals-hede 93/17)

3 knyght-hod(e) 66/35;   ae
  86/13; u. ö.

4 lykly-hod(e) 435/12   ME

5 man-hod(e) 39/27; 137/33   ME

6 maydyn-hod(e) 62/22;   ae
  77/8; u. ö.

-lac

1 wed-lock 376/29 u. 30   ae

-reden

1 kyn-rede 61/10; 137/42;   ME
  u. ö.

1.14. Adj+Sb/$\emptyset_{Sb}$

Namen:

1 Iron-syde 208/12; 216/44; ME
u.ö.

1.15. Vb+Sb/Ø_{Sb}

Nur Lehnkp.; vgl. unten 3.

1 kever-choff 130/28 ME
2 wardrop(e) 120/13; 138/7 ME

1.16. Inversionskp.

Der Kompositumstatus vieler
Bildungen ist unsicher.

1 cousyn jermayne 542/15 ME
2 knyght(es) arraunte ME
359/13; u.ö.
(aber auch: arraunte
knyght(e) 361/40)
3 knyghtes aventures 342/2 ME
4 knyght ermyte 636/34 f. ME
knyght armyte 636/23
5 knyght murtherer 358/24 ME
6 knyghtes parters 662/43 ME
7 knyghtes presoners ME
151/14
8 knyghtes straungers ME
398/24
9 kynge cowarde 355/7 f. ME
10 man ermyte 552/30 ME
(thys dede man ermyte)
11 Table Rounde 158/30; ME
236/34 f.
(aber: Rounde Table
157/31)

und einige weitere ähnliche Bildungen.

1.18. Sonstiges
Adv/Sb; Adv/dev. Sb

1 well-fare 324/19 ME

Phrasen
1 brothir-in-law 582/16; ME
584/33

2.1. Sb/Adj

1 blood-rede 197/14 ae

2 breste-hyghe 307/8 ME
3 harte-hole 327/17 ME
4 stone-stylle 98/38 f. ME

2.2. Adj/Adj; Adv/Adj

1 dede-pale (?) 634/10 ME
2 new-fangill 709/5 ME

2.4. Pron/Adj

1 all-myghty 160/34; ae
391/36; u.ö.

2.5. Partikel/Adj; Partikel/dev. Adj

1 aboven-seyde 44/44 f. ME
2 over-hasty 113/31; 201/28; ME
u.ö.
3 over-muche 125/28 f. ae
4 thorow-borne 137/7 ME
5 umbely-closed 129/19 f. ME

2.9. Adj/PartPräs; Adv/PartPräs

1 bettir-farynge 241/29 ME
2 ever-lastynge 720/32 ME
3 well-farynge 149/34; ME
346/25 f.
4 well-fyghtynge (?) 509/37; ME
695/30 f.
5 well-wyllynge 434/8 ae
(ae. wel-willende)
6 wyse-fyghtynge (?) 494/20 ME

2.10. Sb/PartPrät

1 honde-faste 395/3 ME
2 manne-handeled 268/44 ME
3 worme-etyn 566/15; ae/ME
572/40
(ae. wyrm-æte)

2.11. Adj/PartPrät; Adv/PartPrät

1 beste-borne (?) 390/39 ae
2 beste-brethed 158/8 ME
3 best-wynded 427/24 ME
4 bettir-wynded 435/22 ME
5 clennyst-myghted (?) ME
427/24

6 evyll-shapyn 282/13 f.;	ME
284/13 f.; u. ö.	
7 new-made 530/8	ME
8 new-slayne (?) 569/17	ME
9 olde-seyde 634/32;	ME
653/39	
10 sorowfull-borne 230/31	ME
11 well-beseyne 442/9	ME
12 well-borne 102/21	ae
13 well-brethed (?) 296/2;	ME
469/11; u. ö.	
14 well-condyssyonde	ME
436/37 f.	
15 well-ruled 198/7 f.	ME
16 well-wylled 679/38 f.	ae/ME
(vgl. ae. wel-willende)	
17 well-wynded 237/7	ME

Wohl Ableitung vom Vb ist:

| 18 blynde-felde 91/29 f. | ae |

2.12. Affixoide (Adj)

-fast

| 1 stede-faste 580/4 | ae |

-ful

1 care-full 120/27; u. ö.	ae
2 dole-full 363/22 f.; u. ö.	ME
3 drede-full 580/1 f.	ME
4 faythe-full 436/37 f.	ME
5 gast-fullyst 116/13 f.	ME
6 shame-full 196/22, 28;	ae
355/1 f.; u. ö.	
7 sorow-ful 465/25 f.	ae
8 sped-full 144/39	ME
9 syn-full 390/29	ae
10 wondir-full 711/19 f.	ae
11 worship-fullest 21/24	ME
12 wyll-full 612/7	ae/ME

-wis

| 1 riht-wys 9/6 | ae |
| ryghtwos 119/37 | |

2.13. Adj+Sb/$\emptyset_{Adj}$

| 1 bare-foote 696/14 f. | ae |

2.14. Adj+Sb/ed; usw.

1 bare-legged 132/23	ME
2 double-dyked 188/10;	ME
196/35 f.	
3 false-harted 545/1	ME
4 fowle-mowthed 654/36	ME
5 harde-herted 551/43	ae/ME
hard-harted 661/1	
(vgl. so harde an herted	
man 721/16)	
(ae. heard-heort)	
6 olde-rooted 393/38	ME
7 opynne-mowthed 611/19	ME
8 stronge-walled 700/30 f.	ME
9 swyffte-horsed 122/33	ME
10 tendir-herted 572/34	ME
11 well-vysaged (?) 177/26	ME

Vgl. ferner:

| 1 as fayre an handid man | ME |
| 210/29 | |

3. Lehnkp., größtenteils wohl verdunkelt

1 advaunte-garde 21/10	ME(e)
2 conestable 126/26;	ME
390/15; u. ö.	
connestablys 143/41	
3 corseynte 122/24 u. 26	ME
4 dowseperys 123/21	ME
5 gramercy 150/25; u. ö.	ME
grauntemercy 70/14	
6 grauntesyre 519/5;	ME
554/42; u. ö.	
7 hawbirk(e) 22/26; 43/19;	ME
u. ö.	
8 herborow 104/42	ae
9 jarfaucon 107/32; 211/20;	ME
u. ö.	
10 keverchoff 130/28	ME
11 lyefftenaunte 356/34	ME
12 macchecolde 188/10	ME
13 male engynne 617/27	ME
14 malefortune 296/34	ME
15 port(e)colys(e) 51/27;	ME
201/14; u. ö.	
16 rerebrace 137/18	ME
17 reremayne 654/13	ME
18 sauffconduyghte 41/15	ME

19 sauffgarde 130/11;   ME
   469/32 f.

20 senesciall 268/15   ME

21 vawmbrace 137/18   ME

22 vawarde 47/32; 131/35   ME
   voward 384/20

23 wardrop(e) 120/13; 138/7   ME

24 wyndowe 154/26;   ME
   162/35; u. ö.

Namen:

1 Bewmaynes 186/6; u. ö.

2 Byeaue-Vyvante 294/5

3 Byeau-Pansaunte 290/40 f.

4 Male-dysaunte 285/3

5 Passe-Brewell 316/37 f.

6 Sank(e)greal(l) 52/2;
   59/39; u. ö.

4. Syntakt. Gruppen und Sonderfälle

1 ambelynge mule 221/41
   (PartPräs+Sb)

2 amblynge pace 160/16
   (PartPräs+Sb)

3 brethyrne chyldirne
   255/21

4 brydge foote 492/29
   (Gen.+Nom.)

5 Crysten man 528/33 f.
   (Adj+Sb)

6 Crysten quene 676/33
   (Adj+Sb)

7 chyeff butler 224/44
   (Adj+Sb)

8 chyeff porter 161/26
   (Adj+Sb)

9 corne boote 129/28 f.
   (PartPrät+Sb)

10 horse brydyll; -croupyn;
   -croupe; -fete; -mane;
   -nek; -tale; usw.
   (Gen.+Nom.)

11 howghe-boone (?) 498/14

12 hyghe noon(e) 704/9
   (Adj+Sb)

13 hyghe treson 660/13
   (Adj+Sb)

14 Lady Day 390/32
   (Gen.+Nom.)
   (at Oure Lady Day)

15 lyege lord(e) 141/42
   (Adj+Sb)

16 lyegeman 144/20; 145/24
   (Adj+Sb)

17 lyege peple 120/39
   (Adj+Sb)

18 ovir-twarte 186/5
   (Adv → Adj);
   199/12 f. (Adv → Sb)

19 pyese-mealys 237/22
   (Adv?)

20 questyng beste 296/20;
   u. ö. (PartPräs+Sb)

21 starke ded 654/13
   (Adv+Adj) u. ö.

22 trottynge pace 472/28
   (PartPräs+Sb)

23 wood(e) wroth 284/44
   u. ö. (Adv+Adj)

625

6.4. Alphabetisches Gesamtverzeichnis der Komposita aus den frühmittelenglischen Texten

6.4.1. Umfang und Anlage des Verzeichnisses

(1) Im folgenden werden alle in den frühme. Texten belegten Komposita in alphabetischer Reihenfolge aufgeführt, und zwar einschließlich von verdunkelten Kp., Lehnkp. und Namen; mit verzeichnet sind auch eine Reihe von Bildungen, bei denen es unsicher ist, ob es sich um Kp. oder um syntaktische Gruppen handelt, sowie eine Reihe von syntakt. Gruppen, die parallel zu den entsprechenden Kp. existieren. Die Belege aus den späteren Texten (*Ayenb* und *Malory*) sind der Vollständigkeit halber ebenfalls mit erfaßt, aber durch eckige Klammern gekennzeichnet. Ableitungen aus Kp. und weitere syntakt. Gruppen sind dagegen unter 6.5.1. mit aufgeführt.

(2) Das alphabetische Gesamtverzeichnis verfolgt einen doppelten Zweck: Zum einen dient es als Register der in der Arbeit (Kap. 1−5) besprochenen frühme. Kp.; zum anderen enthält es alle in 6.3. aufgeführten Kp., auch wenn in den Kapiteln 1−5 nicht näher darauf eingegangen wurde.

(3) Die Alphabetisierung richtet sich hier gewöhnlich nach der ne. Schreibung des Erstelementes, d.h. nach der Schreibung des *OED*, in dem die Mehrzahl der Erstelemente erfaßt ist. Die Kp. selbst werden aber in der Regel in der me. Schreibung zitiert, wobei freilich nicht immer alle Schreibvarianten aufgeführt werden können. Die Elemente der Kp. werden meist durch einen Bindestrich abgesetzt; zusammengeschrieben werden Kp., die verdunkelt sind oder jedenfalls Assimilation in der Fuge aufweisen; getrennt geschrieben werden syntaktische Gruppen und ein Teil der Bildungen, deren Kompositumstatus unsicher ist.

(4) Für die Erstelemente des Allgemeinwortschatzes werden gewöhnlich angegeben:[15] a) Die Wortart bzw. Wortarten; b) falls das Element im Ne. nicht mehr geläufig ist, seine Bedeutung; c) seine Herkunft (ae oder ME). Bei den me. Wörtern ist in der Regel die Etymologie vermerkt (Herkunft aus dem Afrz., Lat., An.) − Wörter, die schon ins Ae. als Lehnwörter gelangten, werden aber nicht eigens markiert. Für die Etymologien im einzelnen sei auf die Standardwerke verwiesen, insbesondere das *OED*, *ODEE* und *MED*, für die Namen ferner z. B. auf Ackerman 1952, Blenner-Hassett 1950, *CODEPN*, Smith 1956. d) Wo die Schreibung des *MED* so abweicht,

---

[15] Für die Orts- und Personennamen werden diese Angaben dagegen nicht gemacht. Bei den Ortsnamen wird jedoch gewöhnlich die ne. Form angegeben.

daß die Auffindung des Erstelementes dort möglicherweise Schwierigkeiten bereitet, ist sie eigens verzeichnet.

(5) Bei den einzelnen Kp. wird – abgesehen wieder von den Namen – vermerkt, ob es sich um ae. (ae) oder um me. (ME) Bildungen handelt. Ae/ ME markiert Bildungen, die zwar aufs Ae. zurückgehen, dort aber noch nicht die gleiche Form oder den gleichen Status hatten, die z. B. im Ae. syntaktische Gruppen waren und erst im Me. zu Kp. wurden, oder eine Form wie me. *nihtingale*, die auf ae. *nihtegale* zurückgeht. Vgl. ferner das oben 6.3.1.4.(11) Gesagte. – Die ne. Form der im Ne. weiterlebenden Kp. wird aber gewöhnlich nur angegeben, wenn sie schwierig zu erschließen und nicht schon in Kap. 1–5 verzeichnet ist.

6.4.2. Das Gesamtverzeichnis

abbot, Sb (ae):
    abbot-rice, ae; 148, 412
[*about*, Partikel (ae):
    [aboute-stondinges, ME; 183 f.
[*above*, Partikel (ME):
    [aboven-seyde, ME; 281
acre, Sb (ae; *MED aker*):
    acer-sæd, ME; 413
    aker-staf, ME;
ad → *eath*;
adamantine, Adj (Sb) (ME < Lat.):
    adamantines stan, ME; 163, 367, 420
adder, Sb (ae; *MED naddre*):
    neddre-streon, ME; 88 f., 157
    neddres streon, ME; 89, 157
addle, Sb (> Adj) (ae; *MED adele*):
    adel-eye, ME; 107, 120
adrel (?):
    adrel-wurt, ME; 331
æ → *a, e, ea*;
after, Partikel (ae):
    after-clap, ME; 178, 184, 364
    [aftir-dyner, ME; 178, 185
    efter-liðe, ae; 178, 183 f., 340, 343
    after-none, ME; 18, 146 f., 178, 184, 243, 451
    [aftir-souper, ME; 178, 185
    after-tale, ME; 178, 183
    [efter-telleres, ME; 178, 184
    after-ward, ME; 178, 183, 377
again, Partikel; *gain*- Präfix (ae; *MED ayen*):

[ayen-byte, ME; 178, 184
ȝeyn-char, ae; 178, 184
aȝein-cherhinge, yeyn-cherrynge, ME; 178, 184
ȝein-cleappes, ME; 178, 184
ȝein-cume, ae; 178, 184, 452 f.
[agayne-commynge, gayne-commynge, ME; 179, 184
aȝein-comen, ME; 279, 281, 453
gean-fare, ME; 178, 184
ȝen-ȝeld, ME; 178, 184
aȝen-soukyng, ME; 178, 184
ȝein-turn, ME(?); 178, 184
[ayen-uallinge, ME; 179, 184
[ayen-wyȝte, ME; 179, 184
[ayen-yefþe, ME; 179, 184
aȝen- → *own*-;
Agnes: 548
    Angnetes munt(e);
    Agnetes hull(e);
ail, Vb (auch Adj, Sb) (ae; *MED eil, eile, eilen*):
    eil-þurl, ME; 368, 417
    vgl. → *eye;*
alblast → *arbalest*;
alder, elder, Sb, Adj (ae):
    allder-dom, ae; 230, 347
    alder-mon, ae; 107 f., 239 f., 332, 347, 392
    eldrene-man, ellderne-mann, ME; 107, 167
    vgl. auch → *old;*

ale, Sb (ae):
 aleð-gestning(e), ME; 219, 336, 373, 439
 ale-hus(e), ae; 417
all, Pron (Adv usw.) (ae; *MED al*):
 all-ane, ME; 277, 455
 allr-æresst, ae; 277, 337
 Æl-drihten, ME(h). 174 f., 424
 all-forrwurrþenn, ME 278, 455
 all-forgelt, ME; 278, 455
 all-fullfremedd, ME; 276, 278, 328
 all-fullwaxenn, ME; 278, 328
 all-haliȝ, ae; 277, 332, 455
 al-halewe day, ae/ME; 176, 326, 338
 [Alhalow-masse, ME; 176, 325, 327
 [Alhalowmasse-day, ME; 176, 324, 327
 al-mihti, ae; 67, 276−278, 332, 376, 455
  vgl. auch → God-almihti(n)
 al-migtful, ME; 278, 304, 325, 328
 al-wealdent, al-weldinde, ae; 146, 278,
  455
alms, Sb (ae; *MED almesse*):
 elmes-dede, ae; 134, 136, 337, 408
 elmes-idal, ae; 137, 205, 330
 elmas-dele(n), ME; 137, 205, 431, 433
 allmess-full, ae; 304
 elmesse-gift(e), ae/ME; 207−209, 373,
  435
 elmes-ȝeorn, ae; 267, 443 f.
 almes-mon, ae; 48, 118, 155, 239 f.
 allmess-werrkess, ae;
altar, Sb (ae; *MED auter*):
 alter-cloþ, ME; 60, 386, 413
ambs-ace, Sb ,Unglück' (ME < Afrz.):
 ambes-aas, aunbes-as; 361
Ambr-:
 Amberes-buri
 (ne. Ame(r)sbury); 159, 344
an(e) → *one*;
anchor, Sb ,Einsiedlerin'
 (ae; *MED ancre*): 516
 ancre-hus, ME; 77, 93, 101, 158, 416
 ancre-lif, ME; 413
 ancre-ordre, ME; 370, 413
 ancre-riwle, ME; 92, 370, 412
 ancer-setl(e), ae; 416
 ancre-steire, ME; 101, 412
 ancre-wahes, ME; 416
angel, engel, Sb (1. ae. *engel*;

2. ME *angel* < Afrz.; *MED aungel*):
 engles euen(e), ME;
 enngel-flocc, ME;
 angel-hond, ME; 367
 enngle-kind(e), ae/ME; 405
 angel-mete, ME; 367
 enngle-þeod, ME;
 engel-wirð, ME;
anger, Sb (ME < An.):
 angir-ful, ME; 303 f., 373
Angle(s) → *Engle;*
ape, Sb (ae):
 eape-ware, ME; 402
apper- (ME < An.):
 apper-mod, ME; 344 f., 372
apple, Sb (ae; *MED appel*):
 appel-bite, ME; 56, 61, 198 f., 205, 219,
  431
 appel-leaf, ME;
 appel-tre, ae; 61
Apulia → *Puglia;*
Arabia (*MED Arabi*):
 Arabye lond;
arbalest, arblast, alblast, Sb
 ,Armbrust' (ME < Afrz.); 361
arch-, Präfix (ae):
 arcebiscop-rice, ae; 329, 412
 ærcebiscop-stol, ae; 156, 329 f., 412
 arce-stol, ae; 333
are, ore, Sb ,Ehre' (ae):
 ar-fest, ae; 302
 are-full, ore-ful, ae; 304 f.
 ar-wurðe, ae; 265, 267, 282, 284, 444, 446
  (> ne. arworthy; s. u.);
are, Partikel → *ere;*
ark, Sb (1. ae; 2. ME < Afrz.):
 arche-wold, ME; 367
arm, Sb ,Arm' (ae):
 earm-eðre, ME; 156, 411
 armes eðere, ae; 421
arm, Adj ,arm' (ae):
 arm-heorted, ae/ME; 313, 316, 318
 earm-hwile, ME;
arming, Sb ,Elender' (ae; *MED erming*):
 erming-licome, ME(h); 332, 392
 earming-saulen, ME(h); 332, 392
arrow, Sb (ae; *MED arwe*):
 arewes fliȝth, ME;

[arow-hede, ME; 25

arveth, Adj, Adv, Sb ‚schwierig‘ (ae):
    arueð-finde, ae; 285, 287
    arueð-forþe, ME; 109, 287
    erued-helde, ME; 109, 286f., 446
    earfeþ-siþ, ae; 109, 240, 409
    ærfeð-telle, ME; 284−287, 446
    arueð-winne, ME; 56, 284, 287
arworthy, Adj (ae; *MED ār-wurð*):
    arwurð-fullung, ME(h); 217, 219, 328,
      333, 376, 438
ash(es), Sb (ae; *MED asshe* (2)):
    eski-bah, eske-bach, ME(h); 200, 203,
      337, 341, 372, 430, 433
ass, Sb (ae):
    asse-boss, ME; 374
    asse-cribbe, ME;
    asse-cunde, ME;
    asse-earen, ME; 335, 401
athel, Adj ‚edel‘ (ae):
    aðel-mod, ME(h); 312
Apel-feld → *heath* (*Hædfeld*);
Athens:
    Athene regiouns;
attenshame (?); 345
atter, Sb ‚Gift‘ (ae):
    atter-coppe, ae; 67, 71, 74, 85, 117, 243,
      245, 343f., 424
    atter-loþe, ae; 266f., 456
auger, Sb (ae; *MED nauger*): 70
    nauegar-speer, ME(h); 329, 358
aught, Sb ‚Besitz‘ (ae):
    eiht-gradi, ME(h); 268, 332, 443f.
    aughte-man, ME; 240
Aue marie(s), Sb (ME < Lat.); 262
[*avant-*, *avaunt*, Partikel (ME < Afrz.):
    [advaunte-garde, ME; 361
awe, Sb (1. ae. ege > ME eie;
    2. awe < ME aȝe < An.;
    MED aue, eie (2)):
    aȝhe-full, ae/ME; 67, 304, 373
    ei-ful(le), ae; 303f.
    eis-ful(e), æiges-ful, ae; 303f., 373
ax, Sb ‚Achse‘ (ae):
    ax-treo, ME; 395, 413
axe, Sb ‚Axt‘ (ae):
    ax-helue, ME;
    ax-lengþe, ME;

baban, Sb ‚Kind‘ (*MED bābe*), ME; 258f.
back, Sb (ae; *MED bak*):
    bac-bitere(s), ME; 39, 141, 210, 213, 360,
      362, 437, 439, 457
    bac-bitung(e), ME; 141f., 215f., 218f.,
      439
    bac-duntes, ME; 137, 413
    [backe-syde, ME;
    bac-warde, ME; 140
baft, Partikel ‚hinten‘ (ae):
    bafte-spache, ME(h); 179, 183
bairn, Sb ‚Kind‘ (ae; *MED barn*):
    bearn-eacninde, ae; 289, 447
    bearn-team, ae;
bake, Vb (ae):
    bæc-hus, ME; 186−188, 231, 383, 426f.
bale, Sb, Adj (ae):
    bale-bondes, ae/ME; 108
    bale-drinch, ME; 72, 108, 120, 228, 409
    bale-duntes, ME; 108, 120, 137, 409
    balu-fiht(e), ME; 108, 138
    bale-ful, ae; 108, 304
    balu-ræs(sen), ME; 108, 206
    baleu-siþes, ae; 108, 114, 139, 240, 409
    bale-þrehes, ME; 108
    balu-wis, ME; 309
ball, Sb (1. ae; oder 2. ME < An.; *MED bal*):
    bal-plohe, ME; 138, 205, 219, 432
Barbe-:
    Barbe-fleot(e) (frz. Barfleur); 344
bare, Adj (ae; *MED bār*):
    bear-uot, bar-fot, ae; 146f., 309−311,
      445
    [bare-legged, ME; 320, 374
[*basilicock*,
    baselycoc, Sb 'Basilisk'
    (ME < Afrz.); 361
bath, Sb (ae):
    baþ-water, ME;
[*bay*, Sb (ME < Afrz; *MED bai* (2)):
    [bay-wyndow, ME; 375
bead, *bede*, Sb ‚Gebet‘ (ae):
    bedis-biddinge, ME; 216, 219, 339, 438
    bede-hus, ae; 90, 419
    beodes-mon, ME; 161, 240, 421
    bede-sang, ME; 205, 431f.
bear, Sb ‚Bär‘ (ae; *MED bēre* (1)):
    beore-cun(nes), ME; 404f.

bear, Sb ‚Gerste' (ae; *MED bēre* (2)):
    bern(e), ae; 66, 70, 86, 232, 349 f., 355
bear, Vb ‚tragen'(ae; *MED bēren* (1)):
    [bere-blisse, ME(h); 251, 377
    ber-cnihtes, ME(h); 189, 427 f.
    ber-men, ae; 189, 240, 427 f.
    beor-time, ME(h); 186, 189, 428
Bearruc-:
    Bearruc-schire (ne. Barkshire);
beast, Sb (ME < Afrz.):
    bestes bodi, ME; 367
    beastes crib(be), ME; 367
    [beste glatyssaunte, ME; 257, 370
beate- (?) (*MED bāte-*):
    beate-wil, ME(h); 308, 345
beau, bel, belle, Adj (ME < Afrz.):
    belami, ME; 169
    [Bew-maynes (Name); 245
    [Byeau-Pansaunte (Name); 292
    [Byeau-Vyvante (Name); 292
bed, Sb (ae):
    bed-strau, ae; 418
    bed-time, ME; 61, 64, 120
bede → *bead;*
Bedinham,
    Bedingham, Brekenham, Rokingham
      (Bedegrayne);
before, Partikel (ae; *MED bifōre-*):
    biforen-iseid, ME; 279, 281, 453
belief, Sb (ae; *MED bilēve*):
    bileaue ehe, ME; 412
bell, Sb (ae):
    belle-dræm, ME;
    belles drem, ME;
    bel-hous, ae;
    bell-rinȝestre, ME(h); 61, 80, 210, 214 f.,
      436 f.
bend, Sb ‚Band' (ae):
    bend-hus(e), ME; 188, 417
bere → *bear;*
berefrei, Sb (ME < Afrz.; *MED berfrei*);
    361
[*beside,* Partikel (ae/ME; *MED bisīdes*):
    [bezide-zitteres, ME; 183 f., 377
best → *well;*
Bethlehem:
    Beþleæmess chesstre;
better → *well;*

B(ī)ēda:
    Bedeford-schire (ne. Bedfordshire); 327
bill, Sb ‚Schnabel' (ae; *MED bile* (1)):
    bile-hwit, ae; 267
Billing(as), Belin:
    Belȝæs-ȝate, Belynes-ȝat, Bellinges-ȝate
      (ne. Billingsgate); 160, 422
bird, Sb (ae; *MED brid*):
    briddes-tunge, ME; 147, 160, 422
birde, birth, Sb ‚Geburt'
    (1. ME *birde* < Ae; 2. ME *birth* < An.):
    burde-boldes, ME(h); 376, 414
    gebyrtid(e), ae; 132, 330, 346, 351, 417
    burð-tid, ae/ME; 64, 121, 372
    birde-time, ae;
birthel- (? < *birth*):
    birðhel-tre, ME; 331, 341, 372
bishop, Sb (ae):
    biscop-rice, ae; 325, 329, 346 f., 412
    biscop-stol, ae; 156, 329, 412
    bissopes stol, ae;
bismer, Sb ‚Spott' (ae; *MED bi-smāre*):
    bismare-word, ae; 395
bitch, Sb (ae; *MED bicche*):
    biche-sone, ME; 412
    bicche-taille, ME;
black, Adj (ae; *MED blǎk*):
    blake-berie, ae; 166, 455
    blake-feþered, ME; 313, 316, 319
    blake-heueded, ME; 319
blanch, Adj ‚weiß' (ME < Afrz; *MED*
    blaunk):
    Blauncheflour (Name);
blead, Sb ‚Ruhm' (ae):
    blæð-fest, ae; 302
blind, Adj (ae):
    blind-fe(a)llede, blynde-felde, ae/ME;
      296
    blind-fellung(e), ae/ME; 217–219, 438 f.
    blind-iheortet, ME; 318, 330
bliss, Sb (ae):
    blisse-budel, ME; 331
    blisses erd, ME;
    blis-ful(e), ME; 67, 72, 304
blithe, Adj (ae):
    bliþe-ful, ME; 67, 72, 304
    bliðe-iheortet, ae/ME; 121, 318, 330
    bliðe-mod, ae; 312

blō, blǣe, Adj ‚dunkel'
   (ME < An. u. Afrz.; *MED blō*):
   bla-mon, ME; 166 f., 240, 372
blood, Sb (ae; *MED blōd*):
   blod-bend(e), ME;
   blod-binde, ME; 136, 202, 205, 431, 434
   blodes dropes, ME(?); 153
   blod-gute, ae; 205, 219, 431 f.
   blod-hond, ME;
   blod-leten, (blod-lettinde); 64, 288 f.,
      292 f., 449 f.
   blod-letung(e), ae/ME; 39, 66, 72, 75,
      141, 217–219, 292 f., 438 f.
   blod-red(e), ae; 267, 441 f.
   blod-rune, ae; 205, 431
   blod-schedung(e), ME; 80, 216, 219,
      438 f.
   blode-stræm(en), ME; 121, 408
   blodes swat, ME; 135
   blod-swetung(e), ME; 219, 438
   blod-wurt, ME; 376
boar, Sb (ae; *MED bōr*):
   bore-heuedes, ME;
   bores tux, ME; 162, 421
board, Sb (ae; *MED bord*):
   bord-cloðes, ae; 60, 413 f.
   bordes end(e), ME;
bode, ibod, Sb ‚Gebot' (ae; *MED bōd* (2)):
   bod-lac(es), ae(?); 235 f.
   bode-word, ME; 189, 362, 395
bold, Adj (ae):
   balde-full(e), ME; 304
bole- (ME < An.; *MED bōl-*):
   bul-axe, ME; 345, 362
bon, Adj ‚gut' (ME < Afrz.):
   bonair(e), ME; 361
bond, Sb (ae; *MED bonde*):
   bonde-man, ME; 64, 74, 120, 148, 240,
      372, 392
bone, Sb (ae; *MED bōn* (1)):
   bon-wurt, ae;
book, Sb (ae; *MED bōk* (1)):
   boc-fell(e), ae; 413
   [boc-hous(e), ae;
   boc-leden, ae; 412
   boc-(i)lered(e), ME; 292 f., 330, 449
   boc-lore, ae; 121, 412
   boc-run(en), ME; 412

boc-scæmel(e), ME; 417
boc-spell(e), ME; 412
boc-stauen, ae: 412
boot, Sb ‚Buße' (ae; *MED bōte* (1)):
   bot-dai, ME; 417
borrow, Sb ‚Pfand, Bürge' (ae; *MED borgh*):
   borʒ-ʒulde, ae; 202, 430
   borʒ-hod, ME; 234
bot- (ME < ? afrz. *botte* ‚Bündel'):
   bot-forke, ME(h); 345, 374
Botulf:
   Botolfston (ne. Boston); 160, 351
bough, Sb (ae):
   boch-leaues, ME(h?); 411
boulder-, Sb (ME; *MED bulder*):
   bulder-ston, ME; 345, 362
bow, Sb ‚Bogen' (ae; *MED boue* n. (1)):
   [bowe-draught, ME; 208, 210, 374
   bowe-men, ME; 407
   bowe-shote, ME; 139, 202, 205, 208, 431
bower, Sb ‚Kammer' (ae; *MED bour*): 540
   bur-cnihtes, ae; 406
   bur-lutlen, ME; 345, 406
   bur-maiden, ME;
   bur-þenas, ae; 406
   bur-ward, ME; 202, 430
   bur-wimen, ME; 328
   vgl. auch → *burgh*;
[*brain*, Sb (ae):
   [brayne-panne, ae;
brass, Sb (ae; *MED bras*):
   bras-fat, ME; 408
bread, Sb (ae; *MED brēd* (1)):
   *bred-ehte; 209
   bredes fod(e), ME; 153
   bread-lepes, ME;
   bredes mel, ME;
   bred-wrigte, ME; 209, 434 f.
break, Vb (ae; *MED brēken*):
   breke-fforewart, ME(h); 251
   broke-rugget, ME; 319, 321
breast, Sb (ae; *MED brēst* (1)):
   brest-atter, ME;
   breostes bliss(e), ME;
   brest-bon, ae;
   breest-brede, ME;
   breoste-ehnen, ME; 411
   brest-heiʒe, ME; 264, 267, 442

breoste-holk(e), ME; 411
breost-lin, ae;
brest-ouel, ME;
breost(e)-roten, ME(h?); 373, 411
breost-þonk(e), ae; 410
breost-wund(e), ME(h?); 410
Bredy:
    Bridyport (ne. Bridport);
breech(es), *brei-*, Sb (1. ME *breech(es)* <
    Ae; 2. ME *brei-* < Afrz; *MED brēch*):
    [brech-gerdel, ME; 338
    brei-gurdel, ME; 345, 367
Brekenham → Bedinham;
brend → brune;
brerd, *bred-*, Sb ‚Rand'
    (1. ME *brerd* < Ae; 2. ME *bred-* < An.):
    brerd-full, ae; 305
    bret-fol, ae/ME; 305, 345, 373
bridd → bird;
bride, Sb (ae):
    bryd-eala, ME;[16] 243, 358, 414
    brud-gume, ae; 407, 418
    brud-lac, ae; 221, 235–237
    brud-þing(e), ae;
bright, Adj (ae):
    briht-schininde, ME; 290f., 448
brim → brune;
Britain (*MED Britaine*):
    Breoten-rice; 394
broad, Adj (ae; *MED brōd*):
    brad-eged(e), ME; 319
    brade-full(e), ME(h?); 304f.
    brod-lokere, ME(h); 211, 214, 437
Brock-:
    Brock-lond (Brocheliand, Brocéliand);
broke → break;
brook, Sb ‚Bach' (ae; *MED brōk* (3)):
    broc-minten, ae; 456
broom, Sb (ae; *MED brōm*):
    brom-kat, ME(h);
broth(e), Adj ‚schnell' (ME < An.):
    broþþ-fall, ME(h); 200, 205, 345, 362,
        433
brother, Sb (ae):
    [brothir-hode, ME; 233, 235
    broþer-in-lawe, ME; 261

broþer-kniзt, ME; 393, 402
[broþer-rede, ae; 237f.
broðer-sunu, ae; 412
brune, Sb ‚Brand', vgl. *burn*, Vb (ae; *MED
    brine* n. (1)):
    bryn-stan, bren-ston, ME; 189, 362, 427
    brimston, ME; 189, 350, 427
    brim-fir, ME; 189, 333
    brendfier-rein, ME(h); 328, 333
    brune-w(e)allinde, ME; 289, 447
brunie → burne;
Brut (< *Brutus*) ‚Brite' (*MED Brit*):
    Brut-leode(n); 393
    Brut-lond; 415f.
    Brut-þring(en); 393
    Brut-ware; 238f., 335
bruthen, Sb ‚Brauen' (ae; *MED brēth* n. (3)):
    bruþen-led, ME;
Bucking-ham:
    Bukingham-schire; 327
[*buff-* (ME < Afrz. oder < *aboven*?;
    MED buffe):
    [buff-syde, ME(h); 345, 370
bugle, Sb (ME < Afrz.);
    bugle-hornes, ME; 367
bul- → bole-;
bull, Sb (1. ae. oder 2. ME < An.;
    MED bōle):
    bule-hude, ME; 79, 97, 372, 411, 419
bur → bower;
burgh, *borough*, Sb ‚Stadt' etc. (ae):
    buri-boldes, ME(h); 411
    burh-cnauen, ME; 406
    burh-domes, ME; 230, 413
    burh-folc, ae; 83, 405f.
    burh-зeten, ae; 79, 405, 412
    burges gate, ae/ME;
    burg ierico; 352
    burh-men, ae; 238, 240, 406
    burh-preostes, ME; 406
    burh-reue, ae; 407
    burrзhess tun, ae/ME; 157, 420
    burh-walles, ae; 412
    burh-weren, ae/ME; 79, 238f., 406
burde → birde;
buri → burgh;

---

[16]   Vgl. Käsmann 1961: 240–242.

burn → brune;

burne, brunie, Sb ‚Brünne‘
  (1. ae; 2. ME auch < An. u. Afrz.; MED
    brinie):
  burne-hod(e), brunie-hod(e), ME; 79,
    372, 411

[busy, Adj (ae; MED bisi):
  [bisi-uol, ME(h); 306

butter, Sb (ae; MED butere):
  boter-fleȝe, ae;

by, Partikel (ae):
  bi-gurdel, ae; 179, 183

c siehe auch → k;

cader, cadar, Sb ‚Wiege‘ (ME < Kelt.):
  cader-clutes, ME; 374, 414
  cader-fulðen, ME; 374, 410

[caitiff, Sb, Adj (ME < Afrz.):
  [caytyff knyght, ME; 108, 370

calf, Sb (ae):
  kalues fleis, ME (?); 162, 422

caltrop, calke-trap(pe), Sb, a) ‚Fußangel,
  Falle‘; b) Pflanzenname (1. ae; 2. ME <
  Afrz. (Agn.) u. MLat); 345, 361

[callow, Adj ‚kahl‘ (ae; MED calwe):
  [calouwe-mous, ME(h); 167

camel (Fluß):
  Camel-ford (ne. Camelford);

cancer, canker, Sb (1. ae < Lat; 2. ME <
  Afrz.):
  cancre-frete, ME; 293, 367, 449

candle, Sb (1. Ae. < Lat.; 2. ME < Agn.):
  candel-liht, ae; 91, 157, 413, 443
  candeles leoct(es), ae/ME; 91, 157
  candel-mæsse, ae; 325, 417
  candelmesse-deig, ae; 324–326, 417f.
  candel-stic(can), ae; 384–386, 417

[cannel, canel, Sb ‚Hals‘
  (ME < Afrz. (Agn.)):
  [canell-bone, ME; 370

canonic, Sb (1. Ae. < Lat; 2. ME < An;
  MED canunk):
  kanunnkess had, ME(h); 234

Cant → Kent;

canter, Sb ‚Sänger‘ (ae):
  cantel-capas, ae/ME; 331, 349, 367, 413
  vgl. auch → Kent;

carbuncle, Sb (ME < Afrz.):

charbuncle-stoon, charbokel-ston, ME;
  365, 367, 398

Carduel:
  Cardoil toun;

care, Sb (ae):
  care-bed, ME; 417
  car(e)-ful(e), ae; 81, 303, 305

carl, Sb (Spätae. < An.):
  carl-man, ME; 240, 345, 362, 378, 389,
    391f.
  Karlemeyne, ME (Name); 256

cart, Sb (1. ae.; 2. ME < An.):
  carte-lode, ME; 138, 372

caser(e) → kaser;

castle, Sb (1. Spätae. < Lat; 2. ME < Agn;
  MED castel):
  castel-buri, ME(h?); 367, 399
  castel-ȝat(e), ME; 156, 367, 412
  castles ȝat, ME; 421
  castel-men, ME; 240, 367, 406
  casstell-tun, ME; 365, 367, 399
  castel-tour, ME; 367
  castel-weall(e), ae; 386f., 412
  castel-weorc(es), ME; 367, 414

cat, Sb (1. ae; 2. ME < Agn.):
  kattes-minte, ME; 160, 376, 422, 456

catch, Vb (ME < Agn; MED cacchen):
  cache-pol, spätae.; 146, 248–250, 345,
    441

caue → cof;

cendel, sendal, Sb ‚kostbarer (Seiden)stoff‘
  (ME < Afrz.):
  cendel ynde, ME; 254, 367

cete, Sb ‚Wal‘ (ME < Lat. u. Afrz.):
  cethegrande, ME; 254, 360

Chaldea (MED Caldē):
  Kalldea-land;

chamber, Sb (ME < Afrz.; MED chaumbre):
  [chambir-dor(e), ME; 370
  chaumber-side, ME; 367
  [chambir-wall, ME; 370
  [chambir-wyndowe, ME; 370
  chambre-wowe, ME; 367

champ, Sb ‚Feld‘ (ME < Afrz.; MED
  chaumpe):
  chaumpe bataile, ME; 361

chant, Vb (ME < Afrz.; MED chaunten (1)):
  chaunte-cler, ME; 246–250

633

[*chapel*, Sb (ME < Afrz.):
  [chapell-dore, ME; 370
  [chapell-yerde, ME; 370
chapitle, capitle, Sb (1. ae.; 2. ME < Afrz.,
    Agn.):
  captel-hus, ae; 416
char, chare, Sb, Vb ‚Umkehr(en)‘ (ae):
  charre-ded, ME(h?); 187, 189, 428
charbuncle → carbuncle;
cheap, Sb ‚Handel, Kauf‘ (ae; *MED chēp*):
  chaffere, chapfare, ME; 70, 137, 205,
    346, 349 f., 362, 432
  chapmon, ae; 64, 71, 86, 117 f., 240, 347,
    354, 407, 419
cheap, Vb ‚handeln‘ (ae):
  chepinng-boþe, ME; 197, 373, 427
  chepeing-toun, ME; 197, 427
cheek, Sb (ae; *MED chēke*):
  chehec-bon(e), ae;
cheisil, chaisel, Sb, Adj ‚Leinen‘
    (ME < Afrz.):
  cheysil-cloþ, ME(h); 103, 365, 368, 408
  cheisil-scurte, ME(h); 103, 368
  chaysel-smok, ME; 103, 368, 408
Chester:
  Chestre-schir(e);
chevese, Sb ‚Kebse, Konkubine‘ (ae):
  cheues-boren, ae; 293, 449 f.
chicken, Sb (ae; *MED chiken*):
  chicne-mete, ae/ME; 337, 456
child, Sb (ae):
  child-bed, ME; 417
  childre-bere, ME(h); 202, 204, 301, 337,
    430, 433
  child-bering(e), ME; 219, 438
  childless cosstess, ME;
  childes dede, ME;
  childess ȝæress, ME;
  child-had(e), ae; 66, 233 f.
  childes limes, ME; 162, 335, 420
  childermasse-day, ae; 325 f., 337
  childess þæwess, ME(?);
child, Vb ‚gebären‘ (ME < *child* Sb;
    MED childen, childinge):
  childing-pine, ME(h); 197, 426–429
chime, Sb (ME < Afrz.; *MED chimbe*):
  chymbe-bell(en), ME; 368
chine, Sb ‚Rückgrat‘ (ME < Agn.):

chyne-bon, ME; 368
Chirenchestre
  (ne. Cirencester); 416
[*choose*, Vb (ae; *MED chēsen*):
  [corne-boote, ME; 263
chrism, Sb (ae; *MED crisme*):
  crysme-child, ME;
  crisme-cloð, ME; 414
Christ, Sb (ae; *MED Crist*):
  Cristes bec, ae; 158
  Cristes-chirche (ne. Christchurch);
  Cristes-mæsse, ae; 64, 116 f., 147, 152,
    158, 162, 335, 358, 422
  Criste-messe, ae/ME; 158, 162
  Cristenmesse-euen, ME; 326, 334 f.
  Cristes morn, ME; 335
  Cristes niȝt, ME; 335
  Cristes tyd(e), ME; 335
Christian, Christen, Sb, Adj (ae; *MED
    Cristen*):
  cristen-dom, ae; 229 f.
  cristin-folk, ME; 108
  cristen(e)-man, cristeman, ae; 66, 108–
    110, 167, 240, 353, 362
church, Sb (1. ae; 2. ME auch < An; *MED
    chirche*):
  chirch-ancre, ME; 406
  chirche-bende, ME; 64, 92, 101, 120, 158
  chirche-bisocnie, ME(h); 330
  chireche-cloðes, ME; 414
  chirche-dure, ae; 88, 380, 412
  cyrcan dure, ae; 79
  kirrke-dure, ae/ME;
  kirrke-flor, ME;
  chirche-folk, ME; 407
  church-ȝong, ae; 138, 205, 432
  chirche-grið, ae; 412
  cyrce-iærd, ae; 92, 412
  chirche-hay, churchei, ME; 354
  chirche-halyday, ME; 326
  chiric-lond, ae; 412
  chirche-neod(e), ae; 412
  chirche-rof, ME;
  chirch-socn(e), ae;
  chirche-song, ae; 64, 92, 101, 120, 139,
    205, 432
  chirche-steuene, ME; 74, 92, 101, 120
  [cherch-toun(es), ae;

634

chierche-þinges, ae;
chirche-þurl, ME; 411
chirch-uestemenz, ME; 370, 414
cyrce-weard, ae; 82, 92, 202, 430
circe-wice, ME(h?); 92, 411
chirche-weork(e), ME; 376, 414
chyrche-wow(e), ae;

Cicestre
(ne. Chichester);
city, Sb (ME < Afrz; *MED citē*):
cite-toun, ME; 150, 365, 368, 399
cite-wal, ME; 368
clay, Sb (ae; *MED clei*):
clei-clot, ME; 121, 408
clean, Adj (ae; *MED clēne*):
clen-ȝeorn(e), ae; 275, 333
clane-hierte, ae; 84, 311 f.
[clennyst-myghted, ME; 320
cleanse, Vb (ae; *MED clensen* u. *clensing*):
cle(a)nsing-fur, ME; 194, 197, 426, 428
clerk, Sb (1. ae; 2. ME < Afrz.):
clerc-had, ae; 234
[*cliff*, Sb (ae):
[clyff-syde, ME;
clip, Vb (ME < An.; *MED clippen* (2) u.
clipping (2)):
clipping-time, ME; 197, 372, 428
clout, Sb, Vb ,Fleck, flicken'
(ae; *MED clout* (1) u. *clouten* (1)):
clout-leþer, ME; 186 f., 189, 428
cluster, Sb ,Schloß u. Riegel, Gefängnis,
Kloster' (ae; *MED claustre*):
cluster-lok(an), ae; 399
clawwstre-mann, ME(h); 240
cn- (*cne*, *cnif* usw.) → *kn-* (*knee*, *knife* usw.);
coal, Sb (ae; *MED cōl* (2)):
col-blake, ME; 61, 67, 75, 121, 264, 268,
442
col-put, ae;
cock, Sb (1. ae; 2. ME < Afrz.; *MED cok* (1)):
cokken-crowe, cokkes-crowe, ME; 162,
205, 431, 433
cof, *cofe*, Adj, Adv ,schnell, kühn' (ae):
coue-arise, ME(h); 200, 202
caue-deouel, ME(h?); 108, 392
cole, *caul*, *caw(e)l*, Sb ,Kohl' (1. ae; 2. ME <
An.; *MED cōl* (1)):
cawel-hert, ME(h); 245, 424

Cona(a)n:
Cuninges-burh, Conanes-borh
(ne. Coni(n)sb(o)rough); 160, 422
constable, cunestable, Sb (ME < Afrz.
(Agn.)); 6, 253 f., 362
Corinth:
Corinthe toun;
corn, Sb (ae):
corne-tas, ME; 364
corne → *choose*;
Cornwale
(ne. Cornwall);
[*corpse*, *corse*, Sb ,Körper, Leichnam'
(ME < Afrz. u. Lat.):
[corseynte, ME; 256
cost, Sb (ME < Agn.):
cost-ful, ME; 304 f., 370
cot, Sb ,Hütte' usw. (ae; *MED cote*):
cot-lif, ae; 414
country, Sb (ME < Afrz.; *MED contree*):
contreie-men, ME; 240, 368
[*cousin*, Sb (ME < Afrz.; *MED cosine*):
[cousyn-jermayne, ME; 256
couth, Adj ,bekannt' (ae):
cuþ-lehthe, ae; 296
cuð-mon, ME; 167, 240
cover, Vb (ME < Afrz.; *MED coveren* (1)):
cheuer-chef, keuer-choff, ME; 248, 250,
440 f.
[*cow*, Sb (ae; *MED cou*)):
[cow-herde, ae;
coward, Sb, Adj (ME < Afrz.; *MED couard*):
coward king, ME; 108, 110, 368, 393
[cowarde knyght, ME; 108, 393
cowl, *coul*, Sb ,Eimer' (ae; ME < Afrz.;
MED covel):
cuuel-staf, ME;
Cradelman (für Tradelmant);
cradle, Sb (ae):
kradel-barnes, ME;
craft, Sb (ae):
craft-men, ME; 157, 240, 407
crane, Sb (ae):
cronesanke, ME(h); 160
Cristen → *Christian*;
[*cross*, Sb (spätae; *MED cros*):
[crosse-bowys, ME; 375
[crosse-way, ME; 375

crow, Sb (ae):
 crowes nest, ME; 162, 421
crowd, Vb ‚schieben' (ae; *MED crouden* (1)):
 croude-wain, ME(h); 186f., 189, 427f.
crucethur 263f.
*crucet-hus 264
cuckoo,
 cuc(c)u, Sb (ME < Afrz.; *MED cokkou*);
 259, 361
culver, Sb ‚Taube' (ae):
 cullfre-briddes, ME; 397
 [coluer-hous, ME;
Cumberlond
 (ne. Cumberland);
cunt, Sb (?ae; *MED cunte*):
 cunte-hoare, ME(h); 254, 266, 268
cup, Sb (1. ae; 2. ME < Afrz.; *MED cuppe*):
 cop-ful (Sb), ME; 233
cur, Sb ‚Köter' (ME; *MED curre*):
 cur-dogge, ME; 372, 399f.
cuð → couth;
cw- (cwalm usw.) → *qu- (qualm* usw.);
cyrce → church;

Danish (ae. *denisc*):
 Densce-men, Dense-monne; 168
Dane(s) (ae. *Dene*):
 Dene-lond(e);
 Dene-lawe;
 Dene-mark(e), Danmark; 148, 338
dark, Adj (ae; *MED derk*):
 dorc-hus, ME(h); 170
Dart (Fluß):
 Dertene-muð(e), Derte-mouþ(e)
 (ne. Dartmouth);
daughter, Sb (ae; *MED doughter*):
 douʒtter floure, ME (h?); 254, 370
 dohter gyft(e), ME(h?); 96
day, Sb (ae; *MED dai; daheðes*):
 day-belle, ME;
 deies bred, ME(h?); 376
 daheðes dei, ME(h); 345
 dais-eie, ae; 160, 356, 358, 376, 422, 456
 dæi-ende, ME; 411
 dæis fare, ME(?);
 daʒʒess gang, ME;

day-graukynge, ME; 121, 219, 374, 438
dæi-liht, daies liht, dʒeies licht, ME; 64,
 120f., 123, 152f., 156, 410
dai-red, ae;
dai-rewe, ME;
dæi-rim(e), ae; 61, 120, 411
daʒʒ-sang, ae; 139, 205, 432
day-spring(e), ME; 139, 205, 218, 429,
 431, 433
day-springing, ME; 205, 218f., 438f.
dai-sterre, ae; 117
daʒ-tid(en), ae; 413
dayes werk, ae/ME;
dead, Adj (ae; *MED dēd*):
 dead-biburiet, ME(h); 296, 330
 ded-bore, ae; 145, 297, 450
 dead-heui, ME(h?); 273
deal, Sb (ae; *MED dēl* (2)):
 dæl-nymende, ae; 142, 289, 447
dear, Adj (ae; *MED dēre* (1)):
 de(o)r(e)-wurð(e), dyr-wyrð, ae; 67, 72,
 95, 122, 271, 273, 444
death, Sb (ae; *MED dēth*, vgl. *dēd* n.): [17]
 deþes bale, ME(?); 158
 deth-bed(des), ae/ME;
 deaðes bite, ME(?); 154
 dede-bondes, ME;
 dedes bond, ME;
 deþes cage, ME; 370
 [deth-day, ae;
 deþ-dent(es), ME(?); 137
 deaðes dunt, ME; 153–155
 dæþess drinnch, ME(?); 135
 deades-driuen, ME(h?); 293, 449
 deað-ful, ME(h);
 dæðes kare, ME;
 deþes harm, ME;
 deþes hond, ME;
 deaðes hus, ME;
 dæþess nahht, ME;
 dæþess pin(e), ME(?);
 deþ-rentes, ME; 370
 detþ-iscippe, ME(h); 330
 dæþ-shildiʒ, ae; 265, 268, 444
 dæd-sih, deaþ-siþ, ME; 240, 409
 dæþess slap, (ME(?));

---

[17] *Death* und *dead* wurden anscheinend gelegentlich verwechselt bzw. vertauscht.

deþes stounde, ME(?);

deades strif, ME; 370

deað-swot, ME; 156

deaðes swat, ME(?); 153, 156, 421

dedes swog, ME;

deþ-þrow(es), ME; 140, 205

deað-uuel, ME(?); 409

deþ-werres, ME; 370

deþes wo, ME; 155

deaðes wund(e), ME(?); 89, 153, 155

deades wrech, ME;

deed, Sb (ae; *MED dēde*):

dæd-bot(en), ed-bote, ae; 109, 136, 189, 347, 414

ded-strong, ME(h?); 268, 442 f.

deer (ae; *MED, dēr*):

dier-chin, ae; 158, 404

deres-kin, ae/ME(?); 158, 162, 405, 421

der-fald, ae; 137, 417

deores flæsc, ME(?);

deor-frið, ME; 417, 419

dere-hunting, ME; 219, 438

Dene → Dane(s);

Derby:

Deoreby-schire (ne. Derbyshire); 327

derf, Sb ,Mühe, Qual' (ae):

derful(le), ME; 305

desert, Sb, Adj (Part Prät) (ME < Mlat., Afrz.):

deserd-lond, ME; 368, 394

Deuelin toun (ne. Dublin);

devil, Sb (ae; *MED devel*):

deueles craftes, ae/ME; 152, 154, 158, 162

deuel-dragoun, ME; 370, 393

deuel-dwale, ME; 393

deofles hore, ME; 153

deouel-imene, ME; 67, 75, 101, 265 f., 268, 443 f.

deueles lim(e), ME;

deofles puf, ME(?);

deofles scorpiun, ME; 370

deofles sed, ME; 78, 153

deofell-shin(e), ae; 343

defless þeww, ME(?);

Devon:

Deuene-scir(e), Deuena-schir(e) (ne. Devonshire); 338

dew, Sb (ae; *MED deu*):

deu-bert, ME(h); 239

deu-dinge, ME(h); 200, 203, 430

deawes drope, ME(?); 153

deu-hoppere, ME(h); 214, 436 f.

deu-water, ME; 413

[*dinner*, Sb (ME < Afrz.; *MED diner*):

[dyner-tyme, ME; 370

dirt, Sb (ME < An; *MED drit*):

drit-cherl, ME; 372, 402

[*dish*, Sb (ae):

[dyssh-fulle (Sb), ME; 233

ditch, Sb (ae):

dic-grund(e), ME(?); 79

dive, Vb (ae):

doue-doppes, ae; 187, 189 f., 200, 203, 425, 427, 486

dock, Sb ,(Sauer)ampfer' (ae; *MED dokke*):

doc-nettle, ME(h);

dog, Sb (ae; *MED dogge*):

dogge-deouel, ME(h?); 402

dogge-fahenunge, ME; 219, 438

dole, Sb ,Schmerz, Sorge' (ME < Afrz.; *MED dōl* (2)):

deol-ful, ME; 304 f., 370

diol-makeing, ME; 219, 368, 438 f.

doom, Sb (ae; *MED dōm*):

domes-dei, ae; 60, 64, 72, 121, 124, 152, 162, 376, 422 f.

dom-hall, ME;

dom-kete, ME(h); 268, 373, 443

domes-men, ME; 161, 240, 421

dom-seotel, ae; 417

door, Sb (ae; *MED dōre* (1)):

dore bem, ME; 88

dure-pin, ME;

dure-tre(n), ME;

dure-wart, ae; 203, 430

Dorchester:

Dorchestre-seten, Dor(e)-sete (ne. Dorset); 66, 172, 204, 335, 347, 351, 430

Dorset:

Dorset-schire; 327

[*double*, Adj, Num (ME < Afrz.):

[double-dyked, ME; 321, 370

douth(e), Sb ,Pracht, Adel, (Heer)schar' (ae):

duȝeðe-cnihtes, ME(h); 405

duʒeðe-king(e), ME(h); 407
duʒeðe-men, ME(h); 240, 405
douze, Num ‚zwölf' (Frz.; *MED dousse-*):
   dusze-pers, dosse-peres, dowse-perys,
   ME; 172, 365
dove, Sb (ME < An; *MED douue*):
   duue-briddes, ME; 372, 397
down, Partikel (ae; *MED doun*):
   doun-falleing, ME; 129, 176, 179, 184,
     452
   dune-fallen, ME; 67, 278, 280f., 451, 453
   dun-stiʒhinng, ME; 179, 184, 453
dragoman, drugeman, Sb (ME < Afrz.); 361
drake, Sb ‚Drache' (ae):
   drake-heaueð, ME; 411
   Draken-hefd, ME; 242, 245, 253, 256,
     424f.
draw, Vb (ae; *MED drauen*):
   drawe-brigge, ME; 35, 38, 185–187, 190,
     427f.
dread, Sb (ME ← Vb; *MED drēde*):
   dred-ful, ME; 298, 303–305, 347
dream, Sb ‚Lärm, Traum'
   (1. ae.; 2. an.; *MED drēm* (1), (2)):
   [dreme-reder, ME; 214
   dream-þurles, ME(h); 416
dreary, Adj (ae; *MED drēri*):
   dreri(ʒ)-mod, ae; 312, 445
drī, Sb ‚Zauberer' (ae):
   driʒ-crafftes, ae; 341
   driʒ-menn, ae; 240, 341, 393
dright, Sb ‚Heer, Gefolge' (ae; *MED driht*):
   driht-fere, ME(h); 137, 205, 392, 431
   driht-folck(e), ae; 399f.
   driht-ful(e), ME(h); 305
   driht-men, ae/ME; 240, 405
drink, Vb (ae; *MED drinken*):
   drinc-hail (ME < An); 250, 261
dromeluss, Sb, ME(h); 262, 367
drunk, Adj (Part Prät) (ae; *MED dronken*):
   drunc-wile, ME(h?); 307f.
dry, Adj (ae; *MED drīe*):
   dru-fot, ME; 310f., 445
dub, Vb (1. spätae; 2. ME < Afrz.; *MED
   dubben*):
   dobbe-dent, ME(h?); 250, 345, 368
[*duke*, Sb (ME < Afrz., Lat.; *MED dūk*):
   [deuke-dom, ME; 231

dun(e) → *down;*
[*dung*, Sb (ae; *MED dong* (1)):
   [dong-hel, ME;
dust, Sb (ae):
   dust-riseing, ME; 219, 438
[*Dutch*, Sb, Adj (*MED Duch*):
   [Douche-men; 168
dwale, *dwele*, Sb ‚Irrtum, Häresie,
   Betrüger' (ae):
   dwall-kennde, ME(h); 293, 449
   dwel-menn, ae; 240
   dweole-song, ME(h); 109, 120, 139
dweomer, Sb ‚Irrtum' (ae):
   dweomer-cræft, ME(h); 342
   dweomer-lak, ME; 237, 342

e- siehe auch → *a-* (z. B. *elder* → *alder*);
ea, *æ*, Sb ‚Wasser' (ae; *MED ē* (2)):
   ea-uroskes, ME(h?); 406
   ea-spring, ae; 139, 205, 431
eall → *all*;
eald → *old*;
earfeð → *arveth*;
earl, Sb (ae; *MED erl*):
   eorl-dom, ae; 230f.
earth, Sb (ae; *MED erthe* (1)):
   eorð-byfung, ae; 158, 218, 219, 438
   eorðe-blostmes, ME; 413
   eorð-briddes, ME; 406, 418
   erð-chine, ME(h); 136, 205, 431
   eorð-dyne, ae; 137, 413
   erþe-drake, ae;
   erðe-fen, ME;
   eorð-hole, ME; 410
   eorð-hus, ae; 104, 410
   oerþ-iui, ae;
   eorþe-liʒt, ME;
   eorð-men, ME(?); 240, 406
   eorþe-riche, ae; 393
   eorð-styrung(e), ae; 219, 438
   eorðe-(i)tilie, ae/ME; 203, 330, 430, 433
   eorðe-þrelles, ME(h); 373, 406
   eorð(e)-ware, herðe-ware ae; 99, 238f.
   eorð-wæstmas, ae; 413
   Vgl. auch → *erd*;
east, Adj, Adv, Sb (ab ME) (ae; *MED ēst*):
   æst-dale, ae; 106, 169, 260
   æst-ænde, ae; 106, 169

Æst-Ængle (ne. East Anglia); 336
Est-Engelond; 166
est-ʒete, ME; 169
æst-half, ae; 106, 169
Est Ynde; 106
est-lond(e), ae; 106, 169
est-partie, ME; 169, 370
est-riche, ae; 106, 169
Æst-sex, East-sexe (ne. Essex); 166, 336,
    415
æst-side, ME; 169
est-werld, ME; 169
Easter, Sb (ae; *MED ēster(n))*:
    (h)ester-dei, eastren-dæi, ae; 91, 337, 417
    eastre-æfen, ae; 334
    ester-tid, eastren-tyde, ae; 337, 395, 417
eath, eith, Adj, Adv ‚leicht‘ (ae; *MED ēthe,
    ēth-*):
    eð-bete, ME(h); 287
    eð-fele, ME(h); 56, 284, 287, 446
    yþ-ʒeatæ, ae; 287
    eð-hurte, ME; 287, 370, 446
    ec-lete, eð-late, ME; 287
    eð-luke, ME(h); 287
    eað-mod, ead-mod, ead-mede, æd-mede,
        ae; 84, 170, 311 f., 316, 376
    ad-moded, ae/ME; 316, 319
    et-scene, eð-sene, ae; 287
    eð-warpe, ME; 287
    eð-winne, ME(h); 287
eau-, Sb ‚Gesetz‘ (ae; *MED ē* (3)):
    eu-bruche, ae; 203, 205 f., 209, 212, 219,
        431
    eaw-brekere(s), ME; 212 f., 436
Ebru → Hebrew;
eddre, Sb ‚Ader‘ (ae; *MED edre*):
    eddre-blod, ME(h);
efter- → after-;
ege, egesa → awe;
egg, Sb (1. ae. *ǣg >* ME *ei, eiren*; 2. an.
    egg > ME *egg*; *MED egge* (1) u. *ei* (1)):
    eir-mangars, ME(h); 213, 337, 437
    eye-shell(e), ae;
Egypt ‚Ägypten‘, *Egyptians* ‚Ägypter‘
    (ae; *MED Egipte*): 570
    Egipte-erd;
    Egipte-folc;
    Egiptes folc; 163

Egipte-clerk(es);
Egipte-king;
Egipte-lages;
Egipte-lond(e); 91, 394
Egiptis lond(e); 163
Egipte-riche;
Egipte-wimmen; 328
ei-, ig-, ieg-, Sb ‚Insel‘
    (1. ae; 2. ME < An; *MED ei* (2)):
    ig-land, illond, ilond, neilond, ae; 342,
        368, 393
eiht → aught;
eil → ail;
eit, ait, Sb ‚Insel‘ (ae(merz.)):
    eit-lond, æit-lond, ME; 394
eld → old;
elder → alder;
ele, Sb ‚Öl‘ (ae; *MED ēle* (1)):
    ele-sæw, ME; 395
    vgl. *→ oil;*
ell, Sb (ae; *MED elne* (2)):
    el-bohen, ae; 353
elmes → alms;
em- → even;
embe → umbe;
Ember, Sb ‚Quatember‘ (ae): 519
    umbri-daʒes, ae; 354
    umbri-wike(n), ae; 354
end, Sb (ae):
    ende-dai, ae; 83, 180, 197, 348, 417
    ende-land, ME;
    ende-sið, ME; 240, 409
end, Vb (ae; *MED enden, endinge*):
    ending-day, ME; 197, 428
ender-, Adv, Adj (Sb) ‚früher, kürzlich‘
    (ME < An):
    ender-dai, ME; 83
engel → angel;
engine, Sb ‚Geschicklichkeit‘ (ME < Afrz.):
    engyne-ful, ME(h); 305, 370
Engle, Sb ‚(Angeln), Engländer‘ (ae; ne.
    Angles; *MED Engle*): 569
    Engle(ne)-lond, Ængle-lond, Eng(e)lond
        (ne. England), ae; 338, 347 f., 354,
        415 f.
    Engle-speche, ME(h);
    Engel-tale, ME(h);
    Engle-tunge, ME(h);

639

Engle-thede, ae/ME;
    siehe auch → *angel*;
English (ae):
    Englisce-men, Ennglisshe-menn
        (ne. Englishmen); 168
erd, Sb ‚Erde, Land‘ (ae):
    erd-folc, ME;
    herdes-folc, ME;
erde, Vb ‚wohnen‘ (ae; *MED erden, erding*):
    e(a)rding-stouw(e), ae; 66, 74, 195, 197,
        427
ere, Partikel, Adj ‚früher, vor‘ (ae; *MED ēr*):
    (bi) are-dawes, ae/ME(h); 179, 183
    er-dede, ær-dæd(en), ae; 179, 183, 260
    (h)erne-morewe, ae; 170, 179, 339
    ear-under, ME; 179, 183
Erebis-ston ‚Stein von Horeb‘;
ereward → *erf*;
erf, erve, orf, Sb ‚Vieh, Erbschaft‘ (ae):
    erffe-blod, ME(h);
    orf-cwealm, ae; 387, 410, 419
    erf-kin, ME(h);
    yrfe-numa, arrfname, ae; 39, 56, 135,
        198, 200, 204, 248
    yrfe-weard, erward, ae; 204, 348, 355
    ereward-riche, ME(h); 328, 348
erming → *arming*;
errand, Sb (ae; *MED erende*):
    herand-bere, ME; 200, 202f., 212, 301,
        430
    erende-beorere, ME; 203, 212f., 436
    erendes-mon, ME; 161, 240, 421
    (h)er(e)nd-rake, ae; 200, 203, 212, 430
erveth → *arveth*;
eske-, eski- → *ashes*;
este, Sb ‚Gunst, Delikatessen‘ (ae):
    est-dede, ME(h); 395
    est-metes, ae; 395
eth → *eath*;
ethel, Sb ‚ererbtes Land‘ (ae):
    eðele-þeowe, ME(h); 109, 406
Ethiopia (*MED Ēthiōpe* (1) u. (2)):
    Ethiope-West; 256
eu → *eau*;
even, eve Sb ‚Abend‘ (ae):
    euen-song, ae; 139, 205, 353, 432
    [evynsonge-tyme, ME; 327
    euen-sterre, ae;

    euen-tid, ae; 395
    æuen-time, eue-time, ae; 353, 395
even, Adj, Adv ‚eben, gleich‘ (ae): 502
    emcristen(e), eue(n)-cristene, ae; 108,
        170, 347, 353
    euen-eche, ae; 274
    efenn-heh, ae; 274
    euen-lesten, ae; 344
    eue-long, ae; 274
    efenn-mete, ME; 274, 376
    efenn-mahhtiʒ, ae; 274
    euenexta, ME;
    euen-ald, ME; 274, 444
    efenn-rike, ae; 274
[*evening*, Sb (ae):
    [evenyng-tyde, ME;
ever, Sb ‚Eber‘ (ae):
    euer-uern, ae; 456
    Eover-wic, Euer-wick(e) (ne. York);
    Everwich-schire (ne. Yorkshire); 327
ever, Adv ‚immer‘ (ae):
    [eure-bleuing(e), ME; 217, 220
    euer-lestinde, ever-lastynge, ME; 290f.,
        448
evil, Sb, Adj, Adv (ae; *MED ivel*):
    iuel-ded(e), ae; 111, 170
    euele-imet, ME(h); 295, 297, 330
    [evyll-shapyn, ME; 298, 377
Exe (Fluß):
    Ex-cestre (ne. Exeter);
eye, Sb (ae; *MED eie* (1)):
    ehe-lid, ME; 121, 158, 412
    eʒe-puttes, ME;
    heie-renning, ME(h); 219, 438, 440
    eʒhe-sallfe, ae;
    eæh-sene, ae/ME; 202, 206, 430
    eh-sihð(e), ME; 207, 209, 435
    heye-sor, ME;
    eh-þurl, ae; 82, 368, 417
        vgl. auch → *ail*;
    ehe-wurp, ME; 206, 431

fair, Adj (Sb) (ae):
    feyr-had(e), ME; 233f.
    fair-lac, ME(h?); 237
[*faith*, Sb (ME < Afrz.; *MED feith*):
    [faythe-full, ME; 306

fall, Vb (ae; *MED fallen, falling*):
  uallynde dore, falling-dore, ME; 194,
    196 f., 427
  fallinde turn, valling-torn, ME;
    195 – 197, 427 f.
  fallinde uuel, ME; 195
false, Adj (ae. u. ME < Afrz., Lat.):
  fals-dom, ME; 221, 229 – 231
  [false-harted, ME; 320
  [false-hod(e), ME; 234 f.
fare, Sb, Vb (ae; *MED fāre* (1) u. *fāren*):
  far(e)-cost, ME; 362
farm, Sb (ae; *MED ferme* (1)):
  feorme-ham, ME(h?); 411
farthing, Sb (ae; *MED ferthing*):
  ferþing-wastel, ME(h?); 333, 370
  verþing-worþ, ME; 130, 195, 333
fast, Sb, Vb ‚Fasten, fasten‘ (ae; *MED fasten*
    n. u. v. (2), vgl. *fastinge* (2)):
  fæsten-dæg, ae; 186, 190, 197, 417
  fastyng-day, ME; 190, 197, 428
  vastyng-eue, ME(h?); 197, 334, 428
fast, Adj ‚fest‘ (ae):
  fast-rede, ae; 67, 74, 312
fathe, Sb ‚Tante‘ (‚Vaterschwester‘) (ae):
  faða-sunu, ME(h); 345, 412
father, Sb (ae; *MED fader*):
  faderr hallfe, ME;
  fæder land, ME; 96 f., 412
fear, Sb (ae; *MED fēr* (1)):
  fear-lac, ME; 237
feather, Sb (ae; *MED fether*): 85
  feþer-bed(des), ae; 408
  feþer-home, ae; 408 f.
  siehe auch → *fether-*;
fee, Sb (ae; *MED fē* (1)):
  feolahes, felawes, spätae; 363
    vgl. unten → *fellow*;
  feoh-spillinge, ME(h); 219, 438
feet → *foot*;
fele, Adj, Adv, Sb ‚viele‘ (ae):
  fæle-talyende, ME(?); 291, 448
  feole iwordet, ME; 319, 376
fell, Adj ‚böse‘ (ME < Afrz.; *MED fel*):
  feol-iheortet, ME; 318, 368
fellow, Sb (spätae. < An.; *MED felaue*):
  feolah-redden, ME; 237, 372
  feolahes reclus, ME; 338, 375, 392 f.

fen, Sb (ae):
  fen-uern, ae; 456
  feon-landes, ae; 393
fere, y-fere, Sb ‚Kamerad(schaft)‘ (ae):
  geferede, uer-reden(e), ae; 237
fern, Sb (ae):
  fern-sittere, ME(h); 214, 437
fern, Adj, Präfixoid ‚früher‘ (ae; *MED fern-*):
  (in) furn-daȝ(en), ae; 345
  iuurn-ȝer(e), ae; 345
fether- Präfixoid ‚vier‘ (ae):
  feðer-fotetd, ae/ME; 298, 316, 320, 454
  vgl. auch → *feather*;
fever, Sb (1. ae; 2. ME < Afrz. (Agn)):
  fever-few, fewer-fue, ae/ME; 360 f.
  vgl. febrefugia, ae; 360 f.
fey, Adj ‚todgeweiht‘, (ae; *MED feie*):
  feie-sið, ME; 240
field, Sb (ae; *MED fēld*):
  uelde-rude, ae;
fiend, Sb (ae; *MED fēnd*):
  fende-dragoun, ME(h?); 370, 393
  feondes fod(e), ME; 422
  feond-ræs(e), ae; 206, 431, 433
  feond-scaðe, ae; 393
  feond-slæht(es), ME; 209, 241, 435
  feond-strong(e), ME; 241, 268, 442
  feonðewæs, ME; 351, 410
  fendes wis(e), ME;
fifteenth, Num (ae;
    MED fif-tende, fif-tenthe):
  fiftenday, ME; 173, 348 – 350
fig, fike, Sb (ae. *fic* >
    ME *fike*; afrz. *fig(u)e* > ME, ne. *fig*):
  fic-tre, ae; 396, 398
  [fygge-tre, ME; 370, 398
figer, Sb ‚Feigenbaum‘ (ME < Afrz.):
  figer-tre, ME; 365, 368, 398
fight, Vb, Sb (ae; *MED
    fight, fighten, fightinge*):
  fiȝttyng-cas, ME(h?); 197, 370, 427
  fiht-lac, ae; 66, 235, 237
  [fyghtyne-place, ME; 198, 372
file, Sb ‚Faden‘ (ME < Afrz.):
  fyldor, ME; 261, 360
finger, Sb (ae):
  vingres ende, ME;
  finger-neiles, ME; 64, 121, 411

fire, Sb (ae; *MED fīr*):
    fur-berninge, fur-bernynde, ME; 289,
        438, 447
    fur-brend, ME; 293, 449
    fyre-brennyng, ME; 219, 288, 438
    fur-b(u)rond(es), ME; 413
    fures fode, ME;
    fur-gled(en), ME; 104
    fur-ire, ME;
    fier-isles, ME;
    fir-sticke, ME;
    fieres wreche, ME;
first, Num (ae):
    first ward, ME; 173, 377
fish, Sb (ae):
    fiscynn, ae; 404
    fisch-hal, ME; 268, 442
    fis-lep, ME;
    fish-net, ae; 418
[*fisher*, Sb (ae):
    [fysshers garment(e), ME;
fitel-, Adj? (ae):
    ffitel-fot, ae; 245, 345
five, Num (ae):
    fif-lef, ae; 243−245, 424, 456
Flanders (*MED Flaundres*):
    Flaundre-lond; 157, 394
    Flandres-lond; 157, 394
flesh, Sb (ae):
    flæshess ære, ME(?);
    flesches brune, ME(?); 158
    flesches este, ME(?);
    flæshess eȝhe, ME;
    flesche-fleiȝe, ME;
    flesches fondung(es), ME(?);
    flech-founge, ME; 220, 438
    flesch-fulet, flesch-sulet, ME; 293, 449
    flesches fulð(e), ME(?);
    flesche-heweere, ME; 213, 436 f.
    flesch-licunge, ME; 156
    flesches licunge, ME; 156
    flesches luue, ME;
    fles-lust, ME; 156
    flesches lust(e), ME; 101, 120, 152, 156
    flesc-mete, ae; 395, 405
    flesches pine, ME;
    flesches pinsunge, ME;
    flesches pricunge, ME; 376

    flesches temptatiuns, ME; 370
    flesch-timber, ME(h); 376, 405
    flesches þreall(es), ME;
    flesch-wise, ME; 309
flint, Sb (ae):
    ulint-sex(e), ME(h?); 380, 386, 408
flood, Sb (ae; *MED flōd*):
    flod-ȝet(en), ME;
flour, Sb (ME < Afrz.):
    flures bred, ME; 162, 368, 421
flum ‚Fluß, Flut‘ (ME < Afrz.):
    flum noe; 256
    flum iurdan; 256
fly, Sb (ae; *MED flīe* (1)):
    fleges kin, ae/ME; 162, 420 f.
foe, Sb (ae; *MED fō*):
    ifo-menn, ua-men, ae; 109, 240, 330,
        391 f.
fold, Sb ‚Erde‘ (ae; *MED fōlde* (3)):
    fold-sittere, ME(h); 214, 437
folk, Sb (ae):
    folc ebru; 109, 252, 256
    folc israel (∼ israel folc); 256
    folkes-kin, ME; 162, 421
    folke-king(e), ae; 407
    folc moabit; 256
    folc-stering, ME(h?); 219, 438
font, Sb (1. ae.; 2. ME < Afrz.):
    funt-fat, ae; 368, 395
    font-ston(e), fonstan, ME; 346, 351, 395
fool, Sb, Adj (ME < Afrz.; *MED fōl* n., adj.):
    [fole-bayrie, ME(h); 361
    fol-hardi, ME; 110, 273, 359, 361, 457
    fole-sage, ME(h?); 110, 254, 361
    fol-semblant, ME; 361
foot, Sb (ae; *MED fōt*):
    fote-folk, ME; 407
    fot-mæl, ae;
    fot(e)-men, ME; 240, 407
    fote-ren, ME(h?); 206 f., 374 f., 432
    fot-sid, ae; 268
    fot-spure, ME(h); 418
    fet-steppes, ME; 140, 206, 337, 432
    fett-weascung(e), ME(h); 219, 337, 339,
        438, 440
    fot-wund(e), ME; 156, 410
    fotes wunde, ME; 156, 421
ford, Sb (ae):

ford-boh, ME(h);
fore, Partikel ‚vor, bevor‘ (ae):
   for(e)-bisen, ae; 179, 183
   fore-fæderes, ME; 179, 183, 451
   [fore-front(e), ME; 179, 184, 372
   uore-genglen, ae; 179, 184, 331
   fore-ʒift, ME; 179, 184
   for(e)-heaued, ae; 179, 184, 358, 451
   fore-nammde, ae/ME; 279–281, 453
   [fore-ryders, ae/ME; 179, 184
   for(e)-ridles, ae; 179, 184, 331
   [uore-yzede, ae; 281
   [uore-speche, ae; 179, 184
   uor-speker, ME; 179, 184
   fore-sprecon, ae; 280f.
   fore-ward, ae; 66, 74, 140, 179, 183
forest, Sb (ME < Afrz.):
   forrest-ende, ME; 368, 411
   forest plain, ME; 112, 368
   forest-syde, ME; 368
   forestes side, ME;
forme, Num ‚erster‘ (ae):
   forme-fader, ME(?); 173
   forme-mete, ME; 173
   form-ward, ME; 173, 377
forth, Partikel (ae):
   forð-feadres, ae; 179, 183
   forþ-fare, ME; 143, 179, 184, 452
   forð-for, ae; 143, 180, 184
   forð-gong, ae; 138, 180, 184
   f(e)orþ-siþ, ae; 180, 183
foster, Sb, Vb (ae):
   [foster-brother, ae;
   fossterr-faderr, ae; 190, 407, 427f.
   foster-moder, ae; 190, 428
   fostre-wimman, ME;
foul, Adj (ae):
   fui-itohe(n), ME; 297, 450
   [fowle-mowthed, ME; 321
[fountain, Sb (ME < Afrz.):
   [fountayne-stone, ME; 370
four, Num (ae):
   four-heorned(e), ME; 320
   feower-noked, ME; 320
   vgl. auch → *fether-*;
fourteen, Num (ae):
   feowertene niht, fourteniht, ae/ME; 171,
     173, 349f., 353

fowl, Sb (ae; *MED foul*):
   fohʒel-cun, fuel-kun(ne), ae; 61, 64,
     120f., 404
   fugel-fligt, ME; 209, 434
   fuʒeles song, ME(?);
fox, Sb (ae):
   foxes gloue, ae; 160, 422f., 456
Frank(s):
   Franc-lond(e); 416
free, Adj (ae; *MED frē*): 549
   freo-iboren, ME; 295, 297, 450
   fre(o)-dom(e), ae; 66, 230f.
   freo-iheortet, ME; 318
   freo-king, ME;
   freo-lac, ae; 236f.
   freo-lond, ME;
   freo-man, ae; 65, 71, 120, 167, 240, 423
   freo-wummon, ME(?); 167
   freo-stone, ME; 169, 377
[freme, Sb ‚Vorteil, Nutzen‘ (ae):
   [urem-uol, ae; 306
French (*MED Frensh*):
   Frensce men (ne. Frenchmen); 168
fret, Vb ‚fressen‘ (ae; *MED frēten* (1)):
   freote-wil, ME(h); 307f.
Fri(e), Sb ‚Freia‘ (die Liebesgöttin) (ae):
   Frige-dæg, Fri-dei, ae; 148, 158, 161,
     357, 415
   god(e) Friday, ae;
   langa Frige-dæg, ae; 164, 170
   Vri-niʒt, ae; 165, 334
   longe fri-niht, ME(?); 334
friar, Sb (ME < Afrz.; *MED frēre*):
   frere menur, freres meonurs, ME; 252,
     254
   freres prechurs, ME; 251f., 254, 454
friend, Sb (ae; *MED frēnd*):
   frendes dede, ME(?); 422
   freondes huckel, ME; 331, 370f.
   frend-men, ME; 150, 240, 391f.
   frende-rade, ae; 238
   frendes wune, ME(?);
fright, Sb (ae):
   frigt-ful, ME; 305
Frisia:
   Fris-lond(e);
frith, Sb ‚Friede‘ (ae):
   frið-land, ME(h); 362

frosh, Sb ‚Frosch' (ae):
    froskes here, ME; 338
frover, Sb ‚Trost, Hilfe' (ae; *MED frōvre*):
    frofre-gast, ae; 91, 171, 407
frume, Num, Sb ‚Anfang, erster' (ae):
    frim-dæg, ME; 173
    frum-ræs, ME(h); 173
    frum-scheft, ae; 173, 209
    frum-scepen, ae; 276, 455
fugel etc. → *fowl*;
full, Adj, Adv (ae;
    MED ful adj, adv):
    full-brohht, ME; 297, 450
    [uol-dronke, ME; 298
    ful-fillid, ME; 143, 295–297
    full-forþedd, ME; 296 f.
    full-fremedd, ae; 296 f.
    full-timmbredd, ME; 297
    full-þrifenn, ME; 297, 373
    fulluht, ae; 208 f., 354 f., 435
        vgl. → *fullought*;
    full-waxenn, ae; 296 f.
    full-wrohht, ae/ME; 296 f.
fullought, Sb ‚Taufe' (ae):
    fulht-bed(a), ae; 395
    fulhtes bed, ae(?);
furn → *fern*, Adj;
furrow, Sb (ae):
    forlong, ae; 145, 266, 268, 351, 442
furze, Sb ‚Ginster' (ae; *MED firse*):
    furse-cat, ME(h); 378

gain- → *again*;
gale-gale, Sb, ME(h); 67, 74, 84, 257–259,
    454
gallows, Sb (ae; *MED galwe*):
    gealforke, ME(h); 351, 395
    galwe-tre, ae; 395
game, Sb (ae):
    gomen-ful(le), ME; 305
    gamen-gle, ME; 400
    [geme-men, ME; 240
gang, gong, Sb (ae):
    a) ‚Gehen, Gang'
    ȝeonc-daȝes, gang-dawes, ae; 138, 186 f.,
        190, 428
    b) ‚Abort'; 517

gong-hus, ME; 138, 190, 416
gong-men, ME; 138, 190, 240, 407
gong-þurl, ME; 138, 190, 411
gare, Sb ‚Speer' (ae):
    gar-cliue, ae; 402, 409
    gar-lek, ae; 6, 354, 402, 409, 456
[*gast*, Adj ‚erschrocken, furchtsam'
    (ME < Part Prät zu *gast(en)*):
    [gast-full, ME; 306
gate, Sb (ae):
    ȝæt-essel, ME(h); 371, 418
    ȝete-ward, ae; 203, 430
gem, Sb (1. ae. *gim(m)* > ME *ȝim(m)*;
    2. afrz. *gemme* > ME, ne. *gem*):
    ȝim-ston, ymston, ae; 127, 348, 389, 396,
        398
gentle, Adj ‚edel' (ME < Afrz. u. Lat.;
    MED gentil):
    gentil dame, ME; 368
    gentil folk, ME; 368
    gentil-mon, ME; 167, 240, 368, 377
    gentile-wumman, ME; 368
[*gerfalcon*, jarfaucon, Sb (ME < Afrz.); 6
gersum, garsum, garisom, Sb ‚Schatz' (ae);
    363
geue- (ME < An.):
    geue-lengðe, ME; 169
ȝeue → *give*;
gewgaw, Sb (ME; *MED giue-goue*):
    giue-gaue(n), ME; 257, 259 f., 366
gig, Sb ‚(kokette) (junge) Frau' (ME <
    ?Afrz.; *MED gigge* (1)):
    gigge-lahtre, ME; 368
gilt, Sb ‚junge Sau' (ME < An.):
    gilt-naches, ME(h); 375
girdle, Sb (ae; *MED girdel*):
    girdel-stede, ME;
gire Adj, Sb ‚geronnen' (ae. gyr, gyru):
    gure-blod, girre-blod, ME; 66, 74, 187,
        190, 427 f.
gite, Sb ‚Hervorschießen, Verströmen' (ae):
    gute-feastre, ME(h?); 187, 190, 427
give, Sb, Vb (ae):
    ȝeue-custi, ME; 266, 268, 332, 443 f.
glad, Adj (u. Sb) (ae):
    glad-ful, ME; 304 f.
    gledd-icheret, ME; 319, 370
    gleade-iheortet, ME; 318

glass, Sb (ae; *MED glas*):
  glæs-fat, ae; 408
glee, Sb (ae; *MED glē* (1)): 541
  gleo-beam(es), ae; 418
  gleo-cræft(en), ae;
  gleo-drem(e), ae; 395
  glew-men, ae; 118, 240, 407
gleed, Sb ‚glühende Kohle‘ (ae;
    MED glēde (2)):
  gled-read, ME; 268, 362, 442
Glow-chestre, Gloi-cestre, (ne. Gloucester);
    415
  Gloucestre-schire; 327
gnat, Sb (ae):
  gnattes hird, ME; 338
go, Vb (ae; *MED gōn*): 592
  gobidich, ME(h?); 249, 251
  gobigrounde, ME(h?); 249, 251
  go-mit-lombe, ME(h); 251, 441
goat, Sb (ae; *MED gōt*):
  gate-heord(en), ae; 121, 408
God, Sb (ae):
  god-almihtin, god-almiht, ae/ME; 83,
    254, 328, 339
  vgl. → al-mihti;
  god-child, ME; 407 f.
  godd-cunde, ae/ME; 412
  [god-doȝter, ae; 407
  god-fæder(es), ae; 70, 407 f.
  godes folc, ME(?);
  god-fruct(e), god-furht, ae; 268, 293
  godess lamb, ME(?);
  god-moder(es), ae; 70, 407 f.
  god-sib, gossip, ae; 113, 348, 350, 407 f.
  god-son(e), ae; 407
  godspel → *good*;
God-mod (Name) (~ Cu(t)berd);
goi-:
  goibert, ME(h); 239
gold, Sb (ae; *MED gōld* n. und *gōld* adj.!):
  gold-beten, ME; 141, 293, 449
  gold-coup(es), ME; 122, 158
  gold-fæt(en), ae; 408
  gold-fynch, golfinc, ae; 64, 71, 85 f.,
    117 f., 346, 351, 402
  gold-foh, ae; 268
  gold-gad, ME; 104
  golt-hord, ae; 122, 408

gold-ileired, ME(h?); 294, 330
gold-or, ae; 409
gold-pot, ME; 104
golt-peinte, ME; 294, 370, 448 f.
golprenes, ME; 99, 104, 351 f.
gold-ring, ME; 42, 99, 103 f., 122, 408
golt-smið, ae; 407, 418
gold-wir, ME; 408
gonfanon, Sb ‚Banner, Standarte‘
    (ME < Afrz.; *MED gounfanoun*): 362
  gomfanoun-bere, ME; 199, 202 f., 301,
    368, 429 f., 433
good, Adj (Sb) (ae; *MED gōd*):
  god-dai
    (meist: haue nou godne day), ME; 339
  god-ful, ME; 305
  god-dede, ae; 136, 164, 170, 260
  [guod-doere, ME; 211, 214
  (to) goder-hele, ME; 165, 362
  god(e)-mon, ME; 65 f., 71, 75, 154, 167 f.,
    240, 377
  [good-morrow, ME;
  god-spel, gosspel, ae; 63, 65, 75, 94,
    116 f., 164, 170, 211, 328, 346, 348,
    356, 376
  godspel-bok, ae; 324, 328, 386, 409
  goddspell-wheless, ME; 328, 418
  goddspell-wrihhtess, ME; 209, 328, 434 f.
  better, best → *well*;
goose, Sb (ae; *MED gōs*):
  gos-hauk, ae; 348
  Gos-whit, ME; 145, 266, 268, 442
grame, Sb, Adj ‚Zorn(ig)‘
    (ae; *MED grame, gram*):
  gram-res(es), ME; 206
grand, Adj (ME < Afrz.; *MED graunt* Adj):
  grandame, ME; 169
  gramerci, grauntemercy, ME; 169
  [grauntesyre, ME; 169
Granta (Fluß; ne. *Cam*):
  Grauntebruggeschire
    (ne. Cambridgeshire); 327
grass, Sb (ae; *MED gras*):
  gras-bæd, ME; 408
  gras-bitere, ME(h); 214, 436
  gres-grene, ae; 12, 58, 68, 268, 441 f.
  gress-hoppe, gresse-oppes, ae; 95, 199,
    203, 212, 430

gras-hoppere, ae/ME; 117, 210, 212, 214,
437
grave, Sb (ae):
graue-stan, ME; 413
gravel, Sb (ME < Afrz.):
grauel-ston(es), ME; 368, 398
gray, grey, Adj, Sb (ae; *MED grei*):
graye-bicchen, ME; 165, 167, 333
grey-frere, ME; 370
grea-hunz, grea-hundes, ae; 167, 368
gref-hounde, ME; 344, 365, 368, 397
gra-scinnen, ME; 319, 362
great, Adj (ae; *MED grēt*, adj, adv, n):
gret-wurt, ae; 166, 455
Greece, Greek(s) (*MED Grēce, Grēk*):
Gric-lond(e),   Grec-lond(e),   Grece-
lond(e); 394, 416
green, Adj (ae; *MED grēne*):
grene-wood, ME;
greet, Vb (ae; *MED grēten* (2), *grētinge* (1)):
greting-word, ae; 197, 428
gref → gray;
grid- (ME < Afrz.):
gridire, ME; 345
Grim (Name):
Grimes-bi (ne. Grimsby); 160, 422
grim, Adj (u. Sb) (ae):
grim-ful(e), ae; 305
grind, Vb (ae; *MED grīnden* (1)):
grindel-stan(es), ME; 84, 187, 190, 331,
341, 388, 428
grist, Sb ‚Mahlen‘ (ae):
grist-bat, grist-bite, ME; 200, 202, 206,
219, 432
gris(t)batinge, ae; 142 f., 206, 217–219,
220, 352, 439
grith, Sb ‚Friede, Asyl‘ (ae):
grið-briche(s), griþ-bruche, ae; 66, 71,
121, 206, 431
grið-ful(le), ME; 305
griþ-sergeanz, ME; 370, 375
ground, Sb (ae):
grund-fulled, ME; 294, 449
grund-hat, ME; 268, 442
grund-lade(n), ME; 294, 449
grund-stalw[u]rþe, ME; 268, 324 f., 328,
442
grunde-swilie, ae; 200, 203, 358, 430

grunt-wal, ae; 348, 405
grure, Sb ‚Schrecken‘ (ae):
grure-ful, ME; 305
guest, Sb (1. ae; 2. ME < An.; *MED gest*):
gyste-hus(e), gesst-hus, ae; 90, 417
guile, Sb (ME < Afrz.; *MED gīle* (3)):
gil-ful, ME; 305, 370
Gulde-ford(e)
(ne. Guildford); 557
gure → gire;
Gut-lond; 416
gute → gite;
guth, Sb ‚Krieg, Kampf‘
(ae; *MED gūth* adj[!]):
guð-ful(le), ME; 305
guð-strencð(e), ME(h); 345, 411
s. a. → *gonfanon*
guweorn, Sb ‚Seidelbast‘ (? für
guth-corn, ae. *giþ-corn*), ME; 345

з- → g- und *y-;*
зein → again;

half, Num (Adj, Sb) (ae):
halue-broþer, ME; 171, 173
haluen-del, ME; 173, 339
half-felawe, ME(?); 173
hælf-зaru, ME; 275 f., 454 f.
half-зer, ME; 173
halpenes, ae/ME; 173, 346, 352
(ne. halfpenny)
half-schire, ME; 174
hælue-suster, ME; 174
half-uey (Adv), ae; 174
halue-wude, ae; 174
hali → holy;
hall, Sb (ae):
halle-dure, ME; 79, 148, 412
halle-gate, ME;
halimot, ME; 330, 414
halle-rof, ME;
healle-geweorc, ME(h); 80, 140, 330,
396, 414
halle-wah, hilewoh, ME; 78, 355, 411
[*hallow(s)*, Sb ‚Heilige(r)‘ (ae; *MED halwe*):
[Halow-mass(e), ME; 176, 335
halse, Vb ‚bitten‘ (ae;
MED halsen (1), *halsinge* (1)):

646

healsungʒebun, ME; 197, 428

Hamtone
(ne. Hampton); 415

hand, Sb (ae; *MED honde*):
hand-ax, ae; 158
hand-bare, ME; 268, 443
[hande-brede, ae;
hand-cloð(es), ae; 60, 418
hand-ded(e), ME;
gehandfæst, hannd-fesst, ae; 142, 293 f.,
302, 330, 449
hond-ful (Sb), ae; 232 f.
hannd-gang, ae; 138, 206, 432 f.
hond-habbing, honde-habbynde, ae;
290, 447
hond-sæx, ae; 414
ihondsald, ae/ME; 142, 293 f., 330, 449
hand-selne, ae; 202, 206, 294, 432
hand-ʒeswinc(e), handiswink(e), ME;
91, 140, 206, 330, 376, 432
hand-hwil(e), ae; 119, 192, 388, 417
hand-ʒeweorc(e), hondiwerc, ae; 84,
140, 330, 414, 419
handes-wringing, honde-wryngyng,
ME; 220, 338, 438
hande-writt, ae; 206, 432

hane, Sb ‚Hahn' (ae):
hane-crau, ME; 202, 206, 345, 431

hard, Adj (ae):
heard-heort, ae; 315−318, 444 f.
heard-iheorted, hard-harted, ae/ME;
312, 315−318, 340, 444 f.

hare, Sb (ae):
hare-fot, ME; 243, 456
hare-serd, ME(h); 200, 203

harlot, Sb, Adj (ME < Afrz.):
harlot grom, ME; 110, 368, 393

harm, Sb (ae):
harm-dede(s), ME(h);
[harm-uol(le), ae; 306

hart, Sb ‚Hirsch' (*MED hert*):
Hertford-schire
(ne. Hertfordshire); 327

harvest, Sb ‚Herbst' (ae; *MED hervest*):
heruestes dæi(e), ME(?);
herrfesst-tid, heruest-tyde, ae;

hate, Sb (Vb) (ae; *MED hāte, hēte* n. (2)):
hete-ueste (Adv), ME; 303

hath, Sb ‚Spott' (ME < An.):
ha ð-ful(e), ME; 464

hauberk,
hawbirke, Sb (ME < Afrz. < Ahd.); 362

haunch, Sb ‚Hüfte' (ME < Afrz., Mlat);
haunche-turn, ME; 206, 368, 431

[*haw*, Sb ‚Gehege, Hecke' (ae; *MED haue*):
[hau-thorn(e), ae;
vgl. → *hedge* (*hay*);

hawk, Sb (ae; *MED hauk* (1)):
hauekes cun(ne), ae/ME; 91, 121, 153,
162

hay, Sb (ae; *MED hei*):
hay-rek, ME;
siehe auch → *hedge*;

hazel, Sb (ae; *MED hāsel*):
hasel-bou, ME;
hesel-rys, ME;

head, Sb (ae; *MED bēd* n. (1) u. *bēd* adj.):
hæfd-bon, ae; 158, 404, 411
hæfedd-burrh, ae; 60, 403
heaued-clað, ae; 418
heaued-eche, ae; 102, 409
hæfedd-follc, ME; 403
hæfedd-hird, ME; 403
hæfedd-kinedom, ME(h?); 324, 328, 403
haued-line, ME(h); 418
heued-lorðeau, ME(h?); 328, 403
heaued-luuen, ME; 103, 403
heafod-men, ae; 240 f., 403
heafod-mihtan, hæfedd-mahtess,
ME; 403
heaued-ponne, ae; 411
hæfedd-peninng, ME;
hæfedd-plihht, ME; 403
heafod-port, ME(h); 403
hæfedd-preost, ME; 403
[hede-shete, ME;
heofod-sunnan, heued-sunne, ae; 99,
103, 352, 376, 403 f.
heaued-þeawes, ME; 404
heued-welle, ME; 140, 404
hæfued-wunde, ae; 241, 404, 410

heal, Sb (Vb) (ae; *MED hēle* (1), *hēlen* (1)):
hal-wende, halewinde, ae; 307
h(e)alewi, haliwei, ME; 64, 72, 74, 85,
117, 343, 362, 409, 486

heald, Sb ‚Weben, Webfaden'

647

(ae; *MED hēveld*):

    heuelbedd, ME(h); 110, 352

[*hear*, Vb (ae; *MED hēren*):

    [hyere-zigginge, ME; 194, 217, 220 f.

hearken, Vb (ae; *MED herkenen*):

    herc-wile, ME(h?); 307 f.

heart, Sb (ae; *MED herte*):

    heorte-blod, ME; 72, 92, 119, 158, 410

    hert-breke, ME; 206, 431

    herte-bren, ME; 206, 431

    herte-ermyng, ME; 333

    heorte-ehnen, ME(?); 92, 122, 411, 418

    heorrtess eȝhe, ME(?);

    herte-ground(e), ME;

    heortne-graning, ME; 220, 439

    heorte-grucchunge, ME; 220, 439

    herte hard, ME; 265, 268

    heorte-heaued, ME; 411

    hert-pyt, ME; 374

    hert-polk, ME; 343, 364

    herte ranc, ME; 265, 268

    heorte-reste, ME; 412

    heorte-rotes, ME; 373, 376, 411

    heorte-scheld, ME; 376, 412

    herte-sor, ae/ME; 113, 376, 409

    hertes sor, ae/ME;

    herte swetnesse, ME;

    herte-tene, ME;

    [harte-hole, ME; 271

    heorte-wil, ME; 412

    heorte-wund(en), ME(?); 410

heath, Sb (ae; *MED hēth*):

    [hethe-buysshe, ME;

    Hæd-feld, Aþel-feld

      (ne. Hatfield); 546

heathen, Sb, Adj (ae; *MED hēthen*);

    heaðen-dom, ae; 230 f., 234

    heþene-hod(e), ME; 234

    heþen-hound(es), ME(?);

heaven, Sb (ae; *MED heven*):

    heoffness ærd, ME(?);

    heuene-bem, ME; 158

    heuene-bliss(e), heuen-blis, ME(?);

      89, 122, 410

    heffness bliss(e), ME;

    heouene bur, ME;

    heuene deu, ME;

    heouene-engel, ae; 406

Houen-feld;

    heouene-fugel, ae; 406

    houen-fur, ae; 90, 410

    heuene-gate(n), ME(?); 412

    heffness ȝate, ME;

    heouene-gold(e), ME;

    heouene-grund(e), ME;

    hevene-heiness(e), ME; 333

    heouene-hert, ME(h);

    heuone hil, ME;

    heuen-king, heuene-king(e),

      evene-king, ae; 61, 89 f., 122, 346, 348

    heffness king, ae/ME; 156, 407, 421

    heuene-liht, houene-liȝt(e), ae; 89, 101,

      122, 346, 410

    heuen-louerd, ME(h?);

    heuene mede, ME;

    heouene-kwene, heuen-quen, ME; 407

    heofonan rice, heuene-rice, heueriche,

      ae; 82, 89 f., 101, 122, 325, 353, 376,

      393

    heoueriche-bliss(e), ME; 328

    heofennrichess bliss(e), ME;

    heueriche-bote, ME; 328

    heoueriche-liȝt(e), ME; 328

    heoueriche-murhðe, ME; 94, 328

    heoueriche-wun(ne), ME; 328

    heuene-rof, ae;

    heouene-stiward, ME;

    houen-tinge, ae/ME; 67, 75, 89, 264 f.,

      268, 444

    heuene-ware, ae; 238 f.

    heuene-wel(e), ME; 412

heavy, Adj (ae; *MED hevī*):

    hefi-tyme, ae; 274, 287

Hebrew, Sb, Adj

    (*MED Ēbreu, Ēbru*, n. & adj.):

    ebru child; 109 f.

hedge u. *hay*, Sb ‚Hecke, Gehege‘

    (ae; *MED hegge*):

    heg-roukere, ME(h); 214, 437

    hei-sugge, ae; 66, 117, 203, 430

    hei-ward, ae; 203, 430

heg, heh → high;

hele, Vb ‚verhüllen‘ (ae; *MED hēlen* (2)):

    hele-waȝ(es), ME; 186 f., 190, 427

hell, Sb (ae; *MED helle*):

    helle-bearnes, ME; 93, 121, 158, 406

helle-bale, ae;

helle-bende, ae; 93

helle-breord, ME; 411

helle-bu, ME(h); 362

helle-dale, ME;

helle-dæþ, ME;

helle-depness(e), ME; 333

hell-dik, ME; 373

helle-dogge(s), ME; 41, 72, 79, 89, 93,
   121 f., 406

helle-dure, ae; 93, 412

helle-fend(e), ME;

helle-fyr(e), helle-fur, ae; 93, 122, 410

helle-gate, helle-yete, ae; 93, 122, 412

helle-grund(e), ae; 93, 411

helle-hund(es), ae; 88, 406

helle-hus, ae; 72, 93, 121, 393

helle-king (ME?); 407

helle-leuen(e), ME;

helle-liht, ME; 410

helle-liun, ME; 371, 406

helle merk, ME; 255, 373

helle-muð, ME(h?); 412

helle-niht, ME;

helle-pin(e), ae; 60, 88, 122, 412, 419

helle-pitt, ME; 122

helle-pich(e), ME;

helle-pouke, ME; 373

helle-smorðre, ME; 410

helle-smyche, ME;

helle-sor(e), ME;

helle-stench, ME; 135, 410

helle-sweord(es), ME;

helle-þeod, ME(?);

helle-ware, ae; 93, 99, 238 f.

helle-weorrur, ME; 371, 406

helle-wite, ae; 412

helle-wowe, helle-wa, ME; 122, 412

helle-wrake, ME;

helle-wurm(es), ME; 89, 406

hen, Sb (ae):

   henne-bone, ME; (ne. henbane)

   henne-fugel(es), ae; 94, 150, 397

[*hengest*, Sb ,Hengst' (ae):

   [haynx-man, ME; 345

hende, Adj, Adv ,geschickt' (ae):

   hænde-craft(es), ME;

henne (*hence*), *hen*, Partikel (Adv)

,weg, von hinnen' (ae):

   hon-day, ME; 180, 348

   henen-sið, ae(?); 180, 183

herb, Sb (ME < Afrz. u. Lat; *MED herbe*):

   herbe beneit, ME; 255, 456

   herb-yue, ME; 255

   herbe Johan, ME; 255

   herbe Robert, ME; 251, 255, 454, 456

herd, Sb ,Hirte, Herde'
   (ae; *MED hērde* (1), (2)):

   hirde-flocc, ME(h?);

   herdes folc → *erd*;

   heorde-men, hirde-mann, ae; 158, 240,
      393, 406

   hurd-reue, ME(h); 342, 344

   herd-swein, ME(h?); 373, 406

here, Sb ,Heer' (ae; *MED hēre* (1)): 542

   here-burne, ae; 158, 414

   herbyrge, herbearhe, ae/ME; 136, 202,
      206, 358, 363, 431

   here-cniht, ME(h?); 406

   herre-feng, ME(h?); 137, 202, 206, 430

   Her(e)-ford (ne. Hereford);

   Hereford-schire; 327

   here-gong, ae; 66, 95, 120, 138, 202, 206,
      431

   hære-gume(n), ME; 406

   here-kempe(n), ME; 406

   here-mærke, ME; 410

   Heremon (Name);

   hære-scrud, ME; 414

   here-toge, ae; 136, 200, 203, 430

   here-ðring(es), here-dring(es), ME;
      373, 406

here, Partikel ,hier' (ae; *MED hēr*):

   her-biwist, ME(?); 180, 184, 330

   her-wunenge, ME(?); 180, 184

[*hermit*, Sb (ME < Afrz.):

   [ermyte-pryste, ME; 370, 393

hern, Sb ,Ecke' (ae; *MED hirne*):

   hirne-stan, ae;

herne, Sb ,Hirn' (ME < An.):

   hern(e)-panne, ME; 372

hery, Vb ,loben, preisen'
   (ae; *MED herien* (1)):

   heri-scole, ME(h?); 345

   here-word, ae; 60, 186 f., 191, 428

   here-wurðe, ME(h); 282 f., 445 f.

hethen, Partikel (Adv) ‚weg, von hinnen'
  (ME < An.):
    heðen-sið, ME; 180, 183
heuel- → *heald*;
hide, Vb (ae; *MED hīden, hīdinge*):
    huding-cloþ, ME(h?); 197, 428
high, Adj (ae; *MED heigh*):
    heiʒe auter, ME; 370
    heh-angel, heg-engel, ae; 170
    hah-boden, ae;
    heþ-bore, hæʒe iboren(ne), ME; 58, 297,
      450
    hegh dei, ae/ME; 340
    hea-deor, ae/ME; 167
    hage-fader(en), heh-feader, ae;
    hei-uol, ME; 304 f.
    heh(e) healent, ME(?); 146, 292
    heh king, ae; 60, 75, 170
    heih-mod, ae; 313
    hah mon, ME; 168
    heh-messe, ae; 170
    heh-reue, hehe reue, ae;
    heg-settle, hehe seotel, ae;
    hege sete, ME; 373
    hege-strete, ae; 170
    heg-tid(e), ae;
    [hyghe treson, ME;
    hege-wei(e), ae; 170
hill, Sb (ae; *MED hille*):
    hul-wurt, ae;
himmer? (vgl. *MED*):
    to himmere heile, ME(h?); 165
hind, Sb ‚Hirschkuh' (ae):
    hinde-hele, ae/ME;
hind, hine, Sb ‚Haushalt, Diener' (ae):
    hine-folc, ME(h);
    hines-kin, ME(h); 162, 421
hind, Partikel ‚hinter, hinten'
  (ae; *MED hinde* adj.):
    hinde-ward, ae/ME; 180, 183
hinder, Adj ‚böse, verräterisch'
  (ae; *MED hīnder* adj.(2)):
    hinder(e)-cræft, ME(h?);
    hinder-ful, ME;
    hinnderr-ʒæp, ae; 274, 453
    hinder-word, ME;
hird, hired, Sb ‚Haushalt, Gefolgschaft' (ae):
    238, 355, 406

hired-child(eren), ME(h?); 158, 406
hird-clerc, ME(h); 371, 406
hird-cnaue, ME; 406
hired-cniht(es), ae; 406
hird-folc, ME; 407
hird-ifere(n), ME; 330, 406
hired-gume, ME; 406
hird-men, ae; 240, 406
hired-plæi(e), ME; 413
hither, Partikel (ae; *MED hider* adv.):
    hider-cume, ae; 180, 184
hl- → *l-*, z. B. *hlāf* → *loaf*;
hoar, Adj ‚(weiß)grau' (ae; *MED hōr*):
    hor-forst, ME;
    hore-hune, ae; 167, 344
    heor-locked(e), hor-ilocket, ME(h?);
      315, 319
hoarder, Sb ‚Schatzmeister' usw. (ae; *MED
    hordere*):
    horder-wyca(n), ME(h); 83, 211, 332,
      412
hog, Sb (ae; *MED hogge* (1)):
    hogges-herd, ME; 338
hoker, Sb ‚Hohn, Spott' (ae): 542
    hoker-lahter, ME(h); 64, 74, 121, 395
    hoker-leoþ, ME(h); 395
    hoker-word, ae/ME; 395
hold, Adj ‚gewogen, hold' (ae):
    hold-aðas, hold-oþes, ME; 166
    (holde king → *wield*)
hole, Sb (ae; *MED hole* n.(2) u. adj.(1)):
    hole-brede, ME(h); 110
holocaust, Sb (ME < Afrz., Lat.); 360
holy, Adj (ae; *MED hōli* adj. (2)):
    hali-bred, ME;
    hali-dei, holi-dai, ae/ME; 48, 116, 123,
      170, 348, 358, 423
    hali(ʒ)-dom(es), ae; 230 f., 454
    holi-hoc, ae; 167
    haliʒ-raft, haliref, hali rift(e), ae;
    hali þursdei, ae; 170
    hali-weater, haliter, ae; 355
    hali-wei → *heal*;
    vgl. auch → *hallow*(s);
    vgl. auch → 6.5.1.
home, Sb, Adv, Partikel (ae; *MED hōm*):
    ham-cume, ae; 180, 184, 206, 432
    [home-commynge, ME; 180, 184

650

ham-socn(e), ae; 362
ham-ward, ae; 321
homicide, Sb (ME < Afrz.); 361
hon- → *ende-, henne-*;
honey, Sb (*MED honi*):
    huny-comb, ae;
    huni-luue, ME(h?); 402
    huni-succles, ae/ME; 203, 331 f., 430
    huni-tiar, huni-ter, ae; 64, 72, 121, 408
hor(e) → *hoar, whore*;
horn, Sb (ae):
    hornes blast (ME?);
    horn-blawere(s), ae; 33, 41, 122, 129,
        212 f., 383, 385, 436 f.
horse, Sb (ae; *MED hors*):
    [hors(e)-back, ME; 97
    horse-bere, ae; 136
    horses bridel, ME;
    hors-elne, ae;
        (ne. horseheal)
    hors eschif, ME; 255, 371
    hors-fete, ME; 97, 122
    hors-gutten, ME;
    hors-her, ME;
    hors-horde, ae; 97, 406
    hors-hus(e), ae; 97, 417
    hors-knaue, ME;
    hors-lede(n), ME; 407
    [hors-lyttar, ME; 372
    hors-men, ME; 240, 407
    [horse-mete, ME;
    hors-minte, ae; 456
    horses tayl(e), ME;
hostel, Sb (ME < Afrz.):
    ostel-lyuerynge, ME; 220, 368 f., 438
hot, Adj (ae):
    hot-fot (Adv), ME; 310, 313
    (wið, on) hat heorte, ae/ME; 165
houen → *heaven*;
hound, Sb (ae):
    hundes-berie(n), ae; 158, 160, 421, 423
    hunde-cunes, hundes cunnes, ME(?);
        162, 404, 421
    ?hund-lim(en), ME; 263, 402
    hundes-rose, ME; 160, 423, 456
    hundes-tunge, ae; 160, 243, 422
house, Sb (ae; *MED hous*):
    hus-berners, ME(h?); 213, 436

hus(e)-bonde, spätae; 95, 133, 358, 363,
    407
husbond-men, ME; 240, 324, 328
hus-carl(es), spätae; 158, 363, 406
hus-folc, ME;
[house-hold(is), ME; 211
hus-leafdi, ME; 156, 328, 407
huses leafdi, ME; 156, 421
huse-lauerd, ae; 95, 328, 407
hus-lewe, ae; 64, 394, 412
hus-rof, ME;
hous-song, ME; 139, 206, 432
husting(e), spätae; 333, 363, 414
hus-þurl(es), ME; 411
huse-wif, ME; 95, 349, 407
howe (ae; *MED hou(e)-wif*):
    a) Sb ‚Angst, Sorge'
    hoȝ-ful(e), hoh-ful(le), ae; 67, 305
    b) Adj ‚sorgfältig, klug'
    howe-wiif, ME(h?); 170
hr- → *r-*, z. B. *hrægl* → *rail*;
Humber (Fluß):
    Humber-lond(e); 328
hund, Num ‚hundert' (ae):
    hundred(es), ae;
hunger, Sb (ae):
    hunger-biten(e), ME; 292, 294, 448 f.
    hunger-bond, ME(h?); 373
    hungur-fordred, ME; 294
hungry, Adj (ae):
    hungri gere, ae/ME;
hunt, Sb ‚Jäger' (ae; *MED hunte*):
    hunntess-hus, ME;
Huntendone-schire,
    Huntyndune-schire
    (ne. Huntingdonshire); 327
hux, Sb ‚Spott, Hohn' (ae):
    hux-word(en), ae; 395
hwit → *white*;

i- vgl. auch → *j-, y-*;
ice, Sb (ae; *MED īs*):
    Islond (ne. Iceland);
    yses wal, ME;
[*idle*, Adj (ae; *MED īdel*):
    [ydel-honded, ME(h); 320
ig-, ieg- → *ei*;

il, Sb ‚Igel' (ae):
  iles-pil, ylespil(es), ME; 160
il- → *ei*;
in, Partikel (ae):
  in-borh, ae; 180, 183
  infangenes thiafes, ae; 263
  in-ȝehied, ae; 180, 183
  in-ȝong, ae; 138, 143, 180, 184
  in-seil, ae; 180, 183
  in-siht, ME; 180, 184, 363
  in-wit, ae/ME; 180, 184
  in-wuniende, ME(?); 280 f.
incubus, Sb (ME < Lat.):
  incubii demones, ME; 338, 367, 392 f.
India (*MED Inde* n.(1); vgl. *Inde* adj.(1)): 608
  Ynde-lond(e);
  Ynde-regiouns;
  Inde-riche;
Ireland (*MED Īr-lōnd*):
  Yrland-side; 327
  Yrlond-þede; 327
Irish:
  Yrisshe-men (ne. Irishmen); 168
iron, Sb, Adj (ae; *MED īren*):
  iren-harde, ae; 266 f., 269, 442, 456
  [Iron-syde (Name); 245
Israel:
  Israel folc;
  Israeles folc; 163
  Issraæless land;
  Israeles leode; 163
  Issraæless riche;
  Issraæle þe(o)d(e);
ivel → *evil*;

jamb, Sb ‚Bein' (ME < Afrz.;
  MED jaumbe):
  iambleué, ME; 255, 361
Jerusalem:
  ȝerrsalæmess chesstre; 163
  ȝerrsalæmess kinedom;
  Jerusalemes tun(e);
joy, Sb (ME < Afrz.; *MED joie*):
  ioy-ful, ME; 304 f., 370, 453 f.
Judas, Sb (< Lat.):
  iudase cos (ME?); 135, 413
Judea (*MED Jūdē*):
  Judea-land;

k- siehe auch → *c-*;
  (z. B. *kalf, karl* → *calf, carl*);

Kaer ‚Festung' (ME< walis.): 554
  Kaer Carrai (‚Lancaster');
  Kaer Leir (~ Leirchestre; ne. Leicester);
    253, 256, 416
  Kaer Lud (‚London'); 256, 416
  Kaer Liun (ne. Caerleon); 256, 416
  Kæir Usch, Kair Usc (‚Caerleon'); 256,
    416
  usw.
kaser, Sb ‚Kaiser' (ae; *MED casere*):
  kaserr-king, ME; 392
?kelch, Vb ‚erbrechen' (ae. *cyclan*):
  kealche-cuppe, keache-cuppe,
    ME(h); 250
kemp, Sb ‚Kämpe, Kämpfer' (ae):
  kempe-ifere, ME; 330, 392
Kent:
  Cant-uare, Kent-wærre; 239
  Cantware-buri, Kanterburi, Canterburi,
    Cantelburi (ne. Canterbury); 327,
    331, 349, 416
key, Sb (ae; *MED keie* (1)):
  kei-herde, ae; 406
kid, Sb (ME < An.; *MED kide*):
  kides blod, ME; 372
kin, Sb (ae):
  cinnes-men, kinnes-men, ae/ME; 64,
    152, 154 f., 161, 167, 240, 421
  cun-redden, kin-radden, ME; 66, 237 f.
  [kynnes-woman, ME; 161, 329
kind, Sb, Adj (ae; *MED kīnde* n. & adj.):
  kinde blod, ME; 111
  kinde-cold, ME(h?); 111, 269, 443
  kinde-dei, ME; 111
  kinde lond, ME; 111
  kinde luue, ME; 111
  kinde-rede(s), ae/ME; 94, 238
  kinde ðhogt, ME; 111
  kinde wune, ME; 111
kine-, Präfixoid ‚König-, königlich' (ae):
  kine-ærd(e), ME(h); 227
  cune-bern, kine-be(a)rn, ae; 66, 72,
    84, 227
  kine-bench(e), ME(h); 227
  Kine-bord (Name); 227
  kine-bore(n)(e), ae; 298 – 300

652

kine-burh, ME(h); 226 f.

kine-dom, ae; 227, 229−231

kine-erþe, ME(h); 227

kine-ȝerde, ae; 227

kyne-helm, ae; 227

kyne-kyn(ne), ae; 227, 405

kine-louerd, ae; 227, 454

kine-lond, ME; 227

Kine-marck (Name)

    (~ king Marke); 226 f.

kine-mede, ME(h); 227, 376

kine-merk(e), ME; 227, 373

kine-mot(es), ME(h); 227

kyne-rice, ae; 226 f.

kine-ring, ME(h); 221, 227, 453 f.

kine-sæte, ME(h); 227, 373

kine-seotl(e), ae; 227

kine-scrud, ME(h); 227

kine-stol(e), ae; 227

kine-þeod(e), ME; 227

kine-wurðe, ae; 299 f., 454

king, Sb (1.ae; 2.ME *kug-, gug-* < An.):

kinges court, ME; 158, 371

[kyng(e) coward(e), ME; 253, 256

kinges crune, ME; 371

kinges deys, ME; 371

kyngdom, kug-dom, ae/ME; 230,

    363, 372

kynges felouns, ME; 371

king hond (?), ME(h?); 403

kynges hyrd(e), ME(?);

kuglond, guglond, ME; 372

king(e)-riche, kug-riche, ae/ME; 95,

    157, 372

kinges-rice, ME(?); 157, 227, 421

kinges ring, ME;

kynges roune, ME;

kinges sunes, ME(?); 338

kinges istreon, kinges stren, ME(?);

cynges-tun, ae

    (ne. Kingston); 159 f., 226

kingess waȝȝn, ME(?);

[*kitchen*, Sb (ae; *MED kichene*): 619

[kychen-boyes, ME;

[kychyn-knave, ME;

[kychyn-pa(y)ge, ME; 372

knape, knave, Sb ,Knabe (Diener)' (ae):

cnape-child, ME; 391

knaue-child, cnaue-child, ME; 127,

    149, 391

knee, Sb (ae; *MED knē*):

cne-hole, ae; (ne. kneeholly)

knife, Sb (spätae; *MED knīf*):

knijf-pleyeyng, ME(h?); 219 f., 372, 439

cnif-warpere, ME(h?); 213, 372, 436 f.

knight, Sb (ae): 623

[knyght(es) arraunte, ME; 30, 253, 256

[knyghtes aventures, ME; 101, 256

cniht-bærn, ME(h); 391

kniȝt-child, ae; 391

[knyght ermyte, ME; 256

kniȝt-hod, ae/ME; 234

[knyght murtherer; ME; 256

[knyghtes parters, ME; 256

[knyghtes presoners, ME; 256

[knyghtes straungers, ME; 101, 256

cniht-weored(e), ME; 405

(on) kniȝttes wise, ME;

know, Vb (ae; *MED knouen*):

knowe-leche, ae; 218

cnaw-lechunge, spätae; 191, 217−219,

    439

kug- → *king-*;

lad- → *load-*;

ladder, Sb (ae):

leaddre-steolen, ME; 411

[*ladle*, Sb (ae; *MED lādel*):

[ladyll-waysher, ME; 214

lady, Sb (ae; → *loaf*; *MED lādīe*):

leafdi-dei, ME; 98, 148, 417

[lady-hunteras, ME(h?);

leafdi-riwle, ME; 371, 404

lair, Sb ,Lager, Grab' (ae; *MED leir* (1)):

leer-stow(e), leir-stow(e), ae; 409

leir-wite, ae; 414

lamb, Sb (ae; *MED lomb*):

lambes fleos, ME; 162

Lammas → *loaf*;

lance, Sb (ME < Afrz.; *MED launce*):

launce-schaft, ME; 369

land, Sb (ae; *MED lōnd*):

l(e)ond-cnihtes, ME; 158, 406

londdrei → *long*;

land-efne, ME(h); 345

lond-folc, ae; 64, 71, 406

653

land-fyrd(e), ae; 407
lond-gauel, longauel, ae; 352, 414
lond-half, ME;
land-leode, ae; 406
land-lyre, ME(h); 135, 202, 206, 431
londes-men, ae; 158, 161, 240, 421
lond-rice, ae; 394
londes rizt, ME(?);
land-sittend(e), ME(h?); 289f., 446f.
lond-sorze, ME(h?); 79, 409f., 419
lond-speches, ME(h?);
lond-tilie(n), ME; 204, 433
lond-uuel, ME; 410
lond-weig(e), ME(h?);
lark, Sb (ae):
    lauercok, ae/ME;[18]
last, Vb (ae; *MED lasten* (1)):
    leste-ful, ME; 304f.
late, Adj, Adv (ae):
    late-at-hom, ME(h); 261
Latin, Sb, Adj (ae; ME < Lat. u. Afrz.):
    Latines leden(e), ME; 163, 367, 420
law, Sb (spätae; *MED laue*):
    lazhe-boc, ME;
    lazhe-follc, ME(h?);
    lau-foll, ME; 305
    lazhe-leod, ME(h?);
    Lazamon, Laweman (Name);
lay, Sb ,See, Teich' (1.ae; 2.ME <
    Afrz. u. An; *MED lai* (1)):
    lei-uen, ME; 394
lay, Sb ,Lohn, Miete' (ME < An; *MED
    leie* (4)):
    lezhe-menn, ME(h); 240, 345, 363
[*lazar*, Sb ,Lazarus' (ME < Mlat.;
    MED laser (1)):
    [lazar-cote, ME; 370
lead → *load*;
[*leap*, Vb (ae; *MED lēpen*):
    [lhap-wynche, ae; 194, 200, 205
learn, Vb (ae; *MED lērnen, lērninge*):
    leorning-cniht(es), ae; 84, 197, 311, 349,
        426f.
    lerninngcnihhte-flocc, ME(h); 328, 337
[*leave*, Sb (ae; *MED lēve* (2)):
    [yleaue-nymynge, ME; 221

lecher, Sb (ME < Afrz.; *MED lechour*):
    lecher-craft(e), ME(h); 369
    lecher-fare, ME(h); 137, 369
lede, Sb ,Leute, Volk, Land'
    (ae; *MED lēde* (2)): 542f.
    leode-ælder, ME(h?); 148
    leod-biscop(as), ae; 325
    leodbiscop-ryche, ME; 325, 328
    leod-cnihtes, ME(h?); 241
    leod-ferde, ME;
    leod-folk, ME; 157, 399f., 420
    leodes-folk(e), ME; 157
    leod-kempen, ME; 241
    leod-king, leoden(e) king, ae; 148, 157,
        337
    leod-quide, ME(h?); 410, 412
    leod-run(en), ae/ME;
    leod-scome, ME(h?) 241
    leod-scop(es), ME; 139
    leod-spell(e), ME;
    leod-swike, leodene swike, ME; 200,
        204, 433
    leod-ðeaw(e), ae; 241, 412
    leod-þein(es), ME;
    leod(e)-wis(en), ME; 241, 412
leech, Sb ,Arzt' (ae; *MED lēche* (3)):
    leche-creft, ae; 413
    læce-dom(es), ME; 230f.
leek, Sb ,Lauch' (ae; *MED lēk*):
    leyh-toun(e), ae;
    (ne. leighton)
    leyhtun-ward, ae; 204, 328, 430
left, Adj (ae; *MED lift* adj):
    lift-half, ME;
    lift-side, luft-side, ME;
lezhe- → *lay-*;
leer, leir → *lair*;
Leir-chestre, Leycestre
    (ne. Leicester; ~ Kaer Leir); 253, 256,
        416
    Leycestre-schire; 327
    (ne. Leicestershire)
lend, Sb ,Lende' (ae; *MED lende*):
    lend-bon, ae;
lent, lenten, Sb (ae):
    leinte-mete, ME; 353, 414

---

[18] Ae. *laferce, lawerce* ,lark, Lerche'; me. volksetymologisch von *cock* beeinflußt.

654

lenten-tyde, ae; 395
leinten-time, ae; 395
længten-wuce, ae; 77, 410
leof → *lief*;
lere, Vb ‚lehren' (ae;
MED *lēren*, vgl. *leringe*):
lerinc-cnistes, ae/ME; 197, 427
letter, Sb (ME < Afrz.; *MED lettre*):
leattres isealet, ME; 255
leattres iopenet, ME; 255
leve, Sb ‚Glauben' (ae):
læf-ful, ae; 305
lich, Sb ‚Körper, Leichnam' (ae):
lichame, licome, ae; 64, 71, 86, 93, 117,
355, 409
lich-hus(e), ME(h); 417
lich-rast(e), ae; 417
lið-ðroweres, ME(h) (wohl für
lic-ðroweres, ae); 212 f., 346, 350, 437
Lycches-feld
(ne. Lichfield); 160
lief, yleof, Adj ‚lieb'
(ae; *MED lēf* adj. & adv.):
leof-mon, lemman, ae/ME; 63, 65, 71 f.,
116 f., 163 f., 166, 168, 240, 346, 350
leowinde, ae; 307, 349
[*liege*, Adj (ME < Afrz.; *MED lēge* adj.):
[lyege-man, ME; 240
[*lieu*, Sb (ME < Afrz.):
[lyefftenaunte, ME; 361
life, Sb (ae; *MED līf* n., vgl. *līves* adj.):
liues blast, ME;
liues boc, ME;
lifess bræd, ME(?);
lif-dawes, lif-daʒes, ae; 64, 95, 118,
122, 413
lifess-drinnch, ME;
liues fod(e), ME;
liuis firist, ME;
lif-ful(e), ME;
lif-grið, ME; 157, 418
lifues grið, ME; 157
lif-haliness(e), ME; 265, 333
lif-holi(e), ME; 265 f., 269, 443
lif-lad(e), lif-lod(e), ae; 138
lif-leoui, ME(h); 269, 332
liues louerd, ME(?);
lif-sið, ME; 139, 240, 409

lif-tim(e), ME; 413
lif-wil(e), ME;
liues writ, ME;
lift, Sb ‚Luft' (ae):
luft-fuheles, ME; 122, 406, 419
light, Sb (ae):
ligber, liʒt-bere, ae/ME; 202, 204, 301,
352, 376, 430
lihht-fattess, ae;
light, Adj (ae):
liʒtt-fot, ME; 245, 312
(wið) liht-leapes, ME(h?);
lik-lakyng, ME(h); 217, 220, 259 f., 439
like, Vb (ae; *MED līken* (1)):
lik-ful(list), ME; 304 f.
lic-wurðe, ae; 282 f., 445
lic-wurrþiʒ, ae/ME;
[*likely*, Adj (ME < An; *MED līklī*):
[lykly-hod(e), ME; 234 f., 373
lily, Sb (ae; *MED lilīe*):
lylye-flour, ME; 371, 398
lylie-leor, ME; 245
lilye-whit(e), ME; 269, 442 f.
Lincoln:
Lincolne-schire;
Lindeseye
(ne. Lindsey); 160
lion, Sb (1. ae; 2. ME < Afrz.; *MED līoun*):
liunes leohe, ME; 337, 369
lite, Adj ‚klein' (ae; *MED līte* adj. (1)):
lite-man, ME(h?); 170, 240
lith, Sb ‚Glied' (ae):
leþe-bei, ae; 286, 288, 446
lið-ðroweres → *lich*;
liþe-wurt, ae;
lithe, Adj ‚sanft' (ae):
lið-ful(le), ME(h); 305
lither, Adj, Adv ‚böse'
(ae; *MED lithere* adj., adv):
luþer-craft(es), ME; 122
luðere ilatet, ME; 319
luðere iþoncket, ME; 319
luðere iwordet, ME;
little, Adj (ae; *MED lītel*):
lutles ihweat, littless-whatt, ME; 22,
321, 330
load, lode, Sb , Weg, Reise' (ae; *MED lōde*):
lod-cniht, ME(h?); 191, 407

loder-man, ae/ME; 83, 240, 332

lædes-men, lodes-men, ae/ME; 158, 161, 240, 421

læd-teow(as), latteu, ae; 350, 407

loaf, Sb ‚Laib' (ae; *MED lōf*(2)):

    hlæfdig, lauedi, lady, ae; 66, 70f., 84, 86, 117, 200, 204, 334, 346, 355

    (für Kp. damit → *lady*);

    Hlaf-mæsse, Lammas(se), ae; 148, 349, 417

    Hlammæsse-dæg(e), Lammasse-day, ae; 325f., 417

    hlaford, louerd, lord; ae; 66, 70f., 86, 117, 133, 204, 346, 354–356, 430

    (für Kp. damit → *lord*);

loath, loth, Adj (u. Sb) (ae; *MED lōth*):

    lað-spæl, ae;

lof, Sb ‚Lob, Preis' (ae):

    lof-song, ae; 83, 139, 414, 433

    loftsong(e), ae/ME; 83, 414

lome → *ylome*;

lond → *land*;

London:

    Lundene-burh; 394

    Lundene-tun; 163

    Lundenes tun; 154, 163, 421

long, Adj (ae):

    longe-berded, ME; 319

    londdrei, ME(h); 287, 350

    long fridai → *Frie*;

    long friniht → *Frie*;

    long-here, ME(h); 243, 245, 424

    long-hom, ME(h);

    longe-man, ME(h?); 170, 240

    long-nailed, ME; 319

lord, Sb (ae; → *loaf*):

    lauerdom, laferrd-dom, ae; 230f., 352

    laferrd-flocc, ME(h); 328, 404

    lord-king, ME; 394

    lord-ouer, ME(h?); 255

    lauerd-swike, ae; 204, 430

lore, Sb (ae; *MED lōre* (2)):

    lar-fadderr, ME;

    lar-spel, lor-spel, ae;

    lar-þeu, lar-ðeaw(es), lareow, ae; 354f.

    lor-þein(es), ae; 407

loud, Adj (ae):

    lud-steuene, (mid) ludere stefne, ae/ME; 165, 311, 313, 338, 486

louse, Sb (ae):

    luse-sed, ME(h);

love, Sb (u. Vb) (ae):

    loue-bend(e), ME; 158

    loue-ben(e), ME;

    luue-boc, ME; 409

    loue-dai, ME; 49, 191, 376, 457

    loue-drinc, ME(h?); 137, 409

    luue-drurye, ME; 7, 365, 371, 399f.

    luue-eie, ME; 151, 390

    luue-ful(e), ME; 305

    luue-gleam(es), ME; 413

    loue-laik(e), ME(h?); 373

    loue-las, ME(h?); 371

    luue-lates, ME; 410

    luue-lettres, ME; 64, 79, 92, 111, 371, 409

    luue-leuest, ME; 67, 75, 269

    luue-lif, ME; 92

    loue-longing, ME; 220, 439

    loue-morning, ME; 220, 439

    [loue-rede, ae; 238

    luue-run(es), ME; 376, 409

    luue-salue, ME; 418

    luue-spech(e), ME; 139, 409

    luue-stiche, ae; (ne. lovage)

    luf-þing, ME;

    luue-wende, ae; 307

    loue-werc, ME;

    luue-word(es), ME; 79, 409

    luue-wund(e), ME;

    luue-wurðe, luue-wurði, ME; 63, 67, 75, 269, 282–284, 444, 446

low, Adj (ME < An; *MED loue* adj.):

    loh-iboren, ME; 297, 372, 450

Ludes-gate

    (ne. Ludgate); 256

lung, Sb (ae; *MED longe*):

    lung-wurt, ae;

lust, Sb (ae):

    lust-bedd(e), ME(h); 417

    lust-full, ae; 305

luft → *lift*;

luðer → *lither*;

luue → *love*;

[mad, Adj (ae/ME):
   [madde-man, ME; 25, 90, 168, 240
madme, Sb ‚Schatz' (ae; *MED madmes*):
   madme-hus, ae; 417
maiden, maid, maith, Sb (ae. *mæ(g)den,
   mægð; MED maide, maiden*):
   Maidene Castel, Maiden Castel; 111, 338
   meiden-child, maide-child, ae; 353, 392
   mayden-clene, ME(h?); 269, 442
   meiden-had, mægeð-had, meið-hod(e),
      ae; 233 f.
   meið-lure, meidene lure, ME; 206, 333,
      431, 433
   maʒʒdenn-mann, ae; 240, 392
   meidenes mede ME(?);
   meið-þeaw(es), ME(h?); 410
   meidnes womb(e), meidene womb(e),
      ME(?); 78, 162
main, Sb (u. Adj) ‚Stärke' (ae):
   mæin-club(be), ME(h?); 373
   mein-ful(e), ME; 305
   [mayne-londis, ME;
maister → master;
make, Vb (ae; *MED māken*):
   make-agrise, ME(h); 249, 251
   make-fare, ME(h); 249, 251
mal-, Adj ‚schlecht, böse'
   (ME < Afrz.; *MED male* adj. (1)):
   [male-dysaunte, ME;
   maleise, ME; 169
   [male engynne, ME;
   maudeflank, ME; 261, 361
   [malefortune, ME(h);
   malueisin, ME(h?); 169, 365
Mamre (Ort):
   Mambre dale;
man, Sb ‚Mann, Mensch' (ae):
   mannes bon, ME(?);
   mon-drake, ME; 364
      (ne. mandrake)
   mon-drem, ae; 157, 413
   mannes drem, ae/ME; 157, 422
   mannes feet, ME(?); 162
   mon-ue(o)rd(e), man-ferde,
      mon-weored(e), ae/ME; 413
   man-fischer(s), ME; 213, 376, 436 f.
   mannes flessh(e), ME(?);
   mon-had, ME; 66, 234

[manne-handeled, ME; 142, 293 f.
[man ermyte, ME(h?); 256
man-cen(ne), man-cunn, man-kin, ae;
   64, 97, 121, 238, 404
monna cun; 91
moncunne-heale, ME; 329
mannkinne-nede, ME; 329
man-kund(e), ME; 157, 162, 238, 404 f.
mannes cu(i)nde, monnes cunde, ME;
   157, 162, 421
monne lure, man-lure, ME; 157, 200,
   206, 431
mon(n)es man, ME; 240
[man-murtherer, ME; 214
man-myrringe, ME; 220, 438
man-cwealm, mon-qualm, ae; 410
mon-quelle, ME(h?); 204, 212
mon-quellere, ME; 6, 66, 212 f., 436 f.
man-red, mon-raden(e), ae; 238
mon-slaʒe, man-sleʒe, mon-slaue(n), ae;
   200, 204, 206, 212, 219, 429−434
[man-sleer, ME; 212, 214
man-sliht(as), mon-slaht, ae; 209, 219,
   434 f.
manness sune, ME(?); 376
man-þew(es), ae; 157, 410, 412
mannes þewes, ME(?); 157
man, Sb, Adj ‚Verbrechen, Bosheit'
   (ae; *MED mōn* (2)):
   man-aðas, mon-oð, ae; 111, 405
   mon-sware, ae; 200, 204
many, Adj (ae; *MED mani*):
   moni-cunnes, ae/ME; 65, 322
marble, Sb ‚Marmor' (ME < Afrz.):
   marbre-ston(e), marbel-ston(e), ME;
      365, 369, 396, 398
march, Sb ‚Grenze' (ME < Afrz.;
   MED marche (2):
   merche-stow(e), ME(h); 369, 394
mare, Sb ‚Pferd, Stute, Mähre'
   (ae; *MED mēre* (1)):
   marescal, marschal, ME; 362
   [marys sonne, ME;
   mere-wod(e), ME(h); 67, 75, 269, 443
marme- ‚Marmor' (ae):
   marme-stæn(e), marman-stan(e), ae; 345,
      354, 369, 398
marsh, Sb (ae; *MED mersh*):

mersc-land(e), ME; 394
Martin, Sb (Name):
   martyn-ape, ME; 364
   Martines mæsse(dæg), ae; 162
martyr, Sb (ae; *MED martir*):
   martir-dom, ae; 223, 230f., 233
mass, Sb (ae; *MED* messe (1)):
   mæsse-æfen, ae; 325, 334
   messe-boc, ae; 158
   messe-cos, ME; 414
   messe-dæg, ae; 325, 417
   messe-gere, ME; 374
   mæssa-hakel(es); ae; 414
   measse-kemese, ME(h); 414
   mæsse-niht, ae; 334
   [masse-peny, ME;
   mæsse-prust(es), ae; 387, 407
   messe-ref, ae; 414
   messe-song, ae; 139, 206, 431, 433
master, Sb (1. ae; 2. ME < Afrz.;
   MED maister n.):
   meister-burh, ME; 369, 404
   maister-cite, ME; 103, 369, 371, 404
   maister-curtiler, ME; 369, 371, 404
   meister-deoflen, ME; 103, 369, 404
   maჳჳstre-dwale, ME; 103, 369, 404
   maister-fend, ME; 369, 404
   maister-gomfainoun, ME; 103, 369, 371,
     404
   meyster-king, ME; 103, 369, 404
   [maystir-marynars, ME; 370
   meister-prest, ME; 369, 404
   maister-toun, ME; 369, 404
mathe, Sb ‚Made‘ (ae):
   maþe-mete, ME; 413
[*May*, Sb (ME < Afrz. u. Lat.): 619
   [May-day, ME; 370
   [May-mornynge, ME;
meadow, mead, Sb (ae; *MED mēde* (2)):
   med-wurt, ae;
meal, Sb (ae; *MED mēl* (2)):
   mel-dei, ae/ME(h); 417
   vgl. auch → *twimel-dai;*
   meles mete, ME;
   mel-seotel, ME(h); 376, 414

mel-tid, ae; 417
mel-tim(an), ae; 417
[*mean*, Adj (ME < Afrz.;
   MED mēne adj. (2)):
   [(in the) meane-tyme, ME; 370
   [(in the) meane-whyle, ME; 370
meat, Sb ‚Nahrung‘ (ae; *MED mete* (1)):
   mete-burd(es), ME; 417
   mete-custi, ME; 269, 332, 443
   mete-grace(s), ME; 371, 414
   mæte-cun, mete-kinn, ME; 404
   mete-niðing(es), ae; 112, 130, 218, 333,
     363
   [mete-whyle, ME;
meed, Sb ‚Lohn, Bestechung‘ (ae;
   MED mēde (4)):
   med-ierne, ME; 269, 443f.
meet → *moot;*
mensk, Sb ‚Ehre, Milde‘ (ME < An.):
   mensk-ful, ME; 305, 373
Mercians:
   Mercena lawe (*MED* Merchene laue); 338
[*mercy*, Sb (ME < Afrz.; *MED mercī* (1)):
   [merci-uol, ME; 306, 370
mere, Sb ‚See, Meer‘ (ae; *MED mēre* (2)):
   marrgrote, ae;[19] 396
   marrgrote-stan(es), ME(h?); 328, 398
   mere-man, ae/ME(h); 240, 335, 343
   meare-minnes, mer-minnen, ae; 343, 406
mester → *mister;*
met, Sb ‚Maß‘ (vgl. *mete*, Vb ‚messen‘) (ae):
   met-ჳerd, ae; 191, 428
metal, Sb (ME < Afrz.):
   metal-ჳeters, ME; 213, 369, 436
methe, Sb ‚Maß, Zurückhaltung‘ (ae):
   meað-ful, mað-full, ae; 305
Michael, Sb (1. ae; 2. ME < Afrz. u.
   Lat.; *MED Mighel*):
   [Mychaell-mass(e), ae/ME; 158, 358
   Michaeles messe, ae; 158, 335
   [Myghelmas-day, ae/ME; 325, 327
   Michaeles mæssedæg, ae; 162
   (ne. Michaelmas)
   Mihæles Munt(e)
   (‚Mont-saint-Michel‘); 160

---

[19] Eine Entlehnung aus lat. *margarita* ‚Perle‘, die aber volksetymologisch an *mere* angelehnt wurde (ae. *meregreot*).

mid (u. *midden-, midder-*), Adj, seltener Sb
(später auch Präfix), ‚mittel, mittlerer‘
(ae):
  mid-dæg, ae; 111, 163, 170
  middæges sang, ae/ME; 158
  middan-eard, midden-erd, ae; 171, 339
  mid-festen, ae;
  mid-lengten(e), ae; 111
  mid-marhen, ME; 111, 170
  midmorwe-day, ME; 326
  mid-niht, ae; 111, 170, 339
  midder-niht(e), ae; 83, 339
  myd-overnon, ME; 326
  mid-sid(e), ME;
  midde-sumer, middan-sumer, ae;
    111, 170
  midsumer-dæi, ME; 324–326, 410, 417
  myd-þeyh, ME;
  mid-ward, ME; 111
  middes-werld, ME;
  mide-winter, ae; 111, 170
  midewintre-dæi, midewinteres dæi, ME;
    325 f., 410, 417
  midewintres niht, ME;
  midwinter-tid(e), ME; 326
  vgl. auch → *middle*;
mid, Partikel ‚mit‘ (ae):
  [mid-þolyinge, ME(h); 180, 184, 377
  mid-wiif, ME; 178, 180, 183
middle, Sb, Adj (ae; *MED middel*):
  middel broþer, ME; 111 f.
  middel-eard, middel-erd, middil-erþ(e),
    ME; 111 f., 166
  midel-liue, ME;
  middel-niȝht(e), ae; 65, 83, 111 f., 122
  midel-sel, ME; 111
  Middel-sex (ne. Middlesex); 166, 415
  midel soster, ME; 111
  middil walkne(s), ME;
  middel wei, ME; 111
  [myddyl-ward(e), ME; 140
  middell-werelld, ME; 111 f.
Midian:
  Madian lond; 570
might, Sb (ae):
  migt-ful, ae; 305
  migte name, ME;
mil- (ae):

mil-deu, ae; 64, 72, 85, 117, 342, 408 f.,
  457
milce, Sb ‚Gnade, Barmherzigkeit‘ (ae):
  milz-ful(e), ME; 305
  mils-liðe, ME(h); 269
  milche-witter, ME(h?); 269
mild, Adj (ae; *MED milde*):
  mild-ful(e), ME; 304 f.
  mild-heort(e), ae; 244, 313, 316, 376
  mild-hearted, ae/ME; 244, 316, 318
  mildheort-ful(e), ME(h); 305, 329, 333
  (mid) mildere steuene, ME(?); 165
mile, Sb (ae):
  mile-way, ME;
milk, Sb (ae):
  millkess drinnch, ME; 137
  milc-drinkend(e), ME(h); 141, 288 f.,
    376, 446 f.
  milc-rem, ME, (Vrr: melkus strem,
    mylkes creme); 157
  milkes rem, ME; 157
  milc-strund(en), ME; 409
  milc-whit, ae; 269, 442 f.
mill, Sb (ae; *MED milne*):
  mulne-dure, ME; 93, 101
  milne-hous, ME; 94
  mulne-post, ME;
  mel-stanent, mul-ston, myl-stone, ae;
    354
  myle-ward, ae; 204, 354
mille-, Num ‚tausend‘ (< Lat.):
  millefolium, ME(h?); 360 f.
  milfoil, ME; 360 f.
minster, Sb (ae):
  minster-boc, ae; 414
  mynster-cyn(ne), ME(h); 405
  minnstre-dure, ME;
  minnstre-mann, ae; 240
  mynster-regol, ME; 91, 158, 414
mister, Sb ‚Beruf, Stellung‘ (ME < Afrz.):
  mester-men, ME; 240, 369
  [mesteres-men, ME; 161, 240
mix, Sb ‚Dung, Kot‘ (ae):
  mix-maumez, ME; 99, 105, 371, 402
Moab: 570
  Moab king;
  Moab lond;
[mole, Sb (ME < Mndl.; *MED molle* (1)):

[molle-hyll(ys), ME; 374
mon → *man*;
monk, Sb (ae):
    munec-child, ae; 393
    munec-claðes, ME; 157, 413
    monekes cloþes, ME; 157, 422
    munec-had, ae; 234, 454
    munecclif, munec-lif, ae; 413
month, Sb (ae):
    [moneth-day, ME;
    moneð-met, ME(h?); 138, 207
mood, Sb (ae; *MED mōd*):
    mod-ful, ae; 305
    mod-kare, ae; 410
    mod-sorȝe, ae; 157, 410
    modes sorȝe, ae; 157
moon, Sb (ae; *MED mōne* (1)):
    monan-dæg(e), mone-dæi, ae; 148, 158,
        161, 357, 415
    mone-liht, ME;
    mone-niht, ae; 334
moor, Sb ‚Moor‘ (ae; *MED mōr* (1)):
    mor-uen(ne), ME; 400
    more-lond, ae;
moot, Sb ‚Versammlung‘ (ae; *MED mōt* (3)):
    mot-hus(e), ae; 186, 191
more, most, Adj (ae):
    (þe) more del, ME; 340
    (þæt) mesten dæl, ME(?); 339 f.
    vgl. auch → *much*;
morn, morning, morrow, Sb ‚Morgen‘
    (ae; *MED mōrn, morninge, morwe*):
    marhe-ȝeue(n), mærȝeue, moreȝeue, ae;
        119, 138, 202, 207, 354, 383, 430
    morȝen-liht, moreliht, ae; 354, 410
    morȝe-mete, ae; 354, 414
    morȝen-slep, morwe-slep(e), ME; 139,
        207, 354, 432
    morgen-tid, morne-tyde, ae; 395
    morgewil(e), morgen-quil(e), ME; 354,
        395
[*mort*, Sb ‚Tod‘ (ME < Afrz.):
    [morte Arthur(e), ME; 256
morth → *murth*;
Moses, Sb (ae; *MED Moises*):
    Moysæsess boc, ME;
    [Moyses-lond(e);
mother, Sb (ae; *MED mōder*):

moder-bern, ME(h?); 158, 404, 412
moder-burh, ME(h?); 404
moder-child, ae;
moder healf(e), moderr hallf, ME; 96, 412
moder-hus, ME(h?); 404
moder-sunnen, ME(h?); 404
moder-sune, ME; 96, 72, 404, 412
modyrs sonne, ME; 96
mount ‚Berg‘ (1. ae; 2. ME < Afrz. (Agn.)):
    Munt-giw, Mungiu, Montagu; 253, 256
    Munt-joye; 256
    Munt Galaad; 256
    Munt Senis; 101
    Mount Synai; 256
mourn, Vb (ae; *MED*
    mornen, vgl. *morninge* ger.):
    mournyng-cheres, ME; 197, 371, 427
mouse, Sb (ae; *MED mous*):
    muse-stoch, ME; 418 f.
mouth, Sb (ae):
    mouþ-crieynges, ME; 220, 371, 439
    mud-freo, ae; 269, 443
much, Adj (ae; *MED muche, muchel*):
    muchel-lestinde, ME; 291, 448
    vgl. auch → *more, most*;
mug, Sb ‚Moschuspflanze‘
    (ME < Afrz.; *MED muge*):
    muge-flour(es), ME(h); 398
mug- (ae):
    mug-wrt, ae; 342, 344
    (ne. mugwort)
mul- (ae. *mōr-berie*; *MED mul-berie*):
    mur-beri(en), ae/ME; 344
munec → *monk*;
munt → *mount*;
murth (*murder*), Sb ‚Mord‘ (ae;
    MED morth (1) u. *morther* (1)):
    morþ-ded(en), ae; 136, 396
    morð-gome(n), ME(h);
    morð-slaga, ae; 204, 432
    morð-spell(e), morþre-spell(e), ME(h);

nadder → *adder*;
nail, Sb (ae):
    neil-cniues, ME(h?); 374, 418
    nail-sax, ae; 418
naked, Adj (ae):
    naked-heued (Adv), ME(h?); 313

name, Sb (ae):
    nome-cuð(e), ae; 269, 443
    name-cund, ME(h);
narrow, Adj (ae; *MED narwe*, adj & adv):
    narewe-herted, ME; 318
navegar → auger;
Nazareth:
    Nazaræþess chesstre; 163
near → nigh;
neat, Sb ‚Vieh, Rind' (ae):
    netes flesh, ME(?); 162, 422
neb, Sb ‚Gesicht' (ae):
    neb-schaft, ME; 210, 435
neck, Sb (ae; *MED nekke*):
    nek-bon, ME; 364
need, Sb (ae; *MED nēde* (1)):
    neod-ful(e), nied-full(en), spätae; 305,
        311
    ned-swat, ME(h); 413
    neod-þearf, ae; 113, 400
neilond → ei;
neorxene- (Sb?) (ae):
    neorxene-wang, ae; 342
nest, Sb (ae):
    nest-ey, ME; 419
nete(n) → neat;
nether, Adj ‚niedriger, unterer'
    (ae; *MED nethere*):
    niðer-helle-grunde, ME(h); 181, 329
    [neyther-shete, ME; 181, 340
    neoðer-stienge, ae/ME; 129, 181, 184,
        453
    niðer-wunienge, ME; 181, 184
new, Adj, Adv (ae; *MED neue*, adj & adv):
    neow-cumen(e), ME; 297, 451
    neu-fangel, ME; 274, 321, 332
    New ȝeress daȝȝ, Newerys day, ME; 326
    [new-made, ME; 298
    [new-slayne, ME; 298
Nicomedia:
    Nichomedese burh;
nigh (*near*), Partikel ‚nahe'
    (ae; *MED neigh* adj, adv, prep):
    nehhebur, ae; 133, 170, 180, 183, 330,
        343, 365
    neȝebur-rede, ME; 238
    nea-magen, ae; 164, 180, 183
    nea-wist(e), ae; 180, 184, 208 f.

aneoweste (Adv, Präp), ae/ME; 180
night, Sb (ae):
    niht-fuhel, ME; 407, 419
    nihte-gale, ae; 66, 84, 94, 117, 200, 204,
        259, 430, 457 f.
    niȝtingale, ae/ME; 66, 73 f., 82, 204, 259,
        457 f.
    nihhtess resst(e), ME;
    nihter-tale, ME; 83, 360, 363
    niht-þeoster, ME; 410
    niht-wecches, ae; 140, 207, 432
nith, Sb ‚Streit, Feindschaft' (ae):
    nið-craft(en), ME; 413
    nið-ful(l), ae; 303, 305
nither → nether;
nithing, Sb ‚Geizhals, Feigling'
    (Spätae. < An.):
    niðing-giscing, ME(h?); 112, 220, 333,
        372, 438
noble, Adj (ME < Afrz.):
    noble man, ME; 65 f., 72, 168, 240, 369 f.
none, Pron, Adj, Adv (ae; *MED nōn* pron.
    usw.):
    nons-kinnes, ae/ME; 322
noon, Sb (ae; *MED nōn* n.):
    non-mete, ae; 414
    non-tid, ae; 395
north, Adj, Adv (Sb ab ME) (ae): 106
    norrþ-dale, ae; 106, 169
    norð-east (z. T. Adv.), ae; 6, 106, 273
    norð-ende, ae; 169
    norð-ærd(e), ME(?); 169
    North-folk(e) (ne. Norfolk); 166
    norð-ȝæt(e), ME(?); 169
    norð-half, ae; 169
    Norhamptoun
        (ne. Northampton); 166, 351 f.
    Norhamtone-schire; 327
    Norð-humbre
        (ne. Northumbria); 328, 336
    Norðhumberlond(e), Norþ-
        Humber-lond
        (ne. Northumberland); 166, 325,
        327 f.
    Norþ-lond;
    norð-rice, ME; 260
    norð-sid(e), ME(?); 169
    Norþ-Wales, Norð-Walene;

norð-west (auch Adv), ae; 273
Norþ-wych (ne. Norwich); 166
northen, Adj, Adv ,von Norden her,
   nord-' (ae):
   norþþen-wind(e), ae; 260
nose, Sb (ae; MED nōse, vgl. nāse, nēse):
   nease-gristles, ae; 411
   nese-smel, ME;
   nease-þurl(es), neosturles, ae; 133,
      355, 411
November, Sb (ME < Lat. u. Afrz.;
   MED Novembre):
   nouembres moneþ, ME; 163, 369, 420
nowcin, newcin, Sb ,Plage' (ME < An.); 363
nut, Sb (ae; MED note (1)):
   nutes amigdeles, ME; 252, 255, 371
   nute-hede, ME(h); 245
   note-muge, ME; 255, 369, 377
   nute-scalen, ME; 412
     (ne. nutshell)

oak, Sb (ae; MED ōke):
   okes bord, ME; 162
oath, Sb (ae; MED ōth):
   oðe`s´-sueriingge, ae/ME; 220, 438
ofer → over;
off, Partikel (ae; MED of):
   of-sprung, of-spring, ae; 181, 184
offer, Vb (1. ae; 2. ME < Lat. u. Afrz.;
   MED offren, vgl. offringe):
   offring-lac, ME(h?); 197, 237, 427 f.
offrand, Sb ,Opfer(gabe)'
   (ME < Afrz.; MED offrende):
   offrande-sel, ME; 198, 369
oil, Sb (ME < Afrz. (Agn.)):
   olies ðef, ME; 375
   vgl. → ele;
old, Adj (u. Sb) (ae; MED ōlde):
   vgl. auch → alder, elder;
   ealde-fader, alde-feder, eldre-feder, ae;
      107 f., 164, 340
   alde-moder, ae; 107 f.
   æld mone, ME;
   [olde-rooted, ME; 321
   [olde-seyde, ME; 298
olfend, Sb ,Kamel' (ae):
   ollfenntess hær, ME; 162
olive, Sb (ME < Afrz. u. Lat.):

oliues bog, ME; 122, 162, 369
on, Partikel (ae):
   on-sihð(e), ME; 181, 184
onde, ande, Sb ,Zorn, Neid'
   (ae; MED onde (1)):
   ont-ful(le), ME; 305
one, Num (ae; MED ŏn):
   on-eyde, ae; 318, 320
   an-ful, ME; 304, 333 f., 454
   an-had, ME(?); 234
   an-ihurnde, ae; 318, 320
   an-kenned, ae; 375 f., 454 f.
   an-lypig, analpi, alpi, ae; 317 f., 320, 355
   an-red, ae; 313
   an-sæte bzw. ansæte-lif, (ME(h)); 172,
     200, 202, 328, 376
   ane-wil, ae; 307 f.
open, Adj (ae):
   open-he(a)ued (auch Adv), ME;
     309−313
   [opynne-mowthed, ME; 320
orchard, Sb (ae):
   orchard, orhȝeart, horechard, ae;
     342, 356
   orchard-sid(e), ME; 329, 341
ord, Sb ,Anfang, Spitze' (ae):
   ord-frume, ae; 400
ore → are;
orf → erf, erve;
orgel, Sb ,Stolz'
   (1. ae; 2. ME < Afrz. (Agn.)):
   orrȝhell-mod, ME(h); 369
   orȝel-prude, orgel-pride, ME; 365, 369,
     398, 400
ostel → hostel;
other, Pron (ae):
   oþer-weis (auch Adv), ME; 322
out, Partikel (auch Adj) (ae; MED oute):
   [oute-cry, ME; 181, 184, 372
   out-gangel, ME; 280 f., 332
   ut-gong, ae; 181, 184
   out-hous, ME; 181, 183
   [out-kestinge, ME; 181, 184, 374
   ut-lahen, ut-lages, vt-lawes, spätae;
     146 f., 181, 184, 243, 363, 451
   ut-lete, ME; 66, 74, 181, 184
   out-londiss(e), ae; 280 f., 333, 453
   ut-numenn, ME; 280 f.

662

ut-runes, ae/ME; 181, 184
ut-schute, ae; 66, 74, 181, 184
houd-siþ(e), ae; 66, 181, 183
ute-wið, ME; 280 f.
outen, Partikel ‚ausländisch, fremd‘ (ae):
uten-laddes, ME; 181, 183
over, Partikel (ae):
ouer-carked, ME; 280 f., 377
ouer-cuð(re), ME(?); 280 f.
ouer-ded(e) (Sb), ME; 66, 74, 176,
    181, 183, 281, 451
ouer-ded(e) (Adj), ME; 280
[ouer-doinge, ME; 182, 184
ouer-ete, ae; 181
[ouer-evenynge, ME; 182, 185
ouer-fulle, ae; 181
[over-garment(e), ME(h); 129, 182,
    184, 372
ouer-gart, offerr-garrt (Sb), ouegart
    (Adj), ME; 181, 183, 280 f., 343, 374
oferr-hannd, ME; 181, 183
ouer-hardi, ME; 278, 280 f., 371, 453
[over-hasty, ME; 281, 372
oferr-heh, ae; 280 f.
ouer-herunge, ME(h); 181, 184, 452
ouer-herren, ME(h); 181, 183
ouer-heued, ME(h); 181, 184
ouer-hohe, ae; 181, 184, 452
oferr-king, ME; 181, 183
ouer-kipparis (Vr. ouer-hippers), ME;
    181 f., 184, 211
[over-leder, ME; 182, 184
ouer-leparis, ME(h); 182, 184, 452
oferr-laferrd, ME; 182, 184, 255
ouer-man, ME; 182, 184, 240, 451
ouer-mete, ae; 280 f.
ouer-mod(e), ae; 280 f.
[over-much(e), ae/ME; 281
[over-shete, ME; 182, 184
uuver-slagen, ae; 182, 184
ouer-soh, ME(?); 280 f.
ouer-þroweinge, ME; 182, 184
ouer-uuel, ME(h); 280 f.
[ouer-wenere, ME; 182, 184
[ouer-weninge, ME; 182, 184
oferr-werrc, ae; 182, 184
own, Adj (ae; *MED ouen*):
aȝen-wille, ME; 169, 376

ox, Sb (ae):
Oxene-ford (ne. Oxford); 148, 338
Oxeneford-schire; 328
    (ne. Oxfordshire)

pagan, Adj, Sb (ME; *pagan* < Lat.;
    paien < Afrz.):
paien-haþen, ME; 112, 365, 369, 400
palm, Sb ‚Palme‘ (ae; *MED palme*):
palm-sunedei, ae; 157, 324–326, 417
palmes sunendæi, ae/ME; 157, 162, 422
palm-sunedeies procession, ME; 325
palmesonnes-aue, ME; 326, 334
palme-tre(n), ae; 398
palm-twig, ae; 149 f., 411
pan, Sb (ae; *MED panne* (1)):
panne-uol (Sb), ME(h); 233
paradise, Sb (1. ae; 2. ME < Afrz. u. Lat.;
    MED paradise u. *parais*):
paradisess ærd, ME; 163
paradises bliss(e), ME;
paraise-ȝeten, ME; 369, 412
paraises ȝeten, ME;
paradisess riche, ME;
paraise-selhð(e), ME; 369, 412
paraises selhðe, ME;
Pasch, Sb ‚Passah, Ostern‘ (ME < Afrz. u.
    Lat.; *MED paske*):
passke-daȝȝ, ME; 326, 367, 395
passke-messe, ME; 367
passkemesse-daȝȝ, ME; 325 f., 367
[*pass*, Vb (ME < Afrz.):
[Passe-Brewell, ME (Name); 251
pater noster, Sb ‚Vaterunser‘ (ae); 67, 262
pea, po, Sb ‚Pfau‘ (ae):
pe-cok(es), ME; 397
pea, pease, Sb ‚Erbse(n)‘ (ae; *MED pēse*):
pese-buȝth, ME;
Pendragon ‚Drachenkopf‘ (Name):
Vðerpendragoun; 253, 256
vgl. auch → *drake*;
[*penny*, Sb (ae; *MED penī*):
[pane-worþ(es), ae;
Pentecost, Sb (ae): 360
pentecostes-dei, ME; 156
pentecosten-mæssanwuce, ME;
    325–327, 417
pentecoste-wuce, ME(?); 325, 354

663

petty, Adj (ME < Afrz.; *MED peti*):
  Peticrewe, Peticru, ME(Name);
pilch, Sb ‚Fellgewand, -mantel' (ae):
  pilche-clut, ME; 408
pin, Sb (ae):
  pin-tail, ME(h); 245
pine, Sb u. Vb ‚Strafe, Qual, quälen' (ae):
  pin-fule, ME(?); 464
  pinunge-þrahen, ME(h?); 140, 195,
    197, 427 f.
  [p]ine-wurð(e), ME; 269, 282, 284,
    444, 446
pitch, Vb (ae; *MED picchen*):
  pic-forck, ME; 191, 411
play, Sb, Vb (ae; *MED pleie* u. *pleien* (1)):
  ploi-ueren, plaʒe-iueren, plei-ueres,
    ME; 137 f., 186, 191, 330, 427, 429
  plohe-spech(e), ME(h?); 395
  playing þede, ME(h); 197, 427
[*plum*, Sb (ae; *MED ploume*):
  [plum-tre, ae;
pode, Sb ‚Kröte' (ME):
  podes spile, ME; 338
poison, Sb (ME < Afrz.; *MED poisoun*):
  poyson present, ME; 112, 369
poll, Sb, urspr. ‚Kopf' (ME < Mndl.;
  MED polle):
  pol-heued(es), ME(h); 374, 400
[*pork*, Sb (ME < Afrz. u. Lat.):
  [porke-hog, ME; 370
port, Sb
  a) ‚Hafen' (1. ae; 2. ME < Afrz.;
  MED port (2)):
  Port-chæstre, Port-castre
    (ne. Portchester);
  Port-Lud (~ Ludesgate) (ne. Ludgate,
    London); 101, 256
  Portes-hom (ne. Portisham); 64, 160
  Portes-mouþ(e) (ne. Portsmouth); 160
  b) ‚Stadt, Marktflecken' (ae;
  MED port (3)):
  port-dogge, ME(h?);
  port-hond, ME(h?);
  portoun, ME; 349 f., 394
portcullis,
  port-colis, Sb (ME < Afrz.); 253, 255
prat, Sb ‚Trick' (ae; *MED pratte*):
  præt-wrench, ME; 400

priest, Sb (ae; *MED prēst* (3)):
  [preste-ermyte, ME; 370, 393
  preste-flocc, ME;
  prest-had, ae; 234
  prestes wifes, ME(?); 337
prime, Sb, Adj (1. ae; 2. ME < Afrz., Lat.):
  prime-tide, ME;
prior, Sb ‚Prior' (ae; *MED priour*):
  prior-wyce, ME(h); 367, 376, 412
prison, Sb (ME < Afrz.; *MED prisoun*):
  prisun-hill(e), ME; 369
privy, Sb ‚Abort' (ME < Afrz.;
  MED privé n.):
  priue-þurl(es), ME(h?); 112, 157,
    369, 411
  priuees þurl(es), ME(h?); 157, 421
privy, Adj ‚eingeweiht, geheim'
  (ME > Afrz.; *MED privé* adj. (1)):
  priue-men, ME; 369
[*proud*, Adj (ae):
  [proud-uol, ME; 304, 306
psalm, Sb (1. ae. *sealm*; 2. ME < Lat.
  u. Afrz.):
  salme-boc, sealm-boc, ae; 409
  salm-scop, ae; 139
  salm-song, sallm-sang, ae; 139, 158, 207,
    396, 431
  sealmes-sang(es), ae/ME(?); 91, 158
  salm-wurhte, salme-wrihte, ae; 60,
    66, 94, 210, 434
psalter, Sb (ae. *saltere*; *MED sauter*):
  salter-boc, ME; 409
Puglia ‚Apulien':
  Puille-lond(e), Poillond(e); 394
pure, Adj (ME < Afrz.):
  pur-blind(e), ME; 271, 274, 283, 369
purgatory, Sb (u. Adj.) (ME < Afrz. (Agn.);
  MED purgatorie):
  purgatori-fer, ME; 197, 369
purple, Adj, Sb (ae; *MED purpel*):
  purpel-pal, ME; 105
pusillanimitas, Sb (ME < Lat.); 360

quale, Sb ‚Tod, Qual' (ae):
  quale-hold(e), ME(h?); 269, 444
  cwal-hus(e), quale-hus(e), ME; 351, 417
  quale-sið(e), ME; 240, 351, 409
qualm, Sb ‚Tod, Seuche' (ae):

664

cwalm-hus, ME; 64, 121, 351
cwalm-stow(e), ae; 64, 121, 417
quartern, cwartern (ae); *quarcern(e)* (ME),
Sb ‚Gefängnis‘; 232, 342
[*qued, quede*, Sb ‚Bosheit, Übel‘ (ae):
[kuead-uol, ME; 306
quick, Adj (ae; *MED quik*):
quickere stæuene, cwickere stemne,
ME(?); 165

rackan, Sb ‚Fessel, Kette‘ (ae; *MED rakent*):
rachentege(s), raketeie, raketehe, ae;
349 f., 398, 400
rail, Sb ‚Gewand‘ (ae):
reil-þein, ae; 215, 406 f.
hræȝl-þenestre, ME(h); 214 f., 407, 437
rain, Sb (ae; *MED rein* (1)):
rein-bowe, ae; 100
rein-water, ae; 413
raven, Sb (ae):
Remmes-buri (ne. Ramsbury); 160
reuen-fot, ae/ME; 158, 456
razor, Sb (ME < Afrz.):
rasoures egge, ME; 369
reaf, reif, Sb ‚Raub, Beute‘ (ae; *MED rēf* (1)):
ræf-lac, reaf-lac, ae; 235 – 237
rear, Sb, Adj (ME < Afrz.;
MED rere adj. (1)):
[rere-brace, ME; 361
rere-meyn, rere-mayne, ME; 361
rere-warde, ME; 140, 361
rede, Sb ‚Rat‘ (ae; *MED rēd* (1)):
rad-ful(le), ME; 303, 306
redes-ful, ME(h); 303, 306
ræd-ȝiue(n), red-ȝeue(s), ae; 204, 433
rædes-mann, reades-mon, ae; 161, 240,
363, 378, 421
red-purs, ME(h); 64, 71, 118
read-wis, ME; 269, 308, 443
reed, Sb (ae; *MED rēd* (3)):
red-ȝerde, ME; 64, 408
reek, Sb ‚Rauch‘ (ae; *MED rēke* (3)):
reke-fille, ME; 343
reil → rail;
rekels, Sb ‚Weihrauch‘ (ae):
rechelfat, ae; 352, 418
rest, Sb, Vb (ae; *MED reste* n. (1) u.
resten v. (1)):

resste-daȝȝ, ae; 186, 191, 428
[reste-uol, ME; 306
rich, Adj (ae; *MED riche*):
riche-dom(es), ae; 230 f.
riche-men, ae/ME; 65, 168, 240
ridge, Sb ‚Rücken‘ (ae; *MED rigǧe*):
rug-bon, ae;
right, Sb, Adj (ae):
rihht-biȝetenn, ME; 297, 330
riht fot, ME(?);
riȝt-ful, ae; 306
riht-alf(e), richt-halue, ME; 171
riht hond, ae; 65, 72
riht-wis(e), ae; 67, 72, 112, 308 f., 358
unn-rihhtwis(e), ae: 309
rime, Sb ‚Frost, Rauhreif‘
(ae; *MED rime* (4)):
rin-frost, rim-forst, ae;
rime, Sb ‚Reim‘ (ME < Afrz.;
MED rīme (3)):
rimes-ren, ME(h); 206 f., 374 f., 432
rime, Vb ‚säubern, sich zurückziehen‘
(ae; *MED rimen* (3)):
rum-hus(e), ME; 66, 71, 74, 186, 192, 427
road, Sb (ae; *MED rōde* (3)):
rode-horse, ae; 191
roche, Sb ‚Felsen‘ (ME < Afrz.):
roche-wall(e), ME; 369
Rokes-burw
(ne. Roxburgh); 160
romance, Sb (ME < Afrz.; *MED rōmaunce*):
romanz-reding, ME; 220, 369, 438, 440
Rome, Sb ‚Rom‘ (1. ae; 2. ME < Afrz.): 547
Rome-burwe, Rome-burh, Rome-buri;
394
Rom-cnihtes; 122, 239, 406
Rom-folk; 406
Romess kinedom;
Rome-king;
Rom-leode(n); 239, 406
Rom(e)-lond(e); 394
Rom-men; 406
Rome-riche;
Rom-gesceot, Romescot, ae; 95, 138,
330, 414
Rom(e)-þeode; 406
Rom(e)-wall(es); 412
Rom-ware, Rom-weren; 238 f.

665

Rom-wisen (Pl.); 122, 406
rood, Sb ‚Kreuz' (ae; *MED rōde* (5)):[20] 499,
   519
  rode merk(e), ME;
  rode-pin(e), ME;
  rode-scheld, ME(h?); 396
  rode-steaf, ME; 396
  rode-tacn(e), ae; 79, 122, 410
  rode-tre, ME;
room, Adj ‚geräumig' (ae; *MED room*):
  run-hende (für: rum-hende), ME; 84,
      311, 313
  rum-handed, ME(h); 319
  rum-hus(e) → *rime* (Vb);
root, Sb (spätae; *MED rōte* (4)):
  rot-fest, ME; 267, 301 f., 363
rose, Sb (1. ae; 2. ME < Afrz., Lat.):
  rose-blostm(en), ME; 411
  rose-flour, ME; 371, 398
  rose-red, ME; 269, 442 f.
Roue-cestre
  (ne. Rochester);
rough, Adj (ae):
  rowe-tayled, ME; 319
roun, rune, Sb (ae; *MED roune* (2)):
  run-stauen, ME(h?); 399 f.
row, rew, Sb ‚Reihe, Hecke'
  (ae; *MED reue* (2)):
  rou-lekere, ME(h); 74, 214, 374, 437
rue, Sb ‚Reue' (ae: *MED reue* (1)):
  reow-ful(e), reu-ful, rewe-ful, ME; 306
  vgl. auch → *ruth*;
rule, Sb (1. ae; 2. ME < Afrz.;
  MED regol u. *reule*):
  reȝhell-boc, ME(h?);
[*run*, Vb (ae; *MED rennen* (1) u. *renning* (1)):
  [rennyng-hound, ME; 198
ruth, Sb ‚Mitleid, Reue'
  (ME < An. u. Ae; *MED reuthe*):
  reuþ-ful, ME; 306
  vgl. auch → *rue*;

sack, Sb (ae; *MED sak*):
  sak-uol (Sb), ME; 232 f.

saddle, Sb (ae; *MED sadel*):
  sadel-boȝe, ae; 411
[*safe*, Adj (ME < Afrz.):
  [sauff-conduyghte, ME; 169
  [sauff-garde, ME; 169
sail, Sb (ae; *MED seile*):
  seil-clæð, ME; 413
  sæil-rap(en), ME; 414
saint, Adj, Sb (ME < Afrz.):
  Sengreall, Sankgreall, ME; 169
Sales-buri
  (ne. Salisbury);
salm, salter → *psalm, psalter*;
salt, Sb, Adj (ae): 106
  saltes dale, ME; 106
  salltess smacc, ME(?); 106
  salt weter, ME; 100, 106, 409
same, Adj (ME < An.):
  samm-tale, ME; 313, 363
sand, Sb ‚Sendung, Botschaft, Bote'
  (ae; *MED sonde*):[21]
  sander-bode(s), ME(h?); 83, 161, 363
  sond-mon, ME; 83, 157, 240, 393
  sander-men, ME; 83, 161, 363, 393
  sondes-mon, ME; 83, 157, 161, 163, 240,
    393, 420
Saracen, Sb u. Adj:
  Sarrazin welpe;
Saturn, Sb (ae):
  seter-dæg(e), sater-dei, ae; 158, 357, 415
  setteres-dei, settres-day, ae; 158, 161,
    357, 415
Sax ‚Messer, Dolch, Kurzschwert' (ae): 547
  Sex-leode; 393
  Sæx-lond(e), Sax(e)-lond(e); 338, 416
  Sæx-þeode(n); 393
sc-, sch-, siehe auch *sh-*;
scathe, Sb, Vb ‚Schaden, Schädling, schaden'
  (1. ae; 2. ME < An.;
  MED shathe, scathe, scathen):
  scaðe-dede, ME(h?); 136, 372, 374
  scaðe-werk, ME(h?); 140, 372, 413
school, Sb (ae; *MED scōle* (2)):
  scol-meistre(s), ME; 371, 407

[20] Zu *rood* und den Zusammensetzungen damit vgl. Käsmann 1961: 113–122.
[21] Vgl. Käsmann 1961: 301 f.

666

Scot, Sb ‚Schotte': 547
   Scot-dale;
   Scot-ferd(e); 413
   Scot-lond; 416
   Scot-leode; 393
   Scot-þeode; 393
scot, scut Sb ‚Hase' (ME?; *MED scut* (1)):
   scote-wine, ME(h); 239
[*scout-*, Sb (ME < Afrz.):
   [scowte-wacche, ME; 194, 345, 370
scuter-, Sb(?) ‚Verachtung'
   (ME < An.; *MED scūter* adj.):
   scuter-signe, ME(h); 83, 112, 345,
      375, 395
sea, Sb (ae; *MED sē* (1)):
   sæ-brim, ME; 78 f., 411
   see-brynk(e), ME; 374
   sæ-cliuen, ae; 412
   [see-costys, ME; 372
   sea-dingle, ME(h?); 332, 343 f., 376
   sa-farinde, ME; 290, 447
   sæ-fisc(e), ae; 406
   sæ-flod, ae;
   sæ-flot, ae; 202, 207, 431
   sa-grund(e), se-grund, ae; 78 f., 157, 411
   sees grund, ae/ME(?); 157, 421
   sæ-healf(e), cee-half, ae; 416
   cee-hound(e), ae;
   sæ-liðende, ae; 289 f., 447
   sæ-men, ae; 240, 407
   sæ-oure, see-ofre, ME(?);
   seis oure, ME(?);
   sæ-rim(e), ae; 411
   se-sond, ME;
   sæ-side, see-side, ME; 416
   se-steorre, ae;²²
   sæ-strond(e), see-strond(e), ae; 78 f., 411
   sea-strem, ae; 396
   sea-þistel, ME; 456
   see-water, ae; 410
   se-weres, ae(?);
   sæ-weri(e), ae; 269, 380, 443

sede, Sb ‚Sitte, Betragen' (ae):
   sede-ful, ae; 306, 345
seed, Sb (ae):
   sed-læp(as), ae; 417
sele, Sb ‚Zeit, Jahreszeit' (ae):
   seles mel, ME(h?);
seld- ‚selten' (ae. in *seldan* usw.):
   selcuð(es), ae; 67, 300, 352
   selt-hwenne (Adv), ae; 300
   selt-sene, ae; 286 f., 300
   selt-speche, ME(h?); 228
senib- (?):
   senib-hakel, ME; 342
senvy, Sb ‚Senf' (ME < Afrz.):
   seneueies corn(e), ME; 369
sepulchre, Sb (ME < Afrz.):
   sepulchre-dure, ME; 369
seven, seventh, Num (ae):
   seoue dahes, ME(?); 174, 354
   seuendai, ME; 174
   seuendai-morgen, ME(h?); 327
   seue-ȝer, seoue(n)-ȝer, ME; 174, 354
   seofenn-kinne (Gen. Pl.), ME; 174
   soueniht(e), seofeniht, seuen-niȝt,
      ae/ME; 172, 174, 354, 423, 486
[*shaft*, Sb ‚Schaft' (ae):
   [shaffte-monde, ae;
shame, Sb (ae):
   scheome-creft, ME(h?); 409
   scheome-deað, ME; 409
   swome-fest, sam-uast, ae; 223, 302
   schame-ful(e), ae; 223, 306
   scheome-sunnen, ME(h?); 409
   schome-speche, ME(h?);
[*sharn*, Sb ‚Dung, Mist' (ae):
   [ssarn-bodd(es), ae;
sharp, Adj (ae):
   scharpe-clawed, ME; 319
shed, Sb ‚Unterscheidung, Verstand' (ae):
   scad-wis, ae; 269, 308
sheep, Sb (ae):
   shep-hirde, ae; 157, 358

---

²² *se-steorre* ‚Meerstern (Seestern)', ‚Stern, an dem sich die Seeleute orientieren', ist auch
   eine Bezeichnung für Maria; vgl. *TrinH* XXIV (141/23 f.): „Nomen igitur est maria quod
   interpretatur stella maris ... þat is on ure ledene se-steorre"; ähnlich *TrinH* XXVII (161/
   3 ff.).

shepess hirde, ae(?); 157, 421
shepess lamb, ME(?); 420
shepess skinn, ME; 162, 374
sheer, Adj ‚klar, sauber‘ (1. ae. *scīr*;
    2. ME < An.):
    shere ðuresdai, ME; 170, 327
shend, Vb ‚entehren, beschämen‘ (ae):
    schend-lac, ME; 66, 236 f.
shide, Sb ‚Brett, Planke‘ (ae):
    scid-wal, sid-wal, ae; 408
shield, Sb (ae):
    sceld-trome, sultrome, ae; 352
    scheldes-bord, ME(?);
shin, Sb (ae):
    skin-bon (wohl für: shin-bon), ae;
        (ne. shinbone)
ship, Sb (ae):
    [shyppe-bord(is), ME;
    scipes bord(e), ME;
    schip-fare, ME; 137, 202, 207, 432
    scip-ful, sip-fol (Sb), ME; 232 f.
    ship-fyrd(e), scip-ferd(e), ae; 407
    scip-gume(n), ME(h?); 407
    scip-here, ae; 407
    scip-men, ae; 240, 337 f., 407
    schip-side, ME;
    scyp-stern(e), ME; 374
    ship-wriȝth, ae; 210, 434
shire, Sb (ae):
    scirereuan (Pl.), schireue, ae; 95, 330,
        350, 358, 407
shirt, Sb (ae):
    shurte-lappe, shirt-lappe, ME;
shit, *shite*, Sb (ae):
    schit-word(e), ME(h?); 118, 402
shoe, Sb (ae):
    sho-þuong, ae; 417 f.
shond, Sb ‚Schande‘ (ae):
    scanful, ae; 306, 352
shore ‚Uferböschung, Hügel‘ (ae):
    Schor-ham (ne. Shoreham);
short, Adj (ae):
    shorte-comying, ME; 217, 221
    sort-leui, ME; 313
    shorte-yswired, ME; 319
shoulder, Sb (ae):
    shuldre-blade, ME; 374
    shulldre-lin, ME;

show, *shew*, Sb (ae):
    shæw-errn(e), ME(h); 192, 231 f., 376, 427
shrift, Sb (ae):
    schriftes-boc, ae/ME;
    schrift-feader(es), ME; 352, 407
[*shut*, Vb (ae):
    [ssette-pors, ME(h?); 248, 251, 441
sib, Sb, Adj ‚Verwandt(schaft)‘ (ae):
    sibbe-blod, ME; 113
    sibbe-frend, ME; 65, 113
    sibe-laȝe, ME(h?); 113, 411
    sibbe-men, sib-men, ME(h?); 113,
        240, 393
    sib-reden, sib-red, ME; 238
Sichem (Ort):
    Sichem feld;
Sicily ‚Sizilien‘:
    Cisile contreie;
sick, Adj (ae):
    sikman, ae/ME(?); 168
side, Sb (ae):
    [syde-bourde, ME;
    sid-lokere, ME(h); 214, 437
    sid-waȝes, sid-wowes, ME; 410
[*siege*, Sb (ME < Afrz.):
    [Syege Perelous, ME; 257
sige, Sb ‚Sieg‘ (ae):
    siȝe-craft, ME(h?); 344, 409
    siȝȝe-fasst, ae; 302
    sygaldren (Pl), sigaldrie, ae; 344, 350,
        409
Sile-chestre
    (ne. Silchester);
sin, Sb (ae):
    sun-bend(es), sinne-bend(es), ae; 136,
        417, 420
    sin-betende, ME; 290, 447
    sunne-bireowsunge, ME(?); 438
    sun-bot(e), sin-bot(e), ae; 122, 136,
        414, 419
    sinne-dwale, ME(h?);
    sun-ful, sinn-full, sen-ful, ae; 303, 306
    sunne-lust(es), ae; 409
    sinnes same, ME(h?);
    sinne-wod, ME; 265, 269, 443
    syn-wund(en), ae; 413
    sinnes wunde, ME;
sister, Sb (1. ae; 2. ME < An.):

668

soster sone, syster sonne(s), ae; 96,
    157, 373
[systers sonne, ME; 157
sit, Vb (ae):
    sitte-stille, ME(h?); 249, 251, 440
sithing, Sb ‚Sehen, Sicht' (ae/ME);
    siðhinges lond, ME(h?); 376
[*skill*, Sb (ME < An.):
    [scel-uol, ME; 306, 373
skin → *shin*;
sleep, Sb, Vb (ae):
    slæp-ern(e), ae; 192, 231 f., 427, 453 f.
    slap-ʒeorn, ME(h?); 270, 376, 443
    slep-wurt, ME; 192, 456
[*sleeve*, Sb (ae):
    [slyeve-berynge, ME; 221, 440
[*sleuth*, *sloth*, Sb ‚Trägheit'
    (1. ae. *slǣwð*; 2. ME < *slow*+*th*):
    [sleu-uol, sleau-uol, ME; 306
Slob-schire
    (ne. Shropshire);
smack, Sb ‚Geschmack' (ae):
    smec-hus(e), ME(h?);
small, Adj (ae):
    smal-ache, ME; 167, 371
    smal-chef, smal-chaf, ME;
smart, Vb, Adj, Sb ‚schmerzen, schmerz-
    haft, Schmerz' (ae/ME):
    smerte-dint(es), ME; 186, 192, 427
    smerte-gier, ME; 186, 192, 426 f.
snithe, Vb ‚schneiden, töten' (ae):
    sniÐ-sceapp, ME(h?); 185 – 187, 192,
        246, 377, 426 f., 429
Snoting-ham
    (ne. Nottingham); 333
snow, Sb (ae):
    snaw-water, ME; 410
    snou-wit(e), ae; 270, 442
soft, Adj (ae):
    soft-gerne, ME; 275, 333
solsecle,
    solsegle, Sb (1. ae; 2. ME < Afrz.); 361
somer, Sb ‚Packpferd' (ME < Afrz. (Agn.)):
    somer-driuen, ME(h?); 294, 369, 449
son, Sb (ae):
    sune-child, ME(h?); 392
    on sunes stede, ME(?);
sooth, Sb, Adj ‚Wahrheit, wahr' (ae):

soð-fæst, soþ-fasst, ae; 113, 301 f.
soð-cnawes, ME; 113, 270, 332
soþe cweþes, soð-cweþes, ae/ME; 136
soð-quides, soðe quides, ae; 113, 136
soþ-saʒe, soðe sage(n), ae; 65, 94, 113, 120
soð-sagel, ae; 266, 270, 321, 332
[zoþ-ziggere(s), ME; 211, 214
soð-word, ae; 113
soðere worden, soðere wordes, ME;
    165, 339
sore, Adj, Adv (ae):
    sar-akinde, sore-akinde, ME; 291, 448
sorrow, Sb (ae):
    sorh-ful(e), sorwe-ful, serrh-full, ae;
        306
    [sorrowful-borne, ME(h?); 298, 329
    [sorow-makynge, ME; 221
    sorh-siÐ(es), ME(h?); 240, 409
    sorges strif, ME(h?);
sorry, Adj (ae):
    sori-mod, ae; 67, 74, 121, 146, 313, 445
sot, Sb, Adj ‚Dummkopf, dumm' (ae):
    sottes drink(e), ME;
    sot-had(e), ME; 234
    sottes lor(e), ME; 101, 113, 154
    sot-word(es), ME; 113, 369
soul, Sb (ae): 499
    sawle-bote, soule-bote, ME;
    soule-cnul, ME;
    soules dead, ME;
    sawless eʒhe, ME;
    sawle-fan, ME; 64, 72, 77, 93, 407
    sawle-heale, ME(?); 88, 93, 410
    [soule-helth(e), ME;
    soule-hus, ae; 93, 416
    soule leche, ME; 93, 100, 387, 407
    sawle-nede, ME; 88
    sawless nede, ME; 88
    soules rest(e), ME(?);
    sawle-sallfe, ME; 97
    saule strengþe, ME;
south, Adj, Adv (Sb ab ME) (ae):
    suþ-dale, ae; 169
    suð-ende, ae; 169
    suð-east, south-est (Adv), ae; 273
    Suþ-folc (ne. Suffolk); 166
    suð-ʒæte, ME; 169
    suð-halue, suþ-half, ae; 169

669

Suð-hamtun(e)
(ne. Southampton); 83, 166, 328
Suþhampton-schire
(ne. Hampshire); 83, 328
suð-lond, ae; 169
[South-lond(e) ‚Syrien'?;
soðe-quen, ME(?);
Suþeray (ne. Surrey); 166
Suþ-sexe, Souþe-sex (ne. Sussex); 166
souþ-side, ME; 169
Suð-Wales;
suð-west (Sb; Adv), ae; 273
suþe-wurt, ME(h?); 167
span- (ME < An.):
span-newe, ME; 270, 345, 363
sparrow, Sb (ae):
Sparewen-chestre; 53, 338, 416
spar-hawk(e), ae;
(ne. sparrowhawk)
speak, Vb; *speech*, Sb (ae):
spæc-hus(e), spec-hus(e), ME; 186, 192,
427, 429
[speke-man, ME; 194, 240
speche-tyme, ME;
spear, Sb (ae):
spere feloun, ME; 255, 371
[spere-hed(e), ME;
[spere-length(e), ME;
speres ord(e), ME; 153
spere-scæft, ae; 158, 411
speres schaft, ME; 158
speres wund(e), ME(?);
spere-wurt, ae; 6, 402, 409, 456
[*speed*, Sb ‚Glück, Erfolg' (ae):
[sped-full, ME; 307
spice, Sb (ME < Afrz.):
spices ware, ME; 370
spit, Vb (ae):
speate-wile, ME; 307 f.
spittle, spital, hospital, Sb ‚Spital, Hospital'
(ME < Afrz.):
spitel-uuel, ME; 100, 331, 369
spittle, Sb ‚Spaten' (spätae.):
spitel-steaf, ME; 369, 411
spouse, Sb (ME < Afrz.):
spus-bruche, ME; 66, 71, 121, 135, 202,
205, 207, 370, 431, 433
spus-had, ME; 233 f., 370

spouse, Vb; *spousing* (ME < Afrz.):
spusing-bendes, ME(h?); 66, 74, 197,
370, 427
spring, Sb, Vb (ae):
sprung-wurt, ae; 192, 425, 427
staddle, Sb ‚Grundlage, Platz' (ae. *stapol*):
steaðel-uest, staðel-uæst(e), ae; 270, 302
un-staþelfest, ae; 301 f.
staðel-wurðe, ME; 270
staff, Sb (ae):
staf-brekynge, ME(h?); 219 f., 438
stef-creft, ae; 409
Stafford:
Stafford-schire; 328
[*stair(s)*, Sb (ae):
[stayre-foot(e), ME;
stall, Sb ‚Platz, Stelle' (ae):
stal-fiht, ME; 138
stale-wurðe, stele-wurðe, stal-wurði, ae;
67, 75, 95, 270, 444
star, stern, Sb (1. *star* < Ae; 2. *stern* < An.):
steornne-leom, sterrne-lem, ME; 372
sterre-lyht, ME(?); 88
storre-wis, ME(h?); 67, 75, 265, 270, 308,
441, 443
stare, Vb (ae):
stare-blind, ae; 67, 86, 283, 341 f., 446
start, Sb ‚Schwanz, Sterz' (ae):
steort-naket, ME; 270, 442 f.
start, Vb, Sb ‚springen' (ae?):
stertful-mod, ME(h); 313, 329
stert-hwil(e), ME(h?); 192, 428
stead Sb ‚Platz' (ae):
stede-fast(e), stude-uest, ae; 302
un-stedefast(e), ME; 301 f.
steal, Vb (ae):
stele-awai, ME(h?); 249, 251
steel, Sb (ae):
stel-boȝe, ME; 104, 408
steles egge, ME;
steer, Sb, Vb ‚Steuer(ung), steuern' (ae):
ster-men, ae; 157, 240
steores-mon, stieres-mann, ae; 157, 161,
240, 363, 421
stith, Adj ‚fest, stark' (ae):
stið-biwaled, ME; 319, 330
stið-imained(e), ME; 319
stið-imoded(e), ae/ME; 315 f., 319

670

stitch, Sb (ae):
    stich-wurt, ae; (ne. stitchwort)
stone, Sb (ae):
    stæn-cun(ne), ae; 157, 404
    stan-ded, ME; 270, 442f.
    stan-graf(fen), ME(h?); 408
    Stan-henge (ne. Stonehenge); 344
    ston-kasting, ME; 215, 220, 374, 438
    stan-roches, spätae; 122, 371
    stan-stikel, ME; 245, 332
    stan-still(e), ME; 270, 442f., 458
    stoan-suke, ME(h); 204
    ston-wall(e), ae; 73, 100, 103f., 122, 408
stor, Sb ‚Weihrauch‘ (ae):
    stor-fat(e), ae;
straw, Sb (ae):
    strau-der, ME(h); 245
    streberi-lef, ae/ME; 329
[*strong*, Adj (ae):
    [stronge-walled, ME; 320
stub, *stob*, Sb ‚Stumpf, Stummel‘ (ae):
    stob-hert, ME(h); 245
stud, Sb ‚Gestüt‘ (ae):
    stod-meare, ae; 414
sty, Sb (ne. ‚Schweinestall‘) (ae. *stī*(g)
    ‚Halle‘):
    stiward, steward, stuard, ae; 133, 204,
        341f., 349
sty, Vb ‚steigen‘ (ae):
    stirop(s), ae; 192, 358, 428
Succoth (Ort):
    Sokoht stede;
summer, Sb (ae):
    somer-blome, ME; 374
    sumere-dal(e), ME; 94, 101, 120
    someres day, ME; 153
    somer-lese, ME;
    Sumer-sete, Somer-sete
        (ne. Somerset); 335
    Sumersete-schire; 328
    sumere-tide, sumer-tid, ME; 94, 101, 121
    sumeres tide, ae; 64, 121, 152
sun, Sb (ae):
    sunnan-æfen, ae; 334, 458
    sunne-bem, ae; 81
    sunnebem-brigt, ME(h?); 270, 329, 442
    sunnan-deȝ, sune-dai, sone-day, ae; 81,
        95, 148, 158, 161, 357, 415

    sunne-gleam, ME; 413
    sunne-liht(e), ME; 413
    sunness lihht, ME;
    sunne-niht, sone-nyht(e), ae; 334
    sonne-ryse, ME; 40, 133f., 207, 219, 431
    sonnes risynge, ME(?);
    sunne-sin(e), ae/ME; 207, 219, 431, 438
    sonne-schineing, ME; 219f., 438
sunder-, Adv u. Adj (ae):
    sunder-bles (Gen.), ME(h?); 182, 184
    sunder-halȝe, ae; 182, 184
    sunder-red, ME(h?); 182, 184
    sunder-rune, ME; 178, 182, 184
    sunder-spræc, ae; 182, 184
[*supper*, Sb (ME < Afrz.):
    [souper-tyme, ME; 370
swaddle, Vb ‚wickeln‘ (ME):
    swaðel-bond(e), ME; 193, 331
sweat, *swote*, Sb (ae):
    swat-drop(en), ME; 408f.
sweet, Adj; *soot*, Adj u. Adv (ae):
    swote iheortet, ME; 319
    swete-metes, ae; 170
    swote-smeallinde, ME(?); 291, 448
    swete-wil, ME(h?); 307f.
swie, Vb ‚schweigen‘ (ae):
    swi-dages, ae; 186, 193, 196, 425, 428f.
    swi-messe, ae; 186, 193, 196, 428
    swi-wike, ME(?) (h?); 196f.
    swiing-wike, ME(h?); 193, 196f.,
        425f., 428
[*swift*, Adj (ae):
    [swyffte-horsed, ME; 320
swike, Sb ‚Verräter, Verrat‘
    u. Vb ‚verraten, täuschen‘ (ae):
    swike-bert, ME(h); 239
    swike-dom, ae; 66, 230f.
    swik-ful, ae; 306
swikel, Adj ‚verräterisch‘ (ae):
    svikel-dom, ME; 66, 223, 230f., 331
swine, Sb (ae):
    swines brede, ME(?); 162
    swineis drit(te), ME; 374
swink, Sb ‚Mühsal, Plage‘ (ae):
    swinnc-full, ae; 306
    swinkes strif, ME; 163, 371, 420
sword, Sb (ae):
    swerd-broþer, ME; 407

swerdes dynt, ME(?);
swerde-egge, ME; 157
swerdess egge, ME; 157, 421
[swerde-length, ME;
swote → *sweet*;

table, Sb (1. ae; 2. ME < Afrz.):
tabel rounde, ME; 255
tabour, Sb ‚Trommel‘ (ME < Afrz.):
tabour-bete, ME; 207, 219, 370, 431
tabour-betyng, ME; 219f., 370, 438
tale, Sb (ae):
tale-wis(e), ME(h); 309
tavel, Sb ‚(Brett)spiel‘ (ae):
tæuel-bred(e), ME(h?); 417
tear, Sb (ae):
teares weater, ME(?); 337
teres wep, ME(?); 337
teen, Sb ‚Bosheit‘ (ae):
teon-ful(le), ae; 306
Teign (Fluß):
Teinne-wic, Teynis-wic; 157
temple, Sb (1. ae; 2. ME < Afrz.):
temple-rihtwisnesse, ME(h?); 333
Temple Salamon; 256
[*tender*, Adj (ME < Afrz.):
[tendir-herted, ME; 320, 370
teoðing → *tithing*;
[*term*, Sb (ME < Afrz.):
[terme-day, ME; 370
th- kommt als eigener Buchstabe nach *t-*;
tie, Sb, Vb (ae):
tei-dogge, ME; 186, 193, 427, 429
teilac, ME; 236f.
till, Vb ‚bebauen‘ (ae):
til-æhð(e), ME(h?); 193, 429
[*time*, Sb (ae):
[time-zettere, ME; 214, 377
[time-zettinge, ME; 221, 378
tin-:
tintreoh(e), ae; 342
Tintagel (Stadt):
Tintageoles tun; 163
tir, Sb ‚Ruhm, Ehre‘ (ae):
tir-ful(le), ME; 306
Tis-, *Tiwæs-* → *Tues-*;
tithing, Sb ‚zehnter Teil‘ (ae):
teoðing-ealdras, ae; 195, 333

to, Partikel (ae):
to-nome, ae; 182, 184, 451
tofore, Partikel ‚zuvor‘ (ae):
toforen-iseid(e), ME(?); 280f., 330
ton → *tun*;
[*torch*, Sb (ME < Afrz.):
[torche-lyght, ME; 370
tower, Sb (ME < Agn., Afrz.):
tur ader
(‚Turm von Edar‘); 256
[towre-gate, ME; 370
town, Sb (ae):
tounes wal, ME;
[*traitor*, Sb (u. Adj?) (ME < Afrz.):
[traytoure knyght, ME; 370, 393
[traytoure kynge, ME; 370, 393
treasure, Sb (ME < Afrz.):
tresour-hous, ME; 370, 417
tree, Sb (ae):
treow-wæstm, ME; 413
treow-wrekes, treow-workes, ae; 414
treʒe- (für *trewe* ‚true‘?):
treʒe cuvenant, ME(h?); 345
[*trinity*, Sb (ME < Afrz.):
[Trynyté Sonday, ME; 101, 370
true, Adj (ae. auch Sb) (ae):
trow-feste, ae; 302
untreowfæst 301
treu-lac, ME; 237
truth, *troth*, Sb (ae):
trewþe-fest, ME; 302, 454
trewþe-pliʒt, ME; 294, 449f.
Tues- (ae):
Tiwæs-dæg(e), Tis-dæi, Tewis-day, ae;
6, 160, 357, 373, 415
tun, *ton*, Sb (ae):
tonne-uoll (Sb), ME; 233
tungel, Sb ‚Stern‘ (ae):
tungel-witega(n), ae; 407
turn, Vb (1. ae; 2. ME < Afrz.):
tour[n]e-[t]o-hulle, ME(h?); 251
turtle, Sb ‚Turteltaube‘ (ae):
turtle-brid(des), ME(h?); 396f.
twelve, Num (ae):
tweolf-moneð, twelve-month(e),
ME; 171, 174, 352
twelvemonthe-ende, ME; 327
tuelfmoneþ-scot, ME; 329

672

twelue-winter, ME; 174
twi-, Präfixoid (und *two*, Num) (ae):
  twy-byl, ae; 228
  twi-fald(e), ae; twa-fald(e), ME; 300 f.
  twimel-dei, ME(h?); 228, 327, 417
  twi-read(e), twi-ræd(e), ae/ME; 228,
    300 f., 313
  twi-spech(e), ae; 228
  twie-wifing, ME(h?); 217, 220, 228, 365,
    377, 439
twin, Sb, Adj (Num) (ae):
  twin-manslagt, ME(h?); 174, 329
  twin-wifing, ME(h?); 174, 220, 377
twine, Sb ‚Doppelfaden, starker Faden' (ae):
  twines þræd, ME;
Tyre ‚Tyrus':
  Tyre lond;

thane, thegn, Sb (ae):
  þeines-man, þeines-men, ME; 163,
    240, 420
Thebes ‚Theben':
  Tebe toun;
thede, Sb ‚Volk' (ae):
  þeod-folk(e), ME(h?); 399 f.
  þed-lond, ae;
  þeoden-lareow, ME(h?); 337
thee, Vb ‚gedeihen' (ae):
  þeo-dom, ME; 231
thefe-:
  þefe-þorn, ae; 344
theine, Vb ‚dienen'; *theining*,
  Sb ‚Dienst' (ae):
  þeninʒ-mann, ae; 161, 198, 427
  þenynʒ-swustren, ME(h?); 198, 427
theow, thew, Sb ‚Diener(in)', u. Adj (ae):
  þeu-dom, þeow(e)-dom, ae; 230 f.
  þeu-maiden, ME; 393
  þeowe-wummon, ME(h?); 167, 329,
    393
thew, Sb ‚Verhalten, Brauch, Tugend' (ae):
  þeaw-ful(e), ae; 306
  un-ðeauful(le), ae; 303
thick, Adj (ae):
  þicke-liste, ME(h?); 287, 446
thief, Sb (ae):
  þeues-las, ME; 371
third, Num (ae):

þridden-dale, ae; 174, 339
thirl, Sb ‚Loch, Öffnung' (ae):
  þurl-cla ð, ME(h?); 418
thole, Vb ‚dulden, ertragen' (ae):
  þolo-byrde, þole-burde, ae; 283, 313
  þole-mod, ae; 283, 313
  un-þolemod, ME; 313
thong, Sb ‚Riemen' (ae):
  þwong-chestre (‚Lancaster'); 53, 416
thorn, Sb (ae):
  þorne-bak(e), ME; 146 f., 241, 243,
    245, 424
  [þorn-hog, ME; 377 f.
  þorne-wode, ME; 64, 95, 104
thought, Sb (ae):
  þohht-full, ME; 306
Thrace, Thracia:
  Trace regiouns;
thrall, Sb (ae):
  þral-dom(e), ME; 229–231, 373
  þral-hod, ME; 223, 235, 373
  þralles lichame, ME; 162
  þrel-werkes, ME; 141, 363, 373, 413
  ðralles wune, ME(?);
three, Num (ae):
  þreo-had, þreo had, ME; 234
throat, Sb (ae):
  þrote-bolle, ae;
throstle, Sb ‚Drossel' (ae):
  þrestel-cok, þrustel-cok, ME; 397
through, thorough, Partikel (ae):
  ðurh-bored(e), thorow-borne, ae/ME;
    279–281
  þurh-costned, ME(?); 280 f.
  þurh-hali, ae; 280 f.
  þorouʒ-keruyng, ME; 182, 184, 217
  ðurh-nailed, ME(?); 280 f., 453
  þorouʒ-strike, ME; 280 f.
  þurth-þrest, ME; 281, 374
throw, Vb ‚leiden'; *throwing*, Sb ‚Leiden'
  (ae):
  þrowing-time, ae; 198, 428
thrum, Sb ‚Schar, Ruhm, Macht' (ae):
  þrum-ferde, ME(h?); 399 f.
  þrim-setl(es), ae; 410
thuge-:
  þuge-þistel, ae/ME; 344
thunder, Sb (ae):

þundre-clouer(e), ae;

þunres-dæi, þur(e)s-dei, þor(i)s-dai,
    ae/ME; 161, 170, 357, 363, 373, 415

þonder-dent, ME; 137

þonres liȝt, ME(?);

ðþunre-sleiȝ, ae(?); 207, 431

þonder-wedre, ME(?);

ughten, Sb ‚Morgen(dämmerung)‘ (ae):
    uht-song, uhhten-sanng, ae/ME; 139,
        207, 336, 432
    uhhten-tid, ae/ME; 336, 395

umbe, embe, Partikel ‚um‘ (ae):
    [umbely-closed, ME; 281
    umbe-keoruunge, ME; 182, 184, 377
    vumbe-stunde (meist Adv), ME; 178,
        182, 184
    embe-þanc, ae; 178, 182, 184

umbri → ember;

under, Partikel (ae):
    vnder-chaumberleyn, ME; 182, 184, 371
    under-king(e), ae; 182, 184, 451
    under-plantere, ME; 182, 184, 377
    unnderr-preost, ME; 182, 184

undern, Sb ‚Morgen, Vormittag‘ (ae):
    undertid, ae; 354, 395
    unnderrn-time, vndren-time, ME;

unicorn,
    vnicorne, Sb (ME < Afrz.); 243, 245, 361

unlaw, Sb ‚Unrecht, Unterdrückung‘ (ae):
    unlaga-geld(e), ME(h?); 331, 373, 414

unriht, Sb, Adj ‚Unrecht, unrecht‘ (ae):
    unriht-geold, ME(h?); 113, 331, 414

untid(e)- ‚Unzeit‘ (?):
    untid-gewidera, ME(h?); 331, 345, 410

up, Partikel (ae):
    vp-lond, ME; 182, 184
    vp-londis, ME; 281
    vp-rysynge, op-rysyng, op-arizinge,
        ME; 183 f., 217
    up-rist, up-ariste, ME; 183, 452
    vp-spring(e), ae; 183 f.
    [op-weninge, ME; 183 f.

usell- (Adj) ‚elend, kümmerlich‘
    (ME < An.):
    usell-dom, ME(h?); 231, 345, 373

ut → out;

Vare-wort,
    uare-wurt, Sb, ME(h); 344

vain, Adj (ME < Afrz.):
    veine-glory, ME; 169

van-, Partikel (ME < avant-):
    [vambrace, ME; 361
    vanguard, ME;
    [vawarde, ME; 361

Verolames tun
    (‚St. Albans‘); 163

vinegar,
    vynegre, Sb (ME < Afrz.); 255

virgin, Sb (ME < Afrz.):
    virgyne waxe, ME; 114, 370, 377

Vterpendragon → Pendragon;

wake, watch, Vb (u. Sb) (ae):
    wech-ded(e), ME(h?); 193
    wake-men, ME; 140, 193, 240, 427, 429

wal, Sb ‚Gemetzel, Schlachtfeld, Wal-statt,
        die Erschlagenen‘ (ae):
    Wale-broc (ne. Walbrook);[23] 416
    Wæl-Brutten (Pl); 407
    wæl-kempen, ME(h); 138, 241, 407
    wal-kirie, ae; 210, 215, 436
    wæl-slaht(e), ae; 210, 400, 435
    wal-spere, ae; 414

walden- (ae):
    walden-eie, ae; 245, 345
    wolden-eiȝed, ae/ME; 245, 316, 320, 345

Waling-ford
    (ne. Wallingford); 333

wall, Vb ‚kochen, wallen‘, u. walling (ae):
    wal-hat, wall-hat, ae; 270, 283, 352, 446
    wallinde hat, wallinde hot, ME(?); 283,
        321, 352
    walle-stream, ae/ME; 193, 425, 427

---

[23] Laut *CODEPN* ist die Etymologie aber *Weala brōc* ‘brook of the Welsh or of the serfs’.
    Ae. *wealh* ‘Welsh(man)’, *weall* ‘wall’ und *wæl* ‘slaughter’ konnten unter *wal-* zusam-
    menfallen. Vgl. unten zu *wealh*.

walm, Sb ‚Sprudeln, Kochen' (ae):
  walm-hat, ae; 270, 284
Wandles-biri
  (Schloß Vandevere);
  (ne. Wendlebury); 160
wandreth, wan(d)red(e), wontreaðe,
  Sb ‚Unglück' (ME < An.); 363
wane, Sb ‚Elend, Unglück' (ME);
  wan-sið(es), wen-sið(es), ME; 226,
    240, 409
  wæn-slæht(es), ME(h); 210, 226, 435
war- → *were-*;
ward, Sb, Vb ‚Wache, Wächter, Schutz'
  (1. ae; 2. ME < Agn.):
  wardes-men, ME; 140, 161, 163, 240, 421
  warderobe, wardrop, ME; 251
Warwick (Stadt):
  Warewik-schire; 328
wary, Sb ‚Verbrecher' (ae):
  weari-treo, wari-treo, ae; 64, 84, 114, 417
wash, Vb (ae):
  wesche-disch, ME; 146 f., 246, 248, 250,
    273, 440 f.
wassail, Interj. u. Sb ‚Heil Dir, Prosit,
  Trinkgelage' (ME < an. ves heill):
  wæs hæil, wesseyl, ME; 250, 261
water, Sb (ae): 499
  water-breþ, ME;
  weater-bulge, ME; 371, 409
  water-dogges, ME;
  weter-drink, waterr-drinnch, ae;
    137, 157 f., 408, 431
  wateres drink, ae/ME; 157 f., 421
  watres drope, ME(?);
  water-fetless, ae/ME;
  waterr-flod, ae;
  wateres flod, ME(?);
  water-gong, ME; 207, 364, 431
  water-grund, ae;
  waterr-kinn, ae;
  waterr-kind(e), ME;
  water-kresse(n), ME; 364
  water-scenc, water-senche, ME; 207, 431
  water-syde, ME;
  wateres spring(e), ae/ME; 140, 158

water-stormes, water-stremes, ae;
    409, 413
wax, Sb (ae):
  wax-bred(ene), ae; 408
way, Sb (ae):
  wei-betere, ME(h?); 214, 436
  wei-brode, ae; 145, 266, 270, 456
  wei-fearinde, way-uerinde, ae; 267,
    290, 447
  weien-læten, weyn-leates, ae/ME;
    338, 416
  wæi-witere, wei-wittie, ME; 213, 332,
    407, 436
  wai-wurt, ME; 456
wær, Sb ‚Treue, Vertrag' (ae):
  wer-lahen, war-lawes, ae; 200, 204, 345,
    355, 430
weal, Sb ‚Glück, Reichtum' (ae):
  weole-ful, wele-fulle, ME; 63, 72,
    306, 464
wealh, Sb ‚Fremder, Brite'
  (vgl. *Welsh*, *Wales*) (ae):
  Wale-brok (ne. Wallbrook); 416
  wal-wurt, ae (ne. wallwort);[24]
weapon, Sb (u. Vb) (ae):
  wepne-cin, ME(h?); 405
  wæpman, wepmon, wapman, ae; 64, 71,
    86, 117, 240, 349, 392
  wapmon-cun, weppmann-kinn, ME;
    329, 405
weather, Sb (ae):
  veder-coc, weder-coc, ME;
wed, Sb ‚Vertrag, Pfand' (ae):
  wed-broðer, ae; 407
  wed-durge, ME(?); 345
  wed-lac, wed-loc, ae; 235, 237
  wedlac-had, ME; 233, 235 f., 329
  wed-lowe, ae; 204, 355, 430
[*weed*, Sb (ae):
  [wyed-hoc, ae;
week, Sb (ae):
  wuke-daȝȝ, ae;
  wuce-ðenestre, ME(h); 214 f., 437
weimer, Sb ‚Klage' (?):
  weimeres leoð, ME(h); 163, 343

---

[24] Vgl. *ODEE* s. v. *wallwort* sowie oben Anm. 23.

welde → wield;

well, Sb ‚Brunnen, Quelle' (ae):
  welle-grund, ME(?); 194
  welle-heued, ME;
  well-riðe, ME; 194
  [welle-syde, ME(?);
  wel-sprung, welle-spring, ae; 139,
    194, 400
  well-stream, ae; 193
  welles stræm, ae/ME; 193
  welle-water, ae; 157, 186, 194, 410, 429
  welles water, ae(?); 157, 194

well, better, best, Adv (u. Adj) (ae):
  [well-beseyne, ME; 298
  wel-ibore(n), well-borne, ae; 297, 450
  betst-boren, ae; 297, 330, 340
  [well-brethed, ME; 296, 320f.
  [beste-brethed, ME; 320
  [well-condyssyonde, ME; 321, 372
  wel-cume, wil-cume, wel-come, ae; 67,
    204, 270, 288, 297, 450f.
  wel-ded(e), ae; 260
  wel-donde, wele-doinde, ae; 291, 448
  wel-idon, ME; 297
  [well-fare, ME; 261
  [well-farynge, ME; 292
  [bettir-farynge, ME; 292
  wele fiȝtand, well-fyghtynge, ME; 291f.
  wele-fulle → weal;
  [well-ruled, ME; 298
  wel-to-louie, ME; 321f.
  wel-itohe, ME; 297, 450
  bezst itoȝen(e), ME; 297
  wel-þeaud, wel iðæwed, ME; 296f., 320
  [well-vysaged, ME; 321, 372
  wel-iwepned(e), wel wopned, ME; 296,
    298, 320
  [wel-wilyende, well-wyllynge, ae;
    291f., 296
  [well-wylled, ae/ME; 296, 298
  [well-wyller(s), ME; 211, 214
  [well-wynded, bettir-wynded, ME;
    296, 320f.
  [best-wynded, ME; 314

Wellaway, Wellawo, Interj. u. Sb
  ‚Weh, Ach' (ae):
  weilawei, welewo, wolawo, ae; 258f.

were, Sb ‚Mann' (ae):

weres mester, ME; 371
  [war-wolff, ae; 6, 393

wered, Sb ‚Truppe, Schar' (ae):
  wored-strencð(e), ME(h?); 412

wermod, Sb ‚Wermut' (ae); 344

west, Adj, Adv (Sb ab ME) (ae):
  wesst-dale, ae; 169
  west-ænde, west-ende, ae; 169
  west-half, ae; 169
  west-lokere, ME(h); 211, 214, 437
  west-lond, ME; 169
  West-mering, Westenering; 333
  Westmara-lond, Westmerelinge-land;
    (ne. Westmoreland); 328
  West-munster, Weste-minster
    (ne. Westminster); 166
  [weste-partyes, ME;
  West-sexe (ne. Wessex); 415
  West-Wales;
  Wæst-Walsce (lond), West-Walisc
    (lond); 274

weste, Sb, Adj ‚Wüste, Wildnis, wüst' (ae):
  weste-lond(e), wesste-land, ae; 100,
    114, 394
  [weste-partyes, ME; 372
  weste-side, ME;
  weste-pað(es), ME; 114
  weste-wildern(e), ME; 114
  weste-wunienge, ME; 114, 217, 220,
    439

weved, Sb ‚Altar' (ae): 356
  waferiht, ME(?); 356, 418
  vgl. auch → wough;

whale, Sb (ae):
  whales bon(e), ME; 162

wheat, Sb (ae):
  hwete-corn(e), ae; 409
  wete-flour, ME; 371

white, Adj (ae):
  witte-sunnedei, wit-sunnedei, whit-
    sonday, ae/ME; 94, 123, 163f., 166,
    170, 324–327, 349, 423
  whitesune-tide, ME; 327, 334
  witson-time, ME(h?); 327, 334
  wit-þorn, ME; 11, 146, 167, 241, 243,
    245, 377, 456, 458
  wite-wombe, ME(h); 245

whore, Sb (spätae; MED hōre (2)):

676

hor-dom(es), hore-dom, ME; 231, 360,
  363, 454
hore-ehe, ME(?); 335, 402
hore-men, ME; 240
hore-plage, ME; 138, 206, 431
hores sone, ME(?); 377
wi, Sb ‚Kampf, Schlacht‘ (ae):
  wi-æx, wi-ax, ME; 414
wick, Sb ‚Wohnung, Wohnsitz‘ (ae):
  wicke-tunes, ae; 64, 74, 94, 400
wide- → *wood*;
widow, Sb (ae):
  widewe-had, wodewe-hod, ae; 157,
    233–235
  widdwess-had, ae/ME; 157, 235
  widdwe-lif, ME;
wiel, Sb ‚Zauberei, Täuschung‘ (ae):
  wiȝe-ful, wiȝele-full(e), ME; 306
wield, Vb (ae):
  welde-king, ME(h); 193, 427
wife, Sb (ae):
  wif-kin, ae; 405
  wif-man(n), wimman, wummon,
    woman, ae; 64, 71, 73, 74, 86, 117,
    240, 341, 346, 349 f., 354, 356, 392,
    397, 458, 486
  wimmann-kinn, ME; 329, 405
  wif-ðing, ae;
wight, Adj ‚stark, tapfer‘ (ME < An.):
  wiht-ful, ME(h?); 306, 373
wild, Adj (ae):
  wilde-brond(e), ME;
  wilde deor, ae/ME; 75
  wild-fir, wylde-fire, ME; 166
will, wil-, Sb ‚Willen‘ (ae):
  wil-cume, ae; 200, 204, 297, 410, 430
    (siehe auch → *well-*);
  wil-cweme, ae/ME; 270, 444
  wil-daȝes, ae; 410
  wil-ful(le), ae/ME; 303, 306
  willes-ful(e), ME; 303, 306
  wil-ȝeoue, ME; 138, 207, 410, 430
  wil-gome(n), ME(h?); 410
  wil-schrift, ME; 210, 410
  will-spall(e), ae; 410
  wil-tidend(e), ME; 374, 410
Wilton (Ort):
  Wiltone-schire (ne. Wiltshire); 328

win, Sb ‚Freude‘ (ae):
  wn-folk(e), ME(h?); 407
  wun-sele, ME; 416
Winchester:
  Winchastre tun, Winchester toun;
  Winchæstres tun;
wind, Sb (ae):
  wyndes blast, ME(?); 158
  wind-feallet, wind-falled, ae; 294, 380,
    448–450
  windes fliȝt, ME(?);
  window(es), windoge, wyndewes,
    ME; 364
  wint-puf, ME; 157
  windes puf, ME(?); 157
  wind-ræs, ae; 206 f., 431
  wint-swifft, ME; 266, 270, 442
wind, Vb (ae):
  winnde-clut, ME; 194, 428 f.
wine, Sb ‚Wein‘ (ae):
  win-berie(n), ae; 411
  winberi-ston(es), ME; 329
  win-drync, ae; 137
  winess drinnch, wines drinc, ME(?);
  win-drunken, ae; 122, 294, 449
  win-geard(as), winiærd, wyn-yard(e),
    ae; 358, 417
  win-grape, ME; 371
  win-red(e), ME; 270, 442
  wine-scenche, ME; 207, 431, 433
  win-tre, ae;
  win-tun(nen), ae; 417
wine, Sb ‚Freund‘ (ae):
  wine-mæi(es), ae; 239, 393
Wine(n)t-lond(e); 547
winter, Sb (ae): 600
  winters niȝt, ME(?);
  [wynter-rasure, ME; 372
  [wyntres-rasure, ME; 372
  wynter-stal, ME;
  wynter-wele, ME;
  wynter-woo, ME;
Wire-cestre, Wire-chestre (ne. Worcester);
  Wyricestre-schire
    (ne. Worcestershire);
wis, iwis, Adj (Adv u. Sb)
  ‚sicher, gewiß‘ (ae):
  ȝewis-tale, ME(h); 330, 377

wise, Adj (ae):

    wismon, wise man, wisemonne, ae; 65,
        71, 75, 77, 154, 168, 240

    wise-dom, wis-dom, ae; 66, 72, 75, 94,
        171, 223, 229, 231, 349

    un-wisdom, ae; 230 f.

    wisdom-boc, ME; 122, 329, 377, 409

    [wyse-fyghtynge, ME; 292

wit, Sb (ae):

    wit-ful, ME; 306

Wit-sond, Whitsond
    (Wissant, Frankreich);

witch, Sb ‚Hexe, Hexer' (ae):

    wiches clerkes, ME; 338

    wicche-crafft, wiche-creftes, ae; 64, 76,
        92, 94, 101, 118, 413

    wiches kire, ME(?);

wite, Sb ‚Weiser, Ratgeber' (ae):

    gewitene-mot, witene-imot, ae; 138, 148,
        330, 413

[*with*, Partikel ‚mit, gegen' (ae):

    [wyþ-draȝþes, ME; 183 f.

wither, Partikel (Adj) ‚wider, gegen' (ae):

    wiþer-blench, ME; 183 f.

    wiþer-clench, ME; 183

    wiðer-craftes, wiðere craftes, ME; 183 f.

    wiðer-ded(en), wiþere dead(es),
        ME; 183 f.

    wiðer-ueht(e), ME; 183

    wiðer-ful, ME; 281, 304, 306

    wiðer-gome, ME; 183 f.

    wiþerr-gast, ME; 183 f.

    wiþer-happ(es), wiðer-hepp(en),
        ME; 183 f., 374

    wiþþer-hoked, ME; 281, 320, 364

    wiðer-lahe(n), ME; 183 f., 451

    wiþer-reas(es), ME; 183

    wiðer-saka, ae; 183 f.

    wiðer-side, ME; 183 f.

    wiþerr-strenncþe, ME(h?); 183 f.

    wiþerr-þeod, ME(h?); 183 f.

    wiðer-(i)wine(s), wiðer-winna(n), ae;
        178, 183 f., 330

witie, Vb ‚prophezeien', u. *witieng*
    ‚Prophezeiung' (ae):

    witeȝhunnge-boc, ae; 195, 198, 427

wlat, Sb ‚Abscheu, Ekel' (ae):

    wlat-uol, ME; 307

wleate-wile, ME; 308

Woden-, Sb (Name) (ae):

    Wodnes-dei, wednes-dei, weodnes-dei,
        ae; 160, 357, 415

woe, Sb (ae):

    wo-bigon, ME; 292, 294, 330, 449

    wa-dæi, ME(h?); 417

    we-mod, wea-mod, wa-med, ae; 84, 311 f.

    wea-siþ(es), wo-sið(es), ME(?); 114, 240,
        373, 409

woh → wough;

wold, weald, Sb ‚Wald' (ae):

    wæld-scæðe, wald-scaðe, ME; 374

wolden → walden;

wolf, Sb (ae):

    wulues-fist, ME; 147, 160, 422

woman → wife;

womb, Sb (ae):

    wombe-ioye, ME; 371

    wombe-pot, ME; 371, 402

wonder, Sb (ME auch Adj, Adv) (ae):

    wonder best, ME; 114, 371

    wnder-craft(es), ae; 114, 270, 404

    wnder-crefti(e), ae/ME; 114, 275

    [wondir ded(is), ME(?);

    wonder-folk, ME; 114

    [wonder-uol, wondir-full, spätae.; 307

    wonder meruaile, ME; 371, 399, 401

    wonder þing, ME; 76, 114 f., 404

    wunder-word(er), ME(h?); 115, 404

    wunder-weorc, ae; 115

wood, Sb (ae):

    wide-bawme, ME(h?); 371

    wude-binde, ae; 136

    wode-bowe, ME;

    wude-brune, ME; 255, 266, 270, 456

    wode-burȝ(e), ME; 400 f.

    wode-cat, ME;

    wuda-fæstern, ae/ME; 232, 394

    wode-gore, ME;

    [wood-knyves, ME;

    wode-lond(e), ae; 158, 394

    wude-lehe, ME;

    wude-mon, ae; 240, 406

    wude-merch, ae;

    wde-minte, ME;

    wode-rime, ae; 411

    wode-rote(n), ME; 374, 411

wode-roue, ae; 344

wude-sca3e, wode-shawe, woodshaw,
    ME; 394

wode-scaðe, ME; 374

wode-syde, ME;

wude-wale, wod-wale, ME; 64, 85,
    117, 344

Worcester:

Wyricestre-schire
    (ne. Worcestershire); 328

word, Sb (ae):

word-wod, ME(h?); 270, 443

work, Sb (u. Vb) (ae):

werc-dei, werke-dai, ae; 141, 194, 417

[work-uol, ae; 307

werc-men, werch-men, weorc-men, ae;
    43, 141, 186, 194, 239 f., 351 f., 407

world, Sb (ae):

world-ayht(e), weorelld-ahht(ess), ae;
    90, 158, 210, 434 f.

worldes eiht(e), wordless eiht(e), ae/ME;
    90, 158

world-baret, ME; 372, 410

worldes baret, ME; 372

warldes care, ae/ME;

weoreld-king(e), ae; 407

weorld-lif, ae; 414

worldes luue, ae/ME; 90, 154

worlt-men, world-men, ae; 120, 157,
    240, 406, 419, 421

worldes men, ae/ME; 157, 161, 240, 421

woruld-riche, weorlde-riche, worle-
    riche, ae; 78 f., 88, 352, 394

woreld-richeise, ME; 372, 412

weorld-scome, ae; 157, 412

weorldes scome, ME(?); 157

weorld-seli, ME(h?); 270, 443

woruld-snotra, ae; 266, 270, 443

world-ispech(e), ae; 122, 330

wereld-þing(e), worle-þing(e), weorelld-
    þing, ae; 352, 414

weorld-iwald, ME(h?); 330, 414

wurld-wele, woruld-wele, ae; 90,
    157, 413

worldes weole, weorldes wele, ME; 157

weorlde-wis(e), worle-wis(e), ae; 265,
    270, 308, 443

world-witti, ME; 270

weorld-wowe, ME; 157, 413

woreldes wowe, worldes wo, ME(?); 157

world-wunne, woreld-winne, ae/ME;
    77, 413, 419

worldes winne, worlde-his win, ME;

werldes wune, ME(?);

worm, Sb (ae):

werm-ethe, worme-etyn, ae/ME; 294

wormes fod(e), ME(?); 91, 338

wermes hok, ME(?);

wrim-kin, ae; 405

[*worship*, Sb (ae):

[worþssip-uol, worship-full(est), ME;
    307, 329

[worship-wynnynge, ME; 221

wort, Sb ‚Pflanze, Kraut‘ (ae):

wort-croppere, ME(h); 214, 436

worth, Sb, Adj (ae):

wurð-ful, ae; 306

wurð-mynt(e), wurð-munt, ae; 94,
    115, 355

vgl. → *worship*;

worth, Vb ‚(ver)ehren‘ (ae):

wurðing-dei, ae; 198, 428

wough, Sb ‚Wand‘ (ae):

wa3he-rifft, ae; 420

wough, Sb, Adj ‚das Böse; böse, schlecht‘ (ae):

wo3he ded(ess), ae/ME; 114

woh-demere(s), ME; 114, 211, 213, 436

wohe dom(as), ae/ME; 114

wrack, Sb ‚Elend, Exil, Rache‘ (ae):

vgl. auch → *wretch*;

wrake-dom(e), ME; 231

wrake-ful, ae; 306

wrake-siþ, ae; 115, 240, 409

wrath, Sb; *wroth*, Adj (ae):

wreth-ful, ME; 306

wraðer-heale, to wraðere heale, ME; 165

wrench, Sb ‚Trick, List, Betrug‘ (ae):

wrench-ful(e), ME; 306, 308

wrench-wile, ME(h?); 307 f.

wretch, Sb (ME auch Adj) ‚Flüchtling,
    Elender‘ (ae):

vgl. auch → *wrack*;

wrecche-dom, ME; 95, 231

wrech-fol, ae; 306

wrecc-had(e), ME; 115, 235

wrecche-siþ, wreche-siþ(e), ae/ME; 409

writ, Sb (ae):
    writ-run(en), ME(h?); 401
wrong, Sb, Adj (spätae.):
    wrong-ful, ME; 306, 373
    wrang-seht(an), wrang-sehte, ME; 363
    wrong-wende, ME(h?); 307, 373
    wrang-wis(e), wrong-wis(e), ae; 308 f.,
        363, 373
wroth → *wrath*;
wun- → *win-*;
wunder → *wonder*;

y-: vgl. auch → *ʒ-*, *i-*;
yare, Adj, Adv ‚fertig, bereit‘ (ae):
    ʒer(e)-witel(e), (war-witele, war-witty),
        ae; 273, 332
year, Sb (ae):

    geares dæg, ʒeres-day, ME; 335
yern-, Adj; *yerne*, Adv
    ‚eifrig, begierig‘ (ae):
    ʒeornn-full, ʒiern-full, ae; 304 f.
yester-, (ae):
    ʒursten-dæi, ae; 21, 339, 342
ylome, Adj ‚oft, häufig‘ (ae; *MED lōme*):
    lom-ful, ME(h); 304 f.
young, Adj (ae):
    iung-man, ʒunge men, yong-mon,
        ae/ME; 168, 240
    ʒoman, yoman, ME; 168, 240, 348
    yoman-porter, ME; 329, 393
yrfe → *erf, erve*;
yule, Sb ‚Weihnachten‘ (ae):
    ʒeol-dæi, ʒol-daʒʒ, ae; 395
    ʒoless moneþþ, ME(h?); 162, 420

6.5. Sonstige Bildungen

Hier werden die in der Arbeit besprochenen oder erwähnten Bildungen
verzeichnet, die nicht schon in 6.4. erfaßt wurden, insbesondere:
– Unter 6.5.1. diejenigen ae., me. und ne. Komposita, die sich nicht in den
frühme. Texten finden. Die ae. Vorstufen oder ne. Weiterentwicklungen
der unter 6.4. verzeichneten Kp. des frühme. Materials sind in der Regel aber nicht eigens aufgeführt. Aus dem frühme. Material sind ferner
aufgeführt die zusammengesetzten Verben, Adverbien, Ableitungen
und syntaktischen Gruppen, soweit sie nicht schon unter 6.4. genannt
wurden.
– Unter 6.5.2.–6.5.5. Komposita und syntaktische Gruppen aus anderen
Sprachen, ausgenommen die schon unter 6.4. aufgeführten Entlehnungen, aber einschließlich der (mutmaßlichen) Vorbilder von Lehnbildungen (Kap. 4.6.5).
Die Schreibung ist gewöhnlich beibehalten; variierende Schreibungen sind
aber z. T. zusammengefaßt. Wenn an einer Stelle noch mehrere Wörter mit
dem gleichen Erstelement aufgeführt werden, wird mit usw. darauf verwiesen.

abbas chambir 97
admirale sone 97
admission-free 443
Ælfred cyning 60, 101
airsick,
    airsickness 265
Albert 239
al-day 21
al-fulnes 176
    usw.
    vgl. auch → eall
almihti God 254
amblynge pace 263
an-boren 276
an-hende 311
an-horn 244
anrednesse 21
anoþer 22
an-wig 172
    vgl. auch → one
ancre earen 77, 92
ancrene wisse 87, 92
Anglo-French 225, 272, 454
Anglo-Norman 272
anymon 22
apple cake 20
apple-eater 40
apple-eating 40
apple juice seat 55
apple sauce 69
Arabian Desert 58
arisinde grace 131
arke making 216
armchair 41, 44, 380, 388
armes spoiling 367
arwyrðness 265 f.
athes breking 216
aþum-swerian 390
Audrey 70
author-director 390
autumn leaves 119
avian sanctuary 45

backbite (Vb) 141, 457
back cloth 69
    usw.

bæc-ern 188, 231
Balheued 244
bandy-legged 6
bay coursor 370
beadu-lac 235
bed-spread 383
beefsteak 69
beer float 36
beginner's luck 155
bellflower 401
bell-foundry 19
bellhop 17, 248
bell-pull 201
bel(l)-ringer(e) 61, 215,
    248
bemene stefne 87
berninge drake 263
beten gold 262 f.
big-headed 35
birdbrain 16, 31
birdcage 30 f., 40, 80, 382 f.
birthday 132
bishop's cap 17
bishop's hat 147
bitter-sweet 145, 272
Blakberd 244
blackbird,
    black bird 25, 29, 163
blackboard 68, 408
black death 123
Blakman 166
black market 76, 80, 123
blacksmith 423
blind-fellian 142
blind nettle 167
blockhead 20
*blod-lætan,
    *blod-leten (*Vb) 141
bloodshed 17, 31, 40, 133
bluebeard 20
blue-black 145, 272
boat ride 25, 35
boatswain's whistle 153
bobby-soxer 211
boc-treo 6
bodiȝ dede 98

bodiȝ mahhte 98
    usw.
bodiȝ sihhte 97
bodiȝ sinn(e) 97
? book-novel 54
book-reading 217
borne brethre 263
Boston young lady 99
bottleneck 49
bottle-opener 213
bread and butter 261
bread knife 77
breakfast 248, 346
Brechehert 249
Brekepot 249
brick garage 98
broðer deð 96
    usw.
broðorscipe 237
brune cwench 79
Brutlondes ærd 163
bulldog 36, 401
bull's eye 17, 153
bull-ring 25
bunden-stefna 244, 262
burg-agend 18
burg-sæta 202
burying-place 12
bus-stop 133
business class 69, 99
    usw.

Cacheuache 249
cage bird 30, 40, 80, 382 f.
California County 99
callboy 38, 46−48
callgirl 38, 46−49
call house 33
carcern 232
car-dealer 18, 32, 41, 46
car thief 25, 32, 138
carefree 41
carleas 81
carsið 81
carsorg 81
castell Adventures 257

cat's eye 17
cave man 40, 387, 405
celandine 82
chairman 240
chatterbox 17, 47
cherry bomb 44
chief (Adj) 103
chef botelere 103
chief inspector 102
chief justice 102
    usw.
chef steward 103
chimney sweep 39, 133, 201
cyric-boc 82
churchgoing 19
chirche larewes 92
choreographer-dancer-singer
    390
cigar-smoker 18, 32
clean-bred 145
clock-face 52
club foot 44
cnihtene prince 87
college president 57, 68
colour-fast 302
command and planning job
    99
concertgoer 69
concertmaster 69
concert performance 69
condensed milk 58
Conservative Party 62
copyrighted 317
country dance 69
country house 119
Courtmantle 11
cowboy 41, 45, 68, 406
craftsman 17, 29, 157
crime syndicate 45
criminal lawyer 20
criminal policy 45
*Cristes byrd 335
Cristes heriinge 221
crucethur 263 f.
*crucet-hus 264
cry-baby 38, 43, 47
curry powder 69
cutthroat 38

cwenene crune 87
cynelic 226, 300
cynescipe 226
cyning-gereordu 226
cyning Oswold 101
    vgl. auch → king

*dæl-niman (*Vb) 142
dægðerlica dæg 156
dancing girl 131
dancing teacher 68, 74
*Danishman 168
deorce-græg 272 f.
darkroom 76
delouse 18
dede pale 275
deaf-mute 145, 271
deorewurðnys(se) 21
deðes dom 72
deaðes hus sorhe 97
dæþshildiȝnesse 21, 265
deuel wiȝt 254
die-hard 283
Dolittle 249
doctor's degree 58, 153
doctor's office 25
domdæg 121
doorknob 23, 25, 43
Douchemen 168
downcast 18
down-fall 129
drawen swerd 263
Drihhtin Godd 393
driver's seat 17, 153, 155
drug deaths 45
druncen-georn 270
duuel-rihtes 21

eall-beorht 277
eall-mægen 175
eall-mihtig 277
eall-nacod 277
eall-offrung 175
eall-wealdende 277
eall-writen 277
eall-wundor 175
    vgl. auch → al-

ealde-madmas 121
eald-gestreon 121
    siehe auch → old
eorð-hele 191
earthquake 19, 29, 137
earth-shaking 381
eorðene castel 104
erþene þroh 104
eastan-wind 106
easy-going 58, 69, 291
eating apple 25, 40
eað-fynde 285 f.
eað-lære 285 f.
eð-telle 284 f.
Edith 70
edmodnes(se) 21
Edwin(e) 239
efen-metan 274
elheowet 321
elðeod 225
elðeodig 225
englene fere 87
englene quene 87
eorl-gestreon 42
euchmon 65, 475
exampyl ȝevyng 216
expert-tested 141

fæmnhad 224
fail-safe 283
fallyng euel 195
falling sickness 195
false-heart 312
family butcher 52
far-seeing 291
farinde gume 263
feader hus 96
    usw.
father-in-law 30
fearful 304
fertility pill 52
field mouse 45
fif-tene 21
fighter bomber 68
film producer 20
fine-sounding 145
finger print 133
fireman 52

682

furene hweoles 104
fisheries act 59
fisherman's cottage 154
fiðer-rice 299
Fitzgerald 30
five-act (comedy) 312
five-finger 16
fleabite 133
fluren cakes 104
folc-(ge)mot 128
folc-sceaþa 134
football 346
football-player 385
fot-hot 21
forearm 184
forename 184
foreign worker 58
forgetful 304
forget-me-not 248
forme lentenes deiʒ 164
four-score 172
four-som 172
freo-lec 236
fro nest 120
fresh-fallen 295
frog-man 380, 401
frog slime 37
frost-bitten 25
frozen food 58
ful bliðe 274
ful god 274
    usw.
fullfremednysse 22
ful-iwis(s) 21
fuller's earth 58

galingale 82
gang-weg 399
Gar-dene 70
garage sale 51, 53
garden-party 25
gear-dagas 70
geolu-hwit 272
geongor-dom 223
geongor-scipe 223
gerfaucum 6
German-American 272
German-French 272

gilp-sceaþa 134
gilt pensel 263
girlfriend 25, 35, 41, 44, 51,
    391
girlslave 51
glass case 69
glatissynge beste 263
globe-trotter 32
goat-foot 312
    God:
Godes dom(e) 154
Godd feader 393
God-given 39
god-had,
    godhead 233
godd unagin 264
Godwin(e) 239
    good:
god-lec 236
Good Friday 170
godemonne 71, 75, 154, 475
godspellere 21, 211
goggle-eye 11, 425
goinge folk,
    ganninde uolk 262 f.
ganninde men 263
gold-giefa 50
gold-hroden 19, 267
gold rede 254
golde stauen 80, 97, 408
gold watches 99
golden (Adj) 104
guldene bolle 104
gildene besantes 104
    usw.
government work 99
grants committee 34, 59
gravedigger 38
great-hearted 12
greenhorn 146, 242
greenhouse 80, 165, 423
grindstone 25, 38, 190, 388
grist-bitian 142, 202
grunden stel 263
gumfainuner(e) 21, 211
gunpowder 25

ʒimmed 321

ʒursten-dai,
    yesterday 21

ha ha 258
Halliday 123
hali(g) → holi
halsung-gebed 197
hangman 47
happily-married 295
harbinger 92
harde … herted 315
heardhyrtnes(se) 22
Hardheued 244
hard-hitting 291
Harlem boy 44, 406
hay fever 44
he-asse 176
he-cat 176
    usw.
he-beste 176
he-got 176
    usw.
he-lamb 11
headache 102
headache pill 52
head cook 102
headdress 102
headmaster 102
heafde sturunge 216, 221
healfpeningwurþ 173
hearmcweðend 146
heaðene hundes 72
heþenemen 65
heaþu-lac 235
heh → high
heir apparent 252
helle dim 255
helle-hinca 50
helpful 223 f.
helter-skelter 257
henne cunde 94
herte grim 255
heortgryre 77, 82
heorte haliwei 72, 74
heorte nase 87
heart-rending 38
heorte wardeins 92
high church 99

hehe ... iheortet 315
heh mede 76
hehe meistres 76
hah mon,
    heʒe men 76 f., 168, 240
hest icunnet 315
hilderinc 81
hildewisa 81
holi chirche 65, 171
holi gost,
    haligast 124, 164, 171
halige rode 154
halimon 65, 168, 240
hali þursdei 170
holʒ stok 110
home workshop tool 31
honeybee 45
hunige lond 99
honey-tongu'd 318
horse muð 97
    usw.
hors nayʒeng 221
horsethistle 51
hot dog 69
hot heart 165
hothouse 76
hotene lond 263
house doctor 45
householder 21, 68, 211
housekeep (Vb) 25
housekeeping 15, 17, 35
House of Commons 62
houses roume 255
hringed-stefna 244
huetistan 187
hunchback 15
hunte grune 87

Jackass 261
icy-cold 58, 68, 271
idel gilp,
    idel ʒelp 123, 164, 171
idel-hende 84, 311
ihelmed 321
ileadet 321
income 18
jn crepyng 176
industrial area 45

inkstand 36
innkeeper 19
interloper 6
joint commission 98
ioxned 321
iren, isen (Adj) 104 f.
irene band 105
ysen cheld 105
ysen hat 105
iren wal 105
    usw.
irnen (Adj) 105
irnene neiles 87, 104
iudgement geuing 216
iwepned 321

kempene crune 87
keyhole 102
key man 103
key position 103
key towns 103
king emperor 68
king pharaon 256
kynge royall 256
    vgl. auch → cyne-,
        → cyning-
Kirkpatrick 30, 253
kiss-proof 282
knyght(es) arraunte,
    knight errant 30, 256
knyght(es) armed 256
    usw.

? lad-boy 54
ladychapel 98
ladies' man 155
leafdi onlicnes(se) 98
    usw.
læring-man 197
lah haldung 221
lambswool 155
lond Canaan 252
lond mesopotamie 256
land-sæta 202
largemen 65, 168, 240, 369
late-born 145
law-worthy 267
lawn-mower 213

leap-year 11, 425
leodene quene 87
Lefchild 166
Leuesune 166
leouesustren 65
lerde men 263
licence plate 33, 335
licome lust 154
licomes lust 154
liues body 155
lifes ende 154
liues luue 72
liues man 155, 161
lifes welle 154
liggeand man 131
light-hearted 17
lihte iwordet 319
lim-mele 21
linden spon 104
liðende men 263
loaf sugar 408
lofsongere,
    loftsongere 21
logede men 372
London fog 100
London home 98
London merchant 101
Langa Friʒedæg,
    Lang(e) Fridai 164, 170,
    327, 334
longe friniht 327, 334
Lord God 175
love making 216
love-smitten 38
luf-tacen 92
loue tiþinge 111
luðere iwordet 319

MacArthur 253
madcap expedition 99
madhouse 423
malarial mosquitoes 45
man-handlen 142, 294
man in the street ... 252, 261
man-made 58
mangunels casteinge 221
manþwærnes(se) 22
manual labour 45

monimon,
   moniman 22, 65, 475
maniȝ-whatt 22
marital sex 45
martyrhad 223, 233
master bedroom 103
maister bishop 102
master builder 103
maister domesman 102
master mariner 103
meidene bearn 87
mercy askynge 216
messenger 82
metal coupon 41, 44
middæg-sang 139
middle age 69
   usw.
migrene 6
mildhertnes(se) 22
milkman 36
mincemeat 34
misbehaviour 18
mocking bird 131
moder wombe 96
   usw.
moderate-sized 295
monað-fylen 343
money-spender 382 f.
money-spending 382−384
moon rocket 41, 44
morning newspaper 31
munece regol 89
munte caluarie 101
   usw.
musical clock 20, 45
muþe imene 265
Myranheafod 244

New England 164
new-laid 145
newly-wed 145
newsstand 133
nextfolde,
   nestfalde 340
nickel content 132
niht-sang 139
nan-mon,
   noman 22

nothing,
   na(n)-þing 22, 128
nowiht,
   nought 22
non-song 139
note-worthy 282
nutcracker 36

oak tree 35, 396 f.
oath → athes
old boy 76, 123
   vgl. → eald(e)
olive oil 45
onlooker 18
one-man (show) 172, 312
one-way (street) 172
opera director 57, 68
Osbert 239
ostrice 6
ostringer 82
oven-cleaner 141
over-anxious 129
over-caution 129
overcoat 129
over-dose 129
over-estimate 129
ofergan 141
overview 129

paleface 16, 32
partake 6
party interests 99
passenger 82
payload 25
pencil-sharpener 212
pentecosten-mæsse 325
persil 6
pickpocket 15 f., 20, 25, 31,
   246 f.
picture book 45
pig eyes 33, 335, 401
pine tree 45
plain-clothes 312
playboy 47
poet-painter 41, 44, 150, 390
poolswimming 20
popinjay 82
population growth 25

poremon,
   pouermen 168, 240, 369
pork butcher 52
porpeis 6
porringer 82
postman 240
praiseworthy 282
presidential adviser 20, 359
prim-sang 139
private school 58
professorial friends 45
pukeweed 37

quene scip 97
questynge beste 263

rat poison 52
rattlesnake 25, 42
re-write 18
red-bearded 317
redcoat 16, 242
rede golde stauen
   → golde stauen
red-hot 272
redskin 15, 25
reord-berend 146
rice pudding 69
rihtwismann 240
rihtwisnes(se) 22
Ringebel 248
rock-fast 302
rode dæiȝe 79, 154
rodfæstnian 142
rope dancing 41
routine jobs 99
rural visitors 45
rye bread 69

salte se 106
salte tæress 100, 106
salt weter 100, 106, 409,
   usw.
?salt lake 54
sand castle 388
sawle burh 93
sawle bræd 93
sawle baþe 93
sawle spus 93

sawle swetnesse 72
scatterbrain 16, 243
scavenger 82
scheunchinde hors 255
scin-lac 235
scires-man 161
screpe-malue 344
screw-driver 436
scyldignes 265
seafood 41
sea-horse 118
seaport 44f.
seasickness pill 52
seaside dirty postcard 99
seldan 300
seldlic 300
self-dema 175
self-dom 175
self-willend 277
seoluern,
    selvren (Adj) 104
selvren stikke 104
seouefald 354
serio-comic 454
seruise ending 221
setscrew 25
Shakespeare 10
shamfestnes(se) 22
scamlic 223
shatter proof 283
she-asse 11, 176
she-geyt 176
    usw.
sheet metal 44
Shere ðursdai 170, 327
shilly-shally 257
ship-owner 32
shoe-maker 43
sick nurse 165
side openunge 216, 221
side þurlunge 221
sidewalk 133
sightseeing 25, 80
singsong 257
slap-happy 283
slat swyn 263
sleeping pill 52
sleepwalker 48

slip-shod 283
snake poison 52
snowball 45
sobsister 47
soldier ant 45
solicitor general 252
zomþing
    (something) 22
son-in-law 252, 261
sotte songes 113
soðfastnes(se) 22
soðmon 65
soul → sawle
speakeasy 248
speokele 332
spending money 131, 382f.
spilltime 11
spoon handle 41, 44
springtail 243
spurnwater 11, 250
stanen (Adj) 104
stanene fetless 104
    usw.
station waggon 25
steamboat 25, 29, 35, 40
steam iron 45
stedes derayeyng 221, 371
stedes leping 221
    usw.
stedefastnes(se) 22
stelen (Adj) 104
steop-fæder,
    stepfather 133, 226
stepmother 226
sterke dede 275
stinkinde hore 131
stið-mod 315
strange-sounding 141
stream-faru 201
stronge sleahtes 241
student power 45
stund-mele 21
sugar loaf 408
sum-day 21
summertime 68
Sunday paper 44f.
sun-deaw 81
sunne-leoma 81

swuster fote 96
    usw.
sweetheart 17
swete ... iheortet 315
swote ... iheortet 315
swote herunge 221
Swetman 166
svikel-hede 223
swikelemen 65
swimming pool 40
swinncfullnes(se) 22
swiðe stronge 241

table cloth 45, 52
talking machine 25
tape-recorder 436
tax law 45
tea-merchant 32, 138
teaching profession 36f.
tear gas 45
teares sheding 221
teres wet 264
teenager 211
tennis-player 385
th kommt nach t
tick-tack 257
tick-tick 257
tiger-footed 318
tollere 250
topless 224
toothbrush 34, 36
toþed 321
townsman,
    tunes-man 29, 154f., 161
troublemaker 43
trailbastoun 11, 249
traytur Judas 394
trewfestnes(se) 22
trustworthy 282
turnkey 25
twa baledrinc 72, 228
twilight 228
theatregoer 32−34, 85
þeod-cyning 70
þeouene dich 87
thirty-mile (walk) 312
þolebyrdnys(se) 22
þolemodnys(se) 22

þornen (Adj) 104
þornene crune 87, 104
  usw.
þralhede 223
þralschipe 223
3-day-affair 44
three-line (whip) 172

undæþshildiȝnes(se) 21
unhelpful 223
unligel 332
unnrihtful 303, 331
unrihtwis 309
unnskaþefull 303
unstaþelfæst 301 f.
unstedefast 301 f.
untreowfæst 301
unðeaufulle 303, 331
unþolemod 313, 331
unwisdom 223
unwrestlec 236
underberan 141
unnder-fot 21
undersecretary 18
ut-awyrpan 143

vengeance taking 216

wæpnedd follc 263
waistcoat 346
wallynde pich 263

wan-hope 226
wanspedig 299
washing machine 25
watchmaker 16 f., 35, 41
water bucket 45
?water fish 54
waterproof 12, 41
water rat 51
wayferinde (men) 263, 267
wedded wimmon 263
weg la weg 258
well-groomed 145
well-mannered 314
weorld → world
wharfinger 82
wheelchair 25, 48 f.
Whete-kake 242
whitecap 25
white clouere 167
white hand 246
white-hot 145
Widsiþ 244
widewene schrud 87
wif-lac 235
wiȝte imene 265
wildebar 65
wilde-fire slyngyng 221
wild-looking 145
wildwood 166
wylde woode 275
Winchester churchmen 101

winter-fylleð 343
wis iwordet 319
wytnes-man 161
women's college 153
woman doctor 69
wonder → wunder
wod sturne 275
woode wroth 275
Worcester porcelain 98
word-cwide 399
worldes froure 58
weorldes selðe 79
wraðe sturne 273
wreche chaitif 115
wreche fiscære 115
  usw.
wrecche meoseise 255
writer-husband 390
writing table 130 f.
wuke-malumm 21
wuldor-cyning 42
wunden-stefna 244, 262
wunder ane 275
wunder bliðe 115, 275
  usw.
wundorsmið 70
wurme fode 91

yfel nehhebur 169
yþ-gewinn 42, 76, 121
yþa gewinn 42, 121

6.5.2. Deutsch

Adenauersohn 407
Affenkäfig 241
Affenschande 241
Allerheiligen 68
altklug 24
Ankunftszeit 42
Arbeitszeit 155
Armutszeugnis 81
Aschenbrödel 203
Aschenputtel 203

Augapfel 49
Augenblick 119

Baden-Württemberg 149,
  390
barfuß 24
Baulöwe 243
Baustein 185
Bayern 166
Berufswahl 52

bettelarm 282
Bierglas 36
Bierwärmer 54
Bindeglied 187
Bindfaden 23, 187
Bischofesheim 159
Bischofskonferenz 23, 34
blauschwarz 272
Blutsbruder 407
blutrot 24

Brennessel 38
Brillenträger 51
Buchausstellung 80
Bücherschrank 34, 43 f.
Bundesbruder 407
Bundeskanzler 23
Bürgermeister 68

Damenwahl 52
denkfaul 80
Dickkopf 242
Dienstag 85
Donauschiffahrt 14
Dorfschullehrer 325
Dummkopf 24

Edelmann 23
ehrenwert 444
Eichbaum 396
Eichenau 68
Eiersuche 79
Eisenhut 102
Elsaß-Lothringen 390

fallandia sucht 195
Fastnacht 334
Feierabend 334
Feldmoching 68
Ferngespräch 49
Feuer-Disco 34
Fischfrau 45
fleischfressend 288
Fleischeslust 77, 120
formlos 224
Franken 166
Fürchtegott 23, 248
Fußschemel 23

Gauch 259
Gebrauchtwagen 34
Geheimrat 123
Geisterfahrer 48
Geretsried 68
Gersthofen 68
gesundheitsschädigend 264
Gießkanne 187
Gipfeltreffen 49
gisunfader 23

glaubwürdig 282
goldene Hochzeit 123
Goldring 102
Gotteshaus 23
Gröbenzell 68
Großvater 24
Gurtmuffel 54
Gußeisen 187

Handschuh 49
Handumdrehen 119
haushoch 80
Heilige Familie 62
hellscheinend 290
Hemdhose 390
Herzblut 119
Hilfsdienst 29
Himbeere 85
Hochhaus 80
Holzschuppen 52
Hosenträger 47, 51
Hühnerei 34
Hundszell 68
Hungersnot 23

Jägerschnitzel 52
Junggeselle 49

Kalbsschnitzel 52
Kartoffelsalat 99
Kirschgarten 33
Kneifzange 185
kochfertig 282
kriegsmüde 264
Krimhildes man 154
Kuckuck 259
Kühlhaus 187
küninges kint 154
kurze Zeit 164
Kurzzeit 164

Lachkrampf 23
Laderampe 187
Langeweile 123
Lauffeuer 187
Lebtag 118
Leihschein 187
Liebesdienst 155

Liebeskummer 23
Löwenmäulchen 242

Mehlsuppe 49
Mitternacht 339
Montag 49
Morgengabe 119, 138, 207
Müllerstochter 420
München-Ost 107
München-Nord 107
Münchner Klima 101
mundgerecht 223

nächstliegend 291
naheliegend,
    naheliegendst 291
nahe Verwandte 164
Nahverwandte 164
nord-, Norden, nördlich 107
Nordpol 107

Obsthändler 51
ost-, Osten, östlich 107
Osttor 107
Österreich-Ungarn 390

pflegeleicht 282
Preußen 166

redselig 282
Reisegeld 185
Rührmichnichtan 248

Sachsen 166
Salonlöwe 243
Salzwasser 102
Samstag 49, 85, 334
scharfzüngig 317
Schiebkarre 187
Schießplatz 187
Schiffahrt 14
Schleswig-Holstein 31, 149,
    390
Schmerzensschrei 37
schöngeistig 317
Schönwetter 68, 75
Schornstein 49, 85
schreibfaul 282

Schreibmaschine 49
Schreibzeug 24
Schubkarren 187
Schuhmacher 17
Schuhriemen 23
Schußfeld 187
Schwanenhals 81
Schwaben 166
Seepferd 118
*Sektwärmer 54
seltsam 300
Singvogel 14
Sommerferien 45
Sonnabend 334, 458
Spechteshart,
    Spessart 159
Stachelschwein 377
Steinkohlenbergwerk 21
Steinmauer 68, 121
steinerne Mauer 121
Steinpilz 49
Straßenhändler 47, 51, 53

Straßenlaterne 45
süd-, Süden, südlich 107
Südamerika 107
Suppenkaspar 54

Tanzlehrer 68
taubstumm 23
Taugenichts 24
teilnehmen 142
(des) Todes schuldig 264,
    444
todeswürdig 444
Trauerkleid 185
treffsicher 24
Turnschuh 14, 23, 29, 185

Unfallwagen 34
Universitätsbibliotheken 99
unterschreiben 143
untergehen 143

Vaterland 24

Vergißmeinnicht 247 f.
Verheerung 120
viereckig 317

Waschmaschine 43 f.
Weinstock 38
weißblau 271 f.
Weißdorn 458
Weißer Sonntag 80, 123, 327
weitgeöffnet 295
west-, Westen, westlich 107
Westindien 107
Wildwasser 75

Zähneknirschen 143
zähneknirschend 143
Ziehbrücke 187
Ziehbrunnen 187
Ziehkind 187
zielstrebig 332
Zugbrücke 187
Zugvogel 187

6.5.3. Latein

abyssus 376
alba spina,
    spina alba 377, 458
amatoria carmina 376
beneficium 260
camelus 262
canis lingua 160
caput quadragesimae 164
cathedra refectionis 376
cera virginea 377
cete grandia 254
circumcisio 182, 377
co-aequalis 376
comparare 274
compassio 180
cordis angustia 376
cordis contricio 376
cruciator 264
deus omnipotens 254
dies amoris 376, 457

dies iudicii 376
docibilis 285
dromedarius 262
effrata 376
evangelium 376
fabrica ecclesiae 376
facilis intellectu 285
facilis inventu 285
facsimile 248
febrefugia 331
filius hominum 376
herba catti 376
humilis 376
iactantia 123
labor manuum 376
lactans 376
liber sapientiae 377
linguosus 376
Lucifer 204, 376
materia carnis 376

minister 198
misericors 376
molinarius 211
monachus 376
monetarius 211
mons acutus 256
mons gaudii 256
mons Jovis 256
oculus diei 376
omnipotens 278, 376, 455
omnipotens deus 254
oratio dominica 262
ordo praepositurae 376
oves occisionis 192, 377
palatio patris 376
panem cotidianum 376
piscatores hominum 376
porcus spinosus 377
primogenitus 276
propria voluntas 169, 376

689

ratio(nem reddere) 377
regia munera 376
regnum caelorum 376
reverentia 376
sanguinarie 376
scutum cordis 376

somnolentus 376
stimulus carnis 376
subregulus 182
supplantator 182, 377
supplicatio letanie 197
terra visionis 376

unigenitus 276
vademecum 248
vana gloria 123, 169
vitia capitalia 376

6.5.4. Französisch (einschließlich Anglonormannisch)

ariere garde 178, 377
assesseur,
     asseseores 183, 377
avaunt-garde 377
avantvard 173
bienvenu 297
bigamie 365, 377
chevalier errant 253
circoncision 182, 377
cire vierge 377

compassion 377
Cote Male Tayle 298, 377
fiz a putain 377
fol sage 254
franche pere,
     fraunche piere 169, 377
gentils hom 377
jambe levée 355
male tayle 298, 377
*noiz mugue 255, 377

porc espin 377
porte-ioie 377
prodome,
     prodomme 168, 377
purgatoire 197
sur-carquier 280, 377
termoiemens 377
termoiors 377
vaine gloire 169
vanguard 377

6.5.5. Sonstige

auð-fyndr (an.) 286
auð-gætt (an.) 286
cath eithin (walis.) 377
gloð-rauðr (an.) 268

karl-maðr (an.) 360, 362
iafnlengd (an.) 169
lavapiatti (ital.) 250
nattar-þel (an.) 83

vel-ferð (an.) 261
vel-kominn (an.) 297

6.6. Wortbildungselemente und Sachregister

Hier sind zunächst verzeichnet: die besprochenen Affixe und Affixoide
(Präfixe, Suffixe, Präfixoide, Suffixoide) sowie die eigens besprochenen, als
Kompositionselemente verwendeten Partikeln und sonstigen Wörter. Das
anschließende Sachregister ist sehr knapp gehalten: es erfaßt vor allem Bezeichnungen für Wortbildungsmuster und semantische Gruppen, die nicht
schon im Inhaltsverzeichnis aufgeführt sind.

about- 183
above- 281, 370
addle-, adel- 107
after- 178

again- 178, 279
alder-, elder- 107 f.
all-, æl-, eall- 174—176, 276—278, 328, 455
an-, one- 275 f.

ancre- 92–94, 158, 365, 370
Anglo- 225
arch-, ærce 329 f.
arveth-, earfoð- 109, 284–287, 446

baft(e)- 179
bale- 87, 108
-bat 202
be-, bi- 330
before, biforen 279
-bend, -binde 136
-bere 136, 199 f., 202 f., 299, 301
-berge 136
-bert 239
beside- 183
-bot 134, 136
-bridd, -bird 397
brother 96, 407
-bruche 135, 199 f., 202
by-, bi- 179

caitif, caytyff 108
caue → cof
cempa → kempe
cheisil-, chaisel- 103
chief- 100, 102 f.
Christian-, cristen- 108 f.
church-, cyric-, ciric- 82, 87, 91 f., 101, 365
-cine 136
cof, coue 108
coward 108
-cume 200
-cund 299
-cun(nes) 162
-cwide, -cweðes 136
cyne- → kine-

daughter-, dohtor- 96
deed, dede, dæd 87, 109, 134, 136 f.
-dele etc. 134, 137
-dent, -dint 137
-din, -dyne 137
-dom 15, 144, 222 ff., 229–231
down-, dun(e)- 179, 280
draught 208
drinc- 250, 261
-drinc 137
dwal(e)-, dwel(e)- 109

eall → all-
earfoð → arveth
east, æst, est 106 f., 169
-ed, -en 292–298, 313–321, 444 f., 448–451
el- 225
-el, -ol, -le 84, 321, 331 f.
-en 87, 103–105
-end, -ende, -ent 146, 288–292, 446–448, 455
    (vgl. auch → -ing)
er(e)- 179
-ere, -er 21, 201, 210–214, 332, 436 f., 440, 452
-ern, -ærn, -earn 221 ff., 231 f.
-es 332
-estre, -ster 210 ff., 214 f., 436 f.
eð-, eað(e)- 284–287, 446
ethel- 109
even-, efen- 274
-eve(n), -æfen 334, 353, 410
evil- 111
eye, eage- 82
-eye, -eage, -eie 245, 320
-eyed, -eagede 317–320

-fangel 332
-fare 137
-fast, -fæst 265, 298, 301–303
father, fæder 96, 407 f.
-feng 137, 202
-fere 137
feðer-, feoðor-, fyðer- 85, 298 f., 320
fiend-, feond- 133, 241, 442
fight, fiht 138, 200, 208, 235
-finde 285 f.
fire- 104
foe, fa 77, 109 f., 392
-fold, -feald 137, 299, 340
fool- 110
-foot, -fot 310–313, 316
-footed 316
fore- 179, 184, 279–281
forme- 173
forth- 143, 179 f.
frim-, frum- 173
full-, ful- 271, 274, 295–297, 450 f.
-full, -ful$_{Adj}$ 15, 144, 223, 265, 298, 303–307,
    333 f., 370, 373, 454
-full, -ful$_{Sb}$ 225, 232 f.

gain-, ʒein- 178
-gale 144, 200, 259
gang 138, 200
-gangel 332
ge-, i-, y- 84, 330
-gife, -giefu 138, 200
-gift 207–209
god- 407 f.
gold- 104, 107
grund- 268, 328
-gute 199–201

-had, -hood 15, 144, 222 ff., 233–235, 334
-hæft 299
half-, healf- 128, 173 f., 275 f.
harlot 110
he- 174–176
head-, heued-, heafod- 102 f., 241, 403 f.
-head, -heued, -heafod 311–313
-heal, -hele 165
heald-, heuel- 110
heart-, heort- 82, 87, 92, 94, 165
-heart, -heorte 165, 311–313, 316 f.
-hearted, -iheorted 315–319
heaþu- 235 f.
heaven-, heofon- 89 f., 94, 101, 122
Hebrew 109
-hede, -head 233–235
hell- 93 f., 122
henen-, henne- 180
heo > he 176
her(e)- 180
heðen- 180
hider-, hither- 180
hild- 81
hinde-, hind- 180
hole, hollow 110 f.
holy, holi 171
hom(e)- 180
-hood, -had
    siehe → -had
-icge, -ie 210, 215, 436
-ig, -y, -i 317 f., 332
-ild 226

in- 143, 180, 280
-ing, -ung 130 ff., 194–198, 215–221, 288–
    292, 332 f., 425–429, 438 f., 446–448, 452
    vgl. auch → -end
iron-, isen- 105, 107
-ish, -isc 333
ivel → evil

kempe, cempa 134, 138
key- 102 f.
-kin, -cun, -cynn 162, 404 f., 420 f.
kind(e)- 111
-kind(e), -(ge)cynd 162, 404 f., 412, 420 f.
kine-, cyne- 84 f., 144, 221 ff., 226 f., 298–300
king-, cyning- 226 f.

-lac, -lock 222 ff., 235–237
lady-, leafdi- usw. 70, 403 f.
-læcan, -leche(n)²⁵ 217–219, 296
-lec, -leic 236
lede-, leod(e)- 241, 403
-less, -leas 15, 299
-lic, -ly 226, 299
-load, -lad, -lod 138
lord-, laferrd- 404
love-, luue- 87, 92, 94, 111
-lure 135, 199 f., 202

maiden-, meið- 111, 353
man- 111
-man, -mon 65 f., 159, 161, 167 f., 170, 239 f.,
    360
mass, mæsse 147 f.
master-, maister- 102 f., 107, 365, 403 f.
met 138
mid- 111, 180
middle-, middel- 69, 111 f.
mix- 105, 107
-monger 225
-mood, -mod 311–313, 316 f.
-mooded, -moded 315–317, 319
-most 15
mot 134, 138, 191
mother 96, 404, 408

---

²⁵ Möglicherweise ist -læcan als Suffix(oid) einzustufen.

692

-ness 21 f., 226, 265, 333 f.
nigh-, nea- 180
-night, -niht 334, 410
niðer-, neðer- 181
niðing 112
north- 106 f., 169
-Ø (Nullmorphem, Nullsuffix) 16, 31 f.,
    133 ff., 146–148, 184, 198–207, 241–251,
    266, 309–313, 323, 424, 429–434, 440 f.,
    444 f., 446, 456 u. passim
-numa 135, 144, 200

of-, off- 181
on- 181
out-, ut- 143, 181, 280
outen- 181
over-, ouer- 129, 181 f., 278 f., 280 f.

pagan-, paien- 112
pentecost- 353, 360
plain 112
play, plega usw. 135, 138, 200
present 112
privy 112
purple- 105

-ræs, -rese 200, 206
-rede(n), -ræden 222 ff., 237 f., 311 ff.
right-, riht- 112
rood-, rode- 94

salt- 106 f.
sang, song 139, 200, 432
sawle → soul
scop 139
scuter- 112
seld- 225, 228, 298, 300
self- 174–176
-sete, -sæta 202, 335
seven- 174
she- 174–176
-ship, -scipe 226
-shire, -scir 327 f.
shot, schote 139, 208
sib, sibb 113
sister, sweostor 96, 157
-sithe, -siþ 135, 139, 240, 409
-slage 200, 204, 206

sleep, slæp 139
-som, -sum 299
sooth-, soð- 113
sore, sor, sar 113
sot- 113
soul-, sawol- 87, 93 f., 100
south-, suð- 106 f., 169
sunder- 182
speech, speche 139
spring 139
steel-, stel- 104
-stefn, -steuen(e) 165, 311
step-, steop- 133, 225 f.
-step 140
stone-, stan- 73, 104
swice 200
swinc, geswinc 140

-t 207–210, 434 f., 452
-þearf 113
thorn-, þorn(e)- 104
throe, þrowe 140
through-, thurgh-, þurh- 182, 278 f., 280 f.
to- 182
tofore(n)- 280
-toga, -toge 136, 144, 200
twelve- 174
twi- 85, 144, 174, 221 ff., 228, 298, 300 f.
twin- 174
two-, twa- 228, 300

umbe- 182, 281
un- 303, 331
under- 182
unriht- 113 f.
up- 182 f., 281
ut → out

virgin- 114

wake, wæcce 140
wal-, wæl- 241
wan- 226
-ward, -weard 140
-ware 85, 93, 221 ff., 238 f., 335
-warpere, weorpere 212 f.
wary-, weari- 114
well, welle 'Brunnen' 140

well-, wel- 'gut' 260 f., 291, 296–298, 320
-wende 298, 307
west- 106 f., 169
weste- 114
wil- 410
-wil(e) 298, 307 f., 311
-wine 239
-wis (-wise) 265, 298, 308 f., 311
-witel 332
with- 183
wither-, wiðer- 183, 281
woe-, wa-, wo- 114
woh-, wough- 114

wonder-, wundor- 114 f., 271, 275, 371, 403 f.
word, weord 165
-iwordet 317, 319
work, weorc 134 f., 140 f.
world-, weorld- 90, 94, 157
-wort-, -wyrt 225
worth-, wurð 115
-worth, -worthy, -weorð, -wurðe 282–284,
    444–446
wretch-, wrecch- 115
-wright, -wyrhta 208 f., 225, 434
-wurp 199 f.

Determinans/Determinatum (Dt/Dm) 30 ff. und passim
Determinativkomposita 24, 31, 35, 127, 149 f., 271–274
Endozentrika 24, 455
Exozentrika 15 ff., 24, 456 und passim (vgl. → Ø)
Komposita mit Verbalverknüpfung 34 ff., 425 ff., und passim
Komposita ohne Verbalverknüpfung 34 ff., 389 ff., und passim
Kopulativkomposita 23, 31, 127, 149 f., 271 ff., 389 ff., 455 f.
    – additive (Dvandvas) 149 f., 271–273, 390
    – attributive 391–395
    – subsumptive 396–398
    – tautologische 398–401
    – vergleichende 401–403
    – verstärkende 403–404
    – Grenzfälle 404–405
Namen und semantische Gruppen von Komposita und Kompositionselementen
    – Farbbezeichnungen 266–270, 441–443
    – Himmelsrichtungen 106 f., 168 f., 260
    – Materialbezeichnungen 103–106
    – Mineralien 398
    – Orts- und Gebietsnamen 159 f., 166, 256 f., 274, 327 f., 338, 344, 394, 414–416, 422 und
        passim
    – Personennamen (Vornamen, Zunamen) und Volksnamen 10, 97, 161, 167, 204 f., 256 f.,
        335, 391 ff. und passim
    – Pflanzennamen 11, 117, 147, 160, 166 f., 243, 266, 344, 422 f., 455 f.
    – Tage, Feste, Jahreszeiten 325 ff., 395
    – Tiernamen 117, 160, 162, 166 f., 344, 397
    – Verstärkung (verstärkendes Erstelement) 102 f., 241, 268, 328, 403 f., 442
    – Vergleich (vergleichendes Erstelement) 162, 335, 401 f., 442 f., 456
    – Verwandtschaftsnamen 96, 407 f.
    – Wochentagsnamen 160 f., 344, 356 f., 414 f., 422
Nomina actionis 198 ff., 201, 205–207, 215–221 und passim
Nomina agentis 32 f., 35, 39, 198 ff., 202–205, 210–215 und passim
Nomina instrumenti 36 f., 202, 213, 385 f., 417 f., 429, 436
Rektionalkomposita 35, 149 f., 389, 405 ff., 456

694

Volksetymologie 203, 267, 342 f., 345, 361, 364, 654, 658
Zusammenbildungen (synthetische Komposita) 16 f., 32 f., 35, 141, 143 f., und passim
Zusammenrückungen 22 f., 42, 72, 123, 152, 163, 171 f., 325, 444
Zusammensetzungen 22 f. und passim

7. Bibliographie

Hier ist vor allem die Sekundärliteratur verzeichnet; für die Editionen der frühme. Texte und für sonstige abgekürzt zitierte Literatur (Wörterbücher und Nachschlagewerke) siehe das Abkürzungsverzeichnis oben S. XIX– XXVI. Die meisten angegebenen Werke enthalten weitere Literaturhinweise; besonders reichhaltig sind die Literaturverzeichnisse bei Marchand 1969: 458–492, Mikkola 1971 und Ortner/Ortner 1984: 328–400. Als Spezialbibliographie zur englischen Wortbildung ist ferner Stein 1973 hervorzuheben; vgl. auch Seymour 1968. Relativ ausführliche Forschungsberichte bieten z. B. Gardner 1968: 17–39; Pennanen 1972: 292–308; Pohlenz 1972: 204–225 und 398–428; Burgschmidt 1973: I, 8–71; Kürschner 1974: 4–27; Tancré 1975: 17–33; Downing 1977: 810–822; Brekle/Kastovsky 1977: 7–19; Bauer 1978: 32–66; Bergenholtz/Mugdan 1979: 168–176; Lipka/Günther 1981: 1–14; Botha 1984. Für Literatur zu einzelnen der schon im Ae. belegten Kp. (wie etwa ae. *attor-coppe, attor-lape, neorxnawang*) siehe Cameron/Kingsmill/Amos 1983.

Ackerman, Robert W. (1952), *An Index of the Arthurian Names in Middle English* (Stanford University Publications, University Series, Language and Literature, X) [Repr. New York, 1967].

Adams, Valerie (1973), *An Introduction to Modern English Word-Formation* (English Language Series, 7), London. [Vgl. dazu Lipka 1975].

Altenberg, Bengt (1982), *The Genitive v. the of-Construction. A Study of Syntactic Variation in 17th Century English* (LSE, 62), Lund.

Amos, Ashley Crandell (1980), *Linguistic Means of Determining the Dates of Old English Literary Texts* (Medieval Academy Books, 90), Cambridge/Mass.

Aronstein, Philipp (1925), *Englische Wortkunde*, Leipzig.

Augst, Gerhard (1975), *Untersuchungen zum Morpheminventar der deutschen Gegenwartssprache* (FIDS, 25), Tübingen.

Bally, Charles (1965), *Linguistique générale et linguistique française*, 4ème ed., Bern. [¹1932].

Bammesberger, Alfred (1980), „Altenglische Komposita mit *hild(e)-*", *Münchener Studien zur Sprachwissenschaft*, 39, 5–10.

Bammesberger, Alfred (1984), *English Etymology*, Heidelberg.

Bammesberger, Alfred, ed. (1985), *Problems of Old English Lexicography. Studies in Memory of Angus Cameron* (Eichstätter Beiträge, 15: Abteilung Sprache und Literatur), Regensburg.

Barnickel, Klaus-Dieter (1975), *Farbe, Helligkeit und Glanz im Mittelenglischen* (Düsseldorfer Hochschulreihe, 1), Düsseldorf.

Bartsch, Renate, Theo Vennemann (1982), *Grundzüge der Sprachtheorie. Eine linguistische Einführung*, Tübingen.

Bauer, Laurie (1978), *The Grammar of Nominal Compounding* (Odense University Studies in Linguistics, 4), Odense.

Bauer, Laurie (1979), "On the Need for Pragmatics in the Study of Nominal Compounding", *Journal of Pragmatics*, 3, 45 – 50.

Bauer, Laurie (1983), *English Word-formation* (Cambridge Textbooks in Linguistics), Cambridge. [Vgl. dazu Sauer 1985c].

Baugh, Albert C., Thomas Cable (1978), *A History of the English Language*, 3rd ed., London [¹1951].

Bergener, Carl (1928), *A Contribution to the Study of the Conversion of Adjectives into Nouns in English*, Diss. Lund.

Bergenholtz, Henning, Joachim Mugdan (1979), *Einführung in die Morphologie* (Urban-Taschenbücher, 296), Stuttgart.

Bergsten, Nils (1911), *A Study on Compound Substantives in English*, Diss. Uppsala.

Berndt, Rolf (1960), *Einführung in das Studium des Mittelenglischen*, Halle.

Berndt, Rolf (1982), *A History of the English Language*, Leipzig.

Bessinger, J. B. Jr., ed. (1978), *A Concordance to the 'Anglo-Saxon Poetic Records'*, programmed by Philip H. Smith, Jr., with an index of compounds by Michael W. Twomey, Ithaca/N. Y.

Bierbach, Mechtild (1982), *Die Verbindung von Verbal- und Nominalelement im Französischen* (TBL, 162), Tübingen.

Bierbaumer, Peter (1975 – 1979), *Der botanische Wortschatz des Altenglischen. 1. Teil: das Læceböc; 2. Teil: Lācnunga …; 3. Teil: Der botanische Wortschatz in altenglischen Glossen*, Frankfurt/Main.

Bierwisch, Manfred, K. E. Heidolph, eds. (1970), *Progress in Linguistics*, The Hague.

Birenbaum, Yakov (1967), "English Compound Adjectives Consisting of a Noun Stem plus an Adjective Stem", *ZAA*, 15, 279 – 286.

Björkman, Erik (1900 – 1902), *Scandinavian Loan-Words in Middle English*, 2 parts, Halle.

Blake, Norman F. (1977), *The English Language in Medieval Literature*, London.

Blenner-Hassett, Roland (1950), *A Study of the Place-Names in Lawman's Brut* (Stanford University Publications, University Series, Language and Literature IX.1) [Repr. New York, 1967].

Bliss, A. J. (1967), *The Metre of Beowulf*, 2nd ed., Oxford.

Bloomfield, Leonard (1933), *Language*, New York.

Borowski, Bruno (1921), *Zum Nebenakzent beim altenglischen Nominalkompositum* (Sächsische Forschungsinstitute in Leipzig, 3. Anglistische Abteilung, Heft 2), Halle.

Both, Martin (1909), *Die konsonantischen Suffixe altenglischer Konkreta und Kollektiva*, Diss. Kiel.

Botha, Rudolf P. (1968), *The Function of the Lexicon in Transformational Generative Grammar* (JL ser. major, 38), The Hague.

Botha, Rudolf P. (1984), *Morphological Mechanisms. Lexicalist Analyses of Synthetic Compounding* (Language and Communication Library, 7), Oxford. [Kritischer Forschungsbericht].

Braunmüller, K., W. Kürschner, Hrsg. (1976), *Grammatik. Akten des 10. Linguistischen Kolloquiums Tübingen 1975*, Bd. 2, Tübingen.

Brekle, Herbert Ernst (1976), *Generative Satzsemantik im System der englischen Nominalkomposition* (IBAL, 4), 2. Aufl., München. [¹1970 unter dem Titel: *Generative Satz-*

semantik und transformationelle Syntax im System der englischen Nominalkomposition].

Brekle, Herbert Ernst (1985), *Einführung in die Geschichte der Sprachwissenschaft*, Darmstadt. [Darin S. 171–186 und 205 f.: Zur Wortbildungstheorie bei Karl Bühler].

Brekle, Herbert E., Leonhard Lipka, Hrsg. (1968), *Wortbildung, Syntax und Morphologie. Festschrift zum 60. Geburtstag von Hans Marchand*, Den Haag.

Brekle, Herbert E., Dieter Kastovsky, Hrsg. (1977), *Perspektiven der Wortbildungsforschung* (Gesamthochschule Wuppertal, Schriftenreihe Linguistik, 1), Bonn.

Brömser, Bernd (1982), *Funktionale Satzperspektive im Englischen* (TBL, 191), Tübingen.

Brömser, Bernd (1985), "On the Derivation of English Verbal Compounds", in: *Grammatik, Semantik, Textlinguistik. Akten des 19. Linguistischen Kolloquiums*, hrsg. W. Kürschner et al., Tübingen, S. 99–113.

Brunner, Karl (1960–1962), *Die englische Sprache: Ihre geschichtliche Entwicklung*, 2 Bde., 2. Aufl., Tübingen. [¹1950–1951].

Burgschmidt, Ernst (1973–1975), *System, Norm und Produktivität in der Wortbildung*, 3 Bde., Erlangen. [Neudruck 1977].

Burgschmidt, Ernst (1978), *Wortbildung im Englischen* (Linguistische Beiträge zum Fremdsprachenunterricht, 3), Dortmund.

Bußmann, Hadumod (1983), *Lexikon der Sprachwissenschaft*, Stuttgart. [²1990].

Byerly, Gayle (1966), *Compounds and other Elements of Poetic Diction Derived from an Oral Formulaic Poetic Tradition. A Comparison of Aeschylus and the 'Beowulf' Poet*, Diss. Pennsylvania University.

Cameron, Angus, Allison Kingsmill, Ashley Crandell Amos (1983), *Old English Word Studies: A Preliminary Author and Word Index*, Toronto.

Campbell, A [listair] (1959), *Old English Grammar*, Oxford.

Carr, Charles T. (1939), *Nominal Compounds in Germanic* (St. Andrews University Publications, 41), Oxford.

Chomsky, Noam (1957), *Syntactic Structures*, The Hague.

Chomsky, Noam (1970), "Remarks on Nominalization", in: *Readings in English Transformational Grammar*, ed. R. Jacobs, P. Rosenbaum, Waltham/Mass., S. 184–221.

Clark, Cecily (1952/1953), "Studies in the Vocabulary of the *Peterborough Chronicle*, 1070–1154", *English and Germanic Studies*, 5, 67–89.

Clark, Eve V., Barbara Frant Hecht, Randa C. Mulford (1986), "Coining Complex Compounds in English: Affixes and Word Order in Acquisition", *Linguistics*, 24, 7–29.

Darmesteter, Arsène (1894), *Traité de la formation des mots composés dans la langue française* ... (Bibliothèque de l'école des hautes études, sciences philologiques et historique, 19), 2e ed., Paris. [¹1874].

David, Heinrich (1913), *Zur Syntax des adnominalen Genitivs in der frühmittelenglischen Prosa*, Diss. Kiel.

Deimer, Günter (1982), Besprechung von Shaw 1979 in: *Anglia*, 100, 153–156.

Dobson, E. J. (1968), *English Pronunciation 1500–1700*, 2nd ed., Oxford. [¹1957].

Downing, Pamela (1977), "On the Creation and Use of English Compound Nouns", *Language*, 53, 810–842.

Duden-Grammatik (1966): *Duden, Grammatik der deutschen Gegenwartssprache*, hrsg. P. Grebe et al., 2. Aufl. (Der große Duden, 4), Mannheim. [¹1959; ⁴1984].

Düringer, Hermann (1923), „Die Analyse im Formenbau des englischen Nomens", in: *Giessener Beiträge zur Erforschung der Sprache und Kultur Englands und Nordamerikas*, 1, 1–32.

Ekwall, Eilert (1928), *English River-Names*, Oxford.

Ekwall, Eilert (1947), *Early London Personal Names*, Lund.

Erben, Johannes (1975), *Einführung in die deutsche Wortbildungslehre* (Grundlagen der Germanistik, 17), Berlin [²1983].

Erlebach, Peter (1979), *Die zusammengesetzten englischen Zunamen französischer Herkunft* (AF, 137), Heidelberg.

Eyestone, Maxine A. (1954), *Tests and Treatment of Compound Substantives in Modern American English with Special Emphasis on Stress and Intonation Patterns*, Diss. Michigan State College of Agriculture and Applied Science.

Faiß, Klaus (1978) *Verdunkelte Compounds im Englischen. Ein Beitrag zur Theorie und Praxis der Wortbildung* (TBL, 104), Tübingen.

Faiß, Klaus (1981), "Compound, Pseudo-Compound, and Syntactic Group Especially in English", in: *Weltsprache Englisch in Forschung und Lehre: Festschrift für Kurt Wächtler*, hrsg. P. Kunsmann, O. Kuhn, Berlin, S. 132–150.

Faiß, Klaus (1987), "Words, Words, Words: Compound or Suffixation in German and English", in: *Perspectives on Language in Performance ... to Honour Werner Hüllen*, ed. W. Lörscher, R. Schulze, 2 vols. (TBL, 317), Tübingen, S. 110–132.

Fanselow, Gisbert (1981), *Zur Syntax und Semantik der Nominalkomposition. Ein Versuch praktischer Anwendung der Montague-Grammatik auf die Wortbildung im Deutschen* (LA, 107), Tübingen.

Fill, Alwin (1980), *Wortdurchsichtigkeit im Englischen. Eine nicht-generative Studie morphosemantischer Strukturen ...* (IBS, 24), Innsbruck. [Vgl. dazu Sauer 1982c].

Fillmore, Charles J. (1968), "The Case for Case", in: *Universals in Linguistic Theory*, ed. E. Bach, R. T. Harms, London, S. 1–90.

Fillmore, Charles J. (1977), "The Case for Case Reopened", in: *Kasustheorie, Klassifikation, semantische Interpretation ...*, hrsg. K. Heger, J. S. Petöfi, Hamburg, S. 3–26; auch in: *Syntax and Semantics, 8: Grammatical Relations*, ed. P. Cole, J. M. Sadock, New York, S. 59–81.

Finin, Timothy Wilking (1980), *The Semantic Interpretation of Compound Nominals*, Diss. University of Illinois at Urbana-Champaign.

Fisiak, Jacek (1968), *A Short Grammar of Middle English*, Part One, Warschau und London.

Fisiak, Jacek, ed. (1985), *Historical Semantics/Historical Word-Formation* (Trends in Linguistics: Studies and Monographs, 29), Berlin.

Fleischer, Wolfgang (1971), *Wortbildung der deutschen Gegenwartssprache*, 2. unveränd. Aufl., Tübingen. [⁴1975; ⁵1982].

Förster, Max (1941), *Der Flußname Themse und seine Sippe ..*, (Sitzungsberichte der Bayerischen Akademie der Wissenschaften, Phil.-hist. Abt., Jg. 1941, Bd. 1), München.

Francis, W. Nelson (1962), "Graphemic Analysis of Late Middle English Manuscripts", *Speculum*, 37, 32–47.

Frankis, John (1983), "Word-Formation by Blending in the Vocabulary of Middle English Alliterative Verse", in: *Five Hundred Years of Words and Sounds: A Festschrift for Eric Dobson*, ed. by E. G. Stanley and Douglas Gray, Cambridge, 29–38.

Fransson, Gustav (1935), *Middle English Surnames of Occupation 1100–1350* (LSE, 3), Lund.

Gardner, Thomas J. (1968), *Semantic Patterns in Old English Substantival Compounds*, Diss. Heidelberg 1967 (Hamburg, 1968).

Gauger, Hans-Martin (1971), *Durchsichtige Wörter. Zur Theorie der Wortbildung*, Heidelberg.

Gerbert, Manfred, Peter Zimmermann (1977), „Englische Adjektivkomposita vom Typ *man-made*", *ZAA*, 25, 307–316.

Gerritsen, J. (1961), "A Ghost-word: *crucet-hūs*", *English Studies*, 42, 300f.

Gersbach, Bernhard, Rainer Graf (1984–1985), *Wortbildung in gesprochener Sprache*, 2 Bde. (Idiomatica, 12–13), Tübingen.

Gimson, A. C. (1980), *An Introduction to the Pronunciation of English*, 3rd ed., London. [¹1962].

Gläser, Rosemarie (1986), *Phraseologie der englischen Sprache*, Tübingen.

Gleißner, Reinhard (1984), *Die „zweideutigen" altenglischen Rätsel des Exeter-Book in ihrem zeitgenössischen Kontext*, Frankfurt a. M.

Gleitman, Henry, and Lila R. Gleitman (1970), *Phrase and Paraphrase*. New York.

Gneuss, Helmut (1955), *Lehnbildungen und Lehnbedeutungen im Altenglischen*, Berlin.

Gneuss, Helmut (1973), "Guide to the Editing and Preparation of Texts for the Dictionary of Old English", in: *A Plan for the Dictionary of Old English*, ed. R. Frank, A. Cameron, Toronto, S. 9–24.

Gneuss, Helmut (1985), "Linguistic Borrowing and Old English Lexicography: Old English Terms for the Books of the Liturgy", in: Bammesberger 1985: 107–129.

Görlach, Manfred (1974), *Einführung in die englische Sprachgeschichte* (UTB, 383), Heidelberg. [2. Aufl. 1982].

Götz, Dieter (1971), *Studien zu den verdunkelten Komposita im Englischen* (Erlanger Beiträge, 40), Nürnberg.

Gove, Philip E. (1964), "Noun often 'attributive' and 'adjective'", *American Speech*, 39, 163–175.

Graband, Gerhard (1965), *Die Entwicklung der frühneuenglischen Nominalflexion*, Tübingen.

Grimm, Jacob (1875–1878), *Deutsche Grammatik, 2. Theil: Von der Wortbildung*, 2. Aufl., besorgt durch W. Scherer, Berlin. [¹1826].

Grimm, Ursula (1991), *Lexikalisierung im heutigen Englisch am Beispiel der -er Ableitungen* (TBL, 360), Tübingen.

Gröger, Otto (1911), *Die althochdeutsche und altsächsische Kompositionsfuge*, Zürich.

Günther, Hartmut (1976), „Bemerkungen zum Status von Wortbildungsregeln", in: Braunmüller/Kürschner 1976: 49–58.

Günther, Hartmut (1979), „Ist *langue*-Kompositum ein *parole*-Kompositum? Anmerkungen zu einem Beitrag von L. Seppänen ...", *ZGL*, 7, 338–345.

Günther, Hartmut (1981), „N + N: Untersuchungen zur Produktivität eines deutschen Wortbildungstyps", in: Lipka/Günther 1981: 258–280.

Güte, Johannes (1908), *Die produktiven Suffixe der persönlichen Konkreta im Mittelenglischen*, Diss. Straßburg.

Hall, Joseph (1920), *Selections from Early Middle English 1130–1250*, 2 vols., Oxford.

Hansen, Klaus (1968), „Zur Analyse englischer Komposita", in: Brekle/Lipka 1968: 115–126.

Hansen, Klaus (1977), „Probleme der Sprachkonfrontation (Deutsch-Englisch) im Bereich der Wortbildung", *ZAA*, 25, 293–306.

Hansen, Barbara und Klaus et al. (1982), *Englische Lexikologie. Einführung in Wortbildung und lexikalische Semantik*, Leipzig. [²1985].

Harrison, Thomas P. (1892), *The Separable Prefixes in Anglo-Saxon*, Diss. Baltimore.

Hatcher, Anna Granville (1951), *Modern English Word-Formation and Neo-Latin: A Study of the Origins of English (...) Copulative Compounds*, Baltimore.

Hatcher, Anna Granville (1960), "An Introduction to the Analysis of English Noun Compounds", *Word*, 16, 356–373.

Hellinger, Marlis (1969), *Die adjektivischen Partizipialkomposita vom Typus 'computermaking' und 'state controlled'. Eine syntaktisch-semantische Analyse im Rahmen der generativen Transformationsgrammatik*, Diss. Hamburg.

Heidolph, Karl-Erich (1962), *Beziehungen zwischen Kompositum und attributiven Substantivkonstruktionen in der deutschen Gegenwartssprache*, Diss. Berlin.

Henry, P. L. (1966), *The Early English and Celtic Lyric*, London.

Henzen, Walther (1965), *Deutsche Wortbildung*, 3. Aufl., Tübingen. [^{1}1947, ^{2}1957].

Herbermann, Clemens-Peter (1981), *Wort, Basis, Lexem und die Grenze zwischen Lexikon und Grammatik ...*, München.

Hirtle, W. H. (1970), "*-ED* Adjectives Like '*verandahed*' and '*blue-eyed*'", *Journal of Linguistics*, 6, 19—36.

Hoad, T. F. (1985), "The Reconstruction of Unattested Old English Lexical Items", in: Bammesberger 1985: 131—150.

Hofmann, Dietrich (1955), *Nordisch-englische Lehnbeziehungen der Wikingerzeit*, Kopenhagen.

Holst, Friedrich (1974), *Untersuchungen zur Wortbildungstheorie mit besonderer Berücksichtigung der Adjektive auf -GERECHT im heutigen Deutsch*, Diss. Hamburg.

Horn, Wilhelm, Martin Lehnert, (1954), *Laut und Leben: Englische Lautgeschichte der neueren Zeit (1400—1950)*, 2 Bde., Berlin.

Hubrich-Messow, Gundula (1974), *Semantisch-syntaktische Analyse der deutschen Nominalkomposita mit Verb als erstem Kompositionsglied*, Diss. Kiel.

Huchon, René (1923), *Histoire de la langue Anglaise*, tom. 1, Paris.

Hudson, R. A. (1975), "Problems in the Analysis of ed-Adjectives", *Journal of Linguistics*, 11, 69—72.

Hüllen, Werner (1976), *Linguistik und Englischunterricht 2*, Heidelberg, S. 71—95.

Hüllen, Werner (1981), „Zur Analyse von Nominalkomposita mit Hilfe der Kasusgrammatik", *Anglistik und Englischunterricht, 14: Kasusgrammatik und Fremdsprachendidaktik*, hrsg. G. Radden, R. Dirven; Trier, S. 87—102.

Ilkow, Peter (1968), *Die Nominalkomposita der altsächsischen Bibeldichtung*, Göttingen.

Ingersoll, Sheila Most (1978), *Intensive and Restrictive Modification in Old English* (AF, 124), Heidelberg.

Iwasaki, Haruo (1981), "A Survey of the Noun Declensions in Laȝamon's *Brut*", *Poetica* (Tokyo), 12, 77—81.

Jespersen, Otto (1902), "The Nasal in *Nightingale* etc.", *Englische Studien*, 31, 239—242.

Jespersen, Otto (1909), *A Modern English Grammar on Historical Principles, Part I: Sounds and Spellings*, London.

Jespersen, Otto (1914), *A Modern English Grammar on Historical Principles, Part II: Syntax (First Volume)*, London.

Jespersen, Otto (1938), *Growth and Structure of the English Language*, 9th ed., Leipzig.

Jespersen, Otto (1940), *A Modern English Grammar on Historical Principles, Part V: Syntax (Fourth Volume)*, London.

Jespersen, Otto (1942), *A Modern English Grammar on Historical Principles, Part VI: Morphology*, London.

Johansson, Stig (1980), *Plural Attributive Nouns in Present-Day English* (LSE, 59), Lund.

Jönsjö, Jan (1979), *Studies on Middle English Nicknames. I. Compounds* (LSE, 55), Lund.

Juilland, Alphonse, A. Roceric (1972), *The Linguistic Concept of Word: Analytic Bibliography* (JL, ser. minor, 130), The Hague.

Kärre, Karl (1915), *Nomina agentis in Old English, Part I*, Diss. Upsala.

Käsmann, Hans (1961), *Studien zum kirchlichen Wortschatz des Mittelenglischen 1100—1350* (Buchreihe der Anglia, 9), Tübingen.

Kastovsky, Dieter (1968), *Old English Deverbal Substantives Derived by Means of a Zero Morpheme*, Diss. Tübingen.

Kastovsky, Dieter (1969/1981), „Wortbildung und Nullmorphem", *Linguistische Berichte*, 2 (1969), 1—13; wieder in: Lipka/Günther 1981: 306—323.

701

Kastovsky, Dieter (1971), "The Old English Suffix -ER(E)", Anglia, 89, 285–325.

Kastovsky, Dieter (1976/1981), „Zur Analyse von Nomina Actionis", in: Braunmüller/ Kürschner, 1976: 77–90; wieder in: Lipka/Günther 1981: 377–390.

Kastovsky, Dieter (1977a), "Problems of Word-Formation", in: Grundbegriffe und Hauptströmungen der Linguistik, ed. Ch. Gutknecht, Frankfurt/Main, S. 301–335.

Kastovsky, Dieter (1977b), "Word-Formation, Or: At the Crossroads of Morphology, Syntax, Semantics and the Lexicon", Folia Linguistica, 10, 1–34.

Kastovsky, Dieter (1978), „Zum gegenwärtigen Stand der Wortbildungslehre des Englischen", Linguistik und Didaktik, 9 (Heft 36), 352–366.

Kastovsky, Dieter (1982a), Wortbildung und Semantik (Studienreihe Englisch, 14), Düsseldorf.

Kastovsky, Dieter (1982b), "Word-Formation: A Functional View", Folia Linguistica, 16, 181–198.

Kastovsky, Dieter (1985), "Deverbal Nouns in Old and Modern English: From Stem-Formation to Word-Formation", in: Fisiak 1985: 221–261.

Kastovsky, Dieter (1986), "Word-Formation and Pragmatics", A Yearbook of Studies in English Language and Literature 1985/1986. Festschrift für Siegfried Korninger, hrsg. Otto Rauchbauer (WBEPh, 80), Wien, S. 63–78.

Kawakami, Seisaku (1978), "Some Notes Concerning Diachronic Syntax of Compound Adjective 'X-haired'", Bulletin of the Faculty of Literature, Kyushu University, 15, Studies in Literature, 4, Fukuoka, S. 35–41.

Keller, Wolfgang (1929), „Zur Worttrennung in den angelsächsischen Handschriften", Britannica. Max Förster zum sechzigsten Geburtstag, Leipzig, S. 89–105.

Ker, N. R. (1957), Catalogue of Manuscripts Containing Anglo-Saxon, Oxford.

Ker, N. R. (1960), Facsimile of MS. Bodley 34 (EETS 247), London.

Kerkhof, J. (1982), Studies in the Language of Geoffrey Chaucer, 2nd ed., Leiden.

Kisbye, Torben (1971–1972), An Historical Outline of English Syntax, 2 vols, Aarhus.

Kivimaa, Kirsti (1966), 'þe' and 'þat' as Clause Connectives in Early Middle English ... (Commentationes Humanarum Litterarum: Societas Scientiarum Fennica, 39.1), Helsinki.

Kjellmer, Göran (1971), Context and Meaning (Gothenburg Studies in English, 22), Göteborg.

Kjellmer, Göran (1973), Middle English Words for 'People' (Gothenburg Studies in English, 27), Stockholm.

Klein, Erich (1911), Die verdunkelten Wortzusammensetzungen im Neuenglischen, Diss. Königsberg.

Kluge, Friedrich (1926), Nominale Stammbildungslehre der altgermanischen Dialekte, 3. Aufl., bearbeitet von L. Sütterlin, E. Ochs, Halle.

Knapp, Otto (1902), „Die Ausbreitung des flektierten Genitivs auf -s im Mittelenglischen", Diss. Heidelberg = Englische Studien, 31, 20–77.

Kniezsa, Veronika (1984), "On the Phonology of Compounded Words from Late Old English to Early Middle English", in: English Historical Linguistics: Studies in Development, ed. N. F. Blake, C. Jones (CECTAL Conference Papers Series, 3), Sheffield, S. 44–55.

Koban, Charles (1963), Substantive Compounds in Beowulf, Diss. Univ. of Illinois.

Koch, C. Friedrich (1891), Historische Grammatik der englischen Sprache. III. Band: Die Wortbildung der englischen Sprache, 2. Aufl. besorgt von R. Wülker, Kassel.

Koeppel, Emil (1901), "Tautological Compounds of the English Language", in: An English Miscellany Presented to Dr. Furnivall, Oxford, S. 201–204.

Kottler, Barnet, Alan M. Markman (1966), A Concordance to Five Middle English Poems, Pittsburgh.

Koziol, Herbert (1972), *Handbuch der englischen Wortbildungslehre*, 2. Aufl., Heidelberg. [¹1937].

Koziol, Herbert (1972b), *Häufung von Substantiven gleicher Bildungsweise im englischen Schrifttum* (Österr. Akademie der Wissenschaften, Phil.-hist. Kl., SB, 278/1), Wien.

Krackow, Otto (1903), *Die Nominalcomposita als Kunstmittel im altenglischen Epos*, Diss. Berlin (Weimar, 1903).

Kramer, Günther (1962), „Zur Abgrenzung von Zusammensetzung und Ableitung. Ein Beitrag zur inhaltsbezogenen Wortbildungslehre", *BGDSL* (H), 84, 406–438.

Krámský, Jiři (1969), *The Word as a Linguistic Unit* (JL, ser. minor, 75), The Hague.

Kristensson, Gillis (1970), *Studies on Middle English Topographical Terms*, Lund.

Kristensson, Gillis (1970b), "Middle English *Scuter Signe*", *NM*, 71, 211 f.

Kühnhold, Ingeburg, O. Putzer et al. (1978), *Deutsche Wortbildung. Typen und Tendenzen in der Gegenwartssprache. 3. Hauptteil: Das Adjektiv* (Sprache der Gegenwart, 43), Düsseldorf. [Vgl. auch Wellmann 1975].

Künzel, Georg (1910), *Das zusammengesetzte Substantiv und Adjektiv in der englischen Sprache*, Diss. Leipzig.

Kürschner, Wilfried (1974), *Zur syntaktischen Beschreibung deutscher Nominalkomposita ...* (LA, 18), Tübingen.

Kuznetsova, L. B. (1984), "K kharakteristike imennogo slozheniia tipa N + N v rannesredne angliĭskom iazyke (XII–XIII vv.)" ["Some Features of Early Middle English Nominal Compounds Type N + N (12th–13th Centuries)"], *Vestnik Leningradskogo Universiteta*, 1984, no. 14.3, S. 115–117.

Langefeldt, Gösta (1933), *Select Studies in Colloquial English of the Late Middle Ages*, Lund.

Last, Werner (1925), *Das Bahuvrihi-Compositum im Altenglischen, Mittelenglischen und Neuenglischen*, Diss. Greifswald.

Leech, Geoffrey (1974), *Semantics*, Harmondsworth. [²1981].

Lees, Robert B. (1960), *The Grammar of English Nominalizations*, Bloomington. [5th printing: The Hague, 1968]. [Vgl. dazu Rohrer 1966/1981].

Lees, Robert B. (1966), "On a Transformational Analysis of Compounds: A Reply to H. Marchand, *IF*, 71, 1–13.

Lees, Robert B. (1970), "Problems in the Grammatical Analysis of English Nominal Compounds", in: Bierwisch/Heidolph 1970: 174–186.

Lehnert, Martin (1953), *Sprachform und Sprachfunktion im „Orrmulum" (um 1200): Die Deklination* (1. Beiheft der Zeitschrift für Anglistik und Amerikanistik), Berlin.

Lehnert, Martin (1973), *Altenglisches Elementarbuch*, 8. Aufl. (Sammlung Göschen, 5125), Berlin.

Leisi, Ernst (1971), *Der Wortinhalt. Seine Struktur im Deutschen und Englischen*, 4. Aufl. (UTB, 95), Heidelberg. [¹1952; ⁵1975].

Leisi, Ernst (1985), *Das heutige Englisch. Wesenszüge und Probleme*, 7. Aufl., Heidelberg. [¹1955].

Leitzke, Eva (1986), „Transpositionelle Adjektive: Argumente für eine erneute Auseinandersetzung mit dem Marchand'schen Begriff", *Pragmantax. Akten des 20. Linguistischen Kolloquiums Braunschweig 1985*, hrsg. A. Burkhardt, K.-H. Körner, Tübingen, S. 85–96.

Leitzke, Eva (1989), *(De)nominale Adjektive im heutigen Englisch* (LA, 221), Tübingen.

Leonard, Rosemary (1984), *The Interpretation of English Noun Sequences on the Computer* (North-Holland Linguistic Series, 51), Amsterdam.

Leser, Martin (1990), *Das Problem der ‚Zusammenbildungen'. Eine Lexikalistische Studie* (Fokus, 3), Trier.

Levi, Judith N. (1978), *The Syntax and Semantics of Complex Nominals*, New York.

703

Lindheim, Bogislav von (1951), "Traces of Colloquial Speech in OE", *Anglia*, 70, 22–42.

Lindheim, Bogislav von (1972), „Das Suffix *-bære* im Altenglischen", *ASNSL*, 208, 310–320.

Lipka, Leonhard (1966), *Die Wortbildungstypen 'waterproof' und 'grass-green' und ihre Entsprechungen im Deutschen*, Diss. Tübingen.

Lipka, Leonhard (1968), „Kugelsicher – à l'épreuve des balles", in: Brekle/Lipka 1968: 127–143.

Lipka, Leonhard (1971), "Grammatical Categories, Lexical Items and Word-Formation", *Foundations of Language*, 7, 211–238.

Lipka, Leonhard (1972), *Semantic Structure and Word-Formation. Verb-Particle Constructions in Contemporary English* (IBAL, 17), München.

Lipka, Leonhard (1974), „Probleme der Analyse englischer Idioms aus struktureller und generativer Sicht", *Linguistik und Didaktik*, 5 (Heft 20), 274–285.

Lipka, Leonhard (1975), Rezension von Adams 1973, in: *Lingua*, 37, 382–389.

Lipka, Leonhard (1976), "Topicalization, Case Grammar, and Lexical Decomposition in English", *Archivum Linguisticum*, 7, 118–141.

Lipka, Leonhard (1977), „Lexikalisierung, Idiomatisierung und Hypostasierung als Probleme einer synchronischen Wortbildungslehre", in: Brekle/Kastovsky 1977: 155–164.

Lipka, Leonhard (1978), Rezension von Tietze 1974, in: *Anglia*, 96, 487–492.

Lipka, Leonhard (1979), "Semantic Components of English Nouns and Verbs and their Justification", *Angol Filológiai Tanulmányok*, 12 / *Hungarian Studies in English*, 12, 187–202.

Lipka, Leonhard (1981), „Zur Lexikalisierung im Deutschen und Englischen", in: Lipka/Günther 1981: 119–132.

Lipka, Leonhard (1983), "A Multi-Level Approach to Word-Formation: Complex Lexemes and Word Semantics", in: *Proceedings of the XIIIth International Congress of Linguists …*, ed. S. Hattori et al., Tokyo, S. 926–928.

Lipka, Leonhard (1985a), "Inferential Features in Historical Semantics", in: Fisiak 1985: 339–354.

Lipka, Leonhard (1985b), "A Meeting-Place for Synchrony and Diachrony: Inferential Features in English", in: *Anglistentag 1984 Passau*, hrsg. M. Pfister; Gießen, S. 144–158.

Lipka, Leonhard (1990), *An Outline of English Lexicology*, Tübingen.

Lipka, Leonhard, Hartmut Günther, Hrsg. (1981), *Wortbildung* (Wege der Forschung, 564), Darmstadt.

Ljung, Magnus (1976), "*-ed* Adjectives Revisited", *Journal of Linguistics*, 12, 159–168.

Löbel, Elisabeth (1986), *Apposition und Komposition in der Quantifizierung* (LA, 166), Tübingen.

Lutstorf, Heinz Theo (1960), *The Stressing of Compounds in Modern English*, Diss. Zürich (Bern, 1960).

Lyons, John (1968), *Introduction to Theoretical Linguistics*, Cambridge.

Lyons, John (1977), *Semantics*, 2 vols., Cambridge.

Mätzner, Eduard (1878–1900), *Altenglisches Wörterbuch*, 3 Bde., Berlin. [Es handelt sich um ein – unvollendetes – mittelenglisches Wörterbuch].

Mätzner, Eduard (1880), *Englische Grammatik. 1. Theil: Die Lehre vom Worte*, 3. Aufl., Berlin.

Makkai, Adam (1972), *Idiom Structure in English* (JL, ser. major, 48), The Hague.

Malkiel, Yakov (1959), "Studies in Irreversible Binomials", *Lingua*, 8, 113–160.

Malone, Kemp (1930), "When Did Middle English Begin?", in: *Curme Volume of Linguistic Studies* (Language Monographs, 7), Baltimore, 110–117.

Marchand, Hans (1960), „Die Länge englischer Komposita und die entsprechenden Verhältnisse im Deutschen", *Anglia*, 78, 411–416. [Wieder in: Marchand 1974: 199–205].

Marchand, Hans (1965a), "The Analysis of Verbal Nexus Substantives", *IF*, 70, 57–71. [Wieder in: Marchand 1974: 276–291].

Marchand, Hans (1965b), "On the Analysis of Substantive Compounds and Suffixal Derivatives not Containing a Verbal Element", *IF*, 70, 117–145. [Wieder in: Marchand 1974: 292–322].

Marchand, Hans (1966), "On attributive and predicative derived adjectives and some problems related to the distinction", *Anglia*, 84, 131–145.

Marchand, Hans (1969), *The Categories and Types of Present-Day English Word-Formation. A Synchronic-Diachronic Approach*, 2nd ed., München. [¹1960].

Marchand, Hans (1974), *Studies in Syntax and Word-Formation: Selected Articles by Hans Marchand*, ed. D. Kastovsky (IBAL, 18), München.

Mari, Marie-Luise (1983), „Sprachwissenschaftliche Dokumentation in englischen Wörterbüchern (*OED, CED, MED*, Stratmanns *Middle-English Dictionary*) am Beispiel der mittelenglischen Komposita", ungedruckte Magisterarbeit, Universität München.

Marquardt, Hertha (1938), *Die altenglischen Kenningar. Ein Beitrag zur Stilkunde altgermanischer Dichtung* (Schriften der Königsberger gelehrten Gesellschaft, Geisteswissenschaftl. Klasse, 14/3), Halle.

Martin, Friedrich (1906), *Die produktiven Abstraktsuffixe des Mittelenglischen*, Diss. Straßburg.

Matthews, P. H. (1974), *Morphology. An Introduction to the Theory of Word-Structure* (Cambridge Textbooks in Linguistics), Cambridge.

Mayer, Erwin (1962), *Sekundäre Motivation. Untersuchungen zur Volksetymologie und verwandten Erscheinungen im Englischen*, Diss. Köln.

McIntosh, Angus (1956), "The Analysis of Written Middle English", *TPS* (1956), S. 25–55.

McLaughlin, John C. (1963), *A Graphemic-Phonemic Study of a Middle English Manuscript*, The Hague.

Meid, Wolfgang (1967): Hans Krahe, Wolfgang Meid, *Germanische Sprachwissenschaft. III. Wortbildungslehre*, von W. Meid (Sammlung Göschen, 1218–1218b), Berlin.

Mel'čuk (1976), *Das Wort*, hrsg. J. Biedermann, München.

Meyer-Lübke, Wilhelm (1966), *Historische Grammatik der französischen Sprache. II. Wortbildungslehre*, 2. Aufl., durchgesehen von J. M. Piel, Heidelberg. [¹1921].

Meys, W. J. (1975), *Compound Adjectives in English and the Ideal Speaker-Listener. A Study of Compounding in a Transformational Generative Framework*, Amsterdam.

Michael, Ian (1970), *English Grammatical Categories and the Tradition to 1800*, Cambridge.

Mikkola, Eino (1971), *Das Kompositum. Eine vergleichende Studie über die Wortzusammensetzung im Finnischen und in den indogermanischen Sprachen. I. Der Anteil der Komposita an der Sprache des modernen Romans*, 2. Aufl., Helsinki. [Mit umfangreicher Bibliographie].

Mindt, Dieter (1971), *Der Wortschatz der Lambeth Homilies: Das Adjektiv* (Braunschweiger Anglistische Arbeiten, 2), Braunschweig.

Mitchell, Bruce (1985), *Old English Syntax*, 2 vols., Oxford.

Morciniec, Norbert (1964), *Die nominalen Wortzusammensetzungen in den westgermanischen Sprachen* (Travaux de la Société des Sciences et des Lettres de Wrocław, Seria A, 99), Wrocław.

Morris, Richard (1895), *Historical Outlines of English Accidence, Comprising Chapters on the History and Development of the Language, and on Word-Formation*, 2nd ed. rev. by L. Kellner, H. Bradley, London. [¹1872].

Morsbach, Lorenz (1896), *Mittelenglische Grammatik*, Halle.

Mossé, Fernand (1952), *A Handbook of Middle English*, transl. by James A. Walker, Baltimore.

Motsch, Wolfgang (1968/1981), „Der kreative Aspekt in der Wortbildung", in: Lipka/Günther 1981: 94–118.

Motsch, Wolfgang (1970), „Analyse von Komposita mit zwei nominalen Elementen", in: Bierwisch/Heidolph 1970: 208–223. [Wieder in: Lipka/Günther 1981: 212–232].

Motsch, Wolfgang (1977), „Ein Plädoyer für die Beschreibung von Wortbildungen auf der Grundlage des Lexikons", in: Brekle/Kastovsky 1977: 180–202.

Mustanoja, Tauno F. (1960), *A Middle English Syntax. I. Parts of Speech* (Mémoires de la Société Néophilologique de Helsinki, 23), Helsinki.

Mustanoja, Tauno F. (1973), "*Almighty* in Early English: A Study in Positional Syntax", in: *Festschrift Prof. Dr. Herbert Koziol zum siebzigsten Geburtstag*, ed. G. Bauer et al. (WBEPh, 75), Wien, S. 204–212.

Mutt, Oleg (1964), "The Adjectivization of Nouns in English", *ZAA*, 12, 337–349.

Mutt, Oleg (1967), "Some Recent Developments in the Use of Nouns as Premodifiers in English", *ZAA*, 15, 401–408.

Mutt, Oleg (1968), "The Use of Substantives as Premodifiers in Early English", *NM*, 69, 578–596.

Naumann, Bernd (1986), *Einführung in die Wortbildungslehre des Deutschen*, 2. Aufl. (Germanistische Arbeitshefte, 4), Tübingen.

Neuß, Elmar (1981), "Kopulativkomposita", *Sprachwissenschaft*, 6, 31–68.

Nickel, Gerhard et al., Hrsg. (1976), *Beowulf... 2. Teil*, Heidelberg.

Nida, Eugene A. (1949), *Morphology. The Descriptive Analysis of Words*, 2nd ed., Ann Arbor.

Nowakowski, Mirosław (1978), *A Study in Generative Historical Linguistics* (Uniwersytet im. Adama Mickiewicza W. Poznaniu, Seria Filologia Angielska, 9), Poznań.

Nyrop, Kr. (1936), *Grammaire historique de la langue française, III. Formation des mots*, 2e éd, Kopenhagen. [¹1908].

Oakden, J. P. (1930–1935), *Alliterative Poetry in Middle English: I. The Dialectal and Metrical Survey. II. A Survey of the Traditions*, with assistance from Elizabeth R. Innes (Publications of the University of Manchester, 236; English Series, 22), Manchester.

Ortner, Hanspeter, Lorelies Ortner (1984), *Zur Theorie und Praxis der Kompositaforschung* (FIDS, 55), Tübingen.

Osthoff, Hermann (1878), *Das verbum in der nominalcomposition im deutschen, griechischen, slavischen und romanischen*, Jena.

Otto, Gertraud (1938), *Die Handwerkernamen im Mittelenglischen*, Diss. Berlin (Bottrop, 1938).

Overholser, Lee Ch. (1971), *A Comparative Study of the Compound Use in 'Andreas' and 'Beowulf'*, Diss. University of Michigan.

Palmer, Frank (1971), *Grammar*, Harmondsworth. [²1984].

Panagl, Oswald (1982), „Produktivität in der Wortbildung von Corpussprachen: Möglichkeiten und Grenzen der Heuristik", *Folia Linguistica*, 16, 225–239.

Paul, Hermann (1903/1981), „Das Wesen der Wortzusammensetzung", *IF*, 14 (1903), 251–258; wieder in: Lipka/Günther 1981: 179–186.

Paul, Hermann (1920a), *Prinzipien der Sprachgeschichte*, 5. Aufl., Tübingen. [¹1880].

Paul, Hermann (1920b), *Deutsche Grammatik*, Bd. V: *Wortbildungslehre*, Halle.

Pavlov, V. M. (1972), *Die substantivische Zusammensetzung im Deutschen als syntaktisches Problem*, München.

Peer, Angelo Dietmar (1978), *Studien zur Wortbildung in einer „klassischen" Transformationsgrammatik: Die Relativsatznominalisierung im Deutschen* (IBS, 22), Innsbruck.

Pennanen, Esko V. (1971), *Conversion and Zero-Derivation in English* (Acta Universitatis Tamperensis, ser. A. 40), Tampere.

706

Pennanen, Esko V. (1972), "Current Views of Word-Formation", *NM*, 73, 292–308.

Pennanen, Esko V. (1980), "On the Function and Behaviour of Stress in English Noun Compounds", *English Studies*, 61, 252–263.

Pennanen, Esko V. (1982), "Remarks on Syntagma and Word-Formation", *Folia Linguistica*, 16, 241–261.

Pilch, Herbert (1970), *Altenglische Grammatik* (Commentationes Societatis Linguisticae Europaeae, I, 1), München.

Pilch, Herbert (1985), "The Synchrony-Diachrony Division in Word-Formation", in: Fisiak 1985: 407–433.

Poldauf, Ivan (1984), *English Word-Stress. A Theory of Word-Stress Patterns in English*, ed. W. R. Lee, Oxford.

Polenz, Peter von (1972), „Neue Ziele und Methoden der Wortbildungslehre", *BGDSL (T)*, 94, 204–225 und 398–428.

Poutsma, H. (1914–1926), *A Grammar of Late Modern English*, II, i A (1914), II, i B (1916); II, ii (1926), Groningen.

Quirk, Randolph, C. L. Wrenn (1957), *An Old English Grammar*, 2nd ed., London.

Quirk, Randolph, Sidney Greenbaum et al. (1972), *A Grammar of Contemporary English*, London. [Bes. Appendix I].

Quirk, Randolph, Sidney Greenbaum (1973), *A University Grammar of English*, London. [Bes. Appendix I].

Quirk, Randolph, Sidney Greenbaum et al. (1985), *A Comprehensive Grammar of the English Language*, London. [Bes. Appendix I].

Raab, Eduard (1936), *Mittelenglische Nominalbildung*, Diss. Erlangen, 1933 (Coburg, 1936).

Raabe, Horst (1979), *Apposition: Untersuchungen zu Begriff und Struktur* (TBL, 119), Tübingen.

Rademacher, Margarete (1921), *Die Worttrennung in angelsächsischen Handschriften*, Diss. Münster.

Reaney, Percy H. (1967), *The Origin of English Surnames*, London.

Reibel, David A. (1963), *A Grammatical Index to the Compound Nouns of Old English Verse ...*, Diss. Indiana University.

Rohrer, Christian (1966/1981), Rezension von Lees 1960, in: *IF*, 71, 1966, 161–170; wieder in: Lipka/Günther 1981: 200–211.

Rohrer, Christian (1967/1977), *Die Wortzusammensetzung im modernen Französisch*, Diss. Tübingen 1967; repr. TBL, 78, 1977.

Ross, A.S.C. (1968), "Aldrediana XV. On the Vowel of Nominal Composition", *NM*, 69, 362–374.

Rubke, Henning (1953), *Die Nominalkomposita bei Aelfric ...*, Diss. Göttingen.

Rufener, John (1971), *Studies in the Motivation of English and German Compounds*, Diss. Zürich.

Sachse, Richard (1881), *Das unorganische ‚e‘ im Orrmulum*, Diss. Halle.

Sampson, Rodney (1980), "Stress in English N + N Phrases: A Further Complicating Factor", *English Studies*, 61, 264–270.

Sandahl, Bertil (1951–1958), *Middle English Sea Terms. I. The Ship's Hull; II. Masts, Spars and Sails* (Essays and Studies on English Language and Literature, 8, 20), Uppsala.

Sapir, Edward (1921), *Language. An Introduction to the Study of Speech*, New York.

Sauer, Hans (1982a), Rezension von Warren 1978, in: *Anglia*, 100, 148–152.

Sauer, Hans (1982b), Rezension von Wolff 1975, in: *Anglia*, 100, 459–463.

Sauer, Hans (1982c), Rezension von Fill 1980, in: *Anglia*, 100, 467–471.

707

Sauer, Hans (1985a), „Die Darstellung von Komposita in altenglischen Wörterbüchern", in: Bammesberger 1985: 267−315.

Sauer, Hans (1985b), "Laȝamon's Compound Nouns and their Morphology", in: Fisiak 1985: 483−532.

Sauer, Hans (1985c), "A Verbal Echo from *þe Desputisoun bitwen þe Bodi and þe Soule* in *The Good Knight and his Jealous Wife*", *Notes and Queries*, 230, 449 f.

Sauer, Hans (1985d), Rezension von Bauer 1983, in: *Anglia*, 103, 137−141.

Sauer, Hans (1988), "Compounds and Compounding in Early Middle English: Problems, Patterns, Productivity", in: *Historical English. On the Occasion of Karl Brunner's 100th Birthday*, ed. Manfred Markus (Innsbrucker Beiträge zur Kulturwissenschaft, Anglist. Reihe, 1), Innsbruck, S. 186−209.

Schäfer, Jürgen (1980), *Documentation in the 'O.E.D.': Shakespeare and Nashe as Test Cases*, Oxford.

Scheler, Manfred (1977), *Der englische Wortschatz* (GAA, 9), Berlin.

Scheler, Manfred (1982), *Shakespeares Englisch. Eine sprachwissenschaftliche Einführung* (GAA, 12), Berlin.

Schlepper, Erich (1936), *Die Neubildung von Substantiven in den Übersetzungen König Alfreds, mit einem Ausblick auf Chaucer*, Diss. Münster (Gütersloh, 1936).

Schön, Eduard (1905), *Die Bildung des Adjektivs im Altenglischen* (Kieler Studien zur englischen Philologie, N.F., 2), Diss. Kiel.

Schrack, Dieter (1966), *Ne. 'to spotlight' und 'to stagemanage'. Studien zur Entwicklung und Struktur der verbalen Pseudokomposita im Englischen …*, Diss. Tübingen.

Sears, Donald A. (1971), "The Noun Adjuncts of Modern English", *Linguistics*, 72, 31−60.

Sears, Donald A. (1972), "The System of Compounding in Modern English", *Linguistics*, 91, 31−88.

Seebold, Elmar (1970), *Vergleichendes und etymologisches Wörterbuch der germanischen starken Verben* (JL, ser. practica, 85), The Hague.

Seebold, Elmar (1990), „Was ist jütisch? Was ist kentisch?", in: *Britain 400−600: Language and History*, ed. by A. Bammesberger, A. Wollmann (AF, 205), Heidelberg. S. 335−352.

Seltén, Bo (1969), *Early East-Anglian Nicknames: 'Shakespeare' Names* (Scripta Minora Regiae Societatis Humaniorum Litterarum Lundensis, 1968−1969, 3), Lund.

Seltén, Bo (1975), *Early East-Anglian Nicknames: Bahuvrihi Names* (Scripta Minora Reg. Soc. Hum. Litt. Lundensis, 1974−1975, 3), Lund.

Seppänen, Lauri (1978), „Zur Ableitbarkeit der Nominalkomposita", *Zeitschrift für germanistische Linguistik*, 6, 133−150.

Serjeantson, Mary S. (1935), *A History of Foreign Words in English*, London.

Seymour, Richard K. (1968), *A Bibliography of Word-Formation in the Germanic Languages*, Durham/N. C.

Shaw, J. Howard (1979), *Motivierte Komposita in der deutschen und englischen Gegenwartssprache* (TBL, 118), Tübingen. [Siehe dazu Deimer 1982].

Shopen, Timothy, ed. (1985), *Language Typology and Syntactic Description, vol. III: Grammatical Categories and the Lexicon*, Cambridge.

Sievers, Eduard (1893), *Altgermanische Metrik*, Halle.

Sievers/Brunner (1965): Karl Brunner, *Altenglische Grammatik. Nach der angelsächsischen Grammatik von Eduard Sievers*. 3. Aufl., Tübingen.

Smith, A. H. (1956), *English Place-Name Elements*, 2 parts (English Place-Name Society, 25−26), Cambridge.

Smith, Charles Campbell (1971), *Noun plus Noun Compounds in the Works of Geoffrey Chaucer*, Diss. New York University.

Spencer, Andrew (1991), *Morphological Theory*, Oxford.

Sprengel, Konrad (1977), *A Study in Word-Formation. The English Verbal Prefixes Fore- and Pre- and Their German Counterparts* (TBL, 89), Tübingen.

Sprengel, Konrad (1980), „Über semantische Merkmale", in: *Perspektiven der lexikalischen Semantik ...*, hrsg. D. Kastovsky (Gesamthochschule Wuppertal, Schriftenreihe Linguistik, 2), Bonn, S. 145–173.

Sprockel, Cornelis (1965–1973), *The Language of the Parker Chronicle. I. Phonology and Accidence. II. Word-Formation and Syntax*, 2 vols., s'Gravenhage, The Hague.

Stahl, Leon (1927), „Der adnominale Genitiv und sein Ersatz im Mittelenglischen und Frühneuenglischen", *Gießener Beiträge zur Erforschung der Sprache und Kultur Englands und Nordamerikas*, 3, 1–32.

Stanley, Eric G. (1982), "The prenominal prefix ge- in late Old English and early Middle English", *TPS*, 25–66.

Stein, Gabriele (1970/1981), „Zur Typologie der Suffixentstehung (Französisch, Englisch, Deutsch)", *IF*, 75 (1970), 131–165; wieder in: Lipka/Günther 1981: 324–356.

Stein, Gabriele (1973), *English Word-Formation over Two Centuries ...* (TBL, 34), Tübingen.

Stoffel, C. (1886), "Some Remarks on Prof. Kölbing's Edition of *Amis and Amiloun*", *Englische Studien*, 9, 177.

Storch, Theodor (1886), *Angelsächsische Nominalcomposita*, Diss. Straßburg.

Strang, Barbara M. H. (1970), *A History of English*, London.

Stratmann, Francis Henry (1891), *A Middle English Dictionary*, rev. by Henry Bradley, Oxford.

Strauss, Jürgen (1980), "Compounding in Old English Poetry", *Folia Linguistica Historica*, 1, 305–316.

Sütterlin, L. (1887), *Geschichte der Nomina Agentis im Germanischen*, Straßburg.

Sugarewa, Tekla (1972), „Zu den Wortbildungstypen *breitkrempig, zielstrebig, langgeschwänzt*", *BGDSL* (H), 93, 259–298.

Sundén, Karl (1904), *Contributions to the Study of Elliptical Words in Modern English*, Diss. Upsala.

Sweet, Henry (1891–1903), *A New English Grammar, Logical and Historical*, 2 vols., Oxford.

Sweet, Henry (1892), *A Short Historical English Grammar*, Oxford.

Sykes, Frederick Henry (1899), *French Elements in Middle English*, Oxford.

Talentino, Arnold V. (1971), *A Study of Compound 'hapax legomena' in Old English Poetry*, Diss. State University of New York at Binghamton.

Tamson, George J. (1898), *Word-Stress in English: A Short Treatise on the Accentuation of Words in Middle-English ...* (StEPh, 3), Halle.

Tancré, Ines (1975), *Transformationelle Analyse von Abstraktkomposita* (FIDS, 22), Tübingen.

ten Brink, Bernhard (1884), *Chaucers Sprache und Verskunst*, Leipzig. [3. Aufl. bearb. von E. Eckhardt, 1920].

Tengstrand, Erik (1940), *A Contribution to the Study of Genitival Composition in Old English Place-Names* (Nomina Germanica, 7), Diss. Uppsala.

Tengvik, Gösta (1938), *Old English Bynames* (Nomina Germanica, 4), Uppsala.

Thiel, Gisela (1973), „Die semantischen Beziehungen in den Substantivkomposita der deutschen Gegenwartssprache", *Muttersprache*, 83, 377–404.

Thiele, Johannes (1985), *Wortbildung der französischen Gegenwartssprache*, 2. Aufl., Leipzig.

Thun, Nils (1963), *Reduplicative Words in English: A Study of Formations of the Types Tick-Tick, Hurly-Burly, and Shilly-Shally*, Uppsala.

709

Thuresson, Bertil (1950), *Middle English Occupational Terms* (LSE, 19), Lund.

Tietze, Godhard O. A. (1974), *Einführung in die Wortbildung des heutigen Englisch. Typen und Prozesse* (Anglistische Arbeitshefte, 5), Tübingen. [Vgl. dazu Lipka 1978].

Toth, Karl (1980), *Der Lehnwortschatz der althochdeutschen Tatian-Übersetzung*, Würzburg.

Tournier, Jean (1985), *Introduction descriptive à la lexicogénétique de l'anglais contemporain.* Paris.

Turville-Petre, Joan (1969), "Two Etymological Notes: *Ancrene Wisse eskibah, hond pet ilke*", *Studia Neophilologica*, 41, 156–161.

Uhrström, W. (1918), *Pickpocket, Turnkey, Wraprascal and Similar Formations in English. A Semasiological Study*, Stockholm.

Urbaniak, Gertrud (1983), *Adjektive auf -voll* (Monographien zur Sprachwissenschaft, 13), Heidelberg.

Visser, F. Th. (1949), *Some Causes of Verbal Obsolescence*, Nijmegen.

Visser, F. Th. (1963–1973), *An Historical Syntax of the English Language*, Part I (1963), Part II (1966), Part III (1969–1973), Leiden.

Vögeding, Joachim (1981), *Das Halbsuffix „-frei": Zur Theorie der Wortbildung* (Studien zur deutschen Grammatik, 14), Tübingen.

Voetz, Lothar (1977), *Komposita auf -man im Althochdeutschen, Altsächsischen und Altniederfränkischen* (Monographien zur Sprachwissenschaft, 3), Heidelberg.

Wallenberg, J. K. (1923), *The Vocabulary of Dan Michel's Ayenbite of Inwyt ...*, Diss. Uppsala.

Wandruszka, Ulrich (1976), *Probleme der neufranzösischen Wortbildung* (Romanistische Arbeitshefte, 16), Tübingen.

Warren, Beatrice (1978), *Semantic Patterns of Noun-Noun Compounds* (Acta Universitatis Gothoburgensis. Gothenburg Studies in English, 41), Göteborg. [Vgl. dazu Sauer 1982a].

Weekley, Ernest (1917), *Surnames*, 2nd ed., London. [¹1916].

Wehrle, Otto (1935), *Die hybriden Wortbildungen des Mittelenglischen (1050–1400)*, Diss. Freiburg.

Weinstock, Horst (1968), *Mittelenglisches Elementarbuch* (Sammlung Göschen, 1226), Berlin.

Wellmann, Hans (1975), *Deutsche Wortbildung. Typen und Tendenzen in der Gegenwartssprache. 2. Hauptteil: Das Substantiv* (Sprache der Gegenwart, 32), Düsseldorf. [Vgl. auch Kühnhold 1978].

Welte, Werner (1974), *Moderne Linguistik: Terminologie/Bibliographie*, 2 Bde. (Hueber Hochschulreihe, 17), München.

Welte, Werner (1982), „Synchrone und diachrone Aspekte der kontrastiven Wortbildung: Adjektivkomposita im Englischen und Deutschen", *Sprachtheorie und angewandte Linguistik: Festschrift für Alfred Wollmann*, hrsg. W. Welte (TBL, 195), Tübingen, S. 162–183.

Wetzel, Claus-Dieter (1981), *Die Worttrennung am Zeilenende in altenglischen Handschriften* (Europäische Hochschulschriften XIV/96), Frankfurt/Main.

Weyhe, Hans (1905), „Beiträge zur westgermanischen Grammatik", *BGDSL*, 30, bes. 76–83.

Weyhe, Hans (1910), *Zu den altenglischen Verbalabstrakten auf -nes und -ing, -ung*, Leipzig.

Wildgen, Wolfgang (1982), „Zur Dynamik lokaler Kompositionsprozesse: Am Beispiel nominaler *ad hoc*-Komposita im Deutschen", *Folia Linguistica*, 16, 297–344.

Wilmanns, Wilhelm (1896), *Deutsche Grammatik. Zweite Abteilung: Wortbildung*, Straßburg. [2. Aufl. Berlin, 1930].

Wilson, R. M. (1968), *Early Middle English Literature*, 3rd ed., London. [¹1939].

Wilss, Wolfram (1986), *Wortbildungstendenzen in der deutschen Gegenwartssprache* (TBL, 304), Tübingen.

710

Wolff, Dieter (1975), *Grundzüge der diachronischen Morphologie des Englischen* (Anglistische Arbeitshefte, 7), Tübingen. [Vgl. dazu Sauer 1982b].

Wülfing, Ernst (1884–1897), *Die Syntax in den Werken Alfreds des Großen*, 2 Bde., Bonn.

Zandvoort, R. W. (1966), *A Handbook of English Grammar*, 4th ed., London. [⁷1975].

Žepic, Stanko (1970), *Morphologie und Semantik der deutschen Nominalkomposita* (Zagrebacke germanisticke studija, 3), Zagreb.

Zettersten, Arne (1965), *Studies in the Dialect and Vocabulary of the Ancrene Riwle* (LSE, 34), Lund.

8. Summary and results

In the following summary of the main problems and the main results of my study, I partly follow its chapter division, but partly also cut across it. In particular, I include the syntactic-semantic description and subdivision of the nominal compounds attested in Early Middle English within their morphologic description.[1]

8.1. Aims and problems of the analysis

(1) Definition of compounds: Cpds can be roughly defined as consisting of two words (including word-stems and potential words); nominal cpds are here taken to include both cpd nouns and cpd adjectives. These two groups have therefore been treated in some detail, whereas cpd verbs and cpd adverbs have only been treated marginally.

(2) Period and material: The aim of this study has been to collect, analyse and classify the nominal cpds found in EME texts from c. 1066 to c. 1300 and thus to make a contribution to the history of English word-formation.[2] For this purpose, 85 EME texts and groups of texts were read, which yielded over 2,400 different nominal cpds. These include survivals from OE as well as new coinages from the EME period; some of them occur frequently, while others are hapax legomena.

---

[1] My study is divided into the following chapters: 1. Previous research on cpds and models for describing them. 2. Possible criteria for distinguishing between cpds and parallel syntactic groups, and their value, 3. The morphologic types of cpds in EME and their productivity. 4. Morphologic variants and peculiarities. 5. Outline of a syntactic-semantic description of the EME cpds. 6. Corpus and indexes. 7. Bibliography (mainly of secondary literature; for editions see the list of abbreviations at the beginning). 8. Summary and results. – Section 8.1. of the summary takes up the main points of chs. 1, 2, and 3.1; section 8.2. summarizes the main diachronic results of chs. 3.2. and 3.3; section 8.3. summarizes chs. 3.2, 3.3, and 5; section 8.4. sums up ch. 4.

[2] Abbreviations used specifically in this chapter: OE: Old English; ME: Middle English; EME: Early Middle English; ModE: Modern English; OFr: Old French; ON: Old Norse; c.: circa; cpd, cpds: compound, compounds; dt: determinant; dm: determinatum.

(3)   Theoretical basis: It has not been the aim of this study to offer a new theory of cpds or of compounding. As a theoretical basis (which has, of course, been criticized and modified where it seemed necessary) I have taken the model of Marchand 1969, especially its first four levels, namely morphologic shape, morphologic structure, syntactic deep structure (paraphrase sentence) and type of reference.

a) Morphologic shape refers to the word class of the constituents; morphologic structure is based on the assumption that as a rule a cpd is a syntagm consisting of two immediate constituents, the determinant (dt) and the determinatum (dm), either of which can be simple (*easter-dei*) or complex (*cleansing-fur, cnif-warpere, palm-sunnedei*). Morphologic shape plus morphologic structure yield the morphologic types of cpds.

b) The syntactic deep structure provides the underlying (or paraphrase) sentence of a cpd. One basic distinction is between verbal nexus cpds, which contain a verb (or a deverbal constituent) on the surface, e.g. *back-biter*, and non-verbal nexus cpds, where the verb has to be supplied in the paraphrase, e.g. ME *niht-fuhel* 'bird [fuhel] which FLIES at night'. The type of reference (which is mainly applicable to cpd nouns) states which part of the sentence becomes the dm of the cpd, thus connecting the level of morphologic structure with the syntactic level. There are four types of reference: subject-type (S-type), object-type (O-type), adverbial complement-type (Adv-type), and predication-type (Pn-type). Examples are: 'Someone bites someone behind his (her) back' → a) 'Someone who / bites someone behind his (her) back' → *back-biter* (ME *bac-bitere*): S-type; or → b) 'ACT, ACTION OF (someone)/biting someone behind his (her) back' → *back-biting* (ME *bac-bitunge*): Pn-type; 'The bishop rules, governs his see [rice]' → 'See [rice] which/the bishop governs' → OE *bisceop-rice*: O-type; 'The soul lives in the house' → 'House in which/ the soul lives' → OE *sawle-hus* 'body': Adv-type. The paraphrase sentences and the types of reference are a means of characterizing or of subdividing many types of cpds.

c) A certain amount of semantic information can also be included within the syntactic description, but I have not provided a separate and exhaustive semantic description of the EME cpds, because it would have caused some overlapping with the syntactic description (and also because it would have made the book even longer). I have pointed out some striking cases of lexicalization and idiomatization, but, again, have not dealt with these phenomena systematically, nor have I gone deeper into the role of pragmatics or the role of analogy with respect to compounding.

(4)   Main problems: Both the morphologic and the syntactic-semantic

descriptions raise a number of problems, most of which have to be faced in the analysis not only of ME cpds, but also of OE and ModE cpds. The most important of these are:

a) It is often difficult to distinguish cpds from corresponding syntactic groups, and sometimes also to separate them from derivations. As a consequence, it is impossible to give the precise number of cpds in EME (or in any other period of the English language).

b) It is, furthermore, impossible to establish a definitive number of composition types.

c) In a number of cases it is also difficult or impossible to assign a given cpd to a particular composition type.

d) For many cpds there is more than just one possible syntactic paraphrase, which causes problems with the syntactic-semantic sub-classification of composition types.

I shall now comment briefly on these points.

(5) Separating compounds from syntactic groups: It is often assumed that cpds are somehow isolated from the corresponding syntactic groups. The criteria usually adduced are word-division, accent pattern, morphologic and morphosyntactic phenomena, and meaning. But all of them are of limited value and neither singly nor in combination are they sufficient to decide all doubtful cases.

a) Word-division: Cpds are sometimes spelt as one word in the EME manuscripts and sometimes as two; moreover, some combinations, especially of adjective + noun or pronoun + noun, are sometimes written together even if they probably represent syntactic groups, e.g. *godemonne* 'good men's'.

b) Accent pattern: According to the criterion of accent, cpds carry a main stress on their first element (dt) and a secondary stress on their second (dm), whereas syntactic groups are characterized by two main accents (double stress, level stress). But this criterion is usually not available for the EME texts, because the accent pattern of combinations in prose texts often cannot be verified, whereas in the poetry, the verse accent can override the (presumed) normal accent pattern. Furthermore, even in ModE, where the accent pattern is easier to establish, there are types which often carry double stress and are nevertheless cpds, e.g. *grássgréen*, *déafmúte*, and there are disputed cases, especially noun + noun combinations with double stress, which are regarded as syntactic groups by some scholars but are accepted as cpds by others.

c) Morphologic isolation: This covers a number of phenomena, both synchronic and diachronic. To give just one example, some compounding types are morphologically isolated by an order of elements which would not be possible in a syntactic group, e.g. – after the loss of the dative ending – cpds of the type noun/past participle like ME *wind-feallet* 'windfelled' (~ syntactic group *felled by the wind*). Others are isolated because they are (slightly) obscured, e.g. ME *halidei* (cf. ModE *holiday*).

On the other hand, there are morphologic phenomena which make a distinction between cpd and syntactic group very difficult, especially: (i) An *-e-* between the elements of a cpd (or rather at the end of the first element), which could be indicative of a genitive group or of a nominative group, e.g. *wicche craft*. (ii) The fact that a number of words can be used as nouns or as adjectives, so that a group like *kinde luue* could be a noun/noun cpd 'family affection' or a syntactic group of adjective + noun 'natural affection' (or even an adjective/noun cpd). Some authors, editors and dictionaries (especially the *OED*), however, seem a little too ready to classify the first elements of noun + noun combinations as adjectives, even if there is no evidence for their adjectival status apart from their being used in front of another noun. (iii) The first element of a cpd is as a rule not inflected. This apparently leads some scholars to regard genitival combinations on principle as syntactic groups – this view is, however, not shared here and a composition type noun+*s*/noun is accepted (cf. 8.3.1.2 below).

d) Meaning: It is often said that the meaning of a cpd is not just the sum of the meanings of its constituents, i.e. that it is lexicalized or idiomatized. While this is certainly often the case, cf. e.g. ME *luue-dai* 'love-day', that is 'day appointed for the settlement of quarrels out of court', it does not necessarily seem to be the case, which is also clear from the fact that cpds and corresponding syntactic groups sometimes occur without any apparent difference in meaning, e.g. *dai-liȝt*, *daies liȝt* and *liȝt of daie* (all in *O&N*). On the other hand, there are also syntactic groups which are idiomatized (viz. idioms), e.g. ME *Long Friday* (cf. ModE *Good Friday*) 'Friday before Easter'.

There is thus a cline as regards the compound status of combinations in the EME material: (i) The cpd status of some formations is proved by one or more of the criteria mentioned above: *daisterre*, for example, is semantically isolated and written as one word in MS C of *O&N*; *golfinc* is slightly obscured and also written together in MS C of *O&N*. (ii) A number of combinations is not isolated by any of these criteria, but their cpd-status does not seem to be in doubt, e.g. that of *bed-time*, *dai-liȝt*, *houen-king* (all in *O&N*). (iii) A number of combinations could be cpds or syntactic groups, e.g. (again from *O&N*) *chirche bende*, *houene liȝte*. (iv) Others are probably syntactic groups, e.g. *Holi Gost*, *Long Friday* etc.

I have made my list of cpds inclusive rather than exclusive: it contains a number of combinations which have been regarded as syntactic groups by other authors or editors (not all doubtful combinations have been accepted, however). There are mainly two reasons for this approach: first, as mentioned above, cpds and parallel syntactic groups often coexist synchronically and it does not seem advisable to tear related formations apart; second, there is also the diachronic fact that some combinations started as syntactic groups and later coalesced into cpds (in German: *Zusammenrückungen*), e.g. late OE *se hwīta sunnandæg* > ME & ModE *Whitsunday*; ME *noble man* > ModE *nobleman*. The opposite phenomenon, namely that cpds were resolved into syntactic groups, is also attested. The impossibility of separating cpds and syntactic groups in every case is also reflected in the dictionaries (*OED*, *MED*), which often have a section labelled "compounds and combinations" or something similar.

Finally it has to be mentioned that authors, editors and dictionaries (especially the *OED*) often talk about attributive noun + noun groups. This term is usually not very clearly defined, but apparently implies that these combinations are regarded as syntactic groups rather than as cpds. Sometimes their first element is apparently taken as behaving like an adjective (on this question, see above), sometimes it seems to refer to noun + noun combinations with double stress. The existence of double-stressed groups like ModE *stóne wáll* (OE probably *stán-wèall*!), *Lóndon mérchant* can only be proved from Early Modern English onwards; but the factors which led to their rise were probably already at work in ME. For the EME period, the more important question seems to be whether certain combinations were cpds or rather genitival groups (with the genitive in *-s*, *-e* or Ø), a question which cannot always be resolved with certainty. The frequency of such ambiguous forms may, however, have been one of the reasons for the rise of doublestressed noun + noun groups.

(6) Separating cpds from derivations: The distinction between cpds and derivations is also sometimes difficult to make, because with certain patterns of word-formation, compounding and derivation seem to go hand in hand. The following patterns have been included among the cpds in my study, although they have been treated as derivations by some authors:

a) Particle/noun and particle/adjective: Locative particles are independent words; nevertheless it is frequently felt that they show a prefix-like behaviour as first elements of combinations: *Over*, for example, often has the meaning 'too much, in excess' as a first element of cpds (e.g. in *ouerdede*, lit. 'over-deed', i.e. 'exaggeration, excess'), which it never has as an independent word.

b) Synthetic cpds (in German: *Zusammenbildungen*): These include the types consisting of noun/deverbal noun, noun/participle, and noun/denominal adjective, e.g. noun/verb+$\emptyset_{noun}$, noun/verb+*ere*, noun/verb+*ing*, noun/present participle, noun/denominal adjective in *-ed*. They can often be given a twofold analysis of their morphologic structure, either as word/word+suffix, which would make them cpds, or as word+word/suffix, which would make them derivations, more precisely derivations from syntactic groups, for example: either ME *back/biter, hard/hearted* (*heard/iheortet*) or *back-bit/er, hard-heart/ed*, the latter analysis being based on the syntactic paraphrase: 'Someone who / bites others behind their backs' → *back-bit/er*; 'Someone who has / a hard heart' → ('Someone having / a hard heart') → 'Someone who is *hard-heart/ed*'.

c) Combinations with affixoids: Affixoids (prefixoids and suffixoids) are elements which stand halfway between words and affixes (prefixes or suffixes). Usually they show some discrepancy between morphologic and semantic criteria. Several groups can be distinguished, especially: (i) Allomorphs of independent words which are used for composition only (combining forms), e.g. OE *cyne-* > ME *kine-* (allomorph of OE *cyning* > ME *king*), as in *kineburh* 'royal city'; (ii) words which died out in independent use and thus became genuine suffixes, e.g. OE *hād* 'status, rank' > ModE *-hood*; (iii) words which split up and developed different forms in independent use and as suffixes, e.g. OE *dōm* > ModE *doom* /du:m/ and *-dom* /dəm/; OE *full* > ModE *full* /fʊl/ and *-ful* /f(ə)l/; (iv) words which as first (or second) elements of cpds often have a meaning they do not have in independent use, frequently an intensifying one, e.g. *leod-kempen* probably 'excellent warriors' (lit. 'national warriors').

d) exocentric formations (bahuvrihi nouns, bahuvrihi adjectives, imperative cpds): These consist of two words and are therefore included here among the cpds, but a decisive part of their meaning is not expressed on the surface, e.g. ME *weschedisch* 'someone who / washes dishes' (sc. 'a kitchenboy'), and the morphologic structure therefore is, strictly speaking, complex dt/zero dm.

e) Sometimes the question also arises of whether a formation is a synthetic cpd or a derivation from a cpd verb. Each case has to be judged on its own merits, although combinations with a noun as first element (as opposed to those with a particle as first element) are usually more likely to be synthetic cpds in ME. Thus, *back-biter* and *back-biting* (ME *bak-bitere*, *bak-bitunge*) were probably formed first and the verb *to back-bite* (ME *bak-biten*) was later derived from them.

(7) Establishing the number of composition types: The number of the

morphologic composition types is not given a priori, but depends on the level of analysis and on the criteria which are applied. The following considerations play a role, the first two of which have been discussed above:

a) Are certain combinations cpds or syntactic groups? As far as entire composition types are concerned, this affects the status of the genitival combinations (noun+s/noun).

b) Are certain combinations cpds or derivations? This affects the status of the patterns discussed in (6) above.

c) How many word-classes are to be distinguished? Numeral/noun and numeral/adjective, for example, are here counted as separate types, but they are included among adjective/noun and adjective/adjective by some other authors.

d) How far should the syntactic-semantic analysis influence the morphologic analysis? Some authors, for example, include the bahuvrihi-nouns among the noun/noun and the adjective/noun cpds, but they are here set up as a separate type, because their paraphrase as 'Someone who has / what is indicated by the complex dt' leads to the postulation of a zero morpheme as dm, e.g. 'Someone who has / long hair' → ME *long-here*/Ø ('the hare').

e) Some patterns are morphologically distinct but hardly productive and therefore at best have a marginal status among the types of compounding, at least as far as EME is concerned, e.g. pronoun/noun (*Ældrih-ten*) or verb/adjective (*here-wurðe* 'praiseworthy').

f) Not all morphologically distinct combinations can, however, be set up as separate types; some are rather sub-groups of other types. To give just one example: combinations of the form verb+particle/$\emptyset_{noun}$ (ME *sittestille*) are usually counted as a sub-group of the imperative cpds (verb+noun/$\emptyset_{noun}$, e.g. ME *weschedisch*).

Bearing all these considerations in mind, I have set up 31 composition types for the EME material, namely 17 types of cpd nouns and 14 types of cpd adjectives.

(8)　Assigning cpds to the morphologic types: Even if a certain number of composition types has been set up, it is sometimes difficult to assign a given cpd definitely to a particular type, because the word-class of one of its constituents is ambiguous. The problem of distinguishing noun/noun cpds from adjective/noun cpds (or syntactic groups of adjective + noun) has been mentioned above; other problematic areas are the distinction between noun/noun and noun/zeroderived deverbal noun, and between noun/noun (or deverbal noun/noun) and verb/noun; for ME *tie-dogge* 'tie-dog, watchdog', a twofold interpretation (as 'a dog which is tied' or as 'a dog which is kept in ties') is even suggested by its context. As a consequence of these and similar problems, for many compounding types only an approximate number of cpds can be given.

(9) Problems of the syntactic-semantic description: Many difficulties with the syntactic-semantic description arise from the fact that a given cpd can often be paraphrased by two (or more) sentences, which sometimes lead to different classifications, for example: ME *eye-lid* ← 'The eye has a lid', which yields an O-type, or ← 'The lid covers, protects the eye', which yields an S-type. In cases like these, I have taken the first analysis as the basic one and used the second for cross-classification. In spite of such difficulties, I have kept the syntactic-semantic analysis, because (a) it allows a characterisation or a sub-classification of many morphologic types; (b) some EME cpds are paraphrased syntactically or emerge as nominalisations in context, which shows that at least in some cases the syntactic paraphrase is a reality for the speaker, e.g.: *bac-biteres þe biteð bihinde bac oþre* (*AncR*); *ston-stille* ~ *also stille als a ston;* (c) the possibility of two (or more) paraphrases for the same cpd reflects one of the functions of cpds, namely to condense information.

8.2. Survey of the historical development

(1) Decline of compounding in ME: Compounding had been a very productive process in OE, whereas in ME its productivity declined, and many of the OE cpds did not survive. This decline and loss is striking even if one considers that (a) the formation of cpds was particularly favoured by the OE poetic diction and many of these poetic cpds were probably not part of the common OE vocabulary, and that (b) in the prose (and in glosses) a number of cpds were loan translations, some of which also never became part of the general OE vocabulary.

It is, of course, not sufficient to compare the absolute numbers of cpds; the size of the OE and the EME textual corpus also has to be taken into account. A few figures, however, clearly show the decline of cpds and compounding in EME:

a) The OE *Beowulf* contains c. 1,070 different cpds in its 3,182 alliterative long lines, whereas the EME Laʒamon's *Brut* (*LaʒB*), which is five times as long as *Beowulf* (16,095 long lines) and even preserves the OE poetic diction to a certain degree, has only about half as many different cpds, that is c. 525 (excluding place and personal names).

b) Huchon 1923:I, 133 estimates that the entire OE vocabulary comprised c. 22,000 words, c. 12,000 of which were cpds, whereas our EME material contains only c. 2,400 cpds.

c) The corpus of OE poetry, which certainly includes many of these estimated 12,000 OE cpds, comprises c. 30,000 long lines (according to Lehnert 1973:34); the EME poetic corpus is considerably larger and yet has far fewer cpds. There are – even if one disregards *SEL* and *LyricsXIII* – still over 80,000 lines of verse in our EME corpus; the longest poems being *Orrm* (over 20,000 lines), *LaʒB* (over 16,000 long lines), *Art&Merl* (over 9,900 lines), *KingAlex* (over 8,000 lines), *Gen&Ex* (over 4,100 lines), *Sir-Tristr* (over 3,300 lines). *The Names of the Hare* (*NamesHare*) is an exception among the EME poems; it is fairly short (64 lines) but has a marked concentration of cpds, namely 47, most of which are new formations and hapax legomena.

d) The decline of cpds is also noticeable in the prose: A (probably selective) count of Aelfric's voluminous late OE prose has yielded c. 1,700 different cpds (Rubke 1953); a long late ME prose text like *Malory* (over 700 printed pages) has just over 300 different cpds.

(2)   Reasons for this decline: Language change is rarely reducible to one single cause, and there is certainly no single answer to account for the decline in compounding in ME. At least two factors seem to have been involved:

a) The borrowing of numerous French loan-words in the ME period rendered the coinage and use of cpds less necessary; for example, OE & EME *handwhil* was replaced by *moment* in later ME.

b) There was also a change in the poetic style, which apparently set in even before the French influence on vocabulary and poetic form made itself felt strongly: as mentioned above, even a relatively early ME alliterative poem such as *LaʒB* (composed c. 1200), which has not many French loanwords (cf. Serjeantson 1935: 117–120), nevertheless has comparatively few cpds.

c) As a third point one could mention that loan translations also became much rarer in ME than they had been in OE (cf. 8.4.6. below).

(3)   New developments and changes in the system of compounding: Not all OE cpds died out in EME, however, and new cpds continued to be coined. There were even a few new developments in the system of compounding: most types go back to OE, but four types were new in EME or at least began to be productive, namely the bahuvrihi nouns, the imperative cpds, the inversion cpds and the reduplicative nouns (furthermore, the patterns noun + preposition + noun like *son-in-law* and the pattern $-ful_{noun}$, as in *sak-uol*). The imperative cpds and the inversion cpds are

probably due to French influence, which shows that the impact of French did not have an exclusively negative influence on compounding and was probably not the only reason for its decline (cf. also 8.4.6. below for hybrid cpds with French elements). With some of the types going back to OE, most examples in our corpus were newly formed in EME; this is the case with, e.g., numeral/noun, verb+*ing*/noun, noun/verb+*ere*, noun/verb+*ing*, adjective/present participle, etc. About half of the cpds of the types noun/verb+*ere*, verb+noun/$\emptyset_{noun}$ (imperative cpds) and noun+noun/$\emptyset_{noun}$ (bahuvrihi nouns) in our material come from *The Names of the Hare*. On the other hand, a few types grew weaker, especially: (a) adjective/verb+$\emptyset_{adjective}$ (*arueð-finde*), which died out in EME; (b) bahuvrihi adjectives (*bare-foot*), which are almost dead in ModE. Some types died out because the suffixes with which they were formed died out, especially noun/verb+*end*, noun/verb+*icge*, noun/verb+*t*; some prefixoids and suffixoids also died out or became unproductive, especially *feðer-* 'four', *kine-*'kingly, royal', *seld-* 'seldom, rare(ly)'; *-ern* 'house', *-lac* (ModE *-lock*) 'play, action', *-reden* 'community', *-ware* 'inhabitants', *-wende* 'conducive to', *-wil(e)* 'inclined to', *-wis* 'having a certain disposition'. On the whole, however, the system of compounding remained relatively stable and evolved gradually.

(4) Antedatings and types not usually included in the handbooks: A few of the types treated in my study are not included in many handbooks on English word-formation, either because they no longer exist in ModE (adjective/verb+$\emptyset_{adjective}$; bahuvrihi adjectives), or because they are rare (verb/adjective), or doubtful (noun/verb+*t*). For some other types, the EME material yielded earlier examples than are given in some of the handbooks; this is true for imperative cpds (11th century; according to Marchand, 1305); reduplicative nouns (c. 1200; according to Marchand, 19th century!); adjective/adjective (going back to OE; according to Marchand, later ME); noun + preposition + noun (*son-in-law*: ca. 1300; according to Strang, after 1370).

(5) Syntactic-semantic structures: Many of the syntactic-semantic structures I have found among the EME cpds also still exist in ModE cpds. Some, however, seem to have become weaker; for example, tautological noun/noun cpds (*cite-toun*) do not seem to exist in ModE, at least not in the standard language. On the other hand, some patterns have become stronger or are entirely new in ModE, e.g. the additive noun/noun cpds (dvandvas) like ModE *poet-painter*, or, among the noun+*s*/noun cpds, the pattern *Addison's disease* ('A has first described B').

8.3. The morphologic compounding types in EME, their productivity and their syntactic-semantic description and sub-classification

The productivity of the 31 types of nominal cpds I have set up for EME (17 types of cpd nouns, 14 types of cpd adjectives) varies widely. At one end of the scale there is the type noun/noun with c. 1,100 different formations; at the other end there are marginal types like pronoun/noun, reduplicative nouns, numeral/adjective, verb/adjective, which are represented by less than a handful of clear examples. Compound nouns are on the whole much more frequent than compound adjectives.

For the reasons explained above, most of the numbers given in the following account are only approximate; place- and personal names have usually been excluded from them.

8.3.1. Compound nouns

(1) Noun/noun: This is by far the most productive composition type in the EME material and has probably been so throughout the history of English. Almost half of all the cpds attested in our material belong to this type, that is about 1,100 different formations, c. 400 of which are OE and c. 700 are ME. The type noun/noun also shows the greatest variety of syntactic-semantic sub-patterns. The basic syntactic distinction, which is supported on semantic grounds, is between copula cpds, where the verb 'to be' has to be supplied ('B is (an) A'), and rectional cpds, where some other verb has to be supplied ('B verb A').

a) The copula cpds can be subdivided, mainly on semantic grounds, into: (i) additive copula cpds (dvandvas), which are, however, almost non-existent in EME; one possible example is *luue-eie* 'love-fear'; (ii) attributive copula cpds, which are relatively frequent, e.g. *cnaue-child* 'boy-child', *peowe-wummon* 'servant-woman', *euen-tid* 'evening-time'; (iii) subsumptive copula cpds, which are rarer than the attributive ones, e.g. *henne-fugeles* 'hen-birds', *marbel-stone*; (iv) tautological cpds, e.g. *leod-folk* 'people', *cite-toun* 'city', *luue-drurye* 'love'; (v) cpds containing a comparison ('B is like A'), e.g. *asse-earen* 'ass's ears', *huni-luue* 'love as sweet as honey'; (vi) cpds the dt of which has a kind of intensifying force with the meaning 'main, principal, most important', e.g. *heued-sunnen* 'deadly sins' (lit. 'head-sins'), *maʒʒstre-dwale* 'arch-heretic' (lit. 'master-heretic').

b) The rectional cpds form the larger group. Within the three types of reference possible with noun/noun cpds (S-type, O-type, Adv-type) there are so many sub-patterns that only very few examples can be given here:

(i) S-type, e.g. 'B lives in, at, near, on A' (*burh-folc, castel-men*); 'B rules (in, over) A' (*heuen-king, hus-leafdi*); 'B contains A' (*godspel-boc, salt-weter*); 'B consists of, is made of A' (*glæs-fat, gold-hord*); etc.; (ii) O-type: a large group can be paraphrased as 'A has B', which can be further sub-divided (and cross-classified) into groups like 'B is part of A' (*finger-neiles*); 'B surrounds, protects A' (*ehe-lid* 'eye-lid', *burh-walles*); other groups, e.g. 'A consists, is made of B' (*graue-stan, seil-claδ*); (iii) Adv-type, e.g. 'A lives in, at B' (*ancre-hus, Scot-lond*).

(2)   Noun+*s*/noun (genitival cpds): This is a disputed type, because some authors regard genitival combinations generally as syntactic groups. Certainly genitive cpds and syntactic genitive groups are often difficult to distinguish, but for several reasons genitival cpds should be accepted as a composition type.

First: genitival groups have often diachronically coalesced into cpds, some of which are even obscured in ModE, e.g.: place-names (OE *cyninges tūn* > ModE *Kingston*), plant-names (OE *dæges ēage* > ModE *daisy*), days of the week (OE *Wōdnes dæg* > ModE *Wednesday*), combinations with *-man* as dm (*cynnes man* > ME *kinnesman* > ModE *kinsman*).

Second: Synchronically, noun+*s*/noun combinations often occur parallel to noun/noun cpds in EME, e.g. *mon-drem* ~ *mannes drem* (*LaȝB*).

Third: Both types accordingly have many syntactic-semantic sub-groups in common: a) Copula cpds, e.g. *þeines-men* 'servant-men' ('The men are servants'). b) Rectional cpds: (i) S-type, e.g. 'B lives in, on, at A' (*londes-men*); 'B rules (in, over) A' (*heffnes king, huses leafdi*); 'B consists of, is made of A' (*flures bred*); (ii) O-type, e.g. 'A has B' (*bores tux*); (iii) Adv-type, e.g. 'A takes place during B' (*domes-dai*).

Fourth: The criterion of accent is available for ModE, but not for ME.

– There are roughly 240 possible noun +*s*/noun cpds in my EME material.

(3)   Adjective/noun: Due to the loss of the inflexional endings of the adjective, adjective/noun cpds became morphologically identical with syntactic adjective + noun groups in the course of ME. As with the genitival cpds, only a very approximate number of adjective/noun cpds in our EME material can therefore be given: I have counted c. 190 different adjective/noun formations in the general vocabulary which are or might be cpds. I have included the combinations with *east-, north-, south-* and *west-* (*est-lond, norð-ende*) among the adjective/noun cpds. As with the genitival cpds, too, some combinations started as syntactic groups and then coalesced into cpds; cp. *of þe gentil man and gode* (*Art&Merl* 1676) with ModE *gentleman*. Syntactically, adjective/noun cpds as a rule are copula

cpds of the structure 'B is A', e.g. *gentleman* 'The man is gentle', *holiday* 'The day is holy' (lexicalized in ModE).

(4) Numeral/noun: This type poses the same problems and has the same syntactic-semantic structure as the type adjective/noun, that is to say: (i) Cpds and syntactic groups are sometimes difficult to distinguish; (ii) some formations started as syntactic groups and then coalesced into cpds; (iii) numeral/noun cpds are copula cpds with the paraphrase sentence 'B is A' (or rather 'The Bs are A'), e.g. *fourteniht* 'The nights are fourteen'. The cpd status of this particular formation is clear because this formation is slightly obscured in EME and because it is used as a singular, e.g. *withinne a fourteniht, Havelok* 2284. It is at the same time an example of a syntactic group which coalesced into a cpd: OE syntactic group *feow-ertyne niht* 'fourteen nights' > ME *fourteniht* > ModE *fortnight*. There are c. 29 different numeral/noun cpds in our EME material.

(5) Pronoun/noun: There are very few formations in the EME material: *al-halewe day* (which may be a syntactic group), and the hapax legomenon *Ældrihten (Godd)* 'all-ruler (God)'. It is therefore hardly justified to regard pronoun/noun as a productive type in EME; it has nevertheless been included here, because there were a few formations in OE (e.g. *eallmægen*), and because the type became somewhat more productive in later ME (e.g. *al-love, he-asse, she-lombe*). Syntactically, *Æl-drihten* could be paraphrased as 'Drihten [the lord] rules all' (S-type).

(6) Particle/noun: This type has been productive at all periods of English; there are some 110 different formations in our EME material. Morphologically, it can be subdivided into the following groups:

a) Particle/primary noun, e.g. *afterward* 'rearguard', *mid-wiif* 'midwife'. These are often difficult to paraphase syntactically; *mid-wiif*, for example, would have to be paraphrased as 'wife [woman] who is with [ME mid] another wife [when she gives birth]' (i.e. *midwife* is also idiomatized). Sometimes no satisfactory paraphrase is possible (e.g. for *ouerdede*).

b) particle+noun/zero suffix, e.g. *after-none* 'afternoon', that is 'time/after noon'; *ut-lahen* 'outlaws' (loanword from Old Norse), i.e. 'people, men (who are)/outside the law'.

c)–f) Particle/deverbal noun: These patterns correspond to the types noun/deverbal noun (9. – 12. below), the difference being that their underlying sentence does not have the structure S+V (+O) (+Adv), but simply the structure S+V+Particle (Adv), e.g. 'Something (someone) falls down' → ME *doun-falleinge*.

c) Particle/verb+$\emptyset_{noun}$ (particle/[zeroderived] deverbal noun): This pattern forms mainly Pn-types, e.g. 'Someone goes forth' → 'ACT OF/going

724

forth' → *forþ-gong* 'departure' (Pn-type); *ut-lete* 'outlet'; S-types are rare (*wiðer-(i)wines*).

d) Particle/verb+*t*, e.g. *up-ariste* 'up(a)rising, resurrection', *insiht* 'insight'.

e) Particle/verb+*ere* (particle/deverbal agent noun in -*ere*): This pattern forms S-types, but is rare in our material, e.g. *ouer-leparis* 'overleapers', i.e. 'priests (who)/leap over [i.e. skip] [sc. their prayers]' (idiomatized).

f) particle/verb+*ing* (particle/deverbal action noun in -*ing*): This pattern forms Pn-types, e.g. *doun-falleing* 'falling down, downfall'; *out-kest-ing* 'throwing out'.

(7)   Verb (verb stem)/noun, e.g. *drawe-brigge* 'drawbridge': Historically, this type probably originated from cpds with a deverbal noun as dt, where in some cases the deverbal noun could then be immediately identified with the verb. In ME, moreover, many nouns and verbs which were distinct in OE fell together due to the weakening and the loss of endings, e.g. OE *lufu* (noun) and *lufian* (verb) > ME *luue* > ModE *love*. As a consequence of these developments, verb/noun cpds and noun/noun cpds are sometimes difficult to distinguish; if some ambiguous cases are included, there are about 55 examples of verb/noun cpds in our EME material. The type verb/noun competes with the type verb+*ing*/noun and also has the same syntactic-semantic subpatterns; these are therefore treated in the next section.

(8)   Verb+*ing*/noun (to be analysed as verbal noun in -*ing*/noun, not as present participle/noun): This type is morphologically more distinctive than the competitive type verb/noun and the examples can therefore be counted more easily: there are 28 formations in the EME material (7 going back to OE, 21 newly formed in EME). The type has been productive throughout the history of English; apparently its productivity increased in later periods.

Syntactically, the types verb/noun and verb+*ing*/noun can be subdivided into:

a) S-type, e.g. *ber-men* 'porters' (← 'Men (who)/bear [i.e. carry] something'); *leorning-cnihtes* 'disciples' (← 'Knights [i.e. pupils] (who)/learn something');

b) O-type, e.g. *drawe-brigge* (← 'They draw the bridge [+PURPOSE]', i.e. 'Bridge which is (made)/for drawing'); *offring-lac* lit. 'offering-gift' (← 'They offer the lac [i.e. gift] [+PURPOSE]');

c) Adv-type, e.g. *swi-dages* 'silent days', *swiing wike* 'silent week' (← 'They are silent [swigiað] during these days, this week [+PURPOSE]').

(9)   Noun/verb+$\emptyset_{noun}$ (noun/[zeroderived] deverbal noun): This type

725

goes back to Germanic but its early history is somewhat complicated: originally, derivation was often not made from the present stem of the verb, but from one of the past stems (or from the root), cf. OE *niman* 'take', but *-numa* 'taker'; moreover, the dm was originally formed with the help of suffixes which were later lost, but sometimes left a trace in the form of a change in the stem-vowel (*i*-mutation), cf. OE *geotan* 'pour' but (**gut-i-z* >) OE *-gyte* > ME *-gute* 'pouring' (cf. German *gießen – Guß*). It is therefore somewhat difficult to explain these formations as zeroderivations for OE, but it is easier for the later stages of the language, where derivation was generally made from the present stem (and without a suffix). There are roughly 110 different formations in our EME material; some are formed on the new pattern (e.g. *gomfanoun-bere*, *day-springe*), while others (mainly those inherited from OE) still show the old pattern (e.g. *yrfe-numa* 'heir', lit. 'inheritance-taker', *blod-gute* 'bloodshed') – all of the latter died out eventually. The type as such also seems to have become somewhat weaker since.

There are two main syntactic-semantic subgroups:

a) Agent nouns, i.e. S-types, e.g. *gomfanoun-bere* 'standard-bearer' (← 'Someone (who)/bears [i.e. carries] the gomfanoun'). Here, the type noun/verb+*ere* competes; OE *gærs-hoppa*, for example, was extended to ME & ModE *grasshopper*.

b) Action nouns, i.e. Pn-types, e.g. *sonne-ryse* 'sunrise' (← 'The sun rises'), *day-springe*, *blod-gute*, *appel-bite*. Here, the type noun/verb+*ing* competes, cf. ME pairs like *tabour-bete* 'drumbeat' and *tabour-beting*.

c) O-types and Adv-types, which express the object, the means, the result of the action, are rarer, e.g. OE *morgen-gifu* > ME *marhe-ʒeue* etc. 'morning-gift' (German *Morgengabe*; idiomatized: 'What/the husband gives to his wife in the morning after the wedding night'), *blod-binde* 'Something with which/someone binds [i.e. stops] the blood'.

(10) Noun/verb+*t*: In the EME material there are c. 15 formations of this somewhat doubtful type which is usually not mentioned in the handbooks. The type died out later, probably because the suffix lost its productivity. It formed agent nouns, i.e. S-types, e.g. *bredwrigte* 'baker' (← 'Someone (who)/works [i.e. makes] bread'); action nouns, i.e. Pn-types, e.g. *man-sliht* 'slaying of men' (← 'Someone slays the man, the men'), and O-types, e.g. *world-ayhte* 'worldly possessions' (← 'Something which/someone owns in this world' ← 'Someone owns something in this world').

(11) Noun/verb+*ere* (i.e. noun/deverbal agent noun in *-ere*): This type apparently started in OE prose. It was not yet very strong in EME, but

clearly productive: of the 26 formations in our material, 3 were inherited from OE and 23 newly coined in EME. The productivity of this type has increased considerably since. In our EME material it forms agent nouns, i.e. S-types, only, e.g. *horn-blawere* 'hornblower' ← 'Someone (who)/ blows a horn'. Formations denoting instruments (like ModE *screwdriver*, *tape recorder*) are not represented in our material.

(12)   Noun/verb+*ing* (noun/deverbal action noun in *-ing*): This type also goes back to OE and is productive in EME: of the c. 44 formations in our material, c. 5 come from OE and c. 39 were newly coined in EME. Syntactically, the type forms action nouns, i.e. Pn-types, only, e.g. *eorð-styrunge* 'earthquake' ← 'ACTION of/the earth stirring' ← 'The earth stirs'; *ston-kasting* 'stone-throwing' ← 'ACTION of/them casting stones' ← 'They cast stones'. – In EME there are also syntactic groups of object + verb+*ing*, e.g. *in his side purlunge* 'in the piercing of his side'.

(13)   Combinations with affixoids: For general considerations on affixoids see 8.1.6c above. Each affixoid has its own history and therefore has to be analysed separately. All I can do here is list the affixoids treated in my study:

a) Prefixoids:

kine- 'royal', e.g. *kine-bench*, *kine-burh*: c. 20 formations in EME.

seld 'rare': only one formation, *selt-speche* 'taciturnity'.

twi- 'two', e.g. *twi-speche* 'deceptive speech': c. 5 formations.

b) Suffixoids:

-dom 'state, status' (> ModE *-dom*), e.g. *fals-dom*, *þral-dom*: c. 22
    formations.

-ern 'house', e.g. *slæp-ern* 'dormitory', lit. 'sleep-house': c. 7 formations.

-ful$_{noun}$ 'quantity which fills the dt', e.g. *hond-ful*: c. 6 formations.

-had, *-hod* 'status' (OE *had*; ModE *-hood*), e.g. *child-had*, *spus-had*:
    c. 20 formations.

-lac 'play, action etc.' (OE *lac*; ModE *-lock*), e.g. *brud-lac*, *wed-lac* (ModE
    wedlock): c. 13 formations.

-rede(n) 'community' (OE *ræden*; ModE *-red*), e.g. *feolah-reden*, *kun-rede*:
    c. 9 formations.

-ware 'inhabitants', e.g. *eorðe-ware*: c. 4 formations.

Of these, *kine-*, *seld-*, *-ern*, *-lac*, *-rede(n)* and *-ware* either died out entirely or at least lost their productivity, whereas *-dom* and *-hood* (and to a limited degree *twi-*) are still productive in ModE.

c) Other cases: Of these, I mention only

-man: This has probably been the most frequent dm of cpd nouns throughout the history of English. There are c. 70 formations in our EME

material, e.g. *alder-mon, almes-mon* etc. It is sometimes regarded as a suf-fix(oid), but – at least for EME – is here regarded as a full noun.

(14) Noun+noun/$\emptyset_{noun}$; adjective+noun/$\emptyset_{noun}$ etc. (bahuvrihi nouns): These are traditionally classed as exocentric formations, because their dm is not represented on the surface; according to Marchand's theory, they have a complex dt and a zero suffix as dm. They usually form S-types and can be typically paraphrased as 'X has/what is indicated by the complex dt', e.g. ME *long-here* 'Someone (who) has/long hair (sc. 'the hare'). The type hardly existed in OE and emerged only in EME. There are 16 forma-tions in our EME material. Apparently bahuvrihi nouns were fairly fre-quent among ME personal names (nicknames), e.g. *Balheued, Blakberd* etc.

(15) Verb+noun/$\emptyset_{noun}$; verb+adverb/$\emptyset_{noun}$ (imperative nouns): These consist of verb (verb stem) + noun (or adverb), but they have nothing to do with the type verb/noun, because their dm is not expressed on the sur-face; they are also exocentric formations with a complex dt and a zero-suffix as dm. Syntactically they, too, form S-types and can be paraphrased as 'Someone (who)/performs the action indicated by the verb on, with the noun (adverb)' e.g. *weschedisch* 'Someone (who)/washes dishes' (sc. 'a kitchen-boy'); *sitte-stille* 'Someone (who)/sits still' (sc. 'the hare'). This type made its first appearance in EME and was probably adopted from French. There are 16 formations in our EME material, some of which are French loan-words (e.g. *chaunte-cler*). Like the bahuvrihi nouns, the im-perative cpds were apparently more frequent among personal names (nick-names).

(16) Inversion cpds (n o u n/*noun*; n o u n/*adjective*): Contrary to all the types discussed so far, the dm precedes the dt in the so-called inversion cpds. This type also made its first appearance in EME and is largely due to French influence. A number of formations, however, probably represent syntactic groups rather than cpds; therefore it is difficult to give precise numbers. There are roughly 31 different formations in my EME material, e.g. *freres prechurs, herb Robert*. This type never became very productive in English; in ModE it occurs mainly in legal and administrative termino-logy (*court-martial*).

(17) Reduplicative nouns: Reduplicatives consist of two elements, but they do not usually have a dt/dm-structure (and accordingly also no syn-tactic paraphrase or underlying sentence) and are therefore at best margin-al within the system of compounding. There are three examples with pure reduplication in the EME material, namely *galegale* 'chatterbox' (derived from *nihtegale* 'nightingale'), *cuccu* (> ModE *cuckoo*; a French loan word) and *baban* (cf. ModE *baby*) – these show that the type had at least some

precursors in EME and probably is not 19th century! Gradation (ablaut) is shown by *giuegauen*, *lik-lakyng*.

– Of other marginal formations I mention only fixed phrases of the shape noun+preposition+noun, which are new in EME; the first (and only) example in our material is *broper-in-lawe* 'brother-in-law'.

8.3.2. Compound adjectives

(18) [1] Noun/adjective: This type has been common throughout the history of English and is fairly productive in EME; among the compound adjectives it is second only to combinations with *-ful*. There are c. 77 noun/adjective formations in the EME material, c. 51 of which are ME (excluding formations with *-fast* and *-ful*, on which see 29 below). Syntactically, the majority of noun/adjective cpds can be paraphrased with a sentence of the structure 'noun$_1$+is+adjective+particle+noun$_2$' → 'noun$_1$ is noun$_2$/adjective'. Within this structure, two main groups can be distinguished, namely:

a) Cpd adjectives implying a comparison, e.g. *col-blake* 'coalblack' ('Something is (as) black as coal' → 'Something is coalblack').

b) Cpd adjectives where some other particle (preposition) has to be supplied, e.g. *storre-wis* 'wise with respect to the stars', i.e. 'skilled in astronomy, astrology'.

c) A third group could also be paraphrased as 'A is B', e.g. *lif-holi* 'lifeholy' ← 'The life is holy' (or, as indicated above, as 'Someone is holy with respect to his, her life').

(19) [2] Adjective/adjective (and: unmarked adverb/adjective): There are two subgroups:

a) Additive formations of the structure 'A + B', of which there are very few in EME (c. 4), e.g. *deor-wurðe* lit. 'dearworth(y)', so that this pattern may not yet have been really productive; it became somewhat more productive later (cf. *bitter-sweet*, *deaf-mute*).

b) Determinative formations, where the first element modifies the second (and therefore functions as an adverb). These are a little more frequent in EME (c. 13 formations), e.g. *pur-blinde* orig. 'entirely blind', *efenn-heah* 'equally high', but they are sometimes difficult to distinguish from syntactic groups of (unmarked) adverb + adjective.

(20) [3] Numeral/adjective and numeral/participle: These formations are very rare in EME (3 examples: *ankenned* 'unigenitus, only begotten', *frum-scepen* 'primogenitus, first-created', *hælf-ʒaru* 'half-ready') and they probably do not represent a productive type.

(21) [4] Pronoun/adjective; pronoun/participle: This type goes back to OE, but there are also not many formations in EME (about 10) and only *all* occurs as dt, e.g. *all-haliʒ* 'allholy, entirely holy', *all-forgelt* 'entirely guilty'. Moreover some of these formations may be syntactic groups of adverb + adjective. The cpds, too, have to be described syntactically as adjective or participle (dm) modified by an adverb (dt).

(22) [5] Particle/adjective; particle/present participle; particle/past participle: Compound adjectives with a particle as first element (dt) have been formed from OE onwards. There are c. 30 different formations in EME. The productivity of the three sub-patterns varies markedly, however:

a) With the pattern particle/adjective (c. 16 examples), formations with *over* as dt predominate (*ouer-hardi* 'overbold', *ouer-mode* 'too proud');

b) the pattern particle/present participle is represented by one formation only (*inwuniende*);

c) of the pattern particle/past participle there are about 13 formations (e.g. *aʒein-comen*, *dune-fallen*).

The formations with a participle as dm can usually be derived from a sentence of the structure S + V + Particle (Adv), cf. also (6) above, e.g. 'Something falls down (has fallen down)' → 'Something is downfallen [*dune-fallen*]', but not the formations of the pattern particle/adjective (where the particle also has the function of an adverb; cf. further (19b) and (21) above).

(23) [6] Verb/adjective: This type has always been very weak in English (ModE examples are *fail-safe*, *shatterproof*), but there are a few clear formations in the EME material (c. 4, e.g. *here-wurðe* 'praiseworthy', *lic-wurðe* 'likeworthy, worthy to be liked') and a few others which can be interpreted as verb/adjective or as noun/adjective cpds, e.g. *luue-wurðe* 'love-worthy', i.e. 'worthy to be loved' or 'worthy of love'. As the examples show, in the syntactic paraphrase the verb of these cpds often appears in the passive.

(24) [7] Adjective/verb+$\emptyset_{\text{adjective}}$ (adjective/[zeroderived] deverbal adjective): This type was inherited from OE and was still somewhat productive in EME; there are c. 19 formations in the EME material, including 13 ME formations. They were, however, morphologically and syntactically restricted: as dt, mainly *arueð-* 'difficult' (< OE *earfoð*) and *eað(e)-*, *eð-* 'easy' occur, and the formations were only used predicatively. In the course of the 13th century they were replaced by the corresponding syntactic groups of the structure adjective + *to* + verb, e.g. 'Something is *eð-fele*' (literally 'easyfeel') → 'Something is *easy to feel*'.

(25) [8] Noun/verb+*ende* (Noun/present participle): This type has been

productive throughout the history of English, but there are relatively few formations in our EME material (c. 12). Syntactically they usually represent either object + verb or adverbial complement + verb of the underlying sentence, e.g. 'The children drink milk' → 'milk-drinking [ME *milc-drinkende*] children'; 'The men fare on the sea' → 'sea-faring [ME *sa-farinde*] men'.

(26) [9] Adjective (adverb)/verb+*ende* (Adjective [adverb]/present participle): This type is represented in the EME material with still fewer formations than the preceding one (c. 7, one of which is OE and 6 are ME); moreover, the cpds are difficult to distinguish from the corresponding syntactic groups of the structure adverb + present participle. Syntactically these formations represent adverb + verb of the underlying sentence, e.g. 'Someone shines bright' → 'Someone is bright-shining [ME *briht-schin-inde*]'; 'Something lasts (for) ever' → 'Something is everlasting [ME *euer-lestinde*]'.

(27) [10] Noun/verb+*ed* (noun/past participle): This type, too, occurs in all periods of English. It was somewhat more productive in EME than the preceding types (c. 23 formations, 18 of which are ME). There are two syntactic subgroups, namely:

a) subject+verb, e.g. 'Hunger bites them' → 'They are hunger-bitten [ME *hunger-bitene*]';

b) adverbial complement + verb, e.g. 'Someone paints something with gold' → 'Something is goldpainted [ME *golt-peinte*]'.

(28) [11] Adjective (adverb)/verb+*ed* (adjective [adverb]/past participle): This type has also existed from OE times and is represented with c. 24 formations in EME, e.g. *fre-boren* 'freeborn', *ful-fillid* 'fulfilled'. But on the one hand, cpds and syntactic groups are not always easy to separate and on the other, some forms may be participles of compound verbs (e.g. *ful-fillid* of *to fulfill*).

(29) [12] Combinations with affixoids (prefixoids and suffixoids): For general considerations on affixoids, see 8.1.6c and 8.3.1.13. above. The following affixoids have been treated in the present study:

a) Prefixoids:

feðer- 'four': just one example in EME (*feðer-fotetd* 'fourfooted').

kine- 'royal, kingly': only two formations with an adjective or participle as dm (*kine-wurðe*, *kine-boren*).

seld- 'seldom, rare': only two formations (*sel[d]cuð*, *selt-scene*).

twi- 'two': two formations only (*twi-red*; cf. *twi-fald*).

b) Suffixoids:

-fast 'firm': c. 10 formations, e.g. *rot-fest* 'rootfast', i.e. 'firmly rooted'.

-ful 'full of': with c. 80 different formations, *-ful* is the most frequent second element (dm) among the nominal cpds in the EME material. Examples are *angirful*, *baleful*, *careful*, *pohhtful*.

-wende 'bringing, conducive to': 4 formations, e.g. *hal-wende* 'salutary' (cf. German *heilbringend*).

-wil(e) 'inclined to, prone to' (derived from the noun OE *wil* > ModE *will*) is characteristic of and practically confined to *AncR* and the Katherine Group: there are 9 different formations in these texts, e.g. *druncwile* 'given to drink'.

-wis 'having a certain mind, disposition': c. 5 formations, e.g. *riht-wis* (> ModE *righteous*), *balu-wis* 'evil-minded'. The suffixoid *-wis* has to be distinguished from the adjective *wis* 'wise' (as for example in *storre-wis*, cf. (18) above).

Feðer-, *kine-*, *seld-*, *-wende*, *-wil* u. *-wis* died out or became unproductive, whereas *-fast* and *-ful* are still productive in ModE.

(30) [13] Adjective + noun/$\emptyset_{adjective}$; etc. (bahuvrihi adjectives), e.g. OE *bǽr-fot* > ModE *barefoot*; *heard-heort* 'hardhearted': The bahuvrihi adjectives are exocentric formations which can be paraphrased as 'having/what is indicated by the complex determinant', e.g. *barefoot*/$\emptyset$ 'having/bare feet'. The development of this type was diametrically opposed to that of the bahuvrihi nouns (both types have the same underlying sentence, e.g. 'Someone has/bare feet, a hard heart'). While the latter had been very rare in OE and grew more productive in ME, the bahuvrihi adjectives were relatively frequent in OE and gradually died out; the only formation still generally used in ModE is *barefoot*. There are, however, still about 25 different formations in EME, 9 of which are ME formations.

(31) [14] Adjective+noun/*ed*; etc. (extended bahuvrihi adjectives): Apparently this type began (in OE) as an extension of the pure bahuvrihi adjectives (e.g. OE & EME *heard-heort* → EME & ModE *hard-hearted*) and gradually ousted them − the later formations were, of course, formed independently on the once established pattern and do not presuppose a pure bahuvrihi adjective. Both pure and extended bahuvrihi adjectives have the same syntactic paraphrase, e.g. 'Someone has a hard heart' ('having/a hard heart') → (a) Someone is *heard-heort*'; (b) 'Someone is *hard-hearted*'. With c. 43 different formations the extended bahuvrihi adjectives were already more frequent in the EME material than the pure bahuvrihi adjectives. There were, however, also syntactic groups like *swete and swote iheortet* 'sweet and sweetly hearted', *AncR*.

8.4. Morphologic variants and peculiarities

A full morphological description of cpds also has to take into account phenomena which are not restricted to, or typical of, any particular composition type. The most important of these are:

(1) Compounds with complex constituents. These can be subdivided according to whether:

a) The complex constituent is a cpd, e.g. *Candelmesse-deiʒ, Palm-sune-dei, godspel-bok, grund-stalw[u]rþe* 'very strong'. There are c. 60 such formations (i.e. cpds consisting of three words) in the EME material, excluding place-names — in the majority of cases the complex constituent is the dt.

b) The complex constituent is a prefix formation, e.g. *archebiscoprice* 'archbishopric'; *untid-gewidera*.

c) The complex constituent is a suffix formation, e.g. *grindelstan* 'grindstone, millstone', *soð-sagol* 'telling the truth'.

There are c. 88 formations belonging to groups b) and c).

(2) Elliptical cpds, more precisely cpds of originally three elements, where the middle element (usually the second part of the dt) has been left out (they could be called bracketed cpds), e.g. *brimfir* ← **brimston-fir*, and cases like *sunnan-æfen* ← **sunnandæg-æfen* 'evening before Sunday', i.e. 'Saturday' (German *Sonnabend*). There are c. 20 examples in the EME material.

(3) Determinants which have preserved an inflectional ending: Since determinants (first elements) of cpds are usually not inflected, there are not many such formations in the EME material (apart from genitival combinations, on which see 8.3.1.2. above). Some are to be regarded as frozen forms, e.g. *erne-morewe* 'early morning', *haluen-del* 'half'. There are also a few cpds with the dt in the plural, e.g. *fet-steppes* 'footsteps' (lit. 'feet-steps'). Such formations are frequent in ModE (e.g. *grants committee*); however, their cpd status is often doubted. With genitival combinations (cpds), it is not always certain whether the dt represents a genitive singular or a genitive plural; a genitive plural is probably implied in *teres weater* 'tears' water', *prestes wifes* 'priests' wives' etc.

(4) Cpds with blocked morphemes: Blocked morphemes are elements which do not (or no longer) occur as independent words, and which occur just in one cpd — this distinguishes them from prefixes and suffixes, which have to be productive.

a) Some blocked morphemes were words at an earlier stage of the language (in OE or even in Germanic) but died out in independent use, e.g.

mil- (*mildeu* > *mildew*), *-coppe* (*attercoppe* 'spider', lit. 'poisonhead'), *-wei* (*haliwei* < *hæl-wæg* 'balm, healing-lotion').

b) Some are loanwords which occur only (or at first only) as elements of hybrid cpds or loan cpds, e.g. *bropp-fall* 'epilepsy', lit. 'sudden fall', *bul-ax*, *bulder-ston* (*boulder* is a back-formation from *bulder-ston*), *carl-man* 'male' (the cpd is attested earlier than *carl*) – all these examples are from Old Norse.

c) Others are unexplained, e.g. *-roue* in *wode-roue* (ModE *woodruff*), *-wale* in *wude-wale* (ModE *woodwall*). Perhaps they belonged to group a) originally.

(5) Obscured compounds: In obscured cpds, one or both constituents appear in a different form from their independent use (due to shortening, assimilation etc.), e.g. *gōd-spel* > *gŏdspel* > *gospel* (vs. *good spell*); *wīf-man* > *wīfman* > *wimman* > *wumman* > *woman* /wʊmən/ (vs. *wife, man*). Obscuration is a gradual process and often obscured and transparent forms of a cpd occur side by side for a long period. There are also degrees of obscuration, ranging from slight to total. Totally obscured cpds have become monemes, however, and can no longer be analysed synchronically, e.g. ModE *barn, lord, lady, orchard, sheriff*. There are c. 110 more or less obscured cpds in our EME material. In some cases of slight obscuration, it was the transparent form that survived into ModE, e.g. EME *golfinc*, but OE *gold-finc*; ModE *goldfinch*.

(6) Loan influence on compounding: This falls into several categories:

a) Loan composition types are most important as far as the system of compounding is concerned. Two types were probably taken over from French, namely the so-called imperative cpds and the inversion cpds, see 8.3.1.15–16 above.

b) Loan cpds: Some of these were (or became) transparent and motivated in English, especially if their constituents were also taken over as independent words (mainly in the case of French loans) or had etymologically related English words (mainly in the case of Old Norse loans), e.g. OFr *folhardi* > EME *folhardi* > ModE *foolhardy*; ON *ūtlagi* > LateOE *ut-laga* > ModE *outlaw*. Others were not analysable as cpds in English, e.g. ME *alblast* etc. 'cross-bow' (< OFr *albaleste* etc. < Latin *arcuballista*); ME *gersum* 'treasure' (< ON *görsemi*). There are about 80 loan cpds in our EME material.

c) Hybrid cpds are English formations, one constituent of which (occasionally both) is a loanword, e.g. *cite-toun, gentil-mon, gomfanoun-bere* (dt from OFr), *messe-gere, ston-kasting* (dm from ON). There are c. 255 hybrid formations in my EME material.

d) Loan formations (loan translations): These were frequent in OE, but became much rarer in ME. Apart from OE loan-translations which lived on in ME (and ModE, e.g. *almighty*, *godspel* > *gospel*), the EME material also contains some examples of ME loan-translations, e.g. ME *wit-porn* ← Latin *alba spina*; ME *porn-hog* 'porcupine' ← Medieval Latin *porcus spinosus* or OFr *porc espin* (cf. German *Stachelschwein*).

On the whole, French had the strongest impact on cpds and compounding in EME, followed by Old Norse and by Latin, which reflects the overall influence of these languages on the vocabulary of Middle English.

8.5. Tables

The following tables sum up the numbers of (different) formations assigned to the composition types and to the morphologic variants and peculiarities. Names, and formations from later texts (*Ayenb*, *Malory*), are not included in the sums. Formations marked as ae/ME in the study, i.e. formations which can be traced back to OE, but changed their character in ME (e.g. their word class or the status as cpds), are included among the OE cpds.

8.5.1. Composition types

	OE	ME	TOTAL
I. Compound nouns			
1. Noun/noun	c. 400	c. 700	c. 1100
2. Noun+*s*/noun			c. 240
3. Adjective/noun			c. 190
4. Numeral/noun	6	23	c. 29
5. Pronoun/noun	1	1	2
6. Particle/noun, etc.	c. 43	c. 67	c. 110
7. Verb/noun	c. 21	c. 34	c. 55
8. Verb+*ing*/noun	7	21	28
9. Noun/verb+$\emptyset_{noun}$	c. 56	c. 54	c. 110
10. Noun/verb+*t*	7	8	15
11. Noun/verb+*ere*	3	23	26
Noun/verb+*estre*	0	3	3
Noun/verb+*icge*	1	0	1

735

	OE	ME	TOTAL
12. Noun/verb+*ing*	5	39	44
13. Combinations with affixoids:	(54	57	111)
prefixoids:			
kine-	9	11	20
seld-	0	1	1
twi-	3	2	5
suffixoids:			
-dom	14	8	22
-ern	5	2	7
-ful$_{noun}$	1	5	6
-had	8	12	20
-lac	5	8	13
-rede(n)	5	4	9
-ware	4	0	4
other:			
-bert, -wine	0	4	4
(*-man*			c. 70)
(*-sið*	3	8	11)
14. Bahuvrihi nouns	3	13	16
15. Imperative nouns	1	15	16
16. Inversion cpds	1	c. 30	c. 31
17. Reduplicative nouns	1	5	6
— Other cases:	(2	9	11)
Adverb/noun	1	1	2
Fixed phrases	0	6	6
Incipit nouns	1	1	2
Blends	0	1	1

II. Compound adjectives

	OE	ME	TOTAL
18 (1). Noun/adjective	c. 26	c. 51	c. 77
19 (2). Adjective/adjective (adverb/adjective)	c. 11	c. 6	c. 17
20 (3). Numeral/adjective	2	1	3
21 (4). Pronoun/adjective	4	6	10
22 (5). Particle/adjective	c. 8	c. 22	c. 30
23 (6). Verb/adjective	3	1	4
24 (7). Adjective/verb+$\emptyset_{adj}$	6	13	19

736

	OE	ME	TOTAL
25 (8). Noun/present participle	5	7	12
26 (9). Adjective/present participle	1	6	7
27(10). Noun/past participle	5	18	23
28(11). Adjective/past participle	10	14	c. 24
29(12). Combinations with affixoids:	(52	63	115)
prefixoids:			
feoðer-	1	0	1
kine-	2	0	2
seld-	2	0	2
twi-	2	0	2
suffixoids:			
(*-bere*	0	0	0)
-fast	8	2	10
-ful$_{adj}$	c. 31	c. 49	c. 80
-wende	3	1	4
-wil(e)	1	8	9
-wis	2	3	5
30(13). Bahuvrihi adjectives	16	9	25
31(14). Extended bahuvrihi adjectives	c. 3	c. 40	c. 43
– – Other cases:	4	2	6

III. Total   c. 2559

8.5.2. Morphologic variants and peculiarities

I. Compounds with complex constitutents

    1. Cpds with three (or four) words   c. 60
    2. Prefix-formations as constituents   c. 43
    3. Suffix-formations as constituents   c. 45
    4. Ellipsis of the middle element   c. 20
    5. Preserved inflexional endings   c. 36

II. Compounds with blocked (unique) morphemes   c. 85

III. Obscured compounds   c. 110

IV. Compounds showing loan influence

    1. Loan composition types   2
    2. Loan compounds   (c. 80)
      – from Latin   c. 6
      – from Old French   c. 22
      – from Old Norse   c. 43
      – from Middle Dutch, Middle Low German   c. 8
      – from Middle High German (?)   c. 1
    3. Hybrid compounds   (c. 255)
      – with Latin elements   c. 6
      – with Old French elements   c. 164
      – with Old Norse elements   c. 70
      – with Middle Dutch, Middle Low German elements   c. 7
      – with Celtic elements   2
      – with mixed loan elements   c. 6
    4. Loan formations (certain and possible ones)   c. 46